법 학 총 서

형사철학과 형사정책

— 형법학의 새로운 길 —

하 태 영 저

法 文 社

머 리 말

이 책을 출판하게 된 동기는 다음과 같다. 첫째 한국 형법학 연구에 대한 문제제기이며, 둘째 저자의 10년 동안의 연구를 정리하고자 했고, 셋째 이 책을 통해 형사법학계에 새로운 토론의 장을 열고 싶었다. 이 책에 담긴 사상과 고찰이 형사법에 관심을 가지고 있는 연구자들에게, 특히 대학원생들에게 많은 관심과 논쟁 그리고 비판을 불러일으키기를 바란다.

저자는 1989년부터 1996년까지 7년 반 동안 독일에 유학하면서 기회가 주어진다면 법학전문학술서를 출판해 보겠다는 꿈을 간직해 왔다. 그 꿈의 시작이 바로 이 책이다. 그래서 귀국 후 10년 동안 40여편의 논문과 10편의 번역 그리고 3편의 논단을 발표했다. 대부분은 국내외 학술대회에서 발표한 것이다. 몇 편은 유학시절부터 구상했던 것이고, 나머지는 모두 한국 사회의 변동을 지켜보면서 구상한 것이다.

그 중에서 25편을 선정하여 여기에 담았다. 수록된 글들은 논문 18편과 판례평석 6편 그리고 논단 1편이다. 논문 18편은 「형사철학과 형사정책」에 초점을 맞춘 것이고, 판례평석 6편은 「인권과 생명」의 문제를 형법, 형사소송법 그리고 특별법 영역에서 선별한 것이다. 논단은 유학 중에 작성한 것으로 이들 글에서 저자는 일관되게 입법개정의 필요성을 촉구해 왔다. 그러므로 이 책은 「입법과 판례」(Gesetzgebung und Rechtsprechung) 연구서라고 할 수 있을 것이다.

이번 출판을 기하여 내용을 일부 수정하였고, 참고문헌도 새로이 보완했다. 다만 아쉬운 것은 그동안 준비했던 「형법대전의 제정과 Laurent Crémazy의 불역 〈대한형법〉」과 「조선형사령의 이론과 실제」 그리고 「한국 근대형법 50년사」를 마무리하지 못하여 수록하지 못한 점이다. 연구가 깊어지면 완성된 논문으로 여기에 추록하고자 한다.

편제와 구성

이 책은 전체 4편으로 구성되어 있다. 제1편은 전통과 현대, 제2편은 생명과 인권, 제3편은 형사재판과 형사정책 그리고 제4편은 독일 통일과 법치주의이다.

저자는 이들 네 개의 주제군을 다루면서 한국 형사법의 뿌리와 대화를 나누고 싶었다. 한국의 형법학은 어떻게 발전해 왔으며, 또한 어떤 과제를 안고 있고, 어떤 방향으로 가야 하는가? 한국 형사법은 현재 무엇이 문제이고, 우리 연구자들은 지금 무엇을 하고 있으며, 앞으로 어떤 것을 준비해야 할 것인가? 이러한 고민들이 이 책의 편제에 묻어 있다.

저자가 특히 중점적으로 연구한 것은 1998년에 발표한 「사형제도는 폐지되어야 한다」와 2006년에 발표한 「피고인에게 불리한 판례변경과 소급효 문제」를 다룬 논문들이다. 이 두 논문에서 저자는 한국 형법학계의 상반된 입장들을 극명하게 대립시켜 보았다. 이 분야에서 논의된 논문들을 모두 수집하고 분석하여 인용하였다. 그래서 이 책의 5분의 1이 이 두 논문에 집중되어 있다. 여기에는 몇 가지의 숨은 이유가 있다. 하나는 누군가가 나와서 국내 학자들의 입장을 꼼꼼히 분석하고, 참고문헌들을 완벽하게 정리해 두어야 한다는 초학자로서의 의무가 있었고, 다른 하나는 이러한 토대 위에서 저자의 독자적인 주장을 전개하는 것이 학문하는 기본적인 자세라고 생각했기 때문이다. 이러한 연구방법론은 후학들에게 여러 가지로 참고가 될 수 있을 것이다.

사실 저자는 이 논문들을 집필하면서 한국 형법학계는 왜 외국의 논의들에 대해서는 상세히 소개하면서도, 국내 형법학자들의 논의과정은 비판과 인용에서 그토록 인색한지 궁금했다. 예를 들면 「피고인에게 불리한 판례변경과 소급효 문제」의 경우, 국내 형법학자들의 논쟁을 자세히 소개해도 이미 세계적인 학문적 수준이건만, 굳이 독일과 일본의 학자들의 주장을 소개하고 있다. 또한 한국 판례들을 분석해도 의의가 충분하건만, 구태여 외국의 판례들을 소개하고 있다.

저자는 이러한 경향에 사실상 문제를 제기한 것이다. 먼저 한국 학자 중 이 분야에서 누가 무엇을 주장했고, 그의 견해는 국내학자 중 누구의 견해와 유사하며, 외국학자 중 누구의 견해와 일치하고, 그러한 주장에는 한국 학자의 독창성을 인정할 수 없으며, 그의 주장이 우리의 현실과 무엇이 다르고, 그의 주장에서 어떠한 관점이 누락되어 있는지를 정면으로 지적했다.

저자는 이것이 학문하는 기본자세라고 믿는다. 이 두 논문들이 읽기에 따라서는 한국 학자들의 견해를 추출하여 단순하게 나열한 것처럼 보이지만, 사실은 우리 학자들의 중복과 재탕 그리고 미확인 외국 문헌의 인용을 사실상 역설적으로 비판한 것이다.

생각건대 한국에서 인문학 및 사회과학을 연구하는 신진학자들은 학문적 비판에 매우 조심스럽다. 사안(事案)과 사람을 구분하여 평가하지 않고, 감정적 도전으로 인식하기 때문이다. 그래서 학술대회의 토론장에서 항상 자기 생각을 펼치지도 못하고, 인사만 나누고 돌아온다. 이것은 아마도 많은 분들이 공통으로 느끼고 있는 심적 갈등일 것이다.

비슷한 인용과 외국 문헌의 번역된 글이 자기의 고유한 주장으로 변색되어 있는 학문적 풍토에서는 진정한 의미에서 한국 형사법의 발전을 도모할 수 없다. 직설적으로 표현하지 못하는 갑갑한 심정들을 선배 학자들은 이제 경청해 주어야 한다. 저자가 이들 두 논문에서 우리 학자들의 주장을 하나하나 상세하게 열거한 것은 10년 동안 한국 형사법학계를 가까이서 지켜본 저자의 안타까움의 표현이고, 참아왔던 부조리한 학문방법론에 대한 하나의 고백이다.

그렇기 때문에 저자는 이 두 논문에 대해서 아주 각별한 애정을 가지고 있다. 솔직하게 말하면 이들 두 논문에서는 적어도 한국의 입법, 판례, 학설, 그리고 비교법적 연구를 한 곳에 모아 가능한 한 종합적으로 검토하고 정리해 보려고 부단히 노력했다. 그리고 결론에서 독자적인 대안을 모색하면서 새로운 관점을 제기하려고 심각하게 고민했었다.

이들 논문들은 추후 계속해서 보완할 예정이다. 어느 정도 분량이 되면 독자적인 연구서로 출간할 생각이다. 이것이 각 분야에서 쌓이면 한국 형법사가 될 것이고, 한국 형법학의 이론적 깊이를 가늠하는 전문학술서가 될 것이라고 믿는다. 다소 투박한 문제제기에 독자들의 깊은 혜량을 구한다.

연구 내용

이 책에 담긴 저자의 형사철학은 무엇이며, 무엇을 주장하려고 하는가?

다산 정약용(1762-1836)의 철학으로 대답할 수 있을 것이다. 「변례창신」(變例創新) 즉 "전례를 참고하여 새것을 만들어라" 이 한 마디이다. 한국 형사법의 위대한 선각자인 정약용은 다음과 같이 말한다. '상황이 같은가?', '적용에는 문제가 없는가?', '어떤 점을 따로 고려해야 하는가?', '실천 가능하고 적용 가능한 대안이 있는가?', '참고할 자료가 없다면 발상만 가져와 기본정신의 바탕 위에서 새롭게 출발하라'. 저자는 다산의 이러한 지적을 항상 염두에 두고 연구과정에서 귀중한 지침으로 삼아 왔다.

또한 논제에서 저자는 무엇을 고민하였는가에 대해서도 언급할 필요가 있다.

제1편 「전통과 현대」에서는 한국 형법학의 계몽시대, 한국 형법학의 임무와 과제, 국제형법으로서 한국 형법, 국민의 사법참여, 한국 법학교육의 혁명을 다루었다. 여기서는 다산의 애민(愛民) 정신을 담아서 그 의미를 탐색했다.

제2편 「생명과 인권」에서는 생명형법과 인권형법, 한국은 어디까지 왔는가? 사형제도의 종식, 긴급체포와 체포적부심사, 공소시효제도의 개정, 낙태와 양형, 의사의 치료중단과 형사책임에 대한 근본문제를 다루었다. 저자는 여기서 "동아시아에서 처음으로 사형제도를 폐지하자"고 역설했다. 남북한 통일시대를 위해서도 극형의 폐지는 불가피하다고 강조했다. 또한 공소시효제도와 관련하여 형사소송법의 개정을 촉구했다. 이 문제도 통일시대를 위해 시급한 과제라고 생각한다. 그리고 전문가의 형사책임, 소위 화이트칼라범죄에 대한 형사처벌에 있어서 법원의 양형을 강도 높게 비판했다. 저자는 남북통일이 되기 전까지 "생명형법과 인권형법이 대폭 개선되어야 한다"고 확신한다.

제3편 「형사재판과 형사정책」에서는 대한민국 사법개혁의 현주소와 과제 그리고 국민을 위한 형사정책을 다루었다. 저자는 여기서 사법개혁은 사법시스템을 획기적으로 전환하지 않고서는 불가능함을 지적하고, 지금 하지 않으면 엄청난 사법불신과 사법비용을 지불해야 한다는 점을 강조했다. 또한 철저한 분석이 없는 대증적(對症的) 형사정책은 추방되어야 하며, 디지털 전자시대에 맞는 형사입법정책이 이루어져야 하고, 경제범죄의 국제공조와 경미범죄처리의 혁명이 필요하다고 강조했다.

제4편 「독일 통일과 법치주의」에서는 한국 형법학의 미래를 진단했다. 여기서 두 단어는 동의어라고 생각한다. 왜냐하면 「통일과 법치」의 문제는 독일에서뿐만 아니라 한국에서도 역시 절박한 과제이기 때문이다. 그래서 독일 통일과정에서 생겨난 여러 문제점과 주요 쟁점들을 다루었다. 우선 독일 통일과 스파이소송, 독일 통일과 공소시효, 독일 통일과 사법통합, 독일 통일과 경찰통합, 그리고 독일 통일과 교정통합의 문제를 진지하게 검토했다. 생각건대 이러한 주제들은 통일과 함께 바로 시작되는 것이고, 통일비용을 줄이고 사회통합을 위해서 시급한 과제가 아닐 수 없다. 남북통일과 사법시스템에 맞춘 저자의 이러한 시론적 고찰들은 누군가 먼저 시작해야 할 중요한 과제라고 본다. 저자는 이러한 형사법의 특수한 문제들이 이제 우리 사회에서 공론화되어야 한다고 생각한다.

최근 몇 년 동안 대한민국은 형사사법제도의 틀을 완전히 바꾸는 개혁의 시대를 맞고 있다. 이러한 시기에 형사법을 전공한다는 것은 어쩌면 형사법학자들에게는 하나의 행운인지도 모른다. 그러나 그만큼 역사적 책임도 따른다.

다산 정약용은 "개혁이란 낡은 질서에 대한 문제제기"라고 말한다. 그는 「경세유표」(1817) 서문에서 다음과 같이 역설한다.

> 무릇 창업의 시초에 법을 개혁하지 못하고 말세의 풍속을 그대로 따라 이를 떳떳한 법으로 삼으니, 이것이 예나 지금이나 공통되는 근심거리다. 우리나라의 법이라는 것은 대개가 고려의 옛것을 인순(因循, 낡은 인습을 버리지 아니하고 지킴)한 것으로서, 세종 때 이르러 다소 손익을 가하였으나 한 번 임진왜란을 겪은 후로는 백 가지 법도가 무너져 모든 일이 어수선하게 되었다. 터럭 한 끝에 이르기까지 병들지 않은 것이 없으니, 지금에 와서 개혁하지 않는다면 반드시 나라를 망치고 말 상태에 들어가는 것이다(정약용/이익성 옮김, 경세유표 I, 한길사, 1997, 37면).

저자는 한국 형사법의 르네상스시대에 이 책이 하나의 기초자료로 활용되었으면 한다. 그동안의 연구성과를 이렇게나마 정리하여 펴냄에 있어서 여러 가지로 심적 부담을 느끼지 않을 수 없다. 물론 대부분의 글들은 형사법학계에서 여러 학자들로부터 심사를 받고 발표된 논문들이기 때문에 어느 정도 검증을 받은 것이다. 그러나 진정한 의미의 학자적 평가는 항상 두렵고, 학문적 비판은 또 한 번 나를 번민 속으로 빠뜨리겠지만, 학문을 직업으로 선택한 사람으로서 감당할 몫이라고 생각한다. 독자 제현의 많은 비판과 논쟁을 기다린다.

감사의 말씀

누구나 그렇듯이 저자는 살아오면서 평생 동안 많은 사람들로부터 큰 은혜를 입었다. 그 중에서 여기에 몇 분만 소개할까 한다.

초학의 길을 열어 주신 박재규 경남대학교 총장님(전 통일부장관), 각별한 애정을 주신 이순복 경남대 총장님(경남신문사 회장)과 정충견 부총장님, 모교에서 헌신할 기회를 주신 정만희 동아대학교 부총장님, 은사이신 허일태·김상호 동아대학교 교수님께 머리 숙여 감사를 드린다. 또한 저자의 지도교수이신 독일 할레대학교의 한스 릴리에(Hans Lilie, 독한법률학회 회장) 교수님과 조무제 동아대학교 석좌교수님(전 대법관)께도 진심으로 감사를 드린다.

이 분들의 깊은 사랑과 배려 그리고 따뜻한 격려가 없었다면, 학문의 문을 도저히 두드리지 못했을 것이다. 이 분들의 은혜는 다 표현할 길이 없다.

또한 동아대학교의 김효전 교수님께도 깊이 감사드린다. 은사님께서는 특별히 이 책의 기획부터 출판까지 꼼꼼하게 지도해 주시어, 저자에게 나침반의 역할을 해 주셨다. 이번 기회에 저자는 혹독하게 학문적 기초를 다시 다지고, 책이 어떻게 만들어지는지를 확실하게 공부하게 되었다. 교수님의 각별하신 지도와 격려가 없었다면 이 책은 거의 불가능했을 것이다.

끝으로 시장성도 별로 없는 학술서적을 기꺼이 출간해 주신 법문사 배효선 사장님과 최복현 전무님의 따뜻한 배려와 격려에 진심으로 감사를 드린다.

2007년 봄

동아대학교 부민캠퍼스에서

하 태 영

차　례

제1편　전통과 현대

제1장 다산 정약용의 형사철학과 형사정책　[3–30]

Ⅰ. 서　론 ······ 3

Ⅱ. 다산 정약용 사상의 현대적 의미 ······ 4

1. 주희 사상과 다산 사상의 비교　4
2. 다산 사상의 종교적 배경　5
3. 다산의 예법일치사상　7
4. 다산 사상과 세계화　8

Ⅲ. 다산 정약용의 형사철학과 형사정책의 현대적 재평가 ······ 9

1. 다산의 소송철학－청송(聽訟)　11
2. 다산의 소송정책－단옥(斷獄)　14
3. 다산의 형법사상－신형(愼刑)　18
4. 다산의 행형철학－휼수(恤囚)　22
5. 다산의 형사정책－금포(禁暴)　24
6. 다산의 형사철학－제해(除害)　26

Ⅳ. 결론: 한국형 적극적 일반예방사상의 재정립을 위한 제언 ······ 28

제2장 적극적 일반예방사상　[31–49]

Ⅰ. 서　론 ······ 31

Ⅱ. 일반예방사상의 변천과정 ······ 32

1. 일반예방사상의 거부시대(1945년～1960년 말)　32
2. 일반예방사상의 재평가시대(1970년 초～1980년 중반)　34
3. 일반예방사상의 부활시대(1989년 후반～현재)　36

Ⅲ. 소극적 일반예방사상과 적극적 일반예방사상의 구분 ······ 39

Ⅳ. 적극적 일반예방사상과 국가형벌의 정당성과 목적 ······ 41

1. 적극적 일반예방사상과 국가형벌의 정당성　42
2. 적극적 일반예방사상과 국가형벌의 목적　42

Ⅴ. 일반예방사상에 대한 한국 형법학계의 논쟁 ······ 43

1. 위하와 규범안정화 43
2. 위하와 설득 44
3. 통합예방과 법질서의 방위 46
Ⅵ. 결론: 적극적 일반예방사상의 과제와 전망 …… 48

제3장 국제형법: 세계주의의 도입 여부 [50-78]

Ⅰ. 서 론 …… 50
Ⅱ. 세계주의의 연혁 …… 52
1. 중세 이탈리아의 세계주의 사상 52
2. 17세기와 18세기의 세계주의 사상 53
3. 19세기와 20세기의 세계주의 사상 53
4. 제2차 세계대전 후의 세계주의 사상 54
Ⅲ. 세계주의의 대상이 된 범죄의 범위 …… 54
1. 국제학회와 국제회의의 결의 54
2. 조약에 나타난 대상범위 55
Ⅳ. 대상 범죄의 분류 …… 56
1. 테러행위 56
2. 반인도적 범죄 57
3. 경제범죄 57
4. 환경범죄 57
5. 문화재범죄 58
Ⅴ. 외국의 입법례 …… 58
1. 일본 형법 58
2. 독일 형법 64
3. 이탈리아 형법 67
4. 스페인 형법 67
5. 벨기에 형법 68
6. 브라질 형법 69
7. 미국 형법 리스테이트먼트 69
Ⅵ. 결 론 …… 70
1. 1996년 12월 형법중개정법률안 제7조 세계주의 71
2. 입법방식과 입법내용 73
3. 그 밖의 문제들: 세계주의와 재판권행사의 문제 75

제4장 국민의 사법참여 [79–108]

– 국민의 형사재판참여에 관한 법률안에 대한 비판 –

Ⅰ. 서 론 ······ 79

Ⅱ. 법률안에 대한 비판적 검토 ······ 83

1. 명 칭 83
2. 대상사건과 피고인의 의사 85
3. 배심원의 수 89
4. 배심원의 자격 91
5. 배심원의 선정절차 95
6. 합의와 평결 97
7. 배심원 의견의 효력 및 공개여부 98

Ⅲ. 법률안에 대한 후속조치 ······ 100

1. 헌법 개정 100
2. 법정규모 개조와 형사재판부 증설 101
3. 집중심리제 도입 101
4. 소송구조와 상소제도의 개혁 102
5. 국선변호의 실효화를 위한 제도개선 103
6. 시민법관의 보호와 처우 103
7. 공판중심주의와 관행 및 실무의 획기적 개선 104

Ⅳ. 결 론 ······ 105

제5장 독일의 법학전문교육과 법조인양성 [109–128]

Ⅰ. 문제의 제기 ······ 109

1. 광복 후 한국 법학교육의 역사와 현주소 109
2. 식민지 문화의 연장선과 한국의 법률문화 110
3. 한국 법학교육의 문제점 111

Ⅱ. 독일의 법학전문교육과 법조인양성 ······ 111

1. 독일 법과대학 입학 조건 112
2. 독일 법과대학의 교과과정과 법학교육의 수학연한 113
3. 독일 법과대학의 강의 · 시험 · 세미나 115
4. 독일 법과대학의 방학과 방학 중의 과제 116
5. 독일 법과대학생의 국가시험 1차 시험 준비 117
6. 독일의 국가시험 1차 시험 수준과 채점 118

7. 독일의 국가시험 2차 시험 수준과 채점 120
8. 독일 법과대학을 움직이는 힘 121
9. 독일 법과대학의 강사진과 이론가와 실무가의 교류 122
Ⅲ. 통일과 세계화에 대비한 한국 법학교육의 방향 ………………………… 123
1. 법학교육목적의 방향전환 123
2. 법과대학의 교과과정과 교수방법의 획기적 개선 124
3. 법률시장의 제도적 확대 125
Ⅳ. 통일과 세계화에 대비한 단기유학의 필요성 ……………………………… 126

제 2 편 생명과 인권

제1장 사형제도는 폐지되어야 한다 [131–184]
Ⅰ. 다시 사형제도를 생각하면서 …………………………………………………… 131
Ⅱ. 현행법상의 사형범죄 ……………………………………………………………… 134
1. 일반형사범 135
2. 특정범죄 135
3. 정치범 136
4. 공안사범 136
5. 군사범죄 137
Ⅲ. 사형존치론과 사형폐지론의 논쟁사 ………………………………………… 138
1. 헌법적 관점 139
2. 법철학과 법인간학적 관점 141
3. 형법과 형사정책적 관점 142
4. 범죄통계적 관점 146
5. 법사회학적 관점 147
6. 사 견 151
Ⅳ. 사형제도에 대한 대법원과 헌법재판소의 입장 ………………………… 153
1. 대법원의 입장 154
(1) 부산 미국 문화원 방화사건 154 (2) 사소한 시비 후 살인사건 155
(3) 강도치사사건 156 (4) 강도살인사건 157
(5) 살인, 살인미수 158 (6) 강도살인 후 자동차 방화사건 159
(7) 처제 강간살해사건 160 (8) 치정관계로 인한 공모살인 161
(9) 히로뽕 투약 후 조폭살인사건 162 (10) 참치잡이 원양어선사건 162

(11) 사형 선택시 양형조건에 대한 조사와 심리 163
(12) 영생교 살인사건 165
(13) 사형의 선고가 허용되기 위한 요건 166
2. 헌법재판소의 입장 167
(1) 사형제도에 의한 생명권 침해에 대한 헌법소원 168
(2) 형법 제250조 등 헌법소원 169
3. 사 견 175
V. 사형폐지의 필요성과 시급성 ······ 177
1. 사형폐지는 세계의 전반적인 흐름이다. 177
2. 사형조항의 폐지를 위한 한반도 인권선언을 하라. 180
3. 2008년을 「한반도 인권선언」의 원년으로 삼자. 182
4. 국회의원들의 입법적 결단을 촉구한다. 183

제2장 긴급체포된 피의자와 체포적부심사청구 [185–206]

I. 서 론 ······ 187
II. 쟁점과 평석 ······ 189
1. 긴급체포된 피의자에게 체포적부심사청구권이 있는지의 여부 189
2. 체포적부심사절차에서 피의자를 보증금납입을 조건으로 석방할 수 있는지의 여부 194
3. 보증금 납입을 조건으로 한 피의자 석방결정에 대하여 항고할 수 있는지의 여부 199
III. 결 론 ······ 203
1. 체포·구속적부심사의 청구권자의 명시적 확대 203
2. 체포된 피의자를 보증금납입조건부 석방결정에서 기소 전 보석청구의 대상으로 명시 204
3. 보증금 납입을 조건으로 한 피의자 석방결정에 대하여 항고의 제한 205
4. 체포·구속적부심사의 청구에 있어서 체포기간 및 구속기간 산입 206

제3장 공소시효제도의 문제점과 개정방향 [207–238]

I. 서 론 ······ 209
II. 공소시효제도의 의의와 본질 ······ 212
1. 공소시효제도의 정당성과 법적 한계 212
(1) 공소시효제도의 존재근거 212 (2) 공소시효제도의 법적 한계 213

2. 공소시효의 본질과 소급효금지의 원칙 214
(1) 실체법설 215 (2) 소송법설 215
(3) 병합설 217 (4) 사 견 217
Ⅲ. 공소시효기간의 개정과 공소시효배제조항의 신설 ······················ 220
1. 공소시효기간의 개정 220
(1) 공소시효기간의 문제점 221 (2) 공소시효기간의 연장 222
2. 공소시효배제조항의 신설 223
(1) 헌정질서파괴범죄 223
(2) 국가권력기관의 구성원에 의한 고문·상해·살인범죄 224
(3) 전쟁과 테러에 의한 민간인 학살범죄 225
(4) 직계존속살해와 미성년자 유괴살인범죄 226
(5) 약취·유인 및 감금에 의한 노예범죄 226
3. 형사소송법 제249조(공소시효기간)의 신구 대비표 227
Ⅳ. 공소시효의 정지조항의 개정 ·· 228
1. 공소시효정지사유의 문제점 228
2. 공소시효정지사유의 신설내용 230
(1) 미성년자에 대한 성범죄 230
(2) 국가권력기관의 구성원에 의한 증거조작 및 사실발견의 은폐행위 230
3. 형사소송법 제253조(시효의 정지와 효력)의 신구 대비표 231
Ⅴ. 결 론 ··· 232
1. 공소시효제도, 정의와 법적 안정성의 충돌인가? 232
2. 국가권력기관의 구성원 의한 범죄행위를 왜 처벌해야 하는가? 232
3. 공소시효를 왜 배제해야 하는가? 232
4. 공소시효의 배제조항은 헌법에 배치되는가? 233
5. 공소시효의 배제를 위한 법적 해결방향은 무엇인가? 233
6. 형사소송법 공소시효조항의 개정을 촉구한다. 234
[토론요지] 제3회 한국 법률가대회(2002.10.26) ································· 243

제4장 형법상 부작위범이 인정되기 위한 요건 [239-267]

Ⅰ. 서 론 ··· 244
Ⅱ. 부작위범의 의미 ·· 244
Ⅲ. 부진정부작위범이 인정되기 위한 요건 ·· 246
1. 구성요건적 결과발생 247
2. 결과발생방지의 가능성 248
3. 부작위 252

4. 부작위의 동가치성 253
5. 보증인의 지위 254
6. 인과관계와 객관적 귀속 256
7. 고 의 259

Ⅳ. 결 론 ……… 262
1. 「32주 8삭둥이 낙태판결」에 대한 비판 262
2. 태아의 생명보호 264
3. 형법 제18조 개정의 필요성 266

제5장 의사의 치료중단과 형사책임 [268-277]

Ⅰ. 서 론 ……… 273
Ⅱ. 본 론 ……… 274
1. 의료관행과 환자의 자의퇴원의 한계 274
2. 의학적 충고에 반하는 자의퇴원(DAMA) 274
3. 소극적 안락사 274
4. 생명윤리위원회 276

Ⅲ. 결 론 ……… 276
1 의료복지시스템의 정비 276
2. 소극적 안락사의 합법화 277

제 3 편 형사재판과 형사정책

제1장 피고인에게 불리한 판례변경과 소급효금지의 문제 [281-327]

Ⅰ. 피고인에게 불리한 판례변경의 문제점 ……… 281
Ⅱ. 피고인에게 불리한 판례변경의 사례와 대법원의 입장 ……… 283
1. 범죄구성요건을 창설한 사례 284
2. 가중된 범죄구성요건을 적용한 사례 290
3. 대법원의 입장 292

Ⅲ. 피고인에게 불리한 판례변경과 형법학계의 논쟁사 ……… 293
1. 소급효부정설: 헌법 제13조 제1항과 형법 제1조의 준용을 통한 헌법적 해결방안 295
2. 소급효긍정설: 형법 제16조 법률의 착오를 통한 형법적 해결방안 302

3. 검 토 308

Ⅳ. 피고인에게 불리한 판례변경과 근본적인 해결방안 ···················· 311
－형법 제1조는 개정되어야 한다－

1. 형법 제1조의 개정방향 312

2. 형법 제1조의 개정안의 법적 의미 314

(1) 헌법적 관점: 신뢰보호의 원칙과 주관적인 법적 안정성 보장 314

(2) 법이론학적 관점: 법발견 활동과 법형성 활동도 법적 안정성과 신뢰보호의 원칙 유지 314

(3) 형사정책적 관점: 적극적 일반예방 315

(4) 법사회학적 관점: 대법원 판례의 기능 316

(5) 형사법적 관점: 새로운 법발견과 피고인 보호 동시 실현 317

3. 개정 형법 제1조와 실제사례의 구체적 해결방법 319

(1) 대판 1989.9.12. 87도506 복사문서의 문서성 319

(2) 대판 2001.4.19. 2000도1985 공문서부정행사죄 320

[비교법연구] 피고인에게 불리한 판례변경과 독일 형법학계의 논쟁사 ··················· 322

1. 소급효부정설: 헌법 제20조 신뢰보호와 헌법 제103조 제2항의 준용 323

(1) 피고인의 법적 신뢰와 규범안정성 324

(2) 대법원 전원합의체판결은 입법을 보충하는 사실상의 입법적 작용 324

(3) 법관의 본질적 활동은 법적 안정성과 신뢰보호의 원칙이 유지되는 범위에서 보장 324

(4) 신뢰의 원칙은 법치국가에서 형법이 모색하고 있는 핵심 324

(5) 적극적 일반예방이론과 법적 안정성 325

(6) 「일관된 판례」란 전원합의체에 의하여 변경 될 수밖에 없는 판례 325

(7) 피고인에게 불리한 판례변경, 판결공시 이후에 발생하는 장래의 사건에 적용 325

2. 소급효긍정설: 형법 제17조 금지착오를 적용 326

(1) 판례변경은 일반적 법해석의 문제 327

(2) 법해석은 법관 고유의 임무 327

(3) 판례는 법원이 아니다 327

(4) 형법 제17조 금지착오로 해결 327

제2장 한국 형법에 있어서 재물개념의 논쟁사 [328－360]
－디지털시대의 새로운 법제이론과 형법 제346조 재물간주 규정의 개정－

Ⅰ. 서 론 ·················· 328

Ⅱ. 한국 형사법학계의 논쟁사 ············ 330
1. 한국의 법규정에 나타난 재물 관련 규정들 330
(1) 형법상 재물 관련 규정들 330 (2) 특별법 332
2. 학설의 대립 341
(1) 유체성설 341 (2) 관리기능성설 342
(3) 사 견 343
Ⅲ. 대법원 판례 분석 －재물개념의 논쟁사－ ············ 345
1. 농경시대의 판례들 345
2. 산업화 초기시대의 판례들 346
3. 산업화 후기시대의 판례들 347
4. 정보화시대의 판례들 349
5. 디지털시대의 판례들 354
Ⅳ. 결 론 ············ 357
1. 인쇄매체시대에서 디지털시대로 357
2. 디지털시대의 새로운 법제이론 358
3. 형법 제346조의 개정의 필요성 359

제3장 법원의 공소장 변경과 고소취소의 효력 [361－398]

Ⅰ. 서 론 ············ 365
Ⅱ. 공소사실의 축소인정과 공소장변경 요부 ············ 367
1. 형사소송법 제298조 공소장변경제도 367
2. 공소사실의 축소인정과 판단기준 370
3. 공소사실의 축소인정과 공소장변경절차의 요부 373
4. 대상판결의 검토 377
(1) 공소장변경요구 없는 의무적 유죄판결설 377
(2) 예외적 의무설: 공소장변경 필요설 379
(3) 사 견 382
Ⅲ. 항소심에서의 친고죄 판명과 고소취소의 효력 ············ 384
1. 형사소송법 제232조 제1항 고소취소의 시한 385
2. 항소심에서 친고죄 판명과 고소취소의 효력 386
(1) 무효설 386 (2) 유효설 387
(3) 절충설 389 (4) 기타(입법론) 390
3. 대상판결의 검토 391
(1) 무효설(대법원 다수견해) 391 (2) 유효설(대법원 소수견해) 392
(3) 사 견 393

Ⅳ. 결　론 ······ 394
[비교법연구] 일본 형사소송법 제237조(고소의 취소)와 제312조(기소장 변경) ······ 396

제4장 삼심제 소송구조의 문제점과 상소제도의 개혁방안 [399–428]

Ⅰ. 문제의 제기 ······ 399
Ⅱ. 삼심제 소송구조와 현행 형사재판제도의 문제점 ······ 400
1. 효율성의 문제 401
2. 친밀성의 문제 402
3. 신속성의 문제 403
4. 신뢰성의 문제 403
5. 투명성의 문제 408
(1) 논의 과정 408
(2) 참심제도의 성공 여부 410
(3) 독일 참심제도의 교훈 410
Ⅲ. 상소제도의 개혁방안 ······ 413
1. 형사재판 제1심 재판강화 413
(1) 업무내용의 강화 414
(2) 인적 충원의 강화 414
(3) 소송의 경제성: 소송기간단축과 양형합리화 415
(4) 소송비용절감 416
2. 고등법원의 역할 확대와 상고심의 이원화 417
3. 대법원의 업무 경감과 3심제를 2심제로 전환 418
(1) 단축된 심급제도와 소송권 향유권리의 충돌문제 418
(2) 법해석 통일과 법적 안정성의 문제 420
4. 소송절차이분법의 도입 420
(1) 인격권의 보호 420
(2) 변호권의 보장 421
(3) 양형의 합리화 421
(4) 소송의 경제성 421
(5) 형사정책적 요구 421
Ⅳ. 결　론 ······ 422

제5장 매춘에 관한 법사회학적 연구 [429–457]

Ⅰ. 서　론 ······ 429
Ⅱ. 매춘과 범죄학이론 ······ 431
1. 정신병리학이론 431
2. 경제학이론 431

3. 심리분석이론 432
4. 페미니즘이론 432
5. 복합이론 432
6. 학습이론 433
7. 사회심리이론 433
8. 사 견 433
Ⅲ. 매춘과 사법통제 ······ 434
1. 경찰의 단속통계 434
2. 검찰의 단속통계 434
3. 법원의 양형통계 435
Ⅳ. 매춘과 형사정책 ······ 436
1. 매춘과 입법정책 437
(1) 매매춘에 관한 접근방식 437
(2) 한국의 공창제도 도입에 관한 논쟁 442
(3) 입법정책에 대한 사견 445
(4) 매춘업소에 대한 체계적인 압박정책 448
(5) 성매매 착취자에 대한 법정형 강화 449
(6) 미성년자에 대한 보호규정 강화 451
(7) 미성년자에 대한 고용업소의 행정조치 강화 451
2. 매춘과 사법정책 452
(1) 단속 및 신고체제 강화 452 (2) 처벌강화 452
3. 매춘과 시민단체의 역할 453
(1) 매춘업소에 종사하는 여성보호와 긴급상담전화 1588-9090 453
(2) 매춘여성의 사회복귀와 매춘유입경로의 차단 453
(3) 언론 캠페인 454 (4) KOREA 2010 프로젝트 454
Ⅴ. 결 론 ······ 455

제6장 대형사고의 문제점과 해결방안 [458-488]

Ⅰ. 서 론 ······ 458
Ⅱ. 대형사고의 사례분석 ······ 460
1. 선박사고 461
2. 화재사고 462
3. 교통사고 464
4. 항공기사고 465
5. 건축물 붕괴사고 466

Ⅲ. 대형사고의 문제점 ········· 468
1. 대형사고의 발생원인과 관련된 문제점 468
(1) 안정규정의 무시 468 (2) 시설관리체계의 소홀 469
(3) 조직화된 무책임 470 (4) 부정부패 472
2. 대형사고의 수습과정과 관련된 문제점 473
(1) 건물 및 화재보험의 문제 474
(2) 책임자에 대한 처벌범위의 문제 474
(3) 책임자에 대한 양형의 문제 475
(4) 지방자치단체의 개입의 문제 477
(5) 재해구호기금의 운용상의 문제 479
(6) 언론보도의 문제 479
Ⅳ. 대형사고의 해결방안 ········· 480
1. 입법부를 통한 해결방안 481
(1) 건물주와 업주의 책임보험 481
(2) 집단소송제도의 도입 481
(3) 재해구호기금법의 개정 485
(4) 대형사고 관련 보상금 지급조례안과 특별위로금의 신설 485
2. 행정부를 통한 해결방안 486
(1) 건축물의 안전설계와 상시점검의 시스템 구축 486
(2) 지방자치단체의 개입의 최소화 486
(3) 행정공무원의 무한책임과 공무원에 대한 구상권 행사 486
3. 사법부를 통한 해결방안 487
(1) 결제한 공무원의 민·형사책임 487
(2) 대형사고 책임자의 법정최고형 선고 487
4. 언론을 통한 해결방안 487
(1) 공동취재와 심층취재 487 (2) 성금모금과 분배 488
Ⅴ. 결 론 ········· 488

제7장 특가법상 도주차량운전죄에 있어서 상해의 인정범위 [489-510]

Ⅰ. 서 론 ········· 491
Ⅱ. 대법원 판결의 분석과 의미 ········· 493
1. 특가법상의 상해를 인정한 판례 493
(1) 외상 이외의 상해나 후유증 493 (2) 11세 초등학교 4학년의 예 494
(3) 경미하지만 신체의 생리적 기능에 손상 494
2. 특가법상의 상해를 부정한 판례 495
(1) 외견상 쉽게 알 수 있는 상해를 입지 않은 사고 495
(2) 가볍게 스치면서 별다른 상처를 입지 아니한 사고 495

(3) 객관적인 외상이나 관절부위에 이상이 없는 사고 496
(4) 외견상 쉽게 알 수 있는 상해를 입지 않은 사고 496
3. 대상판결의 분석과 의미 497
(1) 상해판단의 조건 498 (2) 상해판단의 기준 499
(3) 형법 및 형사정책적 의미 499
Ⅲ. 대법원 판결의 문제점과 발전방향 ······ 501
1. 주관적 판단기준과 객관적 기준표 501
2. 교통정책의 혼선과 법적용의 통일 502
3. '고무줄 해석'의 위험성과 판례의 통일 503
Ⅳ. 결 론 ······ 503
1. 도로교통법 제50조 제1항 개정의 필요성 504
2. 특가법 제5조의3 제1항 제2호 상해인정을 제한하는 기준표 505
3. 상해진단서의 공신력 확보방안의 필요성 507
4. 특가법 제5조의3 제1항 벌금형 개정 반대 508

제8장 도로교통법상 혈액검사를 통한 음주측정권 [511 528]

Ⅰ. 서 론 ······ 511
Ⅱ. 호흡음주측정의 결과불복과 운전자의 혈액채취 요구조건 ······ 512
1. 헌법재판소의 결정 514
(1) 사건의 개요 514 (2) 헌법재판소의 판단 515
2. 대법원의 판결 515
(1) 공소사실의 요지 515 (2) 법원의 판단 516
3. 혈액채취의 요구를 위한 전제조건 518
(1) '상당한 시간' 30분의 미경과 518
(2) 호흡측정방법의 선행실시 519 (3) 혈액채취요구의 정당성 519
(4) 대법원 판결의 형사정책적 의미 519
Ⅲ. 호흡음주측정의 결과불복과 운전자의 혈액검사 요구권 ······ 520
1. 채혈시간의 제한과 미약한 법적 근거의 보완 520
2. 호흡측정의 오차문제와 대책방안 521
(1) 호흡기 속에 있는 불순물과 알콜농도의 오차 521
(2) 라디오 주파수의 방해와 측정결과의 오차 521
(3) 호흡측정기의 조작실수와 측정결과의 오차 521
3. 음주측정기와 혈액채취에 의한 음주량 편차 비교 522
(1) 사례 1: 편차 +0.008 522 (2) 사례 2: 편차 -0.009 522
(3) 사례 3: 편차 +0.015 523 (4) 사례 4: 편차 -0.007 523
(5) 사례 5: 편차 +0.003 523 (6) 사례 6: 편차 +0.013 523

4. 도로교통법 제44조 제3항 개정의 필요성 524

Ⅳ. 결 론 ······ 524

1. 혈액채취 요구시한과 호흡측정시점으로부터 1시간 이내 524
2. 시한을 넘어 채취한 혈액과 보강증거로의 활용방안 526
3. 도로교통법 제44조 제3항의 개정과 그 이유 526
4. 도로교통법과 적극적 일반예방 528

제9장 불법자금세탁에 관한 법적 대응방안 [529-539]

Ⅰ. 서 론 ······ 529

Ⅱ. 범죄수익은닉의 규제 및 처벌 등에 관한 법률 ······ 530

1. 의 의 530
2. 입법과정 531
3. 입법내용 531
4. 문제점 532

Ⅲ. 불법자금의 세탁과정과 법적 대응 ······ 532

1. 불법자금의 금융편입 532
(1) 차명과 도용 532
(2) 금융출납직원의 매수와 서류조작 533
(3) 불법세탁조직원의 명의로 금융기관에 예금계좌의 개설 533
(4) 유령회사의 설립과 금융기관에 예금계좌의 개설 533
(5) 국외에서 불법자금의 합법적 세탁 533
2. 불법자금의 분산이체 533
(1) 불법자금의 국내유입 533 (2) 불법자금의 유입통로 534
(3) 불법자금의 분산방법 534
3. 불법자금의 증거인멸 534
(1) 당첨권의 구입 535 (2) 부동산과 예술품의 구입 535
(3) 국채증권의 구입 535 (4) 연말정산과 세금환급 535
(5) 상품권 및 항공권의 구입 535
(6) 고가물품의 구입 및 고액의 생명보험의 가입 535
(7) 고액의 보험상품의 가입 536 (8) 회사설립 536
(9) 거액의 위장대출과 불법자금으로 상환 536
4. 불법자금의 운영업종 536
(1) 서비스업종 및 특수시술업소 537
(2) 대중음식점 537
(3) 스포츠기업, 여행사, 디스코텍, 이벤트사업체, 매춘업 537
(4) 자동차사업 538 (5) 문화사업 538

(6) 변호사사무실, 공증인, 건설회사, 개인외환교환소(암달러상), 투자상담소 538
5. 불법자금과 세탁조직 538
Ⅳ. 결 론 ············ 539

제10장 독일의 경미범죄 처리제도와 구체적 운영실태 [540–578]

Ⅰ. 서 론 ············ 540
Ⅱ. 독일 질서위반법의 기본구조 ············ 542
1. 법체계에서 질서위반법의 지위 543
2. 독일 질서위반법의 구조 544
3. 질서위반과 범죄행위의 구분 545
Ⅲ. 독일 질서위반법의 발전사 ············ 546
1. 1871년의 제국형법전 547
2. 1949년의 경제형법 547
3. 1952년의 질서위반법 548
4. 1968년의 질서위반법 549
5. 1969년의 제2차 형법개정과 1974년의 형법시행법률 549
6. 그 외 중요 개정안 550
Ⅳ. 독일 질서위반법의 법규정 ············ 550
1. 법적 토대 551
2. 질서위반행위의 구조 551
3. 객관적 구성요건 552
4. 주관적 구성요건 552
5. 위법성 553
6. 비난가능성 554
7. 부작위 554
8. 미 수 555
9. 가 담 555
Ⅴ. 독일 질서위반법의 제재규정 ············ 556
1. 개요와 원칙들 556
2. 질서위반금 556
3. 연대질서위반금 557
4. 추 징 558
5. 몰 수 558

6. 그 밖의 규제들 559
7. 경 합 559
Ⅵ. 독일 질서위반법의 소추 및 소송절차 ·· 560
1. 질서위반금절차와 형사소송 560
2. 질서위반금절차의 구조 561
3. 기소편의주의 562
4. 소송조건과 소송장애 563
5. 경고와 경고금 563
6. 수사절차 564
7. 질서위반금결정 565
8. 이의신청과 중간재판 565
9. 공 판 566
10. 항소와 항고 567
11. 재 심 567
12. 강제집행과 비용 568
Ⅶ. 결 론 ·· 568
1. 독일 질서위반법의 시사점 568
(1) 질서위반법을 통한 형사정책: 과감한 비범죄화 569
(2) 형벌 대신 질서위반금: 전과자 축소 569
(3) 광의의 형법: 형법 대신 질서위반법 569
(4) 신속하고 간이한 결정과 집행: 불복시 재판으로 결정 570
(5) 행정관청의 조사와 소추: 기소편의주의 570
(6) 질서위반금징수집행관청: 미납하는 경우 연체료 5%와 강제구금 571
2. 한국 행정법규 위반사범의 처리실태와 행정벌 제도의 문제점 571
(1) 형벌법규의 과잉현상과 국민의 준법정신의 약화 571
(2) 전과자 양산과 국민의 사회생활의 제약 571
(3) 국민생활 침해행위의 벌칙미약과 법령의 실요성 확보 곤란 572
(4) 행정벌칙간의 형량의 불균형과 법적 형평성의 결여 572
3. 한국형 질서위반법 도입과 운영방안에 관한 제안 572
(1) 입법부의 과제: 질서규범체계와 질서규범 통제체계의 재정립 573
(2) 사법부의 과제: 경미범죄처리실태의 재정립 574
4. 한국형 질서위반법을 위한 몇 가지 제안 575
(1) 질서위반법은 공법의 일부이고 광의의 형법이다. 575
(2) 질서위반행위는 형벌이 아닌 질서위반금으로 정비되어야 한다. 575
(3) 질서위반법으로 편입될 행위유형을 정비하고, 과감한 비범죄화의 입법을 추진해야 한다. 576
(4) 한국의 법전에서 범칙금이라는 용어는 완전히 삭제되어야 한다.

범칙금은 형벌도 아닌 것이 형벌의 역할을 하고 있다. 576
(5) 한국형 질서위반법의 제정이 필요하다. 단순행정의무위반과 경미범죄를 하나의 범주로 묶고, 동일한 절차에 따라 동일한 제재를 부과해야 한다. 577
(6) 질서위반법에는 법치국가적 안전장치가 마련되어야 한다. 577
(7) 질서위반법에는 통칙규정이 필요하다. 577
(8) 질서위반법에는 질서위반행위의 유형화와 정형화가 필요하다. 577
(9) 질서위반법은 비송사건절차에 의해서 처리될 사건이 아니고, 독자적인 질서위반금 기소절차에 의해서 진행되어야 한다. 578
(10) 질서위반법 제정과 함께 전과말소 등 후속조치가 단행되어야 한다. 578

제 4 편 독일 통일과 법치주의

–한국 통일에 대한 시사점–

제1장 독일 통일과 스파이소송 [581–612]

Ⅰ. 서 론 ······ 581
Ⅱ. 스파이행위에 대한 사건 개관 ······ 582
1. 중앙정찰총국장 베르너 그로스만 사건: 구체적 규범통제 583
2. 동독 인민군장교 L 사건: 헌법소원 583
3. 동독 공작원 K 사건: 헌법소원 584
4. 서독 공작원 D 사건: 헌법소원 584
5. 연방헌법재판소의 결정요지 585
Ⅲ. 동독 정보기관들의 조직구조 ······ 585
1. 국가공안부소속의 중앙정찰총국과 제15국 585
2. 국가공안부의 외각활동부대 587
3. 동독 인민군 정찰국 587
4. 동독 국가공안부 조직도 588
Ⅳ. 스파이활동의 유형과 범위에 대한 분석 ······ 589
1. 국가공안부소속 중앙정찰총국의 스파이활동 589
(1) 동독 국가공안부소속의 다른 정보기관들간의 연대공작 589
(2) 소련 정보국과 동독 국가공안부 소속 정보기관들의 연대공작 590
(3) 중앙정찰총국의 비공식협력요원들 591
2. 동독 국가공안부의 조직해체과정에서 등장한 문제점들 592
Ⅴ. 스파이행위자에 대한 처벌 관련 형사법규정 ······ 594

1. 서독 형법 594
2. 법원조직법 594
3. 형사소송법에 의한 스파이형사소송의 종결 595
Ⅵ. 스파이형사소송에서 제기된 법적 문제와 사법부의 판단 ·········· 596
1. 연방법원과 다수 주법원의 견해 596
(1) 서독 형법의 적용과 관련하여 597
(2) 통일조약의 규정과 관련하여 597
(3) 형법 제94조의 정범과 관련된 문제 598
2. 베를린 캄머법원의 소수견해 599
3. 연방헌법재판소의 결정 599
4. 파급효과와 판결의 계속된 발전 600
5. 중간 결론 601
Ⅶ. 스파이형사소송의 통계 ·········· 602
1. 연방검찰청의 조직과 인적 구성 603
2. 수사통계와 기소통계 603
3. 판결 통계 607
Ⅷ. 결 론 ·········· 608
1. 독일 스파이형사소송에 대한 법적 평가 608
(1) 장 · 점 608 (2) 단 점 610
2. 한국 통일에 대한 시사점 611

제2장 독일 통일과 공소시효 [613–618]

Ⅰ. 서 론 ·········· 613
Ⅱ. 재판의 경과 ·········· 614
1. 제1심 법원의 판단 614
2. 피고인과 검찰의 상고 615
3. 독일 연방법원의 판결 615
Ⅲ. 법적 쟁점 ·········· 615
Ⅳ. 결론: 한국 통일에 대한 시사점 ·········· 617

제3장 독일 통일과 사법통합 －남북한의 사법제도 통합방안－ [619–672]

Ⅰ. 서 론 ·········· 619
Ⅱ. 독일의 사법통합의 사례 ·········· 620

1. 1989년 11월 9일 국경개방 이전까지의 동독의 상황 620
(1) 마르크스－레닌주의 국가이론과 법이론에 따른 사법기능 620
(2) 법원조직 621 (3) 법관과 검사의 수 622
(4) 법조인의 교육 622 (5) 사법보조관 623
(6) 변호사 623 (7) 국가공증소 624
(8) 법원조직법과 소송법 624 (9) 행 형 624
2. 독일 통일조약 및 사법통합과 관련한 법 상황의 발전 625
(1) 독일 통일 이전까지의 상황 625 (2) 독일 통일조약 627
(3) 독일 통일 이후의 상황 629
3. 1989년 가을부터 통일시까지 사법분야의 변화 630
(1) 사법제도의 변형 630
(2) 변호사 국가공증인들의 증가 630
(3) 형사판결심사위원회 631 (4) 인적 지원 631
(5) 보충교육 631 (6) 비송사안 632
4. 독일 통일 이후의 동독지역(신연방주)사법상황－통합과정－ 632
(1) 접수사건의 증가 632
(2) 주(州) 사법행정의 재건과 자매결연 633
(3) 협력과 경험의 상호교환 634 (4) 판사와 검사 634
(5) 사법보조관 기타 고급공무원 635
(6) 기타 사법종사원 636
(7) 동독 출신 사법종사원들의 보충교육 636
(8) 변호사와 공증인 636 (9) 비송사안 636
(10) 강제집행과 파산 637 (11) 사법통계 637
(12) 행 형 637
5. 기타 사항 638
(1) 연구프로그램 638
(2) "인민의 이름으로? －동독의 사법제도" 전시회 638
(3) 주법으로서 계속 효력을 갖는 동독 법률의 문구확정과 문구교정 639
6. 정리와 전망 639
Ⅲ. 북한의 사법제도 운용 ………………………… 640
1. 북한 사법제도의 특징 640
(1) 사법기관의 기계적 법적용 640
(2) 당우위의 체제와 사법제도 641
(3) 사회주의 법률제도 완비 강조 641
(4) 사회주의준법성·사회주의법무생활의 강화 641
(5) 인권보장과 사법제도 642
2. 북한의 재판제도 643
(1) 법 원 643 (2) 재판기관의 구성 643
(3) 재판기관의 임무 645 (4) 재판소의 활동원칙 647

(5) 형사재판의 사건관할 648 (6) 제2심 재판, 비상상고, 재심 649
(7) 재판의 독립 문제 650
3. 북한의 검찰제도 655
(1) 검찰소 위상의 변천 655 (2) 검찰소의 구성 655
(3) 검찰소의 임무 656 (4) 검찰소의 활동원칙과 책임 657
(5) 검찰기관의 사명과 임무 658
4. 북한의 변호사제도 659
(1) 변호사 관계규정 개요 659 (2) 권리와 의무 660
(3) 변호사 조직 661 (4) 변호사 자격 662
(5) 변호사 보수 662
5. 북한의 공증소제도 662
(1) 공증소의 조직 663 (2) 공증소의 사명과 임무 663
(3) 다른 사법기관과의 관계 664
6. 법학교육과 법조인력양성제도 664
Ⅳ. 남한의 사법제도 운용 ………… 665
1. 사법기관의 구성 665
2. 사법권 독립문제 665
3. 변호사제도 666
Ⅴ. 사법제도 통합방안 ………… 667
1. 모델의 구상 667
2. 재판제도 668
(1) 심급제도 668 (2) 법관의 자격 668
(3) 배심원과 참심원제도 668 (4) 검 사 669
(5) 변호사·법무사 669 (6) 민사소송과 형사소송 670
3. 사법권의 독립 670
4. 행형제도 670
5. 법조인력의 양성문제 671
Ⅵ. 결 론 ………… 671

제4장 독일 통일과 경찰통합 [673-690]

Ⅰ. 서 론 ………… 673
Ⅱ. 독일 통일의 의미와 경찰통합의 과정 ………… 674
1. 독일 통일의 의미 675
(1) 독일 통일과 나의 꿈 676 (2) 통일된 하나의 유럽 676
(3) 서독 정부의 의무 676
(4) 인권과 평화적 통일 그리고 긴 호흡 676

(5) 통일 환경과 후회 677 (6) 정상회담과 생중계 677
(7) 독일인의 단일민족 의식 678
(8) 서독 기본법 전문과 독일 통일 678
(9) 홍수를 대비한 제방 678
2. 경찰통합의 과정 679
(1) 조직 정비 679 (2) 인적 정비 680
(3) 물적 정비 682
Ⅲ. 한국 통일의 의미와 경찰통합의 과제 ············ 684
1. 한국 통일의 의미 684
2. 경찰통합의 과제 685
(1) 조직 정비 686 (2) 인적 정비 686
(3) 물적 정비 687 (4) 행정소송 대비 687
Ⅳ. 결 론 ············ 688

제 5 장 독일 통일과 교정통합 [691–712]

Ⅰ. 서 론 ············ 691
Ⅱ. 독일 통일 後 교정정책의 변화와 그 문제점 ············ 692
1. 인적 통합 692
(1) 조직개편 693 (2) 인적 청산 693
(3) 인적 충원 694 (4) 문제점 694
2. 물적 통합과 문제점 695
3. 법적 분쟁 사례들 696
(1) 대기발령 판결 696
(2) 판·검사에 관한 두 건의 결정 697
(3) 대기발령 판결의 한 변형 698
Ⅲ. 한국 통일 後 북한지역 교정정책의 방향 ············ 699
1. 북한의 교정실태 699
(1) 북한 교화소의 수감 대상 및 현황 700
(2) 북한 교화소의 운영실태 701 (3) 탈북난민 사례 702
(4) 최근 북한 형법 동향 702
2. 통일 後 북한지역 교정정책의 기본방향 704
(1) 북한지역 교정조직의 해체와 개편작업 705
(2) 북한의 교정용어 전면 수정 706
(3) 정치범수용소와 노동교화소 개편 707
(4) 교정시설의 현대화와 규모 확충 708
(5) 교정공무원의 직무교육과 북한 실정에 맞는 사회적응 교육프로그램 708

Ⅳ. 결 론 709
1. 통일 대비 북한지역 교정정책의 수립 709
2. 독일의 교정정책의 교훈 709
3. 교정, 검찰, 법원의 복구준비와 공동으로 추진 710
4. 북한지역 교정시설 개편 및 지원에 관한 특별법 711
5. 통일대비 교정인력 네트워크 구축 711
6. 교정청 신설 711
7. 남한의 법치주의와 인권 선진국 712

참고문헌 713
판례색인 739
인명색인 744
사항색인 750

제1편
전통과 현대

제1장 다산 정약용의 형사철학과 형사정책
제2장 적극적 일반예방사상
제3장 국제형법 : 세계주의의 도입 여부
제4장 국민의 사법참여
제5장 독일의 법학전문교육과 법조인양성

제1장 다산 정약용의 형사철학과 형사정책*

Ⅰ. 서 론

형사철학과 형사정책은 옛부터 동양이나 한국에서는 어떤 형태로 존재했는가? 이 문제는 단순히 지적 호기심의 차원을 넘어서 서양의 학문에만 관심을 기울여 온 우리들에게 하나의 자극과 경종을 울리는 테마가 되고 있다. 이러한 문제의식에서 우리는 근대 한국의 위대한 사상가인 다산 정약용(茶山 丁若鏞, 1762-1836)[1]의 법사상에 새로운 조명을 가하려고 한다.

다산은 18세기 말에서 19세기 초의 실학자로서 국가 경영에 관한 새로운 패러다임을 완성해 놓고 그러한 경영철학이 현실화되기를 고대하다가 끝내는 그러한 기회를 얻지 못하고 비운의 세상을 마친 「경세(經世)와 목민(牧民)의 탁월한 개혁사상가」였다. 그는 뛰어난 두뇌의 소유자였고, 대단한 학문적 열정을 지녔으며, 문제의 핵심을 파악해서 단순 명쾌하게 처리해버리는 편집의 귀재였다.[2] 벼슬하던 시절에도 이미 훌륭한 관인(官人)과 학자로서의 명성이 높았으며, 당대에 손꼽히는 지식인으로 정조(正祖)의 신임을 독차지하기도 했다. 그러나 1800년에 정조가 세상을 뜨자 때마침 불어닥친 천주교 탄압파동에 휩싸여 끝내는 1801년부터 1818년까지 18년에 이르는 긴긴 유배생활을 겪어야 했다. 하지만 그는 18년의 유배생활 동안 불철주야의 노력으로 학문 연구와 국가 개혁안 수립에 심혈을 기울였고, 그 결과 500여 권이 넘는 저서를 완성하면서 시대를 뛰어넘는 새로운

---

* 심정 정성근교수 화갑기념논문집, 1997, 1057-1088면.

1) 다산 정약용이 살았던 시대에 서양에서는 칸트(1729-1804), 헤겔(1770-1831), 포이에르바흐(1775-1833), 몽테스키외(1689-1759) 그리고 베카리아(1738-1794)가 활동하였다.

2) 정약용·박석무 편역, 유배지에서 보낸 편지, 개정판, 창작과비평사, 2006, 169-173면(학유에게 노자삼아 준 교훈, 173면); 정민, 다산선생 지식경영법, 김영사, 2006, 134면: "내 나이 스무 살 때는 우주 사이의 일을 모두 가져다가 한꺼번에 펼쳐놓고 일제히 정돈하고 싶었다. 나이가 30, 40이 되어서도 이 같은 뜻은 시들해지지 않았다. 풍상을 겪은 이래로 무릇 백성과 나라에 관계된 일로 토지나 관리 및 군사제도 또는 조세 같은 것은 마침내 생각을 줄였다. 오직 경전과 주석 사이에서 논란이 있는 것들을 평정하여 바른 데로 돌리려는 바람만은 오히려 있었다. (중풍으로 팔다리에 마비가 온 50대) 지금은 중풍으로 쓰러져 이런 마음이 점차 시들해졌다. 하지만 정신이 조금만 맑아지면 여러 가지 눌러두었던 생각들이 또다시 불끈불끈 일어나곤 한다".

개혁사상과 철학을 이루었다.

이 글에서는 먼저 다산 정약용 사상의 현대적 의미를 간략하게 살펴보고자 한다(Ⅱ). 여기서는 주희 사상과 다산 사상 비교, 다산 사상의 종교적 배경, 다산 정약용의 법사상 그리고 다산 사상과 세계화에 관해서 살펴보고자 한다.

이어서 우리의 전통적인 형법·형벌사상 중에서 다산 정약용의 형사철학과 형사정책을 현대적 관점에서 고찰하고자 한다(Ⅲ). 특히 다산은 한국형 적극적 일반예방사상을 어떻게 소개하고 있는지를 분석하고자 한다.

결론에서는 이러한 시론적 고찰을 통해 한국 전통사상과의 접목 속에서 통일과 세계화에 대비한 21세기 한국형 적극적 일반예방사상, 소위 형법사상과 형벌이론의 재정립을 모색해 보고자 한다(Ⅳ).

Ⅱ. 다산 정약용 사상의 현대적 의미

'국제화·세계화·통일·21세기'라는 용어가 시대의 유행처럼 번지고 있다. 다산은 우리 역사에서 가장 일찍이 세계화를 체계 있게 부르짖은 선각자였다. 다산의 개혁사상은 다산이 살던 시대의 특수 상황과 오늘의 사상에서도 굳센 생명력을 지니고 있다. 그의 애인(愛人)·애국(愛國)에의 개혁사상과 법치주의는 법의 제정·해석·집행 그리고 개혁에 즈음하여 법의 자연법적 생명력으로서 받아들이고 있다.[3)]

1. 주희 사상과 다산 사상의 비교

주희(朱熹, 1130-1200)[4)]는 동양 전통시대의 최대 사상가이다. 경학과 철학에 기초한 주희의 방대한 사상은 동아시아의 지식인들에게 수 백년간 사유의 기본적인 틀을 제공했다. 이 때문에 전근대의 동양사상을 연구하는 사람들은 보통 주자학 또는 신유학이라고 불리는 주희 사상의 이해를 시도하고 있다.

---

3) 박병호, 근세의 법과 법사상, 진원, 1996, 612면 참조.

4) 중국 송대의 유학자. 주자학을 집대성하였다. 그는 우주가 형이상학적인 '이'(理)와 형이하학적인 '기'(氣)로 구성되어 있다고 보았다. 인간에게는 선한 '이'가 본성으로 나타난다고 한다. 그러나 불순한 '기'때문에 악하게 되며 '격물'(格物)로 이 불순함을 제거할 수 있다고 하였다.

동양 전통사회가 흔들리면서 많은 사상가들은 주희에 대한 비판과 극복을 시도했다. 우리나라에서 그 대표적 인물은 다산 정약용이다. 다산 정약용은 주희의 세계관과 인간관을 비판하며 대안을 정리하고 있다. 다산은 유학의 기본경전인 맹자에 대한 양자의 해석 차이를 통하여 주자학의 철학적 복합을 장자의 포정처럼 해우하고 있으며, 대치의 격렬함과 비판의 심도, 대안의 정립에 있어 주희 사상과 견줄 만하다.5)

다산은 보통 사회개혁론자로 알려져 있지만 또한 성리학에 대한 전면적인 비판을 통해 새로운 대안을 제시하기도 하였다. 다산은 그의 시대를 개혁하려면 당시의 지배적인 주자학적 이념을 탈피하여, 경학의 근원으로 돌아가야 한다고 주장한다. 또한 주체적으로 경학을 해석함으로써 개혁의 사상적 기반을 구축하고 있다. 국제개혁도 역시 주례(周禮)에로 돌아가서 주례의 본지로부터 개혁안을 형성하고자 노력하였다. 그리고 다산은 항상 조화를 이루는 상태를 이상으로 여겼고, 합리주의·경험주의·실증주의·민본주의·실용주의·형평주의에 입각하고 있다.6)

오늘날 다산은 조선조 실학을 완성시킨 대학자이자 경세가로 기술되고 있으며, 당시까지 나타났던 조선의 모든 실학이론을 수렴하여 집대성하였다고 연구되고 있다.7) 그의 사상은 하나의 자주적인 근대화사상의 원조로까지 평가되고 있다.

2. 다산 사상의 종교적 배경

다산 사상에 관한 종교적 배경에 관해서는 논란이 있다. 일부에서는 "배교는 한때 … 말년 세례를 받았다"라고 주장하고 있지만, 반론도 제기되고 있다. 그러나 다산이 처음에 천주교를 연구한 적이 있다는 것은 확인되고 있기 때문에 그의 사상에 천주교가 영향을 미쳤는가 여부를 둘러싼 논쟁은 지금도 계속되고 있으며, 이 문제는 한국 실학사상의 자주성과도 밀접한 연관이 있는 민감한 주제이다.

---

5) 이에 관해서는 한형조, 주희에서 정약용으로: 조선유학의 철학적 패러다임 연구, 세계사, 1996, 319면. 한교수는 1992년 한국정신문화연구원대학원에 제출한 한국학대학원 학과 철학종교전공 석사학위논문에서 "주희에 견줄 인물은 동아시아를 통틀어 정약용뿐"이라고 내세우고 있다.

6) 박병호, 근세의 법과 법사상, 진원 1996, 611면 참조.

7) 정민, 다산선생 지식경영법, 김영사, 2006, 13-21면은 다산 정약용을 경학자, 예학자, 행정가, 교육학자, 사학자, 인문학자, 토목공학자, 기계공학자, 지리학자, 의학자, 법학자, 국어학자, 문예비평가라고 평가한다; 최종고, 괴테와 다산 통하다, 추수밭, 2007, 241-246면.

학계의 일반적인 견해는, 다산은 천주교를 연구한 적은 있지만, 세례를 받는 등 본격적으로 천주교 신자가 된 증거는 없다는 것이다. 그러나 일부 학자들은 다산이 일찍이 정약전(丁若銓, 1758-1816),[8] 정약종(丁若鍾, 1760-1801)[9] 등 형제들과 함께 독실한 믿음을 가졌었다고 주장한다. 또 학계에서는 1791년 진산에서 윤지충 등이 신주를 불태운 사건을 계기로 다산은 천주교와 완전히 결별한 것으로 본다. 실제로 다산은 정조(正祖) 앞에서 천주교와는 결별했음을 아뢰었고, 1795년 병조참의에서 금정찰방으로 강등된 후 천주교인들을 회유하여 개종시키는 등 천주교를 부정하는 활동을 벌였다.

그러나 일부 학자들은 프랑스인 샤를르 달레가 쓴 『한국천주교회사』[10]에 나타난 기록들을 근거로 다산이 1791년 이른바 '배교'한 이후에도 천주교를 믿었으며 임종이 가까워서는 세례를 받기까지 했다고 주장한다. 때문에 다산의 사상 형성에는 천주교가 적지 않은 영향을 미쳤다고 주장한다.[11]

이에 대해 이동환 교수는 다산의 저작에 나타난 '상제'라는 말이 천주교가 아닌 '공자·맹자' 등의 사상에 뿌리를 두고 있다고 주장한다.[12] 이 교수는 우선 다산이 마테오리치(Matteo Ricci, 1552-1610)[13]의 『천주실의』를 접하기 이전인 16세 때(1777년, 丁酉, 正祖 元)에 이미 성호 이익(星湖 李瀷, 1681-1763)[14]의 저작을 읽고

---

8) 다산 정약용의 형이다. 1790년(정조 14년) 증광문과에 병과로 급제하고 부정자(副正字)·초계문신(抄啓文臣)에 이어 1797년 병조좌랑이 되었다. 이듬해 왕명으로 『영남인물고』(嶺南人物考)를 편찬하였다. 일찍이 남인계(南人系)의 학자로 서학(西學)에 뜻을 두어 천주교에 입교한 후 벼슬에서 물러나 선교활동에만 힘썼다. 1801년(순조 1년) 신유박해 때 흑산도(黑山島)에 유배되어 그곳에서 죽었다. 편저로 『자산어보』(玆山魚譜), 『논어난』(論語難), 『역간』(易柬), 『송정사의』(松政私議) 등이 있다.

9) 다산 정약용의 셋째 형으로 가톨릭 신자가 되었다. 1795년 이승훈과 함께 청나라 신부 주문모를 맞아들이고 1799년 서울로 옮겨와 문영인(文榮仁)의 집에서 살며 한국 최초의 조선 천주교 회장을 지냈다. 전도에 힘쓰면서 『성교전서』(聖教全書) 집필 중에 신유박해(辛酉迫害)를 만나 서소문 밖에서 참수, 순교하였다. 저서로는 한자를 모르는 신도를 위해 우리말로 쓴 교리서 『주교요지』(主教要旨)가 있다.

10) Charles Dallet, Histoire de l'Eglise de Corée, t. 1. Paris 1874 (안응렬·최석우 역주, 한국천주교회사, 분도출판사, 1979 및 정기수 역, 조선교회사 서론, 탐구신서(101), 1966) 참조.

11) 아우구스트 프란촌·래미기우스 보이머/최석우 옮김, 세계 교회사, 분도출판사, 2004; 조선일보, 1996년 11월 26일자 문화면 학술코너 참조: 한국교회사연구소의 차기진씨는 다산의 저작에 나타난 하늘과 인간과의 관계, 귀신에 대한 설 등을 근거로 "다산이 배교는 했을지언정 사상적으로는 천주교의 영향을 받았다"고 말했다.

12) 조선일보, 1996년 11월 26일자 문화면 학술란 참조: 이에 관해서는 1996년 11월에 서울 세종문화회관에서 있었던 민족문화추진회 주최로 열렸던 '다산의 학문과 사상'에 관한 학술회의에서 고려대학교 이동환교수의 발표를 참조할 것. 여기서 이 교수는 다산의 저작에 나타난 '상제'라는 표현을 분석하여 다산 사상에서 천주교의 영향이 대단치 않다는 주장을 펴고 있다.

13) 이탈리아의 예수회 선교사로 중국에 최초로 선교한 인물이다. 중국에서 전교하기 위해서 서양의 학술을 중국어로 번역하였다. 또 저서인 『천주실의』는 한국의 천주교 성립에 결정적인 영향을 끼쳤다.

14) 이익은 조선 영조(英祖) 때 실학(實學)의 대가로 자는 자신(子新), 호는 성호(星湖), 본관은 여주(驪州)이다. 1707년(숙종 32년)에 형 잠(潛)이 희빈 장씨(禧嬪 張氏)를 두둔하다가 당쟁으로 장살(杖殺)

나서부터 공맹의 경전에 나타난 세계질서를 구현하려는 생각을 품었다고 강조한다. 때문에 '상제'라는 말은 유교경전에 나타나는 '인격신'이라는 것이 그의 주장이다.

이어 이 교수는 다산의 '상제'가 창조신으로서의 면모가 분명치 않고 유일신이 아닌 여러 신들을 거느린 최고신으로서의 성격을 갖는 점 등을 들어 천주교적인 성격과는 다르다고 강조한다. 이 교수는 또 천주교측이 주장하는 샤를르 달레의 책에 나타난 다산과 관련한 기록의 신빙성에도 의문을 나타낸다.

3. 다산의 예법일치사상

다산 정약용의 경세관은 『經世遺表』 邦禮草本[15]의 서문인 인(引)에서 법률관을 통해 명시되고 있다. 다산은 경세유표에서 논하는 것이 법(法)임에도 불구하고 이를 예(禮)라고 밝히고 있다.[16]

그에 의하면 법, 즉 윤리적 법칙은 인간의 자연적 본성에 근거한 것으로서 동시에 예이며, 법과 예는 일치하여 법이 곧 예라는 것이다. 다산은 법치정치를 배척하는 것이 아니라, 오히려 천리와 인정에 반하는 법, 즉 주로 인위적인 형법으로서 백성을 협박하고 공포하게 함으로써 감히 범하지 못하게 하는 참악한 법치정치를 배척하고 있다. 다산은 예법일치에 의한 법치주의를 주장하고 있다.[17]

되자 벼슬을 단념하고 지금의 안산 첨성촌(瞻星村)에 머무르면서 학문에 전념하였다. 조선 중기의 실학자인 유형원(柳馨遠)의 학풍을 계승하여 천문(天文)·지리(地理)·율산(律算)·의학(醫學) 등에 능통하였으며, 정치·경제·지방제도·과거제도·학제(學制)·병제(兵制)·관제(官制) 등 현실 문제에 대해 비판하고 그에 대한 개혁안을 제시하였다. 특히 세유(世儒)의 무실(無實)한 학풍은 배격하고 모든 학문은 실제 사회에 유용하여야 한다고 주장했으며, 당쟁의 폐단을 분석하고 사농합일(士農合一)을 주장하는 등 실증학문을 확립하여 후진에 전수시켰다. 저서로는 『성호사설』(星湖僿說), 『곽우록』(藿優錄), 『성호문집』(星湖文集) 등이 있으며, 그의 학풍은 안정복(安鼎福)·이가환(李家煥)·이중환(李重煥) 등에게 계승되었다.

15) 다산 정약용은 1817년 丁丑年(순조 17년)에 『邦禮草本』(經世遺表)을 40권(미완성)으로 남겨 놓은 채 『牧民心書』 저술에 착수하였다. 1년 만인 1818년 戊寅年(순조 18년) 봄에 『牧民心書』 48권을 완성하였다.

16) 선왕은 禮로써 나라를 다스렸고 백성을 이끌었다. 그런데 禮가 쇠퇴하자 法이라는 명칭이 생겼다. 法은 나라를 다스리는 것도 아니고 백성을 이끄는 것이 되지 못한다. 天理에 헤아려 보아 합당하고 人情에도 화합한 것을 禮라 하며 위협해서 두렵게 하고 핍박하여 비통하게 함으로써 백성을 두려워 하게 하여 감히 범하지 못하도록 하는 것을 法이라고 한다. 선왕은 禮로써 法을 삼았고 후왕은 法으로써 法을 삼았으니 이것이 다른 점이다.

이에 관해서는 박병호, 근세의 법과 법사상－제3장 다산의 법사상－, 진원, 1996, 571-612면 참조; 법학자에 의한 다산 법사상 연구에 관해서는 이희봉, 민본사상과 실학(다산), 근대법사상의 전개, 의당장경학박사화갑기념논문집, 1977; 이희봉, 정다산 실학의 법률사상, 법사상과 민사법, 춘제현승종박사화갑기념논문집, 1979; 황운용, 다산 형정사상 연구(상), 아세아학보 8, 1970년 9월호.

다산의 법사상은 또한 정형(政刑)을 부정하고 오로지 덕과 예의 정치를 강조하고 있다. 덕(德)을 정(政)으로부터 예를 형으로부터 분리한 공자의 사상을 추종한 것이 아니라, 정형(政刑)을 정면으로 지지하여 예에 바탕을 둔 법적 정의(正義)의 실현을 지향하는 예법일치사상(禮法一致思想)이라 할 수 있다. 그의 이러한 사상은 한(漢) 선제(宣帝) 이후의 예명법실주의(禮名法實主義)에 의한 법치와 그 궤를 같이한 것으로 볼 수 있다.[18]

다산에 있어서 예와 법은 근본적으로 구분되는 것이 아니라, 예에 저촉되지 않는 법만이 예와 다른 것으로, 다산은 그것을 진정한 법이 아니라고 한다.[19] 다산 사상의 사유양식은 모든 면에서 이이일(二而一)이며, 한국적 '한사상'으로 요약할 수 있다.[20] 이러한 특색은 그의 법의 인식에서도 나타나고 있다.

4. 다산 사상과 세계화

다산의 저술에는 반(反)중국적 태도가 나타난다.[21] 이러한 태도는 당시 다른 실학자들도 착안하지 못한 부분이다. 다산은 무엇보다도 당시 젊은이들에게 "중국풍의 문화에 전염되지 않도록 경계하라"는 입장을 주지시키고, 그 예로 '동서남북론'을 들고 있다. 즉 "모든 나라는 남북을 기준으로 동서에 위치하기 때문에 중앙이란 정하기 달렸다. 중국이라는 중(中)과 동국이라는 동(東)은 어디를 기준으로 했는지 모르는 일이다. 해가 뜨고 짐에 따라 내가 서있는 곳이 바로 중간이다. 따라서 유독 중국만을 중화(中華)로 부르는 것은 납득할 수 없다"[22]고 말한다.

우리는 바로 여기에서 세계화의 참된 의미를 찾을 수 있다. 외국과의 교류나 접촉의 증대가 아니라 자주적 생활·이성적 민족의식·범죄에 대한 법률과 형벌의 인간화를 투철히 할 때, 비로소 참된 세계화가 가능하다고 인식하고 있다. 이는 다산 사상에 담긴 현대성을 간파하고 이를 현실에서 실천하는 자세를 요구한다.

17) 이에 관해서는 박병호, 근세의 법과 법사상, 진원, 1996, 571면 이하 참조(575면).

18) 박병호, 위의 책, 575면.

19) 박병호, 위의 책, 577면.

20) 李乙浩, 茶山學의 內實과 外延, 茶山學報 제4집, 1982년 7월호, 146면 이하.

21) 고승제, 다산을 찾아서, 중앙일보사, 1995년 3월 25일자 참조: 원로 경제학자 봉산 고승제 (峯山 高承濟, 1917-1995) 박사는 20대 초반부터 다산에 심취, 많은 논문을 발표해 왔다. 그의 최근 저작인 「다산을 찾아서」는 조선 후기 실학을 대표하는 정약용의 일생을 복원한 것이다. 다산의 사상에 대한 연구가 많이 나오기는 하였지만, 이 책은 다산의 인생역정을 중심으로 그의 독창성을 쉽게 풀이하여 대사상가의 그윽한 세계에 빠져들게 한다.

22) 고승제, 다산을 찾아서, 중앙일보, 1995년 3월 25일자 참조.

다산 사상의 핵을 이루는 중용(中庸)의 의미도 현대적으로 해석할 수 있다. 다산의 중용은 기하학적인 가운데가 아니라, 양극(兩極)을 포용하는 역동적인 개념이다. 오늘날의 입장에서는 튼튼한 중산층의 양성에 해당한다. 정치·경제·문화 등 모든 분야에서 중산층이 두터워야 사회가 발전하기 마련이다. 그러나 우리의 현주소와 다산의 이상과는 거리가 멀다. 물질이나 이념 모두 극단에 흐르지 않으면서 사회의 갈등을 조절하는 세력으로서의 중산층이 형성되려면, 아직도 많은 시간과 노력이 필요하다는 것이다.[23)]

Ⅲ. 다산 정약용의 형사철학과 형사정책의 현대적 재평가

현재 한국의 형법 교과서는 총론의 서두 부분에서 거의 20면 이내로 형벌이론을 기술하고 있다.[24)] 공통점은 한국의 법과대학생들을 위한 교재임에도 불구하고, 교과서에 인용된 참고문헌은 구하기도 읽기도 힘든 독일의 법학 선문삽시와 단행본 그리고 형법 교과서에서 발췌하고 있다는 점이다. 주요 내용은 독일의 문헌을 번역하고, 대부분 비슷한 논점을 서술하고 있다. 예를 들면 칸트(Kant), 헤겔(Hegel), 포이에르바흐(Feuerbach), 리스트(Liszt), 록신(Roxin) 그리고 야콥스(Jakobs) 등의 주장이 요약되어 있다. 한국의 형법교재의 이러한 실상은 사실상 독일의 이론이 비판 없이 계수되고 있음을 보여준다.

그러나 저자는 이처럼 독일 교재의 번역에 근거한 한국 형법학계의 형벌이론에 대한 논의에 심각한 의문을 가지고 있다. 왜냐하면 그것은 아직도 번역과 이론소개에 머물러 있기 때문이다. 적극적 일반예방에 대한 학계의 논의과정은 「Wissenschaft」(학문)가 아니라, 「Wissen」(지식)의 수준에서 진행되고 있음을 부인할 수 없다. 여기서 우리가 주목할 것은 과연 이러한 학계의 논의가 실무에 어떠한 영향을 주고 있으며, 어떠한 사회적 실익이 있는가 하는 것이다. 문제는

23) 고승제, 다산을 찾아서, 중앙일보, 1995년 3월 25일자 참조.

24) 김성돈, 형법총론, 현암사, 2006, 16-33면; 김일수, 한국형법 I (총론上), 박영사, 1996, 97-115면; 김일수·서보학, 새로 쓴 형법총론, 제11판, 박영사, 2006, 27-34면, 717-728면; 이형국, 형법총론연구 I, 법문사, 1990, 64-74면; 이재상, 형법총론, 제5판(보정판), 박영사, 2006, 45-63면; 배종대, 형법총론, 제8전정판, 홍문사, 2006, 17-47면; 정성근·박광민, 형법총론, 삼지원, 2001, 32-39면; 진계호, 형법총론, 제6판, 대왕사, 2000, 72-78면; 박상기, 형법총론, 제5판, 박영사, 2002, 13-20면; 임웅, 형법총론, 개정판, 법문사, 2002, 31-40면.

통일 한국을 준비하는 시점에서 형사실무에도 무익한 번역법학 논의가 계속되어야 하는가 라는 점이다.

"사회 있는 곳에 법이 있고, 법이 있는 곳에 규제가 있다"면, 국가형벌권에 대한 설명이 굳이 독일 학자의 이론이어야 할 필요는 없다.[25] 형법과 형벌제도가 각 지역의 사회현상이 반영된 특수한 지역문화와 관련을 맺고 있다면, 형법과 형벌제도의 이론적 기초는 한국과 한국인 그리고 한국 사회가 될 수밖에 없다. 이러한 토대 위에서 우리는 보편적 형벌이론을 찾아야 하며, 비교법적 검토를 시작하여야 한다. 그러나 한국 형사법학계의 형벌이론에 관한 논쟁은 한국 사회의 실정과는 다소 거리감이 있다고 생각한다.

여기서는 이러한 문제의식에서 『牧民心書』 刑典六典과 『欽欽新書』에 나타난 다산의 형사철학과 형사정책을 현대적 의미에서 재조명해 보고자 한다. 다산에 대한 법제사적 평가는 『牧民心書』와 『欽欽新書』에 나타난 흠휼(欽恤)사상에 중점을 두고 내려져야 하는데, 이 두 책은 법철학서이자 형사법의 교과서이며, 동시에 백과전서이다. 다산이 펴낸 형사법이론과 형사정책론의 이론적 기초 그리고 실천적 지식체계는 우리 역사상 일찍이 찾아 볼 수 없는 것이다.[26]

『欽欽新書』[27]는 중국과 조선의 판례연구의 형태를 띠고 있으며, 『牧民心書』는 형사철학과 형사정책을 다룬 법률비평서의 체제를 갖추고 있다. 『牧民心書』에 나타난 다산 정약용의 형법사상은 글의 표현이나 인용하고 있는 실례와 설명에서 우리 조상들이 겪고 느낀 기발한 예지를 보여준다. 刑典六典 (法制와 社會正義의 具現)의 제1조에서는 진상의 정확한 파악에 따른 형사·민사소송의 처리(聽訟)를 다루고 있고, 제2조 형옥(刑獄)에서는 신중과 명결(明決)을 토대로 형사문제의

---

25) 이에 관해서는 배종대, 형법총론, 제8전정판, 홍문사, 2006, 42면: 그는 "형벌이론의 문제는 해당 국가의 문화·법문화상황과 깊은 관련을 맺고 있다"고 말한다. 또한 "형벌은 우리의 현실사회 속에서 일정한 목적을 달성하기 위한 수단으로 파악된다"고 한다. 그러나 이러한 주장과는 반대로 그의 인용문헌들은 아쉽게도 주로 서구학자들의 것이다.

26) 박병호, 근세의 법과 법사상, 진원, 1996, 591-592면.

27) 필사본. 30권 10책. 1822년(순조 22년) 간행. 규장각 도서. 형옥의 일은 사람의 생명에 관한 일이지만, 이를 가볍게 취급하는 경향이 있었으므로 그 임무를 맡은 관리들이 유의할 점을 적은 것이다. 『경사요의』(經史要義) 3권, 『비평전초』(批評雋抄) 5권, 『의률차례』(擬律差例) 4권, 『상형추의』(祥形追議) 15권, 『전발무사』(剪跋蕪詞) 3권으로 나누고 각각 실례를 들어 설명하였다. 1961년 문헌편찬위원회에서 영인본으로 간행한 『정다산전서』(丁茶山全書) 하권에도 수록되어 있다.

정약용, 흠흠신서 1, 법제처, 1985; 정약용, 흠흠신서 2, 법제처, 1986; 정약용, 흠흠신서 3, 법제처, 1987; 정약용, 박석무·정해렴 역주, 역주 欽欽新書, 현대실학사, 1999; 흠흠신서에 대한 자세한 내용분석에 대해서는 심희기, 흠흠신서의 법학사적 해부, 영남대학교 사회과학연구 제5편 제2권, 1985, 31-62면; 윤재현, 다산의 유교적 자연법-흠흠신서를 중심으로-, 성균관대학교 대학원 석사학위논문, 2000.

처리(斷獄)에 대해 기술하고 있으며, 제3조에서는 형벌은 신중하게(愼刑), 제4조에서는 죄수에게 온정을(恤囚), 제5조에서는 폭력을 엄하게 단속하라(禁暴), 마지막 제6조에서는 사회의 정화(除害)에 대해서 논하고 있다.

『牧民心書』에 관한 번역서는 수십 종류가 있다. 여기서는 이을호[28]의 번역서를 주로 참고하였고, 이인철,[29] 노태준,[30] 정해겸[31] 그리고 이영례[32]의 번역서를 비교하면서 인용하였다.

1. 다산의 소송철학 – 청송

『牧民心書』 刑典六典 (法制와 社會正義의 具現) 제1조 청송(聽訟: 재판을 하기 위하여 송사(訟事)를 들음)에서는 다산 정약용의 소송철학을 확인할 수 있다.

(1) 소송목적 · 법관의 법률왜곡 · 소송심리학 · 소송경제학과 적극적 일반예방

"소송 · 재판청취의 근본은 성의(誠意)에 있고, 성의의 근본은 홀로를 삼감에 있다. 그 다음은 자신을 가다듬도록 깨우쳐 주며(소송당사자 – 민사: 욕심제거, 형사: 교육), 굽은 자를 바르게 해 줌으로써 (진실발견) 소송하는 일이 없도록 해야 할 것이다. 소송청취는 사람의 마음을 속속들이 파헤쳐야만(必核) 법(法)이 사실(事實)에 맞게 된다. 민사소송을 간결하게 하려면 판결은 반드시 늦추어야 한다. 한번 판결을 내린 다음에 다시 또 송사가 일어나지 않게 하기 위해서인 것이다."[33]

다산 정약용에 따르면, 재판하는 자세는 사안에 대한 진실발견의 최선을 뜻하며, 그 자세의 근본은 판단하는 자의 내면의 중립이어야 한다. 이것은 자기 자신을 속이지 말라고 하는 신독사상(愼獨思想, 大學, 中庸)에 근거하고 있다. 다산의

28) 이을호 역, 목민심서, 현암사, 1984.
29) 이인철 편역, 이야기 목민심서, 고려원미디어, 1996; 이인철 편역, 목민심서(리더십의 고전), 고려원북스, 2006.
30) 노태준 해석, 목민심서, 홍신문화사, 1993.
31) 정해겸 옮김, 목민심서정선(상)(하), 현실총서 32, 현대실학사, 2004.
32) 이영례 옮김, 목민심서정설, 동양서적, 2006.
33) 정약용, 목민심서, 형전육조, 제1조 청송(聽訟), 聽訟之本在於誠意誠意之本在於愼獨. 聽訟如流由天才也其道危聽訟必核盡人心也其法實故欲詞訟簡者基斷必遲爲一斷而不復起也. 번역 및 해설서로는 이을호 역, 목민심서, 현암사, 1984, 292-323면; 이인철 편역, 이야기 목민심서, 고려원미디어, 1996, 323-376면; 노태준 해석, 목민심서, 홍신문화사, 1993, 266-330면을 참조함.

설시 속에는 실체적 진실발견과 소송의 목적이 제시되어 있다. 다산은 소송철학 속에서 "재판관은 과연 누구의 편인가?"라는 소송목적의 근본문제와 목민관(법관)의 법률왜곡의 경계 그리고 사법권의 독립을 강조하고 있다. 그 출발점은 바로 사람 즉, 성인(聖人)의 도(道)이다. 그의 소송철학에서 언급되는 사람은 재판관과 소송당사자를 포함하고 있다. 바로 이러한 그의 사상은 한국형 적극적 일반예방의 출발점이기도 하다.

(2) 실체적 진실발견과 소송절차와 적극적 일반예방

"막힌 심정이 트이지 못하면 백성들은 답답해 할 것이니, 억울한 심정을 토로하려는 백성들로 하여금 제 부모의 집 드나들 듯 하게 한다면 잘하는 목민관일 것이다. 소송을 급히 서두르는 자가 있거든 그대로 믿지 말고 차근차근 사실을 살펴보도록 하라. 한 마디로 형사 재판의 판결을 내리되 귀신같이 맞추는 것은 오직 천재만이 할 수 있다. 범인(凡人)으로서 흉내낼 수 있는 일이 아니다."[34]

다산은 "송사를 처리할 때는 성의를 다하여 세밀히 조사하고 원고와 피고 쌍방의 심리를 정확히 파악하여 두 번 다시 소송을 하는 일이 없도록 판결의 신중을 기하라"고 설시하고 있다. 또한 "억울한 일에 있어서 송사를 하려는 백성이 있을 때에는 언제든지 목민관을 만나서 호소할 수 있는 길을 터 주어야 하며, 목민관은 원고나 피고 쌍방에 있어서 어느 한 쪽의 말을 편파적으로 믿어선 안 된다. 그리고 모든 송사의 처리는 지극히 공정해서 털끝만큼도 납득되지 않는 점이 없도록 해야 한다. 법의 공정성은 어디까지나 그 법을 집행하는 법관의 올바른 정신자세에 의해서 유지될 수 있다"고 말한다. 또한 "공정한 판결이 이루어지고 법의 존엄성이 지켜지는 곳에 사회질서가 확립된다"고 설파한다. 바로 이러한 그의 사상은 법적용과 적극적 일반예방의 관계에서 한국형 적극적 일반예방을 심화하고 있다.

(3) 가족·혈연 송사, 친족 범죄(소송) 엄중처벌(가중처벌): 토지소송·가축소송·재물소송과 적극적 일반예방

"가족을 찾는 송사는 혈연에 관계되는 만큼 분명히 가려내어 주어야 한다. 친

34) 정약용, 목민심서, 형전육조, 제1조 청송(聽訟), 壅蔽不達民情以鬱使赴愬之民如入父母之家斯良牧也. 凡有訴訟其急疾奔告者不可傾信應之以緩徐察其實. 片言折獄剖決如神者別有天才非凡人之所宜傚也.

족끼리 서로 의리를 잊고 재물을 탐내는 자는 엄중히 처벌해야 한다. 토지소송은 백성의 생업에 관계된 것이니, 오로지 공정해야만 백성들이 복종할 것이다. 가축소송은 이름난 옛사람들의 좋은 판결례가 많으니 그를 본뜸직하다. 재화와 보물의 소송은 문서로 증거댈 수 없으니, 정상의 잘잘못을 가려내면 피할 길이 없을 것이다."[35]

다산은 골육간(骨肉間)에 재산분쟁을 다룸에 있어서 기본정신을 제시하고 있다. 그는 이런 사안에서 화해나 조정제도를 활용하고, 법과 윤리의 조화를 도모하는 것이 재판관(목민관)의 좌우명이라고 강조한다.

(4) 판결의 기판력과 판결의 규범력과 적극적 일반예방

"허심탄회하게 만물에 비추어 보면, 애정이 새 짐승에게까지도 미칠 것이니, 특이한 판결의 소문이 퍼지면 그의 빛나는 명성이 사방에 떨칠 것이다."[36]

(5) 묘지소송과 상해사건의 원인: 죄형법정주의와 적극적 일반예방

"묘지송사는 이제 한 폐단이 되었다. 상해사건의 절반은 이 때문이다. 묘를 파헤치는 사건도 제(祭)라서 효도 때문이라 하지만 소송판결은 불가분 분명하게 해 주어야 한다."

"국가의 법전에도 한 마디로 끊는 법은 없으니, 관에서 하고 싶은 대로 이리도 저리도 되어진다. 그 때문에 백성들의 뜻이 갈팡질팡하여 소송 사건만 번거롭게 되는 것이다. 욕심은 더욱 깊어가니 사제를 따지기 어려운 품이 그 어느 송사보다도 곱절이나 어렵다."[37]

죄형법정주의는 근대국가의 필수요건으로서 한국 헌법에서도 법치국가의 원리가 되어 있다. 다산은 전제국가인 당시에 있어서도 죄형법정주의 법원리를 갈파하고, 이러한 법원리를 통해서 국민생활의 법적 안정성을 도모할 것이라고 명시하고 있다. 또한 죄형법정주의 외에도 행정에 있어서의 지나친 자유재량을 엄

---

35) 정약용, 목민심서, 형전육조, 제1조, 청송(聽訟), 人倫之訟係關天常者辯之宜明. 骨肉之爭忘義殉財者懲之宜嚴. 田地之訟民產所係一循公正民斯服矣. 牛馬之訟聲名所出古人遺懿其庶效之. 財帛之訟券契無憑察其情僞物無遁矣.

36) 정약용, 목민심서, 형전육조, 제1조, 청송(聽訟), 虛明照物仁及微禽異聞遂播華聲以達.

37) 정약용, 목민심서, 형전육조, 제1조, 청송(聽訟), 墓地之訟今爲弊俗鬪毆之殺半由此起發掘之變自以爲孝聽斷不可以不明也. 國典所載亦無一截之法可左可右惟官所欲民志不定爭訟以繁. 貪惑旣深攘奪相續聽理之難倍於他訟. 奴婢之訟法典所載繁瑣多文不可據依參酌人情不可拘也.

계하고, 행정의 법률적합성의 원칙까지 시사하고 있다. 다산은 행정관이며 동시에 사법관이기도 한 목민관에게 관료독선에 흐리기 쉬운 점을 경계하고 있다. 물론 다산 사상에 나타난 죄형법정주의는 오늘날의 서구형 죄형법정주의처럼 개인주의·자유주의 사상에서 나온 것이 아니라, 초개인주의적인 법가의 패도의식(覇道意識)과 유가의 왕도정신(王道精神)과의 융합으로서 법률문화적 결정체이다. 다산은 흠휼(欽恤)의 이상을 실현하기 위하여 죄형법정주의를 대전제로 하면서도, 한편으로는 극단적인 물리적 형식논리를 배격하여 경법 외에 권도(권변)에 따른 재판도 긍정한다.[38] 이러한 죄형법정주의에 대한 다산의 인식은 오늘날의 한국형 적극적 일반예방의 연결점이 되고 있다.

(6) 금전(대차)관계 소송(손해배상소송): 강제집행·입증책임·증거주의와 적극적 일반예방

"대차관계 소송은 실정에 알맞아야 한다. 사납게 빚을 독촉해 주기도 하고, 자애롭게 빚을 탕감해 주기도 하여, 고지식하게 법만 따질 것까지는 없다. 소송 판결의 근본은 오로지 증거서류에 매어 있으니, 농간을 들추어내고 속임수를 찾아내는 일은 오직 현명한 재판관만이 할 수 있을 것이다."[39]

다산은 "경제적·사회적 약자에 대해서는 법문에 적힌 대로 시행할 것이 아니라 실정에 따라 정상을 참작해야 한다"는 점도 잊지 않고 있다. 전자의 예는 법적 안정성을, 후자는 사회적·구체적 타당성을 주장하고 있는데, 이것은 바로 정의의 문제이다. 다산은 여기서 '올바른(richtige) 정의보다 정당한(gerechte) 정의'를 주장한다. 바로 이러한 그의 사상은 한국형 적극적 일반예방이 추구하는 철학적 방향이다.

2. 다산의 소송정책 – 단옥

『牧民心書』 刑典六典 (法制와 社會正義의 具現) 제2조 단옥(斷獄: 밝고 신중하게 죄인을 처리)에서는 다산 정약용의 소송정책을 확인할 수 있다.

---

38) 박병호, 근세의 법과 법사상, 진원, 1996, 595-599면 참조.

39) 정약용, 목민심서, 형전육조, 제1조, 청송(聽訟), 債貸之訟宜有權衡或尙猛以督債或施慈已債不可膠也. 軍簽之訟兩里相爭考其根脈確然歸一. 決訟之本全在券契發其幽奸昭其隱匿唯明者能之.

(1) 재판관의 기본자세: '의심스러울 때는 피고인의 이익으로'와 적극적 일반예방

"판결의 요체는 명철하게 하고 또 신중을 기하는 데 있을 따름이다. 사람의 생사가 내 한 사람의 관찰에 달렸으니 어찌 명철하게 다루지 않을 수 있겠는가? 사람의 생사가 내 한 사람의 생각에 달렸으니 어찌 신중을 기하지 않을 수 있겠는가? 큰 사건이 벌어지면 원통한 사람들이 열에 아홉은 된다. 내 힘이 미치는 대로 남몰래 구해 준다면 덕을 심고 복을 맞는 일이 이보다도 더 큰 것은 없을 것이다. 의심쩍은 사건내용을 밝히기 어렵거든 재조사하거나 가볍게 다루도록 해야만 잘한 일이 될 것이요, 공적의 터전이 될 것이다."[40]

로마의 법언(法諺)은 "의심스러울 때에는 피고인의 이익에 좇는다"(in dubio pro reo)라든지, "의심스러울 때에는 가벼운 쪽으로 다스린다"라고 언급하고 있다. 이러한 원리는 현대 형사법의 대원리로 통용되고 있다. 다산은 "의심나는 옥사는 밝히기가 어려우니, 용서하는 것이 천하의 착한 일이며 덕의 기본이다"라고 명쾌하게 밝히고 있다.

『欽欽新書』에는 "혐의자를 신문할 때 얼굴에 두려운 빛이 있고, 음성이 애절하며 들 때는 빠르고 나갈 때는 느려서 자꾸만 뒤돌아본다면, 그 심기를 보고 옥에 가두지 않고 풀어 주었다"는 사례가 있다. 다산 정약용에 따르면, 형사사건에서 진술청취의 방법에는 오청(五聽)이 있는데, 첫째 사청(辭聽)은 태도, 산만, 번잡을 관찰하는 것이고, 둘째 색청(色聽)은 얼굴의 홍조를 살피는 것이며, 셋째 기청(氣聽)은 숨소리를 분석하는 것이고, 넷째 이청(耳聽)은 질문을 듣고 그 느낌을 관찰하는 것이며, 다섯째 목청(目聽)은 눈동자를 주목하는 것이다. 다산은 "기색(氣色)만을 전적으로 의지하면 선입견(先入見)을 가지게 되어 사건을 그릇 처리하게 된다. 사건을 다스리는 기본은 정성뿐, 생각하고 생각하면 귀신도 통하고, 정성이 감응(感應)하면, 곧 귀신이 와서 알려 주니, 나도 또한 몸소 체험해 보았다. 이는 선량(善良)한 사람이라야 할 수 있다" 고 말한다.[41] 다산 사상의 핵심은 '선량한

---

40) 정약용, 목민심서, 형전육조, 제2조, 단옥(斷獄), 斷獄之要明愼而已人之死生係我一察可不明乎人之死生係我一念可不愼乎. 大獄蔓延冤者什九己力所及陰爲救拔種德徼福未有大於是者也. 疑獄難明平反爲務天下之善事也德之基也.

41) 정약용, 박석무・정해렴 역주, 역주 欽欽新書 1, 현대실학사, 1999, 28면(제1편 경사요의); 周禮秋官小司寇 以五聽聽獄訟求民情 一曰辭聽 二曰色聽 三曰氣聽 四曰耳聽 五曰目聽 鄭玄云 觀其出言 不直則煩 觀其顔色 不直則赧然 觀其氣息 不直則喘 觀其聽聆 不直則惑 觀其眸子視 不直則眊然 ○鏞案 專憑氣色 則竊鈇之疑 有時乎 誤事也.

수사관, 사건을 다스리는 기본은 정성 그리고 맑고 밝게 형사사건을 처리하는 것' 이다. 바로 이것이 오늘날 '무죄추정의 원리'이다. 다산은 이러한 원리를 통해 소송정책과 적극적 일반예방사상의 구현을 설파하고 있다.

(2) 정범(주범)·공범(종범)과 적극적 일반예방

"괴수만 잡아 죽이고(석방치 않고) 연루자는 풀어 주어야 원망이 없게 될 것이다."42)

다산의 민권의식은 현대의 우리 시대에도 적용되는 질책으로 남아 있다. 조선조 정조(正祖) 1797년 황해도 곡산에서 민중소요사건이 발생했다. 이 사건을 해결하기 위해 다산은 같은 해 6월 2일 곡산 부사(府使)로 부임하였다. 부임 직전 조정의 실력자들로부터 주동자 몇 사람은 죽여야 한다는 명을 받았다. 그러나 다산은 부임 후 12조목의 탄원서를 들고 자수한 이계심을 방면한다. 방면사유는 다음과 같다: "관장(수령)이 밝지 못하게 되는 이유는 백성들이 자기 몸을 위해서만 교활해져 폐단을 보고도 관장에게 항의하지 않기 때문이다. 너 같은 사람은 관에서 마땅히 천금을 주고라도 사야할 사람이다." 사태의 본질을 꿰뚫는 그의 목민적 통찰은 시대를 뛰어넘어 원칙이 수시로 부정되는 우리 시대의 현실에도 적용되는 질책이다.

21세기를 준비하는 이 시대의 정부가 200년 전 봉건왕조시대라는 정치적 한계 속에서도 고군분투했던 다산의 민권의식을 넘어서지 못하고 있다면 지나친 비판일까? 적극적 일반예방은 민권의식, 다시 말하면 통치자의 입장이 아닌 국민의 입장에서 국민의 인권에 뿌리를 두고 있다는 것을 망각해서는 안 된다. 이것은 독일의 나치스시대와 한국의 40년 간의 군사독재시대의 공권력 과잉반응과 과잉행사에서 확인할 수 있다. "연루자는 풀어주어야 원망이 없게 된다"는 다산의 형사정책은 한국의 현대사(전직 대통령 형사재판)와 미래사(한반도 통일 이후 발생하게 될 불법 과거사 청산작업)에서 중요한 대목이라고 생각한다.

(3) 가석방과 적극적 일반예방

"오래된 죄수를 풀어 주지 않고 세월만 끄는 것보다도 빚을 면제해 준 후, 옥

---

42) 정약용, 목민심서, 형전육조, 제2조, 단옥(斷獄), 誅其首魁宥厥株連斯可以無冤矣.

문을 활짝 열어 놓는 것도 통쾌한 일이 될 것이다."43)

(4) 확정판결의 규범력과 적극적 일반예방

"명쾌한 판결을 금방금방 내리되 거리낌이 없으면 먹구름에 벼락치듯 통쾌하고, 맑은 바람이 뜰 앞을 스치듯 시원할 것이다."44)

(5) 오판: 법관의 자세와 적극적 일반예방

"얼핏 잘못 생각하여 그릇 판결한 것을 깨닫거든 허물을 꾸며대려 하지 않아야만 훌륭한 사람의 태도가 될 것이다. 법대로 따질 때 용서 못 받을 죄는 의리로 따져 판결하는 것이 좋다. 죄악을 빤히 보면서도 그 죄악을 모르는 체하는 것은 부녀자나 갖는 마음씨이다. 혹독한 관계로서 각박한 짓을 일삼으며 법대로만 따지면서 함부로 위세만 부린 자로서 제 명대로 사는 사람이 드물다. 사법관리로서 법률 책은 읽지 않고 문학과 시가나 즐기며 법률에 어두우니 이것도 또한 이 시대의 폐단인 것이다."45)

다산은 법관의 자세, 경미범죄처리(피해자-가해자-형사중재), 법관의 임무 그리고 사법관리(법률가)의 병폐와 관련하여 한국형 적극적 일반예방의 과제가 무엇인지를 제시하고 있다.

(6) 위하적 수사와 적극적 일반예방

"사건만 터지면 아전들은 날뛴다. 그들은 집을 털고 마을을 족치니, 살아날 길이 없다. 무엇보다도 먼저 이런 일이 없도록 걱정해 주어야 할 것이니, 부임하자마자 이런 일이 없기를 기약해야 한다."46)

(7) 현장검증·고문금지와 적극적 일반예방

"중대 사건의 현장 검증 때는 본래 결코 형틀로 고문하는 법이 없다. 요즈음

---

43) 정약용, 목민심서, 형전육조, 제2조, 단옥(斷獄), 久囚不釋淹延歲月除免其債開門放送亦天下之快事也.

44) 정약용, 목민심서, 형전육조, 제2조, 단옥(斷獄), 明斷立決無所濡滯則如陰曀震霆而淸風掃滌矣.

45) 정약용, 목민심서, 형전육조, 제2조, 단옥(斷獄), 錯念誤決既覺其非不敢文過亦君子之行也. 法所不赦宜以義斷見惡而不知惡是又婦人之仁也. 酷吏慘刻專使文法以逞其威明者多不善終. 士大夫不讀律長於詞賦闇於刑名亦今日之俗弊也.

46) 정약용, 목민심서, 형전육조, 제2조, 단옥(斷獄), 獄之所起吏校恣横打家劫舍其村遂亡首宜慮者此也上官之初宜有約束.

조사관들은 그런 법례도 채 모르고 형틀과 뭇매질로 함부로 다루어 이는 큰 잘못이다."[47] 다산은 피의자의 인권과 고문의 금지를 강조하고 있다. 그래서 그의 철학은 오늘날에도 생명력이 있다.

(8) 허위증언(무고) · 사건조작 · 기록조작과 적극적 일반예방

"거짓말로 사건을 꾸며대는 자를 도괴라 하는데, 이런 자는 엄벌에 처하여 용서하지 말고 도리어 법대로 처벌하도록 하라."[48]

(9) 법정 심문기일 · 신속한 재판 · 공평과 적극적 일반예방

"법정 심문기일이 넘었는데도 제 날짜에 한 것처럼 기록하는 것은 마땅히 고쳐져야 할 것이다. 대소 사건은 다 법정 처리기한이 있게 마련인데, 해가 가고 세월이 흘러도 늙고 병든 채 내버려두는 것은 법이 아닐 것이다. 사건 보류 기한은 법리에 따라 같지 않을 것이니, 결정 기준이 흐리멍텅하면 혹 공평한 처리가 못되기 쉽다."[49]

(10) 부검 · 검시와 적극적 일반예방

"살인하여 암매장한 자는 모두 파내어 검시하여야 한다. 법전의 주해가 잘못된 것이니, 구애될 필요가 없다."[50]

3. 다산의 형법사상 – 신형

『牧民心書』 刑典六典 (法制와 社會正義의 具現) 제3조 신형(愼刑: 신중하게 형벌을 내림)에서는 다산 정약용의 형법 · 형벌사상을 확인할 수 있다.

(1) 법정형의 등급 · 법익의 경중 · 형집행의 인도화와 적극적 일반예방

"목민관이 집행하는 형량에 세 등급이 있다. 백성을 학대한 자는 상형이요,

---

47) 정약용, 목민심서, 형전육조, 제2조, 단옥(斷獄), 獄體至重檢場取招本無用刑之法今之官長不達法例雜施刑杖大非也.

48) 정약용, 목민심서, 형전육조, 제2조, 단옥(斷獄), 誣告起獄是名圖賴嚴治勿赦照律反坐.

49) 정약용, 목민심서, 형전육조, 제2조, 단옥(斷獄), 檢招彌日錄之以同日此宜改之法也. 大小決獄咸有日限經年閱歲任其老瘦非法也. 保辜之限隨犯不同認之不淸議或失平.

50) 정약용, 목민심서, 형전육조, 제2조, 단옥(斷獄), 殺人匿埋者皆當掘檢大典之註本是誤錄不必拘也.

공사처리를 잘못한 자는 중형이요, 관사를 소홀히 한 자는 하형인데, 사사에 속한 자는 처벌하지 않는 것이 좋다. 형을 집행하는 사람을 그 자리에서 꾸짖는 것은 잘못이다."[51]

다산 정약용은 법정형의 등급에서 법익의 경중을 논하고 있다. 반란이나 살인에 관한 것은 상형이요, 공무원범죄는 중형이요 그리고 기타 규율에 관해서는 하형으로 등급화하고 있다. 이 때 경범죄는 정상참작을 하라고 밝히고 있다. 현대의 법제에서는 화해나 조정제도로서 법과 윤리의 조화를 기도하고 있지만, 법과 윤리가 엄격하게 미분화되었던 당시에 있어서 다산은 이러한 사안을 심판하는 재판관의 좌우명을 제시하고 있다.

그렇다면 우리는 오늘날 다산 정약용의 사상을 현대적 의미에서 재평가를 시도할 필요가 있다. 그의 사상에서 오늘날 재평가해 볼 대목은 경미범죄에 있어서 처벌보다는 '피해자－가해자－원상회복'이다. 이것은 현재 독일 학계에서 논의되고 있는 'Täter-Opfer-Ausgleich'와 아주 유사하다. 독일의 학자들은 'Täter-Opfer-Ausgleich'를 적극적 일반예방사상에서 파생되어 발전된 제4의 형벌유형으로 이해한다. 최근 한국에서도 경미범죄처리에 있어서 처벌보다는 '피해자－가해자－원상회복'으로 해결하려는 시도가 학계와 실무계에서 본격화되고 있다. 이러한 측면에서 보면, 다산의 형법사상은 오늘날에도 형법학계와 실무계에서 경청해 볼 중요한 명구(名句: 양형의 판단 기준)라고 생각된다.

(2) 규범유지 및 강화와 적극적 일반예방

"평소에 약속을 굳게 하고 일이 끝난 후에 단속하기를 신의 있게 한다면, 얼굴빛에 나타내지 않는다고 하더라도 처벌의 경중은 마음대로 집행될 것이다."[52]

다산 정약용은 이미 한국형 적극적 일반예방사상을 명확하게 제시하고 있다. 평소에 약속을 굳게 한다는 것은 오늘날의 의미에서 입법예고이다. 또한 일이 끝난 후에 단속하기를 신의 있게 한다는 것은 수사기관을 통한 철저한 예방과 규범단속을 지속적으로 펼치라는 의미이다. 이 두 대목은 오늘날의 의미에서 형사입법과 형사수사를 통한 규범강화의 의미로 해석된다.

---

51) 정약용, 목민심서, 형전육전, 제3조 신형(愼刑), 牧之用刑宜分三等民事用上刑公事用中刑官事用下刑私事無刑焉可也. 執杖之卒不可當場努叱.

52) 정약용, 목민심서, 형전육전, 제3조 신형(愼刑), 平時約束申嚴事過懲治必信則不動聲色而杖之寬猛唯意也.

그리고 "얼굴빛에 나타나지 않는다고 하더라도 처벌의 경중은 마음대로 집행될 것이다"라는 대목은 형량의 복종과 관련하여 심리적 규범강화와 도덕형성력을 말한다. 생각건대 이 대목은 오늘날의 의미에서 형벌집행을 통한 규범강화를 의미한다.

이러한 다산의 사상은 독일에서 현재 논의되고 있는 적극적 일반예방사상과 일맥상통한다. 왜냐하면 형사입법과 형벌집행을 통한 규범강화는 죄형법정주의와 그 죄형법정주의의 실현 아래에서만 가능하며, 피해자와 가해자의 상호 승인 속에서 확인할 수 있기 때문이다.

(3) 양형: 형벌의 목적과 적극적 일반예방

"수령이 집행할 수 있는 형량은 볼기 50대를 칠 권한밖에 없다. 그 이상의 것은 다 월권행위이다. 요즈음 어른들은 큰 곤장쓰기를 즐겨하여 매나 회초리 두서너 개로는 만족하지 않는다. 형벌로써 백성들의 행실을 바로잡자는 것은 지엽적인 것이다."53)

다산은 형벌집행의 남용과 엄벌주의를 경고한다. 다산에 따르면 형벌을 통한 위하사상으로는 규범유지와 규범강화를 구현할 수가 없다. 생각건대 다산은 이미 소극적 일방예방은 형벌의 목적이 될 수 없음을 언명한 것이다. 위하사상을 거부하는 것은 현재 독일에서 '일반예방사상의 르네상스'를 맞고 있는 적극적 일반예방사상의 출발점과 일맥상통한다.

(4) 다산의 형벌관과 적극적 일반예방

"자신을 가다듬고 법을 존중하며 떳떳하게 백성들을 대하면 그들은 죄를 짓지 않을 것이니, 그러면 형벌을 없애도 좋을 것이다. 옛날 사람다운 목민관은 반드시 형벌을 너그럽게 늦추었으니, 그들은 역사의 기록 속에 빛나고 있다. 한때의 분함을 참지 못하고 함부로 형벌을 가하는 것은 큰 죄악이다. 훈계하는 말이 역대 사책에 기록되어 있다."54)

다산 정약용은 "형벌은 포악한 자를 제거하며, 백성을 그들의 해독(害毒)에서

53) 정약용, 목민심서, 형전육전, 제3조 신형(愼刑), 守令所之刑不過笞五十自斷自此以往皆濫刑也. 今之君子嗜用大棍以笞三杖不足以快意也. 刑罰之於以正民末也.

54) 정약용, 목민심서, 형전육전, 제3조 신형(愼刑), 律己奉法臨之以莊則民不犯刑罰雖廢之可也. 古之仁牧必緩刑罰載之史策芳徽馥然. 一時之忿濫施刑杖大罪也列朝遺戒光于簡册.

구원해 내려는 수단으로 사용해야 한다"고 밝히고 있다. 목민관의 자세는 "이리를 내쫓고 양을 기르는 데 있다"고 하면서, "국민은 어린아이와 호수와 같기에 설득과 타이름을 덕목으로 삼아야 한다"는 것이다. 그것이 바로 떳떳한 목민관의 자세라고 말한다.

이러한 다산의 사상은 현재 독일에서 논의되고 있는 적극적 일반예방사상의 핵심이다. 특히 양형과 관련하여 '법관의 공정함과 양형합리화'를 통한 규범의식의 강화를 의미한다. 지난 60년 간의 한국 형법사를 반추해 볼 때, 이 대목은 반성의 여지가 너무 많고, 통일시대를 준비하고 있는 우리 형사법에 중요한 과제로 남아 있다.

(5) 여성과 노약자에 대한 형벌집행: 양형(집행)에 있어서 인간존엄과 적극적 일반예방

"부녀자는 큰 죄가 아니면 형벌을 집행하지 않는 것이 좋을 것이다. 매질 정도면 모를까 볼기를 치는 일은 몹시 무람없는 짓이다. 늙은이나 어린아이를 매로 다스려서는 안 된다고 법조문에 실려 있다. 악형은 도둑놈들에게 가하는 것인데, 경솔하게도 평민들에게 가해서는 안 될 것이다."[55]

다산은 여성과 노약자, 어린이에 대한 형벌집행에 있어서 양형의 방향을 제시하고 있다. 다산은 『牧民心書』에서 형벌을 남용하는 남형과 형벌을 신중히 하는 신형이 목민 효과를 어떻게 나타내는지 두 가문의 사례로 비교하고 있다.

돈 한 푼 훔치고 국 한 그릇을 엎질렀다 하여 형, 아우나 노비를 용서하지 않고 매질하고 종아리를 치는 가장이 있다. 심하면 묶어놓고 방망이로 치고 곳간에 가두어 놓기까지 한다. 그럴수록 자제들은 속이고 숨기는 짓이 더 심해지고 노비들의 도둑질도 더욱 방자해져 집안은 엉망이 된다.

그와는 다른 이런 가정이 있다. 남들이 알면 수치스런 일을 저지르며 숨겨두고 있다가 혼자 불러서 차근차근 타이른다. 자제나 노비가 잘못이 있으면 그 책임이 자신에게 있다고 여기고 행동함으로써 잘못을 간접으로 뉘우치게 한다. 이를테면 조상매라고 하여 조상의 무덤 앞에서 잘못을 저지른 자손에게 회초리를 들려 종아리를 치게 하여 잘못 가르친 자신이 응징받기도 한다. 이런 가문에서 교육을 받

---

55) 정약용, 목민심서, 형전육전, 제3조 신형(愼刑), 婦女非有大罪不宜決罰訊杖猶可笞臀尤褻. 老幼之不拷訊載於律文. 惡刑所以治盜不可輕施平民也.

은 자제들이면 어떻게 가장을 속이거나 도둑질을 할 수가 있겠는가?[56]

이것은 오늘날 자녀의 사회일탈에 대한 가정의 교육효과가 갖는 넓은 의미에서의 형사정책적 방향을 제시하고 있다. 소년범죄에 대한 적극적 일반예방은 징계보다는 교육형이 되어야 한다는 것이 다산의 신념이고 철학이다.

4. 다산의 행형철학－휼수

『牧民心書』 刑典 六典(法制와 社會正義의 具現) 제4조 휼수(恤囚: 죄수를 불쌍히 여김)에서는 다산 정약용의 행형철학을 깊이 느낄 수 있다.

(1) 죄와 죄수: 감옥(교도소)과 적극적 일반예방

"감옥은 이 세상의 지옥인 것이니 죄수의 고통을 인정 있는 사람은 짐작해 주어야 한다. 감옥이란 이웃 없는 집이요, 죄수는 걷지 못하는 사람이다. 만일 춥고 굶주리면 그저 죽게 마련인 것이다."[57]

다산은 일반적인 행형의 방향을 정하고 있는데, 그의 형벌사상은 인간존엄에 뿌리를 두고 있다. 다산은 인간의 존엄에 근거하여 행형철학과 행형정책을 제시하고 있다. 그의 인간존엄의 사상은 독일의 칸트사상과 일맥상통한다.

다산에 따르면 "죄라고 하는 것은 자유의 구속이지 인간의 구속이 아니다." "인간의 존엄은 죄수가 되기 훨씬 전의 문제"라고 말한다. 그에 따르면 "감옥에 있는 죄수는 인생최대의 괴로운 존재"이다. 왜냐하면 그것은 가족격리, 사회의 유리, 고독, 적막 등과 같은 자유의 상실을 의미하기 때문이다. 따라서 목민관은 죄수의 처우에 인도적 성찰을 잊지 말아야 한다는 점을 강조하고 있다.

다산은 감옥과 교도소에 대한 개념도 구분하여 정립하고 있다. 그에 따르면 "교도소는 인간을 벌주기 위한 곳이 아니라, 인간을 선도하는 교화소"라고 말한다. 생각건대 다산의 행형철학은 현대의 교정사상과 그 맥을 같이 하고 있다.

(2) 교도소 내에서의 인간존엄: 교도관과 적극적 일반예방

"목에 칼을 씌우는 것은 후세에 생긴 일이지 옛날 법은 아니다. 옥중에 집어

56) 이규태, 이규태 코너－구속 파괴－, 조선일보, 1997년 1월 5일자, 6면.

57) 정약용, 목민심서, 형전육전, 제4조 휼수(恤囚), 獄者陽界之鬼府也獄囚之苦仁人之所宜察也. 獄者無隣之家也囚者不行之人也一有凍餒有死而已.

넣고 금품을 토색질하는 것은 터무니없이 원통할 노릇이다. 이런 억울한 정을 살펴내어 준다면, 명철하다고 할 수 있다. 병들어 앓고 있으면 비록 편안한 제 집에서도 견디기 어려울텐데 하물며 옥중에서야 오죽할까?"[58]

다산의 사상은 오늘날 미결수에게 수갑을 채우는 행위를 금하고 있다. 또한 그는 미결수의 구속기간을 최대한 단축하라고 강조한다. 그리고 교도관이 뇌물을 받고 교도소 내에서 특혜를 주는 것을 엄중히 경고한다. 이러한 사상은 근본적으로 규범을 유지하고 준수하는 데 중요한 대목이다. 생각건대 인간존엄이 보장되지 않는 곳에서는 인간을 교정할 수가 없다. 따라서 다산이 지적한 교정행정은 오늘날에도 생명력이 있다.

(3) 죄수의 심정·교도관의 심정과 적극적 일반예방

"옥에 갇힌 죄수가 나가고 싶은 마음은 긴긴 밤에 날 새기를 기다리는 것 같으니, 모든 괴로움 중에서도 갇혀있는 괴로움이 가장 큰 것이다. 장벽이 허술해서 중죄수가 탈옥을 하면 상사의 꾸중을 들을 것이니, 이런 책임을 진 사람으로서 염려하지 않을 수 없다."[59]

다산은 "감방 안에 갇힌 인간으로서 악인은 없다"고 말한다.

(4) 조건부 가석방(귀소): 장기죄수·노약자·부녀자·귀양살이(유배)에 대한 인간적(인도적) 배려와 적극적 일반예방

"설날 명절 때엔 집에 들리도록 특허를 주어 은혜와 신의로 미덥게 해 준다면, 도망가는 일이 없을 것이다. 장기죄수로서 집 떠난 지 오래된 사람은 자녀 생산이 끊어질 것이니, 청원을 들어줌으로써 자애로운 은혜를 베풀 수도 있는 일이다. 늙고 약한 사람을 대신 가두는 일도 불쌍한 노릇인데, 부녀자를 대신 가두는 것은 더욱 조심해야 할 일이다. 집 떠난 귀양살이의 애끓는 정상은 가련할 것이니, 집과 양식을 주어 편안히 살게 하는 것도 목민관의 책임일 것이다."[60]

---

58) 정약용, 목민심서, 형전육전, 제4조 휼수(恤囚), 枷之施項出於後世非先王之法也. 獄中討索覆盆之冤也能察此冤可謂明矣. 疾痛之苦雖安居燕寢猶云不堪況於犴狴之中乎.

59) 정약용, 목민심서, 형전육전, 제4조 휼수(恤囚), 獄囚之待出如長夜之大晨五苦之中留滯其最也. 墻壁疎豁重囚以逸上司督過亦奉公者之憂也.

60) 정약용, 목민심서, 형전육전, 제4조 휼수(恤囚), 歲時佳節許其還家恩信既孚其無逃矣. 久囚離家生理遂絶者體其情願以施慈惠. 老弱代囚尙在矜恤婦女代囚尤宜難愼. 流配之人離家遠謫其情悲惻館穀安插牧之責也.

다산은 "죄수에 대한 인도적 처우만이 그들을 갱생시킨다"고 강조한다. 『欽欽新書』에는 "옥중에 있는 불한당의 두목을 설날에 풀어주어 노모를 뵙고 오도록 함으로써 감동한 불한당의 잔당이 그 고을을 피해 간 사례"가 언급되어 있다. 그 외에도 인간성과 인정을 형벌에 우선하여 고을을 편안히 다스린 사례는 비일비재하다. 다산은 그의 시대에 이미 유럽 선진 국가에서 시도하고 있는 귀휴제도를 설파하고 있다. 그래서 그는 한국 형사법의 위대한 선각자인 것이다.

5. 다산의 형사정책 – 금포

牧民心書 刑典六典 (法制와 社會正義의 具現) 제5조 금포(禁暴: 난폭한 짓을 엄금함)에서는 다산 정약용의 형사정책을 확인할 수 있다.

(1) 폭력예방: 권력남용금지와 적극적 일반예방

"폭력을 금하고 난동을 막아냄으로써 백성을 편안하게 해주기 위해서는 세력을 떠세하는 무리들을 쳐부수고 권리를 자랑하는 무리들(귀족의 측근들)도 두려워하지 않도록 목자는 힘써야 한다."[61]

다산은 목양정신, 존양정신 즉, 폭력행위의 해독으로부터 백성을 보호해야 한다는 정신을 강조하고 있다. 다산은 억강부약(抑强扶弱)을 주장하는데 "폭력에 맞설 때 강하고, 백성과 접할 때 자애하라"고 설파하고 있다.

(2) 부패방지: 감사 · 권력형 부패척결과 적극적 일반예방

"권문세도가들이 부하들을 풀어 백성들에게 세도를 부리는 일은 단속을 해야 한다. 국가원수의 경호원이 상사의 은총을 자랑하거나 국가원수의 측근비서가 이핑계 저핑계로 백성들을 괴롭히거든 모조리 단속하도록 하라. 억지짓을 잘하는 지방권력자들은 연약한 백성들에게 승냥이나 호랑이인 것이다. 그들의 박해를 제거해 줌으로써 양떼를 살려내야만 목자라 할 수 있는 것이다."[62]

다산은 선량한 백성을 괴롭히는 자를 다음과 같이 분류하고 있다: 첫째 집권

61) 정약용, 목민심서, 형전육전, 제5조 금포(禁暴), 禁暴之亂所以安民搏擊豪强毋憚貴近亦民牧之攸勉也.

62) 정약용, 목민심서, 형전육전, 제5조 금포(禁暴), 權門勢家縱奴豪橫以爲民害者禁止. 禁軍怙寵內官橫恣種種憑藉皆可禁也. 土豪武斷小民之豺虎也去害存羊斯謂之牧.

자의 친척, 둘째 강권의 집행자, 셋째 국가원수의 경호원, 넷째 세도가의 비서, 다섯 번째 지방권력자, 여섯째 잔재주 부리는 벼슬아치, 일곱 번째 깡패. 다산은 아전근성이 사회악의 진원이라 말한다. 그 횡포의 원인(범죄원인)은 재화욕과 권세욕에 있다고 분석한다.

다산은 "공직자가 청렴하면 그 지역주민들만 그 은혜를 입는 것이 아니라, 삼림이나 물과 돌까지도 그 맑은 빛에 젖게 된다"고 설시하고 있다. 오늘날의 시각에서 본다면 사후처벌위주에서 부패요인을 미리 없앨 수 있는 제도적 개선책이 요망되기도 한다. 그러나 법과 제도 그 자체만으로는 완벽한 부패방지책이 될 수 없다는 것이 다산의 분석이다. 다산에 따르면 최종적인 열쇠는 결국 공직자들이 얼마나 높은 '도덕성과 책임성'을 가지느냐에 달려있는 것이다.

다산은 공자의 말 중에서 "의(義)가 아닌 부귀(富貴)란 내게는 뜬구름과 같다(論語 述而)"를 인용하고 있다.[63] 권력형 부패척결은 오늘날 적극적 일반예방사상의 관점에서 볼 때 범죄원인 · 대책 · 예방 · 일반국민의 규범유지 및 강화의 초석이다. 이것은 각종 감사에서 심각하게 논의되고 있는 기업형 부패와 대통령 측근들의 부패사건 등에서도 확인할 수 있다. 권력형 부패척결 없이 과연 어떻게 규범안정화가 이루어질 수 있겠는가? 따라서 다산의 지적은 오늘도 생명력이 있다고 생각한다.

(3) 부패 · 폭력배 단속: 뇌물형부패 · 음주풍기문란 · 도박 · 무허가 도축 · 미신범 · 인장위조 · 족보위조 단속과 적극적 일반예방

"조무래기패들이 잔재주를 믿고 도둑질과 주먹질을 함부로 하고 다니면 속히 그들의 행동을 단속해야 한다. 단속하지 않으면 난동을 부리게 되기 때문이다. 세력을 떠세하는 무리들이 애잔한 백성들을 괴롭히는 방법은 하도 많아서 일일이 주워 셀 수가 없다. 간사하고 음탕하여 기생집이나 파고드는 자는 단속하도록 하라. 시장 바닥에서 술주정하며 상품을 들치기하거나 저자거리에서 술주정하며 윗사람에게 욕지거리하는 자는 단속하도록 하라. 도박을 직업으로 삼고 무리를 모아 판을 벌이는 자는 단속하라. 사적으로 소와 말을 도살하는 자는 단속하고 돈으로 속죄하게 해서는 안 된다. 광대놀이 · 꼭두각시 춤 · 굿 등으로 돈을 긁어

---

63) 정약용, 박무영 옮김, 뜬세상의 아름다움, 태학산문선 105, 태학사, 2001.

모으거나 요술을 하는 무리들도 다 단속하라. 인장을 위조한 자는 그가 저지른 죄의 정상을 보아서 경중을 따지도록 하라. 족보를 위조한 자는 그 주모자를 처벌하고 추종자는 용서해 주도록 하라."[64]

6. 다산의 형사철학 – 제해

牧民心書 刑典六典(法制와 社會正義의 具現) 제6조 제해(除害: 백성에게 해독이 되는 것을 제거)에서는 다산 정약용의 형사철학을 확인할 수 있다.

(1) 권력자(정치, 입법, 사법, 행정)의 자세: 도둑이 생기는 원인과 적극적 일반예방

"백성들을 위하여 피해를 제거해 주도록 목자는 힘을 써야 할 것이다. 첫째는 도둑이요, 둘째는 귀신 나부랑이요, 셋째는 호랑이이다. 이 세 가지가 없어야 백성들의 걱정이 줄어들 것이다. 도둑이 생기는 이유로는 세 가지가 있으니, 윗사람의 행실이 단정하지 못하고, 그 밑의 사람은 명령을 받들어 행하려 하지 않고, 아래 있는 백성들은 법을 두려워하지 않기 때문에 도둑 없기를 바라지만 어찌할 수가 없다."[65]

(2) 일반사면 · 특별사면과 적극적 일반예방

"국가의 좋은 정책을 선포하여 그들의 죄를 용서해 주고, 전과를 씻고 새 사람이 되어 각각 돌아가 생업에 충실하도록 만드는 것이 상책인 것이다. 이렇게 된 후에라야 도둑들은 행실을 고친 후 자취를 감추고, 길거리에 떨어진 물건도 주워 갖지 않으며 사람들은 진심으로 따를 것이니, 좋은 세상이 아니겠는가?"[66]

다산은 일반사면과 특별사면을 언급하고 있는데, 이 대목은 전직대통령의 형

64) 정약용, 목민심서, 형전육전, 제5조 금포(禁暴), 惡少任俠剽奪爲瘧者亟宜戢之不戢將爲亂矣. 豪强之虐毒痛下民其竇尙多不可枚擧. 狹邪奸淫携妓宿娼者禁止. 市場酗酒掠取商貨街巷酗酒罵詈尊長者禁止. 賭博爲業開場群聚者禁止. 俳優之戲傀儡之技儺樂募緣妖言賣術者並禁之. 私屠牛馬者禁止徵贖則不可. 印信僞造者察其情犯斷其輕重. 族譜僞造者罪其首謨宥其從者.

65) 정약용, 목민심서, 형전육전, 제6조 제해(除害), 爲民除害牧所務也一曰盜賊二曰鬼魅三曰虎狼三者息而民患除矣. 盜所以作厥有三繇上不端表中不奉令下不畏法雖欲無盜不可得也.

66) 정약용, 목민심서, 형전육전, 제6조 제해(除害), 宣上德意赦其罪惡棄舊自新各還其業上也. 如是然後改行屛跡道不拾遺有恥且格不亦善乎.

사재판과 남북통일 이후 발생하게 될 불법 과거사 청산작업에 있어서도 우리에게 교훈이 될 수 있다고 본다.

예를 들면 1950년의 6.25 한국전쟁 전범처리와 KAL기 폭파사건 그리고 1996년 강릉무장공비침투사건과 2002년 서해교전사건의 배후조직과 인물에 대한 법적 청산은 필요하리라 예상된다. 그러나 여기에서 중요한 것은 미래를 위한 '법치국가의 확보'와 '불법청산 이후 법을 통한 수습책'을 동시에 고려해야 한다는 것이다. 이것은 남북통일 후 아주 중요한 문제가 될 것이다.

한국형 적극적 일반예방사상이 사회통합의 의미에서 중요한 위치를 차지한다면, 일반사면과 특별사면은 통일 이후에 국가의 중요한 형사정책이 될 것이다. 이 때문에 다산의 사상적 예지는 오늘날에도 생생하게 살아있다고 생각한다.

(3) 단호한 법집행: 현상금 제도 · 범죄소탕과 적극적 일반예방

"간악한 세도가들이 떼거리로 패를 지어 온갖 행패를 부리면서 뉘우칠 줄을 모르거든 법의 위력으로 단호히 처단하여 백성의 생활을 안정시켜 주어야 할 것이다. 현상금을 내밀어 놓고 서로 잡아들이거나 밀고하게 하여 도둑을 전멸시키는 방법은 그 다음이 될 것이다."[67]

(4) 경찰 · 검찰 조사관의 자세: 절도범 처우와 적극적 일반예방

"지혜를 짜내고 꾀를 써서 숨은 도둑을 잡아내는 일은 유능한 수사관만이 할 수 있다. 사리를 따라 따지고 들어가면 거짓말을 못하는 법이니 현명한 조사관만이 할 수 있는 일이다. 자잘한 절도 같은 죄는 너무 크게 다룰 필요가 없다. 잘못하여 평민을 잡아다가 두들겨서 도둑을 만드는 수가 있는데 그의 원통한 사정을 조사하여 양민이 되게 한다면 인정있는 목자라 할 것이다."[68]

(5) 얼빠진 목자의 기획수사: 법률왜곡과 적극적 일반예방

"거짓 죄를 꾸며 돈냥이나 있는 부자를 잡아다가 모진 형벌을 가하는 것은 도둑놈을 위해서 원수를 갚아주고 아전 나부랭이들을 위하여 재물을 벌게 해 주는

67) 정약용, 목민심서, 형전육전, 제6조 제해(除害), 奸豪相聚怙惡不悛剛威擊斷以安平民抑其次也. 懸賞許赦使之相捕使之相告以至殘滅又其次也.

68) 정약용, 목민심서, 형전육전, 제6조 제해(除害), 運智出謨鉤深發隱唯能者爲之. 察理辯物物莫遁情唯明者爲之. 凶年子弟多暴草竊小盜不足以大懲也. 枉執平民鍛之爲盜能察其冤雪之爲良斯之謂仁牧也.

것이니, 이를 일절 얼빠진 목자라 할 것이다."[69]

(6) 미신타파와 적극적 일반예방

"귀신 나부랑이가 변고를 일으키는 것은 무당이나 하는 짓이다. 무당을 처벌하고 당집을 헐어버리면 요괴인들이 발붙일 곳이 없을 것이다. 부처님의 귀신이라고 거짓 꾸며댄 말로 대중을 미혹하게 하는 자는 내쫓아 버리도록 하라. 그러저러한 사술로 어리석은 사람을 속여먹는 자도 버리도록 해야 한다."[70]

다산의 지적은 오늘날 '휴거소동'과 '아가동산'의 예에서도 확인할 수 있다.

Ⅳ. 결론: 한국형 적극적 일반예방사상의 재정립을 위한 제언

서구의 근대적인 법제가 한국 땅에 수용된지 백년이 지났다. 그럼에도 한국의 법학계는 근대법의 계수과정에서 많은 시행착오를 거듭해 왔다. 일반적으로 법이나 제도 그리고 판례가 무조건 서구 선진국가의 것을 금과옥조로 내세워 온 것이 우리의 현실이다.[71] 그 중에서도 특히 한국 형법학계의 형벌논의는 이제 법학계에서 스스로 진단받고 검증되고 비판의 대상이 되어야 한다.

저자는 여기서 한국, 한국인 그리고 한국사회에 뿌리를 둔 한국 실정에 부합되는 형법·형벌논의가 제시되어야 한다고 확신한다. 그것은 한국 형법학계의 학문적 연구방법의 새로운 자각과 각성으로부터 출발해야 한다. 한국 형법학계가 21세기의 국제화 시대와 남북통일의 시대를 대비해야 한다면, 먼저 우리는 현대적 시각에서 한국 전통법의 실체를 정확히 파악하고, 잃어버렸고 무시해왔던 전통사상을 복원해야 한다.

통일 한국의 미래상 앞에서 인간의 존엄사상과 책임주의 그리고 규범안정화를 통한 사회적 대통합(이러한 관점은 다산 정약용의 형벌사상의 핵심이기도 하다)이 한국 형사법의 방향이라면, 우리는 민주·자유법치국가의 이념적 토대 위에서 서

69) 정약용, 목민심서, 형전육전, 제6조 제해(除害), 誣引富民枉施虐刑爲盜賊執仇爲吏校征貨是之謂昏牧也.

70) 정약용, 목민심서, 형전육전, 제6조 제해(除害), 鬼魅作變巫導之也誅其巫毁其祠妖無所憑也. 假託佛鬼妖言惑衆者除之. 憑依雜物邪說欺愚者除之.

71) 자세히는 문인구, 한국법의 실상과 허상, 삼지원, 1984; 최종고, 한국법과 세계법, 교육과학사, 1989; 최종고, 한국법입문, 박영사, 1994, 1면 이하.

양법학자의 사상뿐만 아니라, 우리의 전통법사상가의 학문적 예지도 경청해야 한다.

왜 우리는 서양의 칸트, 헤겔, 포이에르바흐, 몽테스키외 그리고 베카리아 사상에는 열정을 보이면서, 동시대인인 다산 정약용의 형사철학과 형사정책에는 깊은 관심을 쏟지 않는가?

다산의 형법·형벌사상[72]은 한국·한국인·한국사회를 중심으로 한 한국형 적극적 일반예방사상의 초석이 될 수 있다.[73] 다산의 형법·형벌사상의 현대적 재평가작업은 장차 통일한국의 새로운 형법·형벌제도의 체계정립에도 필수적이다. 독일 통일 후 독일식 불법과거사청산의 경험에서 비추어 볼 때, 우리는 이것을 확인할 수 있을 것이다.[74]

다산 정약용의 형사철학과 형사정책[75]은 서양의 몽테스키외의 권력분립론과

---

72) 인간존엄에 근거한 다산의 행형사상에 관하여: "감옥은 이 세상의 지옥인 것이니 죄수의 고통을 인정있는 사람은 짐작해 주어야 한다. 감옥이란 이웃 없는 집이요, 죄수는 걷지 못하는 사람이다. 만일 춥고 굶주리면 그저 죽게 마련인 것이다"(정약용, 목민심서, 형전육전, 제4조 휼수(恤囚), 獄者陽界之鬼府也獄囚之苦仁人之所宜察也. 獄者無隣之家也囚者不行之人也一有凍餒有死而已). 다산은 인간존엄에 근거하여 행형철학과 행형정책을 제시하고 있다. 이러한 사상은 독일의 칸트사상과 일맥상통한다. 다산 정약용의 사상에 따르면 죄라고 하는 것은 자유의 구속이지 인간의 구속이 아니다. 다산은 교도소와 감옥에 대한 개념도 정립하고 있다. 다산에 따르면 "교도소는 인간을 벌주기 위한 곳이 아니라, 인간을 선도하는 교화소"인 것이다. 그에 따르면 감옥에 있는 죄수는 인생최대의 괴로운 존재이다. 왜냐하면 그것은 가족격리, 사회의 유리, 고독, 적막 등과 같은 자유의 상실을 의미하기 때문이다. 따라서 목민관은 죄수의 처우에 인도적 성찰을 잊지 말아야 함을 강조하고 있다. 그는 인간존엄은 죄수가 되기 훨씬 전의 문제라고 말한다.

73) 다산사상에 나타난 적극적 일반예방과 규범유지 및 강화에 관하여는 "평소에 약속을 굳게 하고 일이 끝난 후에 단속하기를 신의있게 한다면, 얼굴빛에 나타나지 않는다고 하더라도 처벌의 경중은 마음대로 집행될 것이다"(정약용, 목민심서, 형전육전, 제3조 신형(愼刑), 平時約束申嚴事過懲治必信則不動聲色而杖之寬猛唯意也). "평소에 약속을 굳게 한다는 것"은 오늘날의 의미에서 입법예고이다. "일이 끝난 후에 단속하기를 신의 있게 한다는 것"은 수사기관을 통한 철저한 예방과 규범단속을 지속적으로 펼치라는 의미이다. 이 두 대목은 오늘날의 의미에서 형사입법과 형사수사를 통한 규범강화의 의미로 해석되어 진다. 또한 "얼굴빛에 나타나지 않는다고 하더라도 처벌의 경중은 마음대로 집행될 것이다"라는 대목은 형량의 복종과 관련하여 심리적 규범강화와 도덕형성력을 지적하고 있다. 이 대목은 오늘날의 의미에서 형벌집행을 통한 규범강화를 의미한다. 이러한 다산의 사상은 독일에서 현재 논의되고 있는 적극적 일반예방사상과 일맥상통한다. 왜냐하면 법의 정립과 법의 집행을 통한 규범강화는 죄형법정주의와 그 죄형법정주의의 실현 속에서만 가능하며, 피해자와 가해자의 상호승인 속에서 확인할 수 있기 때문이다. 다산 정약용은 이미 한국형 적극적 일반예방사상을 명쾌하게 제시하고 있다.

74) 우리는 1989년의 독일 통일 이후 벌어지고 있는 독일 사법부의 법을 통한 불법청산을 주시하고 있다. 독일은 통일과 구동독 체제하의 정권범죄(Regierungskriminalität)와 관련한 불법과거사청산 속에서 형법학자이자 법철학자인 구스타브 라드부르흐(Gustav Radbruch, 1878-1949)의 공식(Formel)을 복원하고 있다. 우리는 독일식 형법·형벌이론의 토대가 되고 있는 라드부르흐의 사상과 통일 후 그의 사상의 현대적 접목을 주목해야 한다. 왜 독일 법학계는 다시 라드부르흐의 사상을 부르짖고 있는가? 이러한 논의 과정을 보면서 우리는 전직 대통령의 형사재판과 한반도 통일 이후 발생하게 될 불법과거사청산작업을 생각하지 않을 수 없다. 생각건대 다산의 형사철학과 형사정책은 중요한 나침반이 될 수 있다.

75) 다산 정약용의 형법사상은 글의 표현이나 인용하고 있는 실례와 설명에서 우리 조상들이 겪고

법사회학, 칸트의 인간의 존엄사상, 헤겔의 상호승인사상(피해자－가해자－화해: 正反合思想), 포이에르바하의 죄형법정주의사상, 베카리아의 인도적 형사정책을 종합하고 있다. 이러한 의미에서 한국형 형법·형벌사상의 재평가작업은 한국의 계몽철학자 다산 정약용의 형사철학과 형사정책에서 출발하는 것이 비교법적으로나 비교사상사적으로도 가치가 있을 것이다.

느낀 기발한 예지를 보여주고 있다. 刑典六典 (法制와 社會正義의 具現)의 제1조에서는 진상의 정확한 파악에 따른 형사·민사소송의 처리(聽訟)를 다루고 있고, 제2조 형옥(刑獄)에서는 신중과 명쾌를 토대로 형사문제의 처리(斷獄)에 대해 기술하고 있으며. 제3조에서는 형벌은 신중하게(愼刑), 제4조에서는 죄수에게 온정을(恤囚), 제5조에서는 폭력을 엄하게 단속하라(禁暴), 마지막 제6조에서는 사회의 정화(除害)에 대해서 논하고 있다.

제2장 적극적 일반예방사상*

Ⅰ. 서 론

최근 독일 형법학계에서 일반예방사상에 대한 관심은 다시 고조되고 있다. 이러한 관심은 소극적 일반예방사상(die negative Generalprävention)에 있는 것이 아니라, 소위 적극적 일반예방사상(die positive Generalprävention)에 집중되고 있다. 1980년대 중반부터 독일의 형법학계와 형사실무계에서 새로운 개념을 형성하고 있다.[1)]

적극적 일반예방사상은 "형벌이 잠재적인 범죄인에 대한 위하작용을 한다"고 보는 전통적인 일반예방이론을 극복하면서 등장하였다. 독일처럼 한국에서도 1990년대 초반부터 적극적 일반예방사상이 소개되고 있고,[2)] 대부분의 형법교과

---

* 이 논문은 다음 두 편의 글을 수정 · 보완한 것이다. 소극적 일반예방과 적극적 일반예방사상의 구분, 경암 홍천용 교수 화갑기념논문집, 21세기 국제정경연구원, 1997, 1061-1080면; 적극적 일반예방, 고시계, 1998년 9월호, 97-108면.

1) 근대 형벌이론의 발전사에 관한 독일 문헌으로는 Claus Roxin, Sinn und Grenzen staatlicher Strafe, JuS 1966, S. 377ff.; ders., Strafrecht Allgemeiner Teil. Bd. 1; Grundlagen – Der Aufbau der Verbrechenslehre, 2. Aufl., München, 1994, §3; Eberhard Schmidhäuser, Vom Sinn der Strafe, 2. Aufl., Göttingen 1971, S. 19ff; Ulfrid Neumann/Ulrich Schroth, Neuere Theorien von Kriminalität und Strafe, Darmstadt 1980, S. 1ff.; Monika Frommel, Präventionsmodelle in der deutschen Strafzweck-Diskussion. Beziehung zwischen Rechtsphilosophie, Dogmatik, Rechtspolitik und Erfahrungswissenschaften, Berlin 1987, S. 11ff.; Alternativkommentar Strafgesetzbuch — Hassemer, Neuwied und Darmstadt, Bd. 1, 1990, §§1-21 Rdnr. 404ff.; Eser/Burkhard, Strafrecht I, Juristischer Studienkurs, 4. Aufl., München, S. 7ff.; Hans-Heinrich Jescheck/Thomas Weigend, Lehrbuch des Strafrechts, 5. Aufl., Berlin 1996, §1 II (S. 4), § 8 II 3 a) mit FN. 27(S. 68), §82 IV 7(S. 881); Franz Streng, Strafrechtliche Sanktionen: Grundlagen und Anwendung, Stuttgart-Berlin-Köln, S. 14, 118ff.; Jürgen Baumann/Ulrich Weber/Wolfgang Mitsch, Strafrecht, Allgemeiner Teil, 10. Aufl., Bielefeld 1995, §3 III Rdnr. 30; Günter Jakobs, Strafrecht, Allgemeiner Teil, Die Grundlagen und die Zurechnungslehre. Lehrbuch, 2. Aufl., Berlin, New York 1991, 1/Rdnr. 1ff.(15); Winfried Hassemer, Einführung in die Grundlagen des Strafrechts, 2. Aufl., München 1990, §30 II (S. 316ff.)

한국 문헌으로는 신치재, 책임형벌과 행형, 한남대학교 출판부, 1996, 137면 이하 참조.

2) 독일 형법학계에서 논의되고 있는 적극적 일반예방사상(법규범유지와 법규범강화)은 한국에서도 많은 검토 속에서 소개되어야 할 것이다. 그 중에서도 특히 몇 가지 지적하고 싶은 것은 다음과 같다: 1. 죄형법정주의사상의 재검토(형법조문, 양형, 법집행)와 적극적 일반예방, 2. 입법화과정에 있어서 법규범의 내용 및 절차적 정당성과 적극적 일반예방, 3. 경제적 불균형으로 인한 구조적 범죄와 적극적 일반예방, 4. 경찰의 범죄추적과 적극적 일반예방, 5. 언론의 역할과 적극적 일반예방. 적극적 일반예방

서에서 일반예방사상의 소극적 요소와 적극적 요소를 구분하고 있다.[3]

먼저 이 글에서는 적극적 일반예방사상의 본질과 의미를 보다 명확하게 파악하기 위하여 다음의 네 가지의 물음을 제기하고자 한다. 먼저 일반예방사상의 변천과정이며(Ⅱ), 다음으로 일반예방사상의 소극적 요소와 적극적 요소의 구분이고(Ⅲ), 이어서 적극적 일반예방사상과 국가형벌의 정당성과 목적이며(Ⅳ), 일반예방사상에 대한 한국 형사법학계의 논쟁이며(Ⅴ), 마지막으로 적극적 일반예방사상의 과제와 전망이다(Ⅵ).

Ⅱ. 일반예방사상의 변천과정

일반예방사상의 변천과정은 시대적으로 볼 때 대체로 세단계로 구분이 된다. 거부(拒否)의 시대 · 재평가(再評價)의 시대 · 부활(復活)의 시대이다. 소극적 일반예방사상에서 적극적 일반예방사상까지의 전개과정은 제2차 세계대전 후 독일형법과 형벌이론의 발전사를 의미한다. 한국 형사법학계가 주목해야 하는 것은 적극적 일반예방사상이 등장하게 된 독일 및 유럽 사회에서의 역사적 · 시대적 · 법적 배경이며 그 논의의 과정과 쟁점들이다.[4]

1. 일반예방사상의 거부시대(1945년~1960년 말)

일반예방사상의 거부(die Ablehung der Generalprävention)의 시대[5]는 1945년

의 관점에서 볼 때에 한국의 형법학계는 법의 정립(Rechtssetzung)과 법의 적용(Rechtsanwendung)의 단계에서 규범의식의 공감과 강화가 구체적으로 어떻게 이루어지는지를 분석해야 한다.

3) 이에 관한 참고 문헌으로 김일수, 국가형벌권의 정당화 문제, (김일수 · 배종대 편) 법치국가와 형법 –심재우 선생의 형법사상에 대한 재조명–, 세창출판사, 1998, 1-37면(26면 이하); 김일수, 형법총론, 신정판, 박영사, 1996, 33면, 43면; 김일수, 새로 쓴 형법총론, 제11판, 박영사, 2006, 21면; 박상기, 형법총론, 박영사, 1997, 14면 이하; 배종대, 형법총론, 홍문사, 1996, 97면 이하; 배종대, 형사정책, 홍문사, 1998, 301면; 배종대, 형법총론, 제8전정판, 홍문사, 2006, 30-31면; 안동준, 형법총론, 학현사, 1998, 10면 이하; 이재상, 형법총론, 박영사, 1996, 44면 이하; 이재상, 형법총론, 제5판(보정판), 박영사, 2006, 50면.

4) Reinhard Maurach/Heinz Zipf, Strafrecht, Allgemeiner Teil, Teilband 1, Grundlehren des Strafrechts und Aufbau der Straftat. Ein Lehrbuch, 8. Aufl., Heidelberg, Karlsruhe 1992, §7 II Rdnr. 7f.

5) Schmidt, Geschichte, S. 432ff.(438); Welzel, Das Deutsche Strafrecht, §2 (S. 13); Rüping, Strafrechtsgeschichte, S. 106ff.(108); Marxen, Der Kampf gegen das liberale Strafrecht, S. 170ff.; 또한 Maurach/Zipf, AT 1, § 6 II Rdnr. 36; Jescheck-Weigend, AT, §82 I 4; Roxin, §3 I

부터 1960년대 후반까지 진행되었다. 출발점은 나치스독재시대(1933-1945)의 잔악한 위하적 형법·형벌에 대한 역사적 반성이었다.6) 이 시기에는 헌법에 보장된 인간존엄과 위하적 일반예방사상과 관련한 정당성의 문제7)와 위하적 일반예방사상의 청산작업이 논의의 핵심이었다. 독일은 1949년 본(Bonn) 기본법 제102조를 통하여 위하적 일반예방의 전형인 사형제도를 폐지하였고, 나치히틀러 정권의 정치이념을 수호하기 위해서 악용되었던 위하적 일반예방사상을 폐기처분하였다. 이러한 청산작업은 독일 기본법 제1조(인간존엄)의 토대에서 진행되었다. "어떠한 정치가도 정권유지를 위해 명확하지 않은 법률개념과 위하적 형벌권을 남용할 수 없다"는 입법적 결단이었다. 이로써 위하적 일반예방사상에 대한 폐기처분은 독일 기본법(GG)과 형법(StGB)에서 명확하게 정리되었다.

1950년대 후반부터 독일 형사법학계는 위하적 일반예방사상에 대한 논의를 양형분야(量刑, Strafzumessug)까지 확대하였다. 이것이 소위 "위하적 일반예방사상에 근거한 양형강화(die Strafverschärffung in der Strafzumessung)와 인간존엄사상에 근거한 책임과의 논쟁"이다. 이 논쟁에서 독일 형사법학계는 위하적 일반예방사상을 원천적으로 거부하고, 책임사상(der Gedanke der Schuld)을 고수하였다. 당시 독일 형사법학계의 지배적 견해는 "책임은 바로 헌법상 보장된 인간존엄의 형법적 구현"이라는 인식이었다. 이러한 학계의 흐름은 1945년 이후 1960년대 후반까지 지속되었고, 독일의 형법개정안에도 반영되었다.8)

이러한 논쟁과정에서 우리가 주목할 점은 독일 형법 제46조 제1문에 규정된

Rdnr. 31 참조.

6) 나치스독재시대의 형법실무에 관해서는 Gribbohm, NJW 1988, S. 2822 ff.(2844); Große, NStZ 1993, S. 526: 뉘른베르그 전범재판과 관련한 미국소추기관의 통계에 따르면 1933년 이전에 사형으로 규정되어진 법정구성요건이 3개에 불과하였던 것이, 1933년에서 1939년의 국가사회주의입법부는 법정사형에 해당하는 범죄유형을 25개로 확대하였다. 특히 1943년과 1944년에 또 다시 21개 구성요건이 추가되었다; 히틀러의 지도자국가(Führerstaat)의 형사법정에 관해서는 Rüping, Strafrechtsgeschichte, S. 98f.; LK[11]-Gribbohm, §1 Rdnr. 22f. m.w.N.; Marxen, Die Urteile des Volksgerichtshofs, in: Universität-Zeitung an der Universität Münster vom 29. April 1992, S. 3: 1934년에서 1939년까지 약 100명에게 사형이 선고되었고, 그 숫자는 1944년 까지 2000명 이상 급증되었다. 1942년부터 전체 사형선고 받은 자의 과반수에 대해 사형이 집행되었다.

7) 독일 기본법 제1조 제1문의 '인간존엄과 일반예방의 논쟁'에 관한 주요 문헌으로는 Badura, Generalprävention und Würde des Menschen, JZ 1964, S. 337 ff.(344); Roxin, Sinn und Grenzen staatlicher Strafe, JuS 1966, S. 377ff.(379); Naucke, Generalprävention und Grundrechte der Person, in: Winfried Hassemer/Klaus Lüderssen/Wolfgang Naucke: Hauptproblem der Generalprävention, Frankfurt am Main 1979, S. 11 mit FN. 7.

8) Rüping, Grundriß der Strafrechtsgeschichte, 2. Aufl., München 1991, S. 115; Jescheck-Weigned, Lehrbuch des Strafrechts, Allgemeiner Teil. 5. Aufl., Berlin 1996, §11 IV 2.

책임원칙(das Schuldprinzip)이다. 제46조 제1문은 "형벌을 충동적이고 무분별한 복수로부터 끌어 올려 객관화의 목표를 지향하고, 이를 제도적으로 규범화했다"는 점에서 큰 입법적 진보였다. 특히 공리주의에 입각한 과도한 형벌작용의 남용 가능성을 자기제한의 틀 속으로 끌어 올렸고, 제한 없는 형벌폭력을 자기제한 속에 있는 법적 형벌로 객관화시켰다"는 점에서도 큰 입법적 발전이었다. 책임원칙의 제도적 확립은 전후 독일 형벌사상에 끼친 공적이었다.9) 바로 책임원칙은 위하적 일반예방사상의 거부하고 적극적 일반예방사상으로 향하는 출발점이었다.

2. 일반예방사상의 재평가시대(1970년 초~1980년 중반)

일반예방사상의 재평가의 시대(der Wandel zu einer positiven Einschätzung der Generalprävention)10)는 1960년대 후반부터 1980년대 중반까지 진행되었다. 1969년 독일의 개정 형법은 형법 제46조 제1문에 책임원칙을, 제2문에 특별예방사상 그리고 형법 제47조 제1항, 제56조 제3항, 제59조 제1항 제1문에 '법질서방위'(die Verteidigung der Rechtsordnung)의 개념을 입법하였다.11) 이러한 입법적 시도는 책임사상과 예방사상에 대한 형법학계의 논쟁을 반영하면서 각 정당안을 정치적으로 절충한 것이었다.

그러나 '법질서의 방위' 개념은 학계에서 엄청난 논란을 불러왔다. 양형단계에서 '책임, 특별예방, 법질서방위'를 어떻게 선택할 것이며, 어느 상황에서 각 요소를 우선하여 고려할 것인가가 문제가 되었다. 이러한 논란을 소위 '책임사상과 예방사상'에 대한 형법 도그마틱 논쟁이라고 말하는데, 여기에는 보수진영(책임학파, Hirsch), 진보진영(예방학파, Jakobs) 그리고 중도진영(절충학파, Roxin)으로 삼분(三分)되어 충돌하였다.12) 이 논쟁에서 중도진영이 다수 학자들의 지지를 받았

9) 김일수, 국가형벌권의 정당화 문제, (김일수·배종대편) 법치국가와 형법 —심재우 선생의 형법사상에 대한 재조명—, 세창출판사, 1998, 1-37면(14면).

10) Maurach/Zipf, AT 1, §6 II Rdnr. 36; Jescheck-Weigend, AT, §82 I 4: Roxin, §3 I Rdnr. 31 참조.

11) '법질서 방위' 개념에 대한 형법학계논의에 관해서는 Maiwald, GA 1983, S. 49ff.; LK[10]-Hirsch, §56 Rdnr. 32; Jescheck-Weigend, AT, § 79 I 5(S. 838f.); Maurach/Gössel/Zipf, AT 2, §63 I Rdnr. 97ff.; Grünwald, Schaffstein-Festschr., S. 228 ff.; Schönke/Schröder/Stree, §56 Rdnr. 35, 38; 법질서 방위에 대한 판결에 관해서는 BGH 24, 40(44ff.); 24 63(66ff.); BVerfGE 28, 386(391ff.); 45, 187(253ff.); Seelmann, Rechtsphilosophie, § 6 Rdnr. 38.

12) 보수진영 Arth. Kaufmann, Das Schuldprinzip, S. 267 ff.; Stratenwerth, Schuldprinzip, S. 28ff.; 진보진영 Noll, H. Mayer-Festschr., S. 220f.; Ellscheid/Hassemer, in: Abweichendes

다.[13] 중도진영은 책임과 예방을 동시에 고려하자는 입장으로 예방형법의 중심에서 책임원칙의 새로운 기능과 역할을 주장하였다. 중도진영의 입장에 따르면 "형법에 있어서 예방은 일차적으로 책임을 통해서 제한을 받는다. 그러나 이러한 책임형벌(die Schuldstrafe)은 또한 예방의 필요와 목적의 범위 안에서 도출되어야 한다"는 논지였다. 이러한 논쟁과정에서 독일의 다수학자들은 형법 제47조 제1항, 제56조 제3항, 제59조 제1항 제1문의 '법질서의 방위'개념을 '일반예방의 대용물'(die Teilaspekte der Generalprävention)로 해석하였고, 점차적으로 다수학자의 지지를 받았다. 이러한 흐름 속에서 일반예방사상에 대한 형법학계의 평가는 긍정적으로 변화되었다. 이것은 위하적 일반예방사상의 단순한 부활이 아니었다.

한편 1970년대 중반까지 유행어가 되었던 특별예방사상(特別豫防思想, die Spezialprävention)은 치료교정 이데올로기에 대한 헌법적・형사정책적 정당성이 의문으로 제기되면서 점차 비판을 받기 시작했다.[14] '위기에 처한 특별예방' (Eser), '치료교정의 이데올로기로부터의 전향'(Kaiser) 또는 '범인의 재사회화 대신에 사회의 재사회화'(Bloch) 등 비판의 목소리가 그것이다. '보수진영과 진보진영'의 딜레마를 틈타 1980년대 중반부터 독일 형법학계에서 적극적 일반예방사상・통합예방사상(die Integrationsprävention)이 새로운 유행어가 되기 시작했다.

독일 사법부에도 변화가 일어났다. 입법부가 사법부에 넘겨버린 '법질서의 방위' 개념은 실무에서도 많은 부담이 되었고, 하급법원의 '법질서의 방위'에 대한 해석은 통일이 되지 않았기 때문에, 법적 안정성이 위협을 받았다. 이러한 상황 속에서 독일 연방헌법재판소(BVerfG)와 독일 연방법원(BGH)은 '법질서의 방위' 개념을 적극적 일반예방으로 해석하였고, 하급법원에 형벌목적의 정당성과 의미

Verhalten II, S. 281ff.; Jakobs, Schuld und Prävention, S. 8ff.; 중도진영 Roxin, Bockelmann-Festschr., S. 278ff.; ders., MschrKrim 1973, S. 320ff.; ders., Henkel-Festschr., S. 182ff.; ders., SchwZStr 1987, S. 376.

13) 형법의 기능에 관한 새로운 평가에 관해서는 Schünemann, Nulla poena sine lege? S. 1ff.(39); ders., R. Schmitt-Festschr., S. 117ff.(132); 또한 Baratta, Arth. Kaufmann-Festschr., S. 393ff.(412).

14) 재사회사상의 문제점에 관해서는 Eser, Peters-Festschr., S. 505ff.(517f.); Kaiser, Würtenberger-Festschr., S. 359ff.; Neumann/Schroth, Neuere Theorien, S. 22ff.; Schöch, ZStW 92 (1980), S. 143ff.; vgl. Kerner, Rückfall, Rückfallkriminalität, in: Kleines Kriminologisches Wörterbuch, S. 432ff.; Lüderssen, JA 1991, S. 223; Rückfallschärfungs-Fall BVerfG NJW 1979, S. 1037ff.; 재사회형법의 이념적 토대에 대한 비판으로는 Schellhoss, Resozialisierung. in: Kleines Kriminologisches Wörterbuch, S. 429ff. und 1. Aufl., (S. 271).

에 관해서 하나의 방향을 제시하였다: "형벌은 법질서를 유지하기 위해 존립하며, 법규범의 침해에 대하여 형벌권은 투명하게 관철되어야 한다(die Unverbrüchlichkeit der Rechtsordnumg vor der Rechtsgemeinschaft). 그렇게 함으로써 국민은 법규범을 신뢰하게 된다. 이때 법규범은 사회와 개인의 내면에서 심리적으로 작용하는데, 바로 여기에서 법의식의 유지와 강화는 생성된다(die Einwirkung auf das Rechtsbewußtsein)". 독일 연방헌법재판소와 독일 연방법원이 제시한 형벌목적에 대한 해석은 1980년대 중반부터 독일 형법학계에서도 많은 지지를 받았다.15) 일반예방사상은 학계와 실무계의 재평가를 받음으로써 일반예방사상의 르네상스시대를 맞이하였다.

3. 일반예방사상의 부활시대(1989년 후반~현재)

'일반예방사상의 부활의 시대'(die allgemeine Anerkennung der positiven Einschätzung der Generalprävention)는 1980년대 중반부터 현재까지 진행되고 있다. 이 시기에는 적극적 일반예방사상의 사고유형에 대한 토론이 활발히 전개되었다. 이 토론과정에서 독일 형법학계의 다수 학자들은 일반예방사상의 소극적 요소와 적극적 요소를 구분하기 시작하였다.16) 여기에는 법철학·법사회학·법심리학·형사정책적 관점들이 토대를 이루었다.17) 독일의 많은 형법학자들은 적극적 일

15) '법질서의 방위' 개념에 대한 형법학계논의에 관해서는: Jescheck-Weigend, AT, §79 I 5(S. 838f.); Seelmann, Rechtsphilosophie, §6 Rdnr. 38; 판례에 관해서는 BGH 24, 40(44ff.); 24 63(66ff.); BVerfGE 28, 386(391ff.); 45, 187(253ff.).

16) 일반예방사상의 소극적인 요소와 적극적인 요소와의 구분에 관해서는 Neumann/Schroth, Neuere Theorien, S. 33ff.; Jakobs, AT, 1/Rndr. 27ff.; Hassemer, Grundlagen, §30 II(S. 309ff.); Roxin, AT, §3 I Rdnr. 21ff.; LK[11]-Jescheck, Einleitung, Rdnr. 25.

적극적 일반예방사상에 관해서는 Baumann/Weber/Mitsch, AT, § 3 III Rdnr. 30; LK[11]-Jescheck, Einleitung, Rdnr. 25; Jescheck-Weigend, AT, § 1 II(S. 4), §8 II 3 a) mit FN. 27(S. 68) und § 82 IV 7(S. 881); Neumann/Schroth, Neuere Theorien, S. 33ff.; Jakobs, AT, 1/Rndr. 1ff.(15); Hassemer, Grundlagen, §30 II(S. 316ff.); Roxin, AT, §3 I Rdnr. 26 ff; H. J. Schneider, GA 1991, S. 328; Streng, ZStW 101(1989), S. 286: (자기통제기능의 유지와 강화, Wahrung bzw. Stärkung von Selbststeuerungsmechanismen).

Ha, Tae-Young, Belastende Rechtsprechungsänderung und die positive Generalprävention(피고인에게 불리한 판례변경과 적극적 일반예방), Hallesche Schriften zum Recht Bd. 12, Carl Heymanns Verlag, 2000, S. 126ff.

17) ① 형법에 있어서 예방사상에 관한 일반문헌으로는 Hassemer, JuS 1987, S. 258ff.; Frommel, Präventionsmodelle in der deutschen Strafzweck-Diskussion, 1987; Herzog, Prävention, S. 48ff.; Frister, Die Struktur des "voluntativen Schuldelements", S. 27ff.; H. Schneider, Grund und Grenzen des strafrechtlichen Selbstbegünstigungsprinzips, S. 56ff.

② 도덕적·윤리적 기능의 입장 Mayer, Das Strafrecht des Deutschen Volkes, S. 34; ders.,

반예방사상을 형벌이론(Straftheorie) · 형법이론(Strafrechtstheorie)으로 파악하고 있다.[18] 독일 학자들은 적극적 일반예방사상을 「법질서의 신뢰」 · 「법질서의 강화」 · 「예방적 통합」 · 「형법과 형벌이 국민의 법준수 의식을 내면화함으로써 사회를 안정시키는 기능을 한다」고 해석하고, 세 가지 내용 "① 사회교육적 학습효

Strafrechtsreform, S. 15; Welzel, Das Deutsche Strafrecht, § 22 III 2 und § 33 IV; LK[11]-Jescheck, Einleitung, Rdnr. 25; Jescheck-Weigend, AT, §1 II(S. 4), §8 II 3 a) mit FN. 27 (S. 68) und § 82 IV 7(S. 881).

③ 규범유지의 입장 Jakobs, Schuld und Prävention, S. 24 und 33; ders., AT, 1/Rdnr. 4ff., 21 und 23; Hassemer, in: Hauptprobleme der Generalprävention, S. 34f.; ders., in: Fortschritte im Strafrecht durch die Sozialwissenschaften? S. 57; ders., Grundlagen, S. 324ff.; ders., NZSt 1989, S. 553ff.; Neumann/Schroth, Neuere Theorien, S. 33f.

④ 통합예방 · 규범강화의 입장 Baumann/Weber/Mitsch, AT, §3 III Rdnr. 30; Maurach/Zipf, AT 1, §7 II Rdnr. 8; Maurach/Gössel/Zipf, AT 2, § 63 Rdnr. 88f.; Meurer, Lange-Festschr., S. 558; Moor, Pallin-Festschr., S. 300 ff; Müller-Dietz, Jescheck-Festschr., S. 813ff. FN. 1(S. 822); Neumann/Schroth, Neuere Theorien, S. 34; Otto, Generalprävention und externe Verhaltens-kontrolle, S. 1ff.; Roxin, Bockelmann-Festschr., S. 279ff.; ders., AT §3 I Rdnr. 24f.; Zipf, Pallin-Festschr., S. 479ff. (485).

⑤ 심리분석적 입장 Haffke, Tiefenpsychologie und Generalprävention, S. 80ff.; Strong, ZStW 92 (1980) S. 637ff.(643f.); ders., KrimJ 1987, S. 50f.; ders., ZStW 101(1989), S. 286; ders., Strafrechtliche Sanktion, S. 10.

⑥ 법적 평화의 회복의 입장 Baumann u. a., Alternativentwurf-Wiedergutmachung, S. 1ff.; Frehsee, Schadenswiedergutmachung als Instument, S. 1ff.; Arth. Kaufmann, H. Kaufmann-GedS., S. 431ff.

⑦ 사회적 원상회복의 입장 Rössner, Täter-Opfer-Ausgleich und Kriminalitätsverhütung, in: Frank/Harrer(Hrsg.), Der Sachverständige in Strafrecht-Kriminalitätsverhütung, S. 164ff.; Marks/Rössner, Täter-Opfer-Ausgleich, S. 1ff.; ders., Täter-Opfer-Ausgleich im allgemeinen Strafrecht, S. 1ff.

⑧ 적극적 일반예방의 실무적 검토 Baratta, KrimJ 1984, S. 132 ff; Schöch, Jescheck-Festschr., S. 1082ff.; Giehring, KrimJ 1987, S. 9ff.; Karstedt-Henke, KrimJ 1987, S. 66ff.; Schumann, positive Generalprävention, S. 14ff.; Dölling, ZStW 102(1990), S. 2ff.(9 und 14ff.)

⑨ 통합예방이론의 비판 Mir Puig, ZStW 102(1990), S. 920ff.; Vilsmeier, MSchrKrim 1990, S. 273ff.

⑩ 적극적 일반예방사상의 형법도그마틱의 법사회학적 고찰에 관해서는 Bock, ZStW 103(1991), S. 637ff. (656); ders., JuS 1994, S. 89ff.

⑪ 형법의 비독자적 합법성 Baurmann, GA 1994, S. 368ff.

⑫ 하태영, 다산 정약용의 형사철학과 형사정책 －한국형 적극적 일반예방사상－, 심정 정성근 교수 화갑기념논문집 간행위원회, 공범론과 형사법의 제문제(하), 삼영사, 1997, 1051-1088면(1062면 주 17번 참조).

18) Schöch, Jescheck-Festschr., S. 1083f.; 또한 Jakobs, AT, 1/Rdnr. 14ff.; Hassemer, Grundlagen, §30 II (S. 325); Müller-Dietz, Jescheck-Festschr., S. 817; Jescheck-Weigend, AT, §8 II 3 a) mit FN. 28 (S. 68); LK[11]-Jescheck, Einleitung Rdnr. 25 참조: 국가는 단지 형벌을 통해 잠재적 범죄자를 위하하는 것이 아니라, 정당한 형법과 적절하고 상응하며 평등한 법적용을 통해 사회 구성원들의 법신뢰를 강화하고, 자율적인 법준수를 도출하는 것을 목적으로 삼아야 한다(Der Staat bezweckt aber nicht nur die Abschreckung potentieller Täter durch Androhung von Strafzwang, sondern will die Gesamtheit auch durch gerechte Strafgesetze und deren maßvolle, sachliche und gleichmäßige Anwendung in ihrer Rechtstreue bestärken und zu freiwilligem Rechts-gehorsam erziehen).

과, ② 신뢰효과, ③ 만족효과를 내포하고 있다"고 말한다.[19]

그러나 적극적 일반예방사상에 대해서는 이론과 실무에서 많은 비판을 제기하고 있다.[20] 비판론자들은 전통적인 형벌관, 예를 들면 응보, 위하, 재사회화를 형벌목적으로 취하고 있는 각 이론과 비교해 볼 때, "적극적 일반예방사상은 하나의 허구의 포장물이며, 형사정책적으로 검증되지 않은 빈껍데기에 불과하다"고 주장한다. "적극적 일반예방사상은 예방효과를 실증적으로 입증할 수 없다"고 비판한다.[21]

이러한 비판에도 불구하고 독일 연방헌법재판소와 연방법원은 '법질서의 방위' 개념을 해석할 때, 적극적 일반예방사상·통합예방사상이 형벌의 목적과 부합한다고 판시하고 있으며, 소극적 일반예방사상과 개념을 명확하게 구분하고 있다. 오늘날 적극적 일반예방사상은 학계뿐만 아니라, 법원에서도 독자적인 위

19) Roxin, AT, §3 I Rdnr. 21ff.; 이에 대한 소개는 김일수, 국가형벌권의 정당화 문제, (김일수·배종대 편) 법치국가와 형법 —심재우 선생의 형법사상에 대한 재조명—, 세창출판사, 1998, 1-37면(26면) 참조.

20) Hassemer, Hauptprobleme, S. 29ff. insb. S. 36: 하세머는 일반예방사상에 있어서 형법이란 장기적인 국민의 법신뢰의 강화와 이에 상응하는 사회규범의 안정화에 있다고 말한다. (Hassemer hat als erster gesehen, daß das Konzept der Integrationsprävention eine blendende Immunisierungschance gegenüber Effektivitätszweifeln am Strafrecht bietet. "Praktisch vollständig gegen Falsifizierung abgesichert dürfte ein generalpräventives Konzept des modernen Zuschnitts sein, welches seine Verwirklichungsbedingungen nicht mehr in der Beeindruckung potentieller Straftäter, sondern allgemein darin sieht, daß das Strafrecht langfristig das Rechtsvertrauen der Bevölkerung und die dem Recht entsprechenden sozialen Normen stabilisiert. Eine soziale Konstellation, in der diese Behauptung widerlegbar würde, ist nicht denkbar"(S. 36).

실무와 관련하여 Schöch, Jescheck-Festschr., S. 1081ff. mit folgenden Resultaten S. 1102 und 1104: 적극적 일반예방의 실무상 효과에 관하여 Schumann, Positive Generalprävention, S. 14ff. 49ff.

통합예방에 관한 효과와 형사정책적 검증에 관하여 Dölling, ZStW 102(1990), S. 1ff.(9 und 14ff.): 형법을 통한 일반예방의 효과가 있는지는 실제로 의문이다(Schließlich ist auch die Vermutung plausibel, daß die Generalprävention durch Strafrecht insofern einen langfristigen Effekt für die Ausbildung konformer Orientierung, Lebensstile und Lebenspläne hat, als sichergestellt wird, daß sich die delinquente Alternative im Leben jedenfalls auf Dauer nicht lohnt. Solche Effekte sind aber empirischer Forschung kaum zugänglich).

적극적 일반예방사상의 형법도그마틱 대한 법사회학적 고찰에 관하여 Bock, ZStW 103(1991), S. 637ff. (656): 적극적 일반예방이 형벌의 척도가 될 수 없고, 실무상 검증된 바도 없다(Ein "Maßprinzip" für die Strafe enthält auch die positive Generalprävention überhaupt nicht. Bei der positiven Generalprävention aber gäbe es einen völlig freien Fall in die Bodenlosigkeit des empirischen Nichtwissens.); ders., JuS 1994, S. 89ff.(99): "Besonders für die Generalprävention aber bleibt gar nichts anderes überig, als im Vakuum des "empirischen" Nichtswissens mit "Erfahrung" und "common sense" zu operieren.

21) 적극적 일반예방의 실증적 효과에 관한 비판으로 Schumann, Positive Generalprävention, S. 14ff. 49ff.; Dölling, ZStW 102(1990), S. 1ff.(9 und 14ff.); Bock, ZStW 103(1991), S. 637ff.(656); ders., JuS 1994, S. 89ff.(99).

치를 확보하며, 전성기를 누리고 있다.

Ⅲ. 소극적 일반예방사상과 적극적 일반예방사상의 구분

독일 형법학계에서의 소극적 일반예방(die negative Generalprävention)과 적극적 일반예방(die positive Generalprävention)까지의 논쟁사는 인간의 존엄과 일반예방과의 논쟁에 따른 헌법적 정당성의 문제, 특별예방의 실패에 따른 형사정책적 문제, 책임과 예방과의 형법 도그마틱 논쟁, 죄형법정주의의 새로운 의무와 그 현대적 해석, 통일적인 판결과 균형된 양형합리화의 논의 속에서 발전되었다. 여기에서는 독일과 한국의 형법학자들의 연구를 토대로 소극적 일반예방사상과 적극적 일반예방사상을 비교하고자 한다.[22] 일반적인 견해에 따르면 "국가형벌은 범죄에 대한 단순한 응보나 사회로부터 범인을 추방하는 것이 아니라, 범인과의 사이에 단절된 연대성의 회복을 지향한다"고 한다. "공동책임사상으로부터 출발할 때 일반예방도 전통적인 소극적 의미의 단순한 위하로만 이해되어서는 안 되고, 도리어 일반인의 법의식(法意識, Rechtsbewußtsein) 속에 법질서의 안정(die Norm- und Gesellschaftsstabilisierung)을 내면화시켜 주는 적극적인 의미로도 이해되어야 한다"고 말한다.[23] 이것을 도표로 요약하면 다음과 같다.

소극적 일반예방사상과 적극적 일반예방사상의 구분 (Die Unterscheidung zwischen negativer und positiver Generalprävention)	
일반예방사상의 소극적 요소	일반예방사상의 적극적 요소
법철학의 관점에서 구분	
심리강제이론과 포이에르바흐의 형벌의 정당성	승인관계의 변형 속에서 "법의 원상복원"과 헤겔의 형벌의 정당성

22) 김일수, 국가형벌권의 정당화 문제, (김일수 · 배종대 편) 법치국가와 형법 —심재우 선생의 형법사상에 대한 재조명—, 세창출판사, 1998, 1-37면(26면이하); 김일수, 새로 쓴 형법총론, 제11판, 박영사, 2006, 21면; 박상기, 형법총론, 박영사, 1997, 14면 이하; 배종대, 형법총론, 제8전정판, 홍문사, 2006, 30-31면; 안동준, 형법총론, 학현사, 1998, 10면 이하; 이재상, 형법총론, 제5판(보정판), 박영사, 2006, 50면.

23) 김일수, 위의 책, 1-37면(9면).

	리스트의 형벌이론과 현대학파를 통한 헤겔의 형벌이론의 재생·활성화·복원

국가형벌권의 행사와 국가의 임무의 관점에서 구분	
위 하 (Abschreckung)	설 득 (Überzeugung)
위하를 통한 사회공동체의 보호 (Gesellschaftsschutz)	설득을 통한 규범과 사회공동체의 안정화 (Gesellschaftsstabilisierung)

형사입법과 형벌집행의 관점에서 구분	
억압적 위하	객관성 보장
자유제한	자유보장

범죄심리학과 형벌의 효과의 관점에서 구분	
공포의 야기	내면에 존재하는 억제력 강화
범죄의 진압을 위한 형사정책	범죄의 예방을 위한 형사정책

정신사적 관점에서 보면, 적극적 일반예방사상은 계몽주의의 정신사적 배경 속에서 탄생한 현대적 산물이다. 몽테스키외의 권력분립론, 칸트의 인간존엄사상, 헤겔의 상호승인사상(피해자-가해자-화해: 正反合思想), 포이에르바하의 죄형법정주의사상, 베카리아의 인도적 형사정책이 적극적 일반예방사상의 정신사적 배경을 이루고 있다. 이처럼 적극적 일반예방사상은 법치·자유·민주국가와 책임과 의무를 다하는 성숙한 시민사회의 인간상에서 출발한다. 입법과 사법에서의 죄형법정주의(罪刑法定主義, nullum crimen, nulla poena sine lege)의 실천은 적극적 일반예방사상의 중요한 전제조건이다.

헌법적 관점에서 보면, 적극적 일반예방사상은 소극적 일반예방사상과는 달리 헌법적 정당성을 확보하고 있다. 소극적 일반예방사상과 적극적 일반예방사상의 명확한 차이점은 위하사상과 설득사상에 있다.[24] 위하사상은 헌법적 정당성이 없다. 왜냐하면 인간을 수단으로 이용하기 때문이다. 적극적 일반예방사상

24) Ha, Tae-Young, Belastende Rechtsprechungsänderung und die positive Generalprävention(피고인에게 불리한 판례변경과 적극적 일반예방), Hallesche Schriften zum Recht Bd. 12, Carl Heymanns Verlag 2000, S. 126ff. 위하가 형벌효과의 경고에 초점을 두고 있지만, 설득은 규범준수와 규범회복에 있다. 위하사상은 '인간존엄과 책임원칙'에 대립되는 '심리적 폭력성'을 내포하고 있다면, 설득사상은 '인간존엄과 책임원칙'에 근거한 '정당한 규범적 공권력'에서 정당성을 찾고 있다.

은 위하를 통한 범죄예방이 아니라, 설득(입법부를 통한 규범홍보, 경찰 및 검찰을 통한 지속적인 규범단속, 사법부의 공평한 규범집행)을 통한 범죄예방(규범의식공감과 규범의식강화)에 있다.[25] 적극적 일반예방사상은 위하가 아니라, 설득을 통하여 규범의 자기내면화와 규범의 사회화를 시도한다.

형사정책적 관점에서 보면, 소극적 일반예방사상은 단기적 형사정책이고, 적극적 일반예방사상은 장기적 형사정책이다. 왜냐하면 적극적 일반예방사상은 형법에 최대한 합리성과 자유성 및 인간존중성을 확보해 주고, 형사정책과 형벌목적론의 일치된 발전방향을 모색하기 위해 등장한 이론이기 때문이다.[26]

법사회학적 관점에서 보면, 적극적 일반예방사상은 입법 · 사법 · 국민 그리고 사회의 규범에 대한 일체화를 목표점으로 삼고 있다. 적극적 일반예방사상의 핵심은 '규범내면화를 통한 규범안정'에 있다. 적극적 일반예방사상은 규범수혜자인 일반국민의 법의식과 법규범의 내면적(도덕적 · 심리적) 승인 속에서 법질서(사회 · 규범적)를 유지하고, 이를 통한 사회통합에 중점을 두고 있다.

결론적으로 적극적 일반예방사상은 형벌이론(Straftheorie)일 뿐만 아니라, 형법이론(Strafrechtstheorie)이다.[27] 이때 형법은 법에 의해 선별된 기대들을 규범으로 규정하고, 법익(기대실추)을 보호하고, 사회체계의 연속성을 유지한다.[28] 이러한 관점에서 보면 '규범승인에의 훈련'으로 요약되는 적극적 일반예방사상의 내용은 형벌의 기능작용만을 말하는 것이 아니라, 전체형법의 기능작용을 말하는 것임을 알 수 있다. 적극적 일반예방이론은 단순한 형벌이론이 아니라 형법이론으로 자리를 굳히고 있다.

Ⅳ. 적극적 일반예방사상과 국가형벌의 정당성과 목적

오늘날 적극적 일반예방사상은 서로 다른 토대를 가지고 서로 다른 내용으로 전개되면서 일반예방사상의 르네상스시대를 열어가고 있다. 적극적 일반예방의

25) 이에 관해서는 배종대 형법총론, 홍문사, 1996, 19면; 배종대, 형법총론, 제8전정판, 홍문사, 2006, 32면 비교.

26) 같은 취지 김일수, 국가형벌권의 정당화 문제, (김일수 · 배종대 편) 법치국가와 형법 —심재우 선생의 형법사상에 대한 재조명—, 세창출판사, 1998, 1-37면(25-26면).

27) Jescheck-Weigend, AT, §8 II 3 a) mit FN. 28(S. 68); LK^{11}-Jescheck, Einleitung Rdnr. 25.

28) Jakobs, Aspekte der Freiheit, in: D. Heinrich(Hrsg.), 1982, S. 74.

관점에서 본 국가형벌의 정당성과 목적과 적극적 일반예방의 사고토대를 도표로 정리해 보고자 한다.

1. 적극적 일반예방사상과 국가형벌의 정당성

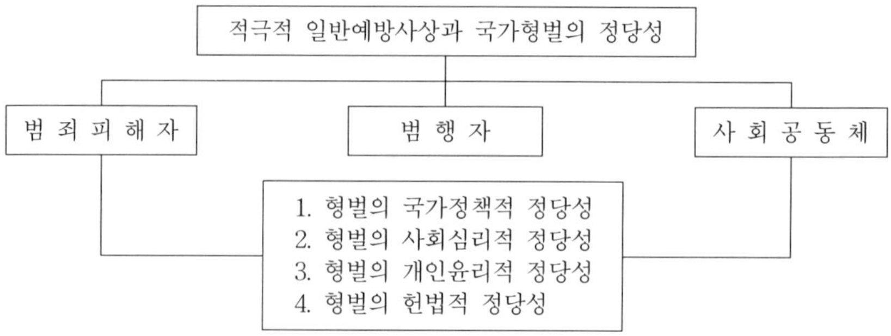

적극적 일반예방사상의 관점에서 본 국가형벌의 정당성은 범죄피해자·범행자·사회공동체의 고려 속에서 통합되어 있다. 적극적 일반예방사상은 ①'최후수단'(ultima ratio)의 형벌원칙에서 출발하여, ② 책임, ③ 특별예방, ④ 일반예방의 관점으로 순서에 따라 단계적으로 통합되어 있다. 위하적 일반예방사상은 헌법적 정당성에 대한 의문 때문에 완전히 배제되어 있다.

2. 적극적 일반예방사상과 국가형벌의 목적

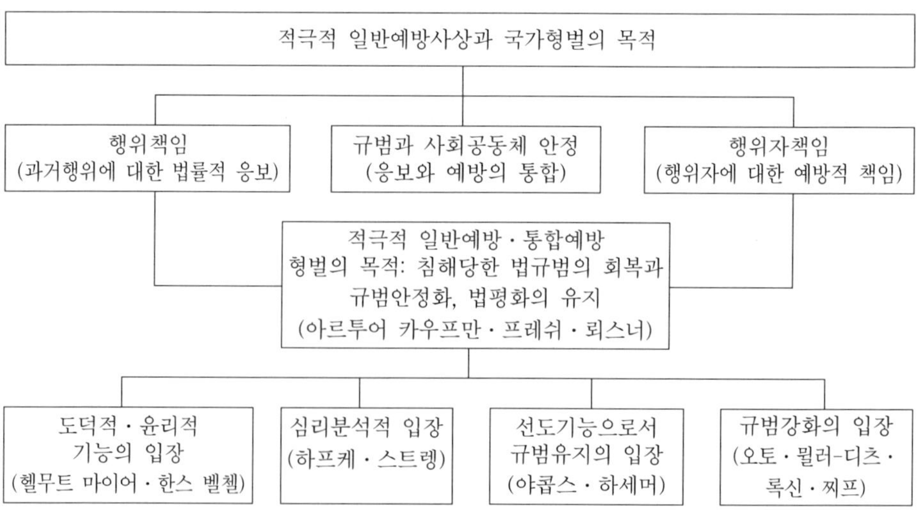

적극적 일반예방사상을 강력하게 주장하는 견해에 따르면, "범죄행위는 규범침해행위이며, 형벌은 규범침해에 대한 대응이고(die Wiederherstellung des Rechts), 형벌에 의해서만 규범이 유지될 수 있으며, 형법은 규범유지(Erhaltung der Normen)를 사명으로 한다"고 말한다. 또한 "형벌의 목적은 그 효과가 모든 시민에게 영향을 미치는 것이므로 일반예방이라고 한다. 그 효과는 형벌에 대한 공포심조장에 있지 않고, 범죄행위를 통해 침해된 규범의 타당성이 형벌을 통해 다시 회복되는데 있다고 말한다. 이러한 의미에서 규범이 여전히 효력을 가지는 것이고, 모든 시민들을 진정시키는 점에 있기 때문에 적극적이다"라고 말한다.[29]

V. 일반예방사상에 대한 한국 형법학계의 논쟁

이미 앞에서 살펴 본 바와 같이 적극적 일반예방사상은 "형벌이 잠재적인 범죄인에 대해 위하작용을 한다"고 보는 전통적인 일반예방사상을 극복하면서 등장하였다. 독일처럼 한국에서도 1990년대 초반부터 적극적 일반예방사상이 소개되고 있고, 대부분의 형법교과서에서 일반예방사상의 소극적 요소와 적극적 요소를 구분하고 있다. 여기서는 적극적 일반예방사상을 국내에 소개하는 형법학자들의 견해를 분석하고, 이에 대한 비판적 소견을 밝혀보고자 한다.

1. 위하와 규범안정화

김일수 교수는 소극적 일반예방과 적극적 일반예방을 구분하고 있다. 그는 "일반예방사상을 위하 및 법의식의 강화에 의해 일반인에게 범죄억지적인 형벌효과를 끼치는 것"이라고 말한다. 전자는 일반예방의 가장 원시적인 형태로서 위하를 중심으로 한 범행억제에서 찾고 있으며, 후자는 '규범의식의 내면화를 통한 규범안정성 제고'라는 적극적 기능에서 찾고 있다.[30] 이 때 세 가지 내용 – ① 사회교육적 학습효과, ② 신뢰효과, ③ 만족효과 – 은 입법, 집행, 법평화의 회복이라

---

29) Jakobs, Das Schuldprinzip, Rheinische-Westfälische Akademie der Wissenschaften Vorträge G 319, 1993, S. 27.

30) 김일수, 한국형법 I (총론 상), 박영사, 1996, 102면 이하; 김일수, 새로 쓴 형법총론, 신정판, 박영사, 1996, 32면 이하; 김일수, 새로 쓴 형법총론, 박영사, 제11판, 2006, 21면.

고 지적한다. 김 교수는 이른바 「형법의 도덕형성력」·「법충실에의 숙련」·「질서 신뢰의 안정」·「통합예방」·「법질서의 방위」 등은 「적극적 일반예방」의 다른 표현에 불과하다고 주장한다.31)

그러나 그는 독일 형법학자 록신(C. Roxin)의 견해를 답습하고 있다. 그리고 적극적 일반예방의 사고유형을 도덕적 관점, 규범적 관점, 심리적 관점, 사회적 관점을 특별한 논증 없이 혼합하여 동의로 단순화시키고 있다. 그는 어떻게 한국인의 규범의식이 내면화되며, 어떻게 한국 사회의 규범안정성이 이루어지는지, 어떻게 한국의 사회통합예방에 기여하는지에 대해서 구체적인 형사정책적 분석 자료를 제시하지 않고 있다.

또한 그는 교과서에서 록신의 견해인 적극적 일반예방의 세 가지 효과를 소개하고 있다. 하지만 사회교육적 학습효과에서 법준수와 법규범에로의 숙련을 목적으로 하는 동기작용은 한국 사회에서 어떻게 이루어지는지 혹은 이루어져야 하는지 또한 신뢰효과에서 법집행의 관철력과 신뢰감의 고양작용이 한국 사회에서는 어떻게 진행되고 있는지 그리고 만족효과에서 한국인의 법감정의 만족과 법평화의 회복작용은 어떠한 기준과 근거에서(양형책임과 관련하여) 실현되는지 구체적으로 언급하고 있지 않다.

그럼에도 그는 자기화와 사회화, 다시 말하면 자기의무와 사회적 연대의무, 나아가 자기책임과 사회적 연대책임을 주장하고 있다.32) 물론 이것은 적극적 일반예방사상의 핵심이기도 하다. 그러나 여기서 제기되는 문제점은 이러한 그의 주장 속에는 적극적 일반예방사상과 관련하여 한국의 전통형법·형벌사상과 한국의 형벌이론과 관련한 주요판례가 소개되고 있지 않다는 점이다. 유감스럽게도 이것은 그의 새로운 저서(『새로 쓴 형법총론』)에서도 마찬가지이다. 이러한 이론적 접근은 한국 형사실무와 다소 유리되어 있다고 생각한다. 왜냐하면 우리가 추구하는 것은 한국형 적극적 일반예방사상이기 때문이다.

2. 위하와 설득

한편 배종대 교수의 견해에 의하면 "일반예방사상은 형벌을 통한 일반인에

---

31) 김일수, 한국형법Ⅰ(총론 상), 박영사, 1996, 103면.
32) 김일수, 한국형법Ⅱ(총론 하), 박영사, 1996, 650-657면.

대한 위하(겁주기)로 파악된다." 그는 일반예방사상에서 "형사입법과 형벌집행의 위하효과를 구분하여, 전자는 일반인을 위하하고, 후자는 행위자에게 이 위하의 진지성을 확인하고 강조하는 것"이라고 말한다.[33] 그는 소극적 일반예방사상은 '형벌이 범죄를 하지 못하게 한다는 의미', 즉 위하의 효과에 초점을 두고 있다. 반면에 적극적 일반예방사상은 '형벌위하가 사회의 규범의식을 강화시켜 주는 효과'로 파악하여, 형벌을 통한 도덕형성력, 국민들의 준법의 적극적 강화를 논거의 핵심으로 삼고 있다.[34]

그러나 저자는 그의 소극적·적극적 일반예방사상의 구분에 대해서 의문을 가지고 있다. 그것은 소극적 일반예방에서 적극적 일반예방사상까지의 변천과정과 그 역사성 때문이다. 그의 주장대로 사람들이 '형벌위하'를 사회의 규범의식을 강화시켜 주는 효과로 이해하고, 이것을 바로 적극적 일반예방사상의 핵심으로 파악한다면, 이러한 적극적 일반예방의 실체는 사실 공권력에 의한 규범테러(normativer Terror)가 될 수 있다. 이 점은 록신과 예섹의 주장에서도 명확하게 나타난다.[35] 실제로 독일의 나치스시대와 우리의 항일시대의 36년 간의 형법사 그리고 광복 후 형법 60년사에도 이러한 규범의 역기능을 확인할 수 있다.

생각건대 적극적 일반예방사상의 개념에는 '형벌위하'라는 내용이 일반적으로 포함되어 있지 않다. 그의 주장은 소극적 일반예방사상과 적극적 일반예방사상을 혼합하고 있는데, 발전사를 고려하지 않은 내용상의 착오라고 생각한다.

오히려 소극적 일반예방사상과 적극적 일반예방사상의 구분에 있어서 분명한 차이점은 위하사상과 설득사상에 있다. 위하가 형벌을 통한 경고와 확인이라면(강제성), 설득은 규범준수(규범의 자기내면화)와 규범회복(규범의 사회화)에 중심을 둔다. 위하는 '인간존엄과 책임원칙'에 대립되는 '폭력'의 일종이라면, 설득은 '인간존엄과 책임원칙'에 근거한 정당한 '공권력'에 근거하고 있으며, 성숙한 시민사회의 인간상에 뿌리를 두고 있다. 적극적 일반예방사상에서 형벌의 정당성은 위하를 통한 범죄예방이 아니라, 설득(입법부를 통한 규범홍보, 경찰 및 검찰을 통한 지속적인 규범단속, 사법부의 공평한 규범집행)을 통한 범죄예방(규범의식의 공감과 강화)에 있다.[36] 소극적 일반예방사상이 단기적 형사정책이라면, 적극적 일반예방

33) 배종대, 형법총론, 홍문사, 1996, 19면; 배종대, 형법총론, 제8전정판, 홍문사, 2006, 30면.

34) 배종대, 위의 책, 19면; 배종대, 위의 책, 32면.

35) Roxin, AT, §3 I Rdnr. 25; Jescheck-Weigend, AT, § I 1; LK[11]-Jescheck, Einleitung, Rdnr. 2.

36) 이에 관해서는 배종대 형법총론, 홍문사, 1996, 19면; 배종대, 형법총론, 제8전정판, 홍문사,

사상은 규범·문화국가가 지향하는 장기적 형사정책이다.

적극적 일반예방사상을 이해하기 위한 보다 근본적인 문제는 바로 접근방법인데, 그것은 도덕적이던, 심리적이던 혹은 사회적이던 "어떻게 규범의식을 강화할 수 있는가?"하는 물음이다. 여기에 대해서도 그는 명백한 입장정립 및 형사정책적 통계를 제시하지 않고 있다. 그가 교과서에서 강조하고 있는 적극적 일반예방사상은 독일 형법학자 헬무트 마이어(H. Mayer), 예섹(H.-H. Jescheck), 벨첼(H. Welzel)류의 도덕형성력과 야콥스(G. Jakobs), 뮐러-디츠(Müller-Dietz)류의 준법의식의 적극적 강화 등을 결합한 것처럼 보인다.[37]

3. 통합예방과 법질서의 방위

다음으로 이재상 교수는 일반예방사상을 '잠재적 범인의 위하'를 통한 범죄예방으로 이해하고 있다. 그는 소극적 일반예방사상과 적극적 일반예방사상을 구분하여, "전자는 일반예방사상의 전통적 입장에서 위하와 범죄방지에 있으며, 후자는 일반인의 규범의식강화와 법질서 준수에 있다"고 말한다. 이를 통합적 일반예방(Integrationsgeneralprävention)이라고 한다.[38]

그러나 독일 형법학자들은 일반적으로 적극적 일반예방과 통합예방을 같은 의미로 사용한다. 단지 규범준수 및 규범강화와 관련하여 각 형벌목적의 기능적 결합 속에서 '통합예방'이라는 개념을 그리고 전통적 일반예방사상과의 구분 속에서 '적극적 일반예방'이라는 개념을 사용하고 있다.

생각건대 이 교수의 '통합적 일반예방'이라는 말은 통합과 일반예방이 결합된 새로운 법률용어라고 할 수 있다. 그러나 이 용어는 오해의 요소가 너무 많다. 만약 독일 형법학계의 형벌에 대한 논쟁사를 정확히 이해한다면, 그는 통합적 일반예방(Integrationsgeneralprävention)과 통합적 특별예방(Integrationsspezialprävention)이 구체적으로 무엇인지 설명해야 한다.

또한 그는 소극적·적극적 일반예방의 구분에 있어서 베카리아, 포이에르바하와 야콥스의 견해를 교과서에 인용하고 있다. 하지만 포이에르바하의 심리강

2006, 32면 비교.

37) 배종대, 위의 책, 19면; 배종대, 위의 책, 32면 참조.

38) 이재상, 형법총론, 박영사, 1996, 44면; 이재상, 형법총론, 제5판(보정판), 박영사, 2006, 50면.

제설(Theorie des psychologischen Zwangs)은 위하와 위하효과와 관련하여 소극적 일반예방의 분류에 포함될 수 있지만, 그의 베카리아의 이해에 대해서는 많은 의문이 있다.[39)]

베카리아 사상을 소극적 일반예방사상 속에서 이해한다면, 그의 베카리아 사상에 대한 이해는 문제가 있다고 본다. 왜냐하면 그의 교과서에 나타난 베카리아 사상은 소극적 일반예방사상이 아니라, 오히려 적극적 일반예방사상에 근접해 있기 때문이다. 베카리아의 『범죄와 형벌』(1764)에 나타난 형법사상은 즉 사회계약, 국가권력의 공권력행사에 대한 남용금지, 시민의 자유보장, 범죄와 형벌의 균형과 명확성, 죄형법정주의, 형벌목적과 고통 아닌 범죄예방[40)]은 적극적 일반예방사상의 정치사적·정신사적·법사적 토대라고 해석할 수 있기 때문이다. 독일 형법학계에의 베카리아 사상에 대한 근본적인 이해는 근대 형법학의 방향을 제시하였으며, 현대적 의미에서의 적극적 일반예방사상의 초석으로 평가되고 있다.

끝으로 이 교수는 교과서에서 록신과 뮐러-디츠의 통합적(적극적) 예방개념을 원용하고 있다. 그는 "적극적 일반예방이란 법질서의 존립과 관철력에 대한 신뢰의 유지와 강화(die Erhaltung und Durchsetzung des Vertrauens der Rechtsordnung und Verstärkung)를 의미하며, 형벌은 법질서의 불가침성을 그리고 불법금지를 사회에 실증적으로 확정하고, 국민의 법에 대한 복종을 강화하는 것을 사명으로 한다"[41)]고 말한다. 구체적으로 형벌은 법질서의 방어를 사명으로 한다고 한다. 그는 이러한 관점에서 야콥스의 견해도 소개하고 있는데, "범죄행위는 규범에 대한 침해행위이며, 형벌은 규범침해에 대한 대응이고, 형벌에 의해서만 규범이 유지될 수 있으며, 형법은 규범유지를 사명으로 한다"[42)]고 주장한다. 생각건대 이러한 그의 주장은 록신, 야콥스와 뮐러-디츠류의 사회적·규범적 관점 속에서 각 주장을 혼합한 것에 불과하다. 번역법학의 전형이라고 볼 수 있다. 누구와 어느 사회를 위한 형벌논쟁인지 쉽게 알 수가 없다.

만약 한국 형법 교과서에서 나타난 주장처럼 현재 일반예방이론 가운데 보다 중요한 의미를 가지는 것이 적극적 일반예방(입법, 사법, 국민의 관점에서)이라면, 또한 적극적 일반예방의 방향이 규범강화와 규범침해의 회복(형벌의 관점에서) 그

39) 이재상, 형법총론, 박영사, 1996, 44면; 이재상, 형법총론, 제5판(보정판), 박영사, 2006, 50면.
40) 이재상, 위의 책, 44면; 이재상, 위의 책, 50면.
41) 이재상, 위의 책, 44면; 이재상, 위의 책, 51면.
42) 이재상, 위의 책, 44면; 이재상, 위의 책, 51면.

리고 규범유지(사회의 관점에서)에 있다면, 나아가 적극적 일반예방의 지향점이 형벌을 통한 법질서의 방위에 있다면, 그것은 어디까지나 한국의 실정법의 관련조문에 근거하여 논증을 해야 할 것이다.

그러나 우리 형법에서는 독일 형법처럼 '법질서의 방위'(독일 형법 제47조 1항, 제56조 제3항, 제59조 제1항 1문 3호)라는 법규정이 없다. 따라서 이러한 조문을 해석하기 위한 실무계의 갈등도 존재하지 않는다. 문제는 독일 법조문에 근거한 독일 형법학자들의 주장들이 관련 조문도 없는 한국에 어떤 이유로 직수입되어 소개되는지, 적어도 그 법적 근거는 무엇이며 어디에서 도출되고 있는지, 비교검토가 선행되어야 할 것이다.

한국 형법학계에서 이러한 학문적 노력이 없다면, '형벌목적으로서의 적극적 일반예방사상'과 독일·한국의 형법학계의 형벌논쟁에 대한 비교연구는 학술적으로 큰 의미가 없다. 생각건대 이것도 번역법학이며, 제2의 독일 식민지 법학이다. 특히 수험교재에 이러한 내용들이 소개되고 사법시험에 출제가 된다는 것은 비극이다. 이제 우리는 우리의 형법·형벌사상의 토론으로 돌아와야 한다.

Ⅵ. 결론: 적극적 일반예방사상의 과제와 전망

"적극적 일반예방사상은 구체적인 내용 없는 껍질에 불과하다"는 비판이 있다. 또한 "적극적 일반예방사상은 한 사회체계 자체의 기존상태의 안정만을 고착시킬 수 있는 역기능도 갖고 있다"는 점도 지적되고 있다.[43] 계몽주의에서 비롯된 근대 법치국가의 형법은 더 나은 자유와 안전, 더 높은 합리성과 인간존중성을 지향하고 있고, 그 목표는 아직 도달된 것이 아니라는 점을 인식할 때 "적극적 일반예방사상의 절대적 우위성 주장은 자유주의적 형법질서의 발전에 거침돌이 될 수 있다"는 지적도 있다.[44] 이들 모두가 적극적 일반예방사상에 남겨진 과제들이다.

그러나 일반예방사상에 관한 새로운 인식은 형벌의 목적사상의 한 발전이라

---

43) Roxin, AT, §3 I Rdnr. 25; Jescheck-Weigend, AT, §I 1; LK[11]-Jescheck, Einleitung, Rdnr. 2; 김일수, 국가형벌권의 정당화 문제, (김일수·배종대 편) 법치국가와 형법－심재우 선생의 형법사상에 대한 재조명－, 세창출판사, 1998, 1-37면(26면).

44) 김일수, 위의 책, 1-37면(26면).

고 할 수 있다. 적극적 일반예방사상은 헌법정신과 형사정책적 고려 속에서 책임, 특별예방 그리고 규범강화의 요소를 통합하여 형법원칙과 형벌원칙을 체계적으로 밝혀 세워 보고자 하는 형법학자들의 근본적 노력임에 틀림없다.

적극적 일반예방사상의 생명력은 "어떻게 입법과정(Rechtssetzung)과 법집행(Rechtsanwendung)을 통해서 보다 구체적으로 법규범유지와 강화를 구현할 수 있는가?"에 있다. 이것은 입법부와 행정부 그리고 사법부를 통한 죄형법정주의의 철저한 구현 아래에서만 가능하다. 또한 형벌부과에서도 책임형벌(Schuldstrafe)은 예방의 필요와 목적의 범위에서 도출되어야 할 것이다.

그 외에도 통일적인 법해석, 경찰수사력의 과학화, 언론의 사회적 역할 등이 한국 사회에서 법적 평화에 기여할 수 있는 중요한 형사정책적 과제들이다. 적극적 일반예방사상의 생명력은 바로 여기에 달려 있다.

제3장 국제형법 : 세계주의의 도입 여부*

Ⅰ. 서 론

세계주의(universality principle, compétence universelle, Universalitätsprinzip, Weltrechtsprinzip)란 범죄장소, 범인 또는 피해자의 국적의 여부를 묻지 않고, 세계적 법익, 즉 인류공동의 법익을 침해하는 행위에 대해 국내형법을 적용한다는 원칙을 말한다. 예를 들면 모든 국민들이 공동으로 대처할 필요가 있는 테러행위(항공기납치범죄), 인도(人道)에 반하는 죄(인종학살, 인신매매), 경제질서를 침해하는 죄(위조지폐범죄, 유괴, 공갈 등의 범죄행위로 취득한 불법자금세탁, 마약의 부정거래), 환경범죄(환경파괴행위, 해양오염), 문화재범죄 등은 설사 우리나라의 법익에 어떠한 영향을 미치지 않더라도 국내형법을 적용하여 처벌한다는 원칙이다.[1])

이 원칙은 이른바 "세계법 범죄(delicta juris gentium)를 극복하기 위해 각 나라가 공동으로 노력할 것을 세계적 과제로 한다"는 문화적 사명에서 나온 것이다. 즉 범죄 극복에 관한 국제적 연대성은 세계법 범죄를 처벌하는 모든 국가의 권리와 의무로 되어 있다. 따라서 세계주의를 세계법주의 또는 세계형법주의라고 부르고 있다.

현재 우리 형법은 형법의 장소적 범위에 대해서 속지주의(제2조·제4조), 속인

---

* 형사법연구 제22호 특집호, 2004, 24-55면.

1) 세계주의를 소개하고 있는 형법 교과서를 보면 (출판 연도순) 유기천, 형법총론, 제4판, 일조각, 1972, 34면; 정영석, 형법총론, 제5판, 법문사, 1983, 68면; 차용석, 형법총론강의, 제2판, 고시연구사, 1998, 168면; 이형국, 형법총론, 개정판, 법문사, 1997, 64면; 김성천·김형준, 형법총론, 동현출판사, 1998, 58면; 안동준, 형법총론, 학현사, 1998, 28면; 신동운, 형법총론, 법문사, 2001, 46면; 신동운, 형법총론, 제2판, 법문사, 2006, 65면; 정성근·박광민, 형법총론, 삼지원, 2001, 54-55면; 김일수·서보학, 형법총론, 제9판, 박영사, 2002, 52면; 김일수·서보학, 새로 쓴 형법총론, 제11판, 박영사, 2006, 53면; 박상기, 형법총론, 제5판, 박영사, 2002, 40면; 오영근, 형법총론, 대명출판사, 2002, 89-90면; 임웅, 형법총론, 개정판, 법문사, 2002, 58면; 정영일, 형법개론, 박영사, 2003, 46면; 진계호, 형법총론, 제7판, 2003, 106-107면; 이형국, 형법총론, 제3판, 법문사, 2003; 42-43면; 이정원, 형법총론, 제3판, 법지사, 2004, 55-57면(55면); 손동권, 형법총론, 개정판, 율곡출판사, 2004, 49면; 손동권, 형법총론, 제2개정판, 율곡출판사, 2005, 56면; 이재상, 형법총론, 제5판, 박영사, 2006, 42면, 김성돈, 형법총론, 현암사, 2006, 90면; 배종대, 형법총론, 제8전정판, 홍문사, 2006, 137-138면; 정영일, 형법총론, 개정판, 박영사, 2007, 65-66면; 국제형사법에 관해서는 나인균, 국제법, 법문사, 2004, 405-434면; 김성규, 형법의 장소적 적용범위에 관한 규정과 한계, 형사법연구 제18호, 2002년 겨울, 181-210면.

주의(제3조), 보호주의(제5조 · 제6조)를 각각 규정하고 있으나, 세계주의를 명문으로 규정하고 있지 않다. 다만, 형법각칙에서 외국통용 외국통화위조 · 변조죄와 동행사죄(형법 제207조 제3항 · 제4항)와 그 죄의 미수범의 죄 및 외국의 유가증권 · 우표 · 인지 위조 · 변조죄(형법 제214조 · 제218조)와 그 죄의 미수범의 죄를 규정하고 있다. 이 범위에서 외국인의 국외범을 처벌하는 제5조 제4호와 제5호에 의하여 세계주의 정신을 반영하고 있다.[2] 한편 대법원 판례는 조약이 국내법과 동일한 효력을 가진다고 규정한 헌법 제6조 제1항에 근거하여 각종 조약을 매개로 세계주의 요청에 대처하고 있다.[3] 한국의 형사법학자들은 세계주의를 형법총칙에 규정하자는 입장을 표명하고 있다.[4]

그러나 세계적 보편의 가치와 우리나라의 문화를 어떻게 조화롭게 반영하느냐, 또 이를 구체적으로 어떻게 입법하느냐가 세계주의의 이념 구현이 안고 있는 문제이며, 그 한계이다. 왜냐하면 각 국가마다 문화적 가치가 다르고, 각 국가의

---

2) 임웅, 형법총론, 개정판, 법문사, 2002, 52면; 신동운, 형법총론, 법문사, 2001, 46면; 신동운, 형법총론, 제2판, 법문사, 2006, 65면; 이정원, 형법총론, 제3판, 법지사, 2004, 55-57면(55면); 진계호, 형법총론, 제7판, 2003, 107면(각주 65). 그러나 오영근 교수는 이 규정은 보호주의에 부수되는 것으로 보아야 하고 이 규정만을 가지고 우리 형법이 세계주의를 선언하였다고 보는 것은 무리라고 한다. 오영근, 형법총론, 대명출판사, 2002, 90면.

3) 대판 1984.5.22. 84도39(중국민항기사건): [재판요지] [1] 항공기운항안전법 제3조, "항공기내에서 범한 범죄 및 기타 행위에 관한 협약"(도쿄협약) 제1조, 제3조, 제4조 "항공기의 불법납치 억제를 위한 협약"(헤이그협약) 제1조, 제3조, 제4조, 제7조의 각 규정들을 종합하여 보면 민간항공기납치 사건에 대하여는 항공기등록지 국에 원칙적인 재판관할권이 있는 외에 항공기 착륙국인 우리나라에도 경합적으로 재판 관할권이 생기어 우리나라 항공기운항안전법은 외국인의 국외범까지도 적용대상이 된다고 할 것이다; 신동운, 형법총론, 법문사, 2001, 46면; 신동운, 형법총론, 제2판, 법문사, 2006, 65면; 신동운, 판례백선 형법총론, 개정판, 경세원, 1998, 57-61면(죄형법정주의를 기본원칙으로 하고 있는 형법의 운용에 있어서 명문의 근거규정이 없이 세계주의 정신만을 내세워 처벌을 확장한다면 문제가 아닐 수 없다. 이러한 갈등상황을 해결하기 위하여 우리 대법원은 "항공기의 불법납치억제를 위한 협약"이라는 국제조약에 주목하면서 외국인의 국외범 처벌근거를 조약에서 구하고 있다).

4) 김성천 · 김형준, 형법총론, 동현출판사, 1998, 58면에서는 "요즘 우리나라에서도 세계주의를 채택하자는 논의가 나오고 있는데(형법 개정법률안 제7조) 우리 사회가 민주화 되어 가고 있는 징표 가운데 하나로 볼 수 있다"고 지적하고 있다. "또한 세계주의 원칙에 의한 국외범의 처벌은 형법에 의하여 가벌적인지 여부가 문제되지 않는다는 데에 특징이 있다"고 한다. 그러나 후자의 주장에는 동의하기 어렵다. 왜냐하면 비준한 조약은 국내법과 같은 효력이 있으며(헌법 제6조), 이 조약에 근거하여 자국 형법의 총칙과 각칙이 적용되기 때문이다; 김일수 · 서보학, 형법총론, 제9판, 박영사, 2002, 52면; 김일수 · 서보학, 새로 쓴 형법총론, 제11판, 박영사, 2006, 53면; 박상기, 형법총론, 제5판, 박영사, 2002, 40면; 신동운, 형법총론, 법문사, 2001, 46면; 신동운, 형법총론, 제2판, 법문사, 2006, 65면; 신동운, 판례백선 형법총론, 개정판, 경세원, 1998, 57-61면(59면): 신 교수는 일본의 경우 형법의 장소적 적용범위를 규율하는 근거로 '조약'을 추가하는 형법개정(일본 형법 제4조의 2 조약에 의한 국외범)을 통하여 세계주의 문제를 해결하였다고 한다. 중국민항기 판례에서 우리나라 대법원은 해석을 통하여 세계주의 요청에 대처하고 있지만, 죄형법정주의 관점에서 볼 때 이 문제는 일본의 경우처럼 형법개정을 통하여 명시적으로 해결하는 것이 타당하다고 한다; 이정원, 형법총론, 제3판, 법지사, 2004, 55-57면(55면); 정영일, 형법개론, 박영사, 2003, 46면; 정영일, 형법총론, 개정판, 박영사, 2007년, 66면.

사법주권이 존중되어야 하기 때문이다. 또한 한국 형법에서 어떻게 세계주의를 실무에서 적용하느냐, 사법주권의 침해와 한계는 어디까지인지에 관한 문제도 검토되어야 할 것이다. 한국 형법이 "세계의 헌병(gendarme du monde)이 될 수 없다"는 취지와도 그 맥락을 같이 하기 때문이다. 결국 입법내용, 입법방식, 구체적 사례와 실무에서의 적용이 과제가 될 것이다.

여기서는 이러한 점들을 염두에 두고 먼저 세계주의의 연혁(Ⅱ), 세계주의의 대상이 된 범죄의 범위(Ⅲ), 대상 범죄의 분류(Ⅳ), 외국의 입법례(Ⅴ)를 검토하고자 한다. 결론에서는 구체적인 입법안을 제안하고자 한다(Ⅵ).

Ⅱ. 세계주의의 연혁

세계주의의 기원은 6세기에 만들어진 유스티니아누스법전(Justinianus Code)[5]에 나타난다. 형사사건의 관할권은 범죄지의 관할법원과 체포지의 관할법원에서 행한다고 이 법전은 규정하고 있다. 주석학파는 주거지의 법원에서 체포지의 법원으로 바꾸는 것이 가능하다고도 해석하였다.

1. 중세 이탈리아의 세계주의 사상

중세 이탈리아에서는 학설에 의해서도 세계주의 사상이 표명되었다. 이탈리아 롬바르디아(Lombardia)의 여러 도시의 관계를 규율한 법에 따라 살인범죄 등, 일련의 흉악범에 대해서는 범인이 처벌되어지지 않은 채 자기의 도시에 머물러 있을 때는 이 범죄인을 재판하기 위해 법원으로 소환하는 것이 가능했다.

5) 비잔티움 황제 유스티니아누스 1세가 제정한 법. 534년 11월 16일 칙법으로 공포해 12월 29일부터 시행된 칙법집(勅法集)이다. 『로마법대전』의 일부를 이룬다. 하드리아누스황제의 칙법에서 534년의 칙법까지를 채록했다. 편찬을 지휘한 사람은 법률가 트리보니아누스였다. 전권은 12권으로, 각 권은 장으로 나누어지고 각 장 중에 동일 사항마다 발포년에 따라 칙법이 배열되었다. 이 칙법집은 현행법으로 사용되고 있는 칙법을 모아 수록한 것으로, 각 칙법은 압축되어 있고 서로 간에 모순이 없도록 되어 있다. 대체로 제1권은 교회관계의 법과 법원(法源) 및 관제, 제2-8권은 사법관계(私法關係)의 내용을 포함하고 있고, 제9권은 형법, 제10-12권은 행정법 관계의 칙법을 수록하고 있다.

2. 17세기와 18세기의 세계주의 사상

17세기 초 후고 그로티우스(Hugo Grotius, 1583-1645)[6]는 세계주의에 철학적 가치를 부여했다. 그는 인류의 보편적 사회(societas generis humani)의 존재를 인정하는 입장에서 자연법을 위반하는 범죄는 전 인류에 대한 침해에 해당하며, 이러한 범죄를 제압해야만 할 보편적 의무를 이행하기 위해서 유명한 「인도하든지, 처벌하든지 하라」(aut dedere aut punire)라고 하는 명제를 제창하여 세계주의 발전에 기여하였다.[7]

이러한 사상에 영향을 받아 17세기 이후 네덜란드인과 독일인들은 체포지 소재 법원의 관할권을 인정하는 학설을 전개했다. 네덜란드의 학설은 영국에서 수용되었고, 나아가 북미에도 전파되었다. 이러한 과정을 거쳐 그로티우스의 견해는 많은 학자들의 지지를 받았다. 그 결과 특별히 중대한 범죄에 대해서는 세계주의의 적용이 보편화되어 갔다.

3. 19세기와 20세기의 세계주의 사상

19세기와 20세기를 거치면서 국제 교류가 활발해지고, 세계적 법익에 대한 자각도 세계적으로 고조되어 갔다. 이에 따라 국제학회, 국제회의 결의와 권고, 더

---

6) 최종고, 위대한 법사상가들 Ⅰ, 학연사, 1984, 36-64면. 네덜란드의 법학자·정치가. 델프트 출생. 8살 때 이미 라틴어로 시를 쓰는 재능을 나타내어 15살 때 외교사절단을 수행해 파리로 갔으며, 프랑스의 앙리 4세로부터 「네덜란드의 기적」(miracle de la Hollande)이라는 칭찬을 받았다. 프랑스의 오를레앙대학에서 법학박사 학위를 받고 귀국해 16살에 변호사가 되었으며, 2년 뒤 역사편찬관에 임명된 뒤 회계검사관 등의 여러 관직을 거쳐 1607년 법무장관이 되었다. 1613년 정계에 투신, 치열하게 전개된 종교적·정치적 분쟁에 휘말려 칼뱅주의적 종교개혁을 지지한 그는 1618년 체포되어 종신형을 받고 복역하던 중 1621년 부인의 도움을 받아 극적으로 탈출해 파리로 망명했다. 파리에서 약 10년 동안 망명생활을 하며 프랑스 왕실의 후대를 받아 연구와 집필에 정진했다. 이때에 유명한 『전쟁과 평화의 법』(De Jure Belli ac Pacis, 1625)을 냈는데 이것은 1630년 전쟁의 참화를 보고 인류 평화의 확립을 위해 집필한 것이다. 1634년 파리 주재 스웨덴대사로 임명되어 활약하다가 1645년 대사직을 사임하고 귀국 도중 병을 얻어 독일의 로스토크에서 객사하였다. 그의 저서 『포획법론』(De Jure Praedae Commentarius, 1604)은 네덜란드의 포르투갈선박 포획이 정당함을, 『자유해양론』(Mare Liberum, 1609)은 해양자유의 원칙에 의한 통상과 항해의 자유, 즉 『화점론』(De Jure Belliac Pacise, 1625), 『포획법론』을 보완한 것이었다. 그의 업적은 국제법에 처음으로 이론적 체계를 수립한 것으로서, 당시의 유럽 각국에 큰 영향을 주었다. 〈국제법의 아버지〉〈자연법의 아버지〉로 불리고, 그의 학설 계승자는 그로티우스학파로 불린다.

7) 이 명제에 관해서는 Hugo Grotius, De jure belli ac pacis, 1625, lib. II, cap. 21, IV 1 und 3. Oehler, Internationales Strafrecht, 2. Aufl., 1983, S. 497ff.

욱이 다국간의 조약 규정에서 세계주의를 추장(推奬) 또는 도입하는 것이 계속해서 확산되어 갔다.

4. 제2차 세계대전 후의 세계주의 사상

세계주의의 동향은 제2차 세계대전 후 보다 현저하게 나타났는데, 한편으로는 중대한 국제범죄를 제압하기 위하여 국제적 연대성 이념이 국제적으로 자각되어진 것이고, 다른 한편으로는 국제연합 등의 국제기구가 국제범죄를 제압하기 위한 국제조약의 체결에 큰 역할을 하게 되었다.

Ⅲ. 세계주의의 대상이 된 범죄의 범위

세계주의의 대상이 되는 범죄의 범위는 각 국가가 세계적으로 형법적 보호를 받아야 할 소위 세계법익(Weltrechtsgüter)을 어디까지 확대하여 파악할 것인가에 달려 있다. 그 범위는 국제범죄가 증가함에 따라 범죄방지를 위해 여러 국가의 연대성을 강화해야 할 필요성이 인식되어짐에 따라서 점점 확대되고 있다. 특히 제2차 세계대전 후 이러한 경향은 뚜렷하게 나타났다. 이하에서는 대상범죄의 확대의 추이를 개관해 보고자 한다.

1. 국제학회와 국제회의의 결의

1883년 국제법학회(Institut de droit inernational)는 뮌헨에서 개최되었다. 이 회의에서 국제법학회는 중대한 범죄에 대해서는 세계주의를 채택해야만 한다는 요지의 결의안을 채택했다.

1927년 11월 5일 폴란드 바르샤바에서 개최된 「형법의 통일에 관한 국제회의」에서는 해적행위, 통화위조, 노예매매, 부녀자매매, 공공의 위험을 발생시키는 수단의 사용, 마약거래, 국제조약의 가능성을 확정하고 있는 그 외의 행위 등에 대해서는 세계주의를 채택해야만 한다는 요지를 권고했다.

1933년 4월 이탈리아의 남부 시칠리아주 팔레르모(Palermo)에서 개최된 제3

회 국제형법회의에서도 모든 나라의 공동의 이익을 침해하는 모든 범죄, 예를 들어 해적행위, 노예·부녀자 등의 매매, 마약거래, 해저전선의 손괴, 통신수단의 중대한 손괴, 긴급신호의 손괴, 통화·유가증권 등의 위조·변조, 공공의 위험을 발생시키는 손괴행위 등을 세계주의의 대상으로 해야만 한다는 요지를 결의안으로 채택했다. 그리고 이러한 행위는 기존의 조약의 검토 및 새로운 조약의 체결을 요망했다. 이런 움직임은 제2차 세계대전 이후 현저하게 확산되었다.

2. 조약에 나타난 대상범위

1889년 우루과이 몬테비데오(Montevideo)에서 채택된 국제형법조약 제13조는 해적행위에 대해 세계주의를 채용하고, 1928년 부스타만테법전(Codigo Bustamante)[8] 제307조는 부녀매매와 같은 국제조약에 의한 처벌의무를 지는 죄에 대해서, 제308조는 공해(公海), 자유로운 하늘 및 아직 어느 나라에도 영유되어 있지 않은 영역에서 범한 해적, 흑인매매, 노예매매, 부녀매매, 해저케이블 파괴·손상, 기타 국제법에 반하는 성질의 죄에 대해서 세계주의를 채용했다. 같은 방식으로 1940년 3월 19일 몬테비데오 국제형법조약 제14조는 해적행위, 마약거래, 부녀 등의 매매, 노예행위, 해저통신선의 파괴·손상을 세계주의의 대상으로 채택했다.

이와 같은 경향이 발전되어 오늘날 많은 국제조약이 특정의 범죄에 대해서 세계주의에 의한 처벌 의무를 조약국에 부과하고 있다. 예를 들면 다음과 같다.

- 1844년 3월 14일 해저통신선 보호 만국연합조약
- 1921년 9월 30일 부인 및 아동의 매매금지에 관한 국제조약
- 1925년 2월 19일 국제아편조약
- 1929년 4월 20일 위조통화의 처벌에 관한 국제조약
- 1923년 9월 14일 항공기 내에서 행해진 범죄 그와 다른 행위에 관한 조약 (도쿄조약)
- 1970년 12월 16일 항공기 불법탈취 방지에 관한 조약(헤이그조약)

---

8) 1928년의 아바나조약(부스타만테법전): 1928년 2월 20일에 쿠바의 수도 아바나(Havana)에서 체결된 국제사법조약(國際私法條約)에 부속하는 국제사법법전이다(북중미 21개국에 의하여 서명되고, 1928년 11월 25일에 발효).

- 1979년 12월 18일 인질을 두는 행위에 관한 조약
- 1973년 12월 14일 국제적으로 보호되어 지는 자(외교관 포함)에 대한 범죄의 방지 및 처벌에 관한 조약
- 1988년 12월 20일 마약 및 향정신성 의약품의 부정거래방지조약(원조약; 통칭 국련의 마약신조약)

Ⅳ. 대상 범죄의 분류

세계주의의 대상이 되는 범죄는 조약에 근거를 두면서 점차 증가하고 있는 추세이다. 그들은 다음과 같이 분류할 수 있다.

1. 테러 범죄

역사적으로 보면, 해적행위(piracy, Piraterie)는 전형적인 테러행위였다. 테러행위의 범위는 오늘날 점차 확대되어가고 있다. 하지만 테러행위의 범위는 약간 불명확하다. 따라서 1977년 1월 27일 채택된 테러행위방지에 관한 유럽조약(Das Europäische Übereinkommen zur Bekämpfung des Terrorismus vom 27. 1. 1977,[9] 1978년 8월 4일 발효)은 다음과 같이 범죄인 인도의 대상이 되는 행위를 열거함으로써 개념의 명확성을 기했다(제1조).

(1) 항공기 불법탈취 방지에 관하여 헤이그조약의 적용범위에 포함되어지는 범죄
(2) 민간항공의 안전에 대하여 불법행위방지에 관한 몬트리올조약의 적용범위에 포함되어지는 범죄
(3) 외교관을 포함해서 국제적 보호를 받는 자의 생명·신체·자유에 대한 공격을 포함하는 중대한 범죄[10]
(4) 유괴, 인질 또는 중대한 불법 감금을 포함한 범죄

---

9) BGBl. 1978, II, S. 321; 森下 忠,『國際刑法の潮流』, 成文堂, 1985, 163面 以下.

10) 1973년 12월 14일의 뉴욕조약(이른바 국가대표등보호조약)의 적용대상이 되는 범죄의 범위가 이 (3)에서 규정하는 중대한 범죄의 범위보다도 넓다.

(5) 사람에게 위험을 발생시키는 폭탄, 수류탄, 로켓, 자동화기, 편지폭탄 또는 소포폭탄의 사용을 포함한 범죄
(6) 상기 범죄의 미수 또는 상기 범죄의 기수 혹은 미수의 공범으로서 관여한 행위

2. 반인도적 범죄

부녀매매, 노예매매, 어린이매매, 노예행위(사람을 노예로서 혹사시키는 것), 마약 등의 부정거래 등의 죄, 그 외 사람에 대한 고문, 인질을 두는 행위 등은 테러 행위이면서 인도(人道)에 반하는 죄에도 해당한다고 볼 수 있다.

3. 경제범죄

통화 · 유가증권 등의 위조, 위조통화 등을 행사한 죄가 대표적인 경우이다. 최근 악질적인 국제적 경제범죄, 예를 들면 자금세탁(money laundering)이 세계주의의 대상이 되고 있다.[11] 자금세탁은 직역하면 '돈세탁'을 의미한다. 다른 표현으로 마약의 부정거래, 유괴, 공갈 등의 범죄행위를 통해서 얻은 불법의 수익을 금융기관의 계좌에 가명 · 익명으로 저금을 하거나, 금융기관을 통해서 다른 계좌에 불입, 이전함으로써 수익의 출처와 소유자 · 수익자를 은폐하거나, 합법적인 수익인 것처럼 가장하는 행위를 말한다.

4. 환경범죄

최근 「하나뿐인 지구를 지키자」라고 하는 목소리가 세계적으로 높아져 환경보호를 위한 각종 국제회의가 개최되고 있다. 나아가 환경보호를 목적으로 하는 몇 개의 국제조약이 잇달아 체결되어졌다. 현재 환경보호는 특정국가만의 과제가 아니고, 전 지구적인 규모로 세계 각국이 진지하게 숙고해야 할 과제가 되었다. 환경보호를 목표로 하는 국제조약은 일정의 환경파괴행위를 범죄로서 처벌하는

11) 1988년 12월의 이른바 유엔의 마약신조약(빈 조약), 1990년 11월 8일의 유럽이사회의 이른바 자금세탁조약이 그것이다. 후자에 관하여는 森下 忠, 「マネー・ローンダリング條約」, 警察研究 63卷 4號 · 5號 · 6號, 1992가 자세하게 다루고 있다.

것을 조약국에 의무로서 부과시키고 있다. 이러한 범죄행위는 사건의 성질상 세계주의의 대상이 된다. 향후 지구의 환경파괴가 진행됨에 따라 세계주의의 대상이 되는 환경범죄의 범위는 확대될 것으로 보인다.

5. 문화재범죄

인류 역사상 강대국의 지배를 통해서 문화재 탈취행위는 존재해 왔지만, 최근에는 인류의 유산이라고 해야 할 귀중한 문화재가 조직적 또는 개인적으로 도굴, 탈취, 파괴, 밀매매의 대상으로 되어가는 경향이 극심해지고 있다. 따라서 이러한 문화재의 국제적 보호를 위해 일정한 문화재범죄를 국제범죄로서 세계주의의 대상으로 포함시키자는 내용이 조약으로 체결되어 있다.[12]

Ⅴ. 외국의 입법례

외국 형법에서는 세계주의를 어떻게 규정하고 있을까? 이를 분석해 보는 것도 비교입법적 관점에서 의미가 있다고 생각한다. 여기에서는 일본, 독일, 이탈리아, 스페인, 벨기에, 브라질 형법을 중심으로 세계주의의 입법배경과 의미를 살펴보고자 한다. 일본 형법은 세계주의를 포괄주의 입법방식으로 채택하고 있고,[13] 반면 독일 형법은 열거주의 입법방식으로 채택하고 있다. 각국의 형법조문, 입법취지, 조문의 의미, 적용상의 문제점 순으로 고찰하고자 한다. 우리나라의 입법과정에 많은 시사점이 있을 것이다.

1. 일본 형법

(1) 조문(형법 제1장 통칙 제1조～제8조)

제1장 통칙

12) 예를 들면 1985년 6월 23일의 「유럽문화재범죄조약」(이른바 델피조약); 이에 관해서는 森下 忠, 文化財犯罪, 判例時報 1290號, 1988年 12月号를 참조.

13) 일본 형법에 규정된 세계주의에 대한 자세한 내용에 관해서는 森下 忠, 國際刑法入門, 悠悠社, 1993, 54-62面(第4章 世界主義); 森下 忠, 世界主義にもとづく裁判權の行使, 判例時報 1845號, 2004年 3月号, 24-25面; 森下 忠, 刑法適用法における世界主義, 判例時報 1842號, 2004年 2月号, 17-18面.

〈국내범〉

제1조[14]

① 이 법률은 일본 국내에서 죄를 범한 모든 자에게 적용한다.

② 일본 국외에 있는 일본선박 또는 일본 항공기내에 있어서 죄를 범한 자에 대해서도 전항과 같다.

〈모든 국외범〉

제2조[15]

이 법률은 일본 국외에서 다음의 죄를 범한 모든 자에게 적용한다.

1. 삭제
2. 제77조 내지 제79조까지 (내란, 예비 및 음모, 내란방조 등)의 죄
3. 제81조 (외환유치), 제82조 (외환원조), 제87조 (미수죄) 및 제88조 (예비 및 음모)의 죄
4. 제148조 (통화위조 및 행사 등)의 죄 및 그 미수죄
5. 제154조 (조서위조 등), 제155조 (공문서위조 등), 제157조 (공정증서원본부실기재 등), 제158조 (위조공문서행사 등) 및 공무소 또는 공무원에 의해 만들어져야 할 전자적 기록에 관련된다. 제161조의 2 (전자적기록부정작출 및 공용)의 죄
6. 제162조 (유가증권의 위조 등) 및 제163조 (위조유가증권행사 등)의 죄
7. 제163조의 2 내지 제163조의 5 (지불용카드전자적기록부정작출 등, 부정전자적기록카드소지, 지불용카드전자적기록부정작출준비, 미수죄)의 죄
8. 제164조 내지 제166조 (어음위조 및 부정사용 등, 공인위조 및 부정사용 등), (공기호 위조 및 부정사용 등)의 죄에 상응하는 제164조 제2항, 제165조 제2항 및 제166조 제2항의 죄의 미수죄.

〈국민의 국외범〉

제3조[16]

이 법률은 일본 국외에서 다음의 죄를 범한 일본 국민에게 적용한다.

1. 제108조 (현주건조물 등 방화) 및 제109조 제1항 (비현주건조물 등 방화)의 죄,

14) 속지주의: 자국의 영역내의 범죄에 대하여는 범인의 국적과 관계없이 자국의 형법을 적용한다.

15) 보호주의: 자국 또는 자국국민의 이익을 침해하는 행위가 외국에서 행하여졌을 때에는 범인의 국적 및 범죄지와 관계없이 자국의 형법을 적용한다.

16) 속인주의: 자국국민이 자국의 형법에 어긋나는 행위를 했을 경우는 범죄지와 관계없이 자국의 형법을 적용한다.

이 규정의 예에 의해 처단해야 할 것과 상응하는 이들의 죄의 미수죄

2. 제119조 (현조건조물 등 침해)의 죄
3. 제159조 내지 제161조 (사문서위조 등, 허위진단서 등 작성, 위조사문서 등 행사) 및 전조 제5호에 규정하는 전자적 기록이외의 전자적 기록에 관련된 제161조의 2의 죄
4. 제167조 (사인위조 및 부정사용 등)의 죄 및 동조 제2항의 죄의 미수죄
5. 제176조 내지 제179조 (강제추행, 강간, 준강제추행 및 준강간, 미수죄), 제181조 (강제추행 등 치사상) 및 제184조 (중혼)의 죄
6. 제199조 (살인)의 죄 및 그 미수죄
7. 제204조 (상해) 및 제205조 (상해치사)의 죄
8. 제214조 내지 제216조 (업무상낙태 및 동치사상, 부동의낙태, 부동의낙태치사상)의 죄
9. 제218조 (보호책임자 유기 등)의 죄 및 동조의 죄에 관련된 제219조 (유기 등 치사상)의 죄
10. 제220조 (체포 및 감금) 및 제221조 (체포 등 치사상)의 죄
11. 제224조 내지 228조 (미성년자 약취 및 유괴, 영리목적 등 약취 및 유괴, 몸값목적의 약취 등, 국외이송목적약취 등, 피약취자 수수 등, 미수죄)의 죄
12. 제230조 (명예훼손)의 죄
13. 제235조 내지 제236조 (절도, 부동산침탈, 강도), 제238조 내지 제241조 (사후강도, 혼취강도, 강도치사상, 강도강간 및 동 치사) 및 제243조 (미수죄)의 죄
14. 제246조 내지 제250조 (사기, 전자계산기사용사기, 배임, 준사기, 공갈, 미수죄)의 죄
15. 제253조 (업무상 횡령)의 죄
16. 제256조 제2항 (도품 수령 등)의 죄.

〈국민 이외 인의 국외범〉

제3조의 2[17]

이 법률은 일본 국외에서 일본 국민에 대하여 다음의 죄를 범한 일본 국민 이외 사람에게 적용한다.

1. 제176조 내지 제179조까지 (강제추행, 강간, 준강제추행 및 준강간, 미수죄) 및 제181조(강제추행 등 치사상)의 죄

17) 보호주의: 자국 또는 자국국민의 이익을 침해하는 행위가 외국에서 행하여 졌을 때에는 범인의 국적 및 범죄지와 관계없이 자국의 형법을 적용한다.

2. 제199조 (살인)의 죄 및 그 미수죄
3. 제204조 (상해) 및 제205조 (상해치사)의 죄
4. 제220조 (체포 및 감금) 및 제221조 (체포 등 치사상)의 죄
5. 제224조 내지 제228조 (미성년자약취 및 유괴, 영리목적 등 약취 및 유괴, 몸값목적약취 등, 국외이송목적약취 등, 피약취자 수수 등, 미수죄)의 죄
6. 제236조 (강도) 및 제238조 내지 제241조 (사후강도, 혼취강도, 강도치사상, 강도강간 및 동 치사)의 죄에 상응하는 이 죄들의 미수죄.

〈공무원의 국외범〉

제4조[18]

이 법률은 일본 국외에서 다음의 죄를 범한 일본국의 공무원에게 적용된다.

1. 제101조 (간수자 등에 의한 도주 원조)의 죄 및 그 미수죄
2. 제156조 (허위공문서작성 등)의 죄
3. 제193조 (공무원직권남용), 제195조 제2항 (특별공무원폭행학대) 및 제197조 내지 제197조의 4 (뇌물수수, 수탁뇌물수수 및 사전뇌물수수, 제삼자 보조자제공, 가중뇌물수수 및 사후뇌물수수, 알선뇌물수수)의 죄에 상응하는 제195조 제2항의 죄에 관련되는 제196조 (특별공무원직권남용 등 치사상)의 죄.

〈조약에 의한 국외범〉

제4조의 2[19]

제2조 내지 전조까지 규정한 것 외에 이 법률은 외국인이 제2편에 규정된 죄를 일본 국외에서 범했을 때에도 조약에 따라 이를 범한 모든 자에게 적용한다.

〈외국판결의 효력〉

제5조[20] 외국에서 확정판결을 받은 자라고 하더라도 동일한 행위에 대하여 처벌할 수 있다. 단 범인이 이미 외국에서 선고된 형의 전부 또는 일부의 집행을 받았을 때에는 형의 집행을 감경 또는 면제한다.

〈형의 변경〉

제6조 범죄후의 법률에 의해 형의 변경이 있었을 때는 가벼운 것에 따른다.

---

18) 보호주의

19) 세계주의: 세계 각국에 공통되는 일정한 법익을 침해하는 범죄에 대해서는 범인의 국적 및 범죄지에 관계없이 각국이 자국의 형법을 적용한다.

20) 외국에서 받은 형집행의 효력

〈정 의〉

제7조

1. 이 법률에서 '공무원'은 나라 또는 지방공공단체의 직원 기타 법령에 의해 공무에 종사하는 의원, 위원 기타의 직원을 말한다.
2. 이 법률에서 '공무소'는 관공청 기타 공무원이 직무를 행하는 곳을 말한다.

제7조의 2

이 법률에 있어서 '전자적 기록'은 전자적 방식, 자기적 방식 기타 다른 사람의 지각에 따라서는 인식할 수 없는 방식으로 만들어지는 기록이며, 전자계산기에 의한 정보처리용에 함께 사용되는 것을 말한다.

〈다른 법령의 죄에 대한 적용〉

제8조

이 편의 규정은 다른 법령의 죄에 대해서도 적용한다. 다만 그 법령에 특별한 규정이 있을 때에는 그에 따른다.

이상 살펴본 바와 같이 일본 형법은 형법의 장소적 범위에 대해서 속지주의(제1조), 속인주의(제3조), 보호주의(제2조 · 제4조)를 각각 규정하고 있고, 세계주의는 형법 제4조의 2에 규정되어 있다: (조약에 의한 국외범) 제4조의 2 제2조 내지 전조까지 규정한 것 외에 이 법률은 외국인이 제2편에 규정되어진 죄를 일본 국외에서 범했을 때에도 조약에 따라 모든 자에게 적용된다.

(2) 입법취지

일본 형법 제4조는 1987년 법률 제52호에 의해서 신설된 규정이다. 일본 형법에 장소적 적용 범위에 대해서는 형법 제1조에서 제4조까지 규정되어 있다. 그러나 내국의 조약이 정한 일정의 범죄에 있어 재판권을 행사해야 할 의무를 지는 경우가 점차 증가하는 상황에 따라 형법 제4조에 국외범에 대해서 포괄적으로 처벌을 할 수 있는 규정을 신설하였다.

조약으로부터 일본이 재판권 설정의무를 지는 경우이다. 이 경우 조약에 따라 소정의 행위에 일본 형법을 적용하기 위해서는 (1) 일본 형법에서 처벌규정을 설치해 단속하고, (2) 그 국외범을 처벌하는 것이 가능하도록 법률을 정비할 필요가 있다는 것이다. 이러한 관점에서 종래 조약상의 의무에 대응하여 일본에서 특별법을 제정하였다. 예를 들면 1970년의 항공기 불법 탈취방지조약(헤이그조약)에 대응하는 항공기 강취 등 처벌법(1970년 법 제68호)이 그것이다.

이러한 입법방식은 조약상 국외범을 처벌해야 하는 경우 국외범 처벌 규정 중에 개별적으로 그리고 구체적으로 열거하는 방식이어서 이를 열거주의라고 한다. 이 입법방식에 의하면 조약을 체결·비준하기 위해서는 조약에 대응하는 국내법을 제정할 필요성이 있다. 이것 때문에 일본은 장래 조약의 당사국이 되는 조약의 체결·비준을 조기에 만들 수 없을 가능성이 있다.

반면 포괄주의 입법방식을 채용하는 것이 검토과제로 남아 있다. 포괄주의란 조약에 의해 국외범을 처벌하도록 규정되어 있는 죄를 범한 자에게 국외범 처벌 규정을 적용하는 요지의 일반규정을 두는 방식이다. 이 방식은 이미 많은 외국의 입법례(특히 대륙법계)에서 채택되고 있다. 일본 제4조의 2는 대륙법계의 입법례를 참조하여 포괄주의를 채용하고 있다.

(3) 의 미

일본 형법 제4조의 2는 제2편(각칙)에 규정되어진 죄로서 조약에 의한 국외범을 처벌할 수 있도록 재판권 설정의무를 부담한다는 의미이다.

일본 형법 제4조의 2는 제2조·제3조 및 제4조 이외에 일본 형법은 몇 명이든 상관없이 국외에서 상기의 죄를 범한 자에게 적용되는 것을 의미한다. 예를 들면, 외교관 등 보호조약과 관련하여 살펴보면, 외국의 외교관이 국외에서 외국인에 의해 살해된 경우, 이에 대해 범인은 일본 형법의 적용대상이 되지 않기 때문에 범인이 일본으로 도망을 왔다고 해도 범인을 처벌할 수가 없다. 이 경우에는 일본이 처벌해야 할 조약상의 의무를 이행하는 것이 불가능하게 된다.

이와 같은 사태에 대응하기 위해 일본 형법 제4조의 2는 포괄주의를 취하고 있다. 이에 따라 일본 형법은 조약에 의해 재판권 설정의무를 부담하고, 제2편에 규정된 죄를 범한 경우, 일본 형법이 적용되도록 입법되었다. 제2편에 규정된 죄가 처벌대상의 제1요건이 되기 때문에 새로운 범죄구성요건을 신설할 필요는 없다.

「본법을 적용한다」는 것은 「제2조의 예에 따른다」라는 것과 의미가 다르다. 따라서 형법적용에 있어서 어떠한 원칙을 채용하고 있는지 분명하지 않다. 국민보호주의를 채택했다고 보는 측면도 있다. 하지만 조약이 이것을 넘는 넓은 범위에서 재판권 설정의무를 진다는 관점에서 본다면, 일종의 세계주의적인 사고에 바탕을 두고 있는 것으로 볼 수도 있다. 이 경우 전통적인 세계주의가 이른바 세계법 범죄를 대상으로 하고 있는 것과 비교하여 일본 형법 제4조의 2는 세계주의의 확대경향을 띄고 있음을 알 수 있다.

(4) 문제점

이러한 일본 형법 제4조의 2에 대해 일본 형법학자들은 특히 실체법상의 처벌범위에 대한 명확성의 문제를 비판하고 있다.[21] 왜냐하면 조약상의 범죄에 대해 실제 어떤 범죄가 국외범으로서 처벌되어지는가는 개개의 조약을 보지 않으면 알 수 없기 때문이다.

설령 조약을 본다고 하더라도 조약상의 범죄구성요건이 불명확한 경우가 있다. 일반적으로 조약의 범죄구성요건은 어떤 확장(擴張)을 갖는 표현형식으로 규정되어 있는 경우가 많기 때문이다. 이 경우에는 먼저 해당 구성요건에 포함되는지 해석을 해야 하고, 이러한 범위 내에서 일본 형법의 특별구성요건이 적용되는 것이다. 이처럼 세계주의의 적용은 이중의 해석이 필요하다.

또한 이 경우에도 조약상의 범죄구성요건과 일본 형법의 범죄구성요건과의 관계에 있어서 형벌법규의 명확성의 관점에서 볼 때, 문제의 발생소지가 있다. 이 점이 일본 형법 제4조의 2(세계주의)에 대한 일본 형법학자의 비판이다.[22]

2. 독일 형법

(1) 조 문

독일 형법 제6조 [국제적으로 보호되는 법익에 대한 국외범]

독일 형법은 국외에서 행하여진 다음의 범죄에 대하여 행위지 법률에 독립하여 독일 형법을 적용한다.

1. 인종학살(제220조의 a)
2. 제307조, 제308조 제1항에서 제4항, 제309조 제2항, 제310조의 사례에서 원자력·폭발물·방사선 범죄

21) 森下 忠, 國際刑法入門, 悠悠社, 1993, 60-62面(61面).
22) 森下 忠, 國際刑法入門, 悠悠社, 1993, 60-62面(61面).

3. 항공기 및 선박 운항방해 · 파괴(제316조의 c)[23]
4. 인신매매(제180조의 b) 및 중(重)인신매매(제181조)
5. 향정신성의약품 무허가 판매
6. 제184조 제3항 및 제4항의 사례에서 음란문서 반포
7. 통화 및 유가증권의 위조(제146조, 제151조, 제152조), 직불카드의 위조와 유로수표의 위조(제152조 의 a 제1항 제4항) 및 유포(제149조, 제151조, 제152조, 제152조 a 제5항)
8. 보조금 사기(제264조)[24]
9. 범죄가 국외에서 실행된 경우에도 독일연방공화국에 대하여 구속력을 갖는 국가간 조약에 의거하여 형사소추가 될 수 있는 범죄.[25]

(2) 입법 취지

독일 형법에서 세계주의란 범죄장소, 범인 또는 피해자의 국적의 여부를 묻지 않고, 세계적 법익, 즉 인류공동의 법익을 침해하는 행위에 대해 국내형법을 적용한다는 원칙을 말한다. 그러나 독일의 형법학자 프란츠 폰 리스트(Franz von Liszt, 1851-1919)[26]는 세계주의의 무제한의 형태는 "학문적으로 유지할 수 없으며, 실제 관철시킬 수도 없다"("wissenschaftlich unhaltbar und praktisch undurchführbar")[27]고 지적하였다. 왜냐하면 이렇게 된다면 국가공권력은 무제한으로 행

---

23) BGBl. 1978 II S. 321: 1977년 1월 27일 채택된 테러행위방지에 관한 유럽조약(Das Europäische Übereinkommen zur Bekämpfung des Terrorismus vom 27.1.1977).

24) Zum Schutz der Wirtschaftsförderung zu Subventionen der EU gegen betrügliche Machenschaften. 1976년 7월 29일 독일은 제1차 경제범죄대처법으로 보조금 및 신용사기(제264조, 제265조의 b)를 형법에 도입하였다(BGBl. I, S. 2034, 2037).

25) § 6 Nr. 9 betrifft gegenwärtig z. B. das Europäische Übereinkommen zur Bekämpfung des Terrorismus vom 27. 1. 1977(BGBl. 1978, II, S. 321), das Internationale. Übereinkommen gegen Geiselnahme vom 18. 12. 1979(BGBl. 1980, II, S. 1361) und die Diplomatenschutzkonvention vom 14. 12. 1973(BGBl. 1976, II, S. 1745) und das Europäische Übereinkommen zur Verhütung von Folter usw. vom 26. 11. 1987(BGBl. 1989, II, S. 946).

26) 최종고, 위대한 법사상가들 I, 학연사, 1984, 338-370면. 독일의 형법학자. 빈 출생. 작곡가 F. 리스트의 사촌동생이다. 기센 · 마르부르크 · 할레 · 베를린의 각 대학 교수를 역임하였다. 루돌프 폰 예링(Rudolf von Jhering, 1818-1892)에게서 법의 목적사상, 바르베르크에게서 진화론적 형법관을 배워 이를 기초로 독특한 실증주의 형법학을 정립하였으며, 고전학파의 학자들과 논쟁을 거듭하여 독일 근대학파의 총수가 되었다. 마르부르크대학에서의 취임강연 『형법의 목적사상』(1882)은 『마르부르크대학 강령』이라고도 하여 그의 작품 중에서 26판을 거듭한 『독일형법교과서』(1882)와 함께 명저로 알려져 있다. 1889년 네덜란드의 하멜, 벨기에의 프린스와 공동으로 국제형사학협회(IKV)를 설립하였고, 1909년 정부의 형법개정예비초안이 공표되자 카를 · 릴리엔탈 · 골트슈미트와 4인 연명으로 대안을 발표하는 등 학계활동도 활발하였다.

사되기 때문이라고 한다. 만약 행위가 모든 국가의 공동의 관심사인 국경을 초월하는 문화법익(übernationale Kulturgüter)을 침해했을 때에는 세계주의는 국제법상 정당화 될 수 있다. 예를 들면 마약밀매(Rauschgifthandel),[28] 노예매매(Sklavenhandel), 음란문서반포(Halndel mit unzüchtigen Veröffentlichungen), 위조통화(Falschmünzerei), 해저터널(Überseekabel), 항공기납치(Luftpiraterie), 인질(Geiselnahme), 고문과 테러(Folter und Terrorismus), 환경범죄(Umweltverbrechen), 전쟁범죄(Kriegsverbrechen), 인륜에 반하는 범죄(Verbrechen gegen die Menschlichkeit) 등을 들 수 있다. 이러한 사례에서 세계주의는 범죄에 대한 문화국가의 연대(die Solidarität der Kulturwelt gegenüber dem Verbrechen)와 위험한 국제범죄에 대한 투쟁(Kampf gegen des gefährliche internationale Verbrechertum)을 담고 있다. 세계주의는 공동의 문화관심영역을 형법으로 방어하기 위하여 국가간에 체결된 국제조약(internationale Konventionen)으로 인정되고 있다. 그러나 적용에서는 약간 제한되어 있다.[29]

(3) 의 미

독일 형법에서 국제형법 조항은 1975년 형법개정을 통해 도입되었다. 1940년 이후 형법개정 전까지 적극적 속인주의가 출발점이었지만, 개정 이후 속지주의(제3조)로 출발점이 바뀌었다. 형법 개정안 제6조(국제적으로 보호된 법익에 대한 국외범)에 세계주의를 명문으로 규정하였다. 이 규정은 스페인사법권법 제23조 제4

27) So v. Liszt/Schmidt, Lehrbuch des deutschen Strafrechts, S. 123.

28) Vgl. BGH 27, 30: Die Anwendung des Weltrechtsprinzips auf den unbefugten Vertrieb von Betäubungsmitteln (§6 Nr. 5) widerspricht nicht Völkerrecht. vgl. Oehler, Neuer Wandel in den Bestimmungen über den strafrechtlichen Geltungsbereich in den völkerrechtlichen Verträgen, K. Carstens-Festschrift, Bd. I, 1984, S. 444.

29) Vgl. Internationales Übereinkommen zur Bekämpfung des Mädchenhandels von 4. 5. 1910 (RGBl. 1913, S. 31) Art. 3; Internationale Übereinkunft zur Unterdrükung des Frauen- und Kinderhandels vom 30. 9. 1921 (RGBl. 1924 II, S. 181) Art. 2 und 3; Internationales Abkommen zur Bekämpfung der Falschmünzerei vom 20. 4. 1929 (RGBl. 1933, II, 5. 913) Art. 9; Internationales Opiumabkommen von 19. 2. 1925 (RGBl. 1929 II, S. 409) Art. 5; Abkommen zur Beschränkung der Herstellung und zur Regelung der Verteilung der Betäubungsmittel vom 13. 7. 1931 (RGBl. 1933 II, S. 321); Internationale Übereinkunft zur Bekämpfung der Verbreitung und des Vertriebs unzüchtiger Veröffentlichungen vom 12. 9. 1923 (RGBl. 1925 II, S. 288) Art. II; Übereinkommen zur Bekämpfung der widerrechtlichen Inbesitznahme von Luftfahrzeugen vom 16. 12. 1970, Art. 4 II (BGBl. 1972 II, S. 1506; dazu Schmidt-Räntsch, Die internationale Luftrechtskonferenz usw. ZLW 20(1971), S. 63ff.). Zu den verschiedenen Konvention Glaser, Droit international pénal conventionel, 1970, S. 120ff.; Oehler, Internationales Strafrecht, S. 520ff. Weiler Oehler, Das deutsche Strafrecht und die Piratensender, 1970. sowie Schönke/Schröder/Eser, §6 Rdnr. 11.

항과 유사하다.

독일 연방법원은 엄격한 세계주의의 적용은 형사주권의 충돌과 국제해양의 침해를 야기하므로 독일 연방재판소은 세계주의원칙에 대한 일정한 한계와 적용기준이 있다고 판시[30]하면서 최소한의 연결점을 가지도록 요구하고 있다.

그러나 2001년 2월 21일 독일 연방법원은 Soković사건 판결에서 국제조약에 의하여 독일이 소추의무를 부담하는 경우에는 그 국외범이 설령 독일과 아무런 연관을 가지지 않는 경우라도 독일법을 적용할 수 있다는 취지로 판시하였다.

독일은 최근 국제형사법전(Völkerstrafgesetzbuch)의 공포로 로마규정의 관할범죄에 관해서는 연방법원의 제한적 적용기준을 넘어서 절대적 세계주의와 궤를 같이하는 것이 아닌가 생각한다. 이러한 경향은 로마규정에서 국제사회가 합의한 로마규정관할범죄는 전인류 전체에 대한 공동범죄라는 인식이 전제된 것으로 보인다.

3. 이탈리아 형법

이탈리아 형법은 절대적 세계주의에 기초하여 재판권을 행사하는 국가이다. 카세스(Cassese) 교수는 여기에 속하는 국가로서 이탈리아, 스페인 그리고 벨기에를 들고 있다.[31] 1930년의 이탈리아 형법 제7조(외국에서 범한 죄) 제5항은 '기타 법률의 특별한 규정 또는 국제조약에 의하여 이탈리아 형법을 적용하여야 하는 취지를 규정한 모든 죄'를 이탈리아 법으로 처벌한다는 취지를 규정하고 있다. 이 규정은 ① 이탈리아가 비준한 국제조약에 그 죄가 규정되어 있을 것 그리고 ② 위 조약에 의하여 이탈리아의 재판소가 재판권을 행사하여도 좋을 것을 조건으로 하여 피의자가 이탈리아 국내에 현재하지 않더라도 소추하여도 좋다고 해석한다.[32]

4. 스페인 형법

스페인 형법은 의무적 세계주의를 채택하고 있다.[33] 의무적 세계주의란 조약

30) BGHSt 34, 334.

31) Cassese, supra note 1, p. 287.

32) Cassese, supra note 1, pp. 287-288.

에 기초하는 의무로서 재판권을 설정하는 세계주의에 관한 것이다. 스페인의 1985년의 사법권법(재판소법, Ley organica de poder judicial) 제23조는 내국 형법의 적용에 관하여 제1항에 속지주의, 제2항에 속인주의, 제3항에 보호주의를 규정하고 이어서 제4항에 세계주의를 두고 있다. 이 제4항은 세계주의의 대상범죄로서 (a) 제노사이트(집단살해, 형법 제607조), (b) 테러행위(형법 제571조~제580조), (c) 해적·항공기강취, (d) 외국통화의 위조(형법 제386조), (e) 강간(형법 제187조 이하), (f) 마약의 부정거래(형법 제368조~제378조)에 이어서, 다음의 g호가 규정되어 있다. (g) 양국간 조약 또는 국제조약에 의하여 스페인에서 소추되어야 하는 기타의 죄.

이 점에 착안하여 스페인의 학자들은 조약에 기초하는 국제적 의무로서 설정하는 세계적 재판권의 원칙을 '의무적 세계주의'라고 한다. 이에 대하여 앞에 열거한 (a)호(제노사이드)부터 (f)호(마약의 부정거래)까지는 스페인의 입법자가 조약에 기초하는 의무와는 관계없이 재판권을 설정한 것이므로 '자주적 세계주의'라고 한다.

스페인은 1948년의 제노사이드조약을 1968년 9월에 비준하였다. 그러나 제노사이드조약에 의하면 제노사이드의 범인을 재판하는 것은 범죄지국의 재판소(또는 국제형사재판소)에 한정되어 있으므로(제6조), 스페인은 범죄지국이 아닌 경우에도 스페인법에 의하여 재판을 할 수 있도록 규정하였다. 바로 이 점이 '자주적'이라고 하는 이유가 될 것이다. 그렇다면 자주적 세계주의를 채용한 국가는 국외에서 제노사이드의 죄가 범하여진 경우 자국민이 행위자와 피해자가 아님에도 세계주의에 기초하여 자국에서 범인을 재판해야 하는가? 스페인은 이 입장을 취하고 있다. 이에 따라 스페인은 칠레 전대통령 피노체트에 관한 범죄인인도를 영국에 청구한 것이다.

5. 벨기에 형법

벨기에는 자주적 세계주의를 추진하여 국제인도법의 중대한 위반에 관하여 순수세계주의,[34] 즉 범죄지, 범인이나 피해자의 국적, 범죄지국의 법률 등을 묻지

33) 스페인 형법상의 세계주의에 대해서는 일본 형법학계에서 국제형법을 오랫동안 연구해 온 森下忠의 최근 논문 刑法適用法における世界主義, 判例時報 1842號, 2004年 2月号, 17-18面 참조.

않고, 자국에서 자국법에 기초하여 재판하는 규준을 설정하였다. 1993년 6월 16일 형법을 개정한 1999년 2월 10일의 「국제인도법위반처벌법」이 그것이다.

벨기에의 학자는 상기 처벌법의 원칙을 '확대된 세계주의'라고 한다. 벨기에는 1993년의 구국제인도법에 기초하여 볼 포트파 간부 4명(캄보디아), 피노체트 전대통령(칠레) 등에 대하여 국제체포장을 발하고, 범인이 현재하는 국가에 범죄인인도를 청구하였다.

이것은 말하자면 「하늘을 대신하여 불의를 공격한다」는 사고에 따른 입장이다. 그러나 이념은 어쨌든 현실적으로는 결석재판을 하는 경우를 별도로 하고, 범인의 신병을 확보할 수 없다면, 순수세계주의, 자주적 세계주의, 확대된 세계주의의 어느 것에 의해서도 내국에서의 소추의 실현은 곤란하다.

6. 브라질 형법

이 점에 착안하여 세계주의에 의한 소추의 실현을 일정한 조건(즉 범인이 자국민일 것, 범인이 자국내에 현재할 것)에 부합하는 입법이 등장하였다. 이것은 '완화된 세계주의', '조건부 세계주의'라고 부른다. 브라질 형법 제7조 제1항 a호 및 고문처벌법 제2조가 그것이다.[35]

고문금지조약은 (a) 범죄가 자국내에서 행하여진 경우, (b) 피의자가 자국민인 경우, (c) 피해자가 자국민인 경우에 한하여 재판권의 설정을 의무지우고 있다(제5조). 위의 (a)호는 속지주의와 세계주의가 경합하는 경우이고, '속지적 세계주의'(compétence universelle territoriale)라고 말한다. 세계주의는 현실적으로 그다지 효과를 거두지 못한다고 한다.

7. 미국 형법 리스테이트먼트

미국도 세계주의를 일반적으로 승인하고 있다. 미국 형법 리스테이먼트 제3수정판 제404장 254면을 보면, "미국은 세계 각국이 보편적 관심사항으로 인정

34) 벨기에 형법상의 세계주의에 대해서는 森下 忠, 刑法適用法における世界主義, 判例時報 1842號, 2004年 2月号, 17-18面 참조.

35) 브라질 형법상의 세계주의에 대해서는 森下 忠, 刑法適用法における世界主義, 判例時報 1842號, 2004年 2月号, 17-18面.

하고 있는 해적행위, 인신매매, 항공기에 대한 공격과 납치, 인종학살, 전쟁범죄 그리고 테러행위를 범죄로 규정하고, 모든 개별 국가는 이를 처벌할 수 있는 권한을 갖는다" 고 명시하고 있다.[36]

Ⅵ. 결 론

세계주의란 범죄지, 범죄인, 피해자의 국적 여하를 불문하고, 인류공동의 법익을 해하는 범죄행위에 대하여는 세계가 연대하여 대처하고자 자국형법을 적용한다는 원칙이다. 다시 말하면, 외국인이 대한민국 영역 밖에서 범한 죄라 할지라도 국제사회에서 다수의 국가에 공통적인 이익을 보호하기 위하여 우리 형법도 적극적으로 대처하려는 국제적 연대성에 기인한 원칙을 말한다.

여기서 말하는 공통적인 법익이란 각 국의 형법 또는 국제조약, 국제법의 일반원칙에 의해 보호되는 법익을 말한다. 최근 국제법학회나 국제회의의 결의, 권고나 다자간의 협약의 규정에 의하여 세계주의가 점차 도입되고 있다. 일본 및 유럽의 많은 나라가 세계주의를 채택하고 있다. 오늘날의 많은 국제조약은 국제테러리즘 등 특정의 범죄에 관하여 세계주의에 의한 처벌의무를 체결국에 과하고 있다.[37]

그러나 대한민국 형법은 아직도 세계주의를 명문으로 규정하고 있지 않다. 다만, 형법은 외국통용 외국통화위조·변조죄와 동행사죄(형법 제207조 제3항·제4항)와 그 죄의 미수범의 죄 및 외국의 유가증권·우표·인지 위조·변조죄(형법 제214조·제218조)와 그 죄의 미수범의 죄를 규정하고 있다. 이 범위에서 외국인의 국외범을 처벌하는 제5조 제4호와 제5호에 의하여 세계주의를 채택하고 있다.[38]

대법원이 중국민항기 사건에서 인정한 세계주의 이념을 입법으로 뒷받침할 필요가 있다. 우리나라 형법도 "인류공동의 법익침해 범죄, 즉 세계법 범죄"(delicta juris gentium)를 극복하기 위해 세계와 공동으로 대처하는 문화적 사명에 동참할

36) Restatement(Third) of Criminal Law, para 404, at 254: "a state has jurisdiction to define and prescribe punishment for certain offenses recognized by the community of nations as of universal concern, such as piracy, slave trade, attacks on or hijacking of aircraft, genocide, war crimes, and perhaps certain acts of terrorism."

37) 김주덕, 국제형법, 육서당, 1997, 66면.

38) 이정원, 형법총론, 제3판, 법지사, 2004, 55-57면(55면).

필요가 있다는 것이다. 이는 형법에 세계주의를 명문화하는 것이다.

이를 통해 우리나라 형법도 인류공통의 법익을 보호하기 위해 각 나라와 동등하게 권리와 의무를 향유해야 할 것이다. 세계주의의 입법은 우리나라의 국제적 지위와 범죄극복에 있어서 국제적 연대성을 반영하는 규정이 될 수 있을 것이다.

이하에서는 먼저 우리나라 형법에 세계주의 도입을 추진했던 1996년 12월 형법 중 개정법률안 제7조를 간략히 살펴보고, 외국의 입법례를 비교·분석하여 구체적인 입법안을 제안하고자 한다.

1. 1996년 12월 형법중개정법률안 제7조 세계주의

세계화 추세에 따라 외국인이 외국에서 저지른 방사능물질방류죄와 인류의 공적인 중대범죄에 대하여는 우리 형법으로 처벌할 수 있도록 신설된 규정이 1996년 12월 '형법중개정법률안'[39] 제7조 (세계주의)이다.

(1) 1996년 12월 형법중개정법률안 제7조

형법 제7조(세계주의) 이 법은 대한민국 영역 밖에서 다음 각 호의 죄를 범한 외국인에게 적용된다.

1. 제119조의 죄,[40] 방사선이나 방사성 물질을 방류시켜 범한 제17조의2의 죄 및 그 죄의 미수범[41]
2. 제207조[42]·제208조의 죄[43] 및 그 죄의 미수범[44]

---

39) 임종훈·박수철·임송학·박장호, 입법과정론, 박영사, 2000, 142면: 형법중개정법률안이란 형법의 부분개정을 말한다. 부분개정안은 개정하고자 하는 조항 및 그 내용을 열거하고 이를 기존법률에 흡수 또는 증보하는 방법으로 입안하는데, 한국의 경우 흡수방식을 취하면서 '○○법중개정법률안'의 형식을 취한다.

40) 형법 제119조 (폭발물사용) ① 폭발물을 사용하여 사람의 생명, 신체 또는 재산을 해하거나 기타 공안을 문란한 자는 사형, 무기 또는 7년 이상의 징역에 처한다. ② 전쟁, 천재 기타 사변에 있어서 전항의 죄를 범한 자는 사형 또는 무기징역에 처한다. ③ 전2항의 미수범은 처벌한다.

41) 형법 제172조의 2 (가스·전기등 방류) ① 가스, 전기, 증기 또는 방사선이나 방사성 물질을 방출, 유출 또는 살포시켜 사람의 생명, 신체 또는 재산에 대하여 위험을 발생시킨 자는 1년 이상 10년 이하의 징역에 처한다. ② 제1항의 죄를 범하여 사람을 상해에 이르게 한 때에는 무기 또는 3년 이상의 징역에 처한다. 사망에 이르게 한 때에는 무기 또는 5년 이상의 징역에 처한다.

42) 형법 제207조 (통화의 위조 등) ① 행사할 목적으로 통용하는 대한민국의 화폐, 지폐 또는 은행권을 위조 또는 변조한 자는 무기 또는 2년 이상의 징역에 처한다. ② 행사할 목적으로 내국에서 유통하는 외국의 화폐, 지폐 또는 은행권을 위조 또는 변조한 자는 1년 이상의 유기징역에 처한다. ③ 행사할 목적으로 외국에서 통용하는 외국의 화폐, 지폐 또는 은행권을 위조 또는 변조한 자는 10년 이하의 징역에 처한다. ④ 위조 또는 변조한 전3항 기재의 통화를 행사하거나 행사할 목적으로 수입 또는 수출한 자는 그 위조 또는 변조의 각죄에 정한 형에 처한다.

3. 第214조의 죄,[45] 第214조의 죄에 의하여 위조 또는 변조된 유가증권을 행사하거나 행사할 목적으로 수입 또는 수출한 第217조의 죄,[46] 第218조의 죄[47] 및 그 죄의 미수범[48]
4. 第288조[49]·第289조의 죄,[50] 이들 죄에 의하여 약취 또는 유인되어 매매 또는 이송된 자에 관한 第292조의 죄[51] 및 그 죄의 미수범[52]
5. 第340조의 죄[53] 및 그 죄의 미수범[54]
6. 대한민국에 대하여 구속력이 있는 조약에 의하여 처벌할 범죄.

(2) 문제점

1996년 12월 형법중개정법률안 제7조는 세계주의를 형법에 명문화하였다는 점에서 상당한 의미가 있지만, 입법내용과 입법방식에는 문제가 남아있다. 첫째, 입법내용에 관해서 충분한 논의가 부족했다고 생각한다. 형법 제7조(세계주의)에

43) 형법 第208조 (위조통화의 취득) 행사할 목적으로 위조 또는 변조한 第207조 기재의 통화를 취득한 자는 5년 이하의 징역 또는 1천 500만원 이하의 벌금에 처한다.〈개정 1995.12.29〉

44) 형법 第212조 (미수범) 第207조, 第208조와 전조의 미수범은 처벌한다.

45) 형법 第214조 (유가증권의 위조 등) ① 행사할 목적으로 대한민국 또는 외국의 공채증서 기타 유가증권을 위조 또는 변조한 자는 10년 이하의 징역에 처한다. ② 행사할 목적으로 유가증권의 권리의무에 관한 기재를 위조 또는 변조한 자도 전항의 형과 같다.

46) 형법 第217조 (위조유가증권 등의 행사 등) 위조, 변조, 작성 또는 허위기재한 전3조 기재의 유가증권을 행사하거나 행사할 목적으로 수입 또는 수출한 자는 10년 이하의 징역에 처한다.

47) 형법 第218조 (인지·우표의 위조 등〈개정 1995.12.29〉) ① 행사할 목적으로 대한민국 또는 외국의 인지, 우표 기타 우편요금을 표시하는 증표를 위조 또는 변조한 자는 10년 이하의 징역에 처한다. 〈개정 1995.12.29〉 ② 위조 또는 변조된 대한민국 또는 외국의 인지, 우표 기타 우편요금을 표시하는 증표를 행사하거나 행사할 목적으로 수입 또는 수출한 자도 제1항의 형과 같다.〈개정 1995.12.29〉

48) 형법 第223조 (미수범) 第214조 내지 第219조와 전조의 미수범은 처벌한다.

49) 형법 第288조 (영리 등을 위한 약취, 유인, 매매 등) ① 추행, 간음 또는 영리의 목적으로 사람을 약취 또는 유인한 자는 1년 이상의 유기징역에 처한다. ② 추업에 사용할 목적으로 부녀를 매매한 자도 전항의 형과 같다. ③ 상습으로 전2항의 죄를 범한 자는 2년 이상의 유기징역에 처한다.

50) 형법 第289조 (국외이송을 위한 약취, 유인, 매매) ① 국외에 이송할 목적으로 사람을 약취, 유인 또는 매매한 자는 3년 이상의 유기징역에 처한다. ② 약취, 유인 또는 매매된 자를 국외에 이송한 자도 전항의 형과 같다. ③ 상습으로 전2항의 죄를 범한 자는 5년 이상의 유기징역에 처한다.

51) 형법 第292조 (약취, 유인, 매매된 자의 수수 또는 은닉) ① 第288조 또는 第289조의 약취, 유인이나 매매된 자 또는 이송된 자를 수수 또는 은닉한 자는 7년 이하의 징역에 처한다.〈개정 1995.12.29〉 ② 第287조 또는 第291조의 약취 또는 유인된 자를 수수 또는 은닉한 자는 5년 이하의 징역에 처한다.〈개정 1995.12.29〉

52) 第294조 (미수범) 第287조 내지 第289조와 第291조 내지 전조의 미수범은 처벌한다.

53) 형법 第340조 (해상강도) ① 다중의 위력으로 해상에서 선박을 강취하거나 선박내에 침입하여 타인의 재물을 강취한 자는 무기 또는 7년 이상의 징역에 처한다. ② 第1항의 죄를 범한 자가 사람을 상해하거나 상해에 이르게 한 때에는 무기 또는 10년 이상의 징역에 처한다.〈개정 1995.12.29〉 ③ 第1항의 죄를 범한 자가 사람을 살해 또는 사망에 이르게 하거나 부녀를 강간한 때에는 사형 또는 무기징역에 처한다.〈개정 1995.12.29〉

54) 第342조 (미수범) 第329조 내지 第341조의 미수범은 처벌한다.

국제학회와 국제회의의 결의, 조약에 나타난 대상을 체계적으로 분류하여 입법으로 반영하지 못하였다는 점이다. 특히 테러행위, 인도(人道)에 반하는 죄, 경제질서를 침해하는 죄, 환경범죄, 문화재범죄 등을 충실하게 그리고 구체적으로 반영한 입법이라고 볼 수 없다. 둘째, 입법방식에 관해서도 충분한 검토가 결여되었다고 생각한다. 특히 포괄주의 입법방식 혹은 열거주의 입법방식의 장단점에 대한 분석이 결여되어 있다.

2. 입법방식과 입법내용

입법방식과 입법내용은 크게 두 가지 유형으로 구분할 수 있다.

(1) 포괄주의 입법방식

포괄주의 입법방식은 형법 총칙에 세계주의를 규정하고, 조약을 각칙의 해석을 통해 적용하는 방식이다. 일본과 이탈리아가 이 입법방식을 채택하고 있으며, 여기에는 장점과 단점이 있다. 장점은 조약에 근거하여 형법개정을 할 경우 향후 계속해서 이 내용을 형법 각칙 및 형사특별법에 반영해야 하고, 다만 형법총칙은 별도의 개정절차를 통해 보완할 필요가 없다. 다시 말하면 형법총칙은 세계주의 이념만 명시하면 된다. 구체적으로 보호해야 할 법익을 적시할 필요성이 없다.

단점은 명확성의 관점에서 볼 때, 조약상의 범죄구성요건과 국내 형법의 범죄구성요건과의 관계에 있어서 형벌법규의 적용상의 문제점이 발생할 소지가 높다. 조약상의 범죄에 대해 실제 어떤 범죄가 국외범으로서 처벌되어지는가는 개개의 조약을 보지 않으면 알 수 없기 때문이다.

간혹 조약을 해석한다고 하더라도, 조약상의 범죄구성요건이 반드시 명확하지 않는 경우가 있을 수 있다. 일반적으로 조약의 범죄구성요건은 어떤 확장(擴張)을 갖는 표현형식으로 규정되어 있는 경우가 많기 때문이다. 따라서 먼저 어떠한 구성요건에 해당하는지 해석해야 하고, 이러한 범위내에서 한국 형법의 구성요건이 적용되는지 검토해야 한다. 이처럼 세계주의의 적용은 이중의 해석이 필요하다. 이 점은 일본 형법 제4조의 2(세계주의)에 대해 일본 형법학자들도 비판하고 있다.[55] 포괄주의 입법방식에 따라[56] 우리나라 형법 제7조를 제안하면 다음과 같다.

형법 제7조(세계주의)

제2조 내지 전조까지 규정한 것 외에 이 법률은 대한민국 영역 외에서 국내 형법 제2편 죄 및 형사특별법에 규정된 범죄를 대한민국 영역 외에서 범하였을 경우 조약에 의해 처벌되어야 하는 한, 이를 범한 자에게도 적용된다.

(2) 열거주의 입법방식

열거주의 입법방식은 형법 총칙에 세계주의를 상세하게 (중대한 범죄에 대해서는 선별하여 명기) 규정하고, 조약을 형법 각칙에 반영하여 자국의 형법 규정을 적용하는 방식이다. 독일, 스페인, 한국이 이러한 입법방식을 채택하고 있다. 여기에도 장점과 단점이 있다. 장점은 법률의 명확성을 기할 수 있지만, 단점은 향후 계속해서 형법각칙, 형사특별법 그리고 형법총칙을 개정해야 한다는 점이다. 독일과 스페인의 열거주의식 입법안은 한국의 1996년 12월 형법중개정법률안 제7조(세계주의)와 유사한 형태이다. 문제는 한국의 경우 특별법 중심으로 발전한 특수한 사정이 있기 때문에 이를 고려하면, 형법 제7조는 전면적인 재검토가 필요하다. 열거주의 입법방식에 따라 우리나라 형법 제7조를 개정하면 다음과 같다.

형법 제7조(세계주의) 이 법은 대한민국영역 밖에서 다음 각 호의 죄를 범한 외국인에게 적용된다.

1. 테러범죄
   (1) 폭발물사용 제119조의 죄, 방사선이나 방사성 물질을 방류시켜 범한 제17조의 2의 죄 및 그 죄의 미수범
   (2) 해상강도 제340조의 죄 및 그 죄의 미수범
2. 인륜에 반하는 범죄
   (1) 인신매매 제288조·제289조의 죄, 이들 죄에 의하여 약취 또는 유인되어 매매 또는 이송된 자에 관한 제292조의 죄 및 그 죄의 미수범
3. 경제범죄
   (1) 통화위조 제207조·제208조의 죄 및 그 죄의 미수범

55) 森下 忠, 國際刑法入門, 悠悠社, 1993, 60-62面(61面).

56) 신동운, 판례백선 형법총론, 개정판, 경세원, 1998, 57-61면(59면): 신 교수는 일본의 경우 형법의 장소적 적용범위를 규율하는 근거로 '조약'을 추가하는 형법개정(일본 형법 제4조의 2 조약에 의한 국외범)을 통하여 세계주의 문제를 해결하였다고 한다. 중국민항기 판례에서 우리나라 대법원은 해석을 통하여 세계주의 요청에 대처하고 있지만, 죄형법정주의 관점에서 볼 때 이 문제는 일본의 경우처럼 형법개정을 통하여 명시적으로 해결하는 것이 타당하다고 한다.

(2) 유가증권위조 제214조의 죄, 제214조의 죄에 의하여 위조 또는 변조된 유가증권을 행사하거나 행사할 목적으로 수입 또는 수출한 제217조의 죄, 제218조의 죄 및 그 죄의 미수범

4. 환경범죄

5. 문화재범죄

6. 대한민국에 대하여 구속력이 있는 조약에 의하여 처벌할 범죄.

(3) 사 견

어떤 입법방식을 채택할 것인가 하는 점은 입법기술상의 문제이다. 포괄주의 입법방식(일본, 이탈리아)을 채택하든, 열거주의 입법방식(독일과 스페인)을 채택하든 모두가 장·단점이 있다. 중요한 것은 대상범죄를 분류하여 국제적 흐름에 맞추어 총칙을 개정하느냐, 아니면 총칙과 각칙을 모두 개정하느냐에 있다. 총칙과 각칙을 모두 다 개정하는 열거주의 입법방식은 포괄주의 입법방식보다도 더욱 죄형법정주의 정신에 부합한다. 명확성의 원칙을 충실하게 반영한 입법방식이기 때문이다. 그러나 이러한 입법방식은 입법부가 더 많은 노력을 해야 한다는 전제가 있다.

3. 그 밖의 문제들: 세계주의와 재판권행사의 문제

재판권설정의 기준과 재판권집행의 조건의 문제이다.

(1) 절대적 세계주의와 재판권행사의 문제

절대적 세계주의(absolute universal jurisdiction)란 범죄지(행위지), 범인(가해자)의 국적 및 피해자의 국적 등을 묻지 않고 범죄지국의 법률을 고려하지 않고, 동시에 범인이 재판국(forum State)에 있는가(현재하는가) 어떤가를 묻지 않고 국제범죄의 행위자를 재판할 수 있다는 원칙이다. 이 정의는 "범인이 재판국에 현재 있는가 없는가를 묻지 않는다"는 점에 착안하여 '절대적'이라고 한다.

벨기에의 「국제인도법위반처벌법」(1993년법, 1999년 개정)은 범인이 국내에 현재하지 않더라도 재판권의 행사가 가능하다는 취지를 규정하였다.[57] 이 벨기에

57) Cassese et Delmas-Marty, Juridictions nationales et crimes internationaux, 2002, PUF, p. 89;

법은 '세계의 최첨단을 가는 것'이라는 평가를 받은 반면, 일본에서는 "지나치다" "벨기에는 세계의 헌병(gendarme du monde)이 될 수 없다"는 많은 비판을 받았다. 2003년 8월 벨기에의 위의 법률은 미국의 강한 압력에 굴복한 형태로 골자를 뺀 것과 다름없는 개정을 하기에 이르렀다. 결석재판을 인정하는 것에 대해서는 피고인의 기본적 인권을 침해한다는 강한 비판, 과연 어느 만큼의 의의와 효과가 있는가 라는 비판 등이 전개되었다.

영국의 학자는 재판국이 적어도 피고인의 신병을 구속하고 있을 것을 요하는 이유로서 가령 사담 후세인(Saddam Hussein, 이라크 전대통령, 1937-2006)이 184개국에서 결석재판을 받았다고 하더라도 그 결석재판은 의의를 가지지 못하는 상황을 초래할 뿐이라고 주장한다.[58] 여기에서 '184개국'이라는 것은 아랍계 이외의 전세계의 국가를 가리키는 것일까?

(2) 조건부 세계주의와 재판권행사의 문제

조건부 세계주의(conditional universal jurisdiction)는 범인이 현재하는 국가(이른바 forum deprehensionis, 구속지의 법정의 국가)만이 소추할 수 있다는 원칙이다. 즉 범인이 법정지국에 현재하는 것이 재판권행사의 하나의 조건이 된다. 이 입장은 관습국제법 차원에서는 해적에 관하여 채택되었다.

제2차 세계대전 후에 체결된 다국간조약 및 국제조약에서는 조건부 세계주의가 채용되고 있다. 예를 들면 1970년의 하이제크방지조약 제3항, 1979년의 인질조약 제4조 제2항, 1984년의 고문금지조약 제5조 제2항 등이 그것이다. 이들 조항은 모두 "각 체약국은 피의자가 자국의 … 영역 내에 소재하고, 동시에 … 용의자를 인도하지 않는 경우에는 당해 범죄에 관하여 자국의 재판권을 설정하기 위하여 필요한 조치를 취한다"고 규정하고 있다. 여기에서는 「인도하든지, 처벌하든지 하라」(principle of aut prosequi aut dedere)는 명제가 명확하게 서 있다.

이들 조약은 위의 조문의 제1항에서 속지주의, 능동적 속인주의(적극적 속인주의) 및 수동적 속인주의(소극적 속인주의)에 기초하여 재판권을 설정할 수 있다는 취지를 규정하고 있다. 이에 따르면 범죄지, 범인 또는 피해자의 국적이 범죄와의 접합점(point de rattachement, Anknüpfungspunkt)으로서 재판권설정의 기준으로

Cassese, supra note 1, p. 287 footnote 17.

58) R. W. D. Jones, Droit anglais, dans: Cassese et Delmas-Marty, supra note 4, p. 41.

되어 있다.

일찍이 1948년의 제노사이드조약은 제6조(관할재판소)에서 범죄지국의 권한이 있는 재판소 또는 국제형사재판소에만 관할권을 부여하였다. 여기에서는 왜 범인 또는 피해자의 국적국(및 거주지국)과 함께 범인이 현재하는 국가에 재판권설정의무를 부과하지 않았는가의 문제가 있다.

국제형사재판소(ICC)[59] 규정은 관할권행사의 전제조건(제12조)으로서 범죄지국(제2항 a호) 또는 범인의 국적국(b호)은 동 규정의 체약국일 것을 들고 있다(제2항). 국제형사재판소(ICC) 규정의 작성위원회는 범인이 현재하는 국가(구속국, custodial State)도 제2항에서 들 수 있다는 독일 초안, 나아가 범죄지국, 범인 또는 피해자의 국적국 및 범인이 현재하는 국가도 제2항에 들 수 있다고 하는 한국의 제안이 제시되어 있다. 이들 제안은 넓은 지지를 받았음에도 불구하고 채택되지 못하였다.

범인이 재판국에 현재하는 것을 요한다는 의미에서의 조건부 세계주의는 오늘날 세계의 대부분의 국가에서 승인되고 있다고 생각한다. 그런데 범인이 현재하는 국가(구속국, locus deprehensionis)는 당해 범죄의 범죄지국, 범인 또는 피해자의 국적국도 아님에도 세계주의에 기초하여 재판을 하는가? 예를 들면 인도에 대한 죄를 국외에서 범한 외국인이 한국에 찾아온 경우에, 피해자 중에 한국 국민은 포함되지 않음에도 한국에서 범인을 체포하고 소추할 수 있는가? 한국은 '세계의 헌병'도 아님에도 증거의 수집, 재판에서의 통역, 삼엄한 경계태세에 관한 여러 가지 곤란함을 극복하고 확정판결을 해야 하는가?

국제적으로는 이러한 사례의 경우, 소추에 관하여 특별한 이익을 가지는 국가(Etat ayant un intérêt particulier)가 재판권을 행사할 수 있고, 일반적으로는 범죄지국에 우선권이 인정된다고 이해한다. 범죄지국은 증거의 수집이 용이하고, 또한 사실상 피해자(및 그 가족)가 있는 경우가 많을 것이기 때문이다. 다만, 칠레의 피노체트재판에서 볼 수 있는 것처럼, 국민 사이에 있어서 재판에 대한 찬성과 반대의 운동이 격렬하게 대립하는 경우에는 범죄지국에서의 재판이 바람직한가 아닌가라는 문제가 발생할 수 있다.

위에서 언급한 조약들의 대부분은 그러한 경우를 상정하였거나, 범죄지국뿐

59) 국제형사재판소에 관해서는 나인균, 국제법, 법문사, 2004, 415-434면 참조. 여기에는 조직, 재정, 관할권, 형사법의 일반원칙, 형벌과 형의 집행 등이 자세히 소개되어 있다.

만 아니라 범인의 국적국 및 피해자의 국적국에도 재판권설정의 의무를 부과하고 있다. 그래서 범죄지국이나 위의 국적국도 아닌 제삼국에 범인이 현재하는 경우에는 그 제삼국은 범죄지국 또는 상기의 국적국에 범죄인을 인도하거나, 그렇지 않으면 자국에서 재판을 하게 된다(「인도하든지, 처벌하든지 하라」는 원칙).

일반적으로 피해자의 국적국은 범인을 자국에서 재판하는 것을 희망한다. 그리고 자국의 영역 내에서 외국인에 의하여 자국민에 대하여 범죄가 행하여진 경우(예를 들면 북한에 의한 일본인 납치사건)에는 범죄지국은 침해된 법질서의 유지 및 피해의 회복을 위하여 자국에서의 재판권의 행사를 강하게 요구한다. 이러한 관점에서 수동적 속인주의와 결부한 세계주의(compétence universelle combinée avec le principe de personnalité passive)에 기초하는 재판권의 행사가 오히려 국제범죄방지를 위하여 효과적이라는 주장이 있다. 영국의 2001년 국제형사재판소(ICC)법은 인도에 대한 죄 등이 영국 내에서 또는 자국민에 의해서 범하여진 때에 한하여 세계주의에 기초하는 재판권을 설정하고 있다. 영국의 학자는 이것을 "유감이다"라고 서술하고 있다.[60] 자국민이 피해자가 된 때, 영국은 재판권을 행사할 수 없기 때문이다.

(3) 사 견

저자는 결론적으로 절대적 세계주의를 채택하는 것보다 오히려 수동적 속인주의와 결부한 세계주의(제한적 세계주의)에 기초하는 재판권의 행사가 국제범죄방지를 위하여 효과적이라고 생각한다. 범죄지국, 범인 또는 피해자의 국적국 및 범인이 현재하는 국가(구속국, custodial State)도 재판권을 행사할 수 있어야 한다. 국제형사재판소(ICC) 규정작성위원회에 한국 정부가 제안한 '제한적 세계주의'는 그렇기 때문에 설득력이 있다.

60) R. W. D. Jones, supra 5, p. 57.

제4장 국민의 사법참여*

—국민의 형사재판참여에 관한 법률안에 대한 비판—

Ⅰ. 서 론

국민이 재판에 참여하여 함께 판결을 선고하는 것(Mitwirkung des Volkes an der Rechtsprechung)은 민주주의와 법치국가의 구현을 위해 상당한 의미가 있다. 국민의 사법참여는 헌법 제1조 제2항에 의해 명문으로 보장되어 있다: "모든 권력은 국민으로부터 나온다." 그러나 한국에서 근대 사법제도가 도입된 이래 100여년 동안 재판은 모두 직업법관에 의해 운영되어 왔고, 국민이 직접 참여하는 재판은 한 번도 그리고 시범적으로 운영된 적도 없다.

2005년 5월 16일 사법제도개혁추진위원회(사개추위)는 제3차 본위원회에서 '국민의 형사재판 참여에 관한 법률(안)'(이하 법률안)을 의결하였다. 이 법률안은 2004년 사법개혁위원회의 건의 내용을 기초로 하였다.[1] 이 법률안은 2005년 12월 6일 정부안으로 국회에 제출되어 있다. 2007년부터 국민의 형사재판참여 확대방안으로 배심·참심제 혼용제도를 시범운영하고, 5년 동안 진행경과를 지켜본 뒤 2012년부터 본격적으로 도입하기로 한다는 것이다. 2007년부터 일정한 범위의 중죄형사사건 중 1년에 1백~2백건을 선정하고, 사건의 중요도에 따라 5~9명의 시민이 참여해 재판을 하게 되며, 참여시민은 권고적 의견을 제시할 수 있게 된다는 것이다. 참여시민의 명칭은 '배심원'으로 정하고 있다.[2]

---

* 형사법연구 제24호, 2005, 305-336면.

1) 한상훈, '국민의 형사재판 참여에 관한 법률(안)'의 주요 내용과 과제, 법률신문, 2005년 5월 26일자: "국민의 사법참여제도의 구체적 모습이 이번에 드러난 것이다. 사개추위는 대통령소속의 자문기구이므로 이 법률안은 소관부처의 관련절차를 거쳐 정부안으로 확정된 후 9월 정기국회에 제출될 것으로 예상된다. 입법절차가 무난히 진행될 경우, 이 법률안은 2007년부터 시행되어 우리나라에서도 국민이 재판에 참여하는 실제 재판을 경험할 수 있게 될 것이다. 작년 사개위의 건의와 이번 사개추위의 법률안에 대하여 이미 언론에 보도된 바 있으나, 법률안의 성안에 직접 관여한 필자로서 본고에서 법률안의 구체적 내용에 대하여 설명하고 남은 과제를 살펴보고자 한다."

2) 법률신문, 사개추위 실무위원회 형소법 개정안 7월로 연기, 로스쿨·시민참여재판·재정신청확대 등 3개안 의결, 2005년 5월 10일자.

한국에서 참심제나 배심제의 도입 문제[3]는 2000년 '국민과 사법 심포지엄'에서 거론되었다. 당시 손기식 법원행정처 사법정책연구실장은 '국민을 위한 사법'이라는 제목의 주제발표를 통해 "사법의 민주적 정당성 확보와 국민의 신뢰도 제고를 위해 그동안 배심제와 참심제 등 국민이 사법에 참여할 수 있는 방안을 연구 검토해 왔다[4]"며 "개헌 작업이 불가피한 만큼 우선 '법정조언자제도'나 '조정위원회제도'를 시행할 것"이라고 밝혔다.[5] 또 당시 '국민의 사법참여'라는 제목으로 주제발표에 나섰던 양건 교수도 "배심제는 국민의 재판참가제도 가운데 가장 직접적이고 강력한 것이지만, 종래 소송구조의 전면적 변화가 필요해 현재 상황에서 도입을 추진하는 것은 무리"라며, "따라서 우리 사법상황에 비춰 참심제를 3단계 접근방식을 통해 점진적으로 도입하는 것이 바람직하다"고 밝혔다. 양 교수는 3단계 접근방식에 대해 "우선 1단계로 시민사법모니터제도를, 2단계로 개헌 전까지 선거범죄나 공무원범죄사건 등에 한정해 참심원의 의사에 법적 효력을 인정하지 않고 사실문제 및 법률문제에 관한 의견제시의 권한만을 부여하는 준참심제의 도입을, 마지막 3단계로 헌법개정을 전제한 참심제의 도입방안을 검토해야 한다"고 밝혀 대법원의 추진계획과 맥을 같이한 의견을 내놓았다.[6] 2003년부터는 시민사법모니터제도[7]가 시행되고 있고, 대법원은 2003년 발간한 '사법발

3) 한국 사법부에 대한 비판에 관해서는 이혁주 · 김창수, 법관과 재판, 고시계, 1986; 한국법학교수회 편, 법학교육과 법조개혁—故 이윤영 교수 추모논문집, 길안사, 1994; 한국법학교수회 편, 사법개혁 이렇게 해야 한다, 길안사, 1995; 참여연대 사법감시센터, 국민을 위한 사법개혁, 박영률출판사, 1996; 한인섭, 권위주의 형사법을 넘어서, 동성사, 2000; 박홍규, 시민이 재판을! 사람생각, 2000; 오욱환, 한국의 사법개혁안에 대한 분석, 인권과 정의 통권 제290호, 2000년 10월호, 147-174면(특히 149-160면); 하태영, 삼심제 소송구조의 문제점과 상소제도의 개선방안, 비교형사법연구 제5권 제2호, 2003, 175-209면; 하태영, 국민의 사법참여—참심제 쟁점을 중심으로, 경남법학 제19집, 2004, 227-242면(227면): 근대 사법 백년 동안 한국의 형사재판은 여러 형태의 우여곡절을 거쳐 왔다. 이 우여곡절 속에서 국민들은 "사법기관은 너무 비싸고, 외형상 모습은 오히려 값싸게 여겨질 만큼 너무 왜소하다. 사법부의 독립, 효율성, 친밀성, 신속성, 신뢰성, 투명성을 확보하라"고 비판해 왔다. 하지만 사법부는 그동안 국민들의 비판을 한편으로 수용을 하면서도, 다른 한편으로 여러 변화의 흐름에 어정쩡하게 버텨 왔다.

4) 사법개혁추진위원회, 사법개혁추진위원회 전문위원보고서 (상)(하), 사법개혁추진위원회, 2000, 336면: 민주사회를 위한 사법개혁; 김상준, 국민의 사법참여—배심제의 쟁점을 중심으로, 참여연대 공익법센터—사법감시센터 정기포럼『배심제 · 참심제의 한국적 현실』, 자료집, 2003년 12월 1일, 1면: "2000년 사법개혁추진위원회에서도 국민의 사법참여에 관한 안건을 상정하여 국민의 사법참여의 방안으로 배심제, 참심제, 비상근판사제도, 재판참심회제도 등을 논의한 바 있었다. 그러나 그 위원회는 사법과정에 대한 국민의 참여 확대가 바람직할 것이라는 원칙론에 대하여는 이견을 달 수 없겠지만 현실론, 위헌론 등을 내세워 장기적 연구 검토과제로 이 안건에 대한 구체적인 논의를 뒤로 미룬 채 도입불가 쪽으로 의견을 모은 바 있다."

5) 손기식, 국민을 위한 사법, 국민과 사법, 대법원, 2000년 10월 23일, 심포지엄 결과보고서, 17면 이하.

6) 양건, 국민이 참여하는 재판제도를, 21세기 한국 대개조론, 신동아 지령500호 기념 특별부록, 2001년 5월호, 247-250면(250면).

7) 대법원, 사법발전을 위한 향후 추진 과제 [보도자료], 2003년 1월, 1-16면(3면); ① 재판절차나 사법

전을 위한 향후 추진 과제' 중에서 국민의 사법참여제도를 중요한 정책과제로 삼았다.8)

한편 국민의 사법참여에 대해 우려하는 목소리도 없는 것은 아니다. 국민의 사법참여제도는 이념상 아주 훌륭한 제도이지만, 현재의 사법상황에 비춰 한국의 사법제도에 국민참여제를 바로 도입하는 것은 매우 신중해야 한다.9) 지난 2000년 2월 한국 형사정책학회에서는 국민의 사법참여에 대해 국제학술대회를 개최하였는데, 당시 발표자로 참석한 독일 할레대학교 법과대학 한스 릴리에(Hans Lilie, 현직 판사) 교수는 독일 참심제도와 그 운영상황을 이렇게 말했다.

"본인은 10년 간의 법관직 수행(Landgericht, LG Halle 지방법원 형사합의부: 직업법관 3명, 참심법관 2명)을 통해 얻은 개인적 경험에 근거하여, 참심법관 제도의 유지에 대해서 반대한다. 참심법관이 제도적으로 오늘날에도 더 이상 존재해야 할 이유가 없다. 왜냐하면 사실 복잡한 형사절차에서 법학교육을 전혀 받지 않고서는 재판과정을 적절하게 수행할 수 없기 때문이다. 오히려 참심법관의 부족한 법률지식은 사안에 따라 실체적 진실발견에 방해를 줄 가능성도 있다. 참심법관이 잘못 제기한 질문들이 변호인으로부터 기피신청의 빌미를 주지 않기 위하여 직

제도와 관련한 개선요망 사항, ② 법원구성원의 업무처리방법 등에 대한 개선요망 사항, ③ 법원시설(법정, 민원실 등)과 관련한 개선요망 사항, ④ 기타 법원 운영 전반에 관한 건의사항. 다만, 구체적 재판에 관한 법관의 법적 판단 결과(판결, 증거채부결정, 구속영장의 발부 및 기각결정, 형사재판에서 형량 결정, 실형 선고 여부의 결정 등)에 대하여는 모니터의견을 기재하여서는 안 된다. 제도개선 및 사법행정 운영에 적극적으로 반영 또는 참고하게 된다. 시민사법모니터제도는 시민에 의한 자율적 참여제도이므로 모니터에게 특별한 신분이나 지위는 부여되지 않는다. 일반 민원인과 동일한 입장에서 자신의 신분을 드러내지 않고 보고 느낀 그대로를 모니터하게 된다. 모니터라는 이유로 법원의 업무에 관여하거나 기록의 열람을 청구하거나 일반 민원인이 출입할 수 없는 곳을 출입할 수는 없다. 모니터는 무보수 자원봉사를 원칙으로 하되, 설명회 간담회 등에 출석하면 예산 범위 내에서 조정위원에 준하는 수당을 지급 받을 수도 있다.

8) 대법원, 사법발전을 위한 향후 추진 과제 [보도자료], 2003년 1월, 1-16면: 이 보도자료의 핵심은 ① 국민과 가까운 법원을 위한 제도 마련, ② 인권신장을 위한 형사재판제도의 개선, ③재판의 질 향상을 위한 각종 제도의 개선, ④ 사법서비스 향상을 위한 각종 제도의 개선 등이다; 법원행정처, 새로운 형사재판 운영 방식, 2003년 3월, 1-64면; 이 책자의 핵심은 여섯 가지로 요약된다. ① 인신구속제도의 운영방향 재정립, ② 법정 중심의 충실 심리, ③ 사건 관리 방식의 변화, ④ 피고인 방어권의 보장, ⑤ 적정한 양형의 구형 등이다. 2003년 1월과 3월 '제2차 사법발전계획'은 '국민과 가까운 법원'에 초점이 맞춰져 있다. 대법원이 밝힌 계획들은 국민을 위한 '종합선물세트'다. 여기에는 사법제도 전반에 관한 개선안들이 포함되어 있다. 특히 '1사건 1법정주의', 참심제나 배심제의 도입 추진은 사법부에 대한 국민의 이해증진과 신뢰회복을 목표로 삼고 있다.

9) 심의기, 1990년대 한국의 형사사법 개혁운동의 성과와 전망, 형사정책 제13권 제1호, 2001, 한국형사정책학회, 353-371면(379면): "현실적인 문제점이 너무 많고 우리 현실에 맞지 않는다. 중장기적으로 긍정적으로 연구 검토하자는 말의 뉘앙스에 관하여 굳이 설명할 필요가 없을 것이다"; 법률신문, 배심제 · 참심제 놓고 의견 팽팽, 일부 위헌 의견 불구- "국민의 사법참여는 시대적 흐름" 공감, 2004년 3월 23일자.

업법관은 공판에서 참심법관의 질문을 막기 위하여 항상 애쓰고 있다. 모살, 배임, 특히 부수형법(Nebenstrafrecht)의 복잡한 구성요건들에 대해서는 참심법관이 적극적으로 가담하는 것을 막고 있다. 오늘날 양형의 권한은 어느 정도 독자성이 확립되어 있다. 실무상 참심법관이 양형에서 깊은 영향을 끼칠 수가 거의 없고, 일반적으로 직업법관들의 경험에 의존하고 있다. 또한 극단적인 대립이 생기지 않도록 이미 제도로 정착되어 있다. 이러한 점에서 볼 때, 대형 형사소송의 판결에서 참심법관의 실제적인 영향력은 거의 찾아볼 수가 없다. 참심법관은 실체적 진실발견의 요구를 거의 하지 않는다. 반면에 참심법관도 실체적 진실발견을 방해하려고 하지 않는다. 그렇다면 참심법관의 활동영역은 경미범죄 즉, 상해, 교통사고, 이와 유사한 단순한 범죄군으로 한정하는 것이 타당하다고 본인은 생각한다."[10]

2005년 6월 17일 대한변호사협회 주최로 열린 한국 형사사법개혁 포럼에서도 유사한 주장이 제기되었다. 미국의 비교법학자 데이비드 존슨(David Johnson) 교수는 현재 한국 형사소송법의 우수한 부분들을 유지, 발전시키는 것이 중요하다고 강조하면서, "미국의 배심제는 시간과 비용이 많이 들 뿐 아니라 배심원들의 결정이 편향될 위험이 있고, 유죄협상제도인 플리바게닝(plea bargaining, 감형혜택 흥정) 역시 같은 죄에 대해 사람마다 처벌 수위가 달라져 투명성과 신뢰성이 실종될 가능성이 있으며, '일관성'이라는 법률상 가치를 희생시키는 문제점이 있다"고 지적했다.[11]

이 논문에서는 먼저 '국민의 형사재판 참여에 관한 법률(안)'의 입법배경과 문제점을 검토하고자 한다(Ⅱ). 나아가 '국민의 형사재판 참여에 관한 법률(안)'이 성공적으로 시행되기 위해서 시급히 보완하고 개선해야 할 과제들은 무엇인지를 분석하고자 한다(Ⅲ). 그리고 결론에서는 국민, 법원, 검찰 그리고 변호사가 준비해야 할 점은 무엇이고, 국민홍보는 어떻게 할 것인지에 관해서 간단히 언급하고자 한다(Ⅳ).

---

10) 한스 릴리에/하태영 역, 독일 형사사법에서 시민참여, 형사정책, 제13권 제1호, 동성출판사, 2001, 329-351면(351면); 하태훈, [토론] 독일 형사사법에서 시민참여, 354면: "외국의 경험과 논의에 관한 충분한 학문적 교류를 통해서만이 바람직한 방안을 마련할 수 있을 것이다. 독일의 수십년간의 실무경험과 드러난 문제점에 관한 상호 의견 교환은 앞으로의 논의에 중요한 참고자료가 될 것으로 기대한다."

11) 데이비드 존슨, 미국 형사사법제도의 허와 실, 대한변호사협회, 2005, 1-31면(21-23면); 대한변협신문, "미국식 사법제도 맹종하지 말라", 2005년 6월 27일자, 1면; YTN(연합뉴스), '미국식 형사사법 개정 바람직하지 않아', 2005년 6월 17일자.

Ⅱ. 법률안에 대한 비판적 검토

'국민의 형사재판 참여에 관한 법률(안)'은 사법개혁추진위원회 기획추진단에서 2005년 1월부터 4월말까지 총 50여회 실무회의를 거쳐서 성안한 산물이다.[12] 이 법률안은 전체 86개조와 부칙 2개조로 구성되어 있다. 그 편제를 보면, 제1장 총칙, 제2장 대상사건 및 관할, 제3장 배심원(제1절 총칙, 제2절 배심원의 자격, 제3절 배심원의 선정, 제4절 배심원의 해임 등), 제4장 국민참여재판의 절차(제1절 공판의 준비, 제2절 공판절차, 제3절 평의, 평결, 양형토의 및 판결선고), 제5장 배심원 등의 보호를 위한 조치, 제6장 연구조직, 제7장 벌칙으로 규정되어 있다. 2004년 사법개혁위원회(사개위)를 거쳐 2005년 사법개혁추진위원회(사개추위)까지 많은 전문가들에 의해 논의되고, 타협된 결과물에 대해서 한 소장학자가 분석하고 비판하는 것은 사실 '코끼리 등에 비스켓'을 던지는 행위이겠지만, 학회에서 토론의 장을 연다는 의미에서 몇 가지 쟁점을 중심으로 검토하고자 한다.

1. 명 칭

(1) 입법 배경

법률안 제2조는 "이 법에 의하여 형사재판에 참여하도록 선정된 사람을 '배심원', 배심원이 참여하는 형사재판을 '국민참여재판'이라고 규정하고 있다. 사개추위의 논의과정을 보면, 참여시민의 명칭에 대해 처음에는 사법참여인, 시민판사, 시민법관, 시민재판원 등이 고려되었고, 많은 논의 끝에 배심원(陪審員)으로 정하였다. 배심원은 본래 미국식 배심제(jury)를 연상시키므로 배제하고자 하였으나, 배심원이라는 명칭은 국민들에게 친숙하고, 그 이름만으로도 일반시민이 재판에 참여한다는 의미를 공유하기가 쉽고, 프랑스(le Jure)나 중국(인민배심원) 등 외국의 경우 참심제임에도 불구하고 배심원이라는 명칭을 사용하기도 하여 배심원으

12) 사법개혁추진위원회 기획추진단 실무추진2팀, 국민의 형사재판참여에 관한 법률안(설명자료), 2005. 5. 16, 1면: ① 2005. 3. 7. 제1회 '국민의 사법참여 연구회' 개최, ② 2005. 3. 이후 1단계 국민의 사법참여특별법 초안을 검토, ③ 2005. 4. 15. 국민의 사법참여제도에 관한 공청회 개최, ④ 2005. 4. 말 "국민의 형사재판 참여에 관한 법률(안)"의 기본초안 구성.

로 정하게 되었다.[13]

(2) 검 토

그러나 한국형 국민의 사법참여는 배심·참심 요소를 혼용한 제도를 모델로 하고 있고, 그 구성도 직업법관 3인과 일반시민 5~9명으로 이루어져 단순 배심제와는 다르다. 참심제란 직업법관과 일반시민이 혼합하여 재판부를 구성하는 제도로서, 혼합된 재판부가 사실문제와 법률문제를 판단한다. 현재 독일에서 채택하고 있다. 참심법관(일반인)은 판결의 결론이 도출되는 과정을 직접 한다. 참심제의 장점은 국민의 재판에 대한 신뢰를 높이는 기능과 판결에 일반인의 건전한 상식을 반영하는 기능이다.[14] 반면 배심제는 비법률가인 일반시민이 법률전문가인 판사와 분리되어, 재판에서의 사실문제에 관한 결정권을 행사하는 제도이다. 주로 영미권 국가에서 채택하고 있다. 배심원들은 직업법관과 독립하여 사실문제에 대한 평결을 내리고, 법관은 법률문제를 제외한 사실판단에 대한 평결결과에 구속된다.[15]

사개추위의 제3차 본회의 결의안을 보면, 2007년부터 시행 예정인 제1단계 국민참여재판제도는 참여국민의 의견을 단지 권고적 효력만 있기 때문에, 법관과 동일한 권한을 가지는 참심원이나, 사실인정에 대하여 전권을 행사하는 배심원은 아니라고 한다. 따라서 시민법관이라는 명칭은 참여국민의 역할과 권한에 맞지 않는다고 말한다.

그러나 2007년부터 시행 예정인 제1단계 국민참여재판제도는 장기적으로 2010년 대법원 산하에 법조계와 학계 및 시민단체 등이 공동으로 참여하는 '국민사법참여위원회'로 발전되며, 그 동안의 운영결과를 분석하여 완성된 형태의 국민사법참여제도를 성안하여 2012년부터 본격적으로 시행한다는 계획이 수립되어 있다면, 참여시민의 명칭을 명예직인 '시민법관 혹은 시민참여법관'으로 하는 것이 타당할 것이다. 또한 법률안 제19조가 형사소송법상 법관에게 적용되는 제척사유도 수용하고 있다면, '시민법관 혹은 시민참여법관'이라는 명칭을 사용하는

---

13) 사법개혁추진위원회 기획추진단 실무추진2팀, 국민의 형사재판참여에 관한 법률안(설명자료), 2005. 5. 16, 3-7면; 한상훈, '국민의 형사재판 참여에 관한 법률(안)'의 주요 내용과 과제, 법률신문, 2005년 5월 26일자.

14) 대법원, 사법발전을 위한 향후 추진 과제 [보도자료], 2003년 1월, 1-16면(3면).

15) 대법원, 위의 책, 2면; 정만희, 미국의 배심제도, 공법연구 제35권 제1호. 한국공법학회, 2006, 465-500면.

것이 타당하다고 생각한다. 국민의 사법참여의 첫 시행단계에서부터 어떤 명칭을 사용하느냐 하는 것은 이 제도의 정착을 위해서도 매우 중요하기 때문이다. 씨앗을 심을 때는 다시 옮겨 심지 않도록 나무가 가장 커졌을 때를 생각하고 심을 곳을 찾아야 한다. 위로 향하는 것일수록 넓은 곳에 단단히 뿌리를 내려야 한다. '시민법관 혹은 시민참여법관'이란 명칭은 참여국민이 명예감을 느낄 수 있고, 참여의사를 높이는 데도 긍정적인 역할을 할 수 있다. 따라서 명칭은 시민법관 혹은 시민참여법관으로 사용하되, 그 효력은 본격적으로 시행하기 이전까지 한시적으로 제한하면 되지 않는가!

2. 대상사건과 피고인의 의사

(1) 입법 배경

법률안 제5조[16] 형사중죄사건을 국민참여재판의 대상사건으로 규정하고 있다. 형법상 고의의 살인죄와 고의의 기본범죄로 인하여 사망의 결과가 발생한 사건, 강도와 강간이 결합되거나 강도 또는 강간에 치상, 치사의 결과가 발생한 사건과 특정범죄가중처벌등에관한법률에 규정된 뇌물, 국고손실, 약취, 유인 등 범죄, 특정경제범죄가중처벌등에관한법률에 규정된 배임수재죄, 성폭력범죄의처벌및피해자보호등에관한법률에 규정된 특수강도강간 등이 포함되어 있다. 이러한

16) 제5조 (대상사건) ① 다음 각호에 정하는 사건을 국민참여재판의 대상사건(이하 '대상사건'이라 한다)으로 한다. 1. 형법 제144조 제2항 후문(특수공무집행방해치사), 제164조 제2항 후문(현주건조물방화치사), 제172조 제2항 후문(폭발성물건파열치사), 제172조의 2 제2항 후문(가스전기등방류치사), 제173조 제3항 후문(가스전기등공급방해치사), 제177조 제2항 후문(현주건조물등일수치사), 제188조 후문(교통방해치사), 제194조 후문(음용수혼독치사), 제250조(살인, 존속살해), 제252조(촉탁승낙에의한살인등), 제253조(위계에의한촉탁살인등), 제259조(상해치사, 존속상해치사), 제262조 중 제259조 부분(폭행치사), 제275조 제1항 및 제2항 각 후문(유기등치사), 제281조 제1항 및 제2항의 각 후문(체포·감금등치사), 제301조(강간등상해·치상), 제301조의 2(강간등살인·치사), 제305조 중 제301조, 제301조의 2 부분(미성년자간음추행상해·치상·살인·치사), 제324조의 4(인질살해·치사), 제337조(강도상해·치상), 제338조(강도살해·치사), 제339조(강도강간), 제340조 제2항 및 제3항(해상강도치상·상해·살인), 제368조 제2항 후문(중손괴치사), 2. 특정범죄가중처벌등에관한법률 제2조 제1항 제1호(뇌물), 제4조의 2 제2항(체포·감금 등의 치사), 제5조 제1호(국고등손실), 제5조의 2 제1항, 제2항, 제4항, 제5항(약취·유인), 제5조의 5(강도상해·치상), 제5조의 9 제1항, 제3항(보복범죄), 특정경제범죄가중처벌등에관한법률 제5조 제4항 제1호(배임수재), 성폭력범죄의처벌및피해자보호등에관한법률 제5조(특수강도강간), 제6조(특수강간등), 제9조(강간등 상해·치상), 제10조(강간등 살인·치사), 3. 법원조직법 제32조 제1항 제3호의 규정에 따른 합의부 관할 사건 중 대법원규칙이 정하는 사건, 4. 제1호 내지 제3호에 해당하는 사건의 미수죄, 교사죄, 방조죄, 예비죄, 음모죄에 해당하는 사건, 5. 제1호 내지 제4호와 형사소송법 제11조의 규정에 따른 관련사건으로서 병합하여 심리하는 사건. ② 피고인이 국민참여재판을 원하지 아니하거나 제9조 제1항에 의한 배제결정이 있는 경우는 국민참여재판을 하지 아니한다.

범죄의 미수, 방조, 교사, 예비, 음모죄 및 대상사건과 관련사건으로서 병합하여 심리되는 사건도 대상사건으로 되어 있다. 형사합의사건 중 대법원규칙으로 정하는 사건도 대상사건이 될 수 있도록 하여 운영상의 탄력성을 주었다.

또한 법률안 제8조[17]는 위의 범주에 해당하는 사건이라고 하여도 법률안은 위헌의 소지를 감안하여 피고인이 거부하는 경우 국민참여재판을 받지 않도록 규정하였다. 피고인은 서면으로 참여재판에 대한 의사를 법원에 제출하여야 하며, 만일 피고인이 서면을 제출하지 않거나 제출된 서면만으로 피고인의 의사를 확인할 수 없을 때는 법원이 기일을 정하여 피고인에게 직접 의사를 확인하도록 하였다.[18]

사개추위의 제3차 본회의 결의안 설명자료를 보면, 입법과정에서 고려된 사항은 6가지이다. ① 중죄 형사사건부터 시작하여, ② 그 이후 성과를 보아가면서 다른 유형의 사건에도 국민사법참여제도의 도입을 장기적으로 검토한다는 것, ③ 1단계 제도 시행 초기에는 현실을 감안하여 전국적으로 연간 약 100~200건 정도의 사건을 대상으로 한다는 것이다. ④ 또한 국민참여재판을 실시하는 사건은 대상사건 중에서 피고인이 원하지 아니하는 경우 및 법원이 국민참여재판이 부

순번	서면 제출과 진행 기일	번의 종기
①	희망서면 제출 → 공판준비기일	공판준비기일 종료시까지
②	불희망서면 제출 → 제1회 공판기일	제1회 공판기일 전까지(공판준비기일을 연 경우에는 그 종료시까지)
③	부제출 → 의사확인 기일 (심문기일 또는 공판준비기일)	의사 내용에 따라 ① 과정과 ② 과정에 따라 결정됨

[인용자료] 사법개혁추진위원회 기획추진단 실무추진2팀, 국민의 형사재판참여에 관한 법률안(설명자료), 2005. 5. 16, 11면.

17) 제8조 (피고인 의사의 확인) ① 대상사건의 피고인은 공소장 부본을 송달 받은 날로부터 7일 이내에 국민참여재판을 원하는지 여부에 관한 의사가 기재된 서면을 법원에 제출하여야 한다. ② 법원은 피고인이 제1항의 서면을 제출하지 아니하거나 제출된 서면만으로 피고인의 의사를 확인할 수 없을 때에는 기일을 열어 피고인을 출석시켜 국민참여재판을 원하는지 여부를 확인하여야 한다. 이 때 피고인이 그 의사를 표시하지 않거나 표시할 수 없을 때에는 국민참여재판을 원하지 아니한 것으로 본다. ③ 제2항의 기일은 변호인 없이 개정할 수 없다. ④ 피고인은 제9조 제1항의 배제결정 또는 제10조 제1항의 회부결정이 있거나 공판준비기일이 종결되거나 제1회 공판기일이 열린 이후에는 종전의 의사를 바꿀 수 없다. 제2항의 기일에서 국민참여재판을 원하지 않는다는 의사를 표시한 때도 같다.

18) 사법개혁추진위원회 기획추진단 실무추진2팀, 국민의 형사재판참여에 관한 법률안(설명자료), 2005. 5. 16, 7-9면; 한상훈, '국민의 형사재판 참여에 관한 법률(안)'의 주요 내용과 과제, 법률신문, 2005년 5월 26일자.

적당하다고 인정하는 경우를 제외하여야 하므로 이러한 요소를 고려하였고, ⑤ 불희망률과 배제율이 논란이 되었다. ⑥ 기본구조는 구체적 죄명을 법률에 직접 규정하는 방식과 일정한 범위를 정하여 대법원규칙에 위임하는 방식을 병용(이원적 방법)하였다.

(2) 검 토

그러나 저자는 ① 단독판사 제1심 형사사건 중 경미범죄(폭행, 상해, 교통사고, 이와 유사한 다른 범죄군)와 소년사건부터 시작하여, ② 성과 분석 이후 다른 유형의 사건으로 확대할 지를 검토해야 하며, ③ 1단계 시행은 전국의 18개 지방법원에서 동시에 시작하는 것이 타당하다고 생각한다.

왜냐하면 시민들은 사법기관의 경미범죄 처리과정에 대해 매우 관심이 많고, 사법불신도 여기에서 주로 발생하고 있기 때문이다. 유·무죄 여부와 양형불만이 주요 원인이다. 또한 소년사건의 경우는 청소년들의 교육현장에서 실제 경험을 갖고 있는 교육적 자질을 갖춘 시민법관이 재판에서 중요한 역할을 할 수 있을 것이다.

구체적으로 소년사건에 시민법관의 참여가 필요한 이유는 다섯 가지가 있다. ① 교육적 자질은 물론 청소년들의 교육현장에서 경험을 갖고 있는 선생님과 학부형이 소년법원의 시민법관으로 활동하는 제도개혁이 필요하다. ② 교육전문가의 의견이 재판에 반영되어야 한다. ③ 교정행정이 실질적으로 구현될 수 있다. ④ 소년원에서 인도성, 경제성, 효율성이 있는 맞춤식 교육이 이루어 질 수 있다. ⑤ 독일은 소년사건에 시민법관의 참여가 제도적으로 정착되어 있다.

경미사건과 소년사건의 경우 시민법관은 그들의 생활과 직업의 경험을 법원 판결에 직접적으로 활용할 수 있을 것이고, 생활과 밀접한 상식적인 판결이 나옴으로써 시민, 피해자, 피고인 모두에게 심리적으로 안정감을 줄 수 있으며, 국민의 사법신뢰의 강화로 이어질 수 있을 것이다.

지금 한국에 필요한 것은 국민의 사법참여로 사법감시(실체왜곡과 양형왜곡)를 강화하는 효과도 있지만, 시민법관들이 직접 재판에 참여함으로써 그들의 법의식을 확인하고, 법인식을 시민들에게 폭넓게 주지시키며, 이를 통하여 사법의 임무와 그 필요성에 대한 이해를 촉진시키는 점도 있을 것이다.[19] 그렇다면 한국형

19) Kissel, GVG, §28, Rn. 2.

시민법관직은 바로 여기에 중점을 두어야 한다. 즉 국민의 신뢰를 자신의 사법과정으로 고양시켜 사법정의감을 강화하는 것이다.[20] 실체왜곡과 양형왜곡이 있을 경우 사법에 참여한 시민들이 과연 사법부를 신뢰할 수 있겠는가? 따라서 중죄사건부터 시작하는 것보다 단독판사 제1심 사건부터 시작하는 것이 정책적으로 타당하다고 생각한다. 왜냐하면 심리기일이 긴 복잡한 형사소송은 엄청난 비용이 들며, 사실 이런 대형사건들은 소송서류의 숙지 없이 개별 증인의 진술에서 상호모순점을 찾는 것이 쉽지 않기 때문이다. 또한 변호인의 조력을 받고 재판을 받을 것이며, 언론도 감시를 하기 때문에 왜곡될 가능성이 적다고 본다.

그리고 법률안 제8조처럼 국민참여재판권을 피고인의 선택에 맡기는 것은 옳다고 볼 수 없다. 법률안에 따르면 의사확인 방식으로서 서면주의를, 의사반영 방식으로서 희망주의를 채택하고 있다. 그러나 모든 피고인은 국민참여재판권이 있고, 이를 선택적으로 희망하거나 거부할 수 없으며, 해당 피고인은 모두 국민참여재판을 받도록 규정해야 한다. 이것이 헌법 제27조 제1항에 부합한다. "모든 국민은 헌법과 법률이 정한 법관에 의하여 법률에 의한 재판을 받을 권리를 가진다." 선택적 국민참여재판권은 헌법 제27조 제1항에 배치된다고 생각한다. 특히 소송비용을 전부 피고인이 부담해야 한다면, 그 폐해는 나타날 수 있다. 그래서 저자는 시행초기에는 단독판사 제1심 사건부터 출발하는 것이 정책의 성공률이 높다고 보고 있다. 왜냐하면 저비용, 사법신뢰, 평등권 보장, 재판권 보장 등이 실현될 수 있기 때문이다.

참고로 2000년 2월 한국 형사정책학회에서 독일 참심제도에 대해 발표하였던 독일 할레대학교 법과대학 한스 릴리에 교수의 지적을 경청할 필요가 있다.

"독일은 시민법관 제도를 왜 도입하게 되었는가. 여기에는 역사적인 배경이 있다. 비밀의 규문절차(geheimes Inquisitionsverfahren)를 가졌던 경찰국가 시대와 절대주의 시대를 극복하면서 국민의 사법참여가 등장했다. 직업법관으로부터 형벌권을 박탈하고, 국민 스스로가 국민의 자유를 보호하기 위하여 그 형벌권을 쟁취하게 된 것이다.[21] 이러한 역사적인 소명은 오늘날 이미 극복되었다. 즉 시민법관제도가 지향한 목표는 민주주의와 법치국가를 실현함으로서 이미 달성되었

---

20) Schreiber, Akteneinsicht für Laienrichter? Zu den Grundsätzen von Mündlichkeit und Unmittelbarkeit im Strafprozeß, Welzel-Festschrift, S. 941.

21) Zur Geschichte vgl. Kern, Geschichte des Gerichtsverfassungsrechts, S. 6f.

다고 생각한다. 오늘날 시민법관의 소박한 법이해는 공개적인 여론에 의하여 형성되어진다. 언론의 다양한 사전정보와 영향은 이미 모든 피고인의 공정한 재판에 대한 요구를 위협하고 있다. 따라서 결국 사람들은 시민법관에게 사실상 불가능한 것을 기대하고 있는 실정이다. 왜냐하면 시민법관에게 자신도 알지 못하는 권리를 말하도록 의무를 지우기 때문이다. 또한 시민법관은 직업법관들이 의식하는 것 보다 훨씬 더 많이, 무의식으로 여론의 영향과 사회압력단체로부터 여론압박을 받고 있다.[22] 시민법관의 선발은 민주적 정당성의 관점에서 볼 때, 의심스럽다. 결국 법관의 의한 재판과정은 독일법체계의 복잡성과 복합성 때문에 직업법관이 전담해야 한다. 직업법관은 항소와 상고 등 효과적인 상소수단으로 후속심급에서 통제가 되고 있지 않은가. 경찰국가와 절대주의적 시스템에서 나타나는 국가권력남용은 국가사회주의 혹은 공산치하에서는 가능할 수도 있었지만, 민주적 법치국가에서는 오늘날 더 이상 두려워할 필요가 없다. 공개성이라는 것은 법관들의 활동에 대해 시민법관이 그때그때 행할 수 있었던 것보다도 훨씬 더 훌륭하게 언론매체를 통해 전달되고 있다. 따라서 오늘날 대부분의 논쟁들은 많은 법체계에서도 알려져 있는 것처럼, 시민법관직을 유지하는 것에 대해 그렇게 우호적이지 않다.[23] 시민법관의 활동영역은 경미범죄 즉, 상해, 교통사고, 이와 유사한 단순한 범죄군으로 한정하는 것이 타당하다고 본인은 생각한다."[24]

3. 배심원의 수

(1) 입법 배경

법률안 제13조[25]를 보면, 배심원의 수는 원칙적으로 대상사건의 법정형을 기

22) Vgl. Schreiber, Akteneinsicht für Laienrichter? Zu den Grundsätzen von Mündlichkeit und Unmittelbarkeit im Strafprozeß, Welzel-Festschrift, S. 950f.

23) Vgl. Sollberger, Die letzten Tage des Bernischen Geschworenengerichts, Schweizerische Zeitschrift für Strafrecht 1996, 225.

24) 한스 릴리에/하태영 역, 독일 형사사법에서 시민참여, 형사정책, 제13권 제1호, 동성출판사, 2001, 329-351면(351면): "독일 형사소송법에서 직업법관의 소송서류에 대한 숙지는 필연적이다. 참심법관의 서류열람을 차단하는 것은 형법적으로 단순한 구성요건, 즉 상해, 모욕, 손괴 그리고 주거침입 등, 단순범죄에 해당하는 일상적인 사건의 경우에는 별로 문제가 되지 않을 수도 있다. 그러나 복잡한 살인사건을 다루거나, 대형 경제사건 그리고 대형 조세사건을 다루는 재판에서 참심법관은 법학교육을 받은 법률가의 정보에 의존해야 한다. 소송서류에 대한 숙지 없이 참심법관들이 개별 증인의 진술에서 상호 모순점을 발견할 수 있다는 것은 쉬운 일이 아니다"(349면).

25) 제13조(배심원의 수) ① 법정형이 사형, 무기징역 또는 무기금고에 해당하는 대상사건에 대한 국민참여재판에는 9인의 배심원이 참여하고, 그 이외의 대상사건에 대한 국민참여재판에는 7인의 배심원

준으로 정한다. 즉 법정형이 사형이나 무기징역(금고)인 사건에서는 9인의 배심원이 참여하고, 나머지 사건은 7인의 배심원이 참여한다. 피고인이 공소사실의 주요 내용을 인정하는 경우에는 법원은 5인의 배심원을 참여하게 할 수 있다. 이는 2012년의 2단계 국민참여제도를 준비하는 과정임을 고려한 것이며, 사개위의 건의에도 부합하는 것이다.[26]

입법과정에서 고려된 사항들은 ① 배심원의 수를 결정함에 있어 유·무죄 등에 관한 배심원의 의견이 일관성, 보편성을 가지고 일반 국민의 의견이 재판결과에 반영될 수 있도록 하는 것, ② 형사절차가 효율적으로 운영되어 제도가 조기에 안착할 수 있도록 하는 측면이 모두 고려된 것으로 보인다. ③ 그래서 1단계 국민참여재판 제도에서 가장 적합한 배심원의 수를 모색하기 위하여 5인, 7인, 9인 등 복수로 배심원단의 규모를 정한 것으로 보인다.

(2) 검 토

그러나 법률안은 항소심에서 국민의 사법참여 여부를 명확하게 밝히고 있지 않다. 다만 법률안 제17조 제7호 제척사유에서 전심재판에 관여한 때를 규정한 것은 항소심에서 국민의 사법참여를 허용한다는 의미로 해석할 수 있을 것이다. 생각건대 항소심에서도 국민의 사법참여를 인정해야 할 것이다. 왜냐하면 항소심은 원칙적으로 속심적(續審的) 성격을 가지고 있기 때문이다. 이렇게 본다면 시민법관의 수는 엄청나게 증가할 가능성이 있다. 시행초기에 국민의 참여의 수를 현재의 제반 여건과 향후 발전가능성을 모두 염두에 두고 결정해야 한다. 사법신뢰를 강화하면서 사법비용, 경제성 그리고 효율성과 같은 현실적인 문제도 함께 고려를 하는 지혜가 필요하다.

만약 항소심에서도 국민의 사법참여를 인정한다면, 시민법관의 수는 조정이 불가피하다. 경미범죄와 소년사건의 경우는 1심 3인, 항소심 5인으로 하고, 중범죄인 경우 1심은 5인, 항소심은 7인으로 하는 것이 적당하다고 생각한다. 또한 법

이 참여한다. 다만, 법원은 피고인 또는 변호인이 공판준비절차에서 공소사실의 주요내용을 인정한 때에는 5인의 배심원이 참여하게 할 수 있다. ② 법원은 사건의 내용에 비추어 특별한 사정이 있다고 인정되고 검사, 피고인 또는 변호인의 동의가 있는 경우에 한하여 결정으로 배심원의 수를 7인과 9인 중에서 제1항의 규정과 달리 정할 수 있다.

26) 사법개혁추진위원회 기획추진단 실무추진2팀, 국민의 형사재판참여에 관한 법률안(설명자료), 2005. 5. 16, 9-11면; 한상훈, '국민의 형사재판 참여에 관한 법률(안)'의 주요 내용과 과제, 법률신문, 2005년 5월 26일자.

률안은 중범죄를 기준으로 원칙, 축소 가능, 변경 가능으로 시민법관의 수를 세분화하고 있지만,[27] 법률은 오히려 간단 명료한 것이 좋다. 왜냐하면 국민의 규범인식, 규범충실 그리고 규범강화(적극적 일반예방)에 도움이 되기 때문이다.[28]

4. 배심원의 자격

(1) 입법 배경

법률안 제16조[29]는 배심원은 자격을 대한민국 국적을 가진 사람으로 한정하고, 만 20세 이상을 자격요건으로 정하고 있다. 중죄를 다루는 형사재판의 경우 피고인의 생명까지도 좌우하는 중대한 절차이므로 자격을 엄격히 규정한 것이다. 또한 배심원은 재판업무를 직접 담당하는 사람이므로 공무담임의 의미를 가진다고 한다. 따라서 선거권 연령에 곧바로 연계하는 것은 적절하지 않아 만 20세 이상의 대한민국 국민으로 배심원의 자격을 정하였다.

법률안 제17조[30]는 국가공무원법상의 결격사유, 법률안 제19조[31]는 형사소송법상 법관에게 적용되는 제척사유, 법률안 제28조는 배심원 후보자에 대한 질문

27) 사법개혁추진위원회 기획추진단 실무추진2팀, 국민의 형사재판참여에 관한 법률안(설명자료), 2005. 5. 16, 13-14면; ① 대상사건의 법정형을 기준으로 구분하여 사형, 무기징역[금고]인 사건은 9인, 기타 사건은 7인, ② 축소 가능: 실질적 다툼이 없는 사건에서 5인도 가능(예 피고인이 공소사실의 주요내용을 인정하는 경우 5인 가능, 피고인이 공소사실 전체를 자백할 필요는 없고 주요내용만을 인정하면 되는 경우, 실질적인 다툼이 크지 아니한 때에는 형사재판의 효율성을 도모할 수 있다고 함), ③ 변경 가능: 당사자의 동의를 조건으로 7인, 9인 사이의 변경 가능(예 사건의 내용에 비추어 특별한 사정이 있다고 인정되고, 검사, 피고인 또는 변호인 동의가 있는 경우 7인을 9인으로, 9인을 7인으로 변경 가능).

28) 김일수, 국가형벌권의 정당화 문제, (김일수·배종대편) 법치국가와 형법－심재우 선생의 형법사상에 대한 재조명－, 세창출판사, 1998, 1-37면(26면 이하); 김일수, 형법총론, 신정판, 박영사, 1996, 33면, 43면; 김일수, 새로 쓴 형법총론, 박영사, 제11판, 2006, 21면; 박상기, 형법총론, 박영사, 1997, 14면 이하; 배종대, 형법총론, 홍문사, 1996, 97면 이하; 배종대, 형사정책, 홍문사, 1998, 301면; 배종대, 형법총론, 제8전정판, 홍문사, 2006, 30-31면; 안동준, 형법총론, 학현사, 1998, 10면 이하; 이재상, 형법총론, 박영사, 1996, 44면 이하; 이재상, 형법총론, 제5판(보정판), 박영사, 2006, 50면.

29) 제16조(배심원의 자격) 배심원은 만 20세 이상의 대한민국 국민 중에서 이 법이 정하는 바에 따라 선정된다.

30) 제17조(결격사유) 다음 각호 가운데 어느 하나에 해당하는 사람은 배심원으로 선정될 수 없다. 1. 금치산자 또는 한정치산자, 2. 파산자로서 복권되지 아니한 사람, 3. 금고이상의 형을 받고 그 집행이 종료되거나 집행을 받지 아니하기로 확정된 후 5년을 경과하지 아니한 사람, 4. 금고이상의 형을 받고 그 집행유예의 기간이 완료된 날로부터 2년을 경과하지 아니한 사람, 5. 금고이상의 형의 선고유예를 받은 경우에 그 선고유예기간 중에 있는 사람, 6. 법원의 판결에 의하여 자격이 상실 또는 정지된 사람.

31) 제19조(제척사유) 다음 각호 가운데 어느 하나에 해당하는 사람은 당해 사건의 배심원으로 선정될 수 없다. 1. 피해자, 2. 피고인 또는 피해자의 친족 또는 이러한 관계에 있었던 사람, 3. 피고인 또는 피해자의 법정대리인, 4. 사건에 관한 증인, 감정인, 피해자의 대리인, 5. 사건에 관한 피고인의 대리인, 변호인, 보조인, 6. 사건에 관한 검사 또는 사법경찰관의 직무를 행한 사람, 7. 사건에 관하여 전심재판 또는 그 기초가 되는 조사, 심리에 관여한 사람.

과 기피신청사유[32]를 수용하였다. 결격사유는 배심원도 당해 사건에 관하여 국가의 공무를 담당하는 것으로 볼 수 있으므로 국가공무원법이 정하는 결격사유에 해당하지 아니하여야 하고, 금치산자, 파산자, 수형자, 자격상실자 등 국가공무원법 제33조 제1항의 결격사유를 배심원의 결격사유로 규정하고 있다.

법률안 제18조[33]는 권력분립의 원칙과 일반시민의 재판참여라는 점 그리고 기타 특별한 사정을 고려하여 대통령, 국회의원, 판·검사, 변호사 등 직업에 의한 면제조항을 도입하고, 법률안 제20조[34]에 개별적 면제조항을 규정하고 있다.[35] 개별적 면제조항을 보면, 위와 같은 제외사유에 해당하지 아니한 경우에도 고령 또는 직업상 사유, 중병 등으로 배심원으로서의 업무를 수행하기 어려운 경우 법원이 직권 또는 신청에 의하여 개별 사유를 판단하여 면제 여부를 결정하도록 하고 있다. 법률안에 규정된 중요 사유로는 70세 이상, 배심원 후보자로 소환된 경험이 있는 사람, 구속된 사람, 중병으로 출석이 곤란한 사람 등이다.

(2) 검 토

시민법관은 명예직이고, 모든 국민은 그 임용을 받아들여야 할 법적인 의무가 있고, 적어도 한국 국민이어야 한다는 점에는 의문이 없다. 그러나 문제는 크게

32) 제28조(배심원후보자에 대한 질문과 기피신청) ① 법원은 배심원후보자가 제17조 내지 제20조의 사유에 해당하는지 여부 또는 불공평한 판단을 할 우려가 있는지 여부 등을 판단하기 위하여 배심원후보자에게 질문을 할 수 있다. 검사, 피고인 또는 변호인은 법원에 필요한 질문을 요청할 수 있고 법원은 검사 또는 변호인으로 하여금 질문하게 할 수 있다. ② 배심원후보자는 제1항의 질문에 대하여 정당한 이유 없이 진술을 거부하거나 또는 허위진술을 하여서는 아니 된다. ③ 법원은 배심원후보자가 제1항에 정하는 사유에 해당한다고 인정된 때에는 직권 또는 검사, 피고인 또는 변호인의 기피신청에 의하여 당해 배심원후보자에 대하여 불선정 결정을 하여야 한다. 검사, 피고인 또는 변호인의 기피신청을 기각하는 경우에는 이유를 고지하여야 한다.

33) 제18조(직업 등에 의한 제외사유) 다음 각호 가운데 어느 하나에 해당하는 사람은 배심원으로 선정될 수 없다. 1. 대통령, 2. 국회의원, 지방자치단체의 장 및 지방의회의원, 3. 행정부, 입법부, 사법부, 헌법재판소, 감사원, 중앙선거관리위원회의 정무직 공무원, 4. 법관, 검사, 5. 변호사, 법무사, 6. 법원, 검찰 공무원, 7. 경찰, 교정, 보호관찰 공무원 8. 현역 군인, 군무원, 소방공무원, 향토예비군설치법에 의하여 동원되거나 교육훈련의무를 이행 중인 향토예비군.

34) 제20조(면제사유) 법원은 직권 또는 신청에 의하여 다음 각호 가운데 어느 하나에 해당하는 사람에 대하여 배심원 직무의 수행을 면제할 수 있다. 1. 만 70세 이상인 사람, 2. 과거 5년 이내에 배심원후보자로서 선정기일에 출석한 사람, 3. 금고이상의 형에 해당하는 죄로 기소되어 사건이 종결되지 아니한 사람, 4. 법령에 의하여 체포 또는 구금되어 있는 사람, 5. 배심원 직무의 수행이 자신이나 제3자에게 위해를 초래하거나 직업상 회복할 수 없는 손해를 입게 될 우려가 있는 사람, 6. 중병, 상해 또는 장애로 인하여 법원에 출석하기 곤란한 사람, 7. 기타 부득이한 사유로 배심원 직무를 수행하기 어려운 사람.

35) 사법개혁추진위원회 기획추진단 실무추진2팀, 국민의 형사재판참여에 관한 법률안(설명자료), 2005. 5. 16, 14-15면; 한상훈, '국민의 형사재판 참여에 관한 법률(안)'의 주요 내용과 과제, 법률신문, 2005년 5월 26일자.

세 가지이다.

첫째, 시민법관의 자격연령이다. 법률안 제16조는 20세에서 70세 미만으로 규정하고 있지만, 25세에서 70세 미만으로 조정해야 한다. 직장경험이 없는 자가 그들의 생활 경험을 판결에 반영할 수도 없고, 주로 20세에서 25세는 대학생이거나, 직업을 찾기 위해 공부를 해야 할 시기인데, 이들에게 사법참여의무를 부과하는 것은 가혹하다고 생각한다. 이들의 경우 재판에서 효과적인 제어는 거의 불가능하여, 판결에서 어느 정도의 영향력을 행사하였는지에 대한 문제도 사실 의문이기 때문이다. 참고로 독일은 25세 미만인 자나, 임기 내에 70세 이상인 자는 이 명예직의 임용에서 제외되어 있다.[36] 독일의 설문조사의 결과를 보면, 명예직 법관의 25%가 공공기관에서 근무하며, 24% 직장인, 24% 자영업자, 13% 가정주부, 2% 연금생활자, 4% 수공업자이며, 단지 2%만이 노동근로자이다.[37] 독일의 경우 시민법관이 판결에 어느 정도의 영향력을 행사하였다는 소송은 전체 재판이 1.4%에 불과하다.

둘째, 시민법관의 결격사유이다. 법률안 제17조에 규정된 국가공무원법상의 결격사유로는 부족하다. 더 엄격해야 한다. 적어도 실형을 선고받았던 자는 영원히, 현재 소송이 진행중인 자는 그 소송이 형사이든, 민사이든, 행정소송이든, 어떤 소송이라도 그 소송이 종료될 때까지는 완전히 배제되어야 한다. 한국형 국민의 사법참여제도는 국민의 직접성과 대표성을 갖춘 시민들이 재판과정에 참여할 때 정당성을 확보할 수 있다. 실제 한국 사회에서 국민의 직접성과 대표성을 갖춘 시민들이 재판과정에 참여해야만, 그 재판은 국민의 신뢰를 얻을 수 있다. 그렇지 않으면 사법불신은 가중될 것이고, 재판은 '코미디'가 될 수 있다. 한국형 국민의 사법참여제도의 성공여부는 바로 여기에 달려있다. 참고로 독일은 6월 이상의 자유형을 선고받았던 사람이거나, 현재 소송이 진행 중인 자는 시민법관 부적격자로 규정되어 있다.[38]

셋째, 직업에 의한 제외사유이다. 법률안 제18조는 법률업무종사자와 공직 등 직업에 의하여 배심원으로 선정하는 것이 부적절하다고 판단되는 직업(군인, 대통령, 정부 정무직 공무원 등)을 열거하고, 그에 해당하는 사람을 배심원 선정대상에

36) 한스 릴리에/하태영 역, 독일 형사사법에서 시민참여, 형사정책, 제13권 제1호, 동성출판사, 2001, 329-351면(342면).

37) Casper/Zeisel, Der Laienrichter im Strafprozeß, 1979, S. 77.

38) 한스 릴리에/하태영 역, 위의 논문, 329-351(342면).

서 제외하고 있다. 그러나 법학전공 교수도 시민법관으로 선정될 경우 평의과정에서 법률지식을 앞세워 다른 배심원을 압도함으로써 시민법관들에 의한 집단의 사결정이 공정하게 이루어지지 아니한 가능성이 있음에도 직업에 의한 제외사유에서 누락되어 있다.

넷째, 개별적 면제사유이다. 법률안 제20조는 직업에 의한 제외사유에 해당하지 아니한 경우에도 고령 또는 직업상 사유, 중병 등으로 배심원으로서의 업무를 수행하기 어려운 경우 법원이 직권 또는 신청에 의하여 개별 사유를 판단하여 면제 여부를 결정한다고 한다. 여기서 고령을 어떤 기준으로 판단하며, 직업상의 사유 중 의사, 간호사, 교사, 일반 기업체 사무직원, 근로자, 자영업자 등이 개별사유로 신청할 경우 어떤 기준으로 판단 할 것이며, 법원이 왜 개별 사유를 직접 판단하는지 의문이 들지 않을 수 없다. 자격심사는 시민법관선발위원회에서 결정해야 한다. 왜냐하면 이것은 국민의 직접성과 대표성의 핵심이기 때문이다.

다섯째, 시민법관의 임기이다. 시민법관은 현실적으로 임기 중 많은 생활불편을 감수해야 한다. 우리가 국민의 사법참여를 국민의 5대 의무라고 규정한다면, 시민법관의 임기는 법률로 규정되어야 한다. 특정인이 준(準)직업으로 특정지역에서 계속해서 시민법관직을 수행해서는 안 된다. 이것은 진정한 의미의 사법참여가 아니다. 우리의 경우 임기 3년이 적당하다고 생각한다. 또한 사건별 임용은 단지 참관에 불과하다. 명예심과 봉사심을 불어넣을 수가 없다. 시민법관으로서 법률지식 체득에도 도움이 안 된다. 시민법관들의 전문성을 위해서도 일정기간 임기는 필요하다고 본다.

참고로 독일의 시민법관의 임기는 4년이다. 시민법관자격을 지닌 인구가 약 500만명인 지역에서 지난 임기기간의 경우에는 약 6천명의 참심법관이 임용되었다. 이는 0.5% 이하이다. 이처럼 시민법관이 될 확률은 사람들이 시민법관을 길거리에서 다시 만날 가능성이 거의 없다는 것을 말한다. 특히 시민들은 시민법관직의 의미에 대해 인식이 부족하다.[39] 바로 이 문제가 독일에서 시민법관에게 요구되는 재판의 투명성을 거의 확보할 수 없게 만들고 있다.

---

39) 한스 릴리에/하태영 역, 독일 형사사법에서 시민참여, 형사정책, 제13권 제1호, 동성출판사, 2001, 329-351면(344면): "독일에서 종종 제기되는 비판을 보면, 각 게마인데가 자신을 대표하는 정당의 당원을 수시로 선발명단에 포함시키고 있다는 주장이다. 후보자가 되기 위해서는 시민법관직을 수행하는데 요구되는 시간적 부담과는 상관이 없는 자여야 할 것이다. 이러한 후보자들은 직장에서 혹은 사적 업무에서 수시로 자기 자리를 비울 수 있는 자이다. 그 이유는 시민법관이 당연히 계속해서 공판에 참석을 해야하기 때문이다. 이것은 결국 재판에서 영향력 결여의 심각한 문제로 나타나고 있다는 것이다."

여기서 시사하는 바는 개별적 면제사유가 원칙 없이 운영될 경우 특정 직업군으로 편중될 가능성이 아주 높다는 점이다. 우리의 경우 시민단체 근무자, 가정주부, 자영업자, 연금생활자, 퇴직자, 정당종사자, 제조업, 근로자 등으로 편중될 가능성이 있다. 국민의 사법신뢰를 고려한다면, 다양한 직업군으로 형성되는 것이 좋을 것이다.

5. 배심원의 선정절차

(1) 입법 배경

재판에 참여하는 일반국민의 선출방식은 세 가지가 있다. ① 독일과 같이 일정한 능력을 갖춘 사람들로부터 선별적으로 임명하는 방법, ② 미국과 같이 일반국민으로부터 무작위로 선정하는 방법, ③ 이를 절충한 방법이다. 법률안은 사개위 건의문의 취지에 따라 일정한 자격을 갖춘 관할구역 내에 거주하는 국민으로부터 무작위로 선발하는 방식을 채택하고 있다.

법률안 제22조[40]는 관할구역의 국민 중 무작위로 후보자를 추첨한다고 규정하고 있고, 법률안 제30조[41]는 선정절차에 있어서 이유부 기피(for-cause challenge)와 무이유부 기피신정(peremptory challenge)을 모두 인정하고 있다. 법률안은 필요한 수의 후보자에게 기피절차를 진행하고 기피되지 아니한 후보자를 배심원 등으로 선정하고, 기피된 수만큼 다시 선정절차를 진행하는 방식이 있다. 이러한 선정방식은 부적격자를 제외하는 데 주목적이 있고, 무이유부 기피신청의 실효성을 제고할 필요가 있다는 점이 고려된 것으로 보인다.[42]

---

40) 제22조(배심원후보예정자명부의 작성) ① 지방법원장은 배심원후보예정자명부를 작성하기 위하여 행정자치부장관에게 매년 그 관할구역 내에 거주하는 만 20세 이상 국민의 주민등록 정보에서 일정한 수의 배심원후보예정자의 성명, 생년월일, 주소, 성별에 관한 주민등록정보를 추출하여 전자파일의 형태로 송부하여 줄 것을 요청할 수 있다. ② 제1항의 요청을 받은 행정자치부 장관은 30일 이내에 주민등록자료를 지방법원장에게 송부하여야 한다. ③ 지방법원장은 매년 주민등록자료를 활용하여 각 지방법원 별로 배심원후보예정자명부를 작성한다.

41) 제30조(무이유부 기피신청) ① 검사와 변호인은 각자 다음 각호의 범위 내에서 배심원후보자에 대하여 이유를 제시하지 않는 기피신청(이하 '무이유부 기피신청'이라 한다)을 할 수 있다. 1. 배심원이 9인인 경우는 5인, 2. 배심원이 7인인 경우는 4인, 3. 배심원이 5인인 경우는 3인. ② 무이유부 기피신청이 있는 때에는 법원은 당해 배심원후보자를 배심원으로 선정할 수 없다. ③ 법원은 검사, 피고인 또는 변호인에게 순서를 바꿔가며 무이유부 기피신청을 할 수 있는 기회를 주어야 한다.

42) 사법개혁추진위원회 기획추진단 실무추진2팀, 국민의 형사재판참여에 관한 법률안(설명자료), 2005. 5. 16, 16-18면; 한상훈, '국민의 형사재판 참여에 관한 법률(안)'의 주요 내용과 과제, 법률신문, 2005년 5월 26일자.

법률안은 배심원 후보자를 사전에 접촉하여 매수하거나 협박, 회유하는 경우에 대비하기 위하여 검사와 변호인에게는 배심원 후보자를 특정할 수 없을 정도의 정보만을 사전에 제공하도록 하고 있으며, 오전에 배심원을 선정하면 그 날 오후에 곧바로 재판을 시작하는 것으로 규정되어 있다. 공정하고 중립적인 배심원에 의하여만 신뢰할 수 있는 재판이 보장된다고 점을 법률안에 반영하고 있다. 이는 모두 공정한 배심원을 선정하기 위한 입법으로 보인다.

(2) 검 토

법률안 제22조를 보면, 지방법원장은 행정자치부장관의 도움을 받아 최신성을 갖춘 주민등록 전산자료를 이용하여 후보예정자 명부를 작성한다고 한다. 그리고 후보예정자 명부에서 무작위로 일정한 수의 후보예정자에게 출석통지를 한다고 한다. 그러나 법원에서 시민법관후보자를 선정하고, 지방법원장이 시민법관의 선정주체가 되는 것은 문제가 많다. 이것은 '국민에 의한 시민의 사법참여'가 아니라, '법원에 의한 시민의 사법참여'가 될 수 있기 때문이다. 추천은 반드시 국민의 대표성을 가진 기관이 해야 하고, 법원은 단지 시민법관이 사안별 정식재판에 참여하는 순서만 매년 추첨을 통하여 정해야 한다. 시민법관은 변호인이 아니기 때문에 국선변호인의 선임방식을 채택해서는 안 된다.

참고로 독일의 시민법관 선발과정을 살펴보면, 시민법관의 선발은 추천을 통해서 이루어지는데, 그 추천명단은 게마인데(Gemeinde)별로 편성되며, 게마인데대표(Gemeindevertretung), 즉 시의회(Stadtrat) 혹은 군의회(Kreisversammlung)의 3분의 2의 찬성으로 결정된다. 이 추천명단의 작성에는 성(性), 연령, 직업, 사회적 지위에 따라 지역주민들의 모든 계층이 골고루 배려되어 있다. 후보자의 선정을 위해서 특별한 절차가 별도로 규정되어 있는 것은 아니지만, 각 게마인데는 수시로 안내광고와 추천을 통하여 시민법관의 대상자를 모집하고 있다. 그러나 소년법원의 시민법관의 설정에 있어서는 특별한 전제가 있다. 이들은 교육적 자질은 물론이고, 청소년들의 교육현장에서 일정한 경험을 갖고 있어야 한다. 게마인데대표에 의해 정해진 추천명단은 시민법관선발위원회(Schöffenwahlausschuss)에 제출된다. 이 위원회는 추천명단에서 시민법관과 청소년사건 시민법관들을 선발한다. 시민법관이 사안별로 정식재판에 참여하는 순서는 매년 추첨을 통하여 정한다. 또한 보조시민법관의 순서도 추첨으로 확정된다.[43]

6. 합의와 평결

(1) 입법 배경

법관과 배심원의 역할이 무엇인가에 따라 영미식의 배심제와 독일식의 참심제, 그밖에 다른 제도로 구별할 수 있을 것이다. 영미식의 배심제는 법관과 배심원의 역할분담에 기초하고, 독일이나 프랑스의 참심제는 법관과 배심원의 공동결정을 핵심으로 한다.

법률안 제72조[44]는 법관과 배심원의 엄격한 역할분담이나 공동결정 어느 한 쪽을 선택하지 않고 혼합하는 방식을 채택하였다. 즉, 변론이 종결되면 재판장은 법정에서 배심원에게 공소사실의 요지와 적용법조, 기타 유의할 사항에 대하여 설명한다. 재판장의 설명이 끝나면 배심원들은 퇴정하여 법관의 관여 없이 독자적으로 평의하고(배심원 과반수가 요청하면 법관의 의견을 들을 수 있다), 유・무죄에 관하여 평결한다. 이 때 평결은 만장일치여야 한다. 이러한 제1차 평의 및 평결은 미국식 배심제를 수용한 것이다.

배심원이 만장일치에 이르지 못하면 심리에 관여한 법관의 의견을 들은 후 2차 평의하여 평결하며 이때에는 과반수로 평결한다. 이 평결에도 법관은 참여할 수 없다. 배심원이 제1차 또는 제2차 평의에서 유죄의 평결을 한 경우 법관과 함께 양형에 관하여 토의를 하며 이때 배심원은 법관에게 양형에 관한 의견을 개별적으로 개진한다. 법관은 이러한 배심원의 의견을 고려하여 최종적으로 유・무죄와 양형에 대하여 판결한다.[45]

---

43) 한스 릴리에/하태영 역, 독일 형사사법에서 시민참여, 형사정책, 제13권 제1호, 동성출판사, 2001, 329-351면(344면).

44) 제72조(재판장의 설명, 평의, 평결, 양형토의 등) ① 재판장은 변론이 종결된 후 법정에서 배심원에게 공소사실의 요지와 적용법조, 피고인과 변호인 주장의 요지, 증거능력 기타 유의할 사항에 관하여 설명하여야 한다. 이 때 필요한 경우에는 증거의 요지에 관하여 설명할 수 있다. ② 심리에 관여한 배심원은 제1항의 설명을 들은 후 유무죄에 관하여 평의하고, 전원의 의견이 일치하면 그에 따라 평결한다. 다만, 배심원 과반수의 요청이 있으면 심리에 관여한 판사의 의견을 들을 수 있다. ③ 배심원은 유무죄에 관하여 전원의 의견이 일치하지 아니하는 때에는 평결을 하기 전에 심리에 관여한 판사의 의견을 들어야 한다. 이 경우에 유죄의 평결은 다수결의 방법으로 한다. 심리에 관여한 판사가 평의에 참석하여 의견을 진술한 경우에도 평결에는 참여할 수 없다. ④ 제2항, 제3항의 평결이 유죄인 경우 배심원은 심리에 관여한 판사와 함께 양형에 관하여 토의하고 그에 관한 의견을 개진한다. 재판장은 양형에 관한 토의 전에 처벌의 범위와 양형의 조건 등을 설명하여야 한다. ⑤ 제2항, 제3항, 제4항의 평결과 의견은 법원을 기속하지 아니한다. ⑥ 제2항, 제3항의 평결결과와 제4항의 의견을 집계한 서면을 소송기록에 편철한다.

법률안 제72조는 배심원의 평결과 양형의견은 법관을 법률적으로 기속하지 아니하고, 단지 권고적 효력만 있다. 평결 및 양형의견의 결과는 서면에 기재하여 법관에게 교부하는 방식으로 전달하고, 위 서면은 선고조서, 판결서 등과 함께 사건기록에 반드시 편철하도록 하고 검사, 피고인 등 소송기록 열람권을 가진 사람이 열람할 수 있도록 하였다. 법관은 판결서에 배심원이 관여한 취지를 기재하여야 하고, 평결의 내용 등을 기재할 수 있다.

법률안 제72조는 이와 같이 영미식 배심제와 참심제의 특징을 고려하여 혼합형을 취함으로써 1차적으로 배심원의 독자적 결정을 중시하면서도, 만장일치에 이르지 못하여 평결불능(hung jury)이 되는 경우를 방지할 수 있는 장점이 있다. 미국의 경우 평결불능이 되면 배심원단을 새로 구성하여 재판을 하게 되므로, 재판이 장기화되고 소모적이 되는 문제점이 있다. 다른 한편, 독일식 참심제와 같이 배심원의 논의에 처음부터 직업법관이 관여하게 되면 일반인의 건전한 상식에 기초한 토론이 위축될 우려가 있으므로 처음에는 배심원만으로 평의하도록 한 것이다.

(2) 검 토

그러나 법률안 제72조 제5항을 세분화해야 한다. "1. 유·무죄에 관한 시민법관의 제1차 평결에서 만장일치가 있으면 법관을 법률적으로 기속한다. 2. 유·무죄에 관한 시민법관의 제2차 평결에서 만장일치가 있으면 법관을 법률적으로 기속한다. 3. 유·무죄에 관한 시민법관의 제2차 평결에서 만장일치가 이르지 못하면 과반수로 평결한다. 이 경우 평결결과는 법관을 법률적으로 기속하지 아니한다"라고 개정해야 한다. 저자는 이것이 진정한 국민의 사법참여라고 생각한다.

7. 배심원 의견의 효력 및 공개여부

(1) 입법 배경

법률안 제75조[46]를 보면, 1단계 국민참여재판에서는 배심원의 의견은 권고적

45) 사법개혁추진위원회 기획추진단 실무추진2팀, 국민의 형사재판참여에 관한 법률안(설명자료), 2005. 5. 16, 23-25면; 한상훈, '국민의 형사재판 참여에 관한 법률(안)'의 주요 내용과 과제, 법률신문, 2005년 5월 26일자.

46) 제75조(판결서의 기재사항) 판결서에는 배심원이 재판에 참여하였다는 취지를 기재하여야 하고,

효력을 가질 뿐이며 법관을 기속하지 않는다. 이는 위헌논의를 의식한 것이기도 하며, 배심원의 의견에 곧바로 기속력을 부여할 경우 발생할 수 있는 혼란을 방지하기 위한 과도기적 조치이다. 그러나 배심원의 평결결과와 양형의견을 집계한 서면은 공판기록에 편철되므로 이해관계자가 열람할 수 있다. 또한 판결서에는 배심원의 의견을 기재할 수 있고, 배심원이 재판에 참여하였다는 취지는 반드시 기재하여야 한다.[47]

(2) 검 토

그러나 유・무죄에 관한 제1차 혹은 제2차 평결에서 만장일치가 나오면, 이러한 평의 및 평결은 절대적 효력이 있어야 한다. 이것이 진정한 국민에 의한 사법이기 때문이다. 양형에 대해서는 시민법관의 양형의견의 결과와 직업법관의 양형의견 결과를 종합하여 최저와 최고를 제외하고 평균으로 산정해야 할 것이다. 일반인의 건전한 상식이 유・무죄판단과 양형에 직접적으로 영향을 미쳐야 한다. 단지 권고적 효력을 위해 엄청난 비용을 투자할 이유가 있는가?

물론 시민법관의 의견에 곧바로 기속력을 부여할 경우 발생할 수 있는 혼란이 있을 수 있다는 비판이 있을 수 있다. 그러나 오늘날 양형은 어느 정도 독자성이 확립되어 있다. 2007년부터 국민의 사법참여가 시행된다고 하더라도, 실제 시민법관이 양형에서 깊은 영향을 미칠 수가 거의 없다고 본다. 왜냐하면 일반적으로 직업법관들이 구축해 놓은 양형기준표와 직업법관들의 경험에 의존할 수밖에 없기 때문이다. 또한 한국 형법은 극단적인 대립이 생기지 않도록 여러 기준표들을 마련해 두고 있고, 이것은 제도로 정착되어 가고 있으며, 시민들의 의견이 반영된다고 하더라도(시민법관 2명+직업법관 3명) 최저와 최고를 제외하고, 평균으로 산정하는 것이기 때문에 우려할 이유가 없다고 본다. 처음 시행할 때에 제대로 검증하여 일관성 있게 나아가야 추후 혼란을 막을 수 있을 것이다. 바로 이렇게 시행해 보아야 문제점을 더 분명하게 알 수 있을 것이다. 저자는 그 결과가 향후 국민이 원하는 진정한 양형기준표가 되리라고 생각한다.

배심원의 의견을 기재할 수 있다.

47) 사법개혁추진위원회 기획추진단 실무추진2팀, 국민의 형사재판참여에 관한 법률안(설명자료), 2005. 5. 16, 25면; 한상훈, '국민의 형사재판 참여에 관한 법률(안)'의 주요 내용과 과제, 법률신문, 2005년 5월 26일자.

Ⅲ. 법률안에 대한 후속 조치

한국 근대 사법 역사상 처음으로 도입되는 국민참여재판이 성공적으로 정착하기 위해서는 남겨진 과제들이 너무 많다. 그 중에서 헌법개정의 문제, 법정규모의 문제, 집중심리제 문제, 삼심제 소송구조의 개혁과 상소제도의 개혁의 문제, 국선변호인제도, 시민법관에게 소득공제의 혜택 등을 들 수 있다. 어떻게 가야하는지 쟁점을 중심으로 간략히 살펴보고자 한다. 이것은 법률안 제81조[48] 국민사법참여위원회의 향후 활동에도 참고가 될 것이다.

1. 헌법 개정

국민들에게 사법참여의 의무를 새롭게 부과하기 위해서는 헌법이 개정되어야 한다. 즉 사법참여의무는 국민의 5대 의무(국방, 교육, 납세, 근로, 사법참여)에 포함되어야 한다는 것이다. '국민의 형사재판 참여에 관한 법률(안)'에 의하여 시민법관으로 선정된 사람은 예비군 훈련처럼 재판에 참여해야 한다. 헌법은 다음과 같이 개정되어야 한다.

> 헌법 제39조 2 [국민의 사법참여의무]
> ① 모든 국민은 법률이 정하는 바에 의하여 사법참여의 의무를 진다.
> ② 누구든지 사법참여의무의 이행으로 인하여 불이익한 처우를 받지 아니한다.
>
> 헌법 제104조 제3항 [법관임명]
> ③ 대법원장과 대법관이 아닌 직업법관은 대법관회의의 동의를 얻어 대법원장이 임명한다. 다만, 법률이 정하는 바에 의하여 시민법관을 둘 수 있다.
>
> 헌법 제105조 제3항 [법관연임규정]
> ③ 대법원장과 대법관이 아닌 직업법관의 임기는 10년으로 하며, 법률이 정하는 바에 의하여 연임할 수 있다. 다만, 시민법관의 임기와 연임은 법률로 정한다.
>
> 헌법 제105조 제4항 [정년규정]
> ① 직업법관과 시민법관의 정년은 법률로 정한다.

48) 第81조(국민사법참여위원회) ① 국민참여재판의 시행경과에 대한 분석 등을 통하여 국민참여재판제도의 최종적인 형태를 결정하기 위하여 대법원에 국민사법참여위원회를 설치한다. ② 국민사법참여위원회의 조직과 활동 기타 필요한 사항은 대법원 규칙으로 정한다.

이러한 헌법적 근거 없이 사법의무를 부과하고, 형벌을 부과하는 조항을 신설하는 것은 헌법에 배치된다고 생각한다. 왜냐하면 헌법적 정당성이 없기 때문이다.

또한 헌법 제27조(법관에 의한 재판) "① 모든 국민은 헌법과 법률이 정한 법관에 의하여 법률에 의한 재판을 받을 권리를 가진다"의 개정도 구체적으로 논의될 수 있을 것이다. 저자는 헌법 제27조 제1항을 개정할 필요가 없다고 생각한다.

왜냐하면 헌법 제27조 제1항에서 의미하는 '법률이 정한 법관'이란 '법원조직법'상의 직업법관과 '국민의 형사재판 참여에 관한 법률(안)'상의 시민법관 양자를 모두 포함한다고 해석할 수 있기 때문이다. 향후 '국민사법참여에 관한 법률'이 국회에서 제정되면, 이 내용 중 일부는 향후 법원조직법 개정시에 반영되어야 할 것이다.

2. 법정규모 개조와 형사재판부 증설

'공판중심주의(법정중심의 충실심리)와 국민의 사법참여'를 구현하려면, 우선 한국의 법정규모가 개조되어야 하며, 형사재판부가 대폭 증설되어야 하고, 업무의 과중이 근본적으로 해소되어야 한다. 이러한 사법부의 하드시스템(판사 및 검사 인적충원, 물적 충원)이 개신되지 않고서는 국민의 형사재판 참여 도입과 형사재판의 효율성을 기대하기 어렵다.

대법원이 2003년부터 계획하고 있는 주 2회 공판, 변호인 신문시 단문장답형, 일괄증인신문 등은 국민의 사법참여제도의 도입을 위한 기반조성에 불과하다고 생각한다. 국민의 사법참여제도 도입을 진정으로 실현하려면, 지방법원청사가 기초자치단체 단위로 빠짐없이 설치되어야 한다.

인구 30만 이상의 도시에 소재하는 지원(支院)은 지법(地法)으로 승격되어야 한다. 일상생활에서 발생하는 경미범죄는 생활근린지역의 형사사법기관에서 신속하게 처리될 수 있어야 한다. 이렇게 되어야 국민의 사법참여가 가능하다.

3. 집중심리제 도입

집중심리제 도입 없이는 국민의 사법참여는 성공할 수 없다. 형사재판이 지금처럼 건당 몇 십분 이내로 진행되고, 집중심리제가 아주 제한적으로 시행(특정강력범죄의 처벌에 관한 특별법에 따라 살인죄, 약취유인죄, 강간죄, 강도죄 등)된다면, 한국의 형사재판에서 국민의 형사재판 참여의 도입은 탁상공론(卓上空論)이라고 생각한다. 집중심리제 없이 과연 한국의 어느 직장에서 그 바쁜 직장인들을 1주일에 1~2번씩 법정에 보낼 수 있겠는가? 기업현실, 국민들의 경제활동 등을 냉정하게 분석해야 한다. 집중심리제 문제는 2012년까지 획기적으로 개선해야 한다. 집중심리제를 실질적으로 구현하기 위해서는 생활 밀착형 법원이 시, 군, 구청까지 증축 혹은 재배치되어야 하며, 법정규모도 현행 200석 규모에서 소규모(50석 규모) 법정으로 바뀌어야 한다. 왜냐하면 소규모 법정에서 집중심리가 가능하고 효율성도 높기 때문이다. 아울러 피고인에 대한 낙인(烙印)문제와 그 부작용도 깊이 고려해야 할 것이다.

4. 소송구조와 상소제도의 개혁

삼심제 소송구조의 개혁과 상소제도의 개혁 없이는 매년 증폭하는 사건을 감당할 수가 없다. 2003년 대법원의 '사법발전을 향한 추진과제'를 보면, 법원은 해마다 법관 수를 증원하고 법원청사를 증축하며, 증원법관의 상당수를 형사부에 배치하고, 형사재판부를 대폭 증설하여 사건부담을 감소시키겠다고 한다.[49] 그러나 이것을 구현하기 위해서는 삼심제 소송구조와 상소제도가 바뀌어야 한다. 신속하고 시민에게 가까이 있는 형사재판은 제1심 강화와 상소제도의 개혁에 있다.[50] 그래야 정규 공판기일에 주 2회 개정의 원칙이 실현될 수 있으며, 나아가 집중심리와 국민의 형사재판 참여운영이 가능하다.[51]

현재 한국의 법관들은 엄청난 격무에 시달리고 있다고 말한다. "밤 깊도록 재판을 어떻게 할 것인지 곰곰이 생각하고, 잠에 들어서도 그에 관한 꿈을 꾸고, 아침에 일어나서 이미 써 놓은 판결을 고친다든지 하는 숨막히는 고뇌를 한다. 거기에다 한 기일에 수십 건씩의 신건(新件)을 넣지 않으면 재판을 원활히 처리할 수 없는 막중한 업무량에 시달린다. 재판부가 이처럼 땀 흘려 일하는 나라가 있

49) 법원행정처, 새로운 형사재판 운영방식, 2003, 9면.

50) 하태영, 삼심제 소송구조의 문제점과 상소제도의 개선방안, 비교형사법연구 제5권 제2호, 2003, 175-209면.

51) 권성, 사법개혁의 방향과 문제점, 서울대학교 법학, 제35권 1호(통권 94호), 1994, 1-11면(4면): 대표적으로 ① 상설 간이법원 설치 등 국민편익 확대, ② 상고제도 개선, ③ 재판의 공정성 및 심리의 충실 확보 등을 주장하고 있다.

을까?" 그러나 왜 국민들이 법원의 재판진행에 대해 그토록 강하게 불만을 가지고 있을까?[52] 형사소송시스템이 근본적으로 잘못되어 있기 때문이다.

5. 국선변호의 실효화를 위한 제도개선

법률안 제7조[53]는 국민참여재판을 필요적 국선변호사건으로 규정하고 있다. 경제적으로 빈곤한 피고인도 참여재판을 받을 수 있는 효과적인 국선변호인제도가 마련되어야 한다. 국선변호의 실효화를 위하여 제도개선도 함께 검토되어야 한다. 첫째 보수의 현실화, 둘째 절차선임의 개선, 셋째 공설변호인제도의 도입이다. 왜냐하면 국선변호는 변호인의 적극적이고 진실한 보조정신이 없이는 실효를 거두기 어렵기 때문이다.

현재 시행되고 있는 국선변호는 이원적 형태로 그 운영방안이 개선되어야 한다. 법원에 의해 선임되는 국선변호인제도는 현행대로 유지하고, 동시에 지방변호사회에서 선임하는 공설변호인제도를 신설해야 한다. 공설변호인제도는 수사단계에서부터 제1심 선고까지 피의자와 피고인의 방어권을 보장해 주는 제도라고 할 수 있다. 당분간 양 제도를 혼합하여 운영하는 것이 타당하다고 생각한다. 물론 이 제도를 운영할 경우 사법비용이 엄청나게 증가하겠지만, 상소로 인한 피고인과 국가의 소송비용을 획기적으로 줄일 수 있는 대안이 될 수 있을 것이다. 한국의 사법복지시스템은 선진국에 비해 너무도 열악하다. 국민의 사법참여와 함께 공설변호인제도를 적극 도입해야 한다. 이를 도입한다면, 검사작성의 피의자신문조서의 증거능력 논쟁과 공판중심주의의 갈등의 요인들은 다소 완화될 수 있을 것이다.

6. 시민법관의 보호와 처우

국민이 배심원으로 재판에 참여하는 경우 일정부분 개인생활의 피해를 감수

---

52) 신평, 국민참여와 사법개혁, 참여정부의 출범과 사법개혁의 과제 [자료집], 사법개혁국민연대, 2003년 3월 31일, 1-3면(3면); 신평, 한국법관제도의 개선방안에 관한 소고, JURIST, 2002년 8월호, 23-29면(29면).

53) 제7조(필요적 국선변호) 이 법에 따른 국민참여재판에 관하여 변호인이 없는 때에는 법원은 직권으로 변호인을 선정하여야 한다.

하지 않을 수 없다. 현재 사개추위의 조사에 의하면, 우리나라는 국민의 참여의지가 상당히 높은 것으로 조사되고 있으나, 참여를 통하여 보람과 자부심을 가질 수 있는 다양한 조치가 수반되어야 한다. 시민법관은 직업법관들이 의식하는 것보다 훨씬 더 많이, 무의식으로 여론의 영향과 사회압력단체로부터 여론압박을 받을 것이다. 특히 한국 사회는 집단주의 사회이고, 가족중심의 사회라는 것도 고려해야 한다. 봉건적인 유교사회의 뿌리가 남아있다.

또한 시민법관에게 경제적 혜택 없이 무한정 국민적 의무만 부과할 수 없다. 대안으로 시민법관에게 소득공제의 혜택(1건당 30만원 최대 300만원까지)을 주는 것도 하나의 방안이 될 수 있을 것이다. 그리고 형사소송 관련 비용들을 철저히 집행해서 사법비용을 줄이는 방안도 동시에 추진해야 할 것이다.

한편 기업도 직원의 사법참여를 적극적으로 후원해야 할 것이다. 장기적으로 기업에는 세금공제혜택을 주는 방안도 연구가 되어야 할 것이다. 법률안 제76조는 (불이익취급의 금지) 누구든지 배심원, 예비배심원 또는 배심원후보자인 사실을 이유로 해고, 기타 불이익한 취급을 하여서는 아니된다고 규정하고 있지만, 불이익취급이 있을 경우 그 구제방안과 벌칙도 법률안에 명문화해야 할 것이다.

7. 공판중심주의와 관행 및 실무의 획기적 개선

국민의 사법참여제도의 도입 추진은 사법부에 대한 국민의 이해증진과 신뢰회복을 목표로 삼고 있다. 법률전문가가 아닌 일반시민이 형사재판에 참여하여 판단하는 만큼 형사소송절차가 획기적으로 변화되어야 한다. 공판중심주의와 집중심리는 물론이고, 증거법, 법정용어, 법정의 분위기 등도 시민법관에 맞게 재검토되어야 한다.[54] 이를 위하여 형사소송법 등 법률의 개정 못지 않게 관행과 실무도 획기적으로 개선되어야 할 것이다. 왜냐하면 사법부의 판결이 '법적 안정성과 시민사회의 합리적 수락'이라는 두 기준을 모두 충족해야 하기 때문이다.[55]

---

54) 한상훈, '국민의 형사재판 참여에 관한 법률(안)'의 주요 내용과 과제, 법률신문, 2005년 5월 26일자.

55) 이종수, 시민의 사법참여에 관한 헌법적 검토, 법과 사회 제25호, 동성출판사, 2003, 9-29면(16면).

Ⅳ. 결 론

1. 사법참여제도는 '국민의 사법신뢰'라는 화두를 가지고 혁명적으로 재판시스템을 바꾸는 작업이다. 왜 혁명적이라고 하는가? 그 이유는 '국민을 위한 사법'에서 '국민에 의한 사법'으로의 대전환을 의미하기 때문이다. 사법참여제도의 도입을 위해 국민들이 무엇을 얼마나 더 부담해야 하고, 법원, 검찰 그리고 변호사는 무엇을 또한 어떻게 준비해야 하는지 철저하게 토론하고 검증해야 한다. 한 나라의 사법시스템을 바꾸는 혁명적인 결단은 국민적 합의 없이는 불가능하기 때문이다. 합의되어야 할 분야는 ① 국민의 신뢰의 문제, ② 시간과 경비의 효율성의 문제, ③ 함께 하는 친밀성의 문제, ④ 재판의 신속성의 문제, ⑤ 국민참여의 역사성의 문제, ⑥ 국민의식의 문제 등이 될 것이다. 이러한 문제를 중심으로 사법제도개혁추진위원회(사개추위)에 몇 가지를 제안하고자 한다.

2. 국민의 사법참여제도는 국민적 합의가 필요하다. 국민이 사법의무를 부담하겠다면, 적극적으로 도입해야 한다. 물론 공청회, 심포지움, 여론조사 등을 통한 국민의 폭넓은 의견 수렴이 전제되어야 한다. 재판제도를 혁명적으로 바꾸면서 이 재판제도를 통해 우리 국민들이 얻을 수 있는 이익들이 무엇이고, 무엇이 국민부담으로 남는지 충분하게 설명해야 한다. 물론 문제의식도 없이 제도를 개혁하는 것은 불가능하다. 그러나 비판적인 열정[56]만으로 쉽게 제도개혁을 밀어붙여서는 안 된다. 언론도 이제 냉정하게 분석하고, 검증해야 한다. 사법불신은 정치권에 대한 불신에 기인하고 있다는 점도 깊이 논의되어야 한다.

3. 국민의 사법참여제도는 많은 장점을 포함하고 있다. 먼저 '사법의 대중화'에 기여할 수 있다. 또한 시민의 사법인식을 증대시키고, 시민과 유리된 사법현

56) 한국 사법부의 현실에 관해서는 하태영, 삼심제 소송구조의 문제점과 상소제도의 개선방안, 비교형사법연구 제5권 제2호, 2003, 175-209면(175면): 한국의 사법시스템에 대해 국민들이 그동안 쏟아 놓은 비판들이다. "① 한국의 사법은 인권을 지켜주지 못하고 있다. ② 재판부는 성역이다. 검찰과 변호사도 마찬가지다. ③ 유전무죄, 무전유죄, 전관예우가 아직 남아 있다. ④ 재판에 대한 국민 불신이 심각하다. ⑤ 한국 국민 10명 중 7명이 재판이 공정하지 않다고 생각하고 있다(68.6%, 2003년 11월 방송문화연구소). ⑥ 20대, 30대의 젊은 엘리트들이 서류위주로 재판하고 있다. 이것이 한국 재판의 현주소이다. ⑦ 시민이 사법에 참여하는 사법혁명이 일어나야 한다. ⑧ 그렇게 되어야 재판이 알기 쉽고 시민에게 친숙하게 된다. ⑨ 국민들이 재판의 주체로 참여하지 못하는 나라는 전 세계에서 대한민국밖에 없다."

실을 획기적으로 개선할 수 있다. 법치국가 실현에도 도움이 될 것이다. 형사법정은 시민을 위한 법률교육장이 될 수도 있을 것이다. 규범안정화와 법적 안전성에도 기여할 것이다. 그러나 선발된 시민법관들이 재판을 할 때 최소한 소송절차는 알아야 하며, 그 교육비용도 고려해야 한다. 이것을 우리 국민이 세금('사법부담금')으로 부담해야 한다. 시민법관은 명예직이지만, 최소한 교통비와 일당 정도는 지급해야 할 것이다. 이러한 사법비용은 어디에서 나오고, 어떻게 충당하는지 논의되어야 한다.[57] 더 중요한 것은 집중심리제 없이 한국의 어느 직장에서 과연 그 바쁜 직장인들을 1주일에 1~2번씩 법정에 보내줄 수 있겠는가 하는 점이다. 바로 이것은 한국의 기업들이 지불해야 하는 '사법부담금'이 될 것이다. 따라서 시민법관과 기업들에게는 세금공제혜택을 주어야 할 것이다. 이처럼 국민의 사법참여는 엄청난 국민세금을 필요로 한다. 독일의 경우를 교훈으로 새기면 된다. 또한 법원, 검찰, 변호인은 쉬운 판결문 작성, 알아듣기 쉬운 법률용어를 사용해야 할 것이다.[58] 이것은 사법참여제도의 도입단계에서 꼼꼼히 준비해야 한다고 본다. 그리고 수사기관과 재판부의 의지와 노력도 중요하다. 집중심리제, 구두심리주의가 정착되고, 피고인과 피해자, 시민을 위한 생활언어를 법정에서 사용하는 것은 법원, 검찰, 변호인에게 남겨진 중요한 과제라고 생각한다.

4. 시민법관의 선발과정은 국민의 사법참여제도의 성공을 결정하는 중요한 문제이다. 왜냐하면 국민의 직접성과 대표성을 갖춘 시민들이 재판과정에 참여해야만 국민의 신뢰를 강화하고, 유지시켜 줄 수 있기 때문이다.[59] 주민등록 전산자료도 기본으로 하되, 각종 선거 참여도 여부, 세금납부 실적 여부 등도 참고자료로 활용해야 할 것이다. 또한 혈연, 학연, 정치적 신념, 전과기록 등도 깊이 고려해야 할 것이다. 이것은 시민법관들의 기본적인 사회적 책무에 해당한다. 한국

---

57) 김종철, 참심 및 배심제도 도입논의에 대한 검토[토론], 법과 사회 제25호, 동성출판사, 2003, 103-107면(107면).

58) 하태영, 국민의 사법참여－참심제 쟁점을 중심으로－, 경남법학 제19집, 2004, 227-242면(241면): 국민들은 법원에 대해 또 이렇게 비판하고 있다. "① 재판이 너무 어렵다. 제일 긴 문장은 1289자이다. 한 문장에 쉼표만 10개이고, 문장이 복잡하다. ② 일상생활에서 사용하지 않는 단어들도 있다. 국문과 대학원생도 잘 모른다. ③ 판결문은 일반국민들이 이해하기 어려운 성역이다. ④ 재판에 건전한 사회상식을 불어넣을 수 있다."

59) 하태영, 위의 논문, 227-242면(241면): 국민들은 "① 현행 재판제도는 권위적이고 폐쇄적이다. ② 사법부는 너무 관료적이다"라고 비판하고 있다. 만약 시민이 재판에 참여한다면, 법관의 활동을 직접 관찰할 수 있다. 시민법관의 법관에 대한 평정자료는 향후 법관인사에 반영될 수 있을 것이다. 따라서 국민의 사법참여는 법원의 문턱을 낮추고, 국민과 함께 하는 사법부로 발전할 수 있으며, 법관들이 시민사회에 호흡하는 전문직종으로 새롭게 자리 매김 할 수 있을 것이다.

형 국민의 사법참여제도의 정당성과 성공여부는 바로 여기에 달려있다. 우리나라의 경우 지역단위로 필요한 시민법관을 2배로 선정하고, 지역대표로 구성된 위원회(기초자치단체 '시민참여법관 선정위원회')에서 다시 선정하여, 최종적으로 지방의회의 승인을 받아야 할 것이다. 연령은 25~70세까지로 하고, 임기는 3년으로 하면 될 것이다. 참고로 독일의 경우 400만 베를린 시에는 약 5천명의 시민법관이 활동하고 있다. 이것은 사실 일상에서 거의 만날 수 없는 것을 의미한다. 또 하나 중요한 것은 국민의 사법참여의 장점과 단점도 충분히 홍보되어야 한다. 시민법관이 만약 재판에 참석하지 못하면, 재판이 속개될 수 없고, 사망 및 질병, 범죄행위를 저질렀을 경우 재판을 제1회 공판부터 다시 시작해야 한다는 점이다. 또한 시민들이 참여하는 재판으로 인해 피고인을 사회적으로 매장시키는 낙인 가능성, 사법시스템과 시민재판 전체를 부정하는 것이 될 수 있기 때문에 재심이 구조적으로 봉쇄되는 것도 국민의 사법참여가 내포하고 있는 위험이라는 것을 국민들이 알아야 할 것이다. 물론 아주 극단적인 예가 될 것이다.

5. 국민의 사법참여제도는 헌법 및 형사소송법, 법원조직법의 정비를 필요로 한다. 구체적으로 헌법 제38조 2 국민의 사법참여의무 신설 여부, '국민의 사법참여에 관한 법률' 제정 여부, 헌법 제104조 제3항(법관임명)과 제105조 제3항(법관연임규정), 제4항(정년규정) 개정 여부, 법원조직법 제5조(판사), 제9조의 2 제3항 신설(시민판사회의), 제17조 제1호(판사임명) 개정 여부, 헌법 제27조 제1항(법관에 의한 재판)의 개정 여부 등이 구체적으로 검토될 수 있을 것이다. 개인적으로 헌법 제27조 제1항은 개정할 필요가 없다고 생각한다.[60] 여기서 법률이 정한 법관이란 '법원조직법'상의 직업법관과 '국민의 형사재판 참여에 관한 법률'상의 시민법관으로 양자를 모두 포함한다고 볼 수 있기 때문이다. 국민사법참여에 관한 법률이 제정되면, 이 내용 중 일부는 향후 법원조직법 개정에도 반영되어야 할 것이다. 그 외 형사소송법은 공판중심주의 도입과 함께 상당한 부분이 개정되어야 할 것이다. 대법원 규칙과 공판정에서의 좌석에 관한 규칙, 소송촉진 등에 관한 특별법 시행규칙, 형사소송비용법에 의한 일당·여비·숙박료에 관한 규칙 등도

60) 시민의 사법참여의 헌법적 수용에 관해서는 이종수, 시민의 사법참여에 관한 헌법적 검토, 법과 사회 제25호, 동성출판사, 2003, 9-29면(25-28면); 송기춘, 헌법상 법원의 구성원리와 법원의 구성, 경남법학 제16집, 2000, 123-145면(132면); 신평, 사법개혁을 향하여, 대구가톨릭대학교, 2002, 332면; 정만희, 미국의 배심제도, 공법연구 제35권 제1호, 한국공법학회, 2006, 465-500면.

개정되어야 할 것이다.

6. 헌법 개정, 형사소송법 개정, 법원조직법 개정, 법정규모의 개조, 집중심리제의 제도화, 삼심제 소송구조의 개혁과 상소제도의 개혁, 시민법관의 비밀유지의무와 벌칙 조항 그리고 시민법관의 높은 도덕성도 공개토론에서 분명히 논의되어야 할 것이다.[61] 또한 "시민과 함께 하는 재판, 민주적 재판, 생동감 있는 선진형 재판, 국민에 의한 재판(국민의 사법참여제도)"의 성공적 정착을 위해서는 국민의 신뢰를 높이고, 초기단계에서 철저한 준비를 해야 할 것이다. 소책자와 CD도 제작하여 각 가정에 배포되어야 할 것이다.

7. 2005년 5월 16일 사법제도개혁추진위원회가 의결한 '국민의 형사재판 참여에 관한 법률(안)'이 2005년 12월 6일 국회에 상정되었다. 이 법률안은 2012년까지 5년간 시범운영을 전제로 한 과도기적 안이지만, 우리는 이 법률안을 통해 과연 얻을 수 있는 것이 무엇인지 깊은 관심을 가지고 지켜보아야 한다.

저자의 이러한 비판적 검토는 "이 법률안이 과연 무엇을 우리에게 남길 것인가"라는 의문에서 출발했다. "국민의 사법참여를 진정으로 원하는 법률안인가? 아니면 시대의 흐름 때문에 대외용으로 생색만 내고 결국 좌초시키려는 법률안인가? 배심제도와 참심제도를 혼합한 '한국형 비법밥 모델'이 하나의 실험으로 그치고, 유익한 결과를 도출할 수 있겠는가?" 이러한 비판을 우리는 다시 한번 냉정하게 숙고해야 한다.

"씨앗을 심을 때는 다시 옮겨 심지 않도록
나무가 가장 커졌을 때를 생각하고 심을 곳을 찾아야 하고,
위로 향하는 것일수록 넓은 곳에 단단히 뿌리를 내려야 하기 때문이다".

이 논문이 국회 입법과정에서 의미 있는 참고자료로 활용되었으면 한다.[62]

---

61) 하태영, 국민의 사법참여－참심제의 쟁점을 중심으로－, 참여연대 공익법센터－사법감시센터 정기포럼「배심제・참심제의 한국적 현실」발표논문(2003.12.1) 1-15면; 하태영, 국민의 사법참여－참심제의 쟁점을 중심으로－, 경남법학 제19집, 227-242면.

62) 법률신문, 형소법 개정 … 재정신청 확대・배심제 시행(종합), 2007년 5월 1일자; 국회는 2007년 4월 30일 본회의를 열어 일부 중범죄 사건에 관하여 일반국민을 배심원으로 참여하게 하는 것을 골자로 하는 '국민의 형사재판 참여에 관한 법률'을 원안에 크게 손대지 않고 통과시켰다. 이 법률은 2008년 1월 1일부터 시행되며 5년간 시범운영기간을 거친 뒤 2013년 확대 실시 여부가 결정된다. 이 법률의 제정으로 근대적인 사법제도가 도입된 지 110여 년만에 직업 법관에 의한 재판제도에 근본적인 변화가 생기게 된 것이다; 한인섭, [아침논단] 미리 본 대법원 출석 통지서, 조선일보사, 2007년 5월 8일자.

제5장 독일의 법학전문교육과 법조인양성*

Ⅰ. 문제의 제기

현재 로스쿨 논의가 한창이다. 여야가 로스쿨법안에 대해 줄 당기기를 계속하고 있고, 전국 40여개 대학들은 너무 많은 투자를 하여 되돌아갈 수도 없는 상황이다. 미국식 로스쿨이 도입된다면, 대륙법의 교육방법을 고수해 온 법과대학 교육현장은 일대 혼란이 발생할 것으로 보인다. 그래서 여기서는 대륙법 전통을 유지하면서, 영미의 케이스 교육방법을 도입하여 독자적으로 체계를 세워가고 있는 독일의 법과대학, 법학전문교육, 법조인양성 시스템을 간단히 검토해 보는 것도 시사점이 있나고 본다. 왜냐하면 로스쿨[1] 도입만큼이나 중요한 것이 로스쿨 교육내용[2]이기 때문이다. 이 글이 독일의 법과대학을 이해하는데 길잡이가 되었으면 한다.

1. 광복 후 한국 법학교육의 역사와 현주소

한국의 법학교육은 광복 후 거의 반세기를 넘는 역사 속에서 국민, 실무 그리고 학계의 요청에서 충실하지 못한 상태로 많은 비판을 받아 왔다. 자주적인 법

---

* 동아법학 제39호, 2007, 161-185면.

1) 이영준, [로스쿨 기고] 대법원이 모든 걸 틀어쥐면 안 돼, 서울신문, 2004년 9월 23일자; 조국, 로스쿨-'고시浪人' 줄이는 길, 중앙일보, 2003년 7월 17일자; 박상기, 국가발전을 위한 사법개혁, 서울신문, 2004년 5월 6일자; 정종섭, 핵심 놓친 사법개혁 논의, 중앙일보, 2004년 5월 10일자; 김정호, 로스쿨 소비자 관점서 보자, 헤럴드경제, 2004년 8월 11일자; 박상기, 사법개혁과 로스쿨 도입, 서울신문, 2004년 8월 17일자; 이국운, 수도권大 '로스쿨독점' 안 된다-소문대로면 개혁 아닌 개악, 지방분권주의에도 역행, 경향신문, 2004년 8월 22일자; 이용중, 미국식 로스쿨 도입과 법학교육, 이슈투데이, 2001년 12월 7일자.

2) 법과사회(편), [특집 1] 법학전문교육, 어떻게 할 것인가?, 법과사회 2004년 상반기 제26호, 동성출판사, 2004, 9-94면; 김재원, 미국 로스쿨의 법학교육방법-Case Method에 관한 오해와 이해, 법철학연구 제9권 제2호, 세창출판사, 2006, 57-80면: "Case Method 방식은 학생들에게 스스로 공부하고 생각하며 문제해결 능력을 배양하는데 효과가 있다. 반면에 체계적인 지식을 단기간에 대량으로 학습시키는데는 효과적이지 못한 방법이다. 따라서 우리의 당면과제는 우리 법률가의 실력을 더욱 향상시켜 국제경쟁력을 갖도록 하기 위해 어떤 방법을 더 많이 활용할 필요가 있는가 하는 것이지, Case Method와 강의식 교육방법 중 어느 것이 더 우수한가 하는 평가가 아니다"(78면).

학교육 및 법조시험제도가 시행된 지 60년이나 지났음에도 불구하고 아직도 제대로 된 궤도를 찾지 못한 채 비정상적이고 파행적인 상태가 지속되고 있다.

대학의 법학교육은 기형화 · 공동화 · 불모화 · 황폐화 현상을 나타낸지 오래되었다. 그럼에도 한국의 법학교육은 아직도 뚜렷한 목표나 좌표를 설정하지 못하고 현실적인 과제를 찾지 못하고 있다. 이 글에서는 독일의 법조인 양성과 법학전문교육을 참조하여, 통일과 세계화에 대비한 21세기 한국 법학교육의 방향을 모색해 보고자 한다.

2. 식민지 문화의 연장선과 한국의 법률문화

한 나라의 법률문화의 제도화와 근대화과정은 그 나라가 지닌 독특한 역사적 · 문화적 · 민족적 · 사회적 · 경제적인 배경의 영향 아래에서 행해진다. 우리는 다음의 세 가지 고질적인 전통을 안고 있다. 첫째, "국가는 국민에게 법의 생성과정과 법의 구체적 내용을 알려줄 필요가 없다"는 봉건적 사상이다. 둘째, "통치자에게는 법적 구속이 있을 수 없고, 법은 다만 국민을 통제하거나 억압하기 위한 도구"라는 관념이다. 세번째는 "사적인 분쟁을 법적 처리에 맡긴다는 것이 마치 부도덕한 처사"라고 보는 보수적 · 민족적 전통이다.

이러한 폐습적 전통은 상당부분이 일제 식민지 법률문화의 사생아(私生兒)들이다. 광복 이후 60년 동안 '법률제일주의'와 '법 앞에서의 불평등'을 우리는 신물나게 실제 생활영역에서 체감해 왔다.

그러나 사실 이러한 식민지문화의 연장선에 있는 한국의 법률문화는 '법학교육'과 '사법시험제도'에도 영향을 받고 있다. 광복 이후 한국의 법학교육은 독일법체계가 법조교육의 배경이 되어 독일화의 길을 택했으면서도, 사법시험제도만은 유독 1930년대의 일본식 제도를 그대로 모방하고 있다. 극히 적은 수만을 고등문관시험에 합격시켜 고급공무원으로 등용하게 하는 '전체주의적 · 관료주의적 · 귀족주의적' 교육형태를 따르고 있는 것이다. 군사독재시대에도 계속해서 '엘리트 위주의 선발방식'이 지배해 왔다. 광복 이후 반세기의 역사가 흘렀지만 우리의 법률문화는 일반 국민의 편(신속한 법적 해결과 저렴한 법률서비스)에서 늘 멀리 떨어져 있었다.

3. 한국 법학교육의 문제점

오늘날 "한국 법학교육의 문제점이 어디에 있는가"라는 검토 앞에서 다음과 같은 관점들이 토론의 쟁점이 될 것이다. 법학교육의 목적, 법학교육의 방법, 법과대학의 교과과정, 법학교육의 연한, 법과대학의 교수문제, 법학교육에 있어서 학생들의 참여방법 그리고 사법시험제도이다.

이 글에서는 개별적 쟁점들을 특별히 요약하지 않는다. 왜냐하면 그동안 한국에서는 이 문제에 대해 많은 전문가의 토론이 있었고, 또한 변혁과 개혁의 쟁점들은 인식을 공유하고 있기 때문이다. 그럼에도 크게 두 가지만 지적하고 싶은 것은 '한국 법학교육의 현재지표'와 '한국 법학교육의 낭비성'이다. 전자는 '교양법학에서 전문법학'으로 이동해야 하며, 후자는 '이념법학에서 실천법학'으로 방향전환을 해야 한다. 통일과 세계화의 준비 앞에 선 한국 법학의 방향은 이러한 흐름 이외에 어떤 또 다른 선택안이 있는가?

저자는 이러한 상황을 구체화하기 위해 '독일의 법조인 양성과 법학전문교육'을 그 예로 제시하고자 한다. 참고하는 자료들은 독일 통일 이후 동독지역 법과대학(할레, 예나, 라이프찌히, 드레스덴, 포츠담, 훔볼트대학)과 해당 주(Land) 국가시험에 관한 주 법안들이다. 또한 뮌스터대학교의 강의안도 보충자료로 사용하였다.

Ⅱ. 독일의 법학전문교육과 법조인양성

독일의 법학교육은 '법률적 소양을 갖춘 사회인의 양성'이 중심이 아니라, '법조인양성'(Juristenausbildung)이 핵심이다. 법학을 공부한 다수(약 70%)의 학생들은 법조 직업에 종사하게 된다. 종사 직종도 넓고 다양하다. 세분화되고 전문화된 판사직, 검사직, 변호사직 그리고 각종 공직의 법률담당부서(세무, 노동, 건축, 사회복지, 행정…)와 사기업의 법률담당(금융, 보험, 투자, 채권, 해사, 부동산…)부서이다.

그 외에 각급 법원의 자료정리 연구원, 판례보조 연구원, 대학 행정연구원 그리고 주정부, 의회 산하 각종 연구 직종에도 활동하고 있다.

오늘날 독일의 법조인들은 유럽연합(EU)체제와 관련하여 각종 전문법률의 번역과 유럽의 각종 법률안의 기획에도 참여하고 있다. 독일의 법학교육의 방향은 '판을 확대한 유럽의 법률시장'에서 법조인의 수(數)와 법조인의 질(質)을 향상시켜 양질의 법률서비스를 제공하는 것이다. 따라서 민주적·법치국가적 이념에 부합하는 "어학 능력을 갖춘 우수한 법조인 양성"이 21세기를 향한 독일 법학교육의 목표라고 할 수 있다.

1. 독일 법과대학의 입학 조건

독일 법학교육의 기본원칙은 독일제국(1871-1918)과 바이마르공화국(1919-1933)에서 확정되었다. 각 주정부에게 법학교육과 사법권을 인정하고 있는 독일연방 헌법제도하에서도 법학교육은 본질적으로 통일되어 있다. 직업법관, 검사, 변호사 및 공증인은 동일한 법학교육을 받아야 한다. 법과대학 교수가 되기 위해서도 이 과정은 필수적이다. 이들에게는 기본적인 법학교육과 함께 높은 학문적 업적(박사, 교수자격 논문)을 요구한다. 모든 법률 직종의 종사자에게 동일한 교육을 받게 할 때 소위 '완전히 갖춘 법률가'(Volljurist)가 양성된다. 국가시험 1차 준비는 법과대학에서 담당하고, 국가시험 2차는 주정부 법무부에서 전담한다.

완전한 법률가가 되기 위해서는 우선 법과대학에서 법학공부를 할 자격을 얻어야 한다. 그 시험은 '아비투어'(Abitur)이다. 이 시험은 통상 초등학교 4학년과 고등학교(Gymnasium) 9년의 교육과정을 마치고, 해당 고등학교에서 시험을 치르게 된다. 이 시험의 성적이 좋아야 한다. 법학을 공부하기 위해서는 최소한 2.0이상(상위 20% 이상)이 되어야 한다. 그만큼 경쟁이 심하다.

현재 많은 주에서는 그 중에서도 인원을 제한하고 있다. 참고로 작센-안할트(Sachsen-Anhalt)주의 할레대학교는 법과대학의 입학조건을 엄격하게 정하고 있으며, 2006학년도 신입생(겨울학기)을 255명으로 선발했다. 할레대학교의 법과대학 전체학생 수는 1848명(2006년 10월 기준)이다.[3] 일반적으로 입학은 겨울학기(10월 15일 시작)에 한 번만 허가되지만, 몇몇의 주에서는 여름학기(4월 15일 시작)와 겨울학기(10월 15일 시작)에 각각 신입생을 받는다. 이러한 상황은 각 주가 독자적으로 교육행정을 운영하기 때문이다.

---

3) Universität-Zeitung an der Martin-Luther-Universität Halle-Wittenberg vom 20. Oktober 2006, S. 3.

2. 독일 법과대학의 교과과정과 법학교육의 수학연한

법과대학에 입학한 학생은 국가시험 1차까지 다음과 같은 강좌를 필수 혹은 선택으로 이수해야 한다. 통상 강의 · 연습 · 필기시험 · 세미나로 구성되어 있으며, 필요한 성적증명을 받아야 한다. 이것은 국가시험 1차를 응시하는데 전제조건이며, 주정부 산하 '국가시험 담당부서'에서 확인한 후 시험응시자격을 부여한다.

조교와 함께하는 사례연습강좌(Arbeitsgemeinschaft, AG)는 3과목(공법, 형법, 민법)이다. 공법(기초 사례시험과 종합 사례시험 합격증), 형법(기초 사례시험과 종합 사례시험 합격증), 민법(기초 사례시험과 종합 사례시험 합격증), 기초법(선택 후 필기시험 합격증), 세미나(소논문 제출과 구술 발표 후 합격증), 기초 실무연습(법원, 검찰, 변호사사무실, 행정기관 연수 연수수료증 최소 3개 제출) 등이다.

이상은 최소한 취득해야 하는 의무강좌이나, 대부분의 법과대학생은 대개 6학기에서 7학기 안에 모두 취득하고 있다. 매 학기마다 제공되는 수많은 강좌는 학생들의 선택에 맡겨져 있으나, 대부분의 학생들은 '응시자격 전제조건' 외에는 학교강좌를 회피하고 있다. 왜냐하면 국가시험에 대한 스트레스 때문이다.

(WS: 겨울학기 / SS: 여름학기)

1학년 1학기(WS)	주당시간	합계	비고(증명서)
법학입문(강의)	2		(강의진도와 함께 조교 및 박사과
민법총칙(강의)	4		정원생의 지도로 기초사례연습)
민법 AG-강의보조 사례연습	2		AG-증명서
형법총론(강의)	4	24	
형법 AG-강의보조 사례연습	2		AG-증명서
헌법 I (통치구조)(강의)	4		
경제학입문(강의)	2		학기말 시험(성적증명)
1학년 2학기(SS)	**주당시간**	**합계**	**비고(증명서)**
채권법총론(강의)	4		
물권법 I (강의)	3		
형법각론(강의)	4	23	
기초사례: 형법-필기시험	2		4번 시험 중에서(1회 합격증)
헌법II(기본권)(강의)	4		
헌법 AG-강의보조 사례연습	2		AG-증명서

2학년 1학기(WS)	주당시간	합계	비고(증명서)
채권법각론(강의)	4	21	
물권법Ⅱ(강의)	4		
기초사례: 민법-필기시험	2		4번 시험 중에서(1회 합격증)
헌법Ⅲ(국제법 관련)(강의)	3		
헌법소송일반(강의)	2		
기초사례: 공법-필기시험	2		4번 시험 중에서(1회 합격증)
2학년 2학기(SS)	**주당시간**	**합계**	**비고(증명서)**
가족법(강의)	3	17	
상속법(강의)	3		
형사소송법Ⅰ(강의)	3		
행정특별법(강의)	3		경찰법, 범죄학, 조세법…
종합사례: 형법-필기시험	2		4번 시험 중에서(1회 합격증)
범죄학(강의)	3		
3학년 1학기(WS)	**주당시간**	**합계**	**비고(증명서)**
상법Ⅰ(강의)	3	22	
노동법(강의)	3		
종합사례: 민법-필기시험	2		4번 시험 중에서(1회 합격증)
민사소송법Ⅰ(강의)	3		
형사소송법Ⅱ(강의)	3		
일반행정법(강의)	3		
행정소송법개요(강의)	2		
청소년법(강의)	3		
3학년 2학기(SS)	**주당시간**	**합계**	**비고(증명서)**
상법Ⅱ(강의)	3	21	
상법Ⅲ(유가증권)(강의)	3		
노동법Ⅱ(강의)	3		
강제집행법(강의)	3		
비송사건절차법(강의)	1		
환경법	3		
행형법(강의)	3		
종합사례: 공법-필기시험	2		4번 시험 중에서 (1회 합격증)
4학년 1학기(WS)	**주당시간**	**합계**	**비고(증명서)**
각종 세미나(1선택)	2	12	과제물, 발표 (합격증)
국가시험대비 공법	2		
국가시험대비 사법	2		
국가시험대비 형법	2		
실제답안연습	4		

그렇다면 법학대학 학생들은 3년 6개월(7학기) 동안 어떻게, 어떤 강좌를 준비하고 마치는지 보다 구체적으로 살펴볼 필요가 있다. 여기에 관해서는 독일 할레대학교 법과대학의 강의안내서[4]를 참조하지만, 주요 내용은 거의 모든 대학이 비슷하다.

기타 법제사, 법철학, 법이론학, 사회법, 법사회학, 범죄학, 청소년법, 행형법, 경제법, 국제법, 의료법, 저작권법, 조세법, 유럽법(EU), 지적재산권법, 통상법, 해양법, 환경법 등의 많은 강좌가 매학기 제공되고 있다. 그 중 한 강좌를 선택하여 국가시험 1차 시험에 필수적으로 필기시험을 치루어야 한다. 선택은 각자의 관심사에 달려있다.

3. 독일 법과대학의 강의 · 시험 · 세미나

(1) 강 의

독일 법과대학의 강의는 대륙법체계의 법학선통을 유지하면서, 보충적으로 법원에서 판결한 판례강의를 병행하고 있다. 이를 통해 이론의 토대 위에서 법적 사고 · 추리능력을 키워 사회적 제문제를 해결하도록 하는데 중점을 두고 있다.

강의내용은 실정법과 부수특별법을 해실하고, 직접 시례를 대비시키는 살아있는 법학교육을 목적으로 한다. 최근에는 점점 판례교육을 강화하고 있다. 이러한 현상은 국가시험 1차 전제요건에서도 확연히 볼 수 있다. 헌법, 민법, 형법강좌를 사례연습기초(AG)와 병행하여 진행하고 있으며, 기초 사례시험과 종합 사례시험은 모두 실제 사례로 출제되고 있다. 교수가 진행하는 강의는 사례분석을 위한 절제된 법이론의 해설에 집중되어 있다.

(2) 시 험

독일 법과대학의 시험은 한 강좌 당 2~3시간을 치르게 된다. 이 시험에서 특정 교재의 한 부분을 알고 외워서 쓰는 것만으로 합격하는 것은 불가능하다. 교재의 전 부분을 숙지하고 있어야 충분한 답을 작성할 수 있다.

4) Martin-Luther-Universität Halle-Wittenberg, Juristische Fakultät, Studienführer für das Sommersemester 2006, Stuttgart u.a., Richard Boorberg Verlag, 2006, S. 28ff.

독일 법과대학의 시험은 단답형과 O·X형의 맞추는 시험은 없다. 오직 법전 하나만으로 공부한 내용을 중심으로 주어진 사례를 해결하는 시험이다. 정확한 법률을 찾아 체계적으로 심사해 나가야 한다. 독일 연방법원의 판결은 관점과 논증에 많은 참고가 되므로 법과대학생들은 열심히 판례를 공부한다. 시험 또한 철저한 채점과 교정을 거친 후 다시 학생들에게 되돌아 간다. 이것이 시험의 의미이기 때문이다.

(3) 세미나

독일 법과대학의 세미나는 '최신 주제'를 가지고 소논문작성과 발표·토론하는 학습방법이다. 소논문은 A^4 용지 15~20매 이내로 '학술논문'에 준하는 형식을 갖추어서 작성해야 하며, 주어진 주제에 자기의 의견이 개진되어야 한다.

대개 세미나는 저녁 혹은 학기 말에 1박 2일로 개최되고 있다. 이때 실무가(판사·의사·종교인·정치가)들이 대거 참석하고 있으며 세미나의 방법도 다양하다. 법률평석에서 판결평석 그리고 유명한(작고한) 지역법률가들의 저서를 공동으로 읽고 재평가하는 작업도 이루어지고 있다. 간혹 저명한 학자의 초청강연도 이 시간을 빌어 행해지고 있으며, 주변 법원·역사박물관도 견학하고 있다. 이때 학교는 일부 경비를 지원한다. 이것이 실험실습비의 주요 지출항목이다.

최근에는 자연과학 그리고 주변 학문과의 공동세미나가 부쩍 많이 늘고 있다. 의료법학, 환경법학, 교육·심리학과 연계된 범죄·사회법학 등에서 찾아 볼 수 있다. 예를 들면 1995년 6월에 발생한 '삼풍백화점 붕괴사건'은 독일의 법과대학에서 본다면, 공법·민법·형법의 공동세미나의 주제가 될 수 있는 중요한 테마가 될 수 있다. 사회적 쟁점들을 가장 먼저 법과대학에서 학생들과 함께 고민하고 토론하면서, 연구진과 학생들이 지적 경험을 쌓고, 살아있는 해결방법을 모색하게 된다. 그러나 우리는 아직도 깊은 잠에 푹 빠져 있다.

4. 독일 법과대학의 방학과 방학 중의 과제

독일의 방학은 대체로 길다. 여름방학은 7월 중순에서 10월 중순까지 3개월이다. 겨울방학은 2월 중순에서 4월 중순까지 2개월이다. 그러나 법과대학생들에게 이 방학기간은 완전한 휴가기간이 아니다.

1학년 1학기 겨울방학 때에는 형법시험(기초 사례시험: 법률쟁점 10~15개)의 전제조건인 사례과제물을 작성해야 한다. 이때 기초 연습사례는 직접 참고문헌을 인용하면서 해결해야 한다. 최소한 4점 이상을 받아야 합격한다. 엉터리 과제물은 퇴출시키고 있고, 합격이 다음 강좌 이수의 조건이며, 기초 사례시험을 응시할 수 있는 자격요건이다. 법과대학은 이처럼 철저하게 기초부터 관리한다.

1학년 2학기 여름방학 때에는 민법과 공법과목의 과제물을 동시에 해야 한다. 방학 기간은 길지만 여름 내내 도서관에서 책으로 공부해야 한다. 그래도 최대한 빨리 마치고 어학연수 혹은 여행을 떠난다. 법과대학들에게 각인된 것은 세 가지이다. 첫째, 법학은 이론과 경험이다. 둘째, 세계는 하나의 거대한 법률시장이다. 셋째, 어학은 현지에서 해야 정확하게 빨리 배운다.

3학기가 지난 2학년 1학기 여름방학 때에는 종합 사례연습과제물(민법과 공법)을 동시에 작성해야 한다. 제출과제물이 부실하다면 학기 중에 한번 더 기회를 얻지만 시험 때문에 모든 계획이 복잡하게 진행된다. 방학은 즐겁기도 하지만 또 한편으로는 전진을 위한 고통의 기간이기도 하다. 우리들 처럼 고시학원을 전전하지 않는다.

5학기 이후 3학년 1학기 겨울방학 때에는 기초실무연습을 한달간 해야 한다. 주로 변호사사무실에서 변호사의 업무를 보조하면서 법정에도 따라 다닌다. 이러한 실무연습은 6학기 이후 3학년 2학기 여름방학 때에도 계속된다. 이번에는 기초 실무연습을 행정기관(시청, 노동사무소, 동사무소 등)에서 해야 한다. 이러한 연수수료증은 최소한 3개가 있어야 하는데 이것은 국가시험 1차를 위한 중요한 응시자격의 요건에 포함된다.

각 연수담당부서에서는 연수내용을 자세히 기재한 확인증을 담당책임자가 교부한다. 물론 이러한 연수는 학기 중에도 가능하지만, 사실상 법과대학생들에게는 어려운 일이다. 독일에서는 엉터리 증명·확인증은 상상도 해 볼 수 없다. 그리고 이러한 연수과정을 통해 소송실무를 배우고 있다. 이처럼 독일 법과대학의 방학과 방학 중 과제는 철저히 법조인양성에 초점을 두고 있다.

5. 독일 법과대학생의 국가시험 1차 시험 준비

독일의 경우 각 주에서 실시(대체로 3월과 9월 두 차례 실시)하는 국가시험요강을 보면, 국가시험 응시자격을 법과대학에서 7학기를 마치면 가능하도록 되어 있다. 물론 응시자격에 필요한 시험과 연수실무를 모두 합격한 증명서가 있어야 한다. 이에 관한 평가점수는 응시자격에 전혀 영향력이 없다.

그러나 실제로 국가시험을 통과하기까지 1년에서 2년을 더 집중적으로 공부를 해야 한다. 그래서 학생들은 응시준비기간을 통상 10학기에서 12학기(5~6년)라고 말하고 있다. 여기에는 몇 가지 근거가 있다. 만약 국가시험에 두 번을 응시하여 모두 불합격한다면, 최소한 독일에서는 국가시험 1차 재응시가 불가능하다. 여태껏 쌓아왔던 법률가의 꿈이 산산조각이 나게 된다. 그래서 법과대학생들은 첫 1차 시험에 상당한 불안을 느낀다. 마지막인 두번째 응시는 그만큼 심리적 불안과 정신적 고통이 따르기 때문이다.

다른 하나는 국가시험 1차 성적은 1차 시험 합격 후 연수지 선정(주 고등법원, 지방법원, 지원…)에 결정적으로 영향을 미치고 있으며, 연수시기를 선정하는 데에도 차이가 있다. 좋은 성적을 받았다면, 집 부근의 법원 혹은 주 고등법원(OLG)에서 상급판사들 옆에서 보다 많은 경험을 쌓을 수 있는 장점이 있다. 연수 시기도 1차 합격 이후 바로 가능하다. 또한 박사학위논문을 지도해 줄 지도교수의 선정도 쉽다. 참고로 독일의 법학박사 과정의 입학은 1차 시험 합격자 중 상위 3% 내에서 가능하다고 보면 된다.

이러한 이유 때문에 독일의 법과대학생들은 학교의 '국가시험 1차 준비반'과 사설 전문학원을 찾고 있다. 또한 자체적으로 스터디그룹을 만들어 사례연습을 하고 있다. 국가시험 1차 준비는 엄청나게 강조되고 있고, 그 때문에 전국적으로 사설학원이 비례하여 늘고 있으며 이러한 현상은 독일에서 많은 비판을 받고 있다. 그래서 주정부는 "법과대학이 교육을 더 충실히 하라"고 촉구하고 있다. 주정부가 예산을 쥐고 있기 때문에 이러한 주문이 가능한 것이다.

6. 독일의 국가시험 1차 시험 수준과 채점

독일 연방법에는 법관의 직업에 관한 규정이 있지만, 국가시험에 관한 세부적인 것은 각 주의 의회, 정부 또는 주사법장관의 권한에 위임되어 있다. 참고로 독일 기본법 제92조와 제98조 제3항 제1문에 의하면 연방법원을 제외하고 법원·검찰·경찰·행정기관은 주의 관할에 속한다. 각 지역의 조직구성, 인적 충원 그리고 입법은 모두 해당 주의 법무부가 담당하고 있다. 따라서 국가시험의 응시자격과 시험과목 그리고 시험내용은 간접적이지만, 해당 각 주의 법과대학의 강의계획과 강좌개설에 상호 영향을 주고 있으며 또한 영향을 받는다.

독일의 국가시험 1차 시험은 사법연수생의 선발을 위한 시험이다. 이 시험은 필기시험과 구술시험으로 구분된다. 필기시험은 공법, 민법, 형법을 필수과목으로 각 5시간짜리 종합 사례시험을 치른다. 대학에서 배운 법률지식을 토대로 1주일 이내에 세 과목의 시험을 실시한다.

여기서 수험생이 관심을 가지고 선택한 전공(법제사, 법철학, 법이론학, 사회법, 법사회학, 범죄학, 청소년법, 행형법, 경제법, 국제법, 의료법, 저작권법, 조세법, 유럽법(EU), 지적재산권법, 통상법, 해양법, 환경법, 가족법, 언론법 등)을 한 과목 추가하는데, 5시간짜리 시험이다. 일반적으로 채점기간은 3~5개월이 걸린다.

합격통지서를 받으면 공법, 민법, 형법 중 하나를 택해 '사례연습 논문형 과제물'을 6주 이내에 국가시험기관에 제출해야 한다. 분량은 보통 A^4용지 80~100매 이내이다. 물론 A^4용지의 3분의 2만을 사용하고 읽을 수 있는 글씨(보통 컴퓨터로 10포인트)로 작성하여 규격을 갖추어야 하고, 책으로 엮어 제출해야 한다. 참고문헌도 철저히 검증하여야 한다. 표절은 상상도 할 수 없다. 그리고 난 후 1차 시험의 마지막 단계인 구술시험을 치르게 된다.

국가시험 1차의 마지막 관문인 이 시험은 4~5인의 구술시험관 앞에서 배운 전 강좌의 기초적인 법률지식에서 판례와 학설까지 다양하게 질문을 받고 응답해야 한다. 이때 평소 학교강의와 기초 법률지식에 관심을 두지 않은 수험생은 어려운 시간을 보내게 된다. 참고로 우리의 2차 시험에 해당되는 논문식 질문들이 핵심적으로 모든 수험생들에게 집중적으로 쏟아진다고 보면 틀림없다. 아울러 시사성 있는 어려운 법적 쟁점들이 질문되기도 한다. 물론 이것은 상식이 아니라, 법적 견해가 뒷받침된 이론구성을 묻는 질문들이다.

필기시험 4개(공법, 형법, 민법, 선택 1)와 사례연습 논문형 과제물은 국가시험위원회에서 직접 채점한다. 이 위원회의 채점위원들은 대학교수 · 법원 · 검찰청 · 지방변호사회 · 행정기관의 실무가로 구성되어 있다. 각 항목 당 3명으로 팀을 이루어 철저하게 채점한다. 왜냐하면 시험점수에 대한 소원이 들어오면 수험생들에게 공개해야 하기 때문이다. 여기에는 사전에 미리 만들어 놓은 '참조용 채점기준'이 적용된다. 모든 채점자는 각 시험답안마다 채점평을 작성하여 제출한다. 대체로 공정하고 통일적인 평가기준을 가지고 있다. 구술시험도 구술시험관에 의해 비슷한 방식으로 채점된다.

독일의 국가시험 1차 성적은 필기시험, 과제물, 구술시험을 종합하여 평점이 나온다. 만점은 18점인데 보통 6단계로 나누어져 있다. ① 등급 16~18점: 아주 훌륭함, ② 등급 13~15점: 훌륭함, ③ 등급 10~12점: 우수, ④ 등급 7~9점: 보통, ⑤ 등급 4~6점: 만족 이상이면 합격이며, ⑥ 등급 0~3점: 미달로 불합격이다. 보통 1차 시험 응시생 중 30%가 불합격이며, 70%의 합격자 중 50%가 ⑤ 등급 4~6점: 만족 사이이며, 나머지 35%가 ④ 등급 7~9점: 보통에 걸쳐 있고, 4.5%가 ③ 등급 10~12점: 우수이며, 0.5%가 ① 등급 16~18점: 아주 훌륭함에 해당한다.

총점은 소수점 두 자리까지 계산된다. 9.1점부터는 우수한 성적에 해당하며, 2차 성적도 비슷한 방향이라면 판사직·검사직은 충분하다. 이러한 성적이면 박사논문을 쓸 자격도 얻을 수 있으며, 대학에서 조교생활도 가능하다. 또한 좋은 연수 자리도 보장되어 있다. 독일에서는 채점이 워낙 까다로워 전체과목 성적이 ④ 등급 7~9점을 넘는다는 것은 매우 사실상 힘들다.

7. 독일의 국가시험 2차 시험 수준과 채점

독일에서는 국가시험 1차 시험을 마치고 나면, 바로 2차 준비를 하기 위해 사법연수생이 되는 경우와 외국에 유학하는 경우(미국, 영국과 프랑스 등 유럽연합국가, 스위스, 중국, 일본 등) 그리고 대학에서 조교생활을 하면서 박사논문을 준비하는 경우로 나눌 수 있다.

그러나 대부분이 바로 사법연수생으로 입교하여 2~3년 반에 걸친 수습생활을 한다. 이때 신분은 공무원이며, 일정한 급여와 수당을 받는다. 이 기간을 실무기간이라 하는데, 우리나라의 연수기간과 비슷하다. 주로 법원, 검찰, 변호사 및 행정기관을 돌면서 법률사무를 배우면서 처리한다.

법원에서는 재판과 중재사건에 참여하고 판결문을 기안하며, 검찰에서는 경미한 사건에 대해 검사로서 공소를 제기하며, 변호사 사무실에서는 소송의 변호인으로서 법정에 서기도 한다. 그러한 수습기간이 끝난 이후에 제2차 국가시험(사법관보시험)에 응시하게 된다.

주정부의 2차시험위원회는 대개 법률실무가로 구성되어 있다. 2차 시험(1차

시험과 마찬가지로 두 번의 응시기회가 있다)의 내용은 공법, 민법, 형법 중 택일 없이 전과목을 모두 필기시험으로 하며, 시험은 판결문을 직접 작성하는 것이고, 합격 후 선호하는 전공을 택일하여 과제물(사례해결 판결문)을 제출하고, 마지막으로 구술시험으로 전공 택일 이외의 다른 분야 하나를 택하여 15분간 사례구술시험을 치룬다. 예들 들면 공법과목에 대한 과제물을 제출했다면, 사례구술시험은 민법 혹은 형법에서 택해야 한다.

2차 시험에서 최종적으로 합격하면, 1차와 2차 시험성적이 소수점 두 자리까지 산정된다. 2차 시험에 합격한 자는 독일에서 '완전한 법률가'(Volljurist)가 된다. 여기까지 대학 4~6년, 연수 3년 전체 7~10년이 걸리는데, 합격률은 국가시험 1차 합격자 중에서 대체로 2차 합격자는 70% 정도가 된다. 신입생 300명 기준으로 1차 200명 합격, 2차 140명이 합격한다. 이 기간 동안 외롭고 힘든 길을 걸어야 한다.

8. 독일 법과대학을 움직이는 힘

–근로학생 · 연구조교 · 학과조교 · 박사과정 · 교수자격논문–

독일의 법과대학에서 학비를 조달하는 근로학생(studentische Hilfskraft) 자리를 구한다는 것은 쉬운 일이 아니다. 공부하면서, 배우고, 생활비도 벌 수 있기 때문이다. 이 자리를 얻기 위해서는 교수와 유대가 있어야 하며, 먼저 학교성적(필기시험 혹은 세미나)이 우수해야 하고 성실해야 한다. 강의 이외에 담당교수의 업무보조를 하면서 한 달에 약 500유로(약 60만원)를 수입으로 얻는다. 학생들의 연구보조는 주로 자료 복사와 논문 교정 그리고 사례모의답안을 작성하는 일이다.

연구조교와 박사과정 학생들은 대체로 국가시험 1차 성적이 우수하고 성실한 인력 중에서 선발된다. 박사과정은 1차 시험 합격자 중 단 3%밖에 되지 않는다. 그래서 이들은 자부심이 대단하며, 주로 교수들의 연구에 상당한 조력을 하고 있다. 독일은 박사(Dr.)를 집의 문패에도 새길 정도로 명예롭게 생각한다. 교수자격논문을 준비하는 자는 장래 교수요원이다. 국가시험 성적과 박사학위논문이 학계에서 주목을 받아야 갈 수 있는 자리이다. 이와 같이 법과대학을 움직이는 힘은 모두 주정부의 예산에서 나온다. 이것이 독일의 법과대학을 강하게 만들고 있는 것이다.

9. 독일 법과대학의 강사진과 이론가와 실무가의 교류
-전문법과대학체제 구축-

독일 연방법상 독일 법과대학의 교수는 앞서 말한 1차 국가시험과 2차 국가시험을 거치지 않아도 임용이 가능하다. 물론 실제로는 아주 힘들다. 역사, 철학, 심리 등 특수한 분야에서 상당한 업적을 쌓은 경우에는 주정부의 심의를 거쳐 교수로 임용이 될 수 있다. 한 예로 뮌스터(Münster) 대학교 법과대학의 범죄학 교수는 심리학을 전공하고, 국가시험 없이 법학박사학위와 교수자격을 취득했다. 그는 세계적으로 유명한 범죄심리학 교수(한스 요하임 슈나이더, Hans Joachim Schneider)이다.

독일 법과대학의 교수 중 95%는 교수직을 위한 최종자격을 얻기 전에 우수 이상의 성적(② 등급 13~15점: 훌륭함)으로 국가시험 1·2차를 마치고, 이 기간에 더욱 분발하여 박사학위를 취득하고, 법학대학의 조교로서 활동한 이력이 대부분이다. 교수로 채용되는 자도 법조실무교육을 마쳐야 한다.

현재 독일의 많은 대학에서는 대학교수가 주 고등법원(OLG)과 지방법원(LG)의 판사직을 겸직하고 있다. 대개는 상급 지방법원(LG) 또는 상급 행정법원에서 활동하고 있다. 왜냐하면 직업법관이 해야 하는 막중한 업무를 강의 및 연구와 함께 병행하기란 사실상 불가능하고, 실제 여력이 없기 때문이다. 또한 일부 교수들은 상급심 판결에 대한 승소여부에 대한 검토의견서를 제출하면서 변호사 업무도 병행하기도 한다. 물론 슈퍼맨이 되어야 한다. 이것은 사적인 업무이기 때문이다.

반대로 판사와 특정분야의 전문변호사가 독일 법과대학에서 강의를 맡는 길은 열려 있다. 특히 전문적인 분야일수록 그 폭은 넓다. 주정부로서도 예산상 정식교수를 채용하기 어려워 기간제로 강좌계약을 체결하고 있다. 또한 국가시험 1차 시험 준비 강좌를 전담하기도 한다. 이러한 현상은 독일 전 대학의 일반적 추세이다. 독일 통일 이후 구동독 소재 법과대학은 이러한 인적 교류를 통해 우수 교원들을 겸임으로 상당부분 흡수하여 성공적으로 인적 확충을 돕는 완충역할을 완벽하게 수행했다. 현재도 이러한 지원은 전 대학에 폭넓게 확대되고 있다. 우리의 겸임교수 취지와 비슷하다고 생각하면 된다.

Ⅲ. 통일과 세계화에 대비한 한국 법학교육의 방향

통일과 세계화의 길목 앞에서 21세기는 한국의 법률가들에게 '새로운 임무와 과제'를 부여하고 있다. 모든 영역에서 법률전문가의 조력을 받아야 할 만큼 복잡한 법망으로 얽혀져 있는 우리의 현실 생활세계는 한국의 법률가들에게 '저렴하고 신속한 법률서비스'를 요구하고 있다. 또한 특권의식에 사로잡힌 귀족적 법조인을 더 이상 인정하지 않으려는 현대 시민사회의 의식은 한국의 법률가들에게 '법 앞의 공정한 집행과 법률에 의한 정당한 변호사 사례비용'를 촉구하고 있다. 이러한 '시대상황과 국민의 법률에 대한 의식계몽'은 미래의 한국 법학교육의 방향에 대해 심각한 질문을 던지고 있다. 독일의 법과대학과 법조인 양성과정에서 우리가 확인할 수 있듯이 혁명적인 개혁 없이는 법학교육의 방향을 틀 수가 없다. 특정대학에서는 전체 대학생의 약 5%가 고시공부를 하고 있고, 지방대학에서는 방학 때마다 서울 고시촌으로 원정을 하고 있다. 이것이 통일과 세계화를 대비한 한국 법학교육의 방향이라고 말할 수 있겠는가?

1. 법학교육목적의 방향전환 －교양법학에서 전문법학으로－

법제도가 그 사회의 역사적, 문화적, 사회적, 경제적, 정치적인 배경 아래에서 채택되고 정착되는 것은 사실이지만, 시대적 변천에 따라 그 제도는 개혁되어야 한다. 한국 법학교육의 60년간의 지표는 '법률적 소양을 갖춘 사회인의 양성'에 중점을 두고 '법률전문직에 필요한 기초적인 지식과 소양'을 제공하는 것을 부차적인 목적으로 삼아왔다.

이러한 지표는 '법률면허직'을 취득하는 것을 유독 어렵게 만들었고, 막대한 '교육의 낭비'와 '고시를 위한 강습소 교육'으로 파행화시켰다. 국민, 학생, 교수, 실무가 모두에게 비판이 되고 있는 이러한 지표가 계속 이어져야 하는지, 아니면 그 방향을 새롭게 모색해야 하는지, 그에 대한 중대한 역사적 시점에 서 있다. 이념형으로서의 한국 법학교육의 목적은 이제 '전문직업을 위한 법학교육'으로 전환되어야 한다.

언제 다가올지 모르는 '남북한의 통일'과 단일화 되어가는 '세계 경제 전쟁'은 이러한 방향전환을 절실히 요구하고 있다. 남북한의 통일은 짧은 시간 내에 다양한 분야의 전문법조인력을 절실히 필요로 할 것이며, 이것은 법치국가와 인권보장에도 엄청난 기여를 할 것이다.

또한 세계 경제전쟁은 더 이상 '방어적 법률대응'을 허용하지 않을 것이다. 미국, 중국, 유럽, 아시아, 남미, 러시아, 아프리카, 아랍권 등을 파고들기 위해서는 항상 '정보와 법률지식'이 선도와 보호의 역할을 해야 한다. 따라서 '일반직을 위한 법학교육의 지표'는 과감히 '다른 학문영역'으로 넘겨주어야 한다. 교양법학은 법과대학이 아닌 다른 학부에서 '법학교양강좌'로 그 수준을 넘겨 받아야 한다. 이제 그 시점이 되었다고 생각한다.

2. 법과대학의 교과과정과 교수방법의 획기적 개선
—실무가와 이론가의 교류—

법학교육이 국제, 정치, 사회, 경제적 요청에 부응하기 위해서는 인접과학과의 흡수, 통합이 이루어져야 한다. 이를 토대로 교과과정의 전문화, 고도화, 다양화, 특수화가 이루어져야 한다. 기초법과 공법, 민법, 형법 등 소위 '핵심강좌'를 제외하고는 특별법 강좌들이 대폭 개설되어야 한다. 또한 '판례연구'도 더욱 세분화하여 개설되어야 한다. 이러한 강좌는 교수의 재량에 의해 강좌가 개설될 수 있도록 제도가 뒷받침이 되어야 한다.

교수방법 또한 주입식 강의 방식에서 벗어나야 한다. 그렇게 하기 위해서는 가능한 한 30명 이내의 세미나가 많이 개설되어야 한다. 기초강좌 및 3법 강좌를 청강한 학생들은 의무적으로 한 강좌는 세미나에 참석하도록 제도적으로 뒷받침되어야 한다.

세미나는 작은 주제와 함께 개설되는 학기의 방학 전에 공고가 되어야 하며, 참여 학생들에게 미리 신청을 받아 방학 때 구성과 작성지도를 해야 한다. 최소한 발표 2주 전에 담당교수에게 발표논문을 제출해야 하며, 1주일 전에 모든 참석자들이 돌려가며 읽고 토론준비가 되어 있어야 한다. 왜냐하면 토론 없는 법학은 죽은 법학이기 때문이다.

각 법과대학은 법원, 검찰, 변호사 등 실무가에게도 야간에 강좌를 개설할 수 있도록 배려해야 하며, 계약제 전임발령을 통해 강좌에 의무를 부가해야 한다. 또한 실무가가 행하는 강좌는 '실무견학'도 부가해야 하며 민사소송법과 형사소송법 그리고 헌법소송과 행정소송을 배우기 전에는 반드시 실무견학을 권장하고 강좌가 내실화 될 수 있도록 지도해야 한다. 이것은 현실적으로 실무자가 법학교육에 도움을 수 있는 영역이다. 이제는 대학과 법조가 모두 함께 같이 가야 한다.

3. 법률시장의 제도적 확대
–사법시험 제도개선과 관련한 전문변호사제의 도입–

한국에서는 오랫동안 사법시험의 제도개선과 관련하여 상반된 주장들이 대립되어 왔다. "국민에 대한 법률서비스의 확충을 위한 사법제도 개혁안"은 기득권 싸움으로 혁신적인 변화를 보지 못하고 중단되어 있다. 일부에서는 지역 이기주의로 각각 구축한 영역을 심하게 비판하기도 한다.

그러나 생각건대 법률시장을 제도적으로 세분화하고 확대한다면, 나는 말로 '법조시장의 판을 넓힌다면' 사법시험의 제도개선은 충분히 가능하다고 본다. 이념형 법학교육에서 실무형 법학교육으로 바뀐다면 보다 많은 학생들이 로스쿨 졸업 후 사법시험에 합격할 수 있을 것이다.

그렇다면 "이처럼 많은 사법시험 합격자를 어떻게 다 소화할 것인가"라는 의문을 제기할 수 있다. 또한 "기득권이 무너진다"라는 염려도 할 수 있다. 그러나 다음과 같은 제안들이 나올 수 있을 것이다.

첫째, 법조실무 경력을 고려하여 전문변호사(예를 들면 특수분야 인증)제도를 도입하자는 것이다. 이렇게 될 때 여러 사건을 수임하지 않아도, 또한 많은 시간을 쪼개지 않아도 충분히 일정한 수익이 보장된다고 생각한다. 독일은 이러한 전문변호사제도를 갖고 있다.

둘째, 변호사 분속제를 두고, 경력을 가진 변호사를 특정법원에 지정하자는 것이다.

셋째, 국가시험최종합격자의 상위 50%만 판·검사·변호사 활동을 허용하고, 하위 50%는 공무원·일반공사·사기업의 법률담당 부서에서 흡수하는 것이다. 최소한 국가시험 최종합격자는 모든 법률담당부서에서 활동이 가능한데, 단 매년 우수한 상위 20%는 현직에서 충원하고, 나머지 30%는 각 변호사 법인체에서 3

년간 활동 후 독자개업이 가능하도록 한다면, 기득권에 큰 타격은 없으리라 믿는다. 물론 여기에는 재정여부가 문제될 수 있을 것이다. 그러나 모든 합격자에게는 각기 자기 분야에서 전문변호사로 가는 길이 열려있어야 한다(예를 들면 민사법분야, 형사법분야, 상사법분야, 교통법분야, 세법분야, 환경법분야, 국가거래법분야, 해양법분야, 언론법분야, 지적재산법분야, 상속법분야, 노동법분야, 의료법분야, 스포츠법분야, 행정법분야, 전자상거래법분야, 건축법분야, 국제사법분야, 국제법분야 등).

사법제도개혁과 법학계 자체에도 문제가 있지만, 실무가의 기득권의 문제라면, 전문변호사제도는 사법시험제도와 법과대학의 법학교육에서 엄청난 영향을 줄 수 있으리라 믿는다. 변호사 업무의 제도적 개혁과 법률업무의 체계적 확대만이 기형적 법학교육을 조금이라도 회생시킬 수 있으리라 확신한다.

끝으로 부언하고 싶은 것은 남북통일이 된다면, 현재 활동하고 있는 판사·검사·변호사의 2분의 1이 더 필요하다는 점이다. 세계의 무역거래가 더욱 확대된다면, 어학능력과 전문능력을 갖춘 실무가는 더욱 필요할 것이다. 이것은 독일과 유럽연합의 경험에서 확인할 수 있을 것이다. 이제 더 이상 우물 안에서 하늘을 보아서는 안 된다.

Ⅳ. 통일과 세계화에 대비한 단기유학의 필요성

독일의 전 법과대학에는 「소크라테스-에라스무스 교류협회」(Sokrates-Erasmus Kooperration)가 상설되어 있다. 이 제도는 유럽연합 지역내에서 자매결연을 맺은 학교에서 한 학기에서 두 학기 단기유학을 도와주는 제도이다.[5]

각 학교마다 담당교수와 상설지원센터(Erasmusbüro)가 있으며 어학능력을 심사한 후 독일 장학재단(DAAD)의 지원 속에 유학이 이루어진다. 유학생은 선택한 강좌를 수강해야 하며, 학기말에는 시험을 보고 증명서를 받아야 한다. 물론 해당 유학국의 언어로 해야 하는 시험이다. 무사히 그 과정을 마치면 에라스무스

---

5) Martin-Luther-Universität Halle-Wittenberg, Juristische Fakultät, Studienführer für das Sommersemester 2006, Richard Boorberg Verlag, Stuttgart · München · Hannover · Berlin · Weimar · Dresden 2006, S. 27: 참고로 독일 할레대학교 법과대학은 ① Paris(Science Po), ② Athen, ③ Madrid, ④ Paris X(Nanterre), ⑤ Udine(Italien), ⑥ Vigo(Spanien), ⑦ Paris XII(Créteil), ⑧ Siena(Italien), ⑨ Pamolona, ⑩ Zürich, ⑪ Padua(Italien), ⑫ Białystok, ⑬ Bergen, ⑭ Bratislava(Slowakei) 등과 자매협정을 체결하고 학생교환 프로그램(Studieren im Ausland)을 운영하고 있다.

수료증(Zertifikat)을 받는다. 이러한 단기유학은 독일 법과대학에서 절대적으로 추천되고 있는 단기유학 프로그램이며, 상당히 인기가 높아 제도적으로 완전히 정착하고 있다. 따라서 각 법과대학은 많은 학생들에게 기회를 주기 위해서 자매학교를 유럽의 전지역으로 확대하고 있으며, 상대국 학생들도 받고 있다. 바로 이것은 젊은 법과대학생들의 상대국의 이해를 촉진시키는 프로그램이라고 할 수 있을 것이다.

오늘날 어학의 중요성은 점점 강조되고 있다. 일상 언어 소통에서 전공언어의 수준으로 확대되고 있다. 어학은 젊은 학창시절에 현지에서 배워야 실력이 배가 된다. 그런 점에서 학창시절에 단기유학은 적극 추진되어야 한다.

물론 유학 전 많은 준비가 필요하다. 특히 어학준비가 그렇다. 이러한 준비를 뒷받침하는 법학강좌의 외국어 강의 및 학교의 재정적 지원은 획기적으로 개선되어야 할 것이다. 우리나라의 경우 미국과 유럽국가 뿐만 아니라, 가까운 중국, 일본, 베트남, 말레이시아, 인도네시아, 태국 등도 장기적인 안목에서도 깊이 염두에 두어야 할 나라들이라고 생각한다.

독일의 법과대학으로 가는 단기유학은 그 조건이 한국에서 최소한 석사과정을 마쳐야 한다. 독일에서 박사과정도 단기석사과정(LLM)을 마쳐야 밟을 수 있다. 어학은 각 대학의 어학과정에서 배울 수 있으나, 어학능력은 입학허가의 중요한 전제조건이다. 어학과정은 최소한 1년이 소요된다.

참고로 독일 대학은 학비가 없다. 다만, 생활비와 보험료를 본인이 부담해야 한다. 1년 경비는 800~1000만원(2006년 12월 기준)이면 검소하게 생활할 수 있다.

독일 대학의 입학은 보통 겨울학기(10월 15일 경)에 시작되며, 여름학기(4월 15일 경)에도 가능한 경우가 있다. 만약 독일 유학을 계획하고 있다면, 한국에서 최선을 다하여 학부와 석사과정을 마쳐야 한다. 그 다음 원하는 독일 각 법과대학에 입학허가신청을 해야 한다. 제출할 자료는 대학교의 성적증명서, 졸업증명서와 어학증명서 등 요구하는 서면양식에 충실히 답하면 된다. 이것이 성공한다면, 통상 10월과 4월 초에는 유학을 떠날 수 있다. 독일 법과대학의 단기석사과정(법학석사학위과정, LLM)은 어학 합격 후 1년이면 끝난다. 독일 유학을 계획한다면 어학 1년, 석사과정 1년, 합계 2년이면 성공적인 유학이 될 것이다.

이러한 짧은 유학이 법학・사법발전에 큰 밑거름과 도움이 되리라 믿는다. 왜냐하면 외국에서 쌓은 많은 경험들은 장래 실무가가 되거나 또는 학문을 설계하는 법과대학 대학원 원생들에게 엄청난 학문적 자산이 될 수 있기 때문이다.

그렇기 때문에 우리는 통일과 세계화에 대비한 단기유학의 필요성을 심각히 인식해야 한다. 왜냐하면 북한지역의 법조시장을 위해 준비해야 하고, 무역전쟁에서 한국의 기업들을 지원해야 하기 때문이다. 법조는 스스로 개혁을 할 수 없다면, 변화의 흐름에 침묵해야 한다. 전국 법과대학의 총명한 대학생들이 한국의 미래를 설계하고, 세계를 향해 나아가는 꿈을 더 이상 꺾어서는 안 된다. 실무가나 이론가들은 그들이 활동하는 시대를 위해 아름다운 씨앗이 되어야 한다.

갈등의 시대가 지나가고, 혼돈의 시대가 정리되면서, 새로운 도약의 시대가 오기를 갈망한다. 「똑똑한 대한민국, 빛나는 대한민국」은 유능한 법조인들이 뒷받침이 되어야 성공할 수 있기 때문이다.

제 2 편

생명과 인권

제1장 사형제도는 폐지되어야 한다

제2장 긴급체포된 피의자와 체포적부심사청구

제3장 공소시효의 문제점과 개정방향

제4장 형법상 부작위범이 인정되기 위한 요건

제5장 의사의 치료중단과 형사책임

제1장 사형제도는 폐지되어야 한다*

Ⅰ. 다시 사형제도를 생각하면서

> "화형대에는 잔 다르크가, 고문대에는 캄파넬라가, 단두대에는 토머스 모어가,
> 약사발에는 소크라테스가, 십자가에는 예수 그리스도의 이름이
> 그리고 교수대에는 보잘 것 없이 소중한 안타까운 이름들이."1)

1764년 체자레 베카리아(Cesare Beccaria, 1738-1794)가 그의 저서 『범죄와 형벌』에서 사형제도의 폐지를 주장2)한지도 벌써 250년이 되어 온다. 그동안 사형제도를 폐지한 국가도 많이 생겼으나, 아직도 사형제도를 존치시키고 있는 국가

---

* 이 논문은 다음 두 편의 글을 수정·보완한 것이다; 사형제도는 폐지되어야 한다, 경남법학 제13집, 1998, 121-172면; 인권과 사형, 세계인권선언 제53주년기념 인권세미나, 앰네스티 법률위원회, 2001, 83-126면.

1) 안경환, 법과 문학 사이, 까치, 1995, 174면. 19세기의 가장 위대한 소설가 중의 한 사람, 프랑스의 빅토르 위고(Victor Marie Hugo, 1097-1141)가 인간성과 제도에 관련하여 깊이 고심한 문제는 사형제도이다. "사형제도란 고문이나 마찬가지로 인간성 그 자체에 대한 모독이며 도덕성이 상실된 결정적인 증거"라는 것이 위고의 주장이다. 위고는 시론 '사회제도에 대하여'에서 '모든 사형대에는 무고한 사람들의 이름이 새겨져 있다'면서 세계사를 회고한다. 조선일보, [프랑스] 사형제도 폐지촉구 국제회의 열려, 2001년 6월 22일자, 국제면: 1999년 국제인권위원회 통계에 따르면, 중국이 1263명으로 최대 사형국가의 위치를 차지했고, 이란(165명), 사우디아라비아(126명), 콩고(100명), 미국(98명)이 그 뒤를 잇고 있다. 2000년에는 28개국에서 1457명의 죄수에게 사형이 집행됐다고 밝혔다; 조선일보, [국제사면위] 1996년 한해 4,000여명 사형당해, 1997년 4월 6일자, 국제면.

한국의 통계자료에 관해서는 이상혁, 사형폐지의 전략과 전망, 법정신문 1994년 10월 24일 8면: 일반법원에서도 최근에는 매년 평균 20건 정도의 사형이 선고되고 있다. 허일태, 한국에서의 사형제도의 존치에 대한 정당성의 문제, 법철학의 기본문제, 세종출판사, 1998, 358-386면(358면): 일반법원의 사형선고의 경우(군사법원 제외) 1960년에는 38명에 대해 사형을 선고했고, 1971년에는 45명에 대해 사형을 선고했다. 1962년의 7명과 1986년의 8명을 제외하고는 매년 13명에서 45명까지 사형을 선고했다. 1997년 12월에는 32명에게 사형이 집행되었다; 박홍규, 사형폐지의 법학적 논리, 사형제도의 이론과 실제, 국제사면위원회 한국연락위원회편, 까치, 1989, 88-127면(102-105면).

한국의 사형선고와 집행현황에 관해서는 團藤重光(단도 시게미츠/김희진 역), 사형폐지론, [부록] 한국사형폐지운동협의회 관련자료, 한국사형폐지운동협의회, 2001, 412-416면. 한국에서는 1970년부터 1999년까지 353명에게 사형이 집행되었다. 살인(82명), 강도살인(113명), 존속살인(11명), 유괴살해(14명), 간첩 등(67명) 순이다. 1970년에서 1990년 사이 20년 간의 통계를 보면 사형원심 판결에 대한 변경은 4.4%에 불과해 사형판결에 대한 상고심의 변경은 많지 않음을 알 수 있다.

2) Cesare Beccaria, Dei Delitti e delle Pene, 1764: 김봉도 역, 범죄와 형벌, 박문각, 1995; 이수성·한인섭 공역, 범죄와 형벌, 길안사, 1995, 85-95면(제16장 사형); 한인섭 신역, 체사레 벡카리아의 범죄와 형벌, 박영사, 2006, 111-123면(제28장 사형).

가 있다. 한국도 그 중의 하나이다. 사형(死刑, Todesstrafe, death penalty)[3]은 형법이 규정하고 있는 국가형벌 중 극형이며, 범죄인의 생명을 박탈하여 그를 사회로부터 영구히 제거시키는 형벌이다.

여기서 저자가 진부(?)하지만 여전히 심각한 주제인 사형제도를 또 다시 생각하게 된 동기는 세 가지이다. 하나는 1996년 11월 서울고등법원 형사1부(재판장 권성 부장판사)에서 열렸던 전두환·노태우 전직대통령(12·12와 5·18 및 비자금사건)에 대한 항소심이었다. 다른 하나는 독일이 통일 이후 사법부를 통해서 단행한 「국가에 의하여 자행된 불법에 대한 형법적 청산」(Die strafrechtliche Aufarbeitung von staatlich gesteuertem Unrecht in Deutschland)을 지켜보면서, 사형제도를 폐지한 서독의 법제도가 독일 통일 이후 법과 사회통합에 상당한 기여를 하였다는 점에 깊은 시사를 받았다. 마지막으로 저자는 건국 이후 지난 60년(1948-2007) 동안 한국 법학계와 법조계에서 전개한 사형제도에 대한 논쟁과 그 논쟁과정에서 부각된 민주·자유·인도적 형법관의 발전과정을 주목하게 되었다.

주지하다시피 건국 이후 지난 60년 간의 한국 형법사를 살펴보면, 최대의 형사사건은 아마도 전술한 전두환·노태우 전직대통령의 형사재판이 될 것이다. 당시 제1심 법원은 두 피고인에게 모두 사형을 선고하였고, 때문에 제2심 법원의 양형은 당시에 국내외적으로 여론의 주목을 받았다. 1996년 12월 17일 서울고등법원 형사1부는 이 사건의 항소심 선고공판에서 비자금사건과 병합된 전두환 피고인에 대해 「군형법상 반란 및 내란수괴, 내란목적살인, 상관살해미수, 특가법(뇌물)」을 적용하여 무기징역을 선고하였고, 노태우 피고인에게는 「반란 및 내란중요임무종사, 상관살해미수, 특가법(뇌물)」을 적용, 징역 17년을 선고하였다.[4] 이에 검찰측은 상고하였고, 1997년 4월 17일 대법원 전원합의체는 원심을 확정하였다.[5]

만약 항소법원이 두 피고인에게 제1심과 같이 사형을 선고하였다면, 당시의

---

3) 사형제도의 생성과정과 비판적 변천에 관해서는 허일태, 한국에서의 사형제도의 존치에 대한 정당성의 문제, 법철학의 기본문제, 세종출판사, 1998, 358-386면(364-366면) 참조; 柳下み咲, 世界の死刑制度の現状と潮流, 福音と世界, 新教出版社, 2007年 5月号, 14-18面, 坪井節子, 少年法嚴罰化は犯罪を豫防できるか, 福音と世界, 新教出版社, 2007年 5月号, 19-23面, 大河原礼三, 死刑廢止キリスト者連絡會の經驗, 福音と世界, 新教出版社, 2007年 5月号, 24-28面, 門間幸枝, やさしさに優る美はない, 福音と世界, 新教出版社, 2007年 5月号, 29-33面.

4) 조선일보, [항소심] 전씨 무기징역, 노씨 17년 선고, 1997년 12월 18일자, 정치면.

5) 대판 1997.4.17. 96도3376; 법률신문, 12·12 군사반란과 5·18내란사건 관결, 1997년 4월 21일자, 1, 3, 6, 8-12면 참조.

국내상황은 국가적 · 사회적 · 정치적으로 큰 파장을 몰고 올 수도 있는 상황이었다. 항소심에서 선고된 양형은 여론의 비판을 받기도 하였지만, '국회의 노동법 날치기통과와 한보비리정국'에 묻혀 우려(?)하였던 만큼 정치적으로 확대되지 않았다. 국론분열의 긴장 속에서 1년 4개월을 끌어온 불법 과거사에 대한 역사재판은 사법적 판단을 통해 어렵게 전환된 것이다.

그러나 지난 1년 4개월의 재판과정은 한국 형법사에 중요한 교훈을 제시하고 있는데, 그것은 바로 사형제도이다. 우리가 주목해야 할 부분은 통일 이후[6]의 「독재체제하에서 자행된 불법의 청산과 극복」의 문제이다. 왜냐하면 남북통일과 관련한 형법특수문제, 특히 남북통일 이후 불가피한 「국가에 의하여 자행된 불법의 형법적 청산」에서도 사형제도에 대한 논란과 사형선고에 대한 갈등은 재현될 가능성이 있기 때문이다. 예를 들면 한국 현대사에서 주목을 받고 있는 민간인 피해사건으로 「여수 · 순천반란사건」, 「6 · 25 전범처리」, 「아웅산 폭파 · 테러사건」, 「KAL기 폭발사건—소위 김현희 사건」, 「1996년 강릉무장공비침투사건」, 그리고 「반인륜적 범죄행위—특히 민간인 납치사건」 등을 들 수 있다.

남북통일 이후 예상되는 「언론의 자극적 보도와 보도내용에 흥분한 국민의 법감정 그리고 사형선고의 함수관계」 속에서 사회 전반에 새로운 긴장이 조성될 수 있다. 여기에 피해가족들은 사건의 법적 해결, 국가는 분단시대의 불법과거사 청산 그리고 사회는 새로운 통합의 시대를 요구하는 상황에서 삼각충돌을 생각할 수 있다. 따라서 남북통일과 남북통합을 준비하는 분야 중에서 「국가형벌제도, 특히 극형인 사형제도」는 가장 시급히 연구되어야 할 과제로 생각한다.

이 논문에서는 먼저 현행 형법과 특별형법에 사형을 법정형으로 규정하고 있는 법률조항들을 분류하고자 한다(입법, Ⅱ). 이어서 건국 이후 지난 60년 동안 한국 형법학계에서 전개된 사형제도에 대한 논쟁사를 고찰하고자 한다(학계, Ⅲ). 다음으로 대법원과 헌법재판소의 사형제도에 대한 입장과 주요 논거를 분석하고자 한다(사법, Ⅳ). 결론에서는 사형폐지의 필요성과 시급성을 다루고자 한다(Ⅴ).

---

6) 윤대규 · 하태영, 서독과 나토(NATO) 회원국에 적대적인 스파이행위를 한 구동독 국가공안부와 동독 인민군 정보요원의 처벌문제, 경남법학 제15집, 경남대학교 법학연구소, 2000, 93-128면; 본서 제4편 제1장에 수록: 최근 한반도의 국내외적 정치환경을 보면, 한반도 통일은 서서히 진행되고 있다. 장기적 전망으로 남북이 어떠한 과정을 거쳐, 어떠한 시기에 '통일과 통합'이라는 결론에 이르느냐가 우리 민족의 중요한 역사적 과제로 상정되어 있지만, 분명한 사실은 이러한 해빙의 물결과 함께 가까운 장래에 '지구상에 남은 마지막 냉전의 박물관'이 허물어지고, 남북통일이 될 날이 다가올 것이라는 점이다. 그렇다면 한국 형사법학계는 이제 거시적으로 세계화와 21세기의 통일시대에서 「남북통일과 형사법의 특수문제」를 체계적으로 검토하고, 대비해야 할 것으로 본다.

Ⅱ. 현행법상의 사형범죄

1996년 헌법재판소에서 분석한 자료에 의하면 현행법상의 사형범죄는 89개 조항에 규정되어 있다.[7] 그나마 지난 1995년 12월 개정되어 시행되고 있는 형법에서 강도치사 등 8개 범죄에 대해 사형을 제외한 결과이다.[8] 형법[9] 제41조, 제

---

7) 형법 제250조 등 위헌소원: 헌재 1996.11.28. 95헌바1 전원재판부, 헌법재판소판례집 제8권 2집(1996), 587-572면(568-572면) 반대의견의 <별지3>; 최근의 입법현황에 관해서는 團藤重光(단도 시케미츠/김희진 역), 사형폐지론, [부록] 한국사형폐지운동협의회 관련자료, 한국사형폐지운동협의회, 2001, 407-411면: 소년에 대한 형(특정강력범죄처벌에 관한 법률 제4조), 대통령경호실법 제9조, 상훈치탈(상훈법 제8조), 은행권 등의 강취(한국조폐공사법 제19조), 원자로 파괴(원자력법 제114조), 화학무기 사용 사상 등(화학무기금지를 위한 특정 화학물질의 제조, 수입 규제에 관한 법률 제25조), 항공기 납치, 치사상죄(항공기 운항법 제9조), 항공 중 항공기 위험 발생의 죄(항공법 제157조), 동 치사상죄(항공법 제158조), 장기이식등치사죄(장기등이식에 관한 법률 제39조), 뇌사신고허위작성치사죄(장기등이식에 관한 법률 제41조).

8) 사형제도의 폐지죄목: 형법 제250조 등 위헌소원: 헌재 1996.11.28. 95헌바1 전원재판부, 헌법재판소판례집 제8권 2집(1996), 587-572면(567면) 반대의견의 〈별지2〉에서 재인용.

1. 특정범죄가중처벌등에관한법률(1996.2.23. 법률 제1744호로 제정)

사형폐지 범죄	폐지 연도	비 고
수뢰액 5천만원 이상의 뇌물수수 (제2조 제1항 제1호)	1990. 12. 31 (법률 제4291호)	
물품원가 2억원 이상 무면허 수출입죄 (제6조 제1항 제1호)	1990. 12. 31 (법률 제4291호)	
포탈액 1억원 이상 관세포탈죄 (제6조 제2항 제1호)	1990. 12. 31 (법률 제4291호)	
5억원 이상 국고손실의 회계관리직원 횡령・배임죄 (제5조 제1호)	1990. 12. 31 (법률 제4291호)	
임산물원산지가액 1천만원 이상의 산림절도 및 5만평방미터 이상 산림훼손죄(제9조 제1항 제1호)	1990. 12. 31 (법률 제4291호)	
사고운전자가 치사한 피해자를 사고장소로부터 옮겨 유기하고 도주하거나, 위 도주 후 피해자가 사망한 경우	1992.4.28 헌법재판소가 90헌바24호로 위헌결정을 하여 효력상실	

2. 특정경제범죄가중처벌등에관한법률 (1983.12.31. 법률 제3693호로 제정)

사형폐지 범죄	폐지 연도	비 고
취득액 50억원 이상의 사기・공갈・횡령・배임죄 (제3조 제1항 제1호)	1990. 12. 31 (법률 제4292)	
국외도피액 50억원 이상의 재산국외도피법 (제4조 제2항 제1호)	1990. 12. 31 (법률 제4292호)	
수수액 5천만원 이상 금융기관 임직원의 금품수수 (제5조 제4항 제1호)	1990. 12. 31 (법률 제4292호)	

66조, 형사소송법[10] 제463조, 제469조와 행형법[11] 제57조는 교수형을 규정하고 있고, 군형법 제3조는 총살형을 채택하고 있다.

1. 일반형사범

(1) 살인죄(형법 제250조), 단순살인(제1항)·존속살해(제2항), (2) 위계등에의한촉탁살인등(형법 제253조), (3) 강간등살인(형법 제301조의2 전문), (4) 인질살해(형법 제324조의 4 전문), (5) 강도살인(형법 제338조 전문), (6) 해상강도살인, 치사, 강간죄(형법 제340조 제3항), (7) 폭발물사용죄(형법 제119조), (8) 현주건조물등방화치사죄(형법 제164조 제2항 후문), (9) 현주건조물등일수치사죄(형법 제177조 제2항 후문, 1995.12.29. 사형삭제), (10) 음용수혼독치사죄(형법 제194조 후문, 1995.12.29. 사형삭제).

2. 특정범죄[12]

(11) 특정재산범죄가중처벌(특정경제범가중처벌법 제3조 제1항의 1), (12) 재산국외도피죄(특정경제범가중처벌법 제4조 제2항의 1), (13) 수재등의죄(특정경제범가중처벌법 제5조 제4항의 1), (14) 살해목적 미성년자 약취·유인죄의 가중처벌(특가법 제5조의 2 제1항 제2호), (15) 약취·유인 미성년자 살해·치사죄의 가중처벌(특가법 제5조의 2 제2항 제2호 및 제4호), (16) 업무상과실치사범이 피해자를 사고장소에서 옮겨·유기하고 도주한 행위의 가중처벌(특가법 제5조의 3 제2항 제1호), (17) 강도 등의 상습범·누범에 대한 가중처벌(특가법 제5조의 4 제3항·제5항), (18) 강도살해·강도강간범·그 미수범의 누범에 대한 가중처벌(특가법 제5조의 5), (19) 절도목적의 단체 또는

---

9) 형법 제정 1953.9.18 (법률 제293호) 법무부; 일부개정 2005.7.29 (법률 제7623호) 법무부. 제41조 (형의 종류) 형의 종류는 다음과 같다. 1. 사형, 2. 징역, 3. 금고, 4. 자격상실, 5. 자격정지, 6. 벌금, 7. 구류, 8. 과료, 9. 몰수. 제66조 (사형) 사형은 형무소 내에서 교수하여 집행한다.

10) 형사소송법 제정 1954.9.23 (법률 제341호) 법무부; 일부개정 2006.7.19 (법률 제7965호) 법무부. 제463조 (사형의 집행) 사형은 법무부장관의 명령에 의하여 집행한다. 제469조 (사형집행의 정지) ① 사형의 선고를 받은 자가 심신의 장애로 의사능력이 없는 상태에 있거나 잉태 중에 있는 여자인 때에는 법무부장관의 명령으로 집행을 정지한다. ② 전항의 규정에 의하여 형의 집행을 정지한 경우에는 심신장애의 회복 또는 출산후 법무부장관의 명령에 의하여 형을 집행한다.

11) 행형법 제정 1950.3.2 (법률 제105호) 법무부; 일부개정 2006.2.21 (법률 제7849호) 법무부. 제57조 (사형의 집행) ① 사형은 교도소와 구치소안의 사형장에서 집행한다. 〈개정 1995.1.5〉 ② 국가경축일, 일요일 기타 공휴일에 사형을 집행하지 아니한다.

12) 정치적 변혁시마다 법제정·개정으로 특정범죄에 대하여 사형을 추가한 경우이다(이하 '특정범죄가중처벌등에관한법률'을 '특가법'으로, 특정경제범죄가중처벌등에관한법률은 '특정경제범가중처벌법'으로, 보건범죄단속에관한특별조치법은 '보건범죄특조법'으로 약칭한다).

집단구성죄의 수괴에 대한 가중처벌(특가법 제5조의 8 제1호), (20) 살인범이 보복범죄에 대한 가중처벌(특가법 제5조의 9 제1항), (21) 관세법위반사범의 상습범·집단범에 대한 가중처벌(특가법 제6조 제7항), (22) 통화위조범의 가중처벌(특가법 제10조 제1항), (23) 마약법 제60조 위반의 가중처벌(특가법 제11조 제1항·제2항·제3항), (24) 상해폭력을 목적으로 한 단체 또는 집단구성의 수괴에 대한 가중처벌(폭력행위등처벌에관한법률 제4조), (25) 부정식품제조 등의 처벌(보건범죄특조법 제2조 제3항), (26) 부정의약품 등의 처벌(보건범죄특조법 제3조 제3항), (27) 보건범죄 재범자의 특수가중(보건범죄특조법 제3조의 2), (28) 문화재사범가중죄(문화재보호법 제83조 제2항).

3. 정치범

(29) 내란수괴·중요임무종사죄(형법 제87조), (30) 내란목적살인죄(형법 제88조), (31) 정권탈취목적의 반란수괴·중요임무종사(군형법 제5조 제1호·제2호).

4. 공안사범

(32) 외환유치죄(형법 제92조), (33) 여적죄(與敵罪, 형법 제93조), (34) 모병이적죄(형법 제94조) (35) 시설제공 이적죄(형법 제95조), (36) 시설파괴 이적죄(형법 제96조), (37) 간첩죄(형법 제98조), (38) 반국가단체구성의 수괴·중요임무종사죄(국가보안법 제3조), (39) 반국가단체의 구성원 등에 의한 소요죄 등에 대한 가중처벌(국가보안법 제4조).

형법에 사형규정이 없는, 소요(형법 제115조), 도주원조(제147조), 간수자의 도주원조(제148조), 방화(제164조~제169조), 현주건조물 등 일수(제177조~제180조), 음용수의 사용방해 등(제192조~제195조), 통화위조 등(제207조~제208조, 제210조), 촉탁·승락에 의한 살인(제252조), 강도·특수강도·준강도·인질강도·강도상해치사·강도강간·해상강도·해상강도상해치상(제333조~제337조, 제339조~제340조 제1항·제2항)을 범한 경우, 교통·통신·국가 또는 공공단체가 사용하는 건조물 기타 중요시설을 파괴하거나 함선·항공기·자동차·무기 기타 물건을 이동, 취거한 때, 위의 각 미수범-형법 제92조 내지 제99조, 제119조 제1항, 제250조, 제253조, 제338조, 제340조 제3항은 사형을 규정하고 있으므로 여기서는 이중기재를 피함.

(40) 반국가단체의 구성원 등이 반국가단체의 지배하의 지역으로부터의 잠입 또는 그 지역에의 탈출(국가보안법 제6조 제2항), (41) 특수가중(국가보안법 제13조).

국가보안법, 군형법 제13조 · 제15조, 형법 제2편 제1장 내란의 죄, 제2장 외환의 죄를 범하여 금고 이상의 형의 선고를 받고 그 형의 집행을 종료하지 아니한 자 또는 그 집행을 종료하거나 집행을 받지 아니하기로 확정된 후 5년이 경과되지 아니한 자가 반국가단체의 구성원(국가보안법 제3조 제1항 3호와 제2항～제5항, 제4조 제1항 제1호 중 반국가단체구성 수괴 · 중요임무종사자를 제외한 자)이 되거나 기타 사형에 해당되지 않는 죄를 범한 자에 대한 특수가중(국가보안법 제13조) [개별적으로 보면 위 가중범의 수는 30여개를 넘는다].

5. 군사범죄[13]

(42) 정권탈취 목적이 없는 반란수괴 · 중요임무종사(군형법 제5조 제1호, 제2호), (43) 반란수괴 · 중요임무종사자의 반란목적의 군용물 탈취(군형법 제6조), (44) 군대 및 군용시설제공(군형법 제11조), (45) 군용시설 등 파괴(군형법 제12조), (46) 간첩(군형법 제13조), (47) 일반이적(군형법 제14조), (48) 불법전투개시(군형법 제18조), (49) 불법전투계속(군형법 제19조), (50) 불법진퇴(군형법 제20조), (51) 항복(군형법 제22조), (52) 솔대도피(군형법 제23조), (53) 지휘관의 적전 직무유기(군형법 제24조 제1호), (54) 지휘관의 수소이탈(군형법 제27조 제1호 · 제2호), (55) 초병의 수소이탈(군형법 제28조 제1호), (56) 적전 군무이탈(군형법 제30조 제1항 제1호, 제2항), (57) 특수군무이탈(군형법 제31조), (58) 적진에의 도주(군형법 제33조), (59) 위 각 미수범(군형법 제7조 · 제15조 · 제21조 · 제25조 · 제29조 · 제34조), (60) 전시 · 사변 · 계엄지역에서의 위계로 인한 군함 · 군비행기의 항행에의 위험발생범(군형법 제37조 제1호), (61) 적전에서의 허위의 명령, 통보, 보고(군형법 제38조 제1호), (62) 적전에서의 명령 등의 허위전달(군형법 제39조), (63) 적전에서의 초령위반 등(군형법 제40조 제1항 제1호, 제2항), (64) 적전에서의 근무태만 목적의 사술(군형법 제41조 제1항 제1호), (65) 유해음식물공급치사 등(군형법 제42조 제2항, 제4항), (66) 적전 항명(군형법 제44조 제1호), (67) 적전 상관특수폭행, 협박(군형법 제50조 제1호), (68) 적전 상관집단특수폭행, 협박의 수괴(군형법 제51조 제1호 전문), (69) 적전 상관폭행치사상(군형법 제52조 제1항 제1호, 제2항 제1호), (70) 적전 상관중상해(군형법 제52조의 3 제1호), (71) 적전 상관상해치사(군형법 제52조의 4 제1호), (72) 상관살해(군형법 제53조 제1항), (73) 적전 초병특수폭행, 협박(군형법 제56조 제1호), (74) 적전 초병집단특수폭행, 협박의 수괴(군형법 제57조 제1호 전문), (75) 초병폭행치사상(군형법 제58조 제1항), (76) 초병상해치사(군형법 제58조

---

13) 군형법 제정 1962.1.20 (법률 제1003호) 국방부; 일부개정 2006.1.2 (법률 제7845) 국방부.

의4), (77) 초병살해(군형법 제59조 제1항), (78) 상관 · 초병이외의 직무수행자에 대한 폭행치사(군형법 제60조 제3항), (79) 상관 · 초병이외의 직무수행자에 대한 상해치사(군형법 제60조의 4), (80) 위 적전 상관살해 · 초병특수폭행 · 협박, 초병집단 특수폭행 · 협박, 초병폭행치사상, 초병상해치사, 초병살해의 각 미수범(군형법 제63조), (81) 군용시설의 방화 및 현존군용물건저장창고 소훼(군형법 제66조 제1항, 제2항 제1호), (82) 전시 · 사변 · 계엄지역에서의 노적군용물의 방화(군형법 제67조 제1호), (83) 폭발물파열(군형법 제68조), (84) 취역 중의 선박, 항공기의 복물, 파괴 등 그 치사상(군형법 제71조), (85) 위 군용물시설 등 방화, 전시 등 노적군용물방화, 폭발물파열, 취역 중의 선박 · 항공기 복물 · 파괴의 각 미수범(군형법 제72조), (86) 총포 · 탄약 · 폭발물 범죄에 대한 가중처벌(군형법 제75조 제1호), (87) 약탈로 인한 살해 및 치사상(군형법 제83조 제1호), (88) 전지강간(군형법 제84조), (89) 위 약탈로 인한 살해 및 치사상, 전지강간의 각 미수범(군형법 제85조).

Ⅲ. 사형존치론과 사형폐지론의 논쟁사

건국 이후 지난 60년 동안 한국 법학계는 사형제도에 대해 지속적으로 논쟁을 펼쳐 왔다. 이 논쟁은 사형존치론과 사형폐지론으로 첨예하게 대립되어 왔다.[14] 사형존치와 사형폐지에 대하여 주장하는 학자들의 관점도 다양하다. 첫째 헌법적 관점, 둘째 종교적 · 법철학적 · 법인간학적 관점, 셋째 형법 및 형사정책적 관점, 넷째 범죄통계학적 관점, 다섯 번째 법사회학적 관점 등으로 분류할 수 있다. 여기서는 그동안 전개된 한국 법학자들의 사형제도에 대한 주장들을 문헌을 통해 고찰하고자 한다. 고찰방법은 사형존치론과 사형폐지론의 입장을 ① 헌법적 관점, ② 법철학과 법인간학적 관점, ③ 형법과 형사정책적 관점, ④ 범죄통계적 관점, ⑤ 법사회학적 관점별로 대비시켜 대표적 논거를 비교하여 검토할 것이다. 그리고 기술방법은 각 학자들의 주장을 모으고, 나누고, 그룹별로 엮어 간략히 핵심만 원문에 충실하게 인용할 것이다.

14) 사형존폐와 관련한 논문에 관해서는 일반학술논문이 50여종, 박사학위논문이 20여종이 된다. 국제사면위원회 한국연락위원회 편, 사형제도의 이론과 실제, 까치, 1989, 322-324면(부록 2 참고문헌) 참조. 정봉휘, 사형존폐론의 이론사적 계보, 동산손해목박사화갑기념논문집, 형사법학의 현대적 과제, 동산손해목박사화갑기념논문집간행위원회, 1993, 495-508면(506-508면) 참조.

1. 헌법적 관점

사형제도의 합헌을 주장하는 학자는 황산덕과 이재상 교수이다. 반면 사형제도의 위헌을 주장하는 대표적 학자는 김일수, 심재우, 허일태, 이정원, 김성돈 교수이다.

(1) 합 헌

황산덕 교수는 '사형제도가 합헌'이라고 주장한다. 그는 그 근거로 1963년 2월 28일의 대법원 판결을 제시하고 있다. 그에 따르면 "사형제도의 존폐는 그 나라의 정치적·사회적 조건과 결부되어 있는 문제이다. 따라서 이 문제는 간단히 결정지울 수는 없다. 판례는 사형제도가 헌법에 위반되지 않는다"는 입장이다.[15]

또한 이재상 교수도 '사형제도의 헌법적 정당성'을 주장하고 있다. 이 교수는 "범죄와의 관계에서 피해자의 생명의 가치도 고려해야 한다. 사형 자체가 인간의 존엄과 가치를 부정하는 형벌이라고 단정하는 것은 타당치 않다. 헌법재판소는 사형을 위헌이라고 볼 수 없다고 결정하였으며, 대법원도 같은 태도를 유지하고 있다. 사형에 위하력이 있음을 부정할 수 없다. 따라서 피해자의 생명권을 침해한 극악한 범죄에 대한 사형은 책임주의와 일치하는 범위에서 유지되어야 한다"[16]고 주장한다.

(2) 위 헌

그러나 김일수 교수는 '사형제도의 위헌'을 주장하고 있다. 김 교수는 "사형은 헌법상 보장된 기본권인 인간의 존엄과 가치의 존중 및 생명권을 박탈하는 야만적이고 잔혹한 형벌수단이기 때문에 헌법에 반할 뿐만 아니라 인도주의에도 반한다"고 주장한다.[17]

또한 심재우 교수도 "국가권력이 다른 폭력과 구별되는 것은 그 도덕성의 우위 때

15) 황산덕, 형법총론, 방문사, 1986, 307면. 대판 1963.2.28. 62도 241. "헌법은 … 질서유지와 공공복리를 위하여 법으로써 자유와 권리를 제한할 수 있음을 헌법이 허용하였는 바 현재 우리나라의 실정과 국민의 도덕적 감정 등을 고려하여 국가의 형사상 정책으로 질서유지와 공공복리를 위하여 형법, 군형법 등에 사형이라는 처벌의 종류를 규정하였다 하여도 이것을 헌법에 위반된 조문이라 할 수 없으므로 … 사형은 합헌이다."

16) 이재상, 형법총론, 제5판(보정판), 박영사, 2006, 552-553면.

17) 김일수, 사형은 폐지되어야 한다, 법·인간·인권(법의 인간화를 위한 변론), 박영사, 1992, 421-433면(433면); 김일수, 새로 쓴 형법총론, 제8판, 박영사, 2000, 710면; 김일수·서보학, 새로 쓴 형법총론, 제11판, 박영사, 2006, 732-733면.

문이다. 그러면 국가권력에 의한 사형의 집행은 도덕적으로 정당한가? 인간은 목적 자체로서 실존하는 존재로서 결코 국가목적을 위한 단순한 수단으로 취급되어서는 안 된다는 것이 도덕성의 요구이다. 왜냐하면 인간은 인격의 소유자로서 자기목적적 존재이기 때문이다. 우리는 동물이나 물건을 우리의 목적을 위한 일방적 수단으로 사용할 수는 있지만, 인간을 단순한 수단으로 사용하는 것은 허용되지 않는다. 그래서 칸트(I. Kant)는 다음과 같은 정언명령을 내린다: 「너는 인간의 인격성을, 그것이 너 자신의 것이건 타인의 것이건, 항상 동시에 목적으로서 존중할 것이며, 결코 단순히 수단으로 사용하지 말라. 왜냐하면 인간에게는 그의 존엄(인격)이 깃들어 있기 때문이다」. 사형은 인간을 국가 목적을 위한 단순한 수단으로 사용하는 경우에 해당한다. 다시 말하면, 사회방위를 위하여 인간을 일방적인 수단으로 희생시키는 제도가 사형제도이다. 따라서 사형은 인간의 존엄을 침해하는 형벌이다. 바로 이 점에서 사형은 우리 헌법 제10조에 반하는 위헌이다. 사형의 위헌성 여부는 곧 국가권력의 도덕성 여부에 달려 있음을 우리는 명백히 인식해야 할 것이다. 즉, 사형제도는 도덕적으로 정당화될 수 없을 뿐만 아니라 법적으로도 정당화될 수 없는 원시형벌의 야만적인 잔재로서 남아 있을 뿐이다. 문명국가에서 사형폐지의 당위성과 필연성은 바로 여기에 있다고 본다."[18]

특히 심 교수는 "사형은 인간의 생명권을 침해하는 형벌로서 헌법 제12조에 반한다"고 주장한다. 그는 "생명권은 기본권 중의 기본권이라 할 것이다. 그것 없이는 모든 기본권이 그 토대를 상실하기 때문이다. 생명은 인간의 존재근거로서 실존의 바탕을 이루는 전제라 하겠다. 대법원 판례도 생명권은 한번 잃으면 영원히 회복할 수 없고 이 세상에서 무엇과도 바꿀 수 없는 절대적 존재이며, 한 사람의 생명은 전 지구보다 무겁고 또 귀중하고도 엄숙한 것이며, 존엄한 인간존재의 권원인 것이라고 판시하고 있다. 한 사람의 생명은 지구보다 무겁다고 하면서도 그 한 사람의 생명을 박탈하는 것은 비례성의 원칙에 맞다고 하면서 합헌이라고 말한다. 이해할 수 없는 논거들이다"[19]고 비판한다.

최근 허일태 교수도 "1996년 헌법재판소의 결정을 비판한다: 헌법 제10조의 인간존엄권과 제37조 제2항 단서에서 본질적 인권의 침해금지를 통해서 헌법은 사형제도를 부정하고 있다. … 인간의 존엄성은 인간의 생명을 전제로 하여야만 되기 때문에 인간의 생명권에 대한 불가침권은 인간존엄의 핵심이라고 말할 수밖에 없다. 인간생

18) 심재우, 사형은 형사정책적으로 의미있는 형벌인가? 형사정책연구소식 통권 제29호 1995년 5·6월호, 한국형사정책연구원, 1995, 2-3면(3면); 심재우, 인간의 존엄과 사형폐지론(고려대학교 법과대학 고별강연), 법학논집 제34집, 고려대학교 법과대학 법학연구소, 1998, 451-466면(459-461면).

19) 심재우, 인간의 존엄과 사형폐지론, 법학논집 제34집, 고려대학교 법과대학 법학연구소, 1998, 451-466면(461면).

명에 대한 본질적 침해는 인간존엄을 해치는 행위라고 본다. 사형제도는 인간이 인간 스스로에게 부여한 존엄을 침해하는 모순이자, 인간이 지극히 인간적이려는 인간자신의 본능에 반하는 행위인 것이다. … 또한 헌법 제110조 제4항 단서는 사형제도의 일반적인 허용성을 말하려는 것이 아니라, 특수한 사안인 비상사태 등의 경우에 한해서 그리고 군사법원에서 예외적으로 인정될 수 있다는 것을 말할 뿐, 이러한 제한된 예외사유에 해당하지 않으면 사형제도는 결코 허용할 수 없다. … 평상시 범죄자들에 대한 사형제도의 호헌성을 담보할 수 있는 규정으로 무조건 해석해서는 안 된다"[20] 고 주장한다.

이정원 교수도 "사형을 인정하는 법률과 사형의 선고 및 사형의 집행은 헌법 제37조 제2항의 후단의 규정에 배치된다"고 말한다. 이 교수는 "생명의 침해는 한 번의 침해로 영구히 회복이 불가능하기 때문에 국가 공권력에 의한 생명의 침해는 항상 헌법 제37조 제2항의 후단의 규정에 배치된다"[21]는 점을 강조한다.

끝으로 김성돈 교수도 "사형제도의 존치는 우리 헌법의 근본정신에도 배치된다. 생명권은 헌법 제37조 제2항의 기본권 제한에 관한 일반적 유보의 대상이 될 수 없고, 사형제도는 생명권의 본질적 내용을 침해하므로 헌법 제37조 제2항 단서에도 위배되기 때문이다"[22]고 말한다.

저자도 사형제도는 위헌이라고 생각한다.

2. 법철학과 법인간학적 관점

법철학과 법인간학적 관점에서 사형제도의 필요성을 강조하는 학자는 이재상 교수이다. 이 교수는 "사형제도는 정의관념에 부합한다"고 주장한다. 그러나 신진규 · 정봉휘 · 심재우 교수는 "인간의 생명은 무한대의 가치를 지니며, 국가는 사람에게 교수할 권리를 갖지 못하며, 정의(正義)는 오직 신(神) 만이 알 수 있다. 사형제도는 문명국가의 수치일 뿐만 아니라 국가의 도덕성의 기초와 배치된다"고 비판한다.

(1) 정의관념에 부합

이재상 교수는 "형벌의 본질이 응보인 이상 반사회적 범죄에 대해 가해지는 사회

20) 허일태, 사형제도의 폐지를 위한 변론, 형사법연구, 제16호 특집호, 2001년 겨울호, 77-89면(80면).
21) 이정원, 형법총론, 법지사, 2001, 519면.
22) 김성돈, 형법총론, 현암사, 2006, 871면.

의 도덕적 반응의 표현이다. 사형은 사회안정에 기여할 수 있다"[23]고 말한다.

(2) 인간생명의 무한대의 가치와 오판의 가능성

그러나 신진규 교수는 "중대하고 악한 범죄인에 대하여 사형제도라는 미명하에 생명을 박탈하는 것이 정당하다고 할 수 있을 것인가. 인간의 생명은 무한대의 가치를 가진다. 따라서 인간의 집단인 국가가 생명을 빼앗는다는 것은 부당하며 비인간적이다"[24]고 비판한다.

또한 정봉휘 교수도 "형사재판에서 오판의 가능성이 존재하는 한 현행의 형법규정에서 '사형'이라는 두 글자가 삭제되어야 한다"[25]고 비판한다.

끝으로 심재우 교수는 근본적으로 '문명국가의 도덕성'에 근거하여 사형제도의 폐지를 주장하고 있다. "원시형벌의 역사적 잔재로서 남아 있는 그러한 무의미한 사형제도를 오늘날의 현대사회가 아직도 유지하고 있는 것은 문명국가의 수치일 뿐만 아니라 국가의 도덕성의 기초를 의심스럽게 한다. 칸트(I. Kant)는 이런 말을 한 적이 있다: 「우리는 예술과 학술을 통하여 고도하게 '문화화'되어 있다. 우리는 모든 사교적 예법에 있어서 귀찮을 정도로 '문명화'되어 있다. 그러나 우리가 이미 '도덕화'되어 있다고 생각하기에는 아직도 너무나 먼 거리에 있다. 왜냐하면 도덕성의 이념은 아직도 개발단계에 놓여 있기 때문이다. 도덕성의 이념은 국가권력과 관련해서 인간을 존엄한 존재로 취급해야 한다는 데 있다」[26]고 강조한다.

저자도 사형제도는 법철학과 법인간적인 관점에서도 정당성이 없다고 생각한다.

3. 형법과 형사정책적 관점

형법과 형사정책적 관점에서 사형제도의 필요성을 주장하는 분은 김기춘 국회의원과 이재상·박상기 교수이다. 이 분들은 "사형제도는 국가·사회존립 및 유지와 범죄예방에 있어서 특별한 위하력이 있다"고 말한다. 그러나 이건호·강구진·유병렬·진계호·김일수·심재우·허일태 교수는 "사형은 형벌목적과 배

---

23) 이재상, 형법총론, 제5판(보정판), 박영사, 2006, 552-553면.

24) 신진규, 사형, 형사법강좌 II, 박영사, 1984, 821면.

25) 정봉휘, 사형존폐론의 이론사적 계보, 동산손해목박사화갑기념논문집, 형사법학의 현대적 과제, 1993, 495-508면(506-508면).

26) 심재우, 사형은 형사정책적으로 의미있는 형벌인가? 형사정책연구소식 통권 제29호 1995년 5·6월호, 한국형사정책연구원, 1995, 3면; 심재우, 인간의 존엄과 사형폐지론(고려대학교 법과대학 고별강연), 법학논집 제34집, 고려대학교 법과대학 법학연구소, 1998, 451-466면(460면).

치되며, 범죄예방 및 억제효과가 없다. 단지 응보적 · 미신적 사고의 잔재일 뿐이다"고 비판한다.

(1) 특별한 위하력

김기춘 의원은 1984년에 출판한 『형법개정시론』에서 '사형의 위하력'을 사형존치의 논거로 제시한다. 그에 의하면 "사형에 관한 부정적 논의에도 불구하고, 국민일반의 법의식, 법감정, 법적 확신 등이 여전히 사형의 위하력을 긍정하고 있다. 사형존치를 주장하고 있는 법적 · 사회적 여건하에서 일거에 사형을 폐지하는 것은 급진적 형사정책을 취하는 것이다. 따라서 사형폐지는 효과적인 범죄투쟁수단이 될 수 없다. 그러므로 사형적용 대상범죄의 범위를 점진적으로 축소하고, 그 집행방법을 개선함으로써 사형제도가 갖고 있는 문제점을 극소화하는 노력이 필요하다"[27]고 주장한다.

또한 이재상 교수와 박상기 교수도 형법총론 교과서에서 "사형에 위하력이 있음을 부정할 수 없다[28]"고 말한다. 박 교수는 "사형제도가 갖는 범죄억지력의 문제에 대해서 찬반 양론은 상반된 주장을 한다. 그러나 이것은 검증될 수 없는 논쟁이다. 형벌제도가 범죄억지력을 갖는다는 것은 명백하다. 형벌 없는 세상을 상상하면 쉽게 이해가 간다. 그러나 구체적으로 특정 형벌제도가 어떠한 정도의 범죄억지력을 갖는가를 평가한다는 것은 거의 불가능하다."[29]

(2) 형벌목적과 배치: 위하력 없고, 응보적 · 미신적 사고의 잔재일 뿐

그러나 이건호 교수는 '형벌의 특별예방적 측면'을 강조한다. "단순한 응보관념에서 본다면 대체로 사형존치론을 주장하지 않을 수 없다. 그러나 형벌의 대상을 행위자에게 두고 또 그 목적을 교육에 의한 사회복귀에 두고 있는 이상 사형은 폐지되어야 한다. 범인을 영원히 사회로부터 격리시킬 필요가 있는 경우에는 사형 대신 무기징역만으로서도 소기의 목적을 달성할 수 있다."[30]

그리고 강구진 교수도 "사형은 하등의 위하력이 없다"고 주장한다. 강 교수는 "확신범들은 사형을 영광으로 자처하며 사전에 이미 사형을 각오하고 범행에 돌진하는 것이다. 이러한 자에 대해서는 사형은 하등의 위하력이 없다"[31]고 말한다.

---

27) 김기춘, 형법개정시론, 삼영사, 1984, 395면.

28) 이재상, 형법총론, 제5판(보정판), 박영사, 2006, 552-553면; 박상기, 형법총론, 제5판, 박영사, 2002, 511면.

29) 박상기, 형법총론, 제5판, 박영사, 2002, 466-467면.

30) 이건호, 형법학개론, 고대출판부, 1977, 227면.

31) 강구진, 사형폐지의 이론과 실제(상)(하), 고시계, 1980년 3월호 41-52면, 4월호 87-94면(90면).

유병렬 교수는 '문명국가의 형사정책론'을 논거로 비판한다. "오늘날 문명국가들은 국민의 생활보장을 이념으로 하고 있다. 문명국가들은 사형에만 집착하지 말고, 사형이 주변환경에 미치는 영향을 생각해야 한다. 사형제도를 폐지하고, 무기임금제를 채택하여 피해자뿐만 아니라, 범죄인 가족의 생활을 조금이라도 도우는 것이 형사정책적으로 의미가 더 크다고 할 수 있다"[32]고 강조한다.

또한 진계호 교수도 '형벌의 인도화와 교정주의사상'을 논거로 비판한다. "사형은 사실상 복수와 응보적 감정을 기초로 하는 바, 사형의 사상적 배후에는 인간의 생명을 부인하고, 국가권력의 절대성을 옹호하고 지지하는 권위주의적인 사상이 내재되어 있다. 사형은 인도적 견지에서 용납될 수 없다.[33] 또한 사형의 존치는 민주국가의 형정(刑政)에 배치된다. 형벌이 범죄에 대한 응보적 보복이 아니라, 범인의 재사회화 즉, 교화·개선의 교정형주의(Rehabilitatives Ideal)에 그 목적을 두고 있다면, 사형은 무의미하고 무가치하다. 사형의 존치론자들은 사형의 위하력을 강조하나, 사형에는 범죄예방의 효과가 없다는 것이 폐지국가에서의 통계이다. 사형에 처한 범죄는 자유형으로 대체하고 무기형이 아니면 부정기형으로 충분하다"는 입장이다.[34]

특히 김일수 교수는 "사형제도는 자유적·합리적·인도적 형사정책의 노력을 포기하는 미신적 사고의 잔재"라고 비판한다. 그에 따르면 "사형제도는 명백히 인간의 존엄성 보장요구에 반할 뿐만 아니라, 형사정책적으로도 무의미한 응보사고의 잔재에 불과하다. 사형으로 범죄진압을 꾀할 수 있다는 생각은 오늘날의 민주헌법질서의 이념과 일치할 수 없는 독선적인 사고로서 자유적·합리적·인도적 형사정책의 노력을 섣불리 포기하려는 미신적 사고의 잔재라고 할 수 있다. 따라서 사형제도는 마땅히 폐지되어야 한다"[35]고 비판한다.

마찬가지로 심재우 교수도 1995년 "사형은 형사정책적으로 의미있는 형벌인가?"라는 논단과 1998년 정년 퇴임 고별강연에서 사형에 범죄억제의 효과가 있다는 가정과 그 가정에 근거한 믿음에 대한 허구를 비판한다. 심 교수는 "사형을 존치한 나라들과 사형을 폐지한 나라들에서 겪었던 경험을 비교해 볼 때, 베카리아가 그의 『범죄와 형벌』에서 「가장 가혹한 형벌을 고수한 나라들과 시대는 또한 가장 잔인하고 가장 비인도적인 범죄를 목격하지 않을 수 없었다」는 말이 현실로서 증명되었던 것이다. 이제 우리는 사형에 범죄억제의 효과가 있다는 가정과 그 가정에 근거한 믿음의 허구성으로부터 깨어나야 할 것이다. 뿐만 아니라 사형의 일반예방적 효과는 현실적으로

32) 유병렬, 사형제도는 폐지되어야 한다, 법정논총 통권 제22호, 중앙대학교, 1983, 225-239면.

33) 진계호, 신고 형법총론(개정증보판), 대왕사, 1986, 441면.

34) 진계호, 위의 책, 525면.

35) 김일수, 새로 쓴 형법총론, 제8판, 박영사, 2000, 711면; 김일수·서보학, 새로 쓴 형법총론, 제11판, 박영사, 2006, 732-733면.

범행을 결의한 자에게는 아무런 위협도 되지 않는다. 왜냐하면 그들은 "잡히지 않는다"는 전제로부터 범행을 하기 때문이다. 이와 같이 사형의 일반예방적 효과에 관한 믿음이 사실이 아니라면 사형의 남아 있는 형벌기능은 응보밖에 없다. 이 응보개념은 오늘날까지 일반국민의 의식을 지배하고 있는 것 같다. 즉 「그러한 흉악범은 마땅히 그 죄값을 치루기 위하여 사형에 처해야 한다」는 의식이 그것이다. 그러나 응보는 원시시대의 탈리오의 신앙에 근거하는 맹목적·본능적 보복작용에 지나지 않는 것이며, 결코 질서유지를 위한 합리적·합목적적 반작용은 아니다. 오늘날 국가가 형벌권을 독점하는 것은 법질서유지의 책임 때문이다. 따라서 현대 형벌의 본질과 목적은 이러한 국가의 법질서유지기능으로부터 이해되어야 한다. 형벌의 질서유지적 기능에는 일반예방과 특별예방이 있을 뿐이다. 응보는 국가의 질서유지의 기능과는 아무런 상관도 없으며, 따라서 현대 국가의 형벌목적에 속할 수 없다. 사형은 원시형벌의 응보형으로서만 타당할 수 있을 뿐이며, 현대의 예방형벌과는 거리가 멀다. 결론적으로 말하면, 응보형은 오늘날 형벌이 아니다. 응보형으로서의 사형은 형벌목적(특별예방과 일반예방)의 그 어느 것에도 충족시켜주지 못하는 형벌 아닌 형벌로서, 단순히 과거의 역사적 산새로서 남아 있는 것일 뿐이다. 따라서 사형은 오늘날 형사정책적으로 무의미한 형벌이다"[36]고 비판한다.

그리고 오영근 교수도 "사형은 특별예방을 포기하는 것이고, 응보나 일반예방의 관점에서 인정된다. 그러나 응보는 국가가 지향해야 할 목표라고 보기 어렵다. 사형의 범죄예방효과가 명백히 증명되지 않는다면 일반예방도 사형의 존치근거로서는 부족하다"[37]고 말한다.

한편 허일태 교수는 "사형집행이 있으면 범죄억지력이 지속적으로 있는 것이 아니라, 그 효력은 기껏해야 한 두 달을 넘기지 못한다"고 주장한다. 그는 "사형이 거의 없었던 1974년부터 1976년 11월까지 사형선고를 받은 중범죄자는 해마다 약 30여명 내외였는데 반해, 오히려 사형집행이 있었던 1974년 이전 4년 간에는 해마다 38여명 내의 사형수가 발생했다. 이는 사형의 집행유예가 곧바로 사형을 받을 만한 중범죄의 폭증을 가져다 줄 수 있다는 생각이 전혀 맞지 않는다는 실증적 증거이기도 하다"[38]고 비판한다.

---

36) 심재우, 사형은 형사정책적으로 의미있는 형벌인가? 형사정책연구소식 통권 제29호 1995년 5·6월호, 한국형사정책연구원, 1995, 3면; 심재우, 인간의 존엄과 사형폐지론(고려대학교 법과대학 고별강연), 법학논집 제34집, 고려대학교 법과대학 법학연구소, 1998, 451-466면(460면).

37) 오영근, 형법총론, 박영사, 2005, 747-748면.

38) 허일태, 한국에서의 사형제도의 존치에 대한 정당성의 문제, 법철학의 기본문제, 세종출판사, 1998, 358-386면(369-370면); 허일태, 사형제도의 폐지를 위한 변론, 형사법연구 제16호 특집호, 2001, 77-89면(84면).

마지막으로 김성돈 교수도 "사형이 존치되고 있는 나라에서도 중범죄가 감소되지 않을 뿐 아니라, 반대로 사형제도를 폐지하고 있는 나라에서도 중범죄가 급증하고 있는 증거도 없다. 따라서 사형제도가 가진 일반예방효과는 실증적으로 입증된 바 없다"[39]고 말한다.

저자도 사형제도는 형벌목적과 배치되기 때문에 정당성이 없다고 생각한다. 사형제도가 형사정책의 만병통치약이 될 수는 없다.

4. 범죄통계적 관점

이재상 교수는 "우리나라의 일반적 국민의식은 사형제도를 지지하는 것"으로 보고 있고, 그 근거를 국민여론조사에서 찾고 있다. 그러나 신진규・심재우 교수는 "사형폐지국과 존치국의 살인사건발생률을 비교해 보라"고 비판한다.

(1) 국민여론조사

이재상 교수는「사형에 위하력이 있음을 부정할 수 없다」는 근거로 1984년 1월 한국갤럽연구소에서 실시한「사형에 대한 한국인의 태도에 대한 여론조사」를 인용하고 있다. 이 조사에 의하면 77.1%가 사형의 존속을 찬성하고 있다.[40]

(2) 사형폐지국과 사형존치국의 살인사건발생률

신진규 교수에 따르면 "사형폐지문제는 사형의 가치와 기능에 관한 정확한 실증적 연구를 기초로 판단할 성질의 것이다. 이에는 ① 사형폐지국과 존치국의 살인사건발생률을 비교할 것, ② 동일국가에서 사형을 폐지하기 전과 후의 살인사건발생률을 비교할 것, ③ 사형을 집행할 사실을 공표한 후와 전의 범죄발생률을 비교할 것. 이러한 방법을 통하여 볼 때, 사형의 위하력은 범죄억제력에 도움이 되지 못한다"[41]

---

39) 김성돈, 형법총론, 현암사, 2006, 870면.

40) 이재상, 형법총론, 제4판, 박영사, 2000, 533면 각주 3; 세계일보, 사형에 대한 한국인의 태도에 대한 여론조사 1992년 5월 18일자, 사회면: 1992년 5월 18일자 세계일보는 한국여론조사연구소에 의해 실시된 사형에 관한 통계분석을 게재했다. "사형을 존속시켜야 한다"는 답변이 66.5%로 압도적이었으며, "사형을 폐지해야 한다"는 답변은 불과 20.2%에 지나지 않았다. 또한 사형을 존속시켜야 한다는 응답자 중 78.1%는 "날로 늘어나는 흉악범죄에 효과적으로 대처하기 위해서"라는 이유를 들었으며, 사형을 폐지해야 한다는 응답자 중 46.3%는 "너무 가혹하고 비인도적 형벌이다"라는 이유를 들었다. 또한 사형의 범죄억제적 효과에 대해서는 66.1%가 "이 제도가 범죄를 줄이는 데 효과가 있다"고 응답했으며, "효과가 없다"는 응답은 20.1%에 지나지 않았다. 이것으로써 일반국민이 사형에 대하여 가지고 있는 의식이 어떠한지가 밝혀져 있는 셈이다. 한 마디로 말하여, 사형제도를 존치시킬 것을 바라고 있으며, 또한 사형에 일반예방적 효과가 있다는 믿음이다.

고 주장한다.

또한 심재우 교수는 1995년 "사형은 형사정책적으로 의미있는 형벌인가?"라는 논단에서 유럽의 범죄통계자료를 제시하고, 사형제도의 일반예방의 효과를 부정하고 있다. 그에 따르면 "사형이 실제로 일반예방적 효과를 가지느냐에 대해서는 회의적이다. 왜냐하면 실제로 사형을 폐지한 나라의 통계를 보면 그렇지 않기 때문이다. 유럽의 여러 나라에서는 이미 오래 전에 사형이 폐지되었지만 살인범의 수는 줄고 있다.[42] 오히려 옛날부터 사형으로써 특히 가혹하게 다스렸던 나라인 영국에서는 그 반대의 결과를 가져왔다. 우리는 이것을 통계에서 확인할 수 있다. 영국에서는 1921년에 사형선고를 내린 것이 13건이었으나, 1948년에는 38건으로 늘어났다. 같은 기간 동안 살인은 1921년 133건에서 1948년 171건으로 늘어났다"[43]고 비판한다.

저자는 통계중에서 가장 신빙성이 없는 것이 여론조사라고 생각한다. 특히 사형제도 관련 여론조사는 조사시기와 조사대상에 따라 상당한 차이가 있다. 따라서 여론조사의 결과는 존치의 논거가 될 수 없다고 생각한다.

5. 법사회학적 관점

법사회학적 관점에서, 사형제도의 필요성을 주장하는 학자는 정영석 · 손해목 · 허주욱 교수이다. 이분들은 '시기상조'라고 주장한다. 반면 사형제도의 점차적 폐지를 주장하는 학자는 박정근 · 김기두 · 남흥우 · 유기천 · 정성근 · 안동준 · 임웅 교수 등이며, 조속한 폐지를 주장하는 학자는 이수성 · 이형국 · 배종대 교수 등이다. 이들 교수는 국가의 정치 · 경제 · 문화수준에 따른 점차적 결단 또는 조속한 정치적 결단을 강조한다.

(1) 시기상조

정영석 교수는 "현재의 국민감정과 사회적 발전단계로 보아 아직은 폐지가 곤란하다"는 입장이다. 그에 따르면 "우리나라는 정치 · 경제 · 문화 · 사회의 모든 면에 있어서 아직 후진성을 지니고 있다. 범죄의 흉악성이 날로 급증하고 있는 현상황에서,

41) 신진규, 사형, 형사법강좌 II, 박영사, 1984, 821면.

42) 심재우, 사형은 형사정책적으로 의미있는 형벌인가?, 형사정책연구소식 통권 제29호 1995년 5 · 6월호, 한국형사정책연구원 1995, 2-3면: 포르투갈은 이미 1867년, 이탈리아는 1890년, 노르웨이는 1905년, 독일은 1949년, 오스트리아는 1950년에 각각 사형을 폐지하였다.

43) 심재우, 인간의 존엄과 사형폐지론(고려대학교 법과대학 고별강연), 법학논집 제34집, 고려대학교 법과대학 법학연구소, 1998, 451-466면(456면).

만약 사형폐지의 입법을 한다면, 어떠한 흉악범 또는 정치범도 그 생명만은 절대적으로 보장한다는 법률을 공포하는 결과가 될 것이다. 지금의 상황에서는 사형의 존속을 긍정하지 않을 수 없다. 다만, 사형의 존속을 긍정하더라도 그 적용에 있어서는 신중을 기해야 할 것임은 두말할 나위도 없다.[44] 또한 아르투어 카우프만(Arthur Kaufmann)이 적절히 지적한 바와 같이, 「형벌인도화의 역사는 원래 시대정신에 반항하면서, 희망을 가지고 인내로써 미래의 성숙을 기대한 인간의 역사」라고 할 수 있다. 사형의 완화 내지 폐지는 인류문화의 향상발전에 따르는 당연한 추세라고 할 수 있지만, 현단계 여건하에서는 국민감정과 사회적 발전단계로 보아 폐지는 곤란하다"[45]는 입장이다.

또한 손해목 교수도 "현재로서는 사형이 존속되어야 한다"는 주장한다. 그는 "흉악범이 날로 증가하고 있는 오늘날의 실정상 사형을 폐지한다면, 어떠한 경우에도 최소한 생명만은 절대적으로 보장된다는 결과가 된다. 따라서 현재로서는 사형의 존속을 긍정하지 않을 수 없다. 다만, 사형이 비인도적이며, 그의 폐지가 이상적임에는 틀림이 없는 것이나, 이의 적용에는 신중을 기해야 한다. 사형은 가능한 한 법관의 전원일치된 의견에 의해 언도되도록 노력하여야 한다"[46]고 강조한다.

그리고 허주욱 교수도 "사형제를 폐기할 성숙된 국민 법감정과 심리적 준비의 미비"를 들고 있다. "첫째로 범죄발생의 사회적·경제적·정치적 제도의 결함을 제거하지 못하고 사형을 폐지함은 부당하다. 둘째로 사형존폐의 문제는 순연한 이론의 문제가 아니고 정세·시대·환경과 관계 있는 사회문제이다. 셋째로 일반공중이 문화적으로 성숙하여 사형을 폐기할 심리적 준비가 될 때에는 자연 그 유용성이 감소된다"[47]고 강조한다.

(2) 국가의 정치·경제·문화수준에 따른 점차적인 결단

한편 박정근 교수는 중도론을 취하고 있다. 그는 "사형존폐의 기준은 오직 특정국가의 문화수준에 있다. 문화의 발전은 사회의 각 제도 및 인간생활현상에 있어서 완력적 요소가 감소되고 비완력적 요소가 증가함을 말하는데, 이러한 문화의 발전된 상황에서 사형은 폐지된다"[48]고 말한다.

반면 김기두 교수는 '조건부 사형폐지론'의 입장이다. 그는 "사형이 폐지되어야 한

44) 정영석, 형법총론, 법문사, 1984, 302면.
45) 정영석, 형법총론, 법문사, 1984, 244면.
46) 손해목, 형법총론, 법문사, 1996, 1179면 이하.
47) 허주욱, 행형학, 박영사, 1987, 423면.
48) 박정근, 사형의 사적(史的) 경향과 그 장래, 법정논총 제8집, 중앙대학교, 1959년 6월호, 78면.

다는 데는 오늘날 최소한 이론상 반대론자는 거의 자취를 감추어 가고 있으나, 실제상 아직도 사형제도를 두고 있는 것은 그 나라의 정치상 사회적으로 안정과 평온이 성취되어 사형이 폐지되기를 내면적으로 고려하고 있다"[49]고 말한다.

또한 남흥우 교수도 '조건부 사형폐지론'을 주장하고 있다. 그는 "적어도 인도주의적 입장에서 보더라도 사형은 폐지되어야 한다. 다만, 실제에 있어서 그 폐지의 시기는 그 나라의 정치적·사회적 조건과 더불어 결정될 것이다"[50]고 주장한다.

그리고 유기천 교수도 '조건부 사형폐지론'의 입장이다. 그는 "사형은 이성적인 국가제도로서 이를 존속시킬 하등의 근거가 없으며, 좀 더 철학적으로는 톨스토이(Lev Nikolaevich Tolstoi, 1828-1910)가 이미 지적한 바와 같이 인간은 인간을 사형에 처할 근거를 가지고 있지 않은 것이다. 또한 사형은 우리의 '자유사회의 이념'과 모순된다 하지 않을 수 없다. 그러나 한국 국민이 어느 정도에 가서 이것을 수용할 것이냐 하는 문제는 별개의 문제이다. 우리의 문화가 속히 향상되어 일반이 사형을 폐지하는 것이 옳다고 생각하게 되는 날이 속히 오기를 기다릴 뿐이다"[51]고 강조한다.

정성근 교수도 '조건부 사형폐지론과 사형제도의 점진적 개혁'의 입장이다. 그는 "사형존폐의 문제는 당해 국가의 현실적인 정치적·문화적·사회적 기반과 관련하여 상대적으로 논의되어야 하며, 대법원도 현재 우리나라의 실정과 국민도덕적 감정을 고려하여 사형을 합헌이라고 한다. 다만, 과도기적 제도로서 최근 영국에서 실시한 바와 같이 몇 년간은 시험적으로 사형을 선고하지 아니하는 기간을 설정하고, 그 후에 폐지하는 방법이나, 또는 중국의 '사형의 집행유예제도'을 도입하여 일정한 집행유예 취소사유(예컨대 도주, 교도소 내에서의 살인·상해 등)가 없을 때에는 유예기간 종료시에 법원의 선고에 의하여 무기징역으로 전환하는 방법을 고려할 필요가 있다"[52]고 주장한다.

안동준 교수 그리고 김성천 교수와 김형준 교수도 '점진적 사형폐지론'의 입장이다. 안 교수는 "사형존치론이 여전히 설득력을 갖는 이유는 사형이 갖는 긍정적 효과에 대한 믿음과 사형제도를 일거에 폐지했을 때 생겨날 공백에 대한 두려움이 바탕에 깔려 있기 때문이다. 따라서 이러한 지적을 유념하면서 사형폐지를 조심스럽게 접근해 가야 할 것이다. 사형을 규정한 범죄의 범위를 대폭 축소한다거나 사형규정이 있는 경우에도 그 실행요건을 엄격하게 하는 등의 방법도 하나의 방안이 될 수 있다"[53]고 말한다.

49) 김기두, 사형제도, 법정 1965년 10월호, 349면.
50) 남흥우, 형법강의(총론), 박영사, 1969, 292면.
51) 유기천, 형법학(총론강의), 개정 제23판, 일조각, 1983, 349면.
52) 정성근, 형법총론, 법지사, 1987, 654면; 정성근·박광민, 형법총론, 삼지원, 2001, 645면.
53) 안동준, 형법총론, 학현사, 1998, 331면; 김성천·김형준, 형법총론, 동현출판사, 1998, 593면.

마지막으로 임웅 교수도 '점진적 사형폐지론'의 입장이다. 임 교수는 "사형제도는 폐지함이 타당하다. 사형제도의 폐지 여부는 몇 년간의 시험기간을 거쳐 최종결정을 내릴 수도 있으며, 사형제도의 개선방안으로 우선 사형집행유예제도를 도입한다든가, 사형의 대상범죄를 축소하는 등, 점진적으로나마 사형폐지로 나아가는 노력이 있어야 할 것으로 보인다"[54]고 강조한다.

(3) 조속한 정치적 결단

이수성 교수는 '사형폐지'를 강력히 주장한다. 그에 따르면 "사형에 대신하여 보안처분 · 무기구금 · 노역처분이나 사형집행유예제도 · 부정기형 등의 과감한 채택은 바로 시민이 국가에 대하여 요구하는 바"[55]라고 주장한다.

그리고 이형국 교수도 "사형폐지를 위한 일곱 가지의 논거를 제시하면서, 조속한 여건조성과 가능한 시일내에 사형이 폐지될 수 있도록 노력해야 한다"고 주장한다. 이 교수는 "사형은 ① 야만적이고 잔혹하며 비인도적이다. ② 일반인이 기대하는 것보다 위하력이 적다. ③ 국가가 살인행위를 비난해하면서 국가자신이 사람의 생명을 박탈하는 것은 응보이다. ④ 사형은 개선적기능이나 교육적 기능이 없다. ⑤ 오판의 가능성이 있다. ⑥ 범인의 생명박탈에 중점이 있고 피해자의 구제는 없다"라는 일반적인 논거를 제시하고 있다. 그는 특히 "⑦ 범죄의 원인에는 범죄인의 악성뿐만 아니라 환경적 요인이 차지하는 비중이 적지 아니하다. 그러나 사형은 범죄원인을 모두 범인에게만 책임지우고 있는 형벌이다"[56]고 비판한다.

한편 배종대 교수도 '정치적 결단에 의한 사형폐지'를 주장한다. 그에 따르면 "법이론적으로 보면 사형제도는 정당화될 수 있는 길이 없다. 백 번 잘못된 제도이고 당연히 폐지해야 마땅한 형벌이다. … 그러나 법은 정치에 종속하므로 정치가 사형제도의 폐지를 원치 않는 한, 그 길은 요원하다. … 그러므로 우리나라에서 사형폐지의 운명은 정치수단 또는 정치무기로 이용되는 사형의 연결고리를 어떻게 끊을 수 있는가에 달려 있다고 할 수 있다. 결국 사형을 정치수단으로 삼지 않아도 되는 좋은 정치상황이 되었을 때 사형은 폐지될 수 있을 것이다. 이에 대해서는 두 가지 방법이 있을 수 있다. 첫째 좋은 정치상황이 될 때까지 기다리든가 아니면, 둘째 좋은 정치상황은 아니더라도 정치 스스로 계몽되어 자발적으로 이 연결고리를 끊는 방법이 있다. 전자보다는 후자가 타당하고 희망적이다. 사형제도를 점진적으로 개혁하는 방법으로는

54) 임웅, 형법총론, 법문사, 1999, 525-526면; 임웅, 형법총론, 개정판, 법문사, 2002, 587-588면.

55) 이수성, 사형폐지론소고, 서울대학교 법학 제13권 제2호, 서울대학교 법학연구소, 1972, 52-80(76면).

56) 이형국, 형법총론, 법문사, 1997, 443-444면.

사형범죄의 축소, 사형선고의 제한, 사형집행의 유보 등이 있다. 이런 방법이 사형폐지의 징검다리 역할을 할 수도 있겠지만, 그렇다고 해서 사형폐지의 종국적 대안이 되기는 어렵다"[57]고 주장한다.

6. 사 견

건국 후 60년 동안 지속되어온 한국의 사형존치론자와 사형폐지론자의 논쟁은 아직도 계속되고 있다. 사형존치론의 논거는 ① 국가정책적 관점(국가사회존립), ② 법철학적 관점(정의회복), ③ 단기적 형사정책적 관점(범죄예방효과), ④ 법사회학적 관점(현재의 국민 법감정)에서 주장되고 있고, 사형폐지론의 논거는 ① 헌법적 관점(인간존엄에 반함), ② 법철학적 관점(정의는 오직 신 만이), ③ 형법과 형사정책적 관점(형벌목적과 배치), ④ 법사회학적 관점(사형에 범죄억제의 효과가 있다는 가정과 그 가정에 근거한 믿음의 허구), ⑤ 법인간학적 관점(누가 너에게 교수할 권리를 주었는가? 사형집행관의 인격고려)에서 비판되고 있다.

사형제도에 대한 논쟁과정을 보면, 사형폐지론을 주장하는 입장(無順 이수성 · 이건호 · 심재우 · 정봉휘 · 강구진 · 유병렬 · 이형국 · 김일수 · 진계호 · 신진규 · 배종대 · 오영근 · 정영일 · 한인섭 · 이정원 · 허일태)과 사형존치론을 주장하는 입장(사형집행유예제도의 도입을 주장하는 견해: 정성근, 사형제도의 신중 및 축소를 주장하는 견해 : 손해목 · 이재상 · 박상기 · 안동준 · 임웅)으로 나눌 수 있다.[58] 그러나 논쟁의 방향을 분석해 보면 절대다수의 학자들은 사형제도의 폐지를 궁극적 목표로 하고 있음을 알 수 있다.

논쟁의 경향을 보면, '사형존폐의 당위성'(當爲性)에서, 최근에는 '사형제도가 초래하는 심각한 문제점의 제거방안'에 논의가 집중되어 있다.[59] 구체적으로 살펴보면 ① 입법적으로 사형규정의 대폭 축소에 대한 논의, ② 사형제도를 규정하

57) 배종대, 형법총론, 제6판, 홍문사, 2001, 688면; 배종대, 형사정책, 제4판, 홍문사, 2001, 337-338면; 배종대, 형법총론, 제8판, 홍문사, 2006, 812-813면.

58) 손해목, 형법총론, 법문사, 1996, 1178면.

59) 김기춘, 형법개정시론, 삼영사, 1984, 395면: "사형적용의 대상범죄의 범위를 점진적으로 축소하고, 그 집행방법을 개선함으로써 사형제도가 갖고 있는 문제점을 극소화하는 노력이 필요하다"; 정성근, 형법총론, 법지사, 1991, 654면; 정성근 · 박광민, 형법총론, 삼지원, 2001, 645면; 손해목, 형법총론, 법문사, 1996, 1178면; 안동준, 형법총론, 학현사, 1998, 331면; 박상기, 형법총론, 전정판, 박영사, 1999, 467-468면; 박상기, 한국에서의 사형제도, 이상과 현실, 제16호 특집호, 2001년 겨울호, 69-76면(악용의 대표적 사례를 우선적 대안); 임웅, 형법총론, 법문사, 1999, 525-526면; 임웅, 형법총론, 개정판, 법문사, 2002, 587-588면.

되 현실적인 시행은 억제하는 방법에 대한 논의(벨기에 모델), ③ 일정기간 사형의 집행을 유보한 뒤 그 기간이 지나면 무기형으로 전환하는 등 사형집행을 제한하는 방법에 관한 논의(중국 모델), ④ 사형선고에 법관의 전원일치를 요구하는 등 사형선고를 제한하는 방법에 관한 논의(스위스 모델), ⑤ 사법적으로 오판가능성의 방지에 대한 논의, ⑥ 정치적 탄압의 도구로 악용방지에 대한 논의 등에서 찾을 수 있다.

생각건대 사형제도에 대한 한국 형법학계의 60년의 논쟁사는 근본적으로 헌법적 딜레마(자충수)를 안고 출발했다. 한국은 광복 이후 입법과정에서 일본 제국주의시대(1910-1945)가 남긴 잔혹한 응보와 위하적 형벌(일반예방사상)을 입법을 통해 극복하지 못하고, 사형제도를 헌법과 형법 속에 잔존시키고 말았다. 이 때문에 한국 형사법학계는 지난 60년을 사형제도의 헌법상 정당성의 문제로 힘을 소진하였고, 위하적 일반예방사상의 극복의 문제로 나머지 힘을 허비하고 말았다.

그러나 우리와 유사하게 전쟁과 분단을 겪은 독일은 「사형제도와 관련한 헌법적 정당성의 문제」를 1949년에 헌법적 결단으로 해결하였다.[60] 독일은 법률가들의 처절한 반성 속에서 나치스시대(1933-1945)가 남겨놓은 잔재를 극복하고자, 본(Bonn) 기본법 제102조에서 사형제도를 폐지하였다. 전쟁과 분단으로 우리와 유사한 정치환경을 가졌던 서독은 나치히틀러시대의 잔혹한 위하적 형법·형벌에 대해서도 형법적 청산을 시도하였고, 정치형법의 상징으로 나치의 정치이데올로기를 부양한 위하적 일반예방사상을 안락사(安樂死)시켜 버렸다. 어떠한 정치가에 의해서도 다시는 "위하적 일반예방사상을 정권유지에 남용하는 것을 원천적으로 차단하겠다"는 입법적 결단이었다. 이로써 독일의 사형존폐의 논쟁은 독일 기본법과 형법의 관계에서 분명하게 정리되었다.

1950년대 후반부터 독일의 형사법학계는 위하적 일반예방사상의 극복의 문제를 보다 확대하여 양형분야에까지 논의를 확대하였다. 이것이 소위 「위하적 일반예방사상에 뿌리를 둔 형벌강화와 인간존엄사상에 뿌리를 둔 책임과의 논쟁」이다. 독일 형사법학계는 이 논쟁에서 위하적 일반예방사상을 원천적으로 거부하

60) 독일 기본법(Grundgesetz) 제1조 제1문의 「인간존엄과 일반예방의 논쟁」에 관한 중요한 문헌으로는 Badura, Generalprävention und Würde des Menschen, JZ 1964, S. 337ff. (344); Naucke, Generalprävention und Grundrechte der Person, in: Winfried Hassemer/Klaus Lüderssen/Wolfgang Naucke: Hauptproblem der Generalprävention, Frankfurt am Main 1979, S. 11 mit FN. 7; Roxin, Sinn und Grenzen staatlicher Strafe, JuS 1966, S. 377ff.(379).

고, 헌법적 정당성을 가진 책임원칙을 고수하였다. 당시 독일 형사법학계의 지배적 견해는 '책임은 바로 헌법상 보장된 인간존엄의 형법적 구현'이라는 인식이 지배적이었다. 이러한 흐름은 1945년 이후 1960년대 초반까지 지속되었고, 독일의 형법 개정안에도 반영되었다.[61] 독일에서의 사형제도의 폐지는 전후 독일 형법사의 발전에 엄청난 촉진제가 되었다.

그러나 한국의 경우 건국 이래 60년 동안 형사법학계에서 전개된 사형제도에 대한 논쟁은 1948년 7월 17일 제헌헌법에서 사형폐지를 입법적으로 결단하지 못한 원죄와 반자유주의 형법시대의 열악한 환경 속에서 전개되었고, 청산되어야 할 잔악한 응보사상과 위하적 일반예방사상은 독재정권의 권력유지를 위한 형법·형사정책의 이데올로기로 변형되었다.

그러나 우리가 평가에 인색하지 말아야 하는 것은 사형제도에 대한 논쟁과정에서 나타난 민주·자유·인도적 형법관의 전개와 확산과정이다. 저자는 이러한 전개과정을 한국 땅에 민주·자유·인도적 형법관을 세우기 위하여 투쟁한 우리 법학자들의 60년 간의 노력의 산물이라고 평가한다. 헌법적·종교적·법철학적·법인간학적·형법적·형사정책적·범죄통계학적·법사회학적 논증들은 사형제도의 폐지환경과 폐지시기를 촉구하기 위한 한국 형법학계의 처절한 노력이었다. 이러한 노력들은 한국 형법사에 남겨진 자산이며, 아직까지 강한 생명력을 가지고 있다고 생각한다.

Ⅳ. 사형제도에 대한 대법원과 헌법재판소의 입장

건국 이후 60년 동안 대법원의 사형제도에 대한 입장은 확고하다. 대법원은 여전히 사형제도의 필요성을 긍정하고 있다. 여기에는 헌법적·형사정책적·법사회학적 논거들이 제시되고 있다. 헌법재판소 전원재판부도 1996년 11월 28일

61) 1962년 독일 정부초안에 관해서는 Berg., in: BT-Dr. 5/3250, S. 98; 독일의 주요 참고문헌은 Roxin, Strafrecht Allgemeiner Teil. Bd. 1: Grundlagen-Der Aufbau der Verbrechenslehre, 3. Aufl., München 1997, §4 VI Rdnr. 18; Maurach/Zipf, Strafrecht Allgemeiner Teil, bd. 1, Grundlehren des Strafrechts und Aufbau der Straftat. Ein Lehrbuch, 8. Aufl., Heidelberg, Karlsruhe 1992, 1, §6 II Rdnr. 38; Schönke-Schröder-Eser, Strafgesetzbuch. Kommentar, Einführung, 24. Aufl., München 1991, Rdnr. 2; Rüping, Grundriß der Strafrechtsgeschichte, 2. Aufl., München 1991, S. 115; Jescheck-Weigend, Lehrbuch des Strafrechts, Allgemeiner Teil. 5. Aufl., Berlin 1996, §11 IV 2.

살인 및 특수강간혐의로 무기징역형이 확정된 정○○가 (1) 사형제도가 헌법에 위반되는지 여부, (2) 살인죄에 대하여 사형에 처할 수 있도록 규정한 형법 제250조 제1항이 헌법에 위반되는지 여부에 대한 헌법소원에 대해서 형법 제41조 제1호와 제250조 제1항은 헌법에 위반되지 아니한다며 합헌결정[62]을 내렸다. 여기서는 1980년 이후 사형제도와 관련하여 대법원에서 판시한 중요한 판결과 1996년 11월 28일에 선고한 헌법재판소 전원재판부의 사형제도 합헌 결정문을 분석한다.

1. 대법원의 입장

1980년 이후에 선고된 대법원 주요판결을 살펴보면, 대법원은 여전히 사형제도의 필요성을 긍정하고 있다. 대법원은 사안에 따라 헌법적 · 형사정책적 · 법사회학적 근거들을 제시하고, 아직도 사형제도를 강력한 범죄투쟁수단(사형의 일반예방적 효과)으로 판단하고 있다. 여기서는 사형제도와 관련하여 대법원에서 판시한 중요한 판결 중 13개를 선정하여, 사실관계(사형선고 및 원심파기에 대한)와 판결요지를 중심으로 간략히 살펴본다.

(1) 부산 미국 문화원 방화사건

[공소사실의 요지] 1982년 3월 18일 14:00 정각 김○○과 이○○ 등이 부산 미국문화원 정면 출입구에 들어서면서 물통의 휘발유를 현관에 쏟자, 최○○와 김○○는 미리 준비한 점화봉에 불을 붙여 집어던져 방○○외 20여명의 사람이 현존하는 위 건물에 방화하고, 이 시각에 류○○은 유나백화점 4층과 박○○, 최○○은 국도극장 3층에서 발화시점과 함께 반미 삐라를 살포하였다. 이 화재로 대학생 1명이 사망하였다.[63]

1983년 3월 8일 대법원 형사 제1부는 '부산 미국 문화원 방화사건'의 상고심에서 '사형제도의 존치이유와 형법 제164조 방화치사상죄에 있어서 사형을 존치할 이유'에 관하여 '사형제도의 합헌을 결정하고, 사형의 일반예방적 효과'를 간

---

62) 합헌을 주장한 헌법재판관은 7명(재판장 재판관 김용준, 주심 재판관 김문희, 재판관 황도연, 재판관 이재화, 재판관 정경식, 재판관 고중석, 재판관 신창언)이고, 위헌을 주장한 헌법재판관은 2명(재판관 김진우, 재판관 조승형)이다.

63) 대판 1983.3.8. 82도3248 국가보안법위반, 현주건조물방화치상, 현주건조물방화예비, 계엄법위반, 집회및시위에관한법률위반, 특수공무집행방해, 범인은익, 범인도피.

접적으로 인정하였다. 대법원 형사 제1부의 '사형제도의 존치이유'에 대한 판결요지는 세 가지 관점으로 요약된다. 첫째 헌법적 관점(피해자의 생명의 가치), 둘째 형사정책적 관점(사회공공의 안녕과 질서유지), 셋째 법사회학적 관점(실정법에 나타난 국민적 총의)이다. 판결요지는 다음과 같다.

[판결요지] 인도적 또는 종교적 견지에서 존귀한 생명을 빼앗아 가는 사형은 피해야 할 것임에는 이론이 있을 수 없다. 그러나 한편으로는 범죄로 인하여 침해되는 또 다른 존귀한 생명을 외면할 수 없고 또 사회공공의 안녕과 질서를 위하여 생명형의 존치를 이해하지 못 할 바가 아니다. 이것은 바로 그 나라의 실정법에 나타나는 국민적 총의라고 파악될 것이다.

방화죄가 불특정다수인의 생명, 신체, 재산에 대하여 위험을 발생시키고 공공의 평온을 해하는 공공위험죄인 까닭에 그 형이 특히 무겁고 역사적으로는 나라마다 방화죄에 극형을 부과하였음이 일반이었음에 비추어 보고 형법 제164조가 생명형을 규정한 취의로 보아 사형이 반드시 피해야 할 형이라고만 할 이유도 없다. 이 사건 방화의 태양이 방화와 동시에 살포된 삐라에 표상된 바와 같이 공격범적이고 폭력범적인 것일 때 소론이 내세우는 사유는 원심의 형의 선택을 비의하는 논거로서는 너무나 박약하다고 하지 않을 수 없다.

(2) 사소한 시비 후 살인사건

[공소사실의 요지] 피고인이 사소한 시비 끝에 이○○(당시 19세)를 비롯한 3명의 피해자를 칼로 여러 번씩 찔러 그 중 2명을 살해하고, 1명을 미수에 그치게 하였다.[64]

[하급심 판결] 제1심 법원과 제2심 법원은 모두 피고인에게 사형을 선고하였다.[65]

1985년 6월 11일 대법원 형사 제2부는 이 사건의 상고심에서도 사형제도의 필요성을 긍정하고 있다. 다만, 사형을 선택할 경우에는 일반예방적 견지에서 불가피한 경우에만 허용된다고 밝히고, 원심의 양형은 심히 부당하다고 판단하였다. 대법원 판결의 의미는 형사정책적 관점(사형선고의 신중한 선택)을 강조하고 있다는 점이다. 판결요지는 다음과 같다.

[판결요지] 이 사건 범행의 수단, 방법, 결과, 동기 등에 비추어 제1심이 피고인에 대

---

64) 대판 1985.6.11. 85도926 살인, 살인미수.
65) 서울고등법원 1985.4.3. 선고 85노219 판결.

하여 선고한 사형이 결코 무겁다고 인정되지 않는다고 판단하고 있다. 그러나 사형은 인간존재의 근원이 되는 생명 자체를 영원히 박탈해 버리는 극형으로서 그 생명을 존치시킬 수 없는 부득이한 경우에 한하여 적용돼야 할 궁극의 형벌이므로 사형을 선택함에 있어서는 범행의 동기, 태양, 죄질, 살해의 수단, 방법의 집요성, 잔악성, 결과의 중대성, 피해자의 수, 피해감정, 범인의 연령, 전과, 범행 후의 정황, 범인의 환경, 교육정도 등 제반사정을 참작하여 죄책이 심히 중대하고 죄형의 균형이나 범죄의 일반적 예방의 견지에서도 극형이 불가피하다고 인정되는 경우에 사형의 선택도 허용된다고 보아야 할 것이다.

그러나 이 사건 범행동기에는 피해자들의 모독적 언행도 이를 자극하였다고 보여지고, 이 사건 범행의 방법이 계획된 의도에서 이루어진 것이 아니고 술에 다소 취한 흥분한 상태에서 일어난 우발적인 일회적인 것이고 위에 나타난 피고인의 환경, 생육과정과 이 사건 범행 후 피고인은 전비(前非, 이전에 저지른 잘못)를 깊이 뉘우치며 피해자의 명복을 빌고 있는 점 등 제반의 사정을 참작하여 보면 범행의 결과는 중하다 하더라도, 다른 유사사건의 일반적 양형에 비추어 죄형의 균형의 면에서 피고인의 이 사건 범행이 사형을 선택하지 아니하면 아니 될 불가피한 경우라고 잘라 말하기는 어렵다 할 것이다. 따라서 원심의 양형은 심히 부당하다고 인정할 중대한 사유가 있는 경우라 할 것이므로 이를 지적하는 논지는 이유 있다. 따라서 원심판결을 파기하고, 사건을 원심법원에 환송하기로 하여 관여법관의 일치된 의견으로 주문과 같이 판결한다.[66]

(3) 강도치사사건

1987년 9월 8일 대법원 형사 제3부는 '강도치사사건'의 상고심에서도 사형제

---

66) 대판 1985.6.11. 85도926: 「그의 아들인 이○○이 나와 어른과 싸운다고 피고인을 때리며 "술을 쳐 먹으려면 잘 먹으라"며 돌아가 방에 다시 들어오니 위 권○○이 방문을 두드리며 "이 새끼야 나와"하며 소리를 지르므로 자기 집도 아닌데 무슨 간섭이냐고 욕설을 하면서 나가니 다시 위 윤○○이 "나가라"고 소리치자 "나가도 밝은 날 나가야지 밤중에 어디로 가란 말이냐"고 하며 방에 들어가자 위 양인은 다시 "이 새끼야 나가, 이 방에서 잘 수 없다. 때려 죽인다"고 아우성을 쳐 방문을 나오는데 마침 부엌에 과도가 눈에 띄어 뒷주머니에 칼을 넣고 대문가에 가서 칼을 내보이며 "죽여 버릴테니 이러지들 말라"고 하니 모였던 사람이 물러나는데 위 권○○이 "이 새끼 죽여 봐라"하며 멱살을 잡고 대들어 피고인은 "이 쌍년 이거 놔"하는데 위 이○○이 달려들으므로 모두 죽여 버리겠다고 마구 찔러 이 사건의 결과를 야기한 사실이 인정되어 그 동기가 피고인으로서는 처도 도망하고 없는데 남의 일에 참견하며 집을 나가라고 업신여기고 동네에 친척도 없이 어렵게 산다고 너무 무시하는 것 같고 야밤에 나가라 하여 순간적으로 죽어야겠다는 생각으로 칼을 내보이는데 피해자 등이 멱살을 잡는 등 달려드는데 자극을 받아 범행이 촉진하게 한 점이 보이고 피고인은 평소 성질이 급하고 인내심이 없는 편이며 술을 마시면 주정하는 습성은 있으나 평소 피해자나 동리사람들과 원한이나 별 감정 또는 불만은 서로 없었다는 것이고 싸우는 일도 없었는데 당일 마음이 좋지 않아 마신 술의 작용과 성질이 급한 나머지 범행을 하게 된 것임을 알 수 있다」; 서울고등법원 1985.4.3. 선고 85노219 판결.

도의 합헌(필요성)을 유지하고 있다.[67] 대법원 형사 제3부는 (1) 강도치사죄의 성립에 살인의 고의를 요하는지 여부와 (2) 사형의 위헌여부에 대하여 판결하였는데, 특히 사형의 위헌여부에 대한 판결요지는 두 가지 관점으로 요약된다. 첫째 헌법적 관점(피해자의 생명의 가치), 둘째 형사정책적 관점(사회공공의 안녕과 질서 유지)이다. 판결요지는 다음과 같다.

[판결요지] 강도치사죄는 이른바 결과적 가중범으로서 살인의 고의까지 요하는 것이 아니므로 피고인이 강도의 기회에 사람을 죽음에 이르게 한 이상 강도치사죄의 죄책을 면할 수 없다. 인도적 또는 종교적 견지에서 존귀한 생명을 빼앗기는 사형제도는 모름지기 피해야 할 일이겠지만 한편으로는 범죄로 인하여 침해되는 또 다른 귀중한 생명을 외면할 수 없고 사회공공의 안녕과 질서를 위하여 국가의 형사정책상 사형제도를 존치하는 것도 정당하게 긍인할 수밖에 없는 것이므로 형법 제338조가 그 법정형으로 사형을 규정하였다 하더라도 이를 헌법에 위반되는 조문이라고 할 수 없다. 이 사건 피고인의 성장과정이나 가정환경 그리고 연령 등에 미루어 동정할 점이 없지 아니하나 피고인의 이 사건 범행동기와 범행의 회수, 수단방법 및 이 사건으로 두 사람이나 생명을 잃게 되는 등의 범행의 결과 그리고 범행 후의 정황 등 모든 양형의 조건을 살펴볼 때 피고인에게 사형을 선고한 제1심 판결을 그대로 유지한 원심의 조치[68]는 옳게 수긍이 가고 그 형의 양정이 심히 부당하다고 인정할 만한 현저한 사유를 발견할 수 없다. 주장들은 모두 이유 없다. 그러므로 상고를 기각하기로 관여법관의 일치된 의견으로 주문과 같이 판결한다.

그러나 이 판결은 형법학자들에 의해 '사형선고에 대한 판단기준의 일관성 결여'라는 비판을 받았다.[69]

(4) 강도살인사건

1990년 4월 24일 대법원 형사 제1부는 '강도살인사건'의 상고심에서도 사형제도의 합헌(필요성)을 유지하고 있다.[70] 대법원 형사 제1부는 '사형제도의 존치이

---

67) 대판 1987.9.8. 87도1458 특정범죄가중처벌등에관한법률위반(강도), 강도치사, 강도강간, 강도상해, 특수절도.

68) 서울고등법원 1987.6.12. 선고 87노871 판결.

69) 비판적 판례평석으로 한인섭, 사형제도의 문제와 개선방안, 형사정책학회발표, 1991, 19면; 정봉휘, 사형존폐론의 이론사적 계보, 동산손해목박사화갑기념논문집, 형사법학의 현대적 과제, 1993, 495-508면(499-500면) 참조.

70) 대판 1990.4.24. 90도319 강도살인, 강도강간, 강도강간미수, 강도상해, 특정범죄가중처벌등에관한법률위반(강도), 폭력행위등처벌에관한법률위반.

유'에 대한 판시사항에서 두 가지의 관점을 제시하고, 사형제도의 존치이유를 밝히고 있다. 첫째는 형사정책적 관점(국가의 형사정책으로 질서유지)이며, 두 번째는 헌법적 관점(공공복리)이다. 판결요지는 다음과 같다.

[판결요지] 국가의 형사정책으로 질서유지와 공공복리를 위하여 형법에 사형이라는 형벌을 규정하였다 하여 이를 헌법에 위배된 것이라 할 수 없다 할 것이므로(대판 1967.9.19. 67도988 참조) 피고인을 사형에 처한 제1심판결을 시인한 원심판결에 소론 헌법의 각 규정에 위반된 잘못이 있다는 논지는 이유 없고, 기록에 의하여 피고인의 연령, 성행, 지능, 환경, 피해자에 대한 관계, 범행의 동기, 수단, 결과 및 범행후의 정황 등 양형의 조건이 되는 여러 가지 사정을 살펴보면 피고인에 대한 제1심의 형량은 수긍이 가고 무거워 부당하다고는 인정되지 않으므로 이를 유지한 원심의 조처에 소론과 같은 위법이 없다. 이에 상고를 기각하기로 하여 관여법관의 일치된 의견으로 주문과 같이 판결한다.

(5) 살인과 살인미수

1991년 2월 26일 대법원 형사 제2부는 '살인사건'의 상고심에서도 사형제도의 합헌을 견지하고 있다.[71] 대법원 형사 제2부는 '사형제도의 존치이유'에 대한 판시사항에서 두 가지의 관점을 제시하고, 사형제도의 존치이유를 밝히고 있다. 첫째는 형사정책적 관점(국가의 형사정책으로 질서유지)이며, 두 번째는 헌법적 관점(공공복리)이다. 판결요지는 다음과 같다.

[판결요지] 헌법 제12조 제1항에 의하면 형사처벌에 관한 규정이 법률에 위임되어 있을 뿐 그 처벌의 종류를 제한하지 않고 있으며, 현재 우리나라의 실정과 국민의 도덕적 감정 등을 고려하여 국가의 형사정책으로 질서유지와 공공복리를 위하여 형법 등에 사형이라는 처벌의 종류를 규정하였다 하여 이것이 헌법에 위반된다고 할 수 없다(대판 1963.2.28. 62도241; 대판 1967.9.19. 67도988 참조). 피고인들에 대한 소론의 정상을 참작한다 하더라도 이 사건 피고인들의 범행동기, 범행방법의 잔혹성, 다수의 강도 및 강간 피해 이외에 피살자만도 5명에 이른 피해결과, 범행 전후의 정황 등 기록에 나타난 양형조건에 관한 여러 사정을 모아볼 때 피고인들에 대한 원심의 양형(각 사형)[72]이 부당하다고 여겨지지 아니한다.

71) 대판 1991.2.26. 90도2906 살인, 살인미수, 특정범죄가중처벌등에관한법률위반(강도, 강도강간, 강도강제추행), 강도상해, 특수절도, 절도, 폭력행위등처벌에관한법률위반, 공문서변조.

72) 서울고등법원 1990.11.22. 선고 90노2771 판결.

(6) 강도살인 후 자동차 방화사건

[**공소사실의 요지**] 피고인(강도살인의 범행 당시 21세 6개월)은 술에 취하여 흥분한 상태로 승용차를 강취하는 과정에서 살인하였다. 강도살인을 한 후 죄증을 인멸하기 위해 강취한 차량에 방화하였다.[73]

[**하급심 판결**] 제1심 법원과 제2심 법원은 "피고인은 수차례의 범죄전력이 있는 자인데다가 이 사건 범행내용이 대담하고 잔인하며 강도살인을 한 후 죄증을 인멸하기 위해 강취차량에 불을 지르는 등 포악한 성격을 드러내었고, 이 사건 범행이 신문에 크게 보도된 것을 보고도 바로 또 다른 범죄행각을 벌이고 다녔을 뿐만 아니라, 이 사건으로 수사기관에서 조사를 받고 재판을 받는 과정에서도 진실의 은폐를 기도하고 있는 점 등을 참작할 때, 사회를 방위함이 마땅하다 하여 사형을 선택한다"고 판시하였다.[74]

1992년 8월 14일 대법원 형사 제3부는 '강도살인사건'의 상고심에서 '사형제도의 존치이유'에 대하여 '사형제도의 합헌을 결정하고, 사형의 일반예방적 효과'는 인정하였다. 다만, 사형을 선택할 경우에는 일반예방적 견지에서 불가피한 경우에만 허용된다고 밝히고, 원심의 양형은 심히 부당하다고 밝히고 있다. 대법원 형사 제3부가 선고한 판결의 의미는 형사정책적 관점(사형선고의 신중한 선택)을 강조하고 있다는 점이다. 판결요지는 다음과 같다.

[**판결요지**] 사형은 인간의 생명자체를 영원히 박탈하는 냉엄한 극형으로서 그 생명을 존치시킬 수 없는 부득이 한 경우에 한하여 적용되어야 할 궁극의 형벌이므로, 사형을 선택함에 있어서는 범행의 동기, 태양, 죄질, 범행의 수단, 잔악성, 결과의 중대성, 피해자의 수, 피해감정, 범인의 연령, 전과, 범행 후의 정황, 범인의 환경, 교육 및 생육과정 등 여러 사정을 참작하여 죄책이 심히 중대하고 죄형의 균형이나 범죄의 일반예방적 견지에서도 극형이 불가피하다고 인정되는 경우에 한하여 허용될 수 있는 것이다(대판 1985.6.11. 85도926; 대판 1987.10.13. 87도1240 참조). … 이 사건의 기록에 의하면 피고인 박○○은 1967.4.24.생으로서 원심에서 사형이 선택된 이 사건 강도살인의 범행 당시 21세 6개월의 젊은 나이이었고, 1986.9.과 1988.3.에 폭력행위로 각각 벌금형을 선고받은 이외에 이 사건 일련의 범행 이전에 별다른 형사처벌을 받은 사실은 없는 자로서 현재 부모와 동거하는 여인 및 어린 딸을 두고 있으며, 한편 피해자를 살

73) 대판 1992.8.14. 92도1086 강도살인, 일반자동차 방화, 특수절도.

74) 서울고등법원 1992.4.21. 선고 92노412, 92노1346 판결.

해하게 된 것도 처음부터 계획하고 의도한 것이라기보다 술에 취하여 흥분한 상태로 승용차를 강취하는 과정에서 우발적으로 저질러진 것으로 보이고, 이 사건으로 수사와 재판을 받는 과정에서 공소사실 중 살인의 범의를 제외한 사실 자체는 대체로 시인하는 취지이고, 피해자의 유족과 원만히 합의하여 그들도 위 피고인의 처벌을 원하지 않는다는 의사를 표명하고 있음을 알 수 있는 바, 여기에 피고인의 환경, 교육 및 생육과정 등을 아울러 고려하면 비록 원심이 설시하고 있는 바와 같이 이 사건 강도살인범행의 수단이나 결과가 중하고, 또한 위 피고인이 그 범행 후에도 다시 특수절도 등의 범행을 저지른 점 등 중한 형으로 처단하여야 할 사정이 있음은 충분히 인정되지만, 앞에 설시한 사형의 선택기준이나 다른 유사사건과의 일반적 양형의 균형면에 비추어 볼 때 원심이 위 피고인을 극형인 사형으로 처단한 것은 그 형이 심히 무겁다고 인정할 현저한 사유가 있는 때에 해당한다고 인정되므로 이를 지적하는 논지는 이유 있다.

(7) 처제 강간살해사건

[**공소사실의 요지**] 피고인은 평소 피고인을 믿고 따르던 처제를 강간하고, 망치 등으로 두부를 4회나 강타하여 살해한 후 범행을 은폐하기 위하여 피해자의 사체를 유기하였다.[75]

[**하급심 판결**] 제1심 법원과 제2심 법원은 모두 피고인에게 사형을 선고하였다.[76]

1995년 1월 13일 대법원 형사 제2부는 피고인 및 국선변호인이 제기한 상고심(1. 채증법칙을 위반한 사실오인의 점에 대하여 2. 양형부당의 점에 대하여)에서 다음과 같이 판결하였다.

[**판결요지**] 1. 피고인이 이 사건 피해자를 강간하고 살해한 다음 그 사체를 유기한 각 범행을 저질렀다고 인정한 원심의 판단은 정당한 것으로 수긍이 가고, 거기에 소론과 같이 채증법칙을 위반하여 사실을 오인한 위법이 있다고 할 수 없다. 논지는 이유 없다.

2. 사형은 인간의 생명 자체를 영원히 박탈하는 냉엄한 극형으로서 그 생명을 존치시킬 수 없는 부득이한 경우에 한하여 적용되어야 할 궁극의 형벌이므로, 형벌을 선택함에 있어서는 범행의 동기, 태양, 죄질, 범행의 수단, 잔악성, 결과의 중대성, 피

---

75) 대판 1995.1.13. 94도2662 살인, 강간, 사체유기.

76) 대전고등법원 1994.9.16. 선고 94노333 판결.

해자의 수, 피해감정, 범인의 연령, 전과, 범행 후의 정황, 범인의 환경, 교육 및 생육 과정 등 여러 사정을 참작하여 죄책이 심히 중대하고 죄형이 불가피하다고 인정되는 경우에 한하여 허용될 수 있다. 처제를 강간, 살해하고 이를 은폐하기 위하여 사체를 유기하는 등 때로는 순간적인 감정을 주체하지 못하거나 격정적인 상태에서 흔히 저질러지기 쉬운 강간 및 살인을 그 주된 내용으로 하는 일련의 범행이 문제된 경우, 사전에 모든 범행이 치밀하게 계획되어 이루어진 경우와 단순히 우발적이고 순간적인 감정으로 인하여 이루어진 경우 그리고 최초 범행은 사건 계획 하에 실행에 옮겨졌으나 그에 잇따른 범행은 당초 범행을 은폐하거나 또는 흥분된 상태에서 순간적으로 범의가 일어나 우발적으로 저질러진 경우에 있어서 각 그 양형조건을 달리 한다고 할 것이므로, 이 사건에 있어서도 과연 피고인이 피해자를 강간한 다음 살해할 것을 사전에 치밀하게 계획하고 범행한 것인지, 아니면 강간만 할 생각으로 범행하였는데 순간적인 상황의 변화로 살인의 범행에까지 이어졌던 것인지 여부가 면밀히 심리·확정된 다음에 그 양형을 정하여야 옳다는 이유로, 피고인을 사형에 처한 원심판결을 파기하고, 사건을 대전고등법원에 환송하였다.

(8) 치정관계로 인한 공모살인

[**공소사실의 요지**] 피고인 2는 피고인 1의 치정관계로 인한 피해자 1에 대한 악감정으로 이 사건 살인의 범행을 상호 공모하기에 이른 범행의 동기와 그 후 피고인들이 수회 접촉하면서 피고인 2가 사전에 3회 가량 현장을 답사하여 이 사건 범행장소의 위치, 구조, 동거인 유무 등을 파악하는 등 치밀하게 범행을 계획하였고, 현장답사 결과 피해자 1이 피해자 2와 동거하고 있는 것을 확인하고 피고인 2가 원심 공동피고인까지 범행에 끌어들인 후 미리 등산용 칼 2자루와 면장갑 2켤레를 구입하여 각기 소지하고 피고인 2와 위 원심 공동피고인이 범행 현장에 침입한 후 술에 취하여 잠들어 있는 피해자 1을 위 원심 공동피고인이 반항하지 못하도록 붙잡는 동안 피고인 2는 역시 술에 취하여 무방비 상태에 있는 피해자 2의 가슴, 목 부위를 위 등산용 칼로 약 4회 가량 힘껏 찔러 현장에서 사망케 한 다음 다시 위 원심 공동피고인이 들고 있던 칼을 건네받아 피해자 1의 심장부위, 목 부위 등을 약 4회 가량 힘껏 찔러 역시 사망케 하였으며, 범행 후 강도로 위장하기 위해 방안의 소지품을 흩뜨려 놓고 나왔다.[77]

[**판결요지**] 사전에 치밀하고 계획적으로 이 사건 범행을 모의하는 한편 그 살해 방법 또한 잔인하고 대담한 점 등 양형의 조건이 되는 여러 사정을 살펴보면, 원심이 피고

77) 대판 1996.1.26. 95도2420 살인.

인 2에게 사형을 선고한 제1심의 양형이 적정하다고 판단한 것은 수긍이 가므로, 그 형의 양정이 심히 부당하다고 인정할 현저한 사유가 있다고 볼 수 없고, 피고인 1의 연령, 성행, 가정환경, 전과 관계, 이 사건 범행의 동기, 수단과 결과, 범행 후의 정황 등 기록에 나타난 양형의 조건들을 참작하여 보면 피고인 1에게 무기징역을 선고한 원심의 양형이 심히 무거워 부당하다고 인정되지 아니하므로 논지도 역시 이유 없다.

(9) 히로뽕 투약 후 조폭살인사건

[**판결요지**] 피고인이 이 사건 범행 전에도 수회에 걸쳐 폭력범죄를 저질러 수회 실형을 복역한 바 있음에도 개전의 정이 없이 고등학생들까지 포함된 폭력배를 모아 그 우두머리 노릇을 하면서 단지 다른 폭력배 무리가 자신의 존재를 인정해 주지 않는다는 등의 이유만으로 범행을 저질러 그 범행동기에 있어 전혀 참작할 만한 점이 없는 점, 범행 당일 오전 무렵부터 상피고인들에게 칼, 야구방망이 등의 흉기를 구입하도록 지시하고, 피고인 자신은 담력을 키우기 위하여 히로뽕을 투약하는 등 그 범행 준비과정이 매우 치밀하고 조직적인 점, 피고인 등의 1차 범행으로 거의 사경에 이른 피해자를 병원에까지 찾아가 상피고인들로 하여금 재차 칼로 찔러 살해하도록 지시하고 사건조사차 출동한 경찰관들까지 무차별 폭행하도록 지시하여 반대파 2명을 살해하고 경찰관 3명을 포함한 7명에게 중・경상을 가하는 등 그 범행대상, 방법에 있어 무차별적이고 매우 잔인한 점, 피해자들 및 그 유족이 입은 정신적・육체적 고통이 매우 크고 피해자들측과의 합의가 이루어지지 않은 상태인 점, 범행 후 도망 다니면서도 범행을 후회하거나 반성한 흔적을 찾아볼 수 없을 뿐만 아니라 오히려 상피고인들에게 범행과정을 조작하도록 지시하고 있는 점 등의 원심이 설시하고 있는 양형의 조건이 되는 사실들을 충분히 수긍할 수 있고, 위와 같은 양형의 조건에 비추어 보면, 상고이유로 주장하는 바와 같은 사정을 참작하더라도, 피고인에 대하여 사형을 선고한 제1심의 판단을 그대로 유지한 원심의 양형[78]이 심히 부당하게 무겁다고는 보이지 아니하므로, 이 점을 다투는 상고이유도 받아들일 수 없다.[79]

(10) 참치잡이 원양어선사건

[**공소사실의 요지**] 피고인들은 피고인 1의 주도 하에 사전에 치밀하고 계획적으로 이 사건 범행을 모의하였고, 한국인 선원 7명 외에도 조선족 중국인 선원 1명, 인도네시

78) 부산고법 1996.9.18. 선고 96노452 판결.

79) 대판 1996.12.23. 96도2588 살인, 폭력행위등처벌에관한법률위반, 특수공무집행방해치상, 공용물건손상, 도로교통법위반, 향정신성의약품관리법위반, 대마관리법위반, 범인도피, 식품위생법위반, 교통사고처리특례법위반.

아인 선원 3명(이들 4명에 대한 범행은 공소제기되지 아니하였다) 등 도합 11명이나 되는 인명을 단기간 내에 무참하게 살해하였으며, 특히 피해자 최○○(19세)는 다른 선박에 승선근무 중 맹장염에 걸려 사모아로 돌아가기 위하여 도중에 이 사건 선박에 승선한 자로서 피고인들과 원한관계가 없고 병중이어서 아무런 저항을 할 수도 없는 상태임에도 단지 범행 은닉의 목적만으로 살해하였고, 그 범행 방법도 피해자들을 도끼로 내리치거나 참치처리용 칼로 난자한 후 바다에 내던졌을 뿐 아니라, 그 중 피해자 김○○의 경우에는 칼에 찔린 채 선박의 난간에 매달려 살려 달라고 발버둥치는 피해자의 양손을 칼로 찔러 바다에 떨어뜨리고, 피고인들의 범행을 목격한 인도네시아인 선원 3명을 공범으로 만들어 범행 폭로를 못하게 할 목적으로 이들을 위협하여 강제로 피해자 최○○를 살해하도록 하였으며, 조선족 중국인 선원 1명과 인도네시아인 선원 3명을 동사시키려고 어창에 5일간 감금하였으나 동사하지 않자 다시 끌어내어 바다에 내던져 살해하였다.[80]

[하급심 판결] 제1심 법원과 제2심 법원은 모두 피고인에게 사형을 선고하였다.[81]

[판결요지] 산혹함이 도저히 인간의 행동으로 보기 어려울 정도이고, 이 사건 범행이 한국인 선원들의 가혹행위에 의하여 유발되었다는 점을 참작한다고 하더라도 상상하기 어려운 가공할 범행이라고 아니할 수 없다. 뿐만 아니라 피고인들은 범행 후 선박의 매각이 여의치 아니함을 알고는 선박을 침몰시키고 일본으로 밀입국하기 위하여 뗏목을 만드는 등 피해자 이○○에 의하여 어창에 갇혀 제압당할 때까지 범행의 완벽한 은폐를 기도하였다. 특히 피고인 1은 피고인들 중 최연장자로서 2등 항해사의 지위에 있으면서 이 사건 범행의 모의를 주도하고, 다른 피고인들의 구체적인 실행행위를 지시하고 통제하였다는 점에서 더욱 무거운 책임을 묻지 않을 수 없다. 이와 같은 피고인들의 범행의 동기, 방법, 결과, 범행 후의 정황, 그 밖에 기록에 나타난 모든 양형 조건을 살펴보면, 피고인 1에 대하여 사형을 선고한 제1심 판결을 유지하고, 나머지 피고인들에 대하여 무기징역형을 선고한 원심의 양형은 결코 너무 무거워 부당하다고 할 수 없다.

(11) 사형 선택시 양형조건에 대한 조사와 심리

[공소사실의 요지] 피고인이 특수강도죄 및 특정범죄가중처벌등에관한법률위반(절도)죄 등으로 인한 형의 집행을 마치고 출소한 후 누범기간 내에 유흥비 등을 마련할 목

80) 대판 1997.7.25. 97도1142 해상강도살인, 사체유기, 폭력행위등처벌에관한법률위반.

81) 부산고법 1997.4.18. 선고 97노36 판결.

적으로 타인의 재물을 절취하거나 연약한 부녀자들을 상대로 흉기 등을 이용하여 손쉽게 금품을 강취하였고 나아가 자신의 가학적이고도 변태적인 성욕을 만족시키기 위하여 피해자들을 강간하였으며 또한 강간과정에서 일부 피해자들이 자신의 얼굴을 보았다는 이유로 신고를 두려워한 나머지 살인하였다. 피고인이 약 7개월의 단기간 동안에 강간등살인(미수) 3회, 특수강도강간 3회, 강도상해 5회, 강도 2회 등을 저질렀다.[82]

[피고인의 범행수법] 피고인은 주로 야간에 술에 만취하여 피고인에게 물리적으로 거의 저항할 수 없는 상태에 있는 부녀자들을 상대로 강도범행 등을 자행하기로 마음먹고 범행에 사용할 도구인 망치를 오토바이 안장 속에 넣어 둔 채, 오토바이를 타고 다니면서 범행대상을 물색하는 등 그 범행이 대담하고 용의주도하며, 피해자를 주먹과 발로 무자비하게 때리고 짓밟은 후 실신한 채 신음소리를 내면서 죽어 가는 피해자를 강간하거나 피해자의 머리를 망치로 내려친 후 불이 환하게 켜져 있는 방안에서 피를 흘리면서 실신한 채 신음소리를 내면서 죽어 가는 피해자를 강간하였을 뿐만 아니라, 피해자들이 피고인의 얼굴을 보았다고 여겨지는 경우에는 그 피해자들이 경찰에 신고할 것을 두려워한 나머지 조금이라도 신음소리를 내 아직 완전히 사망하지 않았다고 생각되면 실신한 피해자들의 얼굴을 축구공을 차듯이 힘껏 걷어차고 복부와 가슴 등을 마구 짓밟아 무참히 살해하는 등 이는 너무나도 잔인하여 인간의 탈을 쓰고서는 도저히 할 수 없는 범행들이라는 점, 피고인의 이 사건 각 범행으로, 피해자 1은 복부 등의 가격으로 인한 복부동맥손상에 의한 실혈로 사망하였으며, 피해자 2는 피고인의 망치로 인한 가격 등으로 좌측측두골함몰골절로 사망하였고, 피고인이 사망한 것으로 오인하고 현장을 떠나는 바람에 생명을 건지긴 하였으나 피해자 3은 중상을 입었으며, 피고인으로부터 특수강도강간 범행을 당한 충격으로 피해자 4는 심한 기억상실증에 걸리는 등 그 범행들의 결과가 너무나도 중대하고 참혹하다는 점, 이로 인하여 피해자들 본인은 물론이고 피해자들의 가족이나 유족들이 평생 씻을 수 없는 정신적 · 육체적 고통을 받았을 것으로 보이는 점, 그럼에도 불구하고 아무런 피해변상조치도 이루어지지 아니한 점, 특히 피고인은 경찰에 검거되지 않았다면 위와 같은 범행을 계속하여 저질렀을 것이라고 그 스스로 진술하고 있어 재범의 위험성도 상당히 높다.

[하급심 판결] 피고인의 죄책이 심히 중대하고 죄형의 균형이나 범죄의 일반예방적 견지에서도 피고인에 대하여 극형이 불가피하다고 인정하여 피고인에 대하여 제1심

82) 대판 2003.6.13. 2003도924 성폭력범죄의처벌및피해자보호등에관한법률위반(강간등살인), 성폭력범죄의처벌및피해자보호등에관한법률위반(특수강도강간등), 강도상해, 강도, 특수절도(일부 인정된 범죄: 야간주거침입절도), 야간주거침입절도, 절도.

과 제2심은 사형을 선고하였다.83)

[판결요지] 1. 사형은 인간의 생명 자체를 영원히 박탈하는 냉엄한 궁극의 형벌로서 문명국가의 이성적인 사법제도가 상정할 수 있는 극히 예외적인 형벌이라는 점을 감안할 때, 사형의 선고는 범행에 대한 책임의 정도와 형벌의 목적에 비추어 그것이 정당화될 수 있는 특별한 사정이 있다고 누구라도 인정할 만한 객관적인 사정이 분명히 있는 경우에만 허용되어야 하고, 따라서 사형을 선고함에 있어서는 범인의 연령, 직업과 경력, 성행, 지능, 교육 정도, 성장과정, 가족관계, 전과의 유무, 피해자와의 관계, 범행의 동기, 사전계획의 유무, 준비의 정도, 수단과 방법, 잔인하고 포악한 정도, 결과의 중대성, 피해자의 수와 피해감정, 범행 후의 심정과 태도, 반성과 가책의 유무, 피해회복의 정도, 재범의 우려 등 양형의 조건이 되는 모든 사항을 철저히 심리하여 위와 같은 특별한 사정이 있음을 명확하게 밝힌 후 비로소 사형의 선택 여부를 결정하여야 할 것이다(대판 2002.2.8. 2001도6425 참조).

2. 법원으로서는 마땅히 기록에 나타난 양형조건들을 평면적으로만 참작하는 것에서 더 나아가, 피고인의 주관적인 양형요소인 성행과 환경, 지능, 재범의 위험성, 개선교화 가능성 등을 심사할 수 있는 객관적인 자료를 확보하여 이를 통하여 사형선택 여부를 심사하여야 할 것은 물론이고, 피고인이 범행을 결의하고 준비하며 실행할 당시를 전후한 피고인의 정신상태나 심리상태의 변화 등에 대하여서도 정신의학이나 심리학 등 관련 분야의 전문적인 의견을 들어 보는 등 깊이 있는 심리를 하여 본 다음에 그 결과를 종합하여 양형에 나아가야 할 것이다(대판 1999.6.11. 99도763 참조).

(12) 영생교 살인사건

[공소사실의 요지] 피고인 4는 이 사건 범행 이전인 1987.2.경 피고인 2와 함께 피고인 1과 전도사 생활을 함께 하였던 공소외 2가 피고인 1이 창설한 영생교에 동참하지 않고 새로운 종교단체를 창설하려고 한다는 이유로 공소외 2를 납치하면서 같이 있던 공소외 3까지 납치한 다음 이들을 살해하고 범행을 은폐하기 위하여 사체를 암매장하고 공소외 2의 승용차를 충주호에 수장시키기도 하였다.84)

[판결요지] 피고인 4는 60세가 넘은 노인으로서 어린 시절 아버지로부터 학대를 당하고 결혼 후 처와의 갈등 등으로 인하여 영생교에 심취하게 되었고, 이 사건 범행의 주된 동기도 영생교와 교주에 대한 맹목적인 충성심에서 기인한 것이며, 수사 및 재

83) 부산고법 2003.1.29. 선고 2002노830 판결.

84) 대판 2004.9.3. 2004도3538 살인교사, 살인, 공갈미수, 범인도피.

판과정에서 일부 범행 동기나 구체적인 실행행위의 분담 내용에 관한 것을 제외하고는 대체로 살인행위에 가담한 사실을 인정하고 있고, 상고이유서 등에서는 현재 자신의 범행을 뉘우치고 있는 듯이 표현하고 있기는 하다. 그러나 위에서 본 바와 같이, 피고인 4는 공범들을 범행에 가담시키고 사전에 범행을 치밀하게 계획하고 나아가 그 실행행위도 주도한 주범인 점, 이 사건 범행은 사전에 세운 범행계획에 따라 미리 범행도구를 준비하고 공범들과 역할을 분담한 상태에서, 범행을 예상하지 못하고 있는 피해자들 뒤에서 망치로 머리를 내리치거나 노끈으로 목을 졸라 피해자들을 살해한 것으로서, 다수의 공범들이 관여하고 치밀하게 계획된 조직적인 범행이며 범행수법이 잔혹하고 무자비하며 더구나 범행 후 피해자들의 사체를 암매장하고 일부 피해자의 차량을 저수지에 수장시켜 범행을 철저하게 은폐하는 등 그 죄질이 극히 반사회적이고 불량하며, 단지 영생교를 이탈하거나 교주를 비방하였다는 등의 종교적인 이유만으로 같은 교인이었던 피해자들을 죄의식 없이 조금의 주저함도 없이 살해하는 등 인명을 경시하는 반사회적 태도와 악성이 극에 달한 점, 피고인 4는 폭력행위 등으로 2회 처벌받은 전력이 있고, 이 사건 이전에도 공소외 2와 3의 살해범행을 주도하였을 뿐만 아니라 이 사건 피해자만도 무려 6명이나 되는 점, 이 사건 피해자들은 범행을 예상하지 못한 상태에서 영문도 모른 채 억울하게 살해당하였을 뿐만 아니라 그 유족들도 피해자들의 사망 여부를 모른 채 10년 이상 피해자들을 찾아 헤매다가 이 사건으로 피해자들의 사망사실을 확인하고도 암매장으로 인하여 사체도 찾지 못하여 극심한 정신적 충격과 고통을 받고 있으며, 현재까지 피해보상이 되지 않아 피고인 4의 엄벌을 탄원하고 있는 점, 종교적인 이유로 살인까지 서슴지 않은 이 사건 범행이 사회에 큰 충격과 경악을 준 점 등 기록에 나타난 위 피고인의 연령, 직업과 경력, 성행, 지능, 교육정도, 성장과정, 가족관계, 전과, 피해자들과의 관계, 범행의 동기, 사전계획과 준비의 정도, 수단과 방법, 잔인하고 포악한 정도, 결과의 중대성, 피해자의 수와 피해감정, 범행 후의 심정과 태도, 반성과 가책의 유무, 피해회복의 정도, 재범의 우려 등 제반 양형의 조건들을 참작하여 보면, 위에서 본 양형의 원칙을 엄격히 적용하여 보아도 범행에 대한 책임의 정도와 형벌의 목적에 비추어 볼 때, 피고인 4에 대하여 사형을 선고한 원심의 형의 양정은 수긍될 수밖에 없고 그 형의 양정이 심히 부당하다고 인정할 현저한 사유를 찾아볼 수 없다.

(13) 사형의 선고가 허용되기 위한 요건

[**판결요지**] 사형은 인간의 생명 자체를 영원히 박탈하는 냉엄한 궁극의 형벌로서 문명국가의 이성적인 사법제도가 상정할 수 있는 극히 예외적인 형벌이라는 점을 감안

할 때, 사형의 선고는 범행에 대한 책임의 정도와 형벌의 목적에 비추어 그것이 정당화될 수 있는 특별한 사정이 있다고 누구라도 인정할 만한 객관적인 사정이 분명히 있는 경우에만 허용되어야 하고, 따라서 사형을 선고함에 있어서는 형법 제51조가 규정한 사항을 중심으로 한 범인의 연령, 직업과 경력, 성행, 지능, 교육정도, 성장과정, 가족관계, 전과의 유무, 피해자와의 관계, 범행의 동기, 사전계획의 유무, 준비의 정도, 수단과 방법, 잔인하고 포악한 정도, 결과의 중대성, 피해자의 수와 피해감정, 범행 후의 심정과 태도, 반성과 가책의 유무, 피해회복의 정도, 재범의 우려 등 양형의 조건이 되는 모든 사항을 철저히 심리하여 위와 같은 특별한 사정이 있음을 명확하게 밝힌 후 비로소 사형의 선택 여부를 결정하여야 한다(대판 2005.8.25. 2005도4178 참조). 기록에 나타난 이 사건 범행의 내용과 피해의 정도, 범행의 동기와 수단, 범행 후의 정황, 피고인과 피해자들의 관계, 피고인의 연령과 환경, 성행 등 여러 양형 조건을 참작하면, 위에서 본 사형선고의 양형기준을 아무리 엄격히 적용하여 보아도 범행의 책임의 정도와 형벌의 목적에 비추어 볼 때, 피고인에 대하여 사형을 선고한 제1심을 그대로 유지한 원심의 형량이 너무 무거워 현저히 부당한 것으로는 인정되지 아니하므로, 피고인의 양형부당의 상고이유는 이를 받아들이지 아니한다. 그러므로 상고를 기각하기로 관여 대법관의 의견이 일치되어 주문과 같이 판결한다.[85] (대법관 이규홍(재판장) 박재윤 김영란(주심) 김황식)

2. 헌법재판소의 입장

사형제도가 위헌인지 여부를 가리는 '사형제도의 헌법소원'은 1993년 11월 25일과 1996년 11월 28일에 헌법재판소 전원재판부에 의해 결정되었다. 그러나 사형제도에 의한 생명권 침해에 대한 헌법소원(헌재 1993.11.25. 89헌마36 전원재판부) 심판청구는 법조들의 위헌성 여부에 관한 본안문제에 나아가지도 못하고 부적법하여 각하되었고, 1996년 11월 28일 살인 및 특수강간혐의로 무기징역형이 확정된 정○○씨가 헌법소원심판청구(형법 제250조 제1항이 헌법에 위반되는지 여부)에 대해 헌법재판소 전원재판부는 "형법 제41조 제1호와 제250조 제1항은 헌법에 위반되지 아니한다"며 7대 2로 합헌결정을 내렸다. 여기서는 사실관계와 판결요지를 간략히 살펴보고자 한다.

85) 대판 2006.3.24. 2006도354 살인, 미성년자의제강간, 사체은닉.

(1) 사형제도에 의한 생명권 침해에 대한 헌법소원

청구인은 채소수집 중개상으로 사업 중 알게 된 피해자 김○○을 1986년 10월 8일 17:00경 서울 동대문구 청량리 소재 맘모스호텔 커피숍에서 만나 춘천 내면에 더덕밭이 있으니 같이 가서 매수하여 판매하자고 유인하여 위 더덕밭에서 쇠스랑으로 살인하고, 살인 후 피해자 품속에 있는 금 700,000원을 취득하였다고 하여 1987년 1월 8일 춘천지검에서 강도살인죄로 기소되었으며, 1987년 3월 12일 춘천지방법원 87고합4 판결로써 사형선고를 받고 항소하여 같은 해 8월 6일 서울고등법원 87노996 판결에서 항소가 기각되었고, 이어 상고하였으나 같은 해 10월 26일 대법원 87도1390 판결로써 상고가 기각되어 판결이 확정되었다.

이에 청구인은 위 사형판결의 근거가 되는 형법 제338조(강도살인, 치사)와 행형법 제57조 제1항(사형의 집행)은 각 헌법 제10조, 제12조, 제37조의 각 규정을 위반하여 청구인의 헌법상의 기본권을 침해하였다고 주장하면서 1989년 2월 28일 이 사건에 대해 헌법소원 심판청구를 하기에 이르렀다. 헌법재판소는 다음과 같이 결정하였다.

“이 사건으로 돌아가 보면, 기록상 청구인은 이 사건 심판대상법률의 각 시행일 이후인 1986년 10월 초순경 청구인 김○○을 강도살인하였다는 이유로 앞서 살핀 것처럼 제1심과 제2심을 각 거쳐 1987년 10월 26일 대법원에서 사형의 확정판결을 받은 것인 바, 그렇다면 청구인의 기본권인 생명권 침해의 자기관련성이 생긴 형법 제338조의 존재는 적어도 검사가 이를 적용법조로 하여 공소를 제기하고 그 공소장부본이 청구인측에 통지될 시점인 1987년 1월경에는 이미 알았다고 볼 것이고, 청구인의 생명권 침해의 구체적 집행규정인 행형법 제57조 제1항의 존재도 적어도 위 대법원의 사형확정판결이 선고되고 사형집행을 전제로 한 수감상태에 들어가기 시작한 1987년 10월 26일 경에는 알았다고 봄이 상당하다고 할 것이다. 그런데 이 사건과 같이 당재판소가 발족하기 이전에 있었던 공권력에 의한 기본권 침해에 대한 헌법소원심판청구기간의 기산점에 관하여 당재판소가 구성된 1988.9.19.부터라고 한다면(헌법재판소 1990.10.8. 선고 89헌마89 결정; 1991.9.16. 선고 89헌마151 결정; 1992.4.14. 선고 89헌마136 결정; 1993.7.29. 선고 90헌마197 결정 등), 위 기산일 이전에 이미 위 공권력의 침해사실을 알고 있었다고 보여지는 청구인으로서는 적어도 위 기산일인 1988년 9월 19일부터 60일 이내인 같은 해 11월 18일까지 이 사건 심판청구를 제기하였어야 그 제소기간을 준수한 것이라고 할 수 있을 것이다. 이 사건 헌법소원 심판청구는 위 법조들의 위헌성 여부에 관한 본안문제에 나아갈 필요도 없이 부적법하여 각하하기로 하고, 관여재판관 전원의 일치된 의견으로 주문과 같이 결정한다."[86]

(2) 형법 제250조 등 헌법소원

사건의 개요를 보면, 청구인은 살인과 특수강간 등의 혐의로 기소되어 제1심 및 항소심에서 사형을 선고받고 대법원에 상고를 함과 동시에 살인죄에 대한 법정형의 하나로서 사형을 규정한 형법 제250조 제1항, 사형을 형의 종류의 하나로서 규정한 같은 법 제41조 제1호, 사형집행의 방법을 규정한 같은 법 제66조, 사형집행의 장소를 규정한 행형법 제57조 제1항에 대한 위헌여부심판의 제청을 하였으나 대법원은 1994년 12월 19일 청구인의 위 신청을 기각하였다.[87]

이에 청구인은 1995년 1월 3일 헌법재판소법 제68조 제2항에 따라 이 사건 헌법소원심판을 청구하였다.[88] 헌법재판소 전원재판부는 1996년 11월 28일 살인 및 특수강간혐의로 무기징역형이 확정된 정○○씨가 (1) 사형제도가 헌법에 위반되는지 여부, (2) 살인죄에 대하여 사형에 처할 수 있도록 규정한 형법 제250조 제1항이 헌법에 위반되는지 여부에 대한 헌법소원에 대해 "형법 제41조 제1호와 제250조 제1항은 헌법에 위반되지 아니한다"며 7 대 2로 합헌결정을 내렸다.[89]

헌법재판소 전원재판부의 결정요지는 다음과 같다.

(가) 합헌론

헌법재판소 전원재판부는 "청구인의 이 사건 청구 중 형법 제66조 및 행형법 제57조 제1항에 대한 부분은 부적법하고, 형법 제41조 제1호 및 제250조 제1항은 헌법에

---

86) 사형제도에 의한 생명권 침해에 대한 헌법소원 헌재 1993.11.25. 89헌마36 전원재판부; 헌법재판소공보 제4호; 헌법재판소판례집 제5권 2집, 1993, 418면 이하.

87) 위헌제청신청(대판 1994.12.19. 94초123): 법원공보 제985호, 1995년 2월 1일자: 1994년 12월 19일 대법원 형사 제3부는 '사형을 규정한 형법 규정 및 사형집행을 인정하는 형법 제66조, 행형법 제57조 제1항의 위헌 여부'에 대해 헌법에 위배되는 것이라고 볼 수 없다는 태도를 취하고 있다. "형법 제250조, 제41조 등 사형이라는 형벌을 규정한 형법 규정이 헌법위반의 법률이라고 할 수 없고, 사형의 집행을 규정하고 있는 형법 제66조, 행형법 제57조 제1항이 헌법에 위배되는 것이라고는 볼 수 없다."

88) 이 사건 심판의 대상은 형법 제250조 제1항, 제41조 제1호, 제66조 및 행형법 제57조 제1항이다. 위 각 법률조항의 규정내용은 다음과 같다. 형법(1953.9.18. 법률 제293호 제정, 1995.12.29. 법률 제5057호 개정); 제250조(살인, 존속살해) ① 사람을 살해한 자는 사형, 무기 또는 5년 이상의 징역에 처한다; 제41조(형의 종류) 형의 종류는 다음과 같다. 1. 사형; 제66조(사형) 사형은 형무소내에서 교수하여 집행한다; 행형법(1950.3.2. 법률 제105호 제정; 1961.12.23. 법률 제858호 전문 개정, 1995.1.5. 법률 제4936호 개정); 제57조(사형의 집행) ① 사형은 교도소내의 사형장에서 집행한다.

89) 형법 제250조 등 위헌소원 헌재 1996.11.28. 95헌바1 전원재판부, 헌법재판소판례집 제8권 2집, 537-572면.

위반되지 아니한다"고 결정한다. 이 결정에서 재판장 김용준 재판관, 주심 김문희 재판관, 황도연 재판관, 이재화 재판관, 정경식 재판관, 고중석 재판관, 신창언 재판관이 찬성하였다.

① 헌법 제37조 제2항의 생명권의 제한

"인간의 생명에 대하여는 함부로 사회과학적 혹은 법적인 평가가 행하여져서는 안 될 것이지만, 비록 생명에 대한 권리라고 하더라도 그것이 헌법상의 기본권으로서 법률상의 의미가 조영되어야 할 때에는 그 자체로서 모든 규범을 초월하여 영구히 타당한 권리로서 남아 있어야 하는 것이라고 볼 수는 없다. … 비록 생명이 이념적으로 절대적 가치를 지닌 것이라 하더라도 생명에 대한 법적 평가가 예외적으로 허용될 수 있다고 할 것이므로, 생명권 역시 헌법 제37조 제2항에 의한 일반적 법률유보의 대상이 될 수밖에 없다 할 것이다."[90]

"생명권 역시 헌법 제37조 제2항에 의한 일반적 법률유보의 대상이 될 수밖에 없는 것이나, 생명권에 대한 제한은 곧 생명권의 완전한 박탈을 의미한다 할 것이므로, 사형이 비례의 원칙에 따라서 최소한 동등한 가치가 있는 다른 생명 또는 그에 못지 아니한 공공의 이익을 보호하기 위한 불가피성이 충족되는 예외적인 경우에만 적용되는 한, 그것이 비록 생명을 빼앗는 형벌이라 하더라도 헌법 제37조 제2항 단서에 위반되는 것으로 볼 수는 없다."[91]

② 사형은 헌법상의 비례의 원칙에 반하지 아니한다.

"사형은, 이를 형벌의 한 종류로 규정함으로써, 국민 일반에 대한 심리적 위하를 통하여 범죄의 발생을 예방하고, 이를 집행함으로써 특수한 사회악의 근원을 영구히 제거하여 사회를 방어한다는 공익상의 목적을 가진 형벌이다."[92]

"모든 인간의 생명은 자연적 존재로서 동등한 가치를 갖는다고 할 것이나 그 동등한 가치가 서로 충돌하게 되거나 생명의 침해에 못지 아니한 중대한 공익을 침해하는 등의 경우에는 국민의 생명·재산 등을 보호할 책임이 있는 국가는 어떠한 생명 또는 법익이 보호되어야 할 것인지 그 규준을 제시할 수 있는 것이다. 인간의 생명을 부정하는 등의 범죄행위에 대한 불법적 효과로서 지극히 한정적인 경우에만 부과되는 사형은 죽음에 대한 인간의 본능적 공포심과 범죄에 대한 응보욕구가 서로 맞물려 고안된 '필요악'으로서 불가피하게 선택된 것이며 지금도 여전히 제기능을 하고 있다는 점에서 정당화될 수 있다. 따라서 사형은 이러한 측면에서 헌법상의 비례의 원칙에 반하지 아니한다 할 것이고, 적어도 우리의 현행 헌법이 스스로 예상하고 있는 형벌

90) 헌재 1996.11.28. 95헌바1, 헌법재판소판례집 제8권 2집, 545면.
91) 헌재 1996.11.28. 95헌바1, 헌법재판소판례집 제8권 2집, 537면.
92) 헌재 1996.11.28. 95헌바1, 헌법재판소판례집 제8권 2집, 546면.

의 한 종류이기도 하므로 아직은 우리의 헌법질서에 반하는 것으로 판단되지 아니한다."[93]

③ 사형이 가진 위하에 의한 범죄예방의 필요성이 거의 없게 된다거나 국민의 법감정이 그렇다고 인식하는 시기에 이르게 되면 사형은 곧바로 폐지되어야 한다.

"우리는 위헌·합헌의 논의를 떠나 사형을 형벌로서 계속 존치시키는 것이 반드시 필요하고 바람직한 것인가에 대한 진지한 찬반의 논의도 계속되어야 할 것이고, 한 나라의 문화가 고도로 발전하고 인지가 발달하여 평화롭고 안정된 사회가 실현되는 등 시대상황이 바뀌어 생명을 빼앗는 사형이 가진 위하에 의한 범죄예방의 필요성이 거의 없게 된다거나 국민의 법감정이 그렇다고 인식하는 시기에 이르게 되면 사형은 곧바로 폐지되어야 하며, 그럼에도 불구하고 형벌로서 사형이 그대로 남아 있다면 당연히 헌법에도 위반되는 것으로 보아야 한다는 의견이다."[94]

④ 사형을 합헌이라고 보는 한 형법 제250조 제1항이 규정은 그 비례의 원칙에 반하지 아니한다.

"형법 제250조 제1항이 규정하고 있는 살인의 죄는 인간생명을 부정하는 범죄행위의 전형이고, 이러한 범죄에는 그 행위의 태양이나 결과의 중대성으로 미루어 보아 반인륜적 범죄라고 규정지워질 수 있는 극악한 유형의 것들도 포함되어 있을 수 있는 것이다. 따라서 사형을 형벌의 한 종류로서 합헌이라고 보는 한 그와 같이 타인의 생명을 부정하는 범죄행위에 대하여 행위자의 생명을 부정하는 사형을 그 불법효과의 하나로서 규정한 것은 행위자의 생명과 그 가치가 동일한 하나의 혹은 다수의 생명을 보호하기 위한 불가피한 수단의 선택이라고 볼 수밖에 없으므로 이를 가리켜 비례의 원칙에 반한다고 할 수 없어 헌법에 위반되는 것이 아니다."[95]

(나) 위헌론

사형제도가 합헌이라는 다수의견에 대하여 김진우 재판관과 조승형 재판관은 반대의견을 개진하였다.

① 헌법 제10조(인간의 존엄과 가치)는 헌법의 최고의 가치

"헌법은 제10조에서 「모든 국민은 인간으로서의 존엄과 가치를 가지며, 행복을 추구할 권리를 가진다. 국가는 개인이 가지는 불가침의 기본적 인권을 확인하고 이를 보장할 의무를 진다」고 규정하여 모든 국민이 이 세상 무엇과도 바꿀 수 없는 인간으로서의 존엄과 가치를 갖는 존재임을 명확히 확인하고 있다. 헌법 제10조에서 이와 같이 확인된 인간의 존엄과 가치는 헌법개정에 의해서도 삭제되거나 제한되어서는

93) 헌재 1996.11.28. 95헌바1, 헌법재판소판례집 제8권 2집, 547-548면.
94) 헌재 1996.11.28. 95헌바1, 헌법재판소판례집 제8권 2집, 548면.
95) 헌재 1996.11.28. 95헌바1, 헌법재판소판례집 제8권 2집, 549면.

아니되는 것이고, 헌법의 다른 규정들에 의하여도 제한되어서는 아니되는 헌법의 최고의 가치이며, 위와 같은 확인은 가장 중요한 가치결단인 것이다. 다른 기본권들은 이와 같이 최고의 의미를 갖는 인간의 존엄과 가치를 각 생활영역에서 구체화하고 있는 것이며, 따라서 인간의 존엄과 가치는 다른 기본권규정들에 대한 해석의 지침인 동시에 다른 기본권의 제한에 있어서의 절대적 한계를 이룬다. 뿐만 아니라 헌법 제10조의 인간의 존엄과 가치는 기본권보장규범들 이외의 다른 규정들에 대한 해석의 지침으로 작용한다."[96](재판관 김진우의 반대의견)

② 헌법 제10조는 형사입법, 형사법의 적용과 집행의 지도적 원리

"헌법 제10조에 규정된 인간의 존엄성에 대한 존중과 보호의 요청은 형사입법, 형사법의 적용과 집행의 모든 영역에서 지도적 원리로서 작용한다. 그러므로 형사법의 영역에서 입법자가 인간의 존엄성을 유린하는 악법의 제정을 통하여 국민의 생명과 자유를 박탈 내지 제한하는 것이나 잔인하고 비인간적인 형벌제도를 채택하는 것은 헌법 제10조에 반한다. 사형제도는 나아가 양심에 반하여 법규정에 의하여 사형을 언도해야 하는 법관은 물론, 또 그 양심에 반하여 직무상 어쩔 수 없이 사형의 집행에 관여하는 자들의 양심의 자유와 인간으로서의 존엄과 가치를 침해하는 비인간적인 형벌제도이기도 하다."[97](재판관 김진우의 반대의견)

③ 사형제도를 규정하고 있는 법률규정은 과잉금지의 원칙에 위반

"아무리 훌륭한 법관이라 하더라도 인간이 하는 재판인 한 오판이 있을 수 있고 그 경우 집행을 마친 후에 있어서는 어떠한 방법으로도 원상회복이 절대적으로 불가능한 사형제도에 의하여 달성하려는 목적인 범인의 영구적 격리나 범죄의 일반예방이라는 공익은 무기징역에 의하여도 달성될 수 있는 것인데도 국민의 기본권 중에서 가장 기본적인 의미를 갖는 기본권인 생명권(인간의 생명은 그 개개인에 있어서는 하나의 우주이고, 지구보다 무거운 것이다)을 완전히 최종적으로 박탈하는 사형제도를 규정하고 있는 법률규정은 피해의 최소성원칙에 반하여 기본권제한에 있어서의 과잉금지의 원칙에 위반되고, 위와 같은 가장 중요한 기본권인 생명권의 본질적 내용을 침해하는 것이어서 헌법 제37조 제2항에 반할 뿐만 아니라, 헌법 제10조에서 보장된 인간의 존엄과 가치도 침해하는 것이다. 따라서 형벌제도로서의 사형제도는 아무런 정당성도 합리성도 없는 것이어서 사형제도 및 이를 규정한 법률규정은 적법절차에 반하는 형벌 및 법률규정이라고 할 것이다. 따라서 헌법 제12조 제1항이 사형제도의 합헌론의 근거가 된다고 볼 수는 없다."[98](재판관 김진우의 반대의견)

---

96) 헌재 1996.11.28. 95헌바1, 헌법재판소판례집 제8권 2집, 550면.

97) 헌재 1996.11.28. 95헌바1, 헌법재판소판례집 제8권 2집, 550-551면.

98) 헌재 1996.11.28. 95헌바1, 헌법재판소판례집 제8권 2집, 552면.

④ 헌법 제10조는 헌법 제110조 제4항 단서조항보다 상위의 헌법규범이다.

"헌법 제110조 제4항 단서가 비록 헌법적 지위를 갖는 법규범이라 하더라도, 동 규정이 국가가 사형제도를 통하여 인간의 생명을 제도적으로 박탈함으로써 사형수는 물론 사형집행에 관련된 자들의 인간의 존엄과 가치를 침해하는 것을 용인하는 한, 그 규정 중 사형제도의 인정은 헌법의 근본가치를 규정하고 있는 상위의 헌법규범인 헌법 제10조의 인간의 존엄과 가치에 위반된다고 보아야 한다. 따라서 헌법재판소로서는 헌법 제110조 제4항 단서 중 사형제도를 인정하는 부분은 적극적인 의미를 부여할 만한 가치를 갖고 있지 아니하는 것으로 보아 이 사건에 관한 법리구성을 하여야 하며, 다수의견과 같이, 이 규정에 적극적인 의미를 부여하면서 사형제도의 합헌성을 뒷받침하는 논거로 원용하는 것은 타당하지 아니하다고 본다."[99](재판관 김진우의 반대의견)

⑤ 사람의 생명은 창조주 이외의 어떠한 권위로서도 사람이 이를 박탈할 수는 없다.

"사람은 창조주에 의하여 피조된 신비스러운 존재이며 사람의 생명은 창조주 다음으로 가장 고귀하고 신성한 것이므로, 사람의 생명을 박탈하는 일은 창조주만이 가능할 뿐 창조주가 아닌 사람은, 그 어떠한 권위를 가지고서도, 사람이 만든 어떠한 법과 제도를 통하여서도, 불가능하다고 할 것이다. 만약 이것이 가능하다면 이는 창조주의 권위보다 더 큰 권위를 찬탈하는 것이 되며 창조주의 구원(救援)을 거부하는 것이 되기 때문이다. 따라서 사람의 생명에 대하여서는 부정적인 어떠한 사회과학적 평가나 법적인 평가도 허용되어서는 안 된다고 할 것이며, 이와 같은 평가로 세워진 사형제도는 허용될 수 없다고 할 것이다."[100](재판관 조승형의 반대의견)

⑥ 인간의 생명권은 선험적이고 자연법적인 권리로서 이를 박탈할 수는 없다.

"사람의 생명에 대하여도 부정적으로 사회과학적·법적인 평가가 가능하다고 하여, 헌법상 기본권인 인간의 생명권으로서 법률상의 의미를 조영한다고 하더라도, 인간의 생명권은 사람의 생존본능과 존재목적 그리고 고유한 존재가치에 바탕을 두고 있으므로 이는 선험적이고 자연법적인 권리일 수밖에 없다. 또한 이는 모든 기본권이 생명이 있음을 전제로 하여 비로소 의미를 가지는 것으로서 모든 기본권의 근원이 되는 최고의 기본권이기 때문에 어떠한 법률이나 제도에 의하여서도 박탈될 수 없다고 할 것이다."[101](재판관 조승형의 반대의견)

---

99) 헌재 1996.11.28. 95헌바1, 헌법재판소판례집 제8권 2집, 554면.

100) 헌재 1996.11.28. 95헌바1, 헌법재판소판례집 제8권 2집, 556면: "사형제도의 존치론자 중 혹자들은 성경 창세기 9장 6절, 출애굽기 21장 24~25절의 성구를 인용하고 있으나, 이 성구들은 보복의 관념을 어느 경우라도 정당화한 것이 아니라 신체에 한하여 보복이 가능함을 말하는 보복의 한계를 정한 것이라 보이며 생명에 대한 보복이 가능함을 정한 성구라고는 이해되지 아니하므로 그들의 인용은 일고의 가치도 없다."

⑦ 사형제도는 생명권의 본질적 내용을 침해하는 생명권의 제한이므로 헌법 제37조 제2항 단서에 위반된다.

"사형제도는 생명권의 본질적 내용을 침해하는 생명권의 제한이므로 헌법 제37조 제2항 단서에 위반된다. 가사 헌법 제37조 제2항 단서상의 생명권의 본질적 내용이 침해된 것으로 볼 수 없다고 가정하더라도, 형벌의 목적은 응보·범죄의 일반예방·범죄인의 개선에 있음에도 불구하고 형벌로서의 사형은 이와 같은 목적달성에 필요한 정도를 넘어 생명권을 제한하는 것으로 목적의 정당성, 그 수단으로서의 적정성, 피해의 최소성 등 제원칙에 반한다."[102](재판관 조승형의 반대의견)

⑧ 사형은 형벌목적달성에 필요한 정도를 넘어, 생명권을 제한하는 목적의 정당성, 그 수단으로서의 적정성, 피해의 최소성 등 제원칙에 반한다.

"국가는 모든 범죄인에 대한 개선 가능성을 긍정적으로 받아들여야 할 것이며, 범죄의 책임이 범죄인 개인만이 아니라 그가 속하여 있는 사회에도 있다고 보아야 한다면, 범죄인에 대한 개선이라는 형벌의 한 목적을 결코 포기할 수는 없다고 할 것이다. 이와 같은 형벌의 목적달성의 길이 있음에도 불구하고 사형제도를 존치함은 그 길을 포기하는 것으로서 사형제도의 정당성은 인정될 수 없다."[103](재판관 조승형의 반대의견)

⑨ 후일에 오판임이 판명되더라도 인간의 생명을 원상으로 복원시킬 수는 없다.

"재판은 인간이 하는 심판이므로 오판을 절대적으로 배제할 수는 없고 오판이 시정되기 이전에 사형이 집행되었을 경우에는 비록 후일에 오판임이 판명되더라도 인간의 생명을 원상으로 복원시킬 수는 없는 것이므로 사형제도는 어떠한 이유로도 그 정당성을 설명할 수는 없다고 할 것이다."[104](재판관 조승형의 반대의견)

⑩ 모든 국민에게 필요한 정보를 완전하게 전달한 후가 아니면, 여론조사를 국민 일반의 법감정으로 정당화시킬 수는 없다

"여론조사는 알 기회를 전혀 갖지 못한 대다수 국민의 평범한 생각으로, 알 기회를 가져서 알고 있는 일부 국민의 생각을 비판하려는 의도로 행하여지는 경우가 허다하다. 예를 들면 「살인죄에 대한 사형은 당연하다」는 생각은 국민 대다수의 소박하고 평범한 서민감각이며 국민 대다수는 이와 같은 서민감각을 쉽게 버릴 수 없을 것이므로 그들의 생각이 여론조사에 그대로 반영될 것은 뻔한 노릇이며, 이와 같은 여론조사 결과는, 모든 국민에게 필요한 정보를 완전하게 전달한 후가 아니면, 사형폐지론

---

101) 헌재 1996.11.28. 95헌바1, 헌법재판소판례집 제8권 2집, 557면.
102) 헌재 1996.11.28. 95헌바1, 헌법재판소판례집 제8권 2집, 539면, 558-560면.
103) 헌재 1996.11.28. 95헌바1, 헌법재판소판례집 제8권 2집, 560면.
104) 헌재 1996.11.28. 95헌바1, 헌법재판소판례집 제8권 2집, 561면.

을 비판하는 데에 남용되는 의도적인 산물에 불과할 뿐 국민 일반의 법감정으로 정당화시킬 수는 없다. 또한 생명은 평범 이상의 신비스런 외경의 존재이므로 이와 같은 평범한 서민감각을 일반의 경우와 동일하게 국민 일반의 법감정으로 승화하거나 정당화시킬 수는 없다. 따라서 다수의견이 내세우는 위 근거는 적어도 사형제도의 존치에 관한 한 설득력이 전혀 없다고 할 것이다."[105](재판관 조승형의 반대의견)

⑪ 무기징역형 제도를 통하여 형벌의 목적을 충분히 달성할 수 있다.

"사형제도를 통하지 아니하더라도 이를 대체하여 무기징역형 제도를 통하여 형벌의 목적을 충분히 달성할 수 있다고 할 것이다. 따라서 인간의 생명박탈이라는 가장 큰 피해를 입혀 생명권을 제한함은 피해의 최소성의 원칙에 반한다고 할 것이다."[106](재판관 조승형의 반대의견)

⑫ 사형제도는 시대의 변화(정치 · 사회 · 문화 · 국제사회 등 제분야에 있어서의 변천)에 순응하여 폐지되어야 한다.

"정치 · 사회 · 문화적 여건으로 보아 사형폐지는 시기상조라고 하거나 단계적인 폐지를 주장하는 경우가 많으나 대부분의 학자들이 사형폐지의 당위성만은 인정하고 있다. 그러나 우리나라는 이제 독재와 독선으로 일관하였던 헌정사를 마감하고 이른바 문민정치의 시대를 열어가고 있으며, 남녀고용평등, 노사공존, 각종 복지제도를 과감하게 실시하여 적절한 소득의 재분배, 빈부격차와 계층간 위화의 해소 등 국민총화를 이루어가고 있으며 각 종교와 자선단체의 노력으로 생명에 대한 외경심을 높이고 있을 뿐만 아니라, 사형수의 사면을 원하는 등 가해자를 용서하는 피해자들이 점차 증가하는 등 귀감이 되어 국민의식이 크게 변화하고 있으며, 국제적으로는 시민적 · 정치적 권리에 관한 국제협약(제6조 참조), 유럽인권협정인 인권 및 기본적자유보장을 위한 협정(제1조 참조)에서 사형제도의 폐지를 강조하고 있으며 이들 협정에 가입한 국가들이 점차 증가하고 있는 추세이다. 이와 같은 시대의 변화를 외면하고 아직도 존치론이나 시기상조론 및 단계적 폐지론을 고집할 수는 없다고 할 것이므로, 우리 헌법재판관은 시대의 변화에 순응하여 과감하게 사형제도가 위헌임을 선언함으로써 사회개혁에 선도적 역할을 다하여야 할 것으로 믿는다."[107](재판관 조승형의 반대의견)

3. 사 견

1980년 이후에 선고된 대법원의 주요 판결들을 살펴보면, 대법원은 여전히 사

105) 헌재 1996.11.28. 95헌바1, 헌법재판소판례집 제8권 2집, 561-562면.
106) 헌재 1996.11.28. 95헌바1, 헌법재판소판례집 제8권 2집, 562면.
107) 헌재 1996.11.28. 95헌바1, 헌법재판소판례집 제8권 2집, 564면.

형제도의 필요성을 긍정하고 있다. 대법원은 피해자의 생명의 가치, 사회공공의 안녕과 질서유지 그리고 실정법에 나타난 국민적 총의 근거들을 제시하고 있다. 대법원은 아직도 사형제도를 강력한 범죄투쟁수단으로 옹호하고 있다.

그렇지만 1980년 이후에 선고된 대법원의 판결의 전체적인 흐름은 사형선고의 신중한 선택쪽으로 자리를 잡아가고 있음을 확인할 수 있다. 사형을 선택할 경우에는 일반예방적 견지에서 불가피한 경우에만 허용된다고 밝히고 있으며, 사형선고의 신중한 선택을 강조하고 있다. 대법원 판결문에 자주 인용되는 문장이다.

"사형을 선택함에 있어서는 범행의 동기, 태양, 죄질, 살해의 수단, 방법의 집요성, 잔악성, 결과의 중대성, 피해자의 수, 범인의 연령, 전과, 범행 후의 정황, 범인의 환경, 교육정도 등 제반사정을 참작하여 죄책이 심히 중대하고 죄형의 균형이나 범죄의 일반적 예방의 견지에서도 극형이 불가피하다고 인정되는 경우에 사형의 선택도 허용된다고 보아야 할 것이다."[108)]

그러나 1987년 9월 8일 대법원 형사 제3부가 판결한 '강도치사사건(대판 1987. 9.8. 87도1458)'의 경우에는 '사형선고에 대한 판단기준'이 흔들리고 있음을 확인할 수 있다.

"강도치사죄는 이른바 결과적 가중범으로서 살인의 고의까지 요하는 것이 아니므로 피고인이 강도의 기회에 사람을 죽음에 이르게 한 이상 강도치사죄의 죄책을 면할 수 없다. … 이 사건 피고인의 성장과정이나 가정환경 그리고 연령 등에 미루어 동정할 점이 없지 아니하나 피고인의 이 사건 범행동기와 범행의 회수, 수단방법 및 이 사건으로 두 사람이나 생명을 잃게 되는 등의 범행의 결과 그리고 범행후의 정황 등 모든 양형의 조건을 살펴볼 때 피고인에게 사형을 선고한 제1심 판결을 그대로 유지한 원심의 조치는 옳게 수긍이 가고 그 형의 양정이 심히 부당하다고 인정할 만한 현저한 사유를 발견할 수 없다. 상고를 기각하기로 관여법관의 일치된 의견으로 주문과 같이 판결한다."[109)]

이 판결은 많은 비판을 받았고, 이후 대법원은 '사형선고에 대한 판단기준의 객관성'을 유지하기 위해 상당한 노력을 하고 있다. 대법원의 확고한 입장은 사형선고는 엄격한 조사심리 후에 판단하고 판결해야 한다는 것이다. 최근 20년 동

108) 대판 1985.6.11. 85도926; 대판 2006.3.24. 2006도354.

109) 대판 1987.9.8. 87도1458.

안 이러한 원칙은 지속하고 있다.110) 그러나 문제는 아직도 대법원의 판단기준이 검찰과 하급법원에 제대로 반영되지 않고 있다는 점이다. 바로 이것이 한국의 사형제도가 안고 있는 딜레마이며, 사각지대라고 생각한다. 저자는 이제 검찰과 하급심에서도 변화가 일어나야 한다고 생각한다.

V. 사형폐지의 필요성과 시급성

사형제도에 대해서 "헌법 제10조의 인간의 존엄과 가치, 헌법 제12조의 신체의 자유, 헌법 제37조 제1항의 헌법에 열거되지 아니한 권리 및 동조 제2항의 기본권제한의 한계규정에 각 위배된다"고 제기한 헌법소원도 합헌으로 결정되었다.111) 한국 형법전에서 사형폐지는 현실적으로 입법부의 결단을 제외하고는 불가능하다. 여기서는 사형폐지의 필요성과 시급성을 논증하고자 한다.

1. 사형폐지는 세계의 전반적인 흐름이다.

오늘날 사형폐지운동은 전세계적으로 확산되고 있다.112) 국제사면위원회의 2001년 6월 1일의 발표에 따르면 현재 사형제도가 있는 나라는 미국, 중국, 일본, 한국, 사우디아라비아 등 80여개, 사형제도가 없거나 사실상 폐지한 국가는 1백여개로 알려져 있다. 해마다 평균 3개국씩 사형제를 폐지하고 있으며, 사형 폐지

---

110) 대판 2000.7.6. 2000도1507; 대판 2003.6.13. 2003도924 [성폭력범죄의처벌및피해자보호등에관한법률위반(강간등살인), 성폭력범죄의처벌및피해자보호등에관한법률위반(특수강도강간등), 강도상해, 강도, 특수절도(일부 인정된 범죄: 야간주거침입절도), 야간주거침입절도, 절도] [1] 사형의 선고가 허용되기 위한 요건, [2] 사형의 선택 여부를 결정함에 있어서 필수적 양형자료 및 필요한 양형심리의 방법, [3] 사형을 선택함에 있어서 양형조건에 대한 필요한 조사 및 심리를 다하지 아니한 채 형의 양정을 하였음을 이유로 원심판결을 파기한 사례.

111) 헌재 1996.11.28. 95헌바1, 헌법재판소판례집 제8권 2집, 541-542면; 헌법재판소결정에 대한 비판으로 심재우, 인간의 존엄과 사형폐지론(고려대학교 법과대학 고별강연), 법학논집 제34집, 고려대학교 법과대학 법학연구소, 1998, 451-466면; 허일태, 한국의 사형제도의 위헌성, 한국형사법학회 2001년 국제학술대회 발표논문, 2001, 1-17면.

112) 1995년 남아프리카공화국(인종차별을 극복하고 있는)과 헝가리(사회주의체제에서 시장경제체제로)가 헌법재판소의 위헌결정으로 사형제도를 폐지했다. 1998년 캐나다·홍콩 등 30개국이 사형을 폐지했다. 2001년 칠레와 아일랜드가 사형제도를 폐지했다. 유럽연합(15개국)이나 유럽회의(41개국)는 사형제도 폐지가 가입 요건이다. 전세계 1백여 국가에서 법률상으로든 사실상으로든 사형이 폐지된 상태여서 사형폐지가 세계적인 추세임을 확인할 수 있다. 사형을 집행하지 않아 오늘날 사실상 사형을 폐지한 국가가 늘고 있다.

론의 확산이 세계의 전반적인 흐름이다.[113] 특히 유럽연합이나 유럽의회는 사형제도 폐지가 가입 요건이다. 유엔도 인권위원회를 중심으로 지속적으로 사형제도 폐지운동을 펴고 있으며, 1998년 4월 3일 유엔인권위원회는 사형의 완전 폐지 결의안을 채택하였다.[114] 2000년 6월 25일 유럽의회(Parlamentsversammlung des Europarats)는 일본과 미국에서 사형집행을 즉각적으로 유예할 것을 촉구하는 결의안을 통과시켰다. 그리고 유럽연합(Europäische Union)이 주도한 유엔인권위원

113) 2001년 6월에 발표된 국제사면위원회(Amnesty International)의 통계에 따르면 89개국이 그 중에서도 75개국이 전면적으로 사형을 폐지하였다. 나머지 14개국은 단지 예외적인 구성요건들(전쟁시 군범죄)에 대해서만 사형을 규정해 두고 있다. 여기에 20개국은 사실상 사형을 폐지한 국가인데, 이들 국가에서는 거의 10년 이상 사형이 한 건도 집행되지 않았다. 그럼에도 86개국이 아직도 군범죄가 아닌 경우임에도 여전히 사형을 법정형으로 규정하고 있다. 그러나 전반적인 추세는 오랜 세월을 거치는 동안 감소하고 있다. 사형제도를 유지하고 있는 국가의 숫자가 15년 동안 4분의 1이 줄었다(1985년의 통계를 보면, 사형제도를 가진 나라는 120개국이었다. United Nations Economic and Social Control E/1985/43, p. 31 참조).

사형제도를 폐지한 국가의 숫자는 지난 35년 동안 3배로 증가하였다. 1965년부터 1988까지 매년 평균 1개국에서, 그 다음 년도부터는 매년 평균 3개국으로 증가하고 있다. 이러한 증가는 구 동유럽 국가들이 민주와 자유를 회복하고, 서서히 사형제도를 폐지한 것과 새로운 형법을 도입함으로써 이루어진 것이다(예를 들면 1996년 폴란드, 1998년 불가리아, 마지막으로 1999년 러시아). 2000년에 라틴아메리카지역의 국가에서 계속해서 사형제도를 폐지한 것과 여기에 병행해서 점진적이지만, 민주적인 법규정들이 꾸준히 부활된 것도 중요한 요인이다(2001년 12월까지 사형을 폐지한 마지막 국가는 칠레이다. 칠레는 2001년 6월 5일 법률 19734/2001로 전통적인 구성요건에서 사형을 폐지하였다).

그럼에도 다른 한편으로 사형폐지의 상황을 현실적으로 파악해 보면, 아프리카, 아시아 그리고 중동에 있는 많은 국가들이 오늘날에도 여전히 사형제도를 유지하고 있음을 확인할 수 있다. 독자적인 정치시스템과 사형제도 사이의 상호관계는 어떤 경우이든 절대적 불가분 관계이다. 사형제도는 민주적인 체제에서도 존재하고 있으며, 이들 국가에서 다시 도입되고 있다. 대표적으로 미국의 다수 주(州), 한국, 일본 그리고 인도를 들 수 있다. 세계의 인구와 관련해서 본다면, 사형폐지국가의 숫자가 증가하고, 그 숫자가 세계 전체인구의 약 4분의 1에 해당하며, 이들이 사형폐지를 지지하는 것으로 잘못 생각할 수가 있다. 세계에서 인구밀도가 높은 국가의 80%가 사형제도를 유지하고 있을 뿐만 아니라, 이들 국가들은 빈번하게 구체적인 사안에서 사형을 선고하고 있다.

114) 조선일보, [유엔인권위] 사형 완전 폐지 결의안 채택, 1998년 4월 4일자, 국제면: 유엔인권위원회는 1998년 4월 3일 사형제도의 완전 폐지를 촉구하는 결의안을 채택하고 미국, 중국, 이란 등 사형제도를 유지하고 있는 국가들에게 '사형제도를 완전 폐지하기 위해 사형집행의 일시 연기조치를 취할 것'을 요청했다. 유엔인권위는 또 국제적으로 인권신장을 위해 노력하는 개인 및 단체의 권리에 대한 새로운 인권선언을 채택하도록 유엔총회에 촉구하는 결의안을 만장일치로 채택했다. 사형 반대 결의안은 아직 사형제도를 유지하고 있는 국가들에 대해 사형을 선고할 수 있는 범죄의 수를 전향적으로 제한하고 18세 미만 미성년자나 임산부에 대해서는 사형선고를 금지하라고 촉구했다.

이탈리아가 상정한 결의안은 인권위의 53개 회원국 중 26개국이 찬성했으며 미국 등 13개국은 반대했고, 12개국은 기권, 나머지 2개국은 투표에 불참했다. 결의안은 사형제도 유지 국가들을 법적으로 구속하지는 못하지만 정치적, 윤리적으로 비난하는 입장을 취하고 있다. 한편 왈리 바크레 은다예 유엔인권조사관은 인권위에 제출한 보고서에서 18세 미만 범죄자도 사형이 가능한 미국의 사형제도는 국제법 위반이라고 주장했다. 그는 미국에서는 인종, 경제적 지위 등이 사형 여부 결정에 주요 고려사항이 된다면서 사형집행이 정치, 특히 선거운동에 영향을 받을 가능성이 많다고 지적했다. 지난 1990년 이후 미국을 비롯, 이란, 나이지리아, 파키스탄, 사우디아라비아, 예멘 등 6개국이 18세 미만의 청소년들에 대해서도 사형을 선고할 수 있도록 규정하고 있으며 실제로 사형선고가 내려지면 집행되고 있다. 이에 대해 조지 무스 제네바 주재 미국 대사는 미국은 50개주 가운데 38개 주가 사형제도를 유지하고 있기 때문에 유엔의 결의안을 지지할 수 없다고 밝혔다.

회(Menschenrechtskommission der Vereinten Nationen)는 모든 사형선고의 중단을 촉구하는 결의안을 채택했다.

한국에서도 사형폐지운동이 활발히 전개되고 있다. 특히 1989년에는 종교・법조・언론계 인사들을 중심으로 「사형폐지운동협의회」가 발족되었다. 이 단체는 사형폐지의 필요성을 적극 홍보하면서, 헌법재판소에 사형수들의 헌법소원을 내었고, 1993년 초에는 사형폐지를 건의하기도 하였다.115) 김수환 추기경 등 종교계는 1992년 사형폐지 서명운동을 벌여 8만 6천 5백 9명의 서명을 받아 사형제도 폐지를 촉구하는 탄원서를 헌법재판소에 제출하기도 하였다.

최근 들어 사형제도 폐지의 문제는 새로운 국면을 맞고 있다. 2001년 10월 30일 제16대 여야 국회의원 155명은 사형제도 폐지를 골자로 한 특별법안을 국회에 제출하였고, 법안에 의원정수(273명)의 절반을 훨씬 넘는 의원들이 서명함으로써 연내 법 통과가능성에도 비상한 관심을 모았었다.116) 당시 제출된 사형폐지 특별법안은 (1) 현재 사형을 형벌의 종류로 명기하고 있는 형법과 그밖에 모든 법률에서 법정형으로 규정하고 있는 사형을 일제 폐시(안 제2조)하며, (2) 법원이 무기징역 또는 무기금고를 선고할 경우, 범죄의 종류・죄질・정상여하에 따라 판결을 확정하고 그 복역을 개시한 후 15년이 경과하지 아니하면 형법에 의한 가석방이나 사면법에 의한 일반사면・특별사면 또는 감형을 할 수 없다는 취지의 선고를 함께 할 수 있는 것(안 제3조) 등을 주요 내용으로 하고 있다.

그러나 15대(1996-2000)와 마찬가지로 16대(2000-2004) 국회에서도 발의는 되었으나, 상정은 하지 못한 채 자동 폐기되었다. 2005년 2월 18일 「사형제폐지에 관한 특별법안」이 국회법사위원회에 상정되어 있다. 17대(2004-2008) 여야 의원 175명이 이 법안에 서명했다. 국회가 사형폐지법안을 법사위에 상정한 것은 헌정사상 처음이다.

이러한 정치권의 사형폐지 입법 움직임에는 종교계의 역할이 컸다. 천주교가

---

115) 사형폐지운동협의회의 연혁과 활동일지에 관해서는 團藤重光(단도 시케미츠/김희진 역), 사형폐지론, [부록] 한국사형폐지운동협의회 관련자료, 한국사형폐지운동협의회, 2001, 423-432면.

116) 중앙일보, [사형제도 폐지 찬반 논란] 여야 '폐지 특별법' 제출, 2001년 10월 30일자 9면: 법률신문, [법조포커스] 사형제도 존폐 논쟁 다시 가열, 2001년 11월 5일자: 법안 제출 및 제안이유: 민주당 정대철 의원과 한나라당 이부영 의원 등 국회의원 155명이 서명, 제출한 '사형폐지에관한특별법안'에서 의원들은 법안 제안이유를 "헌법이 보장하는 인간의 존엄과 가치의 존중이라는 헌법적 요청에 부응하고 형벌이라는 미명하에 행해지는 '또 하나의 살인'을 막기 위해 사형제도를 폐지하고자 한다"고 밝히고 "사형제도의 목적인 일반예방의 효과 즉 위하력은 이미 사형을 폐지한 국가들의 경험과 사례에 비추어 거의 없다는 사실이 입증됐다"고 지적했다.

주도적으로 나섰으며, 현재 대부분의 종교가 폐지운동에 참여하고 있다. 2001년 10월 26일 김수환 추기경도 서울구치소를 방문해 사형수들을 만나 위로하며 "사형제도를 없애야 한다"고 밝혀[117] 사형제도 폐지론이 힘을 얻고 있다.[118]

이러한 국내외적 사형폐지운동에도 불구하고, 사형제도 존치론자와 단계적 폐지론자들은 '지금 당장 사형을 폐지하자는 주장은 시기상조'라고 주장한다. (1) 감상적 사고에 기초한 소박한 억지이다. (2) 범죄는 흉포화의 추세이다. (3) 흉악범은 한국민의 정서상 극형에 처해야 한다. (4) 흉악범죄를 억제하는 효과가 있다. (5) 피해자의 인권보호와 응보를 위해 사형제도는 반드시 필요하다는 것을 그 논거로 제시하고 있다.[119]

그러나 이러한 주장은 아직도 '우리의 법문화의 미계몽성, 미개성, 야만성 그리고 폐쇄성을 고수하는 것'이라고 할 수밖에 없다.[120] 사형은 한 나라의 형사사법과 법문화의 수준을 가름하는 잣대이다. 전세계적인 추세에 보조를 맞추어 사형은 시급히 폐지되어야 한다고 생각한다.

2. 사형조항의 폐지를 위한 한반도 인권선언을 하라.

1997년 2월 7일자 조선일보에 보도된 국제사면위원회(앰네스티 인터내셔널)의 「북한의 공개처형」에 관한 특별보고서의 내용이다.

"북한은 1970년 이후 최소한 23명을 공개처형하였으며 그 대상에는 정치범은 물론 쌀을 훔치거나 공금을 횡령한 경제사범도 포함됐다"고 국제사면위원회가 밝혔다. 국제사면위가 1997년 1월 말 발표한 「북한의 공개처형」에 관한 특별보고서는 북한을

117) 중앙일보, 김수환 추기경 "사형제도 폐지해야," 2001년 10월 27일자, 30면.

118) 중앙일보, [교계 소식] 사형제 폐지 촉구 성명 외, 2001년 6월 15일자, 17면; 중앙일보, [사설] 사형제 폐지 검토할 때 됐다, 2001년 6월 19일자 21면.

119) 중앙일보, JP, 사형 폐지 반대 의사 밝혀, 2001년 10월 2일자, 4면: 자민련 김종필 총재는 2001년 11월 1일 국회에 제출된 사형폐지법에 대해 "서푼짜리 인권주의자들, 사이비 인본주의자들 때문에 질서가 붕괴하고 있다"면서 반대 의사를 밝혔다. 그는 "자고로 살인자는 사(死)다"며 "망나니의 살인행각에 비명에 간 사자(死者)들의 인권과 영혼은 누가 달래주느냐. 우리 당은 사형제도 폐지에 대한 반대 입장을 분명히 밝혀야 한다"; 이진우, 김수환 추기경의 사형제도관에 대하여, 법률신문, 2001년 11월 15일자, 법조광장: 김 추기경이 사형폐지론을 주장하는 것은 자신의 자유에 속한다. 그것은 그의 사상과 신념의 문제라고 봐야 하기 때문이다. 그러나 그가 제시하는 사형폐지의 이유만은 합리적이고 사회상규에 일치하는 것이어야 한다. 그것은 결코 그의 배타적인 신념과 사상의 영역에 머물러 있을 수 없는 것이다.

120) 김일수, 사형은 폐지되어야 한다, 법·인간·인권(법의 인간화를 위한 변론), 박영사, 1992, 421-433면(433면).

탈출, 제삼국에 체류 중인 북한인들의 목격담을 인용해 "1970년부터 1992년 사이에 1명의 여성을 포함, 최소한 23명이 공개처형이 되었으며, 처형자 중에는 살인 등 중범죄자 외에 정치범이나 횡령 등 가벼운 범죄를 저지른 사람도 포함돼 있다"고 말했다.

이 보고서는 구체적인 예로 ▲1982년 함흥시에서 열차 내에서 쌀을 훔친 형제 ▲1970~1975년 사이에 청진시에서 도둑질을 한 4명 ▲1980년 평양 오봉산지구에서 젊은 여인 수명을 강간한 2명 ▲1988년 평양 삼아동에서 횡령혐의로 구속된 여인 등이 처형됐다고 밝혔다. 그동안 북한에서 공개처형이 실시되고 있다는 주장은 계속 제기되어 왔지만, 독립적인 국제기구에 의해 구체적인 수치와 사례까지 제시된 것은 이번이 처음이다.

이 보고서는 "대부분의 증언자들이 최소한 1건 이상의 공개처형을 목격했다는 진술로 미뤄 볼 때 이제까지 드러난 것은 전체의 일부분에 불과하다"면서 또 "공개처형이 원산, 청진, 함흥, 신의주, 평산 등 다양한 지역에서 발생한 점으로 미뤄 현재까지도 계속되고 있을 가능성이 높다"고 지적했다. 이 보고서는 또 "일부 죄수들은 구속되어 있는 동안 구타와 고문을 당한 흔적이 보였으며 공개처형에 앞서 실시되는 재판이 요식행위로 진행되어 재판의 공정성이 우려된다"고 덧붙였다.

이 보고서는 이어 "공개처형은 어린아이들까지 포함해 수만명에서 수천명의 군중이 운집한 가운데 실시됐으며 도시교외나 강둑, 운동장, 체육관 등에서 실시됐다"고 밝혔다. 국제사면위는 ▲공개처형의 즉각 중지와 1970년 이후 처형된 인사들의 전명단 공개 ▲공개처형과 관련된 관련 법령 및 규정 및 서류의 공개 ▲공개처형제와 사형제도의 폐지 ▲시민적·정치적 권리에 관한 국제협약 및 고문방지협약의 비준 등을 북한측에 촉구했다."121)

한반도에서 무고한 인권이 탄압되는 것이 방치되어서는 안 된다. 건국 제60주년이며, 세계인권선언 제60주년인 2008년에 정부는 남북한 형법전에 규정된 「사형조항의 폐지를 위한 한반도 인권선언」에 관심을 가져야 한다. 북한의 인권을 지적하기 위해서는 먼저 남한에서 '인권이 보장된 민주주의'가 실시되어야 한다. 그 첫걸음이 남한 형법전에 규정된 사형조항의 폐지이다.

상당히 역설적인 주장이지만, 저자는 "남한 형법에서 사형규정이 폐지되어야, 이러한 형법 하에서 남북통일 후 사회혼란을 줄일 수 있다"고 생각한다. 남북통일 후 불법 과거사 청산문제는 반드시 거쳐야 하는 과정이라면, 그것은 세계의 언론과 인권단체 그리고 외국 형사법학계의 주목대상이 된다는 점을 명심해야

121) 조선일보, [북한] 최소 23명 주민 공개처형 … 국제사면위, 1997년 2월 6일 7면(국제면).

한다. 바로 이것은 독일의 통일과정과 통합과정에서 충분히 확인할 수 있다. 따라서 저자는 남북통일이 오기 전에 사형제도는 시급하게 폐지되어야 한다고 생각한다.

3. 2008년을 「한반도 인권선언」의 원년으로 삼자.

2001년 10월 30일 법무부는 '사형제도 폐지에 대한 법무부의 입장'이라는 보도자료를 내놓고 "형사정책적 측면에서 사형은 흉악범죄를 억제하는 강력한 기능을 하고 있으며 국민의 생명과 신체를 보호할 책임이 있는 정부는 사형제 폐지에 극히 신중해야 한다"며 반대 입장을 분명히 하고 있다.[122] 그러나 노벨평화상을 수상한 김대중 대통령과 2001년 10월 30일의 법무부 입장은 너무도 상충되어 있어서 상당히 혼란스러웠다. 저자는 1998년에 다음과 같이 주장했다.[123]

"주지하다시피 행정부의 수반인 김대중 대통령은 직접 사형제도의 희생자이다. 김대통령은 1970~1980년대 군부독재[124]하에서 정치범으로서 시련을 겪어오면서 사형선고[125]까지 받았다. 김대중 대통령은 누구보다도 '사형수의 심정'을 잘 알 것이다. 한국 국민들에게 사형제도의 폐해, 폐지 그리고 대안을 설득할 수 있는 사람은 한국에서 지금 현재 김대중 대통령이 적격자로 생각한다. 사형폐지의 문제는 김 대통령이 어느 정도 인도적·민주적·자유적 형법관과 형벌관을 가지고 있느냐의 결단에 달려 있다. 21세기의 통일 한국을 대비하여 신형사정책적 결단이 필요하다고 본다. 김대중 국민의 정부는 2001년을 「한반도 인권선언」의 원년(元年)으로 새겨야 한다."

저자는 2008년을 한반도 인권선언의 원년으로 삼자고 주장한다. 나아가 다가올 통일시대를 준비하자고 주장한다. 독일의 1949년 건국과정과 입법과정을 연구해야 한다고 주장한다. 생각건대 사형제도를 폐지함으로써 얻는 파생효과는 무한하며, 한국 형사법의 발전에 획기적인 전기가 될 수 있다. 사형제도는 남한에서부터 폐지되어야 한다.

1764년 『범죄와 형벌』에서 사형제도 폐지를 주장한 베카리아는 한국 국민들

---

122) 법률신문, [법조포커스] 사형제도 존폐 논쟁 다시 가열, 2001년 11월 5일자.

123) 하태영, 사형제도는 폐지되어야 한다, 경남법학 제13집, 1998, 121-172면; 하태영, 인권과 사형, 세계인권선언 제53주년기념 인권세미나, 앰네스티 법률위원회, 2001, 83-126면.

124) 조선일보, [월간조선] 전씨 "김대중씨 사면 내가 결정," 1996년 12월 20일자.

125) 조선일보, 김당선자 80년 구명운동 비화 … NYT 기고문 전문, 1997년 12월 26일자.

에게 다음과 같이 조언하고 있다[126]:

> "계몽에 힘입은 모든 시민들은 열심히 기도해야 한다.
> 훌륭한 군주(국회의원)들의 권위가 더욱 커져서,
> 그들이 이 혐오할 법률을 개정할 수 있을 만큼
> 충분한 힘을 갖도록(95면)."

[**출전**] 도대체 누가 인간에게 동포를 학살하는 권리를 부여할 수 있었을까?(85면). 사형은 그 어떠한 권리에도 의거하지 않는다(86면).

모든 시대의 역사는 경험으로 증명하고 있다. 사형이 악인들의 사회 침해를 저지하지 못했다는 것을(87면).

인간의 정신에 가장 큰 효과(위하력)를 주는 것은 형벌의 강도(强度)가 아니고, 그 지속성(持續性)이다. 이러한 섭리에서 볼 때, 범죄의 길을 걸으려는 자를 저지하는 장애물로서 사형은 강렬한 인상을 주지 못한다. 자유를 구속당한 범죄인이 가축(家畜)으로 전락하여, 과거에 사회에 끼친 불이익을 몸으로써 속죄하는 모습이야말로, 강하고 지속적인 인상을 준다. 사형의 효과는 일시적이다(88면).

사형이 규정되어 있는 국가에서는 본보기로 징계하는 것을 보여주고자 할 때마다 하나의 새로운 범죄가 요구된다. 그에 반해 종신 노역형은 단 하나의 범죄자만 있어도 그를 통해 언제라도 지속적인 본보기를 제공할 수 있다(90면).

사형이란 형벌은 사형에 해당하는 범죄가 자주 행해 질 것을 필요로 한다. 사형이 필요하다고 생각될 때 사형은 무용하게 된다(90면).

공공의 의사의 표현인 법률은 살인을 증오하고 살인행위를 처벌한다. 이러한 법률이 스스로 살인을 범하고, 시민들의 살인행위를 예방하기 위해서 공공연한 살인을 명령하는 것은 얼마나 불합리한 것인가? 정당하고 유용한 법률이란 어떤 법률인가? 격렬한 정감은 우르르 덮치지만, 그 효과는 오래가지 못한다(92면).

4. 국회의원들의 입법적 결단을 촉구한다.

사형이라는 극형에는 일반적으로 형벌이 내포하고 있는 최소한의 윤리적 요소도 찾아볼 수 없다. 단지 야만적이고 잔인할 뿐이다. 사형은 법을 통한 국가의

---

126) Cesare Beccaria, Dei Delitti e delle Pene, 1764: 김봉도 역, 범죄와 형벌, 박문각, 1995; 이수성 · 한인섭 공역, 범죄와 형벌, 길안사, 1995, 85-95면(제16장 사형, 95면); 한인섭 신역, 체사레 벡카리아의 범죄와 형벌, 박영사, 2006, 111-123면(제28장 사형, 123면).

제도적 복수이며, 제도적 살인에 불과하다. 사형집행의 효력은 기껏해야 며칠이다. 사형은 범죄억지효과를 얻지 못하고 있다. 사형에 범죄억지의 효과가 있다는 가정과 그 가정에 근거한 신뢰의 허구성에서 우리는 이제 깨어나야 한다.

'지존파'와 '막가파' 등 강력사건이 발생할 때마다, 일반국민을 향하여 위하차원에서 사형을 집행해 왔다. 그럼에도 불구하고 강력사건은 줄어들고 있는가? 사형으로 잠재적 범죄자를 위하하는 것보다는, 오히려 강력범죄에 대하여 신속하고 철저한 수사로 범죄자를 조속히 검거해야 된다. 탈옥범 신창원을 보면 알 수 있다.

위하사상은 독재시대의 산물이지, 민주시대의 형사정책이 아니다. 사형제도는 위하적 일반예방사상의 전형이다. 그저 사형은 '무익한 형사정책'일 뿐이다. "사형제도의 존치로 흉악범을 억제할 수 있다"는 발상은 낭만적 사고이며, "형사정책의 포기라고 볼 수밖에 없다."

잔악한 범죄행위에 대항한 국가의 형사정책은 더 이상 '사형제도'만으로 방치될 수 없다. 사형제도는 형사정책의 만병통치약이 아니다. 국가는 '범죄인이 스스로 인간이기를 포기한 야수'라고 할지라도 '사회는 그를 인간으로 복귀'시켜야 한다. 그것이 국가와 사회구성원들의 의무이다.

범죄의 원인에는 범죄인의 악성뿐만 아니라 환경적 요인이 차지하는 비중이 적지 아니하다. 사형은 범죄원인을 모두 범인에게만 책임지우고 있을 뿐이다.

사형제도를 유지하고 있는 것은 문명국의 수치이다. 인간의 존엄을 존중하고 보호하는 법치국가의 헌법정신을 모독하는 것이다. 인간의 존엄을 보장하는 대한민국 헌법은 이제 스스로를 방어해야 한다.

대한민국 국회의원들의 입법적 결단을 다시 한번 촉구한다.

제2장 긴급체포된 피의자와 체포적부심사청구*

[대상판례: 대법원 1997.8.27. 선고 97모21결정][1)]
노조간부 긴급체포사건

1. 창원지방법원 1997.1.31. 고지 97초94 결정

1997년 1월 29일 19:30경 피의자(김○○)는 창원지방검찰청 수사관에 의하여 긴급체포되었다. 1월 31일 검찰은 피의자에 대하여 창원지방법원에 구속영장을 청구하였고, 같은 날 피의자도 창원지방법원에 체포적부심을 청구하였다. 1997년 1월 31일 법원은 피의자에 대하여 보증금납입조건부 석방을 결정하였고, 1997년 2월 1일 피의자는 보증금을 납입한 후 석방되었다. 법원은 검찰이 청구한 구속영장에 대하여 결정을 보류하고 있다가 1997년 2월 3일 보증금납입을 확인한 후 구속영장을 기각하였다.

2. 창원지방법원 1997.2.13. 97로1 결정

―체포적부심사석방결정에 대한 항고―

창원지방법원 1997.1.31. 고지 97초94 결정에 대하여 검찰은 항고하였다. 검찰의 항고이유의 요지는 세 가지이다.

[1] 긴급체포된 피의자에 대하여 체포적부심청구권을 허용한 것은 위법하다.

[2] 긴급체포된 피의자에 대하여 보증금납입을 조건으로 석방을 결정한 것은 부당하다.

[3] 보증금납입조건부 석방결정에 대하여는 항고할 수 있다.

---

* 비교형사법연구 창간호, 1999, 297-319면.

1) 판례공보 1997, 3191면; 신동운, 판례분석 형사소송법, 법문사, 2005, 555-557면.

이에 대해 창원지방법원은 다음과 같이 판결하였다.

[1] 긴급체포(현행범체포 및 불법구금 포함)된 피의자에게도 적부심사청구권이 있다.

[2] 긴급체포되어 적부심사를 청구한 피의자에 대하여 형사소송법 제214조의 2 제4항의 규정에 의하여 보증금 납입을 조건으로 한 석방이 가능하다.

[3] 형사소송법 제214조의2 제7항, 같은 법 제402조 단서에 의하여 같은 법 제214조의2 제4항의 규정에 의한 보증금납입조건부 석방결정은 항고의 대상이 되지 아니한다.

3. 대법원 1997.8.27. 선고 97모21결정

–체포적부심사석방결정에 대한 재항고–

창원지방법원 1997.2.13. 97로1 결정에 대하여 검찰은 재항고하였다.

[1] 긴급체포된 피의자에게 체포적부심사청구권이 있는지 여부(적극)

[2] 체포적부심사절차에서 피의자를 보증금 납입을 조건으로 석방할 수 있는지 여부(소극)

[3] 보증금 납입을 조건으로 한 피의자 석방결정에 대하여 항고할 수 있는지 여부(적극)

4. 대법원의 판단: 대법원 1997.8.27. 선고 97모21결정

대법원은 다음과 같이 판결하였다.

[1] 긴급체포 등 체포영장에 의하지 아니하고 체포된 피의자의 경우에도 헌법과 형사소송법의 위 규정에 따라 그 적부심사를 청구할 권리를 가진다.[2)]

[2] 현행법상 체포된 피의자에 대하여는 보증금 납입을 조건으로 한 석방이 허용되지 않는다.[3)]

---

2) [1] 긴급체포된 이 사건 피의자에게 적부심사청구권이 있다고 한 원심판단은 정당하고, 거기에 논하는 바와 같이 헌법재판소의 위헌법률심사권을 규정한 헌법 제111조를 위반하였거나 헌법 제12조 제3항, 제6항 및 형사소송법 제214조의 2 제1항의 법리를 오해한 위법이 있다고 할 수 없다.

3) [2] 긴급체포되어 적부심사를 청구한 이 사건 피의자에 대하여 형사소송법 제214조의 2 제4항의 규정에 의하여 보증금납입을 조건으로 한 석방이 가능하다고 판단한 원심결정에는 위 법조항의 법리를 오해한 위법이 있다고 할 것이다.

[3] 형사소송법 제214조의 2 제4항의 석방결정에 대하여는 피의자나 검사가 그 취소의 실익이 있는 한 같은 법 제402조에 의하여 항고할 수 있다.[4)]

판례평석

Ⅰ. 서 론

1995년 제8차 개정 형사소송법은 긴급구속제도를 폐지하고, 체포제도를 도입하였다. 체포제도의 도입으로 구속적부심사제도(拘束適否審査制度)에 몇 가지 중요한 변화가 일어났다. 우선 종전의 구속적부심사제도가 유형상 체포적부심사(逮捕適否審査)와 구속적부심사(拘束適否審査)로 세분화되었다. 다음으로 체포·구속적부심사제도에 보증금의 납입을 조건으로 하는 피의자 석방장치를 도입[5)]하여 그 동안 계속적으로 요구되어 오던 피의자보석제도를 입법화하였다.[6)]

4) [3] 형사소송법 제214조의 2 제7항, 같은 법 제402조 단서에 의하여 같은 법 제214조의 2 제4항의 규정에 의한 보증금 납입 조건부 석방결정이 항고의 대상이 되지 아니한다고 판단한 원심결정에는 위법조항 등의 법리를 오해한 위법이 있다고 할 것이다. 이 점을 지적하는 논지도 이유가 있다. 그러므로 원심결정을 파기하고 사건을 원심법원에 환송하기로 하여 관여 법관의 일치된 의견으로 주문과 같이 결정한다.

5) 개정 형사소송법은 보증금 납입조건부 피의자석방제도를 도입하여 피의자에 대한 보석을 인정하고 있고, 형사소송법 제204조 제4항은 피의자가 체포·구속적부심을 청구한 경우에 한하여 직권으로 보증금납입조건부 피의자 석방을 허용하고 있다. 이에 대한 비판으로 이재상, 형사소송법, 제5판, 박영사, 1999, 267-268면: "형사소송법이 피의자가 체포·구속적부심사를 청구한 경우에 한하여 직권으로 보증금납입조건부 피의자 석방을 인정한 것은 타당하다고 할 수 없다. 피의자에 대하여 보석을 확대하기 위하여는 피의자에게도 보석권을 인정하고 피의자의 보석청구에 의하여 보석을 허가하도록 하는 것이 타당하다"; 이재상, 형사소송법, 제6판, 박영사, 2006, 259면.

6) 개정 형사소송법에 관한 주요 문헌으로는 [연도순]: 백형구, 개정 형사소송법의 내용과 특색, 고시계, 1996년 2월호, 59-76면(67면 이하); 정동기, 형사소송법의 개정배경, 저스티스(통권 제29권 제2호), 1996년 9월호, 한국법학원, 47-63면; 정동욱, 체포·구속적부심사제도, 고시계, 1996년 11월호, 81-96면; 신양균, 임의동행과 긴급체포, 고시계, 1996년 10월호, 170-180면; 차용석, 개정 형사소송법상의 체포와 구속, 고시계, 1996년 2월호, 77-93면(92면 이하); 백형구, 영장실질심사와 피의자 유치책임, 법률신문, 1997년 3월 24일자, 14면; 박상기, 영장실질심사와 법원·검찰의 갈등, 법률신문, 1997년 4월 7일자, 14면; 노생만, 구속영장 실질심사제도 개관, 법률신문, 1997년 5월 29일자, 14면; 황정근, 구속영장실질심사제도의 개선방안, 구속영장청구와 피의자심문－제21회 형사정책세미나 자료－, 형사정책연구원, 1997년 11월 14일, 5-58면; 박영관, 현행 인신구속제도에 대한 비판, 구속영장청구와 피의자심문－제21회 형사정책세미나 자료－, 형사정책연구원, 1997년 11월 14일, 59-80면; 송두환, 구속영장실질심사의 올바른 정착을 위하여, 구속영장청구와 피의자심문－제21회 형사정책세미나 자료－, 형사정책연구원, 1997년 11월 14일, 91-124면; 신동운, 형사소송법 I, 제2판, 법문사, 1997, 158면 이하; 신양균, 체포적부심사제도

그러나 체포적부심사제도는 형사기관에 의한 불법구금으로부터 피의자를 구제하기 위해서 입법되었지만, 개정 형사소송법 제214조의 2의 법문(法文)에 몇 가지 문제점이 나타나고 있다.[7] 첫째 형사소송법 제214조의 2 제1항이다. 이 조항은 체포·구속적부심사청구권자를 "체포영장 또는 구속영장에 의하여 체포 또는 구속된 피의자 및 그와 일정한 관계에 있는 자"로 제한하여 명시하고 있다. 문제는 "체포영장에 의하지 않은 피의자, 긴급체포와 현행범으로 체포된 자도 체포적부심사를 청구할 수 있는지"이다. 이 조항은 헌법 제12조 제6항을 세밀하게 반영하지 못하고 있다는 비판을 받고 있다. 둘째 형사소송법 제214조 제4항이다. 이 조항은 기소 전 보증금납입조건부 석방의 대상자를 '구속된 피의자'라고 명시하고 있다. 문제는 "체포된 피의자도 피의자보석[8]의 대상이 될 수 있는지"이다. 이 조항은 체포된 자에게 보증금납입조건부 석방기회를 원천적으로 봉쇄하며, 피의자보석을 인정한 개정 형사소송법의 취지를 충분하게 반영하지 못하고 있다는 비판을 받고 있다. 셋째 형사소송법 제214조의 2 제7항이다. 이 조항은 "제2항과 제3항의 결정에 대하여는 항고하지 못한다"고 명시하고, 제4항의 보증금납입조건부 석방결정에 대해서는 별도의 규정을 두고 있지 않다. 문제는 "보증금납입조건부 피의자 석방결정에도 마찬가지로 항고가 허용되지 않는가 여부"이다. 이 조항은 체포·구속적부심사제도와 기소 전 보석제도를 결합한 특색을 반영하지 못하고 있다는 비판을 받고 있다.

대상판결은 체포적부심사제도와 기소 전 보석제도에 관한 최초의 대법원 판결[9]이라는 점에서 주목을 받았다. 여기서는 대법원의 판시사항과 관련하여 [1] 헌법 제12조 제6항, 형사소송법 제214조의 2 제1항, [2] 형사소송법 제214조의 2 제4항, [3] 형사소송법 제214조의 2, 제214조의 3, 제402조들을 자세하게 검토하고(Ⅱ), 결론에서 형사소송법 제214조의 2의 개정안을 제시하고자 한다(Ⅲ).

－대법원 1997.8.27. 97모21 결정을 중심으로－, 고시계, 1998년 4월호, 134-144면; 정진수, 구속영장청구와 피의자심문, 형사정책연구원, 1998; 신동운, 인신구속제도를 둘러싼 법적용의 왜곡과 그 해결방안, 서울대 법학 제39권 제1호, 서울대학교 법학연구소, 1999, 17-48면(22면 이하).

7) 신동운, 형사소송법 I, 제2판, 법문사, 1997, 210면; 신동운, 형사소송법, 제3판, 법문사, 2006, 188면; 차용석, 형사소송법, 세영사 1997, 322면.

8) 이에 관해서는 이재상, 형사소송법, 제5판, 박영사, 1999, 253면 이하; 이재상, 형사소송법, 제6판, 박영사, 2006, 255면 이하: 피의자보석제도는 체포 또는 구속의 계속 필요성을 인정함에 있어서 엄격한 제한을 가하고 피의자가 보증금을 납입하여 수사기관에의 출두가 충분히 심리적으로 담보되는 경우에 한하여 피의자를 조건부로 석방하도록 하는 제도이다.

9) 이에 대해서는 신양균, 체포적부심사제도－대법원 1997.8.27. 97모21 결정을 중심으로－, 고시계, 1998년 4월호, 134-144면(135면, 144면).

Ⅱ. 쟁점과 평석

여기서는 대법원이 판단한 세 가지의 판시사항을 검토한다.

1. 긴급체포된 피의자에게 체포적부심사청구권이 있는지의 여부

문제가 된 사안은 체포영장 또는 구속영장에 의하지 않고 임의동행에 의하여 보호실에 유치되거나 불법하게 긴급체포 또는 현행범인으로 체포되어 구금되어 있는 피의자는 체포·구속적부심을 청구할 수 있는지 여부이다. 이 문제에 관해서는 학설이 대립되어 있다.[10]

(1) 학설의 대립

적극설은 "긴급체포된 피의자에게 체포적부심사청구권이 있다"고 본다. 적극설은 헌법 제12조 제6항에 중심을 두고 있다. 적극설에 따르면 "헌법 제12조 제6항은 누구든지 체포·구속을 당한 때에는 적부의 심사를 법원에 청구할 권리를 가진다"고 규정하고 있기 때문에 체포영장이나 구속영장에 의하지 아니하고 사실상 수사기관에 의하여 구금상태에 있는 자는 체포적부심사를 청구할 수 있다[11]고 해석한다. 제1심, 항고심, 대법원은 적극설을 취하고 있다.

---

10) 이에 관해서는 배종대·이상돈, 형사소송법, 제3판, 홍문사, 1999, 239면; 배종대·이상돈, 형사소송법, 제7판, 홍문사, 2006, 277면; 백형구, 형사소송법상의, 신정3판, 1997, 279면; 신동운, 형사소송법 I, 제2판, 법문사, 1997, 212-213면; 신동운, 형사소송법, 제3판, 법문사, 2006, 187면; 신동운, 인신구속제도를 둘러싼 법적용의 왜곡과 그 해결방안, 서울대 법학 제39권 제1호, 서울대학교 법학연구소, 1999, 17-48면(22면 이하); 신양균, 체포적부심사제도-대법원 1997.8.27. 97모21 결정을 중심으로-, 고시계, 1998년 4월호, 134-144면(135-136면); 이재상, 형사소송법, 제5판, 박영사, 1999, 249면; 이재상, 형사소송법, 제6판, 박영사, 2006, 251면.

11) 적극설을 지지하는 학자는 배종대·이상돈, 형사소송법, 제3판, 홍문사, 1999, 253면(합헌적 해석); 273면; 배종대·이상돈, 형사소송법, 제7판, 홍문사, 2006, 277면; 신동운, 형사소송법 I, 제2판, 법문사, 1997, 213면; 신동운, 형사소송법, 제3판, 법문사, 2006, 188면; 이재상, 형사소송법, 제5판, 박영사, 1999, 249면, 251면; 이재상, 형사소송법, 제6판, 박영사, 2006, 251면; 이재석, 현행 인신구속제도의 문제점과 개선방안, 한국비교형사법학회 제1회 동계학술대회 발표논문, 1999, 27면; 임동규, 형사소송법, 제3판, 법문사, 2004, 205면; 신양균, 체포적부심사제도-대법원 1997.8.27. 97모21 결정을 중심으로-, 고시계, 1998년 4월호, 134-144면(135면-136면); 신양균, 형사소송법, 제2판, 법문사, 2004, 187면; 차용석, 형사소송법, 세영사 1997, 322면(영장에 의하여 체포·구속된자에게만 적부심사를 가능하게 한 법문은 개선되어야 한다); 정웅석, 형사소송법, 제2판, 대명출판사, 2005, 261면; 진계호, 형사소송법, 형설출판사,

이에 반하여 소극설은 "긴급체포된 피의자에게는 체포적부심사청구권이 없다"고 본다. 소극설은 형사소송법 제214조의 2 제1항에 중심을 두고 있다. 소극설에 따르면 "형사소송법 제214조의 2 제1항은 영장에 의하여 체포·구속된 피의자를 청구권자로 명시하고 있다고 한다. 따라서 문리해석(文理解釋)에 의할 때 체포영장 또는 구속영장이 발부되지 아니하고 사실상 수사기관에 의하여 구금상태에 있는 자에게는 체포·구속적부심사청구권이 없다"[12]고 해석한다. 검찰은 소극설을 취하고 있다.

(2) 대법원의 판단

대법원은 첫 번째 판시사항에서 "긴급체포된 피의자도 체포적부심사청구권을 가진다"고 판단하였다. 대법원은 판결이유에서 "헌법 제12조 제6항은 누구든지 체포 또는 구속을 당한 때에는 적부의 심사를 법원에 청구할 권리를 가진다고 규정하고 있고, 형사소송법 제214조의 2 제1항은 체포영장 또는 구속영장에 의하여 체포 또는 구속된 피의자 등이 체포 또는 구속의 적부심사를 청구할 수 있다고 규정하고 있는 바, 형사소송법의 위 규정이 체포영장에 의하지 아니하고 체포된 피의자의 적부심사청구권을 제한한 취지라고 볼 것은 아니므로 긴급체포 등 체포영장에 의하지 아니하고 체포된 피의자의 경우에도 헌법과 형사소송법의 위 규정에 따라 그 적부심사를 청구할 권리를 가진다고 봄이 상당하다 할 것이다"[13]고 밝히고 있다.

대법원은 긴급체포된 이 사건 피의자에게 적부심사청구권이 있다고 한 원심판단은 정당하다고 판시한다. 거기에 논하는 바와 같이 헌법재판소의 위헌법률심사권을 규정한 헌법 제111조를 위반하였거나 헌법 제12조 제3항, 제6항 및 형사소송법 제214조의 2 제1항의 법리를 오해한 위법이 있다고 할 수 없다고 한다.[14]

2000, 291면; 차용석·최용성, 형사소송법, 제2판, 세영사, 2004, 238면; 검찰21세기연구기획단, 구속제도정비방안연구, 대검찰청, 1995, 202면(형소법 제214조의 2 제1항은 헌법 제12조 제6항에 반하는 위헌의 소지가 있다).

12) 소극설을 지지하는 학자는 백형구, 형사소송강의, 신정3판 1997, 271면(긴급체포된 피의자, 현행범인으로 체포된 피의자에 대해서 구속영장이 발부된 경우에는 구속적부심사를 청구할 수 있다); 백형구, 알기쉬운 형사소송법, 제2판, 박영사, 2004, 69면; 신양균, 형사소송법, 대명출판사, 1998, 126면에서는 소극설을 취하고 있으나, 신양균, 형사소송법, 제1판, 법문사, 2000, 180면과 신양균, 형사소송법, 제2판, 법문사, 2004, 187면에서는 적극설로 견해를 변경하였다; 정영석·이형국, 법문사, 1996, 192면.

13) 대판 1997.8.27. 97모21결정.

14) 대판 1997.8.27. 97모21결정.

(3) 검 토

대법원의 판단은 타당하다. 여기에는 네 가지의 이유가 있다.

첫째, 체포·구속적부심사는 헌법상 보장된 피의자의 권리이다. 형사소송법 제214조의 2 제1항이 "체포영장에 의하여 체포된 피의자만이 체포적부심사를 청구할 수 있다"고 규정되어 있지만, 긴급체포, 현행범체포, 불법구금된 피의자도 위 규정을 유추하여 체포적부심사를 청구할 수 있다. 왜냐하면 헌법 제12조 제3항 본문은 "체포, 구속, 압수 또는 수색을 할 때에는 적법한 절차에 따라 검사의 신청에 의하여 법관이 발부한 영장을 제시하여야 한다"고 규정하고 있고, 구속뿐만 아니라 그 전(前)단계인 체포까지도 적법절차의 준수 및 법관의 영장을 요구하고 있으며, 헌법 제12조 제6항도 "누구든지 체포 또는 구속을 당할 때에는 적부의 심사를 법원에 청구할 권리를 가진다"고 명시하고 있기 때문이다. 따라서 헌법의 하위규범인 형사소송법이 아무런 법률유보도 없이 체포, 구속된 자이면 누구든지 청구할 수 있도록 규정된 헌법상의 체포·구속적부심청구권을 제한할 수는 없다. 만약 형사소송법상의 체포·구속적부심청구권자를 체포영장 또는 구속영장에 의하여 체포 또는 구속된 피의자와 변호인 또는 그 가족 등에게로 축소해석을 한다면, 이러한 해석은 위헌의 소지가 있다.[15] 따라서 긴급체포된 피의자에게도 당연히 체포적부심사청구권을 인정해야 한다.

둘째, 체포·구속적부심사는 긴급체포에 의한 체포제도의 남용을 방지하는 효과가 있다. 형사소송법 제200조의 2는 명문으로 체포적부심청구권을 허용하고 있다. 그럼에도 불구하고 긴급체포된 피의자에게 체포적부심청구권을 허용하지 않는다면, 체포영장에 의한 체포 대신 긴급체포에 의한 체포가 남용될 가능성이 있다. 이렇게 되면 긴급체포는 사전에 체포영장을 발부 받을 수 없는 예외적인 경우에 한하여 인정된 제도가 아니고, (형법상의 대부분의 범죄가 긴급체포를 할 수 있는 장기 3년 이상의 징역형과 금고형에 해당하는 죄이기 때문에), 마치 수사기관은

15) 배종대·이상돈, 형사소송법, 제3판, 1999, 253면(합헌적 해석); 배종대·이상돈, 형사소송법, 제7판, 홍문사, 2006, 277면; 신동운, 형사소송법 I, 제2판, 법문사, 1997, 213면; 신동운, 형사소송법, 제3판, 법문사, 2006, 188-189면; 신양균, 체포적부심사제도－대법원 1997.8.27. 97모21 결정을 중심으로－, 고시계, 1998년 4월호, 134-144면(135-136면); 이재상, 형사소송법, 제5판, 박영사, 1999, 249면; 이재상, 형사소송법, 제6판, 박영사, 2006, 251면; 이재석, 형행 인신구속제도의 문제점과 개선방안, 한국비교형사법학회 제1회 동계학술대회 발표논문, 1999, 27면; 검찰 21세기연구기획단, 구속제도정비방안연구, 대검찰청, 1995, 202면(형소법 제214조의 2 제1항은 헌법 제12조 제6항에 반하는 위헌의 소지가 있다); 창원지방법원 1997.2.13. 선고 97로1 결정.

언제나 피의자를 강제연행을 할 수 있으며, 이렇게 되면 48시간을 넘기지 아니하는 한 마음대로 유치할 수 있는 인권침해적 제도로 발전할 가능성이 있다. 따라서 위법 또는 부당하게 체포·구속된 피의자(긴급체포, 현행범체포, 불법구금)에게 모두 체포·구속적부심사청구권이 보장되어야 한다.[16]

셋째, 긴급체포된 피의자에게 체포적부심사청구권을 인정하는 것이 인권보장에 부합한다. 긴급체포의 요건을 갖추지 아니하였음에도 불구하고, 긴급체포의 명목으로 피의자를 구금하는 경우 사후에 불법구금을 한 수사관을 감금죄로 처벌할 수 있다. 그 후 청구되는 구속영장을 적법절차에 의하지 아니한 구속영장의 청구라고 하여 구속영장을 기각할 수도 있다. 그러나 오히려 피의자에게 체포적부심을 허용하여 불법구금 상태에서 즉시 해방시킬 필요가 있다.[17]

넷째, 형사소송법의 지도원리인 무죄추정의 원칙, 불구속수사의 원칙, 적법절차의 원칙을 더욱 충실히 구현하고 인권의식의 신장에 기여한다. 아무리 현행범이라고 하더라도 인신구속이 불필요한 경우도 많이 있으며, 또한 현실적으로 형법상 거의 모든 범죄행위가 긴급체포의 대상이 된다고 본다면, 긴급체포된 피의자라고 하더라도 언제나 체포가 필요하다고 볼 수는 없다. 따라서 이러한 경우에 체포적부심이 허용된다고 해야 형사소송법의 기본원칙인 불구속수사의 원칙과 적법절차의 원칙을 더욱 충실히 구현하는 것이고, 인권의식의 신장에 기여할 것이다."[18]

(4) 결 론

이상에서 살펴본 바와 같이 결국 학계와 실무에서의 형사소송법 제214조의 2 제1항에 대한 해석상의 논란도 개정 형사소송법의 입법취지를 충분히 반영하지 못한 법문상의 흠결로 파생된 것이다. 따라서 입법부는 보다 명확한 법규정을 통해 논란의 단초를 원천적으로 제거할 필요가 있을 것이다.

---

16) 배종대·이상돈, 형사소송법, 제3판, 홍문사, 1999, 252면; 배종대·이상돈, 형사소송법, 제7판, 홍문사, 2006, 277면; 이재상, 형사소송법, 제5판, 박영사, 1999, 249면, 255-266면, 221면: 이재상 교수는 긴급체포의 경우에도 지체 없이 체포영장을 받도록 해야 한다고 주장한다. "개정 형사소송법 시행 후 체포영장에 의한 체포보다는 오히려 긴급체포가 수사기관의 일반적 관행으로 가고 있다. 영장에 의하지 않은 체포나 구속은 불법한 체포·구속의 대표적인 경우이다. 그럼에도 불구하고 긴급체포와 현행범인의 체포는 사법적 통제에서 제외되어 있다"; 이재상, 형사소송법, 제6판, 박영사, 2006, 251면; 이재상, 1997년 형사판례 회고, 형사판례연구[6], 한국형사판례연구원, 박영사, 1998, 476-530면(500-501면).

17) 창원지방법원 1997.2.13. 선고 97로1 결정.

18) 창원지방법원 1997.2.13. 선고 97로1 결정.

헌법 제12조 제6항의 의미를 충분히 반영하여 형사소송법 제214조의 2 제1항은 "체포영장, 긴급체포, 현행범체포, 불법구금 또는 구속영장에 의하여 체포 또는 구속된 피의자 및 그와 일정한 관계에 있는 자"로 개정되어야 할 것이다. 만약 입법기술상 문제가 있다면, "체포영장 또는 구속영장"이라는 자구를 삭제하고, "체포 또는 구속된 피의자 및 그와 일정한 관계에 있는 자"로 개정되어야 할 것이다.[19] 이러한 개정을 통하여 체포제도를 도입한 형사소송법의 입법취지[20]와 체포・구속적부심사제도의 본래적 보장기능은 충분히 반영될 수 있을 것이며, 불필요한 해석상의 논란도 줄일 수 있을 것이다.

이러한 의미에서 대상판결은 체포・구속적부심사제도와 관련하여 아주 중요한 판결이며, 이 제도의 개선에 하나의 시금석(試金石)이 될 것으로 생각한다.

[개정안] 형사소송법 제214조의 2 (체포와 구속의 적부심사)

① 체포 또는 구속된 피의자 그리고 그 변호인, 법정대리인, 배우자, 직계친족, 형제자매, 호주, 가족이나 동거인 또는 고용주는 관할법원에 체포 또는 구속의 적부심사를 청구할 수 있다.

② 청구가 다음 각호의 1에 해당하는 때에는 법원은 제3항의 심문없이 결정으로 청구를 기각할 수 있다.

1. 청구권자 아닌 자가 청구하거나 동일한 체포영장 또는 구속영장의 발부에 대하여 재청구한 때
2. 공범 또는 공동피의자의 순차청구가 수사방해의 목적임이 명백한 때

③ 제1항의 청구를 받은 법원은 지체없이 체포 또는 구속된 피의자를 심문하고 수사관계서류와 증거물을 조사하여 그 청구가 이유없다고 인정한 때에는 결정으로 이를 기각하고, 이유 있다고 인정한 때에는 결정으로 체포 또는 구속된 피의자의 석방을 명하여야 한다.

---

19) 같은 입장으로 차용석, 형사소송법, 세영사, 1997, 322면(영장에 의하여 체포・구속된 자에게만 적부심사를 가능하게 한 법문은 개선되어야 한다).

20) 피의자의 신병확보를 둘러싼 불법적 수사관행의 근절과 관련하여 그 동안 사법부는 지속적인 노력을 하였다. 임의동행을 불법화 한 대표적인 판례로는 대판 1985.7.29. 85모16; 대판 1994.3.16. 94모2. 불법구금에 대하여 국가기관에 손해배상을 인정한 대표적인 판례로는 대판 1993.11.23. 93다35155; 대판 1995.5.26. 94다37226 참조.

2. 체포적부심사절차에서 피의자를 보증금납입을 조건으로 석방할 수 있는지의 여부

기소 전 보석제도(보증금납입조건부 석방제도)[21]와 관련한 문제는 바로 적용대상이다. 형사소송법 제214조의 2 제4항 본문은 기소 전 보석에 대하여 '…구속된 피의자…'라고 명시하여, 그 대상을 구속된 피의자만으로 제한하고 있다. 문제는 "체포된 피의자의 경우에도 체포적부심사와 함께 보증금납입조건부 석방을 청구할 수 있는가"이다.

(1) 대법원의 판단

대법원은 "기소 전 보석은 구속된 피의자에 대해서만 인정된다"는 입장이다. 대법원은 "현행법상 체포된 피의자에 대하여는 보증금 납입을 조건으로 한 석방이 허용되지 않는다. 긴급체포되어 적부심사를 청구한 이 사건 피의자에 대하여 형사소송법 제214조의 2 제4항의 규정에 의하여 보증금 납입을 조건으로 한 석방이 가능하다고 판단한 원심결정에는 위 법조항의 법리를 오해한 위법이 있다"고 판결하였다.

(2) 검 토

그러나 대법원 판결은 네 가지 관점에서 비판적으로 검토될 수 있을 것이다.

(가) 개정 형사소송법의 입법취지와 체포와 구속의 구별

대법원은 법률이 명문으로 구속된 피의자에 대해서만 보석을 인정하고 있다

---

21) 1995년에 개정된 형사소송법은 보증금납입조건부 피의자석방제도(형소법 제214조의 2 제4항)를 도입하였다. 피의자의 인권을 실질적으로 보장하려는 취지에서 기소 후의 보석제도를 기소 전의 수사단계까지 확장시킨 제도이다. 이 제도의 특색은 체포·구속적부심사절차에서 보증금납입조건부 피의자석방을 결정하도록 규정하고 있다는 점이다.

그러나 보증금납입조건부 피의자석방제도에 대한 비판에 관해서는 이재상, 형사소송법, 제5판, 박영사, 1999, 253면 이하(257면); 이재상, 형사소송법, 제6판, 박영사, 2006, 259면; 신양균, 체포적부심사제도-대법원 1997.8.27. 97모21 결정을 중심으로-, 고시계, 1998년 4월호, 134-144면(141면 주 10): "보증금납입조건부 피의자석방제도는 체포 또는 구속의 계속 필요성을 인정함에 있어서 엄격한 제한을 가하고 피의자가 보증금을 납입하여 수사기관에의 출두가 충분히 심리적으로 담보되는 경우에 한하여 피의자를 조건부로 석방하도록 하는 제도이다. 그러나 구속적부심사제도와 보석제도를 절차의 유사성과 수사의 지연 방지라는 이유로 하나의 절차에서 통합하고 있다. 이는 일반적인 석방결정이 위축되는 결과를 가져올 수 있기 때문에 타당하지 않다."

고 해석한다. 대법원에 따르면 "형사소송법은 수사단계에서의 체포와 구속을 명백히 구별하고 있고 이에 따라 체포와 구속의 적부심사를 규정한 같은 법 제214조의 2에서 체포와 구속을 서로 구별되는 개념으로 사용하고 있는 바, 같은 조 제4항에 기소 전 보증금 납입을 조건으로 한 석방의 대상자가 '구속된 피의자'라고 명시되어 있다"는 것이다.

그러나 대법원의 이러한 문리해석은 문제가 있다. 왜냐하면 기소 전 보증금납입조건부 석방에 대하여 체포된 피의자와 구속된 피의자를 구별할 만한 합리적인 이유가 없기 때문이다. 주지하다시피 체포제도는 구형사소송법 제206조 긴급구속(緊急拘束)을 폐지하면서 신설되었고, 체포(逮捕, arrest, Festnahme, arrestation)와 구속(拘束, Untersuchung, enquête)은 모두 수사 초기에 피의자의 신병(身柄)을 단기간 적법절차에 따라 확보하기 위한 제도라는 점에서 유사점을 갖고 있다. 단지 체포는 구속 전의 강제처분으로 기간이 단기간(48시간)이고, 요건이 완화되어 있는 점에서 구속과 구별될 뿐이다.[22] 또한 체포기간도 형사소송법 제203조의 2[23]에 따라 구속기간에 산입이 되기 때문에 구속된 피의자의 개념에 체포된 피의자도 포함된다고 할 것이다.

따라서 형사소송법 제214조의 2 제4항의 '…구속된…'은 체포를 포함하는 넓은 의미의 구속이라고 해석하여야 할 것이며, 구속에 대하여 인정되는 피의자보석은 체포적부심을 청구한 피의자에 대해서도 당연히 허용되어야 할 것이다.[24]

(나) 헌법상의 내재적 권리와 기소 전 보증금납입조건부석방

대법원은 체포된 자에 대해서 보증금납입을 전제로 한 석방을 부정하는 이유

22) 체포와 구속의 구별에 관해서는 신동운, 형사소송법, 제2판, 법문사, 1997, 159-200면; 신동운, 형사소송법, 제3판, 법문사, 2006, 143면; 이재상, 형사소송법, 제5판, 박영사, 1999, 215면 이하, 226면 이하; 이재상, 형사소송법, 제6판, 박영사, 2006, 215면 이하; 이형국, 형사소송법, 전정판, 법문사, 1997, 174면 이하, 181면 이하: 체포는 초동수사의 단계에서 피의자의 출석확보를 목적으로 하는 단기간의 신체구속이며, 구속에 비하여 완화된 요건에서 인정된다. 체포는 지방법원판사가 발부한 사전영장에 의한 통상체포(형소법 제200조의 2), 사전영장에 의하지 아니하는 긴급체포(형소법 제200조 3), 현행범인의 체포(형소법 제212조)로 구분되는데, 체포한 피의자를 구속하고자 할 때에는 체포한 때로부터 48시간 이내에 제201조의 규정에 의하여 구속영장을 청구하게 하고(형소법 제200조의 2 제5항), 체포·긴급체포 또는 구인된 경우에 체포 또는 구인기간은 구속기간에 산입케 함으로써(형소법 제203조의 2) 구속기간을 단축할 수 있게 하였다. 구속은 피의자 또는 피고인의 신체의 자유를 체포에 비하여 장기간에 걸쳐 제한하는 강제처분이며, 형사소송의 진행과 형벌의 집행을 확보함을 목적으로 하고 있다.

23) 형사소송법 제203조의 2(구속기간에의 산입) 피의자가 제200조의 2, 제200조의 3, 제201조의 2 제2항 또는 제212조의 규정에 의하여 체포 또는 구인된 경우에는 제202조 또는 제203조의 구속기간은 피의자를 체포 또는 구인한 날부터 기산한다. <본조신설 95.12.29>

24) 신동운, 형사소송법, 제2판, 법문사, 1997, 224면; 신동운, 형사소송법, 제3판, 법문사, 2006, 188면.

로 헌법상 그에 관한 권리가 규정되어 있지 않다고 말한다. 대법원에 따르면 "체포 또는 구속의 적부심사와는 달리 기소 전 보증금 납입을 조건으로 한 석방은 헌법상 그에 관한 권리가 규정되어 있지 아니하며, 체포의 적부심사권만 인정된다"는 것이다.

그러나 대법원의 이러한 문리해석도 문제가 있다. 왜냐하면 체포・구속적부심사는 헌법 제12조 제6항(체포의 적부심사권)에 의하여 피의자에게 인정된 권리이고, 기소 전 보증금납입조건부석방은 이러한 권리에 내재된 권리이기 때문이다. 대법원은 판시사항 [1]에서는 헌법상의 권리로서 체포적부심사청구권을 인정한다고 판단하면서도, 이와 결합된 "기소 전 보증금 납입을 조건으로 한 석방에 관한 권리는 규정되어 있지 아니하다"고 판단하고 있다. 전자는 헌법합치적, 역사적, 목적론적 해석으로, 후자는 문리해석으로 접근하고 있다. 이는 해석방법론상의 모순이다.

대법원이 판시사항 [1]에서 위법 또는 부당하게 체포・구속된 피의자에게 모두 적부심사를 청구할 수 있다고 판단하였다면, 적부심사권과 하나의 절차에서 통합된 기소 전 보증금납입조건부석방제도는 체포(긴급체포된 피의자)의 경우에도 당연히 적용되어야 할 것이다. 체포・구속의 적부심사청구권은 헌법 제12조 제6항에 의해 명문으로 보장된 권리로서 기소 전 보증금납입조건부석방은 헌법 제12조 제6항에 내재된 혹은 수반된, 다른 표현으로 부수적으로 결합된 권리로 해석할 수 때문이다.

체포제도의 입법배경과 그 의미를 고려한 헌법합치적, 역사적, 목적론적 해석이 타당하다고 생각한다. 따라서 피의자 보석은 체포의 경우에도 당연히 허용되어야 할 것이다.[25]

(다) 피의자의 신체의 자유와 절차적 보장

또한 대법원은 체포기간이 48시간에 불과하고 구속 전 피의자신문제도가 인정되어 있어 피의자의 신체의 자유에 대해서는 절차적 보장이 미흡하지 않다고 해석한다. 대법원에 따르면 "체포한 때부터 48시간 이내에 구속영장을 청구하지 아니하는 때에는 피의자를 즉시 석방하여야 하며 구속의 사유를 판단하기 위하

25) 신동운, 형사소송법, 제2판, 법문사, 1997, 224면; 신동운, 형사소송법, 제3판, 법문사, 2006, 188면; 이재상, 형사소송법, 제5판, 박영사, 1999, 245면; 이재상, 형사소송법, 제6판, 박영사, 2006, 259면; 창원지방법원 1997.2.13. 선고 97로1 결정.

여 필요하다고 인정하는 때에는 피의자의 심문이 이루어지는 점 등을 고려하면 체포의 단계에서 보증금 납입을 조건으로 한 석방을 허용하지 아니하더라도 피의자의 신체의 자유에 대한 절차적 보장이 미흡하다고 볼 수는 없다"는 것이다.

그러나 수사에 있어서 시간적 촉박과 수사절차상의 번거로움 때문이라는 주장은 문제가 있다. 왜냐하면 수사절차의 번거로움보다는 한 사람의 인권이 더 소중하기 때문이다. 피의자에게 일정한 보증금을 납입하게 하여, 즉시 구금상태에서 해방시키는 것이 더 중요하다.[26] 이것이 바로 기소 전 보석제도(보증금납입조건부 석방제도)의 취지이다.

그리고 체포된 피의자의 경우에는 구속된 피의자와는 달리 신체의 자유에 대한 제한이 비교적 단기라는 점을 감안할 때 구속된 피의자만큼 보석의 필요성이 적다는 주장도 문제가 있다. 왜냐하면 체포된 피의자의 경우에도 조기석방을 통하여 신체를 회복할 필요가 여전히 남아 있고, 일단 석방결정을 받게 되면 불구속수사의 가능성이 커지고 기소유예의 가능성도 커지게 되기 때문이다. 또한 보석은 기소 전후를 불문하고 헌법상 명시적으로 보장되어 있는 권리는 아니지만, 불구속수사를 통한 신체의 자유에 대한 절차적 보장과 무죄추정의 원칙을 준수한다는 관점에서 본다면, 피의자가 어떤 단계에서 어느 기간 동안 구금되어 있는가는 중요한 문제가 아니라고 생각된다.[27]

마지막으로 기소 전 보증금납입조건부 석방은 체포의 실효(失效)를 의미하는 것이 아니고, 단지 집행(執行)이 일시적으로 정지(停止)될 뿐이다. 범죄의 혐의에 따라 수사기관은 다시 통상의 체포영장을 받아 재체포할 수 있으며, 구속요건이 충족될 경우 구속영장을 발부 받아 구속할 수도 있을 것이다. 따라서 수사기관이 이러한 강제수사절차상의 원칙들을 최대한 존중한다면, 피의자보석은 체포의 경우에도 당연히 허용되어야 할 것이다.

(라) 재체포 제한의 규정과 보증금납입조건부 석방

대법원은 재체포 제한의 규정이 기소 전 보석을 전제로 하고 있는 것이 아니

26) 신동운, 형사소송법, 제2판, 법문사, 1997, 224면; 신동운, 형사소송법, 제3판, 법문사, 2006, 188면; 이재상, 형사소송법, 제5판, 박영사, 1999, 245면; 이재상, 형사소송법, 제6판, 박영사, 2006, 259면; 창원지법 1997.2.13. 97로1 결정.

27) 신동운, 형사소송법, 제2판, 법문사, 1997, 222면; 신동운, 형사소송법, 제3판, 법문사, 2006, 197면; 신양균, 체포적부심사제도－대법원 1997.8.27. 97모21 결정을 중심으로－, 고시계, 1998년 4월호, 134-144면(142면, 144면); 이재상, 형사소송법, 제5판, 박영사, 1999, 245면; 이재상, 형사소송법, 제6판, 박영사, 2006, 259면.

다고 말한다. 대법원에 따르면 "기소 전 보증금납입을 조건으로 석방된 피의자의 재체포 및 재구속의 제한에 관하여 규정하고 있는 형사소송법 제214조의 3 제2항의 취지를 체포된 피의자에 대하여도 보증금 납입을 조건으로 한 석방이 허용되어야 한다는 근거로 보기는 어렵다. 그러므로 현행법상 체포된 피의자에 대하여는 보증금 납입을 조건으로 한 석방이 허용되지 않는다"는 것이다.

그러나 형사소송법 제214조의 3 제2항은 기소 전 보석에 의하여 석방된 자의 재체포 또는 재구속의 제한에 관한 규정이라고 해석할 수 있다. 형사소송법 제214조의 3 제2항은 '…재차 체포 또는 구속…'라고 규정하고 있고, 체계론적 해석방법에 따르면 형사소송법 제214조의 3 제2항의 취지를 체포된 피의자에 대하여도 보증금 납입을 조건으로 한 석방이 허용되어야 한다는 근거로 해석할 수 있기 때문이다. 여기서 체포에는 긴급체포도 당연히 포함된다고 생각한다. 따라서 긴급체포된 피의자에 대하여도 보증금납입을 조건으로 한 석방이 허용되어야 할 것이다.

(3) 결 론

결국 이러한 논란도 개정 형사소송법의 입법취지를 충분히 반영하지 못한 법문상의 흠결로 파생된 것이다. 형사소송법 제214조의 2 제4항의 법문(法文)은 다음과 같이 개정되어야 한다: "법원은 체포 또는 구속된 피의자에 대하여 피의자의 출석을 보증할만한 보증금의 납입을 조건으로 하여 결정으로 제3항의 석방을 명할 수 있다." 이러한 개정은 해석상의 논란을 불식시키고, 개정 형사소송법의 입법취지에 부합할 것이다.

[개정안] 형사소송법 제214조의 2 (체포와 구속의 적부심사)

④ 법원은 체포 또는 구속된 피의자에 대하여 피의자의 출석을 보증할만한 보증금의 납입을 조건으로 하여 결정으로 제3항의 석방을 명할 수 있다. 다만, 다음 각호에 해당하는 경우에는 그러하지 아니하다.

1. 죄증을 인멸할 염려가 있다고 믿을만한 충분한 이유가 있는 때
2. 피해자, 당해 사건의 재판에 필요한 사실을 알고 있다고 인정되는 자 또는 그 친족의 생명·신체나 재산에 해를 가하거나 가할 염려가 있다고 믿을만한 충분한 이유가 있는 때

⑤ 제4항의 석방결정을 하는 경우에 주거의 제한, 법원 또는 검사가 지정하는 일시·장소에 출석할 의무 기타 적당한 조건을 부가할 수 있다.
⑥ 제98조 및 제100조의 규정은 제4항의 규정에 의하여 보증금의 납입을 조건으로 하는 석방을 하는 경우에 이를 준용한다.

3. 보증금 납입을 조건으로 한 피의자 석방결정에 대하여 항고할 수 있는지의 여부

형사소송법 제214조의 2 제7항은 "제2항과 제3항의 결정에 대하여는 항고할 수 없다"고 규정함으로써 체포·구속적부심사청구에 대한 간이기각결정, 기각결정 혹은 석방결정에 대해서는 항고를 금지하고 있는데, 제4항의 보증금납입조건부 석방결정에 대해서도 별도의 규정을 두고 있지 않다. 그러나 문제는 "보증금 납입을 조건으로 한 피의자 석방결정이 내려진 경우에도 마찬가지로 항고가 금지되어 있는지 여부"이다.[28]

(1) 대법원의 판단

대법원은 "형사소송법 제214조의 2 제7항, 같은 법 제402조 단서에 의하여 같은 법 제214조의 2 제4항의 규정에 의한 보증금납입조건부 석방결정이 항고의 대상이 되지 아니한다고 판단한 원심결정에는 위 법조항 등의 법리를 오해한 위법이 있다"고 판결하였다.

(2) 검 토

(가) 형사소송법 제214조의 2 제2항, 제3항 그리고 제7항과의 관계

대법원은 형사소송법 제214조의 2 제2항, 제3항, 제7항과의 관계를 다음과 같이 해석하고 있다.

"형사소송법 제402조의 규정에 의하면, 법원의 결정에 대하여 불복이 있으면 항고를 할 수 있으나 다만 같은 법에 특별한 규정이 있는 경우에는 예외로 하도록 되어 있는바, 체포 또는 구속적부심사절차에서의 법원의 결정에 대한 항고의 허용 여부에

28) 이에 관해서는 신양균, 체포적부심사제도-대법원 1997.8.27. 97모21 결정을 중심으로-, 고시계, 1998년 4월호, 134-144면(143-144면).

관하여 같은 법 제214조의 2 제7항은 제2항과 제3항의 기각결정 및 석방결정에 대하여 항고하지 못하는 것으로 규정하고 있을 뿐이고 제4항에 의한 석방결정에 대하여 항고하지 못한다는 규정을 두고 있지 않다. 그런데 같은 법 제214조의 2 제3항의 석방결정은 체포 또는 구속이 불법이거나 이를 계속할 사유가 없는 등 부적법한 경우에 피의자의 석방을 명하는 것임에 비하여, 같은 법 제214조의 2 제4항의 석방결정은 구속의 적법을 전제로 하면서 그 단서에서 정한 제한사유가 없는 경우에 한하여 출석을 담보할 만한 보증금의 납입을 조건으로 하여 피의자의 석방을 명하는 것이어서 같은 법 제214조의 2 제3항의 석방결정과 제4항의 석방결정은 원래 그 실질적인 취지와 내용을 달리 하는 것이고, 이에 따라 같은 법 제214조의 3은 같은 법 제214조의 2 제3항의 규정에 의한 결정에 의하여 석방된 피의자와 제4항의 규정에 의하여 석방된 피의자의 각 재체포 및 재구속의 제한에 관하여도 달리 취급하고 있으므로, 그 각 석방결정에 대한 항고의 허용 여부에 관하여 달리 취급하는 것이 체포 또는 구속적부심사제도에 관한 법의 취지에 어긋난다고 단정할 수 없다."[29]

그러나 대법원의 판결은 문제가 있다. 형사소송법 제214조의 2 제7항에서 "제2항과 제3항의 결정에 대하여는 항고하지 못한다"고 규정하고 있는데, 이는 기각결정이나 석방결정 어느 것에 대하여도 항고를 못한다는 취지이다. 체포적부심에서의 보증금 납입을 조건으로 한 석방결정은 형소법 제214조의 2 제4항에 의한 것이지만 같은 법조 제4항의 법문상으로 보더라도 이는 어디까지나 같은 법조 제3항이 규정한 석방결정의 한 유형에 불과하다.

따라서 형사소송법 제214조의 2 제7항, 형사소송법 제402조 단서에 의하여 체포적부심에서의 보증금 납입을 조건으로 한 석방결정에 대하여 검사는 항고를 할 수 없다고 해석하는 것이 타당하다고 생각한다. 만약 항고할 수 있다고 해석한다면, 구속적부심에서의 기소 전 보석에 대하여도 항고할 수 있다는 것이 되어 형사소송법 제214조의 2 제3항 적부심 결정에서 항고를 금지한 법의 취지에도 어긋난다고 생각한다.[30]

(나) 형사소송법 제97조 제3항의 보석허가 결정에 대한 항고허용과 기소 전 보석허가 결정에 대한 항고 허용의 준용에 대한 문제점

대법원은 형사소송법 제97조 제3항은 보석허가 결정에 대한 항고를 허용하고

29) 대판 1997.8.27. 97모21.

30) 창원지방법원 1997.2.13. 선고 97로1 결정.

있기 때문에 기소 전 보석에 대하여도 항고를 허용할 수 있다고 말한다. 대법원에 따르면 "기소 후 보석결정에 대하여 항고가 인정되는 점에 비추어 그 보석결정과 성질 및 내용이 유사한 기소 전 보증금납입조건부 석방결정에 대하여도 항고할 수 있도록 하는 것이 균형에 맞는 측면도 있다 할 것이다. 그렇다면 같은 법 제214조의 2 제4항의 석방결정에 대하여는 피의자나 검사가 그 취소의 실익이 있는 한 같은 법 제402조에 의하여 항고할 수 있다고 보아야 할 것이다. 그럼에도 불구하고 형사소송법 제214조의 2 제7항, 같은 법 제402조 단서에 의하여 같은 법 제214조의 2 제4항의 규정에 의한 보증금납입조건부 석방결정이 항고의 대상이 되지 아니한다고 판단한 원심결정에는 위 법조항 등의 법리를 오해한 위법이 있다고 할 것이다. 이 점을 지적하는 논지도 이유가 있다"[31]고 말한다.

그러나 보석허가결정에 대한 검사의 즉시항고권은 1995년 12월 29일 제8차 개정에서 폐지되었으며, 이것은 학계의 지배적인 입법론이 반영된 것이다.[32] 개정 전 형사소송법은 검사의 즉시항고를 허용하여 검사의 즉시항고가 있으면 보석의 집행이 정지되도록 하였으나, 헌법재판소는 영장주의, 적법절차의 원칙 및 과잉금지의 원칙에 반한다는 이유로 이를 위헌이라고 결정하였다.[33] 대법원은 헌법재판소 결정을 반영하여 "기소 후 보석결정에 대하여 보통항고가 인정되는 점에 비추어 그 보석결정과 성질 및 내용이 유사한 기소 전 보증금납입조건부 석방결정에 대하여도 형사소송법 제403조 제2항에 따라 보통항고를 할 수 있도록 하는 것이 균형에 맞는 측면도 있다"고 강조하고 있다.[34]

그러나 기소 후의 보석과 기소 전의 보석제도는 다르다. 피고인의 관점에서

---

31) 대판 1997.8.27. 97모21.

32) 이에 관해서는 배종대 · 이상돈, 형사소송법, 제3판, 홍문사, 1999, 264-265면; 배종대 · 이상돈, 형사소송법, 제7판, 홍문사, 2006, 290면; 백형구, 형사소송법강의, 박영사, 1997, 275면; 백형구, 개정 형사소송법의 내용과 특색, 고시계, 1996년 2월호, 63면; 신동운, 형사소송법, 제2판, 법문사, 1997, 500면; 신동운, 형사소송법, 제3판, 법문사, 2006, 197면; 이재상, 형사소송법, 제5판, 박영사, 1999, 264면; 이재상, 형사소송법, 제6판, 박영사, 2006, 266면.

33) 헌재 1993.12.23. 93헌가2: "보석허가결정에 대하여 검사의 즉시항고를 허용하여 그 즉시항고에 대한 항고심의 재판이 확정될 때까지 그 집행이 정지되도록 한 형사소송법 제97조 제3항의 규정은 당해 피고인에 대한 보석허가결정이 부당하다는 검사의 불복을 그 피고인에 대한 구속집행을 계속할 필요가 없다는 법원의 판단보다 우선시킨 것이어서 구속의 여부와 구속을 계속시키는 여부에 대한 판단을 사법권의 독립이 보장된 법관의 결정에만 맡기려는 영장주의에 위반되고, 그 내용에 있어 합리성과 정당성이 없으면서 피고인의 신체의 자유를 제한하는 것이므로 적법절차의 원칙에 반하며, 기본권제한 입법의 기본원칙인 방법의 적정성, 피해의 최소성, 법익의 균형성을 갖추지 못하여 과잉금지의 원칙에도 위반된다."

34) 대판 1997.8.27. 97모21; 신양균, 형사소송법, 제2판, 법문사, 2004, 191면; 이재상, 형사소송법, 제6판, 박영사, 2006, 266면.

본다면, 기소 후 보석제도는 마지막 구제절차이다. 그렇기 때문에 기소 후 보석절차에서는 당연히 피고인이 보석결정에 불복할 경우 즉시항고는 허용되어야 한다. 시민의 적부심사청구권을 최대한 보장한다는 취지 때문이다.

그러나 피의자의 관점에서 본다면, 기소 전 보석결정이 설령 기각되더라도 영장실질심사와 구속적부심사 등 여러 가지의 구제절차가 남아있다. 따라서 기소 전 보석절차에서는 검사와 피고인 모두에게 항고를 금지하는 것이 타당하다고 생각한다.[35] 그 결정이 기각결정이나 석방결정의 여부를 불문한다.[36] 왜냐하면 쌍방항고(雙方抗告)를 금지하는 것이 피의자에게 절대적으로 불리하다고 볼 수도 없고, 오히려 피의자에게 유리하다고 볼 수 있기 때문이다. 이 사안이 그런 경우이다.

나아가 신속한 절차의 구현이라는 측면에서 본다면, 항고에 소요되는 기간, 항고로 인한 수사지연과 절차로 인한 번잡 등 항고로 인한 폐해도 고려를 해야 할 것이다.

(3) 결 론

결국 이러한 논란도 입법취지를 충분히 반영하지 못한 법문상의 흠결로 파생된 것이다. 따라서 형사소송법 제214조의 2 제7항의 법문(法文)은 "제2항, 제3항, 제4항의 결정에 대하여는 항고하지 못한다"로 개정되어야 한다.

[개정안] 형사소송법 제214조의 2 (체포와 구속의 적부심사)

⑦ 제2항, 제3항, 제4항의 결정에 대하여는 항고하지 못한다.

⑧ 검사 · 변호인 · 청구인은 제3항의 심문기일에 출석하여 의견을 진술할 수 있다.

---

35) 같은 입장 신동운, 형사소송법, 제3판, 법문사, 2006, 197면: "생각건대 보증금납입조건부 석방결정에 대해서는 항고가 허용되지 않는다고 새겨야 할 것이다. 현행 형사소송법상 피의자에게는 보석청구권이 부여되어 있지 않다(197면). 그러나 피고인보석의 경우와 마찬가지로 피의자에게도 보석청구권을 인정해야 한다. 이 보석청구권은 체포된 피의자 및 구속된 피의자에게 모두 인정해야 한다(199면). 입법론적으로는 체포 · 구속적부심에 관한 법원의 결정 전반에 항고를 허용하여 인신구속의 법리를 대법원 판례로 집적시킬 수 있도록 해야 할 것이다. 다만, 석방결정의 효력을 정지시키는 즉시항고는 허용될 수 없을 것이다"(197-198면).

36) 이에 대하여 백형구, 형사소송법강의, 박영사, 1997, 275면. 그러나 다른 입장으로 배종대 · 이상돈, 형사소송법, 제3판, 홍문사, 1999, 259면: 체포 · 구속적부심청구에 대한 법원의 기각결정에 대한 항고불허는 하급법원의 독선적인 체포 · 구속적부심사를 막을 수 없고, 수사단계에서 신체구속에 대하여 시민의 적부심사청구권을 최대한 보장한다는 관점에서 폐지되어야 한다고 주장한다. 배종대 · 이상돈, 형사소송법, 제7판, 홍문사, 2006, 290면.

⑨ 체포 또는 구속된 피의자에게 변호인이 없는 때에는 제33조의 규정을 준용한다.

⑩ 제3항의 심문을 함에 있어 법원은 공범의 분리심문 기타 수사상의 비밀보호를 위한 적절한 조치를 취하여야 한다.

⑪ 체포영장 또는 구속영장을 발부한 법관은 제3항의 심문·조사·결정에 관여하지 못한다. 다만, 체포영장 또는 구속영장을 발부한 법관 외에는 심문·조사·결정을 할 판사가 없는 경우에는 그러하지 아니하다.

Ⅲ. 결 론

체포·구속적부심사제도는 수사 단계의 신체구속에 대하여 중요한 통제장치로 기능하고 있다. 그 이유는 수사절차에서 행해진 피의자의 신체구속을 수사기관 이외의 제삼자인 법원으로 하여금 심사하게 하여 체포 또는 구속된 피의자의 석방을 명하는 제도라는 점에 있다. 특히 수사절차에 있어서 보석제도를 도입한 개정 형사소송법의 구조 아래에서 체포 또는 구속된 피의자를 위한 석방장치로서 체포·구속적부심사제도가 가지는 의미는 더욱 커지게 되었다. 그럼에도 불구하고 실제운용에 있어서 체포·구속적부심사제도에는 여러 가지로 개선이 필요하다. 이것이 대법원 판례가 남긴 과제들이다. 체포·구속적부심사제도와 기소전 보증금납입조건부 석방제도의 적극적 활용과 정착을 위하여 다음의 점들이 시급히 개선되어야 한다.[37]

1. 체포·구속적부심사의 청구권자의 명시적 확대

체포제도는 불법하게 자행된 신체구속의 견제장치이고, 체포·구속적부심사는 불법 또는 부당하게 체포·구속된 피의자를 조속히 석방시키기 위한 제도이다. 이 제도는 오늘날 중요한 형사정책적 의미를 내포하고 있다. 따라서 체포·구속적부심사의 청구권자를 규정함에 있어서 "체포영장 또는 구속영장에 의하여 체포·구속된 피의자와 법관의 영장 없이 불법하게 구속된 자, 긴급체포, 현행범 체포의 형태로 구속된 자를 구체적 명시하여야 할 것이다.[38] 이것을 입법기술상

37) 신동운, 형사소송법, 제2판, 법문사, 1997, 223면; 신동운, 형사소송법, 제3판, 법문사, 2006, 198면 이하.

나열하기가 어렵다면, 체포영장 또는 구속영장이라는 문구를 삭제하는 것이 바람직하다.

[개정안] 형사소송법 제214조의 2 (체포와 구속의 적부심사)

① 체포 또는 구속된 피의자 그리고 그 변호인, 법정대리인, 배우자, 직계친족, 형제자매, 호주, 가족이나 동거인 또는 고용주는 관할법원에 체포 또는 구속의 적부심사를 청구할 수 있다.

② 청구가 다음 각호의 1에 해당하는 때에는 법원은 제3항의 심문없이 결정으로 청구를 기각할 수 있다.

1. 청구권자 아닌 자가 청구하거나 동일한 체포영장 또는 구속영장의 발부에 대하여 재청구한 때
2. 공범 또는 공동피의자의 순차청구가 수사방해의 목적임이 명백한 때

③ 제1항의 청구를 받은 법원은 지체없이 체포 또는 구속된 피의자를 심문하고 수사관계서류와 증거물을 조사하여 그 청구가 이유 없다고 인정한 때에는 결정으로 이를 기각하고, 이유 있다고 인정한 때에는 결정으로 체포 또는 구속된 피의자의 석방을 명하여야 한다.

2. 체포된 피의자를 보증금납입조건부 석방결정에서 기소 전 보석청구의 대상으로 명시

동일한 사정은 체포된 피의자를 기소 전 보석청구의 대상으로 명시해야 하는 문제에도 그대로 해당된다. 형사소송법 제214조의 2 제4항은 구속된 피의자만을 언급하고 있으나, 형사소송법 제199조 제1항 단서의 강제수사비례의 원칙에 비추어 보면, 체포된 피의자에 대해서도 보증금납입조건부 석방결정이 허용되어야 한다.[39] 체포라는 문구를 추가하는 것이 바람직하다고 생각한다.

[개정안] 형사소송법 제214조의 2 (체포와 구속의 적부심사)

④ 법원은 체포 또는 구속된 피의자에 대하여 피의자의 출석을 보증할만한 보증

---

38) 같은 입장 신동운, 형사소송법, 제2판, 법문사, 1997, 224면; 신동운, 형사소송법, 제3판, 법문사, 2006, 199면; 신양균, 형사소송법, 제2판, 법문사, 2004, 191면; 차용석, 형사소송법, 세영사 1997, 322면 (영장에 의하여 체포·구속된 자에게만 적부심사를 가능하게 한 법문은 개선되어야 한다).

39) 같은 입장 신동운, 형사소송법, 제2판, 법문사, 1997, 220면, 222-223면; 신동운, 형사소송법, 제3판, 법문사, 2006, 199면.

금의 납입을 조건으로 하여 결정으로 제3항의 석방을 명할 수 있다. 다만, 다음 각 호에 해당하는 경우에는 그러하지 아니하다.

1. 죄증을 인멸할 염려가 있다고 믿을만한 충분한 이유가 있는 때
2. 피해자, 당해 사건의 재판에 필요한 사실을 알고 있다고 인정되는 자 또는 그 친족의 생명·신체나 재산에 해를 가하거나 가할 염려가 있다고 믿을만한 충분한 이유가 있는 때

⑤ 제4항의 석방결정을 하는 경우에 주거의 제한, 법원 또는 검사가 지정하는 일시·장소에 출석할 의무 기타 적당한 조건을 부가할 수 있다.

⑥ 제98조 및 제100조의 규정은 제4항의 규정에 의하여 보증금의 납입을 조건으로 하는 석방을 하는 경우에 이를 준용한다.

3. 보증금 납입을 조건으로 한 피의자 석방결정에 대하여 항고의 제한

기소 후의 보석과 기소 전의 보석제도는 구분되어야 한다. 기소 후 보석제도는 마지막 구제절차이기 때문에 당연히 보석결정에 대한 즉시항고는 허용되어야 한다. 그러나 기소 전 보석결정은 설령 기각되더라도 영장실질심사와 구속적부심사 등 여러 가지의 구제절차가 남아있다. 따라서 기소 전 보석절차에서는 검사와 피고인 모두에게 항고를 금지하는 것이 합리적이다. 또한 항고에 소요되는 기간, 항고로 인한 수사지연과 절차로 인한 번잡 등 항고로 인한 폐해를 고려할 때 쌍방항고(雙方抗告)를 금지하는 것이 타당하다. 그 결정이 기각결정이나 석방결정이냐를 불문한다.[40] 형사소송법 제214조의 2 제7항은 제2항, 제3항의 입법취지를 충분히 반영하여 개정되어야 한다. 제4항이라는 문구를 추가하는 것이 바람직하다.

[개정안] 형사소송법 제214조의 2 (체포와 구속의 적부심사)

⑦ 제2항, 제3항, 제4항의 결정에 대하여는 항고하지 못한다.

⑧ 검사·변호인·청구인은 제3항의 심문기일에 출석하여 의견을 진술할 수 있다.

⑨ 체포 또는 구속된 피의자에게 변호인이 없는 때에는 제33조의 규정을 준용한다.

⑩ 제3항의 심문을 함에 있어 법원은 공범의 분리심문 기타 수사상의 비밀보호를 위한 적절한 조치를 취하여야 한다.

---

40) 같은 입장 백형구, 형사소송법강의, 박영사, 1997, 275면.

⑪ 체포영장 또는 구속영장을 발부한 법관은 제3항의 심문·조사·결정에 관여하지 못한다. 다만, 체포영장 또는 구속영장을 발부한 법관외에는 심문·조사·결정을 할 판사가 없는 경우에는 그러하지 아니하다.

4. 체포·구속적부심사의 청구에 있어서 체포기간 및 구속기간 산입

체포·구속적부심사의 청구에 있어서 형사소송법 제214조의 2 제12항의 체포기간 및 구속기간 불산입의 규정은 삭제되어야 한다. 헌법 제27조 제4항에 규정된 무죄추정의 원리와 헌법 제12조 제6항의 체포·구속적부심사청구권에 비추어 볼 때 체포기간 및 구속기간 불산입의 규정은 위헌의 소지가 있다. 체포·구속적부심사청구의 남용은 형사소송법 제214조의 2 제2항의 간이기각결정규정에 의하여 충분히 방지할 수 있다고 생각한다.[41)]

[개정안] 형사소송법 제214조의 2 (체포와 구속의 적부심사)

⑫ 법원이 수사관계서류와 증거물을 접수한 때부터 결정 후 검찰청에 반환된 때까지의 기간은 제200조의 2 제5항의 적용에 있어서는 그 제한기간에, 제202조, 제203조 및 제205조의 적용에 있어서는 그 구속기간에 이를 산입한다.

41) 같은 입장 배종대·이상돈, 형사소송법, 제3판, 홍문사, 1999, 258-259면; 배종대·이상돈, 형사소송법, 제7판, 홍문사, 2006, 283면; 신동운, 형사소송법, 제2판, 법문사, 1997, 224면; 신동운, 형사소송법, 제3판, 법문사, 2006, 199면; 신양균, 형사소송법, 제2판, 법문사, 2004, 195면; 이재상, 형사소송법, 제5판, 박영사, 1999, 256면; 이재상, 형사소송법, 제6판, 박영사, 2006, 258면.

제3장 공소시효제도의 문제점과 개정방향*

[대상판례 1] 서울대 법대 최종길 교수 고문살해 및 은폐·조작사건

서울대 법대 최종길 교수는 1973년 10월 16일 유럽 거점 대규모 간첩단 사건과 관련하여 중앙정보부에 참고인 자격으로 출두한 후 3일 뒤인 1973년 10월 19일 사망하였다. 1973년 10월 25일 정보부는 언론을 통해 "최 교수가 간첩혐의를 자백한 뒤 7층 창문에서 투신자살했다"는 내용을 발표했다.

그러나 2001년 12월 대통령직속 의문사진상규명위원회[1]는 최 교수의 사인이 고문치사 또는 고문살해였을 가능성이 높으며, 중앙정보부가 최 교수의 조사 및 죽음과 관련하여 작성한 문서 5건 모두가 허위로 작성되었음이 드러났다고 발표하였다.

한편 의문사진상규명위원회는 당시 최 교수가 간첩임을 자백하고 스스로 목숨을 끊었다는 중정의 발표는 허위이며, 중정의 현장검증조서의 경우 현장검증에 참여했다고 기록된 인사들 중 실제로 현장검증에 참여한 사람은 아무도 없었으며, 사망진단서와 사체검안서 역시 허위라고 밝혔다.

그럼에도 최 교수 사건에 관련된 수사책임자와 고위간부의 경우 불법에 대한 공소시효가 이미 완성되어 처벌이 불가능한 상태이다.

---

* 비교형사법연구 제4권 제1호, 2002, 519-554면.

1) 한국일보, [인간탐구] 의문사 1호 故 최종길 교수 부인 백경자, 2001년 12월 19일자: 1988년 천주교정의구현사제단에 의한 재조사 요구로 검찰조사가 진행됐지만, "자살증거도, 타살증거도 찾지 못했다"는 애매한 수사결과 발표와 함께 다시 수면 밑으로 가라앉아 버렸다. 그 후 본격적으로 공론화 된 것이 2000년 11월 23일 의문사진상규명위원회에 이수성 전 국무총리와 한완상 전 교육인적자원부 장관 등 총 386명의 명의로 진정이 접수되면서부터 미흡하나마 조금씩 진척이 보이기 시작했다. 위원회는 그간 유족측에서 확보해 둔 자료들을 토대로 약 600명에 이르는 탐문조사 및 소환조사 끝에 타살가능성을 시인 받는 최근의 성과에까지 이르게 됐다.

[대상사례 2] 수지 김씨 살인사건 및 은폐·조작사건

수지 김씨는 1987년 1월 3일 자신의 남편 윤○○씨에 의해 살해되었으나, 1987년 1월 9일 안기부는 이 사건을 '여간첩 수지 김 한국인 납치미수사건'으로 발표했다. 이후 윤씨는 안기부의 비호 아래 '반공투사'로 변신하였고, 성공한 벤처 사업가로 행사해 왔다.

그러나 피해자 유족들의 고소로 검찰에서 재수사가 착수되었다. 검찰은 공소시효를 3개월 남긴 2001년 10월 13일 남편 윤씨를 수지 김씨 살인사건의 범인으로 전격 구속기소하였다. 또한 검찰은 수지 김씨 피살 사건을 경찰이 내사하다 중단한 것과 관련하여, 경찰에 중단을 요청한 김○○씨 전 국정원 대공수사국장과 부하 경찰관에게 내사 중단을 지시한 이○○씨 경찰청장을 직권남용과 범인도피 등 혐의로 구속기소하였다.

그럼에도 장세동 전 안기부장 등 1987년 사건 발생 당시 사건 은폐를 주도했던 안기부 간부들에 대해서는 직무유기, 직권남용, 범인도피, 범인은닉의 죄에 대한 공소시효가 완성되었다고 보고 수사를 종결하였다.[2)]

이에 대해 민주노동당과 민주사회를 위한 변호사모임 등 5개 인권단체는 2002년 1월 30일 수지 김씨 피살사건의 은폐 및 조작사건과 관련, 사건의 은폐를 주도한 장세동 전 안기부장을 공소시효와 무관하게 처벌해 달라며 장씨를 서울지검에 고발했다.[3)]

---

2) 조선일보, 수지김 사건 조작 장세동씨가 지시, 2001년 12월 19일자: 서울지검 외사부는 2001년 12월 19일 "1987년 1월 홍콩에서 발생한 '수지 김 피살 사건'은 당시 장세동 안기부장의 지시로 납북미수사건으로 조작됐으며, 윤씨의 살인혐의도 은폐됐다"고 밝혔다. 검찰은 1987년 1월 당시 장 안기부장은 싱가포르 주재 안기부 직원들로부터 "윤씨가 자진입북하려 한 것 같다"는 보고를 받고서도 "납북당할 뻔 했다"는 내용의 기자회견을 하도록 지시했다고 밝혔다. 안기부는 장 전 부장의 지시로 윤씨의 살인혐의도 은폐했으며, 이후 윤씨가 진실을 함구하도록 지속적으로 감시하고 출국금지까지 시켰다고 검찰은 밝혔다.

3) 한국일보, 민노당, 민변등 5개단체 장세동씨 고발, 2002년 1월 30일자: 인권단체들은 이날 서울지검 기자실에서 회견을 갖고 "살인을 은폐한 반인도적범죄는 국제법상 공소시효를 적용하지 않는 게 관례"라며 "직권남용죄에 대한 공소시효는 형소법상 완성된 상태이나 국가기관의 반인도적 범죄에 대한 단죄는 공소시효가 없다"고 주장했다.

판례평석

Ⅰ. 서 론

고(故) 최종길 교수의 타살의혹과 수지 김씨 피살사건 및 그 후 이 사건을 둘러싼 국가권력기관의 조직적 은폐조작의 진상이 점차 모습을 드러내고 있다. 최종길 교수 사건은 국가권력기관의 구성원(국가권력기관의 조직이나 단체를 이루고 있는 사람들)에 의한 살인행위를 국가권력기관이 조직적으로 은폐·조작한 범죄행위이고, 수지 김씨 사건은 사인(私人)에 의한 살인행위를 국가권력기관이 계획적으로 은폐·조작한 범죄행위를 말한다.

언론, 학계, 시민단체는 관련 국가공무원들에게 공소시효의 혜택을 부여해서는 안 된다고 강하게 주장하고 있다. 법조인들도 진실규명과 피해자의 인권을 위해 공소시효제도의 법적 한계에 손댈 필요가 있다고 지적하고 있다. 국회 민주당 소속 함승희 의원은 2001년 12월 22일, 서울대 최종길 교수 의문사 사건, 수지김 사건 등과 같은 반사회적·반인륜적 범죄에 대해서는 기존의 공소시효 적용을 배제하여, 사건의 은폐·조작 사실을 알게 된 날로부터 공소시효를 적용, 처벌케 하는 가칭 '반사회적·반인륜적범죄에대한공소시효배제특별조치법'의 제정을 추진하겠다는 입장을 밝힌 바 있다. 이처럼 공소시효가 완성된 주요 사건의 책임자 처벌을 가능하게 하려는 각계의 움직임이 관심사로 떠오르고 있다.

그러나 입법의 추진방향은 정치권과 학계에서 일치하지 않고 있다. 정치권의 논의과정을 보면, 민주당 함승희 의원은 살인죄등반인륜범죄의공소시효등에관한특별법[4]을, 한나라당 이주영 의원은 형사소송법 개정[5]을 추진하고 있다. 주요 골

---

4) 함승희, 공권력에 의한 반인도적 범죄의 처벌방안과 재발방지대책(참여연대 세미나), 2002년 2월 5일, 토론문, 20면-22면: 가칭 「살인죄등반인륜범죄의공소시효등에관한특례법」(안) 제1조(목적) 이 법은 국가권력기관에 의하여 조작·은폐된 살인죄 등 반인륜범죄 및 그 조작·은폐행위 관련 범죄에 대한 공소시효의 정지 등에 관한 사항을 규정함으로써 국가 기강을 바로잡고 사회정의를 실현함을 목적으로 한다. 제2조(용어의 정의) ① 이 법에서 '반인륜범죄'라 함은 형법 제2편 제7장의 공무원의 직무에 관한 죄 중 제124조 내지 제125조의 죄, 제24장의 살인의 죄, 제25장의 상해와 폭행의 죄, 제29장의 체포와 감금의 죄, 특정범죄가중처벌등에관한법률 제4조의 2 및 군형법 제62조의 죄를 말한다. ② 이 법에서 '조작·은폐행위 관련범죄'라 함은 전항의 반인륜범죄를 범한 후 그 사건의 실체 또는 증거관계를 조

자는 공소시효배제조항의 도입과 공소시효정지조항의 신설이다.

학계에서는 김일수 교수[6], 조국 교수[7]와 하태훈 교수[8]는 특별법을, 백형구 교수[9]는 형사소송법(이하 형소법) 개정을 주장하고 있다. 특별법의 제정을 찬성하는 학자들은 "국가형벌권을 벗어난 중대한 국가범죄가 의도적으로 증거조작, 은폐되는 사건에 대해 공소시효 적용을 배제시키는 특별법 제정이 국민의 법감정과 사회정의에 부합한다"고 주장한다. 여기에 인권단체 및 13개 시민단체들은 여론의 확산과 운동의 효율성 때문에 특별법의 제정을 청원하고 있다.[10]

작·은폐하는데 관련한 제7장의 공무원의 직무에 관한 죄 중 제122조 내지 제123조의 죄, 형법제151조, 155조의 각 죄, 특정범죄가중처벌등에관한법률 제15조의 죄를 말한다. 제3조(공소시효의 정지) 국가권력기관에 의하여 조작·은폐된 살인죄 등 반인륜범죄에 대하여는 그 조작·은폐한 사실이 드러난 때까지 각 범죄에 대한 공소시효의 진행이 정지된 것으로 본다. 제4조(재정신청에 관한 특례) ① 제3조의 규정에 의하여 공소시효가 정지된 죄에 대하여 고소 또는 고발을 한 자가 검사 또는 검찰관으로부터 공소를 제기하지 아니 한다는 통지를 받은 때에는 그 검사 소속의 고등검찰청이나 그 검찰관 소속의 고등검찰부에 대응하는 고등법원 또는 고등군사법원에 그 당부에 관한 재정을 신청할 수 있다. 이 법 시행전에 제2조의 죄에 대하여 공소를 제기하지 아니하는 결정이 된 사건의 경우에도 또한 같다. ② 제1항의 재정신청에 관하여는 형사소송법 또는 군사법원법의 해당규정을 적용한다. [부칙] 이 법은 공포한 날부터 시행한다.

5) 형사소송법중개정법률안(이주영 의원 대표발의) 형사소송법중 다음과 같이 개정한다.

제249조 제2항을 제3항으로 하고, 동조에 제2항을 다음과 신설한다.

② 다음 각호에 해당하는 범죄행위에 대해서는 전항의 규정에 불구하고 공소시효를 적용하지 아니한다.

1. 형법 제87조 내지 제103조의 내란 및 외환의 죄
2. 형법 제125조의 범죄행위로 사람을 살상한 행위
3. 전쟁범죄 및 테러행위로 민간인을 집단적으로 살상한 행위
4. 국가기관이 사실발견을 은폐하기 위하여 행한 증거인멸, 범인도피, 직권남용, 직무유기, 위증, 공무집행방해행위

제253조 제3항을 다음과 같이 한다.

③ 범인이 형사처분을 면할 목적으로 국외에 있는 경우의 그 체류기간과 국가기관의 고의에 의한 증거조작이나 사실발견의 은폐행위로 인하여 공소제기가 불가능하였던 범죄의 경우 그 증거조작, 사실발견 은폐행위가 있은 때부터 확정판결에 의하여 밝혀진 때까지 그 범죄에 대한 공소시효는 정지된다.

부칙 이 법은 공포한 날부터 시행한다.

6) 김일수, [시론] '국가범죄' 공소시효 없애라, 동아일보, 2002년 1월 9일자.

7) 조국, '반인권적 국가범죄'와 공소시효의 정지·배제, 공권력에 의한 반인도적 범죄의 처벌방안과 재발방지대책(참여연대 세미나), 2002년 2월 5일, 2-19면; 조국, '반인권적 국가범죄'의 공소시효 정지·배제와 소급효금지의 원칙, 형사법연구 제17호, 2002, 1-18면(17면).

8) 하태훈, [공소시효배제 특별법제정] 실질적 정의와 법적 안정성의 충돌 해결, 변협신문, 2001년 1월 28일자, 3면.

9) 백형구, [공소시효배제 특별법제정] 예외규정 신설할 합리적 이유 없어, 변협신문, 2001년 1월 28일자, 3면: "형사소송법에 대한 특별법의 제정은 이를 자제해 주었으면 하는 것이 형사소송법학자로서의 간절한 소망이다. 형사소송법의 규정을 개정할 필요가 있으면 형사소송법의 규정을 개정하는 방법을 취하는 것이 바람직하다. 특별형법을 너무 많이 만들었기 때문에 형법의 규정이 적용되는 경우가 극히 적어졌다는 사실을 지적하지 않을 수 없다".

10) 13개 시민사회단체의 입법청원 법안, 반인도범죄등의시효등에관한특별법(인), 사법감시 통권 제16호, 참여연대, 2002년 4월 13일자, 45면; 13개 사회단체(국제앰네스티한국지부 4그룹, 민간인학살 진상규명범국민위원회, 민주노동당, 민주사회를위한변호사모임, 민주화운동정신계승국민연대, 민중연대

이에 대해 반대하는 학자들은 "특별법 제정은 국가형벌권의 남용, 법적 안정성 침해 등과 같은 헌법에 위배되는 문제점을 갖게 된다"며 맞서고 있다.[11)]

여기서는 소위 「반인륜적 범죄행위에 대한 공소시효」 논쟁을 조금 체계적으로 정리하고자 한다. 먼저 공소시효제도의 의의와 본질을 살펴보고, 공소시효배제조항의 도입과 공소시효정지조항의 개정의 당위성을 찾고자 한다(Ⅱ). 이어서 특별법의 제정보다는 현행 형소법의 개정이 타당하다는 점을 논증하고, 구체적으로 형소법 제249조 공소시효기간의 개정과 공소시효배제조항의 도입을 검토하고자 한다(Ⅲ). 다음으로 형소법 제253조 공소시효정지사유의 개정을 자세히 검토하고자 한다(Ⅳ). 결론에서 '반인륜적 범죄행위에 대한 공소시효'에 대한 사견을 밝히고자 한다(Ⅴ).

(준), 새사회연대, 인권실천시민연대, 인권운동사랑방, 전국민족민주유가족협의회, 참여연대 사법감시센터, 천주교인권위원회, 추모단체연대회의)로 구성된 「반인도적 국가범죄 공소시효 배제 운동 사회단체 협의체」는 2002년 5월 21일자(화) 국회에 '반인도범죄 등의 시효 등에 관한 특례법'을 입법청원하였다. 반인도범죄등의시효등에관한특례법(안) 제1조(목적) 이 법은 국제법상의 반인도범죄, 국가기관에 의하여 범해진 살인죄 등 반인권범죄 및 그 조작·은폐행위 관련 범죄에 대하여 공소시효를 배제 또는 정지함으로써 사회정의와 법적 평화를 회복하는 것을 목적으로 한다. 제2조(공소시효의 배제) ① 1968년 유엔총회에서 채택된 '전쟁범죄와 반인도범죄에 대한 시효부적용에 관한 협약'(Convention on the Non-Applicability of Statutory Limitations to War Crimes and Crimes Against Humanity)에서 정의된 반인도범죄는 공소시효의 적용을 배제한다. ② 국가기관이 직무수행중 정당한 사유 없이 형법 제24장의 살인의 죄를 범한 경우, 형법 제125조(폭행·가혹행위)의 죄, 군형법 제62조(가혹행위)의 죄를 범하거나 이를 통해 사람을 살상한 경우는 공소시효의 적용을 배제한다. 제3조(공소시효의 정지) 국가기관이 제2조에 규정된 범죄의 실체를 조작·은폐하기 위하여 형법 제122조(직무유기), 제123조(직권남용), 제124조(불법체포·감금), 형법 제151조(범인은닉), 제152조(위증과 모해위증), 제155조(증거인멸), '특정범죄가중처벌등에관한법률' 제15조(특수직무유기)의 죄 등을 범한 경우 그 증거조작·사실발견 은폐행위가 있은 때부터 그 조작·은폐한 사실이 드러난 때까지 각 범죄에 대한 공소시효는 정지된다. 제4조(손해배상청구권의 소멸시효) ① 제2조에 의한 범죄로 인하여 생명, 신체, 재산상의 손해 또는 정신적 손해를 입은 피해자의 민법 또는 국가배상법에 의한 손해배상청구권에 관하여는 소멸시효의 적용을 배제한다. ② 제3조에 의한 범죄로 인하여 생명, 신체, 재산상의 손해 또는 정신적 손해를 입은 피해자의 민법 또는 국가배상법에 의한 손해배상청구권에 관하여는 그 증거조작·사실발견 은폐행위가 있은 때부터 그 조작·은폐한 사실이 드러난 때까지 소멸시효는 진행되지 아니한다. [부칙] 이 법은 공포한 날부터 시행한다.

11) 백형구, [공소시효배제 특별법제정] 예외규정 신설할 합리적 이유 없어, 변협신문, 2001년 1월 28일자, 3면: 반인륜적·반인권적·반인도적 범죄에 대해서는 사건의 은폐·조작사실을 알게 된 날로부터 공소시효의 기간을 기산하는 내용의 특별법을 제정하여야 한다는 주장에 대해서는 반대한다. 다만 공소제기가 법률상 또는 사실상 불가능한 경우에 한해서 공소제기가 가능한 때부터 공소시효기간을 기산하며 공소제기가 불가능한 기간은 공소시효의 진행이 정지된다는 내용의 특칙(예외규정)을 형사소송법에 신설하는 것이 입법론으로 타당하다; 백형구, 형사소송법강의, 8정판, 박영사, 2000, 491면, 493면: 대통령이 저지른 범죄는 공소제기가 법률상 불가능한 범죄에 해당하고, 검찰총장이 저지른 범죄는 공소제기가 사실상 불가능한 범죄에 해당한다.

Ⅱ. 공소시효제도의 의의와 본질

공소시효제도의 의의와 본질을 파악하기 위해서는 먼저 공소시효제도의 정당성과 법적 한계를 검토해야 한다. 전자는 공소시효배제조항의 도입과 공소시효정지조항의 신설을 위한 중요한 전제가 되고, 후자는 소급효금지의 문제를 해결하는 단서가 되기 때문이다.

1. 공소시효제도의 정당성과 법적 한계

공소시효제도는 검사가 일정한 기간 동안 공소를 제기하지 않고 방치하는 경우에 국가의 소추권을 소멸시키는 제도를 말한다. 공소시효는 범죄 후 수사가 개시되지 아니한 경우뿐만 아니라 범죄 후 범인이 도피한 경우에도 완성된다. 이와 같이 공소시효제도는 범죄 후 도피한 범인에 대해서도 불처벌의 혜택을 주는 법치국가의 시혜제도라는 점에 특색이 있다.[12] 공소시효는 국가의 소추권을 소멸시키는 제도이고, 공소시효가 완성된 때에는 면소판결을 선고한다고 형사소송법에 규정되어 있다. 한국뿐만 아니라, 일본, 독일, 프랑스 등 세계 각국은 공소시효제도를 채택하고 있다.

(1) 공소시효제도의 존재근거

공소시효제도의 존재근거는 ① 불법은 존재하지만 증거가 멸실되어 실체적 진실발견이 심히 어렵다는 점, ② 진실발견이 심히 어려운 상태에서 범인을 형사소추의 대상으로 한다면, 개인의 기본권이 침해될 우려가 있다는 점, ③ 사회적인 관심의 약화로 형벌의 목적이 감소되었다는 점, ④ 장기간의 도피로 범인에게도

12) 배종대·이상돈, 형사소송법, 제4판, 2001, 355면; 배종대·이상돈, 형사소송법, 제7판, 2006, 368면; 백형구, 형사소송법강의, 제8판, 박영사, 2001, 487면; 백형구, 알기쉬운 형사소송법, 제2판, 박영사, 2004, 116면; 신동운, 형사소송법 I, 제2판, 법문사, 1997, 353면; 신동운, 형사소송법, 제3판, 법문사, 2006, 310면; 신양균, 형사소송법, 제1판, 법문사, 2000, 287면; 신양균, 형사소송법, 제2판, 법문사, 2004, 313면; 신현주, 형사소송법, 신정2판, 박영사, 2002, 422면; 이재상, 형사소송법, 제6판, 박영사, 2006, 362면; 임동규, 형사소송법, 제2판, 법문사, 2000, 280면; 임동규, 형사소송법, 제3판, 법문사, 2004, 301면; 정영석·이형국, 형사소송법, 전정판, 1996, 239면; 진계호, 형사소송법, 형설출판사, 2000, 406면; 차용석, 형사소송법, 세영사, 1997, 416면.

처벌의 효과가 발생했다고 볼 수 있다는 점, ⑤ 시간이 경과함에 따라 범인을 처벌할 필요성이 사라졌다는 점, ⑥ 사실상의 변화를 법률적으로 존중하고, 피고인과 피고인의 사회생활의 안정을 도모한다는 점으로 요약된다.[13] 이러한 이유로 공소시효가 완성되면, 검찰에서 공소권 없음, 법원에서 실체적인 심판 없이 면소판결(형소법 제326조 제3호)을 선고하여 사건을 종결하게 된다.

(2) 공소시효제도의 법적 한계

그러나 [사례 1]과 [사례 2]의 경우 공소시효제도가 '범죄자 처벌의 장애물인가 아니면 범죄자의 인권보장을 위한 보루인가' 라는 정당성의 문제가 남는다. 이들 사건의 경우 통상적인 범죄와 다르기 때문이다.

첫째, 통상적인 범죄는 범죄발생여부가 수사기관에게 알려지지 않았거나, 수사에도 불구하고 범인이 잡히지 않거나, 진실규명이 어려운 상태가 지속되면서 공소시효가 진행된다. 그러나 이들 사건의 경우 처음부터 불법과 그 범인이 누구인지 알면서도 수사가 진행되지 않았고, 신실규명의 의지조차도 없는 상태에서 공소시효가 그냥 지나가 버렸다는 점이다.[14] 둘째, 통상적인 범죄는 범죄자가 공소시효의 완성으로 인한 처벌불가능을 미리 예상할 수 있기 때문에 공소시효기간에 통상적인 범죄자는 여러 측면에서 고통을 받는다고 볼 수 있다. 그러나 권력적 불법을 저지른 범법자는 형사소추가 애초부터 불가능함을 알고 있기 때문에 이를 피하기 위한 고통도 당하지 않는다는 점에서 차이가 있다.[15]

공소시효제도의 존재근거와 관련하여 두 사건을 분석해 보면 다음의 결론이 나온다: ① 국가권력기관의 구성원에 의한 불법이 명확하고, 증거도 있다. ② 진실발견이 아주 어려운 상태에서 국가권력기관의 구성원을 형사소추의 대상으로 삼는 것도 아니다. ③ 사회적인 관심이 고조되어 형벌의 목적이 구현되어야 할 필요성이 있다. ④ 장기간의 도피로 국가권력기관의 구성원에게 처벌의 효과가 있다고 볼 수 없다. ⑤ 시간이 경과하여 국가권력기관의 구성원에 대한 처벌의 필요성이 사라졌다고 볼 수도 없다. ⑥ 국가권력기관의 구성원의 생활안정도 중

---

13) 헌재 1996.1.20. 94헌마246; 신동운, 형사소송법 I, 제2판, 법문사, 1997, 354면; 신동운, 형사소송법, 제3판, 법문사, 2006, 310면.

14) 하태훈, [공소시효배제 특별법제정] 실질적 정의와 법적 안정성의 충돌 해결, 변협신문, 2001년 1월 28일자, 3면.

15) 하태훈, 위의 글, 3면.

요하지만, 피해가족이 받았던 엄청난 고통과 명예회복을 위해서도 실체적 진실은 규명되어야 한다.[16]

그렇다면 국가권력기관의 구성원에 의한 고문살인, 증거조작 그리고 조직적인 은폐행위에 대해서는 공소시효제도의 특혜를 인정해서는 안 된다. 국가는 이들에게 공소시효제도의 혜택을 부여할 어떠한 권한도 가지고 있지 않다. 그럼에도 불구하고 이들에게 불법의 대가를 치르게 하지 않는다면, 이는 실질적 정의에 현저히 반하게 된다. 파괴된 법과 질서는 영원히 다시 회복할 수가 없기 때문이다. 국가권력에 의한 범죄들은 통상적인 범죄와는 달리 그 불법이 밝혀진 때 오히려 충격과 격분이 교차하면서 법적 평화가 깨지게 된다는 점을 우리는 지나온 역사에서 찾을 수 있다.[17]

따라서 법치국가의 시혜제도인 공소시효제도는 이제 그 법적 한계 때문에 수정이 불가피하다. 실질적 정의와 법적 안정성의 충돌을 근본적으로 해결하기 위해서 우리나라도 독일 형법 제78조~제78조 c처럼 공소시효의 배제조항과 정지조항을 도입할 필요가 있다. 국가권력기관의 구성원에 의한 의도적인 고문살인행위에 대해서는 공소시효의 적용을 배제시켜야 한다. 또한 국가권력기관의 구성원에 의한 증거인멸·조작과 사실발견의 은폐행위에 대해서는 공소시효의 진행을 정지시키고, 사건의 조작·은폐사실을 알게 된 날로부터 공소시효를 다시 진행시켜야 한다. 이러한 법규정을 신설하는 것이 사회정의에 부합한다고 생각한다.

2. 공소시효의 본질과 소급효금지의 원칙

공소시효의 본질(법적 성질)에 관하여는 실체법설, 소송법설, 병합설 등이 대립하고 있다. 이러한 견해의 차이는 소급효금지의 원칙의 적용여부, 공소시효정지사유의 유추적용 허용여부, 사실상의 시효정지사유의 인정여부, 공소시효완성의 효력여부 등에 관하여 서로 다른 결론을 낳는다.[18] [사례 1]과 [사례 2]를 입

16) 한국일보, [인간탐구] 의문사 1호 故 최종길 교수 부인 백경자, 2001년 12월 19일자: "그토록 무지막지한 공권력에 희생된 한 가족이 거의 반평생에 걸쳐 진실을 알리려 애쓰는 동안, 그 이웃인 우리는 어디에 있었던가. … 유족들은 터무니없는 누명에다 무고한 살인이라는 확신에 치를 떨었다".

17) 김일수, [시론] '국가범죄' 공소시효 없애라, 동아일보, 2002년 1월 9일자; 하태훈, [공소시효배제특별법제정] 실질적 정의와 법적 안정성의 충돌 해결, 변협신문, 2001년 1월 28일자, 3면.

18) 자세히는 신동운, 형사소송법 I, 제2판, 법문사, 1997, 354면-356면; 신동운, 형사소송법, 제3판, 법문사, 2006, 310-313면; 신현주, 형사소송법, 신정2판, 박영사, 2002, 423면.

법을 통해 해결하기 위해서는 먼저 공소시효의 본질을 명확히 규명하는 것이 선결문제가 될 것이다.

(1) 실체법설

공소시효를 실체법상 형벌권을 소멸시키는 제도로 보는 견해이다. 미확정인 형벌권의 소멸이라는 실체법상의 사유가 소송법에 반영되어 소극적 소송조건으로 된다는 견해이다.

이 학설에 따르면 시간의 경과에 따라 사회의 응보감정 또는 범인의 악성이 소멸되기 때문에 공소시효가 완성되면 국가의 소추권뿐만 아니라 형벌권 자체가 소멸된다. 공소시효는 실체적 소송조건이며, 공소시효의 완성은 실체판결을 저지하는 효력을 가진다. 또한 공소시효정지규정의 유추적용을 허용하지 않고, 법률상 인정된 사유가 아닌 사실상의 소추장애사유에 의한 공소시효정지를 허용하지 않는다.[19]

공소시효완성의 효력의 경우, 예를 들면 [사례 1]과 [사례 2]의 경우처럼 이미 공소시효가 완성되었다면, 특별법 제정 또는 형소법 개정으로 공소시효배제조항과 공소시효정지규정을 신설한 후, 범법자를 처벌하는 것은 불가능하다. 소급효금지의 원칙에 반하기 때문이다. 실체법설은 현재 우리나라의 소수설이고, 공소시효제도를 형법에 규정하고 있는 독일 형법학계에서도 현재 지지자를 찾아볼 수 없다.

(2) 소송법설

공소시효를 공소권의 소멸사유로 보는 견해이다. 이 학설에 따르면 공소시효는 형벌권과는 관계없이 시간의 경과에 따라 증거의 멸실·산일로 인하여 국가의 소추권만을 소멸시키는 소송법적 성격을 가진다. 또한 공소시효의 정지규정은 소송법상의 규범이므로 유추적용도 가능하다. 그래서 법률상의 사유는 물론 국가권력기관이 형사소추권을 행사할 수 없었던 사실상의 장애사유가 존재하는 경우에도 공소시효의 정지를 인정할 수 있다. 공소시효의 완성을 소극적 소송조건의

19) 헌재 1993.9.27. 92헌마284: "공소시효제도의 실질은 국가형벌권의 소멸이라는 점에서 형의 시효와 마찬가지로 실체법적인 성격을 갖는다"(헌법재판소의 종전 판례의 입장이다); 김기두, 형사소송법, 전정신판, 박영사, 1987, 232면; 서일교, 형사소송법, 제8개정판, 박영사, 1979, 294면; 송광섭, 형사소송법, 법문사, 1994, 411면; 정영석·이형국, 형사소송법, 전정판, 법문사, 1996, 239면.

일종으로 파악하여 소송법에 있어서는 소급효금지의 원칙을 인정할 필요가 없다.[20]

소송법설에 따르면 [사례 1]과 [사례 2] 경우처럼 이미 공소시효가 완성된 경우뿐만 아니라, 공소시효가 아직 완성되지 않은 범죄의 경우에도 새로운 입법을 통해 공소시효기간을 사후에 소급하여 연장하거나 공소시효의 배제조항과 정지규정을 신설하는 것은 아무런 법적 문제가 없다. 특별법의 제정논의는 원칙적으로 소송법설을 근거로 할 때 타당성을 가진다.[21]

또한 [사례 1]과 [사례 2] 경우에 국가권력기관에서의 재직기간을 형사소추가 불가능하였던 기간으로 해석하여 사실상의 장애사유에 해당한다는 주장이 있을 수 있다. 그러나 이러한 주장은 독일 형법의 경우라면 전혀 문제가 없지만, 현행법으로는 불가능하다. 한국 형소법은 독일 형법 제78조의 b(공소시효의 정지)와는 달리 "형사소추가 불가능한 경우에는 다음 각 호에 해당하는 날이 경과함으로써 공소시효의 진행이 정지된다"는 규정이 없기 때문이다.

(3) 병합설

공소시효는 실체법적 성격과 소송법적 성격을 함께 가진다고 이해한다. 이 학

20) 헌재 1996.2.16. 96헌가2, 96헌바13(병합): 헌법재판소는 공소시효 완성 후 새로운 공소시효정지사유를 규정하여 결과적으로 시효기간을 연장하는 법률의 위헌 여부 문제에 관련하여 소송법설로 입장을 바꾸었다. "헌법에 규정한 형사불소급의 원칙은 구성요건과 형벌 … 이 두 가지 요소로 구성되는 가벌성을 내용으로 하는 것이다. 다시 말하면 가벌성에는 영향을 미치지 않는 공소시효에 관한 규정은 원칙적으로 그 효력범위에 포함되지 않는다"고 판시하여 사실상 소송법설을 취하고 있다. 이 사건에 있어서 위헌의견이나 합헌의견이나 그 설시내용을 보면 양자 모두 소송법설의 입장에 서 있음이 분명하고 따라서 현재의 헌법재판소의 입장은 소송법설이라고 보아야 할 것이다. 참고로 이 사건은 5(위헌): 4(합헌)의 결정으로 위헌결정 정족수인 6명의 찬성을 얻지 못하여 헌법소원심판청구가 기각되었다.

소송법설을 지지하는 학자는 백형구, 형사소송법강의, 제8판, 박영사, 2001, 488면; 신현주, 형사소송법, 신정2판, 박영사, 2002, 423면 이하; 이재상, 형사소송법, 제6판, 박영사, 2006, 363-364면; 진계호, 형사소송법, 형설출판사, 2000, 407면.

신소송법설을 취하는 학자는 차용석, 형사소송법, 세영사, 1997, 416면: "공소시효도 법의 적정절차의 이념에 비추어 행위시의 시효기간보다 불리한 기간 연장은 허용되지 않는다. 법의 적정절차의 보장과 무관한 소송현상은 소급입법의 적용을 받지만 시효문제는 헌법상의 법의 적정절차와 관련된 사항이므로 불이익한 소급은 금지된다고 하겠다"; 차용석 · 최용성, 형사소송법, 제2판, 세영사, 2004, 313면.

21) 국제법적인 관점에서 처벌을 주장하고 있는 논문으로는 조시현, 국제법으로 본 공소시효문제, 민주법학 21, 민주주의법학연구회, 관악사, 2002, 197-232면: "공소시효의 특혜로 얻는 이익은 기본권과 인권차원에서 보호될 수 없고, 진실과 정의에 대한 국가사회적 이익 앞에 자리를 내 놓아야 한다(227면). 헌법이 국내법의 일부로 인정하고 있는 '일반적으로 승인된 국제법규'로서 국제관습법은 이러한 범죄에 대한 공소시효를 배제하고 있으므로 검찰과 법원은 조약이나 성문법규가 마련되지 않은 지금으로서도 이러한 국제관습법을 형사법의 특별법(lex specialis)으로서 적용하여 공소시효규정을 배제하거나 적어도 효율적인 법적 보호를 기대할 수 없었던 기간동안 시효의 진행이 정지됨을 인정하여야 한다. 그렇지 않을 경우 한국 정부는 과거인권침해에 대한 국제법 의무를 위반하게 된다"(229면); 조국, 인권하루소식, 2002년 2월 6일자.

설에 따르면 공소시효는 범죄에 대한 사회적 처벌욕구 감소와 범죄인의 처벌필요성 완화 등 실체형벌권에 관한 측면과 증거멸실·산일 등을 이유로 한 형사소추의 애로점 등의 소송법적 측면을 함께 고려하여 만든 제도라고 말한다. 공소시효는 범죄의 가벌성과 긴밀한 연관을 갖고 있으며, 공소시효의 완성으로 범죄인이 형사책임에서 벗어나는 것은 범죄인에 대한 처벌의 필요성이 감소되기 때문이라고 한다.

이 학설에 따르면 공소시효의 완성은 소추권의 소멸을 의미할 뿐만 아니라, 범죄행위에 의해 파괴된 법질서의 회복을 의미한다. 따라서 공소시효가 완성된다는 것은 형벌필요성의 탈락을 의미한다. 이러한 근거로 공소시효는 절차법상 소송장애사유이고, 동시에 실체법상 인적 처벌조각사유라고 한다.[22]

[사례 1]과 [사례 2] 경우처럼 이미 공소시효가 완성된 경우 공소시효를 연장하는 입법개정을 하고, 신법을 적용하는 것은 국가형벌권의 남용에 해당한다. 왜냐하면 형사피의자의 법적 안정성을 위하여 소급효금지의 원칙에 반하기 때문이다.[23] 그러나 현재 진행 중인 공소시효기간을 사후에 소급하여 연장하는 것은 국가형벌권의 남용에 해당하지 않는다. 아직 완성되지 않은 공소시효는 단지 소송조건에 불과하기 때문이다.[24] 병합설에 따르면 [사례 1]과 [사례 2]는 이미 공소시효가 완성되었기 때문에 범죄자에 대해 더 이상 소추가 불가능하다.

(4) 사 견

소송법설을 지지하고 있는 백형구 교수와 신현주 변호사의 견해에 따르면 "공소시효의 본질은 입법적 선택의 문제이다. 현행법은 공소시효제도를 소송법

22) 김성돈, 공소시효제도와 소급금지원칙, 법학논고 제11집, 西村韓宗烈敎授 停年退任, 仁山郭東憲敎授 華甲紀念特輯, 경북대학교 법학연구소, 1995, 175-208면(185면); 신동운, 형사소송법 I, 제2판, 법문사, 1997, 356면; 신동운, 형사소송법, 제3판, 법문사, 2006, 312면; 신양균, 형사소송법, 법문사, 2000, 289면; 신양균, 형사소송법, 제2판, 법문사, 2004, 314면; 임동규, 형사소송법, 법문사, 2000, 282면; 임동규, 형사소송법, 제3판, 법문사, 2004, 301-302면.

23) 대판 1987.12.22. 87도84: 법정형을 상향조정하고 공소시효기간을 연장한 사건에 대해 대법원은 "범죄 후 법률의 개정에 의하여 법정형이 가벼워진 경우에는 형법 제1조에 의하여 당해 범죄사실에 적용될 가벼운 법정형(신법의 법정형)이 공소시효기간의 기준으로 된다. 그러나 위 개정된 조세범처벌법 제17조에 의하면 공소시효기간이 3년으로 연장되었으나 공소제기 후에 법률의 개정으로 공소시효기간이 변경되었다 하더라도 공소시효기간은 공소제기 당시의 법률에 따라야 한다"는 기준을 제시하였다; 신동운, 형사소송법 I, 제2판, 법문사, 1997, 357면 주2; 신동운, 형사소송법, 제3판, 법문사, 2006, 313면.

24) 자세히는 신동운, 형사소송법 I, 제2판, 법문사, 1997, 357면, 361면; 신동운, 형사소송법, 제3판, 법문사, 2006, 313면; 신양균, 형사소송법, 법문사, 2000, 290면; 신양균, 형사소송법, 제2판, 법문사, 2004, 315면; 임동규, 형사소송법, 법문사, 2000, 282면; 임동규, 형사소송법, 제3판, 법문사, 2004, 301면.

상 제도로 규정하고 있다. 때문에 공소시효의 본질에 관한 학설의 대립은 처음부터 존재의 여지가 없다. 현행 형소법은 공소시효가 완성된 경우 무죄판결이 아니라 면소판결을 하도록 규정하고 있다. 그 이유는 공소시효의 완성이 소송조건이긴 하지만, 실체관계적 사유를 내용으로 하는 소송조건이기 때문이다[25)]"라고 말한다. 또한 이재상 교수도 "공소시효의 본질을 면소판결의 본질과 관련시켜 면소판결의 성질을 실체관계적 형식판결이라고 이해하면 공소시효의 본질도 실체법설에 의하여 설명해야 한다. 그러나 면소판결의 본질을 이해하기 위한 전제로 사용하는 것은 논리적으로 모순이며, 면소판결의 일사부재리효를 설명하기 위하여 공소시효의 본질을 실체법설 또는 병합설에 의하여 파악해야 할 필요가 없다. 따라서 소송법설이 타당하다[26)]"고 주장한다.

그러나 현행 형소법 제249조는 공소시효의 기간을 구성요건으로 명시되어 있는 법정형을 기준으로 등급화하고 있다. 이것은 공소시효에 실체법적 요소가 내포되어 있음을 의미한다. 또한 현행 형소법 제326조 제3호는 공소시효가 완성된 경우 무죄판결이 아니라 면소판결을 하도록 규정하고 있다. 이것은 공소시효에 소송법적 요소도 내포되어 있음을 의미한다. 이처럼 현행 형소법은 실체법적 요소와 소송법적 요소를 모두 가지고 있다고 볼 수 있다. 다수의 학자들이 주장하는 소송법설은 시효기간이 왜 법정형에 따라 달리 규정되었는지를 설명하지 못한다. 따라서 병합설에 따라 그 본질을 파악하는 것이 합리적이라고 생각한다.

병합설에 따르면 아직 공소시효가 완성되지 않은 반인권적 국가범죄의 경우 공소시효를 사후에 소급하여 연장하는 것은 금지되지 않는다.[27)] 왜냐하면 현행 헌법은 소급효금지의 원칙을 명시하고 있지만, 이것은 어디까지나 가벌성과 직접적 관련이 있으며, 아직 공소시효가 완성되지 않은 경우에는 여전히 가벌성이 남아 있기 때문이다. 또한 이 경우를 법철학적 관점에서 보더라도 "사물의 본질에 반하는 부적합한 형벌에 범죄인을 무방비로 노출시키는 것이 아니기 때문이다."[28)] 따

25) 백형구, 형사소송법강의, 제8판, 박영사, 2001, 488면; 신현주, 형사소송법, 신정2판, 박영사, 2002, 423면 이하.

26) 신현주, 형사소송법, 신정2판, 박영사, 2002, 423면 이하; 이재상, 형사소송법, 제6판, 박영사, 2006, 364면; 진계호, 형사소송법, 형설출판사, 2000, 407면.

27) 신동운, 형사소송법 I, 제2판, 법문사, 1997, 361면; 신동운, 형사소송법, 제3판, 법문사, 2006, 313면; 신양균, 형사소송법, 법문사, 2000, 290면; 신양균, 형사소송법, 제2판, 법문사, 2004, 315면; 임동규, 형사소송법, 법문사, 2000, 282면; 임동규, 형사소송법, 제3판, 법문사, 2004, 301면.

28) 김성돈, 공소시효제도와 소급금지원칙, 법학논고 제11집, 西村韓宗烈教授 停年退任, 仁山郭東憲教授 華甲紀念特輯, 경북대학교 법학연구소, 1995, 175-208면(191면, 193면).

라서 공소시효가 현재 진행 중인 범죄에 대해서 공소시효의 기간을 배제 혹은 연장하여 범죄인을 소추하는 것은 가능하다고 생각한다.

만약 [사례 1]과 [사례 2]의 사건들이 아직 공소시효가 완성되지 않고 진행 중에 밝혀졌다면, 병합설에 따라 그 기간을 연장하는 특별법 제정 또는 형소법 개정은 법적으로 전혀 문제가 없어 보인다.29) 소급효금지의 원칙에 반하지 않기 때문이다. 공소시효기간을 사후적으로 연장한 대표적인 입법례가 1995년의 '5 · 18 특별법'30)이다.

그러나 최근 쟁점이 되고 있는 [사례 1]과 [사례 2]의 사건들은 이미 공소시효가 완성된 사건들이다. 공소시효제도가 실체법적 측면과 소송법적 측면을 포함하고 있다는 병합설을 따른다면, 특별법의 제정은 특별한 의미를 가지지 못한다. 공소시효가 완성된 경우는 헌법상의 적법절차의 원칙과 소급효금지의 원칙의 적용을 받기 때문이다.31)

따라서 저자는 살인죄등반인륜범죄의공소시효등에관한특별법의 제정으로 또 다시 헌법논쟁32)을 불러일으키는 것보다는 현행 공소시효제도가 안고 있는 근본

---

29) 이에 대하여 백형구, 형사소송법강의, 제8판, 박영사, 2001, 490면: "형사소송법의 개정에 의하여 공소시효기간이 변경된 경우에는 형사소송법상의 부칙 등에서 특별히 규정하지 않는 한 형법 제1조를 유추적용하여 가장 짧은 시효기간에 따라야 하며 공소제기 후에 변경된 경우에는 공소제기시의 규정에 의하여 공소시효의 완성 여부를 판단하여야 한다".

30) 광주민주화운동관련자보상에관한법률(법률 제4266호, 1990.8.6 제정); 5 · 18민주화운동등에관한특별법(법률 제5029호, 1995.12.21 제정); 헌정질서파괴범죄의공소시효등에관한법률(법률 제5028호, 1995.12.21 제정); 이에 대해서는 박은정 · 한인섭 엮음, 5 · 18 법적 책임과 역사적 책임, 이화여자대학교 출판부, 1995, 295면, 307면; 신동운, 형사소송법 I, 제2판, 법문사, 1997, 364면; 비교법적으로는 1946년 5월 29일 독일 헤센 주가 제정한 '나치범죄처벌에 관한 특별법'(Gesetz zur Ahndung national- sozialistischer Straftaten), 1969년 공소시효가 완성되는 전범과 반인도범죄에 대한 공소시효를 연장하는 1965년 4월 13일의 '공소시효에 관한 특별법'(Gesetz über die Berechnung strafrechtlicher Verjährungsfrist), 이 법률은 독일 연방헌법재판소의 1969년 2월 26일 결정에서 합헌으로 인정되었다(BVerfGE 25, 269). 모살죄와 '반인도적 범죄'에 대한 공소시효를 다시 30년 연장하는 1969년 8월 4일의 제9차 형법개정, 모살죄의 공소시효를 완전히 없애는 1979년 7월 16일 제16차 형법개정 등이 이러한 주장을 뒷받침하는 예가 될 것이다.

31) 헌재 1996.2.16. 96헌가2, 96헌마7, 96헌바13(병합); 헌재 1995.12.15. 95헌마221, 233, 297(병합); 5 · 18민주화운동등에관한특별법의 합헌여부에 관한 헌법재판소의 입장(위헌의견의 요지).

32) 공소시효완성 이후의 공소시효연장과 헌법재판소의 결정에 관해서는 김영환, 공소시효와 형벌불소급의 원칙, 형사판례연구 제5권, 1998, 1면-27면; 신동운, 형사소송법 I, 제2판, 법문사, 1997, 364면 이하; 신동운, 형사소송법, 제3판, 법문사, 2006, 319면; 신현주, 형사소송법, 신정2판, 2002, 437면; 심희기 형사소송법의 쟁점, 삼영사, 2001, 225-226면; 공소시효제도 자체에 대한 비판의 목소리는 6공에 들어와서 나오기 시작했다. 문민정부가 들어서고 공소시효의 보호막 때문에 5공 때 저질러진 이른바 권력형 범죄에 대한 처벌이 불가능해졌기 때문이다. 1995년 제정된 '헌정질서파괴범죄의공소시효등에관한특례법'은 내란, 외환, 반란, 이적 등 '헌정질서파괴범죄' 및 '집단살해죄의방지와처벌에관한협약'에 규정된 집단살해에 해당하는 범죄에 대해서는 공소시효가 적용되지 않음을 명문화한 바 있다. 같은 시기에 제정된 '5 · 18민주화운동등에관한특별법'(이하 '5 · 18특별법') 제2조는 1979년 12월 12일과 1980년 5월 18일을 전후하여 발생한 헌정질서파괴범죄에 대하여 국가의 소추권행사에 장애사유가 존재한 기간은 공

적인 문제점을 재검토함으로써 특별법의 취지가 현행 형소법에 반영되는 것이 오히려 합리적인 해결방안이라고 생각한다. 현행 형소법의 공소시효 관련조항을 대폭 개정함으로써 의문사진상조사위원회의 활동을 뒷받침하고, 언젠가 다가올 통일 이후의 과거사청산[33] 등 장기적인 형사정책을 준비하는 것이 타당하다고 생각한다. 이는 현행 형소법 제249조에 규정된 공소시효기간을 연장하는 방안과 형소법 제249조에 공소시효의 배제조항을 도입하는 방안이 될 것이다. 나아가 형소법 제253조의 공소시효의 정지사유를 확대하는 개정방안이 될 것이다.

Ⅲ. 공소시효기간의 개정과 공소시효배제조항의 신설

현행 형소법 제249조는 두 관점에서 검토되어야 한다. 하나는 공소시효의 기간을 연장하는 개정이고, 다른 하나는 공소시효배제조항을 신설하는 개정이다.

1. 공소시효기간의 개정

형소법 제249조 제1항은 공소시효의 기간을 규정하고 있는데, 범죄의 경중에 의하여 장단의 차이가 있다. 현행법상 공소시효의 최장기간은 15년이며, 최단기간은 1년이다. 그 내용을 보면 ① 사형에 해당하는 범죄에는 15년, ② 무기징역 또는 무기금고에 해당하는 범죄에는 10년, ③ 장기 10년 이상의 징역 또는 금고에 해당하는 범죄에는 7년, ④ 장기 10년미만의 징역 또는 금고에 해당하는 범죄에는 5년, ⑤ 장기 5년미만의 징역 또는 금고, 장기 10년이상의 자격정지 또는 다

소시효의 진행이 정지된 것으로 본다고 규정하여 공소시효의 정지의 특례를 인정했었다. 이 특별법은 '헌정질서파괴범죄'에 대해서는 공소시효의 적용이 배제되었으나, 권위주의체제 아래에서 국가권력에 의해 자행된 인권유린범죄에 대한 공소시효배제문제는 후일로 미루어졌다. 주지하다시피 이 법률의 제정과 적용은 순탄치 만은 않았다. 초반에는 '12 · 12'에 대한 검찰의 기소유예 결정과 이를 지지하는 헌법재판소의 결정(헌재 1995.1.20. 94헌마246), '5 · 18'에 대한 검찰의 공소권 없음 결정과 이에 대한 헌법재판소의 결정(헌재 1995.12.15. 95헌마221, 95헌마233, 95헌마297) 등이 내려졌다가, 이에 대한 강력한 비판여론이 조성되자 '5 · 18특별법'은 전격적으로 제정되었고, 이에 대하여 서울형사지법 판사의 '5 · 18특별법' 제2조의 위헌법률심판제청이 있자 이를 결정하면서 헌법재판소 재판관들 내에서는 5대 4로 위헌의견이 우세하였으나 법률에 대한 위헌결정의 정족수가 모자라 합헌결정이 나게 되었다[헌재 1996. 2.16. 96헌가2, 96헌바7 · 13(병합)].

33) Jörg Arnold/Helmut Kreicker, Die Verjährung von DDR-Systemunrecht, NJ 2000, S. 225ff.; Dietlinde Albrecht, Deutsche Wiedervereinigung und strafrechtliche Verjährung－ein Überblick, 2001, 하태영 역, 독일통일과 공소시효－개관, 비교형사법연구 제3권 제2호, 법문사, 2001, 376-417면.

액 1만원이상의 벌금에 해당하는 범죄에는 3년, ⑥ 장기 5년이상의 자격정지에 해당하는 범죄에는 2년, ⑦ 장기 5년미만의 자격정지, 다액 1만원미만의 벌금, 구류, 과료 또는 몰수에 해당하는 범죄에는 1년 등이다.

(1) 공소시효기간의 문제점

문제는 형소법 제249조 공소시효의 기간이 너무 짧다는 점이다. 확정판결 후의 형벌권을 소멸시키는 형의 시효(형법 제77조 이하)[34]와도 균형을 이루지 못하고 있다. 예를 들면 형법 제250조 살인죄의 경우 20대 초반에 살인을 하고 15년 도피 후 30대 중반부터 정상인으로 생활하거나, 심지어 자기의 부친이나 모친을 살해한 후 도피하여 검거되지 아니한 채 15년이 경과한 범인에 대해서도 공소시효의 혜택이 주어진다면, 정의와 법질서 그리고 법평화의 관점에서 볼 때 매우 부당하다. 또한 국보급 문화재를 도굴하고 3~7년을 도피하면 형사소추가 불가능하다는 것도 법감정에 부합하지 않는다.[35] 그리고 형법 제347조 사기죄의 경우 공소시효기간이 7년이면 너무 짧다고 생각한다.[36] 이러한 현행 공소시효기간은 형사소송법적 측면에서 실체적 진실발견, 피해자학의 측면에서 피해자 보호, 형

34) 형법 제78조(시효의 기간) 시효는 형을 선고하는 재판이 확정된 후 그 집행을 받음이 없이 다음의 기간을 경과함으로 인하여 완성된다. 1. 사형은 30년, 2. 무기의 징역 또는 금고는 20년, 3. 10년 이상의 징역 또는 금고는 15년, 4. 3년 이상의 징역이나 금고 또는 10년 이상의 자격정지는 10년, 5. 3년 미만의 징역이나 금고 또는 5년 이상의 자격정지는 5년, 6. 5년 미만의 자격정지, 벌금, 몰수 또는 추징은 3년, 7. 구류 또는 과료는 1년.

35) 법보신문, 문화재 절도 공소시효 폐지, 2001년 6월 6일자: "한나라당 문화관광위 위원장 고흥길 의원은 "현행 문화재보호법에 의하면 지정된 문화재를 절취하거나 도굴한 지 3-7년의 공소시효 기간이 지나면 절도범이 문화재를 판매해도 범인을 처벌할 수 없을 뿐만 아니라, 지정된 문화재를 회수할 수도 없어 문화재 도굴범에게 오히려 면죄부를 준 셈이 됐다"며 "이를 보완하기 위해 공소시효를 은닉 사실이 발견 때부터 적용해 사실상 공소시효를 없앴다"고 밝혔다. 또 보유·보관행위도 그 행위 이전의 발굴·현상변경·양도·취득의 처벌행위와 별개로 처벌하며, 보관행위에 대한 공소시효도 발견한 때부터 적용해, 도난 문화재의 불법적 거래를 원천적으로 봉쇄했다고 덧붙였다"; 법보신문, "도난 문화재 공소시효 없애라" 박용대 변호사 주장, 2001년 8월 1일자: "문화재가 도난 당하는 것을 효과적으로 방지하기 위해서는 법률적인 재정비가 필요하다"고 밝혔다. "문화재 절도가 끊이지 않는 근본 원인이 매매시장 활성화를 위해 도입한 선의취득 규정 때문"이라고 밝힌 박 변호사는 "문화재에 대해 선의취득 예외 규정을 신설되면 공소시효와 관계없이 도난 문화재를 원소유자에 돌려줘야 해야 하기 때문에 도난 문화재의 밀거래 시장 형성을 막는데 큰 위력을 발휘할 것"이라고 덧붙였다.

36) 사기범죄를 완성한 날로부터 7년이 경과하면 공소시효가 완성된다; 소송사기미수죄에 있어서 범죄행위의 종료시기와 관련한 최근 판례로는 대판 2000.2.11. 99도4459: [판결요지] 공소시효는 범죄행위가 종료한 때로부터 진행하는 것으로서, 법원을 기망하여 유리한 판결을 얻어내고 이에 터잡아 상대방으로부터 재물이나 재산상 이익을 취득하려고 소송을 제기하였다가 법원으로부터 패소의 종국판결을 선고받고 그 판결이 확정되는 등 법원으로부터 유리한 판결을 받지 못하고 소송이 종료됨으로써 미수에 그친 경우에, 그러한 소송사기미수죄에 있어서 범죄행위의 종료시기는 위와 같이 소송이 종료된 때라고 할 것이다.

사 형	15년	내란목적살인죄, 외환유치, 여적, 폭발물사용, 현주건조물방화치상, 살인, 강도살인
무기징역(금고)	10년	특수공무방해, 현주건조물방화, 현주건조물일수, 기차전복, 통화위조, 존속상해치사, 존속폭행치사, 존속유기치사, 강도강간
장기 10년 이상 유기징역(금고)	7년	내란, 외환예비음모, 다중불해산, 수뢰후부정처사, 연소죄, 교통방해, 아편제조, 유가증권위조, 무고죄, 사기, 공문서위조, 영아살해, 상해치사, 폭행치사, 강간, 강도, 특수절도, 불법체포, 불법감금
장기 10년 미만 유기징역(금고)	5년	수뢰죄, 공무집행방해, 공무상표시무효, 위증, 사문서위조, 상해, 특수폭행, 유기치사, 특수협박, 존속협박, 허위사실명예훼손, 업무방해, 횡령, 배임, 절도, 미성년자등에 대한 간음, 직권남용, 폭행, 가혹행위, 뇌물공여
장기 5년 미만 징역(금고) 10년 이상 자격정지 1만원 이상 벌금	3년	범인은닉죄, 직무유기, 피의사실공표죄, 주거침입, 퇴거불응, 강제집행면탈, 출판물등에 의한 명예훼손, 배임수재, 협박, 유기, 학대, 낙태, 간통, 공연음란, 문서위조예비음모, 실화죄, 과실치사상, 공무원자격사칭, 중립명령위반 등
장기 5년 이상 자격정지 해당범죄	2년	형법상 해당범죄는 없음. 특별법상 범죄, 행정범죄 등에 적용됨.
장기 5년 미만 자격정지 1만원 미만 벌금, 구류, 과료, 몰수	1년	

사정책적 관점에서 범죄예방 그리고 형법적 측면에서 법질서방위에 효과적으로 대처하지 못하는 문제점을 안고 있다.

(2) 공소시효기간의 연장

독일 형법 제78조 제3항의 공소시효기간은 한국의 공소시효기간보다 두 배나 길다.[37] 구체적으로 ① 법정형이 무기 자유형인 범죄는 30년이고, ② 법정형이 10

37) Neufassung vom 13.11.1998, BGBl. I, 1998, S. 3322: StGB § 78 Verjährungsfrist (3) Soweit die Verfolgung verjährt, beträgt die Verjährungsfrist

1. dreißig Jahre bei Taten, die mit lebenslanger Freiheitsstrafe bedroht sind,

2. zwanzig Jahre bei Taten, die im Höchstmaß mit Freiheitsstrafen von mehr als zehn Jahren bedroht sind,

3. zehn Jahre bei Taten, die im Höchstmaß mit Freiheitsstrafen von mehr als fünf Jahren bis zu zehn Jahren bedroht sind,

년 이상의 자유형인 범죄는 20년이며, ③ 법정형이 5년 이상 10년 미만의 자유형인 범죄는 10년이며, ④ 법정형이 1년 이상 5년 미만의 자유형인 범죄는 5년, ⑤ 기타의 범죄는 3년이다. 이 규정은 1998년 11월 13일에 개정되었다. 독일은 1969년 8월 4일 제9차 형법 개정으로 살인죄의 공소시효를 20년에서 30년으로 연장하였다.

현행 형소법 제249조 제1항 공소시효기간은 1973년 1월 25일 제3차 개정 이후 현재까지 유지되고 있다. 공소시효기간은 전면적으로 재조정이 필요하다고 생각한다.[38]

2. 공소시효배제조항의 신설

반인륜적·반사회적 범죄행위를 분석해 보면 하나는 공소시효배제조항으로, 다른 하나는 공소시효정지조항으로 구분할 수 있다. 여기서는 공소시효배제조항의 신설을 중심으로 검토하고자 한다.[39]

(1) 헌정질서파괴범죄

형법상의 내란죄·외환죄와 군형법상의 반란죄·이적죄 등 소위 헌정질서파괴범죄에 대해서는 공소시효규정의 적용을 배제해야 한다. 이는 1995년 12월 21일 제정된 헌정질서파괴범죄의공소시효등에관한특례법 제3조를 현행 형소법 제

---

4. fünf Jahre bei Taten, die im Höchstmaß mit Freiheitsstrafen von mehr als einem Jahr bis zu fünf Jahren bedroht sind,

5. drei Jahre bei den übrigen Taten.

38) 이에 대한 반대의견으로 백형구, [공소시효배제 특별법제정] 예외규정 신설할 합리적 이유 없어, 변협신문, 2001년 1월 28일자, 3면: "범죄 후 범인이 도피한 경우에도 그 범인을 처벌할 필요가 현저한 경우에는 검사는 공소시효기간이 경과하기 전에 그 범인을 검거하지 못한 상태에서 그 범인을 공소제기할 수 있으며, 검사가 공소를 제기하면 공소시효의 진행이 정지되므로 공소시효의 완성을 저지할 수 있다. 다만 공소제기가 법률상 또는 사실상 불가능한 경우에 한해서 공소제기가 가능한 때부터 공소시효기간을 기산하며 공소제기가 불가능한 기간은 공소시효의 진행이 정지된다는 내용의 특칙(예외규정)을 형사소송법에 신설하는 것이 입법론으로 타당하다고 생각한다. 대통령이 저지른 범죄는 공소제기가 법률상 불가능한 범죄에 해당하고, 검찰총장이 저지른 범죄는 공소제기가 사실상 불가능한 범죄에 해당한다"(백형구, 형사소송법강의, 8정판, 박영사, 2000, 491면, 493면).

39) 이에 대한 비판으로 백형구, [공소시효배제 특별법제정] 예외규정 신설할 합리적 이유없어, 변협신문, 2001년 1월 28일자, 3면: "반사회적 범죄, 반인륜적 범죄, 반인도적 범죄, 반인권적 범죄라는 개념이 극히 추상적이고 애매하여 그러한 범죄에 대해서 공소시효기간의 기산점에 대한 예외를 인정하면 그러한 규정이 남용될 위험이 있으며, 이는 공소시효제도를 둔 입법취지에 정면으로 배치된다".

249조에 반영하자는 것이다.[40] 특별법에 규정된 내용은 가능한 한 형소법에서 체계적으로 정리될 필요가 있다. 독일의 경우 1995년 8월 21일에 개정된 형법 제218조 a, 제218조 b, 제219조 등 낙태 관련 조항들은 1992년 7월 27일에 연방협의체(Bundesrat)의 동의를 얻어 8월 4일에 공포된 「임산부 및 가족부조에 관한 법률」(Schwangeren- und Familienhilfegesetz, 약칭 SFHG)을 반영한 규정들이다.

(2) 국가권력기관의 구성원에 의한 고문 · 상해 · 상해치사 · 살인범죄

국가권력기관의 구성원(공무원이나 공적인 업무를 수행하는 자)에 의해 자행된 반인륜적 · 반인도적 범죄에 대해서는 공소시효의 적용을 배제해야 한다.[41] 1984년 12월 10일 유엔이 채택한 「고문 및 잔인하고 비인간적인 또는 인격손상적 처우에 반대하는 협약」(Convention Against Torture and Other Cruel, Inhuman or Degrading Treatment)[42] 제2조를 현행 형소법 제249조에 반영하자는 것이다.[43] 국

---

40) 헌정질서파괴범죄의공소시효등에관한특례법 1995.12.21 법률 제5028호 제1조 (목적) 이 법은 헌법의 존립을 해하거나 헌정질서의 파괴를 목적으로 하는 헌정질서파괴범죄에 대한 공소시효의 배제등에 관한 사항을 규정함으로써 헌법상 자유민주적 기본질서를 수호함을 목적으로 한다. 제2조 (용어의 정의) 이 법에서 '헌정질서파괴범죄'라 함은 형법 제2편 제1장 내란의 죄, 제2장 외환의 죄와 군형법 제2편 제1장 반란의 죄, 제2장 이적의 죄를 말한다. 제3조 (공소시효의 적용배제) 다음 각호의 범죄에 대하여는 형사소송법 제249조 내지 제253조 및 군사법원법 제291조 내지 제295조에 규정된 공소시효를 적용하지 아니한다. 1. 제2조의 헌정질서파괴범죄, 2. 형법 제250조의 죄로서 집단살해죄의방지와처벌에관한협약에 규정된 집단살해에 해당하는 범죄. 제4조 (재정신청에 관한 특례) ① 제2조의 죄에 대하여 고소 또는 고발을 한 자가 검사 또는 검찰관으로부터 공소를 제기하지 아니한다는 통지를 받은 때에는 그 검사소속의 고등검찰청이나 그 검찰관소속의 고등검찰부에 대응하는 고등법원 또는 고등군사법원에 그 당부에 관한 재정을 신청할 수 있다. ② 제1항의 재정신청에 관하여는 형사소송법 또는 군사법원법 의 해당 규정을 적용한다. 부칙 이 법은 공포한 날부터 시행한다.

41) 헌재 1995.7.21. 95헌마8, 16, 17(병합): 헌재는 공소시효의 적용범위와 기간을 정하는 것은 입법정책에 관한 사항으로서 입법형성의 자유에 속하는 문제라고 본다. "형사소송법 제249조는 각 범죄의 법정형의 경중에 따라 공소시효기간을 정하면서 이를 모든 범죄에 대하여 예외 없이 일률적으로 적용하고 있으므로 형법 제124조, 제125조의 불법체포, 불법감금, 폭행, 가혹행위 등 이른바 고문범죄에 대하여 공소시효를 배제하지 아니하고 다른 모든 범죄와 마찬가지로 공소시효의 적용대상이 되도록 한 것이 헌법에 위반하여 입법재량권을 자의적으로 행사한 경우에 해당한다고 볼 수 없다"(헌법소원심판청구 기각).

42) 이에 대한 자세한 설명은 Thomas Buergenthal, International Human Rights in a Nutshell, 1988, 양건 · 김재원 역, 국제인권법, 증보판, 교육과학사, 2001, 52-54면: 이 협약은 1987년 6월 28일부터 효력이 발생하여 현재 20여개국이 비준하고 있다. 우리나라는 비준하고 있지 않다.

43) 허영, 한국헌법론, 전정 3판[2007년판], 박영사, 2007, 169-175면: 조약이 국내법적 효력을 갖기 위해서는 ① 조약체결, ② 특히 중요한 사항에서는 국회의 동의, ③ 비준이라는 절차적 요건이 필요하다. 그러나 일반적으로 승인된 국제법규는 국내법과 같은 효력을 가진다(헌법 제6조 제1항). 국제법규의 국내법 수용에 있어서는 특별한 수용절차가 없다. 국내법으로 수용하기 위해서는 규범심사가 필요하다. 문제는 한국이 「전쟁범죄와 인도에 반하는 범죄에 대한 시효 부적용에 관한 유엔협약」에 가입을 하고 있지 않기 때문에 이를 "일반적으로 승인된 국제법규라고 볼 수 있는가" 하는 점이다. 한국은 조속히 이 협약에 가입해야 하고, 독일처럼 이를 형소법에 반영해야 할 것이다.

가권력기관의 구성원에 의한 고문 · 상해 · 상해치사 · 살인범죄는 불법정권이 지속되는 한 형사처벌은 사실상 불가능하고, 이를 비호하는 국가권력기관이 바로 범죄자이기 때문에 피해자나 유족이 진상을 밝히려 하더라도 진상규명은 항상 지체되며, 설령 진상이 밝혀지더라도 이미 공소시효가 완성되어 처벌할 수 없는 경우가 대부분이다.

우리도 독일처럼 정권범죄에 대한 강력한 법적 대응을 위해서 국가권력기관의 구성원에 의한 고문 · 상해 · 상해치사 · 살인범죄는 공소시효를 배제해야 한다고 생각한다. 특히 의문사진상위원회와 국가인권위원회가 장래 의문사사건을 타살사건으로 밝힌다면, 이 법 시행 이전에 아직 공소시효가 완성되지 않은 범죄에 대해서는 애초부터 공소시효가 배제되기 때문에 공소시효의 논쟁은 더 이상 불필요할 것으로 생각한다. 독일 형법은 제78조 제2항에 형법 제211조(모살)의 범죄에 대하여는 공소시효의 적용을 배제한다는 규정을 두고 있다. 독일 형법 제211조 제2항은 "모살자를 살해욕, 성욕의 만족, 탐욕, 기타 비열한 동기에 의하여, 간악하거나 잔인하게 또는 공공 위해(危害)의 수단에 의하여 다른 범죄를 실행하거나 이를 은폐할 목적으로 사람을 살해한 자"로 규정하고 있다.

(3) 전쟁과 테러에 의한 민간인 학살범죄

형법 제250조 살인죄로서 집단살해죄의 방지와 처벌에 관한 협약에 규정된 「집단살해범죄와 전쟁과 테러에 의한 민간인 학살범죄」에 대해서는 공소시효규정의 적용을 배제해야 한다. 1948년 1월 9일 유엔이 채택한 「집단살해죄의 방지와 처벌에 관한 협약」(The Convention on the Prevention and Punishment of the Crime of Genocide)[44] 제4조와 1968년 11월 26일 유엔이 채택한 「전쟁범죄와 반인도적 범죄에 관한 공소시효적용배제조약」(Convention on the Non-Applicability of Statutory Limitations to War Crimes and Crimes Against Humanity)[45]을 현행 형소법 제249조에 반영하자는 것이다. 이 규정은 인간의 존엄성을 유린하는 불법적

---

44) 이에 대한 자세한 설명은 Thomas Buergenthal, International Human Rights in a Nutshell, 1988, 양건 · 김재원 역, 국제인권법, 증보판, 교육과학사, 2001, 45-47면, 226-229면. 이 협약은 1951년 1월 12일 효력이 발생하여 현재 90여개국이 가입하고 있다. 한국도 이 협약에 가입해 1951년 1월 12일부터 발효되고 있다.

45) 이에 대해서는 신현주, 형사소송법, 신정2판, 2002, 427면: 이 조약은 현재 46개국이 비준하였으며 우리나라는 비준하고 있지 않다.

사례를 청산하고, 장래에도 방지하려는 취지에서 나온 것이다. 이러한 입법 선례는 1979년 9월 22일 개정된 독일 형법에서 찾을 수 있다. 독일 형법 제78조 제2항은 독일 형법 제220조의 a(인종학살)[46]의 범죄에 대해서는 공소시효의 적용을 배제한다고 규정하고 있다.

(4) 직계존속살해와 미성년자 유괴살인범죄

직계존속살해와 미성년자 유괴살인범죄에 대한 강력한 법적 대응을 위해서는 공소시효의 적용을 배제해야 한다.[47] 왜냐하면 사인(私人)에 의한 패륜적・반인륜적・반인도적 범죄이기 때문이다. 형법 제250조 제2항 존속살해죄와 특가법 제5조의 2 제2항 제2호 살해목적미성년자약취유인죄가 여기에 해당된다. 형법 제250조 제2항 존속살해죄에 대한 공소시효적용배제조항은 형법 제250조 제2항의 위헌성 논쟁[48]과는 전혀 별개의 문제이다. 형사소추권의 문제이기 때문이다. 독일 형법도 형법 제211조(모살)의 범죄에 대해서는 형법 제78조 제2항을 통해 공소시효의 적용을 배제하고 있다.

(5) 약취・유인 및 감금에 의한 노예범죄

약취・유인 및 감금에 의한 노동착취범죄(예를 들면 윤락가 감금여성에 대한 노동착취범죄, 선상(船上) 노동착취범죄)에 대해서도 강력한 법적 대응을 위해 공소시

---

46) 독일 형법 제220조의 a [민족모살] ① 국민적・종족적・종교적 그룹 또는 그 민족성에 의하여 특정된 그룹 자체를 전부 또는 부분적으로 파괴할 의도에서
1. 그 그룹의 구성원을 살해하거나
2. 그 그룹의 구성원에 대하여 중대한 신체적 또는 정신적 손상 특히 제226조에 규정된 종류의 손상을 가하거나
3. 전부 또는 부분적으로 신체의 파괴를 초래하는데 적합한 생활 조건하에 그 그룹을 두거나
4. 그 그룹 내에서 출생을 저지하는 조치를 과하거나
5. 그 그룹의 아동을 폭력에 의하여 다른 그룹으로 옮기는 자는 무기자유형에 처한다.

47) 이에 대해서는 백형구, [공소시효배제 특별법제정] 예외규정 신설할 합리적 이유 없어, 변협신문, 2001년 1월 28일자, 3면: 백 교수는 "살인죄・존속살해죄・강간죄・강간살인죄・강도살인죄・강도강간죄와 같은 반인륜적 범죄의 경우에도 공소시효 기간의 기산점은 범죄행위가 끝난 때"라고 주장한다. "반사회적・반인륜적・반인도적・반인권적 범죄에 한해서 공소시효기간의 기산점에 관한 예외규정을 둘 필요가 없다고 한다. 범인에게 불이익한 내용의 예외규정을 신설하기 위해서는 그러한 예외규정을 신설할 합리적인 이유가 있어야 하는데 그것이 발견되지 아니한다"고 한다. 그러나 저자는 합리적 이유가 있다고 생각한다. 왜냐하면 패륜적 범죄에 대해서는 공소시효의 특혜를 부여할 필요가 없기 때문이다.

48) 형법 제250조 제2항 위헌소원에 관하여: 헌재 2002.3.28. 2000헌바 53(전원일치): "이 사건 법률조항은 헌법 제11조 제1항 평등의 원칙에 반한다고 할 수 없고, 달리 헌법상 기본권(헌법 제17조 사생활의 자유, 헌법 제36조 제1항 인간의 존엄과 양성의 평등)을 침해하거나 기본원칙에 반한다고 볼 수 없어 헌법에 위배되지 아니하므로, 재판관 전원의 일치된 의견으로 합헌으로 결정한다".

효의 적용이 배제되어야 한다. 사인(私人)에 의한 반인륜적·반인도적 범죄이기 때문이다. 형법 제288조 제1항 영리목적등약취유인죄, 제2항 부녀매매죄(특가법 제5조의 2 제4항)와 형법 제274조 아동혹사죄가 여기에 해당한다. 독일 형법도 형법 제220조의 a(인종학살)의 범죄 중 노동착취범죄(신체파괴 생활조건)에 대해서는 형법 제78조 제2항을 통해 공소시효의 적용을 배제하고 있다.

3. 형사소송법 제249조(공소시효기간)의 신구 대비표

현 행	개 정 안
제249조 (공소시효의 기간)	제249조 (공소시효의 기간) ① 다음의 범죄에 대하여는 공소시효의 적용을 배제한다. 1. 헌정질서파괴범죄 2. 국가권력기관의 구성원에 의한 고문·상해·상해치사·살인범죄 3. 전쟁과 테러에 의한 민간인 학살범죄 4. 직계존속살해와 미성년자유괴살인범죄 5. 약취·유인 및 감금에 의한 노예범죄
① 공소시효는 다음 기간의 경과로 완성한다. 1 사형에 해당하는 범죄에는 15년 2. 무기징역 또는 무기금고에 해당하는 범죄에는 10년 3. 장기 10년이상의 징역 또는 금고에 해당하는 범죄에는 7년 4. 장기 10년미만의 징역 또는 금고에 해당하는 범죄에는 5년 5. 장기 5년미만의 징역 또는 금고, 장기 10년이상의 자격정지 또는 다액 1만원 이상의 벌금에 해당하는 범죄에는 3년 6. 장기 5년이상의 자격정지에 해당하는 범죄에는 2년 7. 장기 5년미만의 자격정지, 다액 1만원미만의 벌금, 구류, 과료 또는 몰수에 해당하는 범죄에는 1년 ② 공소가 제기된 범죄는 판결의 확정이 없이 공소를 제기한 때로부터 15년을 경과하면 공소시효가 완성한 것으로 간주한다.	② 다음 기간의 경과로 공소시효는 완성된다. 1. 사형에 해당하는 범죄에는 30년 2. 무기징역 또는 무기금고에 해당하는 범죄에는 30년 3. 장기 10년이상의 징역 또는 금고에 해당하는 범죄에는 20년 4. 장기 10년미만의 징역 또는 금고에 해당하는 범죄에는 10년 5. 장기 5년미만의 징역 또는 금고, 장기 10년이상의 자격정지 또는 다액 1만원 이상의 벌금에 해당하는 범죄에는 7년 6. 장기 5년이상의 자격정지에 해당하는 범죄에는 5년 7. 장기 5년미만의 자격정지, 다액 1만원미만의 벌금, 구류, 과료 또는 몰수에 해당하는 범죄에는 3년 ③ 공소가 제기된 범죄는 판결의 확정이 없이 공소를 제기한 때로부터 15년을 경과하면 공소시효가 완성한 것으로 간주한다.

Ⅳ. 공소시효의 정지조항의 개정

반인륜적·반사회적 범죄행위를 분석해 보면 하나는 공소시효배제조항으로, 다른 하나는 공소시효정지조항으로 구분할 수 있다. 여기서는 공소시효정지조항의 개정을 중심으로 검토하고자 한다.

1. 공소시효정지사유의 문제점

구 형소법은 공소시효의 중단을 인정하였으나, 현행 형소법은 공소시효의 정지만을 인정하고 있다. 이는 피고인의 이익을 고려한 것이다.[49] 현행 형소법은 공소시효의 정지사유를 제한하고 있다. 기소중지는 검사의 처분이기 때문에 공소시효정지의 효력이 없다. 공소시효의 정지는 그 사유가 존재하는 동안 시효가 진행하지 않지만, 그 효력이 없어지면 나머지 기간이 진행된다. 현행법에 규정된 공소시효의 정지사유는 다음과 같다. ① 형소법 제253조 제1항 공소의 제기, ② 형소법 제262의 2 재정신청, ③ 소년법 제54조 소년보호사건의 심리개시, ④ 형소법 제253조 제3항 범인이 형사처분을 면할 목적으로 해외에 있는 경우 등이 있다.[50] 그리고 ⑤ 1979년 12월 12일과 1980년 5월 18일을 전후하여 발생한 헌정질서파괴범죄에관한특칙(5·18민주화운동등에관한특별법 제2조)이 있다.

문제는 현행법에 규정된 공소시효정지사유의 범위가 너무 제한되어 있다는 점이다. 예를 들면 미성년자에 대한 성범죄와 국가권력기관에 의한 증거인멸·조작 및 사실발견의 은폐행위에 대해서는 어떠한 보호규정이 없다. 따라서 미성년 피해자의 인권보호, 범죄예방, 법질서방위 그리고 실체적 진실발견의 관점에서 볼 때 개정이 시급하다고 생각한다.

입법의 선례로 독일의 경우를 보면, 독일 형법 제78조의 b의 공소시효의 정지규정은 한국의 공소시효의 정지규정보다 그 범위가 확대되어 있다.[51] 독일은 ①

---

49) 이에 관해서는 백형구, 형사소송법강의, 제8판, 박영사, 2001, 491면; 신동운, 형사소송법 I, 제2판, 법문사, 1997, 363면; 신동운, 형사소송법, 제3판, 법문사, 2006, 317면.

50) 이재상, 형사소송법, 제6판, 박영사, 2006, 368면.

51) 독일 형법 제78조의 b [공소시효의 정지] (1) 공소시효는 다음 각호 기간 동안 진행이 정지된다.

형법 제176조 아동 간음 · 추행,[52] 형법 제177조 강간,[53] 형법 제178조 강제추행,[54] 형법 제179조 항거불능자 간음행위의 경우,[55] 피해자가 만 18세에 달할 때까지의 기간은 공소시효의 진행이 정지된다고 규정하고 있으며, ② 행위자가 연방의회 또는 주입법기관의 구성원이라는 이유로 형사소추가 불가능한 경우에는 검찰, 경찰관서 또는 사법경찰관이 범죄사실 또는 행위자를 확인한 날, 행위자에 대하여 고발 또는 고소가 제기된 날(독일 형소법 제158조)[56]로부터 공소시효의 진

---

1. 제176조 내지 제175조에 의한 범죄행위의 경우, 피해자가 만 18세에 달할 때까지의 기간, 2. 법률에 의하여 형사소추가 개시될 수 없거나 속행될 수 없는 기간. 다만, 범죄행위가 고소, 권한위임 또는 처벌요구의 흠결을 이유로 처벌할 수 없는 때에는 그러하지 아니하다. (2) 행위자가 연방의회 또는 주입법기관의 구성원이라는 이유로 형사소추가 불가능한 경우에는 다음 각호에 해당하는 날이 경과함으로써 공소시효의 진행이 정지된다. 1. 검찰, 경찰관서 또는 사법경찰관이 범죄사실 또는 행위자를 확인한 날, 2. 행위자에 대하여 고발 또는 고소가 제기된 날(형사소송법 제158조) (3) 공소시효기간이 경과하기 전에 제1심판결이 선고된 때에는 시효기간은 그 절차가 종료되어 확정되기 전까지는 진행되지 아니한다. (4) 법률이 특히 중한 사안에 대하여 가중형으로서 5년 이상의 자유형을 규정하고 있고, 지방법원에서 그 공판이 개시된 때에는 제78조 제3항 제4호에 해당하는 경우 공소시효는 공판개시일로부터 최장 5년까지 그 진행이 정지된다. 제3항은 그대로 적용된다.

52) 독일 형법 제176조 [아동 간음 · 추행] ① 14세 미만의 자[아동]에게 성행위를 하거나 그 아동으로 하여금 자기에게 성행위를 하게 한 자는 6월 이상 10년 이하의 자유형에, 그 행위가 중하지 아니한 경우에는 5년 이하의 자유형 또는 벌금형에 처한다. ② 아동을 교사하여 제삼자에게 성행위를 하게 하거나 제3자의 성행위를 용인 · 유발하게 한 자는 전항과 동일한 형으로 처벌한다. ③ 제1항 및 제2항의 행위가 특히 중한 경우에는 1년 이상 10년 이하의 자유형에 처한다. 특히 중한 경우란 특별한 사정이 없는 한 행위자가 1. 아동과 성교를 하거나, 2. 행위시 아동을 신체적으로 심히 학대한 경우이다. ④ 행위자가 제1항 및 제2항의 행위에 의하여 중과실로 아동을 사망에 이르게 한 때에는 5년 이상의 자유형에 처한다. ⑤ 자기, 아동 또는 제3자의 성적 흥분을 야기하기 위하여 1. 아동의 면전에서 성행위를 하거나, 2. 아동으로 하여금 자기 또는 제3자의 면전에서 성행위를 하게 하거나, 3. 음란도화 또는 표현물을 보이거나 음란테이프의 상연하거나 이에 준하는 대화를 함으로써 아동에게 영향을 가한 자는 3년 이하의 자유형 또는 벌금형에 처한다. ⑥ 미수는 벌한다. 제5항 제3호의 범죄에 대하여는 그러하지 아니하다.

53) 독일 형법 제177조 [강간] ① 폭력 또는 신체 · 생명에 대한 현재의 위험을 고지하는 협박에 의하여 부녀에게 자기 또는 제3자와의 혼인 외의 성교를 강요한 자는 2년 이상의 자유형에 처한다. ② 제1항의 행위가 중하지 아니한 경우에는 6월 이상 5년 이하의 자유형에 처한다. ③ 행위자가 제1항의 행위에 의하여 중과실로 피해자를 사망에 이르게 한 때에는 5년 이상의 자유형에 처한다.

54) 독일 형법 제178조 [강제추행] ① 폭력 또는 신체 · 생명에 대한 현재의 위험을 고지한 협박으로 타인에게 그에 대한 행위자 또는 제삼자의 혼인외의 성행위를 용인하도록 강요하거나, 행위자 또는 제3자에 대한 혼인외의 성행위를 강요한 자는 1년 이상 10년 이하의 자유형에 처한다. ② 제1항의 행위가 중하지 아니한 경우에는 3월 이상 5년 이하의 자유형에 처한다. ③ 행위자가 제1항의 행위에 의하여 중과실로 피해자를 사망에 이르게 한 때에는 5년 이상의 자유형에 처한다.

55) 독일 형법 제179조 [항거불능자 간음 · 준강간 · 준강제추행] ① 1. 병적인 정신장애, 심한 의식장애나 심신박약 또는 기타 중한 정신변성으로 인하여 저항불능이거나, 2. 육체적으로 저항불능인 타인에게 그 항거불능을 이용하여 혼인 외 성행위를 하거나 피해자로 하여금 자신에게 성행위를 하게 한 자는 5년 이하의 자유형 또는 벌금형에 처한다. ② 제1항의 범죄행위가 부녀에 대하여 혼인 외 성교를 함으로써 이루어진 때에는 1년 이상 10년 이하의 자유형에 처하고, 그 행위가 중하지 아니한 경우에는 3월 이상 5년 이하의 자유형에 처한다.

56) 독일 형사소송법 제158조 [고발 및 고소] ① 범죄행위의 고발 및 고소는 검사, 경찰임무를 담당하는 관청과 공무원 및 구법원에 구술이나 서면으로 신청할 수 있다. 구술에 의한 고발은 기록되어야 한다. ② 고소에 의하여서만 소추가 개시되는 범죄행위에 있어서는 고소는 법원이나 검사에 대하여 서면이나 조서로 신청하여야 하며 기타의 관청에 대하여는 서면으로 하여야 한다.

행은 정지된다고 명문화되어 있다. 이 규정은 1998년 11월 13일에 개정된 것이다.

한국은 1995년 12월 29일 제7차 형소법 개정을 통해 형소법 제253조 제3항을 신설하였다. 단지 공소시효의 정지사유에 국외도피사범을 추가한 것이다. 그러나 현행 형소법 제253조 공소시효의 정지규정은 시대의 흐름에 맞추어 전면적으로 재검토되어야 한다.

2. 공소시효정지사유의 신설내용

(1) 미성년자에 대한 성범죄

미성년자에 대한 성범죄에 대해서는 피해 미성년자가 성인이 될 때까지 공소시효의 진행을 정지시켜야 한다. 왜냐하면 이러한 성범죄는 사인(私人)에 의한 반인륜적・반인도적 범죄이기 때문이다. 성폭력범죄의처벌및피해자보호등에관한법률 제8조의 2의 13세 미만 강간죄, 준강간죄, 강제추행죄, 업무상위력등에의한간음죄가 여기에 해당될 것이다. 독일 형법은 미성년자 성범죄에 대해서는 제78조의 b에 공소시효의 진행을 정지시키는 규정을 두고 있다.

우리나라도 미성년자에 대한 성범죄행위의 경우, 피해자가 성년이 될 때까지 공소시효가 정지된다는 규정을 신설해야 할 것이다. 물론 형소법 제225조 법정대리인의 고소기간과 관련하여 그 실효성 여부가 논란이 될 수 있지만, 이러한 규정은 형사소추권에 대한 상징적 의미도 있다고 생각한다. 부모가 이혼하여 시설가정에 위탁된 소년소녀, 재혼가정에 살고 있는 소년소녀, 부모의 도움을 받지 못하고 가정을 이루고 있는 소년소녀가정 등 한국 사회의 현실을 깊이 고려한다면, 이제 우리 형사소송법도 이들 미성년자의 인권을 진지하게 보호해야 할 시점이 되었다고 생각한다.

(2) 국가권력기관의 구성원에 의한 증거조작 및 사실발견의 은폐행위

국가권력기관의 구성원에 의한 증거조작 및 사실발견의 은폐행위에 대해서도 공소시효의 진행을 정지시켜야 한다. 이러한 행위에 관여한 국가공무원들에게 공소시효의 혜택을 주어야 할 법적 정당성이 없다고 생각한다. 왜냐하면 사실상 소추가 불가능하기 때문이다. 이러한 행위는 국가권력기관이 범죄자이고, 국가권력기관이 국가권력기관을 처벌하여야 하는 모순이 발생되어, 정권이 지속되는 한

진상규명은 항상 지체되며, 설령 진상이 밝혀지더라도 이미 공소시효가 완성되어 처벌할 수 없는 경우가 대부분이기 때문이다. 결국 수사기관도 공소시효가 완성된 범죄에 대해서는 조사를 소홀히 할 수밖에 없는 것이 현실이다.

따라서 국가권력기관의 구성원에 의한 증거조작 및 사실발견의 은폐행위로 공소제기가 불가능하였던 범죄에 대해서는 그 증거조작 및 사실발견의 은폐행위가 발생한 때부터 그 조작·은폐한 사실이 드러난 때까지 그 범죄에 대한 공소시효는 정지된다는 규정이 필요하다고 본다. 다만, 범죄행위가 고소, 권한위임 또는 처벌요구의 흠결이 있어서 처벌할 수 없는 때에는 그러하지 아니한다는 규정이 신설되어야 할 것이다.

독일 형법 제78조의 b의 공소시효의 정지규정은 "행위자가 연방의회 또는 주 입법기관의 구성원이라는 이유로 형사소추가 불가능한 경우에는 검찰, 경찰관서 또는 사법경찰관이 범죄사실 또는 행위자를 확인한 날, 행위자에 대하여 고발 또는 고소가 제기된 날로부터 공소시효의 진행은 정지된다"고 명문화하고 있다.[57)]

3. 형사소송법 제253조(시효의 정지와 효력)의 신구 대비표

현 행	개 정 안
제253조 (시효의 정지와 효력) ① 시효는 공소의 제기로 진행이 정지되고 공소기각 또는 관할위반의 재판이 확정된 때로부터 진행한다. ② 공범의 1인에 대한 전항의 시효정지는 다른 공범자에게 대하여 효력이 미치고 당 해사건의 재판이 확정된 때로부터 진행한다. ③ 범인이 형사처분을 면할 목적으로 국외에 있는 경우 그 기간동안 공소시효는 정지된다.	**제253조 (시효의 정지와 효력)** ① 시효는 공소의 제기로 진행이 정지되고 공소기각 또는 관할위반의 재판이 확정된 때로부터 진행한다. ② 공범의 1인에 대한 전항의 시효정지는 다른 공범자에게 대하여 효력이 미치고 당 해사건의 재판이 확정된 때로부터 진행한다. ③ 범인이 형사처분을 면할 목적으로 국외에 있는 경우 그 기간동안 공소시효는 정지된다. ④ 미성년자에 대한 성범죄행위의 경우 피해자가 성년에 달할 때까지 공소시효는 정지된다.

57) 백형구, 형사소송법강의, 제8판, 박영사, 2001, 493면: 헌법 제84조에 따르면 재직 중인 대통령에 대해서는 내란죄와 외환죄를 제외하고는 형사소추가 불가능하다. 대통령이 내란죄·외환죄의 죄를 범한 경우 대통령의 재직기간 중에는 공소시효의 진행이 정지된다는 것이 헌법재판소의 견해이며 우리나라 헌법학계의 통설이다. 그러나 백 교수는 "현행법에는 대통령의 재직기간 중 공소시효의 진행이 정지된다는 규정이 없다는 점, 피의자·피고인에게 불이익한 방향으로는 유추적용 또는 확대해석이 허용되지 아니한다는 점 등을 고려할 때 대통령의 재직기간 중에는 공소시효의 진행이 정지되지 아니한다고 해석하여야 한다"고 주장하면서, 이러한 의문을 해소하기 위해서는 형사소송법에 "대통령의 재직기간 중에는 공소시효의 진행이 정지된다는 명문 규정을 두는 것이 타당하다"고 주장한다.

	⑤ 국가권력기관의 구성원에 의한 증거조작 및 사실발견의 은폐행위로 공소제기가 불가능하였던 범죄에 대해서는 그 증거조작 및 사실발견의 은폐행위가 발생한 때부터 그 조작·은폐한 사실이 드러난 때까지 그 범죄에 대한 공소시효는 정지된다. 다만, 범죄행위가 고소, 권한위임 또는 처벌요구의 흠결을 이유로 처벌할 수 없는 때에는 그러하지 아니하다.

V. 결 론

1. 공소시효제도는 정의(범인필벌의 요구)와 법적 안정성의 타협의 산물이다. 현행 형사소송법은 독일 형법에 비해 정의보다도 법적 안정성에 더 비중을 두고 있다.

2. 국가권력기관의 구성원 의한 범죄행위를 왜 처벌해야 하는가? 국가권력기관을 이용한 살인행위와 국가권력기관의 공무원이나 공적인 업무를 수행하는 자에 의한 의도적인 증거조작과 사실은폐행위에 대해서는 공소시효의 특혜를 부여할 정당성이 없기 때문이다. 여기에는 세 가지의 이유가 있다. 첫째, 인간의 존엄은 모든 문화민족에 공통적인 법적 확신이다. 그 핵심영역이 국가권력에 의해 조직적으로 침해되고 조작되었기 때문이다. 둘째, 남아 있는 공소시효기간을 사후에 배제하는 입법은 새로운 가벌성의 창설이 아니다. 살인죄의 가벌성은 범행당시 이미 형법에 규정되어 있다. 여기에 죄형법정주의를 논할 이유가 없다. 셋째, 반인도적 범죄행위에 대한 범인필벌의 가치성은 불법을 저지른 후 공소시효 뒤에 숨어있는 이익보다 크다. 공소시효만 완성되면 해방이라는 시민의 이익은 죄형법정주의가 추구하는 법정책적 이념이 아니다. 따라서 공소시효의 특혜로 얻는 사익은 기본권과 인권의 차원에서 보호될 수 없고, 진실과 정의의 국가·사회적 이익 앞에 자리를 내 놓아야 한다.[58]

3. 공소시효를 왜 배제해야 하는가? 실질적 정의가 법적 안정성 보다 우위에

58) BVerfGE 25, 269, 287: "한번 저질러진 행위는 그 행위가 현실적인 이유로 인해 소추되지 않거나 또는 소추될 수 없다는 사실에 의해서 그 자체의 불법성이 완전히 상실되는 것은 아니다."

있기 때문이다. 법치국가에서는 '법적 안정성과 실질적 정의' 모두가 중요하지만, 일정 기간이 경과할 경우 당연히 형벌을 면제받을 것이라는 신뢰는 어떠한 경우에도 반드시 보호받아야 하는 절대적 가치가 아니다. 반인도적 범죄에 대해서까지 범인의 신뢰를 보호할 필요가 없다. 국가권력에 의한 범죄들은 통상적인 범죄와는 달리 그 불법이 밝혀진 때 오히려 충격과 격분이 교차하면서 법적 평화가 깨지게 된다는 점을 우리는 지나온 역사에서 찾을 수 있다.[59] 공소시효제도는 그 법적 한계 때문에 수정이 불가피하다. 한국도 독일 형법 제78조~제78조 c처럼 공소시효의 배제조항과 정지조항을 도입해야 한다. 국가권력기관의 구성원에 의한 의도적인 고문살인행위에 대해서는 공소시효의 적용을 배제시키고, 국가권력기관의 구성원에 의한 증거인멸 및 조작과 사실발견의 은폐행위에 대해서는 공소시효의 진행을 정지시켜야 한다. 이것이 사회정의에 부합한다.

4. 공소시효의 배제조항은 헌법에 배치되는가? 공소시효제도의 본질은 실체법적 요소와 소송법적 요소를 모두 포함하고 있다. 공소시효가 이미 완성된 경우 사후에 공소시효를 배제 또는 연장하는 입법(진정소급입법)은 헌법 제12조 제1항 적법절차의 원리와 죄형법정주의 원칙에 반한다. 따라서 특정인과 특정사건, 최종길 교수 사건과 수지 김씨 사건의 관련자를 처벌하기 위한 '살인죄등반인륜범죄의공소시효등에관한특별법'의 제정과 형사소송법 개정은 신중하게 검토되어야 한다. 헌법논쟁을 불러일으킬 소지가 있다. 그러나 현재 진행 중이며, 하루라도 남아 있는 공소시효에 대해서는 그 기간을 연장, 배제, 정지하는 입법(부진정소급입법)은 헌법 제12조 제1항 적법절차의 원리와 죄형법정주의 원칙에 반하지 않는다.[60] 이 경우의 공소시효는 단지 순수한 소추장애만 될 뿐이다. 이러한 시도를 국가형벌권의 확장이라고 볼 수 없다.

5. 공소시효의 배제를 위한 법적 해결방향은 무엇인가? 형사소송법의 개정을 서둘러야 한다. 현행 공소시효제도가 안고 있는 문제점을 검토하고, 특별법의 취지를 형소법에 반영하는 것이 오히려 합리적인 해결방안이라고 생각한다. 이를

59) 김일수, [시론] '국가범죄' 공소시효 없애라, 동아일보, 2002년 1월 9일자; 박은정 · 한인섭 엮음, 5 · 18법적 책임과 역사적 책임, 이화여자대학교 출판부, 1995, 295면, 307면; 서보학, 형법상 소급효금지원칙의 기능과 한계, 인권과 정의 통권 제251호, 대한변호사협회, 1997년 7월호, 77-96면(84면).

60) So BVerfGE 1, 418, 423; BVerfGE 25, 269, 287; dazu Lilie/Heuer, DtZ 1993, S. 354, S. 357; Pieroth/Kingreen, NJ 1993, S. 388.

통해 의문사진상조사위원회의 활동을 뒷받침하고, 언젠가 다가올 통일 이후의 과거사청산 등을 준비해야 한다.[61] 이러한 토대에서 아직도 공소시효가 진행 중인 국가권력기관의 불법행위는 반드시 밝혀야 하고, 실체적 진실을 발견하여 그에 상응하는 형벌을 가함으로써 유린된 인권을 회복시켜야 한다. 그렇지 않으면 법치국가는 그 존재가치가 없다.[62]

6. 우리들은 권위주의 시대의 어두운 과거사를 청산하고, 파괴된 법질서를 바로 세우며, 21세기 통일시대를 준비해야 하는 중요한 시점에 서 있다. 최근에 조성되고 있는 귀중한 입법의 기회를 이용하지 않고 그냥 놓쳐서는 안 된다. 그러나 특정인과 특정사건에 대해서는 논리적이고 이성적인 접근이 필요하며, 공소시효제도의 여러 문제들에 대해서는 근본적이고 거시적인 입법방안이 모색되어야 할 것이다.

[토론요지] 영남형사판례연구회 (2002년 2월 18일)
제3회 한국법률가대회 (2002년 10월 26일)

1. 최종길 교수사건과 수지 김씨 사건이 공소시효의 완성으로 처벌될 수 없다면, 의문사진상위원회의 활동이 유명무실하지 않겠는가?
(경북대학교 법대 천진호 교수)

[답변]

○ 공소시효의 완성으로 처벌불가와 실체적 진실발견은 다른 것이다. 의문사진상위원회의 활동은 진실발견, 명예회복, 복권, 민사문제에서 실익이 있다.

○ 이 위원회의 활동을 뒷받침하기 위해서라도 공소시효에 관한 형사소송법개정은 필요하다. 적어도 1987년 이후의 저질러진 범죄에 대해서는 형사책임을 물

61) Jörg Arnold/Helmut Kreicker, Die Verjährung von DDR-Systemunrecht, NJ 2000, S. 225ff.; Dietlinde Albrecht/하태영 역, 독일통일과 공소시효-개관, 비교형사법연구, 제3권 제2호, 법문사, 2001, 376-417면: 격변기 또는 통일 이후 공소시효제도를 새로이 토론하고, 급하게 준비하는 것은 혼란만 가중시킬 뿐이다.

62) Hans Lilie, Verfolgungsverjährung bei Straftaten gegen die Menschlichkeit, 1996, 하태영 역, 반인륜적 범죄행위에 대한 공소시효, 동아법학 제21집, 1996, 282-311면(311면): "Der Rechtsstaat ist bei der Aufarbeitung des Unrechts nicht wehrlos. Er hat die Aufgabe, das Unrecht faßbar zu machen und es zu definieren. Sonst kann er, so klein, selbst nicht verstanden werden, und droht an seiner moralischen Indiffere zu scheitern". 법치국가는 불법을 청산함에 있어서 무용지물이 아니다. 법치국가는 불법을 파악하고 그것을 정의할 과제를 가지고 있다. 그렇지 않으면 법치국가는 그 자체 존재가치가 없으며, 그의 도덕적 엄정성도 좌초의 위협을 받게 될 것이다.

을 수 있기 때문이다.

2. 헌법 제6조 제1항에 의하면 "헌법에 의하여 체결·공포된 조약과 일반적으로 승인된 국제법규는 국내법과 같은 효력을 가진다"고 규정되어 있다. 이와 같은 국제법은 한국법의 일부를 이루며 법집행과정에서 똑같이 준수되어야 하며 형사소송이 그 예외가 될 수 없다. 따라서 처벌이 가능한 것이 아닌가?

(부산대학교 법대 안원하 교수)

[답변]

○ 한국일보, 민노당, 민변 등 5개 단체 장세동씨 고발, 2002년 1월 30일자를 보면, 인권단체들은 서울지검 기자실에서 회견을 갖고 "살인을 은폐한 반인도적범죄는 국제법상 공소시효를 적용하지 않는 게 관례"라며 "직권남용죄에 대한 공소시효는 형소법상 완성된 상태이나 국가기관의 반인도적 범죄에 대한 단죄는 공소시효가 없다"고 주장했다. 곽노현·강경선·정경수 교수도 비슷한 주장이다.

○ 생각건대 이러한 고발은 국제관습법(세계인권선언, 시민적 및 정치적 권리에 관한 국제규약, 불처벌과 중대한 인권침해행위의 구제에 관한 국제기준, 전쟁범죄와 인도에 반하는 범죄에 대한 시효 부적용에 관한 유엔협약)을 우리나라 법원이 인정할 것인지가 쟁점이다. 그러나 승소여부는 알 수 없다. 왜냐하면 이 협약이 일반적으로 승인된 국제법규라고 볼 수 있는지가 문제가 되기 때문이다. 결국 이 사건들을 통해서 판결을 한번 받아보자는 측면에서 의미가 있다고 본다.

○ 조약이 국내법적 효력을 갖기 위해서는 ① 조약체결, ② 특히 중요한 사항에서는 국회의 동의, ③ 비준이라는 절차적 요건이 필요하다. 일반적으로 승인된 국제법규는 국내법과 같은 효력을 가진다(헌법 제6조 제1항).

○ 그러나 국제법규의 국내법 수용에 있어서는 특별한 수용절차가 없다. 국내법으로 수용하기 위해서는 규범심사가 필요하다. 그런데 문제는 한국이 「전쟁범죄와 인도에 반하는 범죄에 대한 시효 부적용에 관한 유엔협약」에 가입을 하고 있지 않기 때문에 이를 "일반적으로 승인된 국제법규라고 볼 수 있는가" 하는 점이다. 그래서 저자는 한국도 조속히 이 협약에 가입하고, 독일처럼 그 내용을 구체적으로 형소법에 반영하자는 것이다.

○ 우리나라도 독일 형법 제78조~제78조 c처럼 공소시효의 배제조항과 정지조항을 도입할 필요가 있다. 국가권력기관의 구성원에 의한 의도적인 고문살인행위에 대해서는 공소시효의 적용을 배제시키고, 국가권력기관의 구성원에 의한 증거인멸·조작과 사실발견의 은폐행위에 대해서는 공소시효의 진행을 정지시

켜 사건의 조작은폐 사실을 알게 된 날로부터 공소시효를 진행시켜야 한다.

3. 특별법의 제정을 통해 처벌하면 되지 않는가?
(서울대학교 법대 조국 교수, 건국대학교 법대 이승호 교수)

[답변]

○ 특별법의 제정은 이중으로 일을 벌리는 작업이라고 생각한다. 특별법의 제정과정은 졸속과 표적이라는 시비를 불러올 수 있고, 헌법논쟁을 야기시킬 수 있다.

○ 국제사면위원회에 제소가능성도 배제할 수 없다. 현행법으로 보면, 이미 공소시효가 완성된 사건이기 때문이다.

○ 이미 법적 심판을 받기 위해 고발을 해 놓은 상태라면 법원의 판단을 기다리는 것이 현명하다. 재판진행 중에 특별법의 제정은 과연 법정책적 또는 전략적으로 실익이 있는가?

○ 훗날 남북통일 이후 특별법제정 관련 논의는 실익이 있다. 불법과거사청산, 법원과 검찰의 복구 등 다소 시일이 걸리기 때문에 그 전(체제통합 전)에 우선 공소시효와 관련하여 정지작업을 해 두자는 것이다.

○ 법이 지배하는 사회가 법학자 · 법률가들에게 통일의 목표가 되어야 한다. 여기에는 인권과 자유가 중심이 되어야 할 것이다. 특별법은 아껴두자.

4. [사례 1] 고(故) 최종길 교수 고문살해사건과 [사례 2] 수지 김씨 살해사건으로 범위를 축소하여 논의하자. 불행한 역사의 과거청산을 위해서도 특별법은 필요하지 않는가? 그렇지 않다면 이러한 논의의 실익은 무엇인가?
(서울대학교 법대 조국 교수, 건국대학교 법대 이승호 교수)

[답변]

○ [사례 1] 고(故) 최종길 교수 고문살해사건과 [사례 2] 수지 김씨 살해사건은 입법개정의 필요성을 촉구하는 중요한 사례라고 본다.

○ 이번 기회에 공소시효제도의 문제점을 전체적으로 검토하여 형사소송법을 개정하는 것이 합리적이다. 통일 이후를 대비하는 장기적인 형사정책이라고 볼 수 있다.

○ 공소시효의 기간을 연장하고, 공소시효배제와 정지조항을 형사소송법 도입하면, 1987년 이후 저질러진 범죄에 대해 형사소추가 가능하다. 실익이 전혀 없는 것은 아니다. 두 사건은 이미 고발되어 있다.

5. 반인륜적 범죄의 경우 진정소급효를 인정해야 하지 않는가?

(서울대학교 법대 조국 교수, 건국대학교 법대 이승호 교수)

[답변]

○ 유럽에는 '반인륜적 범죄'와 '전쟁범죄'에 대해 공소시효를 적용할 수 없는 법규 제한적 유럽협약이 있다. 유럽의회가 1974년 나치스범죄를 청산하기 위해 체결한 협약이다. 이 협약에 근거하여 유럽 각국은 나치스범죄에 한해 진정소급효를 인정하였다.

○ 그러나 한국은 유럽과 사정이 다르다. 진정소급효는 우리 헌법상 위헌이라고 생각한다.

6. 병합설을 취한다 하더라도 진정소급효는 가능하지 않는가? 진정소급효가 왜 안 된다고 하는가? 그 근거는 어디에 있는가?

(건국대 법대 이승호 교수)

[답변]

○ 현행 형소법 제249조는 공소시효의 기간을 구성요건에 명시되어 있는 법정형을 기준으로 등급화하고 있다. 이것은 공소시효에 실체법적 요소가 내포되어 있음을 의미한다. 즉 공소시효제도의 실질은 국가형벌권의 소멸이라는 점에서 형의 시효와 마찬가지로 실체법적 성격을 갖고 있다는 것이나.

○ 또한 현행 형소법 제326조 제3호는 공소시효가 완성된 경우 무죄판결이 아니라 면소판결을 하도록 규정되어 있다. 이것은 공소시효에 소송법적 요소도 내포되어 있음을 의미한다.

○ 이처럼 현행 형소법은 실체법적 요소와 소송법적 요소를 모두 가지고 있다고 볼 수 있다. 소송법설은 시효기간이 왜 법정형에 따라 달리 규정되었는지를 설명하지 못한다. 따라서 병합설에 따라 그 본질을 파악하는 것이 합리적이라고 생각한다.

○ 병합설에 따르면 아직 공소시효가 완성되지 않은 반인권적 국가범죄의 경우 공소시효를 사후에 소급하여 연장하는 것은 금지되지 않는다. 왜냐하면 현행 헌법은 소급효금지의 원칙을 명시하고 있지만, 이것은 어디까지나 가벌성과 직접적 관련이 있으며, 아직 공소시효가 완성되지 않은 경우에는 여전히 가벌성이 남아 있기 때문이다(부진정소급효).

○ 그러나 최근 쟁점이 되고 있는 [사례 1] 최종길 교수 사건과 [사례 2] 수지 김씨의 사건들은 이미 공소시효가 완성된 사건들이다. 공소시효제도가 실체법적

측면과 소송법적 측면을 포함하고 있다는 병합설을 따른다면, 공소시효가 완성된 경우는 헌법상의 적법절차의 원칙과 소급효금지의 원칙의 적용을 받는다(진정소급효).

○ 참고로 독일은 역사의 고비마다 시효기간이 임박해지자 이를 연장하는 입법조치를 해왔다. 이러한 입법절차를 통해 독일은 '공익적 가치'를 수호해 왔다. 나치스범죄처벌법이나 구동독 불법청산에서도 이 원칙이 고수되었다.

○ 생각건대 법치주의 이념은 여전히 전세계의 법문화에 영향을 주고 있다. 한국도 그 중에 하나다. 18세기 계몽사상은 200년 이상 유지되고 있다. 죄형법정주의는 법감정에 좌우될 문제가 아니라, 오히려 보존·유지되어야 한다고 본다. 진정소급효는 안 된다.

7. 헌재는 소송법설을 채택한 적이 있다. 헌법논쟁을 다시 하면 되지 않는가?

[답변]

○ 물론 할 수 있다. 그러나 헌법재판관이 많이 교체되어 같은 결론이 나온다는 보장이 없다.

제4장 형법상 부작위범이 인정되기 위한 요건*

[대상판례: 대법원 2002.1.22. 선고 2001도2254 판결]

32주 8삭둥이 낙태판결

[공소사실의 요지]

1. 피고인 오○○(서울 ○○구 ○○동 소재 피고인 운영의 오○○ 산부인과 원장)은 1998.4.6. 09:40경 자신의 병원에서 임신 32주 정도 된 정○○의 승낙을 받아 그녀를 상대로 자궁수축제 나라돌과 마취보조제인 염산날부핀 및 바리움을 투여하여 낙태를 시술하였다. 그러나 낙태는 성공하였지만, 산모 정○○은 약 2kg 정도의 미숙아(피해자)를 정상적으로 자연분만 하였다. 신생아는 위 낙태시술 중 위 사용한 약품들로 인한 분만과정의 산소공급차단, 미숙아로서 호흡기관 미성숙으로 인한 호흡곤란증 등으로 심한 청색증을 보였다. 피고인 오○○은 나라돌 투여로 분만하는 경우 태아에 치명적이어서 대부분 사산하게 된다는 의학적 지식 및 경험에 비추어 영아가 곧 사망하거나 뇌성마비 등의 후유증으로 생존이 어려울 것이라 생각하였다. 산모 정○○의 양해하에 영아를 그에게 인계하지 아니하고, 자신이 보호하면서 보온조치와 설탕물을 먹이는 등의 최소한의 조치만을 취한 채 인큐베이터가 설치된 대형병원으로의 후송 등 더 이상의 피해자 생존을 위한 조치를 취하지 아니하였다. 그 후 38시간 정도가 지난 1998.4.7. 23:30경 호흡곤란증으로 사망하였다.

2. 같은 달 7. 23:30경 위 수술실에서 영아에게 아기 옷을 입혀 보낭으로 싼 다음 검정색 비닐봉지에 넣어 그곳 2층 베란다에 있는 적출물보관 냉장고에 다른 인체적출물과 함께 보관하다가 같은 달 18.경 적출물처리업체인 수도위생 직원 지○○으로 하여금 영아의 사체가 들어 있는 위 검정색 비닐봉지를 수거해 가도록 하여 벽제화장터에서 화장시키도록 지시하고 사체를 유기하였다.

3. 같은 해 4. 16.경 위 병원 수술실에서 임신 7주 된 산모 진○○로부터 낙태수술을 의뢰받고 산부인과 의사인 피고인으로서는 위 진○○의 임신이 모자보건법상 인공임신중절 요건 등에 해당하는지 여부를 검토하여 그 요건에 해당하지 않으면 낙태시술을 거부하는 등의 업무상 주의의무가 있음에도 불구하고, 이를 게을리한 채 위

---

* 비교형사법연구 제5권 제1호, 2003, 535-563면.

진○○에게 마취제를 사용하여 혈관정맥마취를 한 다음 수술기구를 이용 자궁 내에 있는 부산물을 배출하는 방법으로 낙태한 것을 비롯하여 1999.5.29.경까지 위 장소에서 위 진○○ 등 39명을 상대로 위와 같은 방법으로 각 낙태시술을 하였다.

[판결요지]

형법상 부작위범이 인정되기 위해서는 형법이 금지하고 있는 법익침해의 결과 발생을 방지할 법적인 작위의무를 지고 있는 자가 그 의무를 이행함으로써 결과 발생을 쉽게 방지할 수 있었음에도 불구하고 그 결과의 발생을 용인하고 이를 방관한 채 그 의무를 이행하지 아니한 경우에, 그 부작위가 작위에 의한 법익침해와 동등한 형법적 가치가 있는 것이어서 그 범죄의 실행행위로 평가될 만한 것이어야만 한다(대판 1997.3.14. 96도1639; 대판 1996.9.6. 95도2551 각 참조).

[참조조문]

형법 제18조 (부작위범) 위험의 발생을 방지할 의무가 있거나 자기의 행위로 인하여 위험발생의 원인을 야기한 자가 그 위험발생을 방지하지 아니한 때에는 그 발생된 결과에 의하여 처벌한다.

형법 제161조 (사체등의 영득) ① 사체, 유골, 유발 또는 관내에 장치한 물건을 손괴, 유기, 은닉 또는 영득한 자는 7년 이하의 징역에 처한다.

형법 제250조 (살인) ① 사람을 살해한 자는 사형, 무기 또는 5년 이상의 징역에 처한다.

형법 제270조 (의사등의 낙태) ① 의사, 한의사, 조산사, 약제사 또는 약종상이 부녀의 촉탁 또는 승낙을 받아 낙태하게 한 때에는 2년 이하의 징역에 처한다.

[소송의 경과]

1. 제1심 판결 및 항소이유의 요지

(1) 제1심 판결(서울지방법원 북부지원 1999.12.10. 선고 99고합234 판결)

제1심 법원은 피고인에게 살인, 사체유기, 업무상 승낙낙태를 적용 징역 2년 6월에 집행유예 3년을 선고하였다.

(2) 항소이유의 요지

(가) 피해자의 사인

① 피해자는 호흡곤란증으로 사망하였는 바 이 호흡곤란증은 낙태를 시도하는 과정에서 산모 정○○에게 투여된 자궁수축제 나라돌(설프로스톤: Sulprostone)과 마취보

조제인 염산날부핀(Nalbuphine Hcl) 및 바리움으로 인한 산소공급차단에서 비롯된 심한 청색증, 미숙아로서의 폐기능 미성숙으로 인한 호흡기능의 불완전, 선천적 심장질환 등으로 인한 것일 뿐 피고인이 유발한 것이 아니다.

② 물론 피고인이 나라돌 등을 투여하거나 피해자로 하여금 미숙아로 태어나도록 낙태시술을 한 것이긴 하지만 이는 모두 피해자가 태아상태로 있을 때 이루어진 일들이고 사람으로 태어난 다음에 그와 같은 조치를 취한 것이 아니므로 이는 낙태죄에 해당한다고 할 수 있을 뿐 사람을 살해한 것이라 할 수는 없는 것이다.

(나) 부작위에 의한 살해

① 원심판시와 같이 피고인이 피해자에게 보온 및 호흡유지, 감염방지, 영양공급, 응급처치장비가 구비된 대형병원으로의 후송 등 조치를 취해야만 피해자가 생존할 것인데, 이러한 조치를 취하지 않은 채 38시간 동안 방치함으로써 피해자로 하여금 호흡곤란 등으로 사망에 이르게 하여 살해한 것이라고 이른바 부작위에 의한 살인을 인정하려면 그러한 조치들을 취하면 피해자가 생존할 수 있었다는 것을 전제로 해야 하는 것이다.

② 그러나 피해자는 출생 당시 앞서 본 바와 같이 청색증 등으로 생존가능성이 없는 상태였고 달리 위와 같은 조치들을 취하면 피해자가 생존할 수 있었다는 전제에 관한 입증이 없는 이 사건에서 피고인이 위와 같은 조치들을 취하지 않았다는 사실만으로 피해자를 살해하였다고 단정한 것은 논리의 비약일 뿐만 아니라 증거 없이 사실을 인정한 것이다.

③ 더구나 피고인은 피해자에 대하여 아무런 조치도 취하지 않은 것이 아니라 다음과 같이 최선의 방도를 다하여 생명연장을 위하여 노력했다.

(ㄱ) 피고인은 피해자가 살아서 분만되었으나 심한 청색증을 보이므로 배내옷을 입히고 담요로 싸서 보온조치 한 다음 유모카에 눕히고 싸이드램프와 핫백으로 보온조치를 하였다.

(ㄴ) 피고인은 피해자의 호흡곤란증을 극복하기 위하여 앰부백을 사용하다가 부족하여 튜브를 기도에 넣어 산소를 공급해 주는 인튜베이션(intubation)까지 했음에도 피해자의 호흡이 정상으로 돌아오지 않았을 뿐이다.

(ㄷ) 감염방지 및 영양공급을 하지 않았다는 점에 관하여는, 피해자가 극심한 호흡곤란증을 보이는 상황에서 영양공급은 불가능하였기에 이를 하지 않았던 것이다.

(ㄹ) 대형병원에 후송하지 않았다는 점에 관하여는 그와 같이 후송하더라도 피해자의 호흡을 정상으로 회복시키기는 불가능하였을 뿐만 아니라 후송하다가는 그 도중에 사망할 것이 명백하므로 피해자를 후송하지 못하고 자체치료한 것이다.

(ㅁ) 38시간을 방치했다는 점에 관하여는, 간호사 박○○에 대한 경찰의 진술조서에 1998.4. 초순경 정○○이 분만한 영아가 약 3일 후에 사망했다는 취지의 진술이 기재되어 있으나, 박○○는 산모 정○○이 누구인지도 모르고 그녀가 분만한 영아가 얼마 후에 사망하였는지도 기억할 수 없는 상태에서 경찰조사를 받고는 위 조서에 정확한 내용검토 없이 서명날인한 것에 불과하여 그 진술기재부분은 신빙성이 없다 할 것이고, 실제 피해자는 1998.4.7. 23:50경이 아니라 분만 후 약 14시간이 지난 1998.4.6. 23:30경 사망한 것으로서 피고인이 피해자를 출생 후 38시간 동안 방치한 것이 아니다.

(다) 업무상과실치사에 해당

가사 위와 같은 피고인의 판단과 처치에 잘못이 있다 하더라도 그것은 살해의 고의범이 아니라 의사로서 업무상 요구되는 주의를 다하지 않은 업무상과실치사죄에 해당한다고 보아야 할 것이다.

2. 제2심 판결 및 상고이유의 요지

(1) 제2심 판결(서울고등법원 2001.4.13. 선고 99노3477 판결)

제2심 법원은 제1심 판결 중 살인 부분을 파기하면서 공소사실 중 살인에 대해서는 무죄를, 사체유기와 업무상 승낙낙태의 점은 유죄로 인정하여 징역 1년에 집행유예 2년을 선고하였다.

(2) 상고이유의 요지

검사는 "부작위범과 인과관계의 법리를 오해한 위법이 있다"고 상고하였다.

3. 대법원 판결

대법원은 검사의 상고를 기각하고, 원심을 확정하였다: "원심은 검사가 제출한 증거만으로는 피고인이 피해자를 살해할 범의를 인정하기에 부족할 뿐만 아니라, 피고인이 피해자를 대형병원에 전원조치 하였더라면 사망의 결과를 방지할 수 있었다는 점을 인정하기에 부족하다고 판단하여 공소사실 중 살인의 점에 관하여 무죄를 선고하였는 바, 기록과 대조하여 살펴보면 위와 같은 원심의 사실인정 및 법률판단은 모두 정당하고 이에 상고이유에서 주장하는 바와 같이 부작위범과 인과관계의 법리를 오해한 위법이 있다고 할 수 없다".[1]

4. [비교판례] 대판 2005.4.15. 2003도2780 살인, 업무상촉탁낙태, 의료법위반

(1) 낙태죄는 태아를 자연분만기에 앞서서 인위적으로 모체 밖으로 배출하거나 모체 안에서 살해함으로써 성립하고, 그 결과 태아가 사망하였는지 여부는 낙태죄의 성

---

1) 대판 2002.1.22. 2001도2254.

립에 영향이 없다.

(2) 산부인과 의사인 피고인이 약물에 의한 유도분만의 방법으로 낙태시술을 하였으나 태아가 살아서 미숙아 상태로 출생하자 그 미숙아에게 염화칼륨을 주입하여 사망하게 한 사안에서, 염화칼륨 주입행위를 낙태를 완성하기 위한 행위에 불과한 것으로 볼 수 없고, 살아서 출생한 미숙아가 정상적으로 생존할 확률이 적다고 하더라도 그 상태에 대한 확인이나 최소한의 의료행위도 없이 적극적으로 염화칼륨을 주입하여 미숙아를 사망에 이르게 하였다면 피고인에게는 미숙아를 살해하려는 범의가 인정된다고 한 원심의 판단을 수긍한 사례.

(3) 인공임신중절수술이 허용되는 경우의 하나인 모자보건법 제14조 제1항 제5호 소정의 '임신의 지속이 보건의학적 이유로 모체의 건강을 심히 해하고 있거나 해할 우려가 있는 경우'라 함은 임신의 지속이 모체의 생명과 건강에 심각한 위험을 초래하게 되어 모체의 생명과 건강만이라도 구하기 위하여 인공임신중절수술이 부득이하다고 인정되는 경우를 말한다.

(4) 구 의료법(2002.3.30. 법률 제6686호로 개정되기 전의 것) 제25조 제3항 소정의 '유인'이라 함은 기망 또는 유혹을 수단으로 환자로 하여금 특정 의료기관 또는 의료인과 치료위임계약을 체결하도록 유도하는 행위를 말하는 것으로서, 의료인 또는 의료기관 개설자의 환자 유인행위도 환자 또는 행위자에게 금품이 제공되거나 의료시장의 질서를 근본적으로 해하는 등의 특별한 사정이 있는 경우에는 같은 법 제25조 제3항의 유인행위에 해당한다고 할 것이고, "의료의 적정을 기하고 국민의 건강을 보호증진한다"는 의료법의 제정 목적(같은 법 제1조)에 비추어 보면, 합법적인 의료행위를 하면서 환자를 유인할 목적으로 금품을 제공하는 경우는 물론, 법(法)이 금지하고 있어 의료인으로서는 마땅히 거부하여야 할 의료행위를 해 주겠다고 제의하거나 약속함으로써 환자를 유혹하여 치료위임계약을 체결하도록 유도하는 경우도 같은 법 제25조 제3항의 유인행위에 해당한다고 보아야 한다.

(5) 산부인과 의사인 피고인이 자신이 개설한 인터넷 홈페이지의 상담게시판을 이용하여 낙태 관련 상담을 하면서 합법적인 인공임신중절수술이 허용되는 경우가 아님에도 낙태시술을 해줄 수 있다고 약속하면서 자신의 병원을 방문하도록 권유하고 안내한 행위가 구 의료법(2002.3.30. 법률 제6686호로 개정되기 전의 것) 제25조 제3항에 정한 '유인'에 해당한다고 볼 수 있다고 한 사례.

판례평석

Ⅰ. 서 론

대상판결은 부작위에 의한 살인죄(형법 제250조 제1항, 제18조)의 성립여부를 검토한 판례이다. 의사의 낙태행위와 신생아의 생명을 정면으로 다룬 최근의 사례라는 점에서 주목을 받고 있다. 제1심 법원(서울지방법원 북부지원)은 신생아 사망사건에서 산부인과 의사인 피고인에게 형법 제250조 제1항, 제18조 부작위에 의한 살인죄를 적용하여 유죄를 선고하였다. 반면 항소심 법원(서울고등법원)은 제1심 판결 중 살인 부분을 파기하면서, 공소사실 중 살인에 대해 무죄를 선고하였다. 대법원은 검사의 상고를 기각하고, 원심을 확정하였다.

대상판결에서는 세 가지 문제가 쟁점이 되었다. 첫째 피고인 의사에게 기대된 작위이행의 가능성, 즉 결과발생방지의 사실상 가능성 여부, 둘째 고의, 셋째 부작위와 인과관계의 문제이다. 제1심에서는 첫째와 둘째가 쟁점이 되었고, 항소심에서는 세 가지 문제가 모두 쟁점이 되었다.

이 평석에서는 먼저 부작위범의 의미를 살펴보고(Ⅱ), 부진정부작위범의 범죄성립체계도에 따라 부작위에 의한 살인죄의 객관적·주관적 구성요건해당성을 검토하고자 한다. 쟁점이 된 부분은 구체적으로 검찰, 피고인 그리고 법원의 입장을 자세히 소개하면서, 원심과 대법원 판결의 문제점을 밝히고자 한다(Ⅲ). 특히 결과발생방지의 사실상의 가능성, 부작위와 인과관계 그리고 고의 문제를 집중적으로 검토하고자 한다. 결론에서는 대상판결이 남긴 의미와 시사점을 분석하고, 태아의 생명보호와 사법부의 양형을 비판하고자 한다(Ⅳ).

Ⅱ. 부작위범의 의미

형법상의 행위(Handlung)에는 작위(Tun)와 부작위(Unterlassen)가 있다. 작위는 일정한 동작을 하는 적극적인 행위를 말한다. 부작위란 기대되는 무엇인가를 하지 않은 것이다. 부작위는 단순한 무위(Nichts)가 아니라, 법적(규범적)으로 요구되는 일정한 동작을 하지 아니하는(Etwas Nichts) 소극적 행위를 말한다. 부작위는 사태의 진전을 그대로 방치하면서 개입하지 않는 것이다.

부작위가 범죄로 성립하려면, 작위의무가 있을 것을 전제로 한다. 부작위에는 진정부작위와 부진정부작위가 있다. 구성요건을 중심으로 하느냐, 범죄의 내용과 성질을 중심으로 하느냐에 따라 형식설과 실질설로 나누어져 있다. 현재 형식설이 통설[2]이며 판례[3]의 입장이다. 형식설에 의하면 진정부작위범은 구성요건[4]에 명시되어 있다. 즉 구성요건을 부작위로 실현하는 범죄를 말한다. 부작위 그 자체가 처벌의 대상이 된다.

부진정부작위범이란 부작위자가 보증인(Garantenstellung)으로서 결과발생방지의무(Garantenpflicht)를 지고 있고, 그의 부작위가 적극적 행위에 의하여 구성요건을 실현하는 것과 상응한 가치(Gleichwertigkeit, Gleichstellung)를 가질 때 성립하는 범죄를 말한다. 부진정부작위범은 작위범이 반영된 형상이며, 대부분 결과범이다. 허용할 수 없는 결과발생이 부진정부작위범의 불법구성요건에 속한다.

2) 김성돈, 형법총론, 현암사, 2006, 593면; 김일수·서보학, 새로 쓴 형법총론, 제9판, 2002, 158면; 김일수·서보학, 새로 쓴 형법총론, 제11판, 박영사, 2006, 485면은 원칙적으로 형식설을 취하고 있지만, 다만, 예외적으로 실질설을 함께 고려해야만 양자의 합목적적인 구별을 꾀할 수 있다고 한다; 김성천·김형준, 형법총론, 동현출판사, 1998, 198면; 배종대, 형법총론, 제6판, 홍문사, 2001, 627면; 배종대, 형법총론, 제8전정판, 홍문사, 2006, 741-742면; 안동준, 형법총론, 학현사, 1998, 291면; 오영근, 형법총론, 대명출판사, 2002, 286면; 오영근, 형법총론, 박영사, 2005, 256면(실익 없는 분류); 이재상, 형법총론, 제5판, 박영사, 2003, 118면; 이재상, 형법총론, 제5판(보정판), 박영사, 2006, 120면; 이형국, 형법총론, 법문사, 1997, 397면; 이형국, 형법총론, 제3판, 법문사, 2003, 346면; 임웅, 형법총론, 개정판, 법문사, 2002, 522면; 손동권, 형법총칙론, 율곡출판사, 2001, 312면; 손동권, 형법총론, 제2판, 율곡출판사, 2005, 363-364면; 신동운, 형법총론, 제1판, 법문사, 2001, 100면; 신동운, 형법총론, 제2판, 법문사, 2006, 109면; 정성근·박광민, 형법총론, 삼지원, 2001, 456면; 정영일, 형법총론, 박영사, 2005, 88면; 진계호, 형법총론, 제5판, 대왕사, 1996, 185면; 진계호, 형법총론, 제6판, 대왕사, 2000, 173면.

3) 대판 1994.4.26. 93도1731: 일정한 기간 내에 잘못된 상태를 바로잡으라는 행정청의 지시를 이행하지 않았다는 것을 구성요건으로 하는 범죄는 이른바 진정부작위범으로서 그 의무이행기간의 경과에 의하여 범행이 기수에 이름과 동시에 작위의무를 발생시킨 행정청의 지시 역시 그 기능을 다한 것으로 보아야 한다.

4) 제319조(주거침입, 퇴거불응) ① 사람의 주거, 관리하는 건조물, 선박이나 항공기 또는 점유하는 방실에 침입한 자는 3년 이하의 징역 또는 500만원 이하의 벌금에 처한다. ② 전항의 장소에서 퇴거요구를 받고 응하지 아니한 자도 전항의 형과 같다.

제116조(다중불해산) 폭행, 협박 또는 손괴의 행위를 할 목적으로 다중이 집합하여 그를 단속할 권한이 있는 공무원으로부터 3회 이상의 해산명령을 받고 해산하지 아니한 자는 2년 이하의 징역이나 금고 또는 300만원 이하의 벌금에 처한다.

제271조(유기, 존속유기) ① 노유, 질병 기타 사정으로 인하여 부조를 요하는 자를 보호할 법률상 또는 계약상 의무있는 자가 유기한 때에는 3년 이하의 징역 또는 500만원 이하의 벌금에 처한다.

결과발생 방지의무를 위반한 보증인은 금지규범의 형식을 취하면서 법률상 작위범으로 구성되어 있는 범죄구성요건을 실현하는 것이다.5)

Ⅲ. 부진정부작위범이 인정되기 위한 요건

형법상 부진정부작위범은 요구규범위반을 통하여 실현하는 성격을 가지고 있다. '불문(不文, 기술되지 아니한) 구성요건요소'에 속한다. 따라서 법관은 법문에 없는 요구규범위반을 해석을 통해서 충전한다. 대법원은 형법 제18조 '부진정부작위범의 성립요건'을 다음과 같이 정의하고 있다: "형법이 금지하고 있는 법익침해의 결과발생을 방지할 법적인 작위의무를 지고 있는 자가 그 의무를 이행함으로써 결과발생을 쉽게 방지할 수 있었음에도 불구하고 그 결과의 발생을 용인하고 이를 방관한 채 그 의무를 이행하지 아니한 경우에, 그 부작위가 작위에 의한 법익침해와 동등한 형법적 가치가 있는 것이어서 그 범죄의 실행행위로 평가될 만한 것이라면, 작위에 의한 실행행위와 동일하게 부작위범으로 처벌할 수 있고, 여기서 작위의무는 법령, 법률행위, 선행행위로 인한 경우는 물론, 기타 신의성실의 원칙이나 사회상규 혹은 조리상 작위의무가 기대되는 경우에도 인정된다."6)

대법원 판례를 분석해 보면, 부작위범의 구성요건은 명령규범이 작위를 요구할 때에만 성립한다. 즉 구체적인 작위의무의 내용을 인식할 수 있는 구성요건적 상황이 존재하고, 명령규범에 의하여 요구되는 행위를 하지 않는 경우에 성

---

5) 신동운, 형법총론, 법문사, 2000, 99-101면; 신동운, 형법총론, 제2판, 법문사, 2006, 112면, 122면 이하: 부진정부작위범이란 작위범 가운데 부작위에 의하여도 실현되는 범죄를 말한다. 거의 모든 범죄는 이 부진정부작위범의 형태로 범해질 수 있다. 그러나 누구나 부진정부작위범의 행위자(정범)가 되는 것이 아니라, 보증인적 지위(구성요건적 결과발생을 방지할 의무 있는 자)가 있어야 한다. 부진정부작위범은 진정부작위범을 제외한 각칙의 모든 구성요건과 형법 제18조(부작위범) "위험의 발생을 방지할 의무가 있거나 자기의 행위로 인하여 위험발생의 원인을 야기한 자가 그 위험발생을 방지하지 아니한 때에는 그 발생된 결과에 의하여 처벌한다"를 충족해야 한다. 비교: 독일 형법 제13조(부작위에 의한 실행행위) ① 형벌법규의 구성요건에 속하는 결과의 회피를 방치한 자를 그 법규에 따라 처벌하려면, 그가 결과발생을 방지하여야 할 법적 의무가 있고, 그 부작위가 작위에 의한 구성요건의 실현에 준하는 경우에 한한다. ② 그 형은 제49조 제1항에 따라 감경할 수 있다.

6) 대판 2006.4.28. 2003도412(인터넷 포털 사이트 음란만화사건); 대판 2005.7.22. 2005도3034(부작위에 의한 공무상표시무효죄의 성립을 인정한 사례); 대판 2002.1.22. 2001도2254; 대판 1997.3.14. 96도1639(백화점 입점점포 위조상표사건); 대판 1996.9.6. 95도2551; 대판 1992.2.11. 91도2951(조카 익사사건); 대판 1982.11.23. 82도2024(주교사사건).

립한다. 여기에는 부작위자 및 구체적인 행위자가 명령된 행위를 객관적으로 할 수 있었다는 개별적 행위능력, 행위의 가능성을 구비해야 한다. 또한 부진정부작위범의 경우에는 위 구성요건 외에 행위정형의 동가치성과 보증인적 지위가 있어야 한다.

형법 제18조 부진정부작위범은 일반적으로 다음의 순서로 검토한다. ① 구성요건적 결과발생, ② 결과발생방지의 가능성(요구된 작위의무의 이행가능성, 기대된 작위를 이행할 수 있는 사실상 가능성, 법익침해를 방지할 작위의 가능성), ③ 부작위(요구된 작위의무의 불이행), ④ 작위와의 동가치성, ⑤ 보증인의 지위, ⑥ 결과와 부작위 사이의 (가정적) 인과관계와 객관적 귀속, ⑦ 고의 혹은 미필적 고의이다. 이처럼 검토순서를 변경하는 이유는 입증의 용이성 때문이다.[7]

여기서는 위에서 제시한 부진정부작위범의 범죄성립체계도에 따라 대상판례를 검토하고자 한다. 이 사안은 영아에 대한 구호조치를 하지 않은 의사행위에 대해 사회적 비난[8]을 평가할 수 있기 때문에 형법 제250조 제1항, 제18조에 의거 부작위에 의한 살인죄를 검토할 것이다. 검토방법은 먼저 각 쟁점별로 피고인, 검찰 그리고 법원의 입장을 분석하고, 대상판결에 대해서 사견을 밝히고자 한다.

1. 구성요건적 결과발생

첫 번째 쟁점은 구성요건적 결과발생이다. 형법 제250조 제1항은 "사람을 살해한 자는 사형, 무기 또는 5년 이상의 징역에 처한다"고 규정하고 있다. 행위객체는 사람이고, 타인이며, 생명이 있는 자연인이다. 어떤 상태, 어떤 조건, 생존능력이나 생존가치는 불문한다. 빈사상태, 기형아, 불구자, 불치병자, 사형판결이 확정된 자, 심지어 생존가능성이 없는 환자, 인공적 생명보조장치에 의해 연명하는 환자도 포함된다.

여기서 생명(生命, Leben)이란 출생부터 사망까지이며, 출생은 진통시(분만개시설)[9]를 의미한다. 산모의 진통에는 출산 전 진통, 출산진통(개구진통), 분만과정의

7) 박상기, 형법총론, 박영사, 제5판, 2002, 314-324면; 신동운, 형법총론, 법문사, 2000, 109면; 신동운, 형법총론, 제2판, 법문사, 2006, 130면.

8) 신동운, 형법총론, 제2판, 법문사, 2006, 115면 각주 1 참조: 평가적 관찰방법. 이 사안은 자연적 관찰방법에 의하든 평가적 관찰방법에 의하든 부작위이다.

9) 대판 1982.10.12. 81도2621; 김일수 · 서보학, 새로 쓴 형법각론, 제5판, 박영사, 2002, 20-21면; 김일수 · 서보학, 새로 쓴 형법각론, 제6판, 박영사, 2004, 20-21면.

진통의 삼단계가 있는데 개구진통(開口陣痛)을 말한다. 결과발생은 사람의 사망이다. 사망이란 뇌사시[10]를 의미한다. 하지만 판례는 맥박종지설, 심폐사설의 입장에 서 있다. 진통 이전에는 낙태죄로 태아의 생명을 보호하고 있다.[11]

이 사건에서 산부인과 의사인 피고인은 32주 태아상태에서 낙태시술을 하였다. 만약 태아상태에서 사산이 되었다면, 낙태죄가 성립한다. 그러나 이 사안의 경우 낙태가 성공하고,[12] 신생아가 정상적으로 자연분만이 되었다. 신생아는 자궁수축제 나라돌의 사용으로 엄청난 스트레스를 받은 상태에서 호흡곤란증을 겪다가, 출생 후 38시간(검사 주장), 14시간(피고인 주장) 동안 살아 있다가 호흡곤란증으로 사망하였다.

첫 번째 성립요건인 구성요건적 결과발생은 현실화되었다. 살아 있던 사람이 사망한 것이다. 설령 낙태 후 출생하여 생존능력이 없다 하더라도, 적어도 일정한 시간동안 살아 있었다면 사람이기 때문이다. 신생아가 빈사상태에 빠지든, 장래 기형아 혹은 불구자가 되던, 생존능력의 유무는 묻지 않는다.

2. 결과발생방지의 가능성

두 번째 쟁점은 결과발생방지의 가능성이다. 부작위에 의한 살인죄의 여부를 판단하는 핵심문제이다. 왜냐하면 결과발생을 방지하기 위한 노력이 더 이상 필요하지 않게 된 경우에는 부작위가 부정되기 때문이다. 이 문제에 대해서는 검찰

---

10) 자세한 것은 이재상, 형법각론, 제4판, 박영사, 2000, 15-18면; 이재상, 형법총론, 제5판(보정판), 박영사, 2006, 15-18면은 사람의 인격적 생명은 뇌사에 의하여 끝났다고 본다; 임웅, 형법각론, 개정판, 법문사, 2003, 15-19면은 입법론으로 뇌사설을 정면으로 채택함이 바람직하다고 한다; 반면 김일수·서보학, 새로 쓴 형법각론, 제6판, 박영사, 2004, 21면은 뇌사합법화는 법체계의 모순이며, 전통 깊은 맥박종지설이 옳다고 말한다.

11) 김일수·서보학, 새로 쓴 형법각론, 제9판, 박영사, 2002, 21면; 김일수·서보학, 새로 쓴 형법각론, 제6판, 박영사, 2004, 21면: 형법 제250조 제1항 살인죄는 '사람을 살해한 자'로 규정하고 있다. 태아에게 상해를 가하거나 과실로 낙태한 경우는 불가벌이다. 그러나 분만 중 영아를 살해한 경우 형법 제251조 영아살해죄로 처벌되고 있다. 제왕절개수술에 의해 태아를 분만하는 경우에는 의사의 자궁절개 시술의 단계가 사람의 시기가 된다. 그리고 진통설을 따를 때 인공임신중절의 시술로 분만된 영아를 살해하면 살인죄가 되며, 분만개시 전에 태아를 상해·살해하여 유산·사산케 한 경우는 살인죄가 아니라 낙태죄가 성립할 뿐이다.

12) 김일수·서보학, 새로 쓴 형법각론, 제6판, 박영사, 2004, 50면: 낙태죄를 추상적 위험범으로 보는 한 일단 자연적인 분만기 전에 태아를 모체 밖으로 배출시키기만 하면 태아의 사망 여부 또는 구체적 위험의 발생 여부에 관계없이 이 죄는 성립한다; 배종대, 형법각론, 제6전정판, 홍문사, 2006, 174면; 대판 2005.4.15. 2003도2780 [판결요지] 낙태죄는 태아를 자연분만기에 앞서서 인위적으로 모체 밖으로 배출하거나 모체 안에서 살해함으로써 성립하고, 그 결과 태아가 사망하였는지 여부는 낙태죄의 성립에 영향이 없다.

과 피고인의 입장이 첨예하게 대립되어 있다.

(1) 일반적 행위가능성과 개인적 행위가능성

부진정부작위범이 성립하려면 법익침해를 방지할 구체적인 작위가 현실적·물리적 의미에서 가능해야 한다. 결과발생방지의 가능성이 전혀 없는 상황에서 결과발생을 방지하도록 기대하는 것은 무의미하기 때문이다.[13] 이때 결과발생방지(작위)의 가능성은 '사실상의 관점'에서 검토되어야 한다.

결과발생방지(작위)의 가능성 판단에는 일반적 행위가능성과 개인적 행위가능성이 있다. 일반적 행위가능성이란 결과발생방지의 가능성이 누구에게나 가능해야 한다. 이것은 결과발생방지수단이 있었는가를 의미한다. 시간적·공간적 거리가 구조가능의 존재영역에 해당한다. 결과발생방지의 가능성이 일반인들에게 전혀 기대될 수 없다면, 처음부터 그 행위는 사회적으로 의미 있는 행위라고 볼 수 없다. 이 경우 행위론 단계에서부터 행위성이 부정된다.[14]

개인적 행위가능성이란 결과발생방지행위가 행위자에게 구체적으로 가능해야 한다. 개인적 행위가능성의 유무는 행위자의 내적 능력과 행위자가 처한 외적 여건에 의하여 판단된다. 이것은 결과발생 방지능력(신체적·정신적 조건, 기술적 지식, 지능, 전문적 기량, 체력)과 결과발생 방지방법(외적조건, 적절한 실행수단의 확보, 장소적 근접성, 현장성)의 문제이다. 행위자에게 개인적 행위가능성이 없는 경우에도 부작위가 부정된다.[15]

13) 이재상, 형법총론, 제5판, 박영사, 2003, 121면; 이재상, 형법총론, 제5판(보정판), 박영사, 2006, 121면; 김일수·서보학, 새로 쓴 형법총론, 제9판, 박영사, 2002, 159면; 김일수·서보학, 새로 쓴 형법총론, 제11판, 박영사, 2006, 487면 이하.

14) 김성돈, 형법총론, 현암사, 2006, 595면; 김성천·김형준, 형법총론, 동현출판사, 1998, 199면; 김일수·서보학, 새로 쓴 형법총론, 제9판, 박영사, 2002, 159-160면; 김일수·서보학, 새로 쓴 형법총론, 제11판, 박영사, 2006, 487면; 박상기, 형법총론, 제5판, 박영사, 2002, 313-314면; 배종대, 형법총론, 제6판, 홍문사, 2001, 628면; 배종대, 형법총론, 제8전정판, 홍문사, 2006, 743면; 안동준, 형법총론, 학현사, 1998, 291면; 이재상, 형법총론, 제5판, 박영사, 2003, 117면; 이재상, 형법총론, 제5판(보정판), 박영사, 2006, 121면; 임웅, 형법총론, 개정판, 법문사, 2002, 526면; 손동권, 형법총론, 제2판, 율곡출판사, 2005, 368면; 손해목, 형법총론, 법문사, 1996, 788면; 신동운, 형법총론, 법문사, 2000, 110면; 신동운, 형법총론, 제2판, 법문사, 2006, 131면; 정성근·박광민, 형법총론, 삼지원, 2001, 458면.

15) 김성돈, 형법총론, 현암사, 2006, 596면; 김일수·서보학, 새로 쓴 형법총론, 제9판, 박영사, 2002, 159-160면; 김일수·서보학, 새로 쓴 형법총론, 제11판, 박영사, 2006, 489면; 박상기, 형법총론, 제5판, 박영사, 2002, 313-314; 배종대, 형법총론, 제6판, 홍문사, 2001, 628; 배종대, 형법총론, 제8전정판, 홍문사, 2006, 743면; 안동준, 형법총론, 학현사, 1998, 292; 이재상, 형법총론, 제5판, 박영사, 2003, 117 이하; 이재상, 형법총론, 제5판(보정판), 박영사, 2006, 121면; 임웅, 형법총론, 개정판, 법문사, 2002, 526면; 손동권, 형법총론, 제2판, 율곡출판사, 2005, 368면; 손해목, 형법총론, 법문사, 1996, 788; 신동운, 형법총론, 법문사, 2000, 110면; 정성근·박광민, 형법총론, 삼지원, 2001, 458면; 진계호, 형법총론, 제5판, 대왕사,

(2) 검 토

검찰은 "결과발생방지(작위행위)의 사실상의 가능성이 있었다"고 주장한다. 반면 피고인은 "결과발생방지의 사실상의 가능성이 없었다"고 주장한다. 결과발생방지의 가능성은 이처럼 '사실상 구조가능성(검찰)과 생존가능성(피고인)'으로 첨예하게 대립되어 있다.

검찰과 제1심 재판부는 "결과발생방지의 가능성의 문제는 사실상의 구조가능성이고, 생존가능성여부는 여기서 검토대상이 아니다"라고 판단하고 있다. 검찰측 주장에 따르면 "피해자의 생존이 불가능하다는 아무런 증거도 없다. 피고인은 낙태시술 중 사용한 약품으로 인하여 곧 사망하거나 뇌성마비 등의 증상이 있을 것이라고 가볍게 믿었다. 인큐베이터가 설치된 대형병원으로의 후송 등 피해자의 생존을 위하여 필요한 조치를 취하지 아니하였다."[16]

그러나 피고인의 주장은 완전히 다르다. 피고인은 "결과발생방지가능성의 문제는 생존가능성여부가 핵심이다"라고 주장한다. 피고인은 "낙태를 시술하는 과정에서 나라돌 등 태아에 치명적인 약품을 사용하였을 뿐만 아니라, 태어난 아기도 미숙아로 호흡불량과 청색증이 있어 생존의 가능성이 없었다. 대형병원으로 후송하려 해도 당시 상태로는 구급차 내에서 사망할 것이 확실하므로 피고인이 기관내 튜브삽입과 산소를 공급하여 호흡을 정상으로 돌려놓은 다음 대형병원이나 복지기관으로 이송하려 하였음에도 출생 당일 태어 난지 14시간 만에 사망하였다"고 한다.

제1심과 달리 항소심 법원(서울고등법원 제1형사부)[17]은 피고인의 주장을 인정하고 있다.

[판결요지] 종합병원으로 후송을 했다 하더라도 소생가능성에 대해서는 미지수라는 사실을 받아들여 결과발생방지는 사실상 불가능했다. … 당원의 감정촉탁에 따른 대한의사협회장의 회신에 의하면 분만촉진제로 나라돌을 사용하는 경우 급속분만(3시간 이내)을 할 수 있고, 급속분만에 의하여 신생아측에 일어날 수 있는 위험은 지속적인 강한 자궁수축으로 자궁의 혈류를 막아 저산소증으로 주산기 사망률 및 주산기 이환률이 증가할 수 있으며, 태아가 급속히 하강하면서 산도에 대한 머리의 충격으로

1996, 286면; 진계호, 형법총론, 제6판, 대왕사, 2000, 175면.

16) 서울지법 북부지원 1999.12.10. 선고 99고합234 판결.

17) 서울고등법원 2001.4.13. 선고 99노3477 판결.

인해 뇌손상을 당할 수 있고 미처 예기치 못한 급한 상황에서 분만이 일어나므로 신생아 타박상이 발생하거나 신생아에 대한 대처를 신속하고 완벽하게 할 수 없게 되는 사실, 이 사건에서 정○○의 경우도 1998.4.6. 09:00경 나라돌을 주입하기 시작한 후 40분만인 09:40경에 분만한 것으로 보아 급속분만에 의한 합병증으로 영아 사망까지도 이를 수 있고, 피해자의 출생시 소견만으로는 발육지연아 또는 미숙아의 생후 생존 및 발달을 정확하게 예견할 수는 없으나 종합병원으로 후송을 했다 하더라도 소생가능성에 대해서는 미지수라는 것인 사실을 알 수 있을 뿐이고, 달리 피고인이 피해자에 대하여 대형병원에의 후송 등 조치를 취하였을 경우 피해자가 생존이 가능하였다는 점을 인정할 만한 자료가 없다.

대법원도 항소심 법원의 법률판단이 정당하다고 판시하고 있다.

(3) 사 견

일반적 행위능력과 개인적 행위능력이 없어서 결과발생방지(작위)의 가능성이 부정되면, 부작위라는 행위 자체가 존재하지 않는다.[18]

결과발생방지의 가능성은 어디까지나 '사실상의 관점'에서 검토되어야 한다. 결과발생방지행위가 누구에게나 가능했고, 피고인에게도 가능했는가가 핵심이다. 작위의 가능성 판단에는 '일반적' 행위가능성, 즉 구조수단의 존재여부가 검토되어야 한다.[19]

일반인의 관점에서 볼 때, 소아과 의사가 있고 의료시설이 양호한 대형병원으로 환자를 이송하는 것은 의료상식이고, 당시 상황에서 신속한 이송조치의 가능성도 충분히 있다고 볼 수 있다. 그러나 이러한 구조가능성이 1%라도 남아 있음에도 불구하고 의사는 38시간을 방치하였다.

다음으로 '개인적' 행위가능성은 구조능력과 구조수단의 사용방법이다. 산부인과 전문의인 의사는 생명을 다투는 응급상황에서 응급구조수단에 대한 판단능력을 충분히 갖추고 있다고 보인다. 전문의라면 이 상황에서 보다 나은 시설이 구비된 종합병원으로 후송하는 것이 최선의 방법이라는 것은 의료상식이다. 그러나 산부인과 전문의는 응급구조수단을 활용한 최선의 구조조치, 이송조치를 취하지 않았다.[20]

---

18) 김일수 · 서보학, 새로 쓴 형법총론, 제11판, 박영사, 2006, 489면; 임웅, 부작위범에 있어서 규범위반과 범죄성립의 문제점, 저스티스 제31권 제4호, 1998, 50-67면(55면).

19) 임웅, 형법총론, 개정판, 법문사, 2002, 526면.

때문에 저자는 제2심 법원과 대법원의 판결은 오심이라고 생각한다. '결과발생방지의 가능성', 즉 일반적, 개인적 행위가능성에 대한 법률판단을 함에 있어서 오류가 있다고 보기 때문이다. 의료행위에서 생존여부판단은 구조조치 이행 이후에 책임영역에서 판단해야 하는 문제이다.

제2심과 대법원 판결은 종합병원으로 이송 후 소생가능성 여부문제를 결과발생방지의 가능성과 바로 결부시켜 판단함으로써 '구조보다는 생존의 기대가능성'이라는 규범적 평가를 하고 있다.[21] 이것은 잘못된 해석이라고 생각한다. 왜냐하면 결과발생방지의 가능성은 행위가능성(작위의 가능성)에 초점을 두어야 하기 때문이다. 대상판결은 이전의 대법원 판례[22]와도 전면 배치되고 있다.

3. 부작위

대상판결의 세 번째 쟁점은 부작위이다. 부작위는 단순한 무위(無爲)가 아니라 법률상 요구되고, 물리적-현실적으로 가능한 특정한 결과발생방지행위의 불이행을 말한다. 구체적 위험상황에서 요구되는 작위의 불이행, 즉 결과방지의 시도가 없는 것을 말한다. 이 문제에 대해서도 검찰과 피고인의 입장이 첨예하게 대립되어 있다.

검찰은 "피고인은 낙태수술로 태어난 피해자에게 보온 및 호흡유지, 감염방

20) 박상기, 형법총론, 박영사, 제5판, 2002, 313면: 타인의 도움을 요청할 수 있는 경우(예: 의사의 치료)에는 본인이 결과발생을 막을 수 없더라도 개별적인 행위능력이 인정된다.

21) 개별적 작위가능성과 기대가능성의 구별에 관해서는 김성돈, 형법총론, 현암사, 2006, 597면.

22) 대판 1982.10.12. 81도2621 업무상과실치사, 업무상과실치상: [판결요지] 1. 피고인은 조산원으로서 임산부인 조○○의 해산을 조력함에 있어 동인의 골반이 태아에 비하여 협소할 뿐 아니라 분만진통의 통증이 극심하고 또 양수가 파수되고 대변이 나오는 등 난산으로 정상 분만이 어려운 상태임에도 불구하고 정상 분만 할 수 있으리라고 경신하여 지도 내지 전문의사의 지시나 진찰을 받게 하지 아니하고 수십 회에 걸쳐 산모의 배를 훑어 내리고 자궁수축제를 10여회 시주한 결과 분만 중인 태아를 질식사에 이르게 하고 위 산모에게 폐혈증에 감염되도록 하였다는 제1심 판결 적시의 범죄사실을 수긍할 수 있고 거기에 채증상의 위법이나 인과관계에 관한 법리오해가 있다고 할 수 없으니 이 점에 관한 소론은 채택할 수 없다. 2. 태아가 어느 시기에 사람이 되는가에 관하여는 그 출산 과정과 관련하여 여러 가지 설이 있는 바이나 사람의 생명과 신체의 안전을 보호법익으로 하고 있는 형법상의 해석으로는 규칙적인 진통을 동반하면서 태아가 태반으로부터 이탈되기 시작한 때 다시 말하여 분만이 개시된 때(소위 진통설 또는 분만개시설)가 사람의 시기라고 봄이 타당하다고 여겨지며 이는 형법 제251조(영아살해)에서 분만 중의 태아도 살인죄의 객체가 된다고 규정하고 있는 점을 미루어 보아서도 그 근거를 찾을 수 있다. 그러므로 원심판결이 같은 취지에서 분만 중의 태아를 질식사에 이르게 한 소위를 형법 제268조의 업무상과실치사죄로 다스린 제1심 판결을 지지하였음은 정당하여 거기에 소론과 같은 법리오해가 있다고 할 수 없다. 그러므로 논지 이유 없이 상고를 기각하기로 관여법관의 의견이 일치되어 주문과 같이 판결한다(재판장 대법관 전상석, 대법관 이일규, 대법관 이성렬, 대법관 이회창).

지, 영양공급, 응급처치장비가 구비된 대형병원으로의 후송 등 조치를 취하지 않은 채 38시간 동안 방치했다"고 판단하고 있다. 피고인이 피해자의 생존을 위한 필요한 조치를 취하지 않았다는 부작위 판단은 검찰과 제1심 법원이 모두 같은 입장이다.

반면 피고인은 "최선의 방도를 다하여 생명연장을 위해 노력했다"고 주장한다. 피고인의 항소이유를 보면, "이른바 부작위에 의한 살인을 인정하려면 피해자에게 보온 및 호흡유지, 감염방지, 영양공급, 응급처치장비가 구비된 대형병원으로의 후송 등 조치들을 취하면 피해자가 생존할 수 있었다는 것을 전제로 하는데, 피고인은 피해자에 대하여 아무런 조치를 취하지 않은 것이 아니라, ① 싸이드램프와 핫백으로 보온조치, ② 산소공급 인튜베이션조치, ③ 영양공급 불가능, ④ 후송도중 사망할 것이 명백하여 자체치료를 했다"[23]는 것이다.

그러나 제2심 법원과 대법원의 판결은 "종합병원으로 후송을 하지 아니한 것은 부작위에 해당한다"고 간접적으로 인정하고 있다. 저자는 이러한 법률적 판단은 타당하다고 생각한다. 왜냐하면 사태의 신선을 그대로 방치하면서 피해자의 생존을 위한 필요한 조치를 취하지 않았기 때문이다.

4. 부작위의 동가치성

네 번째 쟁점은 부작위의 동가치성이다.[24] 부진정부작위범은 부작위범의 일반적 구성요건 이외에 부작위가 작위와 같이 평가될 수 있을 것을 요한다. 부작위와 작위 사이에 행위반가치의 등가성이다. 작위의무자의 구체적인 부작위가 작위에 의한 범죄실현에 상응할 만큼 불법의 정도가 동등하여 '실행행위성'을 구비하는가 라는 평가의 문제이다.

---

23) 서울고등법원 2001.4.13. 선고 99노3477 판결(피고인측 항소이유의 요지): ㉠ 피고인은 피해자가 살아서 분만되었으나 심한 청색증을 보이므로 배내옷을 입히고 담요를 싸서 보온조치 한 다음 유모카에 눕히고 싸이드램프와 핫백으로 보온조치를 하였다. ㉡ 피고인은 피해자의 호흡곤란증을 극복하기 위하여 앰부백을 사용하다가 부족하여 튜브를 기도에 넣어 산소를 공급해 주는 인튜베이션까지 했음에도 피해자의 호흡이 정상으로 돌아오지 않았다. ㉢ 감염방지 및 영양공급을 하지 않았다는 점에 관하여는 피해자가 극심한 호흡곤란증을 보이는 상황에서 영양공급은 불가능하였기에 이를 하지 않았던 것이다. ㉣ 대형병원에 후송하지 않았다는 점에 관하여는 그와 같이 후송하더라도 피해자의 호흡을 정상으로 회복시키기는 불가능하였을 뿐만 아니라 후송하다가는 그 도중에 사망할 것이 명백하므로 피해자를 후송하지 못하고 자체 치료한 것이다.

24) LK^{11}-Jescheck, §13 Rn. 5: 독일 형법 제13조 제1항은 동가치성을 작위에 의한 구성요건실현에 대한 부작위의 '상응성'(Entsprechung)조항으로 명시하고 있다.

우리 형법 제18조는 부작위의 동가치성의 요건을 명시하고 있지 않다. 부작위의 동가치성은 추상적 요건이다. 그러나 학계의 통설[25]은 부작위의 동가치성을 부진정부작위범의 필수적인 요건이라고 해석하고 있다. 판례[26]도 부작위의 동가치성 요건을 요구하고 있다. 부작위의 동가치성을 부여하는 주된 근거는 보증인의 지위이다.[27] 이 부분은 검찰, 피고인 그리고 법원 모두 견해가 일치하고 있다.

5. 보증인의 지위

다섯 번째 쟁점은 보증인의 지위이다. 법익침해의 위험성이 있는 상황, 즉 구성요건적 상황이 존재하면, 법익침해를 방지해야 할 보증인의 지위가 발생한다. 보증인의 지위에 있는 자는 그때 그때의 상황에 비추어 구체적으로 일정한 동작을 할 작위의무(보증인의 의무)를 부담하게 된다. 구성요건적 상황으로부터 보증인의 지위가 발생하고, 다시 보증인의 지위를 기초로 하여 보증인의 의무가 도출된다. 이 때 작위의무는 법적 의무여야 한다.[28] 보증인의 지위는 부진정부작위범의 구성요건요소로, 보증인의 의무는 위법성의 요소로 파악하는 이분설이 현재 통설이다.[29]

25) 김일수 · 서보학, 새로 쓴 형법총론, 제11판, 박영사, 2006, 502-503면; 이재상, 형법총론, 제5판, 박영사, 2003, 131면; 이재상, 형법총론, 제5판(보정판), 박영사, 2006, 131-132면; 신동운, 형법총론, 법문사, 2000, 111-112면; 신동운, 형법총론, 제2판, 법문사, 2006, 132-133면.

26) 대판 2006.4.28. 2003도412(인터넷 포털 사이트 음란만화사건); 대판 2005.7.22. 2005도3034(부작위에 의한 공무상표시무효죄의 성립을 인정한 사례); 대판 2002.1.22. 2001도2254; 대판 1997.3.14. 96도1639(백화점 입점점포 위조상표사건); 대판 1996.9.6. 95도2551; 대판 1992.2.11. 91도2951(조카 익사사건); 대판 1982.11.23. 82도2024(주교사사건).

27) 신동운, 형법총론, 법문사, 2001, 112면; 신동운, 형법총론, 제2판, 법문사, 2006, 133면.

28) 임웅, 부작위범에 있어서 규범위반과 범죄성립의 문제점, 저스티스, 제31권 제4호, 1998, 50-67면(56-62면); 임웅, 형법총론, 개정판, 법문사, 2002, 527면.

29) 부진정부작위범에 있어서 보증인의 지위와 의무의 체계적 지위에 관해서는 이정원, 부진정부작위범의 구조적 문제점, 형사법연구, 제14호, 한국형사법학회, 2000, 233-254면(246면 이하); 이정원, 부진정부작위범에서의 공범과 정범, 비교형사법연구 제2권 제2호, 한국비교형사법학회, 2000, 136-154면; 임웅, 형법총론, 개정판, 법문사, 2002, 527-528면; (1) 구성요건설: 독일 형법학자 나글러(Nagler)가 1938년 처음 주장, (2) 위법성설: 유기천, 형법학[총론강의], 일조각, 1980, 120-121면, (3) 이분설: (가나다 순) 김일수 · 서보학, 새로 쓴 형법총론, 제9판, 2002, 165면; 김일수 · 서보학, 새로 쓴 형법총론, 제11판, 박영사, 2006, 492면; 박상기, 형법총론, 박영사, 2002, 315면; 안동준, 형법총론, 학현사, 1998, 291면; 손해목, 형법총론, 법문사, 1996, 793면; 이재상, 형법총론, 제5판, 박영사, 2003, 123-125면; 이재상, 형법총론, 제5판(보정판), 박영사, 2006, 123-125면; 이형국, 형법총론, 법문사, 1997, 410면; 임웅, 형법총론, 개정판, 법문사, 2002, 528면; 배종대, 형법총론, 제8전정판, 홍문사, 2006, 746면; 손동권, 형법총칙론, 율곡출판사, 2001, 318면; 신동운, 형법총론, 제1판, 법문사, 2001, 114면; 조준현, 형법총론, 개정판, 법원사, 2000, 306면; 정성근 · 박광민, 형법총론, 삼지원, 2001, 463면; 진계호, 형법총론, 대왕사, 1996, 190면.

보증인의 지위의 발생근거를 살펴볼 필요가 있다. 종래에는 보증인의 의무가 법적 의무라는 점을 중시하여 법원이라는 형식에서 찾는 입장인 형식설이 지배적이었다. 종래 우리나라 통설은 형식설을 취하면서도 사회상규나 조리 같은 제3의 보증인지위 근거를 인정하고 있었다.[30)]

최근에는 엄격한 법원에 구애를 받기보다는 실질적 관점에서 보증인의 지위의 발생근거뿐만 아니라, 보증인의 의무의 내용과 한계까지도 제시해 보고자 하는 기능적 입장이 폭넓은 지지를 받고 있다. 또한 실질설과 형식설을 절충한 결합설[31)]도 주장되고 있다. 현재 결합설이 우리나라 다수설이다.

형식설[32)]은 ① 법령, ② 계약, ③ 선행행위, ④ 사회상규 · 조리에서, 실질설[33)]

---

30) 배종대, 형법총론, 제8전정판, 홍문사, 2006, 746면.

31) 임웅, 부작위범에 있어서 규범위반과 범죄성립의 문제점, 저스티스, 제31권 제4호, 1998, 50-67면(61면): 결합설은 실질설을 기본으로 하되 특히 형식설이 보증인의무를 법원으로부터 명확히 근거 짓고자 하는 장점이 있다; 김일수 · 서보학, 새로 쓴 형법총론, 제11판, 박영사, 2006, 494면 각주 17(박상기, 손동권, 손해목, 신동운, 이재상, 임운, 정성근 · 박광민, 조준현, 진계호); 이재상, 형법총론, 제5판(보정판), 박영사, 2006, 126면 각주 2 참조; 김성돈, 형법총론, 현암사, 2006, 605면은 결합설을 취한다고 해도 사회상규나 조리 혹은 신의칙을 보증의무의 발생근거로 삼아서는 안 된다고 한다(각주 43 참조 손동권 · 오영근 · 임웅 · 차용석)

32) 배종대, 형법총론, 제6판, 홍문사, 2001, 633-636면; 배종대, 형법총론, 제8전정판, 홍문사, 2006, 746-752면: 보증인의 지위를 인정하는 범위가 지나치게 좁은 흠이 있으나 규범성이 분명한 장점이 있다. 형식설은 전통적으로 다음의 세 가지 발생근거를 가지고 있다.

(1) 법령: 민법상의 친권자의 보호의무(민법 제913조), 친족간의 부양의무(민법 제974조), 부부간의 부양의무(민법 제826조), 경찰관직무집행법에 의한 경찰관의 보호조치의무(경찰관직무집행법 제4조), 의료법에 의한 의사의 진료와 응급조치의무(의료법 제16조), 도로교통법에 의한 운전자의 구호의무(도로교통법 제50조)가 해당된다.

(2) 계약: 계약에 의하여 양육 또는 보호의 의무를 지고 있는 경우, 예를 들면 고용계약에 의한 보호의무, 간호사의 환자간호의무, 신호수의 직무상의 의무 등이 해당된다.

(3) 선행행위: 자기의 행위로 인하여 위험발생의 원인을 야기한 자는 그 위험이 구성요건적 결과로 발전하지 않도록 해야 할 작위의무가 있다(형법 제18조). 자동차를 운전하여 타인에게 상해를 입힌 자는 피해자를 구조해야 할 보증인이 되고(BGHSt 7, 287), 과실로 불을 낸 사람은 소화 조치를 취할 보증인이 되고(대판 1978.9.26. 78도1996), 미성년자를 감금한 자는 탈진상태에 빠져 있는 피해자를 구조할 보증인이 되며(대판 1982.11.23. 82도2024 주교사사건), 어린 조카를 저수지로 데리고 가서 미끄러지기 쉬운 제방쪽으로 유인하여 걷게 한 자는 물에 빠진 피해자에 대한 보증인이 된다(대판 1992.2.11. 91도2951 조카 익사사건).

(4) 긴밀한 생활관계: 동거하는 고용자에 대한 고용주의 보호의무, 관리자의 위험발생방지의무, 목적물의 하자에 대한 신의칙상의 고지의무 등이 여기에 해당한다. 조리에 의한 작위의무는 윤리적, 도덕적 의무에 확대되어서도 안 되고 극히 제한적 범위 내에서 인정해야 한다.

33) 이형국, 형법총론, 법문사, 1996, 410면: 실질설은 보증인지위를 실질적 기준에 따라 '일정한 법익에 대한 특별한 보호의무'와 '일정한 위험원에 대한 안전의무'로 설명한다. 지지자는 안동준, 형법총론, 학현사, 1998, 297면; 이정원, 형법총론, 제3판, 법지사, 2004, 467면 이하.

(1) 보호의무: ① 가족관계: 보증인의무가 발생하는 가장 강력하고 명백한 근거는 가족과 같은 자연적 결합체로 가족 사이에는 서로 생명과 재산의 위험을 방지할 의무가 있다. 예를 들면 아버지를 독살하려는 것을 알고 방치한 때에는 살인방조죄의 죄책을 면할 수 없고, 남편이 자살을 기도하여 의식을 잃고 있는 것을 방치한 경우에는 자살방조죄의 책임을 지게 된다. 그러나 보호의무의 범위는 구체적 보호관계에 따라 결정된다. ② 밀접한 공동관계: 탐험이나 등산과 같은 위험한 모험을 같이 한 사람 사이

은 ① 보호의무, ② 안전의무에서 작위의무의 발생근거를 찾고 있다.

이 사건에서 보증인의 지위는 선행행위를 의미한다. 형식설, 실질설, 결합설 등 어느 학설을 취하더라도 선행행위는 보증인의 지위의 발생근거가 된다. 검찰, 제1심, 제2심 그리고 대법원은 "낙태수술을 시행한 의사인 피고인이 사산할 것으로 예상했던 피해자가 살아서 태어나자 피해자의 보호자에게 인계하지 아니함으로써 미숙아로 태어난 피해자의 생명에 대한 위험을 인수하여 그의 생명을 보호·유지시킬 보증인의 지위를 가지게 되었음에도 불구하고…"라고 판단하고 있다. 보증인적 지위에 관해서는 검찰, 피고인 그리고 법원 모두 견해가 일치하고 있다.

6. 인과관계와 객관적 귀속

여섯 번째 쟁점은 인과관계이다. 부진정부작위범의 인과관계는 '기대된 일정한 행위가 행해졌더라면, 결과의 발생을 방지할 수 있었을 것'이라는 판단을 말한다. 부작위는 규범적 관점에서 '작위와 결과의 불발생'간의 '가설적' 인과관계로서 고찰하는 점에 특이성이 있다. 행위자가 요구되는 작위를 하였더라도 마찬가지로 결과가 발생할 가능성이 인정되는 경우에는 부작위와 결과 간의 객관적 귀속이 부정된다.[34]

에도 특수한 신뢰관계가 존재하는 한 보증인지위를 인정할 수 있으나 참여자가 상호간의 도움을 기대할 수 있는 위험을 제거하는 데 제한된다. ③ 보호기능의 인수: 피해자를 사실상 인수하여 피해자와 인수인 사이에 보호관계가 발생한 때에도 보증인지위가 인정된다. 예를 들면 수영교사와 학생, 위험한 관광의 안내원과 관광객, 유아원의 보모와 유아의 관계 등이 해당된다.

(2) 안전의무: ① 선행행위: 선행행위자는 선행행위로 인한 위험이 구성요건적 결과로 발전하지 않도록 보증인이 되는데 다음과 같은 세 가지 요건이 충족되어야 한다. 첫째, 선행행위는 결과발생에 대한 직접적이고 상당한 위험을 야기할 수 있는 것이야 한다. 둘째, 선행행위는 객관적으로 의무에 위반했거나 위법한 것임을 요한다. 셋째, 의무위반은 그 법익을 보호하기 위한 규범을 침해한 것이어야 한다. ② 위험원의 감독의무: 위험한 물건·시설·기계 또는 동물의 소유자와 점유자는 이로 인하여 발생한 위험이 타인의 법익을 침해하지 않도록 감독할 보증인의무가 있다. ③ 타인의 감독: 미성년자에 대한 부모의 의무, 학생에 대한 교사의 감독의무, 부하직원의 범죄를 방치한 상관이 여기에 해당된다. 대법원은 부하직원의 배임행위를 방치한 은행지점장에게도 보증인지위를 인정하고 있다(대판 1984.11.27. 84도1906). 또한 백화점의 상품관리를 담당하는 직원이 가짜 상표가 새겨진 상품을 판매하는 점주의 행위를 방치한 때에는 보증인의 지위를 인정하여 상표법위반죄 등의 방조죄가 성립한다고 판시하였다(대판 1997.3.14. 96도1639).

34) 부작위와 결과 간의 객관적 귀속판단에 관해서는 김성돈, 형법총론, 현암사, 2006, 601-602면; 신동운, 판례백선 형법총론, 경세원, 1998, 101-102면(대판 1967.10.31. 67도1151 약종상사건); 임웅, 부작위범에 있어서 규범위반과 범죄성립의 문제점, 저스티스, 제31권 제4호, 1998, 50-67면(63면); 임웅, 형법총론, 개정판, 법문사, 2002, 537면; 손동권, 형법총론, 제2판, 율곡출판사, 2005, 381면.

(1) 검 토

대상사건에서 검찰과 제1심 법원은 "의사가 피해자의 생존을 위한 필요적 조치를 취하지 않았던 점(부작위)과 피해자의 사망간에 인과관계가 있다"고 판단하고 있다. 반면 피고인은 인과관계를 부정하고 있다. 의사가 요구되는 작위를 하였더라도 마찬가지로 결과가 발생할 가능성이 인정되는 경우에는 부작위와 결과간의 객관적 귀속이 부정된다는 논거를 들고 있다.

피고인은 항소이유에서 "부작위범에 있어서 부작위란 기대되는 무엇인가를 하지 않은 것으로 기대되는 행위를 하였다면, 결과가 발생하지 않았을 것이라는 견해가 인정될 때에 비로소 부작위와 결과 사이에 인과관계를 인정할 수 있다. 피고인이 피해자에 대하여 대형병원에의 후송 등 조치를 하지 않은 행위와 피해자의 사망 사이에 인과관계가 있다고 하기 위하여는 피고인이 그러한 조치를 취하였더라면, 피해자가 사망하지 않았을 것임이 입증되어야 할 것이다. 피고인이 피해자에 대하여 대형병원에의 후송 등 조치를 취하였을 경우 피해자가 생존가능하였다는 점을 인정할 만한 자료가 없으므로 피고인의 부작위와 피해자의 사망 사이에 인과관계를 인정하기도 어렵다 할 것이다"고 주장한다.

이러한 견해는 기대된 일정한 행위가 행해졌더라면, 결과가 발생하지 않았으리라는 것이 '확실에 가까운 개연성'으로 긍정된다면, 부진정부작위범에서 인과관계가 인정된다는 것이다. 예를 들면 의사가 전원조치를 하였더라면 영아가 사망하지 않을 것이 확실성에 근접한 개연성 정도에 이르러야 한다는 것이다. 이것이 기대행위설 혹은 요구행위설이다.[35] 이 학설에 따라 이 사건을 검토하면, 생존에 대한 '확실에 가까운 개연성'을 긍정할 수 없기 때문에 인과관계를 인정할 수 없다. 인과관계를 부정한 제2심 법원과 대법원이 같은 입장이다.

(2) 사 견

부진정부작위범에서 인과관계는 가정적 인과관계의 형식으로 판단된다. 부작

---

35) 김성돈, 형법총론, 현암사, 2006, 602면 각주 34, 35; 임웅, 부작위범에 있어서 규범위반과 범죄성립의 문제점, 저스티스 제31권 제4호, 1998, 50-67면(63면); 부작위범의 인과관계에 관해서는 이형국, 형법총론, 제3판, 법문사, 2003, 354-356면; 이재상, 형법총론, 제5판, 박영사, 2003, 146면; 이재상, 형법총론, 제5판(보정판), 박영사, 2006, 146면; 임웅, 형법총론, 개정판, 법문사, 2002, 537면 참조: 과거에는 부진정부작위범의 인과관계를 설명함에 있어서 ① 인과관계부정설, ② 타행행위설, ③ 선행행위설, ④ 간섭설, ⑤ 법적 인과관계설 등이 주장되었으나 현재에는 학설사적 의의를 갖는 데 불과하다; 단행권으로 이재상 · 김영환 · 장영민 편역, 인과관계와 객관적 귀속 [형법기본이론 I], 박영사, 1995.

위범에 있어서 부작위란 기대되는 무엇인가를 하지 않은 것으로서 기대되는 행위를 하였다면 결과가 발생하지 않았을 것이라는 관계가 인정될 때 비로소 부작위와 결과 사이에 인과관계를 인정할 수 있다. 즉 요구된 작위행위를 이행했다면, 확실성에 근접할 만큼 개연적으로 구체적인 결과가 발생하지 않았을 것이라고 판단될 때 가정적 인과관계를 긍정할 수 있다.

대상사건에서 부작위와 신생아의 사망 사이에 인과관계와 객관적 귀속을 인정하기 위해서는 의사가 요구된 작위(의사가 신생아를 대형병원으로 후송조치)를 취하였더라면, 신생아의 사망결과가 발생하지 않았을 것임이 입증되어야 한다. 제2심 법원과 대법원은 의사가 종합병원 후송 등의 조치를 취하였더라면, 피해자가 사망하지 않았을 것임을 입증할 수 있는 자료가 없다고 판단하고 있다.[36] 따라서 대법원은 부작위와 피해자의 사망 사이의 인과관계를 부정하고 있다.

그러나 현재 우리나라와 독일의 통설은 부작위와 결과 사이의 인과관계는 세세한 부분까지 남김없이 확정될 수 없다고 한다. 세부적인 점에서는 다소 불명확함이 남더라도 부작위와 구성요건해당적 결과 사이에 오늘날의 경험법칙적·자연법칙적 관점에서 무리 없이 긍인될 수 있는 정도의 합법칙적 관련성이 해명되면 족하다 본다.[37] 따라서 의사가 대형병원으로 후송 등의 조치를 취하지 아니한 부작위와 피해자의 사망 사이의 연관성을 우리의 경험법칙적·자연법칙적 관점에서 볼 때 무리 없이 긍인할 수 있다고 생각한다. 따라서 인과관계를 부정하고 있는 제2심 법원과 대법원의 판단은 수긍을 할 수가 없다.

또한 형사재판에서 있어 증명의 정도는 '합리적 의심이 없을 정도의 확신'이 있으면 된다. 타인의 신체를 침해한 자, 즉 낙태행위를 한 자는 근본적으로 낙태행위로부터 발전된 피해, 자궁수축제 옥시토신이 아니라, 인체에 치명적인 약품

36) 대판 2002.1.22. 2001도2254: "분만촉진제 나라돌 사용에 따른 저산소증으로 주산기 사망률 및 주산기 이환률이 증가할 수 있으며, 태아가 급속히 하강하면서 산도에 대한 머리의 충격으로 인해 뇌손상을 당할 수 있고 미처 예기치 못한 급한 상황에서 분만이 일어나므로 신생아 타박상이 발생하거나 신생아에 대한 대처를 신속하고 완벽하게 할 수 없게 된다는 점, 이 사건에서 정○을의 경우도 1998.4.6. 09:00경에 나라돌을 주입하기 시작한 후 40분만인 09:40경에 분만한 것으로 보아 급속분만에 의한 합병증으로 영아 사망까지도 이를 수 있고, 피해자의 출생시 소견만으로는 발육지연아 또는 미숙아의 생후 생존 및 발달을 정확하게 예견할 수는 없으나 종합병원으로 후송을 했다 하더라도 소생가능성에 대해서는 미지수라는 것인 사실을 알 수 있을 뿐이고, 달리 피고인이 피해자에 대하여 대형병원에의 후송 등 조치를 취하였을 경우 피해자가 생존가능 하였다는 점을 인정할 만한 자료가 없다."

37) 박상기, 형법총론, 제5판, 박영사, 2002, 314면; 이재상, 형법총론, 제5판, 박영사, 2003, 146-147면; 이재상, 형법총론, 제5판(보정판), 박영사, 2003, 146-147면; "부작위는 단순한 무(無)가 아니라 기대되는 무엇인가를 하지 않은 것이므로 기대되는 행위를 하였다면, 결과가 발생하지 않았을 것이라는 관계가 인정되면, 부작위와 결과 사이에는 합법칙적 연관을 인정할 수 있다."

인 나라돌(설프로스톤: Sulprostone)을 사용하여 발전된 침해, 대형병원으로 신생아의 후송을 게을리하여 발전된 침해를 포함하여, 이것들이 연결된 인과과정에 연동되어 있는 경우에는 자연법칙적·경험법칙적 관점에서 보더라도 합법칙적 관련성이 있기 때문에 사망의 결과와 객관적으로 귀속시킬 수 있다고 생각한다. 왜냐하면 적어도 부작위가 지배가능하고 위험을 증대시킨 경우에는 발생된 결과를 그 부작위에 객관적으로 귀속시킬 수 있기 때문이다.[38]

독일의 일부 학자들도 요구된 작위를 이행했더라면, 결과발생방지의 기회를 현실적으로 증대시켰을 것이라고 판단될 때 이미 인과관련을 긍정해야 한다고 주장한다. 즉 의사가 요구된 작위를 이행했더라면, 피해자의 사망결과를 방지할 수 있는 기회를 현실적으로 증대시켰을 것이라고 판단되는 이상, 부작위의 인과관계를 인정할 수 있다는 것이다.[39]

7. 고 의

부진정부작위범은 작위범의 구성요건요소 이외에 기술되지 아니한 객관적 구성요건요소를 포함하고 있다. 따라서 고의의 대상은 불문의 구성요건요소에까지 미친다고 본다. 즉 부진정부작위범에서 행위자는 ① 구성요건적 결과발생, ② 결과발생방지의 사실상의 가능성(작위, 의무이행의 가능성, 요구된 작위를 이행할 수 있는 사실적 가능성, 법익침해를 방지할 작위의 가능성), ③ 부작위(요구된 작위의무의 불이행), ④ 작위와의 동가치성, ⑤ 보증인의 지위, ⑥ 결과와 부작위 사이에는 가정적 인과관계와 객관적 귀속이 있어야 한다. 나아가 이러한 고의의 지적 요소 외에도 의지적 요소인 의욕이 있어야 한다. 이것은 부작위범의 경우 부작위로의 결의와 결과발생에 대한 희망이 내심의 세계에 머물러 있어야 한다는 것을 의미한다.

---

38) 독일 판례 BGHSt 3, 62; OLG Stuttgart JZ 80, S. 618; 오영근, 형법총론, 대명출판사, 2002, 304-305면: 부작위가 지배가능하고 위험을 증대시킨 경우에는 발생된 결과를 그 부작위에 객관적으로 귀속시킬 수 있다; 오영근, 형법총론, 박영사, 2005, 170-171면: 객관적 귀속의 기준으로 지배가능이론과 위험증대이론을 제시하고 있다.

39) SK-Rudolphi vor §13 Rn. 16: 그러나 이 견해에 대해 부진정부작위범의 가벌성을 확장하고 요구된 작위의 이행은 부작위에 비하여 거의 언제나 결과발생방지의 기회를 증대시켰을 것이라는 결론에 이르게 된다는 비판이 있다. 하지만, 이것은 보증인이 모든 구조기회를 남김없이 활용하지 않는 한 기수범으로 처벌된다는 점에서 의미가 있다고 생각한다. 물론 이러한 주장에 대해 형사정책적으로 바람직하지 않은 귀결이라고 비판하는 학자도 있다; 여기에 관해서는 Wolfgang Joecks, StGB Studienkommentar, 3. Aufl., C. H. Beck 2001, §13 Rn. 16 참조.

(1) 검 토

대상사건에서 검찰과 제1심 법원은 살해의 범의를 인정하고 있다. 살인죄에 있어서의 범의는 반드시 살해의 목적이나 계획적인 살해의 의도가 있어야 하는 것은 아니지만, 자기의 행위로 인하여 타인의 사망이라는 결과를 발생시킬 만한 가능 또는 위험이 있음을 인식하거나 예견하여야 인정될 수 있고, 피고인에게 범행 당시 살인의 범의가 있었는지 여부는 피고인이 범행에 이르게 된 경위, 사망의 결과발생가능성 정도 등 범행 전후의 객관적인 사정을 종합하여 판단하여야 한다.[40] 검찰과 제1심 법원은 피해자의 사망에 대한 고의를 확정적 고의는 아니라 하더라도, 미필적 고의는 있다고 판단하고 있다.[41]

반면 제2심 법원과 대법원 판결은 살해의 범의를 부정하고 있다. 그 논거를 보면, "피고인이 피해자가 태아로 있을 당시 그 생명을 박탈하려는 낙태수술을 시도하였던 사실, 피해자가 1998.4.6. 09:40경 낙태수술에 따라 모체 밖으로 인공배출 된 후 1998.4.7. 23:30경 사망할 때까지 38시간 정도 살아있었다는 사실, 피고인이 피해자를 대형병원에 후송하는 등 조치를 취하지 않은 사실만을 들어 피고인에게 살아서 태어난 피해자를 살해하려는 범의가 있었다고 추단(推斷)할 수는 없다. 피고인에게 낙태수술의 실패로 태어난 피해자가 앞으로도 정상적으로 생존할 가능성이 있음을 인식하고서도 이를 살해하려는 새로운 범의에 의해 피해자를 방치하였다고도 보기 어렵다. 그밖에 달리 살해의 범의를 인정할 만한 증거가 없다"[42]고 한다.

(2) 사 견

그러나 고의를 부정한 제2심 법원과 대법원의 판단은 타당하지 않다고 생각한다. 살인의 범의가 있었는지 여부는 피고인이 낙태에 이르게 된 경위, 사망의 결과발생가능성 정도 등 범행 전후의 객관적인 사정을 종합하여 판단해야 한다.

저자가 인터뷰한 다른 산부인과 전문의의 소견[43]에 따르면, 20주 이후에는 통상 자연분만을 유도한 후 낙태를 시킨다. 대상사건에서 산부인과 의사는 유도분

---

40) 자세한 것은 박상기, 고의의 본질과 대법원 판례의 입장, 형사판례연구[10], 박영사, 2002, 42-61면; 박상기, 형법총론, 제5판, 박영사, 2002, 104-118면(113면); 대판 2000.8.18. 2000도2231; 대판 1998.6.9. 98도980; 대판 1994.12.22. 94도2511; 대판 1994.3.22. 93도3612; 대판 1988.2.9. 87도2564.

41) 서울지법 북부지원 1999.12.10. 선고 99고합234 판결.

42) 서울고등법원 2001.4.13. 선고 99노3477 판결.

43) 마산의료원 산부인과 전문의 면담결과, 2003년 1월 9일.

만제로 옥시토신[44]이 아니라, 나라돌(설프로스톤: Sulprostone)을 사용하였다. 의사가 사용한 자궁수축제 나라돌은 태아를 죽이거나, 중증 장애인을 만들 수 있는 인체에 치명적인 약품이다. 이러한 약품사용은 살의의 고의를 추단할 수 있는 중요한 단서가 된다. 32주된 태아를 나라돌로 급속으로 자연분만 시킨다는 것은 태아사망 혹은 태아를 출생시켜 살해한다는 고의 혹은 미필적 고의가 내재되어 있다고 볼 수 있기 때문이다. 낙태 후 신생아에 대한 부작위로의 결의, 결과발생(사망)에 대한 희망이 낙태시술자의 내심의 세계에 머물러 있다고 볼 수 있다.

또한 사회통념상 32주란 8삭둥이로 인간의 형체를 완전히 가진 사람이다. 이러한 태아를 낙태시킨다는 것은 낙태 후 설령 출산한다 하더라도 사람을 살해한다는 의욕이 내재되어 있는 것으로 볼 수밖에 없다. 왜냐하면 낙태행위로 인하여 타인의 사망이라는 결과를 발생시킬 만한 가능 또는 위험이 있음을 인식하거나 예견할 수 있었다고 판단할 수 있기 때문이다. 이것은 일반평균인의 상식이다. 용인설[45] 혹은 감수설의 입장에서도 미필적 고의는 있다고 생각한다.

대법원 판례도 고의는 인식대상인 객관적 구성요건해당성을 증명하는 방법에 의해 간접적으로 입증할 수 있다는 견해를 취하고 있다.[46] 고의의 의식형태는 추

44) 두산세계대백과 EnCyber 인용: 자궁수축제(子宮收縮劑, uterine stimulant pitocin)는 자궁을 수축시키는 약제를 말하다, 분만유도, 산후의 출혈방지, 부전유산(不全流産)의 잔유물 배출 등의 목적으로 사용된다. 아세틸콜린 · 필로카르핀 · 피소스티그민 · 히스타민 · 티라민 등이 쓰인다. 그러나 실용 가치면에서 중요한 것은 자낭균(子嚢菌)이 라이보리에 기생하여 생기는 맥각(麥角)과 뇌하수체후엽제제인 옥시토신이다. 맥각은 출산 때에 진통촉진의 목적, 분만 후의 출혈방지의 목적으로 쓰인다. 다만, 과량 사용하면 경련이나 괴저를 일으킨다. 유효성분은 에르고메트린이라고 하는 알칼로이드이다. 뇌하수체후엽제제는 산욕의 자궁부전퇴행(子宮不全退行)이나 근종, 만성자궁실질염의 지혈에도 쓰인다. 구체적으로 옥시토신은 뇌하수체후엽에서 분비되는 폴리펩티드 호르몬으로서 9개의 아미노산으로 구성된 자궁수축 호르몬이다. 출산시에는 진통을 일으키는 약품으로서 사용되는 일이 많다. 유도분만 방법으로는 흔히 뇌하수체후엽(腦下垂體後葉)에서 분비되는 호르몬인 옥시토신을 포도당수액 또는 하트만액에 타서 서서히 점적주사(點滴注射)한다. 그러면 얼마 안 되어 자궁수축이 일어나 분만이 진행되며, 사람에 따라 다르기는 하지만 보통 초산부의 경우 약 9시간, 경산부(經産婦)의 경우 약 6시간만에 분만하게 된다.

45) 박상기, 고의의 본질과 대법원 판례의 입장, 형사판례연구[10], 박영사, 2002, 42-61면(59-61면); 박상기, 형법총론, 제5판, 박영사, 2002, 117면; 배종대, 형법총론, 제6판, 홍문사, 2001, 202-209면; 배종대, 형법총론, 제8전정판, 홍문사, 2006, 251-253면; 신동운, 형법총론, 제1판, 법문사, 2001, 167면; 신동운, 형법총론, 제2판, 법문사, 2006, 185-189면; 신동운, 판례백선 형법총론, 경세원, 1998, 128면; 이정원, 형법총론, 제3판, 법지사, 2004, 139-141면; 임웅, 형법총론, 개정판, 법문사, 2002, 140-148면(148면): 오영근, 형법총론, 대명출판사, 2002, 193-196면; 오영근, 형법총론, 박영사, 2005, 176-179면.

46) 대판 2005.4.29. 2003도6056 [판결요지] 고의는 내심적 사실이므로 피고인이 이를 부정하는 경우에는 사물의 성질상 고의와 상당한 관련성이 있는 간접사실을 증명하는 방법에 의하여 입증할 수밖에 없고, 이 때 무엇이 상당한 관련성이 있는 간접사실에 해당할 것인가는 정상적인 경험칙에 바탕을 두고 치밀한 관찰력이나 분석력에 의하여 사실의 연결상태를 합리적으로 판단하는 외에 다른 방법이 없다고 할 것이다; 대판 1995.2.3. 94도3122 [판결요지] 업무상 배임죄의 고의는 업무상 타인의 사무를 처리하는 자가 본인에게 재산상의 손해를 가한다는 의사와 자기 또는 제3자의 재산상의 이득의 의사가 임무에

론의 대상일 뿐 추정의 대상이 아니다.[47] 따라서 고의의 성립을 부정하는 제2심 법원과 대법원 판결의 논리는 설득력이 없다고 생각한다.

Ⅳ. 결 론

1. 「32주 8삭둥이 낙태판결」에 대한 비판

산부인과 의사인 피고인은 선행행위에 의한 보증인의 지위를 갖는 자로서 위험발생을 방지할 의무가 있다. 낙태시술 후 살아서 태어난 피해자에게 보온조치나 설탕물을 먹이는 등의 최소한의 조치만을 취한 채 대형병원으로의 후송 등의 더 이상 피해자의 생존을 위한 조치를 취하지 아니하였으므로 부작위에 의한 살인죄가 성립한다. 피고인의 공소사실 중 살인의 점에 대해 이를 부인한 대상판결의 결론은 옳다고 볼 수 없다.

(1) 결과발생방지의 가능성

부작위범은 구성요건적 결과발생의 위험이 있는 상황을 지배할 수 있어야 한다. 즉 작위의무를 가지고 이를 이행하여야 할 부작위범은 구성요건적 결과발생에 의하여 피해자(신생아)의 보호법익이 침해될 상황에 대처할 수 있어야 한다.

제2심 법원과 대법원 판결은 '결과발생을 방지하기 위한 노력이 더 이상 필요하지 않게 된 경우'로 보고 결과발생방지의 가능성을 부정하고 있다.[48] 그러나 의사에게는 결과발생방지의 가능성이 있었다고 생각한다. 그 이유는 두 가지이다. 첫째, 출생 후 신생아에게 보온 및 호흡을 유지시키고 감염을 방지하며 적절

위배한다는 인식과 결합되어 성립하는 것이며, 이와 같은 업무상 배임죄의 주관적 요소로 되는 사실(고의, 동기 등의 내심적 사실)은 피고인이 그 범의를 부인하고 있는 경우에는 사물의 성질상 고의와 상당한 관련성이 있는 간접사실을 증명하는 방법에 의하여 입증할 수밖에 없다.

47) 고의의 입증문제에 관해서는 김일수·서보학, 새로 쓴 형법총론, 제9판, 2002, 237면; 김일수·서보학, 새로 쓴 형법총론, 제11판, 박영사, 2006, 208면: 고의의 의식형태는 추론의 대상일 뿐 추정의 대상이 아니다; 배종대, 형법총론, 제6판, 홍문사, 2001, 208면; 배종대, 형법총론, 제8전정판, 홍문사, 2006, 245면: 100% 정확한 고의의 입증이란 불가능하다; 김성돈, 형법총론, 현암사, 2006, 208면.

48) 대판 2002.1.22. 2001도2254: 대법원은 "형법이 금지하고 있는 법익 침해의 결과발생을 방지할 법적인 작위의무를 지고 있는 자가, 그 의무를 이행함으로써 결과발생을 쉽게 방지할 수 있었음에도 불구하고"라고 설명하고 있다. 결국 부작위범이 위험발생상황에 대처할 수 있다는 것은 작위의무를 이행함으로써 결과발생을 쉽게 방지할 수 있는 점을 강조하고 있다.

한 영양을 공급할 수 있는 상황이었고, 둘째, 의료진과 의료장비 등이 구비된 양질의 응급조치를 할 수 있는 대형병원으로 신속히 후송조치를 취할 수 있었던 상황이라고 볼 수 있기 때문이다. 의사의 작위의무의 이행방법은 최선이라고 볼 수 없다.

또한 제2심 법원과 대법원 판결은 "대형병원에의 후송 등 조치를 취할 경우 피해자가 생존가능 하였다는 점을 인정할 만한 자료가 없으므로 …"라는 점을 강조하고 있다. 그러나 작위이행의 가능성은 사실상의 관점에서 검토되어야 하며, 사실상의 구조방법과 구조 이후의 생존가능성은 구분해야 한다. 구조의무의 이행은 객관적 조건이고, 생존가능성 여부는 주관적 판단이다. 부진정부작위범에서의 결과발생방지의 가능성은 구조의무의 객관적 가능성을 의미한다. 구조 이후의 생존 기대가능성 여부는 부진정부작위범의 선행조건이 충족되고 난 다음에 판단해야 할 문제이며, 이것은 책임요소로서 규범적 판단의 문제이다.[49] 개별적 작위가능성과 생존의 기대가능성은 분명하게 구별해야 한다. 따라서 제2심 법원과 대법원의 판결은 부작위범의 법리를 오해한 위법이 있다고 생각한다.

(2) 부작위와 인과관계

대상사건의 경우 신생아의 사망은 여러 요소가 복합되어 발생한 것이다. 즉 낙태행위와 이후 신생아를 방치한 행위가 사망의 요인이다. 낙태행위를 한 자는 근본적으로 낙태행위로부터 발전된 피해, 심지어 대형병원으로 피해자의 후송을 게을리 하는 것도 포함하여 이것들이 함께 인과과정을 형성한다. 선행행위가 사물의 통상적인 진행과 일반적인 생활경험에 따라 인정해야 하는 것과는 완전히 다른 방법으로 일어나지 않는다는 것을 전제로 인과과정이 복합적으로 연결되어 있는 경우에는 객관적 귀속이 인정된다. 따라서 적어도 부작위가 의사에 의해 지배가 가능하고 위험을 증대시킨 경우에는 발생된 결과를 그 부작위에 객관적으로 귀속시킬 수 있다.[50] 대상사건의 경우 신생아의 사망은 사망원인의 야기자인 의사에게 결과에 대한 객관적 귀속을 인정하는 것이 타당하다고 생각한다.

---

49) 임웅, 부작위범에 있어서 규범위반과 범죄성립의 문제점, 저스티스 제31권 제4호, 1998, 50-67면(55면); 김성돈, 형법총론, 현암사, 2006, 597면.

50) 독일 판례 BGHSt 3, 62; OLG Stuttgart JZ 80, S. 618; 오영근, 형법총론, 대명출판사, 2002, 304-305면: 부작위가 지배가능하고 위험을 증대시킨 경우에는 발생된 결과를 그 부작위에 객관적으로 귀속시킬 수 있다; 오영근, 형법총론, 박영사, 2005, 170-171면.

(3) 고 의

대상사건에서 의사가 낙태시술을 하게 된 경위, 낙태 당시 태아의 성장정도, 낙태시 사용한 나라돌 약품을 보면, 의사는 자기의 낙태행위로 인하여 타인의 사망이라는 결과를 발생시킬 만한 가능 또는 위험이 있음을 인식하거나 예견하면서 낙태시술을 했다고 볼 수 있다. 결과발생에 대한 희망이 피고인 내심의 세계에 머물러 있음을 추론할 수 있다.

(4) 채증법칙과 공소장변경

대상판결에 대해 두 가지 소송법상의 문제점이 제기될 수 있다.

첫째, 채증법칙상의 문제이다. 제2심 법원과 대법원은 피고인의 변소내용과 부합하는 증거로 대한의사협회의 회신내용을 채택했다. 그러나 의사와 같은 전문직종에 종사하는 자가 피고인이 될 경우, 피고인이 소속된 단체에만 감정의뢰 할 것이 아니라, 제3의 전문기관에 감정을 의뢰하는 것이 타당하다고 생각한다. 왜냐하면 그렇게 함으로써 실제적인 사실관계에 부합되는 결론을 도출할 수 있기 때문이다.

둘째, 업무상과실치사죄의 예비적 공소사실의 적용문제이다. 사람의 생명은 존중되어야 한다. 불구자와 영아의 생명도 마찬가지이다. 때문에 사람의 생명을 해한 자는 반드시 처벌되어야 한다. 검사는 항소심 재판 중에 살인에 대한 예비적 공소사실로 업무상과실치사를 적시하던지 살인을 업무상과실치사로 공소사실을 변경하는 것도 함께 고려했어야 했다.[51] 피고인측 항소이유를 보더라도 업무상과실치사 부분은 피고인측에서 인정하고 있기 때문이다. 제1심 재판부의 살인부분에 대한 유죄선고, 검찰의 법적 신념, 피해자의 합의 등이 복합적으로 작용하여 이러한 법적 결과가 도출되었다고 생각한다.

2. 태아의 생명보호

독일의 법철학자 아르투어 카우프만은 1986년 『정의－평화를 위해 잃어버린 길』[52]을 출판하였다. 이 책은 제2차 세계대전에서 사망한 그의 형 칼-루돌프를

51) 이재상, 형사소송법, 제6판, 박영사, 2006, 395-398면.

52) Arthur Kaufmann, Gerechtigkeit－der vergessene Weg zum Frieden, Gedanken eines Rechts-

추모하며 쓴 법철학 입문서이다. 이 책의 제2장 '정의와 평화'에서 카우프만은 정의의 요건들을 서술하고 있다. 다음은 '평등의 원리'의 내용 중 일부분이다.

> 프란츠 알트(Franz Alt)는 「사랑은 가능하다」(Liebe ist möglich)라는 그의 저서에서 독일의 1980년대 상황이 얼마나 모순에 처해 있는가를 쉽게 설명하고 있다: "낙태허용과 관련하여 여러 논거들이 있고, 또 이 모든 논거들이 어느 범위까지 허용되는가에 대해서도 논란이 있을 수 있다. 그러나 처벌되지 않는 것(was straflos ist)과 윤리적으로 허용되지 않는 것(was sittlich erlaubt ist)은 구분되어야 한다. 낙태행위가 처벌되지 않는 것은 납득할만한 충분한 형사정책적 근거가 있지만, 윤리적으로 문제가 없다는 것은 아니다."[53]
>
> 분명한 것은 "모든 인간은 평등하고, 각자의 생명을 가지고 있으며, 동일성(Identität)을 갖고 있다. 태아도 '자기의 존재'(Das Seine)를 가지고 있다. 때문에 태아의 생명도 당연히 보호를 받아야 한다. 특히 태아는 그저 힘없는 소수파가 아닌가? 오늘날과 같은 피임약의 시대에 낙태행위는 석기시대의 방법에 불과하다.[54] 나는 오해를 없애기 위해 한마디만 부언하고자 한다 독일 뮌헨의 추기경 프리드리히 베터(Friedrich Wetter)는 독일의 낙태실태를 廣島(히로시마)와 長崎(나가사키)의 대량살육과 비교하고 있다. 비록 그의 비유가 낙태예방에 기여하지 못하고 있지만, 나는 그의 견해에 깊이 공감을 하고 있다."

서울지방법원 북부지원 제1형사부는 1999년 12월 10일 제1심 선고공판에서 피고인에게 살인, 사체유기, 업무상 승낙낙태(1998년 4월 16일에서 1999년 5월 26일까지 행해진 39건의 낙태행위)를 적용, 징역 2년 6월에 집행유예 3년을 선고했다. 서울고등법원 제1형사부는 2001년 4월 13일 항소심 선고공판에서 제1심 판결 중 살인 부분을 파기하면서, 공소사실 중 살인에 대해 무죄를 선고하고, 사체유기, 39건의 낙태행위에 대해 업무상 승낙낙태를 적용, 징역 1년에 집행유예 2년을 선고했다. 2002년 1월 22일 대법원은 상고를 기각하고 원심을 확정했다. 이것이 낙태 관련 우리나라 법원의 최근 양형실태이다.

우리나라 낙태율은 연간 150만건에 달하고 있다.[55] 임신과 낙태과정에는 우

---

philosophen zu einem politischen Thema, Serie Piper, 1986, S. 25ff.; 하태영 역, 정의와 평화, 경남법학 제15집, 경남대학교 법학연구소, 2000, 210-225면.

53) Franz Alt, Liebe ist möglich; Die Bergpredigt im Atomzeitalter. München, Zürich 1985, S. 19.

54) Franz Alt, a.a.O., S. 73.

55) 김일수 · 서보학, 새로쓴 형법각론, 제5판, 박영사, 2003, 48면; 김일수 · 서보학, 새로 쓴 형법각론,

리 사회의 성개방 문화, 성풍속의 변화, 가정과 전통윤리의 붕괴가 자리 잡고 있다. 낙태로 연간 수천억 원의 불법낙태시장이 형성되어 있다. 이제 형법은 자유화란 미명으로 심각한 도덕적 · 윤리적 · 인간학적 근본문제를 외면해서는 안 될 단계에 이르렀다. 태아의 생명권과 모체의 생명권이 충돌하는 경우가 아님에도 불구하고, 태아의 생명을 포기하는 것이 일상화되고, 정당화되는 것을 더 이상 방치해서는 안 된다.[56] 한국 검찰과 법원은 법규범의 유지 및 규범의 강화에 책임과 의무를 가지고 적극적인 사법통제를 해야 한다고 생각한다. 왜냐하면 생명과 관련된 문제이기 때문이다. 저자는 이러한 적극적인 사법통제가 낙태행위와 관련하여 규범의 유지와 규범의 강화, 즉 '적극적 일반예방'(die positive Generalprävention)[57]에 기여할 수 있다고 생각한다.

3. 형법 제18조 개정의 필요성

부진정부작위범은 형법 제18조가 정한 요건이 충족되어야 성립한다. '위험의 발생을 방지할 의무(작위의무 · 보증인의 의무)가 있거나, 자기의 행위로 인하여 위험발생의 원인을 야기(선행행위)한 자가 그 위험발생을 방지하지 아니한 때에 부작위가 성립한다. 부진정부작위범의 성립여부는 법관의 해석에 맡겨져 있다. 그 핵심은 보증인의 지위와 작위와의 동가치성이다. 학설[58]과 판례[59]가 이 요건들

제6판, 박영사, 2004, 48면; "인간존재 중 가장 약한 자가 태아이다. 낙태는 가장 약한 자를 강한 자들의 편의에 따라 살해하는 행위라고 할 수 있다"; 서보학, 낙태죄와 입법자의 법적 가치판단, 법치국가와 형법－심재우 선생의 형법사상에 대한 재조명－, 세창출판사, 1998, 382-409면(409면).

56) 법률신문, 인간의 존엄성－김수환 추기경－, 서울법원아카데미(SCA) 제1회 교양강좌, 2003년 6월 9일자 참조; 조선일보, 김 추기경, '생명 31' 홍보대사 활동, 2003년 3월 19일자: 천주교 김수환 추기경이 부분적 낙태를 허용하고 있는 모자보건법의 폐지와 사형제도, 안락사, 인간복제 반대 등 생명문화정착을 위해 범종교인들이 벌이는 '생명 31' 운동의 홍보대사로 나선다. '생명 31'은 숱한 태아들의 생명을 앗은 '모자보건법 30년'(1972년 3월 28일 제정)을 끝내고 2003년을 생명문화의 원년으로 삼자는 의미를 담은 생명문화 운동이다. 7대 종교계 대표들은 4월 5일 모자보건법 개정을 요청하고, '생명문화와 낙태'를 주제로 토론회를 갖는 데 이어 4월 7일 김 추기경의 집전으로 명동성당에서 낙태아 추모미사를 봉헌하고 명동거리에서 촛불행진을 벌였다.

57) 적극적 일반예방사상에 관해서는 본서 제1편 제2장에 수록.

58) 형법 제18조 처벌에 관한 해석론과 입법론에 관해서는 임웅, 부작위범에 있어서 규범위반과 범죄성립의 문제점, 저스티스 제31권 제4호, 1998, 50-67면(67면); 임웅, 형법총론, 개정판, 법문사, 2002, 541면; 신동운, 형법총론, 법문사, 2000, 112면; 신동운, 형법총론, 제2판, 법문사, 2006, 142면; 이재상, 형법총론, 제5판, 박영사, 2003, 131-132면; 이재상, 형법총론, 제5판(보정판), 박영사, 2006, 132면; 오영근, 형법총론, 대명출판사, 2002, 305면; 오영근, 형법총론, 박영사, 2005, 272면; 장영민, 부진정부작위범의 성립요건, 형사판례연구[2], 박영사, 1994, 37-45면.

반대의견 김일수 · 서보학, 새로 쓴 형법총론, 제11판, 박영사, 2006, 509면은 "부진정부작위범에서 그러한 불법 및 책임의 감경사유가 존재할 경우에는 작량감경 등의 방법으로 양형단계에서 얼마든지 고

을 지속적으로 요구하고 있다면, 우리나라도 독일 형법 제13조처럼 입법으로 이를 명문화 할 필요가 있다.[60] 그리고 형법 제18조에는 부진정부작위범의 처벌에 관하여 특별한 언급이 없다. 그래서 부진정부작위범도 작위범과 같이 처벌된다. 그러나 부진정부작위범의 책임은 작위범의 경우에 비하여 경미하며, 부작위가 작위와 동가치성이 인정된다 할지라도 대부분의 경우 그 불법내용은 작위범의 경우보다 가볍다. 부작위의 행위반가치가 작위에 비하여 경미한 이상 부진정부작위범의 형을 임의적 감경사유로 규정하는 것이 타당하다고 생각한다. 대상판결은 형법 제18조의 개정을 촉구하는 시사점도 있다고 생각한다. 이러한 입법개정은 형법해석론에도 상당한 영향을 미칠 수 있다.[61] 특히 부작위행위 또는 작위행위가 모두 섞여 있어 어느 행위로도 볼 가능성이 있는 소위 '이중적 의미의 행위'에서는 부작위 성립 여부가 먼저 검토될 수 있기 때문이다.[62]

려할 수 있기 때문에 반드시 입법론적으로 형감경규정을 둘 필연적인 이유는 없다고 본다"; 배종대, 형법총론, 제8전정판, 홍문사, 2006, 755면; 조준현, 형법총론, 제3정판, 법원사, 2004, 310면.

59) 대판 2006.4.28. 2003도412(인터넷 포털 사이트 음란만화사건); 대판 2005.7.22. 2005도3034(부작위에 의한 공무상표시무효죄의 성립을 인정한 사례); 대판 2002.1.22. 2001도2254; 대판 1997.3.14. 96도1639(백화점 입점점포 위조상표사건); 대판 1996.9.6. 95도2551; 대판 1992.2.11. 91도2951(조카 익사사건); 대판 1982.11.23. 82도2024(주교사사건).

60) 장영민, 부진정부작위범의 성립요건, 형사판례연구[2], 박영사, 1994, 37-45면(45면); 비교법적 관점에서 볼 때, 독일 형법은 부진정부작위범의 형을 임의적으로 감경할 수 있도록 규정하고 있다. 부진정부작위범의 불명확성 때문에 형사처벌이 지나치게 확대되는 것을 방지한다는 의미이다. 독일 형법 제13조(부작위에 의한 실행행위) ① 형벌법규의 구성요건에 속하는 결과의 회피를 방치한 자를 그 법규에 따라 처벌하려면, 그가 결과발생을 방지하여야 할 법적 의무가 있고, 그 부작위가 작위에 의한 구성요건의 실현에 준하는 경우에 한한다. ② 그 형은 제49조 제1항에 따라 감경할 수 있다.

61) 현재 한국의 다수 학자들은 작위와 부작위의 구별이 명백하지 않을 때에는 먼저 작위가 구성요건에 해당하고 위법·유책한가를 검토하여 작위만 형법적 평가의 대상으로 하고, 그렇지 않은 경우에 한하여 부작위가 문제가 된다고 해석한다. 물론 여기서는 특히 ① 신체적 활동이 있었는가(예를 들면 이미 사람이 붙잡고 있는 밧줄을 위로 당겨 올리던 중 밧줄을 손에서 놓아 사람이 다시 물속에 빠져 죽는 경우는 작위행위이다), 또 ② 의무의 위반이 있었는가(예를 들면 약제사가 의무위반적으로 독약을 교부한 경우, 공장주가 양모를 소독하지 아니한 채 공원에게 가공하도록 넘겨주어 여공들이 병균에 감염되어 사망한 경우는 의무위반적 작위행위이다) 그리고 ③ 그것이 발생한 결과와 인과관계가 있었는가(예를 들면 사람을 살해하기 위하여 흉기를 휘두른 자가 병원으로 연락하는 등의 조치를 취하지 않았기 때문에 피해자가 사망한 경우는 작위행위이다)를 고려해야 한다. 이러한 의미에서 부작위는 작위에 대하여 보충관계에 있다고 말한다. 여기에 관해서는 오영근, 형법총론, 박영사, 2005, 253면; 이정원, 형법총론, 제3판, 법지사, 2004, 456면; 이재상, 형법총론, 제5판(보정판), 박영사, 2006, 118-119면; 이형국, 형법총론, 제3판, 법문사, 2003, 346면. 그러나 제18조의 개정은 이러한 경우를 제외하고는 작위와 부작위의 구별에서 상당한 영향을 줄 수 있다고 생각한다. 왜냐하면 부진정부작위범에 대해서 형을 감경하는 조항이 있다면 '의심스러울 때는 부작위'가 당연히 먼저 검토될 수 있기 때문이다.

62) 박미숙, 부작위와 공범, 2003년도 한국비교형사법학회 춘계학술논문발표회, 2003년 4월 19일, 21-41면(27면, 40면).

제5장 의사의 치료중단과 형사책임*

[대상판례: 대법원 2004.6.24. 선고 2002도995 판결]

보라매병원 사건, 살인(인접된 죄명: 살인방조), 살인

[사실관계]

1997년 12월 4일 14:30 K○○(남, 58세)씨는 자신의 주거지에서 술에 취한 채 화장실을 가다가 중심을 잃어 기둥에 머리를 부딪치고 시멘트 바닥에 넘어지면서 머리에 충격을 받아 출혈상을 입고 서울 보라매병원으로 이송되었다. 같은 날 18:05경부터 다음날 03:00경까지 동병원 신경외과 전문의 A씨의 집도와 레지던트 B씨의 보조로 경막외 출혈로 인한 혈종제거 수술을 받았다. 수술은 성공적으로 이루졌으나 뇌수술에 따른 뇌부종으로 자가호흡을 하기 어려운 상태였다. 그로 인해 인공호흡을 위한 산소호흡기를 부착한 채 중환자실로 옮겨져 계속 치료를 받았다.

환자보호자 L○○(부인, 48세)씨는 환자의 당시까지 치료비 2,600,000원과 이후 추가치료비 지출은 부담이 될 것으로 생각하여 남편의 퇴원을 신청했다. 그러나 레지던트 B씨는 이러한 환자보호자의 퇴원신청을 만류했다. 시간이 경과함에 따라 환자의 상태가 호전되어 계속 치료를 받을 경우 회복될 가능성이 높았기 때문이었다.

환자보호자 L씨는 1997년 12월 5일 14:20경과 18:00경 두 차례에 걸쳐 레지던트 B씨에게 "도저히 더 이상의 추가치료비를 부담할 능력이 없다"는 이유로 퇴원신청을 요구하였고, 계속 고집하자 레지던트 B씨는 상사인 신경외과 전문의 A씨에게 직접 퇴원 승낙을 받도록 조언하였다. 1997년 12월 6일 10:00경 환자 부인 L씨는 신경외과 전문의 A씨를 만나 거듭 퇴원을 요구했고, A씨는 "환자가 퇴원하면 사망한다"며 퇴원을 만류하였다. 하지만 환자 부인 L씨가 계속해서 퇴원을 요구하자, 이를 받아들여 레지던트 B씨에게 퇴원시키도록 지시하고, 부인 L씨로 하여금 퇴원수속을 마치도록 한 다음, 위 병원 신경외과 인턴 C씨에게 환자를 집까지 호송하도록 지시하였다.

1997년 12월 6일 14:20경 인턴 C씨는 부인 L씨와 함께 환자를 중환자실에서 구급차로 옮겨 실어 집까지 태우고 갔다. 인턴 C씨가 환자에게 부착되어 수동작동 중이던 인공호흡보조장치인 엠브와 기도에 삽입된 관을 제거함으로써 환자는 뇌간압박에 의

* 환자의 자의퇴원과 의사의 치료중단-보라매병원사건과 소극적 안락사 논쟁, 범죄방지포럼 제15호, 한국범죄방지재단, 2004, 46-52면.

한 호흡곤란으로 사망에 이르게 되었다.[1)]

[사건의 경과]

환자 K씨는 사업실패 후 17년 동안 무위도식하면서 술만 마시고 가족들에 대한 구타를 일삼았다. 가족들에게 계속 짐이 되었으며 집안의 경제적 사정은 몹시 어려웠다. 이웃들은 장례비조차 없는 가족들의 딱한 사정을 감안하여 변사체로 신고하면 국가에서 도움을 받을 수 있다고 알려주었다. 변사체 신고를 받은 담당 형사는 병원을 찾아 주치의를 만났다. 이때 주치의는 환자의 사망원인이 치료와 관계(의료사고)있는 것으로 착각하고, 형사에게 "시간이 경과함에 따라 환자의 상태가 호전되어 계속치료를 받을 경우 회복될 가능성이 있었지만 막무가내로 퇴원을 요구하였기에 퇴원을 시켰다"는 요지의 발언을 하였다. 이렇게 하여 소위 「보라매병원사건」이 세상에 알려지게 되었다.

1. 검찰의 입장

검찰은 환자 부인 L씨를 살인혐의로 조사하였고, 부인이 남편을 고의로 살해한 것으로 보고 살인죄로 기소하였다. 이 과정에서 담당 의사 3인(전문의, 레지던트, 인턴)은 참고인 조사를 받았다. 검찰은 담당 의사 3인에게도 미필적 고의에 의한 살인죄에 해당한다고 보아 불구속 기소하였다.[2)]

1998년 5월 24일 결심공판에서 담당 검사는 의사가 치료비 부담 능력이 없다는 환자 부인의 요구에 따라 퇴원을 허가하여 회복가능한 남편을 죽음에 이르게 한 것은 명백한 살인의 고의가 있다고 논고했다. 환자 K씨는 수술이 성공적으로 끝나 2~3일 지나면 회복할 가능성이 높았는데 환자 아내가 퇴원을 강력히 요구한다는 이유만으로 내보냈다. 전적으로 의사들의 의학적 판단에 따라 관리해야 하는 중환자를 어떤 강제력도 아닌 아내의 퇴원요구만을 이유로 내보내 죽게 한 것은 살해행위라고 판단하였다.

담당 검사는 부인 L씨에 대하여 "금은방을 운영하다 실패한 뒤 17년 동안 무위도식하면서 술만 먹고 가족에게 구타를 일삼아온 남편이 가족에게 계속 짐이 되기보다 차라리 퇴원하여 죽는 것이 낫다는 생각을 배우자에 대한 부양의무(민법 제826조)위반과 사회통념상 용인될 수 없는 사회상규위반"이라고 규정하였다. 또한 담당 검사는 "형법상으로 소생가능성이 없는 식물인간이나 암말기 환자를 퇴원시키는 일종의 안락사(安樂死)도 처벌하게 되어 있지만, 이는 어쩔 수 없는 의료계의 관행으로 묵인해

1) 서울지법 남부지원 1998.5.15. 선고 98고합9 판결; 법률신문, 1998년 6월 18일자, 12면.
2) 동아일보, 의사 3명 살인혐의 첫 기소 … 퇴원요구 허락 끝내 숨져, 1998년 1월 26일자, 사회면.

주고 있을 뿐이다. 이번 사건은 소생가능성이 매우 높았으므로 기존 관행과도 차원이 다른 문제"라고 규정하였다.

담당검사는 "이 사건의 경우 소생가능성이 있는 환자를 퇴원시키면 사망할 것이라는 것을 충분히 인식하고 퇴원시킨 것이다. 자신의 행위 때문에 사람이 죽을 수도 있다는 사실을 알면서도 한 행위는 형법상 살인행위에 해당한다. K씨를 퇴원시키면 죽는다는 사실을 누구보다 잘 아는 전문의가 퇴원을 허락한 것은 환자나 가족이 원하면 일반적으로 퇴원시키는 병원의 기존관행과도 근본적으로 다르다. 치료를 계속하면 소생 가능성이 높은 환자를 가족들이 원한다고 하여 퇴원시켜 숨지게 한 피고인들의 행동은 인간생명의 존엄성을 지켜야 할 의사로서의 의무를 저버린 살인행위로 처벌받아 마땅하다"고 논고하였다.

이에 대해 피고인 A씨 등 의사들은 최후진술에서 "인공호흡기를 떼면 곧바로 숨진다며 퇴원을 여러 번 말렸지만 K씨의 부인 L씨가 치료비가 부족하다고 퇴원을 요구해 어쩔 수 없었다. 보호자들이 퇴원을 강력하게 요구하면 허락하는 것이 의료계의 관행이다. 의사는 그동안 환자의 보호자가 퇴원을 요구해 온 경우 '치료 포기 내지 거부'로 판단하고 퇴원을 허가해 온 것이 의료관행이며, 현행법상 환자 보호자의 치료거부를 막을 수 있는 법적이나 제도적 장치가 없다. 사람을 살리기 위해 일하는 의사로서 살인죄로 기소된 것이 놀랍다. 당시 뇌수술은 성공했지만 K씨의 회생가능성은 희박한 상태였고 게다가 가족의 동의 없는 치료는 불가능했다"며 무죄를 주장했다.

2. 서울지법 남부지원 1998.5.15. 선고 98고합9 판결 살인

1998년 5월 15일 서울지법 남부지원 형사1부(재판장 권진웅 부장판사)는 서울보라매병원 신경외과 전문의 A씨(34)와 레지던트 B씨(29) 등 의사 2명에 대해서는 살인죄(殺人罪)를 적용, 징역 2년 6월에 집행유예 3년을, 또 남편의 퇴원을 요구한 L씨(48)는 징역 3년에 집행유예 4년을 각각 선고했다.[3] 그러나 재판부는 A씨의 지시에 따라 환자를 퇴원시킨 인턴 C씨(26)에 대해서는 무죄를 선고했다.

3. 제1심 판결에 대한 의료계의 입장

지금까지 입퇴원 지시와 치료방법 등 의사의 의료행위는 자유재량이라는 이유로 사법적인 통제를 거의 받아오지 않던 의료계가 제1심 판결에 대해 반발했다. 한편 피고인과 변호인측은 의료계의 관행으로 굳어진 환자 또는 가족의 '자기결정권'을 무시한 판결이라며 항소했다.

---

3) 서울지법 남부지원 1998.5.15. 선고 98고합9 판결; 법률신문, 1998년 6월 18일자, 12-13면; 조선일보, [법원] 사망가능성 큰 환자 퇴원시킨 의사 살인죄 적용, 1998년 5월 15일자, 사회면.

4. 서울고등법원 2002.2.7. 선고 98노1310 판결 살인

(피고인 A, B에 대해 인정된 죄명: 살인방조죄)

서울고법 형사5부(재판장 이종찬 부장판사)는 2002년 2월 7일 보호자의 요구에 따라 뇌수술 직후 환자를 퇴원시켜 숨지게 한 혐의로 기소된 보라매병원 의사 A씨와 B씨에 대해 살인방조죄를 적용해 징역 1년 6월에 집행유예 2년을 선고했다.4)

재판부는 "A씨 등이 경제적 부담을 이유로 한 부인의 퇴원 요구에 응해 생존가능성이 있는 환자의 사망 위험성을 인식하고도 그를 퇴원시킨 것은 단순한 윤리적 책임을 넘어선 범죄행위"라며 "그러나 부인의 퇴원 요구를 수차례 만류하며 필요한 의료조치를 한 점 등으로 미뤄 '살인'이 아니라 '살인방조'로 봐야 한다"고 밝혔다.

재판부는 "치료비가 없는 환자를 위한 건강보험이나 응급의료기금 등이 제대로 갖춰져 있지 않은데다 의사의 의학적 결단을 뒷받침할 제도적 장치도 미비한 현실에서 의사에게만 무한정 책임을 강조할 수는 없지만 인간의 생명을 임의로 처분할 수 없다는 원칙 자체는 포기할 수 없다"고 덧붙였다. 재판부는 이 사건이 불러온 안락사 논쟁에 대해 "치료의 중지는 죽음을 피할 수 없는 말기 상태의 환자에 대해서만 의사의 양심적 결단에 따라 제한적으로 허용될 수 있을 뿐이고 그 허용범위와 방법에 대해서는 사회적으로 진지한 논의와 합의가 있어야 할 것"이라는 입장을 밝혔다.

재판부는 또 남편 K씨를 퇴원시킨 부인 L씨에 대해서는 제1심대로 살인죄를 인정해 징역 3년에 집행유예 4년을 선고했으며 A씨의 지시를 받고 인공호흡기를 제거하여 K씨를 숨지게 한 인턴 C씨에 대해서도 제1심대로 무죄를 선고했다.

이에 대해 의학계는 당혹감을 감추지 못했다. '회생가능성'에 대한 의사 개인의 판단이 어려워지는 것은 물론 부담해야 할 경제적 손실도 엄청나다는 것이었다. 대한의사협회는 "의사의 윤리만 규정돼 있을 뿐 경제적인 지원이나 현실적 대책은 크게 부족한 상황에서 이런 문제는 또 발생할 것"이라며 "사회도 제도적인 책임을 져야 한다"고 밝혔다. 보라매병원 측은 "사망한 환자는 의학적으로 생존 가능성이 없었으므로 대법원에 상고해 기본적인 사실관계부터 가리겠다"고 밝혔다.

5. 대판 2004.6.24. 2002도995 살인(인정된 죄명: 살인방조), 살인

[판결요지]

[1] 살인죄에 있어서의 고의는 반드시 살해의 목적이나 계획적인 살해의 의도가 있어야 하는 것은 아니고 자기의 행위로 인하여 타인의 사망의 결과를 발생시킬 만한

4) 동아일보, [오늘의 이슈] 생존가능성 환자 퇴원시킨 의사, 항소심도 '살인방조죄' 적용, 2002년 2월 15일자, 사회면.

가능 또는 위험이 있음을 인식하거나 예견하면 족한 것이고 그 인식 또는 예견은 확정적인 것은 물론 불확정적인 것이더라도 소위 미필적 고의로서 살인의 범의가 인정된다.

[2] 형법 제30조의 공동정범이 성립하기 위하여는 주관적 요건인 공동가공의 의사와 객관적 요건으로서 그 공동의사에 기한 기능적 행위지배를 통하여 범죄를 실행하였을 것이 필요하고, 여기서 공동가공의 의사란 타인의 범행을 인식하면서도 이를 제지함이 없이 용인하는 것만으로는 부족하고 공동의 의사로 특정한 범죄행위를 하기 위하여 일체가 되어 서로 다른 사람의 행위를 이용하여 자기의 의사를 실행에 옮기는 것을 내용으로 하는 것이어야 한다.

[3] 보호자가 의학적 권고에도 불구하고 치료를 요하는 환자의 퇴원을 강청하여 담당 전문의와 주치의가 치료중단 및 퇴원을 허용하는 조치를 취함으로써 환자를 사망에 이르게 한 행위에 대하여 보호자, 담당 전문의 및 주치의가 부작위에 의한 살인죄의 공동정범으로 기소된 사안에서, 담당 전문의와 주치의에게 환자의 사망이라는 결과 발생에 대한 정범의 고의는 인정되나 환자의 사망이라는 결과나 그에 이르는 사태의 핵심적 경과를 계획적으로 조종하거나 저지·촉진하는 등으로 지배하고 있었다고 보기는 어려워 공동정범의 객관적 요건인 이른바 기능적 행위지배가 흠결되어 있다는 이유로 작위에 의한 살인방조죄만 성립한다고 한 사례.

[4] 어떠한 범죄가 적극적 작위에 의하여 이루어질 수 있음은 물론 결과의 발생을 방지하지 아니하는 소극적 부작위에 의하여도 실현될 수 있는 경우에, 행위자가 자신의 신체적 활동이나 물리적·화학적 작용을 통하여 적극적으로 타인의 법익 상황을 악화시킴으로써 결국 그 타인의 법익을 침해하기에 이르렀다면, 이는 작위에 의한 범죄로 봄이 원칙이고, 작위에 의하여 악화된 법익 상황을 다시 되돌이키지 아니한 점에 주목하여 이를 부작위범으로 볼 것은 아니며, 나아가 악화되기 이전의 법익 상황이, 그 행위자가 과거에 행한 또 다른 작위의 결과에 의하여 유지되고 있었다 하여 이와 달리 볼 이유가 없다.

[5] 종범은 정범의 실행행위 중에 이를 방조하는 경우뿐만 아니라, 실행 착수 전에 장래의 실행행위를 예상하고 이를 용이하게 하는 행위를 하여 방조한 경우에도 성립한다.

[6] 법원은 공소사실의 동일성이 인정되는 범위 내에서 공소가 제기된 범죄사실보다 가벼운 범죄사실이 인정되는 경우에 있어서, 그 심리의 경과 등에 비추어 볼 때 피고인의 방어에 실질적인 불이익을 주는 것이 아니라면 공소장 변경 없이 직권으로 가벼운 범죄사실을 인정할 수 있다고 할 것이므로 공동정범으로 기소된 범죄사실을 방조사실로 인정할 수 있다.

판례평석

Ⅰ. 서 론

의사는 환자가 퇴원할 경우 사망할 가능성이 있음을 알고 있었고, 그러면서도 가족의 요청에 못 이겨 퇴원을 허용했다. 대법원은 2004년 6월 24일 전문의 A씨와 제지던트 B씨의 행위를 살인방조행위로 보고 각각 징역 1년 6월에 집행유예 2년을 선고한 원심을 확정했다. 의료관행도 형사처벌의 대상이 된다는 대법원의 첫 확정판결이었다.

이들 의사는 지난 1997년 서울 보라매병원에서 근무 중 뇌수술을 받고 중환자실에 입원 중이던 환자 K씨를 "치료비가 없다"는 아내 L씨의 요구에 따라 퇴원시키고 인공호흡기를 제거, 숨지게 한 혐의(살인)로 기소됐으며, 아내 L씨는 제2심에서 징역 3년에 집행유예 4년을 선고받고 상고를 포기했었다.

이 판결에 대해 대한의사협회는 '의료현실을 전혀 모르는 처사'라며 재판부를 강하게 비판했다. 대한의사협회는 성명을 통해 "이번 판결은 의식불명 환자 보호자의 입장을 존중한 의료진의 판단을 살인방조죄로 처벌한 사건"이라며 "의사가 보호자 및 법적 대리인 등의 의견을 존중할 수 있는 제도보완이 시급하다"고 주장했다.

이 판결 이후 언론매체는 '보라매병원사건과 소극적 안락사 논쟁'(KBS/MBC의 보도) 그리고 한동안 잠잠했던 '소극적 안락사 논쟁'(연합/부산의 보도)'이라며 이 사건을 '소극적 안락사'의 한 형태로 진단했다.[5] 그러나 생각건대 보라매병원사건은 '소극적 안락사'가 아니다. '의학적 충고에 반하는 자의퇴원(DAMA)이며, 환자가족의 퇴원요구에 굴복한 의사의 치료중단'으로 인한 살인사건이다. 대법원 판결도 이 부분을 분명히 밝히고 있다.

---

5) 동아일보, "환자측 퇴원 요구했어도 퇴원 후 사망땐 살인방조", 2004년 6월 29일자, 사회면.

Ⅱ. 본 론

이 사건의 전말과 판결에 대해 의견이 분분하다. 때문에 우리는 약간의 분석이 필요하다고 본다.

첫째, 보라매병원사건은 그동안 의료관행으로 치부되어 왔던 환자의 자의퇴원의 한계를 분명하게 설정한 대법원의 첫 확정판결이다. 자의퇴원(자기결정권)에는 네 가지 유형이 있다. ① 회복하여 퇴원하는 경우, ② 다른 의료기관으로 전원되는 경우이다. 회복퇴원과 타기관 전원은 법적으로 아무런 문제가 없다. 왜냐하면 자기결정권이 존중되기 때문이다. 다만, 현재 문제가 되는 것은 ③ 가망 없는 퇴원(소극적 안락사), ④ 의학적 충고에 반하는 퇴원(DAMA)이다.

'의학적 충고에 반하는 퇴원'이란 의학적으로 의사의 계속적인 치료가 필요함에도 불구하고, 생존가능성이 있는 환자나 그 보호자가 의사의 충고에 반하여 자의로 퇴원을 하는 것을 말한다. 보라매병원사건은 바로 '의학적 충고에 반하는 퇴원'의 경우에 해당한다. 이러한 퇴원은 형법적 평가의 대상이 될 수 있다. 왜냐하면 유용한 치료의 가능성, 회복가능성이 있기 때문이다.

이번 대법원 판결은 경제적 이유로 환자의 가족이 아무리 강력하게 퇴원을 요구한다고 하더라도, '의학적 충고에 반하는 자의퇴원과 환자가족의 퇴원요구에 굴복한 의사의 치료중단'에 대해서는 사법부가 이제 적극적으로 나서서 형사처벌을 하겠다는 의미이다. 이번 판결은 지금까지 '자의퇴원이 환자사망으로 이어지는 생명경시의 의료관행'에 사법부가 제동을 걸겠다는 의지다. 이 판결은 의료현실을 사실 너무 모르는 것이 아니라, 이를 남용한 경우는 형법이 더 이상 물러서지 않겠다는 것이다. 우리 사회의 생명경시를 더 이상 방치할 수 없다는 선언으로 보인다.

둘째, 보라매병원사건은 '소극적 안락사'의 사례가 아니다. 우리는 '소극적 안락사'의 개념을 혼동해서는 안 된다. 대한의사협회 김선욱 법제이사(변호사)는 "이제 의사들은 임종이 임박한 환자라도 퇴원을 허용하지 않을 것으로 본다"고 주장하고 있다. 또 서울대병원 종양내과 허대석 교수도 "경제적인 이유로 병원에 오지 못하고 집에서 임종하는 환자의 보호자도 살인죄가 되느냐? 이제 중환자실은 퇴원하지 못하는 회생불가능 환자들로 마비될 것이다"고 주장한다.

그러나 이러한 주장은 '소극적 안락사'를 입법화하자는 주장이지, 이번 사건이 무죄라는 주장으로 해석되어서는 안 된다. 소극적 안락사와 보라매병원사건은 환자의 생존가능성여부의 관점에서 보면, 완전히 차원을 달리하는 사례이다. 이 환자는 저녁 6시부터 새벽 3시까지 9시간 동안 경막외 출혈로 인한 혈종제거 수술을 받았고, 이후 중환자실로 옮겨져 인공호흡기를 부착한 상태로 계속 합병증 및 후유증에 대한 치료를 받았으며, 시간이 경과함에 따라 상태가 호전되어 치료를 계속해서 받을 경우 회복될 가능성이 높았다고 한다. 바로 이 점이 유무죄의 판단에 있어 중요한 쟁점이다.

셋째, 의료계가 주장하는 '소극적 안락사'의 합법화 문제는 이제 우리 사회에서 적극적으로 검토해야 한다. '환자를 위한 인권운동'과 '환자가족을 위한 고통해소' 차원에서 우리 사회는 합의를 해야 할 시점에 서 있다. 환자의 병세가 암의 말기로 심한 기능장애를 일으키고, 절망적으로 악화되어 가고 있지만, 고가의 혈액순환 촉진제, 영양제 투여 그리고 인공호흡기 사용 등 희망 없는 치료행위는 전국의 병원에서 계속되고 있다. 저자는 이러한 의료행위를 현대의학이 낳은 '과잉진료'(過剩診療)라고 생각한다.

그러나 '소극적 안락사'는 대한의사협회의 허용 윤리지침으로 해결될 문제가 아니고, 사회적 합의를 거친 이후 법률이 제정되고 하위법령에서 위임되는 한도 내에서 의사들의 개입이 가능하도록 엄격하게 규정되어야 한다. 환자나 그 가족이 퇴원을 요구한다면, 담당 의사의 1차 소견에 따라 소극적 안락사의 조건(불치, 사기임박, 극심한 고통, 동의)이 충족된다고 판단되면, 다음으로 법원이나 생명윤리위원회에 관련 서류를 보내야 한다.

그리고 자기결정권행사의 객관화를 위해 생명윤리위원회 혹은 전담법원(후견법원)의 판단을 반드시 거쳐야 할 것이다. 이 경우에 '소극적 안락사'로 객관적인 판정을 받는다면, 언제든지 자의퇴원을 할 수 있고, 의사는 치료행위를 중단할 수 있다. 이 경우 의사에게는 형법 제18조 보증인의 의무가 소멸되어 무죄가 되거나, 형법 제20조 정당행위로서 위법성이 조각된다고 볼 수 있을 것이다. 암 말기라는 판정을 받고 퇴원해서 통원치료를 받는 것은 법적으로 문제가 안 된다고 본다. 왜냐하면 진료선택권은 자기결정권의 한 부분이며 각자에게 있기 때문이다.

넷째, 의료복지체계가 획기적으로 개선되어야 한다. 의료복지시스템 미비로 중간에 애매하게 낀 선량한 의사들이 더 이상 희생되어서는 안 된다. 이것 또한 보라매병원사건이 남긴 귀중한 교훈이다. 의료현장의 수많은 의사들에게 심리적 압박을 풀어줄 수 있는 구체적인 대안을 내놓아야 한다. 대한의사협회의 피맺힌 강변이다. "의사의 윤리만 규정되어 있을 뿐 경제적인 지원이나 현실적 대책은 크게 부족한 상황에서 이런 문제는 또 발생할 것, 사회도 제도적인 책임을 져야 한다". 이 문제는 보건복지부가 해결해야 할 시급한 과제라고 생각한다. 우리 사회에서 이 문제를 어떻게 논의하고, 구체적인 대책을 또 어떻게 세울 수 있는지, 의료계, 법조계, 시민사회가 다 함께 진정으로 고민해야 한다.

다섯째, 보건복지부 산하 생명윤리위원회를 설치하고, 지자체와 연계하여 가칭 「환자의 자의퇴원과 치료중단결정위원회」를 구성해야 한다고 생각한다. 위원의 수는 20인으로 하고 학계, 법조계, 의료계, 종교계, 시민단체 대표로 구성하면 될 것이다. 이 위원회는 '회생가능성'과 '회생불가능성'에 대한 판단과 '소극적 안락사' 판정을 해 주어야 한다. 왜냐하면 의사 개인의 독자적인 판단을 차단하면서 판단과정의 어려움을 해소해 주고, 나아가 의사, 병원, 가족들간의 불필요한 갈등을 줄이며, 각자가 부담해야 할 경제적 손실도 최소화시킬 수 있기 때문이다. 앞으로는 이 위원회가 의료현장의 갈등관계를 전담하여 조정역할을 해야 한다고 생각한다.

Ⅲ. 결 론

전국 각 병원에서 제기되고 있는 의료갈등사례들을 취합하고, 객관적 기준을 가지고 '소극적 안락사와 의학적 충고에 반하는 자의퇴원'에 대해 종합적인 판단을 할 수 있어야 한다. 갈등분쟁위원회의 한 예가 될 수 있을 것이다.

만약 단순히 경제적 이유로 환자나 환자가족이 자의퇴원을 요구할 경우, 그 환자에게 생존가능성이 있다면, 이 위원회에 사안을 보내야 하고, 여기서 전문가들의 토론을 거쳐 판정해야 하며, 이 판정에 따라 국가와 지자체는 보호환자로 바로 지정하여 치료비 전액을 부담해야 할 것이다.

여기서 충분한 복지재원을 어디서 확보하느냐 하는 비판이 제기될 수 있을 것이다. 경제협력개발기구(Organization for Economic Cooperation and Development, OECD) 국가 중에서 출생과 사망에 대해 우리처럼 복지대책이 없는 나라가 어디 있는가? 가난한 출생과 가난한 죽음 앞에는 반드시 국가가 가까이서 부조를 해야 한다. 출생 후 3살까지는 전국의 모든 어린이가 부모의 경제력과는 무관하게 깨끗한 기저귀와 우유를 향유할 수 있어야 하고, 국가는 고통의 죽음 앞에 선 환자와 그 가정을 최소한 보살펴 주어야 한다.

21세기 한국은 국가와 지자체가 책임을 더 부담해야 한다. 실질적인 복지행정 시대로 가야 한다. 죽음에 직면한 환자와 가족들의 고통을 해소할 수 시스템은 시급한 과제다. 현재 시행되고 있는 보호환자 관련 법규정을 전면 검토하고 실사를 해야 한다. 국가가 할 수 있는 것과 지자체가 할 수 있는 것을 분명하게 정리하고 실천해야 한다.

이번 보라매병원사건[6]은 유능한 젊은 두 의사의 희생을 가져왔고, 의료복지 시스템의 재정비를 요구하고 있으며, 소극적 안락사의 입법검토를 우리 사회에 과제로 남겨 놓았다.

6) 김성룡, 치료행위중단에 있어서 작위와 부작위의 구별, 형사판례연구[13]. 박영사, 2005, 138-168면; 이상돈, 치료중단과 형사정책, 의료와 법의 합리적 소통과 책임 귀속, 법문사, 2004. 여기에는 많은 문헌들이 소개되어 있다.

제 3 편

형사재판과 형사정책

제1장 피고인에게 불리한 판례변경과 소급효금지의 문제

제2장 한국 형법에 있어서 재물개념의 논쟁사

제3장 법원의 공소장 변경과 고소취소의 효력

제4장 삼심제 소송구조의 문제점과 상소제도의 개혁방안

제5장 매춘에 관한 법사회학적 연구

제6장 대형사고의 문제점과 해결방안

제7장 특가법상 도주차량운전죄에 있어서 상해의 인정범위

제8장 도로교통법상 혈액검사를 통한 음주측정권

제9장 불법자금세탁에 관한 법적 대응방안

제10장 독일의 경미범죄의 처리제도와 구체적 운영실태

제1장 피고인에게 불리한 판례변경과 소급효금지의 문제*

Ⅰ. 피고인에게 불리한 판례변경의 문제점

오랜 기간을 거쳐서 확립된 판례라도 새로운 법이론의 등장과 새로운 법인식을 근거로 언제든지 변경될 수 있다. 문제는 「대법원 전원합의체가 종전의 판례를 변경하여 판례의 변경 이전에 저질러진 행위를 처벌 또는 가중처벌을 하는 경우」에 발생한다.

일단 형식적 관점에서 보면, 피고인에게 불리한 판례변경은 법적으로 별 문제가 없는 듯 보인다. 왜냐하면 소급효금지를 선언한 헌법 제13조 제1항이나 형법 제1조의 규정은 형사법의 법원으로 '법률'의 경우만을 규정하고 있기 때문이다.[1)]

그러나 실질적 관점에서 보면, 「어느 범죄행위에 관하여 피고인에게 불리하게 변경된 해석을 그 변경 이전에 저질러진 범행에 적용하거나, 범행시 관행된 법률의 해석에 따르면 불가벌적인 행위를 판례의 변경에 의해 가벌적이라고 판단하는 경우에 소급효적용금지의 원칙에 반하지 않는가」하는 의문이 제기된다. 피고인의 입장에서 볼 때, 판례변경은 마치 불리한 소급입법이 시행되는 것과 동일한 의미를 가질 수 있기 때문이다.[2)]

---

* 동아법학 제38호, 2006, 39-98면.

1) 이에 관해 지지하는 학자들(연도순): 정영일, 죄형법정주의의 현대적 전개, 고시계, 1989년 1월호, 113-123면(118면); 백형구, 죄형법정주의의 신체계, 고시계, 1989년 1월호, 115-129면(116면); 하태훈, 사례중심 형법강의 총론, 법원사, 1998, 40-41면; 안동준, 형법총론, 학현사, 1998, 19면; 서보학, 형사판례변경과 신뢰보호, 경희법학 제34권 제1호, 1999, 337-351면(350면); 이재상, 1999년의 형사판례 회고, 형사판례연구[8], 박영사, 2000, 570-573면; 허일태, 피고인에게 불리한 판례변경과 소급효금지원칙, 형사판례연구[9], 박영사, 2001, 125-142면(142); 박상기, 형법총론, 제5판, 박영사, 2002, 31면; 정영일, 피고인에게 불리한 판례변경과 형법 제1조 제1항, 형사판례의 연구[Ⅰ], 志松이재상교수화갑기념, 박영사, 2003, 1-10면(10면); 천진호, 피고인에게 불리한 판례변경과 소급효금지의 원칙, 형사판례의 연구[Ⅰ], 志松이재상교수화갑기념, 박영사, 2003, 11-24면(24면); 임웅·소재용, 소급효금지원칙과 판례변경의 소급효-형법 제16조(위법성의 착오)와 관련하여-, 성균관법학 제16권 제1호, 성균관대학교 비교법연구소, 2004, 499면 이하; 임웅, 형법총론, 개정판, 법문사, 2004, 23면; 손동권, 형법총론, 제2개정판, 율곡출판사, 2005, 39면; 정영일, 형법총론, 박영사, 2005, 40-42면; 이재상, 형법총론, 제5판(보정판), 박영사, 2006, 19-20면; 김성돈, 형법총론, 현암사, 2006, 54-57면(56면).

2) 이에 관해 지지하는 학자들 (연도순): 김일수, 교사의 학생체벌권과 정당화 사유, 판례연구 제3집,

이 논쟁에 대해 사법부와 형법학계의 주장은 각각 대립되어 있다. 저자는 사법부와 형법학계에서 제안된 두 입장(소급효부정설과 소급효긍정설)을 모두 지지하지 않는다.[3] 왜냐하면 어느 학설을 취하더라도 근본적인 문제는 해결되지 않기 때문이다.[4] 소급효부정설은 대륙법체계하에서는 불가능한 이론이다. 또한 소급효긍정설도 죄형법정주의 근본정신을 중대하게 침해하는 이론이다. 대안인 형법 제16조 법률의 착오(금지착오)를 통한 해결방안은 구조적으로 하급심에서 판례변경을 불가능하게 만들고, 하급심 법관의 법발견을 심각하게 침해할 수 있다. 종국적으로 검찰이 사건을 대법원으로 가져간다 하더라도 판례변경 후 파기환송되어 다시 원심에서 책임조각으로 무죄로 갈 수 밖에 없다. 사실 무익한 반쪽 해결방안이다. 그래서 저자는 형법 제16조는 판례변경의 문제를 근본적으로 해결하기 위한 이론이라고 보지 않는다.[5] 따라서 현행 대륙법체계하에서 이 문제를 풀 수

고려대학교 법학연구소, 1986, 161-199면(190면); 김일수, 일인회사의 주주겸 대표이사의 업무상 배임, 판례연구 제4집, 고려대학교 법학연구소, 1987, 41-81면(77-79면); 김일수, 형법학원론[총칙강의], 박영사, 1988, 142-143면; 이형국, 형법총론연구I, 법문사, 1990, 66면; 신동운, 사례입문 형법총론(증보판), 법문사, 1992, 46면; 김일수, 형법상 문서와 복사문서의 문서성, 고시연구, 1992년 2월호, 252면; 강기정, 죄형법정주의, 동산손해목박사화갑논문: 형사법학의 현대적 과제, 법문사, 1993, 1-29면(20-21면); 손해목, 형법총론, 법문사, 1996, 61면; 정성근, 형법총론, 법지사, 1996, 58면; 이형국, 형법총론, 법문사, 1997, 46면; 구모영, 판례변경과 소급효금지원칙, 비교형사법연구 제1권 제2호, 한국비교형사법학회, 세종출판사, 171-190면(189-190면); 변종필, 1999년 최신판례, 고시계, 2000, 3-4면; 진계호, 형법총론, 제6판, 대왕사, 2000, 88-89면; 정성근 · 박광민, 형법총론, 삼지원, 2001, 18면; 이정원, 형법총론(증보판), 법지사 2001, 37-38면; 이영란, 한국형법학-총론강의, 개정판, 숙명여자대학교 출판국, 2003, 37면; 정웅석, 형법강의, 대명출판사, 제6판, 2005, 18-20면(20면); 김일수 · 서보학, 형법총론(새로 쓴 제11판), 박영사, 2006, 64-66면; 신동운, 형법총론, 제2판, 법문사, 2006, 41-43면; 배종대, 형법총론, 제8전정판, 홍문사, 2006, 96-98면(98면).

3) 하태영, 피고인에게 불리한 판례변경과 소급효금지의 문제, 경남법학 제14집, 경남대학교 법학연구소, 1998, 164-204면; 하태영, 피고인에게 불리한 판례변경의 문제점과 개선방안, 한국형사법학회 2001년도 동계학술회의자료(2001.12.15), 1-35면: 저자는 이들 논문에서 형법 제1조 개정을 통해 소급효를 부정해야 한다고 주장했다. 또한 형사소송법 제396조 [파기자판과 장래효만을 갖는 판례변경] 개정을 통해 방견제시의 법적 근거를 마련해야 한다고 주장했다. 그러나 많은 교과서와 관련 논문들은 나의 이러한 입장을 거두절미하고 단순히 소급효부정설을 지지하는 것으로 분류하고 있다. 대륙법 전통과 영미법의 만남을 주장한 나의 생각들이 묻혀 있어서 아쉬움이 많았다. 참고로 독일의 논쟁과정을 소개한 문헌으로는 Ha, Tae-Young, Belastende Rechtsprechungsänderungen und die positive Generalprävention, Hallesche Schriften zum Recht Bd. 12, Carl Heymanns Verlag, 2000.

4) 독일의 저명한 형법학자 트뢴들레(Tröndle)는 이 문제를 "형법학에 있어서 암영(暗影)의 문제"(Scheinproblem in der Strafrechtswissenschaft)라고 한다: vgl. Herbert Tröndle, Rückwirkungsverbot bei Rechtsprechungswandel? Eine Betrachtung zu einem Scheinproblem der Strafrechtswissenschaft, in: Festschrift für Eduard Dreher zum 70. Geburtstag, Berlin 1977, S. 117ff.; Herbert Tröndle/Thomas Fischer, Strafgesetzbuch und Nebengesetze, 49. Aufl., München 1999, §1 Rdnr. 11c.

5) 형법 제16조에 대한 비판으로 같은 생각의 학자는 배종대, 형법총론(제6판), 홍문사, 2001, 74면; 배종대, 형법총론, 제8전정판, 홍문사, 2006, 96-98면(98면); 정영일, 피고인에게 불리한 판례변경과 형법 제1조 제1항, 형사판례의 연구[Ⅰ], 志松이재상교수화갑기념, 박영사, 2003, 1-10면(10면); 정영일, 형법총론, 박영사, 2005, 40-42면; 신동운, 형법총론, 제2판, 법문사, 2006, 41-43면(43면); 형법 제16조 해결방안을 주장하는 학자는 천진호, 피고인에게 불리한 판례변경과 소급효금지의 원칙, 형사판례의 연구

있는 근본적인 방안은 무엇인지 진지한 논의가 필요하다고 본다.

이 논문에서 다루고자 하는 주요쟁점은 크게 네 가지다. 하나는 우리의 법현실과 생활세계에서 급증하고 있는 대법원의 판례의 중요성(선판례의 기능과 구속력: 법사회학적 관점)[6]을 인식하고, 피고인에게 불리한 판례변경과 소급효금지의 문제(헌법적·법이론학적·형법적 관점)를 자세히 검토하면서, 적극적 일반예방(형법이론 및 형사정책적 관점)의 관점에서 새로운 해결방안을 모색하는 것이다.

그래서 저자는 먼저 논제의 범위와 문제영역을 보다 분명히 하기 위하여 피고인에게 불리한 판례변경의 대표적 사례들을 살펴보고, 이에 대한 대법원의 입장을 검토하고자 한다(Ⅱ). 이어서 이 문제에 대한 한국형사법학계의 논의과정을 국내문헌을 통해 상세히 분석하고자 한다(Ⅲ). 마지막으로 피고인에게 불리한 판례변경의 문제점에 대한 근본적인 해결방안을 모색하고자 한다(Ⅳ). 이것은 현행 형법 제1조 개정과 형사소송법 제396조의 개정이 될 것이다. 법원조직법 제7조 제1항 제3호는 개정할 필요가 없다고 생각한다.

Ⅱ. 피고인에게 불리한 판례변경의 사례와 대법원의 입장

피고인에게 불리한 판례변경은 생각보다 형사실무에서 자주 일어나고 있다.[7]

[Ⅰ], 志松이재상교수화갑기념, 박영사, 2003, 11-24면(24면); 임웅·소재용, 소급효금지원칙과 판례변경의 소급효-형법 제16조(위법성의 착오)와 관련하여-, 성균관법학 제16권 제1호, 성균관대학교 비교법연구소, 2004, 499면 이하; 임웅, 형법총론, 개정판, 법문사, 2004, 23면; 손동권, 형법총론, 제2개정판, 율곡출판사, 2005, 39면; 이재상, 형법총론, 제5판(보정판), 박영사, 2006, 19-20면.

6) 법률신문[사설], 판례의 권위, 1999년 5월 27일, 5면: "대법원 판례는 하급심 법관이 금과옥조(金科玉條)로 삼는 것이며 어떤 경우는 입법기능의 역할을 하기도 한다. 따라서 판례는 존중되어야 한다".

7) 대표적인 판례변경으로는 대판 1974.11.26. 74도1114; 대판 1984.10.10. 82도2595 전원합의체; 대판 1983.12.13. 83도2330 전원합의체; 대판 1989.9.12. 87도506 전원합의체; 대판 1992.1.21. 91도1042 전원합의체; 대판 1999.7.15. 95도2870 전원합의체; 대판 1999.7.15. 95도2870 전원합의체; 대판 2001.4.19. 2000도1985 전원합의체; 대판 1992.7.28. 92도917; 대판 1998.5.21. 98도321 전원합의체; 한국 형법교과서는 피고인에게 불리한 판례변경과 소급효금지와 관련하여 간략히 소개하고 있다. 연도순으로 정리해 보면 신동운, 사례입문 형법총론(증보판), 법문사, 1992, 46면; 신 교수는 「사실상 1인의 소유하에 있는 1인주식회사의 대표이사가 행한 회사자금의 사적 지출행위를 종래의 범죄불성립에서 배임죄의 성립을 인정한 판례(대판 1983.12.13. 83도2330)」를 소개하고 있다; 김일수, [채점평] 형법상 문서와 복사문서의 문서성, 고시연구, 1992년 2월호, 252면; 이재상, 복사문서의 문서성, 판례월보, 1990년 4월, 24-28면; 박상기, 형법총론(全訂版), 박영사 1999, 28면: 김일수·이재상·박상기 교수는 「형법상 문서와 복사문서의 문서성과 관련하여 종래의 범죄불성립에서 범죄의 성립인정으로 판례를 변경한 대법원의 전원합의체판결(대판 1989.9.12, 87도506)」을 소개하고 있다; 이재상, [특집] 1998년 형법 판례 회고, 고시계, 1999년 1월호, 13-22면(13면, 15면, 16면): 이 교수는 「형법 제331조 제2항 후단 특수절도죄에 있어서 합동의 개념과 공모공동정범(대판 1998.5.21. 98도321 전원합의체)」을 소개하고 있다; 김일수, 새로 쓴 형법총론(제8판),

판례변경의 사례들은 형법총론과 관련하여 관습법에서, 형법각론과 관련하여 법개념들의 해석과정에서 주로 나타나고 있다. 피고인에게 불리한 판례변경의 사례들은 크게 두 가지 유형이 있다. 하나는 종전의 판례 입장을 변경하여 새로운 범죄구성요건을 창설하는 경우이고, 다른 하나는 종전의 판례보다도 가중된 범죄구성요건을 적용하는 경우이다. 여기서는 그 사례들을 구체적으로 살펴보고, 대법원의 입장을 정리하고자 한다.

1. 범죄구성요건을 창설한 사례

범죄구성요건을 창설한 사례란 가벌성의 범위를 확장하여 피고인에게 불리하게 판례를 변경(犯罪不成立에서 犯罪成立으로 判例變更, strafbegründende Rechtsprechungsänderung)한 경우를 말한다. 새로운 범죄구성요건을 창설한 대표적 사례는 (1) 형법 제355조 제2항의 배임죄의 주체, (2) 형법 제355조 제2항의 배임죄의 범의, (3) 형법 제152조 모해위증의 주체, (4) 형법 제229조, 제231조, 제234조의 복사한 문서의 문서성, (5) 형법 제228조 2항 부녀매매죄의 매매행위, (6) 구건축법 제57조의 업무주에 대한 처벌규정, (7) 현물출자 기자재에 대한 수입대금송금행위 특정경제범죄가중처벌등에관한법률위반(재산국외도피 · 업무상배임) · 공문서변조 · 변조공문서행사, (8) 형법 제230조 공문서부정행사죄, (9) 준강도미수의 판정기준 등이다.

(1) 대판 1984.10.10. 82도2595 전원합의체 : 형법 제355조 제2항의 배임죄의 주체

대판 1983.2.22. 82도1527은 「타인의 사무를 처리할 의무의 주체가 법인인 경우 그 법인의 대표기관이 형법 제355조 제2항의 배임죄의 주체가 될 수 없다」고 판시하였다. 이러한 태도는 대판 1966.6.21. 66도273 판결이후 지속된 대법원의

박영사, 2000, 75-76면: 김 교수는 대판 1983.12.13. 83도2330 전원합의체판결과 대판 1989.9.12. 87도506 전원합의체판결을 소개하고 있다; 배종대, 형법총론, 홍문사, 2001, 73면-74면: 배 교수는 「사람의 始期, 終期에 대한 판례변경 또는 業務의 범위에 대한 판례변경」을 소개하고 있다; 손동권, 형법총칙론, 율곡출판사, 2001; 35면: 손 교수는 대판 1999.7.15. 95도2870 건축법위반(전원합의체)을 소개하고 있다; 신동운, 형법총론, 법문사, 2001, 30면-33면: 신 교수는 대판 1999.7.15. 95도2870 건축법위반(전원합의체)을 소개하고 있다; 정성근 · 박광민, 형법총론, 삼지원, 2001, 18면-19면: 대판 1999.7.15. 95도2870 건축법위반(전원합의체)을 소개하고 있다.

태도였다.[8] 그러나 대판 1984.10.10. 82도2595 전원합의체판결은 18년 4개월 동안 지속된 종전의 판례를 변경하여 「법인을 대표하여 사무를 처리하는 자연인인 대표기관이 바로 타인의 사무를 처리하는 자 즉, 배임죄의 주체가 되는 것으로 새겨야 한다」고 판시하고 배임죄의 성립을 인정하였다.[9]

(2) 대판 1983.12.13. 83도2330 전원합의체: 형법 제355조 제2항, 형법 제356조의 배임죄의 범의

대판 1976.5.11. 75도823은 「실질적인 1인 회사의 일인주주가 주식회사의 회사재산을 처분하거나 돈을 임의로 처분한 경우에 타인에게 손해를 가했다고 보기가 어렵기 때문에 형법 제355조 제2항의 배임죄가 성립될 수 없다」고 판시하였다. 이러한 입장은 대판 1974.4.23. 73도2611 이후 지속된 대법원의 태도였다.[10] 그러나 대판 1983.12.13. 83도2330 전원합의체판결은 9년 8개월 동안 지속된 기존

---

8) [참조판례] 대판 1966.6.21. 66도273: [판시사항] 배임죄의 주체 [판결요지] 배임죄의 구성요건에 대한 심리를 다하지 않은 위법이 있는 실례; 대판 1967.2.8. 66형상320; 대판 1967.8.9. 66형상121; 대판 1966.6.21. 66도273; 대판 1970.9.26. 72도1676; 대판 1970.7.28. 70도1426; 대판 1975.11.25. 75도2619; 대판 1976.2.10. 75도1900: [판시사항] 배임죄의 주체 [판결요지] 무진합자회사가 취급한 상호부금업무는 위 회사의 업무에 속하는 것이지 결코 부금가입자인 타인의 사무에 속한다고 볼 수 없어 위 회사의 무한책임사원인 피고인은 배임죄의 주체가 될 수 없으므로 그 회사에서 모집한 계에 가입하여 부금을 낙찰한 사람에게 부금을 지급하지 아니하였다 하더라도 업무상 배임죄는 성립되지 않는다; 대판 1977.5.24. 76도62; 대판 1979.1.16. 76도3026; 대판 1978.10.10. 78도1714; 대판 1979.12.11. 79도2509: [판시사항] 상호금고 대표이사의 계원들에 대한 관계에서의 배임죄 주체 [판결요지] 상호신용금고주식회사가 취급한 상호신용계 업무는 그 회사의 업무에 속하므로 위 회사의 대표이사는 동 회사의 기관일 뿐이어서 가입계원들에 대한 관계에 있어 직접 그들의 사무를 처리하는 자가 아니므로 배임죄의 주체가 될 수 없다; 대판 1980.10.14. 80도1597; 대판 1982.2.9. 80도1796: [판시사항] 회사가 2중 양도한 경우 대표이사의 배임죄 성부(소극) [판결요지] 형법 제355조 제2항에 규정된 배임죄는 타인의 사무를 처리하는 자라야 그 주체가 되는 것인바 공소외인에 대한 판시에서 소유권이전등기 의무는 공소외 회사가 부담하는 것이고 피고인은 그 회사의 대표기관에 불과하므로 피고인은 공소외인에 대하여 그 사무를 처리하는 자의 지위에 있지 아니하여 공소외인과 피고인 사이에 타인과 본인의 관계가 없다 할 것이니 여기에 배임죄가 성립될리 없다; 대판 1983.2.22. 82도1527.

9) 평석으로 신동운, 회사의 대표기관 등에 대한 형사책임과 배임죄, 상사판례연구[1], 如松崔基元教授 華甲・서울大學校在職三十年 紀念論文集 刊行委員會, 박영사, 1996, 520-540면; 이용식, 법인의 범죄능력과 형법에 있어서 제조물책임, 상사판례연구[1]; 如松崔基元教授 華甲・서울大學校在職三十年 紀念論文集 刊行委員會, 박영사, 1996, 331-352면.

10) [참조판례] 대법원 1974.4.23. 73도2611: [판시사항] 1인 회사에 있어서 주주총회의 특별결의 없이 한 중요 영업재산 양도행위와 업무상 배임죄의 성부 [판결요지] 실질적인 1인 회사에 있어서는 다른 주주들이 주식인수의 형식을 갖춰 그 지위를 보지하고 있는 경우에는 그 회사의 중요영업재산을 양도하려면 주주총회의 특별결의를 필요로 하지만 이러한 결의 없이 임의 처분한 경우에도 실질적인 1인회사의 1인주주로서 회사의 손해는 바로 그 주주 한 사람의 손해인 것임에 비추어 회사에 손해를 가하려는 범의가 없어 회사에 대한 업무상배임죄는 성립될 수 없다; [참조조문] 형법 제355조, 형법 제356조, 실용신안법 제374조, 제434조; 대판 1976.5.11. 75도823: [판결요지] 주식회사의 주식이 사실상 1인 주주에게 귀속되는 경우에는 그 주식회사의 손해는 바로 그 1인 주주의 손해라 할 것이므로 그 회사의 금원을 소비하였다 하여 손해를 가하려는 의사 즉 범의가 있다 할 수 없어 배임죄가 성립할 수 없다.

의 태도를 변경하고, 「배임죄의 범의는 자기의 행위가 그 임무에 위배한다는 인식으로 족하고 본인에게 손해를 가하려는 의사는 이를 필요로 하지 않는다」고 판시하고 배임죄 성립을 인정하였다.[11)]

(3) 대판 1987.7.7. 86도1724 전원합의체: 형법 제152조 모해위증의 주체

대판 1961.7.13. 4294형상194은 「증언거부권이 있는 자가 자신에 대한 형사소추를 모면하기 위하여 자신에게 불이익한 사항에 관하여 허위증언을 한 경우에는 위증죄가 성립하지 않는다」고 판시하였다. 그러나 대판 1987.7.7. 86도1724 전원합의체판결은 16년 동안 지속된 종전의 태도를 변경하고, 「증언거부권이 있는 자가 자신에 대한 형사소추를 모면하기 위하여 자신에게 불이익한 사항에 관하여 허위증언을 한 경우에는 위증죄가 성립한다」고 판시하였다.[12)]

(4) 대판 1989.9.12. 87도506 전원합의체 : 형법 제229조, 제231조, 제234조의 복사한 문서의 문서성

대판 1988.10.24. 88도1680은 「형법에 규정된 문서위조죄와 행사죄에 있어서 문서라 함은 작성명의인의 의사가 표시된 문서 그 자체를 의미한다 할 것이므로 원본을 기계적인 방법에 의하여 복사한 경우에는 그 복사 또는 등본은 사본 또는 등본의 인증이 없는 한 위 각 죄의 행위객체인 문서에 해당하지 아니한다」고 판시하였다. 이러한 입장은 대판 1954.5.8. 4286형상112판결이후 지속된 대법원의 입장이었다.[13)] 그러나 대판 1989.9.12. 87도506 전원합의체판결은 35년 4개월 동

---

11) 평석으로 김일수, 일인회사의 주주겸 대표이사의 업무상 배임, 고려대 판례연구 4집, 1987, 41면-81면(74면-81면). 이후 대판 1996.8.23. 96도1525.

12) 대판 1987.7.7. 86도1724 [판결요지] 1. 위증죄는 선서를 한 증인이 허위진술을 함으로써 성립하는 죄이며 국가의 재판권 및 징계권을 적정하게 행사하기 위한 것이 그 주된 입법이유이다. 참조 판례로는 대판 1961.7.13. 4294형상194 판결(폐기) 2. 증인으로 선서한 이상 진실대로 진술한다고 하면 자신의 범죄를 시인하는 진술을 하는 것이 되고 증언을 거부하는 것은 자기의 범죄를 암시하는 것이 되어 증인에게 사실대로의 진술을 기대할 수 없다고 하더라도 형사소송법상 이러한 처지의 증인에게는 증언을 거부할 수 있는 권리를 인정하여 위증죄로부터의 탈출구를 마련하고 있는 만큼 적법행위의 기대 가능성이 없다고 할 수 없으므로 선서한 증인이 증언거부권을 포기하고 허위의 진술을 하였다면 위증죄의 처벌을 면할 수 없다. [전원합의체판결: 본 판결로 대판 61.07.13 4294형상194 폐기]

13) [참조판례] 대판 1954.5.8. 4286형상112; 대판 1969.11.26. 69도85; 대판 1978.4.11. 77도4068: [판시사항] 복사문서가 형법상 문서위조죄 소정문서에 해당되는지 여부 [판결요지] 형법에 규정된 문서위조죄나 행사죄에 있어서의 문서라 함은 작성 명의인의 의사가 표시된 물체 그 자체를 의미한다 할 것이므로, 원본을 기계적 방법에 의하여 사진 복사한 경우에도 그 사본 또는 등본의 인증이 없는 한 위 각죄의 행위객체인 문서에 해당되지 아니한다. [참조조문] 형법 225조, 229조, 231조, 234조; 1981.12.22. 81도2715; 대판 1982.5.25. 82도715; 대판 1983.9.13. 83도1829; 대판 1985.11.26. 85도2138; 대판 1988.4.12. 87

안 지속된 종전의 입장을 변경하고,[14] 「오늘날 일상거래에서 복사문서가 원본에 대신하는 증명수단으로서의 기능이 증대되고 있는 실정에 비추어 볼 때 이에 대한 사회적 신용을 보호할 필요가 있으므로 복사한 문서의 사본은 문서위조 및 동행사죄의 객체인 문서에 해당한다」고 판시하고 복사문서의 문서성을 인정하였다. 대법원의 판결 후 복사문서의 문서성에 관하여 학계와 실무에서 엄청난 논쟁이 있었으나,[15] 결국 1995년 12월 29일 형법 제237조의2를 신설하여 이를 입법적으로 해결하였다.

(5) 대판 1992.1.21. 91도1042 전원합의체: 형법 제228조 제2항 부녀매매죄의 매매행위

대판 1959.3.12. 4292형상7과 대판 1971.3.9. 71도27은 「지각이 있고 법질서에 호소할 능력이 있는 부녀를 매매하는 것은 불가능하다」고 판시하였다. 그러나 대판 1992.1.21. 91도1042 전원합의체판결은 31년 10개월 동안 지속된 종전의 입장을 변경하고, 「보통의 부녀자라면 법질서에 보호를 호소하기를 단념할 정도의 상태에서 신체에 대한 인수인계가 이루어졌다면 18세의 부녀에 대한 매매도 가능하다」고 판시하였다.

(6) 대판 1999.7.15. 95도2870 전원합의체: 구 건축법 제57조의 업무주에 대한 처벌규정

대판 1990.10.12. 90도1219은 「구 건축법 제57조의 양벌규정이 위반행위의 이익귀속주체인 업무주에 대한 처벌규정이다」고 판시하였다.[16] 그러나 대판 1999.

도2709: [판시사항] 위조된 부동산매매계약서를 소유권이전등기청구소송의 소장에 사본하여 첨부하도록 교부한 경우 위조사문서행사죄의 성립요부 [판결요지] 형법에 규정된 공문서 또는 사문서의 위조죄나 그 행사죄에 있어서의 문서라 함은 작성명의인의 의사가 표시된 원본자체를 말하고, 사본은 그것이 기계적 방법에 의하여 복사된 것이라 하더라도 사본 또는 등본이라는 인증이 없는 한 위 각 죄의 행위객체인 문서에 해당되지 아니하나 위조된 부동산매매계약서 1통을 소유권이전등기청구소송의 소장에 사본하여 첨부하도록 교부하였다면 이는 곧 위조된 원본 자체를 교부한 것으로서 위조된 원본 자체를 교부한 것으로서 위조사문서행사죄가 된다; 대판 1988.4.12. 87도2709; 대판 1988.10.24. 88도1680.

14) 대판 1954.5.8. 4286형상112폐기; 대판 1969.11.26. 69도85폐기; 대판 1978.4.11. 77도4068 폐기; 대판 1981.12.22. 81도2715폐기; 대판 1982.5.25. 82도715폐기; 대판 1983.9.13. 83도1829폐기; 대판 1985.11.26. 85도2138폐기; 대판 1988.4.12. 87도2709폐기; 대판 1988.10.24. 88도1680폐기.

15) 평석으로 이종찬, 전자복사기 등의 사용에 의한 복사문서의 문서성, 법조 제39권 제6호(제405호), 1990년 6월호, 128-138면; 이재상, 복사문서의 문서성, 판례월보 제235호, 1990년 4월호, 24-28면; 하태훈, 복사문서의 문서성, 형사판례연구[I], 1993년 7월호, 197-215면.

16) 참조판례로 대판 1990.10.12. 90도1219(판례변경); 대판 1991.11.12. 91도801; 대판 1992.7.28. 92도1163(판례변경); 대판 1993.2.9. 92도3207판결(판례변경); 대판 1995.5.26. 95도230; 대판 1995.11.21. 93도

7.15. 95도2870 전원합의체판결은 종전의 입장을 변경하고, 「구 건축법 제57조의 양벌규정이 위반행위의 이익귀속주체인 업무주에 대한 처벌규정임과 동시에 행위자의 처벌규정이다」고 판시하였다.[17]

(7) 대판 1999.9.17. 97도3349 전원합의체 : 현물출자 기자재에 대한 수입결제대금 송금행위 특정경제범죄가중처벌등에관한법률위반(재산국외도피·업무상배임) · 공문서변조 · 변조공문서행사

대판 1999.9.17. 97도3349 전원합의체판결 이전까지는 「외국회사가 한국회사에 현물출자 한 경우 그 기자재에 대한 대금을 수입결제대금으로 송금한 행위는 범죄가 성립되지 않는다」고 판시하였다. 그러나 대판 1999.9.17. 97도3349 전원합의체판결은 종전의 입장을 변경하고, 「외국회사가 한국회사에 현물출자 한 경우 그 기자재를 수입한 것처럼 서류를 허위로 작성하여 기자재에 대한 대금을 수입결제대금으로 국외로 송금한 행위는 특정경제범죄가중처벌등에관한법률위반(재산국외도피 · 업무상배임) · 공문서변조 · 변조공문서행사 등의 죄에 해당한다」고 판시하였다.[18]

(8) 대판 2001.4.19. 2000도1985 전원합의체 : 형법 제230조 공문서부정행사죄, 도로교통법, 주민등록법, 여권법

대판 1974.9.4. 74도1695은 「제3자로부터 신분확인을 위하여 신분증명서의 제시를 요구받고 다른 사람의 운전면허증을 제시한 경우 형법 제230조 공문서부정행사죄에 해당하지 않는다」고 판시하였다. 그러나 대판 2001.4.19. 2000도1985 전

35; 대판 1996.2.23. 95도2083; 대판 1997.6.13. 97도534. 이에 대한 비판적인 판례평석으로 구모영, 판례변경과 소급효금지원칙, 비교형사법연구 제2호, 한국비교형사법학회, 세종출판사, 2000, 171-190면(176-184면); 허일태, 피고인에게 불리한 판례변경과 소급효금지원칙, 형사판례연구[9], 박영사, 2001, 125-142면(142면).

17) 대판 1999.7.15. 95도2870 건축법위반(전원합의체판결) [판결요지] [다수의견] 구 건축법(1991.5.31. 법률 제4381호로 전문 개정되기 전의 것) 구 건축법 제54조 내지 제56조의 벌칙규정에서 그 적용대상자를 건축주, 공사감리자, 공사시공자 등 일정한 업무주(業務主)로 한정한 경우에 있어서, 같은 법 제57조의 양벌규정은 업무주가 아니면서 당해 업무를 실제로 집행하는 자가 있는 때에 위 벌칙규정의 실효성을 확보하기 위하여 그 적용대상자를 당해 업무를 실제로 집행하는 자에게까지 확장함으로써 그러한 자가 당해 업무집행과 관련하여 위 벌칙규정의 위반행위를 한 경우 위 양벌규정에 의하여 처벌할 수 있도록 한 행위자의 처벌규정임과 동시에 그 위반행위의 이익귀속주체인 업무주에 대한 처벌규정이라고 할 것이다.

18) 이 판례에 대한 평석으로 하태영, 적극적 일반예방의 관점에서 본 피고인에게 불리한 판례변경, 오선주교수 정년기념논문집, 형설출판사, 2001, 107-118면(111-112면); 허일태, 피고인에게 불리한 판례변경과 소급효금지원칙, 형사판례연구[9], 2001, 125-142면(133면).

원합의체판결은 26년 7개월 동안 지속된 종전의 입장을 변경하고, 「제3자로부터 신분확인을 위하여 신분증명서의 제시를 요구받고 다른 사람의 운전면허증을 제시한 경우 신분확인은 운전면허증의 본래의 용도가 아닌 만큼 이러한 경우 형법 제230조 공문서부정행사죄, 도로교통법 제68조, 제69조, 제77조, 주민등록법 제17조의9, 제21조 제2항, 여권법 제13조 제3항, 제4항에 해당한다」고 판시하였다.[19] 이러한 판례변경은 운전면허증 소지자가 크게 늘고 있고 또 면허증이 신분확인에 자주 사용되는 현실을 반영한 것으로 보인다.

(9) 대판 2004.11.18. 2004도5074 전원합의체: 준강도(인정된 죄명: 준강도미수)

대판 1964.11.20. 64도504은 「형법 제355조에서 말하는 절도가 체포를 면탈하기 위하여 폭행을 가한 때라 함은 절도미수범의 그와 같은 경우에도 해당한다 할 것이요, 이러한 경우에 준강도미수로 볼 수 없다 할 것이다」고 판시하였다. 그러나 대판 2004.11.18. 2004도5074 전원합의체는 40년 동안 지속된 종전의 입장[20]을 변경하고, 「형법 제335조에서 절도가 재물의 탈환을 항거하거나 체포를 면탈하거나 죄적을 인멸할 목적으로 폭행 또는 협박을 가한 때에 준강도로서 강도죄의 예에 따라 처벌하는 취지는, 강도죄와 준강도죄의 구성요건인 재물탈취와 폭행·협박 사이에 시간적 순서상 전후의 차이가 있을 뿐 실질적으로 위법성이 같다고 보

19) 대판 2001.4.19. 2000도1985 전원합의체: [판결요지] “운전면허증은 운전면허를 받은 사람이 운전면허시험에 합격하여 자동차의 운전이 허락된 사람임을 증명하는 공문서로서, 운전면허증에 표시된 사람이 운전면허시험에 합격한 사람이라는 ‘자격증명’과 이를 지니고 있으면서 내보이는 사람이 바로 그 사람이라는 ‘동일인증명’의 기능을 동시에 가지고 있으므로, 운전면허증을 제시한 행위에 있어 동일인증명의 측면은 도외시하고, 그 사용목적이 자격증명으로만 한정되어 있다고 해석하는 것은 합리성이 없다. 인감증명법, 공직선거및선거부정방지법 등 여러 법령에 의한 신분 확인절차에서도 운전면허증은 신분증명서의 하나로 인정되고 있으며, 주민등록법 자체도 주민등록증이 원칙적인 신분증명서이지만, 다른 문서의 신분증명서로서의 기능을 예상하고 있다. 한편 우리 사회에서 운전면허증을 발급받을 수 있는 연령의 사람들 중 절반 이상이 운전면허증을 가지고 있고, 특히 경제활동에 종사하는 사람들의 경우에는 그 비율이 훨씬 더 이를 앞지르고 있으며, 금융기관과의 거래에 있어서도 운전면허증에 의한 실명확인이 인정되고 있는 등 현실적으로 운전면허증은 주민등록증과 대등한 신분증명서로 널리 사용되고 있다. 따라서 제3자로부터 신분확인을 위하여 신분증명서의 제시를 요구받고 다른 사람의 운전면허증을 제시한 행위는 그 사용목적에 따른 행사로써 공문서부정행사죄에 해당한다고 보는 것이 옳다. 이와 다르게 판시하였던 종전의 판결들(대판 2000.2.11. 99도1237 등)은 이 판결의 의견과 어긋나는 범위 내에서 이를 변경한다. 종전 판례들 대판 1974.9.4. 74도1695; 대판 1981.12.8. 81도1130; 대판 1983.6.28. 82도1985; 대판 1989.3.28. 88도1593; 대판 1991.5.28. 90도1877; 대판 1991.7.12. 91도1052; 대판 1992.11.24. 91도3269; 대판 1993.5.11. 93도127; 대판 1996.10.11. 96도1733; 대판 1999.5.14. 99도1237; 대판 2000.2.11. 99도1237(변경).

20) 대판 1964.11.20. 64도504; 대판 1969.10.23. 69도1353; 대판 1973.11.13. 73도1553 전원합의체; 대판 1981.3.24. 81도409; 대판 1990.4.24. 90도193.

기 때문인 바, 이와 같은 준강도죄의 입법 취지, 강도죄와의 균형 등을 종합적으로 고려해 보면, 준강도죄의 기수 여부는 절도행위의 기수 여부를 기준으로 하여 판단하여야 한다」고 판시하였다.[21] 준강도죄의 미수·기수의 판단 기준과 관련하여 40년 동안 지속된 대법원의 입장은 폭행·협박행위기준설이었다. 반면 변경된 대법원의 입장은 절취행위기준설이다. 가벌성의 판단기준이 확장되어 피고인에게 불리하게 적용된 최근의 판례이다.[22]

2. 가중된 범죄구성요건을 적용한 사례

가중된 범죄구성요건을 적용한 사례란 가벌성의 범위를 강화하여 피고인에게 불리하게 판례를 변경(종전의 판례의 태도를 변경하여 기본적 구성요건의 적용에서 가중적 구성요건의 적용으로 判例變更, strafverschäfende Rechtsprechungsänderung)한 경우를 말한다. 가중된 범죄구성요건을 적용한 대표적 사례는 대판 1998.5.12. 98도321 전원합의체: 형법 제331조 2항 특수절도에 있어서 합동의 의미이다.

대법원은 형법 제331조 제2항 후단의 합동절도죄의 성립요건에 대한 판단에서 처음에는 현장설을 배제하고 소위 공모공동정범설을 취하였다.[23] 그러나 대판 1966.11.29. 66도1277은 최초로 현장설적 입장을 취하다가 대판 1969.7.22. 67도1117을 통해 명백히 '현장설'을 지지하였다.[24] 이 판결이후로 대법원은 '현장설'

21) 대판 2004.11.18. 2004도5074 전원합의체: 준강도(인정된 죄명: 준강도미수): [판결요지] [1] [다수의견: 절취행위기준설] 형법 제335조에서 절도가 재물의 탈환을 항거하거나 체포를 면탈하거나 죄적을 인멸할 목적으로 폭행 또는 협박을 가한 때에 준강도로서 강도죄의 예에 따라 처벌하는 취지는, 강도죄와 준강도죄의 구성요건인 재물탈취와 폭행·협박 사이에 시간적 순서상 전후의 차이가 있을 뿐 실질적으로 위법성이 같다고 보기 때문인 바, 이와 같은 준강도죄의 입법 취지, 강도죄와의 균형 등을 종합적으로 고려해 보면, 준강도죄의 기수 여부는 절도행위의 기수 여부를 기준으로 하여 판단하여야 한다. [별개의견: 종합설] 폭행·협박행위를 기준으로 하여 준강도죄의 미수범을 인정하는 외에 절취행위가 미수에 그친 경우에도 이를 준강도죄의 미수범이라고 보아 강도죄의 미수범과 사이의 균형을 유지함이 상당하다. [반대의견: 폭행·협박행위기준설] 강도죄와 준강도죄는 그 취지와 본질을 달리한다고 보아야 하며, 준강도죄의 주체는 절도이고 여기에는 기수는 물론 형법상 처벌규정이 있는 미수도 포함되는 것이지만, 준강도죄의 기수·미수의 구별은 구성요건적 행위인 폭행 또는 협박이 종료되었는가 하는 점에 따라 결정된다고 해석하는 것이 법규정의 문언 및 미수론의 법리에 부합한다. [2] 절도미수범이 체포를 면탈할 목적으로 폭행한 행위에 대하여 준강도미수죄로 의율한 원심판결을 수긍한 사례.

22) 배종대, 형법각론, 제6전정판, 홍문사, 2006, 425-428면(427면).

23) 대판 1956.5.1. 4289형상35: 이 판결에서는 "반드시 범인이 동일한 장소에서 공동으로 범죄를 수행한 경우에 한하여 합동이라 할 수 있다는 논지는 독단적 견해에 불과하다"고 판시하고 있다; 대판 1960.6.15. 4293형상60; 판례의 변천에 관해서는 박찬주, 형법 제331조 제2항 후단의 "2인 이상이 합동하여"의 의미-대판 1988.9.13. 88도1197-, 대법원판례해설 제10호, 1989년 12월호, 489면 이하.

24) 대판 1969.7.22. 67도1117: 대법원은 "형법 제331조 제2항 후단에서 이른바 2인 이상이 합동하여 타인의 재물을 절취한 자라고 한 합동절도의 경우에는 주관적 요건으로서의 공모 외에 객관적 요건으

을 지속적으로 유지하였다.[25] 이러한 판례변경은 피고인에게 유리한 판례변경이라고 볼 수 있다. 그러나 대판 1998.5.12. 98도321 전원합의체판결은 31년 9개월 동안 유지된 종전의 입장(현장설)을 변경하고,[26] 합동범에 대하여서도 형법 제30조의 공동정범을 적용하여 현장 이외의 장소에서 가공한 자를 합동범의 공동정범으로 처벌하였다. 이 판결에서 대법원은 현장설을 유지하면서 현장설에 따른 시간적·장소적 합동이 없는 일부의 공모자에게는 합동절도의 공동정범을 적용하였다. 결국 대법원은 합동범이 성립하는 범위는 현장설에 의할 경우보다 상당히 확장될 가능성을 열어 놓았다.[27] 가중적 공모공동정범설로 회기[28]하는 첫걸음인 것처럼 보인다. 형법 제331조 제2항 특수절도에 있어서 합동의 의미에 관련

로서의 실행행위의 분담이 있어야 할 것이고, 그 실행행위에 있어서는 시간적으로나 장소적으로 합동관계가 있다고 볼 수 있는 것이라야 할 것인 바, 본건에 있어서 이를 보건대, 원심은 그 판결이유에서 위의 원심판결 판시사실에 의하면 단순한 공모(합동절도의 공모라고도 볼 수 없다)만을 인정하고 실행행위의 분담에 관하여는 피고인 손○○이 무엇을 분담하기로 하고 실제 분담한 것이 무엇인가에 대하여는 아무런 설시도 없으므로, 이것으로서는 형법 제331조 제2항 후단의 이른바 합동절도죄로 의률처단할 수 없을 것임에도 불구하고, 원심이 위와 같은 사실에 합동절도에 관한 위 법조를 적용 처단하였음은 합동절도에 관한 형법 제331조 제2항 후단의 법리를 오해하여 심리를 다하지 아니하였거나 아니면 원심판결의 판시사실에 법률적용을 잘못한 위법이 있어 원판결 결과에 영향을 미쳤다고 할 수 밖에 없다"고 판시하였다. 이 판결에 대한 평석으로 박정근, 합동절도, 사법행정 제10권 제11호, 1969년 11월호, 55면 이하; 이윤근, 합동절취와 공동정범, 법조 제18권 제12호, 1969년 12월호, 80면 이하.

25) 대판 1969.7.22. 67도1117; 대판 1971.4.30. 71도496; 대판 1976.7.27. 75도2720: [판결요지] 대법원은 "이 사건 사실관계가 원심이 확정한 바와 같다면 피고인이 실행행위(훔친 소를 사후에 운반한 점)을 시간적으로나 장소적으로 절취행위와 협동관계가 있다고 할 수 없어 그 소위를 합동절도로 분의할 수 없음은 원판시와 같다고 할 것이다"라고 하면서 나아가 피고인의 책임과 관련하여 "그러나 소위 공동정범에 있어서 범죄행위를 공모한 후 그 실행행위에 직접 가담하지 아니하더라도 다른 공범자와 분담실행한 행위에 대하여 공동정범의 죄책을 면할 수 없는 것이므로(대판 1971.4.30. 71도496) 위 원심이 인정한 사실관계는 본건 공소사실의 범위가 속한다고 보아지므로 피고인은 일반 절도죄의 공동정범 또는 적어도 합동절도방조로서의 죄책을 면할 수 없다 할 것이니 위와 같은 원판시는 공동정범 내지 종범의 법리를 오해하여 공소가 제기된 사실에 대하여 심판을 다하지 아니하였다는 허물을 면할 수 없다"는 이유로 원심판결을 파기하고 있다. 이 판결은 "현장 이외의 장소에서 합동범에 가공한 행위는 기본범죄의 공동정범 또는 합동범의 방조범이 된다"고 판시하였다; 이 판례에 대한 평석으로 강구진, 공소제기된 사실이 합동절도인 경우에 일반절도의 공동정범 또는 합동절도방조의 사실관계가 공소사실의 범위에 속하나 여부, 판례회고 제5호(1976), 서울대학교, 1978, 194-235면(197면); 진용상, 합동절도소고, 검찰 제58호, 1975년 9월, 35-39면; 이후의 판례들: 대판 1988.9.13. 88도1197; 대판 1988.11.22. 88도1557; 대판 1989.3.14. 88도837; 대판 1992.7.28. 92도917; 대판 1994.11.25. 94도1622; 대판 1996.3.22. 96도313.

26) 대판 1998.5.21. 98도321 전원합의체: "이와 다른 견해를 표명하였던 대판 1976.7.27. 75도2720 등은 이를 변경하기로 한다".

27) 이 판결에 대한 비판으로 이재상, 합동범의 공동정범, 법학논집 제3권 제1, 2 합병호, 이화여자대학교 법학연구소, 1999, 209-227면(227면: 전원합의체판결은 다시 변경되어야 한다고 생각한다); 이정원, 형법각론, 법지사, 1999, 316-319면; 이충상, 범행현장에 가지 아니한 자가 합동절도의 공동정범이 될 수 있는지: 합동범의 공동정범의 성립가능성, 법조 제47권 제10호(505호), 1998년 10월호, 150-178면; 임웅, 형법총론, 법문사, 1999, 375-377면; 하태훈, 합동범의 공동정범 성립여부, 법률신문, 1998년 7월 13일, 14-15면; 하태훈, 기능적 행위지배와 합동범, 고시계, 1998년 9월호, 84-96면(93-94면); 이 판결에 대한 긍정적 평가로 서보학, 합동범의 공동정범 성립여부, 법률신문, 1999년 6월 14일, 14-15면(15면).

28) 대판 1956.5.1. 4289형상35; 대판 1960.6.15. 4293형상60.

한 판례변경은 가중적 범죄구성요건을 적용한 최근의 사례이다.

3. 대법원의 입장

1999년 7월과 12월에 대법원은 피고인에게 불리한 판례변경의 문제점을 심도 깊게 논의하였다. 대법원의 다수의견은 "피고인에게 불리한 판례변경은 헌법 제13조 제1항과 형법 제1조의 소급효금지의 원칙이 준용될 수 없다"는 입장을 지지하였다(9대4). 이러한 대법원의 입장은 대판 1999.9.17. 97도3349에서 재확인되었다.

(1) 대판 1999.7.15. 95도2870 전원합의체: 건축법위반(부산 영도 아파트부실시공사건)

대법원 전원합의체는 이 판결을 약 4년간 끌어오면서 헌법적·법이론학적·형법적·형사정책적·법사회학적·형사소송법적 관점에서 격론하였고, 다수의견과 소수의견으로 양분된 채 선고하였다.

① 다수의견(9인): 대법원장 윤관(재판장), 대법관 박준서, 대법관 이돈희(주심), 대법관 김형선, 대법관 지창권, 대법관 이임수, 대법관 송진훈, 대법관 서성, 대법관 변재승

형사처벌의 근거가 되는 것은 법률이지 판례가 아니고, 구 건축법 제57조에 관한 판례의 변경은 그 법률조항의 내용을 확인하는 것에 지나지 아니하여 이로써 위 법률조항 자체가 변경된 것이라고 볼 수는 없으므로, 행위 당시의 판례에 의하면 처벌대상이 되지 아니하는 것으로 해석되었던 행위를 판례의 변경에 따라 확인된 내용의 위 법률조항에 근거하여 처벌한다고 하여 그것이 형벌불소급의 원칙에 반한다고 할 수는 없다 할 것이다.

② 소수의견(4인): 대법관 정귀호, 대법관 신성택, 대법관 이용훈, 대법관 조무제

종래 대법원 판례가 구 건축법의 양벌규정이 행위자 처벌의 근거 규정이 될 수 없다고 일관되게 해석하여 옴으로써 국민의 법의식상 그러한 해석이 사실상 구속력이 있는 법률해석으로 자리 잡게 되었다고 할 수 있음에도 불구하고 단지 다른 법률의 양벌규정과 해석을 같이 하려는 취지에서 국민에게 불이익한 방향으로 그 해석을 변경하고 그에 따라 종전 대법원 판례들을 소급적으로 변경하려는 것은 형사법에서 국

민에게 법적 안정성과 예측가능성을 보장하기 위하여 소급입법 금지의 원칙을 선언하고 있는 헌법의 정신과도 상용될 수 없는 점 등에 비추어 구 건축법의 양벌규정 자체가 행위자 처벌의 근거 규정이 될 수는 없다. … 우리 법제와 같은 성문법주의 아래서는 최고법원의 판례라고 하더라도 이것이 바로 법원(法源)이 되는 것은 아니지만, 실제의 법률생활에 있어서는 특히 최고법원 판례의 경우 사실상 구속력을 가지고 국민에 대하여 그 행동의 지침을 부여하는 역할을 수행하는 한편 당해 사건을 최종적인 판단에 의하여 해결하는 기능뿐만 아니라 법령해석의 통일이라는 제도적 기능도 아울러 가지고 있음을 고려할 때, 종래 대법원 1990.10.12. 선고 90도1219 판결 등 다수의견이 변경하고자 하는 대법원 판례가 구 건축법의 양벌규정이 행위자 처벌의 근거 규정이 될 수 없다고 일관되게 해석하여 옴으로써 국민의 법의식상 그러한 해석이 사실상 구속력이 있는 법률해석으로 자리 잡게 되었다고 할 수 있음에도 불구하고 단지 다른 법률의 양벌규정과 해석을 같이 하려는 취지에서 국민에게 불이익한 방향으로 그 해석을 변경하고 그에 따라 위와 같은 대법원 판례들을 소급적으로 변경하려는 것은 형사법에서 국민에게 법적 안정성과 예측가능성을 보장하기 위하여 소급입법 금지의 원칙을 선언하고 있는 헌법의 정신과도 상용될 수 없는 것이다.

(2) 대판 1999.9.17. 97도3349: 특정경제범죄가중처벌등에관한법률위반 (재산국외도피 · 업무상배임) · 공문서변조 · 변조공문서행사

(대법관 조무제(재판장), 대법관 정귀호, 대법관 김형선(주심), 대법관 이용훈)

형사처벌의 근거가 되는 것은 법률이지 판례가 아니고, 형법 조항에 관한 판례의 변경은 그 법률조항의 내용을 확인하는 것에 지나지 아니하여 이로써 그 법률조항 자체가 변경된 것이라고 볼 수는 없으므로, 행위 당시의 판례에 의하면 처벌대상이 되지 아니하는 것으로 해석되었던 행위를 판례의 변경에 따라 확인된 내용의 형법 조항에 근거하여 처벌한다고 하여 그것이 헌법상 평등의 원칙과 형벌불소급의 원칙에 반한다고 할 수는 없다.

Ⅲ. 피고인에게 불리한 판례변경과 형법학계의 논쟁사

피고인에게 불리한 판례변경은 넓게는 형법과 헌법사이의 경계영역(境界領域)의 문제이며, 좁게는 단지 형법에서 법관의 해석과 그 가변성의 의미(意味)에 관한 문제이다. 이 문제는 법치국가와 죄형법정주의의 근본이념에 대하여 새로운 토론의 장을 열어 가고 있다. 피고인에게 불리한 판례변경의 원인은 입법부와 사법부의 고유한 역할의 붕괴에 있다. 입법부의 측면에서는 법률의 명확성의 문제, 사법부의 측면에서는 해석방법의 불일치의 문제, 생활현실의 측면에서는 판례법의 사실상 규범력(faktische Normenkraft)의 문제가 복합적으로 얽히어 있다.

그러나 피고인에게 불리한 판례변경의 문제를 일반국민의 측면에서 검토한다면, 「삼권분립을 통해서 국민의 기본권을 보장한다는 법치국가가 삼권분립의 기능적 한계로 인하여 국민의 기본권을 침해하고 있다」는 비판을 면할 수가 없다. 판례를 변경하여 처벌범위를 확대 또는 강화하는 것은 실무계(법원, 검찰, 변호인)와 정보화시대에 살고 있는 일반국민에게 법적 안정성을 위협한다. 실무계의 관점에서 보면, 대법원의 판례는 판례법으로 확립되어 법적용에 있어서 절대적인 위치에 있으며, 사실상의 규범력을 갖고 있다.[29]

그런데 이러한 판례가 갑작스럽게 변경된다는 것은 법원, 검찰, 특히 피고인, 변호인에게 규범혼란을 주며 재판 중인 사안에도 중대한 영향을 미칠 것이다. 변호인과 피고인도 어제와 오늘이 서로 다른 법적 판단에 혼선을 가질 것이다. 이처럼 피고인에게 불리한 판례변경은 국민의 법충실(법적 안정성)에 심각한 타격을 주며, 법생활에 엄청난 파장을 미칠 것이다. 하지만 검찰과 법원의 실무는 현행법의 체계상으로 (피할 수 없는) 형사법상의 특수한 문제로 인식하고 있으며, 어떠한 시그날(경고문)도 없이 계속해서 피고인에게 불리한 판례변경을 시도하고 있다.

이에 대하여 검찰과 법원은 구체적인 정의를 실현하고 입법자의 올바른 입법의도를 찾아내기 위한 작업이라고 한다. 법원 자신의 법적 견해의 수정을 전제하지 않는 법해석은 이미 창조적인 활동이 아니라 기계적이고 죽은 활동이라 밖에 말할 수 없다고 한다. 법이 설정해 놓은 테두리 안에서 법원의 판례는 언제든지 바뀔 수 있다고 한다. 시민도 이것을 염두에 두어야 하며, 판례변경으로 인해 불이익을 당하게 될 경우에도 감수할 수밖에 없다[30]고 한다.

이에 대하여 김일수 교수는 다음과 같이 비판한다: "우리 대법원은 거의 대부분의 판례변경에서 자신을 신뢰해 온 충실한 백성들에게 (예상을 불허하는 시점에서) 갑자기 결별을 선언하고, 무자비하게 유죄의 굴레를 뒤집어씌우는 난폭행동

29) 이에 관하여 법률신문[사설], 판례의 권위, 1999년 5월 27일, 5면: "대법원 판례는 하급심 법관이 금과옥조(金科玉條)로 삼는 것이며 어떤 경우는 입법기능의 역할을 하기도 한다. 따라서 판례는 존중되어야 한다".

30) 서보학, 형사판례변경과 신뢰보호, 경희법학 제34권 제1호, 1999, 337-351면(350면).

을 자행하고 있다. 난폭한 법판단은 어서 속히 신사다운 면모와 행동규칙의 옷으로 갈아입어야 하리라고 본다."[31]

한편 한국 형사법학계는 피고인에게 불리한 판례변경의 문제점에 대한 해결방안에서 대법원의 다수견해와 소수견해처럼 매우 상반된 입장을 보이고 있다. 소급효부정설(학계의 다수견해, 대법원의 소수견해)은 헌법 제13조 제1항과 형법 제1조의 준용을 통한 헌법적 해결방안을 주장하고 있고, 소급효긍정설(학계의 소수견해, 대법원의 다수견해)은 형법 제13조 제1항과 형법 제1조의 준용을 배제하고 처벌을 주장하고 있다. 일부에서는 형법 제16조 법률의 착오를 통한 형법적 해결방안을 제안하고 있다. 여기서는 한국 형사법학자들의 입장을 자세히 살펴보고자 한다.

1. **소급효부정설**: 헌법 제13조 제1항과 형법 제1조의 준용을 통한 헌법적 해결방안

소급효부정설에 따르면 「피고인에게 불리한 판례변경에도 헌법 제13조 제1항과 형법 제1조의 소급효금지의 원칙이 준용되어야 한다」고 한다. 강기정 · 구모영 · 김일수 · 배종대 · 변종필 · 손해목 · 신동운 · 이영란 · 이정원 · 이형국 · 진계호 · 정성근 · 박광민 · 정웅석 교수 등이 헌법적 해결방안을 지지하고 있다. 현재 학계의 다수설이고, 대법원의 소수견해이다. 그러나 논거와 해결방안들은 학자들마다 약간씩 다르다.[32]

---

31) 김일수, 일인회사의 주주겸 대표이사의 업무상 배임, 판례연구 제4집, 고려대학교 법학연구소, 1987, 41-81면(78면).

32) 소급효부정설의 관점을 분석해 보면 다음과 같다. ① 죄형법정주의의 근본사상은 국가형벌권의 자의적 행사와 남용으로부터 국민이 부당하게 처벌되지 않도록 개인의 자유와 권리를 보장하고자 하는 법치주의의 사상이다. ② 죄형법정주의의 기본이념을 구현하기 위해 헌법 제13조 제1항과 형법 제1조가 준용되어야 한다(헌법사적 관점: 강기정 · 손해목 · 이정원). ③ 법적 안정성과 개인의 자유 그리고 인권보장을 위해 필요하다(헌법적 관점: 이형국 · 강기정 · 신동운). ④ 판례는 유권적 해석을 통해 법의 내용을 확정한다. 따라서 법률보충적 판례는 입법자가 제정하는 법률과 마찬가지이다(법이론학적 관점: 배종대 · 이정원 · 정성근 · 박광민 · 진계호). ⑤ 판례는 사실상의 구속력을 갖고 있다(법사회학적 관점: 정성근 · 진계호). 규범에 대한 일반인과 피고인의 신뢰보호를 위해 헌법 제13조 제1항이 준용되어야 한다(형사정책적 관점: 김일수 · 정성근 · 박광민 · 신동운 · 이정원). ⑥ 한국 형법 제16조 법률의 착오(금지착오)의 규정은 독일 형법 제17조 금지착오규정과 다르다. 판례(判例)를 법령(法令)에 포함시킬 수 없다(형법적 관점: 배종대). 불법을 인정하고 우회하여 단지 책임단계에서 책임배제를 인정하는 것은 충분하다고 할 수 없다(적극적 일반예방의 관점: 배종대 · 구모영 · 하태영). ⑦ 변경된 판례의 법리는 당해 판결이 공개된 이후의 시점에 행해진 범죄에 대해서만 적용해야 한다(형사소송법적 관점: 김일수 · 신동운 · 구모영 · 하태영). ⑧ 우리 대법원도 판례변경예고제나 서구법의 판례변경시 사용하는 중간예고제(obiter dictum, 傍論制度)를 도입하는 것이 시급하다(형사소송법적 관점: 김일수 · 하태영).

(1) 강기정 · 변종필 · 정웅석 교수의 견해

이 분들은 "죄형법정주의의 기본이념에 비추어 볼 때 형법불소급의 원칙은 판례의 경우에도 적용되어 행위 당시의 판례에 따르면 불가벌적 행위가 사후적으로 변경되어 처벌되는 것은 금지된다. 판례를 변경하여 행위자에게 불이익하게 소급적용한다면 이것은 사후입법에 의한 소급처벌과 같아서 법적 안정성을 위태롭게 하게 된다. 따라서 형사법에서 국민에게 법적 안정성과 예측가능성을 보장하기 위하여 소급입법금지의 원칙을 선언하고 있는 헌법 제13조 및 행위시법주의를 취하고 있는 형법 제1조 제1항을 준용하여 소급효를 금지하는 것이 타당하다"고 주장한다.[33]

(2) 구모영 박사의 견해

그는 "원론적으로 본다면, 분명 판례는 법률이 아닌 것은 사실이다. 그러나 오늘날 어느 국민 치고 판례를 법률을 구체화한 것으로 보지 않는 자는 없다. 또한 그렇게 이해 할 때에만, 법치주의의 진정한 보루로서의 법원의 기능을 기대할 수 있게 되는 것이다. 그런데 판례를 내는 법원이 스스로 이와 같은 권위를 저버리고, 판례의 구속성을 무시하면서 언제나 종래의 판례를 너무나 쉽게 변경할 수 있다고 생각한다면, 국민들의 법에 대한 신뢰는 기대할 수 없게 될 것이다. 나아가 현대 형벌론의 하나인 규범강화 내지 법에 대한 신뢰보호라는 적극적 일반예방에도 아무런 도움을 줄 수 없다고 생각된다. … 따라서 이렇게 이해할 경우 판례를 변경하여 피고인에게 불리하게 될 때에는 그 효력은 당해 사건에 대해서가 아니라 적어도 바로 그 다음의 또는 장래의 사건에 대해서만 적용하도록 하고 당해 피고인에게는 불리하게 적용해서는 안 된다고 보아야 할 것이다"라고 주장한다.[34]

(3) 김일수 교수의 견해

한편 김 교수는 "판례의 변경이 단순한 법발견 활동일 때에는 판례의 소급적 변경이 문제되지 않지만, 그것이 법창조 활동에 해당할 때에는 피고인의 법적 안정성을 위해 장래의 사건에 대해서 비로소 변경된 판례의 입장이 적용될 수 있다"[35]고 주장

---

33) 강기정, 죄형법정주의, 동산손해목박사화갑논문, 형사법학의 현대적 과제, 법문사, 1993, 1-29면(20-21면); 변종필, 1999년 최신판례, 고시계, 2000, 3-4면; 정웅석, 형법강의, 대명출판사, 제6판, 2005, 18-20면(20면).

34) 구모영, 판례변경과 소급효금지원칙-대법원 1999.7.15. 선고 95도2870 판결, 비교형사법연구 제1권 제2호, 세종출판사, 2000, 171-190면(189-190면).

35) 김일수, 일인회사의 주주겸 대표이사의 업무상 배임, 판례연구 제4집, 고려대학교 법학연구소, 1987, 41-81면(78면); 김일수, 형법학원론[총칙강의], 박영사, 1988, 142-143면: "판례의 변경이 구체적 법실현으로서의 법적 견해의 변경인 경우에 법관의 활동은 법률 밖에서의 자유로운 법발견(Akt der Rechtsfindung intra legem) 내지 법창조활동(Akt der Rechtsschöpfung)이 되어 피고인의 규범에 관한

한다.

그는 "체벌의 정당성을 인정하는 기존판례를 변경하게 될 때에는 바로 법창조가 될 수 있고, 이때 피고인의 법적 안정성을 위해 장래의 사건으로부터 체벌위법성이 적용되어야 한다고 한다. 반면 체벌의 정당성을 부인하는 이유로 기존판례의 변경이 불가피하게 되었다면, 관습법적 체벌권의 존속여부는 일반적·추상적 법명령의 구체적 실현이 아니라 단지 현존문제의 확인이라고 지적한다. 그것은 법창조 활동이 아니라 법발견 활동에 불과하다는 것이다. 여기에서는 판결에 앞서 이미 객관적 법상황이 변경되어 있기 때문에 판례의 불소급적 변경이 문제되지 않는다고 한다. 그러나 이 경우에도 피고인이 지금까지의 대법원 판결을 신뢰 내지 그와 일치하여 행위를 한 것이라면, 이와 같은 사정은 어떠한 경우에도 그의 금지착오의 회피가능성여부 판단에서 피고인에게 유리하게 영향을 끼칠 수 있을 것이라고 한다."[36]

또한 김 교수는 "일인회사의 일인주주겸 대표이사의 업무상 배임과 관련한 판례변경은 객관적 법상황은 그대로 둔 채 그 상황에 대한 법적 규율 내지 법적 관념의 변경에 귀착한다고 한다. 일인회사의 일인주주는 회사에 대해 업무상 배임이 성립될 수 있다는 일반적·추상적 법명제의 구체적 실현에 해당하며, 이는 단순한 법발견 활동이 아니라 적어도 형법영역에서는 하나의 법창조 활동이 된다. 그러므로 이 같은 규율은 적어도 이 판결 이후 장래의 사건에 대해서만 적용되도록 하는 것이 법치국가적 이념에 합치한다"고 본다.[37]

김 교수는 "복사문서의 문서성 인정은 사실변경의 문제가 아니라, 법해석·법적 관점의 변경이고 그것은 실제 법률변경과 같은 효과를 갖는다고 한다. 이것을 장래의 사건에 대해서만 적용하지 않고 과거의 사건에 적용하여 갑작스러운 판례변경으로 유죄화하는 것은 소급적용금지의 원칙에 반한다고 한다. 이를 수정하기 위해 우리 대법원도 판례변경예고제나 서구법의 판례변경시 사용하는 중간예고제(obiter dictum, 傍論制度)를 도입하는 것이 시급하다"[38]고 주장한다.

신뢰보호를 위해 소급적용이 금지되어야 할 것으로 본다. 다만 판례의 변경이 단지 객관적 법상태의 변경에 기인했을 때에는 법관의 활동이 이미 현존하는 법률 안에서 올바른 결과의 발견을 목표로 삼는 법발견 활동에 불과하므로 판례의 소급적 변경, 적용이 문제되지 않는다". 김 교수는 판례의 변경과 소급적용의 문제와 관련하여 대법원판례를 소개한다. 「교사의 학생처벌권과 정당화 사유」, 「일인회사의 주주겸 대표이사의 업무상 배임」, 「형법상 문서와 복사문서의 문서성」과 관련한 판례변경이다.

36) 김일수, 교사의 학생체벌권과 정당화 사유, 판례연구 제3집, 고려대학교 법학연구소, 1986, 185-199면(191면).

37) 김일수, 일인회사의 주주겸 대표이사의 업무상 배임, 판례연구 제4집, 고려대학교 법학연구소, 1987, 41-81면(78면); 김일수, 새로 쓴 형법, 박영사, 2000, 76면.

38) 김일수, [채점평] 형법상 문서와 복사문서의 문서성, 고시연구, 1992년 2월호, 252면: 김 교수는 1992년 고시답안의 채점평에서 문서의 요건, 복사문서의 문서성 등 논점과 우리 대법원의 판례변경에 관한 사항을 해설하고 있다. 그의 해설평의 일부분을 인용하면 "우리 대법원판례의 변경이 판결에 의한 소급적용금지의 원칙을 위반한 것이 아닌가에 관한 관점이 곁들여졌었더라면 더욱 좋았으리라"고 지적

이분설을 주장하는 김 교수의 논지는 이렇다. ① 판례의 변경이 법적 견해의 변경인 경우, ② 판례의 변경이 단지 객관적인 법상황의 변경인 경우로 나눈다. 김 교수의 견해에 따르면 "판례의 변경이 법적 견해의 변경인 경우는 법관의 활동이 법률 밖에서의 자유로운 법발견 내지 법률을 보충하는 법창조 활동이 되어 피고인의 규범에 관한 신뢰보호를 위해 소급적용이 금지되어야 한다. 예컨대 1인회사의 1인주주 겸 대표이사가 회사에 대하여 배임죄를 저지를 수 있다는 대법원 1983.12.13. 선고 83도2330 전원합의체 판결이 여기에 해당한다고 한다. 그러나 판례변경이 단지 객관적인 법상황의 변경에 기인했을 때에는 법관의 활동은 이미 현존하는 법률 안에서 올바른 결과의 발견을 목표로 삼는 법해석 내지 법발견 활동에 불과하므로 판례의 소급적 변경·적용이 문제되지 않는다. 예컨대 사진 복사한 문서의 사본도 문서에 해당한다는 판례의 변경은 새로운 복사기술의 발달로 야기된 객관적 법상황의 변경에 기인한 법률안에서의 자유로운 법발견 활동이므로 소급적용이 허용되는 경우이다"[39]고 주장한다. 그러나 후자의 설명은 김 교수의 1992년 고시연구에서 주장한 내용과 약간 다르다.

(4) 배종대 교수의 견해

배 교수는 당사자의 불이익을 초래하는 법률보충적 판례에 대해서는 입법자가 제정하는 법률과 마찬가지로 소급효금지원칙이 적용된다는 입장이다.

그는 "당사자와 국민의 입장에서 보면, 판례가 입법자와 동일한 기능을 하여 일정한 가벌조건을 창설할 경우는 분명히 달리 취급해야 할 것으로 생각한다. 즉 피고인의 신뢰보호를 위해서는 판례가 법률보충기능(法律補充機能)을 할 경우는 역시 소급효금지의 적용을 받아야 한다. 형법 제16조 법률의 착오, 이른바 금지착오(禁止錯誤: 행위자가 판례입장을 신뢰하여 자기행위가 금지되지 않는 것으로 착오한 경우에 불가벌로 한다)를 원용하여 문제를 해결하려고 하는 것은 우리 형법이 '법령에 의하여 죄가 되지 아니하는 것'으로 못 박고 있기 때문에, 이 법령에 판례를 포함시킬 수 없는 어려움이 있다"[40]고 지적하고 있다. "그러나 독일 형법 제17조의 금지착오규정은 '불법

하고 있다.

39) 김일수·서보학, 형법총론(새로 쓴 제11판), 박영사, 2006, 64-66면; 이에 대한 비판으로 허일태, 피고인에게 불리한 판례변경과 소급효금지원칙, 형사판례연구[9], 2001, 125-142면(138-140면); 허일태 교수는 "행위자에게 불리한 유추해석인 법창조 활동의 경우에는 소급효금지의 원칙이 적용되어야 한다고 주장하는 것은 논리적으로 잘못되었다고 보여진다. … 형법에서 허용될 수 없는 유추해석의 결과로 판례변경이 있는 때에는 그 판례에 대해서 소급효금지의 원칙을 적용할 것이 아니라, 형법해석의 원칙에 반하는 유추해석의 결과이기 때문에 그 판례의 변경은 허용될 수 없는 것으로 이해되어야 한다"고 주장한다.

40) 배종대, 형법총론, 제8전정판, 홍문사, 2006, 96-98면(98면): 배 교수는 독일 형법학자 슈라이버(H.-L. Schreiber)의 견해를 소개하고 있다.

을 행함'을 통찰하지 못하였을 경우라고 함으로써 이러한 가능성은 있다. 하지만 이 가능성도 규범과 규범내용의 문제는 해결된 것으로 간주하고, 우회하여 범죄체계의 책임단계에서 비로소 책임배제를 인정함으로써 충분하다고 할 수 없다"고 비판한다.

배 교수는 "판례가 법률보충을 해야 하는 원인은 입법자가 제공한 것으로 보아야 한다. 즉 입법자가 명확성원칙을 제대로 실천하지 못함으로써 법관에 대한 판결기준의 흠결을 초래하고, 이것이 당사자의 불이익을 초래하는 판례의 소급효문제까지 이르러 간 것이다. 그러므로 법률보충적 판례에 대해서는 입법자가 제정하는 법률과 마찬가지로 소급효금지원칙이 적용된다"고 주장한다.[41]

(5) 손해목 교수의 견해

손 교수도 "행위 당시의 판례보다 행위자에게 불리한 판결을 할 수 없다는 것은 죄형법정주의의 기본이념에 비추어 당연하다"고 주장한다.[42]

(6) 신동운 교수의 견해

그는 "소급효금지의 원칙과 관련하여 논의되는 문제점 가운데 기존판례변경의 문제"를 언급하고 있다.[43] 신 교수는 기존판례변경과 관련한 한국과 독일의 사례를 각각 소개하고 있다. 한국의 예로 종래의 범죄불성립에서 범죄의 성립인정으로 판례를 변경한 대판 1983.12.13. 83도2330[44]을 소개하고, 독일의 예로 종래의 도로교통법 위반에서 범죄성립(독일 형법 제316조)인정으로 판례를 변경한 1966년 12월 9일 독일연방법원의 BGHSt 21, 157판결[45]을 소개하고 있다.

신 교수는 이 문제에 대해서 다음과 같은 해결방법을 제시하고 있다: "최소한 판례의 일관된 태도에 의하여 범죄성립이 부정되어 오던 행위를 지금까지의 해석을 변

41) 배종대, 형법총론, 제8전정판, 홍문사, 2006, 96-98면(98면).

42) 손해목, 형법총론, 법문사, 1996, 61면: 손 교수는 일본의 金澤文雄의 견해를 소개하고 있다.

43) 신동운, 사례입문 형법총론(증보판), 법문사, 1992, 46면.

44) 대판 1983.12.13. 83도2330: 대법원은 사실상 1인의 소유 하에 있는 1인 주식회사의 대표이사가 행한 회사자금의 사적 지출행위를 종래의 범죄불성립에서 배임죄의 성립인정으로 그 판례를 변경하였다.

45) BGHSt 21, 157: 독일 연방법원은 음주운전에 대해 형사처벌을 하는 형법규정의 해석을 놓고 종전에 1.5‰(1953년 11월 5일 이래로 독일에서 확립되어진 판례, BGHSt 5, 168)의 알콜 혈중농도를 기준치로 삼아 절대적 운전불능상태(運轉不能狀態, Absolutfahruntüchtigkeit)를 판단하던 태도를 바꾸어 1.3‰를 기준으로 강화하는 판례변경을 행하였다. 종전의 판례는 13년 동안 지속되어온 판례였다. BGHSt 37, 89: 그러나 1990년 1월 18일 독일 연방법원(BGHSt 37, 89)은 종전에 1.3‰(1966년 12월 9일 이래로 독일에서 확립되어진 판례, BGHSt 21, 157)의 알콜 혈중농도를 기준치로 삼아 절대적 운전불능상태를 판단하던 태도를 바꾸어 1.1‰를 기준으로 강화하는 판례변경을 행하였다. 종전의 판례는 23년 동안 지속되어온 판례였다. 신 교수는 「독일에서는 문제를 다소 완화하기 위하여 이러한 경우를 독일 형법 제17조 금지착오(禁止錯誤, Verbotsirrtum)로 취급하자는 주장도 나오고 있다」고 간략히 소개하고 있다.

경하여 범죄가 성립되는 것으로 판단하는 경우 또는 지금까지 경(輕)한 법규에 위반한 것으로 보던 태도를 바꾸어 가중처벌법규에의 적용대상이 되는 것으로 해석을 변경하는 경우에는 헌법 제13조 및 형법 제1조 제1항을 준용하여 소급효를 금지해야 할 것이다. 따라서 변경된 판례의 법리는 당해 판결이 공개된 이후의 시점에 행해진 범죄에 대해서만 적용되어야 할 것이다".[46] 신 교수는 「법원의 실무는 그러나 이러한 고려를 전혀 행하고 있지 않다」고 비판하고 있다.

신 교수는 그의 최근 저서에서 "대법원 판례가 지지하는 소급효긍정설은 지나치게 형식논리에 집착하고 있으며, 법적 안정성과 국민의 신뢰보호를 소홀히 취급하는 흠이 있다. 시민들에게 법적 안정성을 보장하고 신뢰보호가 깨지는 상황을 방지하려면 역시 소급효금지의 원칙에 입각하여 판례변경의 소급효를 부정하는 것이 타당하다"고 주장한다. 그는 형법 제16조 법률의 착오로 해결하는 방안에 대해 "금지착오원용설은 피고인의 처지를 배려하려는 취지에서 주장된 것이기는 하지만, 소급효금지의 문제를 정면에서 대처하지 못하는 흠이 있다. 자신의 행위가 죄가 되는지 몰랐다고 하는 금지착오의 주장은 형법 제16조의 법리에 따라서 해결되는 것이며 소급효금지의 법리와는 무관하다"고 비판한다.[47]

(7) 이영란 교수의 견해

"법률보충적 판례에서는 입법자가 제정하는 법률과 마찬가지로 소급효금지의 원칙이 적용되어야 한다"는 것이 이 교수의 입장이다.[48]

(8) 이정원 교수의 견해

이 교수는 "신뢰보호의 원칙(信賴保護의 原則, Vertrauensschutzprinzip)을 근거로 형사피고인에게 불리한 판례변경에 대해 헌법 제13조 소급효금지의 원칙을 적용해야 한다"고 주장한다.

그는 "추상적인 법률은 그의 해석을 통하여 구체화 과정을 시작한다"고 한다. 따라서 "판례는 법관의 법해석을 통하여 확립되어 유지되기 때문에, 판례는 행위자뿐만 아니라 일반국민에게도 구체화된 규범의 형태로서 인식된다"는 것이다. 이때 "판례의 변경은 경미한 법률의 변경보다 더 빈번하게 그리고 더 강력하게 행위자를 불리하게 만들 수 있다"[49]는 것이다.

---

46) 신동운, 사례입문 형법총론(증보판), 법문사, 1992, 46면.

47) 신동운, 형법총론, 제1판, 법문사, 2001, 33면; 신동운, 형법총론, 제2판, 법문사, 2006, 41-43면(43면).

48) 이영란, 한국형법학-총론강의, 개정판, 숙명여자대학교 출판국, 2003, 37면.

49) 이정원, 형법총론, 법지사, 2001, 38면: 이 교수는 독일 형법학자 에저(Eser)의 견해를 소개하고

이 교수는 "실질적으로는 일반국민에게 구체화된 규범의 형태로서, 다시 말하면 가벌성의 기준이 제시되어 있음에도 불구하고, 확립된 기존판례가 실체법이 아니라는 것을 이유로 죄형법정주의의 원칙의 밖에 둔다면, 국가형벌권의 자의적인 실현이나 확장으로부터 일반국민은 보호를 받지 못하게 될 것이며, 죄형법정주의의 원칙은 그 목적과 의의를 상실하게 된다"[50]고 비판한다.

(9) 이형국 교수의 견해

이 교수의 견해에 따르면 "대륙법에서는 소급효금지의 원칙이 죄형법정주의의 파생원칙으로서 확립되어 있으나 영미법에서는 이것이 형사사후법(刑事事後法)의 금지로서 확립되어 있다. 소급효금지의의 원칙은 입법자에게는 소급입법을 못하게 하고 재판관에게는 후일 공포된 법을 이전의 행위에 적용하지 못하도록 한다. 소급효금지의 원칙은 형벌뿐만 아니라 보안처분, 판례의 변경, 기타 가벌성의 모든 실체법적 전제조건에 관하여 적용된다고 보아야 한다. 만일 소급효에 의한 처벌이 인정된다면 법적 안정성이 침해됨은 물론 개인의 자유와 인권보장은 위태롭게 된다"[51]는 것이다.

(10) 정성근 · 박광민 교수의 견해

저자들은 "판례 그 자체는 성문법이 아니지만 유권적 해석에 의하여 법의 내용이 확정되고 사실상 구속력을 갖고 있으며, 국민도 이를 신뢰하고 생활하고 있으므로 법적 안정성을 위해서 긍정함이 타당하다"고 주장한다.[52]

(11) 진계호 교수의 견해

진 교수도 "소급효금지의 원칙은 판례의 변경에도 적용되어야 한다"는 입장이다. 그는 "판례 그 자체는 성문법이 아니지만, 유권적 해석에 의하여 법의 내용이 확정되고 사실상 구속력을 갖고, 국민도 이를 신뢰한 이상 법적 안정성을 위해서나 죄형법정주의 이념에 비추어 볼 때 이 원칙이 적용되어야 한다"고 주장한다.[53]

(12) 비 판

그러나 소급효부정설에 대한 비판은 다양하게 제기되고 있다.

있다.

50) 이정원, 형법총론, 법지사, 2001, 38면.

51) 이형국, 형법총론연구I, 법문사, 1990, 66면; 이형국, 형법총론, 법문사, 1997, 46면: 이 교수는 독일 형법학자 루돌피(Rudolphi)의 견해를 소개하고 있다.

52) 정성근, 형법총론, 법지사, 1996, 58면; 정성근 · 박광민, 형법총론, 삼지원, 2001, 18면.

53) 진계호, 형법총론, 제6판, 대왕사, 2000, 88-89면.

① 삼권분립의 원칙을 존중해야 한다. 죄형법정주의는 원칙적으로 입법과 관련이 있다(헌법사적 관점: 백형구 · 박상기 · 안동준 · 이재상).

② 헌법 제13조 제1항과 형법 제1조는 제정법(법률)을 통한 소급효만을 금지하고 있다. 소급효금지를 판례까지 확대적용하는 것은 헌법문언에 반한다. 헌법 제12조 제1항, 제13조의 제1항과 형법 제1조 제1항도 행위시의 법률이라고 규정하고 있다(헌법적 관점: 박상기 · 안동준 · 이재상).

③ 법원은 법해석을 본질적 임무로 한다. 법관은 법의 내용을 사회현실에 맞추어 새롭게 해석하고, 끊임없이 구체화해야 한다. 따라서 법관의 적극적인 사법활동을 제한할 수 없다. 때문에 판례의 변경에는 소급효금지의 원칙이 적용될 수 없다.

④ 법이론적으로는 판례의 변경으로 처벌하거나 가중하여 처벌하는 것이 허용되어야 한다. 현재 계류중인 사건에 대해 새 견해를 적용할 수 없다면 그 사건은 결국 무죄로 판결날 수밖에 없는데, 애당초 무죄로 판결될 사건에 대해 형사소송이 진행된다는 것은 그 자체가 모순이라고 할 수밖에 없다. 법원은 종전의 판례를 수정할 경우에 현재 계류중인 사건부터 새로운 견해에 따라 판결을 내릴 수 있다고 보아야 한다(법이론학적 관점: 박상기 · 안동준 · 서보학).

⑤ 그러나 기존의 판례를 신뢰한 것이 정당한 이유가 있는 때에는 형법 제16조 법률의 착오(이른바 금지착오)를 적용하여 해결할 수 있을 것이다(형법적 관점: 안동준 · 이재상 · 임웅 · 하태훈 · 손동권 · 서보학 · 허일태).

소급효긍정설에 대해 구체적으로 살펴볼 필요가 있다.

2. 소급효긍정설: 형법 제16조 법률의 착오를 통한 형법적 해결방안

소급효긍정설은 「피고인에게 불리한 판례변경은 헌법 제13조 제1항의 형벌불소급의 원칙의 적용대상이 아니며, 경우에 따라 형법 제16조 법률의 착오(이른바 금지착오)로 해결할 수 있다」고 한다. 대표적으로 박상기 · 백형구 · 안동준 · 이재상 · 임 웅 · 서보학 · 손동권 · 장영민 · 정영일 · 천진호 · 허일태 · 하태훈 교수가 지지하고 있다.[54] 현재 형사법학계의 소수설로 분류되고 있지만, 지지자가 점점

54) 소급효긍정설의 관점을 분석해 보면 다음과 같다. ① 삼권분립의 원칙을 존중해야 한다(헌법사적 관점: 백형구 · 박상기 · 안동준 · 이재상). ② 죄형법정주의는 원칙적으로 입법과 관련이 있다. 헌법 제13

증가하고 있다. 대법원의 다수견해이다.

(1) 박상기 교수의 견해

박 교수는 피고인에게 불리한 기존판례의 변경에는 헌법 제13조 제1항의 형벌불소급의 원칙을 적용해서는 안 된다는 입장'[55]이다. 그는 기존판례변경과 관련한 한국과 독일의 사례를 각각 소개하고 있다. 한국의 예로 형법상 문서와 복사문서의 문서성과 관련하여 종래의 범죄불성립에서 범죄의 성립인정으로 판례를 변경한 대법원 1989.9.12. 87도506 전원합의체판결을 소개하고, 독일의 예로 혈중알코올농도의 최저치를 하향조정하여 독일 형법 제316조(절대적 운전불능)을 적용하여 범죄성립인정으로 판례를 변경한 1966년 12월 9일 독일연방최고법원의 판결[56]을 소개하고 있다.

그의 주장은 "헌법이나 형법이 제정법을 통한 소급효를 금지하고 있다는 점과 법관은 법해석을 본질적 임무로 하기 때문에 판례에는 소급효금지의 원칙이 적용되지 않는다. 그러므로 판례변경에 따른 처벌범위의 확대도 허용된다. 그렇지 않을 경우 변경된 판례는 당해 판결사안에 대하여 효력이 없게 될 것이다".[57]

(2) 백형구 교수의 견해

백 교수도 "판례의 변경에 의해서 비로소 가벌적 행위로 되는 경우에 소급효금지의 원칙이 적용되는가에 관해서는 적극설과 소극설이 대립되고 있다. 적극설은 법적 안정성의 보호를 논거로 내세우고 있으나 판례의 변경은 법률의 변경이 아니므로 소극설이 타당하다"고 주장한다.[58]

조 제1항과 형법 제1조는 제정법(법률)을 통한 소급효만을 금지하고 있다. 소급효금지를 판례까지 확대적용하는 것은 헌법문언에 반한다. 헌법 제12조 제1항, 제13조의 제1항과 형법 제1조 제1항도 행위시의 법률이라고 규정하고 있다(헌법적 관점: 박상기 · 안동준 · 이재상). 법원은 법해석을 본질적 임무로 한다. ③ 법관은 법의 내용을 사회현실에 맞추어 새롭게 해석하고, 끊임없이 구체화해야 한다. 따라서 법관의 적극적인 사법활동을 제한할 수 없다. 때문에 판례의 변경에는 소급효금지의 원칙이 적용될 수 없다. ④ 법이론적으로는 판례의 변경으로 처벌하거나 가중하여 처벌하는 것이 허용되어야 한다. 현재 계류중인 사건에 대해 새 견해를 적용할 수 없다면 그 사건은 결국 무죄로 판결날 수밖에 없는데, 애당초 무죄로 판결될 사건에 대해 형사소송이 진행된다는 것은 그 자체가 모순이라고 할 수밖에 없다. 법원은 종전의 판례를 수정할 경우에 현재 계류중인 사건부터 새로운 견해에 따라 판결을 내릴 수 있다고 보아야 한다(법이론학적 관점: 박상기 · 안동준 · 서보학). ⑤ 그러나 기존의 판례를 신뢰한 것이 정당한 이유가 있는 때에는 형법 제16조 법률의 착오(이른바 금지착오)를 적용하여 해결할 수 있을 것이다(형법적 관점: 안동준 · 이재상 · 임웅 · 하태훈 · 손동권 · 서보학 · 허일태).

55) 박상기, 형법총론(全訂版), 박영사 1999, 28면.

56) BGHSt 21, 157; BGHSt 37, 89: 1966년 12월 9일(BGHSt 21, 157)이래로 확립되어진 판례(혈중알콜농도1.3‰)의 태도를 바꾸어 독일 연방법원은 1990년 1월 18일 1.1‰를 기준으로 강화하는 판례변경을 행하였다. 종전의 판례는 23년 동안 확립된 판례였다.

57) 박상기, 형법총론, 제5판, 박영사 2002, 31면.

58) 백형구, 죄형법정주의의 신체계, 고시계, 1989년 1월호, 115-129면(116면).

(3) 안동준 · 하태훈 교수의 견해

이 분들은 "판례는 법원이 아니므로 그 변경에 대해 소급효를 인정하고, 다만 기존판례를 신뢰한 행위자를 보호하기 위해 금지의 착오에 따라 처리하면 족하다"는 입장이다.59)

(4) 이재상 교수의 견해

한편 이 교수는 판례변경으로 인한 소급처벌은 소급효금지의 원칙에 해당되지 않는다고 한다. 그는 1999년 형사판례 회고와 2006년 형법총론 교과서에서 "① 소급효금지의 원칙은 법률의 소급적용을 금지하는 것이고, 입법과 사법을 동일시하는 것은 타당하다고 할 수 없다"고 말한다. 또한 "② 판례변경은 새로운 해석이고, 이러한 해석은 소급적인 처벌이 아니라 이미 존재하지만 이제 겨우 정확하게 인식된 법률의사의 발견에 불과하다"고 지적한다. 나아가 "③ 판례변경으로 인한 소급처벌로 인한 신뢰보호는 법률의 착오에 의하여 충분히 보호될 수 있고, ④ 상고심에서 무죄를 선고하면서 판례를 변경하는 것도 허용되지 않는다"고 주장한다. "다만 이 경우에도 당해 행위자에 대한 처벌이 가능한가는 별개의 문제이다. 이 경우에도 법률의 착오이론이 적용될 수 있으며, 판례를 신뢰한 결과 허용된다고 오인한 경우에는 항상 정당한 이유가 인정된다"고 비판한다.60)

(5) 임웅 교수의 견해

임 교수도 "행위자가 변경 전의－즉 행위 당시의－판례를 신뢰한 경우에는 자신의 행위가 법적으로 허용되는 것으로 오인하게 되고 따라서 행위자에게 '위법성의 착오'(금지의 착오)가 발생하게 되어, 결국 형법 제16조로 해결이 가능한 문제가 된다. 이때 변경 전의 판례에 대한 행위자의 신뢰는 제16조에 있어서 "오인에 정당한 이유가 될 수 있다"고 한다. 또한 그는 김일수 교수가 제기한 이분설에 대해서 "판례변경이 법창조 활동인가 법해석 활동인가를 구별하기 어렵고, 법관이 피고인에게 불리한 법창조 활동을 한다는 것은 피고인에게 불리한 유추적용을 하는 것과 다름없으므로 판례변경의 소급효문제가 아니라 애당초 유추적용금지원칙의 위배 여부를 검토할 문제라는 점을 지적하고자 한다"고 비판한다.61)

---

59) 안동준, 형법총론, 학현사, 1998, 19면; 하태훈, 사례중심 형법강의 총론, 법원사, 1998, 40-41면; 손동권, 형법총칙론, 율곡출판사, 2001, 35면.

60) 이재상, 1999년의 형사판례 회고, 형사판례연구[8], 박영사, 2000, 570-573면(573면); 이재상, 형법총론, 제5판(보정판), 박영사, 2006, 20면.

61) 임웅, 형법총론, 개정판, 2004, 23면; 임웅 · 소재용, 소급효금지원칙과 판례변경의 소급효－형법 제16조(위법성의 착오)와 관련하여－, 성균관법학 제16권 제1호, 성균관대학교 비교법연구소, 2004, 499

(6) 서보학 교수의 견해

마찬가지로 서 교수도 "법원이 판례를 변경할 경우에는 현재의 사건에는 적용하지 말고 미래의 사건부터 적용해야 한다고 주장하지만, 현실적으로 현행법 체계하에서는 사건의 심판을 맡은 법원이 현재의 사건은 구 판례의 입장을 따르고 차기 사건부터는 변경된 견해를 따른다는 식의 판결을 내리는 것이 불가능하다는 것을 알아야 한다. 또한 현재 계류 중인 사건에 대해 새 견해를 적용할 수 없다면 그 사건은 결국 무죄로 판결날 수밖에 없는데, 애당초 무죄로 판결될 사건에 대해 형사소송이 진행된다는 것은 그 자체가 모순이라고 할 수밖에 없다. 법원은 종전의 판례를 수정할 경우에 현재 계류 중인 사건부터 새로운 견해에 따라 판결을 내릴 수 있다고 보아야 한다. 다만 판례의 변경으로 인한 당사자의 신뢰보호를 위해서는 우리 형법 제16조 금지착오의 법리를 통해 피고인이 자신의 행위가 법으로 금지되어 있지 않다는 인식에 이르게 된 경위에 정당성이 있는지의 여부를 심사하여 그 책임을 감경하거나 묻지 않는 길을 열어두는 것으로도 충분한 대비책이 될 것이다"고 비판한다.[62]

(7) 손동권 교수의 견해

손 교수도 "대륙법계에서 판례변경은 국민이 충분히 예측할 수 있는 사법활동이다. 즉 판례가 변경될 수 없다는 신뢰는 대륙법체계에서는 보장되지 않는다. 따라서 판례변경에는 소급효금지의 원칙이 적용되지 않는 것으로 해석하는 것이 타당하다. 다만, 행위자가 과거판례를 신뢰하여 자신의 행위가 허용되는 것으로 착오하는 경우에는 법률의 착오가 성립되고 이 경우 판례를 믿었다면 그 착오의 정당성까지 인정될 수 있을 것이다. 이렇게 되면 판례변경의 소급효를 인정하는 견해와 피고인 보호라는 관점에서 크게 차이가 없게 된다"고 주장한다.[63]

(8) 정영일 교수의 견해

정 교수는 1989년 논문 「죄형법정주의의 현대적 전개」에서 "판례의 불이익변경에 대해서도 소급효금지의 원칙이 적용된다는 견해가 있으나 타당치 않다. 다만, 이러한 경우에는 법률의 착오가 정당한 이유 있는 때에 해당하며 처벌할 수 없게 될 것이다"고 주장하였다.[64]

면 이하.

62) 서보학, 형사판례변경과 신뢰보호, 경희법학 제34권 제1호, 1999, 337-351면(351면); 김일수 · 서보학, 새로 쓴 형법총론, 제11판, 박영사, 2006, 64-66면(66면).

63) 손동권, 형법총론, 제2개정판, 율곡출판사, 2005, 39면.

64) 정영일, 죄형법정주의의 현대적 전개, 고시계, 1989년 1월호, 113-123면(118면).

하지만 이후 정 교수는 志松이재상교수화갑기념논문집에 기고한 논문(2003)과 그의 최근 저서에서 각 주장들에 대해서 구체적으로 비판을 가하고 있다. "형법 제16조 금지착오는 판례의 변경 여부와 관계없이 종전판례에 대한 행위자의 신뢰를 기준으로 하여 정당한 이유의 유무를 판가름하는 것이므로, 이 설은 기본적으로 이 판례변경의 문제와는 무관하다고 볼 수 있다. 하지만 경우에 따라서는 행위자에게 금지착오가 적용될 수도 있을 것이다. … 특히 우리 법원조직법은 대법원에서 '종전에 대법원에서 판시한 헌법·법률·명령 또는 규칙의 해석작용에 관한 의견을 변경할 필요가 있음을 인정하는 경우'에 부(部)가 아니라 전원합의체에서 심판권을 행사할 수 있는 것으로 규정하고 있는데(법원조직법 제7조 제1항 제3호 참조), 이 규정은 단순히 대법원의 부와 전원합의체의 심판이라는 신중한 절차를 그치면 종전의 판례의 입장을 변경하여 바로 당해 사건에 적용할 수 있다는, 즉 새 판례의 소급효를 긍정한다는 의미를 갖고 있다고 볼 수 있다. 이런 명문규정이 있는 이상 판례변경에 있어서는 국민의 신뢰보호의 필요성을 부정할 수도 있는 것이다. 소급효금지의 원칙은 일차적으로는 입법자의 정치적·자의적 입법활동을 규제하자는 취지를 갖는 것으로, 이 원칙을 법관의 합리적·양심적 재판활동에 대해서까지 유추적용하는 것은 논리상 무리다. 특히 종전의 판례가 명백히 잘못된 내용인 경우에는 그것을 올바르게 변경하여 당해 사건에 적용하는 것이 법원의 임무라고 할 것이다. 판례변경에 있어서는 그 소급효를 인정하는 것이 타당하다고 생각한다. 법원조직법의 규정과 형법 제1조 제1항은 법관에 의한 정당한 법형성과 법발전을 뒷받침해 주는 제도라고 할 수 있다"고 강조한다.[65)]

(9) 장영민 교수의 견해

한편 장 교수는 우리나라 형사소송법에 따르면 "prospektive overruling(장래효만을 갖는 판례변경, Von-nun-an-Klausel)의 판결방식은 현행법을 개정하지 않고서는 불가능하다. 또한 이러한 구성은 입법기관에 속하는 권능을 법원에게 부여함으로써 법원을 입법기관화하는 결과를 초래할 것이다. 판례의 기속력이 당해 사안에 대하여만 인정되는, 다시 말하면 판례의 법원성이 인정되지 않는 우리나라의 법제에서 이러한 판례변경예고제 자체의 효력을 인정할 수 있을지는 의문이다"고 비판한다.[66)]

(10) 천진호 교수의 견해

천 교수는 형법 제16조 금지착오로 해결해야 한다는 입장이다. 그는 "대법원의 판

65) 정영일, 피고인에게 불리한 판례변경과 형법 제1조 제1항, 형사판례의 연구[I], 志松이재상교수화갑기념, 박영사, 2003, 1-10면(9면); 정영일, 형법총론, 박영사, 2005, 40-42면.

66) 장영민, 판례변경의 소급효(I), 법학논집 제4권 제4호, 이화여자대학교 법학연구소, 2000, 39-45

결은 그 자체로서 고도의 정당성이 보장되어 있다는 점에서 일반인으로서는 그 정당성에 대하여 심사를 할 수 없으며, 따라서 일반적으로 그 정당성에 대하여 심사를 요구할 수도 없다. 행위자가 자신의 행위와 동종의 행위에 대하여 합법적으로 판단한 판결의 정당성을 신뢰했다면, 이러한 신뢰는 보호가치가 있으며, 형법적으로 중요한 책임비난은 배제되어야 한다. 따라서 지금까지의 법적 판단을 신뢰했고, 그와 일치되게 행위한 행위자의 행위는 금지착오에 해당하며 그 착오에 정당한 이유가 있는 때에 한하여 책임이 조각된다"고 말한다.[67]

(11) 허일태 교수의 견해

그리고 허 교수도 "자신의 행위가 죄가 아니된다는 것을 권위 있는 기관인 대법원의 판결을 믿고서 행하였기 때문에 그의 착오는 회피불가능한 금지착오에 해당되어 책임이 없게 된다. 따라서 무죄가 된다. 만일 자신의 행위가 기존의 대법원 판례에 의해 죄가 되지 않는다는 것을 단순히 모르고 행위를 했거나, 죄가 된다고 믿고 행위 한 경우까지 소급효금지의 원칙이 적용된다는 것은 정당하다고 할 수 없어 보인다"고 비판한다.[68]

(12) 비 판

그러나 소급효긍정설에 대한 비판도 다양하게 제기하고 있다.

① 죄형법정주의의 근본사상은 국가형벌권의 자의적 행사와 남용으로부터 국민이 부당하게 처벌되지 않도록 개인의 자유와 권리를 보장하고자 하는 법치주의의 사상이다.

② 죄형법정주의의 기본이념을 구현하기 위해 헌법 제13조 제1항과 형법 제1조가 준용되어야 한다(헌법사적 관점: 강기정 · 손해목 · 이정원).

③ 법적 안정성과 개인의 자유 그리고 인권보장을 위해 필요하다(헌법적 관점: 이형국 · 강기정 · 신동운).

④ 판례는 유권적 해석을 통해 법의 내용을 확정한다. 따라서 법률보충적 판례는 입법자가 제정하는 법률과 마찬가지이다(법이론학적 관점: 배종대 · 이정원 · 정성근 · 박광민 · 진계호).

면(44면).

67) 천진호, 피고인에게 불리한 판례변경과 소급효금지의 원칙, 형사판례의 연구[I], 志松이재상교수화갑기념, 박영사, 2003, 11-24면(24면).

68) 허일태, 피고인에게 불리한 판례변경과 소급효금지원칙, 형사판례연구[9], 박영사, 2001, 125-142면(139면, 142면).

⑤ 판례는 사실상의 구속력을 갖고 있다(법사회학적 관점: 정성근 · 진계호). 규범에 대한 일반인과 피고인의 신뢰보호를 위해 헌법 제13조 제1항이 준용되어야 한다(형사정책적 관점: 김일수 · 정성근 · 박광민 · 신동운 · 이정원).

⑥ 한국 형법 제16조 법률의 착오(금지착오)의 규정은 독일 형법 제17조 금지착오규정과 다르다. 판례(判例)를 법령(法令)에 포함시킬 수 없다(형법적 관점: 배종대). 불법을 인정하고 우회하여 단지 책임단계에서 책임배제를 인정하는 것은 충분하다고 할 수 없다(적극적 일반예방의 관점: 배종대 · 구모영 · 하태영).

⑦ 변경된 판례의 법리는 당해 판결이 공개된 이후의 시점에 행해진 범죄에 대해서만 적용해야 한다(형사소송법적 관점: 김일수 · 구모영 · 하태영).

⑧ 우리 대법원도 판례변경예고제나 서구법의 판례변경시 사용하는 중간예고제(obiter dictum, 방론제도)를 도입하는 것이 시급하다(형사소송법적 관점: 김일수 · 하태영).

3. 검 토

(1) 한국 형사법학계의 논의과정을 분석해 보면, 소급효부정설이 현재 다수설이고, 소급효긍정설이 소수설이다. 소급효부정설은 죄형법정주의의 실질적 의미, 판례의 법률보충적 기능, 법적 안정성과 국민의 신뢰보호에서 헌법 제13조 제1항과 형법 제1조의 준용을 통한 헌법적 해결방안을 지지하고 있다. 반면 소급효긍정설은 죄형법정주의의 형식적 의미, 법률의 해석의 의미, 삼권분립의 기능, 법관의 활동과 의무에서 논거를 찾고, 형법 제16조 법률의 착오를 통한 형법적 해결방안을 모색하고 있다.

(2) 현행의 대륙법체계하에서는 소급효긍정설이 소급효부정설보다도 설득력이 있어 보인다. 그 이유는 소급효금지를 선언한 헌법 제13조 제1항과 형법 제1조의 규정은 형사법상의 법원(法源, Rechtsquellen)으로 '법률'(法律, Gesetz)의 경우만을 규정하고 있을 뿐이고, 법관의 본질적 임무인 법관의 활동과 의무(법발견과 법형성)를 제한해서는 안 되기 때문이다.[69] 그러나 소급효긍정설의 해결방법은

69) 이에 관해 지지하는 학자들(연도순): 정영일, 죄형법정주의의 현대적 전개, 고시계, 1989년 1월호, 113-123면(118면); 백형구, 죄형법정주의의 신체계, 고시계, 1989년 1월호, 115-129면(116면); 하태훈, 사례중심 형법강의 총론, 법원사, 1998, 40-41면; 안동준, 형법총론, 학현사, 1998, 19면; 서보학, 형사판례 변경과 신뢰보호, 경희법학 제34권 제1호, 1999, 337-351면(350면); 이재상, 1999년의 형사판례 회고, 형

여러 가지 문제점을 안고 있다.

(3) 대법원 판결이 법률을 보충해야 하는 원인은 입법자가 제공한 것이다. 입법자가 명확성원칙을 제대로 실천하지 못하고, 판결기준의 흠결을 초래할 때 피고인에게 불리한 판례변경이 나타난다. 명확성이 결여된 입법 때문에 발생한 피고인에게 불리한 판례변경에는 소급효금지의 원칙이 적용되어야 한다.

(4) 법률명확성의 원칙은 (헌법재판소의 결정문처럼) 대법원의 판결을 통해 구체화의 과정을 거친다. 추상적 또는 규범적 법개념이 대법원의 판결을 통해 보다 구체화된다면, 대법원의 판결은 입법을 보충하는 사실상의 입법적 작용(faktische gesetzesgleiche Wirkung)을 수행한다. 입법부의 법률, 헌법재판소 결정문, 대법원의 판결은 일반 국민과 사건 당사자에게는 사실상의 규범력과 효력에 있어서 같은 것이다. 이미 확립된 판례를 피고인에게 불이익하게 변경하여 소급적용하여 처벌한다면, 이것은 사후입법에 의한 소급처벌과 같다. 결국 피고인의 법적 신뢰와 규범안정성을 해치게 되어 죄형법정주의에 반한다.

(5) 적극적 일반예방이론은 법규범의 내면화를 통한 국민의 신뢰유지와 신뢰강화에 있다. 신뢰의 원칙과 적극적 일반예방의 관점에서 헌법 제13조 제1항과 형법 제1조의 소급효금지원칙을 주목한다면, 피고인에게 불리한 판례변경은 헌법상의 원칙과 충돌한다. 또한 피고인에게 불리한 판례변경은 사실상 무의미(sinnlos)한 형사정책이다. 왜냐하면 일반국민이 행위시점에서 가벌성의 기준을 분명하게 예측할 수 없기 때문이다. 일반국민과 법조실무가들이 판례변경이 가능할 것인지 전혀 예상을 할 수 없는 시점에서 갑작스럽게 이루어진다면, 법적 안정성이 형성되거나, 유지될 수가 없다.

(6) 대법관은 법(法, Recht)의 발전적 형성을 위해서 사회적 책무(sozialgestaltende Aufgabe)를 가지고 있다. 대법관의 사회적 책무는 법발견과 법형성에서도 유지되어야 한다. 법관의 본질적 활동도 법적 안정성과 신뢰보호의 원칙이 유지되는 범위 내에서 보장을 받아야 한다. 시민의 자유권 보호와 신뢰의 원칙은 입법부와 사법부 모두에게 적용되며, 이를 위해 두 기관은 모두 사법시스템 속에서

사판례연구[8], 박영사, 2000, 570-573면; 허일태, 피고인에게 불리한 판례변경과 소급효금지원칙, 형사판례연구[9], 박영사, 2001, 125-142면(142); 박상기, 형법총론, 제5판, 박영사, 2002, 31면; 정영일, 피고인에게 불리한 판례변경과 형법 제1조 제1항, 형사판례의 연구[Ⅰ], 志松이재상교수화갑기념, 박영사, 2003, 1-10면(10면); 손동권, 형법총론, 제2개정판, 율곡출판사, 2005, 39면; 정영일, 형법총론, 박영사, 2005, 40-42면; 이재상, 형법총론, 제5판(보정판), 박영사, 2006, 19-20면; 김성돈, 형법총론, 현암사, 2006, 54-57면(56면).

통제를 받아야 한다. 그러나 사법부의 해석에는 전혀 통제기능이 없다. 대법원 전원합의체를 통한 피고인에게 불리한 판례변경이 대표적인 경우이다.

(7) 피고인에게 불리한 판결변경의 문제점은 일부 학자들이 주장하는 것처럼 형법 제16조 법률의 착오로서 해결될 문제가 아니다.[70] 왜냐하면 첫째, 한국 형법 제16조 법률착오의 규정은 독일 형법 제17조 금지착오의 규정과 다르기 때문이다. 형법 제16조「자기의 행위가 법령에 의하여 죄가 되지 아니하는 것으로 오인한 행위는 그 오인에 정당한 이유가 있는 때에 한하여 벌하지 아니한다」의 법령(法令)에 판례(判例)를 포함시킬 수 없기 때문이다. 둘째, 설령 법령에 판례를 포함시켜 해석하더라도, 규범과 규범내용의 문제는 해결된 것으로 간주하고, 우회하여 범죄체계의 책임단계에서 비로소 책임배제를 인정하는 것은 복잡하고, 객관성이 결여될 가능성이 있다. 셋째, 역설적이지만 형법 제16조 법률의 착오로 해결하려는 방안은 구조적으로 판례의 변경을 하급심에서 불가능하게 할 수 있다. 만약 제1심에서부터 항소심까지 피고인이 불리한 판례변경에 대해 형법 제16조 법률의 착오를 주장할 경우, 제1심과 항소심은 종래 판례에 대한 신뢰문제 때문에 형법 제16조를 적용하여 무죄를 선고할 수밖에 없다. 이 경우 하급심 법원은 피고인에게 불리한 판례변경을 하고 싶어도 형법 제16조 적용 때문에 판례를 구조적으로 변경할 수가 없다. 결국 책임이 조각되어 무죄가 되기 때문이다. 넷째, 형법 제16조 금지착오는 판례의 변경 여부와 관계없이 종전판례에 대한 행위자의 신뢰를 기준으로 하여 정당한 이유의 유무를 판가름하는 것이므로, 이 이론은 기본적으로 이 판례변경의 문제와는 무관하다고 볼 수 있다. 다섯째, 형법 제16조 법률의 착오로 해결하는 방안에 대해 금지착오원용설은 피고인의 처지를 배려하려는 취지에서 주장된 것이기는 하지만, 소급효금지의 문제를 정면에서 대처하지 못하는 흠이 있다. 자신의 행위가 죄가 되는지 몰랐다고 하는 금지착오의 주장은 형법 제16조의 법리에 따라서 해결되는 것이며 소급효금지의 법리와는 무관하다고 생각한다.

(8) 검찰이 대법원에 상고를 한다고 하더라도, 상고심에서도 결국 무죄를 선고할 수밖에 없다. 대법원이 해당 행위를 판례변경을 통해 위법한 행위로 판단은

---

70) 형법 제16조 적용에 대한 비판으로는 배종대, 형법총론(제6판), 홍문사, 2001, 74면; 배종대, 형법총론, 제8전정판, 홍문사, 2006, 96-98면(98면); 정영일, 피고인에게 불리한 판례변경과 형법 제1조 제1항, 형사판례의 연구[Ⅰ], 志松이재상교수화갑기념, 박영사, 2003, 1-10면(10면); 정영일, 형법총론, 박영사, 2005, 40-42면; 신동운, 형법총론, 제2판, 법문사, 2006, 41-43면(43면).

할 수 있겠지만, 결국 형법 제16조 때문에 무죄가 된다. 이 경우 어떻게 피고인에게 불리한 판례변경이 가능하겠는가? 따라서 피고인에게 불리한 판결변경의 문제점은 형법 제16조 법률의 착오를 통해서는 반쪽해결밖에 나오질 않는다. 다만, 형법 제16조 법률의 착오를 적용할 수 있는 경우는 제1심과 제2심이 모두 무죄 혹은 종전 판례를 따르고, 검찰이 상고하여 대법원이 갑자기 피고인에게 불리하게 판례변경을 하는 경우에만 가능하다. 이 경우 다시 심리미진으로 파기환송이 되어 원심으로 돌아와 피고인이 판례를 믿었는지 여부를 판단해야 한다. 그러나 이것은 단지 형식적인 절차일 뿐 무익한 소송절차라고 생각한다. 나아가 가벌성의 기준이 행위자의 주관성에 의해 판단된다는 것도 문제라고 할 수 있다.

(9) 결국 피고인에게 불리한 판례변경의 문제는 죄형법정주의의 기본정신으로 돌아갈 수밖에 없다. 헌법 제13조 제1항 형벌불소급, 헌법 제12조 제1항 신체의 자유, 헌법 제11조 평등권을 충실히 반영하면서, 형법 제16조 법률의 착오 보다 앞선 신뢰의 원칙(법적 안정성과 예측가능성)을 통한 해결방안이다. 이것은 현행 형법 제1조의 개정을 통해서만 가능하다고 본다. 대륙법체계의 삼권분립의 전통을 세우고, 입법과 사법의 새로운 역할과 한계를 분명히 하는 길은 형법 제1조 개정과 형사소송법 제396조 [파기자판과 장래효만을 갖는 판례변경] 개정 밖에 없다고 생각한다. 대법원은 이를 통해 바로 '새로운 법발견과 피고인 보호'를 동시에 추구해야 할 것이다.

Ⅳ. 피고인에게 불리한 판례변경과 근본적인 해결방안

– 형법 제1조는 개정되어야 한다 –

피고인에게 불리한 판례변경의 문제점을 소급효긍정설(처벌 입장 및 형법 제16조 법률의 착오에 따른 해결 방안)에 따라 해결하려고 한다면, 이는 입법자와 법관 사이의 공백을 완벽하게 메울 수가 없다. 이러한 부담을 일반인이나 피고인이 부담하는 것은 21세기 바람직한 사법정책[71]이 될 수가 없다. 현행 형법 제1조 개정

71) 이인규, 형법강의–사례판례연구–, 도서출판 卓月, 2004, 13면: 대법원 스스로가 "대법원 판례를 믿지 말라. 언제든지 판례를 변경하여 당신을 처벌할 수 있다"고 경고하는 것이나 다름없다. 이것은 행위시에 대법원의 판례를 신뢰한 국민에 대한 배신이다. 결국 대법원인 우리가 어떻게 해석하던 국민들은 범죄일 가능성이 있는 도덕위반행위는 하지 말라"는 것이다. 대법원이 스스로 자신의 권위를 부정하고 국민의 신뢰를 부정한다. 혼돈이고 자기당착이다".

을 통하여 입법자와 법관 사이의 새로운 역할과 한계를 재구성하는 역할분담이 필요하다고 생각한다. 형법 제1조 개정안은 대륙법체계와 이를 기반으로 법치국가의 전통을 유지하면서, 법률과 판례의 형식적·실질적 규범력에 통합하고, 죄형법정주의의 형식적 보장과 실질적 효과를 통합한 규정이 되어야 한다. 판례변경의 사례들에서 볼 수 있듯이, 더 이상 "현행법 체계상 불가피하게, 운이 없어서, 형사재판에서 시범적으로, 입법의 불비로 인해 억울하게" 형사처벌이 되는 사법정책을 운영해서는 안 된다고 생각한다.

형법 제1조 개정안은 헌법적·법이론학적·형법적·형사정책적·법사회학적·형사소송법적 이념을 반영한 하나의 실천적인 형법규정으로 포이에르바하의 일반예방사상을 현대적으로 발전시키고 적극적 일반예방사상을 천명한 규정이라고 말할 수 있다. 대륙법체계가 법원으로 인정하고 있는 법률을 기반으로 오늘날 법현실에서 중요한 지위를 차지하고 있는 최고법원의 판례의 법원성을 아주 제한적으로 인정하는 것이 필요하다고 생각한다. 저자는 형법 제1조 개정안은 영미법체계의 법원인 판례를 적어도 갑자기 피고인에게 불리한 판례변경에 한해서 제한하는 규정으로 발전시키자는데 있다. 저자는 형법 제1조 개정안을 통해 피고인에게 불리한 판례변경의 문제를 해결할 수 있다고 생각한다.[72] 여기서는 형법 제1조를 어떻게 개정하고, 그 의미는 무엇인지, 실제 판례변경의 사례에서 어떻게 구현될 수 있는지를 검토하고자 한다.

1. 형법 제1조의 개정방향

제1조 [범죄의 성립과 처벌]

① 범죄의 성립과 처벌은 행위시의 법률에 의한다. 대법원 전원합의체에 의하여 피고인에게 불리하게 종전의 판례를 변경하는 때에도 이 원칙이 준용된다.

② 범죄후 법률의 변경 그 행위가 범죄를 구성하지 아니하거나 형이 구법보다 경한 때에는 신법에 의한다.

③ 재판확정후 법률의 변경 또는 대법원 전원합의체의 판례변경에 의하여 그 행위가 범죄를 구성하지 아니하는 때에는 형의 집행을 면제한다.

72) 같은 생각 김성돈, 형법총론, 현암사, 2006, 54-57면(57면): "차라리 형법 제1조 제1항에 법률 이외에 판례를 삽입하거나 형법 제16조의 내용을 개정하는 입법론적 방안을 모색하는 것이 바람직할 것이다."

개정 형법 제1조 제1항 제2문의 적용범위는 대법원 전원합의체에 의한 판례변경으로 한정해야 할 것이다. 왜냐하면 대법원 전원합의체는 국가최고법원의 최고재판부이며, 대법관 전원이 모여 합의하고 판결을 내리기 때문이다. 소위 '일관된 판례'란 통일적 · 지속적 · 완전히 형식적으로 확립되어 유지되는 판례(formelhaft festgelegte konforme Rechtsprechung)를 말한다. 이것은 한국의 경우 대법원 전원합의체에 의해 변경될 수밖에 없는 판례라고 볼 수 있다. 이 경우에는—불리한 입법변경(신법률)에 대하여 소급효금지의 원칙이 적용되는 것처럼—신뢰보호의 원칙을 근거로 소급효금지 원칙이 적용되어야 할 것이다.

대법원 전원합의체에 의한 판례변경은 형법 제1조 제3항에도 적용된다. 이것은 피고인에게 유리하게 판례가 변경된 경우이다. 여기에 해당하면 형의 집행을 면제한다. 물론 기존에 이미 처벌을 받았던 자와 형평성의 문제도 있겠지만, 사법정책으로 충분히 검토할 가치가 있다고 생각한다. 법적 안정성의 문제도 제기되겠지만, 전원합의체판결이 자주 나오는 것도 아니고, 재판확정 후 법률의 변경이나 대법원 전원합의체를 통한 판례변경은 국민들의 입장에서는 법적 견해의 변경으로 체감할 수 있기 때문이다. 이것이 살아 있는 정의가 아니겠는가!

또한 형법 제1조 제1항 제2문은 대법원에서만 적용될 수 있는 규정이다. 이 규정은 형사소송법 제396조 [파기자판과 장래효만을 갖는 판례변경]의 개정으로 더욱 강력한 효력을 발휘할 수 있다고 생각한다. 이 경우는 형사소송법 제361조의 5 제11호의 '이유에 모순이 있는 위법한 판결'이 아니라고 생각한다. 그래서 형사소송법에 방론(傍論, obiter dictum)제도가 도입될 필요가 있다고 본다.

형사소송법 제396조 [파기자판과 장래효만을 갖는 판례변경]

① 상고법원은 원심판결을 파기한 경우에 그 소송기록과 원심판결과 제1심 법원이 조사한 증거에 의하여 판결하기 충분하다고 인정한 때에는 피고사건에 대하여 직접판결을 할 수 있다.

② 제368조의 규정은 전항의 판결에 준용한다.

③ 대법원 전원합의체판결에 의하여 피고인에게 불리하게 판례를 변경할 때에는 새로운 견해를 방론으로 부기한다.

2. 형법 제1조의 개정안의 법적 의미

형법 제1조 개정안의 법적 의미는 무엇보다도 「실질적 죄형법정주의를 법제화하였다」는 점이다. 여기서는 다섯 가지 관점에서 그 의미를 살펴보고자 한다.

(1) 헌법적 관점: 신뢰보호의 원칙과 주관적 법적 안정성 보장

현행 형법 제1조는 헌법의 지도이념인 법치국가의 원리, 법적 안정성, 평등의 원리 그리고 신뢰보호의 원칙을 제도적으로 반영하고 있다. 그러나 현행 형법 제1조는 단지 객관적인 법적 안정성을 보장하고 있을 뿐이지, 주관적인 법적 안정성을 보장하는 데는 불충분하다. 따라서 형법 제1조 개정안은 헌법의 지도원리인 법치국가의 원리, 객관적인 법적 안정성, 평등의 원리, 신뢰보호의 원칙 그리고 주관적인 법적 안정성을 제도적으로 보장하는 '나침반' 규정이라고 생각한다.

개정 형법 제1조는 헌법 제13조 제1항 형벌불소급, 헌법 제12조 제1항 신체의 자유, 헌법 제11조 평등권을 충실히 반영하면서 형법 제16조 법률의 착오로 연결되는 규정이 될 것이다. 피고인에게 불리한 판례변경의 문제는 형법 제16조로 우회하여 해결하기에 앞서 직접적으로 개정 형법 제1조 제1항 제2문 법적 안정성 규정에 의해 해결되어야 한다고 생각한다.

(2) 법이론학적 관점: 법발견 활동과 법형성 활동도 법적 안정성과 신뢰보호의 원칙 유지

대법원 판결은 오늘날 생활현실세계에서 사실상의 규범력을 갖고 있다. 시민들은 각종 언론매체를 통해 자주 대법원 판결내용을 접하고 있다. 법률명확성에 대해 헌법재판소가 내린 결정문처럼 대법원이 해석을 통해 법률을 보다 구체화한다면, 대법원의 판결은 해당 법률에 대한 보충적 법원(法源)으로서 역할을 수행하고 있는 것이며, 이 경우 대법원의 판결은 입법을 보충하는 사실상의 입법적 작용(faktische gesetzesgleiche Wirkung)을 하는 것이다. 그러나 법해석에 대한 신뢰보호는 사실상 전혀 보장되고 있지 않다.

물론 사법부의 본질적 기능은 법원을 통한 법해석에 있다. 법원은 법률의 테두리 안에서 구체적인 상황에 가장 타당한 입법자의 의사를 찾아야 한다. 이러한 구체적 정의실현 작업은 사법부의 역할이기 때문에 당연히 판례도 변경될 수 있고, 판례의 변경으로 불이익을 당하게 되는 경우도 발생할 수 있다. 그러나 바로 여기서 문제가 되는 것은 법적 안정성이다.

일반적으로 법(法, Recht)이라는 개념에는 「법률(法律, Gesetz)과 판결(判決, Rechtsprechung)」이 포함되어 있다. 전자는 객관적인 법적 안정성, 후자는 주관적인 법적 안정성을 지향한다. 전자는 입법을 통한 국민의 신뢰보호, 후자는 사법을 통한 국민의 신뢰보호를 목표로 한다. 법률의 명확성의 문제는 헌법재판소를 통해 규범통제를 받지만, 법관의 해석방법의 불일치의 문제는 현재 통제방안이 없다. 피고인에게 불리한 변경의 문제점은 바로 여기에서 파생된 것이다.

따라서 대법관의 사법작용에 대한 통제장치가 필요하다고 생각한다. 대법관도 법발견과 법형성에 있어서 분명히 사회적 책무를 져야 한다. 대법관의 법발견 활동과 법형성 활동도 법적 안정성과 신뢰보호의 원칙이 유지되는 범위에서 이루어져야 한다고 생각한다.

생각건대 형법 제1조 제1항 제2문은 바로 이것을 보장하기 위해 필요한 규정이다. 개정 형법 제1조는 대륙법체계에서의 법률의 법원성(삼권분립)을 포기하는 것이 아니라, 오히려 형법 제1조 제1항 제2문의 보완으로 법률의 법원성(삼권분립)을 강화한다. 이것은 복사문서의 문서성의 예에서 확인할 수 있다. 대법원 전원합의체에서 판례를 변경한 후 입법을 통한 관련 조문의 개정이라는 후속조치가 이어진 것이다.

(3) 형사정책적 관점: 적극적 일반예방

형법 제1조 제1항 제2문은 오늘날 논의되고 있는 적극적 일반예방의 제도적 규정이라고 할 수 있다. 판례변경을 통하여 갑작스럽게 처벌하거나 형벌을 강화하는 것은 전형적인 소극적 일반예방사상(위하사상)의 한 단면에 불과하며, 단지 단기적인 형사정책일 뿐이다.

판결변경의 문제점은 형법 제16조 법률의 착오로서 해결될 문제가 아니다. 불법을 인정하고 단지 책임영역에서 개별적인 착오심사를 통해 책임배제를 인정하겠다는 것은 반쪽 해결방법에 불과하다. 여기에는 적극적 일반예방사상, 즉 법규범의 내면화를 통한 규범안정화[73]라는 형사정책적 관점이 결여되어 있다. 그리

73) 적극적 일반예방에 관해서는 하태영, 적극적 일반예방, 고시계 1989년 9월호, 97면 이하; 안동준,

고 판례변경의 문제는 행위자가 종전 판례의 내용에 관하여 알고 있었는지 여부와 관계없는 것이다. 형법 제16조 법률의 착오를 해결하는 금지착오원용설은 판례변경의 소급효인정 여부의 문제에 관한 입장을 직접 제시하지는 못한다.[74]

따라서 피고인에게 불리한 판례변경의 문제는 죄형법정주의의 정신사적 토대[75]에서 근본적인 검토가 필요하다. 생각건대 우리는 형법의 기능변화와 포스트모던형법의 현대성 위기, 형법의 홍수, 형법의 불명확성의 증가, 형사사법에서 권력분립의 와해, 일반시민의 형법인지능력의 약화의 시대에 살고 있다. 그래서 형법 제1조의 개정은 더욱 필요하다고 생각한다.[76]

(4) 법사회학적 관점: 대법원 판례의 기능

하급법원은 상급법원의 판결에 구속당하지 않는다고 하지만, 그것은 법률상[77]으로 그럴 뿐이지 사실은 그렇지 않다. 제도상으로도 심급제도의 성질상 상급법원의 판례를 하급심이 따르지 않으면, 상급심에 가서 파기될 가능성이 많다

형법총론, 학현사, 1998, 11면; 정성근 · 박광민, 형법총론, 삼지원, 2001, 36-37면; 박상기, 형법총론, 제5판, 박영사, 2002, 16-17면; 윤영철, 형법이론으로서 적극적 일반예방이론에 관한 고찰, 비교형사법연구 제4권 제2호, 법문사, 2002, 71-106면; 임웅, 형법총론, 개정판, 법문사, 2004, 44-45면; 김성돈, 형법총론, 현암사, 2006, 19-20면; 김일수 · 서보학, 새로 쓴 형법총론, 제11판, 박영사, 2006, 21면; 이재상, 형법총론, 제5판(보정판), 2006, 51면; 배종대, 형법총론, 홍문사, 제8판, 2006, 31-34면.

74) 같은 생각 정영일, 피고인에게 불리한 판례변경과 형법 제1조 제1항, 형사판례의 연구[I], 志松이재상교수화갑기념, 박영사, 2003, 1-10면(9면).

75) 임웅, 국가보안법과 죄형법정주의, 판례월보 제246호, 1991년 3월호, 8-13면(9면): 죄형법정주의의 근본정신은 국가형벌권의 자의적 행사와 남용으로부터 국민이 부당하게 처벌되지 않도록 개인의 자유와 권리를 보장하고자 하는 법치국가주의 사상이다.

76) 이에 관해서는 이상돈, 형법학, 형법이론과 형법정책, 법문사, 1999, 222면: 형법의 위험예방법화의 경향, 형법의 홍수, 형법의 불명확성의 증가, 일반조항들의 확대추세. 포스트모던 형법은 근대적 의미의 죄형법정주의를 폭파시키는 양적 팽창을 거듭하고 있다(163면: 죄형법정주의의 몰락). 포스트모던 형법(242면)시대에 형법제정권한은 상당한 정도로 입법자로부터 법률적용자에게 이양되어 있다. 명확성의 문제는 입법자뿐만 아니라 법률적용자에게도 심각한 문제이다. 더욱이 법률의 명확성의 문제(입법부)와 해석방법의 불일치(사법부) 문제는 현행 대륙법체계의 새로운 딜레마로 부각되고 있다. 법관은 법률해석에서 법조문의 기존의 의미와 새로운 사안의 고유한 상황적 요소가 정면으로 충돌하고 있는 상태에서 일반인과 피고인을 볼모로 잡고 있다. 두 요소의 간극과 모순이 '좁힐 수 없는 해석학적 간극'으로 등장하고 있지만, 적극적으로 해결하고자 하는 의지가 없다. 피고인에게 불리한 판례(해석)변경이 바로 이것을 대표적으로 나타내고 있는 문제이다. 이러한 오늘날의 법현실은 규범유지자에게 형법규범에 대한 인식능력의 구조적 취약성을 제공할 가능성이 너무도 농후하다.

77) 이영준, 민법총칙[민법강의 I], 박영사 1995, 23면: 성문법주의의 대륙법계에서는 형식상 가장 중요한 법원(Rechtsquellen)의 지위를 차지하는 것은 성문의 법률(Gesetz)이다. 따라서 판례 그 자체로서는 법규범이 아니므로 판례의 법원성은 부인된다. 법원조직법 제8조는 「상급법원의 재판에 있어서의 판단은 당해 사건에 관하여 하급심을 기속한다」고 규정하고 있다. 이것은 "상급법원의 판결이 당해 사건에 한하여 하급심을 구속할 뿐이지, 다른 유사한 사건에 일반적으로 하급법원을 구속한다는 것을 제도상으로 보장한 것"은 아니다.

는 점에서 법원은 사실상 대법원 판례에 따르는 것이 오늘날의 현실이다.[78] 이러한 법현실 때문에 실무에서는 분쟁해결을 위해서 대법원 판례를 검토할 것이며, 법학계는 법해석학적인 방법과 규범적 가치판단을 위한 보조수단으로서 대법원 판례를 이용하게 될 것이다. 판례연구에 의하여 구체적이고 선례적인 재판규범을 찾아내고, 재판과정에 있어서 결정기준을 제공하여, 재판의 예견가능성(Vorhersehbarkeit)의 정도를 높이고 있는 것이다.

이러한 법현실에도 불구하고 피고인에게 불리한 판례변경을 통해 처벌범위를 확장 또는 강화하는 것은 법조실무계와 학계 그리고 정보화시대에 살고 있는 일반국민에게 엄청난 규범혼란을 초래할 수 있다. 법조실무계는 법적용에 혼돈을 겪을 것이고, 변호인은 예견가능한 변론 준비에 위험을 안을 것이다. 이처럼 피고인에게 불리한 판례변경이 주는 파장은 엄청나다.

물론 이러한 문제들은 모두가 극단적인 결론들이지만, 삼권이 분립되어 국민의 기본권을 확보한다는 법치국가에서 오히려 「삼권이 분립되어 국민의 기본권을 침해한다」는 비판은 면할 수가 없다. 따라서 피고인에게 불리한 판례변경의 문제점도 죄형법정주의의 이념에서 해결되어야 할 것이다. 그 가능성은 헌법 제13조 제2항의 준용이 아니라, 형법 제1조 개정안으로 해결되어야 한다. 대법원 판례가 갖고 있는 사실상의 규범력은 이제 개정 형법 제1조 제1항 제2문을 통해 보장되고 통제되어야 한다. 개정 형법 제1조 제1항 제1문과 제1항 제2문은 법률의 명확성의 문제점과 해석방법의 불일치의 문제점을 제도적으로 극복할 수 있는 규정될 수 있을 것이다.

(5) 형사법적 관점: 새로운 법발견과 피고인 보호 동시 실현

개정 형법 제1조 제1항 제2문은 형사소송법 제396조(파기자판)[79]와 연결되어 있는 규정이라고 말할 수 있다. 피고인에게 판례를 불리하게 변경할 때에는 반드시 판결문에 새로운 견해를 「방론으로」(gutachtlich) 부기하고, 「장래효조항」(Vonnun-an-Klausel)으로 선언하면서, 형사소송법 제396조(파기자판)와 개정 형법 제1

78) 이에 관해서는 김형배, 판례의 법형성적 기능, 민법학연구, 박영사, 1986, 44면 이하; 이영준, 민법총칙[민법강의 I], 박영사 1995, 22면; 홍천용, 판례민법의 법원성, 고시계, 1997년 10월호, 12면.

79) 형사소송법 제396조[파기자판] ① 상고법원은 원심판결을 파기 한 경우에 그 소송기록과 원심법원과 제1심 법원이 조사한 증거에 의하여 판결하기 충분하다고 인정한 때에는 피고사건에 대하여 직접 판결을 할 수 있다.

조 제1항 제2문을 근거로 대법원이 무죄(無罪)를 선고해야 한다. 방론의 법적 효력은 당해 사건에 대해서가 아니라, 판결공시 이후에 발생하는 장래사건에 대해서만 적용해야 한다.80) 그러나 이러한 해결방법은 결국 형법 제1조 제1항 제2문의 개정안이 도입될 때 실질적 의미가 있다.

그러나 이러한 주장에 서보학 교수는 아주 비판적이다. 그는 신뢰보호의 관점에서 형법적 해결방안(형법 제16조 법률의 착오, 이른바 금지착오)을 주장한다. 서 교수는 "현재 계류 중인 사건에 대해 새 견해를 적용할 수 없다면 그 사건은 결국 무죄로 판결날 수밖에 없는데, 애당초 무죄로 판결될 사건에 대해 형사소송이 진행된다는 것은 그 자체가 모순이라고 할 수밖에 없다"81)고 비판한다.

그러나 저자는 형법 제1조 제1항 제2문은 '새로운 법발견과 피고인 보호'를 위해 실익이 있는 규정이라고 생각한다. 생각건대 형법 제16조를 통한 형법적 해결방안은 사실 너무 번거로운 절차이다. 파기환송된 사안을 하급심이 다시 판단한다면, 결국 책임을 배제하는 단계가 될 것인데, 피고인의 입장에서는 이러한 절차도 고통이며, 소송경제적인 측면에서도 낭비이다. 적극적 일반예방의 관점에서는 사실 무의미하다. 대법원이 바로 개정 형법 제1조 제1항 제2문을 적용하여 '새로운 법발견과 피고인 보호'를 위해 무죄를 선고할 수 있어야 한다.

또한 저자는 피고인에게 불리한 판례변경의 문제점은 일부 학자들이 주장하는 것처럼 단순히 형법 제16조 법률의 착오로서 책임조각으로 해결될 문제가 아니라고 생각한다. 형법 제16조 금지착오는 판례의 변경 여부와 관계없이 종전판례에 대한 행위자의 신뢰를 기준으로 하여 정당한 이유의 유무를 판가름하는 것

---

80) 독일 형법학계의 적극적 입장은 Günter Kohlmann, Der Begriff des Staatsgeheimnisses(§93 StGB und §99 Abs. 1 StGB a.F.) und das verfassungsrechtliche Gebot der Bestimmung von Strafvorschriften(Art. 103 Abs. 2 GG), Köln 1969, S. 289와 H.-L. Schreiber, Rückwirkungsverbot bei einer Änderung der Rechtsprechung im Strafrecht? JZ 1973, S. 713ff.이다. 그들은 다음과 같이 주장한다: "판례를 변경하여 피고인에게 불리하게 될 때에는 그 효력은 당해 사건에 대해서가 아니라, 판결공시이후에 발생하는 장래의 사건에 대해서만 적용하도록 하고, 당해 피고인에게는 불리하게 적용하지 말아야 한다. 판례를 불리하게 변경할 때에는 새로운 견해를 「방론으로」(gutachtlich) 부기하든지 또는 「장래효조항」(Von-nun-an-Klausel)으로 선언하여 판결주문에서 형을 면제한다".

그러나 생각건대 이러한 견해는 현행 한국 형법상 불가능하다. 그래서 저자는 하나의 대안으로 형법 제1조 제1항 제2문의 개정을 주장하고 있다. 이 조문을 통해 무죄(無罪)를 선고해야 한다고 본다. 물론 독일의 두 학자들처럼 형의 면제를 생각할 수 있겠지만, 이 문제는 책임을 물을 수 없는 경우라고 본다.

우리 대법원도 앞으로 서구에서 판례변경시 활용하고 있는 판례변경예고제(obiter dictum, 방론제도)를 도입하는 것이 필요하다고 생각한다. 그 법적 근거는 형사소송법 제396조 제3항 개정안이 될 것이다.

81) 이에 관해서는 서보학, 형사판례변경과 신뢰보호, 경희법학 제34권 제1호, 1999, 337-351면(350면 주 34) 참조.

이다. 이 이론은 기본적으로 판례변경의 문제와는 무관하다. 왜냐하면 형법 제16조 법률의 착오로 해결하는 소위 금지착오원용설은 피고인의 처지를 배려하려는 취지에서 주장된 것이기는 하지만, 소급효금지의 문제를 정면에서 대처하지 못하는 난점이 있기 때문이다. 따라서 자신의 행위가 죄가 되는지 몰랐다고 하는 금지착오의 주장은 형법 제16조의 법리에 따라서 해결되는 것이며 소급효금지의 법리와는 무관하다는 점을 밝혀 둔다.82)

3. 개정 형법 제1조와 실제사례의 구체적 해결방법

두 개의 사례를 통해 피고인에게 불리한 판례변경의 문제점과 구체적 해결방안을 검토하고자 한다.

[**사례 1**] 대판 1989.9.12. 87도506 복사문서의 문서성을 인정한 사례를 통해 해결방법을 찾아보면, 다음과 같이 전개될 것이다.

(1) 사실관계: 1983년 3월 25일 김○○과 김우○은 공모하여 행사 할 목적으로 골프장시설공사 도급권을 김○○에게 위임하는 내용의 사실증명에 관한 김우○ 명의의 위임장 1매를 위조한 다음 이를 전자복사하여 그 사본을 진정하게 성립된 것처럼 피해자 서○○에게 제시하여 행사하였다.

(2) 검찰의 기소: 검찰은 김○○과 김우○을 형법 제229조, 제231조, 제234조 위조문서행사죄로 기소하였다.

(3) 제1심의 판단: 부산지방법원은 피고인들에 대하여 무죄를 선고하였다.

(4) 검찰의 항소: 검찰은 제1심 판결에 대하여 부산고등법원에 항소하였다.83)

(5) 항소심의 판단: 부산고등법원은 피고인들에 대하여 무죄를 선고하였다.

(6) 검찰의 상고: 이에 대하여 검찰은 "사회적 기능과 공공의 신용성 등을 고려하여 볼 때 사진 복사 등 기계적인 방법에 의하여 복사된 사본도 문서죄의 문서성을 인정함이 타당하다"는 이유를 들어 대법원에 상고하였다.

(7) 대법원의 판단: 대법원 1989년 9월 12일 35년 4개월동안 지속된 종전의 입장

82) 같은 생각 배종대, 형법총론, 제8전정판, 홍문사, 2006, 96-98면(98면); 정영일, 피고인에게 불리한 판례변경과 형법 제1조 제1항, 형사판례의 연구[I], 志松이재상교수화갑기념, 박영사, 2003, 1-10면(10면); 정영일, 형법총론, 박영사, 2005, 40-42면; 신동운, 형법총론, 제2판, 법문사, 2006, 41-43면(43면).

83) 형사소송법 제361조의 5 [항소이유] 다음 사유가 있을 경우에는 원심판결에 대한 항소이유로 할 수 있다. 1. 판결에 영향을 미친 헌법. 법률. 명령 또는 규칙의 위반이 있는 때.

을 변경하고,[84] 87도506 전원합의체판결로서 「오늘날 일상거래에서 복사문서가 원본에 대신하는 증명수단으로서의 기능이 증대되고 있는 실정에 비추어 볼 때 이에 대한 사회적 신용을 보호할 필요가 있으므로 복사한 문서의 사본은 문서위조 및 동행사죄의 객체인 문서에 해당한다」고 판시하고 복사문서의 문서성을 인정한다.

(8) 형법 제1조 제1항 제2문과 형법 제396조 제3항 적용: 그러나 대법원은 피고인에게 불리한 판례를 변경을 할 때에, 당해 피고인에게는 불리하게 적용하지 않는다. 피고인에게 불리하게 판례를 변경할 때에는 반드시 판결문에 새로운 견해를 방론으로 부기하고, 장래효조항으로 선언하면서, 형사소송법 제396조(파기자판과 장래효만을 갖는 판례변경)와 개정 형법 제1조 제1항 제2문을 근거로 대법원이 직접 무죄(無罪)를 선고해야 한다.[85] 이후 이러한 방론과 장래효 조항은 실무에서 예측가능한 규범력을 행사하면서 법적 안정성에 기여할 것이다.

(9) 입법부의 역할: 입법부는 법원이 입법기관화 되는 것을 방지해야 한다. 삼권분립의 전통에 따라 입법부는 즉시 해당 법률을 개정해야 할 것이다. 이것이 대륙법체계에서는 가장 이상적인 수순이라고 생각한다. 실제 1995년 12월 29일 복사문서의 문서성은 형법 제237조의 2에 입법되었다.

[사례 2] 대판 2001.4.19. 2000도1985 공문서부정행사죄(전원합의체)의 사례를 중심으로 해결방안을 찾아보면, 다음과 같이 전개될 것이다.

(1) 사실관계: 피고인 라○○씨는 1999년 9월 의정부시 모 여관 근처에서 주차문제로 여관주인과 몸싸움을 벌이다 현행범으로 체포돼 파출소에서 조사를 받던 중 경찰이 신분증 제출을 요구하자 일전에 길에서 주운 다른 사람의 운전면허증을 제시하였다.[86]

(2) 검찰의 기소: 폭력행위등처벌에관한법률위반과 공문서부정행사, 도로교통법위반, 점유이탈물횡령 등의 혐의로 기소하였다.

(3) 제1심 법원의 판결: 라○○씨에 대한 공소사실 모두에 대해 유죄를 인정하고

---

84) 대판 1954.5.8. 4286형상112폐기; 대판 1969.11.26. 69도85폐기; 대판 1978.4.11. 77도4068폐기; 대판 1981.12.22. 81도2715폐기; 대판 1982.5.25. 82도715폐기; 대판 1983.9.13. 83도1829폐기; 대판 1985.11.26. 85도2138폐기; 대판 1988.4.12. 87도2709폐기; 대판 1988.10.24. 88도1680폐기.

85) 파기환송되어 하급심이 이 사안을 다시 판단을 할 필요가 있을까? 보수적 입장(소극설, 형법적 해결방안, Verbotsirrtum)은 사실 너무 번거롭다. 피고인의 입장에서 또 한번의 재판은 고통이다. 바로 이것이 국가형벌권의 남용이 아닌가! Dieses Strafverfahren ist ein Spiel!; 같은 취지 임웅, 국가보안법과 죄형법정주의, 판례월보 제246호, 1991년 3월호, 8-13면(9면): "죄형법정주의의 근본정신은 국가형벌권의 자의적 행사와 남용으로부터 국민이 부당하게 처벌되지 않도록 개인의 자유와 권리를 보장하고자 하는 법치국가주의 사상이다".

86) 법률신문, 대법원전원합의체, 운전면허증도 신분증에 해당, '자격증명'과 '동일인증명' 기능 동시에 가져 … 종전판례 변경, 2001년 4월 23일자, 1면.

징역 8월을 선고하였다.

(4) 피고인의 항소: 피고인은 제1심 판결에 대하여 서울지방법원에 항소하였다.

(5) 제2심 법원의 판결: 서울지방법원 항소심 재판부는 형법 제230조 공문서부정행사 부분에 대해 무죄를 선고하였다.

(6) 검찰의 상고: 이에 대하여 검찰은 "제3자로부터 신분확인을 위하여 신분증명서의 제시를 요구받고 다른 사람의 운전면허증을 제시한 행위는 그 사용목적에 따른 행사로써 형법 제230조 공문서부정행사죄에 해당한다"는 이유를 들어 대법원에 상고하였다.

(7) 대법원 2001.4.19. 선고 2000도1985 전원합의체판결: [판결요지] "운전면허증은 운전면허를 받은 사람이 운전면허시험에 합격하여 자동차의 운전이 허락된 사람임을 증명하는 공문서로서, 운전면허증에 표시된 사람이 운전면허시험에 합격한 사람이라는 '자격증명'과 이를 지니고 있으면서 내보이는 사람이 바로 그 사람이라는 '동일인 증명'의 기능을 동시에 가지고 있으므로, 운전면허증을 제시한 행위에 있어 동일인 증명의 측면은 도외시하고, 그 사용목적이 자격증명으로만 한정되어 있다고 해석하는 것은 합리성이 없다. 인감증명법, 공직선거 및 선거부정방지법 등 여러 법령에 의한 신분 확인절차에서도 운전면허증은 신분증명서의 하나로 인정되고 있으며, 주민등록법 자체도 주민등록증이 원칙적인 신분증명서이지만, 다른 문서의 신분증명서로서의 기능을 예상하고 있다. 한편 우리 사회에서 운전면허증을 발급받을 수 있는 연령의 사람들 중 절반 이상이 운전면허증을 가지고 있고, 특히 경제활동에 종사하는 사람들의 경우에는 그 비율이 훨씬 더 이를 앞지르고 있으며, 금융기관과의 거래에 있어서도 운전면허증에 의한 실명확인이 인정되고 있는 등 현실적으로 운전면허증은 주민등록증과 대등한 신분증명서로 널리 사용되고 있다. 따라서 제3자로부터 신분확인을 위하여 신분증명서의 제시를 요구받고 다른 사람의 운전면허증을 제시한 행위는 그 사용목적에 따른 행사로써 공문서부정행사죄에 해당한다고 보는 것이 옳다. 이와 다르게 판시하였던 종전의 판결들(대판 2000.2.11. 99도1237 등[87]))은 이 판결의 의견과 어긋나는 범위 내에서 이를 변경한다.

(8) 형법 제1조 제1항 제2문과 형법 제396조 제3항 적용: 대법원은 피고인에게 불리한 판례를 변경을 할 때에, 당해 피고인에게는 불리하게 적용하지 않는다. 피고인에게 불리하게 판례를 변경할 때에는 반드시 판결문에 새로운 견해를 방론으로 부기하고, 장래효 조항으로 선언하면서, 형사소송법 제396조 제3항(파기자판과 장래효만을

87) 대판 1974.9.4. 74도1695; 대판 1981.12.8. 81도1130; 대판 1983.6.28. 82도1985; 대판 1989.3.28. 88도1593, 대판 1991.5.28. 90도1877; 대판 1991.7.12. 91도1052; 대판 1992.11.24. 91도3269; 대판 1993.5.11. 93도127; 대판 1996.10.11. 96도1733; 대판 1999.5.14. 99도1237; 대판 2000.2.11. 99도1237(변경).

갖는 판례변경)과 개정 형법 제1조 제1항 제2문을 근거로 대법원이 무죄를 선고해야 한다.

(9) 피고인에게 불리한 판례변경의 법적 효력은 당해 사건에 대해서가 아니라, 판결공시이후에 발생하는 장래사건에 대해서만 적용한다. 법원은 구체적인 사안에서 종전의 법원의 해석에 따라 판결하되, 변화된 견해를 설시하고, 이 후에는 이에 따라 판결할 것을 방론으로 부기한다.

(10) 형법 제1조 제1항 제2문의 개정은 죄형법정주의의 이념을 실질적으로 구현하면서 피고인에게 불리한 판례변경에 대해서는 소급효금지의 요청도 충족시키고, 검찰과 법원의 발전적 법형성(Rechtsfortbildung)에 기여할 수 있다고 생각한다. 이제 형법 제1조 개정에 대한 논의는 본격적으로 시작할 필요가 있다고 생각한다.

▣ 비교법연구 ▣

피고인에게 불리한 판례변경과 독일 형법학계의 논쟁사

피고인에게 불리한 판례변경의 문제는 독일에서도 한국과 마찬가지로 논쟁이 진행 중이다. 독일 형사법학계는 1960년대 중반이후 40년 동안 집중적으로 피고인에게 불리한 판례변경의 문제점을 해결하기 위해 관심을 쏟고 있다. 독일에서도 한국과 마찬가지로 헌법적 · 법이론학적 · 형법적 · 형사정책적 · 법사회학적 · 형사소송법적 관점에서 토론을 활발히 전개되고 있다.

피고인에게 불리한 판례변경의 문제가 독일 형법학계에서 주목을 받기 시작한 시기는 1966년 12월 9일 독일 연방법원 BGHSt 21, 157의 판례변경[88]이 행해진 이후이다. 독일 형법학계도 한국 형법학계처럼 소급효부정설과 소급효긍정설로 양분되어 있다.[89] 소급효긍정설은 단지 종전 판례에 대해 신뢰가 있는 경우에

88) BGHSt 21, 157: 독일 연방법원은 음주운전을 형사처벌하는 형법규정의 해석을 놓고 종전에 1.5‰(1953년 11월 5일이래로 독일에서 확립되어진 판례, BGHSt 5, 168)의 알콜 혈중농도를 기준치로 삼아 절대적 운전불능상태(運轉不能狀態, Absolutfahruntüchtigkeit)를 판단하던 태도를 바꾸어 1.3‰를 기준으로 강화하는 판례변경을 행하였다. 종전의 판례는 13년 동안 지속되어온 판례였다. BGHSt 37, 89: 그러나 1990년 1월 18일 독일 연방법원(BGHSt 37, 89)은 종전에 1.3‰(1966년 12월 9일이래로 독일에서 확립되어진 판례, BGHSt 21, 157)의 알콜 혈중농도를 기준치로 삼아 절대적 운전불능상태를 판단하던 태도를 바꾸어 1.1‰를 기준으로 강화하는 판례변경을 행하였다. 종전의 판례는 23년 동안 지속되어온 판례였다.

89) 독일 형법학계의 논쟁사에 관해서 Ha, Tae-Young, Belastende Rechtsprechungsänderungen und die positive Generalprävention, Hallesche Schriften zum Recht Bd. 12, Carl Heymanns Verlag 2000, S. 48ff.

한해 책임의 관점, 형법 제17조 금지착오로 해결하고자 한다. 독일의 최고법원들(BGH, OLG)은 형법 제17조 해결방안을 지지하고 있다.

이에 반하여 진보진영(대륙법체계에서는 상당히 진보적인 관점), 즉 소급효부정설은 헌법적의 관점, 헌법 제103조 제2항 죄형법정주의의 준용으로 또는 헌법 제20조 신뢰보호의 원칙으로 해결하고자 한다. 여기서는 그 논거들을 간략히 살펴보고자 한다.

1. 소급효부정설: 헌법 제20조 신뢰보호와 헌법 제103조 제2항의 준용

소급효부정설은 「피고인에게 불리한 판결변경에도 소급효금지의 원칙이 적용되어야 한다」(Eine progressive Position tritt bei einer Geltung für das Rückwirkungsverbot bei einer belastenden Rechtsprechungsänderung ein.)는 입장이다.[90] 주요 논거는 다음과 같다.

---

90) 헌법적 해결방안(헌법 제103조 제2항의 준용)을 지지하는 독일 문헌(연도순): Günter Kohlmann, Der Begriff des Staatsgeheimnisses(§ 93 StGB und § 99 Abs. 1 StGB a. F.) und das verfassungsrechtliche Gebot der Bestimmung von Strafvorschriften(Art. 103 Abs. 2 GG). Köln 1969, S. 274ff.; Wolfgang Naucke, Rückwirkende Senkung der Promillegrenze und Rückwirkungsverbot(Art. 103 Abs. 2 GG), NJW 1968, S. 2321ff.; Wolfgang Naucke, Strafrecht, Eine Einführung. 8. Aufl., Kriftel, Berlin 1998, § 2 Rdnr. 24ff.; Wolfgang Straßburg, Rückwirkungsverbot und Änderung der Rechtsprechung im Strafrecht, ZStW 82(1970), S. 948ff.(bei Entscheidungen, denen praktisch die Bedeutung einer Gesetzesänderung zukommt); Hans-Ludwig Schreiber, Rückwirkungsverbot bei einer Änderung der Rechtsprechung im Strafrecht?, JZ 1973, S. 713ff. S. 717(soweit die Rechtsprechung von einer nicht widersprüchlichen höchstrichterlichen Judikatur abweicht); LG Düsseldorf NJW 1973, 1054; Heinz Müller-Dietz, Verfassungsbeschwerde und richterliche Tatbestandsauslegung im Strafrecht, in: Festschrift für Maurach, Karlsruhe 1972. S. 41ff. S. 41(hinsichtlich einer ständigen höchstrichterlichen Rechtsprechung); Günter Stratenwerth, Strafrecht, Allgemeiner Teil I, 3. Aufl., Köln, Berlin, Bonn, München 1981, S. 87(Stratenwerth hält allerdings im Hinblick auf die verfahrensrechtlichen Schwiergkeiten de lege lata nur die Anerkennung eines unvermeidbaren Irrtums des Täters über die Rechtswidrigkeit der Handlung für möglich); Jürgen Baumann/Ulrich Weber, Strafrecht, Allgemeiner Teil, 9. Aufl., Bielefeld 1985, S. 124; Matthias Krahl, Die Rechtsprechung des Bundesverfassungsgerichts und des Bundesgerichtshofs zum Bestimmtheitsgrundsatz(Art. 103 Abs. 2 GG), Frankfurt a. M. Bern, New York 1986, S. 339ff.(344); Krahl, Matthias: Fahruntüchtigkeit – Rückwirkende Änderung der Rechtsprechung und Art. 103 II GG, NJW 1991, S. 808ff.(809); Adolf Schönke/Horst Schröder, Strafgesetzbuch. Kommentar. Bearbeitet von Theodor Lenckner/Peter Cramer/Albin Eser/Walter Stree, 25. Aufl., München 1997: Schönke-Schröder-Eser, § 2 Rdnr. 9(hinsichtlich der gesetzesvertretenden oder -ergänzenden Funktion bei formelhaft festgelegter Rechtsprechung); Reinhart Maurach/Heinz Zipf, Strafrecht, Allgemeiner Teil, Teilbd. 1, Grundlehren des Strafrechts und Aufbau der Straftat. Ein Lehrbuch, 8. Aufl., Heidelberg, Karlsruhe 1992, § 12 II Rdnr. 8; Theodor Maunz/Günter Dürig/Roman Herzog/Rupert Scholz, Grundgesetz, Kommentar, München seit 1958: GK-Maunz-Dürig, Art. 103 Abs. 2 Rdnr. 112 mit Fn. 2.

(1) 피고인의 법적 신뢰와 규범안정성

입법부의 법률, 연방헌법재판소 결정문, 연방법원의 판결은 일반 국민과 사건 당사자에게 사실상의 규범력과 효력에 있어서 같은 것으로 평가된다. 이미 확립된 판례를 피고인에게 불이익하게 변경하여 소급적용하여 처벌한다면, 이것은 사후 입법에 의한 소급처벌과 같다. 결국 피고인의 법적 신뢰와 규범안정성을 해치게 되어 죄형법정주의에 반한다(Baumann, Dürig, Naucke, Schreiner, Tidemann, Ransiek, Hassemer, Krahl).

(2) 대법원 전원합의체판결은 입법을 보충하는 사실상의 입법적 작용

명확성이 결여된 입법으로 피고인에게 불리한 판례변경이 발생하였다면, 소급효금지의 원칙은 적용되어야 한다. 왜냐하면 (헌법재판소의 판결처럼) 법률명확성의 원칙이 대법원의 판결을 통해서 구체화의 과정을 거친다면, 구체적으로 추상적 또는 규범적 법개념이 대법원의 판결요지를 통하여 보다 구체화의 과정을 거친다면, 대법원의 판결은 입법을 보충하는 사실상의 입법적 작용(faktische gesetzesgleiche Wirkung)을 수행을 하기 때문이다. 따라서 소급효금지의 원칙은 당연히 피고인에게 불리한 판례변경에도 적용되어야 한다(Schröder, Straßburg, Schreiber, Tidemann, Ransiek).

(3) 법관의 본질적 활동은 법적 안정성과 신뢰보호의 원칙이 유지되는 범위에서 보장

형법적 해결방안에 대한 강력한 비판으로 법관은 법의 발전을 위해서 사회적 책무를 분명히 가지고 있다. 법관의 사회적 책무는 법발견과 법형성에서도 유지되어야 한다. 때문에 법관의 본질적 활동도 법적 안정성과 신뢰보호의 원칙이 유지되는 범위에서 보장을 받는다. 자유권 보호와 신뢰의 원칙은 입법부와 사법부에게 모두 적용되며, 이를 위해 두 기관의 협력을 필요로 한다. 따라서 피고인에게 불리한 판례변경에 헌법 제103조 제2항의 준용이 필요하다(Kohlmann, Schreiber, Hassemer).

(4) 신뢰의 원칙은 법치국가에서 형법이 모색하고 있는 핵심

만약 우리가 신뢰의 원칙과 적극적 일반예방의 관점에서 소급효금지원칙을

주목한다면, 피고인에게 불리한 판례변경은 헌법상의 원칙과 충돌한다. 법공동체에서 일반국민의 법신뢰의 문제는 사회통제의 제도적 산물로서 형사법에도 분명히 적용되어야 한다. 새로운 형벌목적이론, 즉 적극적 일반예방사상의 핵심인 규범에 대한 신뢰의 문제는 법치국가에서 형법이 모색하고 있는 핵심이다. 따라서 피고인에게 불리한 판례변경은 적극적 일반예방의 관점에서 보면 무의미하다(Naucke). 왜냐하면 일반국민이 행위시점에서 가벌성의 기준을 판단할 수 없기 때문이다. 소급효금지의 핵심은 일반국민의 신뢰를 보호하는데 있으며, 신뢰보호의 원칙은 자유에 대한 보장의 경계선을 명확히 하는데 있다.

(5) 적극적 일반예방이론과 법적 안정성

독일 연방헌법재판소는 적극적 일반예방사상을 1970년대 후반부터 현대 형사정책의 대안으로 해석하고 있으나, 피고인에게 불리한 판례변경은 －예를 들어 혈중농도의 기준치와 폭력의 개념－ 이에 반하여 소급효를 긍정함으로써 일반국민의 법신뢰를 허물고 있다(Naucke). 독일 연방헌법재판소는 이처럼 국민의 법신뢰와 관련하여 두 가지의 상반된 입장을 취하고 있다.

(6) 「일간된 판례」란 전원합의체에 의하여 변경될 수밖에 없는 판례

「일관된 판례」란 통일적 · 지속적 · 완전히 형식적으로 확립되어 유지되는 판례(formelhaft festgelegte konforme Rechtsprechung)를 말하고, 이것은 전원합의체에 의해 변경될 수밖에 없는 판례를 말한다. 이 경우에는 －불리한 입법변경(신법률)에 대하여 소급효금지의 원칙이 적용되는 것처럼－ 신뢰보호의 원칙(Vertrauensschutzprinzip)을 근거로 소급효금지의 원칙이 적용되어야 한다(Schröder, Müller-Dietz, Eser).

(7) 피고인에게 불리한 판례변경, 판결공시 이후에 발생하는 장래의 사건에 적용

소급효부정설은 구체적인 해결방안을 제시하고 있다. 판례를 변경하여 피고인에게 불리하게 적용 할 때에는 그 효력은 당해 사건에 대해서가 아니라, 판결공시이후에 발생하는 장래의 사건에 대해서만 적용하도록 하고, 당해 피고인에게는 불리하게 적용하지 말아야 한다. 판례를 불리하게 변경할 때에는 새로운 견해를 「방론으로」(gutachtlich) 부기하든지 또는 「장래효조항」(Von-nun-an-Klausel)으로 선언하여 판결주문에서 형을 면제한다(Schreiber).

2. 소급효긍정설: 형법 제17조 금지착오를 적용

반면 소급효긍정설은 「피고인에게 불리한 판결변경과 소급효금지는 별개의 문제이고, 이 문제는 단지 형법 제17조 금지착오로 해결할 수 있다」(Eine konservative Position will das Problem allein mit Mitteln des Strafrechts lösen. Hier wird insbesondere eine Lösung über den §17 StGB Verbotsirrtum in Betracht gezogen.)는 입장이다.[91] 독일 형사법학계의 다수 견해이며, 법원(BGH, OLG)[92]에서 꾸준히

91) 형법적 해결방법(형법 제17조 금지착오를 적용)을 지지하는 독일 문헌(연도순): Paul Bockelmann, Zeitliche Geltung, Zeit der Tat, in: Niederschriften über die Sitzung der Großen Strafrechtskommission, Bd. III, 1958, S. 288ff.(S. 289); Gustav Radbruch, Der Geist des englischen Rechts, 5. Aufl., Göttingen 1958, S. 60 und S. 81; Güter Kisker, Die Rückwirkung von Gesetzen, Eine Untersuchung zum angloamerikanischen und deutschen Recht, Tübingen 1963, S. 122ff.(S. 124); Schönke, StGB, 3. Aufl., S. 41; Schönke-Schröder, 11. Aufl., 1963, § 2 Anm. 10; LK[8]-Jagusch, § 2 Anm. II 1; Walter Stree, Deliktsfolgen und Grundgesetz. Zur Verfassungsmässigkeit der Strafen und sonstigen strafrechtlichen Massnahmen, Tübingen 1960, S. 80ff.; Jens Meyer-Ladewig, Der Satz Nullum crimen nulla poena sine lege in dogmatischer Sicht, MDR 1962, 262ff.; Gerald Grünwald, Bedeutung und Begründung des Satzes nulla poena sine lege, ZStW 76(1964), S. 1ff.(S. 4, 13f. 16f.); Konrad Händel, Anwendung der Beweisgrenzwerte von 1, 3 Promille auf vor dem 9. 12. 1966 begangene Taten, NJW 1967, S. 537ff.; Albert Eckert, Rückwirkung der 1, 3-Grenze, NJW 1968, S. 1390ff.; Hans Riese, Rückwirkende Senkung der Promillegrenze und Rückwirkungsverbot(Art. 103 Abs. 2 GG), NJW 1969, S. 549ff.; Werner Sarstedt, Beweisregeln im Strafprozeß, in: Berliner Festschrift für Ernst Eduard Hirsch, Berlin 1968, S. 171ff.(184f.); Hans Welzel, Das deutsche Strafrecht. Eine systematische Darstellung, 11. Aufl., Berlin 1969, §67 V 2 A a (S. 461f.); Hans-Joachim Rudolphi, Unrechtsbewußtsein, Verbotsirrtum und Vermeidbarkeit des Verbotsirrtums, Göttingen 1969, S. 98 (104 und 107f.); Eckhard Horn, Blutalkoholgehalt und Fahruntüchkeit, Bad Homburg 1970, S. 55; Hans Peter Lemmel, Unbestimmte Strafbarkeitsvoraussetzungen im Besonderen Teil des Strafrechts und der Grundsatz nullum crime sine lege, Berlin 1970, S. 168ff.; Bernhard Haffke, Das Rückwirkungsverbot des Art. 103 II GG bei Änderung der Rechtsprechung zum materiellen Recht, Diss. Göttingen 1970, S. 155ff.; Bernhard Haffke, Zur Problematik der 1, 3-Promille-Grenze-BGHSt 21, 157, JuS 1972, 448ff.; Hans-Wolfgang Arndt, Probleme rückwirkender Rechtsprechungsänderung, Frankfurt am Main 1974, S. 40ff.; Eberhard Schmidhäuser, Strafrecht Allgemeiner Teil. 2. Aufl., Tübingen 1975, S. 110; Bernd Schünemann, Nulla poena sine lege? Rechtstheoretische und verfassungsrechtliche Implikationen der Rechtsgewinnung im Strafrecht. Berlin, New York 1978, 28ff.; Herbert Tröndle, Rückwirkungsverbot bei Rechtsprechungswandel? Eine Betrachtung zu einem Scheinproblem der Strafrechtswissenschaft, in: Festschrift für Eduard Dreher zum 70. Geburtstag, Berlin 1977, S. 117ff.(S. 136); Peter Hentschel, Die Vorwerfbarkeit absoluter Fahrunsicherheit bei Mofafahrern, NJW 1984, S. 350ff.; Paul Bockelmann/Klaus Volk, Strafrecht, Allgemeiner Teil, 4. Aufl., München 1987, S. 21; Günther Jakobs, Strafrecht, Allgemeiner Teil. Die Grundlagen und die Zurechnungslehre. Lehrbuch. 2. Aufl. Berlin, New York 1991, 4/80; Leipziger Kommentar, Strafgesetzbuch, Herausgegeben von Hans-Heinrich Jescheck/Wolfgang Ruß/Günter Willms, 10. Aufl., 1978-89 und 11. Aufl., Berlin, New York seit 1992 (LK-Bearbeiter, StGB); LK[10]-Tröndle, §2 Rdnr. 11 c und 17; Harro Otto, Grundkurs Strafrecht,

지지를 받고 있다. 주요 논거는 다음과 같다.

(1) 판례변경은 일반적 법해석의 문제

입법부와 사법부의 기능은 전통적으로 분리되어 있다(Die traditionelle rechtstheoretische Interpretation des Gewaltenteilungsprinzips). 판례변경은 일반적 해석의 문제이다(Grünwald, Händel, Tröndle, Rudolphi, Schünemann, Jakobs).

(2) 법해석은 법관 고유의 임무

법관의 활동과 의무는 헌법에 보장되어 있다. 입법자의 입법취지를 실현하는 것은 법관의 해석이다. 법관은 개별사안에 따라 법형성의 임무를 가진다. 따라서 피고인에게 불리한 판결변경에 소급효금지의 원칙을 적용해서는 안 되며, 법관에게 부여된 고유한 임무를 침해해서는 안 된다(Radbruch, Bockelmann, Stree, Schmidhäuser, Lemmel, Tröndle, Jakobs, Roxin).

(3) 판례는 법원이 아니다

판례 그 자체가 법원성을 갖고 있는 것은 아니다. 따라서 판례에는 소급효금지원칙이 적용되지 않는다(Feuerbach, Ossenbühl, Arndt).

(4) 형법 제17조 금지착오로 해결

소급효 부정설은 구체적인 해결방안을 제시하고 있다. 피고인에게 불리한 판례 변경은 소급효금지의 원칙을 적용할 수 없으나, 만약 행위자가 지금까지의 판례의 입장을 신뢰하여 자신의 행위가 금지된 것이라는 점에 착오가 있었다면, 금지착오의 문제가 될 수 있을 뿐이다. 법적 안정성과 신뢰보호의 문제는 사안별로 형법 제17조 금지착오로 해결할 수 있다(Stree, Rudolphi, Arndt, Haffke, Schünemann, Otto, Jakobs, Jescheck, Roxin).

Allgemeiner Teil, 4. Aufl., Berlin, New York 1992, S. 24ff.; Hans-Heinrich Jescheck/Thomas Weigend, Lehrbuch des Strafrechts, 5. Aufl., Berlin 1996, §15 IV 3; Claus Roxin, Strafrecht Allgemeiner Teil. Bd. 1: Grundlagen – Der Aufbau der Verbrechenslehre, 3. Aufl., München, 1998, §5 VII Rdnr. 59; Johannes Wessels/Werner Beulke, Strafrecht Allgemeiner Teil. Die Straftat und ihr Aufbau. 36. neu bearbeitete Auflage, Heidelberg 2006, §2 I Rdnr. 47(51).

92) 형법적 해결방법을 지지하는 주요 판결들로는 BVerfGE 18, 224 (240); BGHSt 21, 157; BGH VRS 32 (1967), 229; OLG Karlsruhe NJW 1967, 2167; KG VGS 32 (1967), 264; OLG Celle Nds. Rpfl. 1968, 90; OLG Frankfurt NJW 1969, 1634; MDR (D) 1970, 196; OLGSt Nr. 15 zu §316; OLG Bremen MDR 1982, 772; BVerfG 74, 102=NStZ 1990, 537.

제2장 한국 형법에 있어서 재물개념의 논쟁사*

-디지털시대의 새로운 법제이론과

형법 제346조 재물간주 규정의 개정-

Ⅰ. 서 론

한국 사회는 정보화시대로 역사의 흐름을 바꾸고 있다. 정치, 경제, 사회상황 및 법률환경도 급변하고 있다. 사이버 가상공간은 이미 생활의 중심공간으로 자리잡고 있다. 컴퓨터 네트워크가 전 가정에 연결되어 있을 정도로 초고속망 전자시대로 발전하고 있다.

컴퓨터는 더 이상 종이 위에 견고하게 인쇄되어 있지 않는 정보들의 창고(보관소)의 기능만을 담당하고 있지 않다. 온라인 송금 및 전자결제, 정보자료의 컴퓨터 보관 및 전송, 휴대폰, 전화번호 안내의 디지털 음성, 안전벨트 착용 및 노선표시를 알리는 승용차, 김치냉장고, 온라인 카페 등 불과 10년 전만 하더라도 상상할 수 없는 생활환경이 펼쳐지고 있다.

반면 디지털시대의 부작용도 발생하고 있다. 온라인 게임에서의 아이템(item) 관련 재물성 문제, 컴퓨터에 내장된 자료파일의 불법복사 및 불법전송의 법적 문제, 컴퓨터 데이터의 불법 출력 등 많은 형사법상의 문제점들이 우리 사회에서 쟁점이 되고 있다.

최근 대법원은 '재물개념'과 관련하여 몇 가지의 의미 있는 판결을 선고했다. 논쟁이 된 사안은 타인의 전화기를 무단으로 사용하여 전화통화를 하는 행위, 컴퓨터 파일을 권한 없이 불법 복사하는 행위, 컴퓨터 데이터를 불법으로 출력하는 행위 등이다. 대법원의 일관된 입장은 「대상의 객체들은 물리적 관리의 대상이 될 수 없기 때문에 형법 제329조 절도죄의 객체가 되지 않는다」고 한다.[1)]

---

* 비교형사법연구 제5권 제2호(특집호), 2003, 279-321면.

1) 대판 1998.6.23. 98도700: 타인의 전화기를 무단 사용하는 경우, 절도죄가 성립하는지 여부(소극); 대판 1999.6.25. 98도3891 사기(변경 전 죄명: 절도) 타인의 일반전화를 무단 이용하여 전화통화를 한 경우, 사기죄의 성립 여부(소극); 대판 2000.10.16, 2000도3290: 전화는 역무, 서비스의 이용이기 때문에 동

그러나 문제는 경제적 가치가 있는 전파 및 정보가치의 재물성 판단은 디지털시대와는 유리되어 있다는 점이다. 일부 형법학자들은 형법 제346조 재물개념의 해석과 관련하여 기술문명의 발달에 따른 형법상 확장해석의 필요성을 제기[2]하고 있고, 또 다른 형법학자는 형법 제348조 편의시설부정이용죄의 개정을 주장[3]하고 있다.

이 논문에서는 먼저 한국의 법규정에 나타난 재물개념 관련 조문들을 살펴보고(입법), 이와 관련한 형사법학계의 논쟁(학계)을 자세히 검토하고자 한다(Ⅱ). 재물개념 논쟁사를 보다 분명하게 밝히기 위해 재물관련 대법원 판례들을 시대순으로 분석하고자 한다(Ⅲ). 여기서는 농경시대(1950-1970), 산업화 초기시대(1971-1980), 산업화 후기시대(1981-1990), 정보화시대(1990-1999), 디지털시대(2000년 이후)로 나누고, 당시 쟁점이 되었던 주요 판례들을 중심으로 사실관계와 판결요지를 고찰하고자 한다.

결론에서 형법 제346조 재물 간주규정을 어떻게 해석할 것인지, 해석론보다는 새로운 입법이 필요한 것인지를 진단해 보고자 한다. 디지털시대의 새로운 법제이론(law in a digital world)에 부합한 형법 제346조의 개정안을 제안하고자 한다(Ⅳ).

력으로 볼 수 없다는 사례(소극); 서울지방법원(형사항소5부) 2001.7.18. 선고 2001노942 판결: 컴퓨터 파일은 물건이 아니어서 절도의 객체가 될 수 없다는 사례(소극): 법률신문, 서울지법, '소유권이나 점유의 침해가 있다고 못 봐', 2001년 7월 20일자; 대판 2002.7.12. 2002도745: 컴퓨터에 저장되어 있는 '정보'의 재물성 유무(소극).

2) 임웅, 형법총론, 개정판, 법문사, 2003, 263면: 임 교수는 "특히 과학기술문명의 발달에 따라 전기 이외에 새로이 등장하는 에너지-예컨대 레이저와 같은 광선에너지-의 재산적 침해에 대하여 형법적 보호가 필요하다는 '시대적 요청'에 부합할 수 있다"고 주장한다. [각주 10]: 기술문명의 발달에 따른 형법상 확장해석의 필요성에 관하여는 H. Henkel, Rechtsphilosophie, 2. Aufl., 1977, S. 200ff.

3) 이정원, 재산범죄에 있어서 재물간주규정에 대한 새로운 이해, 한국비교형사법학회 국제학술대회 발표논문자료집, 2003, 341-346면: 이 교수는 "편의시설부정이용죄는 '편의시설을 부정이용하여 재산상의 이익을 취득하거나 제3자로 하여금 이를 취득하게 한 자는 …'으로 규정하는 것이 합리적이다. 필자가 제시한 이러한 규정은 특별한 이유 없이 공중전화와 일반전화를 구별하는 현행 편의시설부정이용죄의 단점을 해결할 수 있다. 또한 여기서의 편의시설은 편의를 제공하는 모든 시설로 이해하여야 한다. 예컨대 통신망의 수신시설뿐만 아니라 송신시설도 포함한다. 따라서 Pay TV 등 유료전파를 부정하게 수신하는 행위나 타인의 휴대폰에 정착된 칩의 특수번호를 복제한 뒤 자신의 휴대폰 칩에 입력시켜 통화요금을 피해자에게 떠넘긴 경우, 또는 전기를 도용하는 경우 등도 여기에 포함된다"고 주장한다.

Ⅱ. 한국 형사법학계의 논쟁사

여기서는 재물 관련 법조문들을 먼저 살펴보고(입법), 학설대립을 검토하고자 한다. 이들 규정들은 모두 형법 제346조의 적용을 받기 때문에 체계적으로 정리를 해 보는 것도 의미가 있다고 생각한다. 체제상 관련법 규정들을 형법과 특별법으로 나누어서 가나다순으로 고찰한다.

1. 한국의 법규정에 나타난 재물 관련 규정들

(1) 형법상 재물 관련 규정들[4)]

제246조 (도박, 상습도박) ① 재물로써 도박한 자는 500만원 이하의 벌금 또는 과료에 처한다. 단, 일시오락정도에 불과한 때에는 예외로 한다.

② 상습으로 제1항의 죄를 범한 자는 3년 이하의 징역 또는 2천만원 이하의 벌금에 처한다.

제329조 (절도) 타인의 재물을 절취한 자는 6년 이하의 징역 또는 1천만원 이하의 벌금에 처한다.

제330조 (야간주거침입절도) 야간에 사람의 주거, 간수하는 저택, 건조물이나 선박 또는 점유하는 방실에 침입하여 타인의 재물을 절취한 자는 10년 이하의 징역에 처한다.

제331조 (특수절도) ① 야간에 문호 또는 장벽 기타 건조물의 일부를 손괴하고 전조의 장소에 침입하여 타인의 재물을 절취한 자는 1년 이상 10년 이하의 징역에 처한다.

② 흉기를 휴대하거나 2인 이상이 합동하여 타인의 재물을 절취한 자도 전항의 형과 같다.

제333조 (강도) 폭행 또는 협박으로 타인의 재물을 강취하거나 기타 재산상의 이익을 취득하거나 제삼자로 하여금 이를 취득하게 한 자는 3년 이상의 유기징역에 처한다.

제335조 (준강도) 절도가 재물의 탈환을 항거하거나 체포를 면탈하거나 죄적을 인

4) 제정 1953.09.18 (법률 제293호) 법무부; 일부개정 2005.07.29 (법률 제7623호) 법무부.

멸할 목적으로 폭행 또는 협박을 가한 때에는 전2조의 예에 의한다.

第336조 (인질강도) 사람을 체포·감금·약취 또는 유인하여 이를 인질로 삼아 재물 또는 재산상의 이익을 취득하거나 제3자로 하여금 이를 취득하게 한 자는 3년 이상의 유기징역에 처한다.

第340조 (해상강도) ① 다중의 위력으로 해상에서 선박을 강취하거나 선박내에 침입하여 타인의 재물을 강취한 자는 무기 또는 7년 이상의 징역에 처한다.

② 제1항의 죄를 범한 자가 사람을 상해하거나 상해에 이르게 한 때에는 무기 또는 10년 이상의 징역에 처한다.

③ 제1항의 죄를 범한 자가 사람을 살해 또는 사망에 이르게 하거나 부녀를 강간한 때에는 사형 또는 무기징역에 처한다.

第346조 (동력) 본장의 죄에 있어서 관리할 수 있는 동력은 재물로 간주한다.

第347조 (사기) ① 사람을 기망하여 재물의 교부를 받거나 재산상의 이익을 취득한 자는 10년 이하의 징역 또는 2천만원 이하의 벌금에 처한다.

② 전항의 방법으로 제삼자로 하여금 재물의 교부를 받게 하거나 재산상의 이익을 취득하게 한 때에도 전항의 형과 같다.

第348조 (준사기) ① 미성년자의 지려천박 또는 사람의 심신장애를 이용하여 재물의 교부를 받거나 재산상의 이익을 취득한 자는 10년 이하의 징역 또는 2천만원 이하의 벌금에 처한다.

② 전항의 방법으로 제삼자로 하여금 재물의 교부를 받게 하거나 재산상의 이익을 취득하게 한 때에도 전항의 형과 같다.

第348조의 2 (편의시설부정이용) 부정한 방법으로 대가를 지급하지 아니하고 자동판매기, 공중전화 기타 유료자동설비를 이용하여 재물 또는 재산상의 이익을 취득한 자는 3년 이하의 징역, 500만원 이하의 벌금, 구류 또는 과료에 처한다. <본조신설 1995.12.29>

第350조 (공갈) ① 사람을 공갈하여 재물의 교부를 받거나 재산상의 이익을 취득한 자는 10년 이하의 징역 또는 2천만원 이하의 벌금에 처한다.

② 전항의 방법으로 제삼자로 하여금 재물의 교부를 받게 하거나 재산상의 이익을 취득하게 한 때에도 전항의 형과 같다.

第355조 (횡령, 배임) ① 타인의 재물을 보관하는 자가 그 재물을 횡령하거나 그 반환을 거부한 때에는 5년 이하의 징역 또는 1천 500만원 이하의 벌금에 처한다.

② 타인의 사무를 처리하는 자가 그 임무에 위배하는 행위로써 재산상의 이익을 취득하거나 제삼자로 하여금 이를 취득하게 하여 본인에게 손해를 가한 때에도

전항의 형과 같다.

제357조 (배임수증죄) ① 타인의 사무를 처리하는 자가 그 임무에 관하여 부정한 청탁을 받고 재물 또는 재산상의 이익을 취득한 자는 5년 이하의 징역 또는 1천만원 이하의 벌금에 처한다.

② 제1항의 재물 또는 이익을 공여한 자는 2년 이하의 징역 또는 500만원 이하의 벌금에 처한다.

③ 범인이 취득한 제1항의 재물은 몰수한다. 그 재물을 몰수하기 불능하거나 재산상의 이익을 취득한 때에는 그 가액을 추징한다

제360조 (점유이탈물횡령) ① 유실물, 표류물 또는 타인의 점유를 이탈한 재물을 횡령한 자는 1년 이하의 징역이나 300만원 이하의 벌금 또는 과료에 처한다.

② 매장물을 횡령한 자도 전항의 형과 같다.

제366조 (재물손괴등) 타인의 재물, 문서 또는 전자기록 등 특수매체기록을 손괴 또는 은닉 기타 방법으로 그 효용을 해한 자는 3년 이하의 징역 또는 700만원 이하의 벌금에 처한다.

(2) 특별법

1) 경륜 · 경정법[5)]

제26조 (벌칙) ① 선수 또는 심판이 그 업무에 관하여 부정한 청탁을 받고 재물 또는 재산상의 이익을 수수 · 요구 또는 약속한 때에는 5년 이하의 징역 또는 1천 500만원 이하의 벌금에 처한다.

② 선수 또는 심판이 제1항의 죄를 범하여 부정한 행위를 한 때에는 7년 이하의 징역 또는 2천만원 이하의 벌금에 처한다.

제27조 (벌칙) 선수 또는 심판이 그 업무에 관하여 부정한 청탁을 받고 제3자에게 재물 또는 재산상의 이익을 공여하게 하거나 공여를 요구 또는 약속한 때에는 5년 이하의 징역 또는 1천 500만원 이하의 벌금에 처한다.

제28조 (벌칙) 제26조 및 제27조에 규정한 재물 또는 재산상의 이익을 약속 · 공여 또는 공여의 의사를 표시한 자는 2년 이하의 징역 또는 500만원 이하의 벌금에 처한다.

제29조 (몰수 · 추징) 제26조 내지 제28조의 재물은 몰수한다. 다만, 재물을 몰수하기 불가능하거나 재산상의 이익을 취득한 때에는 그 가액을 추징한다.

---

5) 제정 1991.12.31 (법률 제4476호) 체육청소년부; 일부개정 2006.04.28 (법률 제7939호) 문화관광부.

2) 공직자윤리법[6]

제14조의 2 (직무상 비밀을 이용한 재물취득의 금지) 등록의무자는 그 직무상 지득한 비밀을 이용하여 재물 또는 재산상 이익을 취득하여서는 아니된다. <본조신설 1993.6.11>

제8조의 2 (심사결과의 처리) ① 제9조 제1항의 규정에 의한 공직자윤리위원회는 제8조의 규정에 의한 등록사항의 심사결과 등록대상재산을 허위로 기재하거나 중대한 과실로 누락 또는 오기하거나 직무상 지득한 비밀을 이용하여 재물 또는 재산상 이익을 취득한 사실이 인정되는 때에는 다음 각호의 1의 조치를 하여야 한다.

1. 경고 및 시정조치
2. 제30조의 규정에 의한 과태료부과
3. 일간신문 광고란을 통한 허위등록사실의 공표
4. 해임 또는 징계(파면을 포함한다) 의결요청

② 공직자윤리위원회는 제1항 각호의 조치중 제3호의 조치는 다른 조치에 부수하여 병과할 수 있나.

③ 공직자윤리위원회는 제1항의 규정에 의한 조치를 한 때에는 이를 등록기관의 장 기타 관계기관의 장에게 통보하여야 한다. <신설 1994.12.31> <본조신설 1993.6.11>

3) 국민체육진흥법[7]

제32조 (벌칙) ① 체육진흥투표권 발행대상 운동경기의 선수・감독・코치 및 경기단체 임직원이 그 업무에 관하여 부정한 청탁을 받고 재물 또는 재산상의 이익을 접수・요구 또는 약속한 때에는 5년 이하의 징역 또는 1천 500만원 이하의 벌금에 처한다.

② 제1항에 규정된 자가 제1항의 죄를 범하여 부정한 행위를 한 때에는 7년 이하의 징역 또는 2천만원 이하의 벌금에 처한다. <본조신설 1999.8.31>

제33조 (벌칙) 제32조 제1항에 규정된 자가 그 업무에 관하여 부정한 청탁을 받고 제3자에게 재물 또는 재산상의 이익을 공여하게 하거나 공여를 요구 또는 약속한 때에는 5년 이하의 징역 또는 1천 500만원 이하의 벌금에 처한다. <본조신설 1999.8.31>

---

6) 제정 1981.12.31 (법률 제3520호) 총무처2; 일부개정 2006.02.21 (법률 제7849호) 행정자치부.

7) 제정 1962.09.17 (법률 제1146호) 문교부; 일부개정 2005.07.29 (법률 제7630호) 문화관광부.

4) 국군포로대우등에관한법률[8)]

제18조 (벌칙) ① 허위 기타 부정한 방법으로 이 법에 의한 대우 등을 받거나 다른 사람으로 하여금 대우 등을 받게 한 자는 5년 이하의 징역 또는 1천만원 이하의 벌금에 처한다.

② 제1항에 규정된 행위로 얻은 재물이나 재산상의 이익은 이를 몰수한다. 몰수할 수 없는 때에는 그 가액을 추징한다.

③ 제1항의 미수범은 이를 처벌한다.

제34조 (벌칙) 제32조 또는 제33조의 규정에 의한 재물 또는 재산상의 이익을 약속·공여 또는 공여의 의사를 표시한 자는 2년 이하의 징역 또는 1천만원 이하의 벌금에 처한다. <본조신설 1999.8.31>

5) 군형법[9)]

제82조 (약탈) ① 전투지역 또는 점령지역에서 군의 위력 또는 전투의 공포를 이용하여 주민의 재물을 약취한 자는 무기 또는 3년 이상의 징역에 처한다.

② 전투지역에서 전사자 또는 전상병자의 의류 기타의 재물을 약취한 자는 1년 이상의 유기징역에 처한다.

6) 도로교통법[10)]

제108조 (벌칙) 차의 운전자가 업무상 필요한 주의를 게을리하거나 중대한 과실로 다른 사람의 건조물이나 그밖의 재물을 손괴한 때에는 2년 이하의 금고나 500만원 이하의 벌금의 형으로 벌한다.

7) 부패방지법[11)]

제50조 (업무상 비밀이용의 죄) ① 공직자가 업무처리 중 알게 된 비밀을 이용하여 재물 또는 재산상의 이익을 취득하거나 제3자로 하여금 취득하게 한 때에는 7년 이하의 징역 또는 5천만원 이하의 벌금에 처한다.

② 제1항의 경우 징역과 벌금은 이를 병과할 수 있다.

③ 제1항의 죄를 범한 자 또는 그 정을 아는 제3자가 제1항의 죄로 인하여 취득한 재물 또는 재산상의 이익은 이를 몰수 또는 추징한다.

---

8) 제정 1999.01.29 (법률 제5705호) 국방부; 폐지 2006.03.24 (법률 제7896호) 국방부.

9) 제정 1962.01.20 (법률 제1003호) 국방부; 일부개정 2006.01.02 (법률 제7845호) 국방부.

10) 제정 1961.12.31 (법률 제941호) 교통부; 일부개정 2006.07.19 (법률 제7969호) 행정자치부.

11) 제정 2001.07.24 (법률 제6494호) 행정자치부; 일부개정 2005.07.21 (법률 제7612호) 행정자치부.

8) 북한이탈주민의보호및정착지원에관한법률[12)]

제33조 (벌칙) ① 사위 기타 부정한 방법으로 이 법에 의한 보호 및 지원을 받거나 다른 사람으로 하여금 보호 및 지원을 받게 한 자는 5년 이하의 징역 또는 1천만원 이하의 벌금에 처한다.

② 이 법에 의한 업무와 관련하여 알게 된 정보 또는 자료를 정당한 사유 없이 이 법에 의한 업무외의 목적에 이용한 자는 1년 이하의 징역 또는 200만원 이하의 벌금에 처한다.

③ 제1항 또는 제2항의 규정에 의하여 얻은 재물이나 재산상의 이익은 이를 몰수한다. 몰수할 수 없는 때에는 그 가액을 추징한다.

④ 제1항의 미수범은 처벌한다.

9) 자동차관리법[13)]

제80조 (벌칙) 다음 각호의 1에 해당하는 자는 2년 이하의 징역 또는 500만원 이하의 벌금에 처한다.

1. 제5조의 규정에 위반하여 등록하지 아니하고 자동차를 운행한 자
2. 제32조 제3항 · 제44조 제1항 · 제45조 제1항 및 제47조 제2항의 규정에 의한 성능시험대행자 · 자동차검사대행자 · 지정정비사업자 또는 택시미터전문검정기관이나 그 종사원으로서 부정하게 자동차의 확인, 자동차검사, 정기검사 또는 택시미터검정을 한 자와 이들에게 재물 기타 이익을 공여하거나 공여의사를 표시하고 부정한 확인 · 검사 또는 검정을 받은 자
3. 제35조의 규정에 위반하여 자동차를 무단해체한 자
4. 제57조의 규정에 위반한 자동차관리사업자

4의 2. 제58조 제1항의 규정에 위반하여 자동차의 구조 · 장치 등의 성능 · 상태를 허위로 점검하거나 고지한 자

5. 제58조 제4항의 규정에 위반하여 폐차요청사실을 증명하는 서류의 발급을 거부하거나 허위로 이를 발급한 자
6. 제58조 제5항의 규정에 위반하여 폐차요청을 받은 자동차를 폐차하지 아니하거나 등록번호판 및 봉인을 폐기하지 아니한 자

---

12) 제정 1997.01.13 (법률 제5259호) 통일원; 일부개정 2001.05.24 (법률 제6474호) 통일부.

13) 제정 1962.01.10 (법률 제962호) 교통부; 일부개정 2005.03.31 (법률 제7471호) 건설교통부.

10) 전통소싸움경기에관한법률[14]

제25조 (벌칙) ① 심판, 조교사 또는 싸움소관리원이 다음 각호의 1의 행위를 한 때에는 5년 이하의 징역 또는 3천만원 이하의 벌금에 처한다.

1. 업무에 관하여 부정한 청탁을 받고 재물 또는 재산상의 이익을 수수, 요구 또는 약속한 때
2. 업무에 관하여 부정한 청탁을 받고 제3자에게 재물 또는 재산상의 이익을 공여하게 하거나 공여를 요구 또는 약속한 때

② 심판, 조교사 또는 싸움소관리원이 제1항 제1호의 죄를 범하여 부정한 행위를 한 때에는 7년 이하의 징역 또는 5천만원 이하의 벌금에 처한다

제27조 (벌칙) 제25조에 규정한 재물 또는 재산상의 이익을 약속, 공여 또는 공여의 의사를 표시한 자는 2년 이하의 징역 또는 1천만원 이하의 벌금에 처한다.

11) 주민등록법[15]

제21조 (벌칙) ① 삭제

② 다음 각호의1에 해당하는 자는 3년 이하의 징역 또는 1천만원 이하의 벌금에 처한다.

1. 제10조 제2항의 규정에 위반한 자나 주민등록 또는 주민등록증에 관하여 허위의 사실을 신고 또는 신청한 자
2. 주민등록증을 채무이행의 확보 등의 수단으로 제공한 자 또는 그 제공을 받은 자
3. 제7조 제4항의 규정에 의한 주민등록번호 부여방법으로 허위의 주민등록번호를 생성하여 자기 또는 다른 사람의 재물이나 재산상의 이익을 위하여 이를 사용한 자
4. 허위의 주민등록번호를 생성하는 프로그램을 다른 사람에게 전달하거나 유포한 자
5. 제18조 제2항 또는 제3항의 규정에 위반하여 허위 그 밖의 부정한 방법으로 다른 사람의 주민등록표를 열람하거나 그 등본 또는 초본을 교부받은 자
6. 제18조의2 제2항의 규정에 위반한 자
7. 제18조의3 제2항 또는 제3항의 규정에 위반한 자
8. 다른 사람의 주민등록증을 부정사용한 자
9. 다른 사람의 주민등록번호를 자기 또는 다른 사람의 재물이나 재산상의 이익

14) 제정 2002.08.26 (법률 제6722호) 농림부2; 일부개정 2005.03.31 (법률 제7428호) 농림부2.
15) 제정 1962.05.10 (법률 제1067호) 내무부; 일부개정 2006.03.24 (법률 제7900호) 행정자치부.

을 위하여 부정사용한 자

12) 출입국관리법[16]

제33조의 2 (외국인등록증 등의 채무이행확보 수단제공 등의 금지) 누구든지 다음 각호의 1의 행위를 하여서는 아니된다.

1. 외국인의 여권 또는 외국인등록증을 취업에 따른 계약 또는 채무이행의 확보수단으로 제공받거나 그 제공을 강요하는 행위
2. 제31조 제4항의 규정을 위반하여 허위의 외국인등록번호를 생성하여 자기 또는 다른 사람의 재물이나 재산상의 이익을 위하여 이를 사용하는 행위
3. 허위의 외국인등록번호를 생성하는 프로그램을 다른 사람에게 전달하거나 유포하는 행위
4. 다른 사람의 외국인등록증을 부정사용하는 행위
5. 다른 사람의 외국인등록번호를 자기 또는 다른 사람의 재물이나 재산상의 이익을 위하여 부정사용하는 행위 <본조신설 2002.12.5>

13) 특정범죄가중처벌등에관한법률[17]

제5조의 2 (약취·유인죄의 가중처벌) ① 형법 제287조의 죄를 범한 자는 그 약취 또는 유인한 목적에 따라 다음과 같이 가중처벌 한다.

1. 약취 또는 유인한 미성년자의 부모 기타 그 미성년자의 안전을 염려하는 자의 우려를 이용하여 재물이나 재산상의 이익을 취득할 목적인 때에는 무기 또는 5년 이상의 징역에 처한다.
2. 약취 또는 유인한 미성년자를 살해할 목적인 때에는 사형·무기 또는 7년 이상의 징역에 처한다.

② 형법 제287조의 죄를 범한 자가 다음 각호의 1에 해당하는 행위를 한 때에는 다음과 같이 가중처벌 한다.

1. 약취 또는 유인한 미성년자의 부모 기타 그 미성년자의 안전을 염려하는 자의 우려를 이용하여 재물이나 재산상의 이익을 취득하거나 이를 요구한 때에는 무기 또는 10년 이상의 징역에 처한다.
2. 약취 또는 유인한 미성년자를 살해한 때에는 사형 또는 무기징역에 처한다.
3. 약취 또는 유인한 미성년자를 폭행·상해·감금 또는 유기하거나 그 미성년자에게 가혹한 행위를 가한 때에는 무기 또는 5년 이상의 징역에 처한다.

---

16) 제정 1963.03.05 (법률 제1289호) 법무부; 일부개정 2005.08.04 (법률 제7655호) 법무부.
17) 제정 1966.02.23 (법률 제1744호) 법무부; 일부개정 2005.12.29 (법률 제7767호) 법무부.

4. 제3호의 죄를 범하여 미성년자를 치사한 때에는 사형·무기 또는 7년 이상의 징역에 처한다.

③ 제1항 또는 제2항의 죄를 범한 자를 방조하여 약취 또는 유인된 미성년자를 은닉 기타의 방법으로 귀가하지 못하게 한 자는 5년 이상의 유기징역에 처한다.

④ 형법 제288조·제289조 또는 제292조 제1항의 죄를 범한 자는 무기 또는 5년 이상의 징역에 처한다.

⑤ 상습으로 제4항의 죄를 범한 자는 그 죄에 정한 형의 2분의 1까지 가중한다.

⑥ 제1항·제2항(제2항 제4호를 제외한다) 및 제4항에 규정된 죄의 미수범은 처벌한다.

⑦ 제1항 내지 제6항의 죄를 범한 자를 은닉 또는 도피하게 한 자는 3년 이상의 유기징역에 처한다. <신설 1989.3.25>

⑧ 제1항, 제2항 제1호·제2호 또는 제4항의 죄를 범할 목적으로 예비 또는 음모한 자는 1년 이상의 유기징역에 처한다. <신설 1989.3.25> <본조신설 1973.2.24>

14) 특정범죄가중처벌등에관한법률[18]

제5조의8 (단체 등의 조직) 타인의 재물을 절취할 목적으로 단체 또는 집단을 구성한 자는 다음의 구별에 의하여 처벌한다.

1. 수괴는 사형·무기 또는 10년 이상의 징역에 처한다.
2. 간부는 무기 또는 5년 이상의 징역에 처한다.
3. 가입한 자는 1년 이상의 유기징역에 처한다. <본조신설 1980.12.18>

15) 한국마사회법[19]

제51조 (벌칙) 다음 각호의 1에 해당하는 자는 5년 이하의 징역 또는 1천 500만원 이하의 벌금에 처한다.

1. 출주할 말의 경주능력을 일시적으로 높이거나 줄이는 약제를 사용한 자
2. 경마에 관하여 재물 또는 재산상의 이익을 얻거나 타인으로 하여금 얻게 하기 위하여 경주에서 말의 전능력을 발휘시키지 아니한 기수

제53조 (벌칙) ① 조교사·기수 및 마필관리원이 그 업무에 관하여 부정한 청탁을 받고 재물 또는 재산상의 이익을 수수·요구 또는 약속한 때에는 5년 이하의 징역 또는 1천500만원 이하의 벌금에 처한다.

② 조교사·기수 및 마필관리원이 제1항의 죄를 범하여 부정한 행위를 한 때에

18) 제정 1966.02.23 (법률 제1744호) 법무부; 일부개정 2005.12.29 (법률 제7767호) 법무부.

19) 제정 1962.01.20 (법률 제1012호) 농림부1; 일부개정 2005.05.31 (법률 제7547호) 농림부2.

는 7년 이하의 징역 또는 2천만원이하의 벌금에 처한다.

제54조 (벌칙) 조교사 · 기수 및 마필관리원이 그 업무에 관하여 부정한 청탁을 받고 제3자에게 재물 또는 재산상의 이익을 공여하게 하거나 공여를 요구 또는 약속한 때에는 5년 이하의 징역 또는 1천 500만원 이하의 벌금에 처한다.

제55조 (벌칙) 제53조 및 제54조에 규정한 재물 또는 재산상의 이익을 약속 · 공여 또는 공여의 의사를 표시한 자는 2년 이하의 징역 또는 500만원 이하의 벌금에 처한다.

16) 교정시설경비교도대설치법[20)]

제12조 (벌칙) ① 상관의 정당한 명령에 반항하거나 복종하지 아니한 자는 2년이하의 징역에 처한다. 다만, 전시 · 사변 또는 무장공비의 출현으로 작전에 동원된 경우와 교정시설의 파괴 및 재소자의 탈취의 저지나 폭동진압을 위하여 동원된 경우에는 1년 이상 5년 이하의 징역에 처한다.

② 집단을 이루어 제1항의 죄를 범한 자는 다음의 구별에 의하여 처벌한다.

1. 전시 · 사변 또는 무장공비의 출현으로 작전에 동원된 경우와 교정시설의 파괴 및 재소자의 탈취의 저지나 폭동진압을 위하여 동원된 경우에는 주모자 또는 주동자는 5년 이상의 유기징역에 처하고, 기타의 자는 1년 이상의 유기징역에 처한다.
2. 제1호 이외의 경우에는 수모자 또는 주동자는 1년 이상의 유기징역에 처하고, 기타의 자는 5년 이하의 징역에 처한다.

③ 상관에 대하여 폭행 또는 협박을 한 자는 3년 이하의 징역에 처한다. 다만, 적전인 경우에는 1년 이상 7년 이하의 징역에 처한다.

④ 상관을 모욕하거나 그 명예를 훼손한 자는 다음의 구별에 의하여 처벌한다.

1. 상관을 그 면전에서 모욕한 자는 2년 이하의 징역이나 금고에 처한다.
2. 문서 · 도서 또는 우상을 공시하거나 연설 기타 공연한 방법으로 상관을 모욕한 자는 3년 이하의 징역이나 금고에 처한다.
3. 공연히 사실을 적시하여 상관의 명예를 훼손한 자는 2년 이하의 징역이나 금고에 처한다.
4. 공연히 허위의 사실을 적시하여 상관의 명예를 훼손한 자는 3년 이하의 징역이나 금고에 처한다.

⑤ 병기 또는 작전장비를 보관할 책임이 있는 자로서 이를 분실한 자는 3년 이

20) 제정 1981.04.13 (법률 제3431호) 법무부; 일부개정 2001.08.14 (법률 제6502호) 법무부.

하의 징역이나 금고에 처한다.

⑥ 작전상의 기밀을 누설한 자는 7년 이하의 징역이나 금고에 처한다.

⑦ 작전지역에서 위력 또는 전투의 공포를 이용하여 주민의 재물을 약취한 자는 1년 이상의 유기징역에 처한다.

17) 전투경찰대설치법[21]

제10조 (벌칙) ① 상관의 정당한 명령에 반항하거나 복종하지 아니한 자는 2년 이하의 징역에 처한다. 다만, 전시 · 사변 또는 간첩의 출현으로 작전에 동원된 경우에는 1년 이상 7년 이하의 징역에 처한다.

② 집단을 이루어 제1항의 죄를 범한 자는 다음의 구별에 의하여 처벌한다.

1. 전시 · 사변 또는 간첩의 출현으로 작전에 동원된 경우에는 주모자 또는 주동자는 무기 또는 7년 이상의 징역에 처하고, 기타의 자는 1년 이상의 유기징역에 처한다.
2. 평시에는 주모자 또는 주동자는 3년 이상의 유기징역에 처하고, 기타의 자는 7년 이하의 징역에 처한다.

③ 상관에 대하여 폭행 또는 협박을 한 자는 5년 이하의 징역에 처한다. 다만, 적전인 경우에는 1년 이상 10년 이하의 징역에 처한다.

④ 상관을 모욕하거나 그 명예를 훼손한 자는 다음의 구별에 의하여 처벌한다.

1. 상관을 그 면전에서 모욕한 자는 2년 이하의 징역이나 금고에 처한다.
2. 문서 · 도화 또는 우상을 공시하거나 연설 기타 공연한 방법으로 상관을 모욕한 자는 3년 이하의 징역이나 금고에 처한다.
3. 공연히 사실을 적시하여 상관의 명예를 훼손한 자는 2년 이하의 징역이나 금고에 처한다.
4. 공연히 허위의 사실을 적시하여 상관의 명예를 훼손한 자는 5년 이하의 징역이나 금고에 처한다.

⑤ 병기 또는 작전장비를 보관할 책임이 있는 자로서 이를 분실한 자는 5년 이하의 징역이나 금고에 처한다.

⑥ 작전상의 기밀을 누설한 자는 10년 이하의 징역이나 금고에 처한다.

⑦ 작전지역에서 위력 또는 전투의 공포를 이용하여 주민의 재물을 약취한 자는 무기 또는 3년 이상의 징역에 처한다. <본조신설 1975.12.31>

---

21) 제정 1970.12.31 (법률 제2248호) 내무부; 일부개정 2006.02.21 (법률 제7849호) 행정자치부.

2. 학설의 대립

형법 제346조는 "본장의 죄에 있어서 관리할 수 있는 동력은 재물로 간주한다"라고 규정하고 있고, 이 규정은 사기와 공갈의 죄, 횡령과 배임의 죄, 손괴의 죄에도 준용되고 있다(형법 제346조, 제354조, 제361조, 제372조). 그렇다면 형법 제346조 '재물개념'을 어떻게 해석할 것인가? 여기에는 유체성설과 관리가능설이 대립되어 있다.[22] 그리고 학자들마다 그 논거가 다르다.

(1) 유체성설

유체물[23]만이 재물에 해당한다. 김일수 · 배종대 · 박상기 · 손동권 · 이정원 교수의 입장이다.[24] 이 분들은 형법 제346조를 재물에 관한 특별규정으로 파악한다. 유체물이란 일정한 공간을 차지하고 있는 물체를 말한다. 여기에는 현금, 유가증권(수표, 어음, 주유권, 상품권, 기차표, 지하철표), 신용카드, 예금통장 등이 해당된다. 사람의 신체로부터 분리된 신체일부(모발, 혈액, 치아)도 재물이다. 또한 정자와 난자도 재물이다. 그러나 수정이 되면 재물이 아니다.[25] 사체나 유골은 형법 제161조 사체유골영득죄의 객체가 된다. 반면 유해로서의 성질을 상실한 경우(의학용 사체 또는 학술표본용 유골)는 재물이다.

배종대 교수의 논거는 두 가지이다. "① 관리가능성설은 민법의 물건개념을 논거로 삼는다. 그러나 형법의 규범적 기준은 다른 법률의 당위적 구속을 받는

---

22) 김희옥, 재산죄에 있어서의 재물, 사법행정 제29권 제3호, 1988년 3월호, 한국사법행정학회, 45-52면; 김규장, 타인의 전화기의 무단사용과 절도죄의 성부-유체성설과 관련하여-, 형사재판의 제문제 2권, 형사실무연구회, 박영사, 1999, 99-112면(101-106면); 손동권, 독일 형법 제242조(절도죄)의 객관적 구성요건요소, 一鑑法學 제6권, 건국대학교 법학연구소, 2001, 31-56면.

23) 박상기, 형법각론, 제4판, 박영사, 2002, 244-245면: 유체물은 동산과 부동산으로 구분된다. 부동산이 사기죄, 횡령죄, 손괴죄의 객체가 됨은 의문이 없다. 부동산이 절도죄, 강도죄의 객체로 되느냐에 관해서는 적극설이 있으나, 소극설이 타당하다고 본다. 적극설은 재물의 장소적 이전은 절도죄의 구성요건이 아니라는 점을 논거로 들고 있다. 반면 소극설은 부동산에 대해서는 절취행위가 불가능하다는 점을 들고 있다. 형법 제370조는 경계침범죄를 규정하고 있다. 따라서 소극설이 타당하다고 본다. 그리고 살아있는 사람은 물건이 아니다. 따라서 재산죄의 객체인 재물에 해당하지 않는다. 사체는 형법 제161조(사체영득죄), 형법 제161조 사체손괴죄의 객체로 될 뿐 재산죄의 객체가 되지 않는다.

24) 김일수 · 서보학, 새로 쓴 형법각론, 박영사, 2003, 264면; 배종대, 형법각론, 제4판, 홍문사, 2001, 321면; 박상기, 형법각론, 제4판, 박영사, 2002, 244면; 손동권, 형법 제242조(절도죄)의 객관적 구성요건요소, 一鑑法學 제6권, 건국대학교 법학연구소, 2001, 31-56면(34면); 이정원, 형법각론, 법지사, 1999, 273-274면.

25) 장영민, 생명공학의 형법적 한계, 한국형사정책연구원, 1994, 76면.

것은 아니다. 독자적 판단에 의해 기준이 마련되어야 한다. ② 관리가능성설이 민법상 소유권의 객체는 관리할 수 있는 동력이 되어야 한다는 민법의 원칙을 예외 없이 받아들여야 한다. 그러나 이는 형법상의 보충성의 원칙에 반한다. 형법 제346조를 예외규정이 아닌 예시규정으로 보겠다는 것은 곧 법률에 대한 학설우위사상을 반영하는 것으로서 죄형법정주의의 원칙에 정면으로 배치된다"[26] 고 주장한다.

한편 박상기 교수는 형법 제346조는 단지 제한적 예외규정일 뿐이라고 한다. 박 교수는 "무체물에 대한 절취나 강취 또는 횡령은 불가능하다. 그러나 과학의 발달에 따라 무체물 중에서도 관리가 가능한 것이 나타남에 따라 이를 재물로 인정하여야 할 필요성이 등장되었다. 따라서 형법 제346조는 바로 이것을 반영한 규정으로 볼 수 있다"[27]고 말한다.

그리고 이정원 교수는 유체물을 제외한 '관리할 수 있는 동력'은 본죄의 절취행위의 대상으로서도 예외적인 해석을 필요로 한다는 입장이다. 이 교수는 "형법 제346조의 역사적 · 논리적 · 목적론적 의미는 "본래 재물의 개념에 포함시킬 수 없는 무체물도 유체물과 동일할 정도의 관리가 가능하고, 유체물과 동일한 형법의 보호가 필요할 경우는 재물로 간주한다"[28]고 해석한다.

(2) 관리가능성설

관리가 가능한 것이면 유체물뿐만 아니라 무체물도 재물에 해당한다. 이 설에 따르면 형법 제346조는 재물에 대한 주의규정에 불과하다. 관리가능한 동력은 절도죄, 강도죄, 사기죄, 공갈죄, 횡령죄, 손괴죄에 있어서 재물로 간주한다(형법 제346조, 제354조, 제361조, 제372조). 여기서 동력은 자연적 에너지에 한한다. 따라서 전기, 열, 가스, 수력, 압력, 견인력, 인공온기, 인공냉기는 모두 재물이다. 관리란 물리적 관리를 말한다. 전파는 물리적으로 관리할 수 없기 때문에 재물이 아니다. 타인전화 무단사용행위는 절도죄를 구성하지 않는다.[29] 관리가능성설은 김성천 · 김형준 · 백형구 · 이재상 · 이형국 · 임웅 · 오영근 · 정성근 · 박광민 · 진계호 교수의 입장이다.[30]

---

26) 배종대, 형법각론, 제4판, 홍문사, 2001, 321면.
27) 박상기, 형법각론, 제4판, 박영사, 2002, 244면.
28) 이정원, 형법각론, 법지사, 1999, 273-274면.
29) 대판 1998.6.23. 98도700.

이재상 교수는 "재물이 보통 유체물을 의미하나, 형법상 재물의 개념을 반드시 여기에 제한해야 할 이유는 없다"고 말한다. 그는 "소유와 관리라는 개념이 일치하지 않는 것은 사실이다. 그러나 소유권이란 민법상의 소유권을 말하는 것이며, 형법에 특수한 소유권 개념이 있는 것은 아니다. 그런데 소유권이란 물건을 배타적으로 사용·수익·처분할 수 있는 권리를 말하며, 관리할 수 있다는 것도 배타적 지배가 가능하다는 것을 의미한다. 따라서 관리할 수 있는 동력도 소유권의 객체가 된다. 관리가능성설에 의하면 재물의 개념이 확대된다고 주장한다. 그러나 이는 관리가능성의 해석의 문제이지 이것이 유체성설을 취하여야 할 이유가 되는 것은 아니다"[31]고 비판한다.

(3) 사 견

최근에 쟁점이 된 사안은 '정보'의 재물성 문제이다. 통설[32]과 판례[33]의 입장은 '정보' 자체는 유체물도 아니고, 동력도 아니므로 재물개념에 포함되지 않는다고 말한다. 따라서 컴퓨터상의 정보를 디스켓에 복사해 간 행위는 절도죄를 구성하지 않고, 온라인 게임에서의 아이템(item)도 재물에 속하지 않는다고 한다. 이러한 해석방법은 현행 실정법에 근거를 두고 있는 것으로 보인다. 그러나 저자는 이러한 해석을 디지털시대에 부합하지 않는 인쇄매체시대의 입법과 이에 근거한 전통적인 해석방법이라고 생각한다.

우리는 지금 모든 글자를 하나의 디스켓 속에 집어넣고, 백과사전 전체를 하나의 CD-ROM에 수록하는 방식으로 정보를 압축할 수 있는 시대에 살고 있다. 또한 인터넷이 오늘날 130 여개 국가와 2천 5백만 명 이상을 연결하며 빠른 속도로 성장하고 있는 시대에서 생활하고 있다. 그래서 법조인, 법 방식, 법 개념 그리고 법 제도는 변화를 해야 한다고 생각한다. 왜냐하면 법은 단지 준수해야 할

30) 김성천·김형준, 형법각론, 동현출판사, 2000, 363면; 백형구, 형법각론, 청림출판, 1999, 118면; 오영근, 형법각론, 대명출판사, 2002, 330면; 이재상, 형법총론, 제4판, 2002, 240면; 이형국, 형법각론연구 I, 법문사, 1997, 384면; 임웅, 형법각론, 개정판, 법문사, 2002, 264면; 정성근·박광민, 삼지원, 2002, 243면; 진계호, 형법각론, 대왕사, 1996, 324면.

31) 이재상, 형법총론, 제4판, 2002, 240면.

32) 김성천·김형준, 형법각론, 동현출판사, 2000, 363면; 김일수·서보학, 형법각론, 박영사, 2003, 266면; 박상기, 형법각론, 제4판, 박영사, 2002, 249면; 배종대, 형법각론, 제4판, 홍문사, 2001, 323면; 오영근, 형법각론, 대명출판사, 2002, 333면; 이재상, 형법총론, 제4판, 2002, 242면; 임웅, 형법각론, 개정판, 법문사, 2002, 264면; 정성근·박광민, 삼지원, 2002, 244면.

33) 대판 2002.7.12. 2002도745: 컴퓨터에 저장되어 있는 '정보'의 재물성 유무; 서울지법(형사항소5부) 2001.7.18. 2001노942: 컴퓨터 파일은 물건이 아니어서 절도의 객체가 될 수 없다는 사례.

규칙들의 세계가 아니라, 우리가 살고 있는 세계를 구체적으로 반영해야 하기 때문이다.

법의 미래는 제본된 책 속에서, 인쇄된 종이에서 발견되는 것이 아니라, 실리콘의 작은 조각에서, 광선의 흐름 속에서 그리고 수백만 마일의 전선과 케이블 속에서 찾아 볼 수 있다.[34] 우리는 왜 아직도 종이 위에 견고하게 인쇄되어 있는 정보들만 보호를 해야 한다고 고수하고 있는가? 컴퓨터는 오늘날 전자도서관, 전자보관소의 역할과 기능을 담당하고 있지 않는가? 케비넷 속에 담겨 있는 서류와 컴퓨터에 내장된 서류가 실질적으로 과연 어떻게 차이가 있는가? 따라서 형법 제346조는 개정되어야 한다. 박상기 교수도 '정보가치의 재물성' 과 관련하여 전통적인 재물개념이 현대적 시각에서 변화되어야 할 필요성이 있다고 지적하고 있다.[35] 저자는 올바른 지적이라고 생각한다.

생각건대 형법 제346조는 관리가능성설로 해석하는 것이 타당하다. 과학기술문명시대, 정보화시대, 디지털시대의 요청에도 부합하기 때문이다. 재물이란 유체물 및 관리가능한 동력을 의미하고, 형법 제346조는 단지 주의규정에 불과하다. 에너지는 유체성을 결여할 지라도 '물리학적 물질성'을 갖추고 있다면, 재물개념에 포함된다고 볼 수 있다. 그리고 기술문명의 발달에 따른 전기 이외의 새로이 등장하는 에너지의 재산적 침해에 대해서도 형법적 보호가 필요하다고 생각한다. 따라서 형법상 확장해석도 고려해 볼 수 있다.[36]

그러나 저자는 인쇄매체시대의 법규정은 과학시대와 디지털시대에 맞게 구체적으로 입법을 통해 명시되어야 한다고 생각한다. 다음은 저자가 제안하는 형법 제346조 개정안이다.

[현 행] 형법 제346조 [동력]

본장의 죄에 있어서 관리할 수 있는 동력은 재물로 간주한다.

[개정안] 형법 제346조 [동력]

본장의 죄에 있어서 재물은 유체물, 관리할 수 있는 물리적 동력, 전파, 레이저, 광

---

34) M. Ethan Katsh/김유정 역, 디지털시대의 법제이론(LAW IN A DIGITAL WORLD), 디지털사이언스 6, 나남출판사, 1997, 7-39면(사이버 가상공간의 문화).

35) 박상기, 형법각론, 제4판, 박영사, 2002, 249면.

36) 임웅, 형법총론, 개정판, 법문사, 2003, 263면: 임 교수는 "특히 과학기술문명의 발달에 따라 전기 이외에 새로이 등장하는 에너지-예컨대 레이저와 같은 광선에너지-의 재산적 침해에 대하여 형법적 보호가 필요하다는 '시대적 요청'에 부합할 수 있다"고 주장한다. [각주 10]: 기술문명의 발달에 따른 형법상 확장해석의 필요성에 관하여는 H. Henkel, Rechtsphilosophie, 2. Aufl., 1977, S. 200ff.

선에너지 그리고 전자형태로 된 아이템(item) 및 정보문서를 포함한다.

Ⅲ. 대법원 판례 분석 – 재물개념의 논쟁사 –

재물개념의 논쟁사를 보다 명확히 하기 위하여 대법원 판례를 분석하고자 한다. 여기서는 다섯 단계로 시대를 구분하였다.[37] ① 1960년대까지의 농경시대, ② 1970년대까지의 산업화 초기시대, ③ 1980년대까지의 산업화 후기시대, ④ 1990년대까지의 정보화시대, ⑤ 2000년 이후 디지털시대. 사실관계와 판결요지를 중심으로 판례를 분석하고, 이를 통해 한국 형법의 '재물개념의 논쟁사'를 살펴보고자 한다. 왜냐하면 디지털시대에서 재물개념 해석론에 어떤 시사점을 제시해 줄 것으로 생각하기 때문이다. 재물의 개념을 유체물로 보느냐, 관리할 수 있는 동력으로 보느냐 그리고 형법 제346조가 특별규정이냐, 주의규정이냐에 관해서는 대법원의 입장이 분명하지 않다. 그러나 1980년대 이후의 대법원 판례들은 관리가능성설의 입장에 서 있다.[38]

1. 농경시대의 판례들

농경시대(1950년대와 1960년대)에는 전기절도(盜電), 농수 저수, 모자리의 농작물, 주민등록증 등의 재물성 여부가 논란이 되었다. 관리가능설을 취하고 있는 판례도 있다.

(1) 대판 1958.10.31. 4291형상361: 전기의 재물성(적극)

[**판결요지**] 임의로 전기시설을 하여 도전(盜電)한 경우에는 절도죄가 성립하고 구 전기사업령위반과는 실체적 경합의 관계에 있다.

---

37) 이러한 분류는 기본적으로 엘빈 토플러(Alvin Toffler)의 구분에 근거를 두고 있다. 토플러는 제1의 물결을 농업혁명, 제2의 물결을 산업혁명, 제3의 물결을 정보혁명으로 분류하고 있다. 저자는 여기서 산업시대를 전기와 후기로 나누었고, 제4의 물결을 디지털혁명으로 보고 있다. 물론 후기산업사회라는 표현은 미래학자 다니엘 벨(Daniel Bell)이 사용하고 있고, 이를 토플러의 정보화 사회라는 개념과 거의 같은 것으로 대비시키고 있다. 그러나 산업시대와 정보시대 그리고 디지털시대는 구별할 수 있을 것이다. 가상공간에서의 커뮤니케이팅, 즉 컴퓨터 네트워크시대를 디지털시대로 볼 수 있기 때문이다.

38) 대판 1998.6.23. 98도700: 대법원은 "전파와 더불어 전화통화는 물리적으로 관리할 수 없으므로 재물이 되지 않는다"고 판시하고 있다.

(2) 대판 1964.6.23. 64도209: 공작물의 재물성(소극)

[판결요지] 자기 논에 물을 품어 넣기 위하여 토지개량조합의 배수로에 토지개량조합 규칙에 위배되는 행위로서 특수한 공작물을 설치하여 자기 논에 물을 저수하였다 하여도 그 물이 물을 막은 사람의 사실상이나 법률상 지배하는 것이 되지 못한다고 인정되므로 그 물은 절도죄의 객체가 되지 못한다.

(3) 대판 1969.2.18. 68도906 재물손괴: 농작물의 재물성(적극)

[판결요지] 남의 땅에 권한 없이 경작 재배한 농작물의 소유권은 그 경작자에게 있고 길이 4, 5센치미터에 불과한 모자리도 농작물에 해당한다. [참조판례] 대판 1968.6.4. 68다163; 대판 1968.6.4. 68다164.

(4) 대판 1969.12.9. 69도1627 상습야간주거침입절도: 주민등록증의 재물성(적극)

[판결요지] 주민등록증은 재물이므로 절도죄의 객체가 될 수 있다.

2. 산업화 초기시대의 판례들

산업화 초기시대(1970년대)에는 농작물, 주민등록증, 불상, 찢어진 약속어음의 재물성 여부가 논란이 되었다. 관리가능설을 취하고 있는 판례도 있다.

(1) 대판 1970.3.10. 70도82 재물손괴: 농작물의 재물성(적극)

[판결요지] 타인소유의 토지에 사용수익의 권한 없이 농작물을 경작한 경우에 그 농작물의 소유권은 경작한 사람에게 귀속된다. [참조판례] 대판 1968.6.4. 68다613; 대판 1968.6.4. 68다614

(2) 대판 1971.10.19. 70도1399: 주민등록증의 재물성(소극)

[판결요지] 주민등록증도 절도죄의 객체가 될 수 있는 것이나 불법영득의 의사가 없으면 절도죄가 성립될 수 없다.

(3) 대판 1972.1.31. 71도2239 특수절도: 불상의 재물성(적극)

[판결요지] 불상도 재물이므로 절도죄의 객체가 된다.

(4) 대판 1976.1.27. 74도3442: 교환가격을 갖지 않는 약속어음의 재물성(적극)

[판시사항]

가. 발행자가 회수하여 세 조각으로 찢어 버림으로서 객관적 가치가 경미하여 교

환가격을 갖지 않는 약속어음의 소지를 침해한 경우에 절도죄의 성부

나. 찢어서 폐지로 된 타인발행 명의의 약속어음 파지면을 이용 조합하여 어음의 외형을 갖춘 경우에 유가증권위조죄의 성부

[판결요지]

가. 재산죄의 객체인 재물은 반드시 객관적인 금전적 교환 가치를 가질 필요는 없고 소유자 점유자가 주관적인 가치를 가지고 있음으로서 족하고 주관적 경제적 가치 유무의 판별은 그것이 타인에 의하여 이용되지 않는다고 하는 소극적 관계에 있어서 그 가치가 성립하는 경우가 있을 수 있는 것이니 발행자가 회수하여 세 조각으로 찢어버림으로서 폐지로 되어 쓸모 없는 것처럼 보이는 약속어음의 소지를 침해하여 가져갔다면 절도죄가 성립한다.

나. 찢어서 폐지로 된 타인발행 명의의 약속어음 파지면을 이용 조합하여 어음의 외형을 갖춘 경우에는 새로운 약속어음을 작성한 것으로서 그 행사의 목적이 있는 이상 유가증권 위조죄가 성립한다.[39]

3. 산업하 후기시대의 판례들

산업화 후기시대(1980년대)에는 소각폐지, 임야내 망부석, 자연서식의 반지락, 도로교통법 제108조 소정의 '그 밖의 재물'의 범위와 관련한 절취차량손괴, 인감증명, 문서사본의 재물성 여부가 논란이 되었다. 판례는 주관적인 경제적 가치가 있는 물건도 재물로 보고 있다.

(1) 대판 1981.3.24. 80도2902: 폐지로서 소각할 것에 불과한 서류(적극)

[판결요지] 피고인이 절취한 도시계획구조변경계획서가 폐지로서 소각할 것이라고 하더라도 그 내용을 알아볼 수 있고 그 내용이 경제생활상 가치가 있는 이상 재물에 해당된다.[40]

(2) 대판 1981.8.25. 80도509: 임야 내에 버려진 망부석의 재물성(소극)

[사실관계] 망부석(의정부시 신곡동 산 87번지 임야내에 있던 맹씨 성을 가진 사람의 분묘에 부속된 묘의 장구였는데 그 후손들이 30~40년 전에 위 망부석 등을 버려 둔 채 분묘만을 다른 곳으로 옮겨가는 바람에 오랜 세월이 지나는 사이에 그 반 이상이 흙 속에 묻혀 있었다)이 임야에 방치되어 오랜 세월이 지나면서 그 일부가 흙 속에 묻힌 채 산

39) 원심 광주지방법원 1974.10.17. 선고 73노1325 판결.

40) 원심 서울지방법원(형사합의부) 1980.11.1. 선고 80노2057 판결.

주나 분묘의 후손들이 현실적 또는 묵시적 소유의사를 표시한 바 없이 그 임야의 관리인인 제1심 공동피고인 김○○이가 그의 선대를 거쳐 사실상 위 망부석을 점유하여 오다가 중간소개인인 제1심 상피고인 문○○, 석○○ 등을 통하여 피고인에게 이를 매도하였다,

[판결요지] 망부석이 묘의 장구로서 묘주의 소유에 속하였는데 묘는 이장하고 망부석만이 30여년 간 방치된 상태에 있어 외형상 그 소유자가 방기한 것으로 되어 그 물건은 산주의 추상적, 포괄적 소지에 속하게 되었어도 그 산주가 망부석을 사실상 지배할 의사가 없음을 표시한 경우에는 그의 소지하에 있다고 볼 수 없고, 이는 임야의 관리인으로서 사실상 점유하여 온 자의 소지하에 있다고 볼 것이므로 동 관리인이나 그와 함께 위 망부석을 처분한 자를 절도죄로 의율할 수 없다.

(3) 대판 1983.2.8. 82도696: 수산양식업장 구역에서 자연번식하는 수산동식물의 재물성(소극)

[판결요지] 수산업법에 의한 소위 양식어업권은 행정관청의 면허를 받아 해상의 일정구역내에서 그 소유의 수산동·식물을 양식할 수 있는 권리를 가리키는 것으로서 그 면허를 받았다는 사실만으로써 곧 당해 구역내에 자연적으로 번식하는 수산동·식물에 관하여 당연히 소유권이나 점유권을 취득한다고 할 수는 없으므로, 공소외인이 굴양식면허를 받은 위 구역내에서 피고인들이 자연서식의 반지락을 채취하였다고 하더라도 수산업법 위반이 됨은 별론으로 하고 절도죄를 구성한다고는 할 수 없다.

(4) 대판 1986.7.8. 86도620: 도로교통법 제108조 소정의 '그 밖의 재물'의 범위(소극)

[판결요지] 도로교통법 제108조가 정하는 '그 밖의 재물' 중에는 범행의 수단 또는 도구로 제공된 차량자체는 포함되지 아니한다고 풀이할 것이다. 왜냐하면 위 법조의 입법취지가 도로운송에 즈음하여 차량운행과 관련 없는 제3자의 재물을 보호하려는데 있기 때문이다. 원심[41]이 같은 취지에서 피고인이 절취한 차량을 운전하다가 절취한 차량자체를 부주의로 손괴한 것은 위 법조의 구성요건에 해당하지 아니한다고 판시한 다음 피고인에게 이점 무죄의 선고를 하였는 바 거기에 소론과 같은 법리오해의 위법이 있다 할 수 없다. 논지는 이유 없다. 따라서 상고를 기각하기로 관여법관의 의견이 일치되어 주문과 같이 판결한다.

41) 원심 수원지방법원 1986.2.6. 선고 85노1196 판결.

(5) 대판 1986.9.23. 85도1775: 인감증명서의 재물성(적극)

[판결요지] 인감증명서는 재물로서 절도죄의 객체가 된다.[42)]

(6) 대판 1986.9.23. 86도1205: 기술분야에 관한 문서사본의 재물성(적극)

[사실관계] 피고인이 피해자 회사(○○공업 주식회사)를 퇴사하면서 그 회사 연구실에 보관되어 있던 회사소유의 입도계산기 1매, 발포제, 미국 특허사본 1부 및 수지성분에 관한 미국 특허사본 1부를 가방에 넣어 가지고 나옴으로서 이를 절취하였다(다만 위 서류들은 이미 공개된 기술내용에 관한 것이고, 외국회사에서 선전용으로 무료로 배부하여 주는 것이며 연구실 사원인 피고인이 이를 사본하여 사물처럼 사용하여 온 것이다).

[판결요지] 피고인이 근무하던 회사를 퇴사하면서 가져간 서류가 이미 공개된 기술내용에 관한 것이고 외국회사에서 선전용으로 무료로 배부해 주는 것이며 동 회사연구실 직원들이 사본하여 사물처럼 사용하던 것이라도, 위 서류들이 회사의 목적업무 중 기술분야에 관한 문서들로서 국내에서 쉽게 구할 수 있는 것도 아니며, 연구실 직원들의 업무수행을 위하여 필요한 경우에만 사용이 허용된 것이라면 위 서류들은 위 회사에 있어서는 소유권의 대상으로 할 수 있는 주관적 가치뿐만 아니라 그 경제적 가치도 있는 것으로 재물에 해당한다 할 것이어서 이를 취거하는 행위는 절도에 해낭하고 비록 그것이 문서의 사본에 불과하고 또 인수인계 품목에 포함되지 아니하였다 하여 그 위법성이 조각된다 할 수 없다.

4. 정보화시대의 판례들

정보화시대(1990년대)에는 광업권, 백지의 자동차출고의뢰서 용지, 문서사본, 주권포기각서, 타인의 일반전화 무단이용, 타인의 토지 위에 무단으로 식재한 후 열린 과일을 가져간 행위, 유가증권의 재물성 여부가 논란이 되었다. 대법원은 타인의 전화기를 무단 사용하는 경우 전화기의 음향송수신기능을 부당하게 이용하는 것으로 이러한 내용의 역무는 무형적인 이익에 불과하고 물리적 관리의 대상이 될 수 없어 재물이 아니라고 판단하고 있다.

(1) 대판 1994.3.8. 93도2272: 광업권의 재물성(소극)

[판결요지]

가. 횡령죄에 있어서의 재물은 동산, 부동산의 유체물에 한정되지 아니하고 관리

42) 원심 서울지방법원 1985.4.23. 선고 85노466 판결.

할 수 있는 동력도 재물로 간주되지만, 여기에서 말하는 관리란 물리적 또는 물질적 관리를 가리킨다고 볼 것이고, 재물과 재산상 이익을 구별하고 횡령과 배임을 별개의 죄로 규정한 현행 형법의 규정에 비추어 볼 때 사무적으로 관리가 가능한 채권이나 그 밖의 권리 등은 재물에 포함된다고 해석할 수 없다.

나. 광업권은 재물인 광물을 취득할 수 있는 권리에 불과하지 재물 그 자체는 아니므로 횡령죄의 객체가 된다고 할 수 없고, 광업법 제12조가 광업권을 물권으로 하고 광업법에서 따로 정한 경우를 제외하고는 부동산에 관한 민법 기타 법령의 규정을 준용하도록 규정하고 있다 하여 광업권이 부동산과 마찬가지로 횡령죄의 객체가 된다고 할 수는 없다.

(2) 대판 1996.5.10. 95도3057: 백지의 자동차출고의뢰서 용지의 재물성(적극)

[**사실관계**] 피고인이 공동피고인 조○○와 공모하여 위 출고의뢰서 용지를 사용하여 공소외 현대자동차써비스회사 본사 판매부장 명의의 출고의뢰서를 위조하는 등 실제로 부정한 용도로 사용하였다.[43]

[**판결요지**]

[1] 재산죄의 객체인 재물은 반드시 객관적인 금전적 교환가치를 가질 필요는 없고 소유자, 점유자가 주관적인 가치를 가지고 있음으로써 족하다고 할 것이고, 이 경우 주관적, 경제적 가치의 유무를 판별함에 있어서는 그것이 타인에 의하여 이용되지 않는다고 하는 소극적 관계에 있어서 그 가치가 성립하더라도 관계없다 할 것이므로 (대판 1976.1.27. 74도3442 참조), 피고인이 절취한 백지의 자동차출고의뢰서 용지도 그것이 어떠한 권리도 표창하고 있지 않다 하더라도 경제적 가치가 없다고는 할 수 없어 이는 절도죄의 객체가 되는 재물에 해당한다고 할 것이다. [참조판례] 대판 1976.1.27. 74도3442.

[2] 형법상 절도죄의 성립에 필요한 불법영득의 의사라 함은 권리자를 배제하고 타인의 물건을 자기의 소유물과 같이 그 경제적 용법에 따라서 이를 이용하고 또는 처분할 의사를 말하는 것이라고 할 것인 바(대판 1961.6.28. 61도179 참조), 위 출고의뢰서만으로 자동차를 출고할 수 있는 것이 아니라고 하더라도 경우에 따라 부정한 용도로 사용될 수 있는(기록에 의하면, 피고인이 원심 공동피고인 조○○와 공모하여 위 출고의뢰서 용지를 사용하여 공소외 현대자동차써비스회사 본사 판매부장 명의의 출고의뢰서를 위조하는 등 실제로 부정한 용도로 사용되었다) 위 출고의뢰서를 유출한 행위에 불법영득의 의사가 없다고는 볼 수 없다고 할 것이다. [참조판례] 대판 1961.6.28. 61도179; 대판 1992.9.8. 91도3149.

43) 대구지방법원 1995.11.23. 선고 95노1690 판결.

(3) 대판 1996.8.23. 95도192: 문서사본의 재물성(소극)

[사실관계] 공소외 6 주식회사 전무인 공소외 송○○이 사망하여 그의 책상 서랍을 정리하던 중 메모 형식으로 작성된 회사 중역들에 대한 특별상여금 지급내역서 1부 및 퇴직금 지급내역서 2부가 바닥에 떨어져 있어 위 회사의 전무인 공소외 전○○가 이를 책상 위에 올려 놓았는데 마침 피고인이 이를 보고 위 서류들을 그 옆의 총무과 사무실에 가지고 가서 복사기를 사용하여 복사를 한 후 원본은 제자리에 갖다 놓고 그 사본만을 가지고 갔다.

[판결요지] 회사 직원이 업무와 관련하여 다른 사람이 작성한 회사의 문서를 복사기를 이용하여 복사를 한 후 원본은 제자리에 갖다 놓고 그 사본만 가져간 경우, 그 회사 소유의 문서의 사본을 절취한 것으로 볼 수는 없다. 이와 같은 취지에서 원심이 피고인에 대한 절도의 범죄사실에 대한 범죄의 증명이 없다는 이유로 이를 유죄로 인정한 제1심 판결을 취소하고 무죄를 선고한 조치는 수긍이 가고, 논지가 내세우는 대판 1986.9.23. 86도1205은 회사의 업무수행을 위하여 생성되어 보관된 문서의 사본을 근무자가 그 회사를 퇴사하면서 가져간 경우로서 이 사건과 사안을 달리하여 적절한 선례가 되지 아니한다고 할 것이므로, 원심판결에 절도죄에 관한 법리를 오해한 위법이 있다고 할 수 없다. 그리고 검사의 이 사건 공소사실의 요지는 피고인이 위 서류들을 복사하여 그 사본을 가지고 가 이를 절취한 사실을 문제 삼는 것이 명백하고 그 사본에 대한 복사용지 자체를 절취하였다고 기소한 것으로 볼 수는 없으므로, 원심이 피고인이 위 복사 과정에서 액수불상의 복사지를 절취하였는지 여부에 대한 판단을 하지 아니하였다고 하여 잘못이라고 할 수도 없다. 논지도 이유 없다. [참조판례] 대판 1986.09.23. 86도1205.

(4) 대판 1996.9.10. 95도2747: 주권포기각서의 재물성(적극)

[사실관계] 피고인은 공소외 1 주식회사의 전 대표이사인 바, 위 회사는 공소외 2 주식회사에서 탈퇴한 피고인 등 38명이 주주가 되어 1991.7.1. 설립된 회사로서 피고인의 주도로 1992.6.29. 농수산부장관으로부터 농산물 지정도매인 승인을 얻어내고 이어 대구직할시장과 대구 북부농수산물도매시장 시설물사용계약 체결을 추진하는 과정에서 대구시가 주주 자격과 중매인 자격의 엄격한 분리를 요구하자 이를 이용하여 사실상 중매인 영업을 하고 있는 주주들로부터 주권포기각서를 받아내어 피고인이 회사지배권을 장악할 것을 마음먹고, 1992.8.7. 17:00경 대구 북구에 있는 공소외 1 주식회사 2층 사무실에서 개최된 주주간담회를 비롯한 전후 수회의 간담회, 이사회 등을 통하여 사실은 주주인 피해자 박○○ 등 35명이 주주권을 포기하고 나면 시설물 사용계약을 체결한 후 다시 위 회사의 주주로서의 권리를 회복시켜 줄 의사가 없으면

서도 동인들에게 “주주의 수가 너무 많아서 대구시 당국이 시설물사용계약을 체결해 주지 않으니 회사 임원들을 제외한 주주들은 주권 기타 회사에 대한 권리 일체를 포기하는 내용의 각서를 제출해 달라. 그러면 일단 피고인을 비롯한 회사 임원 7명을 주주로 하여(그 중 채소부 임원은 3명임) 대구시와 시설물사용계약을 체결하고 난 후 다른 주주 전원에게 모두 주주로서의 권리를 원상으로 회복해 주고 주권을 발행하여 주겠다”는 취지의 거짓말을 하여 이에 속은 피해자 박○○로부터 1992.10.6.경 위 회사 사무실에서 “상기 본인은 공소외 1 주식회사의 주주 및 권리 일체를 포기하기로 하고 이에 각서를 제출합니다”라는 내용의 주주포기각서 1매를 교부 받은 것을 비롯하여 같은해 8.20.경부터 10.9.경까지 사이에 피해자 또는 그 대리인 35명으로부터 같은 내용의 주권포기각서 1매씩 총 35매를 교부받아 이를 각 편취하였다.

[판결요지] 주권포기각서는 주권을 포기한다는 의사표시가 담긴 처분문서로서 그 경제적 가치가 있어 재물성이 있다.

(5) 대판 1998.6.23. 98도700: 타인의 전화기를 무단 사용, 절도죄 성부(소극)

[사실관계] 피고인은 피해자의 방에서 임의로 피해자 소유의 전화기를 이용하여 국제폰팅광고에 나와 있는 001-248-306243으로 전화를 건 다음 전화회선을 사용하여 국제폰팅을 하는 방법으로 1개월 동안 총 150회에 걸쳐 위 전화회선을 사용하여 통화료 합계 855,588원 상당을 절취하였다.

[판결요지] 타인의 전화기를 무단으로 사용하여 전화통화를 하는 행위는 전기통신사업자가 그가 갖추고 있는 통신선로, 전화교환기 등 전기통신설비를 이용하고 전기의 성질을 과학적으로 응용한 기술을 사용하여 전화가입자에게 음향의 송수신이 가능하도록 하여 줌으로써 상대방과의 통신을 매개하여 주는 역무, 즉 전기통신사업자에 의하여 가능하게 된 전화기의 음향송수신기능을 부당하게 이용하는 것으로, 이러한 내용의 역무는 무형적인 이익에 불과하고 물리적 관리의 대상이 될 수 없어 재물이 아니라고 할 것이므로 절도죄의 객체가 되지 아니한다.[44] [참조판례] 대판 1958.10.31. 4291형상361; 대판 1994.3.8. 93도2272.

(6) 대판 1999.6.25. 98도3891 사기(변경 전 죄명: 절도): 타인의 일반전화를 무단 이용하여 전화통화를 한 경우, 사기죄의 성립 여부(소극)

[판결요지] 사기죄가 성립하기 위하여는 기망행위와 이에 기한 피해자의 처분행위가

44) 인천지방법원 1998.2.26. 선고 98노86 판결: 원심은 유죄를 인정한 제1심을 직권으로 파기하였다. 평석으로 김규장, 타인의 전화기의 무단사용과 절도죄의 성부－유체성설과 관련하여－, 형사재판의 제문제 2권, 형사실무연구회, 박영사, 1999, 99-112면.

있어야 할 것인 바, 타인의 일반전화를 무단으로 이용하여 전화통화를 하는 행위는 전기통신사업자인 한국전기통신공사가 일반전화 가입자인 타인에게 통신을 매개하여 주는 역무를 부당하게 이용하는 것에 불과하여 한국전기통신공사에 대한 기망행위에 해당한다고 볼 수 없을 뿐만 아니라, 이에 따라 제공되는 역무도 일반전화 가입자와 한국전기통신공사 사이에 체결된 서비스이용계약에 따라 제공되는 것으로서 한국전기통신공사가 착오에 빠져 처분행위를 한 것이라고 볼 수 없으므로, 결국 위와 같은 행위는 형법 제347조의 사기죄를 구성하지 아니한다 할 것이고, 이는 형법이 제348조의2를 신설하여 부정한 방법으로 대가를 지급하지 아니하고 공중전화를 이용하여 재산상 이익을 취득한 자를 처벌하는 규정을 별도로 둔 취지에 비추어 보아도 분명하다.[45]

(7) 대판 1998.4.24. 97도3425 절도: 권원 없이 타인의 토지 위에 식재한 감의 재물성(적극)

[판결요지] 타인의 토지상에 권원 없이 식재한 수목의 소유권은 토지소유자에게 귀속하고 권원에 의하여 식재한 경우에는 그 소유권이 식재한 자에게 있으므로, 권원 없이 식재한 감나무에서 감을 수확한 것은 절도죄에 해당한다. [참조판례] 대판 1980.9.30. 80도1874; 대판 1990.1.23. 89다카21095.

(8) 대판 1998.11.24. 98도2967: 위조된 회원용 리프트탑승권의 재물성(적극)

[사실관계] 피고인이 1997.12.27. 20:00경 전북 무주군 설천면 심곡리 산 43의 15 소재 무주리조트 티롤 호텔 뒤에서 제1심 공동피고인이 부정 발급하여 절취한 회원용 리프트탑승권 100장 시가 금 2,790,000원 상당이 장물인 정을 알면서도 그로부터 대금 2,790,000원에 매수하여 취득한 것을 비롯하여 그 때부터 1998.1.6. 12:00경까지 사이에 모두 5회에 걸쳐 제1심 공동피고인으로부터 회원용 리프트탑승권 1,700장 시가 금 47,430,000원 상당을 대금 47,430,000원에 매수하여서 장물을 취득하였다.

[판결요지] 가. 유가증권도 그것이 정상적으로 발행된 것은 물론 비록 작성권한 없는 자에 의하여 위조된 것이라고 하더라도 절차에 따라 몰수되기까지는 그 소지자의 점유를 보호하여야 한다는 점에서 형법상 재물로서 절도죄의 객체가 된다.

나. 리프트탑승권 발매기를 전산조작하여 위조한 탑승권을 발매기에서 뜯어 간 행위는 탑승권 위조행위와 위조탑승권 절취행위가 결합된 것이라는 이유로, 위조탑승권의 장물성을 인정한 사례.

---

45) 서울지방법원 1998.10.21. 선고 98노6661 판결.

5. 디지털시대의 판례들

디지털시대(2000년대)에는 법원의 심문기일소환장, 타인 전화선에 별도의 선을 연결 전화통화, 사이버 머니, 컴퓨터 파일을 컴팩트 디스크(CD) 1장에 복사, 컴퓨터에 저장되어 있는 위 시스템의 설계도면을 A^2용지에 2장 출력의 재물성 여부가 논란이 되었다. 대법원은 컴퓨터 파일은 유체물이나 관리할 수 있는 동력으로 볼 수 없다고 판단하고 있으며, 또한 컴퓨터에 저장되어 있는 '정보'도 그 자체는 유체물이라고 볼 수도 없고, 물질성을 가진 동력도 아니므로 재물이 될 수 없다고 판단하고 있다.

(1) 대판 2000.2.25. 99도5775: 법원의 심문기일소환장의 재물성(적극)

[사실관계] 피고인이 피해자인 구월동 주공아파트 입주자 대표회의를 사건본인으로 하여 신청한 인천지방법원 97카합952 임시회장선임신청사건에서 피해자 앞으로 송달된 심문기일소환장을 자신이 영득할 의사로 가지고 갔다.

[판결요지] 법원으로부터 송달된 심문기일소환장은 재산적 가치가 있는 물건으로서 형법상 재물에 해당한다. 심문기일소환장은 재산적 가치가 있는 물건으로서 형법상 재물에 해당함이 분명하므로, 같은 취지에서 피고인에 대한 이 사건 절도 공소사실을 유죄로 인정한 원심판결은 정당하고, 거기에 논지가 주장하는 바와 같이 채증법칙에 위반하여 판결에 영향을 미친 사실을 잘못 인정하였거나 형법상 재물의 개념에 관한 법리를 오해한 위법이 있다고 볼 수 없다. 피고인의 상고 논지는 모두 이유가 없다.

(2) 대판 2000.10.16. 2000도3290: 허락 없이 사용한 전화통화의 재물성(소극)

[사실관계] 심○○씨는 1997년 3월 군포시 현○○ 집 전화선에 별도의 선을 연결, 네덜란드 등지에 78만원어치의 통화를 한 혐의로 기소돼 제1심과 제2심에서 무죄를 선고받았다. 검사는 대법원에 상고하였다.

[판결요지] 대법원 형사2부(주심 趙武濟 대법관)는 2000년 10월 6일 남의 전화를 사용해 수십만원치의 국제통화를 한 사실이 들통나 절도혐의로 기소된 심○○(26)에 대한 상고심에서 이같이 판시, 검사의 상고를 기각하고 무죄를 확정했다. 재판부는 판결문에서 "전화통화는 전기통신사업자에 의해 가능하게 된 전화기의 음향송수신기능을 무단 이용하는 것"이라며 "따라서 전기통신사업자의 '역무'는 무형적인 이익으로 물리적 관리의 대상이 될 수 없는 만큼 절도죄의 객체가 되는 '재물'이 아니다"라고 밝

혔다.[46)]

(3) 서울지법 2001.11.30: 사이버 머니의 재물성(소극)

[**사실관계**] 김○○씨 등은 2001년 5월부터 7월까지 다운받은 2만명의 주민등록번호와 이름을 사용하여 게임사이트에 접속한 후 1만 4천여개 계정을 허위로 만든 뒤 프로그램상의 오류를 이용, 각 계정에 2백조원 상당의 사이버 머니를 채워 넣어 3억 4천여 만원을 받고 다른 가입자 등에게 판매한 혐의로 기소되었다.

[**판결요지**] 서울지법 형사2단독(염기창 판사)은 2001년 11월 30일 타인의 주민등록번호로 게임사이트에 회원으로 가입한 후 사이버 게임에 사용되는 사이버 머니를 빼내 판매한 혐의(정보통신망이용촉진등에 관한 법률위반) 등으로 기소된 컴퓨터 프로그래머 김○○ 등 4명에게 각각 징역 1~2년을 선고했다. 재판부는 주민등록번호와 같은 타인의 개인정보를 이용해 재산상의 이익을 취한 것은 죄질이 나쁘고 이런 신종 범죄의 재발을 막기 위해 실형을 선고한다고 했다.

(4) 서울지방법원 2001.7.18. 선고 2001노942 판결: 컴퓨터 파일의 재물성(소극)

[**사실관계**] 성씨는 2000년 11월 D네트워크에 근무하면서 급여 등 처우문제에 불만을 품고 회사 업무용 컴퓨터 하드디스크 중 방화벽 프로그램 개발에 관한 자료인 com20 제안서 등 파일을 컴팩트 디스크(CD) 1장에 복사한 후 가지고 나와 이를 절취한 혐의로 제1심에서 실형이 선고되었다.

[**판결요지**] 서울지법 형사항소5부(재판장 조용구 부장판사)는 2001년 7월 18일 선 근무처인 D네트워크에서 개발 중인 해킹방지 방화벽 프로그램을 파일로 무단복사한 N솔루션 보안팀장 정○○(26)에게 컴퓨터프로그램보호법위반 및 절도 등의 혐의를 적용, 징역 8월에 집행유예 2년을 선고한 제1심을 깨고 "컴퓨터 파일은 물건이 아니어서 절도죄가 적용되지 않는다"며 절도에 대해 무죄를 인정, 벌금 5백만원을 선고했다. 재판부는 판결문에서 "컴퓨터 파일은 유체물이나 관리할 수 있는 동력으로 볼 수 없다"며 "파일을 복사하여 가지고 나온 것만으로는 파일에 대한 소유권이나 점유의 침해가 있다고 볼 수 없다"고 밝혔다. 재판부는 또 "절도의 객체가 컴팩트 디스크(CD)라 하더라도 CD가 원래 누구의 것인지, 어떤 경위로 CD를 취득해 파일을 복사하게 된 것인지 알 수 없고 그에 대한 불법영득의 의사가 있었는지도 명백하지 않다"고 덧붙였다.[47)]

---

46) 법률신문, '전화선 몰래 연결해 전화 무단 사용했어도 형사처벌 못해', 2000년 10월 10일자: 대법원, 관리가능한 동력 아니므로 재물성 없어, 손배청구는 가능. 타인의 전화선에 허락 없이 전화기를 연결, 전화를 무단으로 사용하더라도 형법상 절도죄로 처벌할 수 없다는 대법원 판결이 나왔다.

47) 법률신문, 서울지법, '소유권이나 점유의 침해가 있다고 못 봐', 2001년 7월 20일자.

(5) 대판 2002.7.12. 2002도745: 컴퓨터에 저장된 '정보'의 재물성(소극)

[사실관계] 2000.10. 초순경 피고인 지○○가 피고인 김○○에게 피해자 주식회사 하이켐텍(이하 '피해 회사'라고 한다)에 보관되어 있는 직물원단고무코팅시스템의 설계도면과 공정도를 빼내오도록 요구하고, 피고인 김○○는 이를 승낙한 후, 피고인 김○○가 2000.10.14. 15:00경 피해 회사 연구개발실에서 그 곳 노트북 컴퓨터에 저장되어 있는 위 시스템의 설계도면을 A^2용지에 2장을 출력하여 가지고 나와 이를 절취하였다는 것이다.

[제1심과 제2심의 판단] 원심은 위 노트북 컴퓨터는 피해 회사가 그 직원인 피고인 지○○에게 업무용으로 지급한 것이고, 위 컴퓨터에 저장되어 있는 위 시스템의 설계도면은 피해 회사의 업무로서 피고인 김○○가 작성한 것인 사실, 위 시스템은 피해 회사가 독자적으로 개발하였고, 당시 피해 회사 외부에는 알려져 있지 아니하여 피해 회사의 입장에서 경제적 가치를 가지고 있는 것이며, 피해 회사는 상당한 노력을 기울여 이를 비밀로서 관리하여 온 사실을 인정한 다음, 위 인정 사실에 의하면 피고인 지○○가 위 컴퓨터에서 출력한 위 시스템의 설계도면은 절도죄의 객체인 '타인의 재물'에 해당하고, 피고인들이 위와 같은 행위를 함에 있어서는 절도죄의 성립에 필요한 불법영득의사가 있었다고 보여진다고 판단하여, 피고인들에 대하여 절도죄의 유죄를 선고한 제1심 판결을 유지(제1심과 제2심에서는 유죄가 인정돼 징역 8월에 집행유예 2년을 선고받았다)하고, 피고인들의 항소를 각 기각하였다.[48]

[판시사항]

[1] 컴퓨터에 저장된 정보가 절도죄의 객체로서 재물에 해당하는지 여부(소극) 및 이를 복사하거나 출력해 간 경우 절도죄를 구성하는지 여부(소극)

[2] 컴퓨터 속의 정보를 빼내갈 목적으로 종이에 출력하여 가져간 경우 그 정보가 기재된 그 문서에 대한 절도죄가 성립하는지 여부(소극)

48) 법률신문, 컴퓨터 저장된 설계도 훔친 경우 절도죄 안 돼, 2002년 7월 16일자: 대법원 '컴퓨터의 정보는 유체물 아니므로 '재물' 될 수 없어'…'복사' '출력'해도 감소 안 돼, 유죄 원심판결 파기 환송. 회사 컴퓨터에서 설계도면을 출력해 빼돌렸다 하더라도 절도죄로 처벌할 수 없다는 대법원 판결이 나왔다. 대법원 형사3부(주심 윤재식 대법관)는 2002년 7월 12일 자신이 근무하는 회사의 컴퓨터에서 설계도면을 빼내 절도혐의로 기소된 지○○(42) 등 2명에 대한 상고심(2000고단9168) 선고공판에서 이같이 판시, 유죄를 선고한 원심을 파기하고 사건을 수원지법으로 돌려보냈다. ① 재판부는 판결문에서 "컴퓨터에 저장되어 있는 '정보'는 유체물이라고 볼 수도 없을 뿐만 아니라 물질성을 가진 동력도 아니므로 재물이 될 수도 없으며, 이를 복사하거나 출력했다 할지라도 그 정보 자체가 감소하거나 피해자의 점유 및 이용가능성을 감소시키는 것이 아니므로 그 복사나 출력행위를 가지고 절도죄를 구성한다고 볼 수 없다"며 "따라서 이 사건 공소사실이 위 컴퓨터에 저장되어 있는 설계자료를 절취했다는 것이라면 이는 절도죄의 객체가 될 수 없는 '정보'를 절취했다는 것이 되어 절도죄를 구성하지 않는다"고 밝혔다. ② 재판부는 이어 "또 이 사건 공소사실이 컴퓨터에 저장돼 있는 시스템을 종이에 출력해 생성된 '설계도면'을 절취한 것으로 본다 하더라도 그 설계도면은 피해 회사에 의해 보관되고 있던 문서가 아니라 피고인이 새로이 생성시킨 문서라 할 것이므로 피해 회사 소유의 문서로 볼 수 없는 만큼 이를 가지고 간 행위를 절취로 볼 수도 없다"고 덧붙였다.

[판결요지]

[1] 절도죄의 객체는 관리가능한 동력을 포함한 '재물'에 한한다 할 것이고, 또 절도죄가 성립하기 위해서는 그 재물의 소유자 기타 점유자의 점유 내지 이용가능성을 배제하고 이를 자신의 점유하에 배타적으로 이전하는 행위가 있어야만 할 것인바, 컴퓨터에 저장되어 있는 '정보' 그 자체는 유체물이라고 볼 수도 없고, 물질성을 가진 동력도 아니므로 재물이 될 수 없다 할 것이며, 또 이를 복사하거나 출력하였다 할지라도 그 정보 자체가 감소하거나 피해자의 점유 및 이용가능성을 감소시키는 것이 아니므로 그 복사나 출력 행위를 가지고 절도죄를 구성한다고 볼 수도 없다.

[2] 피고인이 컴퓨터에 저장된 정보를 출력하여 생성한 문서는 피해 회사의 업무를 위하여 생성되어 피해 회사에 의하여 보관되고 있던 문서가 아니라, 피고인이 가지고 갈 목적으로 피해 회사의 업무와 관계없이 새로이 생성시킨 문서라 할 것이므로, 이는 피해 회사 소유의 문서라고 볼 수는 없다 할 것이어서, 이를 가지고 간 행위를 들어 피해 회사 소유의 문서를 절취한 것으로 볼 수는 없다. [참조판례] [1] 대판 1986.9.23. 86도1205; 대판 1996.8.23. 95도192.

Ⅳ. 결 론

1. 인쇄매체시대에서 디지털시대로

과거 500년 동안 법과 정보와의 관계에서 가장 핵심적인 기술은 인쇄술이었다. 인쇄는 최초의 대중매체였고, 균일적이고, 신뢰할 수 있으며, 권위 있는 정보를 광범하게 전파해 준 최초의 매체였다. 인쇄는 책의 출판부수, 도서관 크기, 우리가 읽을 수 있는 책의 크기를 엄청나게 증가시키면서 '정보폭발'을 야기하였다.

서구법의 전통은 인쇄에 의해 특성화하기 시작했다. 요한네스 구텐베르크(Johannes Gutenberg, 1397-1468) 이후 수 백년에 걸쳐 현대적인 법에 종사하는 전문직이 발전하게 되었고, 개인을 보호하기 위한 새로운 틀이 마련되었다. 오늘날에도 여전히 법에 대한 우리의 인식은 인쇄된 문서를 통해 한정되고 매개되고 있다. 우리가 향하는 곳마다 법의 실재는 주로 인쇄된 문자로 이루어져 있다.[49] 대

49) M. Ethan Katsh/김유정 역, 디지털시대의 법제이론(LAW IN A DIGITAL WORLD), 디지털사이언스 6, 나남출판사, 1997, 22면(사이버 가상공간의 문화).

부분의 법해석은 인쇄매체의 구조 속에서 형성되었고 발전해 왔다.[50)]

그러나 지금은 디지털시대다. "컴퓨터가 모든 것을 평정할 것", "미래에는 모두 디지털화될 것이다"라는 빌 게이츠(Bill Gates, 1955-)의 말처럼 컴퓨터의 출현으로 인해 인간의 매체환경은 급변하고 있다. 디지털시대에는 인쇄가 전자정보기술로 대체되고, 종이 위에 찍힌 글자들이 화면 위에 나타나는 글자들(이미지와 소리)들과 결합되어 가는 새로운 시대를 의미한다. 우리의 일상생활에도 디지털시대는 지대한 영향을 미치고 있고, 상대적으로 보수적이었던 '법률'분야에서도 이러한 바람은 어김없이 불고 있다. 미국 프랭크퍼터(Felix Frankfurther) 판사의 말처럼 "어떤 법정도 시간을 멈추게 할 수는 없다." 컴퓨터에 의해 야기된 '디지털'이란 거대한 흐름에 우리가 그 대응방안을 찾는 것이 순리라고 생각한다.

2. 디지털시대의 새로운 법제이론

500년 동안 정보욕구의 대부분을 인쇄기술에 의존하여 왔다. 컴퓨터시대에서 이러한 제도는 무엇을 의미하는가? 법은 인쇄된 책으로부터 전자매체로, 종이대신 컴퓨터 화면으로, 종이에 찍힌 글자가 아닌 0과 1의 기호로 된 배열로, 정보가 자유로이 유통되는 곳으로, 종적인 관계가 아닌 횡적인 의미와 관계를 강조하는 방향으로 가고 있다는 것을 의미한다. 그 결과 전통이 소멸되고, 관습이 변화하며, 아마도 가장 중요하게는 정보의 의미와 정보를 취급하는 우리의 사고가 바뀐다는 점이다. 디지털시대에서 가장 중요한 것은 바로 전자매체가 개인과 제도로 하여금 정보와의 새로운 경험을 하게 한다는 것이다. 새로운 기회와 새로운 도전이 전개되고 있다는 것이다.

사이버 가상공간은 성숙된 전자문화의 기착지가 되어 가고 있다. 전자 네트워크가 지금보다 좀 더 완벽하게 형성되는 곳, 다양한 종류의 데이터와 자극이 동시에 전세계로 유통될 수 있는 곳, 그리고 우리가 마음만 먹으면 정보를 획득하

---

50) 인쇄매체시대의 법제이론: 법조계는 일반적으로 절도의 대상을 규정한 형법 제346조의 「管理(관리)할 수 있는 動力(동력)」의 해석과 관련, 「전기, 가스 기타 자연력의 이용에 의한 동력」으로 한정해야 한다고 보고, 라디오나 TV의 전파, 전화 및 FAX의 송수신기능 등은 관리 가능한 동력이 아니므로 재물성을 갖지 않아 절도죄의 대상이 되지 않는 것으로 보고 있다. 학계의 일반적인 견해에 따르면 "전화는 역무, 즉 서비스의 이용이기 때문에 동력으로 볼 수 없다. 실무계에서 전화도용을 절도죄로 의율, 처벌해 왔으나 대법원이 1998년 절도의 대상이 아니라고 판시하고 있다. 전화도용은 형법상 사기죄, 절도죄로도 처벌 할 수 없어 민사상 손해배상으로 해결하는 방법밖에 없다"고 한다.

고 처리하기 위한 전자식 수단이 현재보다는 풍부하게 발전되어 있는 곳이 바로 사이버 가상공간이다.[51)]

사이버 가상공간이 의미하는 것은 새로운 질서, 새로운 비전, 새로운 형태의 가능성, 상호교류, 관계형성 등이다. 우리가 인정하고 있는 이 모두는 정보와 관련된 새롭고 강력한 수단과 연관되어 있다. 이제 우리 법학자들은 디지털 형태로 정보가 저장, 처리되고 유통되는 미디어에 의해 어떻게 도전을 받고 있는지 깊은 관심을 가져야 한다.

유체물(가시적인 상품) 이상으로 정보가 미래 경제의 중심이 될 것이며, 정보와 함께 작업하고, 이것에 가치를 부가하는 것이 경제활동의 핵심이 된다는 사실을 이해해야 할 것이다. 정보환경이 비록 현실공간에서는 찾아 볼 수 없는 신비한 특성을 지닌 가상공간이라고 하더라도, 우리는 많은 공간을 생각하듯이, 이러한 새 정보환경에 대해서 진지한 고민을 해야 한다고 생각한다. 저자는 바로 이것이 디지털시대의 새로운 법제이론이라고 본다.

3. 형법 제346조의 개정의 필요성

로버트 버링(Robert Berring)은 다음과 같이 말한다: "나는 정보이용의 측면에서, 우리가 변화, 곧 세대교체의 와중에 있다고 생각한다. 한편에는 주로 책을 정보원으로 이용하며, 인쇄정보를 유일하게 신뢰할 수 있는 정보형태로 간주하는 사람들이 있다. 다른 한편에는 정보를 정보형태와 분리하여 생각하는 사람들이 있다. 정보가 책 속에 들어 있든, 단말기 안에 있든, 혹은 다른 형태로 되어 있든 간에, 정보는 정보이다."[52)] 그의 견해는 대판 2002.7.12. 2002도745: 컴퓨터에 저장되어 있는 '정보'의 재물성 유무(소극)에 많은 시사점을 주고 있다.[53)]

---

51) M. Ethan Katsh/김유정 역, 디지털시대의 법제이론(LAW IN A DIGITAL WORLD), 디지털사이언스 6, 나남출판사, 1997, 36면(사이버 가상공간의 문화).

52) M. Ethan Katsh/김유정 역, 위의 책, 133면(법률도서관과 법률정보공간).

53) 대판 2002.7.12. 2002도745: 컴퓨터에 저장되어 있는 '정보'의 재물성 유무(소극): "컴퓨터에 저장되어 있는 '정보' 그 자체는 유체물이라고 볼 수도 없고, 물질성을 가진 동력도 아니므로 재물이 될 수 없다 할 것이며, 또 이를 복사하거나 출력하였다 할지라도 그 정보 자체가 감소하거나 피해자의 점유 및 이용가능성을 감소시키는 것이 아니므로 그 복사나 출력 행위를 가지고 절도죄를 구성한다고 볼 수도 없다."

그러나 저자는 컴퓨터에 저장되어 있는 '정보'는 출력과 동시에 하나의 독자적인 문서가 된다고 생각한다. 왜냐하면 전체적으로 볼 때 이 사건은 단순히 복사지의 절취가 아니고, 주식회사 하이켐텍(피해회사) 소유의 복사한 직물원단고무코팅시스템의 설계도면을 섭취(攝取)한 것으로 보아야 하기 때문이

전통적인 재물개념은 디지털 전자매체시대의 시각에서 변화되어야 한다. 인쇄매체시대의 법규는 디지털시대에 맞게 개정되어야 한다. 그래서 저자는 형법 제346조 개정을 다음과 같이 제안한다.

[**현 행**] 형법 제346조 [동력]

본장의 죄에 있어서 관리할 수 있는 동력은 재물로 간주한다.

[**개정안**] 형법 제346조 [동력]

본장의 죄에 있어서 재물은 유체물, 관리할 수 있는 물리적 동력, 전파, 레이저, 광선에너지 그리고 전자형태로 된 아이템(item) 및 정보문서를 포함한다.

법학자들은 디지털시대에서 전자식으로 된 새로운 형태의 중대한 변화[54]를 주목해야 한다. 나아가 그 의미를 발견해야 한다. 기술시대의 실제위력은 낡은 규율을 폐지하고, 새로운 법제환경을 창출하는데 있다. 형사법도 이에 상응한 역할을 수행해야 한다. 디지털시대가 제기하는 중요한 과제라고 생각한다.

다. 정보의 체(體)로 변화된 매체(媒體)의 재물성은 정보와 분리된 매체의 소재만을 의미하는 것은 아니다. 따라서 복사한 직물원단고무코팅시스템의 설계도면은 정보와 매체가 합체된 것으로 보아야 하고, 이것을 전제로 판단해야 한다.

54) M. Ethan Katsh/김유정 역, 디지털시대의 법제이론(LAW IN A DIGITAL WORLD), 디지털사이언스 6, 나남출판사, 1997, 133면(법률도서관과 법률정보공간): 사이버 가상공간에서는 조화와 평온보다는 오히려 갈등의 파고가 높다. 왜냐하면 가상공간이 적극적이고 창조적인 공간일 때, 정체되어 있을 때보다는 유통될 때, 정보가 보호되고 지켜질 때, 재가공 되고 변화될 때, 정보가 더욱 가치를 발하는 그런 공간이기 때문이다. 또한 갈등을 해소하고 변화를 조정하기 위해 효과적인 과정이 필요한 공간이기 때문이다.

제3장 법원의 공소장 변경과 고소취소의 효력*

[대상판례: 대법원 1999.4.15. 선고 96도1922 전원합의체판결]
미성년자 강제추행사건, 강제추행치상[1)]

[공소사실의 요지]

피고인 안○○는 1995년 7월 19일 12시 30분경 서울 강남구 ○○동 662의 1소재 피고인 경영의 ○○슈퍼 내에서 그 앞을 지나가던 피해자 송○○(여, 9세)를 발견하고 욕정을 일으켜 피해자를 위 슈퍼 안으로 들어오게 하여 피해자에게 과자를 주면서 같이 텔레비전을 보자며 의자에 앉은 피고인의 무릎 위로 피해자를 끌어 당겨 앉히고, 피해자가 몸을 비틀며 빠져나가려고 하자 양손으로 피해자를 꽉 붙들어 피해자의 반항을 억압한 후 피해자의 오른손을 잡아끌어 피고인의 성기를 만지게 하고 피고인의 오른 손을 피해자의 바지 안으로 넣어 피해자의 음부를 수회 만지는 등으로 피해자를 강제추행하고 그로 인하여 치료일수 미상의 외음부 열상(熱傷)을 입게 하였다. 피해자 부모가 피고인을 고소하였고, 검사는 형법 제301조 강제추행치상죄로 기소하였다. 피고인은 1995년 8월 16일 제1심 재판과정에서 피해자와 합의하였고, 고소취소장(인감증명첨부)까지 받아두었으나, 그 고소취소장을 제1심 재판부에 제출하지는 않았다.

[재판의 경과]

1. 제1심 판결

서울지방법원[2)]은 피고인 안○○의 행위가 친고죄인 형법 제298조 강제추행죄가 아닌 형법 제301조 강제추행치상죄에 해당하는 것으로 판단하여 피고인에 대하여 유죄를 선고하였다. 피고인은 고소취소의 방식을 택하지 아니하고, 다만 제1심 재판부에 피해자와의 합의사실만 주장하였고, 제1심은 피고인이 피해자와 원만히 합의한 점을 단지 양형조건의 하나로 인정하여 징역 2년 6월을 선고하였다.

피고인은 항소하면서 고소취소의 의사표시가 담긴 합의서를 항소심 법원에 제출하였다. 항소요지는 "피해자가 입은 상처의 병명이 외음부 열상으로 되어 있으나, 이

---

* 형사법연구 제26호(겨울), 2006, 367-408면.

1) 판례공보 1999.5.15[82], 970.

2) 서울지방법원 1995.10.19. 선고 95고850 판결.

는 치료가 필요 없을 정도의 경미한 것으로 형법 제301조 강제추행치상죄를 구성하는 상해에 해당한다고 할 수 없고, 피고인이 피해자를 항거불능케 하거나 반항을 억압할 정도의 폭력을 행사한 사실이 없으므로 피고인을 형법 제301조 강제추행치상죄로 의율할 수 없음에도 불구하고, 제1심 법원은 이를 형법 제301조 강제추행치상죄로 인정하여 처벌하였으니, 제1심 판결선고에는 사실을 오인하였거나 형법 제301조 강제추행치상죄에 관한 법리를 오해하여 판결에 영향을 미친 위법이 있다."

2. 제2심 판결

항소심인 서울고등법원 형사5부[3]는 제1심 판결을 파기하면서 공소장변경절차를 거치지 아니한 채 피고인을 형법 제298조 강제추행죄를 적용하여 징역 1년에 집행유예 2년을 선고하였다. 항소심 재판부는 "피고인이 피해자를 강제로 추행하여 외음부열상(熱傷)을 입게 한 사실을 인정하였지만, 피해자가 입은 상해는 극히 경미한 것으로 이로 인하여 신체의 완전성이 손상되었다거나 건강 상태가 불량하게 변경되었다고 볼 수 없다. 검사에 의하여 공소제기된 형법 제301조 강제추행치상죄에 있어서의 상해에 해당하지 아니한다"고 판시하였다.

피고인은 항소심 법원이 공소장변경절차를 거치지 아니한 채 형법 제298조 강제추행죄로 처벌한 것은 위법하다고 대법원에 상고하였다.

3. 대법원 판결

대법원 전원합의체는 9 대 4의 다수의견으로 피고인의 상고를 기각하였다.[4]

[판시사항]

[1] 공소장변경 없이 공소사실과 다른 범죄사실을 인정할 수 있는지 여부(한정 적극) 및 공소장변경 없이 비친고죄인 강제추행치상죄를 친고죄인 강제추행죄로 인정할 수 있는지 여부(적극)

[2] 항소심에서 공소장변경 또는 법원 직권에 의하여 비친고죄를 친고죄로 인정한 경우, 항소심에서의 고소취소가 친고죄에 대한 고소취소로서의 효력이 있는지 여부(소극)

---

3) 서울고등법원 1996.7.9. 선고 95노2847 판결.

4) 대판 1999.4.15. 96도1922 전원합의체 강제추행치상: [다수의견] "원심이 이 사건에서 강제추행치상죄로 공소제기된 피고인에 대하여 공소장변경절차를 거치지 아니하고 강제추행죄를 인정한 조치는 정당하고, 원심판결에 공소장변경이나 심판 범위에 관한 법리오해의 위법은 없다. 또한 원심이 강제추행치상죄로 공소제기된 피고인에 대하여 공소장변경절차 없이 강제추행죄를 인정하면서 고소취소의 의사표시가 담긴 합의서가 제1심 판결 후에 제출되었으므로 고소취소로서의 효력이 없다고 판단한 것에는 친고죄에 있어 고소취소의 시기에 관한 법리오해의 위법이 없다." 대법원장 윤관(재판장), 대법관 지창권, 대법관 신성택, 대법관 이용훈, 대법관 이임수, 대법관 송진훈, 대법관 서성, 대법관 조무제, 대법관 변재승 [반대의견] 대법관 정귀호, 대법관 박준서, 대법관 이돈희, 대법관 김형선.

[판결요지]

[1] **[다수의견]** 피고인의 방어권 행사의 보장을 비롯한 적법절차의 준수는 형사소송에서 어길 수 없는 원칙이며 공소장변경제도는 피고인의 방어권 행사를 보장하기 위한 제도 중의 하나이어서 그의 중요성이 아무리 강조되어도 지나침이 없다 할 것이나, 정의와 형평의 기조 아래서의 실체적 진실의 신속한 발견 역시 형사소송이 목적하는 바이므로 형사소송에서는 적법절차를 준수하면서 동시에 실체적 진실을 발견하도록 요청되는데, 공소사실의 변경과 관련하여 이처럼 일응 상반되는 두 가지의 요청을 적절히 조화시키기 위하여는 피고인의 방어권 행사에 실질적으로 불이익을 줄 우려가 없을 경우에 한하여 법원으로 하여금 검사의 공소장변경절차를 거치지 아니하고 공소사실과 다른 범죄사실을 인정할 수 있게 함이 상당하다 할 것인 바, 강제추행치상의 공소사실 중에는 강제추행의 공소사실도 포함되어 있다고 볼 것이므로 강제추행치상의 공소사실에 대한 피고인의 방어행위는 동시에 강제추행의 공소사실에 대한 방어행위를 겸하고 있으며 한편, 고소와 그의 취소는 고소의 대상이 된 범죄사실과 동일성이 인정되는 범위 내의 공소사실 전부에 대하여 그의 효력이 미치는 것이어서, 피고인으로서는 그 방어행위의 일환으로 자신의 행위로 인하여 피해자에게 강제추행치상죄에서의 상해를 입힌 사실이 없다는 주장을 하고 법원이 그와 같은 주장을 받아들여 피고인의 행위가 강제추행죄로 처벌하는 경우까지도 대비하여 강제추행죄에 관한 고소인의 고소취소의 원용 등 일체의 방어행위를 할 수 있으므로, 법원이 사건의 실체적 사실관계나 공소요건을 포함한 절차적 사실관계에 관하여 심리를 거쳐 판단한 이상 공소장변경절차를 거치지 아니하고 강제추행치상죄의 공소사실에 대하여 강제추행죄를 인정 · 처벌하였다고 하더라도, 그로 인하여 피고인에게 미처 예기하지 못한 불의의 타격을 가하여 강제추행죄에 관한 방어권 행사에 어떠한 불이익을 주었다고는 할 수 없으며, 이러한 이치는 공소제기된 강제추행치상죄는 친고죄가 아닌 반면 강제추행죄는 친고죄라 하여 달라질 것은 아니기 때문에, 공소제기된 강제추행치상죄가 입증되지 않고 강제추행죄만 입증되는 경우에 법원은 공소장변경절차를 거치지 아니하고 강제추행의 공소사실에 관하여 심리 · 판단할 수 있고, 그 때 그 강제추행죄에 대한 고소를 취소한 사실이 인정되면 공소기각의 판결을 선고하여야 할 것이지 강제추행치상죄의 증명이 없다 하여 무죄의 선고를 할 것은 아니다.[5]

5) [참조조문] [1] 형사소송법 제298조, 형법 제298조, 제301조; [참조판례등] [1] 대판 1969.2.8. 68도1601; 대판 1971.1.12. 70도2216; 대판 1980.10.27. 80도1225; 대판 1983.11.8. 82도2119; 대판 1984.11.27. 84도2089; 대판 1985.8.20. 85도1171; 대판 1988.3.8. 87도2673; 대판 1990.10.26. 90도1229; 대판 1990.12.7. 90도1283.

[반대의견] 심리 결과 공소장에 기재된 공소사실과 법원이 인정하는 범죄사실이 상이한 경우, 공소사실의 동일성이 인정된다고 하더라도 법원은 원칙적으로 공소장변경절차를 거쳐 인정된 공소사실을 현실적 심판의 대상으로 삼아 피고인에게 변경된 공소사실에 대한 방어의 기회를 충분히 부여한 다음에 이를 인정하여야 하고, 다만 예외적으로 공소장변경절차를 거치지 아니하고 공소장에 기재된 공소사실과 다른 범죄사실을 인정한다고 하더라도 피고인의 방어권 행사에 실질적인 불이익을 초래할 염려가 없는 경우에 한하여 공소장변경절차를 거치지 아니하고도 이를 인정할 수 있는 것으로 보아야 할 것인 바, 강제추행치상죄로 공소가 제기된 경우 공소장변경절차를 거치지 아니하고 친고죄인 강제추행죄를 인정하는 것은 피고인에게 미처 예기치 못한 불의의 타격을 가하여 방어권 행사에 실질적 불이익을 줄 우려가 있고, 한편 이 경우에 검사가 강제추행의 범죄사실을 예비적으로 기재하거나 소송의 추이에 따라 공소장변경절차를 거친다고 하여 다수의견이 염려하는 실체적 진실의 신속한 발견에 특별히 지장을 주는 것도 아니라 할 것이므로, 위와 같은 경우 공소장변경절차를 거치지 아니하고 강제추행죄를 인정할 수는 없다고 보아야 할 것이며, 따라서 강제추행치상죄는 입증되지 아니하나 강제추행죄가 입증된다고 하더라도 공소장변경절차를 거치지 아니한 이상 피고인에 대하여 무죄를 선고함이 마땅하다.

[2] **[다수의견]** 원래 고소의 대상이 된 피고소인의 행위가 친고죄에 해당할 경우 소송요건인 그 친고죄의 고소를 취소할 수 있는 시기를 언제까지로 한정하는가는 형사소송절차운영에 관한 입법정책상의 문제이기에 형사소송법의 그 규정은 국가형벌권의 행사가 피해자의 의사에 의하여 좌우되는 현상을 장기간 방치하지 않으려는 목적에서 고소취소의 시한을 획일적으로 제1심 판결 선고시까지로 한정한 것이고, 따라서 그 규정을 현실적 심판의 대상이 된 공소사실이 친고죄로 된 당해 심급의 판결 선고시까지 고소인이 고소를 취소할 수 있다는 의미로 볼 수는 없다 할 것이어서, 항소심에서 공소장의 변경에 의하여 또는 공소장변경절차를 거치지 아니하고 법원 직권에 의하여 친고죄가 아닌 범죄를 친고죄로 인정하였더라도 항소심을 제1심이라 할 수는 없는 것이므로, 항소심에 이르러 비로소 고소인이 고소를 취소하였다면 이는 친고죄에 대한 고소취소로서의 효력은 없다.[6]

[반대의견] 형사소송법 제232조 제1항 소정의 고소는 친고죄의 고소를 의미하고, 친고죄에 있어서 고소나 고소취소와 같은 소송조건의 구비 여부는 현실적 심판대상이 된 공소사실을 기준으로 판단하여야 하므로, 위 조항은 친고죄에 있어 고소는 현실적 심판대상이 된 친고죄에 대한 제1심 판결의 선고 전까지 취소할 수 있다는 의미로 해

6) [참조조문] [2] 형사소송법 제232조; [참조판례 등] [2] 대판 1983.7.26. 83도1399, 83감도263; 대판 1985.2.8. 84도2682; 대판 1988.3.8. 85도2518.

석하여야 할 것이고, 따라서 친고죄가 아닌 죄로 공소가 제기되어 제1심에서 친고죄가 아닌 죄의 유죄판결을 선고받은 경우, 제1심에서 친고죄의 범죄사실은 현실적 심판대상이 되지 아니하였으므로 그 판결을 친고죄에 대한 제1심 판결로 볼 수는 없고, 따라서 친고죄에 대한 제1심판결은 없었다고 할 것이므로 그 사건의 항소심에서도 고소를 취소할 수 있는 것으로 보아야 한다.

판례평석

I. 서　론

대상판결은 이중(二重)으로 피고인에게 방어권행사를 침해한 사례이다. 첫째는 공소사실의 축소인정과 공소장변경 요부에서 나타났다. 31년 동안 지속되어 온 종래의 판례[7]에 따르면 공소사실의 축소인정인 경우 공소장변경절차를 거쳐야 했고, 이를 거치지 아니한 이상 무죄를 선고해 왔다. 그러나 대판 1999.4.15. 96도1922 전원합의체는 공소사실의 축소인정인 경우 '피고인의 방어권에 실질적 불이익이 없을 경우'에는 공소장변경절차를 거칠 필요가 없고, 법원이 변경된 공소사실에 대해 직권으로 유죄를 인정할 수 있다고 판시하였다. 소위 '공소장변경요구 없는 의무적 유죄판결설'이다.[8] 그러나 검사와 법원에 대해서는 공소장변경을 항소심에서도 인정하면서, 왜 항소심에서 피고인의 방어권 행사기회를 차단하는지, 이것이 '실질적 불이익'에 해당하지 않는지, 사법편의주의와 소송경제가 피고인의 방어권행사 보다 우선하는지가 논란이 되고 있다.

둘째는 항소심에서의 친고죄 판명과 고소취소의 효력에서도 피고인의 방어권행사의 침해가 나타나고 있다. 제1심에서 피고인의 행위가 비친고죄로 인정되어 유죄가 선고되었지만, 항소심에서 비친고죄가 친고죄로 공소사실이 변경된 경우

7) 대판 1968.9.19. 68도995 전원합의체: [판시사항] 특수강도의 공소사실은 공소장 변경절차 없이 특수공갈죄로 처단한 위법이 있는 실례 [판결요지] 특수강도 사실을 공소장 변경절차 없이 특수공갈죄로 처단함은 위법하다. [참조조문] 형사소송법 제298조, 형사소송법 제254조.

8) 이에 관해서는 신동운, 형사소송법, 제3판, 법문사, 2005, 742면.

이다. 이때 피고인이 항소하면서 제출한 고소취소의 의사표시가 담긴 합의서의 효력이 문제가 되었다. 법원이 항소심을 사실상의 제1심으로 보아 고소취소의 효력을 인정한다면, 피고인은 곧바로 형사소송법 제327조 제5호에 근거하여 공소기각판결을 선고받을 수 있기 때문이다. 그러나 대판 1999.4.15. 96도1922 전원합의체의 다수견해는 "항소심은 형식상 제1심이 아니기 때문에 고소취소는 항소심에서 효력이 없다"고 판시하였다. 이러한 문리해석은 항소심에서 공소장변경을 허용할 경우 항소심에서 새로이 추가·변경된 공소사실은 제1심의 심판을 받을 수 없기 때문에 피고인은 심급의 이익을 일부 잃어버리게 되는 구조적 딜레마를 안고 있다.[9] 전원합의체의 다수견해는 법원에게 더욱 더 재량의 범위를, 피고인에게는 더욱 더 방어책임의 범위를 확대하면서 종래의 관행을 되풀이 하고 있다. 때문에 피고인의 방어권행사를 구조적으로 차단하면서 '사법편의주의와 판결편의주의'를 강화하고 있다는 비판을 받고 있다.[10]

이 문제에 대해 형사법학자들의 평석논문은 각양각색이다. 대법원의 다수견해와 소수견해처럼, 공소사실의 축소인정과 공소장변경 요부 그리고 항소심에서의 친고죄 판명과 고소취소의 효력에서 각 입장들이 첨예하게 대립되어 있다.[11] 일부에서는 다수의견을 전면 지지하고, 또 일부에서는 공소사실의 축소인정과 공

---

9) 배종대·이상돈, 형사소송법, 제6판, 홍문사, 2004, 445면; 신동운, 형사소송법, 제3판, 법문사, 2005, 746면: "항소심에서 공소장변경이 행해지면 그 부분에 대한 제1심 판단의 기회가 생략되므로 이 경우에 충분한 방어의 기회를 부여해야 할 것이다"; 대판 1996.4.9. 96도173: [판결요지] 판결선고기일에 변론을 재개하고 바로 검사의 공소장변경허가신청을 허가하여 변경된 공소사실에 대하여 심리를 하고 이에 출석한 피고인과 피고인의 변호인이 별다른 이의를 제기하지 아니한 채 달리 신청할 증거가 없다고 진술함에 따라 피고인 및 피고인의 변호인에게 최종 의견진술의 기회를 부여한 다음 다시 변론을 종결하고, 같은 날 판결을 선고하였다고 하여, 피고인의 방어권을 제약하여 법률에 의한 재판을 받을 권리를 침해하였다고 할 수는 없다.

10) 오영근, 친고죄로의 공소장변경과 항소심에서의 고소취소의 효력, 志松이재상교수화갑논문집 형사판례의 연구[Ⅱ], 박영사, 2003, 196-217면(200면).

11) 김선복, 비친고죄의 공소사실에 대하여 친고죄를 인정하는 경우 공소장변경의 문제, 비교형사법연구 제3권 제1호, 한국비교형사법학회, 2001, 305-326면; 문채규, 항소심에서의 공소장변경과 고소취소의 효력, 志松이재상교수화갑논문집 형사판례의 연구[Ⅱ], 박영사, 2003, 237-254면; 변종필, 최신기본판례해설, 고시계, 1999년 9월호, 104면 이하; 백형구, 1999년 형사소송법 판례동향, 고시계, 2000년 1월호, 81면 이하; 손동권, 항소심에서의 공소사실변경으로 인한 특수문제－합의부 사물관할 및 친고죄 공소사실로의 변경, 형사판례연구 [9], 박영사, 2001, 469-481면; 심희기, 공소사실의 축소인정과 현저한 정의와 형평기준, 형사판례연구 [9], 박영사, 2001, 482-500면; 오영근, 친고죄로의 공소장변경과 항소심에서의 고소취소의 효력, 志松이재상교수화갑논문집 형사판례의 연구[Ⅱ], 박영사, 2003, 196-217면; 이종갑, 공소장변경과 방어권 보장, 志松이재상교수화갑논문집 형사판례의 연구[Ⅱ], 박영사, 2003, 218-236면; 이호중, 축소사실에 대한 공소장변경 없는 유죄인정－비친고죄의 공소사실에 대하여 친고죄의 유죄를 인정하는 경우－, 형사판례연구 [8], 박영사, 2000, 398-427면; 조준현, 공소장변경과 친고죄의 고소, 고시연구, 2000년 2월호, 82-90면; 천진호, 항소심에서의 공소장변경과 고소취소의 효력, 형사판례연구 [8], 박영사, 2000, 428-453면.

소장변경 요부의 판결은 상당히 비판하지만, 항소심에서의 친고죄 판명과 고소취소의 효력에 대해서는 수용하고 있고, 또 다른 일부(형사법학계의 주류견해)에서는 다수의견을 전면 비판하고 있다.

이 논문은 약 7년 동안(1999.4-2006.9)의 형사법학계에서 발표된 논문들을 쟁점별로 분석하면서 새로운 해결방안을 모색하는데 목적이 있다. 주요 내용은 형사소송법 제298조 제2항(Ⅱ)과 형사소송법 제232조 제1항의 입법목적과 해석이 될 것이다(Ⅲ). 결론에서는 형사소송법 제232조 제1항 개정을 제안하고자 한다.[12] 왜냐하면 이것이 형사절차법정주의에 부합한다고 믿기 때문이다.

Ⅱ. 공소사실의 축소인정과 공소장변경 요부

먼저 공소사실의 축소인정과 공소장변경 요부의 문제를 명확하게 파악하기 위해서 ① 형사소송법 제298조 공소장변경제도, ② 공소사실의 축소인정과 판단기준, ③ 공소사실의 축소인정과 공소장변경 요부에 관해 검토할 필요가 있다.

1. 형사소송법 제298조 공소장변경제도

공소장변경제도란 공소장에 기재된 공소사실과 동일성이 인정되는 사실이라 할지라도 공소장을 변경하지 않으면 법원에서 심판할 수 없다는 것을 말한다. 1954년 형사소송법 제정시에 도입된 제도이다. 제정 당시에는 검사의 신청에 의한 공소장변경제도만을 인정하였으나[13] 형사소송법 제3차 개정시(1973.1.25)에 법

12) [개정안] 형사소송법 제232조 (고소의 취소) ① 고소는 제1심 판결선고 전까지 취소할 수 있다. 다만, 예외적으로 제2심에서 공소장이 변경될 경우 고소는 제2심 판결선고 전까지 취소할 수 있다. ② 고소를 취소한 자는 다시 고소하지 못한다. ③피해자의 명시한 의사에 반하여 죄를 논할 수 없는 사건에 있어서 처벌을 희망하는 의사표시의 철회에 관하여도 전2항의 규정을 준용한다. 같은 취지 오영근, 친고죄로의 공소장변경과 항소심에서의 고소취소의 효력, 志松이재상교수화갑논문집 형사판례의 연구 [Ⅱ], 박영사, 2003, 196-217면(215면): "대상판결의 문제점은 입법의 잘못 또는 불비에서 비롯된 것이기 때문에 이를 입법적으로 해결하는 것이 근본적인 해결책이다. 입법론적 해결방법에서는 형사소송법 제232조에 항소심에서 친고죄로 공소장이 변경되거나 상고심에서 친고죄만을 인정한 경우에 대해서 규정해야 할 것이다."

13) 형사소송법 제정 1954.09.23 (법률 제341호): 형사소송법 제298조 (공소장의 변경) ① 검사는 법원의 허가를 얻어 공소장에 기재한 공소사실 또는 적용법조의 추가, 철회 또는 변경을 할 수 있다. ② 전항의 경우에 법원은 공소사실의 동일성을 해하지 아니하는 한도에서 허가하여야 하며 그 사유를 신속히 피고인 또는 변호인에게 고지하여야 한다. ③ 법원은 전2항의 규정에 의한 공소사실 또는 적용법조

원의 공소장변경제도를 신설하였다.[14] 공소장변경제도에는 직권주의 요소가 깊이 반영되어 있다.[15]

(1) 공소장변경의 형태

형사소송법 제254조 제3항과 제4항은 공소제기시 공소장에는 피고인의 죄명과 공소사실 및 적용법조를 기재하여야 하고 공소사실을 기재함에 있어서는 범죄의 시일, 장소와 방법을 명시하도록 규정하고 있다. 이 때 법원의 심판대상과 피고인의 방어대상을 명확히 하기 위하여 공소사실을 법률적·사실적으로 특정하도록 하고 있다. 검사는 공소제기시 피고인에 대한 범죄사실과 적용법조를 예비적 또는 택일적으로 기재할 수 있다(형사소송법 제254조 제5항). 또한 공소제기 후 공판단계에서도 공소사실의 동일성을 해하지 아니하는 한도에서 법원의 허가를 얻어 공소장에 기재한 공소사실 또는 적용법조를 추가·철회·변경할 수 있다(형사소송법 제298조 제1항).

(2) 공소장변경의 필요성

공소장변경이 필요한 이유는 크게 세 가지이다.[16] 첫째는 방어권행사의 실질적 보장이다. 공소사실과 동일성이 인정되는 사실이라 하더라도 공소장변경절차를 통하여 현실적 심판의 대상이 된 경우에 한하여 법원이 이를 심판할 수 있다.

의 추가, 철회 또는 변경이 피고인의 불이익을 증가할 염려가 있다고 인정한 때에는 직권 또는 피고인이나 변호인의 청구에 의하여 피고인으로 하여금 필요한 방어의 준비를 하게 하기 위하여 결정으로 필요한 기간 공판절차를 정지할 수 있다.

14) 형사소송법 일부개정 1973.1.25 (법률 제2450호): 형사소송법 제298조 (공소장의 변경) ① 검사는 법원의 허가를 얻어 공소장에 기재한 공소사실 또는 적용법조의 추가, 철회 또는 변경을 할 수 있다. 이 경우에 법원은 공소사실의 동일성을 해하지 아니하는 한도에서 허가하여야 한다. ② 법원은 심리의 경과에 비추어 상당하다고 인정할 때에는 공소사실 또는 적용법조의 추가 또는 변경을 요구하여야 한다. ③ 법원은 공소사실 또는 적용법조의 추가, 철회 또는 변경이 있을 때에는 그 사유를 신속히 피고인 또는 변호인에게 고지하여야 한다. ④ 법원은 전3항의 규정에 의한 공소사실 또는 적용법조의 추가, 철회 또는 변경이 피고인의 불이익을 증가할 염려가 있다고 인정한 때에는 직권 또는 피고인이나 변호인의 청구에 의하여 피고인으로 하여금 필요한 방어의 준비를 하게 하기 위하여 결정으로 필요한 기간 공판절차를 정지할 수 있다. [전문개정 1973.1.25]

15) 이에 관해서는 신동운, 형사소송법, 제3판, 법문사, 2005, 718-719면: "생각하건대 공소장변경제도의 존재의의는 직권주의적 관점에서 피고인의 방어권보장을 위하여 마련된 제도라고 새기는 것이 타당하다고 본다. 공소장변경제도를 직권주의적으로 이해하면 심판대상의 결여를 이유로 진범인을 형식적·기계적으로 방면하는 폐단을 방지할 수 있을 뿐만 아니라, 실체적 진실발견을 위하여 법원에 공소장변경요구의 의무를 부과하고 있는 형사소송법의 태도(형사소송법 제298조 제2항)를 쉽게 설명할 수 있다."

16) 허형구·차용석·백형구, 주석 형사소송법(중), 한국사법행정학회, 1992, 264면.

만약 법원이 공소장변경절차 없이 공소장에 기재된 사실과 다른 사실을 자유로 인정할 수 있다고 한다면, 이는 피고인의 방어권행사에 현저한 불이익을 초래하며 피고인에 대한 불의의 타격을 의미한다. 둘째는 소송의 동적·발전적 성격의 반영이다. 공소사실은 공판심리의 진행과정에서 사실적 또는 법률적 내용이 변화되는 경우가 있다. 공소장에 기재된 공소사실과 적용법조의 고정성을 고집한다면, 법원은 공소사실과 적용법조의 구속성으로 인해 피고인을 무죄방면 할 수밖에 없다. 이 경우 무죄판결의 기판력으로 인해 재차 소추·처벌이 불가능하고, 유죄자 불처벌의 불합리한 결과가 발생할 수 있다. 셋째는 공판심리의 능률과 신속이다. 심판의 대상을 명확히 한정함으로써 변경된 공소사실만이 심판의 실질적 심판대상이 되며 공소사실의 일부가 철회된 경우에는 철회된 사실에 대해서는 심판할 필요가 없기 때문이다. 공소장변경제도에서 가장 중요한 것은 피고인의 방어권행사의 실질적 보장이다. 피고인에게 가해지는 실질적 불이익 유무는 보다 피고인에게 유리한 방향으로 판단되어야 한다.[17)]

(3) 공소장변경의 절차

공소장변경의 절차는 검사의 신청에 의한 경우와 법원의 허가에 의한 경우가 있다. 형사소송법 제254조 제3항·제4항·제5항, 제298조 제1항·제2항의 취지를 보면, 심리 결과 공소장에 기재된 공소사실과 법원이 인정하는 범죄사실이 상이한 경우(사실기재설, 실질적 불이익설), 공소사실의 동일성이 인정된다고 하더라도(기본적 사실동일설), 법원은 원칙적으로 공소장변경절차를 거쳐야 한다.[18)]

공소장변경절차를 통해 인정된 공소사실을 현실적 심판의 대상으로 삼아 법원은 피고인에게 변경된 공소사실에 대한 방어의 기회를 충분히 부여하고(형사소송법 제298조 제3항), 다음에 공소사실을 인정하여야 한다. 법원은 반드시 이러한 절차를 준수해야 한다. 왜냐하면 피고인에 대한 방어권행사의 실질적 보장은 공소장변경제도의 핵심적 내용을 이루기 때문이다.

다만, 예외적으로 공소장변경절차를 거치지 않고 공소장에 기재된 공소사실과 다른 범죄사실을 인정할 수 있다. 그러나 이 경우는 피고인의 방어권 행사에 실질적인 불이익을 초래할 염려가 없는 경우로 제한되어 있다.

17) 신동운, 형사소송법, 제3판, 법문사, 2005, 731-732면(실질적 불이익설).
18) 대판 1990.5.25. 89도1694.

(4) 항소심에서의 공소장변경

항소심에서 공소장변경이 허용되는가? 이 문제는 항소심 구조와 직접 관련이 있다. 여기에는 세 가지 입장이 대립되어 있다.[19] 전면적 불가설, 예외적 허용설, 전면적 허용설이다. ① 전면적 불가설은 항소심은 사후심이므로 공소장변경이 허용되지 않는다는 견해이고, ② 예외적 허용설은 항소심에서 원심판결을 파기하는 때에만 허용된다는 견해이다. ③ 전면적 허용설은 항소심에도 당연히 공소장변경이 인정된다는 견해이다. 전면적 허용설이 현재 판례의 입장이며,[20] 형사법학계의 다수설이다.[21] 저자는 전면적 허용설이 타당하다고 생각한다. 왜냐하면 항소심은 속심이고, 항소심의 사후심 구조는 소송경제를 위해 이를 제한하는 데 불과하기 때문이다.

그러나 항소심에서 공소장변경을 허용할 경우 항소심에서 새로이 추가·변경된 공소사실은 제1심의 심판을 받을 수 없기 때문에 피고인은 심급의 이익을 일부 잃어버리게 되는 구조적 딜레마가 나타날 수 있다.[22] 대상판례가 이런 경우이다.

2. 공소사실의 축소인정과 판단기준

문제는 어떤 경우에 공소장변경절차를 거치지 않고 공소장에 기재된 공소사실과 다른 범죄사실을 인정할 수 있는가이다. 여기서는 그 범위를 대폭 제한하여 공소사실의 축소인정으로 한정하고자 한다. 대법원이 제시하고 있는 판단기준인 '피고인의 방어권행사에 실질적인 불이익을 초래할 염려가 없는 경우'를 자세히

---

19) 이재상, 형사소송법, 제5판, 박영사, 2002, 398면.

20) 대판 1986.7.8. 86도621; 대판 1987.7.21. 87도1101; 대판 1995.2.17. 94도3297; 대판 1996.1.15. 94도1520.

21) 배종대·이상돈, 형사소송법, 제6판, 홍문사, 2004, 445면; 백형구, 형사소송법강의, 제8정판, 박영사, 2001, 520면; 이재상, 형사소송법, 제5판, 박영사, 2002, 398면; 임동규, 형사소송법, 제3판, 법문사, 2004, 341면; 신동운, 형사소송법, 제3판, 법문사, 2005, 746면; 신양균, 형사소송법, 제2판, 법문사, 2004, 464면; 진계호, 형사소송법, 형설출판사, 2000, 449면.

22) 배종대·이상돈, 형사소송법, 제6판, 홍문사, 2004, 445면; 신동운, 형사소송법, 제3판, 법문사, 2005, 746면: "항소심에서 공소장변경이 행해지면 그 부분에 대한 제1심 판단의 기회가 생략되므로 이 경우에 충분한 방어의 기회를 부여해야 할 것이다."; 대판 1996.4.9. 96도173: [판결요지] 판결선고기일에 변론을 재개하고 바로 검사의 공소장변경허가신청을 허가하여 변경된 공소사실에 대하여 심리를 하고 이에 출석한 피고인과 피고인의 변호인이 별다른 이의를 제기하지 아니한 채 달리 신청할 증거가 없다고 진술함에 따라 피고인 및 피고인의 변호인에게 최종 의견진술의 기회를 부여한 다음 다시 변론을 종결하고, 같은 날 판결을 선고하였다고 하여, 피고인의 방어권을 제약하여 법률에 의한 재판을 받을 권리를 침해하였다고 할 수는 없다.

검토하고자 한다.

(1) 공소사실의 축소인정

공소사실의 축소, 소위 축소사실이란 공소가 제기된 범죄사실의 내용 중에 포함되어 있는 범죄사실을 말한다. 이 경우는 '大 는 小를 포함한다'는 이론에 따라 공소장변경을 필요로 하지 않는다. 설령 구성요건을 달리하는 사실이 공소사실에 포함되어 있는 경우라도, 행위의 태양이 동일하고 그 정도에 차이가 있는데 불과한 경우에는 피고인의 방어권행사를 제약하지 않는 범위 내에서 공소장변경 없이 축소사실을 인정할 수 있기 때문이다. 여기서 판단기준은 피고인의 방어권행사에 불이익을 줄 염려가 없어야 한다.

공소사실의 축소인정의 경우 대법원은 공소장변경절차 없이 유죄를 인정하고 있다. 예를 들면 강도상해를 절도와 상해로,[23] 강도상해를 주거침입 및 상해로,[24] 강도를 절도로, 특수절도를 절도로,[25] 살인미수를 상해로, 허위사실 적시 출판물등에의한명예훼손의 공소사실을 사실 적시 출판물등에의한명예훼손죄로,[26] 수뢰후 부정처사죄를 뇌물수수죄로,[27] 강간치상을 강간으로,[28] 강도강간죄를 특수강도미수죄와 강간죄로,[29] 특수강도강간미수를 특수강간으로,[30] 강간치사를 강간미수로,[31] 기수를 미수로 변경하여 인정할 경우에는 공소장변경절차를 필요로 하지 않는다.[32] 그러나 기수를 예비나 음모로 변경하여 인정하는 것은 방어방법에 차이가 있기 때문에 공소장의 변경을 요한다.[33]

23) 대판 1965.10.16. 65도599.
24) 대판 1996.5.10. 96도755.
25) 대판 1973.7.24. 73도1256.
26) 대판 1993.5.12. 93도1732.
27) 대판 1999.11.9. 99도2530.
28) 대판 1988.3.8. 87도2673.
29) 대판 1987.5.12. 87도792.
30) 대판 1996.6.28. 96도1232.
31) 대판 1969.2.18. 68도106.
32) 정동욱, 소위 축소사실에 대한 유죄인정범위: 공소장의 변경이 없는 상태에서 법원이 의무적으로 유죄를 인정해야 하는 축소사실의 범위, 형사판례연구[3], 박영사, 1995, 391-403면(396면); 이재상, 형사소송법, 제5판, 박영사, 2002, 393면.
33) 대판 1983.4.12. 82도2939; 대판 1999.11.26. 99도2461; 백형구, 형사소송법강의, 제8정판, 박영사, 2001, 528-529면; 백형구, 알기쉬운 형사소송법, 제2판, 박영사, 2004, 187면; 임동규, 형사소송법, 제3판, 법문사, 2004, 332면; 신양균, 형사소송법, 제2판, 법문사, 2004, 451면; 정동욱, 소위 축소사실에 대한 유죄인정범위: 공소장의 변경이 없는 상태에서 법원이 의무적으로 유죄를 인정해야 하는 축소사실의 범위, 형사판례연구[3], 박영사, 1995, 391-403면(396면); 진계호, 형사소송법, 형설출판사, 2000, 442면.

(2) '피고인의 방어권행사에 불이익을 줄 염려'의 판단기준

'피고인의 방어권행사에 불이익을 줄 염려'란 공소사실과 공소사실의 축소인정 사이에서 방어기회와 방어전략에 불의의 타격을 주는 것을 의미한다. 이것은 적법절차를 행사하지 못함으로써 피고인에게 실질적 불이익이 돌아가는 경우를 말한다.

피고인의 방어행사의 유형은 크게 두 가지로 나눌 수 있다.[34] 첫째는 피고인의 방어활동이고, 둘째는 피고인의 방어방법이다. 전자는 방어의 가능성, 방어의 기회를 말한다(추상적 방어설). 후자인 방어방법은 방어의 대상, 방어내용, 방어전략을 말한다(구체적 방어설).

피고인의 방어권행사의 범위는 소송절차의 전반에 걸쳐 있기 때문에 피고인은 각 심급마다 방어권을 충분히 행사할 수 있고, 이 때 공소사실에 대해 면소판결, 공소기각결정, 공소기각판결 또는 무죄를 주장할 수 있다. 공소사실의 축소인정의 경우 법원은 피고인 방어권행사의 실질적 보장을 위해 각별히 주의해야 하며, 이것이 침해되었을 경우 상소이유가 된다. 적법절차의 원칙과 공정한 재판의 원칙 때문이다.

피고인의 방어권행사에 불이익을 줄 염려가 있는 경우는 특히 대상판례처럼 친고죄와 반의사불벌죄에서 문제가 된다. 법원이 검사의 공소장변경이라는 현실적 조치가 없는 상황에서 공소사실의 축소인정, 즉 다른 범죄사실을 유죄로 인정할 경우에는 피고인의 방어권행사를 침해할 가능성이 나타난다. 친고죄가 아닌 죄에서 친고죄로, 반의사불벌죄가 아닌 죄에서 반의사불벌죄로 변경되는 경우[35]에는 심급이 제1심이든 항소심이든 반드시 공소장변경절차를 거쳐야 한다. 방어의 가능성과 방어의 기회에 대한 불이익가능성이 있기 때문이다(추상적 방어설).

---

34) 구체적 방어설과 추상적 방어설에 관해서는 차용석, 공소장변경의 요부, 고시연구 1997년 3월호, 19면 이하: ① 구체적 방어설은 피고인의 방어방법을 기준으로 구체적인 소송경과에 따라 사건마다 피고인에게 현실적인 불이익이 있느냐를 기준으로 판단하는 입장이다. 반면 ② 추상적 방어설은 피고인의 방어권행사를 위한 법원의 고지의무를 중시한다. 추상적인 관점에서 피고인의 방어권행사에 불이익을 '미칠 만한 성질의 변화를 내포'하고 있는지를 평가기준으로 삼는다. '불이익가능성'이 평가기준이다.

35) 대판 1965.12.21. 65도852; 대판 1999.4.15. 96도1922 전원합의체; 오영근, 친고죄로의 공소장변경과 항소심에서의 고소취소의 효력, 志松이재상교수화갑논문집 형사판례의 연구[II], 박영사, 2003, 196-217면.

3. 공소사실의 축소인정과 공소장변경절차의 요부

항소심에서 법원이 비친고죄를 친고죄(공소사실의 축소인정)로 갑자기 변경할 경우 설령 검사의 적극적인 공소장변경 신청이 없는 경우라고 하더라도, 법원이 직접 공소장변경을 요구할 수 있는가(재량), 아니면 요구해야 하는가에 있다(예외적 의무). 이 문제는 형사소송법 제298조 제2항 법원의 공소장변경요구의 법적 성질을 어떻게 보느냐에 따라 결론이 완전히 달리 나온다.

(1) 형사소송법 제298조 제2항의 입법 목적

형사소송법 제298조 제2항은 "법원은 심리의 경과에 비추어 상당하다고 인정할 때에는 공소사실 또는 적용법조의 추가 또는 변경을 요구하여야 한다"고 규정하고 있다. 법원이 직권으로 검사에게 공소장변경을 요구할 수 있는 규정은 1973년 형사소송법의 개정을 통하여 도입된 것이다. 여기에는 몇 가지의 입법배경이 있다. 첫째는 검사가 공소장변경을 하지 않음으로써 발생하는 무죄판결의 폐단을 방지하기 위한 것이다. 둘째는 법원의 자의적인 심판범위 확장을 견제하는데 있다. 종국적으로 형사소송법 제298조 제2항 법원의 공소장변경요구는 법원이 실체적 진실발견을 이유로 임의로 심판범위를 확장하거나 변경하여 피고인의 방어권 행사를 중대하게 침해하는 것을 사전에 방지하면서, 검사와 피고인에게 심리의 초점이 변경된다는 점을 알려주어 피고인에게 방어의 기회를 주기 위한 제도라고 볼 수 있다.[36] 법원의 공소장변경요구제도는 직권주의의 보충적 기능을 통해 실체적 진실발견 내지 형벌권행사의 적정을 도모하려는데 입법 목적이 있다.[37]

(2) 형사소송법 제298조 제2항의 법적 성질

형사소송법 제298조 제2항의 법적 성질은 네 가지 학설로 대립되어 있다. 재량설, 의무설, 예외적 의무설, 공소장변경요구 없는 의무적 유죄판결설이다. 대상판례의 핵심문제이기 때문에 학설들의 의미와 문제점을 간략히 살펴보고자 한다.

---

36) 신동운, 형사소송법, 제3판, 법문사, 2005, 738-739면.
37) 허형구 · 차용석 · 백형구, 주석 형사소송법(중), 한국사법행정학회, 1992, 284면.

(가) 재량설

법원의 공소장변경요구는 법원의 권한이고 재량이다. 법원은 적극적으로 공소장변경을 요구할 의무가 없다. 따라서 검사도 법원의 공소장변경요구가 없음을 이유로 상소할 수 없다. 이것이 재량설의 핵심이다. 형사법학계의 소수설이지만,[38] 1999년 대법원 전원합의체의 판결변경 전까지 대법원 판례의 주류적 입장이었다.[39]

그러나 재량설은 "법원은 심리의 경과에 비추어 상당하다고 인정할 때에는 공소사실 또는 적용법조의 추가 또는 변경을 요구하여야 한다(형사소송법 제298조 제2항)"는 법문에 충실하지 못하고, 공소불가분의 원칙(형사소송법 제247조 제2항 범죄사실의 일부에 대한 공소는 그 효력이 전부에 미친다)을 천명한 형사소송법의 태도를 간과하고 있다는 비판을 받고 있다.[40]

(나) 의무설

법원의 공소장변경요구는 법원의 의무이다. 이 학설은 형사소송법 제247조 제2항 공소불가분의 원칙과 형사소송법 제298조 제2항 규정에 부합한다. 그러나 현재 지지하는 학자는 없다. 의무설에 의하면 법원이 무죄를 선고하거나, 공소사실보다 경한 범죄사실로 처벌할 경우 검사는 상소할 수 있다.

그러나 의무설은 공소장변경제도의 입법취지와 배치되고, 검사가 해야 할 일을 오히려 법원이 나서 검사의 공소유지활동을 보완하고 있으며, 형사소송법 제298조 제2항이 피고인을 처벌하기 위한 규정으로 전락할 수 있는 위험이 있다는 점에서 비판을 받고 있다.[41]

(다) 예외적 의무설

공소장변경의 책무는 검사에게 있지만, 법원도 실체적 진실발견의 의무가 있다. 따라서 법원의 공소장변경요구는 원칙적으로 법원의 재량에 속하지만, 예외

38) 재량설을 지지하는 학자들로는 신현주, 형사소송법, 신정2판, 박영사, 2002, 491면; 이재상, 형사소송법, 제5판, 박영사, 2002, 397면; 진계호, 형사소송법, 형설출판사, 2000, 448면; 차용석, 형사소송법, 세영사, 1997, 584면.

39) 대판 1999.12.24. 99도3003; 대판 1997.8.22. 97도1516; 대판 1993.7.13. 93도113; 대판 1990.10.26. 90도1229 [상해치사] 법원이 검사에게 공소장의 변경을 요구할 것인지의 여부는 법원의 재량에 속하는 것이므로 법원이 검사에게 공소장의 변경을 요구하지 아니하였다고 하여 위법한 것이라고는 볼 수 없다; 대판 1985.7.23. 85도1092; 대판 1983.10.11. 83도2211.

40) 재량설에 대한 비판으로 신동운, 형사소송법, 제3판, 법문사, 2005, 741면.

41) 의무설에 대한 비판으로 이재상, 형사소송법, 제5판, 박영사, 2002, 397면; 신동운, 형사소송법, 제3판, 법문사, 2005, 741면.

적으로 법원에도 의무가 있다. 이것이 예외적 의무설의 핵심이고, 현재 형사법학계의 다수설이다.[42] 대법원 판례에서도 간혹 나타난다.[43] 사건이 (죄질, 태양, 결과) 중대하고, 증거가 명백한 경우 법원은 예외적으로 공소장변경을 요구해야 한다. 이 경우가 바로 '심리의 경과에 비추어 상당한 경우에' 해당한다. 예외적 의무설에 따르면 법원이 피고인에게 무죄를 선고하거나, 공소사실보다 경한 범죄사실로 처벌할 경우 검사는 상소할 수 있다. 왜냐하면 사건이 중대하고, 증거가 명백한 경우에도 공소장변경을 거치지 않는 것은 실체적 진실을 외면하는 것이고, 이것은 현저히 정의에 반한다고 보기 때문이다.

그러나 예외적 의무설도 그 기준이 명백하지 못하다는 점, 공소의 제기와 의무는 검사의 권한이라는 점, 당사자주의의 소송구조에 배치된다는 점 때문에 비판을 받고 있다.[44]

(라) 공소장변경요구 없는 의무적 유죄판결설

'공소장변경요구 없는 의무적 유죄판결설'은 일종의 '변형된 예외적 의무설'이다. 이 학설에 따르면 법원의 공소장변경요구는 원칙적으로 법원의 재량이지만, 법원이 예외적으로 공소장변경요구를 하지 않고 직권으로 유죄판결을 선고할 수 있다는 것이다. 즉 법원이 공소장에 기재된 공소사실은 인정하지 아니하고, 공소사실에 포함된 보다 가벼운 범죄사실만을 인정하는 경우에 법원이 그 가벼운 범죄사실에 대하여 유죄를 선고할 수 있다는 것이다. 대상판례(강제주행치상죄에서 공소장변경절차 없이 강제추행죄로 처벌)가 '공소장변경요구 없는 의무적 유죄판결설'을 취하고 있다.

이 학설에는 피고인의 방어권행사에 실질적 불이익을 초래할 염려가 없다는 전제가 깔려 있으며, 이 경우 바로 법원이 유죄판결을 하여 소송경제와 실질적 진실발견을 도모한다는 취지가 담겨있다.

그러나 이 학설에 대해 "축소사실인 경우 피고인의 관점에서 바로 유죄판결

42) 예외적 의무설을 지지하는 학자들로는 배종대·이상돈, 형사소송법, 제6판, 홍문사, 2004. 444면; 송광섭, 형사소송법, 신정판, 유스티니아누스, 2003, 469면; 신동운, 형사소송법, 제3판, 법문사, 2005, 742면; 신양균, 형사소송법, 제2판, 법문사, 2004; 491면; 백형구, 형사소송법강의, 제8정판, 박영사, 2001, 532-533면; 백형구, 알기쉬운 형사소송법, 제2판, 박영사, 2004, 190면; 임동규, 형사소송법, 제3판, 법문사, 2004, 349면; 정영석·이형국, 형사소송법, 법문사, 1997, 272면; 정웅석, 형사소송법, 제2판, 대명출판사, 2005, 643면.

43) 대판 1991.5.28. 91도711; 대판 1991.5.28. 91도676; 대판 1990.11.27. 90도1090; 대판 1991.5.28. 91도711.

44) 예외적 의무설에 대한 비판에 관해서는 이재상, 형사소송법, 제5판, 박영사, 2002, 397면.

을 해서는 안 되고, 예외적 의무설의 관점에서 법원으로 하여금 검사에게 공소장변경을 요구하는 절차를 밟도록 하는 것이 공소장변경 취지에 부합한다"는 비판이 강하게 제기되고 있다.[45)]

(마) 사 견

원칙적으로 공소장변경은 검사의 권한이다. 다만, 예외적으로 법원에 의한 공소장변경요구로 공소장변경이 이루어진다. 현행 형사소송법상 공소의 제기와 의무가 검사의 권한이라면, 검사는 적극적으로 공소장변경을 신청해야 한다. 검사가 공소장변경을 신청하지 않을 경우, 법원은 바로 무죄를 선고해서는 안 되고, 법원은 예외적으로 검사에게 공소장변경을 요구해야 한다(예외적 의무설). 그럼에도 검사가 법원의 공소장변경요구를 받아들이지 않으면(권고적 효력설),[46)] 법원은 직권으로 공소장변경절차를 거치고, 피고인에게 방어의 기회를 준 이후 변경된 공소사실에 대해 판결을 선고해야 한다. 이때 법원은 유죄, 무죄, 공소기각판결 등 판결형태를 자유롭게 선택할 수 있을 것이다.

따라서 저자는 예외적 의무설과 권고적 효력설이 타당하다고 생각한다. 왜냐하면 예외적 의무설과 권고적 효력설은 법원의 공소장변경요구가 '직권주의(법원)를 통한 당사자주의 강화'를 구현하는데 적합한 이론이고, 당사자주의와 직권주의를 조화·배합한 절충적·혼혈적 구조를 취하고 있는 우리 형사소송법의 기본구조와 부합한다고 보기 때문이다.[47)]

---

45) '공소장변경요구 없는 의무적 유죄판결설'에 대한 비판으로 신동운, 형사소송법, 제3판, 법문사, 2005, 741면.

46) 현재 학계의 절대적 다수설이다. 배종대·이상돈, 형사소송법, 제6판, 홍문사, 2004, 444면; 백형구, 형사소송법강의, 제8정판, 박영사, 2001, 534면; 백형구, 알기쉬운 형사소송법, 제2판, 박영사, 2004, 191면; 백형구·차용석·허형구, 주석 형사소송법, 한국사법행정학회, 1992, 291면; 송광섭, 형사소송법, 신정판, 유스티니아누스, 2003, 471면; 신양균, 형사소송법, 제2판, 법문사, 2004, 492면; 신현주, 형사소송법, 신정2판, 박영사, 2002, 493면; 이재상, 형사소송법, 제5판, 박영사, 2002, 397면; 임동규, 형사소송법, 제3판, 법문사, 2004, 349면; 정영석·이형국, 형사소송법, 법문사, 1997, 275면; 정웅석, 형사소송법, 제2판, 대명출판사, 2005, 645면; 진계호, 형사소송법, 형설출판사, 2000, 449면; 차용석·최용성, 형사소송법, 제2판, 세영사, 2004, 451면; 수정된 명령적 효력설을 주장하는 학자는 신동운, 형사소송법, 제3판, 법문사, 2005, 744-745면(745면): 신 교수는 이 학설에 대해 "대법원이 현저히 정의와 형평에 반하는 판결을 방지하기 위하여 처음부터 공소장을 변경할 필요 없이 유죄판결을 하도록 사실심 법원에 의무를 부과하는 태도와 맥을 같이한다고 한다. 이 학설은 유죄판결의 가능성을 인정한다는 점에서 법원의 공소장변경요구에 전적으로 권고적 의미밖에 부여하지 않거나 이행강제의 가능성을 부인하는 권고적 효력설과 크게 차이가 있다"고 말한다.

47) 이재상, 형사소송법, 제5판, 박영사, 2002, 40-41면 참조: 이재상 교수는 41면 각주 1번에서 "직권주의를 채택하고 있는 독일 형사소송법 제265조는 공소장변경 없이도 공소장에 기재된 공소사실과 다른 사실을 인정할 수 있도록 하고 있다." 그러나 저자는 오역이라고 본다. StPO § 265 Veränderung des rechtlichen Gesichtspunktes (1) Der Angeklagte darf nicht auf Grund eines anderen als des in der gerichtlich zugelassenen Anklage angeführten Strafgesetzes verurteilt werden, ohne daß er zuvor

4. 대상판결의 검토

대상판결에서 검사는 피고인 안○○를 비친고죄인 강제추행치상죄로 공소제기하였고, 제1심에서 강제추행치상죄로 유죄판결이 선고되었다. 피고인이 항소한 후 항소심에서 상해사실에 대한 입증이 문제되자 항소심 법원은 공소장변경절차를 거치지 아니하고 피고인에게 친고죄인 강제추행죄를 인정해 유죄를 선고하였다. 대상판결에 대해 대법원과 학계의 입장은 크게 두 가지로 대립되어 있다.

(1) 공소장변경요구 없는 의무적 유죄판결설

공소장변경요구 없는 의무적 유죄판결설은 대법원의 다수견해이고, 학계에서는 김선복・손동권・이재상・임동규・차용석 교수 등이 지지하고 있다. 이 학설에 따르면 항소심에서 비친고죄를 친고죄로 변경(공소사실의 축소인정)할 경우 검사의 적극적인 공소장변경신청이 없다고 하더라도, 법원은 공소장변경절차 없이 축소사실에 대해 유죄판결을 선고할 수 있다는 것이다.

먼저 김선복 교수는 다섯 가지 논거를 제시한다[48]: ① 피고인이 고소취소장을 법원에 제출하지 않은 것은 기회가 없어서가 아니라 이를 제출할 수 있었으나 강제추행치상죄로 공소제기된 상황에서 고소취소장을 법원에 제출하는 것이 무의미하다고 판단하였기 때문이었을 것이다. 이는 피고인의 잘못된 판단에 기인하는 것이기 때문에 이를 기준으로 피고인의 방어권행사에 실질적으로 불이익을 초래할 염려가 있는지를 판단하는 것은 옳지 않다. ② 강제추행죄에 대하여 방어를 준비할 수 있는데도 불구하고 무조건 공소장변경을 요구하는 것은 신속한 재판원칙에 반할 뿐만 아니라 소송경제의 관점에서도 바람직하지 않다. ③ 또한 왜 축소사실 가운데 유독 친고죄를 인정하는 경우에만 공소장변경절차를 요구하는지 납득할 수 없다. 축소사실을 인정할 때 공소장을 변경할 필요가 없다고 하는 것은 피고인에게 미리 방어를 준비할 기회가 충분히 부여되어 피고인의 방어권행사에 불이익을 초래할 염려가 없기 때문이다. 이 원칙

auf die Veränderung des rechtlichen Gesichtspunktes besonders hingewiesen und ihm Gelegenheit zur Verteidigung gegeben worden ist. 독일 형사소송법 제265조 (법적 견해의 변경) (1) 피고인에 대하여 사전에 법적 견해의 변경을 특별히 지적하고 변호의 기회를 주지 아니하고는 법원이 인정한 공소장에 표시된 형벌법규 이외의 형벌법규에 의하여 공판피고인에게 유죄를 선고할 수 없다.

48) 김선복, 비친고죄의 공소사실에 대하여 친고죄를 인정하는 경우 공소장변경의 문제, 비교형사법연구 제3권 제1호, 한국비교형사법학회, 2001, 305-326면(319면).

은 친고죄를 인정하는 경우에도 그대로 적용된다고 해야 한다. ④ 대법원은 지금까지 일관되게 강간치상죄로 공소제기된 사건에서 강간치상죄의 공소사실 중에는 강간죄의 공소사실도 포함되어 있으므로 법원은 공소장변경절차 없이 강간죄의 공소사실에 관하여 심판할 수 있다고 판시하고 있기 때문에, 피고인은 친고죄인 강제추행죄에 대하여 미리 피해자와 합의하여 그로부터 고소취소서를 받아내는 등의 방어행위를 할 수 있었다. ⑤ 공소장변경제도의 취지는 피고인에게 방어의 기회를 주는 것이므로 피고인이 방어할 수 있었다면 실제로 방어하였는지의 여부는 별로 중요하지 않다.

손동권 교수는 "친고죄가 피해자의 보호를 위한 것이므로 고소취소를 받기 위해 활동하는 것이 피고인의 방어권의 내용이라고 볼 수는 없고, 고소취소나 고소가 없음으로 인해 피고인이 처벌받지 않은 것은 친고죄의 반사적 효과에 불과하다"고 주장한다.[49] 이재상,[50] 임동규,[51] 차용석 교수[52]도 비슷한 입장이다.

공소장변경요구 없는 의무적 유죄판결설의 논거는 두 가지이다. 첫째, 강제추행치상의 공소사실에 대한 피고인의 방어행위는 동시에 강제추행의 공소사실에 대한 방어행위를 겸하고 있다. 둘째, 고소 및 그 취소는 고소의 대상이 된 범죄사실과 동일성이 인정되는 범위 내의 공소사실 전부에 대하여 그 효력이 미친다. 따라서 피고인으로서는 강제추행죄로 처벌될 경우까지도 대비하여 고소취소의 원용 등 일체의 방어행위를 할 수 있다.[53]

이 학설에 따르면 법원이 항소심에서 강제추행치상죄의 공소사실에 대하여 공소장변경절차를 거치지 아니하고 강제추행죄를 인정하여 처벌하였다고 하더라도 피고인의 방어권 행사에 어떠한 불이익을 주었다고 할 수 없다고 한다. 그렇기 때문에 공소제기된 강제추행치상죄가 입증되지 않고 강제추행죄만 입증되는 경우에 법원은 공소장변경절차를 거치지 아니하고 강제추행의 공소사실에 관하여 심리·판단할 수 있다. 이 때 강제추행죄에 대해 고소를 취소한 사실이 인정되면 공소기각의 판결을 선고하여야 할 것이고, 강제추행치상죄의 증명이 없다 하여 무죄의 선고를 할 것은 아니다는 입장이다.[54]

49) 손동권, 항소심에서의 공소사실변경으로 인한 특수문제－합의부 사물관할 및 친고죄 공소사실로의 변경, 형사판례연구[9], 박영사, 2001, 469-481면.
50) 이재상, 형사소송법, 제5판, 박영사, 2002, 393면.
51) 임동규, 형사소송법, 제3판, 법문사, 2004, 344면.
52) 차용석·최용성, 형사소송법, 제2판, 세영사, 2004, 580면.
53) 대판 1985.8.20. 85도1171 참조.
54) 대판 1988.3.8. 87도2673 참조.

(2) 예외적 의무설: 공소장변경 필요설

반면 예외적 의무설은 대법원의 소수견해이지만, 학계에서는 문채규 · 신동운 · 신양균 · 오영근 · 이종갑 · 이호중 · 천진호 교수 등 다수가 지지하고 있다. 예외적 의무설을 지지하는 학자들은 항소심에서 비친고죄를 친고죄(공소사실의 축소인정)로 변경할 경우 검사의 적극적인 공소장변경 신청이 없는 경우라고 하더라도, 법원이 공소장변경절차를 직권으로 거쳐야 한다고 주장한다. 다시 말하면 법원은 해당사건이 죄질, 태양, 결과에 있어서 중대하고, 증거가 명백한 경우 검사에게 공소장변경절차를 요구해야 하고(예외적 의무설), 만약 검사가 이러한 요구를 받아들이지 않으면(권고적 효력설), 법원은 무죄로 방면하지 않고 직권으로 공소장을 변경하는 절차를 밟고, 피고인에게 방어행사를 할 수 있도록 기회(고소취소장 제출 및 공판기일 연기)를 준 다음, 변경된 공소사실에 따라 판결을 선고할 수 있다고 한다. 여기서 '사건 중대와 증거 명백'은 바로 '심리의 경과에 비추어 상당한 경우에' 해당된다고 말한다.

이에 관하여 문채규 교수는 네 가지 논거를 제시한다: "① 피고인에게 방어전략상 실질적 수정을 가할 수 있는 기회를 주어야 하고, 즉 공소장변경절차를 거쳐야 하며, 그렇지 못할 경우 피고인의 방어권행사에 실질적 불이익이 초래될 우려가 있다. ② 고소취소의 원용이 방어전략상 갖는 의미는 방어대상이 친고죄이냐 비친고죄이냐 라는 방어대상의 성질에 따라서 현저히 다를 수 있다. ③ 친고죄인 축소사실로의 변경은 축소사실이면서도 실질적 불이익이 초래되는 대표적인 사례이다. ④ 결국 축소사실이지만 공소장변경이 필요한 전형적인 경우라 할 것이다."[55)]

그리고 신동운 교수도 "근래의 판례는 피고인의 방어에 실질적 불이익을 초래할 염려가 없다는 전제하에 법원으로 하여금 곧바로 유죄판결을 하게 하여 소송경제와 실체적 진실발견을 도모하려는 취지에 입각해 있다고 생각된다. 그러나 피고인보호의 관점에서 볼 때 축소사실에 대하여 곧바로 유죄판결을 할 것이 아니라 예외적 의무설의 관점에서 법원으로 하여금 검사에게 공소장변경을 요구하는 절차를 밟도록 하는 것이 오히려 바람직하다고 생각된다"고 비판한다.[56)]

또한 신양균 교수도 "강간치사상이나 강제추행치사상을 강간(미수) 또는 강제추행으로 변경하는 경우에는 비친고죄가 친고죄로 되므로 단지 사실관계의 일부가 심

55) 문채규, 항소심에서의 공소장변경과 고소취소의 효력, 志松이재상교수화갑논문집 형사판례의 연구[II], 박영사, 2003, 237-254면(247면).

56) 신동운, 형사소송법, 제3판, 법문사, 2005, 742면.

판대상에서 제외된 데 그치지 않고 방어방법에 차이를 가져오게 된다. 따라서 이 경우에는 공소장변경절차를 밟는 것이 타당하다"고 주장한다.[57]

오영근 교수도 마찬가지로 "비친고죄로 공소제기가 되었으나 친고죄만이 인정되고 고소취소가 없는 경우, 가장 올바른 해결책은 법원이 공소장변경을 요구하는 것이다. 공소장변경을 요구하지 않고 바로 친고죄의 유죄판결을 할 수 없다. 종래의 판례의 입장과 대상판결의 소수의견이 타당하다"고 주장한다.[58]

이종갑 교수는 네 가지 논거를 제시한다: "① 법원이 축소이론에 의하여 동일성이 인정되는 모든 범죄에 대하여 공소장변경 없이 사실인정을 할 수 있다면, 피고인의 입장에서는 구성요건 및 행위태양의 동질성이 인정되는 모든 성립 가능한 범죄에 대하여 방어방법을 갖추어 나아가야 할 것이다. 이는 오히려 소송경제에 반하여 원활한 소송진행이 방해되는 결과가 나올 것이다. ② 공소사실의 변경 전과 변경 후를 고려하여 방어방법에 있어서 차이가 있는지를 고려하여야 한다. ③ 제2심의 속심적 성격을 감안하여 제1심 절차의 유지 등 특별규정을 두는 것도 필요하지 않나 생각한다. ④ 사법편의주의에서 피고인의 방어권 보장 쪽으로 눈을 돌려야 한다."[59]

또한 이호중 교수도 두 가지 논거를 제시한다: "① 친고죄와 비친고죄는 방어방법이 다르다. 만약 제1심에서 강제추행죄로 공소가 제기되었거나 아니면 소송의 진행 중에 강제추행의 공소사실로 공소장이 변경되었다면, 피고인은 처음부터－최소한 공소장변경이 있은 후부터는－피해자와의 합의 및 고소취소를 유도해 내려고 많은 노력을 하였을 것이다. 따라서 고소취소장을 미리 법원에 제출하는 등의 방어행위를 피고인이 부담할 필요가 없다. ② 축소사실을 인정하는 경우에 법원은 반드시 그 축소사실에 대하여 심판해야 할 의무가 있다."[60]

마지막으로 천진호 교수는 여덟 가지 논거를 제시하고 있다: "① 공소장변경요구 없는 의무적 유죄판결은 극히 제한적으로 인정해야 한다. ② 피고인에게 실질적 방어기회를 주고 예외적으로 인정해야 한다. ③ 법원은 적정한 소송지휘권을 행사하여 피고인이 다른 범죄사실에 대한 방어의 필요성을 인식할 수 있도록 해야 한다. ④ 피고인이 유동적 심판범위 전부에 방어권을 행사한다면, 방어권행사의 예측가능성은 보장되지도 않을 것이고, 결국 방어권행사의 보장은 형해화되어 버린다. ⑤ 공소사실의

57) 신양균, 형사소송법, 제2판, 법문사, 2004, 479면.

58) 오영근, 친고죄로의 공소장변경과 항소심에서의 고소취소의 효력, 志松이재상교수화갑논문집 형사판례의 연구[II], 박영사, 2003, 196-217면(207면).

59) 이종갑, 공소장변경과 방어권 보장, 志松이재상교수화갑논문집 형사판례의 연구[II], 박영사, 2003, 218-236면(231면).

60) 이호중, 축소사실에 대한 공소장변경 없는 유죄인정 －비친고죄의 공소사실에 대하여 친고죄의 유죄를 인정하는 경우－, 형사판례연구[8], 박영사, 2000, 398-427면(413면).

특정과 공소장변경제도는 무의미하게 된다. ⑥ 검사는 언제든지 스스로 또는 법원의 요구로 공소장을 변경할 수 있지만, 피고인은 미리 알아서 방어하라는 것은 무기평등의 원칙에도 반한다. ⑦ 공소장변경절차를 거친다고 하더라도 실체적 진실의 신속한 발견에 특별히 지장을 주는 것이 아니다. ⑧ 사법우월주의를 버려야 한다. 형사사법권의 적정한 실현이 형사소송이 추구하는 가치이다."[61]

이상 대법원의 소수견해와 다수의 학자들이 주장하는 논거는 크게 네 가지로 요약할 수 있다.

첫째, 고소와 고소취소제도는 소송법적으로 중대한 의미가 있다. 소송법적 측면에서 볼 때, 친고죄인 강제추행죄에 있어서는 소송조건인 고소의 부존재나 고소취소는 공소기각이라는 유리한 형식판결을 선고받을 수 있는 결정적인 방어방법이 되므로 양 죄는 그 방어방법을 전혀 달리한다. 따라서 강제추행치상죄의 공소사실에 대하여 공소장변경절차를 거치지 아니하고 강제추행죄를 인정할 경우 피고인의 방어권 행사에 실질적인 불이익을 줄 우려가 있다. 실체법적 측면에만 치중하여 다른 결과적 가중범에서와 같이 공소장변경절차를 거치지 아니하고 강제추행죄를 인정할 수 있다고 보는 것은 공소장변경제도가 없는 직권주의 법제하의 해석으로는 별론으로 하고 공소장변경제도를 채택한 당사자주의 법제하의 해석으로서는 수긍하기 어렵다. 이러한 견해는 편면적인 축소이론에 집착하여 공소장변경제도를 무력하게 만드는 것으로서 소송법적 측면에서 피고인이 받을 우려가 있는 불이익을 고려하지 아니하였다는 비난을 면하기 어렵다.[62]

둘째, 공소사실의 특정과 그 변경제도의 입법 취지를 고려해야 한다. 공소의 효력이 공소장에 기재된 공소사실과 동일성이 있는 범위 내의 범죄사실에 모두 미친다고 하여도 공소장변경절차를 거치지 아니하면 그 공소사실과 다른 범죄사실은 법원의 현실적 심판의 대상이 되지 않는다. 마찬가지로 고소 및 그 취소의 효력이 고소의 대상이 된 범죄사실과 동일성이 인정되는 범위 내의 공소사실 전부에 미친다고 하여도 고소의 대상이 된 범죄사실이 공소장에 기재되거나 그 변경절차를 거쳐 공소사실로 특정되지도 아니한 채 곧바로 피고인이 방어하여야 할 대상으로 되는 것은 아니다. 따라서 피고인으로 하여금 공소사실과 다른 범죄사실이 인정될 것에 대비하여 미리 방어행위를 할 것을 요구할 수는 없다. 이렇게 보지 아니한다면, 방어의 대상을 명백히 함으로써 피고인의 방어권 행사를 용이하게 하기 위하여 채택된 공소사실의 특정

61) 천진호, 항소심에서의 공소장변경과 고소취소의 효력, 형사판례연구[8], 박영사, 2000, 428-453면 (443면).

62) 대판 1971.1.12. 70도2216: 폭행치상죄로 공소제기된 사건을 심리한 결과 폭행사실만을 인정한 법원은 검사의 폭행죄로의 공소장변경절차 없이는 폭행죄로 단죄할 수 없다.

및 그 변경제도의 입법 취지도 몰각하게 될 것이다.

셋째, 당사자주의 원칙과 무기대등의 원칙에 반한다. 검사로서는 강제추행치상죄의 공소제기 당시 상해사실이 인정되지 아니할 것에 대비하여 공소장에 강제추행죄를 예비적·택일적으로 기재하거나, 소송의 진행경과에 따라 언제든지 스스로 또는 법원의 요구에 응하여 강제추행죄로 공소장을 변경할 수 있다. 위와 같은 조치를 취하지 아니하고 있는 상황하에서 피고인에 대하여만 법원이 강제추행죄를 인정할 것에 대비하여 미리 피해자로부터 고소취소를 받는 등의 방어행위를 할 것을 요구하는 것은 당사자주의 원칙이나 무기대등의 원칙에도 반한다.

넷째, 잘못된 공소제기로 인한 불이익은 피고인의 몫이 아니라, 검사가 부담해야 한다. 피고인이 고소인과의 합의와 고소취소가 양형의 참작사유로서의 효과는 동일한 것으로 생각하여 고소취소의 방법을 택하지 아니하고 합의만 주장하였을 뿐인 경우에도 잘못된 공소제기로 인한 불이익을 검사에게 돌리기는커녕 오히려 그 불이익을 피고인에게 돌려, 공소기각판결을 받을 수 있었을 피고인에게 유죄의 판결을 선고하는 부당한 결과가 초래될 수 있을 것이다. 바로 대상판결은 공소장변경절차를 거치지 아니함으로 인하여 피고인이 실질적 불이익을 받은 경우에 해당한다고 할 것이다.

(3) 사 견

(가) 적법절차의 준수와 실체적 진실발견

1954년에 도입된 공소장변경제도에는 두 가지의 상반된 요청을 안고 있다. 첫째는 적법절차이다. 적법절차를 준수하면서 동시에 실체적 진실을 발견하는 것이다.[63] 둘째는 재판의 신속과 소송경제의 구현이다. 정의와 형평의 기조가 그 전제이며, 이러한 토대 위에서 실체적 진실을 신속하게 발견하는 것이다. 이 두 가지의 형사소송법의 이념을 어떻게 적절히 조화시키는가가 중요하다. 만약 이 두 가지가 상충될 경우 먼저 적법절차를 준수하면서 실체적 진실을 발견해야 한다.

(나) 적법절차의 정신과 형사소송법 제298조 제2항

형사소송의 이념은 적법절차에 의하여 신속하게 실체적 진실을 발견하는데 있다. 피고인에게 있어 적법절차는 방어권행사의 보장이 그 핵심이다. 피고인의 방어권행사에 실질적으로 불이익을 주거나, 줄 우려가 있는 경우 검사는 적극적으로 공소장을 변경해야 하고, 만약 검사가 공소장 변경을 청구하지 않는다면,

---

63) 대판 1990.12.7. 90도1283; 대판 1990.10.26. 90도1229; 대판 1984.11.27. 84도2089; 대판 1983.11.8. 82도2119.

법원이 공소장변경을 요구해야 한다. 이것은 법원의 예외적 의무다. 바로 이것이 1974년 형사소송법 개정의 입법정신이고, 형사소송법 제298조 제2항 규정에 부합하는 문리해석이다. 형사소송법 제298조 제2항의 법원에 의한 공소장변경 요구는 적법절차의 정신을 명문화 한 규정이라고 볼 수 있다. 따라서 형법 제301조 강제추행치상죄로 공소가 제기된 경우 공소장변경절차를 거치지 아니하고, 친고죄인 형법 제298조의 강제추행죄를 인정하는 것은 피고인에게 미처 예기치 못한 불의의 타격을 가하여 방어권 행사에 실질적 불이익을 줄 우려가 있다고 본다.

(다) 적법절차와 신속한 재판 그리고 소송경제

공소사실의 축소인정과 공소장변경절차에서 신속한 재판과 적법절차의 충돌 문제가 발생할 수 있다. 적법절차는 이때 신속한 재판보다도 소송경제보다도 우선한다. 피고인의 방어권행사에 실질적으로 불이익을 줄 가능성이 있음에도 불구하고, 법원이 검사에게 공소장변경절차를 거치도록 요구하지 않고, 직권으로 공소사실과 다른 범죄사실을 인정하는 것은 적법절차를 위반하는 것이다. 적법절차를 위반하면서 실체적 진실발견을 추구하는 것은 헌법과 형사소송법을 중대하게 침해하는 것이다. 따라서 검사는 강제추행의 범죄사실을 예비적으로 기재하거나 소송의 추이에 따라 공소장변경절차를 거쳐야 한다. 이것은 실체적 진실의 신속한 발견에 특별히 지장을 주는 것도 아니다. 따라서 대상판결의 경우 공소장변경절차를 거치지 아니하고 강제추행죄를 인정하는 것은 타당하다고 볼 수 없다.

(라) 공소장변경절차의 핵심과 피고인의 실질적 방어권행사 보장

공소사실의 축소인정의 경우 공소장변경절차가 불필요한 경우도 있다. 그러나 공소사실의 동일성이 인정되는 비친고죄가 공소장변경 없이 직권으로 친고죄로 변경될 경우, 피고인의 실질적 방어권행사, 즉 방어활동, 방어기회, 방어방법, 방어대상, 방어전략에 불이익을 줄 수 있다. 그렇다면 반드시 공소장변경절차를 거쳐야 한다. 공소장변경절차의 핵심은 피고인에게 방어권행사를 실질적으로 보장하는데 있기 때문이다.

(마) 사법편의주의와 피고인의 방어권 침해

오랜 관행으로 지속되어 온 사법편의주의는 변경되어야 한다. 형사소송에서 강제추행치상죄는 입증되지 아니하고, 강제추행죄만 입증된다면, 검사는 적극적으로 공소장변경절차를 거쳐야 한다. 그렇지 않다면 법원이 적극적으로 나서야 한다. 법원이 공소장변경을 요구하지 않고, 곧바로 피고인에게 유죄를 선고해서

는 안 된다. 왜냐하면 잘못된 공소제기로 인한 불이익은 검사에게 있기 때문이다. 검사는 소송의 진행상황을 예의주시하고 있다가 원래 공소가 제기된 범죄사실에 관하여 재판의 진행이 범죄의 증명이 없는 쪽으로 가는 듯 싶으면 조속히 공소장 변경절차를 밟든가 아니면 예비적 청구(형사소송법 제254조 제5항)를 하여 둠으로써 피고인이 잘못을 저지르고도 법적 판단으로부터 완전 면책되는 것을 방지할 수 있을 것이다.[64] 만약 이것이 형사사법정의에 부합하지 않다면, 이를 보완하기 위해 신설된 형사소송법 제298조 제2항을 입법취지에 따라 충실하게 문리해석을 해야 한다. 검사와 법원에게는 항소심까지 공소장변경을 허용하고, 또 검사와 법원에게는 축소사실이라고 하여 공소장변경절차를 생략하도록 허용한다면, 이것은 피고인의 방어권행사를 심각하게 침해하는 사법편의주의로 발전할 가능성이 있다. 방어전략상 실익이 없어 고소취소장을 미리 받아 두고서도 제출하지 않는 피고인에게 항소심에서의 공소장변경까지 염두에 두고 알아서 미리 방어준비를 하라는 것은 피고인에게 가혹하다. 형벌목적으로 자리 잡은 적극적 일방예방의 정신에도 부합되지 않는다.

(바) 결 론

대법원의 소수견해가 타당하다. 형사소송법 제298조 제2항 "법원은 심리의 경과에 비추어 상당하다고 인정할 때에는 공소사실 또는 적용법조의 추가 또는 변경을 요구하여야 한다"고 규정하고 있다. 대법원의 다수견해는 '상당하다고 인정할 때'를 너무 편면적으로 해석했다고 본다. 대법원의 소수견해(대법관 정귀호, 대법관 박준서, 대법관 이돈희, 대법관 김형선)가 설득력이 있고, 타당하다고 생각한다.

Ⅲ. 항소심에서의 친고죄 판명과 고소취소의 효력

대상판결의 두 번째 쟁점은 항소심에서의 친고죄 판명과 고소취소의 효력이다. 항소심에서 공소장변경이나 직권에 의한 사실인정으로 통상의 범죄가 친고죄나 반의사불벌죄로 된 경우에 이미 표시한 처벌희망의사를 철회하거나 고소를 취소하는 것이 가능한가 하는 문제이다. 이것은 아주 오래된 논쟁이다. 이 문제

64) 정동욱, 소위 축소사실에 대한 유죄인정범위: 공소장의 변경이 없는 상태에서 법원이 의무적으로 유죄를 인정해야 하는 축소사실의 범위, 형사판례연구[3], 박영사, 1995, 391-403면(403면).

를 보다 분명히 하기 위해서 형사소송법 제232조 제1항 고소취소의 시한(時限)과 항소심에서 친고죄 판명과 고소취소의 효력 그리고 대상판결을 검토하고자 한다.

1. 형사소송법 제232조 제1항 고소취소의 시한

고소의 취소란 제기된 고소를 철회하는 고소인의 법률행위적 소송행위를 말한다. 고소는 제1심 판결선고 전까지 취소할 수 있다(형사소송법 제232조 제1항). 고소취소를 제1심 판결선고 전까지로 제한하고 있는 이유는 두 가지이다. 하나는 범인과 피해자 사이의 화해가능성을 고려하여 고소취소를 인정하면서, 다른 하나는 국가사법권의 발동이 고소인의 자의에 의하여 좌우되는 것을 막기 위한 것이다.[65]

여기서의 고소는 친고죄의 고소를 말한다. 비친고죄의 고소는 수사의 단서에 불과하므로 언제나 취소할 수 있기 때문이다. 친고죄의 고소는 제1심 판결선고 전까지 취소할 수 있으므로 제1심 판결선고 후에 고소가 취소된 경우에는 고소취소의 효력이 없다.[66] 국가의 형사소추권이 지나치게 오랫동안 사인(私人)의 의사표시에 좌우되는 것을 막기 위한 것이다.[67] 피해자의 명시한 의사에 반하여 죄를 논할 수 없는 사건에 있어서 처벌을 희망하는 의사표시의 철회에 관하여도 고소의 취소에 관한 규정이 준용된다(형사소송법 제232조 제3항). 따라서 제1심 판결선고 후에 한 처벌희망 의사표시의 철회는 효력이 없다.[68]

고소취소는 형사절차에서 아주 중요한 기능을 담당한다. 고소의 취소(그리고 처벌희망의사표시의 철회)가 제1심 판결선고 전까지 행해진 경우 검사는 불기소처분, 법원은 공소기각판결을 선고해야 한다. 때문에 피해자 권리구제와 관련하여 형사정책적으로 아주 중요한 의미를 내포하고 있다. 그리고 고소취소장과 다른 합의서가 있다. 합의서는 고소인과 피해자 사이에 작성된 것이다. 반면 고소취소는 수사기관이나 법원에 대한 의사표시이다. 따라서 합의서는 고소취소라고 보기 어렵다.[69]

65) 이재상, 형사소송법, 제5판, 박영사, 2002, 196면.
66) 대판 1967.2.28. 67도41; 대판 1985.2.8. 84도2682.
67) 신동운, 형사소송법, 제3판, 법문사, 2005, 94면.
68) 대판 1979.2.27. 79도30; 대판 1983.2.8. 82도2860; 대판 2000.9.29. 2000도2953.
69) 대판 1969.2.18. 68도1901; 대판 1980.10.27. 80도1448; 대판 1983.9.27. 83도516.

2. 항소심에서 친고죄 판명과 고소취소의 효력

항소심에서 친고죄 판명과 고소취소의 효력을 인정할 것인가?[70] 여기에 관해서는 학설이 무효설, 유효설, 절충설로 나뉘어져 있다.

(1) 무효설

무효설은 항소심에서 고소취소의 효력을 부인하고, 고소의 효력은 형식적 제1심에만 유효하다는 입장이다. 무효설에 따르면 친고죄의 고소시한은 입법정책상의 문제이고, 현실적 · 잠재적 심판대상이 된 모든 공소사실의 경우 고소취소의 시한은 형식적 제1심에만 유효하며, 형사소송법 제232조 제1항 '제1심'의 의미는 친고죄가 현실적 심판의 대상이 되었는가의 여부와 상관없이 획일적으로 해석되어야 한다는 입장이다. 대법원의 다수견해이며 학계에서 김선복 · 배종대 · 이상돈 · 손동권 · 신동운 · 신양균 · 이재상 교수와 임동규 판사가 지지하고 있다.

이에 대해 김선복 교수는 네 가지 논거를 제시한다[71]: "① 피고인이 피해자로부터 받은 고소취소장을 제1심 법원에 제출하지 않는 등 방어를 철저히 준비하지 않아 고소를 취소하지 못하고 항소심에서 고소를 취소할 수 있다고 한다면, 고소취소기간의 제한에 관한 규정은 그 존재의의를 상실하게 된다. 이는 결국 검사가 비친고죄로 공소를 제기한 경우에도 피고인은 축소사실인 친고죄에 대해서도 방어를 철저히 준비하여야 한다는 것을 의미한다. ② 항소심에서의 고소취소의 인정은 오늘날 성범죄를 비친고죄로 하려는 경향에 반한다. ③ 형사소송법이 명문으로 고소는 제1심 판결선고 전까지 취소할 수 있다고 규정하고 있다. ④ 이 사건에서 이미 피고인이 피해자로부터 고소취소장을 받아내었다는 사실이 말해 주듯이 피고인은 강제추행죄의 인정을 예측하여 미리 피해자와 합의하여 그로 하여금 고소를 취소하도록 할 수 있기 때문이다."

또한 배종대 · 이상돈 그리고 이재상 교수도 "항소심에서 공소장이 반의사불벌죄로 변경된 경우에도 고소취소는 허용되지 않는다"고 주장한다.[72]

---

70) 항소심에서 반의사불벌죄로 공소장이 변경된 경우도 같다. 대판 1988.3.8. 85도2518; 오영근, 항소심에서 반의사불벌죄로 공소장이 변경된 경우 처벌을 희망하지 않는다는 의사표시의 효력, 형법학의 현대적 과제, 손해목박사화갑기념논문집, 법문사, 1993, 849-873면.

71) 김선복, 비친고죄의 공소사실에 대하여 친고죄를 인정하는 경우 공소장변경의 문제, 비교형사법연구 제3권 제1호, 한국비교형사법학회, 2001, 305-326면(323면).

마찬가지로 신동운 교수도 "제1심 판결의 선고시점은 형식적, 획일적으로 판단되어야 한다. 사인(私人)의 의사표시가 형벌권의 행사를 지나치게 좌우하는 일이 없도록 하기 위함이다. 따라서 항소심에서 비로소 친고죄임이 판명된 경우 또는 항소심에서 비로소 반의사불벌죄로 공소장이 변경된 경우라도 고소취소는 인정되지 않는다"고 말한다.[73]

그리고 신양균 교수도 "검사가 비친고죄로 기소함으로써 제1심에서 피고인이 고소취소에 따른 이익을 누리지 못하게 된 경우라도 피해자의 의사를 고려하여 항소심에서 고소를 취소할 수 있도록 하는 것보다는 공소권남용에 해당하는지를 개별적으로 판단하는 것이 타당하다"고 한다.[74] 그러나 이 경우 공소권남용에 해당하는지는 의문이며, 사실상 입증도 불가능할 것이다.

마지막으로 임동규 판사도 "형사소송법 제232조 제1항이 고소취소의 시한을 제1심 판결선고시까지로 한정한 것은 국가형벌권의 행사가 피해자의 의사에 의하여 좌우되는 현상을 장기간 방치하지 않으려는 목적이다. 제1심 개념을 항소심으로 확장하는 해석은 문리해석의 한계를 벗어난다는 점에서 무효설이 타당하다"고 주장한다.[75]

그러나 무효설은 범인필벌의 목적을 달성하고, 검사의 공소제기과정에서 발법행위의 유혹을 조장할 위험이 있다. 또한 피고인의 입장은 전혀 고려하지 않는 지극히 형식논리에 치우쳐 있다는 비판을 면하기 어렵다고 생각한다.

(2) 유효설

그러나 유효설은 항소심에서도 예외적으로 고소취소의 효력을 인정하고, 고소취소의 효력은 형식적 제1심뿐만 아니라, 실질적 제1심에서 효력이 있다는 입장이다. 유효설에 따르면 친고죄의 고소시한은 해석상의 문제이며, 현실적 심판대상이 된 공소사실이 실질적 제1심이라면, 피고인의 방어권과 친고죄의 형사정책적 의미를 고려하여 고소취소는 예외적으로 항소심에서도 효력이 있고, 이 경우 법원은 공소기각판결을 선고해야 한다는 입장이다. 대법원의 소수견해이며 학계에서 문채규·이종갑·이호중 교수가 지지하고 있다.

---

72) 배종대·이상돈, 형사소송법, 제6판, 홍문사, 2004, 198면; 이재상, 형사소송법, 제5판, 박영사, 2002, 196면.

73) 신동운, 형사소송법, 제3판, 법문사, 2005, 96면.

74) 신양균, 형사소송법, 제2판, 법문사, 2004, 107면.

75) 임동규, 형사소송법, 제3판, 법문사, 2004, 144면.

문채규 교수는 해석의 신축성과 고소취소제도의 긍정적인 기능을 논거로 제시한다[76]: "① 형사소송법 제232조 제1항의 '제1심 판결선고 전까지'라는 기간적 제한은 그 적극적인 측면(제1심 선고 후 공범에 대한 고소취소: 대판 1985.11.12. 85도 1940)에서건 소극적인 측면(이혼소송의 취하와 항소심: 대법원 1975.6.24. 75도1449)에서건 융통성 있게 신축적으로 적용될 수 있다. ② 그럼에도 대상판결은 고소취소의 시한을 획일적으로 제1심 판결선고시까지로 한정한 것이고, 항소심을 제1심이라 할 수 없다는 논거로 항소심에서의 고소취소를 불허하고 있다. ③ 항소심에서 비로소 친고죄로 확정되었다는 특수 사정이 있음에도 그것은 고소취소의 기한을 수정할 수 있는 예외적 사정으로 볼 수 없음을 논증했어야 했을 것이다. ④ 항소심에서 고소취소의 효력을 인정하더라도 고소취소기간 제한의 취지를 이탈하여 국가형벌권을 지나치게 장기간 피해자의 의사에 내맡기는 것으로 볼 수 없다. ⑤ 항소심에서 고소취소의 효력을 부정하는 것은 고소취소제도의 부수적이고 긍정적인 기능도 무시되는 결과가 초래된다. ⑥ 피고인이 공소기각사유로서 고소취소를 원용할 수 있는 기회를 피고인의 아무런 귀책사유 없이 박탈당하는 것이 되므로, 그것은 피고인의 방어권 보장의 측면에서 보더라도 부당하다. ⑦ 종합하면 대상사례와 같이 특수한 경우에 항소심에서의 고소취소를 허용하는 것이 친고죄의 취지에 부합할 뿐만 아니라 그렇게 함으로써 부수적으로는 피고인의 방어권보장에도 충실할 수 있고, 그렇게 하더라도 고소취소기간 제한의 취지를 실질적으로 이탈하는 것이 아니다. 따라서 제1심 판결선고 전까지의 제한을 탄력적으로 적용하는 것을 정당화시킬 수 있는 특수한 예외적 사정으로 해석가능하다고 본다."

또한 이종갑 교수도 '현실적 심판대상으로서의 제1심'을 주장한다[77]: "비록 문리해석의 범위를 벗어났다는 비판을 받을 수 있겠지만, 형사소송법 제232조 제1항의 '제1심'을 '현실적으로 심판의 대상이 된 제1심'으로 해석하는 것이 피고인 방어권 보장에 적합하리라고 사료된다"는 입장이다.

그리고 이호중 교수도 '사실상 제1심설'을 지지한다[78]: ① "항소심에서 공소장이 변경됨으로써 비친고죄의 공소사실이 친고죄로 변경된 경우에는 제1심에서는 친고죄가 현실적인 심판대상이 되지 않았으므로 항소심을 '사실상의 제1심'으로 취급하는 것이 타당하다. ② 이 경우 국가형벌권이 피해자의 의사에 좌우되는 현상을 장기간

76) 문채규, 항소심에서의 공소장변경과 고소취소의 효력, 志松이재상교수화갑논문집 형사판례의 연구[II], 박영사, 2003, 237-254면(249면).

77) 이종갑, 공소장변경과 방어권 보장, 志松이재상교수화갑논문집 형사판례의 연구[II], 박영사, 2003, 218-236면(234면).

78) 이호중, 축소사실에 대한 공소장변경 없는 유죄인정 - 비친고죄의 공소사실에 대하여 친고죄의 유죄를 인정하는 경우 -, 형사판례연구[8], 박영사, 2000, 398-427면(426면).

방치한 것도 아니다. 따라서 형사소송법 제232조 제1항의 입법취지를 훼손한 것도 아니다"는 입장이다.

그러나 유효설은 항소심을 실질적 제1심으로 보지만, 이것은 문리해석에 반하고, 항소심을 제1심이라고 할 경우 제2심과 제3심은 어떻게 되는가라는 비판을 받고 있다.

(3) 절충설

절충설은 고소취소의 효력은 원칙적은 형식적 제1심에서만 효력이 있지만, 다만 예외적으로 제1심에서 이미 고소취소서에 상응하는 합의서가 법원에 제출되거나(손동권 교수), 또는 고소취소의 시점이 항소심이라 하더라도 친고죄로 공소장이 변경되기 이전에 고소를 취소하였다면(천진호 교수) 이를 유효한 것으로 보아야 한다는 입장이다. 학계에서 손동권・천진호 교수가 지지하고 있다. 이 분들은 이 경우 법원은 공소기각판결을 선고해야 한다고 주장한다.

먼저 손동권 교수의 절충안을 구체적으로 살펴보면, 주요 논거는 세 가지이다[79]: "① 친고죄는 피해자의 보호를 위한 것이지 피고인을 보호하기 위하여 고소취소의 방어권을 부여하려는 제도가 아니다. 따라서 피고인이 고소취소를 받기 위해 활동하는 것이 피고인의 방어권의 내용이라고 볼 수는 없다. 고소취소나 고소가 없음으로 인해 피고인이 처벌받지 않는 것은 친고죄의 반사적 효과에 불과하다. ② 항소심에서 비로소 행한 고소취소는 원칙상 그 효력을 부인해야 한다. 다만 제1심에서 피해자와 합의하여 고소취소에 상응하는 의사표시를 받아낸 피고인은 최대한 보호해야 한다. ③ 피고인의 합의노력에 의해 제1심에서 이미 고소취소서에 상응하는 합의서가 법원에 제출되었고, 그 이후 항소심 법원에서 공소사실이 친고죄로 축소되었다면, 항소심 법원은 제1심에서의 고소취소를 근거로 공소기각판결을 할 수 있어야 한다. 이 경우에는 제1심에서의 고소취소를 근거로 공소기각판결을 하는 것이므로 형사소송법 제232조 제1항의 제한규정도 충족되면서 피고인의 소송이익도 보호하는 것이 된다. 따라서 고소취소의 의사표시가 이미 제1심에서 작성되었다면 그 제출시기가 친고죄로 공소사실이 변경된 항소심이라 하더라도 공소기각의 판결은 허용되는 것이 타당하다."

79) 손동권, 항소심에서의 공소사실변경으로 인한 특수문제－합의부 사물관할 및 친고죄 공소사실로의 변경, 형사판례연구[9], 박영사, 2001, 469-481면(478면 이하).

그러나 손 교수의 이러한 주장은 여전히 '제2심이 제1심이 아니다'는 점에서 비판을 받을 수밖에 없다. 또한 친고죄의 경우 고소취소장을 받아내는 것도 피고인의 방어권행사(방어기회, 방어전략, 방어노력)의 일종이다. 그리고 합의서는 고소취소라고 보기 어렵다. 합의서는 고소인과 피해자 사이에 작성된 것이다. 반면 고소취소는 수사기관이나 법원에 대한 의사표시이기 때문이다.[80)]

한편 천진호 교수는 약간 더 변형된 절충안을 제안한다[81)]: "① 형사소송법 제232조 제1항은 친고죄로 공소제기되거나 친고죄로 공소사실이 변경된 이후에 친고죄에 대해서만 적용되는 규정이라는 점에서 항소심이더라도 항소심에서 친고죄로 공소사실이 변경된 경우에는 친고죄로 공소사실이 변경되기 이전에 한 고소취소의 효력은 유효·적법하다고 해야 한다." ② 제2심에서 친고죄 등으로의 공소장변경이 된 후에 한 고소의 취소 등은 형사소송법 제232조의 적용을 받아 그 효력이 없다고 보아야 한다." 피고인의 방어권을 실질적으로 보장하기 위하여 법원 직권으로 비친고죄를 친고죄로 인정해서는 안 되며 반드시 공소장변경절차를 거쳐야만 된다고 하면 공소장변경제도의 취지와 고소취소를 허용하는 취지가 일관성 있게 해석될 수 있을 것이다."

그러나 천 교수의 이러한 절충적 주장도 마찬가지로 '제2심이 제1심이 아니다'는 점에서 비판을 받을 수밖에 없다. 또한 제2심에서 공소장변경시점을 기준으로 고소취소의 효력의 인정여부를 선(先)제출과 후(後)제출로 이분화하여 고소취소의 효력을 차등하는 것은 고소취소제도의 입법취지와도 맞지 않다. 적어도 제2심 판결선고 전까지는 피고인의 방어권행사(방어기회, 방어전략, 방어노력)를 완전히 보장해 주어야 한다. 생각건대 이것이 진정한 의미에서 적극적 일반예방(규범안정화)이고, 형벌의 목적에도 부합한다.

(4) 기타 (입법론)

오영근 교수는 입법론을 제안한다[82)]: "① 항소심을 제1심으로 보는 해석방법은 많은 문제점에 있어서 최후로 사용되어야 할 방법이다. 항소심에서 먼저 고소취소가 있고 이후 검사가 친고죄로 공소장변경을 신청하는 경우에는 법원이 공소장변경을 허

---

80) 대판 1969.2.18. 68도1901; 대판 1980.10.27. 80도1448; 대판 1983.9.27. 83도516.

81) 천진호, 항소심에서의 공소장변경과 고소취소의 효력, 형사판례연구[8], 박영사, 2000, 428-453면 (451면).

82) 오영근, 친고죄로의 공소장변경과 항소심에서의 고소취소의 효력, 志松이재상교수화갑논문집 형사판례의 연구[II], 박영사, 2003, 196-217면(214-215면).

가하지 말고 비친고죄에 대해 무죄판결을 하는 방법이 더 타당할 것이라고 생각된다. ② 제1심에서와는 달리 항소심에서의 공소장변경은 제한하는 것이 바람직하고 이것이 법원으로 하여금 공소장변경허가 여부를 결정하도록 규정한 형사소송법 제298조의 취지에도 맞는다고 할 수 있다. ③ 항소심에서 피해자의 고소취소와 검사의 공소장변경신청 중 어느 것이 먼저 있었는가에 따라 해결방법을 달리 하는 것은 일관성이 없다는 비판이 제기될 수 있지만, 이는 항소심을 제1심이라고 하여 문언에 정면으로 반하는 해석방법을 피하기 위해 어쩔 수 없다고 생각된다. ④ 대상판결의 문제점은 입법의 잘못 또는 불비에서 비롯된 것이기 때문에 이를 입법적으로 해결하는 것이 근본적인 해결책이다. 입법론적 해결방법에서는 형사소송법 제232조에 항소심에서 친고죄로 공소장이 변경되거나 상고심에서 친고죄만을 인정한 경우에 대해서 규정해야 할 것이다."

그러나 항소심에서 먼저 고소취소가 있고 이후 검사가 친고죄로 공소장변경을 신청하는 경우에는 법원이 공소장변경을 허가하지 않을 수 없으며, 또한 비친고죄에 대해 무죄판결을 하는 것도 사법정의에 부합하지 않는다고 생각한다.

3. 대상판결의 검토

대상판결에서 검사는 피고인 인○○를 비친고죄인 강제추행치상죄로 공소제기하였고, 제1심에서 강제추행치상죄로 유죄판결이 선고되었다. 피고인은 항소하면서 고소취소의 의사표시가 담긴 합의서를 항소심 법원에 제출하였다. 항소심 법원은 상해사실에 대한 입증이 문제되자 공소장변경절차를 거치지 아니하고 피고인에게 친고죄인 강제추행죄를 인정해 유죄를 선고하였다. 이 판결에 대해 대법원의 입장은 크게 대립되어 있다.

(1) 무효설(대법원 다수견해)

대법원의 다수견해는 무효설을 지지하고 있다. 그 논거는 세 가지이다.

첫째, 형사소송법 제232조 제1항은 "고소는 제1심 판결선고 전까지 취소할 수 있다"라고 규정하고 있다. 원래 고소의 대상이 된 피고소인의 행위가 친고죄에 해당할 경우 소송요건인 그 친고죄의 고소를 취소할 수 있는 시기를 언제까지로 한정하는가는 형사소송절차 운영에 관한 입법정책상의 문제이다.

둘째, 형사소송법의 그 규정은 국가형벌권의 행사가 피해자의 의사에 의하여 좌우되는 현상을 장기간 방치하지 않으려는 목적에서 고소취소의 시한을 획일적으로 제1심 판결선고시까지로 한정하고 있다. 따라서 그 규정을 현실적 심판의 대상이 된 공소사실이 친고죄로 된 당해 심급의 판결선고시까지 고소인이 고소를 취소할 수 있다는 의미로 볼 수는 없다.

셋째, 항소심에서 공소장의 변경에 의하여 또는 공소장변경절차를 거치지 아니하고 법원의 직권에 의하여 친고죄가 아닌 범죄를 친고죄로 인정하였더라도 항소심을 제1심이라 할 수는 없다.[83] 넷째, 항소심에 이르러 비로소 고소인이 고소를 취소하였다면 이는 친고죄에 대한 고소취소로서의 효력은 없다.[84]

(2) 유효설(대법원 소수견해)

대법원의 소수견해는 유효설을 지지하고 있다. 그 논거는 네 가지이다.

첫째, 형사소송법 제232조 제1항 소정의 고소는 친고죄의 고소를 의미하고, 친고죄에 있어서 고소나 고소취소와 같은 소송조건의 구비 여부는 현실적 심판대상이 된 공소사실을 기준으로 판단하여야 할 것이므로, 위 조항은 친고죄에 있어 고소는 현실적 심판대상이 된 친고죄에 대한 제1심 판결의 선고 전까지 취소할 수 있다는 의미로 해석하여야 할 것이다. 따라서 친고죄가 아닌 죄로 공소가 제기되어 제1심에서 친고죄가 아닌 죄의 유죄판결을 선고받은 경우, 제1심에서 친고죄의 범죄사실은 현실적 심판대상이 되지 아니하였으므로 그 판결을 친고죄에 대한 제1심 판결로 볼 수는 없고, 따라서 친고죄에 대한 제1심 판결은 없었다고 할 것이므로 그 사건의 항소심에서도 고소를 취소할 수 있는 것으로 보아야 한다. 이러한 의미에서, 이 사건과 사안을 달리함에도 불구하고 다수의견이 원용하고 있는 대판 1988.3.8. 85도2518은 변경되어야 할 것이다.

둘째, 제1심 판결이 현실적 심판대상이 된 친고죄에 대한 것인가 아니면 이를 불문하는가 하는 점은 형사소송법 제232조 제1항의 해석의 문제이다. 친고죄가 아닌 죄로 공소가 제기되어 제1심에서 친고죄가 아닌 죄의 유죄판결을 선고받았는데, 항소심에서 친고죄가 아닌 죄의 사실을 인정할 증거가 없어 비로소 친고죄로 인정되는 경우에는 고소인의 고소취소 여부와는 관계없이 제1심 판결은 어차피 유지될 수 없는 것이므로, 이러한 경우 제1심 판결이 선고된 후 고소취소의 효력을 인정한다고 하더라도 그로 인하여 국가의 형벌권이 고소인의 의사에 따라 좌우되는 것이라고는 할 수 없다.

셋째, 피고인이 고소인에게 피해변상을 하는 등 정당한 방법으로 고소취소를 받을

83) 대판 1988.3.8. 85도2518 참조
84) 대판 1985.2.8. 84도2682 참조

기회를 부여하는 것 또한 방어권 보장의 한 내용으로 보아야 한다. 국가형벌권의 추구만을 위한 고소취소의 제한은 필요한 한도를 넘어 이로 말미암아 관계 당사자의 이익이 부당하게 희생되는 일이 없도록 해석해야 한다.

넷째, 항소심에서 갑자기 친고죄로 공소장이 변경되는 경우에는 피고인의 귀책사유 없이 친고죄에 대한 고소취소로 대응할 수 없게 되는 결과가 나타난다. 이 경우 피고인이 방어권을 행사함에 있어 실질적인 불이익을 받을 염려가 있고, 고소인의 입장에서 보더라도 피고인과의 합의에 의하여 피해를 회복할 기회를 상실할 염려도 있다. 그럼에도 불구하고 위와 같이 해석하는 것은 국가형벌권 행사에 집착하여 친고죄의 성질과 관계 당사자의 이익을 제대로 반영한 것이라고 볼 수 없다.

(3) 사 견

(가) 무기평등의 원칙과 피고인의 방어권 보장

피고인에 대한 고소취소는 제1심에서만 허용된다. 그러나 검사는 제1심뿐만 아니라 항소심에서도 공소장변경을 신청할 수 있고, 법원도 제1심뿐만 아니라 항소심에서도 공소장변경을 요구할 수 있다. 항소심에서 비친고죄에서 친고죄로 갑자기 공소장이 변경될 경우 피고인은 항소심에서 자기에게 유리한 방어권을 행사할 수 없다. 이것은 무기평등의 원칙에 반한다고 생각한다.

(나) 피고인의 심급이익과 형사소송법의 구조적 딜레마

피고인의 심급이익을 일부 잃어버리게 되는 현행 형사소송법의 구조적 딜레마를 해소해야 한다. 항소심을 새로운 증거조사가 가능한 속심으로 보거나 사후심으로 보더라도 공소장변경이 가능하다고 보는 전면적 허용설에 따르면 항소법원은 공소장변경을 허가할 수 있을 뿐만 아니라, 법원의 진실발견의무에 비추어 허가할 의무가 있다. 대법원 판례도 같은 입장이다. 그러나 이 경우 피고인이 심급의 이익을 일부 잃어버리게 되는 구조적 딜레마에 봉착한다. 이러한 딜레마를 근본적으로 해결하기 위하여 피고인에게 형사소송법이 규정하고 있는 공소장변경절차를 거치게 한다거나, 잃어버린 심급에 대신하여 항소심에서도 고소취소장을 제출할 수 있게 해야 할 것이다. 왜냐하면 피고인의 방어권행사를 충분히 보장하는 것이 적법절차의 핵심이기 때문이다.[85]

---

85) 배종대 · 이상돈, 형사소송법, 제6판, 홍문사, 2004, 445면; 신동운, 형사소송법, 제3판, 법문사, 2005, 746면: "항소심에서 공소장변경이 행해지면 그 부분에 대한 제1심 판단의 기회가 생략되므로 이 경우에 충분한 방어의 기회를 부여해야 할 것이다."; 대판 1996.4.9. 96도173: [판결요지] 판결선고기일에 변론을 재개하고 바로 검사의 공소장변경허가신청을 허가하여 변경된 공소사실에 대하여 심리를 하고

(다) 입법자 · 검사 · 법원의 귀책사유와 형사법의 기본원칙

입법자, 검사, 법원의 귀책사유를 피고인에게 책임을 전가하는 것은 형사소송법이 추구할 방향이 아니다. 피고인에 대하여 제1심 판결이 이미 선고되었다는 이유로 그 항소심에서 고소가 취소되더라도 친고죄에 대한 고소취소로서의 효력이 없다고 한다면, 이것은 검사나 법원이 피고인의 행위가 강제추행치상죄에 해당하는 것으로 잘못 판단함으로써 발생하는 불이익을 오히려 방어권행사에 지장을 받은 피고인에게 전가시키는 결과이며 부당하다. 왜냐하면 이것은 입법자 · 법관 · 검사의 잘못에 관해서는 관대하고, 피고인의 잘못에 대해서는 엄격한 것으로서 형사법의 기본원칙에 역행한다고 생각하기 때문이다.[86]

(라) 결 론

대법원의 소수견해가 타당하다. 생각건대 제1심 법원은 친고죄인 강제추행죄를 현실적 심판대상으로 한 판결이 선고된 바 없다. 그럼에도 불구하고 항소심 법원은 친고죄가 아닌 강제추행치상죄에 대한 제1심 판결이 선고된 이상 그 후의 고소취소는 친고죄에 대한 고소취소로서의 효력이 없다고 판시하고 있다. 대법원의 다수견해도 원심을 지지하고 있다. 그러나 대법원의 다수견해는 친고죄에 있어 고소취소의 시한에 관한 법리를 오해한 위법이 있다고 본다. 대법원의 소수의견(대법관 정귀호, 대법관 박준서, 대법관 이돈희, 대법관 김형선)이 설득력이 있고, 타당하다고 생각한다.

Ⅳ. 결 론

대상판결의 [1] 공소사실의 축소인정과 공소장변경 요부와 [2] 항소심에서의 친고죄 판명과 고소취소의 효력 여부에 대한 결론은 다음과 같다.

1. 형사소송법 제298조 공소장변경제도는 피고인의 방어권 행사를 보장하기

이에 출석한 피고인과 피고인의 변호인이 별다른 이의를 제기하지 아니한 채 달리 신청할 증거가 없다고 진술함에 따라 피고인 및 피고인의 변호인에게 최종 의견진술의 기회를 부여한 다음 다시 변론을 종결하고, 같은 날 판결을 선고하였다고 하여, 피고인의 방어권을 제약하여 법률에 의한 재판을 받을 권리를 침해하였다고 할 수는 없다.

86) 오영근, 친고죄로의 공소장변경과 항소심에서의 고소취소의 효력, 志松이재상교수화갑논문집 형사판례의 연구[Ⅱ], 박영사, 2003, 196-217면(217면).

위한 명문 규정이다. 적법절차는 형사소송의 최고의 이념이며, 적법절차의 준수는 형사소송의 기본원칙이다. 피고인의 방어권행사의 보장이 이 원칙의 핵심이다. 절차적 정의를 희생하면서 실체적 정의를 추구하는 것은 결코 정당화 될 수 없다.[87]

2. 공소사실의 축소인정(소위 축소사실)에는 방어권행사에 불이익의 우려가 있는 한 공소장변경이 반드시 요구된다. 이 경우 법원은 공소장에 포함되어 있는 범죄사실보다 가벼운 범죄사실을 직권으로 변경하여 유죄를 선고해서는 안 되며, 피고인의 방어권행사를 철저하게 보장하기 위해서는 반드시 공소장변경절차를 거쳐야 한다. 이것은 1차적으로 검사의 의무이자, 2차적으로 법원의 의무이기 때문이다. 그렇게 해야 형사소송법 제298조 공소장변경제도가 피고인의 방어권을 보장하고, 적법절차를 구현하기 위한 완충 규정으로 역할을 할 수 있을 것이다.

3. 항소심에서 검사가 적극적으로 하는 비친고죄를 친고죄로 공소장을 변경한 경우 또는 법원이 직권으로 비친고죄를 친고죄로 공소장을 변경한 경우에는 실질적 제1심으로 보아 피고인이 행사할 수 있는 모든 방어권을 보장해 주어야 한다. 항소심에서 친고죄로 판명된 경우에는 항소심이 사실상 제1심에 해당한다. 여기서 사실상 제1심이란 친고죄가 처음으로 법원에서 다루어지는 심급을 말한다. 이 경우 예외적으로 고소취소의 효력은 항소심에도 있다고 생각한다.[88] 항소심에서 공소장변경이 행해지면 그 부분에 대한 제1심 판단의 기회가 생략되므로 이 경우에 충분한 방어의 기회를 부여해야 할 것이다.[89]

4. 21세기는 '국민을 위한 사법의 시대'라고 말한다. 그러나 대상판결이 남긴 메세지는 '법원의 자유와 피고인의 책임'이다. 이것은 21세기형 사법정책의 방향이 될 수 없다. 적극적 일반예방이라는 형벌목적과도 배치된다. 왜냐하면 피고인의 방어권 행사를 봉쇄하면서 국가형벌권을 행사하는 것이 사법정의(司法正義)라

87) 문채규, 항소심에서의 공소장변경과 고소취소의 효력, 志松이재상교수화갑논문집 형사판례의 연구[II], 박영사, 2003, 237-254면(254면).

88) 대판 1975.6.24. 75도1449 전원합의체가 참고가 될 수 있을 것이다. [판결요지] 간통피고사건에 대한 제1심판결 선고 후에 고소인의 이혼심판청구 사건이 취하간주된 경우에는 간통고소는 소급하여 효력을 상실하고 간통의 상간자가 이미 유죄판결을 받아 확정되었어도 이론을 달리하지 않는다(다수의견 10인: 대법관 민복기(재판장), 대법관 홍순엽, 대법관 이영섭, 대법관 주재황, 대법관 김영세, 대법관 민문기, 대법관 양병호, 대법관 이병호, 대법관 한환진, 대법관 임항준).

89) 신동운, 형사소송법, 제3판, 법문사, 2005, 746면.

고 볼 수가 없기 때문이다. 향후 대상판결은 많은 학자들의 지적처럼 피고인의 방어권행사를 보장하는 방향으로 판례의 변경이 불가피하다고 생각한다.

5. 더 나아가 입법부도 형법 제232조(고소취소의 시한)를 개정해야 한다. 저자는 이것이 형사절차법정주의라고 생각한다. 친고죄와 반의사불벌죄가 피해자의 의사를 존중하도록 한 것은 우선적으로 당사자 사이의 자율적인 화해나 합의에 맡기고 그것이 이루어질 경우 국가형벌권행사를 가급적 자제한다는 이념을 바탕으로 하고 있다. 그렇다면 이러한 취지가 더욱 구현되기 위해 입법개정을 서둘러야 한다.[90] 입법개정을 통해 실무와 학계의 해석논란을 종식시켜야 한다. 이렇게 해야 법원의 공소장 변경과 고소취소의 효력이 안고 있는 수많은 구조적 딜레마가 근본적으로 해결될 수 있을 것이다.

형사소송법 제232조 제1항은 다음과 같이 개정되어야 한다.

[현행안] 형사소송법 제232조(고소의 취소)	[개정안] 형사소송법 제232조(고소의 취소)
① 고소는 제1심 판결선고 전까지 취소할 수 있다. ② 고소를 취소한 자는 다시 고소하지 못한다. ③ 피해자의 명시한 의사에 반하여 죄를 논할 수 없는 사건에 있어서 처벌을 희망하는 의사표시의 철회에 관하여도 전 2항의 규정을 준용한다.	① 고소는 제1심 판결선고 전까지 취소할 수 있다. 다만, 예외적으로 제2심에서 공소장이 변경될 경우 고소는 제2심 판결선고 전까지 취소할 수 있다. ② 고소를 취소한 자는 다시 고소하지 못한다. ③ 피해자의 명시한 의사에 반하여 죄를 논할 수 없는 사건에 있어서 처벌을 희망하는 의사표시의 철회에 관하여도 전 2항의 규정을 준용한다.

▣ 비교법연구 ▣

일본 형사소송법은 제237조(고소의 취소)에서 고소취소의 효력을 공소제기가 있기까지로 명시하고 있다.[91] 그래서 우리나라의 대판 1999.4.15. 96도1922 전원

90) 같은 취지 오영근, 친고죄로의 공소장변경과 항소심에서의 고소취소의 효력, 志松이재상교수화갑논문집 형사판례의 연구[II], 박영사, 2003, 196-217면(215면): "대상판결의 문제점은 입법의 잘못 또는 불비에서 비롯된 것이기 때문에 이를 입법적으로 해결하는 것이 근본적인 해결책이다. 입법론적 해결방법에서는 형사소송법 제232조에 항소심에서 친고죄로 공소장이 변경되거나 상고심에서 친고죄만을 인정한 경우에 대해서 규정해야 할 것이다."

91) 三井 誠・酒巻 匡, 入門刑事手續法, 第3版, 有斐閣, 2001(신동운 역, 입문 일본형사수속법, 법문사, 2003, 473면).

합의체와 같은 법적 논쟁이 구조적으로 발생할 여지가 없다. 또한 일본 형사소송법 제312조(기소장 변경) 제4항은 '피고인의 방어에 실질적 불이익이 발생할 우려가 있는 때'를 구체적으로 명시하고 있다. 이것이 있다고 인정될 때에는 '피고인 또는 변호인의 청구에 의하여 결정으로 피고인에게 충분한 방어준비를 보장'하고 있다. 공소장변경에 관해서는 일본 형사소송법이 한국 형사소송법 한국 제298조(공소장의 변경) 제4항 보다 더 명확하게 규정되어 있다.

형사소송법 조문을 어떻게 명확하게 규정하느냐에 따라 형사실무와 형사법학계에서 불필요한 논쟁을 줄일 수 있을 것이다. 생각건대 한국 형사소송법이 일본 형사소송법과 같이 개정될 필요는 없다. 하지만 명확성의 원칙은 입법기술상 참고가 될 수 있을 것이다.

한국 형사소송법 제232조(고소의 취소)가 오랜 기간 동안 한국의 법문화에서 독자성을 유지하며 발전해 왔다면, 이 조문은 우리의 법문화와 실정에 따라 개정이 필요하다고 생각한다. 참고로 한국 형사소송법 제232조(고소의 취소)와 일본 형사소송법 제237조(고소의 취소) 그리고 한국 제298조(공소장의 변경)와 일본 형사소송법 제312조(기소장 변경)를 대비하여 소개한다.92)

한국 형사소송법 제232조(고소의 취소)	일본 형사소송법 제237조(고소의 취소)
① 고소는 제1심 판결선고 전까지 취소할 수 있다. ② 고소를 취소한 자는 다시 고소하지 못한다. ③ 피해자의 명시한 의사에 반하여 죄를 논할 수 없는 사건에 있어서 처벌을 희망하는 의사표시의 철회에 관하여도 전 2항의 규정을 준용한다.	① 고소는 공소제기(公訴提起)가 있기까지 언제든지 취소할 수 있다. ② 고소를 취소한 자는 다시 고소를 할 수 없다. ③ 전 2항의 규정은 청구를 기다려서 수리해야 할 사건에 대한 청구에 대하여 이를 준용한다.

한국 형사소송법 제298조 (공소장의 변경)	일본 형사소송법 제312조 (기소장 변경)
① 검사는 법원의 허가를 얻어 공소장에 기재한 공소사실 또는 적용법조의 추가, 철회 또는 변경을 할 수 있다. 이 경우에 법원은 공소사실의 동일성을 해하지 아니하는 한도에서 허가하여야 한다.	① 재판소는 검찰관의 청구가 있는 때에는 공소사실의 동일성을 해하지 아니하는 한도에 있어서 기소장에 기재된 소인(訴因) 또는 벌조(罰條)의 추가, 철회 또는 변경을 허가하지 않으면 안 된다.

92) 三井 誠・酒卷 匡, 入門刑事手續法, 第3版, 有斐閣, 2001(신동운 역, 입문 일본형사수속법, 법문사, 2003, 473면).

한국 형사소송법 제298조 (공소장의 변경)	일본 형사소송법 제312조 (기소장 변경)
② 법원은 심리의 경과에 비추어 상당하다고 인정할 때에는 공소사실 또는 적용법조의 추가 또는 변경을 요구하여야 한다. ③ 법원은 공소사실 또는 적용법조의 추가, 철회 또는 변경이 있을 때에는 그 사유를 신속히 피고인 또는 변호인에게 고지하여야 한다. ④ 법원은 전 3항의 규정에 의한 공소사실 또는 적용법조의 추가, 철회 또는 변경이 피고인의 불이익을 증가할 염려가 있다고 인정한 때에는 직권 또는 피고인이나 변호인의 청구에 의하여 피고인으로 하여금 필요한 방어의 준비를 하게 하기 위하여 결정으로 필요한 기간 공판절차를 정지할 수 있다.	② 재판소는 심리의 경과에 비추어 적당하다고 인정할 때에는 소인(訴因) 또는 벌조(罰條)의 추가 또는 변경을 명할 수 있다. ③ 재판소는 소인 또는 벌조의 추가, 철회 또는 변경이 있을 때에는 신속하게 추가, 철회 또는 변경된 부분을 피고인에게 통지하지 않으면 안 된다. ④ 재판소는 소인 또는 벌조의 추가, 철회 또는 변경에 의하여 피고인의 방어에 실질적 불이익이 발생할 우려가 있다고 인정하는 때에는 피고인 또는 변호인의 청구에 의하여 결정으로 피고인에게 충분한 방어준비를 하게 하기 위하여 필요한 기간 동안 공판수속을 정지하지 않으면 안 된다.

제4장 삼심제 소송구조의 문제점과 상소제도의 개혁방안*

2002년 8월 독일 할레 지방법원(LG Halle)의 형사법정. 할레의 형사재판은 집중심리로 하루 종일 진행되었다. 50분 개정, 10분 휴정. 이 법정에는 마이크도 없고 법관의 위압도 없었다. 일반인이 이해하기 쉬운 생활독일어를 구사했다. 피고인 복장은 사복이었다. 우리처럼 비둘기색 또는 황토색 수의복이 아니었다. 피고인의 가슴에는 수용자 칭호번호도 없었다. 흰 고무신도 신지 않았다. 변호인이 옆에 앉아 있었다. 가족들은 하루 종일 지켜보았다. 우리처럼 5분도 안 되어 다른 피고인이 입장하지 않았다. 가족들은 5분 때문에 하루를 보내지 않았다. '1법정 1사건주의'였다. 할레법정은 시민의 가까이에 서 있었고, 간편했고, 명료했고, 효율적이었다. 50석 규모의 형사법정, 사랑방 좌담회였다.[1)]

Ⅰ. 문제의 제기

한국의 형사재판은 한 마디로 '운동장(?)' 재판이다. 공개재판이라는 미명하에 피고인의 인격권은 '휴지조각'이 되고 있다. 피고인은 아직도 수용자 칭호번호가 새겨진 비둘기색·황토색 수의복을 입고 재판을 받고 있다. 재판부에 동정심을 유발하는 것이 그 이유다. 동일 형사법정에서 하루에 수십 건씩 재판을 진행한다. 남편, 자식 그리고 피해자 가족들은 몇 분의 재판 때문에 하루를 보내고 있다. 전국의 형사법정이 비슷한 실정이다. 도대체 누구를 위한 형사재판인가?

신평(전직 법관출신) 교수는 한국의 형사재판을 이렇게 비판한다. "건당 1분밖에 안 걸리는 재판, 어떻게 21세기 재판이라고 할 수 있는가? 왜 재판부는 재판을 1주일에 한 두번밖에 열지 않는가? 이것은 국민을 경시하고 판사들을 위해 만

---

* 비교형사법연구 제5권 제2호, 2003, 175-209면.

1) 하태영, 법원·검찰·집행기관 지자체 이관, 독일통일 12년, 현장보고[19], 경남도민일보, 2002년 11월 19일자, 19면; 하태영, 독일통일 현장 12년, 경남대학교출판부, 2004, 139-144면(시민친화적인 법무행정이 구축되다).

들어진 야만적 제도일 뿐이다. 사법개혁은 지엽적인 제도를 고친다고 이뤄지는 것이 아니다. 근본적으로 제도를 개혁해야 자연히 의식도 바뀔 수 있다."[2)]

시민들에게 소송의 부담을 경감시키고, 소송촉진을 실현할 수 있는 21세기형 사법개혁의 방향은 없는가? 이러한 방향에 대해 지금까지 어느 누구도 21세기의 형사소송의 새로운 모델을 구체적으로 제시한 적이 없다. 새 모델을 통해 달성할 수 있는 이익, 다시 말하면 실제적인 경감을 명확하게 추산하여 설득력 있게 구체적인 제안을 한 적이 없다.

저자는 이것을 '삼심제 소송구조의 개혁과 상소제도의 개혁'이라고 본다. 사법부를 '시민에게 더 가깝도록, 더 명료하게, 더 신속하게 그리고 더 효율적으로 발전시키는 것'이 사법개혁의 핵심이다. 이제 사법부의 문제점들이 단지 사법부 내부의 문제로만 남아서는 안 된다.[3)] 민주·법치국가에서 사법기관도 심판대에 올라서야 한다. 현재의 형사소송구조로는 도저히 국민의 소망을 충족할 수가 없다.

이 논문에서는 삼심제 소송구조와 현행 형사재판제도의 문제점을 분석하고(Ⅱ), 이를 근거로 상소제도의 개혁방안을 구체적으로 검토하고자 한다(Ⅲ). 이러한 방향에서 그동안 학계와 실무계에서 깊이 연구되어 온 수 많은 연구결과물들이 제자리를 찾아야 한다. 최소한 "무엇이 문제인지? 우리가 어디로 가야 하는지? 그리고 어떻게 가야 하는지?"는 공유할 필요가 있다. 저자는 바로 이것이 21세기를 준비하는 '사법개혁의 출발점'이라고 믿는다(Ⅳ).

Ⅱ. 삼심제 소송구조와 현행 형사재판제도의 문제점

근대 사법 백년 동안 한국의 형사재판은 여러 형태의 우여곡절을 거쳐왔다. 이 우여곡절 속에서 국민들은 "사법기관은 너무 비싸고, 외형상 모습은 오히려 값싸게 여겨질 만큼 너무 왜소하다. 사법부의 독립, 효율성, 친밀성, 신속성, 신뢰성, 투명성을 확보하라"[4)]고 비판해 왔다. 하지만 사법부는 그 동안 국민들의 비

2) 신평, 열린 사법과 그들만의 사법-사법무결점주의를 비판하며, JURIST, 2002년 1월호, 18-22면(21면).

3) 신평, 위의 논설, 22면.

4) 이혁주·김창수, 법관과 재판, 고시계, 1986; 한국법학교수회 편, 법학교육과 법조개혁-故 이윤영 교수 추모논문집, 길안사, 1994; 한국법학교수회 편, 사법개혁 이렇게 해야 한다, 길안사, 1995; 참여연대 사법감시센터, 국민을 위한 사법개혁, 박영률출판사, 1996; 한인섭, 권위주의 형사법을 넘어서, 동성사,

판을 한편으로 수용을 하면서도,[5] 다른 한편으로 여러 변화의 흐름에 어정쩡하게 버텨왔다. 그러나 오늘의 형사재판은 참담한 모습이다. 법정은 너무도 대형화되어 있고(효율성의 문제), 생활근거지에서 멀리 떨어져 있으며(친밀성의 문제), 재판진행도 너무 느리다(신속성의 문제). 또 제1심에 불복하는 항소율이 너무 높고(신뢰성의 문제), 형사재판에서 시민참여가 봉쇄되어 있다(투명성의 문제). 여기서는 이러한 문제점을 분석하고, 대법원 2003년 '사법발전을 위한 향후 추진 과제'[6]에 대한 실효성 여부를 진단하고자 한다.

1. 효율성의 문제

한국의 형사합의부 대법정은 200석이다. 방청석은 넓고 대기석은 협소하다. 이러한 법정구조에서는 집중심리가 행해질 수 없고, '1사건 1법정주의'도 불가능하며, 이를 무리하게 시행하는 것은 예산낭비만 초래할 뿐이다. 효율성이 전무한 법원구조다.

법원행정처가 2003년에 발간한 새로운 형사재판 운영보고서[7]를 보면, 2002년 3월 1일부터 11월 30일까지 전국 본원 및 서울 관내 지원을 합한 법원의 월(月) 평균 접수건수는 합의 64건, 단독 96건이다. 주 1회 공판기일을 운영하면서 위와 같은 월 평균 접수건수를 처리하는 경우 사건당 총심리시간은 증인신분을 포함하여 단독은 평균 14분, 합의는 21분에 불과하다. 도대체 이것이 21세기를 지향하는 인구 4천 8백만 인구의 한국 사법제도인가?

2000; 박홍규, 시민이 재판을! 사람생각, 2000; 오욱환, 한국의 사법개혁안에 대한 분석, 인권과 정의, 통권 제290호, 2000년 10월호, 147면. 174면(특히 149면. 160면).

5) 사법개혁추진위원회, 사법개혁추진위원회 전문위원 보고서(상)(하), 2000: 이 보고서에는 공정하고 신속한 권리구제의 방안(제1편), 법률서비스의 질적 향상 및 세계화 조류에의 대응(제2편), 법조의 합리화·전문화·현대화(제3편), 법조인 양성제도의 개선(제4편), 법조비리근절(제5편), 해외출장보고서가 수록되어 있다. 전체 34개의 안건이 논의되어 있다.

6) 대법원, 사법발전을 위한 향후 추진 과제 [보도자료], 2003년 1월, 1-16면: 이 보도자료의 핵심은 ① 국민과 가까운 법원을 위한 제도 마련, ② 인권신장을 위한 형사재판제도의 개선, ③ 재판의 질 향상을 위한 각종 제도의 개선, ④ 사법서비스 향상을 위한 각종 제도의 개선 등이다; 법원행정처, 새로운 형사재판 운영방식, 2003, 1-64면; 이 책자의 핵심은 여섯 가지로 요약된다. ① 인신구속제도의 운영방향 재정립, ② 법정 중심의 충실 심리, ③ 사건 관리 방식의 변화, ④ 피고인 방어권의 보장, ⑤ 적정한 양형의 구형 등이다. 2003년 1월과 3월 '제2차 사법발전계획'은 '국민과 가까운 법원'에 초점이 맞춰져 있다. 대법원이 밝힌 계획들은 국민을 위한 '종합선물세트'이다. 여기에는 사법제도 전반에 관한 개선안들이 포함되어 있다. 특히 '1사건 1법정주의', 참심제나 배심제의 도입 추진은 사법부에 대한 국민의 이해증진과 신뢰회복을 목표로 삼고 있다.

7) 법원행정처, 새로운 형사재판 운영방식, 2003, 1-64면(7-8면).

대법원은 주 2회 공판기일을 지정하여 매주 11시간(선고시간 1시간 별도)의 법정시간을 투입한다고 한다. 단독의 경우 14분에서 33분, 합의부의 경우 21분에서 55분으로 135~162% 정도 증가한다고 홍보한다. 피고인과 피해자 그리고 그 가족들을 생각한다면 안타까운 개선책이다.

대법원이 천명한 '법정중심의 충실심리'를 구현하려면, 우선 법정규모가 개조되어야 하며, 형사재판부가 대폭 증설되어야 하고, 업무의 과중이 해소되어야 한다. 이러한 사법부의 하드시스템(인적 충원, 물적 충원)이 개선되지 않고서는 형사재판의 효율성을 기대하기 어렵다. 생각건대 대법원이 2003년부터 시행하고 있는 주 2회 공판, 변호인 신문시 단문장답형, 일괄증인신문 등은 탁상공론(卓上空論)이 될 가능성이 높고, 하나의 홍보물에 불과하다고 본다.

2. 친밀성의 문제

한국의 형사법원은 생활근거지에서 너무 멀리 떨어져 있다. 피고인은 아침 6시에 일어나 배식, 세면, 8시에 호송차량에 승차하여, 오전 9시에 검찰청 구치감에 도착한다. 하루 종일 대기하다 몇 분간의 재판을 받는다. 피고인의 남편, 자식 그리고 피해자 가족들도 몇 분의 재판 때문에 하루를 보낸다. 대한민국 형사법정이 비슷하다. 이러한 실상은 50년간 지속되고 있다. 도대체 이 형사재판은 누구를 위한 형사재판인가?

법원행정처 발간 2003년 새로운 형사재판 운영보고서[8]를 보면, 법정증축방안이 있다. 민사법정의 여유도 없고 청사신축 계획도 없는 법원의 경우에는 형사법정을 신축한다고 한다. 저자는 법원청사가 기초자치단체 단위로 빠짐없이 설치되어야 한다고 생각한다. 일상생활에서 발생하는 경미범죄는 생활근린지역의 형사사법기관에서 처리되어야 한다. 이렇게 되어야 일반예방과 특별예방이 가능하다고 본다. 이것이 바로 시민을 위한 사법이 아닌가? 일본의 '3자1일 처리제도'는 적극 검토되어야 한다.[9]

---

8) 법원행정처, 새로운 형사재판 운영방식, 2003, 1-64면(15면).

9) 이창호, 검찰개혁의 방향과 과제, 한국형사법학회 춘계학술대회 발표논문 제2주제, 2003, 10면: 일본의 '3자1일 처리제도'란 경미한 사건에 대하여 하루 만에 수사와 기소와 재판을 모두 끝내는 제도를 말한다. 경찰과 검찰과 법원이 한 청사에 있으면서 벌금형과 같은 경우에는 하루만에 벌금을 완납하고 형의 집행까지 끝낼 수 있게 하고 있다; 법원행정처, 새로운 형사재판 운영방식, 2003, 36면: 종래 즉일선고제도는 재판부가 유죄의 예단을 가지고 있었다는 오해를 사거나 피고인에게 감정적 대응을 한다는

3. 신속성의 문제

한국의 형사재판의 진행은 너무 느리다. "한국의 형사재판은 거의 예외 없이 일주일에 한 번만 개정한다. 법관과 법원의 형편에 맞춘 편의주의적 발상 때문이다. 신건(新件)을 읽고, 속행사건을 다시 검토하고, 판결 합의와 판결 작성의 일정을 고려하다 보니 그렇게 된다. 한 기일에 신건을 사십 건을 넣고 속행사건을 또 비슷한 건수로 넣어, 어떤 사건에는 불과 몇 분간의 시간을 배당한다. 오후 2시에 재판을 한다하여 사람을 불러놓고, 화장실에 가는 것까지 삼가며 초조하게 기다리게 하다 다섯, 여섯 시에 재판을 하고 있다."[10] 이것은 단지 사법부를 위한 재판이 아닌가?

2003년 대법원의 '사법발전을 향한 추진과제'를 보면, 법원은 해마다 법관 수를 증원하고 법원청사를 증축하며, 증원법관의 상당수를 형사부에 배치하고, 형사재판부를 대폭 증설하여 사건부담을 감소시키겠다고 한다.[11]

그러나 이것을 구현하기 위해서는 삼심제 소송구조와 상소제도가 바뀌어야 한다. 삼심제 소송구조의 개혁과 상소제도의 개혁 없이는 매년 증폭하는 사건을 감당할 수가 없다. 신속하고 시민에게 가까이 있는 형사재판은 제1심 강화와 상소제도의 개혁에 있다. 그래야 정규 공판기일에 주 2회 개정 원칙이 시행될 수 있으며, 나아가 집중심리도 가능하다[12]고 본다.

4. 신뢰성의 문제

한국의 형사재판은 제1심 및 제2심 판결에 불복하는 상소율이 너무 높다. 2002년 마산교도소 구속사건의 경우 97.8%(5,300여건 중 5,100여건)가 상소한 것으

인상을 줄 우려가 있다는 생각에서 그 활용이 소극적이었으나, 양형부당을 이유로 한 정재청구사건, 고소취소로 공소기각을 할 친고죄 사건, 병약자 · 원거리 거주자 등 법정에 자주 출석하는 것이 곤란한 사건 등에서는 적극적으로 활용되고 있다.

10) 신평, 열린 사법과 그들만의 사법-사법무결점주의를 비판하며, JURIST, 2002년 1월호, 18-22면(21-22면); 신평, 한국법관제도의 개선방안에 관한 소고, JURIST, 2002년 8월호, 23-29면(29면).

11) 법원행정처, 새로운 형사재판 운영방식, 2003, 9면.

12) 권성, 사법개혁의 방향과 문제점, 서울대학교 법학, 제35권 제1호(통권 제94호), 1994, 1-11면(4면): 대표적으로 ① 상설 간이법원 설치 등 국민편익 확대, ② 상고제도 개선, ③ 재판의 공정성 및 심리의 충실 확보 등을 주장하고 있다.

로 통계에 나타났다. 이처럼 상소율이 높은 이유는 여러 가지가 있을 수 있다. 이것은 대체로 열 가지로 요약된다(마산교도소 재소자 자체 면담 결과, 2003.4.9).

① 제1심 선고형량이 너무 높다. 대부분의 형사재판은 제1심 선고형량이 검사의 구형에 가깝게 선고된다는 점이다.

② 제1심 선고 후 합의 및 피해보상을 한다. 제2심(항소심)에서 재판기일내에 시간적 여유를 가지면서 피해자와 원만한 합의가 이루어지고, 피해자에게 일부 또는 전부의 보상을 해 줌으로써 제1심 형량을 줄일 수 있다는 점이다.

③ 제1심 선고 후 탄원서 및 반성문을 제출하여 읍소(泣訴)하며 감형을 유도한다. 제2심(항소심)에서 탄원서 및 반성문 등이 재판부에 제출되면, 제1심 선고형량이 너무 과하거나 무겁다고 판단하여 대체로 감형이 된다고 믿고 있다.

④ 제2심 재판부의 온정적, 솜방망이식 판결이다. 법관도 제2심까지 구속되어 재판을 받고 있는 피고인에게 인간적인 동정을 느낄 수 있고, 재판부의 선심성 판결이 선고형량에 영향을 미친다는 점이다.

⑤ 상소는 피고인에게 손해 볼 것이 없다. 상소를 하면 형량감형, 집행유예 등 이득이 있으면 있었지 피고인으로서는 전혀 손해 볼 것이 없다는 점이다.

⑥ 제1심 선고 후 재판요령을 터득하며, 항소심에서 전면 부인한다. 피고인들은 제1심 재판과정에서 징역을 살아야 한다는 두려움과 죄책감에 사건전말을 시인한다. 그러나 제2심 재판이 진행되면서 서서히 어떤 부분은 부인해도 손해가 없으며, 자신이 면책될 수 있다는 점을 발견한다. 이때부터 사실과 다른 억지주장을 하기도 하고, 타인에게 자신의 범죄행위를 떠넘길 수도 있음을 알게 된다. 이때 수단과 방법을 가리지 않고 실행한다.

⑦ 제1심 선고 후 법률지식으로 경미처벌을 유도한다. 제1심 선고 후 주위의 조언과 자신이 법률서적을 구입하여 점점 법률전문지식을 얻어가면서 자신의 범죄행위를 최대한 경미한 처벌로 유도한다는 점이다.

⑧ 제1심 선고 후 변호사를 선임하고, 변호사도 형량감형 및 집행유예 등을 자신한다. 피고인들은 법률전문가인 변호사를 전적으로 신뢰하고 조건부나 계약형으로 변호사를 선임하고 상소를 제기한다는 점이다.

⑨ 제2심에서 피고인들은 누구나 피해자의 피해사실을 자기의 행위가 아니라고 부인한다. 자신은 항상 억울하다고 주장한다.

⑩ 제2심에서 책임을 타인에게 전가한다. 자신이 혼자 한 범행이 아니며, 사건

에 연루된 타인에게 책임을 전가한다. 물에 빠진 사람이 지푸라기 잡는 심정으로 책임을 면하려고 지속적으로 상소제도를 이용한다는 점이다.

2002년 사법연감의 통계를 보면, 절도죄와 강도죄의 경우 항소율이 86.6%(1998), 98.1%(1999), 93.3%(2000), 40.9%(2001)로 매우 높다. 다음으로 사기죄와 공갈죄의 항소율이 높다. 78.3%(1998), 73.7(1999), 80.9%(2000), 42.1% (2001)이다. 문서에 관한 죄도 항소율이 비교적 높은 편이다. 69.8%(1998), 66.4%(1999), 70.4%(2000), 34.9%(2001)이다. 이러한 항소율은 선진국에 비해 아주 높다. 사법연감의 2001년도 통계를 보면, 항소가 가장 높은 범죄는 특정경제범죄가중처벌에 관한 법률위반 54.6%(2001), 다음으로 공무원직무에 관한 죄 49.5%(2001), 변호사법위반 49.1%(2001), 강간과 추행의 죄 42.6%(2001) 순이다. 결국 제1심 양형을 신뢰하지 않는다는 것을 증명해 주고 있다.

〈표 1〉 제1심 형사공판사건 중요죄명별 항소율 누년비교표

구 분 / 죄 명	1997	1998			1999			2000			2001		
	항소율 (%)	판 결 인원수	항 소 인원수	항소율 (%)	판 결 인원수	항 소 인원수	항소율 (%)	판 결 인원수	항 소 인원수	항소율 (%)	판 결 인원수	항 소 인원수	항소율 (%)
합 계	31.3	184,494	59,896	32.5	182,557	60,943	33.4	178,908	58,135	32.5	188,448	63,832	33.9
형법범계	38.4	68,422	25,797	37.7	70,222	26,724	38.1	66,282	25,349	38.2	69,845	26,909	38.5
공무원직무에관한죄	36.3	809	310	38.3	1,488	675	45.4	794	373	47.0	835	413	49.5
공무방해에관한죄	36.1	2,118	612	28.9	169	28	16.6	1,695	474	28.0	1,970	574	29.1
위증과증거인멸의죄	36.6	599	241	40.2	555	191	34.4	801	276	34.5	782	332	42.5
문서에관한죄	33.2	4,117	1,449	69.8	4,321	1,457	66.4	3,657	1,307	70.4	3,277	1,144	34.9
성풍속에관한죄	33.1	1,886	533	28.3	1,773	501	28.3	1,515	384	25.3	1,918	488	25.4
도박과복표에관한죄	22.5	2,248	491	21.8	1,877	389	20.7	2,558	509	19.9	3,162	828	26.2
상해와폭행의죄	38.6	3,831	1,279	69.5	3,981	1,339	67.3	4,260	1,451	60.7	4,808	1,643	34.2
과실치사상의죄	26.1	653	206	64.7	563	160	61.5	681	172	51.6	705	193	27.4
강간과추행의죄	39.0	3,091	1,324	42.8	2,166	820	37.9	2,037	740	36.3	1,960	835	42.6
주거침입의죄	31.0	385	114	29.6	251	96	38.2	225	83	36.9	285	106	37.2
절도와강도의죄	39.1	16,171	5,836	86.6	14,916	5,699	98.1	14,755	5,788	93.3	13,854	5,667	40.9
사기와공갈의죄	41.7	18,704	7,334	78.3	21,606	8,604	73.7	20,043	8,304	80.9	22,852	9,612	42.1
횡령과배임의죄	32.1	4,116	1,607	77.2	5,048	1,909	75.3	4,230	1,599	76.7	4,100	1,477	36.0
장물에관한죄	20.7	603	194	32.2	796	174	21.9	700	148	21.1	655	237	36.2
기타	44.4	9,091	4,267	46.9	10,712	4,682	43.7	8,331	3,741	44.9	8,682	3,360	38.7
특별법범계	27.3	116,072	34,099	29.4	112,335	34,219	30.5	112,626	32,786	29.1	118,603	36,923	31.1
건축법	22.7	551	118	21.4	435	130	29.9	463	74	16.0	487	132	27.1
공중위생법	18.3	344	65	18.9	282	103	36.5	148	33	22.3	45	16	35.6

관세법	28.9	384	143	37.2	343	152	44.3	405	143	35.3	544	193	35.5
교통사고처리특례법	22.5	17,663	4,406	24.9	13,293	3,292	24.8	13,832	3,145	22.7	13,333	3,577	26.8
국가보안법	46.3	349	170	48.7	297	104	35.0	174	44	25.3	123	51	41.5
도로교통법	25.6	11,296	2,907	25.7	11,380	2,667	23.4	10,456	2,094	20.0	13,182	3,293	25.0
밀항단속법	-	17	4	23.5	10	-	-	11	3	27.3	49	14	28.6
변호사법	28.5	780	318	40.8	687	300	43.7	671	338	50.4	772	379	49.1
병역법	18.2	457	99	21.7	885	214	24.2	1,432	326	22.8	2,060	457	22.2
보건범죄단속에관한특별조치법	18.9	319	55	17.2	493	97	19.7	510	113	22.2	546	117	21.4
산림법	11.0	193	22	11.4	237	42	17.7	276	53	19.2	471	84	17.8
식품위생법	23.0	3,397	807	23.8	3,003	639	21.3	1,822	337	18.5	1,839	417	22.7
윤락행위등방지법	21.2	754	181	24.0	739	190	25.7	696	182	26.1	909	257	28.3
의료법	9.0	91	18	19.8	132	31	23.5	173	56	32.4	179	75	41.9
조세범처벌법	19.9	272	101	37.1	437	134	30.7	502	177	35.3	751	248	33.0
특정경제범죄가중처벌등에관한법률	35.4	1,055	475	45.0	1,208	729	60.3	1,819	825	45.4	1,724	941	54.6
특정범죄가중처벌등에관한법률	29.1	16,731	5,281	31.6	16,147	5,094	31.5	17,910	5,318	29.7	17,520	5,423	31.0
폭력행위등처벌에관한법률	27.7	25,944	8,030	31.0	26,377	8,731	33.1	30,073	9,073	30.2	31,039	9,983	32.2
기타	30.1	35,475	10,901	30.7	35,950	11,570	32.2	31,253	10,452	33.4	33,030	11,266	34.1

(사법연감, 법원행정처, 2002, 570면.)

한국의 형사실무에서 항소율이 높은 원인을 신동운 교수는 다음과 같이 분석하고 있다.[13)]

① 구속피고인의 경우 미결수(未決囚)로서의 처우를 연장 받기 위한 수단으로 이용

② 기결수가 될 경우에 기존의 생활근거지로부터 멀리 떨어진 다른 지역의 교도소에 수감되는 상황을 저지하는 방편으로 이용

③ 공소장일본주의(公訴狀一本主義)로 인한 소송서류 열람·등사의 제한으로 수사기록이 피고인 신문이 끝난 후에 일괄해서 증거로 제출되기 때문에 제1심에서는 수사기록에 대한 검토를 행할 시간이 충분하지 않다는 점

④ 항소심으로 오게 되면 검사의 수사기록은 제1심 공판절차에 대한 사건기록의 일부로 되어 항소심에 송부된다는 점

⑤ 이 사건기록은 항소심에서 피고인 및 변호인의 열람대상이 되어 피고인측

---

13) 三井 誠·酒卷 匡著/신동운 역, 입문 일본형사수속법, 법문사, 2003, 320-321면: 이 책에서 신 교수는 한국의 형사소송의 실제들을 간략히 소개하고 있다.

은 시간적 여유를 가지고 검사의 수사기록을 검토하고 방어전략을 수립할 수 있다는 점

⑥ 항소심이 사실상 본격적인 방어의 무대라는 점

⑦ 무엇보다 항소심에서 형량이 감경되는 경우가 많기 때문에 무조건 항소해 놓고 보자는 피고인의 심정

⑧ 한국 형사소송법상 항소심에 변호사강제주의가 채택되고 있지 않다는 점이다.

한국의 형사재판의 경우 제1심 재판부에서 종결되어야 할 사건들이 항소심으로 가고 있다. 피고인은 제1심 선고결과를 신뢰하지 않는다. 또한 제1심 법관 60% 이상이 항소심에서 "불필요하게 많이 파기된다"고 생각한다.[14] 이것이 한국 사법부의 현실이다. 소송주체(법원, 검사, 피고인)가 공동으로 제1심의 결과를 안락사(安樂死)시켜 버렸다.

외국(예, 독일)처럼 제1심이 제대로 기능을 하지 못하고, 항소심은 업무 과부화에 걸려 있다. 한편 진(前) 서울지방법원 문흥수 부장판사는 "상고심 업무과중에 대해 가장 큰 원인은 제2심이 허약하다는 데 있다. 제2심을 대폭 보강해야 한다. 대등한 3인의 중진 법관으로 제2심을 구성하고, 형식적이 아니라 실질적으로 합의를 해서 소수의견을 쓸 수 있도록 해주어야 한다"고 강조한다.[15]

또 다른 한편 사법구성원들은 이렇게 호소하고 있다. "밤 깊도록 재판을 어떻게 할 것인지 곰곰이 생각하고, 잠에 들어서도 그에 관한 꿈을 꾸고, 아침에 일어나서 이미 써 놓은 판결을 고친다든지 하는 숨막히는 고뇌를 한다. 거기에다 한 기일에 수십 건씩의 신건(新件)을 넣지 않으면 재판을 원활히 처리할 수 없는 막중한 업무량에 시달린다. 재판부가 이처럼 땀 흘려 일하는 나라가 있는가?" 그러나 국민들이 사법체계에 대해서 왜 그토록 강하게 불만을 가지고 있을까?[16] 그 이유는 형사소송의 시스템이 잘못되어 있기 때문이다.

---

14) 법원행정처, 새로운 형사재판 운영방식, 2003, 51-52면.

15) 문흥수, 사법부 개혁의 방향, [자료집] 참여정부의 출범과 사법개혁의 과제, 사법개혁국민연대, 2003년, 71-78면(76면).

16) 신평, 국민참여와 사법개혁, [자료집] 참여정부의 출범과 사법개혁의 과제, 사법개혁국민연대, 2003년, 1-3면(3면); 신평, 한국법관제도의 개선방안에 관한 소고, JURIST, 2002년 8월호, 23-29면(29면).

5. 투명성의 문제

한국의 형사재판에서는 시민참여가 원천적으로 봉쇄되어 있다. 대법원은 참심제 도입을 긍정적으로 연구 · 검토한다고 밝히고 있다. 이와 대조적으로 일본은 이미 2003년에 사법에 시민참여를 도입한다고 발표하였다.[17]

(1) 논의 과정

참심제[18]나 배심제[19]의 도입 검토 작업은 2000년 '국민과 사법 심포지엄'에서

17) 조선일보, [일본] '市民裁判員制' 도입… 형량까지 결정, 2003년 3월 12일자, 국제면(15면): 일본 사법제도에 시민이 재판에 참여하는 '재판원제도'가 도입되는 등 일대 수술이 가해진다. 그 동안 서방 선진국에 비해 사법부가 지나치게 폐쇄적이란 비판을 받아온 일본의 사법개혁은 시동이 걸렸으며, 장기적으론 한국 사법운영체제에 미칠 효과도 적지 않을 전망이다. 일본 정부의 사법제도개혁추진본부는 2003년 3월 12일 중요한 형사재판에 한해 유권자 명부에서 무작위로 선정된 시민들이 법관과 함께 재판에 참여해 유 · 무죄 여부를 판단하고 형량을 결정하는 '재판원제도 시안'을 확정, 발표했다. 이에 따르면 재판원은 해당 재판소의 관할지역 내에서 중졸 이상의 유권자 가운데 제비뽑기로 선정된다. 다만, 검사, 변호사, 경찰관, 국회의원, 재판의 피고 또는 피해자 친족은 대상에서 제외된다. 재판원에 선발되면 70세 이상의 노인이나 학생 등 특별한 경우를 제외하고 원칙적으로 재판 참여를 거부할 수 없다. 선발된 재판원이 특별한 이유없이 재판에 참여하지 않으면 과태료가 부과되는 등 재판 참여가 시민의 의무로 규정된다. 회사원이 재판원으로 선정될 경우 고용주가 휴무 등을 이유로 불이익을 줘서는 안 된다. 재판원에게는 증인 심문과 피고인 진술을 요구하는 '질문권'이 주어지지만 의무를 위반하거나 비밀을 누설하면 징역이나 벌금형을 받게 된다. 재판부 구성 방식과 관련해 ▲재판관 3인+재판원 2-3인 ▲재판관 1인+재판원 9-11인 등 두 가지의 복수안이 제기됐다. 재판원의 연령도 ▲만 20세 이상 ▲만 25세 이상 ▲만 30세 이상 등 세 가지 안이 제시됐다. 이번 시안에 따라 재판원의 참여가 가능한 사형, 무기징역, 1년 이상의 징역 또는 금고형 등에 해당하는 중요 형사재판의 피고인은 연간 5000건 안팎이다(2000년 기준 4500건). 따라서 이 제도가 도입되면 연간 1-10만명의 시민이 재판원으로 선발될 전망이다. 이번 시안 가운데 재판원에 대한 취재금지 조항과 '보도기관은 사건 보도에 있어서 재판원이 사건에 관한 편견을 가지지 않도록 배려해야 한다'는 훈시규정을 삽입한 것을 놓고, 지나친 취재 규제가 아니냐는 논란과 함께 위헌 시비를 불러일으키고 있다. 이번에 마련된 시안은 일단 정부 내 전문집단인 '재판원제도 · 형사검토회'에 넘겨져 구체적인 법률안으로 만들어진 뒤 2004년에 국회에서 심의될 예정이다. 실제 입법이 이뤄져 재판에 적용되기까지는 몇 년 더 걸릴 것이라고 일본 언론들은 전했다. 일본이 이번에 도입하려는 재판원제도는 법률전문가인 판사와 일반 시민이 하나의 재판부를 구성한다는 점에선 독일 · 프랑스 등 유럽 국가 일부에서 시행 중인 참심제(參審制)와 같다. 다만, 참심제가 사실 인정과 법률 판단까지 시민이 참여하는 데 비해 재판원제도는 형량의 결정까지 참여한다는 점이 다르다. 미국 등을 중심으로 한 배심제(陪審制)는 유 · 무죄 여부(형사재판), 손해배상 책임 여부(민사재판)의 판단에 그친다. 미국 내 일부 주(州)에서는 사형 여부 등 형량 결정에도 참여하기도 한다. 일본에서는 1928년~1943년 배심제를 도입했다가 2차대전이 격화되자 폐지했다. 일본은 고이즈미 총리 취임 이후 민간학자, 대법관 출신, 언론인 등 13명의 위원이 2년에 걸친 논의 끝에 2002년 6월 재판의 신속화와 시민의 재판참여, 로스쿨 도입을 통한 법관 인원 증원 등을 골자로 하는 사법개혁 최종안을 마련, 3년 시한을 목표로 법 정비작업을 진행 중이다.

18) 대법원, 사법발전을 위한 향후 추진 과제 [보도자료], 2003년 1월, 1-16면(3면): 참심제는 직업법관과 일반시민이 혼합하여 재판부를 구성하는 제도로서, 혼합된 재판부가 사실문제와 법률문제를 판단한다. 참심제의 장점은 일반인으로 하여금 판결의 결론이 도출되는 과정을 직접하게 함으로써 국민의 재판에 대한 신뢰를 높이는 기능과 판결에 일반인의 건전한 상식을 반영하는 기능을 한다는 점이다.

19) 대법원, 사법발전을 위한 향후 추진 과제 [보도자료], 2003년 1월, 1-16면(2면): 배심제는 비법률

도 거론되었다. 당시 손기식 법원행정처 사법정책연구실장은 '국민을 위한 사법'이라는 제목의 주제발표를 통해 "'사법의 민주적 정당성 확보'와 '국민의 신뢰도 제고'를 위해 그 동안 배심제와 참심제 등 국민이 사법에 참여할 수 있는 방안을 연구 검토해 왔다"며 "개헌 작업이 불가피한 만큼 우선 '법정조언자제도'나 '조정위원회제도'를 시행할 것"이라고 밝혔다.[20]

또 당시 '국민의 사법참여'라는 제목으로 주제발표에 나섰던 양건 교수도 "배심제는 국민의 재판참가제도 가운데 가장 직접적이고 강력한 것이지만, 종래 소송구조의 전면적 변화가 필요해 현재 상황에서 도입을 추진하는 것은 무리"라며, "따라서 우리 사법상황에 비춰 참심제를 3단계 접근방식을 통해 점진적으로 도입하는 것이 바람직하다"고 밝혔다. 양 교수는 3단계 접근방식에 대해 "우선 1단계로 시민사법모니터제도를, 2단계로 개헌 전까지 선거범죄나 공무원범죄사건 등에 한정해 참심원의 의사에 법적 효력을 인정하지 않고 사실문제 및 법률문제에 관한 의견제시의 권한만을 부여하는 준참심제의 도입을, 마지막 3단계로 헌법개정을 전제한 참심제의 도입방안을 검토해야 한다"고 밝혀 현재 대법원의 추진계획과 맥을 같이한 의견을 내놓았었다.[21] 이에 비춰볼 때 빠르면 2003년부터 시민사법모니터제도[22]를 먼저 시행하고 3년 이내에 개헌을 조건으로 우리 사법제도에 참심제라는 국민 참여제도가 도입될 것으로 예상되었다.

가인 일반시민이 법률전문가인 판사와 분리되어, 재판에서의 사실문제에 관한 결정권을 행사하는 제도이다. 영미에서 채택하고 있다. 배심원들은 직업법관과 독립하여 사실문제에 대한 평결을 내리고, 법관은 법률문제를 제외한 사실판단에 대한 평결결과에 구속된다.

20) 손기식, 국민을 위한 사법, 국민과 사법, 대법원, 2000, 심포지엄 결과보고서, 17면 이하.

21) 양건, 국민이 참여하는 재판제도를, 21세기 한국 대개조론, 신동아 지령 제500호 기념 특별부록, 2001년 5월호, 247-250면(250면).

22) 대법원, 사법발전을 위한 향후 추진 과제 [보도자료], 2003년 1월, 1-16면(3면); 다음은 시민사법모니터를 모집한다는 대법원의 안내문이다(http://www.scourt.go.kr/kg_p.html): ① 재판절차나 사법제도와 관련한 개선요망 사항, ② 법원구성원의 업무처리방법 등에 대한 개선요망 사항, ③ 법원시설(법정, 민원실 등)과 관련한 개선요망 사항, ④ 기타 법원 운영 전반에 관한 건의사항 ▲작성요령: 법원을 직접 방문하여 경험하거나 평소 일상생활을 통하여 느낀 점을 자유롭게 기재하면 됩니다. ▲다만, 구체적 재판에 관한 법관의 법적 판단 결과(판결, 증거채부결정, 구속영장의 발부 및 기각결정, 형사재판에서 형량 결정, 실형 선고 여부의 결정 등)에 대하여는 모니터의견을 기재하여서는 안됩니다. ▲제출된 모니터의견은 각 법원에서 그 내용을 종합적으로 검토한 후 제도개선 및 사법행정 운영에 적극적으로 반영 또는 참고하게 됩니다. 모니터의 지위 ▲시민사법모니터제도는 시민에 의한 자율적 참여제도이므로 모니터에게 특별한 신분이나 지위는 부여되지 않습니다. 일반 민원인과 동일한 입장에서 자신의 신분을 드러내지 않고 보고 느낀 그대로를 모니터하게 됩니다. ▲모니터라는 이유로 법원의 업무에 관여하거나 기록의 열람을 청구하거나 일반 민원인이 출입할 수 없는 곳을 출입할 수는 없습니다. ▲모니터는 무보수 자원봉사를 원칙으로 하되, 설명회 간담회 등에 출석하면 예산 범위 내에서 조정위원에 준하는 수당을 지급받을 수도 있습니다. ▲우수모니터에게는 법원장 또는 법원행정처장 표창이 수여됩니다.

(2) 참심제도의 성공 여부

참심제도는 이념상 좋은 제도이지만, 한국 사법제도에 도입하는 것은 매우 신중해야 한다.[23] 이것은 역설적이지만, 국민들에게 사법참여의 의무를 새롭게 부과하는 것이기 때문이다. 단순하게 이야기하면, 국민의 5대 의무(국방, 교육, 납세, 근로, 사법참여)에 포함된다는 것이다. 2003년부터 사법모니터제가 시행된다고 하니, 이 제도로 발전하기까지 국민여론을 수렴하고, 토론을 통하여 국민적 결단을 내려야 한다고 생각한다. 특히 헌법개정을 전제로 하는 것이라면 더욱 그렇다.

저자는 현행 형사재판이 지금처럼 건당 몇 십분 이내로 진행되고, 집중심리제가 아주 제한적으로 시행(특정강력범죄의 처벌에 관한 특별법에 따라 살인죄, 약취유인죄, 강간죄, 강도죄 등)되고 있는 한국의 형사재판에서 참심제의 도입은 탁상공론이라고 생각한다.

과연 한국의 어느 직장에서 그 바쁜 직장인들을 1주일에 한 두번씩 재판정에 보낼 수 있겠는가? 그리고 저자는 현재 모집 중인 사법모니터제로 도대체 무엇을 청취하겠다는 것인지 도저히 이해를 할 수가 없다. 무엇을 모니터(Monitum)하라는 말인가?

(3) 독일 참심제도의 교훈

독일에서는 100년 전부터 직업법관 외에도 명예법관들이 소송(司法, Rechtspflege)에 동참하고 있다.[24] 명예직 법관인 시민법관(Laienrichter)들은 행정, 헌법, 노동, 사회, 재경, 농업 그리고 군사법정에서 활동하고 있다. 형사법정에서 명예직 법관, 소위 참심법관(Schöffen)이 있다. 현재 독일의 참심법관의 숫자는 약 60,000명에 이른다. 이 숫자는 형사법정에서 활동하고 있는 직업법관의 숫자를 10배정도 상회하고 있다. 사법(司法)과 국민의 중개자인 참심법관은 사법과 법에

---

23) 심의기, 1990년대 한국의 형사사법 개혁운동의 성과와 전망, 형사정책 제13권 제1호, 2001, 한국형사정책학회, 353-371면(379면): "현실적인 문제점이 너무 많고 우리 현실에 맞지 않는다. 중장기적으로 긍정적으로 연구 검토하자는 말의 뉘앙스에 관하여 굳이 설명할 필요가 없을 것이다."

24) Benz, Zur Rolle der Laienrichter im Strafprozeß, Lübeck 1982; Hillenkamp, Zur Teilhabe des Laienrichters —Internationale Perspektiven in Kriminologie und Strafrecht, Festschrift für Günter Kaiser zum 70. Geburtstag, S. 1437f.; Katholnigg, Die Beteiligung von Laien in Wirtschaftsstrafsachen, wistra 1982, 91; Kemmer, Befangenheit von Schöffen durch Aktenkenntnis, iur. Diss. Göttingen 1989; Kubsch, Mitwirkung von Schöffen in Wirtschaftsstrafsachen, DRiZ 1984, 190; Rüping, Funktionen der Laienrichter im Strafverfahren, JR 1976, 269; Volk, Der Laie als Strafrichter, Festschrift für Dünnebier, S. 374f.

따른 행위를 함에 있어서 신뢰를 강화시키고, 참심법관이 상식적인 판단, 투명한 형사소송에 영향력을 미친다는 점에 뿌리를 두고 있다. 때문에 참심법관은 공판(Hauptverhandlung)에서 시민의 기대를 안고 재판에 임하고 있다. 참심법관은 공판에서 직업법관과 마찬가지로 전 영역에서 동등하게 법관직을 수행한다. 단지 법률에만 구속되며, 어떠한 지시(指示, Weisung)도 따를 필요가 없다. 참심법관은 피고인의 유죄(Schuld) 혹은 무죄(Unschuld)를 판단하며, 직업법관과 마찬가지로 무죄 혹은 자유형을 선고해야 할 책무을 지고 있다(독일 법원조직법 제30조 이하).

참심법관은 독일에서 명예직이며, 모든 국민은 그 임명을 받아들여야 할 법적인 의무가 있다. 이 명예직과 관련하여 어떤 특별한 전제조건이 있는 것은 아니지만, 참심법관은 적어도 독일 국민이어야 한다. 참심법관의 부적격자는 6월 이상의 자유형을 선고받았던 사람이거나, 현재 소송이 진행 중인 자이다. 또한 25세 미만인 자나, 임기 내에 70세 이상인 자는 이 명예직의 임용에서 제외된다. 따라서 독일은 형사사법에 명예직 법관이 참여하는 것을 민주적 법치국가의 가장 중요한 요소로 이해하고 있다. 국민의 직접성과 대표성을 갖춘 시민이 재판과정에 참여하는 것은 국민의 신뢰를 강화하고 유지시켜 주어야할 의무가 있다. 참심법관은 그들의 비법률적인 평가(Wertungen), 생활과 직업의 경험을 법원판결에 활용하고 있다. 그에 따라 생활과 밀접하고도 상식적인 판결이 유지되고 보장되는 것이다.

그러나 이것은 독일에서 하나의 이상이다. 판결이 이러한 원칙들을 어떠한 경우에도 관철시킬 수 있는지, 실무에서도 판결의 촉진제로 활용될 수 있는지 독일 학자들도 반문하고 있다. 독일에서는 이 문제에 대해 두 가지 입장이 대립되고 있다. 첫 번째는 참심법관제도를 반대하는 입장이다. 독일 헌법은 사법권을 직업법관과 (국민 가운데 선출된) 참심법관으로 이분화할 것을 강제하고 있지 않다는 것이다.[25] 민주적 정당성은 직접적 참여가 필수적이라는 것을 의미하는 것은 아니라는 것이다.[26] 이에 반하여 두 번째는 참심법관제도를 찬성하는 입장이다. 그 논거는 참심법관이 재판에 참여함으로써 국민의식을 교육하고, 법지식을 시민들에게 폭넓게 주지시키며, 이를 통하여 사법의 임무와 그 필요성에 대한

25) Volk, Der Laie als Strafrichter, Dünnebier-Festschrift, S. 373.

26) Herzog, in Maunz-Dürig-Herzog, Grundgesetz, Art. 92, Rn. 86f.; Clauser, Ehrenamtliche Richter, 1972, S. 27, 42f.

이해를 촉진시킬 수도 있을 것이다.[27] 참심법관직은 국민의 신뢰를 자신의 사법과정으로 고양시켜 준다는 것이다.[28] 그러나 이러한 관념주의적인 신조(信條, Bekenntnisse)는 실무에서 오히려 이 이념과 동떨지는 것으로 대비되고 있다. 오늘날 언론들은 법에 대한 광범위한 지식을 지니고 있는 반면, 소송에 참여하는 몇몇의 참심법관은 오히려 해당 언론매체를 전혀 압도하지 못한다는 것이다.[29] 이러한 배경하에서 참심법관의 선발과정(Auswahl der Schöffen)이 자주 구설수에 오르고 있다.[30]

다음은 지난 2000년 2월 한국 형사정책학회에서 독일 참심제도에 대해 발표하였던 한스 릴리에 교수의 결론이다.

"본인은 10년간의 법관직 수행(LG Halle 지방법원 형사합의부: 직업법관 3명, 참심법관 2명)을 통해 얻은 개인적 경험에 근거하여, 참심법관제도의 유지에 대해서 반대한다. 참심법관이 제도적으로 오늘날에도 더 이상 존재해야 할 이유가 없다. 사실은 복잡한 형사절차에서 법학교육을 전혀 받지 않고서는 재판과정을 적절하게 수행할 수 없기 때문이다. 참심법관의 부족한 법률지식은 오히려 사안에 따라 실체적 진실발견에 방해를 줄 가능성도 있다. 참심법관이 잘못 제기한 질문들이 변호인으로부터 기피신청의 빌미를 주지 않기 위하여 직업법관은 공판에서 참심법관의 질문을 막기 위하여 항상 애쓰고 있다. 모살, 배임, 특히 부수형법(Nebenstrafrecht)의 복잡한 구성요건들에 대해서는 참심법관이 적극적으로 가담하는 것을 막고 있다. 오늘날 양형의 권한은 어느 정도 독자성이 확립되어 있다. 실무상 참심법관이 양형에서 깊은 영향을 끼칠 수가 거의 없고, 일반적으로 직업법관들의 경험에 의존하고 있다. 또한 극단적인 대립이 생기지 않도록 이미 제도로 정착되어 있다. 이러한 점에서 볼 때, 대형 형사소송의 판결에서 참심법관의 실제적인 영향력은 거의 찾아볼 수가 없다. 참심법관은 실체적 진실발견의 요구를 거의 하지 않는다. 반면에 참심법관도 실체적 진실발견을 방해하려고 하지 않는다. 그렇다면 참심법관의 활동영역은 경미범죄 즉, 상해, 교통사고, 이와 유사한 단순한 범죄군으로 한정하는 것이 타당하다고 본인은 생각한다."[31]

---

27) Kissel, GVG, §28, Rn. 2.

28) Schreiber, Akteneinsicht für Laienrichter? Zu den Grundsätzen von Mündlichkeit und Unmittelbarkeit im Strafprozeß, Welzel-Festschrift, S. 941.

29) Volk, Der Laie als Strafrichter, Festschrift für Dünnebier, S. 374.

30) 한스 릴리에/하태영 역, 독일 형사사법에서 시민참여, 형사정책 제13권 제1호, 동성출판사, 2001, 329-351면: 참심법관의 선발(343-344면), 공판에서의 참심법관(345-347면), 참심법관의 서류열람권(347-349면), 참심법관의 현대적 의미(349-350면).

31) 한스 릴리에/하태영 역, 독일 형사사법에서 시민참여, 형사정책 제13권 제1호, 동성출판사, 2001, 329-351면(351면).

Ⅲ. 상소제도의 개혁방안

삼심제 소송구조의 문제점은 상소제도의 개혁과 분리될 수 없다. 상소제도의 개혁핵심은 형사재판 제1심 재판강화(단독 및 합의부 관할사건)와 고등법원 역할 확대(항소심과 상고심) 그리고 대법원 업무 경감(합의부 관할 제1심에 대한 제한적 항소허용 및 대법원에서 상고심)이다. 이와 함께 소송절차이분론의 입법론도 논의되어야 한다. 시민에게 보다 친밀하고, 투명한 사법제도, 신속하고 효율적인 사법시스템 구축이 21세기 한국 사법개혁의 진정한 목표라고 한다면, '삼심제 소송구조의 개혁과 상소제도의 개혁'은 필수적이다.

1. 형사재판 제1심 재판강화

상소제도에 대한 문제점[32]을 전(前) 서울지방법원 문흥수 부장판사는 이렇게 지적하고 있다: "현재 우리나라 법원은 3심 제도로 운영되고 있다. 그러나 모든 선진국의 심급제도는 원칙적으로 2심이다. 법령해석의 통일을 위해 필요한 예외적인 사건만 3심 재판을 하게 되어있다. 그럼에도 우리나라의 경우 실질적인 분쟁사건은 대부분 3심까지 간다. 이것은 대단히 후진적이고 비능률적인 심급제도이다. 대법관 1인이 1년에 1천 여건 재판을 한다면, 선진국 법조인들은 기절을 할

32) 박우동, 판사실에서 법정까지, 한국사법행정학회, 1995, 261-262면: 상고허가제도에 대한 논란에 관해서는 "1994년 정초 상고허가제의 부활에 관한 논쟁이 재현되었다. 대법원측은 1993년 대법관 1인당 평균 1,200여건을 처리, 막상 제대로 재판을 받아야 할 소송당사자들의 권리구제가 늦어지는 등 이 문제가 심각한 수준에 이르러 상고허가제를 어떤 식으로든 도입하겠다는 것이었다. 반면 변협은 이 제도가 3심제를 2심제로 전환하는 것으로 국민의 재판 받을 권리를 제한하는 위헌적 발상이라고 반발한 것이다. 나아가 변협은 대법원의 업무가 그렇게 과중하면 대법관 수를 현재의 14명에서 24명으로 늘려야 할 것이라고 주장했다. 이에 대해 대법원은 변협이 상고허가제를 반대하는 것은 수임료를 의식한 집단이기주의적인 발상에서 나온 것이라고 반박했다. 결국 이 논쟁은 공방전이 치열했지만, 결말은 빨리 왔다. 1994년 7월 국회에서 법원조직법 등 사법제도개혁의 관련 법률안과 함께 상고심절차에 관한 특별법안이 통과되어 이는 같은 해 9월 1일부터 시행하게 된 것이다. 상고이유에 중대한 법률위반에 관한 사항이 포함되어 있지 아니한 경우에 더 이상 심리를 속행하지 아니하고 판결로 상고를 기각할 수 있도록 심리불속행제도가 도입된 것이다. 무익한 상고나 남상고를 여과하는 처음 들어보는 장치로서 내용을 보면 상고허가제도의 단점을 보완한 것이다". 한겨레신문, 상고심 사전심리 거친다－대법원 확정 형사사건은 제외 … 재야법조 '위헌' 지적, 1994년 3월 31일자, 2면: "대법원 관계자는 상고남용 방지와 대법원의 법률심 강화를 위해 상고심사제 실시가 불가피하다며 대법관 증원 여부는 이 제도를 2년 동안 실시한 뒤 검토할 방침이라고 밝혔다."

것이다. 4인의 대법관이 합의를 해야 하는 것이 원칙이므로 대법관 1인이 4천 여 건을 처리한다는 것이 더 정확한 말이 되지만, 주심으로서 처리하는 사건만도 그러하다는 것이다. 그런데 이것이 현실이다. 대법관들은 일에 파묻혀서 사법제도 발전에 대해 깊이 생각할 겨를이 없다. 이렇게 된 원인 또한 복합적이지만, 가장 큰 원인은 제2심이 허약하다는데 있다. 제2심을 대폭 보강해야 한다. 대등한 3인의 중진법관으로 제2심을 구성하고, 형식적이 아니라 실질적으로 합의를 해서 소수의견을 쓸 수 있도록 해주어야 한다."[33]

그러나 저자는 상소개혁방안의 출발점은 '제1심 재판강화'에 있다고 생각한다. 형사소송이 제1심 재판부에서 기본적으로 종결될 수 있도록(일반적으로 항소심이 더 이상 필요하지 않을 정도로) 제1심 재판부를 강화해야 한다. 여기에는 업무내용뿐만 아니라, 인적 충원도 포함된다.

(1) 업무내용의 강화

먼저 법원의 소송촉진의무를 강화해야 한다. 법원은 형사재판에 앞서 소송당사자에게 법적 쟁점들이 무엇인지를 정확히 공판 전에 고지해야 한다(제1회 공판기일 전 공판준비 의견서 제출). 그러면 소송의 진행과정이 소송당사자에게 충분히 이해되고, 결과에 대한 승복도 쉽다. 물론 이때 법원은 중요 쟁점사안들을 공판정에서 충분하게 규명하고 판단해야 한다. 공판중심주의가 되어야 소송당사자들은 제1심 판결을 신뢰하게 될 것이다.

(2) 인적 충원의 강화

다음으로 형사소송이 더 투명하고, 시민에 더 가깝게 되기 위해서 제1심 재판부에서 충실한 심리가 이루어져야 한다. 형사소송은 가능한 제1심 재판부에서 최종적으로 종결되도록 해야 한다. 법원과 소송당사자 사이의 의사소통을 원활하게 하기 위하여, 장래에 소송당사자의 개인적인 입장표명의 방법을 체계적으로 법제화할 필요가 있다. 법적으로 논란이 되는 사안들은 완벽하게 철저하게 규명되어야 한다. 가능한 변호인의 조력을 받을 수 있도록 제도화해야 한다. 이렇게 해야 소송쟁점이 분명해지고, 사안이 명확해지며, 갈등의 구조적 해결가능성(Möglich-

---

33) 문흥수, 사법부 개혁의 방향, [자료집] 참여정부의 출범과 사법개혁의 과제, 사법개혁국민연대, 2003, 71-78면(76면).

keiten zu einer konstruktiven Lösung des Konflikts)이 도출될 수 있다.

그러나 여기에는 판사들에게 '더 많은 시간!'(mehr Zeit!)이 요구된다. 때문에 과중한 업무부담을 극복하기 위하여 제1심 재판부를 강화하는 것은 인적 충원과 밀접한 관련이 있다.[34] 인적자원의 충원으로, 다시 말하면 상소심의 인적자원을 재배치함으로써 이러한 목표는 달성될 수 있다고 생각한다. 고등법원 판사를 제1심 단독사건에 집중적으로 배치해야 할 필요가 있다고 생각한다.

(3) 소송의 경제성: 소송기간단축과 양형합리화

제1심 재판을 강화하면, 제1심 재판에 긴 시간이 소요된다는 비판이 있을 수 있다. 그러나 상소하여 소모되는 시간보다는 아주 미약하다. 항소심은 사후심적 성격을 가지고 있고, 심리방식 개선에 따라 제1심에서 충분한 심리를 하게 되면, 항소심은 공판심리시간이 길어져야 할 필요성은 상대적으로 감소한다.[35]

사실 항소심은 제1심 소송절차의 완벽한 되풀이에 불과하다. 이 과정에서 중요한 증거물이 멸실될 우려가 있고, 결코 무시할 수 없는 시간적 지체상황도 발생할 수 있다. 아주 극단적인 경우이지만, 증인이 사망하는 경우도 있을 수 있다. 그 중에서도 특히 증인의 기억력에 심각한 영향을 주는 건망증(健忘症)이 나타나는 경우도 있다. 제2심을 강화하는 것은 오히려 그 만큼 시간소모와 위험이 뒤따른다. 때문에 제1심 재판의 강화는 의미가 있다고 생각한다.

참고로 독일 지방법원지원(단독판사, AG)의 판결관련 통계를 보면, 제1심으로 판결이 확정되는 비율이 아주 높음을 알 수 있다. 제1심이 강화되어 있기 때문이다. 특히 단독판사 사건의 경우는 사실심리과정이 성공적이라고 볼 수 있다. 이는 독일 법원통계에서 확인할 수 있다.[36]

---

34) 법원행정처, 새로운 형사재판 운영방식, 2003, 9면.

35) 법원행정처, 위의 책, 11면.

36) 한스 릴리에/하태영 역, 형사사법에서 삼심제 소송구조, 상소제도 개선, 비정규적인 소송절차로의 책임이전은 권장할 만한가? 한국비교형사법학회 초청강연(2000년 10월 6일), 비교형사법연구 제2권 제2호, 한국비교형사법학회, 2000, 447-454면; Hans Lilie, Ist für die Strafjustiz ein dreigliedriger Justizaufbau, eine Reform des Rechtsmittelsystems und eine Aufgabenverlagerung auf außergerichtliche Verfahren zu empfehlen? in: Korean Journal of Comparative Criminal Law, Vol. 2. No. 2, Korean Association of Comparative Criminal Law, Pubmunsa, 2000, S. 413-448(422).

〈표 2〉 독일 지방법원지원(AG) 판결의 항소비율 분석통계

	지방법원(LG) 판결	항소(Berufung)의 수	지방법원지원(AG) 판결의 항소비율
1989	335,008	54,424	16.3 %
1990	321,476	50,456	15.7 %
1991	307,599	45,630	14.9 %
1992	308,715	44,759	14.5 %
1993	315,790	45,738	14.5 %
1994	313,602	45,859	14.6 %
1995	371,067	50,488	13.6 %
1996	383,729	52,346	13.5 %
1997	395,179	54,920	13.9 %
1998	409,001	57,883	14.2 %

<표 2>를 보면 지방법원지원(AG)의 판결은 소송당사자들에게 만족을 주고 있다. 항소비율이 그다지 높지 않다. 이것은 뚜렷하게 지속적으로 나타나고 있다. 지방법원지원 판결에 대한 불복비율도 그다지 높지 않다. 1989년 독일통일 이후에도 예외 없이 이 비율은 유지되고 있고 특이한 변동은 없다. 1998년의 경우 다른 연도에 비해 항소율이 약간 상승한 것으로 나타나고 있다. 그러나 이들 항소중 약 30%가 기각되었다. 전체 지방법원지원의 재판확정 비율을 고려한다면, 지방법원지원의 재판은 경제성과 효율성이 분명히 있다. 독일의 단독재판과 참심재판을 구분하여 보면, 참심재판의 판결보다 오히려 단독심의 판결에서 불복비율이 훨씬 낮다는 점을 명확히 확인할 수 있다.

(4) 소송비용절감

형사소송에서 제1심을 강화한다면 소송비용이 너무 많이 드는 재판이 될 수 있다는 주장이 있을 수 있다. 그러나 저자는 그렇게 생각하지 않는다. 지방법원지원은 실제 상당한 역할을 할 수 있고 국민에게 가까이 있는 사법부로 거의 모든 전제조건을 충족하고 있다.

대도시에 지방법원이 밀집되어 있지 않고 군소 도시에 지방법원지원이 분포되어 있어서 보다 효율적이며 긍정적인 판결을 도출할 수 있다. 이것은 국민에게

보다 가까이 다가서 있다는 점을 확인시켜 준다. 국민에게 더 가깝도록, 더 효과적으로 그리고 더 적은 비용으로 사법시스템을 구축할 수 있기 때문이다.

전국 경찰서 소재별(인구 30만)로 지방법원지원을 확대하고, 또한 지방법원 법정규모도 작은 법정으로 개조해야 한다. 저자는 이것이 지방법원의 형사소송에 수반되는 복잡하고 불가피한 소송부대비용(법원, 재판보조인력, 서기, 속기사 등)을 경감시킬 수 있는 방안이라고 생각한다.[37]

2. 고등법원의 역할 확대와 상고심의 이원화

단독판사－본원 합의부－고등법원으로 가는 3심제 시스템이다. 형사사건의 경우 제1심 법원은 현행처럼 단독제와 합의제를 병행해서 운용한다. 그러나 법원조직법 제7조 단독제 원칙(토지관할, 사물관할, 심급관할)을 지금보다 더 강화한다. 지방법원 또는 지방법원지원 제1심 사건의 경우, 그 항소심은 지방법원 본원 합의부에서 관할하고, 항소심 판결에 대한 상고사건은 고등법원에서 관할한다. 제1심 판결에 대한 비약상고사건도 고등법원에서 관할한다. 결정과 명령에 대한 상소도 동일한 심급구조를 유지한다. 고등법원의 역할이 강화되는 것이다. 항소심과 상고심을 모두 담당한다.

저자가 주장하는 상소제도의 개혁방안의 핵심은 상고심(법률심)의 이원화이다. 생각건대 고등법원에서도 법률심이 이루어져야 한다. 이것은 지방분권과 사법분권의 논의과정에서 구체화되어야 한다. 단독판사 제1심 재판의 경우, 본원 합의부에서 제2심(항소심)을 재판하고, 고등법원에서 제3심(상고심)으로 종결해야 한다. 이 경우 상고심은 대법원이 아니라, 고등법원이다. 그러면 대법원의 업무량은 대폭 줄어들 것이다. 따라서 법원조직법상의 '삼심제 원칙'을 개정해야 한다고 생각한다.

한국 인구가 4천 8백만이라면 이제 이러한 논의도 구체화되어야 할 시기가 왔다고 생각한다. 언제까지 모든 사건이 대법원으로 가야 하는가? 변협은 1994년 대법원의 업무가 그렇게 과중하면 대법관 수를 현재의 14명에서 24명으로 늘려야 할 것이라고 주장한 바 있다.[38] 이러한 해결방안보다는 법원조직법 제42조 제

37) 법원행정처, 새로운 형사재판 운영방식, 2003, 11면 참조.

38) 박우동, 판사실에서 법정까지, 한국사법행정학회, 1995, 261-262면: 변협은 대법원의 업무가 그렇

1항에 해당하는 5명 법관으로 구성된 고등법원 전원합의체[39]가 신설되는 것이 타당하다고 생각한다.

3. 대법원의 업무 경감과 3심제를 2심제로 전환

상소개혁의 또 다른 핵심은 3심제를 2심제로 전환하는 데 있다. 합의부 관할 제1심 사건의 경우 ① 사형 선고사건, ② 무기징역 선고사건, ③ 피고인이 무죄주장을 펴고 있는 사건만 예외적으로 고등법원에서 항소심(사실심과 사후심)을 할 수 있도록 하고, 그 외 사건들은 제2심(항소심)을 단축하고 바로 대법원에서 종결하는 상소구조로 개혁되어야 한다.

저자가 주장하는 상소제도의 개혁방안의 핵심은 합의부－고등법원(예외적 인정)－대법원으로 가는 2심제 시스템이다. 합의부 관할 제1심 판결에 대해 제한적 항소를 허용하고, 대법원에서 법률심을 하는 심급구조이다. 항소권을 남용하는 것을 제도를 통하여 차단하자는 것이다. 현재 독일에서 이 제도를 채택하고 있다.[40] 물론 다음의 두 가지 문제점이 제기될 수 있을 것이다.

(1) 단축된 심급제도와 소송권 향유권리의 충돌문제

지방법원 합의부의 1심 사건이 3심제에서 2심제로 축소되는 것은 헌법 제27조 제1항 국민의 재판의 받을 권리를 제한하는 것으로 인권침해의 위헌적 발상이라는 주장과 단축된 형사소송은 헌법 제27조 제1항 재판의 받을 권리와 국민의 소송향유권을 침해한다는 주장이 제기될 수 있다.

그러나 우리 헌법 제27조 제1항은 상하의 심급제만을 규정하고 있을 뿐 반드

게 과중하면 대법관 수를 현재의 14명에서 24명으로 늘려야 할 것이라고 주장했다; 한겨레신문, 상고심 사전심리 거친다－대법원 확정 형사사건은 제외…재야법조 '위헌'지적, 1994년 3월 31일자, 2면: "대법원 관계자는 상고남용 방지와 대법원의 법률심 강화를 위해 상고심사제 실시가 불가피하다며 대법관 증원 여부는 이 제도를 2년 동안 실시한 뒤 검토할 방침이라고 밝혔다."

39) 법원조직법 제42조 (임용자격) ① 대법원장, 대법관, 고등법원 전원합의체 법관은 15년 이상 다음 각호의 직에 있던 40세 이상의 자 중에서 임용한다. 1. 판사 · 검사 · 변호사 2. 변호사의 자격이 있는 자로서 국가기관, 지방자치단체, 국 · 공영기업체, 정부투자기관 기타 법인에서 법률에 관한 사무에 종사한 자 3. 변호사의 자격이 있는 자로서 공인된 대학의 법률학 조교수 이상의 직에 있던 자 ② 판사는 다음 각호의 1에 해당하는 자 중에서 임용한다. 1. 사법시험에 합격하여 사법연수원의 소정 과정을 마친 자, 2. 변호사의 자격이 있는 자 ③ 제1항 각1호에 규정한 2이상의 직에 재직한 자에 대하여는 그 연수를 통산한다.

40) 김혜정, 독일에서 3심제도에 대한 논의 종결, 형사정책연구소식, 통권 제63호(2000 · 1/2월호), 형사정책연구원, 2001, 37-40면(40면).

시 삼심제를 요구하고 있는 것이 아니다.[41] 법원조직법이 법원의 심판권과 관련하여 삼심제 원칙을 규정하고 있기 때문에 단축된 심급제도와 소송권 향유권리의 충돌문제는 법원조직법의 개정으로 해결될 수 있는 문제라고 생각한다. 현재 특허소송과 선거소송도 2심제로 운영되고 있지 않은가? 이에 관해 이미 헌법재판소는 "심급제도는 입법자의 형성의 자유에 속한다"고 결정한 바 있다.

또 헌법재판소는 말한다. "상고심 절차에 관한 특례법 제4조 위헌소원 등을 보면, 헌법이 대법원을 최고법원으로 규정하였다고 하여 대법원이 곧바로 모든 사건을 상고심으로서 관할하여야 한다는 결론이 당연히 도출되는 것은 아니며, '헌법과 법률이 정하는 법관에 의하여 법률에 의한 재판을 받을 권리'가 사건의 경중을 가리지 않고 모든 사건에 대하여 대법원을 구성하는 법관에 의한 균등한 재판을 받을 권리를 의미한다거나 또는 상고심 재판을 받을 권리를 의미하는 것이라고 할 수는 없다. 또한 심급제도는 사법에 의한 권리보호에 관한 한정된 법발견 자원의 합리적인 분배의 문제인 동시에 재판의 적정과 신속이라는 서로 상반되는 두 가지의 요청을 어떻게 조화시키느냐의 문제로 돌아가므로 원칙적으로 입법자의 형성의 자유에 속하는 사항이다. 그러므로 상고심절차에 관한 특례법 제4조 제1항 및 제3항과 제5조 제1항 및 제2항은 비록 국민의 재판청구권을 제약하고 있기는 하지만 위 심급제도와 대법원의 기능에 비추어 볼 때 헌법이 요구하는 대법원의 최고법원성을 존중하면서 민사, 가사, 행정 등 소송사건에 있어서 상고심 재판을 받을 수 있는 객관적인 기준을 정함에 있어 개별적 사건에서의 권리구제보다 법령해석의 통일을 더 우위에 둔 규정으로서 그 합리성이 있다고 할 것이므로 헌법에 위반되지 아니한다."[42]

---

41) 권영성, 헌법학원론 [2007년판], 법문사, 2007, 1089-1093면(1090면); 헌재 1995.1.20. 90헌바1 전원재판부 [소송촉진 등에 관한 특례법 제11조 및 제12조의 위헌여부에 관한 헌법소원]을 보면, "헌법이 대법원을 최고법원으로 규정하였다고 하여 대법원으로 하여금 모든 사건을 상고심으로서 관할할 것을 요구하는 것은 아니며, "헌법과 법률이 정한 법관에 의하여 법률에 의한 재판을 받을 권리"가 사건의 경중을 가리지 않고 모든 사건에 대하여 대법원을 구성하는 법관에 의한 균등한 재판을 받을 권리를 의미한다거나 또는 상고심재판을 받을 권리를 의미하는 것이라고 할 수는 없다. 심급제도는 사법에 의한 권리보호에 관하여, 한정된 법발견 자원의 합리적인 분배의 문제인 동시에 재판의 적정과 신속이라는 서로 상반되는 두 가지의 요청을 어떻게 조화시키느냐의 문제로 돌아가므로 기본적으로 입법자의 형성의 자유에 속하는 사항이고, 상고허용여부의 객관적 기준은 상고제도를 어떠한 목적으로 운용할 것인가에 따라 달라지게 되는 바, 상고제도의 목적을 법질서의 통일과 법발전 또는 법창조에 관한 공익의 추구에 둘 것인지, 구체적 사건의 적정한 판단에 의한 당사자의 권리구제에 둘 것인지, 아니면 양자를 다 같이 고려할 것인지는 역시 입법자의 형성의 자유에 속하는 사항으로서 그 중 어느 하나를 더 우위에 두었다 하여 헌법에 위반되는 것은 아니다."

42) 헌재 1997.10.30. 97헌바37, 95헌바142, 215, 96헌마95(병합).

(2) 법해석 통일과 법적 안정성의 문제

고등법원간의 법해석의 통일과 법적 안정성의 문제는 심급통일(Divergenzausgleich)을 통해 해결할 수 있을 것이다.[43] 다른 고등법원의 판결을 변경할 경우에는 예외적으로 대법원에서 판결할 수 있도록 제도화하는 것도 고려해 볼 수 있을 것이다.

4. 소송절차이분법의 도입

소송절차의 이분론이란 소송절차를 범죄사실의 인정절차와 양형절차로 분리하자는 주장을 말한다. 이제 우리 형사소송법도 이를 적극적으로 검토할 필요가 있다고 생각한다.[44]

(1) 인격권의 보호

피고인의 인격권이 보호되어야 한다. 범죄사실의 입증에 앞서 피고인의 인격을 심리할 때에는 피고인의 악성격이 법관에게 편견과 예단을 가지게 할 우려가 있다. 이는 자백의 증거능력을 제한하고 공소장일본주의에 의하여 법관의 예단을 금지하고자 하는 형사소송법의 정신에 반한다. 따라서 인격에 대한 철저한 심리

---

43) Hans Lilie, Obiter dictum und Divergenzausgleich in Strafsachen, Carl Heymanns Verlag, Köln · Berlin · Bonn · München 1993, S. 183ff.(Rechtssicherheit und Divergenzausgleich).

44) 이재상, 형사소송법, 제6판, 박영사, 2002, 50-54면(50면): 영미의 형사소송은 배심제도를 배경으로 유죄의 평결과 형의 선고를 엄격히 구분하고 있다. 배심에 의한 유죄의 평결이 있은 후에 법관에 의한 양형절차가 개시된다. 대륙의 형사소송 특히 독일과 일본에서는 사실인정과 양형절차를 구분하고 있지 않다. 그러나 1985년 독일 형사소송법은 선택초안 제243조 b에 의하여 소송절차이분법을 입법화하였다. 독일에서는 피고인의 인격권과 변호권의 보호 그리고 소송경제를 근거로 하고 있다. 일본에서도 최근 사실인정절차의 순화와 양형의 합리화 논의가 진행되고 있다. 독일 형사소송법 제243조 (공판의 순서) (1) 공판은 사건의 호명으로 개시된다. 재판장은 공판피고인 및 변호인의 출석, 증거의 제출 특히 소환된 증인 및 감정인의 출석여부를 확인한다. (2) 증인은 법정에서 퇴정한다. 재판장은 공판피고인의 인적 사항에 관하여 신문한다. (3) 검사는 이에 관하여 공소장을 낭독한다. 제207조 제3항의 경우에 검사는 새로운 공소장을 근거로 한다. 제207조 제2항 제3단의 경우에는 검사는 공판개시결정의 근거가 된 법적 평가와 함께 공소사실을 낭독하며 그 밖에 이와 상이한 그의 법적 견해를 진술한다. 제207조 제2항 제4호의 경우 검사는 공판의 개정을 허가하는 법원이 결정한 변경을 고려하여야 한다. (4) 공판피고인이 자신의 소에 관하여 진술을 하거나, 진술을 하지 않을 자유가 있음을 고지한다. 공판피고인이 진술할 준비가 된 경우 제136조 제2항의 규정에 따라 사건에 대하여 신문을 받는다. 공판피고인의 전과는 그것이 재판에 있어서 중요한 경우에만 확인된다. 그것이 언제 확인될 것인지에 관하여는 재판장이 정한다. (4) Sodann wird der Angeklagte darauf hingewiesen, daß es ihm freistehe, sich zu der Anklage zu äußern oder nicht zur Sache auszusagen. Ist der Angeklagte zur Äußerung bereit, so wird er nach Maßgabe des §136 Abs. 2 zur Sache vornommen. Vorstrafen des Angeklagten sollen nur insoweit festgestellt werden, als sie für die Entscheidung von Bedeutung sind. Wann sie festgestellt werden, bestimmt der Vorsitzende.

는 양형절차에서 다루어져야 할 것이다. 양형과정을 사실인정절차와 분리해야 한다. 사실인정절차를 개선할 필요가 있다.

그리고 양형절차에서는 공개주의를 배제할 필요가 있다. 이는 피고인의 프라이버시의 침해를 방지하고 사회복귀와 인격권을 보호해야 하기 때문이다. 생각건대 범죄사실이 증명되기 전에 프라이버시에 대하여 광범위한 조사를 행하여 일반에 공개하는 것은 피고인의 일반적 인격권을 침해하는 것이다.

(2) 변호권의 보장

사실인정단계에서는 피고인의 무죄만을 변론하고, 양형단계에서 유리한 형을 선고받을 수 있게 할 수 있으므로 변호권을 보장할 수 있게 되는 장점이 있다.

(3) 양형의 합리화

양형절차를 사실인정절차와 분리하는 양형절차의 독자적인 구성은 양형의 합리화를 위해 필요하다. 양형의 절차에 판결 전 조사 또는 감정에 의하여 심리학자나 사회학자의 도움을 받도록 하는 것도 이제 적극적으로 검토되어야 한다. 생각건대 전과, 누범, 상습범은 양형의 자료라고 할 것이므로 양형절차에서 심리하는 것이 타당하다. 양형절차에서 유죄결정을 번복하는 것은 심리의 지연을 초래할 뿐이므로 허용되지 않는다고 보아야 한다.

(4) 소송의 경제성

사실인정절차에서 무죄선고를 할 경우에는 피고인의 인격에 대한 조사를 필요로 하지 않는다는 점에서 소송경제에도 도움이 될 수 있다.

(5) 형사정책적 요구

절차이분론에 대한 비판이 있다. 그러나 공판절차를 두 개로 분리하여 별개의 법칙이 적용되도록 함으로써 사실인정절차를 순화하고 양형을 합리화 할 수 있다. 절차이분론은 형사정책적 요구에 의한 것이다. 생각건대 피고인의 인격에 대한 철저한 조사는 양형을 위하여 언제나 필요하다. 피고인의 인격적 요소는 범죄의 구성요건, 즉 구성요건 해당성과 위법성 그리고 책임에 관련된 때에 사실인정절차에서 심리하면 된다. 절차이분법은 입법론으로 도입되어야 한다.[45]

Ⅳ. 결 론

1. 한국의 법원은 너무 대형화되어 있고(효율성의 문제), 생활근거지에서 너무 멀리 떨어져 있으며(친밀성의 문제), 재판진행이 아주 느리다(신속성의 문제). 또한 제1심에 불복하는 항소율이 너무 높다(투명성과 신뢰성의 문제).

2. 국민은 효율성 있는 법적 안정에 깊은 관심을 가지고 있으며, 사법기관에 대해 지적되고 있는 비판에 주목하고 있다. 국민은 사법기관에 보다 더 높은 효율성을 촉구하고 있다.

3. 사법개혁의 핵심은 '법원과 소송절차를 시민에게 더 가깝도록, 더 명료하게, 더 신속하게 그리고 더 효율적'으로 발전시키는 데 있다. 2003년 1월 대법원이 발표한 '제2차 사법발전계획'은 '국민과 가까운 법원'에 초점이 맞춰져 있다. 대법원의 계획은 '종합선물세트'라고 표현될 정도로 사법제도 전반에 대한 개선안을 담고 있다. 특히 '1사건 1법정주의', 참심제나 배심제의 도입 추진은 사법부에 대한 국민의 이해증진과 신뢰회복이라는 두 마리 토끼를 잡는 선진사법제도로 평가받고 있다. 그러나 현행 심급구조와 상소제도 하에서는 사법제도의 핵심을 충족시킬 수 없다고 생각한다.

4. 현행 법원조직법에 따르면 제1심은 지방법원 단독판사와 지방법원 합의부에서, 제2심은 지방법원 합의부와 고등법원에서 재판하도록 이원화되어 있다. 제3심은 법률심으로 대법원에서 관할한다. 그러나 모두 대법원으로 가는 이러한 3단계의 소송구조는 21세기 한국 사법개혁의 진정한 의미를 실현할 가능성이 희박하다. 이제 국민을 위한 심급제도 개선이 절실하다. 저자는 법원조직과 형사소송절차를 근본적으로 개혁해야 한다고 생각한다. 시민에게 보다 친밀하고, 투명

---

45) 이에 관해서는 차용석, 형사소송법, 세영사, 1997, 489-493면(입법을 통한 개혁도 바람직하지만, 현재의 절차에서도 실무상 실현될 수 있다); 배종대, 형사소송법, 제7판, 홍문사, 2006, 32-37면(35면); 신동운, 형사소송법 I, 제2판, 법문사, 1997, 338-342면; 신동운, 형사소송법, 제3판, 법문사, 2006, 596-601면; 신양균, 형사소송법, 법문사, 2000, 401-404면(403면); 신양균, 형사소송법, 제2판, 법문사, 2004, 425-427면(426면); 이재상, 형사소송법, 제6판, 박영사, 2002, 50-54면(53면); 정영석·이형국, 형사소송법, 법문사, 1996, 101-102면(도입 신중론); 진계호, 형사소송법, 형설출판사, 2000, 34-40면(39면).

한 사법제도, 신속하고 효율적인 사법체계가 21세기 한국 사법개혁의 진정한 의미라고 본다면, '삼심제 소송구조의 개혁과 상소제도의 개혁'은 필수적이다. 소송절차이분론도 입법으로 구체화되어야 한다.

5. 현재의 심급구조는 틀만 3심이지, 매우 낙후된 3심이다. 우리나라의 경우 제1심이 허약하다 보니, 항소심이 사실상 제1심 역할을 하고 있다. 그래서 실질적인 분쟁사건은 대부분 3심까지 가고 있다. 이것은 대단히 후진적이고 비능률적인 심급제도다. 대법관 1인이 1년에 1천 여건 재판을 하고 있다면, 기절을 할 것이다. 이렇게 된 원인 또한 복합적이지만, 가장 큰 원인은 제2심의 취약, 더 근본적으로는 제1심 재판이 취약하다는 데 있다. 따라서 제1심 재판을 보강해야 한다. 저자는 삼심제 소송구조의 출발점은 '제1심 강화'에 있다고 생각한다. 형사소송이 제1심 재판부에서 기본적으로 종결될 수 있도록(일반적으로 항소심이 더 이상 필요하지 않을 정도로) 제1심 재판부를 강화해야 한다. 제1심 재판부를 업무내용뿐만 아니라, 인적 충원의 측면도 강화해야 한다.

6. 삼심제 소송구조의 문제점은 상소제도의 개혁과 분리될 수 없다. 법원조직법상의 '삼심제 원칙'은 개정되어야 한다. 단독판사 제1심 사건의 경우 본원 합의부에서 제2심(항소심)을 심판하고, 고등법원에서 제3심(상고심)으로 종결해야 한다. 대법원의 업무량은 대폭 줄어들 것이다. 그리고 합의부관할 제1심 사건의 경우 ① 사형 및 무기징역 선고사건과 ② 피고인이 무죄주장을 펴고 있는 사건만 고등법원에서 제2심을 심판하고, 그 외 사건들은 제2심을 단축하고 바로 대법원에서 종결하는 심급구조로 개혁되어야 한다.

7. 단축된 형사소송이 헌법 제27조 제1항 재판의 받을 권리, 국민의 소송향유권을 침해할 수 있다는 주장도 있을 수 있다. 그러나 우리 헌법 제27조 제1항은 상하의 심급제만을 규정하고 있을 뿐 반드시 삼심제를 요구하고 있는 것이 아니다. 현재 특허소송과 선거소송도 2심제로 운영되고 있지 않은가?

8. 형사소송에서 제1심을 강화한다면, 소송비용이 너무 많이 드는 재판이 될 수 있다는 비판이 있을 수 있다. 그러나 저자는 그렇게 생각하지 않는다. 지방법원지원은 실제 상당한 역할을 할 수 있고, 국민에게 가까이 있는 사법부로 거의

모든 전제조건을 충족하고 있다. 제1심 재판을 강화하면, 제1심 재판에 긴 시간이 소요된다. 그러나 상소하여 소모하는 시간보다는 전체적인 소모에서 아주 미약하다고 생각한다. 사실 현재의 항소심은 제1심 소송절차의 완벽한 되풀이에 불과하며, 항소가 너무 남용되고 있다.

9. 대법원의 '사법발전을 향한 추진과제'를 보면, 법원은 해마다 법관 수를 증원하고 법원청사를 증축할 계획을 가지고 있다. 심급구조의 획기적인 제도개혁 없이는 매년 증폭하는 사건을 감당할 수 없다. 200석 규모의 소위 '운동장' 재판은 바뀌어야 한다. 법원청사 신축계획은 기초자치단체 단위로 빠짐없이 설치되어야 한다. 일상생활에서 발생한 경미범죄는 생활근린지역의 형사사법기관에서 처리되어야 한다. 이것이 시민을 위한 사법이 아닌가? 언제까지 이러한 방식으로 형사재판을 진행할 것인가?

10. 사물관할에 따라 상소제도가 이원적으로 제도화되어야 한다. 그래야 현실적으로 '1사건 1법정주의', 집중심리도 가능하며, 판결 전 조사제도도 도입할 수 있다. 저자는 신속하고 시민에게 친밀한 형사재판은 바로 상소제도의 개혁에서 나온다고 믿고 있다. 우리는 독일의 형사법정을 타산지석(他山之石)으로 삼아야 한다.

11. 개혁이란 '낡은 질서에 대한 문제제기'이다. 다산 정약용(1762-1836)은 『경세유표』(1817년, 未完) 서문에서 다음과 같이 말한다. "무릇 창업의 시초에 법을 개혁하지 못하고 말세의 풍속을 그대로 따라 이를 떳떳한 법으로 삼으니, 이것이 예나 지금이나 공통되는 근심거리다. 우리나라의 법이라는 것은 대개가 고려의 옛것을 인순(因循, 낡은 인습을 버리지 아니하고 지킴)한 것으로서, 세종 때 이르러 다소 손익을 가하였으나 한 번 임진왜란을 겪은 후로는 백 가지 법도가 무너져 모든 일이 어수선하게 되었다. 터럭 한 끝에 이르기까지 병들지 않은 것이 없으니, 지금에 와서 개혁하지 않는다면 반드시 나라를 망치고 말 상태에 들어가는 것이다."[46)]

46) 정약용/이익성 옮김, 경세유표 I, 한길사, 1997, 37면.

〔참고자료 1〕 형사공판사건 판결률 및 상소율 누년비교표 – 합의 단독별

연도 \ 구분		접 수	처 리				상 소	상소율
			합계	판결	기타	판결률(%)		
1992	합의	25,442	26,028	23,935	2,093	92.0	11,871	**49.6**
	단독	120,256	121,037	112,203	8,834	92.7	30,072	**26.8**
1993	합의	35,022	33,961	29,667	4,294	87.4	13,591	**45.8**
	단독	130,813	128,637	119,344	9,293	92.8	31,647	**26.5**
1994	합의	29,686	29,673	6,933	2,740	90.8	11,392	**42.3**
	단독	120,298	116,288	107,765	8,523	92.7	26,069	**24.2**
1995	합의	18,703	20,989	19,149	1,840	91.2	9,041	**47.2**
	단독	145,975	137,735	126,236	11,499	91.7	33,888	**26.8**
1996	합의	17,678	17,526	16,197	1,329	92.4	8,077	**49.9**
	단독	155,318	155,232	138,806	16,426	89.4	35,298	**25.4**
1997	합의	19,109	18,944	17,008	1,936	89.8	8,955	**52.7**
	단독	156,056	150,135	137,112	13,023	91.3	39,309	**28.7**
1998	합의	24,019	22,106	19,694	2,412	89.1	10,765	**54.7**
	단독	192,200	179,475	164,800	14,675	91.8	49,131	**29.8**
1999	합의	19,711	20,824	19,088	1,736	91.7	10,399	**54.5**
	단독	175,663	174,761	163,469	11,292	93.5	50,544	**30.9**
2000	합의	20,289	21,035	19,537	1,498	92.9	10,064	**51.5**
	단독	171,365	171,375	159,371	12,004	93.0	48,071	**30.2**
2001	합의	17,933	18,222	17,257	965	94.7	9,497	**55.0**
	단독	180,573	182,279	171,191	11,088	93.9	54,335	**31.7**
평균	**합의**	**22,759**	**22,931**	**20,846**	**2,085**	**90.9**	**10,365**	49.7
	단독	**154,852**	**151,695**	**140,030**	**11,666**	**92.3**	**39,836**	28.4
상소심								
고등법원								
1992		12,082	12,299	11,558	741	94.0	2,167	**18.7**
1993		13,523	12,328	11,379	949	92.3	2,031	**17.8**
1994		11,482	12,467	11,446	1,021	91.8	1,669	**14.6**
1995		9,597	10,484	9,804	680	93.5	1,441	**14.7**
1996		8,633	8,172	7,615	557	93.2	1,449	**19.0**
1997		9,130	8,433	7,914	519	93.8	1,399	**17.7**
1998		10,116	10,857	10,311	546	95.0	2,046	**19.8**
1999		10,643	10,469	9,938	531	94.9	2,136	**21.5**
2000		10,070	10,288	9,857	431	95.8	2,097	**21.3**

2001		9,183	9,423	8,973	450	95.2	2,561	**28.5**
평균		**10,446**	**10,522**	**9,880**	**643**	**93.9**	**1,900**	**19.2**
지방법원								
1992		28,888	29,003	27,702	1,301	95.5	2,653	**9.6**
1993		30,761	30,020	28,678	1,342	95.5	2,961	**10.3**
1994		25,840	26,483	25,076	1,407	94.7	2,696	**10.8**
1995		32,517	30,168	28,418	1,750	94.2	2,660	**9.4**
1996		34,635	34,814	33,116	1,698	95.1	2,861	**8.6**
1997		37,515	36,174	33,683	2,491	93.1	2,940	**8.7**
1998		49,221	45,672	42,747	2,925	93.6	3,893	**9.1**
1999		49,536	49,756	46,620	3,136	93.7	5,059	**10.9**
2000		47,088	46,474	42,872	3,602	92.2	5,624	**13.1**
2001		49,908	49,491	45,419	4,072	91.8	7,544	**16.6**
평균		**38,591**	**37,806**	**35,433**	**2,372**	**93.7**	**3,889**	**11.0**

(사법연감, 법원행정처, 2002, 559면.)

〔참고자료 2〕 항소심 형사공판사건 항소인별 파기인원수 누년비교표

가. 합 계

구 분 / 연 도	1997		1998		1999		2000		2001	
법 원	처 리	파 기	처 리	파 기	처 리	파 기	처 리	파 기	처 리	파 기
합 계	**44,607**	**26,171**	**56,529**	**32,315**	**60,225**	**35,874**	**56,762**	**34,761**	**58,914**	**34,934**
고 등 법 원 계	**8,433**	**5,018**	**10,857**	**5,929**	**10,469**	**6,386**	**10,288**	**6,293**	**9,423**	**5,675**
서울고등법원	4,137	2,431	5,239	2,966	4,992	3,100	4,833	3,269	4,835	3,026
대전고등법원	836	500	1,256	634	1,104	620	1,191	543	1,096	646
대구고등법원	921	588	1,109	583	1,098	627	1,114	579	907	506
부산고등법원	1,394	804	1,698	956	1,688	992	1,878	1,112	1,418	813
광주고등법원	1,145	695	1,555	790	1,587	1,047	1,272	790	1,167	684
지 방 법 원 계	**36,174**	**21,153**	**45,672**	**26,386**	**49,756**	**29,488**	**46,474**	**28,468**	**49,491**	**29,259**
서울지방법원	10,898	6,510	13,446	7,881	14,685	9,096	13,028	8,062	14,017	7,950
인천지방법원	2,755	1,325	3,664	2,273	4,194	2,504	3,210	1,877	3,792	2,407
수원지방법원	3,700	2,036	4,657	2,281	4,718	2,950	5,436	3,064	4,809	2,485
춘천지방법원	940	492	1,173	544	1,253	627	1,447	736	2,021	1,113
대전지방법원	2,192	1,390	3,348	1,721	3,119	1,701	3,105	1,596	3,418	1,655
청주지방법원	1,430	867	1,332	608	1,382	661	1,409	893	1,402	863
대구지방법원	3,412	2,364	4,461	3,131	5,270	3,604	5,052	3,883	5,200	3,368

부산지방법원	4,172	2,439	4,882	2,829	6,214	3,204	4,995	3,184	4,617	3,035
창원지방법원	2,329	1,533	3,030	1,876	2,818	1,753	2,706	1,651	3,348	2,100
광주지방법원	2,283	1,130	2,884	1,469	2,892	1,704	2,814	1,806	2,936	2,034
울산지방법원	-	-	558	440	1,022	662	1,136	733	1,340	825
전주지방법원	1,578	807	1,626	952	1,671	751	1,572	669	1,863	1,041
제주지방법원	485	260	611	381	518	271	564	314	728	383

(사법연감, 법원행정처, 2002, 559면.)

〔참고자료 3〕 상고심 형사공판사건 상고인별 파기인원수 누년비교표

구분 / 연도	합계		피고인 상고		검사 상고		쌍방 상고	
	처리	파기	처리	파기	처리	파기	처리	파기
1997	4,167	188	3,428	126	690	45	49	17
1998	4,991	174	3,993	115	937	50	61	9
1999	6,467	214	5,515	151	864	44	88	19
2000	6,950	287	5,772	206	1,074	64	104	17
2001	8,191	368	6,609	261	839	41	743	66

(사법연감, 법원행정처, 2002, 563면.)

〔참고자료 4〕 형사공판사건 처리기산별 누년비교표 – 심급별

연도 / 기간		합계	1월 이내	2월 이내	3월 이내	4월 이내	5월 이내	6월 이내	9월 이내	1년 이내	2년 이내	2년 초과	평균 심리 기간(월)
제1심													
1997	합의	**18,944**	594	5,548	5,697	3,183	2,028	1,194	386	175	84	55	3.0
	단독	**150,135**	10,298	60,032	34,353	19,218	10,948	6,407	4,533	2,342	1,771	238	2.9
1998	합의	**22,106**	751	7,211	5,836	3,465	2,551	1,398	519	218	110	47	3.0
	단독	**179,475**	11,624	69,677	39,687	24,344	14,454	7,714	6,668	2,856	2,196	255	2.9
1999	합의	**20,824**	730	6,393	5,860	3,279	2,234	1,283	606	236	160	43	3.1
	단독	**174,761**	11,022	59,028	33,392	22,382	16,299	11,624	12,460	4,997	3,051	503	3.5
2000	합의	**21,035**	1,408	6,550	5,190	3,442	2,335	1,287	428	205	157	33	3.0
	단독	**171,375**	20,647	47,020	27,653	22,401	16,962	12,461	13,856	5,865	4,014	496	3.7
2001	합의	**18,222**	1,612	6,734	3,861	2,138	1,686	1,091	521	268	247	64	3.0
	단독	**182,279**	34,846	44,068	22,114	18,438	17,482	12,790	18,172	6,894	5,972	1503	3.9
평균	**합의**	**20,226**	**1,019**	**6,487**	**5,289**	**3,101**	**2,167**	**1,251**	**492**	**220**	**152**	**48**	**3.0**
	단독	**171,605**	**17,687**	**55,965**	**31,440**	**21,357**	**15,228**	**10,199**	**11,138**	**4,591**	**3,401**	**599**	**3.4**

항 소 심												
고등법원												
1997	**8,433**	70	1,394	2,959	2,699	455	221	309	218	64	44	3.5
1998	**10,857**	126	2,456	3,709	2,642	667	281	419	219	286	52	3.6
1999	**10,469**	135	1,605	3,927	2,888	796	379	366	174	164	35	3.5
2000	**10,288**	140	1,363	3,891	2,941	882	350	327	168	206	20	3.6
2001	**9,428**	195	2,667	2,677	2,316	745	166	326	167	139	25	3.2
평 균	**9,894**	**133**	**1,897**	**3,433**	**2,697**	**709**	**279**	**349**	**189**	**172**	**35**	**3.5**
지방법원												
1997	**36,174**	553	13,702	11,265	5,527	2,012	1,063	1,203	475	355	39	2.9
1998	**45,672**	1,220	15,552	12,841	6,964	3,174	1,952	2,516	862	529	62	3.2
1999	**49,756**	720	17,481	13,719	6,927	3,663	2,274	3,267	972	676	57	3.3
2000	**46,474**	813	13,822	12,523	6,873	3,916	2,485	3,673	1,496	798	75	3.6
2001	**49,491**	1,254	17,277	12,180	6,448	3,654	2,254	3,472	1,638	1,194	120	3.6
평 균	45,513	**912**	**15,567**	**12,506**	**6,548**	**3,284**	**2,006**	**2,826**	**1,089**	**706**	**71**	**3.3**
상 고 심												
1997 합의	**1,368**	115	501	491	115	33	15	25	18	25	30	3.2
1997 단독	**2,799**	134	919	1,011	359	118	67	78	31	67	15	3.1
1998 합의	**1,523**	109	401	633	229	56	28	38	19	10	-	2.7
1998 단독	**3,468**	219	1,038	1,477	339	100	94	105	61	30	5	2.8
1999 합의	**2,077**	74	148	382	972	111	103	124	100	56	7	4.3
1999 단독	**4,390**	126	380	927	1,877	257	211	211	273	119	9	4.3
2000 합의	**2,126**	146	425	1,067	287	79	71	39	29	8	5	2.8
2000 단독	**4,824**	258	641	1,741	1,250	434	212	135	120	23	10	3.3
2001 합의	**2,173**	99	377	557	887	112	48	26	52	15	-	3.2
2001 단독	**6,018**	174	907	1,275	2,054	842	286	154	174	132	20	3.8
평균 합의	1,853	**109**	**370**	**620**	**498**	**78**	**53**	**50**	**44**	**23**	**8**	**3.3**
평균 단독	4,300	**182**	**777**	**1,286**	**1,176**	**350**	**174**	**137**	**132**	**74**	**12**	**3.5**

(사법연감, 법원행정처, 2002, 564면.)

제5장 매춘에 관한 법사회학적 연구*

— 매춘정책을 중심으로 —

Ⅰ. 서 론

현재 한국에서 돈을 받고 성을 파는 남녀의 숫자에 대한 정확한 통계가 없다. 존재하고 있으나 존재하지 아니하고, 일어나고 있으나 일어나지 아니한 기상천외한 모순이 바로 한국의 매춘현실이다.[1]

현재 정부가 파악하고 관리하는 지역 이외의 장소에서도 거의 전방위 형태의 매매춘이 행해지고 있다.[2] 성욕과 자본이 순간적으로 결합하거나 그 결합의 가능성을 확인한 반대의 성(性)이 이를 수용할 태세가 마련이 되면, 매춘행위는 언제, 어디서 그리고 누구와도 치러질 수 있는 구조를 갖추고 있다. 한국의 매춘유형은 크게 사창가를 통해 이루어지는 '전통매춘'과 서비스업과 동시에 이루어지는 '겸업매춘,'[3] 예를 들면 티켓다방, 단란주점, 룸살롱, 나이트클럽, 증기탕, 안마시술

---

* 비교형사법연구 제4권 제2호, 2002, 453-485면. 이 글은 2001년도 학술진흥재단 신진교수연구비지원으로 작성된 논문이다. 원제목은 「법사회학적 관점에서 본 매춘에 관한 연구」이다.

1) 박종성, 한국의 매춘, 인간사랑, 1994, 143면: 통제불능의 욕망구조와 성.

2) 이기문, 위험수위 이른 매매춘 公娼제도로 풀자, 월간중앙, 1999년 1월호, 중앙일보사, 158-163면(161면): 현재 정부가 파악하고 있는 매매춘 종사자(윤락여성)는 이들이 집단적으로 거주하는 동대문구 전농동 588번지, 성북구 하월곡동 88번지, 강동구 천호동 423번지 일대 등 이른바 '집촌'(集村) 거주자들이다. 1996년 보건복지부가 성병 정기검진 대상자로 관리하는 이들의 수는 11만 9천 7백 여명이 고작이다. 그러나 정부가 '매매춘 종사 여성'으로 관리중인 이러한 인원은 일반인들이 생각하는 것과는 상당한 차이가 있다. 정부가 수치상으로 파악하고 관리하는 정기검진 대상 유흥업 종사 여성들의 수는 해마다 줄어들고 있다. 그렇다고 우리 사회의 향락화 추세가 개선되어 가고 있다고 단정하는 것은 무리다. 이것은 정부가 파악하고 있는 윤락여성들의 수가 전혀 현실감이 없다는 증거이기도 하다. 매매춘이 집단적으로 행해지는 장소로 알려져 온 청량리 · 미아리 등의 윤락가보다 룸살롱이나 단란주점 등의 접객업소, 호텔이나 여관 등 숙박업소와 증기탕 · 이발소 등에서 행해지는 매매춘의 비율이 더 높았다는 점이다. 이러한 사실은 다양하게 위장된 변태적 매매춘 가능 업소들이 우리 사회 곳곳에 산재해 있음을 반증하는 것이라고 하겠다.

3) 산업형 매매춘에 관해서는 변화순 · 황정임, 산업형 매매춘에 관한 연구, 연구보고서 240-17, 한국여성개발원, 1998; 매춘현장 보고서에 관해서는 이을록, 팔리는 여자, 자유시대사, 1999: 이 책은 신종매매춘(남산 스트리트 걸, 전화방, 폰팅, 사서함, 원조교제, 퇴폐 이발소, 결혼상담소, 이벤트회사, 생활광고지, 컴퓨터를 통한 사이버섹스, 보도사무실, 주부매춘, 출장안마사, 아빠방, 제비방, 호스트바)의 실태를 소개하는 르포형 보고서다. [실태-1] 티켓다방은 여종업원들에게 윤락행위를 강요하고 인신매매, 임금착취 등도 불사하는 있으며, 이미 중소도시를 넘어 시골마을에까지 번져가고 있다. [실태-2] 전화방(휴게방)은 일본의 '텔레크라'에서 유래되어 1996년 10월경 경기도 성남에서 처음 영업을 개시하여 이

소, 퇴폐 이발소, 카페, 여관, 전화방, 컴퓨터를 통한 사이버 섹스 그리고 자영 매춘인 '프리'(직장인, 대학생, 중·고등학생)로 구분할 수 있다. 그 외에도 과부매춘, 주부매춘, 택시 여기사 매춘 그리고 트럭기사들을 대상으로 하는 이동형 '고속도로 매춘'이 있다. 이들은 주변 매춘자원들을 구성하는 주요단위들이다.

한국 매매춘 문화의 최근 특징은 음성화(陰性化)이다. 매춘행위를 유도하는 전통형 매춘시장에서 정체를 드러내지 않고, 확실한 고객들이나 판매를 전제로 한 조건에서, 기습적이고 기동적인 형태로 매춘이 행해지는 잠재적 매춘시장으로 발전하고 있다. 일부 보고서에 따르면 매춘에 종사하는 여성이 대략 1백 50만명을 넘어서고, 10대 윤락행위 중 절반이 여중생이라고 한다.[4] 전문가들은 국제통화기금(International Monetary Fund, IMF) 이후 향락업소가 급증하였고, 실업과 가출이 이들 향락산업에 유입된 것으로 진단하고 있다.

이 논문에서는 매춘에 대한 한국 사회의 특수성과 현행 법제도의 문제점과 한계를 법사회학적 관점에서 고찰하고자 한다. 논제의 특성상 연구범위를 대폭 제한하여 '매춘원인과 매춘정책'을 중점적으로 다루고자 한다. 먼저 매춘원인을 파악하기 위해 범죄학자들의 다양한 이론을 분석하고자 한다(Ⅱ). 이어서 한국 사

미 전국 도처로 확산되어 있다. 최근 단속이 심해지자 이들 전화방은 안마기·게임기 등을 설치해 놓고 휴게방 등으로 위장 전업(轉業)한 채 음성적인 윤락행위의 매개역할을 계속하고 있다. [실태-3] 컴퓨터 통신을 통한 매매춘이 등장하면서 '사이버 매춘', '사이버 포주'라는 신조어가 등장했다.

4) 김미령, 성매매 여성 인권 귀기울이자, 중앙일보사, 2002년 1월 23일자, 사회면: 우리 사회의 성매매 문제는 이미 위험수위를 넘어 지나치게 두루 퍼져 있다. 정확한 실태조사는 되어 있지 않지만 전국에 퍼져 있는 40만 여 개가 넘는 유흥업소에 1백 50만명을 넘어서는 종사자들이 있는 것으로 전문가들은 말한다; 조선일보, "가출청소년 15% 임신경험," 2002년 5월 1일자, 사회면: 가출 청소년 중 15%는 임신경험이 있으며 12.3%는 낙태까지 한 것으로 조사됐다. 이같은 사실은 청소년보호위원회가 2002년 전국의 청소년 상담실과 대안학교, 소년원 보호관찰소 등 총 67개 기관에 속해있는 청소년 1천 322명을 상대로 벌인 설문조사 결과 드러났다. 2002년 5월 1일 설문결과에 따르면 '가출시 임신한 적이 있느냐'는 질문에 전체 응답자 중 15.1%가 '임신을 해봤거나 임신을 시킨 경험이 있다'고 답했으며 낙태경험에 대해서는 응답자의 12.3%가 '낙태를 시키거나 해본 경험이 있다'고 답했다. 임신경험에 비해 낙태경험이 적은 것으로 조사돼 이는 가출이 뜻하지 않은 출산으로까지 이어지고 있는 것으로 나타났다. 가출 이후 용돈이나 생활비는 '일이나 아르바이트로 충당한다'가 39%로 가장 많았으나 돈을 훔치고 뺏는다거나 심지어 원조교제, 앵벌이까지 한다고 답한 청소년도 있었다. 가출해서 가장 많이 일해 본 곳으로는 미성년자들의 출입이 금지된 윤락가, 단란주점, 호스트바, 티켓다방, 노래방 등 유해업소가 28.2%로 가장 많아 가출청소년들이 사회위험 요소에 쉽게 빠져 든 것으로 조사됐다. 다음으로는 중국집, PC방, 만화방, 공장, 주유소, 분식집, 편의점 순이었다. 가출을 하게 된 원인으로는 부모의 무관심과 폭행 등 가족적인 원인이 가장 많았고, 청소년 스스로 자유롭고 싶어서라는 개인적 요인이 다음을 차지했다. 첫 가출 시기는 초등학교 때가 25.2%가 가장 많았고, 다음으로 중 1년 20.7%, 중 2년 20.2%로 나타나 어린 나이에 가출을 시작한 것으로 나타났다. 가출청소년들이 가장 필요로 하는 도움은 응답자의 37.7%가 '따뜻한 가정분위기'라고 답했으며 용돈(27.6%), 취업기관과 연결(22.2%), 생활비 보조(14.1%) 등의 순으로 답했다. 위원회 관계자는 "청소년의 가출은 단순히 집을 나간다는 차원이 아니라 가출이 사회의 각종 비행과 유해환경에 빠져드는 원인이 된다는 것이 더 심각하다"며 "가출청소년에 대한 실효성 있는 법적 제도적 장치 마련이 시급하다"고 지적했다.

회에서 매춘이 이처럼 확산되는 현상에 대해 현행법은 어떤 입법태도를 취하고 있는지 그리고 경찰과 검찰의 단속통계, 법원의 양형통계를 살펴보고자 한다. 이러한 통계자료를 통해서 '전면적 금지주의'를 취하고 있는 현행법이 매춘에 대해서는 왜 그 효력을 발휘하지 못하는지 원인을 분석하고자 한다(Ⅲ). 이는 법과 사회구조와 윤리의 문제를 종합적으로 분석하는 것이 될 것이다. 결론에서 매춘정책을 제안하고자 한다(Ⅳ).

Ⅱ. 매춘과 범죄학이론

매춘정책은 매춘원인과 불가분의 관계에 있다. 여기서는 매춘원인에 대한 분석을 이론적으로 정립한 범죄학이론을 간략히 설명하고자 한다. 일반적으로 매춘원인은 정신병리학적 원인, 경제적 원인, 심리적 원인, 가부장적 원인, 복합적 원인, 학습적 원인 그리고 사회심리적 원인 등으로 분류되고 있다.[5] 여기에는 성매매자와 성구매자의 측면이 반영되어 있다.

1. 정신병리학이론

정신병리학이론(die psychopathologische Theorie)은 매춘원인을 성매매자 또는 성구매자의 비정상적인 인격 및 선천성 심리적 질환에서 찾는다.[6]

2. 경제학이론

경제학이론(die ökonomische Theorie)은 매춘원인을 경제적 관점에서 분석한다. 예를 들면 청소년, 젊은 주부, 가정부, 식당종업원, 미장원 종업원, 직장인이 매춘에 가담하는 경우를 이 이론으로 설명할 수 있다.[7]

---

5) Hans Joachim Schneider, Kriminologie, Prostitution, de Gruyter Lehrbuch, 1987, S. 18ff.; Rudolf Sieverts, Hans Joachim Schneider(Hrsg.), Handwörterbuch der Kriminologie, 2. Aufl., Bd. 5. Berlin, New York 1983, S. 1-16; 임웅, 비범죄화의 이론, 법문사, 1999, 105-109면(윤락행위): 임웅 교수는 범죄학적 관점에서 매춘부의 특성을 의지박약형, 정신적 결함형, 노동혐오형, 약물중독형, 자기파괴형으로 구분하고, 윤락행위의 영향을 금전적 욕구와 환경적 요인에 기인한다고 분석하고 있다(106면).

6) 조선일보, 매춘부 2/3 외상후스트레스증후군 시달려, 1998년 10월 28일자, 사회면.

3. 심리분석이론

심리분석이론(der psychoanalytische Erklärungsansatz)은 매춘원인을 심리적 관점에서 찾는다. 성구매자로부터 무의식적으로 사랑을 구하는 원조교제와 성매매자를 통해 사랑을 구하는 경우이다.[8] 청소년기 부모사랑의 결핍이 주원인이다.

4. 페미니즘이론

페미니즘이론(die feministische Theorie)은 매춘의 원인을 가부장적 관점에서 파악한다. 매춘은 가부장적 중압에서 해방, 자립 그리고 물질적 독립을 위해 행해진다고 분석한다. 또한 가부장적인 이데올로기는 여성을 섹스의 대상물로 규정한다고 한다. 이러한 이데올로기적 힘은 남성문화를 형성하고, 섹스를 남자의 권리로 간주한다. 나아가 여성에 대한 폭력이 가능한 사회를 조장한다고 한다. 이들의 조직적인 폭력형태는 여성의 섹슈얼리티의 관리라는 유일의 목적을 위해 수행된다는 것이다.[9]

5. 복합이론

복합이론(der Mehrfaktorenansatz)은 매춘원인을 복합적 원인에서 찾는다. 여기에는 가정결함, 학교생활의 어려움, 유년기의 성범죄 피해, 가족의 알콜중독 그리고 본인의 알콜중독 등이 복합되어 있다.[10]

---

7) 조선일보, [사설] '매춘 인구 1백만', 1998년 10월 28일자, 사회면; 조선일보, [화제] 일본인 상대 연예인 매춘 화대 500-600만원, 조선일보, 1998년 12월 9일자; 부산일보, 양육·생활비 마련 20대 미혼모 인터넷 윤락, 2002년 8월 14일자, 사회면; 부산일보, 대구지역 20대 여성 10% 성매매업소 종사, 2002년 10월 26일자, 사회면; 부산일보, '카드빚' 20대 윤락가 넘겨, 2002년 11월 28일자, 사회면.

8) 조선일보, 일본 남성 절반, "여자 사본 경험 있다," 1998년 6월 18일자, 국제면; 조선일보, "원조교제 청소년도 처벌," 2001년 6월 6일자, 사회면.

9) 매매춘 여성에게 인권이란 없다, http://www.womengo.org/inf; 변영주, 아시아 여성으로 산다는 것, 화평사, 1995, 60면 이하; 뉴스메이커, 신세대 "열린 성" 가두지 마라, 뉴스메이커 제225호, 경향신문사, 1997년 6월 5일자, 30-39면; 조선일보, 아시아 매춘부 2백만명 중 절반가량이 미성년자, 1997년 11월 8일자, 사회면.

10) 조선일보, [시론] 이젠 모두 침묵을 깨자, 2001년 5월 2일자, 사설; 월간조선, 직업 소개소-매춘업소 전문 중개업자-경찰의 추악한 커넥션, 월간조선, 1997년 7월, 212-238면; 부산일보, 청소년상대 성매수 여성 등 성범죄자 671명 24일 공개장, 2002년 9월 19일자, 사회면; 장 클로드 코프만/김정은 옮김,

6. 학습이론

학습이론(die Lerntheorie)은 매춘원인을 학습이론에서 분석한다. 배움의 시기에 가치구조와 행위구조가 왜곡되고, 매스컴, 친구 그리고 책으로부터 사회일탈행위를 배운다는 이론이다.[11)]

7. 사회심리이론

사회심리이론(die sozialpsychologische Theorie)은 매춘의 원인을 여러 단계의 사회심리구조의 붕괴에서 찾는다. 예를 들면 가정에서 부모의 이성적 교육의 결함, 어머니를 통한 사회성 및 사교성 교육의 결함, 매춘조장의 음성적 문화와 접촉, 가치중립의 결함, 심리세계의 비중심성, 사회로부터 고립, 자아해체 그리고 몰가치과정에서 매춘시장에 유입된다고 한다.[12)]

8. 사 견

한국에서 매춘의 원인은 경제적·사회심리적 요인이 복합적으로 연결되어 있다. 청소년 매춘은 경제이론과 복합이론 그리고 학습이론으로 설명할 수 있고, 성인 매춘은 경제이론과 페미니즘이론으로 설명할 수 있다. 따라서 매춘정책도 이러한 원인에 근거하여 과학적으로 수립되어야 할 것이다. 저자는 단순한 도덕과 윤리의 논리로 한국의 매춘문제를 근본적으로 해결할 수 없고, 또한 사법통제와 형사처벌로 한국의 매춘구조를 완전히 해체할 수 없다고 생각한다.

여자의 육체 남자의 시선: 토플리스 사회학, 한국경제신문사, 1996, 30면 이하.

11) 동아일보, [사설] 여고생 접대부의 충격, 동아일보, 1997년 5월 30일자. 3면; News+, 전화 한 통화면 OK '묻지마 섹스' 광풍, 동아일보사, 1998년 11월 12일(통권 158), 35-35면; 박은경, 16세 여고생 현지의 '윤락일기'-아무렇게나 막 살고 싶었어요-, 신동아, 1999년 1월, 420-431면; 조선일보, 중고생 10명중 1명 "性매매 충동 경험," 2001년 6월 15일자, 사회면.

12) 동아일보, 빗나간 허영심 돈의 노예 전락, 동아일보, 1997년 5월 30일자. 3면; 조선일보, 결혼 이벤트사에서 윤락알선, 1997년 10월 10일자, 사회면; 조선일보, [방송] SBS '추적! 사건과 사람들' 무너지는 성 윤리, 1998년 8월 20일자, 사회면; 조선일보, [생활] 20대여성 10% "접대부도 마다 않겠다," 1998년 9월 22일자, 사회면; 조선일보, 중고생 10명 중 1명 "性매매 충동 경험," 2001년 6월 15일자, 사회면; 윤일웅, 매춘: 전국 사창가와 창녀 실태, 동광출판사, 1987; 부산일보, '브레이크' 풀린 퇴폐영업, 2002년 12월 16일자, 사회면.

Ⅲ. 매춘과 사법통제

현행 윤락행위등방지법[13] 제4조는 윤락행위(제1호)와 윤락행위의 '상대자가 되는 행위'(제2호)를 금지행위로 규정하고 있으며, 단순윤락행위 그 자체를 처벌하고 있다. 동법 제26조 제3항은 그 위반에 대하여 1년 이하의 징역이나 300만원 이하의 벌금, 구류 또는 과료의 형으로 처벌하고 있다. 여기서는 매춘과 사법통제를 살펴보고자 한다. 경찰청 「범죄분석」 경찰 단속통계와 대검찰청 「범죄분석」 검찰 단속통계 그리고 법원행정처 「사법연감」 법원의 양형통계를 분석하고자 한다. 이를 통해 「전면적 금지주의」의 법적 한계를 검토하고자 한다.

1. 경찰의 단속통계

〈표 1〉 청소년 보호법 및 윤락행위등방지법 위반 범죄의 발생검거현황

(2000.1.1-2000.12.31)

죄 종	발생건수	검거건수	검거율	검거인원			성 년			미성년			법인체
				계	남	여	계	남	여	계	남	여	
청소년보호법	17,101	17,115	100.1	20,864	9,624	11,240	20,581	9,465	11,116	283	159	124	19
윤락행위등방지법	3,867	3,931	101.7	10,592	4,412	6,180	10,150	4,365	5,785	442	47	395	-

자료: 「범죄분석」, 경찰청, 2001.
단위: 건수 · 인원(발생 · 검거통계원표, 피의자통계원표)

2. 검찰의 단속통계

대검찰청 「범죄분석」을 보면, 2001년 한해 동안 윤락행위등방지법위반범죄로 검거된 건수는 4,093건으로 1999년의 2,085건보다 2,008건이 증가했다. 2001년 9월에 816건이 검거된 것으로 나타났다. 검거자를 성별로 보면 성인남성이 4,766명인데 비해, 여성은 6,118명으로 나타났다.

---

13) 제정 1961.11.09(법률 제771호) 내무부; 일부개정 2002.12.18(법률 제6801호) 보건복지부.

〈표 2〉 청소년 보호법 및 윤락행위등방지법 위반 범죄의 발생검거현황

(2001.1.1-2001.12.31)

죄종	발생건수	발생비	검거				
			검거건수	검거율	검거인원		
					계	남	여
청소년 보호법	5	0	2	40	2	1	1
윤락행위등 방지법	4,093	8,5	4,197	102.5	10,894	4,766	6,118
윤락행위등 방지법 (청소년)	9	0	2	22.2	2	2	2

자료: 「범죄분석」, 대검찰청, 2002.

이는 현행 윤락행위등방지법이 윤락행위를 전면적으로 금지하고 처벌을 하고 있지만, 검거되는 숫자는 극히 일부분이고(소위 '우연범죄', Zufallsdelikt), 수사기관의 이벤트성 단속이 여전히 지속되고 있으며, 매춘부, 성구매자 그리고 포주 모두가 범죄자이지만, 매춘여성에 대한 검거가 압도적으로 높은 것으로 나타났다. 실태가 이러함에도 전면적 금지주의를 고수하는 것이 타당한지 의문이 아닐 수 없다.[14)]

3. 법원의 양형통계

법원행정처 「사법연감」(1999)에 수록된 윤락행위등방지법의 처리실태를 보면, 처벌이 대체로 경미하고, 집행유예와 벌금형이 대부분인 것을 확인할 수 있다.

1998년의 경우 전국 제1심 법원에 858건이 접수되어 814건이 처리되었다. 그 중 자유형이 5년 이상 1건, 3년 이상 5건, 1년 이상 62건, 1년 미만 68건으로 나타났고, 집행유예 490건, 벌금 120건 순으로 나타났다. 그중 제1심 판결에 불복하여 항소한 건수가 181건이었다. 항소심에서는 자유형 1년 이상 8건, 1년 미만 25건으로 나타났고, 집행유예 46건, 벌금 9건 순으로 나타났다. 제2심 판결에 불복하여 상고한 건수도 6건이나 되었다. 이처럼 법원의 양형은 '솜방망이'이고, 심급이 올라갈수록 관대함을 알 수 있다.

14) 여기에 관해서는 이영란, 성매매(윤락행위) 최소화를 위한 입법정책, 저스티스 통권 제65호, 2002년 2월호, 한국법학원, 185-204면.

2001년 8월 11일 윤락행위등방지법 위반 혐의로 구속영장이 청구된 스포츠마사지 업주에 대해 대전지방법원소속 한 판사가 구속영장을 기각하면서 '성매매는 필요악'이라는 견해를 밝혔는데, 이것이 한국법원의 시각으로 인식되고 있다.[15)]

Ⅳ. 매춘과 형사정책

윤락행위방지법은 1961년 제정된 이후 1995년에 전면 개정과 2001년과 2002년 일부 개정을 거쳐 현재 시행되고 있으며, 2000년에는 청소년성보호법이 제정되어 시행되고 있다.[16)] 그럼에도 불구하고 Ⅲ에서 살펴 본 통계처럼 극히 일부에 대해 수사가 이루어지고 있으며 형사처벌을 받고 있다. 1998년 IMF 이후 향락업소는 급팽창하고 있으며, 특히 청소년 성매매는 큰 사회문제로 등장하고 있다. 이러한 상황에서 모든 경찰력을 동원하여 단속한다 하더라도 매매춘을 근절하는 것은 사실상 불가능 한 것으로 보인다. 왜냐하면 앞에서 살펴 본 바와 같이 신종 매매춘은 속성상 보다 은밀하게 이루어지고 있고, 그 입증도 쉽지 않기 때문이다.[17)] 또한 국가가 모든 경찰인력을 매매춘 단속에만 집중적으로 투입할 수도 없

---

15) 조선일보, "性매매는 필요악" 영장기각, 2001년 8월 11일자, 사회면: 판사가 윤락행위등방지법 위반 혐의로 스포츠마사지 업주에 대해 청구된 구속영장을 '性매매는 사회적 필요악'이라는 등의 이유로 기각했다. 대전지법 황성주 판사는 8월 11일 최○○(37)씨에 대한 영장을 기각하면서 그 취지 및 이유로 "범죄폭력조직과의 연계나 미성년자(종업원, 손님 양자)의 접근 등 부정적 요인을 제거한다면 성의 매매는 사회적 필요악으로서 일면의 긍정적인 사회적 기능을 담당하는 면을 무시할 수 없다"고 밝혔다. 황 판사는 또 "公娼制度를 포함해 성의 제도화 문제는 매우 미묘하고 그에 대한 시각도 천차만별로 다양하나 현재 우리 사회에서 윤락가나 룸살롱 등을 통해 성의 매매가 제도적으로 사실상 묵인되고 있다"고 설명했다. 황 판사는 이어 "이번 사건에서는 폭력조직과의 연계나 미성년자의 관여 등 악성 요소가 없고 최○○씨 개인적으로도 별다른 범죄전력이 없으며 서울에 거주하면서 사실상 영업에는 관여하지 않고 이따금 내려와 수금한 점 등 제반사정도 참작했다"고 덧붙였다. 한편 최○○씨는 2001년 3월 대전시 동구 용전동에 스포츠마사지 업소를 차려 놓고 최근까지 모두 841차례에 걸쳐 1억 2천 600여 만원을 받고 윤락을 알선해 온 혐의로 영장이 청구됐다.

16) 우리나라 매춘법제의 변천사에 관해서는 최병각, 매춘행위와 형벌권의 한계, 비교형사법연구, 제4권 제1호, 한국비교형사법학회, 2002, 301-324면(305-317면); 권영자 · 임엘림, 윤락행위등방지법개정을 위한 연구, 연구보고서 200-2, 한국여성개발원, 1989; 헌재 1996.1.25. 91헌마178; 오영근 · 박미숙, 윤락행위등방지법에 관한 연구, 형사정책연구원, 1996, 19-27면, 43-53면; 변화순 · 황정임, 산업형 매매춘에 관한 연구, 연구보고서 240-17, 한국여성개발원, 1998, 37면.

17) 부산일보, 유흥가 '無法天地' 심야 윤락 주점들 호객행위 기승, 이권 노린 업소간 칼부림 사태도, 2002년 11월 8일자, 사회면; 경남도민일보, 마산 · 창원 등 나이트클럽 외국인 무용수 생활은? 2002년 3월 28일자, 사회면: 이들 여성은 하루 2시간 가량 일하고 현지에서 2년 동안 일해야 벌 수 있는 수입을 한 달만에 만질 수 있기 때문에 업소와 프로덕션측의 인권 유린행위에 대해서 입을 다물고 있다. 이에 대해 경찰 관계자는 "공공연한 매매춘 사실을 입수하더라도 상대 남자, 업소, 외국인 여성 등 관련자의 이해가 일치해 적발하기가 쉽지 않다"며 "이같은 인권유린 행위를 적발해 내기 위해서는 단속에 의존하

는 것이 현실이다. 따라서 매매춘을 최소화하기 위해서 어떤 매춘유형을 어떻게 단속하고, 어떻게 처벌할 것인가에 대한 근본적인 검토가 필요하다고 생각한다.[18] 여기서는 매춘과 입법정책, 매춘과 사법정책 그리고 매춘과 시민단체의 역할 순으로 살펴보고자 한다.

1. 매춘과 입법정책

(1) 매매춘에 관한 접근방식

매매춘에 관한 접근방식은 대체로 세 가지의 입법형태로 나타난다.[19] 모든 매매춘을 불법으로 규정하는 전면적 금지주의, 매매춘을 제한적으로 합법화하여 지방자치단체가 관리하는 관리주의, 매매춘의 비범죄화를 주장하는 폐지주의이다. 매매춘 입법이 어떤 접근방식을 채택하고 있는가와 관계없이 '거리매춘과 매춘부의 수입을 갈취하는 포주행위'는 모든 입법형태에서 불법으로 규정되어 있다.

(가) 전면적 금지주의

전면적 금지주의(Prohibitionismus, Kriminalisierung)는 매춘 관련 모든 행위를 처벌하는 입법주의이다. 다시 말하면 금지주의에서는 모든 윤락행위가 불법이다. 성매매자와 성구매자는 모두 범법자가 된다. 포주행위도 범법행위이다.[20] 매매춘을 조장하며 매매춘으로 돈을 벌기 때문이다. 이처럼 국가는 모든 윤락행위를 불법으로 규정하고, 모든 수단을 동원해 감시와 처벌로 매매춘 근절에 나서는 극단적인 처방을 한다. '전면적 금지'를 채택하고 있는 나라는 한국을 비롯하여 태

기보다는 근본적인 대책이 마련되지 않으면 사실상 어렵다"고 토로했다.

18) 이영란, 성매매(윤락행위) 최소화를 위한 입법정책, 저스티스 통권 제65호, 2002년 2월호, 한국법학원, 185-204면; 부산일보, '성매매 근절 국가프로그램 필요', '부산지역 성매매 실태 토론회', 2002년 11월 4일자, 사회면; 부산일보, [사설] 퇴폐영업 근절 의지 있나, 2002년 12월 17일자, 사회면.

19) 이에 관한 독일 문헌으로는 Hans Joachim Schneider, Prostitution. Rudolf Sieverts, Hans Joachim Schneider (Hrsg.): Handwörterbuch der Kriminologie, 2. Aufl., 5. Band. Berlin, New York 1983, SS. 1-16; 한국 문헌으로는 오영근·박미숙, 윤락행위등방지법에 관한 연구, 형사정책연구원, 1996, 31-40면; 변화순·황정임, 산업형 매매춘에 관한 연구, 연구보고서 240-17, 한국여성개발원, 1998, 33-36면; 이경재, 매춘에 대한 다양한 견해와 그에 대한 형사정책적 입장, 형사정책연구 제10권 제4호, 1999년 겨울호, 형사정책연구원, 161-186면(180-184면); 이영란, 성매매(윤락행위) 최소화를 위한 입법정책, 저스티스 통권 제65호, 2002년 2월호, 한국법학원, 185-204면(188-192면).

20) Kathleen Barry, Prostitution of Sexuality 1996, 정금나·김은정 옮김, 섹슈얼리티의 매춘화, 삼인, 2002, 279-287면: 금지주의는 사회주의와 자본주의에 따른 두 가지 체계가 있다. 오늘날 중국과 베트남이 몇 안 되는 사회주의 체제하의 금지주의 국가들이다. 반면 한국과 태국이 자본주의 체제하의 금지국가들이다.

국·필리핀·헝가리·미국의 뉴욕주와 일리노이주 등이 있다.

전면적 금지주의를 지지하는 논거는 대체로 세 가지로 요약된다.

첫째, 인간의 성(性)은 절대 상품화 될 수 없다. 인간은 존엄과 가치의 주체이지, 도구화의 대상이 될 수 없다.

둘째, 윤락행위는 그 자체가 비도덕적이고, 부정한 섹스일 뿐이다.

셋째, 남성이 섹스를 위해 여성의 몸을 살 권리를 가지고 있지 않다.

그러나 전면적 금지주의는 다음과 같은 비판을 받고 있다.

첫째, 전면적 금지주의는 매춘여성을 오히려 섹스상품으로 고착화시킨다. 성인 매춘여성을 사회적·법률적으로 버려진 자들로 아무런 자원을 가지지 않는 섹스상품으로 낙인시킨다.

둘째, 여성을 범죄자로 다룸으로써 그들을 법체계의 외부로 몰아내 버린다. 전면적 금지주의를 채택하고 있는 법률은 매춘여성을 범죄자로 규정하기 때문에 자신의 포주를 수사기관에 고발하는 것을 어렵게 만든다. 왜냐하면 포주를 고발하면 여성 자신이 매춘부라는 것이 밝혀지고 범죄자가 되기 때문이다.[21] 이처럼 전면적 금지주의는 매춘여성을 사회의 바깥에 폐쇄시켜 버리는 입법정책이다.

셋째, 매춘여성은 각종 사회 서비스로부터 완전히 배제되어 있다. 남편의 학대와 강간피해자들이 이용할 수 있는 여러 사회 서비스도 이들에게는 없다. 우리 사회가 매춘을 조장하고 있지만, 매춘종사자에 대해서는 혐오하는 이중적 도덕을 가지고 있다. 이러한 사회구조에서 매춘종사자는 가족과 오래된 친구들과 분리되어 스스로 고립된 길을 간다.

넷째, 전면적 금지주의의가 성공하기 위해서는 후속대책이 필요한데, 현실은 다르다. 매춘에서 벗어나 새 삶을 꾸리기 위해 필요한 직업훈련, 건강서비스, 상담과 쉼터 지원이 부족하다.

다섯째, 사법경찰의 매춘행위 단속과정에서 법집행의 형평성 문제를 제기할

21) 경남도민일보, 경남경찰, 여성인권단체와 합동단속: 외국인 여성들의 강요된 매매춘 실태가 밝혀질까, 2002년 8월 19일자, 사회면: 경남지방경찰청은 방범·외사·수사요원 등으로 구성된 합동단속반을 편성해 여성 인권단체들과 함께 9월 5일까지 도내 유흥업소에 종사하고 있는 외국인 여성들에 대한 감금 폭행 및 윤락 강요 등 인권 유린행위 실태 파악에 나섰다. 현재 도내에는 진해와 거제에 외국인 전용업소로 등록된 3개소와 3급 이상 관광호텔 13곳에 90명 가량의 외국인 여성이 일하고 있는 것으로 알려졌다. 이런 노력에도 불구하고 매매춘을 적발하기 어렵다는 것이 경찰의 입장이다. 무용수로 활동하고 있는 대다수의 구 소련권 출신 여성들은 돈을 벌 목적으로 입국한 만큼 업주의 강요된 매매춘과 감금 및 폭행에 대해 진술을 거부하고 있다. 이들이 업주의 횡포에 대해 진술을 거부하는 것은 문제가 발생할 경우 프로덕션과의 계약이 취소돼 본국으로 돌아가야 하기 때문이다.

가능성이 많다. 또한 단속되더라도 "왜 나만 단속하느냐"는 반발이 일어날 수 있고,[22] 암암리에 매매춘에 나서는 사람들 모두를 잠재적 처벌대상으로 삼아야 한다는 현실적 부담도 따른다. 이러한 법적·행정적 부담으로 인해 매매춘에 대한 전면적이고도 실질적인 금지는 현실적으로 불가능한 형편이다. 경찰은 자신이 매춘시장의 수요를 억제할 수 없다는 것을 인식하고 있다.

여섯째, 음성적인 매춘을 전면 추방하지 못한다. 지하에서 자유로이 행해지는 매춘행위가 오히려 공공연하게 행해질 수밖에 없다.[23]

(나) 제한적 허용주의(관리주의)

'제한적 허용주의'(Regulationismus, beschränkte Legalisierung)는 매매춘을 현실의 한 단면으로 인정하고, 국가가 제한적인 범위 내에서 매매춘의 공급과 수요를 보호하고 관리하는 정책을 말한다. 이것은 1802년 프랑스에서 군인들이 쉽게 매춘을 할 수 있도록 개발되었던 정책으로 도입 이후 급속히 확산되었다. 독일·네덜란드·대만·미국 네바다주·오스트레일리아의 빅토리아주가 제한적 허용주의를 채택하고 있다. 독일은 형법으로 일정한 요건 하에서 매춘장소를 공인하고 있다. 함부르크는 집단매춘지역(Bordelle und Rotlichtbezirke)을 실시하여 관리하고 있다. 대만도 '창기관리법'(娼妓管理法)을 마련하여 일정한 요건과 특정구역을 통해 매춘을 허용하고 있다. 제한적 허용주의·관리주의에서는 질병예방을 위해 매춘부의 등록과 정기적인 의료검진이 법적으로 의무화되어 있다.

제한적 허용주의·관리주의를 지지하는 논거는 다섯 가지로 요약된다.

첫째, 단순윤락행위를 처벌하는 경우 사생활에 대한 국가권력의 과도한 개입이 초래될 위험성이 있다. 단순윤락행위는 비범죄화하는 것이 타당하다.[24]

둘째, 매춘부의 건강검진을 정기적으로 실시하여 후천성 면역결핍증(Acquired immune deficiency syndrome, AIDS) 및 성병확산을 줄일 수 있다.[25]

셋째, 성범죄를 줄일 수 있다.

넷째, 매춘여성의 인권을 보호할 수 있다.[26] 성착취 범죄가 관리될 수 있다.

22) 부산일보, 퇴폐업소, 단속 '콧방귀', 불·탈법 적발 노래연습장 등 봉인 뜯고 배짱 영업, 2002년 12월 17일자, 사회면.

23) 오영근·박미숙, 윤락행위등방지법에 관한 연구, 형사정책연구원, 1996, 32면.

24) 임웅, 비범죄화의 이론, 법문사, 1999, 108면.

25) 공창제도 인정해야, http://news.empas.com

26) 이호중, 성매매방지법안에 대한 비판적 고찰, 2002학년도 한국형사정책학회 추계학술대회 발표논문, 2002, 1-15면(7-9면).

합법적으로 운영되는 매춘업소를 관리・감독함으로써 포주행위와 조직적 범죄를 감소시킬 수 있다.[27]

다섯째, 매매춘을 특정지역으로 격리시키는 것이 가능하고 생활지역을 정화할 수 있다.

그러나 관리주의는 다음과 같은 비판[28]을 받고 있다.

첫째, 관리주의는 성폭력 피해자와 여타 피해자들을 보호하기 위해 매춘여성을 합법적으로 팔아 넘기는 가부장제의 합리화일 뿐이다.

둘째, 국가관리주의는 포주를 완전히 없애지 못하며 오히려 포주를 법적으로 보호해 줄 뿐이다. 성(性)산업이 번창하고 국가에 의해 성산업이 합법화된 곳에서도 매춘 여성의 80~90%는 포주에 의해 통제되고 있다.

셋째, 관리주의는 결코 성(性)범죄를 감소시키지 못할 뿐만 아니라, 오히려 매매춘을 강화시킨다. 독일과 미국 네바다 주를 비롯한 많은 국가들의 에로스 센터와 매춘업소에서 이를 확인할 수 있다.

넷째, 관리주의는 매매춘 내에서 범죄 조직의 통제와 역할을 오히려 강화시켜 줄 뿐이다.

(다) 폐지주의

폐지주의(Abolitionismus)는 매매춘을 비범죄화・합법화하는 입법정책이다. 폐지주의는 매매춘을 공권력의 금지와 규제대상이 아니라, 순전히 개인적인 문제로 보고, 국가공공정책의 적용범위에서도 아예 제외하는 접근방법이다(Entkriminalisierung, 비범죄화). 나아가 매매춘을 다른 직종처럼 직업으로 인정하자는 입법태도이다(Legalisierung, 합법화). 그러나 폐지주의도 매매춘을 금지・관리하는 법률은 폐지되어야 하지만, 포주행위와 매매춘 알선행위에 대해서는 법으로 더욱 강화해야 한다는 입장이다.

폐지주의를 지지하는 논거[29]는 대체로 네 가지로 요약된다.

첫째, 매춘은 개인적인 문제이다. 국가는 매춘업소와 매춘호텔에 연루된 제삼

27) 이에 관해서는 Erardo Cristoforo Rautenberg, Prostitution: Das Ende der Heuchelei ist gekommen! NJW 2002, S. 650ff.

28) 페미니즘시각에 관한 자세한 내용은 Kathleen Barry, Prostitution of Sexuality, 1996, 정금나・김은정 옮김, 섹슈얼리티의 매춘화, 삼인, 2002, 287-313면; 이성숙, 매매춘과 페미니즘, 새로운 담론을 위하여, 책세상, 2002, 87면 이하; 김은경, 성매매 담론과 범죄학적 딜레마, 2002학년도 한국형사정책학회 추계학술대회 발표논문, 2002, 1-24면(5-10면).

29) Hans Joachim Schneider, Kriminologie, Prostitution, de Gruyter Lehrbuch, 1987, S. 21.

자의 개입, 포주행위, 알선행위 그리고 인신매매행위만 법으로 금지해야 한다.

둘째, 매춘 그 자체는 여성에게 해롭지 않다. 때문에 자발적 매춘은 성(性)착취가 아니다. 국가는 여성이 강제로 매매춘에 관련된 것이 아닌 한, 매매춘 그 자체에 대해서 관심을 가질 필요가 없다. 다만, 어떤 형태이든 강제·강요된 매춘에 대해서는 인권침해로 규정하고 처벌해야 한다.

셋째, 매춘여성들은 국가에 의해 공인된 섹스의 노예가 아니다. 국가는 매춘여성들을 국가공무원으로 만들어서는 안 되며, 거대한 포주가 될 수 없다.

넷째, 국가가 관리자가 되어 매춘 그 자체를 합법화시키는 것은 국가의 기능이 아니다.

그러나 폐지주의는 다음과 같은 비판[30)]을 받고 있다.

첫째, 자발과 강제라는 거짓 구분을 영속화시킨다.

둘째, 매춘은 어떠한 조건하에서도 단지 여성에게 가해지는 폭력일 뿐이다. 매춘 그 자체가 여성에게 해롭지 않다는 사고와 자발적 매춘은 성착취가 아니라는 발상은 잘못되었다.

(라) 현행 윤락행위등방지법의 접근방법

현행 윤락행위등방지법과 여성부의 개정시안인 「성매매알선행위등방지에관한법률」은 단순매춘행위뿐만 아니라, 매춘조장행위 및 착취행위를 금지한다는 점에서 전면적 금지주의 입법방식을 채택하고 있다.

그러나 윤락행위등방지법 시행 이후 윤락행위가 감소되었다고 하는 징후는 어디에서도 찾아볼 수 없다. 윤락행위는 법률로 규제되는 것과 상관없이 오히려 만연되고 있고, 그 형태도 다양화·전문화되어 있다. 뿐만 아니라 법과는 달리 실제로 밀집지역이 온존하고 있어 국가가 윤락행위를 단속할 의지가 있는지도 의문이다.[31)]

현재 한국에서의 윤락행위는 사실상 처벌받지 않는 행위로 취급되고 있다. 그럼에도 윤락행위는 여전히 제재가 필요하거나 진압되어야 할 바람직하지 못한 일탈행위로 취급되고 있다. 이러한 이중적인 모순 속에서 윤락행위등방지법의 실

---

30) 페미니즘시각에 관한 자세한 내용은 Kathleen Barry, Prostitution of Sexuality, 1996, 정금나·김은정 옮김, 섹슈얼리티의 매춘화, 삼인, 2002, 287-313면; 이성숙, 매매춘과 페미니즘, 새로운 담론을 위하여, 책세상, 2002, 87면 이하; 김은경, 성매매 담론과 범죄학적 딜레마, 2002학년도 한국형사정책학회 추계학술대회 발표논문, 2002, 1-24면(5-10면).

31) 부산일보, 퇴폐업소, 단속 '쿳방귀', 불·탈법 적발 노래연습장 등 봉인 뜯고 배짱 영업, 2002년 12월 17일자, 사회면.

효성여부가 비판의 도마 위에 서 있다.[32)]

(2) 한국의 공창제도 도입에 관한 논쟁

최근 한국에서는 공창제도의 도입여부와 관련하여 활발한 논쟁이 계속되고 있다.[33)] 공창제도(licensed prostitution, state-regulated prostitution)란 '매춘부와 매춘업소가 지방자치단체에 등록하고, 윤락행위를 하는 제도'를 말한다. 지방자치단체가 직접 운영하는 경우도 있지만, 대부분 지방자치단체가 사인(私人)이 운영하는 업소를 통제하고 관리하는 방식을 채택하고 있다.

현재 한국에서 논란이 되고 있는 공창제도는 허가지역 내에서의 매매춘은 허용하되, 그 이외 장소에서 행하는 매매춘은 엄격히 단속한다는 것을 전제로 하고 있다. 이러한 공창제도는 매매춘을 제한적으로 합법화하여 지방자치단체가 관리하는 관리주의(Regulationismus), 제한적 비범죄화(beschränkte Entkriminalisierung) 그리고 제한적 합법화(beschränkte Legalisierung)라고 말한다.

공창제도의 도입을 찬성하는 대표적인 사람은 이기문 전(前) 국회의원과 김강자 전 종암경찰서장이다.[34)] 이들은 각종 매체와 특강을 통해 공개적으로 공창제도의 도입을 주장하고 있다: "정부는 매매춘을 불법으로 규정하면서도 다른 한편에서는 사실상 이를 허용하는 '보건증'을 발급하고 있다. 이러한 제도와 인식상의 이중성을 바로잡지 않는 한 매매춘 근절은 한국사회에서 요원하다. 따라서 이제는 허용된 지역 밖에서의 행위는 보다 엄히 다스린다는 전제 아래 매매춘에 대

---

32) 오영근·박미숙, 윤락행위등방지법에 관한 연구, 형사정책연구원, 1996, 14면, 31-32면, 91면; 이영란, 성매매(윤락행위) 최소화를 위한 입법정책, 저스티스 통권 제65호, 2002년 2월호, 한국법학원, 187면, 202면.

33) 조선일보, 불붙은 '공창' 논쟁, 2001년 6월 19일자, 사회면; 공창제 도입 찬성, 반대-http://www.metro.seoul.kr; 공창제를 지지함, http://hanireporter.hani.co.kr

34) 동아일보, [휴지통] 이기문 의원「매춘 합법화」촉구, 1999년 11월 10일자; 중앙일보, 김강자 총경 공창 검토 필요성 제기, 2001년 6월 12일자, 사회면; 중앙일보, 최동해 형사과장 "공창제도 인정해야," 2001년 7월 5일자, 사회면; 서울경찰청 김강자 방범과장이 2001년 6월 11일 오후 연세대학교 특강에서 공창 검토 필요성을 제기해 눈길을 끌었다. 다음은 특강요지이다. "윤락을 무조건 불법으로 규정한 현재의 윤락행위등방지법이 오히려 성도덕의 타락을 조장하고 있다." "남성들의 '성욕배설장소'로서 외국처럼 '공창'을 설치해 각종 성범죄 및 미성년윤락, 노예매춘을 척결하는 방안도 있다." "불법적으로 이뤄지는 매춘의 현실상 윤락녀들의 인권도 보호받을 수 없다." "윤락 합법지역에서 온라인 계좌를 통한 화대 지급 등을 통해 윤락녀 인권을 보호하고 이외 지역에서는 어떤 형태의 윤락도 금지하면 노예매춘과 미성년매춘은 뿌리 뽑을 수 있을 것이다." 한편 김 과장은 6월 12일 전날 '공창 필요성' 제기 발언과 관련, "2000년 미아리 텍사스에서 미성년자 매춘을 단속하는 과정에서 우리 사회에 얼마나 윤락과 매춘이 광범위하게 퍼져 있는지 느꼈고, 이의 해결을 위해 고민했던 외국의 사례를 학생들에게 소개한 것 일뿐 공창제도를 정당화한 것은 아니다"고 설명했다.

한 최소한의 수요와 공급을 허용하는 공창제도를 도입할 때가 됐다."

공창제도의 도입을 지지하는 논거는 대체로 여섯 가지로 요약된다.

첫째, 무조건적이고도 구호뿐인 단속일변도의 정책은 매매춘의 효율적 해결 방안이 될 수 없다. 우리나라는 현행법상 과거 군사정권이 '사회악 일소정책' 차원에서 시작한 1961년 윤락행위의 금지정책을 유지해 오고 있다. 그러나 현재 우리 사회 각처에는 특수한 형태의 매매춘이 급격히 늘어나고 있다. 매매춘을 조장하는 우리의 성윤리는 위험수위를 향해 치달은 지 이미 오래다. 이제는 매매춘을 법체계상으로 엄연히 금지하면서도 다른 한편에서 '기생관광'을 조장하는 공간을 열어둠으로써 비롯된 모순을 해결하고 그에 따른 해결방안을 모색할 때가 됐다. 이제는 공창제로 가야 한다.[35]

둘째, 매매춘을 개인적 현상으로서가 아니라 하나의 직업적 관점에서 바라봐야 한다. 매매춘을 둘러싼 최소한의 수요와 공급을 제한된 공간에서 용인하고, 그 이외의 지역에서는 지금보다 강력하고 엄정한 법을 집행할 수 있는 근거를 마련해야 한다. 국가(지방자치단체)는 매매춘 종사 여성을 단순히 사회의 일탈적 행위자로 보고, 보건증을 발급하는 등 소극적인 단속의 대상으로 볼 것이 아니라, 하나의 직업인으로 인정하는 적극적 태도를 견지해야 한다.[36]

셋째, 우리나라에서 고려할 수 있는 공창제 모델로는 '국가에 의한 통제주의'와 '부분적 금지주의'가 병존하는 형태가 바람직하다. 즉 특정지역에 대해서는 경찰 및 행정당국이 매매춘업을 허가해 주되 엄격한 과세 실시, 업주와 종업원들에 대한 등록대장 관리, 종업원들에 대한 의료 서비스 등을 책임지고 실시한다는 것이다.[37]

넷째, 당국의 허가를 받지 않은 장소와 개인을 통한 매매춘 행위는 지금보다 더 철저한 단속활동을 벌이면 된다. 이러한 전제조건이 실현된 가운데 도입되는 공창제도는 우리 사회의 윤리적・법적 이중성에 대한 입장을 재정리하고 날로 악화되는 일탈된 성문화를 바로 잡는 계기도 될 것이다.[38]

다섯째, 공창제 도입은 매매춘 관련 병리현상도 함께 치유하는 효과도 가져올 것이다. 현행 법규를 근거로 한 매매춘 단속은 경찰 등 일선공무원과 업주들간의

35) 이기문, 위험수위 이른 매매춘 公娼제도로 풀자, 월간중앙, 1999년 1월호, 중앙일보사, 163면.
36) 이기문, 위의 글, 163면.
37) 이기문, 위의 글, 163면.
38) 이기문, 위의 글, 163면.

유착을 조장함은 물론 매매춘 산업 자체가 폭력조직의 기생처가 되고 AIDS 등 각종 질병의 전염경로 역할을 하는 부작용도 낳고 있다.[39]

여섯째, 공창제도는 전략적 비범죄화다. 이미 공창제를 실시하는 나라와 우리는 문화적 토양이나 윤리적 전통이 다르다. 매매춘에 대한 인식 자체도 다르다. 따라서 공창제 도입은 학계와 여성계·유림 등 각 사회단체들의 의견수렴을 거쳐 이뤄지는 게 옳다. 공창제 도입 주장이 우리 사회의 성윤리를 객관적으로 진단하고 미래지향적인 해결방안을 이끌어내기 위해 보다 많은 사람들이 지혜를 모으는 계기가 되기를 기대한다.[40]

그러나 반대론자도 많다. 공창제도의 도입을 반대하는 대표적인 사람은 강지원[41] 전검사와 여성단체(대한가정법률복지상담원장)의 양정자[42] 그리고 김미령(매매춘 근절을 위한 한소리회 사무국장)[43]이다.

첫째, 인권은 매춘부가 공창으로 공인될 때 보장되는 공창권이 아니다. 인권은 매춘부가 어떤 경우에 처해 있다 하더라도 인간이기 때문에 당연히 받을 수 있는 기본적 권리다. 지문날인이 인권을 유린한다며 주민등록조차 포기하는 자유인들도 있다. 그런데 매춘부라는 사회적 낙인을 찍어서 어떻게 인권을 보호하겠다는 것인가?[44]

둘째, 성욕 자체가 본래 그런 것, 소위 '필요악'이라는 폭력의 횡포는 어떤 근거로도 정당화될 수 없다. 인간의 욕망이 다른 인간 자체를 파괴할 때는 그 해악의 한계를 정하고 욕망의 힘을 제한해야 한다. 이미 도덕성을 상실한 사회에 모

---

39) 이기문, 위의 글, 163면.

40) 이기문, 위의 글, 163면.

41) 조선일보, 불붙은 '공창' 논쟁, 2001년 6월 19일자, 사회면; 김강자 서울경찰청 방범과장이 공창검토 필요성을 제기한 데 대해 청소년보호위원회 위원장을 지낸 강지원 서울고검 검사가 공개 비판하고 나섰다. 강 검사는 2001년 6월 15일 검찰 게시판에 「공창반대」라는 글을 올렸다 강 검사의 요지이다. "매춘 현실을 현실적으로 축소할 수 있는 방안을 놔두고 공창제 도입을 주장하는 것은 시대역행적이고 편의주의적인 사고이다." "현재 불법화되어 있는 사창이 실제로는 모든 사법 단속에서 제외된 공인 매춘 지역이나 마찬가지이다. 어떤 실익이 있다고 공창 설치를 주장하는지 의문이다." 강 검사는 "윤락행위등방지법을 폐지하고 성매매방지법을 제정해 매춘여성들의 피를 빨아먹는 직업적 매춘업주와 업소에 대해 극형에 가까운 철퇴를 내리면 직업적 매춘업소는 완전히 폐쇄될 것"이라고 밝혔다.

42) 양정자, [여론마당] 매춘 천국을 만들 작정입니까, 동아일보, 2001년 9월 20일자: "성매매를 줄여 건강한 사회를 만들고 가정의 파탄을 막고 청소년들을 건전한 환경에서 자라게 하려면 술접대 문화가 없어져야 한다. 이를 위해 정부가 앞장서서 공직자들의 술집 안가기 운동을 전개하고 여자가 서비스하는 술집에 출입하는 공직자를 처벌하는 법을 만들어야 한다. 그리고 스웨덴처럼 성매매 처벌 및 방지법을 제정해 국가가 매춘여성의 사회 복귀를 지원해주는 프로그램을 하루 속히 마련해야 인권을 존중하는 문명국가로 평가받을 것이다."

43) 김미령, [마이너리티의 소리] 성매매 여성 인권 귀기울이자, 중앙일보사, 2002년 1월 23일자.

44) 김미령, 위의 글, 2002년 1월 23일자.

든 권한을 위임한다면 자신의 의무를 방기하는 것이다.[45)]

셋째, 우리는 이미 위험수위를 벗어난 참담한 현실 앞에서도 희망을 버려서는 안 된다. 현재로선 매매춘 근절을 위한 아주 작은 가능성조차 가늠하기 어려운 게 사실이다. 그러나 인간의 가능성은 필연성이 갖는 온갖 폭력적 요소를 녹여낼 수 있다. 또 억압받는 자만이 스스로를 얽어매는 문화적 습관을 새로운 습관으로 바꾸는 자발성을 이끌어낼 수 있다.[46)] 공창제도의 도입을 찬성할 수 없다.

(3) 입법정책에 대한 사견

(가) 매춘통제와 국가관리시스템의 도입

우리나라는 현행법으로 '매매춘 금지주의'를 채택하고 있지만, 현실을 보면, 정부가 향락업소 종사자들에게 보건증을 발급하면서 사실상 준공창제도를 인정하고 있다. 때문에 실효성도 없는 금지주의를 고수할 것이 아니라 '제한적 허용'으로 가는 것이 바람직하다고 생각한다. 제한된 지역에서 매매춘을 허용하고, 그 외 지역에서는 매매춘행위를 엄격하게 단속해야 한다. 만약 현실적으로 매매춘을 금지하기가 불가능하다면, 관리를 효율적으로 할 수 있는 방안을 모색하는 것이 현실적인 대안이라고 생각한다. 이것은 '제한적 허용주의(지방자치단체에 의한 통제관리주의)'가 될 수 있을 것이다

공창제도, '관리주의', '제한적 비범죄화', '제한적 합법화'를 반대하는 사람들은 '공창제도의 표현'에 거부반응을 일으킨다. 또한 '여성의 성적 노예화'를 받아들일 수 없다고 한다. 그러나 제한적으로 지방자치단체가 매매춘을 인정하는 데 따른 정서상의 문제에 얽매일 경우, 한국의 매매춘 문제는 어쩌면 영원히 해결되지 않은 채 속으로 계속 곪아만 가는 불치병으로 남게 될 것이다. 실효성도 없는 윤락행위등방지법, 언제까지 계속 끌고 갈 것인가?

기존의 인식과 발상을 뛰어넘는 새로운 접근방법이 필요하다. 절대적 도덕주의(道德主義), 감상주의(感傷主義), 페미니즘적 시각[47)]으로는 한국의 매춘문화를 해결할 수 없다. 이미 정도가 너무도 심각한 수준에 이르렀기 때문이다. 매춘여성의 인권이라는 현실적 시각이 필요하다.

---

45) 김미령, 위의 글, 2002년 1월 23일자.

46) 김미령, 위의 글, 2002년 1월 23일자.

47) 비교 이경재, 매춘에 대한 다양한 견해와 그에 대한 형사정책적 입장, 형사정책연구 제10권 제4호, 1999년 겨울호, 형사정책연구원, 165-180면.

그렇다면 한국 매춘정책은 향후 입법을 통해 '제한적 허용주의(지방자치단체의 통제관리주의)'로 전환되어야 한다. '누가 어디에서 얼마나 성을 파는지' 구분할 수 있는 정책을 펴야 한다. 그 이유는 네 가지이다.

첫째, 매춘여성은 인권의 사각지대에 있다.[48] 매춘여성은 매춘과정에서 인간으로서의 존엄성을 무참히 말살 당하고 비인간적인 대우를 받고 있다. 언제까지 도덕주의적 시각으로 이들을 방치할 것인가? 2000년 9월 19일 발생한 군산 윤락가 화재사건은 매춘여성이 얼마나 처참한 인권사각지대에 갇혀 있음을 보여주고 있는가?

둘째, 매춘여성은 보건의 사각지대에 있다. 욕망과 본능의 찌꺼기들을 온통 다 받아내는 역할을 담당하고 있다. 각종 성병감염, 임신, 낙태를 경험하며 AIDS에 노출되어 있다. AIDS 감염여성의 매춘보도는 매춘여성이 심각한 보건의 사각지대에서 생존하고 있음을 보여주고 있는가?[49]

셋째, 매춘여성은 포주로부터 착취당하고 있다. 수입의 절반이상을 착취당하고,[50] 끊임없는 자책감과 피해의식[51] 그리고 열등감 등으로 소외를 당하고 있다.

48) 경남도민일보, 사람잡는 통영감금 매매춘, 끔직한 윤락강요에 정신이상, 2002년 5월 9일자, 사회면: 윤락녀 넷중 세명은 정신분열 직전, 밤낮 먹고 자고 남자 상대만 되풀이, 밥 하루 한끼에 바깥 나들이도 못해, 짐승보다 못한 학대에 인생 망쳐.

49) 조선일보, [에이즈여성] 고용 윤락 알선 포주 구속, 2002년 8월 25일자, 사회면: 부산 북부경찰서는 2002년 8월 25일 후천성면역결핍증(AIDS)에 감염된 여성을 고용, 윤락을 시킨 혐의로 포주 김○○(46·부산 북구 구포동)씨와 부인 문○○(41)씨 등 2명을 구속했다. 경찰은 김○○씨 부부가 2000년 10월부터 전남 여수시 공화동 윤락업소에 에이즈 감염자로 보건당국의 감시를 벗어난 구○○(여·27·구속)씨를 고용, 2년간 손님 5000여명을 상대로 윤락을 알선한 혐의를 받고 있다고 말했다; 부산일보, '외박 나가 성병 자연유산 경험', 2002년 10월 17일자, 사회면.

50) 경남도민일보, 마산·창원 등 나이트클럽 외국인 무용수 생활은? 2002년 3월 28일자, 사회면: 2002년 3월 26일 경남외국인노동자상담소의 '외국인 연예인 인권폭력에 대한 기자회견'과 경찰의 수사결과 밝혀진 내용에 따르면 이들 러·우즈벡 출신 무용수는 현지에 있는 인력 송출업체에 의해 국내 프로덕션과 연결, 예술흥행 체류자격으로 국내로 들어와 나이트클럽 등에 취업해 매일 2시간 가량 춤을 추게 된다. 국내 프로덕션은 업소로부터 매월 1인당 110만원을 받아 이 가운데 절반에 조금 못미치는 금액인 420달러(한화 52만원 상당)를 월급으로 준다. 그러나 이번 사건에서 밝혀졌듯이 이들 여성들은 체불과 매춘 강요 등 인권 사각지대에서 고통받고 있다. 이들 프로덕션과 나이트클럽 업주들이 이들 여성에게 매춘을 강요하고 폭행을 가하는 데는 이들 여성들의 약점을 쥐고 있기 때문이다.

51) 경남도민일보, "강요된 윤락생활 1년 영혼마저 앗아갔어요," 2000년 7월 24일, 사회면: [이일균 기자 인터뷰] "정○○씨(26)는 마산에 살면서 1999년 9월 2000만원의 집안 빚을 갚기 위해 직업소개소를 찾았다. 선급금 2000만원을 받고 소개업자 남○○씨(38)의 주점에서 일한다는 꼬임에 넘어갔다. 곧 생면부지인 전남 목포에서 강요된 윤락 접대부생활이 시작됐고, 2000년 6월까지 사람을 되팔아 몸값을 남기는 윤락업주들의 농간으로 정씨는 목포에서 진주, 부산으로 다시 진주로 팔려다니며 같은 생활을 반복했다. 정씨의 수첩에는 목포(1999.9.8-9.25) 600회, 진주(1999.10.8-12.9) 1271회, 진주(2000.2.14-5.18) 932회 등 윤락기록이 남겨져 충격을 던졌고, 그 결과 화대는 온데 간데 없이 2300만원의 빚장부만 보는 이의 혀를 차게 했다. 빚장부는 선급금이자 1390만원, 숙박료 1299만원, 방세 및 식대 1583만원, 병원비 1000만원 등이 기재돼 정씨는 1년여 지옥생활 끝에 전보다 300만원이 더 얹어진 빚만 안게 됐다."

넷째, 현행 매춘정책은 정책으로서의 기능을 상실했다. 남성들의 책임만 묻고 있기에는 매춘현실은 너무도 심각하다. 이미 안락사 선고를 받은 절대적 금지주의는 이제 방향전환을 해야 된다. 현실적 대안이 필요하다. 유럽국가[52]도 결국 매춘부의 인권문제 때문에 정책을 전환하지 않았는가?

(나) 매춘업소 관리 및 분리정책

매춘이 제한적으로 허용되어 특정지역과 특정업소에서 영업할 수 있도록 하는 관리시스템으로 전환되어야 한다('제한적 합법화'). 지방자치단체는 지방경찰청과 협력하여 관내 경찰서별(인구 30만 기준)로 유형업소의 실태파악을 하고, ① 유흥업소를 등급화하여, 블록화를 점진적으로 추진해야 한다. ② 1급 유흥업소는 가족과 함께 즐길 수 있는 문화공간으로 규정하고, ③ 2급 유흥업소(학교 및 주택가 부근 숙박업소, 주점, 까페)에 대해서는 매춘영업을 전면 금지하고, 반드시 「매춘금지표시로고」를 실내에 부착하여 단속이 철저히 이루어질 수 있도록 관리·감독을 해야할 것이다.

이를 통해 학교 및 주택가를 체계적으로 정화해야 한다. ④ 3급 유흥업소(소위 '에로센터')에 한해서는 매춘을 합법화하고, 유입경로를 관리해야 할 것이다. 이러한 관리를 통해 인신매매, 매춘부의 인권침해, 마약 등 제2차 범죄를 차단해야 할 것이다. 매춘업소의 등급화 문제는 이미 미성년 관람금지 영화등급제를 실시하고 있기 때문에 이를 참고하면 될 것이며, 업소등급화의 문제는 수민의 동의를 얻어 등급화 하면 될 것이다. 그 기준은 학교, 청소년 보호지역, 청소년 주거지역이 될 수 있을 것이다. 이에 관해서는 다음과 같은 독일 형법이 참고가 될 수 있을 것이다.

독일 형법 제184조의 a[53] [금지된 윤락행위] 법령에 규정된 특정장소에서는 윤락

52) 독일의 최근 입법안에 대해서는 Erardo Cristoforo Rautenberg, Prostitution: Das Ende der Heuchelei ist gekommen! NJW 2002, S. 650ff.: 독일은 포스트 페미니즘 정책적 권고를 반영하였다. 성매매법이 2001년 12월 20일 개정되어 매춘업이 합법적인 직업으로 인정되었다. 나아가 매춘업에 사회보험법과 노동권을 부여하고, 노동조건이 대폭 개선되었다. 독일에서는 더 이상 합의된 성매매는 미풍양속을 저해하는 행위가 아니다. 그러나 한국은 독일과 문화적 토양이 다르기 때문에 이러한 법안의 이전 형태인 '관리주의'로 가면 된다. 현행 '전면적 금지주의' 정책은 형사정책의 포기라고 생각한다. 실효성 있는 매춘정책이 시급하다고 본다.

53) Neufassung vom 13.11.1998 (BGBl. I, 1998, S. 3322): StGB §184 a [Ausübung der verbotenen Prostitution] Wer einem durch Rechtsverordnung erlassenen Verbot, der Prostitution an bestimmten Orten überhaupt oder zu bestimmten Tageszeiten nachzugehen, beharrlich zuwiderhandelt, wird mit Freiheitsstrafe bis zu sechs Monaten oder mit Geldstrafe bis zu einhundertachtzig Tagessätzen bestraft. Klaus Laubenthal, Sexualstraftaten: die Delikte gegen die sexuelle Selbstbestimmung, Springer-Verlag Berlin Heidelberg 2000, S. 169ff.

행위가 절대적으로 금지되며, 특정시간대 윤락행위도 금지된다. 이를 지속적으로 위반한 자는 6월 이하의 자유형 또는 180일수 이하의 벌금형에 처한다.

독일 형법 제184조의 b[54] [청소년들에게 위해가 되는 윤락행위] 다음 각호의 1에 해당하는 장소에서 청소년들(18세 미만)을 도덕적으로 위해하는 방법으로 윤락행위를 한 자는 1년 이하의 자유형 또는 벌금형에 처한다.

1. 학교 부근 또는 18세 미만의 자가 출입하는 기타 지역
2. 18세 미만자가 거주하는 주택

(4) 매춘업소에 대한 체계적인 압박정책

다음 단계로 전략적 비범죄화를 통한 '매춘업소에 대한 체계적인 압박정책'이 필요하다. 지방자치단체, 지방경찰청, 여성부 그리고 시민단체가 협력하여 체계적인 압박정책을 펴야한다. 세무조사도 엄격하게 실시해야 한다. 타이페이(台北)[55]와 서울 천호동[56] 사례는 매매춘 단속의 성공사례이다.

그러나 강력단속을 실시한 결과 업소와 종업원이 줄어들고 매매춘이 현저히 줄어든 것은 사실이지만, 그 이면도 있다. 이들 지역에서 쫓겨난 업소와 종업원

형법시행법률(Einführungsgesetz zum Strafgesetzbuch: EGStGB) 제297조는 소년의 보호 또는 공서양속의 보호를 위하여 (1) 인구 5만명 이하의 지방자치단체 전지역, (2) 인구 2만명 이상 지방자치단체 또는 지방자치단체에 속하지 아니한 지역의 일부, (3) 주민수에 관계없이 지방자치단체 또는 지방자치단체에 속하지 아니한 전지역 또는 그 일부 지역내에 공공가로, 도로, 공공시설 및 기타 개방된 장소 등에서의 윤락행위를 법률에 의하여 금지하고 있다.

54) Neufassung vom 13.11.1998 (BGBl. I, 1998, S. 3322): StGB §184 b [Jugendgefährdende Prostitution] Wer der Prostitution 1. in der Nähe einer Schule oder anderen Örtlichkeit, die zum Besuch durch Personen unter achtzehn Jahren bestimmt ist, oder 2. in einem Haus, in dem Personen unter achtzehn Jahren wohnen, in einer Weise nachgeht, die diese Personen sittlich gefährdet, wird mit Freiheitsstrafe bis zu einem Jahr oder mit Geldstrafe bestraft.

55) 이기문, 위험수위 이른 매매춘 公娼제도로 풀자, 월간중앙, 1999년 1월호, 중앙일보사, 200면: 대만 타이페이(台北)시의 천쉬벤(陣水扁) 시장은 1994년 12월 취임과 동시에 '섹스관광'의 대명사로 불리던 타이페이시의 오명을 씻기 위해 지속적으로 퇴폐업소 단속을 실시했다. 그는 변태영업을 하다 적발되면 영업정지와 함께 전기와 수도 공급을 끊어버리는 특단의 조치를 취했다. 이 때문에 1996년 한해만도 2백 90여 곳의 사우나·이발소·룸살롱 등이 문을 닫았고 매매춘의 연결고리로 지목된 사행성 전자오락소 1천여 개도 사라지게 됐다. 타이페이시의 이 같은 강력한 단속은 행정책임자인 시장의 의지에서 비롯된 것이었지만 시장이 경찰국장에 대한 임명동의권을 행사할 수 있는 제도적 뒷받침이 있었기에 가능했다. 단속 실무책임을 맡은 경찰이 시장의 지시에 순응하게 돼 있었던 것이다. 실제로 천 시장은 업소의 퇴폐행위를 단속하지 못할 경우 담당경찰과 공무원에게 연대책임을 묻고 상급자에 대한 인사조치도 단행했다. 업주들과 공무원간의 공생고리를 아예 끊어버리는 강력한 행정조치를 취한 것이었다.

56) 이기문, 위의 글, 200면: 서울 강동경찰서는 1996년 7월 신임 서장의 부임과 동시에 강동구 천호동 423번지 속칭 '천호동 텍사스촌' 일대의 업주들에게 호객행위와 미성년자 고용금지를 요구했다. 업주들의 협조가 없자 경찰은 밤 10시부터 이튿날 새벽 2시까지 업소 주변에서 윤락녀·윤락업주·호객행위자·가출 청소년 등을 색출하는 강력한 단속을 실시했다. 그 결과 전에는 1백 70여개에 달하던 업소가 지금은 70개로 줄어들었고 여종업원들도 2백명 이상 줄어들었다.

들이 타 지역으로 이동하면서 새로운 '매매춘 지역'을 형성한다는 것이다. 소위 '풍선효과'이다. 실제 경찰단속결과 천호동을 떠난 업주와 매춘부들의 상당수가 경기도 파주의 속칭 '용주골'로 이동한 것으로 드러났다.

결국 매매춘 문제는 일시적이고, 제한된 단속만으로 쉽사리 해결될 문제가 아님을 알 수 있다. 따라서 매매춘 문제는 그 속성상 지방자치단체가 포괄적이고 일관된 정책을 가지고 추진해야 한다. 그래서 저자는 「KOREA 2010 프로젝트: 매춘근절을 위한 장기정책」을 제안한다.[57] 지방자치단체는 매춘지역 및 매춘업소의 이동을 컴퓨터 화상으로 완전히 파악하고 이들 업소를 장악해야 한다. 또한 지방자치단체는 사회정화운동을 지속적으로 펼치고 매춘업소의 이탈자들을 위한 보호정책을 철저하게 수립해야 할 것이다. 이 두 가지를 병행하면서 전략적으로 접근해야 성과를 거둘 수 있다고 생각한다.

(5) 성매매 착취자에 대한 법정형 강화

자발적 매춘에 대해서는 특정지역 3급 유흥업소에서만 허가를 해 주는 반면, 매춘종사자를 강요하거나 구금하여 영업을 하는 포주(소위 '바지사장과 진짜사장') 에 대해서는 매춘부를 착취하는 자로 규정하여 몰수 · 추징제도를 도입하고, 법정형을 강화(벌금형 삭제)하여 강력하게 처벌해야 할 것이다.[58] 이에 관해서는 독일 형법 제180조의 a(윤락행위조장),[59] 제181조의 a(음행매개), 제181조의 b(보호관찰),

57) 저자가 생각하는 단계별 전략은 다음과 같다. ① 지자체별 실태파악, ② 매춘정책전환, ③ 지자체별 매춘대책 수립-업소 · 종사자 전산화, 전담부서 운영, ④ 매춘업소 집중관리, ⑤ 쉼터의 확대운영, ⑥ 세무조사, ⑦ 유착고리의 차단이다.

58) 이영란, 성매매(윤락행위) 최소화를 위한 입법정책, 저스티스 통권 제65호, 2002년 2월호, 한국법학원, 201-202면; 이호중, 성매매방지법안에 대한 비판적 고찰, 2002학년도 한국형사정책학회 추계학술대회 발표논문, 2002, 1-15면(14면).

59) 독일 사민당(SPD)은 2001년 5월 8일 '매춘부의 법적 사회적 지위향상을 위한 법률' 을 초안하였고, 이것이 발전하여 '매춘법률안'이 나오게 되었다. 독일 하원은 2001년 10월 19일 성매매를 합법적인 작업으로 인정하고, 성매매 종사자들에게 사회보험권과 노동권을 부여하는 매춘법률안을 통과시켰다. 이 법안은 2001년 12월 20일 독일 상원에서 통과되어 2002년 1월 1일부터 시행되고 있다. 이 새로운 법률안(Neufassung vom 20. Dezember 2001, BGBl. I, 2001, 3983, Gesetz zur Regelung der Rechtsverhältnisse der Prostituierten, Prostitutionsgesetz-ProstG)에 따르면 성매매 종사자들을 포주와 성구매자의 유린으로부터 보호하고, 이들에게 다른 일자리를 찾기 위한 직업훈련의 기회를 제공하는 것이다(제3조). 새 법률은 성을 파는 사람들이 의료, 연금보험가입 및 복지혜택 수혜 자격을 가지고(제3조), 섹스 노동자 고용 및 공급행위가 합법화되며, 성구매자의 특정 서비스를 거부하고, 섹스 서비스의 대가를 받지 못할 경우 법원을 통해 해결할 수 있게 된다(제1조). 반면 인신매매(제180조 b, 제181조), 매춘강요(제181조 a), 엄격한 의미의 포주(제181조 a), 미성년자의 성매매(제180조) 등은 여전히 형법을 통해 처벌을 받게 된다; Erardo Cristoforo Rautenberg, Prostitution: Das Ende der Heuchelei ist gekommen! NJW 2002, S. 650ff.: 현재 독일의 매춘부는 약 40만명으로 추산되고 있으며, 하루 100만명의 독일 남성들이 매춘을 하고 있다고 분석하고 있다.

제181조의 c(재산형 및 추징의 확장)가 참고가 될 수 있을 것이다.

독일 형법 제180조의 a [매춘부 착취] ① 개인적 또는 경제적 종속관계에서 지속적으로 윤락행위가 행하여지는 업체를 영업적으로 경영 또는 관리하는 자는 3년 이하의 자유형 또는 벌금형에 처한다.(법률 2001 I, 3983면, 2001년 12월 20일 개정, 2002년 1월 1일부터 시행)

② 다음 각호의 1에 해당하는 자도 전항과 동일한 형으로 벌한다.

1. 윤락행위를 위하여 18세 미만자에게 주거, 영업적인 숙소 또는 영업적인 거소를 제공한 자

2. 윤락행위를 위하여 주거를 제공한 타인에 대하여 윤락행위를 독려하거나 윤락행위와 관련하여 금품을 착취한 자

독일 형법 제181조의 a [음행매개] ① 다음 각호의 1에 해당하는 행위를 하고 윤락행위와 관련하여 다음 각호의 타인과 지속적인 관계를 유지한 자는 6월 이상 5년 이하의 자유형에 처한다.

1. 윤락행위를 하는 타인으로부터 금품을 착취하거나

2. 영리를 목적으로 윤락행위시 타인을 감독하거나, 윤락행위의 장소, 시간, 정도 또는 기타의 상황을 정하거나, 윤락행위의 중지를 방해하는 조치를 취하는 행위

② 성교의 알선을 통하여 타인의 윤락행위를 영업적으로 조장하고, 윤락행위와 관련하여 그 타인과 지속적인 관계를 유지하는 자는 3년 이하의 자유형 또는 벌금형에 처한다.

③ 제1항 제1호와 제2호에 명시한 행위 또는 제2항에 기재한 조장행위를 한 자는 제1항 및 제2항에 의하여 처벌한다.

독일 형법 제181조의 b [보호관찰] 제176조 내지 제179조, 제180조의 a 제3항 내지 제5항, 제181조와 제181조의 a의 경우에 법원은 보호관찰을 명할 수 있다(제68조 제1항 제2호).

독일 형법 제181조의 c [재산형 및 추징의 확장] 제181조 및 제181조의 a 제1항 제2호의 경우 동범죄를 목적으로 조직된 단체의 구성원으로서 행위한 때에는 제43조의 a 및 제73조의 d를 준용한다. 제73조의 d는 행위자가 이를 영업적으로 행한 때에도 준용한다.

윤락행위등방지법에 관한 여성부의 개정시안인 「성매매알선행위등방지에관한법률」

현 행	개 정 (안)
제25조 (벌칙) ① 다음 각호의 1에 해당하는 자는 5년 이하의 징역 또는 1천500만원 이하의 벌금에 처한다. 1. 영업으로 윤락행위의 장소를 제공한 자 2. 영업으로 윤락행위를 알선한 자 3. 제1호 또는 제2호의 범죄에 사용되는 사실을 알고 자금, 토지 또는 건물을 제공한 자 ② 다음 각호의 1에 해당하는 자는 3년 이하의 징역 또는 1천만원 이하의 벌금에 처한다. 1. 영업으로 윤락행위를 유인 또는 권유하거나 윤락행위의 상대자가 되도록 유인·권유 또는 강요한 자 2. 윤락행위의 장소를 제공한 자 3. 윤락행위를 알선한 자 4. 영업으로 윤락행위의 장소를 제공하거나 윤락행위를 알선하기로 약속한 자 ③ 윤락행위를 하도록 유인 또는 권유하거나 윤락행위의 상대자가 되도록 유인·권유 또는 강요한 자는 2년 이하의 징역 또는 500만원 이하의 벌금에 처한다. ④ 제1항 내지 제3항의 경우에는 징역과 벌금을 병과할 수 있다.	③ 다음 각호의 1에 해당하는 자는 무기 또는 7년 이상의 징역에 처한다. 1. 제2조 제5호에서 정한 인신매매를 한 자 2. 마약류관리에관한법률에서 정한 마약, 향정신성의약품 및 대마를 자신이 고용 또는 관리하고 있는 성을 파는 행위를 하는 자에게 제공하여 성매매행위를 하게 한 자 ④ 제1항 및 제3항의 미수범은 처벌한다. 제32조(알선영업행위등) ① 다음 각호의 1에 해당 하는 자는 5년 이상의 유기징역에 처한다. 1. 영업으로 성매매행위의 장소를 제공하는 자 2. 영업으로 성매매 알선행위를 하는 자 3. 제1호 또는 제2호의 범죄에 사용되는 사실을 알고 자금, 토지 또는 건물을 제공한 자 ② 다음 각호의 1에 해당하는 자는 5년 이하의 징역 또는 3천만원 이하의 벌금에 처한다. 1. 영업으로 성을 사는 행위를 하도록 유인·권유 또는 강요한 자 2. 성매매행위의 장소를 제공한 자 3. 성매매행위를 알선한 자 4. 영업으로 성매매행위의 장소를 제공하거나 성매매행위를 알선하기로 약속한 자 ③ 성을 파는 행위를 하도록 유인 또는 권유하거나 성을 사는 행위를 하도록 유인·권유 또는 강요한 자는 3년 이하의 징역 또는 2천만원 이하의 벌금에 처한다.

(6) 미성년자에 대한 보호규정 강화

미성년자에 대한 보호규정을 강화하는 입법정책이 필요하다. 미성년자와 매춘행위를 한 자, 미성년자에게 매춘행위를 알선, 교사, 방조한 자(영업 및 숙박업소)에 대해서는 처벌을 강화하고 미수범도 처벌해야 한다.

(7) 미성년자에 대한 고용업소의 행정조치 강화

미성년자를 고용한 업소에 대해서는 같은 장소에서 영업을 할 수 없도록 행정조치를 강화해야 한다. 미성년자 고용업소의 폐쇄조치, 미성년자 고용업주의 자유형과 몰수형 부과, 미성년자 고용업소의 세무사찰 등을 통해 매춘의 확산을 철저히 차단해야 할 것이다.[60] 이러한 내용을 담은 새로운 '성매매방지법'의 제정이 필요하다고 생각한다.

2. 매춘과 사법정책

이러한 '성매매방지법'의 토대에서 사법정책이 수립되어야 한다. 수사기관을 통한 단속강화와 사법부를 통한 처벌강화가 될 것이다.

(1) 단속 및 신고체제 강화

경찰과 검찰은 매춘알선 및 유인광고물, 컴퓨터통신, 홈페이지, 신문, 전화방 등을 단속하는 전담부서와 유흥업소 매춘단속 전담부서를 상설 운영하여야 한다. 그리고 유흥업소 허가기준(1급지, 2급지, 3급지 유흥업소)에 따른 업소별 단속전략도 체계화[61]되어야 할 것이다.

(2) 처벌강화

법원의 '솜방망이 처벌'은 시정되어야 한다.[62] 포주들에게는 양형을 강화하여 영업으로 ① 성매매행위의 장소를 제공하는 자, ② 영업으로 성매매 알선행위를 하는 자, ③ 제1호 또는 제2호의 범죄에 사용되는 사실을 알고 자금, 토지 또는 건물을 제공한 자에게는 자유형을 선고해야 한다.

또한 사법부는 전국 법원에 윤락행위와 관련된 법규 적용의 통일을 기하고, 매춘범죄에 대한 양형기준표를 만들어 양형합리화에 노력해야 할 것이다. 이것은 적극적 일반예방(규범유지와 규범강화)의 관점에서 아주 중요하며, 더 이상 규범이 '종이호랑이'가 되어 무효화되도록 방치해서는 안 된다. 한국 사회에서 이처럼 매

60) 이기문, 위험수위 이른 매매춘 公娼제도로 풀자, 월간중앙, 1999년 1월호, 중앙일보사, 200면.

61) 부산일보, 노예매춘·인신매매 신고 보상 최고 500만원 … 부산 윤락가 2곳 '화재 경계지구'지정, 2002년 6월 27일자, 사회면.

62) 경남도민일보, 사람잡는 통영감금 매매춘, 끔직한 윤락강요에 정신이상, 2002년 5월 9일자, 사회면: "윤락녀 넷중 세명은 정신분열 직전, 밤낮 먹고 자고 남자 상대만 되풀이, 밥 하루 한끼에 바깥 나들이도 못해, 짐승보다 못한 학대에 인생 망쳐. (중략) 이들을 감금한 포주 김○○(48), 아내 유○○(44)씨에게 감금, 폭행, 윤락알선, 성폭행 등 7가지 혐의로 기소되었지만 전력에 비춰 볼 때 솜방망이 처벌에 그칠 가능성이 높다. 실제로 포주 김○○씨는 1987년 이후 7차례나 입건되었지만, 혐의없음(2회), 기소유예(1회), 벌금형(3회), 집행유예(1회)로 그치고 말았으며 아내 유○○씨도 네 차례 입건됐으나 사정은 마찬가지였다. 이번 만큼은 검찰과 법원이 서류로만 따지지 말고 인권 말살과 인간성 파괴의 참담함을 똑바로 살펴 정당한 구형과 선고가 되어야 한다는 것이 인권단체와 여성계의 바람이다."

매춘이 확산된 이유 중의 하나는 법원의 양형에 있다는 점도 생각해야 할 것이다. 따라서 범죄심리학과 형벌의 효과를 철저히 분석하여 범행의 억제력을 강화시킬 수 있는 예방적인 양형을 철저하게 그리고 정당하게 부과해야 할 것이다.

3. 매춘과 시민단체의 역할

마지막으로 시민단체의 역할도 중요하다. 먼저 매춘에 대한 지역감시제도가 도입되어야 하고, 매춘여성을 위한 전용 상담전화도 개설되어야 한다. 그리고 매춘여성의 사회복귀와 매춘인력의 매춘산업에로의 유입경로의 차단도 병행해서 실시되어야 한다. 장기적으로는 언론 캠페인과 함께 「KOREA 2010 프로젝트」가 전개되어야 할 것이다.

(1) 매춘업소에 종사하는 여성보호와 긴급상담전화 1588-9090

2000년 10월 19일 오전 9시 15분경 군산시 대명동 소위 '쉬파리 골목'에 위치한 한 매매춘업소에서 불이나 5명의 여성이 숨졌나.[63] 이렇게 심각한 상황에 놓여 있는 여성들이 군산시에만 해도 수백명에 이르고 있으며, 이런 매춘 여성들에게 가장 필요한 것은 매춘업소에서 탈출하려는 여성에 대한 도움을 줄 수 있는 제도적 장치이다. 따라서 전국 통일의 '긴급상담전화 1588 9090'의 운영이 필요하다고 생각한다. 저자가 '9090'이라고 붙인 이유는 "정말로 구해달라"는 절규의 번호라고 생각하기 때문이다.

(2) 매춘여성의 사회복귀와 매춘유입경로의 차단

또한 매춘여성의 사회복귀는 매춘문제의 해결에 있어서 아주 어려운 문제 중에 하나이다. 왜냐하면 수입이 고소득인 매춘여성들도 상당히 있으며, 빚이 있지만 저축을 하고 있는 비율도 높다고 할 수 있으며, 매춘을 괜찮은 생활이라고 인식도 하고 있기 때문이다. 또한 자립이나 결혼을 꿈꾸고 있다고 할 때, 어느 정도 돈을 모으기 전까지는 매춘을 그만두려는 생각은 안 하리라는 것을 쉽게 추측할

---

63) 한겨레신문, 윤락여성 5명 화재질식 숨져, 2000년 9월 19일자, 사회면: 화재 당시 현장에 있었던 한 소방관은 "합판을 붙인 아교 때문에 독한 가스가 많이 나왔고 밖에서 잠금장치가 되어 있는 문과 쇠창살 때문에 도피하지 못한 것이 변을 당하게 한 원인" 이라고 말했다. 경찰은 전기누전에 의해 불이 난 것으로 보고 있다.

수 있기 때문이다.

각종 매매춘 관련 보고서를 보면, 사실상 아무 기술이나 능력이 없이 높은 수입을 올릴 수 있을 때, 일단 매춘생활에 들어가게 되면 쉽게 나오지 못하게 된다. 설령 자립할 수 있는 돈을 모았더라도, 매춘을 청산하고 새로운 사업을 시작할 경우, 그것이 성공하리라는 보장도 없다. 실제로 룸살롱의 호스티스나 마담의 경우 돈을 모아 옷가게와 음식점을 하는 경우도 있지만, 사업에 실패하거나 너무 일이 힘들어서 포기하고 다시 매춘으로 복귀한 경우가 많다.[64]

따라서 매매춘 문제에 대한 최선의 대책은 어떻게 하면 매춘으로 유입되는 처음의 경로를 차단할 것인가에 있다. 매춘여성의 절대 다수가 일단 가출을 한 후 매춘을 하게 되므로 가출의 요인을 방지하는데 최대의 역점을 두어야 할 것이다. 특히 가정 내에서의 불화나 성폭행 등 학대를 제거할 수 있는 방안, 모자가정, 여성세대주 등에 대한 생계비지원을 확대하여 가출을 예방하는 방향으로 사회복지정책이 수립되어야 할 것이다.

(3) 언론 캠페인

언론은 매춘을 박차고 나온 여성들, 특히 매매춘에서 벗어난 용기있는 여성들의 삶을 중점적으로 보도해야 한다. 또한 여성들이 매춘에서 이탈할 수 있도록 도움을 주고 있는 '여성들에 의한-여성을 위한 네트워크'를 집중적으로 홍보해야 한다. 생각건대 매춘 관련 업주 구속에 대한 언론보도는 형사정책적 관점에서 보면, 그렇게 큰 의미는 없다. 왜냐하면 일회성 보도이고 위하적 효과가 별로 없기 때문이다. 따라서 오히려 매춘여성의 사회복귀와 매춘지역에 남아있는 여성들의 일상과 부조(扶助)에 언론보도의 초점을 맞추어야 할 것이다.[65]

(4) KOREA 2010 프로젝트

「KOREA 2010 프로젝트: 성매매 근절을 위한 장기적인 형사정책」의 방향은 「스웨덴의 말모 프로젝트」[66]처럼 성매매 근절을 위한 각 지방자치단체의 프로그

64) 하은경, 그러나 매춘은 없다, 새길, 1994, 132면(짭짭한 수입의 덫).

65) 경남지역 매매춘 문제에 깊은 관심을 가지고 특집기사를 내고 있는 신문으로으로 경남도민일보, 사람 잡는 통영감금 매매춘, 끔직한 윤락강요에 정신이상, 2002년 5월 9일자, 사회면: 이 신문은 1주일 한 번씩 매매춘 특집기사를 내보내고 있다.

66) Kathleen Barry, Prostitution of Sexuality, 1996, 정금나·김은정 옮김, 섹슈얼리티의 매춘화, 삼인, 2002, 312면, 374면: 말모 프로젝트의 방향은 매매춘 폐지를 향한 것이었다. '다른 대안이 제공되면

램이어야 한다.

여기서는 여성들에게 광범위한 사회적 지원을 뒷받침하는 법적 제도와 거대한 매매춘 반대 교육 캠페인을 포함해야 한다. 구체적으로 매춘여성에게 포주로부터 벗어나기 위한 정신적·심리적 지원, 경제적 지원, 거주지 정착 지원, 구직활동 지원 그리고 의료적 지원 등 대안상담프로그램을 보다 전문화해야 할 것이다.

V. 결 론

1. 매춘은 청소년 비행과 범죄, 가출, 성병, 낙태, 향락산업, 가정파괴, 조직범죄, 마약, 인권유린(감금, 폭행) 등 형사정책의 중심과제들이 한 곳에 집중되어 있는 사회문제이다. 그런데도 한국은 아직도 매춘 관련 형사정책에 대해서 확고한 방향을 잡지 못하고 있다.

2. 지자는 「KOREA 2010 프로젝트: 매춘근절을 위한 장기적인 형사정책」이 시급하다고 생각한다. 한국의 매춘정책은 향후 지방자치단체가 적극적으로 통제 관리하는 '제한적 허용주의'로 전환되어야 한다. 그렇게 되어야 '누가 어디에서 얼마나 성(性)을 파는지' 파악할 수 있을 것이다. 이러한 실태분석을 토대로 하여 매춘정책이 수립되어야 한다. 이제 지방자치단체가 매춘문제의 해결을 위해 전면에 나서야 한다.

3. 현행 유흥업소의 체계는 새로운 재정비가 시급하다. 지역, 위치, 시설기준에 따라 등급화하고, 블록화하여 점진적으로 업소를 정화해야 한다. 1급 유흥업소는 가족과 함께 즐길 수 있는 문화공간으로, 2급 유흥업소(학교 및 주택가 부근 숙박업소, 주점, 까페)에 대해서는 매춘영업과 음행매개를 전면 금지하고, 반드시 「매춘금지표시 로고 1588-9090」를 실내에 부착하여 철저한 단속이 이루어질 수 있도록 관리·감독을 해야 한다. 성매매업소에 대한 신고포상제를 시행하여 시민들의 관심을 확대시켜야 한다.

매춘여성들은 매매춘에서 떠날 것이다'라는 전제하에 1977년부터 1983년까지 스웨덴의 말모에서 실시된 프로젝트이다. 매춘여성들에게 경제적 도움과 주거를 구하는 데 필요한 재정적·행정적 지원, 직업알선 서비스와 상담, 의료서비스, 뚜쟁이로부터 분리될 수 있는 도움 등을 제공하였는데, 1981년 매춘여성들의 72.5%가 탈매춘에 성공한 것으로 밝혀졌다.

4. 지방자치단체는 매춘관리시스템을 전문화해야 한다. 학교주변과 주택가주변을 음행매개의 유혹으로부터 보호해야 한다. 3급 유흥업소(소위 '에로센터')에 한해서는 매춘행위를 비범죄화하고, 성(性)노동착취자, 인권침해사범에 대한 신고·고발·고소의 기회통로를 제도적으로 확대해야 한다. 등급업소의 판단기준은 ① 학교주변, ② 청소년 보호지역, ③ 청소년 주거지역이 우선적으로 고려되어야 한다.

5. 매매춘 해결책의 핵심은 매춘의 유입경로를 차단하는데 있다. 지방자치단체는 매춘업소의 유입경로를 관리하고, 인신매매·매춘부 인권침해·마약 등 제2차 범죄를 차단하는데 주력해야 할 것이다. 매춘여성의 절대 다수가 가출 후 매춘업소로 유입되고 있다. 지자체별로 가출요인을 제거하는데 역점을 두어야 한다. 가정 내에서의 불화, 성폭행, 학대행위를 제거할 수 있는 방안, 모자가정의 지원, 여성세대주 등에 대한 생계비지원을 확대하여 가출과 주부매춘을 차단해야 한다. 또한 매춘여성에게 포주로부터 벗어나기 위한 정신적·심리적 지원을 강화해야 한다. 경제적 지원, 거주지 정착 지원, 구직활동 지원, 의료적 지원 등 대안상담프로그램이 구체화되어야 한다. 복지정책과 형사정책은 항상 병행해서 함께 추진해야 한다. 왜냐하면 최선의 형사정책은 사회복지정책에서 출발하기 때문이다. 특히 매춘문제가 그렇다.

6. 매춘 여성들에게 가장 필요한 것은 매춘업소로부터 탈출이다. 이를 위해 「매춘이탈자 지원 긴급상담전화 1588-9090」 운영이 필요하다. 이 번호는 "하루 빨리, 정말로 구해 달라"는 의미를 담고 있다.

7. 매춘을 강요하는 포주(소위 '진짜 사장')는 매춘부의 착취자로 규정하여 범죄수익금에 대해서 철저하게 몰수·추징하고, 법정형을 강화하여 영업재개가 불가능하도록 무력화해야 한다. 그리고 벌금형은 삭제되어야 한다.

8. '솜방망이 처벌'도 시정되어야 한다. 포주범죄에 대해서는 양형을 강화하고, 반드시 실형을 선고해야 한다. 윤락행위 관련 법규 적용을 통일하고, 전국 법원은 매춘범죄에 대한 양형기준표를 마련해야 한다. 원칙이 서 있어야 형사정책이 된다.

9. 언론도 도덕성 회복, 상담전화번호와 상담내용에 대한 홍보, 매춘업소 이탈자를 집중적으로 보도해야 한다. 그 중에서도 매춘업 종사자의 삶과 인권이 특집기사의 핵심이 되어야 한다.

10. 매춘문제의 해결 없이는 한국 사회의 미래는 없다. 가정과 사회가 정신적 · 경제적으로 곪아 가고 있는데 어떤 미래가 기다리고 있겠는가? 따라서 새로운 시대에 새로운 입법과 새로운 법집행이 필요하다고 생각한다.

제6장 대형사고의 문제점과 해결방안*

Ⅰ. 서 론

한국 사회에는 산업사회로 이행하기 전부터 존재하였던 위험과 산업화가 초래한 새로운 위험들이 도처에 깔려있다.[1] 이러한 위험사회[2]에서 대형사고는 매년 반복되고 있다. 행정자치부가 2002년 7월 30일 발간한 『국가재난관리』에 따르면 최근 6년간(1995년~2000년) 총 179만 1천 590건의 재난사고가 발생하였고, 229만 2천 691명의 인명피해와 4조 5천 27억 3천 900만원의 재산피해를 냈다고 한다.[3]

---

* 홍천용 · 윤대규 · 하태영, 경남법학 제17집, 2002, 67-106면.

1) 김대환, 돌진적 성장이 낳은 이중 위험사회, 계간사상, 1998년 가을호, 사회과학원, 26-45면(39면).

2) Ulrich Beck, Risikogesellschaft. Auf dem Weg in eine andere Moderne, Suhrkamp Verlag, Frankfurt am Main 1986(울리히 벡/홍성태 역, 위험사회－새로운 근대(성)을 위하여, 새물결, 1997); 계간사상, 특집: 한국은 위험한가? 1998년 가을호, 사회과학원, 1998: 현대 사회이론은 1980년대에 들어와 비로소 위험에 대해 큰 관심을 쏟기 시작했다. 1979년에 발생한 미국의 '스리마일섬 핵발전소 사고'와 1986년에 발생한 소련의 '체르노빌 핵발전소 사고'가 그 가장 직접적인 계기가 되었다. 위험이라는 현상은 분명히 낯선 것이 아니지만, 그에 대한 사회이론의 접근은 상당히 새로운 현상에 속한다. 이러한 변화에는 독일의 사회학자인 울리히 벡이 큰 영향을 미쳤다. 울리히 벡은 1986년에 현대 사회를 '위험의 생산'이라는 시각에서 분석한 위험사회(Risikogesellschaft)를 발표했다. 현대 문명의 엄청난 성공은 엄청난 위험의 생산에 기반을 두고 이루어졌다는 것이 이 책의 핵심적인 주장이다. 그러나 이 책의 중요성은 위험에 관한 사회이론적 해명에 그치지 않는다. 그 보다 이 책은 위험에 관한 발본적인 인식의 전환을 통해 현대 사회를 보는 시각 자체를 교정했다는 점에서 중요하다. '위험사회'라는 용어는 단순히 현대 사회의 위험성을 강조하기 위한 수사적 표현이 아니라, 현대 사회의 구조적 특성을 가리키기 위한 개념으로 고안된 것이다. 울리히 벡은 "근대화에 의해 유발된 위험이 지구상에 존재하는 모든 생명체를 위협하고 있는 산업사회를 위험사회"라고 규정한다. 울리히 벡에 의하면 "산업사회의 원리가 재화의 분배라면 위험사회의 원리는 위난의 분배이다. 위험사회의 위험을 만들어내는 것은 과학과 함께 산업이다. 과학이나 산업의 발전은 한 묶음의 위험이다. 위험사회의 특징은 순간 순간 엄청난 재난을 불러올 수 있는 상황의 지속성이다." 울리히 벡은 "사회가 진보하려면 근대화가 반드시 성찰적이어야 한다(Die Reflexivität des Modernisierungsprozesses läßt sich auch am Beispiel des Verhältnisses von Reichtums- und Risikoproduktion erläutern(S. 252). 성찰적 과학화는 자연, 사람, 사회를 단순히 과학화하는 단계에서 벗어나 과학 자체의 결과물과 실수를 과학화하는 단계를 의미한다. 이는 과학기술의 가능성과 그 한계를 동시에 인식함으로써 과학에 대한 사회적 통제력을 고양시키는 과정이다." 성찰적 근대화는 '성찰'과 '개인화'를 말한다. '성찰'은 나와 우리, 당신이 현실에서 무엇을 하고 있는가를 다시 한번 돌려서 생각하고 반성하게 하는 것이다. 또 '개인화'는 일상적인 삶 속에서 스스로 자신에 대한 결정을 내리고 이러한 결정과 상황을 연결하는 노력을 의미한다. 울리히 벡의 성찰적 근대화이론은 최근 한국 사회를 진단하는 패러다임으로 주목을 받고 있다.

3) 대형사고의 피해에 관해서는 조선일보, 행자부, "6년간 재난 피해액 4조 5천억," 2002년 7월 30일자, 사회면: 교통사고, 화재, 폭발, 환경오염 등 각종 재난사고 피해가 1999년부터 급증세를 나타냈다. 또 최근 6년간 재난피해액은 4조 5천억원이었으며 인명피해는 229만명에 달한 것으로 집계됐다. 발생빈도

한국은 1960년대부터 1988년 서울올림픽개최까지 약 30년의 고도 성장기에서 '아시아 경제발전의 기적의 대명사'가 되어왔다. 그러나 1990년대의 대형사고들을 거치면서 성장신화의 요인들이 위험과 사고의 원인으로 변화하고 있다. 이에 대해 영국의 BBC방송은 결국 '한강의 기적'이 '한강의 신기루'로 전락했다고 비판하고 있다.[4] 왜 이토록 대형사고가 한국에서 많이 발생하는가? 도대체 한국형 대형사고의 원인은 무엇인가?

이에 대해 사회학자 이재열 교수는 그 배경을 네 가지로 분석하고 있다. 이 교수는 우리 사회의 높은 위험추구경향, 사회적 조정 및 협력의 실패, 긴급구조체제의 미비, 관료부패와 법집행의 공정성 결여라고 한다.[5] 또한 한상진 교수는

가 가장 높은 재난유형은 교통사고 등 도로교통 관련 재난으로 최근 6년간 157만 5천 47건이 발생해 225만 1천 824명의 인명피해와 2조 5천 724억 3천 100만원의 재산피해를 냈다. 연도별로는 1996년 총 30만 2천 47건이던 재난발생 건수가 97년 28만 1천 232건, 98년 27만 5천 467건으로 매년 조금씩 줄어들었으나 99년에는 31만 4천 517건, 2000년 33만건으로 99년부터 급증세를 보였다. 인명피해도 35만 4천 519명을 기록한 1998년 이전까지는 연평균 35만명 수준에 머물렀지만 99년 41만 8천 552명, 2000년에는 44만 4천 210명으로 급증세로 돌아섰다. 재산피해는 1996년 3천 954억원에서 1997년 6천 745억원, 1998년 8천 286억원으로 늘었다가 1999년 7천 578억원으로 조금 줄었으나 2000년에는 7천 944억원으로 다시 늘어났다. 행자부 관계자는 "점차 줄어들던 재난피해가 1999년 이후 다시 증가추세를 보이고 있다"며 "발생건수와 인명피해가 특히 늘어나고 있어 대책마련이 시급하다"고 말했다.

4) 이재열, 대형사고와 위험: 일상화한 비정상성, 계간사상, 1998년 가을호, 사회과학원, 180-199면(181면); 외국언론의 비판에 관해서는 조선일보, [외국언론] "한국, 안전문화 소홀," 1999년 6월 30일자, 사회면; 조선일보, [영 BBC방송] "수련원 화재사건은 빨리빨리 한국병," 1999년 7월 1일, 사회면: 어린이 수련원 화재사건은 '빨리 빨리'만 외치며 인명이나 안전은 완전히 뒷전으로 미루는 한국의 고질병을 또 한번 드러낸 것이라고 영국 BBC방송이 1일 보도했다. 다음은 '안전, 경제기적의 대가인가?'라는 제목의 기사내용이다. 화재사건의 생존자와 유가족들은 즉각 방화시설 미비를 지적하고 나섰다. 이번 화재는 공공안전 부문 세계 최악 국가 중 하나인 한국에서 잇따라 발생해 온 대형참사 중 한 건일 뿐이다. 1994년 10월에는 성수대교 붕괴로 32명이 사망했고, 이듬해 4월에는 대구 지하철 가스 폭발사고로 300여명의 사상자가 발생했다. 그리고 불과 두 달 뒤 한국 역사상 최악의 참사로 기록된 삼풍백화점 붕괴사건이 일어나 500명 이상이 사망하고 900여명이 부상했다. 대한항공은 지난 20년간 각종 사고로 800명 이상의 사망자를 냈다. 많은 분석가들은 이런 현상이 안전보다는 눈앞의 이익만 추구하는 정부와 기업들의 속성위주 개발방식 탓인 것으로 보고 있다. 50여년 전 한국 전쟁 직후 한국은 세계 최빈국 중 하나였다. 그러나 한국은 자발적 의지와 미국의 원조 아래 대규모 산업화 계획에 착수했다. 그 결과 IMF 사태 이전 90년대 중반까지 한국은 아시아 경제발전 기적의 대명사로 불렸다. 비평가들은 한국이 선진국을 향한 위험천만한 경주를 벌이면서 안전이나 건축기준 따위는 아랑곳하지 않았다고 비난한다. 일부 한국인들은 이런 현상을 경제성장의 기조를 이루어온 "돈만 벌면 그만이다"는 '빨리 빨리 신드롬' 때문이라고 자조한다. 전국에 건설 붐이 일고 이익 챙기기에 급급하면서 건축 관련 규정은 도외시되어 존재하는지 조차 모를 지경이 되고 말았다. 안전문화는 찾아볼 수 없었다. 대형 참사 대부분은 안전규정을 무시한 결과였던 것으로 드러났다. 건축주와 시공회사, 설계사 등의 이해가 복잡하게 얽힌 탓이기도 했다. 삼풍백화점 붕괴사건의 경우 건물 맨 위층에 이상 조짐이 발견된 후에도 판매수입에 혈안이 된 백화점측이 마냥 손님을 받아들여 더 큰 참사를 자초했던 것으로 밝혀진 바 있다. 대한항공 여객기 사고 후에는 김대중 대통령이 직접 나서 안전을 무시한 채 수익증대에만 매달린 족벌경영이 국가 신뢰도마저 실추시키고 있다고 질타했다. 어린 생명들을 무참히 앗아간 이번 화재사건으로 한국민들은 모든 분야에서 보다 엄격한 안전기준을 요구하게 될 것으로 보인다.

5) 이재열, 대형사고와 위험: 일상화한 비정상성, 계간사상, 1998년 가을호, 사회과학원, 180-199면(184면 이하).

돌진형 근대화의 부산물, 부정부패, 조직화된 무책임(die organisierte Unverantwortlichkeit), 의사결정과정의 비민주화, '빨리 빨리 그리고 대충 대충'의 국민정서, 사회전체의 도덕적 회의라고 분석하고 있다.[6)]

대형사고는 또 다른 문제점을 남기기도 한다. 그것은 수습과정에서 제기되는 문제점이다. 왜 지방자치단체는 사고수습에 깊이 개입하는가? 정치적인 해결이 법에 의한 해결보다는 우선되는 이유는 무엇인가? 왜 대형사고와 소형사고는 서로 다른 절차에 의해 해결되는가? 형평성은 있는가? 책임원칙과 평등의 원리가 수습과정에서 실종되는 이유는 무엇인가? 과연 법은 수습과정에서 분쟁조정의 기능을 담당하고 있는가[7)] 등이다.

이 연구는 대형사고의 문제점과 해결방안을 재조명하는데 있다. 먼저 논제의 범위와 문제영역을 보다 분명히 하기 위하여 대형사고의 사례를 살펴보고자 한다(Ⅱ). 이어서 대형사고의 문제점들을 분석하고자 한다(Ⅲ). 여기에서 대형사고의 발생원인과 관련된 문제점과 대형사고의 수습과정과 관련된 문제점을 나누어 고찰할 것이다. 마지막으로 대형사고의 해결방안을 검토하고자 한다(Ⅳ). 결론에서는 이 논문이 남긴 의미를 정리하고자 한다(Ⅴ).

Ⅱ. 대형사고의 사례분석

사례의 연구범위는 1990년 이후 발생한 것으로 대폭 제한을 하고, 연구방법도 선박사고·화재사고·교통사고·항공기사고 그리고 건물 붕괴사고로 크게 구분

6) 한상진, 왜 위험사회인가? 한국사회의 자기반성, 계간사상, 1998년 가을호, 사회과학원, 3-23면(6면, 14면, 17면, 21면).

7) 법의 기능에 관해서는 윤대규, 법사회학, 경남대학교 출판부, 1997, 213-222면(제13장 법의기능) 참조; 황승흠, 우리 사회의 분쟁해결에 있어 법의 기능: 의료분쟁을 중심으로, 법과 사회 제6호, 법과 사회 이론연구회, 1992, 142-162면(142-143면): 황 교수는 다음과 같이 문제제기를 하고 있다: "우리는 법이 사회관계에서 발생하는 여러 가지의 갈등 분쟁을 처리하는 사회제도들 중에서 가장 중요한 제도임을 믿는다. 그러나 이러한 믿음과는 달리 법제도가 발달할수록 그 사회의 갈등 분쟁이 원만히 해결될 것이라는 단순명제가 지금의 우리 사회에도 액면 그대로 적용된다고 단정하기는 어렵다. 이 점은 법의 문외한들이 법을 분쟁해결의 필수적인 수단으로 여기지 않는다는 결론에 이른다. … 분쟁 당사자들은 분쟁해결의 유일한 수단으로서 법을 이용하지 않는다 할지라도 분쟁해결의 과정에 어느 정도로 법을 끌어들이고 있는가. 다시 말해 강제력을 합법적으로 행사할 수 있고, 또한 분쟁의 강제적인 해결을 도모할 수 있는 법·법기관들을 자신들의 분쟁해결과정에서 어떻게 이용하고 있는가. 법·법기관을 분쟁에 끌어들인다고 할지라도 우리 사회의 분쟁 당사자들은 법에 의한 강제적인 분쟁해결을 종국적인 분쟁해결로 받아들이고 있는가."

을 한 다음, 연도순으로 설명하는 방법을 택하고자 한다. 우리는 이러한 사례분석을 통해서 한국에서 얼마나 자주 대형사고[8]가 발생하는지를 확인할 수 있을 것이다. 나아가 국민의 안전불감증과 안전문화의 실종이 얼마나 심각한지를 확인할 수 있을 것이다.

1. 선박사고

• 1993년 10월 부안: 서해 페리호 침몰

1993년 10월 10일 전북 부안군 위도로 가던 서해 페리호가 위도 앞 해상에서 침몰하여 승객 292명이 사망하였다. 사고원인은 기상을 무시한 출항, 운항미숙 및 무리한 기기조작, 승객과 수화물 과적으로 밝혀졌다. 출항당시 기상은 북서풍이 초당 10~14m로 불어 파고 2~3m로 여객선이 출항을 해서는 안 되는 악천후였음에도 불구하고 무리하게 출항하였고, 출항 후 좌현 정횡(배 왼쪽중앙) 부분으로 닥치는 파도가 예상보다 높아지자 선장이 뱃머리로 파도를 받기 위해 침로를 60도 회전하여 시속 12노트로 진행하다가 임수도 북서쪽 1.9마일 지점에서 원항로 복귀하기 위해 남쪽으로 40도 가량 변침하는 등 기기를 무리하게 조작하였으며, 서해 훼리호 승선정원은 221명이었으나 362명이 탑승, 141명을 초과 승선시

8) 대형사고의 특징에 관해서는 이재열, 대형사고와 위험: 일상화한 비정상성, 계간사상, 1998년 가을호, 사회과학원, 180-199면(182면) 참조: 사고(事故, accident, Unglücksfall)란 평시에 없는 뜻밖의 재난을 말한다. 여기서는 대형사고를 "의도치 않게 사람이나 재산상의 피해를 가져오고, 사회체계의 기능에 영향을 미치는 일"이라고 정의하고자 한다. 대형사고는 사회시스템(체계)이나 하부체계의 붕괴를 가져오는 재난임에 반해, 사건(事件, incident, Vorfall)은 단지 부분이나 단위요소에 가해지는 피해를 말한다. 사회체계는 크게 몇 가지 수준으로 나눌 수 있는데, 가장 기초가 되는 수준은 단위(單位, unit, Element)이고, 단위가 모여 부분(部分, part, Teil)을 구성하며, 부분들이 모여 하위체계를 만든다. 궁극적으로 사회시스템(체계)을 구성한다. 대형사고는 시스템(체계)의 실패를 의미한다. 즉 사회시스템(체계)을 구성하는 다양한 하위요소들의 수준의 실패들이 서로 예상치 못한 방향으로 상호작용을 하여 발생하는 것이다; 오현기, 끔찍하고 신났던 20세기 랭킹총집합, 월간조선 1999년 12월호, 조선일보사, 373-401면(398면); MBC 방송은 1999년 9월「대형참사, 비극의 1백년」프로그램을 통해 국내 사망자순 대형참사 10편을 뽑았다. 대형참사 1위는 502명이 희생된 삼풍백화점 붕괴사건(1995년)이 선정됐고, 2위는 창경호 침몰(1953년 · 330명 사망)이 뽑혔다. 사망자순 3위는 여객선 남영호 침몰(1970년 · 326명 사망), 4위는 서해 페리호 침몰(1993년 · 292명), 5위는 대한항공기 괌추락사고(1997년 · 229명)이다. 서울 대연각 호텔 화재(1971년 · 165명 사망)가 6위, YTL호 침몰(1974년 · 159명 사망)이 7위, 목포 연호여객선 침몰(1963년 · 140여명)이 8위, 대구 지하철 가스폭발(1995년 · 101명 사망)이 9위, 가덕도 한일호 침몰(1967년 · 94명 사망)이 10위에 올랐다. 10대 참사로 선정된 사건 중 사고 유형별로는 선박사고가 총 6건으로 제일 많았고 붕괴사건, 항공사고, 화재사고, 폭발사고가 각 1건이었다. 이 순위에는 1회성 사고에 제한된 것으로, 한국 전쟁 등의 역사적 사건들은 이번 순위에 포함되지 않았다. 그 외에도 인천 호프집 화재(1999년 · 57명 사망), 씨랜드 화재사고(1996년 · 유치원생 23명 사망), 부산 외국어고등학교 수학여행단 교통사고(2000년 · 고교생 13명 사망), 중국민항기 추락사고(2002년 · 119명 사망), 마산 마도장 화재사고(2002년 · 8명 사망, 7명 중경상, 36개 객실 전소) 등도 대형사고로 볼 수 있을 것이다.

켰고, 수화물을 갑판 부분에 적재하여 배의 상부가 무거운 상태에서 키를 남쪽으로 갑자기 돌렸을 때 복원력 상실이 결정적 원인으로 작용하여 침몰된 것으로 밝혀졌다.[9)]

2. 화재사고

(1) 1994년 10월 단양: 충주호 유람선 화재

1994년 10월 3일 충북 단양 충주호에서 유람선이 운행도중 화재로 전소되고, 사망 25명, 실종 4명, 중경상 33명의 인명피해를 냈다. 사고원인은 선박운행도중 엔진과열로 화재가 발생한 것으로 밝혀졌다.[10)]

(2) 1995년 4월 대구: 지하철 가스 폭발

1995년 4월 28일 오전 대구 지하철 도시가스가 폭발하여 100여명이 사망하고, 200여명이 중경상을 입었다.[11)] 사고원인은 사고당일 사고지역 동남편 대구백화점 상인점 신축공사를 위한 그라우팅 천공작업 중 100mm 도시가스관이 파손되어, 유출된 가스가 하수관을 통하여 지하철공사장으로 유입, 상당시간 체류 후에 원인미상의 화인으로 점화 폭발한 것으로 밝혀졌다.[12)]

(3) 1999년 6월 화성: 화성 씨랜드 화재

1999년 6월 30일 0시 30분쯤 경기도 화성군 서신면 백미리 궁평 유원지내 씨랜드 청소년수련원 3층 컨테이너 숙소에서 화재가 발생하여 유치원생 19명과 어른 4명이 사망하고, 유치원생 3명과 인솔 교사 등 5명이 중경상을 입었다. 사고원인에 대해서는 논란이 있었다. 희생자 유족들은 누전이라고 주장하였지만, 검찰은 모기향에서 발화한 것으로 판단하였다.[13)]

---

9) 재난유형별 사고사례집, 중앙 119 구조대, 소방본부, 1998년 7월, 124-127면.
10) 위의 사례집, 139-141면.
11) http://203.244.121.105/example/example.html
12) 생활 속의 119 http://www.metro.seoul.kr/kor/living/living3.html
13) 조선일보, "이게 웬 날벼락" 부모들 통곡 … 실신, 1999년 6월 30일자, 사회면.

(4) 1999년 10월 인천: 10대 호프집 화재

1999년 10월 30일 오후 6시 55분쯤 인천시 중구 인현동 4층짜리 상가건물 지하 노래방 공사장에서 불이나 이 건물 2층 호프집에 있던 손님 등 57명이 사망하고, 79명이 중경상을 입었다. 피해자들은 대부분 고교생들로, 이날 축제를 마친 인근 고등학교 학생들이 많이 몰려와 인명피해가 컸다. 인천시 교육청은 사고 당시 이 호프집에 인천시내 34개 중·고교생 115명이 술을 마시고 있었다고 발표했다. 사고원인은 화재현장에 있던 임○○군(14) 등 2명의 불장난이었던 것으로 밝혀졌다.[14)]

(5) 2000년 9월 군산: 윤락가 화재

2000년 9월 19일 오전 9시 15분쯤 전북 군산시 대명동 윤락가 무허가 건물 2층에서 불이나 잠들어 있던 종업원 임○○씨(20) 등 5명이 연기에 질식해 사망하였다. 화재 당시 이 건물에는 2층에서 숨진 5명 등 모두 6명이 잠자고 있었으며, 3층에 있던 종업원은 창문 앞에서 공사장에 있던 사다리차에 구조돼 목숨을 건졌다. 사망자들은 합판 등으로 칸막이된 방 내부에서 불이 급속도로 번지는 가운데 1층으로 연결되는 계단통로를 미처 빠져 나오지 못해 변을 당했다. 특히 2층에는 평소 종업원들이 달아나지 못하도록 방범창이 설치돼 있어 인명피해가 컸던 것으로 경찰은 보고 있다. 경찰은 누전차단기가 심하게 탄 점으로 미루어 전기누전에 의해 불이 난 것으로 보고 있다.[15)]

(6) 2002년 5월 마산: 마도장여관 화재

2002년 5월 1일 새벽 3시 18분쯤 경남 마산시 석전동 마산역 앞 마도장 여관에서 화재가 발생하여 8명이 사망하고, 7명이 중경상을 입었다. 이 날 불은 영업도 하지 않는 2층 레스토랑에서 발화, 3~5층에 36개의 객실이 있는 여관으로 번진 것으로 나타났다. 불이 나자 투숙객은 옥상으로 대피했으나 미처 피하지 못한 이들은 4층과 5층 계단에서 유독가스에 의해 질식사하였다. 사고원인에 대해서는 많은 논란이 있었다. 희생자 유족들은 화인이 누전으로 발생하였다고 주장하였고, 경찰과 소방서는 발화지점이 2층인 점을 중시하고 1년간 영업을 하지 않고

14) 조선일보, 10대 호프 화재 사고, 1999년 10월 31일자, 사회면.
15) 한겨레신문, 윤락여성 5명 화재질식 숨져, 2000년 9월 19일자, 사회면.

비워있던 레스토랑 내에서 누전으로 불이 난 것으로 추정하고 있다. 그러나 마산역 주변의 노숙자들의 실화 또는 방화 가능성도 배제하지 않고 있다.[16]

3. 교통사고

(1) 1993년 3월 부산: 구포 열차 전복

1993년 3월 28일 오후 5시 30분께 부산시 북구 덕천 2동 381의 8 빅토리아호텔 뒤 덕천천 교량 200m 앞 경부선(구포역 기점 서울방향 2.5km) 철로 지반이 침하되어 이곳을 지나던 서울발 부산행 제117호 무궁화호열차 8량 가운데 기관차와 발전차, 객차 2량이 탈선해 깊이 5m 너비 15m 가량의 무너진 구덩이에 전복되었다. 이 사고로 승객 78명이 사망하고, 198명이 중경상을 입었다. 기관사의 진술에 따르면 시속 85km로 사고지점 부근인 구포역 쪽으로 운행하던 중 사고지점 50여m 앞에서 철로 지반이 내려앉기 시작하는 것을 발견, 급제동을 걸었으나 철로가 깊이 5m 가량 내려앉으면서 기관차 머리가 먼저 흙 속으로 쳐 박혔고 연결된 발전차와 5호와 6호 객차가 잇따라 탈선하면서 서로 충돌했다는 것이다. 사고원인은 한전의 전력케이블을 철도선로 밑 지하에 매설하기 위한 굴착공사 중 발파 작업으로 인한 노반 함몰로 부산행 열차가 전복된 것으로 밝혀졌다.[17]

(2) 2000년 7월 김천: 부산 부일외국어고등학교 수학여행단 교통사고

2000년 7월 14일 오후 3시경 김천부근 고속도로에서 빗길에 트레일러, 포텐샤 승용차, 부산 부일외국어고등학교 수학여행단을 태운 관광버스가 잇따라 추돌하면서 샌드위치가 된 승용차에서 발화하였다. 이 사고로 13명이 사망하고, 90여명이 중경상을 입었다. 사고 현장에서는 이미 앞서 달리던 트럭과 승용차들이 추돌사고를 일으켜 고속도로를 어지러이 가로막고 있던 상황이었다. 학생들이 탄 관광버스 7대 중 4대는 사고지점을 통과했고, 다섯 번째로 달리던 8호 버스는 사고현장을 보고 피하다 15m 아래 절벽으로 굴러 떨어졌다. 이 버스에 타고 있던 학생 중에는 사망자가 나오지 않았지만, 8호 버스에 이어 1차선에서 달리던 7호 버

16) 경남도민일보, 마산 마도장 여관 불 8명 참사, 7명 부상, 2002년 5월, 2일자, 1면; 경남도민일보, 마산 여관화재 인명피해 주범은 '유독가스', 2002년 5월 2일자, 사회면.

17) 재난유형별 사고사례집, 중앙 119 구조대, 소방본부, 1998년 7월, 342-352면.

스는 급히 2차선으로 꺾다 사고현장의 승용차를 덮쳤다. 7호 버스 아래 반쯤 깔린 승용차에서 불이 나 폭발하면서 7호 버스로 순식간에 불이 옮아 붙었다. 때문에 사망 학생 13명 모두 이 버스에서 나왔다. 마지막으로 달려오던 6호 버스는 중앙분리대를 긁으며 속도를 줄이려 했으나 결국 사고 현장 승용차 등과 부딪쳤다. 그러나 이 버스에서는 학생들이 모두 탈출하고 난 뒤 불이 나 다행히 사망자는 없었다. 사고는 빗길 고속도로에서 안전거리를 지키지 않아 일어난 전형적인 안전불감증 사고였다. 국립과학수사연구소 화재감식팀은 사고 차량 12대에 대한 감식 결과, 학생 13명이 사망한 관광버스 전방 좌측부분이 앞서 멈춰선 포텐샤 승용차의 연료탱크를 가격, 지름 10cm의 구멍이 생겼으며 이때 탱크 내부에서 고압상태로 있던 휘발유가 비산되며 스파크 또는 엔진열에 의해 폭발한 것으로 보고 있다.[18]

4. 항공기사고

(1) 1993년 7월 해남: 아시아나 항공기 추락 사고

1993년 7월 26일 전남 해남군 화원면 마산리 미전마을 뒤 복개산에 아시아나 항공소속 보잉 737여객기가 추락해 66명이 사망하였다. 사고원인은 서울발 목포행으로 목포 상공의 기상 상태가 나빠 3차례의 착륙을 시도하다 실패해 추락한 것으로 밝혀졌다.[19]

(2) 1997년 8월 괌: 대한항공 괌 추락사고

1997년 8월 6일 오전 1시 35분쯤 괌에서 대한항공 보잉 747-300여객기가 착륙도중 추락해 228명이 사망하였다. 추락원인은 악천후 등 기후변화에 따른 조종미숙, 기내 화재 등 추측이 무성하여 많은 논란이 있었다. 1998년 블랙박스 해독결과 사고원인은 공항 관제시스템 고장, 조종사 또는 관제사 실수, 기상악화, 기체결함 등으로 밝혀졌다.[20]

---

18) 조선일보, [부일외고 버스참사] 불타는 버스탈출 '아비규환', 2000년 7월 15일자, 사회면; 조선일보, [부산 부일외고] 학부모들 자녀 생사확인 "발동동", 2000년 7월 15일자, 사회면.

19) http://203.244.121.105/example/example.html

20) 생활속의 119, http://www.metro.seoul.kr/kor/living/living3.html

(3) 2002년 4월 김해: 중국민항기 추락

2002년 4월 15일 오전 11시 22분쯤 에어 차이나(AIR CHINA·중국국제항공공사) 소속 CCA-129편 보잉 767-200 여객기가 김해국제공항에서 북쪽으로 4.5km 떨어진 경남 김해시 지내동 동원아파트 뒤편 신어산(해발 640m) 기슭의 돗대산(해발 237m) 정상 부근에 추락했다. 사고 항공기에는 한국인 136명과 중국인을 포함한 외국인 19명 등 승객 155명 및 승무원 11명 등 모두 166명이 타고 있었으며, 119명이 사망하고 9명이 실종됐으며 38명이 생존한 것으로 추정된다고 행정자치부 긴급구조본부가 밝혔다. 건교부 사고조사반은 사고기가 김해공항 활주로 남단을 향해 접근하다 갑자기 불어 닥친 남서풍으로 착륙시기를 놓친 뒤 북단 방향으로 우회해 착륙하려다 선회 지점을 잘못 잡아 산에 충돌한 것으로 추정하고 있다. 한편 정부는 사고 직후 외교통상부, 건교부, 행자부, 경찰청 등으로 합동대책본부를 구성하고 수습방안 마련에 나섰다.[21]

5. 건축물 붕괴사고

(1) 1993년 1월 청주: 우암상가 붕괴

1993년 1월 17일 새벽 1시 13분 충북 청주시 우암동 375 우암상가 아파트가 붕괴되어 28명이 사망하고 48명이 부상을 당하였다. 사고원인은 무리한 설계와 부실시공, 보의 철근 배근 및 내화피복 두께기준 미달로 밝혀졌다. 당초 지하 1층, 지상 3층으로 허가 후 건물을 시공하면서 자금난으로 건축업자가 3회 이상 경질되었고, 그때마다 무리한 설계 변경과 4층 옥탑의 증축으로 기초공사에 대한 건물하중 등의 문제점이 나타났다. 붕괴현장에서 시료를 채취하여 시험한 결과, 굵고 푸석한 황색자갈 등의 불량골재가 사용되었으며, 콘크리트 구조체에 나무조각 등 이물질이 다량 함유된 시공불량이 있었다. 규정에 의한 설계기준 강도가 150kg/㎠ 이상이어야 하나, 시료시험결과 평균 압축강도는 112.9kg/㎠로 나타났다. 철근의 굵기에 따라 간격기준은 상이하나 주근 간격기준은 3.3cm이지만 2.3cm로 미달되고, 늑근간격은 그 기준이 45cm 이하이어야 함에도 간격이 붙어 있거나 지나치게 떨어져 있어 불균형한 상태였고, 내화피복 두께기준이 3cm이어야 함에도 철근이 노출되거나 1.7~2cm로 기준이 미달되는 점을 볼 때 무리한

---

21) 조선일보, 중국여객기 추락 166명중 38명 살았다, 2002년 4월 15일자, 사회면.

설계와 부실시공 그리고 보의 철근 배근 및 내화피복 기준미달 등이 직접적인 붕괴원인으로 나타났다.[22)]

(2) 1994년 10월 서울: 성수대교 붕괴

1994년 10월 21일 오전 7시 40분쯤 서울 성동구 성수동과 강남구 압구정동을 잇는 성수대교의 북단 5번째와 6번째 사이 상판이 갑자기 내려앉으면서 다리를 지나던 시내버스 등 차량 6대가 20여m 아래로 추락해 승객 32명이 사망했다. 전문가들이 지적한 구체적인 사고원인은 첫째 성수대교를 지을 때 채택된 '게르버 트러스' 공법자체의 문제점, 유효단면적의 감소와 응력집중을 유발하게 한 용접시공의 결함, 제작오차 검사 미흡, 피로균열의 진전을 예방하지 못한 점검 및 유지관리 미비 등이 밝혀졌다. 둘째 성수대교가 건설당시에 비해 엄청나게 늘어난 교통량으로 초과 하중을 견디지 못하였고, 셋째 임시변통의 보수공사로 피로균열을 가속화시켰고, 중량차량의 통행을 규제하지 못한 것으로 밝혀졌다.[23)]

(3) 1995년 6월 서울: 삼풍백화점 붕괴

1995년 6월 29일 오후 5시 55분경 서울 강남 한 복판에 위치한, 건축한 지 5년밖에 안된 삼풍백화점 건물이 한순간에 완전히 무너져 내리는 대형참사가 발생하여 502명 사망, 937명 부상, 물품 1천억원 등 모두 2천 4백억원의 물적 피해를 냈다.[24)] 사고원인은 삼풍백화점 5층 식당가 주방의 대형 냉장고 및 조적벽과 돌정원 등의 설치와 하중을 고려하지 않은 냉각탑 설치로 하중이 과도하게 실린 것이 붕괴의 직접적인 원인이었다. 또 물을 많이 타 콘크리트의 부착력이 약해졌고, 지하층의 설계변경 및 지반의 불안정으로 건물에 뒤틀림 현상이 발생했으며, 각 부재를 연결하는 철근이 제대로 시공되지 못하고 코아(엘리베이터 통로)와 슬래브 사이가 약해 붕괴된 것으로 밝혀졌다.[25)]

22) 재난유형별 사고사례집, 중앙 119 구조대, 소방본부, 1998년 7월, 84-96면.
23) 위의 사례집, 128-138면.
24) 서울특별시, 삼풍백화점 붕괴사고 백서, 1996년 6월, 92-96면.
25) 서울특별시, 위의 책, 85-91면.

Ⅲ. 대형사고의 문제점

대형사고를 둘러싼 문제점은 두 가지 관점에서 분석될 수 있다. 하나는 대형사고의 발생원인과 관련된 문제점이며, 다른 하나는 대형사고의 수습과정과 관련된 문제점이다. 한국형 대형사고는 위험관리의 책임이 있는 지방자치단체가 관리감독을 소홀히 하여 발생한 경우가 많기 때문에 위의 두 관점이 종합적으로 분석되어야 할 것이다.

1. 대형사고의 발생원인과 관련된 문제점

(1) 안정규정의 무시

가장 심각한 문제점은 안전규정의 무시이다. 항공기사고의 원인은 정비불량에 의한 기체결함, 돌발적인 기상악화, 피랍 및 테러, 폭발 등 다양하다. 그러나 우리나라 항공사고는 대부분이 조종사의 실수이다. 회항에 따른 승객들의 항의와 경영진의 문책 때문에 감행되는 소위 '곡예비행'이 주요 원인이다. 항공안전에 투자되는 비용이 항공선진국에 비해 지나치게 낮고, "안전을 무시해도 수지가 맞는다"는 식의 경영철학이 대형사고의 원인이다. 선박의 침몰사고에도 안전규정의 무시가 관찰된다. 그 결과 정원초과와 돌풍이 부는 곳을 항해하고 있다.

영국의 BBC방송[26]은 한국의 안전문화를 이렇게 비판하고 있다: "한국은 선진국을 향한 위험천만한 경주를 벌이고 있다. 안전이나 건축기준 따위는 아랑곳하지 않는다. 일부 한국인들은 이런 현상을 경제성장의 기조를 이루어온 '돈만 벌면 그만이다'는 '빨리 빨리 신드롬' 때문이라고 자조한다. 전국에 건설 붐이 일고 이익 챙기기에 급급하면서 건축 관련 규정은 도외시되어 존재하는지 조차 모를 지경이 되고 있다. 안전문화는 찾아볼 수 없다. 대형 참사 대부분은 안전규정을 무시한 결과로 드러났다. 건축주와 시공회사, 설계사 등의 이해가 복잡하게 얽힌 탓이기도 하다. 삼풍백화점 붕괴사건의 경우 건물 맨 위층에 이상 조짐이

26) 조선일보, [영 BBC방송] "수련원 화재사건은 빨리빨리 한국병," 1999년 7월 1일, 사회면: '안전, 경제기적의 대가인가?

발견된 후에도 판매수입에 혈안이 된 백화점측이 마냥 손님을 받아들여 더 큰 참사를 자초했던 것이다."

우리 사회는 '안전'보다는 '속도'를, '내실' 보다는 '외형'을, '과정' 보다는 '결과'를, 미래에 '부가될 비용' 보다는 현재 시점에서의 '비용절약'을 더 중요한 덕목으로 삼고 있다.[27] 때문에 우리 사회는 부실공사로 건설한 거대한 구조물들이 언제 어디서 어떻게 무너질지 모르는 위험에 노출되어 있다.[28] 그래서 한국은 만연 '사고(事故) 공화국'이라고 비판을 받는다.

(2) 시설관리체계의 소홀

두 번째 문제점은 시설관리체계의 소홀이다. 대표적인 사고가 1993년 3월 28일 경부선 하행선 구포역 열차사고이다. 사고지점은 상습침수구역이자 낙동강의 퇴적물들로 만들어진 제방으로서 철도청은 1년 전 복선화를 하면서 지반보강을 하지 않은 상태에서 철로를 강변으로 이설하였다. 여기에 한국전력은 철로 밑을 가로지르는 지하통신구공사를 하면서 부산시로부터 도로굴착허가를 받지 않았고, 철도청의 공사협조도 받지 않았다. 한편 지하통신터널 공사를 맡았던 삼성종합건설과 하청업체인 한진건설산업은 공기단축과 공사비절감을 위해 연약지반에는 적합하지 않는 화약폭파방식으로 공사를 강행하여 철로 밑의 연약지반을 무너져 내리게 한 것으로 나타났다. 결국 지반이 침하된 것을 모르고 달리던 무궁화열차는 휘어진 철로를 벗어나 순식간에 탈선하면서 뒤집어져 제방 밑으로 굴렀던 것이다.[29]

시설관리체계의 소홀은 1995년 5월 28일 발생한 대구 지하철 공사장에서의 도시가스폭발에서도 발견된다. 지하철 공사장 인근에 대구백화점 신축을 위한 토목공사를 맡았던 표준개발측은 도로의 중복굴착을 막기 위한 구청의 사업조정위

---

27) 이재열, 대형사고와 위험: 일상화한 비정상성, 계간사상, 1998년 가을호, 사회과학원, 185면.

28) 서울특별시, 삼풍백화점 붕괴사고 백서, 1996년 6월, 85-91면: 삼풍백화점 붕괴사고의 교훈 및 대책: ① 삼풍백화점 붕괴 사고는 변칙시공으로 기둥 및 철근의 유효단면이 감소되어 응력의 집중 유발 가능성이 높은데도 준공 후 구조검토 없이 무단변경으로 하중의 초과로 균열의 불안정 요인이 성장, ② 그 이면에는 건축허가제도, 감리제도 및 공사관행상의 불합리성 등이 간접적 원인으로 작용, ③ 특히 인명사고가 크게 된 요인은 위해요인을 발견하고도 정직한 상황분석, 관리주체의 판단력 부재와 안전에 대한 관련자의 인식부족으로 비상조치를 취할 수 있는 위기관리 체계의 가동이 늦었음, ④ 무엇보다 인명경시 풍조와 위기에 대처하는 평시교육과 훈련이 없었던 것이 '설마'하는 안전 불감증을 사고 후 구조구난에 대한 긴급대응 능력으로 연결되어 한계성이 노출되었음.

29) 이재열, 대형사고와 위험: 일상화한 비정상성, 계간사상, 1998년 가을호, 사회과학원, 187면.

원회의 심의를 받지 않고, 관련기관으로부터 가스관 매설 도면을 확인조차 하지 않았다. 또한 대구시는 시공업자가 지반굴착공사를 할 때 관리부서 담당자가 입회해 지하 매설물의 위치를 확인하는 절차를 거치지 않았다. 그리고 대구 도시가스측도 가스누출을 사전 경고할 수 있는 가스누출센서를 부착하지 않았다. 온갖 상수관, 하수관, 가스관, 전기선 등이 지뢰밭처럼 얽혀있는 지하를 도면도 없이 마구 굴착할 수 있었던 것이다. 사고는 예고되어 있었다.[30)]

대형 화재사고에서도 시설관리체계의 소홀이 발견된다. 1999년 6월 30일 발생한 화성 씨랜드 화재사고와 2000년 9월 19일 발생한 군산 윤락가 화재사고는 소방시설 관리와 비상구 확보를 소홀히 함으로써 대형참사로 발전하였다. 대부분의 업소들은 눈앞의 이익에만 눈이 어두워져 있어서 비상탈출계단과 복도를 제대로 관리하지 않고 있으며, 가연성 내장재를 무분별하게 사용하고 있다. 이것이 유사시에 다량의 유독가스를 분출하여 대형참사를 일으키는 원인이 되고 있는 것이다. 그러나 소방당국은 현장방문을 통한 시설확인점검, 화재예방 및 계도를 지속적으로 해야 함에도 불구하고, 사실상 묵인·방치하고 있다.[31)] 시민들의 삶의 안전이 언제 어디서 파괴될지 모르는 개연성이 있지만, 업주와 지방자치단체는 위험을 방치하고 있는 것이다.

최근 액화석유가스(Liquefied Petroleum Gas, LP)의 보급이 보편화되어 각 가정과 직장에서는 주방용 또는 난방용으로 LP가스를 사용하고 있다. 시설관리체계가 소홀하다 보니 LP가스 배달업소가 주택가에 난립되어 있다. 오토바이로 LP가스를 배달하는 장면은 전국 어디에서나 쉽게 찾아볼 수 있다. 특별한 안전조치도 없이 사람들이 활동하고 있는 실내공간에서 가스용접을 하는 일은 일상화되어 있다. 선진국에서는 도저히 상상할 수 없는 작업들이 날마다 반복되고 있는 것이다. 폭발로 인한 대형사고의 위험은 이처럼 일상생활에 늘 잠복해 있다. 순간순간 엄청난 재난을 불러 올 수 있는 상황이 지속되고 있는 것이다. 그럼에도 행정관청의 위험관리정책은 너무도 낙후되어 있다.

(3) 조직화된 무책임

세 번째 문제점은 조직화된 무책임이다. 사전예고나 긴급구조체계가 작동하

30) 이재열, 앞의 논설, 187면.

31) 조선일보, [캠프참사] 소방설비 전혀 없어 … 소화기 몇 개도 빈통, 1999년 6월 30일자, 사회면.

지 않고 있다. 사고가 발생하면 사고현장에 가장 먼저 투입되는 것은 민간인 자원봉사자들이다. 그 후 공식 구조대가 도착하지만, 이들은 조직화되어 있지 않다. 긴급구조체제가 갖추어지지 않았기 때문에 피해를 확대시킨다. 대표적인 사례가 삼풍백화점 붕괴사고이다. 사고 직후 수천 명의 119구조대와 경찰, 군인, 자원봉사자 등이 현장에 급파되어 숨 가쁘게 구조 활동을 폈지만, 이들이 일사불란한 지휘체계에 편입되기까지는 5일이라는 시간이 걸렸다. 그 기간 동안 119구조대와 경찰, 군인, 자원봉사자들은 각기 자기 조직의 지휘만을 받았기 때문에 구조 활동에 막대한 혼란이 야기되었고, 수백 명의 신문과 방송기자들은 내시경카메라까지 동원하여 붕괴현장을 누비며 취재활동을 전개하여 혼란은 더욱 가중되었다.[32]

또한 목포공항 추락사고의 경우 사고항공기가 관제탑과 무선교신이 끊긴지 1시간 12분이 지나서야 당국의 탐색지시가 떨어졌다. 구조대원은 원시적인 장비만으로 구조에 나섰으며, 부상한 환자를 끈에 묶어 헬기로 매달아 옮기는 바람에 사상자를 늘리는 우를 범하기도 했다.

위도나 충주호 유람선 화재에서 보면 승무원들의 안전교육이 형식적으로 이루어졌다는 점이 드러난다. 배안에 비치된 구명대나 구명동의 등은 난간에 단단히 채워져 있어서 정작 위급상황에서는 전혀 도움이 되지 않는 경우가 많았다.[33]

그리고 가스사고의 경우 가스누출을 사전에 감지하고 가스관을 자동차단하는 기능이 필수적이나. 그러나 대부분의 사고는 이러한 기본적 기능의 결여로부터 발생하였다. 성수대교 붕괴사고에서 드러나듯이, 평소의 위험관리의 허술함이 곧 대형사고로 이어졌다. 정기국회의 국정감사 때마다 위험성이 경고되었고, 뒤이은 감사원의 전국 교량관리실태 감사에서도 전체 교량의 54.6%가 안전도에 문제가 있는 것으로 드러나기도 했다. 또한 사고 며칠 전부터는 시민들이 다리가 심하게 흔들리는 이상 진동을 감지하고 서울시에 신고를 하였다.[34]

그럼에도 한국의 공무원들은 무책임이 만성화되어 있고, 조직화되어 있다. 오직 하나의 목적, 즉 가시적인 성과를 빨리 내려는 강박감에 쌓여 있다. 외국의 공무원들과는 달리 한국의 공무원들은 그들의 행위가 사회에 미칠 중장기적 영향

---

32) 삼풍사고 수습활동의 평가에 관해서는 서울특별시, 삼풍백화점 붕괴사고 백서, 1996년 6월, 611-622면(문제점): ① 지위체계의 운영, ② 현장통제 및 관리체계, ③ 인명구조 및 사상자 후송, ④ 구조장비 부족, ⑤ 자원봉사자

33) 이재열, 대형사고와 위험: 일상화한 비정상성, 계간사상, 1998년 가을호, 사회과학원, 188-189면.

34) 이재열, 위의 논설, 188-189면.

에 대해서는 거의 생각하지 않는다. 보직이동을 하면 되기 때문이다. 자신의 행위에 대해 무한책임을 지지 않는 풍토가 대형사고를 확산시키고 있는 것이다.

(4) 부정부패

네 번째 문제점은 부정부패이다. 특히 관료부패[35]는 관료적 권력을 사유화시킨다. 삼풍백화점의 경우 건물의 신축에서부터 불법으로 옥상에 냉각탑을 설치하기까지 거의 전 과정에서 광범하게 시청과 구청의 공무원들이 뇌물을 받고 불법을 묵인하였던 것으로 밝혀졌다. 삐뚤어진 하도급 관행도 대형사고의 원인이었다. 공공기관에서 발주하는 대부분의 공사들이 예정가보다 낮은 가격에 낙찰되고, 이 과정에서 업자들에게 리베이트를 받는 일이 비일비재했다. 공사를 수주한 건설사들은 다시 낮은 가격에 재하청을 주므로 최종적으로 공사를 담당하는 하청업체들은 턱없이 부족한 건설비를 보상받기 위해 자재를 빼돌리거나 규정을 지키지 않고 공사를 하는 탈법을 일삼게 되었다. 결국 공적 자원을 사유화한 결과 체계적으로 부실공사를 하게 된 것이다.[36]

부정부패의 원인은 비현실적인 규제체계와도 연관이 있다. 공무원들의 자의적 판단의 여지는 다양한 형태의 뇌물을 징수할 수 있도록 기회를 제공하고 있다. 그 결과 공공서비스에서 뇌물은 일상화되어 있다. 법률은 불필요한 규제가 많기 때문에 모두 준수할 수 없는 반면, 항상 타협과 야합의 여지가 존재한다. 뇌물을 통하면 하지 못할 일이 없다는 이중성은 사람들로 하여금 법체계에 대한 신뢰를 갖지 못하게 만든다.[37] 때문에 대형사고는 항상 잠재되어 있다.

---

35) 홍천용, 공직사회 어떻게 달라져야 하는가(意識改革), 제2건국 공직자 특별교육, 한국도로공사 경상지역 본부, 1998년 3월 18일, 특강자료집: 공무원의 비리와 부정을 중시하는 이유가 국민이 정부를 불신하여 정권자체를 위기로 몰아 붙치는 결과가 된다는 점이다. 부정이 가져다주는 피해의 내용을 보면, ① 국가자원과 예산의 낭비를 가져온다. ② 정부의 정책효과를 왜곡시키고 둔화한다. ③ 행정기관의 비능률화와 질서를 파괴한다. ④ 정직하고 열심히 노력하는 공무원과 국민의 사기를 저하시켜 일할 의욕을 상실케 하여 좌절감에 빠지게 한다. 또한 국가배상법 제2조는 「국가 또는 지방자치단체는 공무원이 그 직무를 집행함에 있어서 고의 또는 과실로 법령에 위반하여 타인에게 손해를 가하거나 자동차손해배상보장법에 의하여 배상책임을 지는 경우에는 이 법에 의하여 배상책임을 져야 한다」고 규정하고 있다. 민법 제756조에도 사용자의 책임을 규정하여 사용자로 하여금 그 직무에 관하여 손해를 가하였을 때에는 배상책임을 져야 하는데 이는 사용자의 선임·감독에 대한 책임을 묻는 것이다. 국가나 지방자치단체가 공무원의 위법행위에 대한 책임을 지는 것도 이러한 원리에 의한 것이다. 그러므로 정부가 국정을 펴면서 우선적으로 엄청난 정신적 물질적인 피해를 국민에게 끼치지 않도록 관료사회의 비위의 근원을 근원적으로 시정하는 일이다. 반면에 관료사회가 도덕적이고 윤리적인 풍토에서 존립한다면 국가발전에 공헌하는 것은 당연한 것이다.

36) 이재열, 대형사고와 위험: 일상화한 비정상성, 계간사상, 1998년 가을호, 사회과학원, 186면.

37) 김영섭, 건축문화와 도시환경의 위기, 계간사상, 1998년 가을호, 사회과학원, 84-114면(99면).

대형사고가 발생하면 일반적으로 행정당국은 철저한 엄포[38]와 행정지침[39]을 발표한다. 그러나 행정명령만이 있고 법집행이 없다.[40] 업주의 잘못된 영업 관행("불법만이 이익을 낳는다")은 아직도 시정되지 않고 있다. 뇌물과 업주의 사익, 물질주의적 가치관은 공무원과 업주 등 사회 전반의 도덕적 기반을 붕괴시키며, 대형사고는 매일 기다리고 있는 것이다.[41]

2. 대형사고의 수습과정과 관련된 문제점

여기서는 대형사고의 수습과정에서 파생된 문제점을 살펴보고자 한다. 대형사고가 발생하면 피해자 보상문제가 부각되면서 피해자, 유가족, 업주, 지방자치단체는 격렬한 책임논쟁을 펼친다. 일차적으로 위험관리의 책임이 있는 지방자치단체가 행정부작위로 대형사고를 예방하지 못했다는 비난을 받으면서 소위 '특별위로금'이 쟁점이 된다. 유족들은 선례에 따라 보상을 요구하지만 법적 기준이 없기 때문에 합의도출이 쉽지 않다. 집단농성이 발생하고,[42] 지방자치단체의 행

38) 조선일보, 김대통령 버스참사 원인규명 지시, 2000년 7월 15일자, 사회면: 김대중 대통령은 2000년 7월 15일 수학여행 버스참사를 보고 받고 "어처구니 없는 사고로 많은 학생들이 희생됐다"며 "사고원인을 철저히 조사하라"고 지시했다.

39) 조선일보, 학생 200명 이상 수학여행단 호송키로, 2000년 7월 16일자, 사회면: 경찰청은 2000년 7월 16일 대형버스 5내 및 학생수 200인 이상 규모의 수학여행단 이동시 학교장의 요청이 있을 경우 출발부터 귀교시까지 순찰차로 호송토록 전국 지방경찰청에 지시했다. 경찰은 학교장의 호송 요청이 없을 때에도 수학여행단을 발견할 경우 즉시 호송토록 하는 한편 버스운전자에 대해 음주운전여부를 확인하고 안전교육을 실시키로 했다. 경찰관계자는 "2000년 7월 14일 경부고속도로 김천지역에서 발생한 수학여행단 버스사고와 같은 참사를 방지하기 위해 이 같은 대책을 마련했다"고 밝혔다.

40) 경남도민일보, 마도장 여관, 불난 3층 소방점검 못했다, 2002년 5월 2일자, 사회면; "이날 화재현장을 방문한 행정자치부 민방위재난국 정채웅 국장은 사고현장을 돌아보고 "2002년 3월 31일자로 개정된 소방 관련법규에는 다중이용시설과 숙박업소와 신종업소 내부에 가연성 자재를 사용하지 못하도록 금지하고 있다"며 전국적으로 실태를 파악해 조치하겠다고 말했다. 이에 대해 시민들은 대형참사가 발생하고 나서 실태를 파악하겠다고 말하는 것은 '소 잃고 외양간 고치기'식이라는 반응을 보였다. 소방서에 확인한 결과 이 법이 개정된 후 이와 관련해 소방점검을 실시하라는 행자부 지침 등 일체의 공문을 받은 적이 없다고 말했다. 한편 현행 소방법에는 2년에 한차례 정기 소방점검을 실시하도록 돼 있다."

41) 조선일보, 2002년 8월 13일(화요일)자 신문을 보면, 우리 사회가 얼마나 안전불감증에 걸려 있는지 확인할 수 있다: 통근열차와 장의버스 충돌 10여명 사상, 인천공항 화물터미널 케이블 추락, 수원서 놀이기구 추락, 어린이 6명 부상, [군산] 시내버스 식당으로 돌진, 4명 경상.

42) 경남도민일보, 여관화재 유족 시청 항의방문, 2002년 5월 3일자, 사회면: 합동분향소 설치 등 적극적인 지원 요구하며 거칠게 항의. 마도장 여관 화재 유족대책위는 2002년 5월 3일 보상문제의 가닥을 잡지 못하는 가운데 마산시청을 항의방문하고 적극적인 해결을 촉구했다. 유족대책위(위원장 김○○)는 회의를 거쳐 오후 2시 30분께 사고현장을 방문해 유품을 수습하고 오후 5시께 시청을 항의 방문했다. 시청을 찾은 유족 40여명은 조영파 부시장과 간담회 자리에서 합동분향소 설치, 유족대책위 회의공간, 숙식비 제공 등을 요구했다. 그러나 마산시는 지방선거를 앞두고 선거법에 저촉될 수 있는지 여부를 선관위에 알아보고 있다며 4일 중으로 지원가능한 수준과 방법 등을 유족측에게 알려줄 수 있을 것 같다고 답변했다. 현재 민사소송이 진행 중이다.

정업무는 완전히 마비된다. 지방자치단체가 결국 행정관청의 관리감독의 소홀이라는 여론에 밀려 사고수습과정에 개입한다. 그러나 수습방안이 사고형태, 사고지역, 사고발생시기, 피해자 숫자와 연령, 집단민원의 강도에 따라 형평성을 잃고 있어 문제다. 지방자치단체의 사고수습대책은 '중구난방'(衆口難防)이다 보니 대형사고는 적법절차에 의한 해결보다는 정치적 논리에 따라 해결된다. 법치국가의 토대는 무너지고 형평성과 책임원칙은 무시된다. 그 원인을 밝혀보고자 한다.

(1) 건물 및 화재보험의 문제

첫 번째 문제점은 건물 및 화재보험의 부실이다. 1999년 10월 30일에 발생한 인천 인현상가 2층 호프집 화재사건을 보면, 상가건물의 건물주는 2억원짜리 화재보험에 가입해 둔 것이 전부였다.[43] 피해자들이 사상자가 워낙 많아 실질적인 보상에는 턱없이 부족하다는 이유로 보험금의 수령을 거부하였고, 대형참사를 초래한 「라이브Ⅱ 호프집」 업주와 발화 원인을 제공한 인테리어 업체를 상대로 보상을 요구하였다. 그러나 현실적으로 민사소송은 상당한 시일이 소요되고, 사상자 수도 너무 많아 이들의 지급능력이 의문시되었다. 결국 유가족들은 지방자치단체의 건물을 점거하고 보상문제에 적극 개입하라고 요구하였던 것이다.

(2) 책임자에 대한 처벌범위의 문제

두 번째 문제점은 책임자 처벌범위이다. 대형사건 발생초기에는 책임자 처벌범위가 폭넓게 거론된다. 그러나 책임자에 대한 형사처벌은 형사재판이 진행되면서 대폭 축소되고, 실제 형사처벌을 받는 자는 소수에 불과하다. 1999년 6월 인천에서 발생한 화성 씨랜드 화재 사고의 경우를 보면, 인천지방경찰청은 1999년 11월 9일 인천 인현동 화재사건에 대한 중간수사결과를 발표하면서 경찰, 공무원 등 37명을 사법처리하고, 27명을 수사 중이라고 밝혔다. 수사초기까지 구속된 사람은 12명으로 경찰공무원 3명, 시·구청 공무원 1명, 업소종업원과 노래방 수리공사 관련자 8명 등이다. 경찰은 도피자금을 건넨 혐의로 정씨의 친구 권○○(34)씨와 수사를 고의로 지연시킨 혐의로 중부서 형사계 박○○(43)경위 등 4명을 긴급체포하였고, 불법영업을 묵인한 혐의로 형사입건된 인천중구청장을 재소환, 중구청 직원들과 대질신문을 벌였다. 이처럼 수사초기에는 단호한 의지가 나타난

43) 조선일보, [피해보상 어떻게 되나] 건물주 보험가입액수 2억 불과, 1999년 10월 31일자 사회면.

다.[44] 그러나 실제 어느 선까지 기소가 되었는지는 자료부족으로 정확히 알 수는 없으나, 수사초기에는 단호해 보인다.

1995년 6월 발생한 삼풍백화점 붕괴사고도 비슷한 과정을 밟았다. 수사초기에는 혐의를 하위직 공무원에서 구청장과 부시장까지 확대하였다.[45] 그러나 검찰 수사는 서울시와 건설부를 중심으로 한 중앙의 '송곳 자루'는 전혀 다루지 못한 채 끝났다. 이후 기소된 공무원들에게도 대법원은 1999년 12월 21일 판결문에서 "삼풍백화점 붕괴사고와 서초구청 소속 공무원들의 직무의무 위반행위 사이에 상당인과관계가 없다"고 판시하였다.[46] 이것이 대형사고 관련 형사소송의 특징이며 한계다.

(3) 책임자에 대한 양형의 문제

세번째 문제점은 책임자의 양형이다. 1999년 10월 인천에서 발생한 10대 호프집 화재사건의 경우를 보면, 인천지검 형사 2부는 2000년 1월 29일 인천지법 형사합의4부 심리로 열린 인현동 호프집 화재사건 결심공판에서 라이브Ⅱ 호프집 주인 정○○(35) 피고인에 대해 징역 7년을 구형했다. 검찰은 논고문에서 "정 피고인은 관내 경찰, 시·구청 공무원의 비호를 받은 데다 조직폭력배를 동원하는 등 온갖 불법을 자행해 왔다며 화재참사로 숨진 56명의 사망자와 81명의 부상자 및 그 가족들이 겪고 있는 육체적-정신적 고통이 양형에 반영돼야 한다"고 구형 취지를 밝혔다. 검찰은 라이브Ⅱ 호프집 관리사장 이○○(29) 피고인에 대해서도

44) 조선일보, 경찰-공무원 37명 사법처리 … 12명 구속, 1999년 11월 9일자.

45) 삼풍사건에 관한 자세한 논문으로는 홍성태, 폭압적 근대화의 붕괴-삼풍백화점 붕괴 사고를 중심으로, 위험사회를 넘어서-개발과 파괴의 사회학, 새길출판사, 2000, 219-256면(245-249면).

46) 대판 1999.12.21. 98다29797: "공무원에게 부과된 직무상 의무의 내용이 단순히 공공일반의 이익을 위한 것이거나 행정기관의 내부의 질서를 규율하기 위한 것이 아니고, 전적으로 또는 부수적으로 사회구성원 개인의 안전과 이익을 보호하기 위하여 설정된 것인 이상, 공무원이 그와 같은 직무상 의무를 위반함으로 인하여 피해자가 입은 손해에 대하여는 상당인과관계가 인정되는 범위 내에서 공무원이 소속한 국가나 지방자치단체가 배상책임을 지는 것이고, 이 때 상당인과관계의 유무를 판단함에 있어서는 일반적으로 결과 발생의 개연성은 물론 직무상의 의무를 부과하는 행동규범의 목적이나 가해행위의 태양 및 피해의 정도 등을 종합적으로 고려하여야 한다. 또한 설계도서 등과 다른 위법 시공을 하였다 하더라도 그 건축이 건축 관계 실체법규에 저촉되지 않는 경우라면 그에 맞추어 설계변경허가를 받음으로써 설계도서와 시공 상태가 불일치하는 위법상태를 시정할 수 있으므로 그와 같은 설계변경허가신청이 있을 경우 행정청으로서는 위법 시공 후의 사후 신청이라는 이유만으로 이를 거부할 수 없으므로, 설계변경 승인이 사후에 이루어졌다는 이유만으로 위법하다고 할 수 없다"; 대판 1996.8.23. 96도1231: 그러나 건물 붕괴의 원인이 건축계획의 수립, 건축설계, 건축공사공정, 건물 완공 후의 유지관리 등에 있어서의 과실이 복합적으로 작용한 데에 있다고 보아 각 단계별 관련자들을 업무상 과실치사상죄의 공동정범으로 처단하였다; 이종상, 살인죄에 있어서 미필적 고의-삼풍백화점 붕괴사건과 관련하여, 형사판례연구[5], 박영사, 1999, 28-40면.

"화재 발생 당시 「문을 걸어 잠그라」고 지시하는 등 죄질이 불량하다"며 징역 5년을 구형했다.[47] 이에 대하여 인천지법 형사합의4부는 인천 인현동 라이브II 호프집 화재사건으로 구속 기소된 이 업소 주인 정○○(35) 피고인에게 징역 6년을 선고했다. 재판부는 판결문을 통해 "정 피고인이 업소를 운영하며 안전사고 등 현장에서 많은 문제가 생길 수 있는데도 이에 대한 관리를 제대로 하지 않았다"며 이같이 선고했다.[48] 그러나 제1심 판결은 적정한 양형이 아니라고 생각한다. 검찰측 구형이 오히려 설득력이 있다. 만약 이 사건이 독일에서 재판이 진행되었다면, 아마도 법정 최고형이 선고되었을 것이다.

1999년 6월 30일 경기도 화성에서 발생한 씨랜드 청소년수련원 화재사고의 경우를 보면, 수원지법 형사합의20부는 1999년 11월 29일 화성 씨랜드 청소년 수련원 화재사고 관련자에 대한 제1심 선고공판에서 수련원 대표 박○○ 피고인에게 징역 7년 6월에 추징금 50만원을 선고했다. 또 서울 송파구 문정동 소망유치원 천○○ 원장에게는 금고 5년, 신○○ 교사에게는 금고 1년 6월에 집행유예 2년을 선고했다. 화성군청 전 사회복지과장 강○○ 피고인 징역 3년 등 관련 공무원 3명에게도 징역 1년 6월~3년을 선고했다. 또 수련원 건물을 설계와 감리한 서○○ 피고인 등 D건축사사무소 관계자 3명도 징역 1~2년에 집행유예 2년, 건설업 면허를 대여한 혐의로 기소된 조○○ 전 그린종합건설 대표에게는 징역 8월에 집행유예 2년을 선고했다. 재판부는 판결문에서 "박 피고인은 적법한 안전기준을 갖추지 않은 건물을 건축하고 소방시설을 제대로 작동시키지 않아 중대한 사고를 유발한 책임이 있다"고 밝혔다. 재판부는 또 "소망유치원 관계자들은 위험에 대처할 능력이 없는 어린이들을 제대로 관리하지 못한 책임이 있고, 관련 공무원들은 내화구조 등 안전기준을 갖추지 못한 건물의 건축과 용도변경을 허가한 점이 인정된다"고 밝혔다. 재판부는 희생자 유족들이 제기한 화인 문제에 대해 "누전의 경우 건물 전체가 일시에 전력이 차단되지만 화재사고에서는 간격을 두고 정전이 됐기 때문에 모기향에서 발화한 것으로 보인다"고 밝혔다.[49] 그러나 제1심 판결도 생명경시에 대한 재판부의 단호한 의지가 보이지 않는다. 만약 이 사건이 독일에서 재판이 진행되었다면, 법정 최고형이 선고되었을 것이다.

---

47) 조선일보, 인천 호프집주인 7년 구형, 2000년 1월 30일자, 사회면.

48) 조선일보, 인천화재 호프집주인 징역 6년 선고, 2000년 2월 12일자, 사회면.

49) 조선일보, [수원지법] 씨랜드수련원 대표 징역 7년 6월 … 유치원장-교사 금고형, 1999년 11월 19일자, 사회면.

2000년 9월 군산에서 발생한 윤락가 화재사고를 보면, 전주지법 군산지원 형사2단독판사는 2000년 2월 7일 군산 윤락가 포주 박○○(39. 여) 피고인 등 박씨 가족에 대한 중과실치사, 감금, 부당이득, 윤락행위등방지법 위반사건 선고공판에서 박 피고인과 박씨의 동생 박○○(30) 피고인에게 각각 징역 3년과 4년의 실형을 선고했다. 담당판사는 "화재가 발생한 업소의 구조, 임금지급 방법, 주민등록증을 보관해온 점, 윤락녀들의 외출시 동행한 점을 종합해 볼 때 감금과 부당이득 등의 혐의가 인정된다"면서 "예전에 다른 장소에서도 윤락업소를 운영해 왔으며 5명의 윤락녀들이 화재로 숨진 참사의 원인을 제공한 점을 고려, 실형을 선고한다"고 밝혔다. 담당판사는 또 박○○씨의 남편 이○○(46) 피고인에게는 총포, 도검, 화약류 관리법 위반 혐의 등을 적용, 징역 1년의 실형을 선고했다. 이와 함께 담당판사는 박씨의 어머니 전○○(63) 피고인에 대해서도 중과실치사 등의 혐의를 적용, 징역 2년에 집행유예 3년을 선고했으며 박○○씨의 언니에 대해서는 사문서위조죄를 적용, 징역 8월에 집행유예 2년을 선고했다. 이 밖에 화재로 숨진 윤락녀들을 박씨 가족들이 운영하는 윤락업소로 팔아넘긴 혐의로 기소된 전○○ 피고인 등 3명에 대해서도 각각 징역 8월~1년 2월에 집행유예 2년씩을 선고했다.[50] 그러나 만약 이 사건이 독일에서 재판이 진행되었다면, 법정 최고형이 선고되었을 것이다.

(4) 지방자치단체의 개입의 문제

네 번째 문제점은 지방자치단체의 개입이다. 1995년 6월 29일 서울 강남에서 발생한 삼풍백화점 붕괴사고의 경우 협의과정에서 희생자대책위원회와 부상자대책위원회측이 서울시청을 4일간 점거 농성하는 등 격렬한 시위가 70회에 걸쳐 발생하였다. 결국 서울시가 보상협상에 적극 개입하였고, 삼풍측과 희생자대책위원회간에 진행된 보상협의를 12차례나 중재하였다. 유가족측은 특별위로금으로 2억 1천만을 요구하였고 삼풍측은 이를 수용하지 않았다. 결국 서울시가 제반 자료를 종합하여 사망자 1인당 1억 7천만원을 최종 중재안으로 제안하였고, 극적으로 합의되었다.[51]

1999년 6월 30일 경기도 화성에서 발생한 씨랜드 청소년수련원 화재사고도

50) 조선일보, 군산 윤락가 화재 포주 가족에 무더기 실형, 2001년 2월 7일자, 사회면.
51) 서울특별시, 삼풍백화점 붕괴사고 백서, 1996년 6월, 478-484면.

최종적으로 지방자치단체가 보상을 대신하였다. 당시 경기도와 화성군은 유족들과의 지리한 협상 끝에 1999년 8월 중순 사망자 1인당 1억 3000만원~3억 9000만원의 법적 보상금 외에 특별위로금 8000만원씩을 지급하였다. 결국 정치적 논리에 의해 다른 사고와는 달리 해결된 것이다. 경기도와 화성군은 씨랜드 수련원 원장, 감독소홀의 책임을 진 공무원 등을 상대로 구상권 소송을 제기하였지만 시일이 오래 걸리고 실효성이 없는 것으로 밝혀졌다.

또한 1999년 10월 30일 발생한 인천 인현동 호프집 화재사건의 경우도 최종적으로 지방자치단체가 보상을 대신하였다. 숨진 희생자들에게 인천시가 1인당 보상금 1억원과 특별위로금 8000만원 등 1억 8000만원씩 지급키로 결정하고 종결되었다. 당시 최기선 인천시장은 1999년 12월 21일 「보상금 지급조례안」을 만들어 2000년 1월말까지 유가족에게 보상금을 지급하겠다고 밝혔다. 보상금 지급대상 사망자는 전체 56명 중 불을 낸 1명을 뺀 55명이고, 부상자는 전체 81명 중 호프집 종업원 등을 뺀 76명이다. 부상자에게는 상해정도에 따라 보상금이 차등 지급된다. 피해자들에 대한 보상금과 위로금은 인천 중구청 예산에서 지급되며, 인천시는 중구의 재정여건을 고려해 이 중 70%를 지원할 방침이다. 최 시장은 "인천시에 법적 책임은 없지만 사회보장적 · 도의적 책임을 부담하고 지역의 안정을 바라는 시민여론 등을 고려해 보상금을 지급키로 했다. 가해자들에게 구상권을 행사하겠다"고 밝혔다.[52] 인천 화재참사 유가족 대책위원회는 인천시가 발표한 1억 8000만원 보상안을 수용하겠다고 2000년 1월 27일 밝혔다. 이에 따라 화재로 인한 사망자 56명 중 실화자와 호프집 종업원을 제외한 나머지 54명이 보상금을 받게 됐다. 유족들은 1월 28일~30일 학교별로 노제를 지내고 1월 30일 인천 실내체육관 합동분향소에서 합동장례식을 치르기로 했다.[53]

그리고 2002년 4월 15일 경남 김해에서 발생한 중국민항기 추락사고의 경우 보상협상이 난항을 겪었다. 유족측과 중국국제항공사(CA)측은 사고 후 100일 동안 13차례의 협상을 벌였으나 중국측의 소극적인 태도로 합의점을 찾지 못했다. 중국국제항공사는 특별위로금과 장례비 명목으로 1억 6천 8백만원을 제시했지만, 희생자가족대책위측은 1997년 대한항공 괌사고 보상금 수준인 4억원 이상(당시 보상금은 2억 7천여만원이지만 물가상승 · 환율인상 감안)을 요구했다.[54]

---

52) 조선일보, 인천화재 희생자 1억 8천만원 보상, 1999년 12월 21일자, 사회면.
53) 조선일보, [인천 화재참사] 30일 장례, "인천시 보상안 수용", 2001년 1월 27일자, 사회면.

문제는 왜 정부와 지방자치단체가 사고수습에 직접 개입하는가 하는 점이다. 다른 사고의 수습과정과 비교하여 형평성을 잃은 태도가 아닌가? 이렇게 특별하게 정치적으로 해결해야 할 이유는 무엇인가? 결국 지방자치단체의 관리감독의 소홀이라는 원죄와 정치적 이해관계가 지방자치단체의 개입을 자초하는 것이다.

(5) 재해구호기금의 운용상의 문제

다섯 번째 문제점은 재해구호기금의 운용이다. 지방자치단체에서 운용하는 「재해구호기금」은 실제 대형사고의 분쟁해결에 전혀 도움이 되지 못한다. 구호기금도 소액일 뿐만 아니라, 재난관리기금운용심의위원회의 심의도 복잡하고 기준도 명확하지 않다. 1999년 10월 30일 인천에서 발생한 10대 호프집 화재사고의 경우, 당시 인천시 중구는 5000만원 규모의 재해구호기금을 운용하고 있었다. 이 기금은 수해 등 자연재해일 경우에만 지급이 가능하도록 되어 있다. 그래서 당시 인천 중구청은 사안별로 법률적인 검토를 하였지만, 피해자들에게 공식적으로 지원할 방법은 없다고 밝혔었다. 발표이후 공공기관은 점거되고, 기물파손, 업무방해가 계속되다가 인천시가 숨진 희생자들에게 1인당 보상금 1억원과 특별위로금 8000만원 등 1억 8000만원씩 지급키로 결정하였다. 유가족 대책위원회도 이 보상안을 받아들여 종결되었던 것이다. 이처럼 재해구호기금도 기형적으로 운용되고 있는 실정이다.

(6) 언론보도의 문제

대형사고 관련 한국의 언론보도는 언론현실을 부끄럽게 한다.[55] 삼풍백화점 붕괴사고의 경우 대부분의 언론들은 한 달을 이렇게 보도하였다. 사고발생 1주는 ① 사고의 직접적 · 간접적 원인, ② 죽은 자의 휴먼스토리, ③ 병원을 찾아다니며 시신을 확인하는 가족들의 애환, 고통, 분노, ④ 업주와 담당공무원의 결탁과 뇌물 등을 추적하여 보도했다. ⑤ 사고원인은 인재라는 점을 부각하고, 책임자의 고의부분을 보도하면서, 미필적 고의에 의한 살인죄로 처벌해야 한다는 여

---

54) 중앙일보, 중국 민항기 추락 유가족 힘겨운 투쟁, 2002년 7월 23일자, 사회면; 조선일보, 중국민항기 배상 '자동차사고' 수준, 2007년 2월 14일자, 사회면.

55) 서울특별시, 삼풍백화점 붕괴사고 백서, 1996년 6월, 664-668면: 취재기자가 본 삼풍사고("언론은 진실로 반성의 눈물을 흘려야 한다. 새로운 취재준칙을 세워 다시 태어나야 한다. 책임을 지지 않는 냄비근성을 버려야 한다").

론재판을 주도했다. 사고발생 2주는 ⑥ 생존자의 휴먼 스토리: 72시간 만에 극적 구출, 생존자 화면을 화보로 1면에 머리기사로 보도하면서 대형사고의 본질을 망각하는 보도를 했다(500여명의 희생자 가족들이 남아 있는데, 도대체 누구를 위한 보도인가라는 비판도 제기되었다). 사고발생 3주는 ⑦ 피해자 보상과 유가족의 갈등 관계를 다루었다. ⑧ 유가족의 집단항의와 요구액수 및 보험문제 그리고 지방자치단체의 개입을 보도했다. 사고발생 4주는 ⑨ 눈물바다의 장례식장과 영결식을 다루었다. 그리고 ⑩ 미확인 사체에 대한 국과수의 유전자감식 결과를 보도했다. ⑪ 유가족의 정신적·심리적 충격을 보도했다.[56] 한국 언론들은 대형사고가 남긴 우리 사회의 구조적 문제점과 그 본질적 해결방안을 ⑫ 사설과 좌담을 통해 사고를 정리해 버렸다.

문제는 한국 언론에 대형사고를 현장에서 분석하고 진단해 낼 전문기자가 없다는 점이다. 또한 각종 사고에 관련된 여러 취재정보가 체계적으로 축적되어 있지도 않다. 사고가 발생하면 대부분 1, 2년차 기자들이 대거 투입되어 취재를 하고 곧 잊어버린다. 남는 것은 오보투성이의 기사와 엉터리 전문가들의 무분별한 주장 밖에 없다. 비극을 끈질기게 추적하고 문제를 제기하는 언론이 없다. 생각건대 감정으로 말하는 기사는 얄팍한 언어의 장난뿐이다. 그 이유는 비극을 제대로 분석할 수 있는 사건사고 전문기자가 없기 때문이다.[57]

Ⅳ. 대형사고의 해결방안

우리는 정말 위험스럽게 살고 있다. 사고소식을 접할 때마다 "또 터졌구나", 우리 사회는 악몽을 꾼다. 사고소식을 접하면서 국민은 집단충격을 받는다. 사고보도에 놀라고, 사고원인에 분노한다. 이것을 우리 사회는 매년 반복하고 있다. 여기서는 대형사고의 해결방안을 모색하고자 한다. 구체적으로 법적 제도의 개선이 될 것이다.

---

56) 중앙일보, 중국 민항기 추락 유가족 힘겨운 투쟁, 2002년 7월 23일자, 사회면: 대책위는 유가족 127가구당 50만원씩 지원된 6천여만원과 조의금 등으로 집기구입과 숙식을 해결하고 있으나 이마저 바닥난 상태다. 대책위는 최근 김해시청에서 50여m쯤 떨어진 곳에 사무실을 따로 냈다. 사무실에 상주하는 유족 8명은 모두 직장이나 개인 사업을 포기한 채 대책위 일에 전념하고 있다.

57) 서울특별시, 삼풍백화점 붕괴사고 백서, 1996년 6월, 664-668면(668면).

1. 입법부를 통한 해결방안

(1) 건물주와 업주의 책임보험

먼저 건물주와 업주의 책임보험이 법적으로 의무화되어야 한다. 대형건물과 대중업소 경우 책임보험을 의무적으로 가입하도록 해야 할 것이다. 가입자에게는 각종 세금 및 공제혜택을 주어 '안전과 영업'이 동시에 보장될 수 있도록 제도화해야 할 것이다. 현재 화재로 인한 재해보상과 의무적 보험가입에 관한 법률규정이 있지만 개정이 필요하다고 본다. 현실성이 있는 재해보험이 되도록 가입 및 보상 상한액에 관한 규정을 손질할 필요가 있다. 책임보험은 선진국(미국, 독일, 일본 등)의 유형을 참고할 수 있을 것이다. 책임보험이 정착되면 지방자치단체는 단지 분쟁당사자가 서로 해결할 수 있도록 중재만 하면 되는 것이다. 이 법안은 사회보장시스템을 구축하기 위해 필요하다고 생각한다.

(2) 집단소송제도의 도입

다음으로 집단소송제도가 전면적으로 도입되어야 한다. 비공식적 분쟁해결 방법인 집단농성보다는 공식적 분쟁해결 방법인 집단소송을 통해 분쟁을 해결할 수 있도록 제도를 개선해야 한다.[58] 집단소송(class action, Verbandsklage)은 공통의 이익을 가진 집단의 구성원을 위하여 제소하거나 피소될 수 있는 소송형태를 말한다. 집단소송은 다른 명칭으로도 사용하는데 미국의 경우 집단소송 또는 대표당사자소송, 독일의 경우는 단체소송으로 보통 사용되고 있다. 현행 소송법상으로도 각자가 개별적으로 제기한 소를 법원이 재량으로 병합심리를 할 수 있는 병합심리제도도 있고(민사소송법 제131조), 피해자가 공동으로 제소하여 하나의 절차로 권리를 실현할 수 있는 공동소송제도도 있으며(민사소송법 제61조), 공동의 이익을 가지는 피해자가 다수 있는 경우 다른 피해자로부터 수권(선정)을 받아 소송수행권이 주어진 피선정자가 제소하여 그 판결의 효과가 수권한 다른 피해자에게 미치는 선정당사자제도(민사소송법 제49조)도 있다.

이러한 제도들 가운데 선정당사자제도는 피해자 각자가 별도로 소를 제기하

---

58) 공식적·비공식적 분쟁해결방안에 관해서는 윤대규, 법사회학, 경남대학교 출판부, 1997, 213-222면(제13장 법의 기능).

지 아니하고 선정된 자만이 당사자가 되어 하나의 소송에서 전 피해자가 그 목적을 달성할 수 있다는 점에서 집단적인 일괄처리에 적당하다고 할 수 있다. 그러나 선정당사자제도에 의해서는 현대형 분쟁 예컨대 공해에 관한 분쟁, 약(藥)의 부작용에 관한 분쟁, 환경에 관련된 분쟁, 제조물책임에 관한 분쟁 등 분쟁당사자의 수는 많지만 개개인의 피해액은 소액인 경우가 많은 분쟁에 효과적으로 대처할 수 없다. 왜냐하면 선정당사자제도는 개별적인 수권을 필요로 한다는 점에서 연락이 닿는 범위내의 피해자에 한정되고 그렇지 않는 피해자들을 위해서는 소송을 수행할 수 없으며, 각 피해자가 선정자로 참여하여 소송비용을 분담해야 하는 단점이 있기 때문이다.

집단소송의 장점을 우선 사회적인 측면에서 본다면, 먼저 원고측면에서는 집단소송이 다수의 소액피해자에 대한 유용한 사법규제수단이 된다는 점을 들 수 있다. 개별적으로 너무 소액[59]이어서 소송수행의 경제성이 없는 경우나 피해를 입은 자가 정신적 육체적으로 무능력상태에 있거나 법적 권리에 대한 무지로 소송을 통한 권리주장이 막혀 있는 경우에 집단소송은 매우 유용하다. 집단소송에 있어서는 대표당사자가 개별소송에서의 당사자보다 더 강력한 지위를 확보할 가능성이 있어 피고로 하여금 화해나 합의에 이르도록 하여 조기에 분쟁해결이 가능하도록 하는 기능이 있고, 변호사로서는 개별소송보다 집단소송에서 보다 많은 수임료를 받을 수 있는 반면 집단구성원은 소송비용을 분산시킬 수 있으며, 주장사실을 입증할 증거의 폭이 개별소송에서보다 광범위하다고 할 수 있다. 또 개별소송에서 보는 바와 같은 청구가 구체적이지 않고 추상적[60]이어서 기각되는 현상 및 소송 중에 당사자적격에 흠결이 발생하는 상황변동에 대해 충분히 대처할 수 있다는 장점이 있다.

피고의 입장에서도 집단소송에서는 개별소송에 대하여 각각 응소하여야 하는 시간과 비용을 절감할 수 있고, 집단의 대표당사자와 단일 협상창구를 열어 화해나 합의를 성립시킬 수 있는 장점이 있다. 미국의 예를 보면, 손해배상을 청구하는 집단소송의 경우 많은 경우에서 대표당사자와 피고 간 합의하에 금전배상에

59) 소비자피해의 유형에 대하여는 홍천용, 소비자피해구제론: 제조물책임을 중심으로, 삼영사, 1980, 24면 이하 참조.

60) 예를 들면 구체적인 거래관계에 있어서 개개의 소비자 측에 생기는 피해를 구체적 피해라 하고 이와는 달리 소비자일반에게 생기는 피해를 추상적인 피해라고 한다. 전자가 전형적인 소비자피해이고, 후자는 위험한 상품의 생산, 판매, 법령위반의 불실표시, 소비자 보호법규에 위반한 부당표시, 소비자보호법규에 위반한 거래방법 등에 의하여 발생하게 되는 것이다. 홍천용, 위의 책, 25면.

대신하여 대물배상을 한다든지, 채권증서로 환급한다든지, 장래 구매시 할인 쿠폰을 제공하는 경우 등에서 볼 때 집단소송이 커다란 장점을 갖고 있는 것을 알 수 있다. 나아가 집단소송에서는 피고가 책임을 져야 할 전체 금액을 산정할 수 있다는 점에서 여러 개별소송이 이루어지는 것보다 유용하다고 하겠다.

한편 사회적인 측면에서 본다면 집단소송은 중복적인 다수의 소송을 방지할 수 있고, 통일적 판결을 통하여 사법행정의 효율성을 제고할 수 있으며, 특히 장래에 있어서 집단소송에서의 문제가 되는 사건과 유사한 행위 즉 위법적인 행위를 예방하는 효과를 갖는다는 장점이 있다. 또 집단소송이 제기됨으로써 일반대중의 관심이 집중되고 나아가 문제가 되는 쟁점을 개선하기 위한 조직화된 시민단체의 출현을 기대할 수도 있을 것이다. 집단소송이 지니는 이러한 장점들은 우리나라에서도 집단소송에 관한 특별법[61)]을 제정하여야 하는 필요성을 말해준다고 할 것이다.

한편 집단소송은 위에서 같은 많은 장점을 지니고 있으나, 다음과 같은 단점도 있다. 원고측의 입장에서 보면, 집단소송은 대표당사자가 집단전원의 이익보호를 최우선의 과제로 삼고 있기 때문에 개별소송에서 나타나는 소송중의 화해라든가 소장의 변경이 용이하지 않다는 점이다. 또 개인이 아닌 집단으로 이루어진 당사자이기 때문에 소송전략상의 공격 방어가 상대에게 쉽게 노출될 가능성이 있다.

피고측의 입장에서 집단소송은 개별소송에서는 큰 부담이 되지 않는 청구가 집단소송에서는 소수 다액청구가 인정될 수 있기 때문에 이행 및 배상 등의 책임이 막대하다는 단점이 있다. 사회적인 측면에서도 집단소송의 판결의 대세적 효력 때문에 소송에서 패소하는 자는 전멸이라는 가혹한 결과가 발생하고 경우에 따라서는 소액다수의 청구가 집단소송의 남발을 초래하여 결과적으로 상거래를 위축시키는 결과를 가져올 수도 있다는 단점이 있다.

집단소송에 관한 외국의 입법례를 간단히 살펴보고자 한다. 미국의 대표당사

---

61) 우리나라에서도 2000년 11월 송영길 의원 외 33명의 발의로 '의안' 제431호로 '증권 관련집단소송에 관한 법률안'이 제안되었다. 이 입법안은 다수의 증권투자자들의 경우 분식회계, 부실감사, 허위공시, 주가조작, 내부자거래, 신탁재산 불법운용 등의 각종 불법행위로 인하여 그 재산권의 침해가 발생한 경우 현행의 소송구조로는 그 권리실현에 어려움이 있고, 다수의 중복소송으로 인해 소송불경제가 야기되므로 증권 관련 분쟁에서 보다 용이하게 피해구제를 받을 수 있도록 하고 소송경제를 도모하기 위하여 증권거래법에 손해배상의 특칙이 정해진 위법행위 및 증권투자신탁업법이나 증권투자회사법 위반행위와 관련되는 손해배상청구사건에 대하여는 집단소송을 허용하도록 규정되어 있다.

자소송제도(class action)는 판결에 의하여 영향을 받는 자가 지나치게 많은 경우에 전원을 당사자로 하는 것이 불가능하거나 적어도 실제적이 아닌 경우에, 판결에 영향을 받는 자의 모두를 하나의 집단에 속하게 하고, 신청된 구제절차에 이들이 공동의 이익을 가지거나 개개의 이익이 공통의 성질을 지닌 것이고 또 당사자로 된 자가 이들의 이익을 적절하게 대표하고 있는 경우에는 당사자 이외의 자를 소송절차에 참가시키지 아니하더라도 절차를 진행시킬 수 있도록 하여 당사자 이외의 자는 이 소송의 종국판결에 구속되도록 하는 제도이다. 이 제도는 당초 영국의 형평법(equity)법원이 창설한 제도이다. 종래의 필요적 공동당사자의 원칙(a compulsory joinder rule)을 수정하여 소송경제의 추구라는 취지에서 이른바 亂訴防止訴狀制度(Bills of peace)가 성립되었다. 이 결과 중복된 분쟁을 단일화하여 소송진행을 가능케 하는 집단적인 소송제도(group litigation)가 18세기에서 19세기 전반에 걸쳐 영국의 형평법 법원에서 확립되었다. 영국의 이러한 형평법 이론이 미국에도 도입되어 뉴욕, 캘리포니아 등 몇몇 주입법을 거쳐 1937년 우여곡절 끝에 연방민사소송규칙 제23조로 입법화됨으로써 보통법상의 소송에서 공통적인 이익으로 결합된 모든 당사자가 소송에 참가하는 것이 인정되었다. 대표당사자소송제도는 독점규제 내지 불공정거래에 관한 소송, 환경소송, 인종차별소송, 증권소송, 소비자보호와 관련된 소송 등에서 널리 활용되고 있다.

독일에서 단체소송제도(Verbandsklage)를 채택한 법규는 다음과 같다: 1896년 부정경쟁방지법(Gesetz zur Bekämpfung des unlauteren Wettbewerbs) 제13조, 할인법(Rabattgesetz) 제12조, 경품령(Zugabeverordernung) 제2조, 경쟁제한금지법(Gesetz gegen Wettbewerbschränkungen) 제35조, 보통거래약관법(Gesetz zur Regelung des Rechts der Allgemeinen Geschäftsbedingungen) 제13조, 수공업법(Handwerksordnung) 제8조 등 이들 중 역사적으로나 현재의 기능에 있어서도 가장 중요한 것은 부정경쟁방지법이 정한 단체소송이다. 할인법이나 경품령은 부정경쟁방지법의 특별법적인 지위에 있고, 경쟁제한금지법의 단체소송은 현재는 그다지 이용되지 않고 있으며 그 해석론 역시 오로지 부정경쟁방지법의 해석론에 의존하고 있다. 생각건대 국민의 안전불감증과 안전문화의 개선을 위해서는 집단소송제도와 함께 징벌적 손해배상제도도 시급히 도입되어야 할 것이다.[62]

62) 사법기관에 의한 청구권 실현과 단체소송에 관해서는 홍천용, 소비자피해구제에 관한 연구, 경희대학교 대학원, 1980, 156면 이하 참조.

(3) 재해구호기금법의 개정

그리고 지방자치단체의 「재해구호기금법」도 개정되어야 한다. 현실세계에서 법이 제대로 기능을 할 수 있도록 하기 위해서는 재해구호기금의 관리·운용방안이 대폭 개정되어야 한다(구체적으로 경상남도재난관리기금운용·관리조례 제2조, 제3조, 제4조와 서울특별시재난관리기금운용·관리조례 제18조, 제19조, 제20조 등이다). 지방자치단체는 재해구호기금의 확보를 위해 민간보험회사에 '사회안전보험 또는 재해관리보험'(가칭)을 가입하는 것도 적극 검토해야 할 것이다.

(4) 대형사고 관련 보상금 지급조례안과 특별위로금의 신설

마지막으로 재난관리기금운용·관리조례에 특별위로금의 항목을 신설해야 한다. 특별위로금의 성격·기준·수혜대상도 명문화해야 한다. 가해자의 책임보험으로 도저히 해결할 수 없는 대형사고는 지방자치단체의 개입이 불가피하다. 이 경우 재난관리기금운용·관리조례에 따라 대형사고의 희생자를 지원하면 된다. 물론 그 재원확보가 문제가 될 수 있다. 중앙에서 지원을 받는 경우도 있겠지만, 대부분의 지방자치단체는 예산 중 예비비로 처리할 수 있을 것이다.

그러나 오늘날과 같은 위험사회에서는 자치단체의 독자적인 해결방안의 구축이 시급하다고 생각한다. 특별위로금의 재원확보는 「사회안전보험 또는 재해관리보험」으로 충당해야 할 것이다. 특별위로금의 구체적인 액수는 지방자치단체가 가입한 보험회사의 '사회안전보험의 규정'에 따라(사망, 1급장애, 2급장애 등등) 처리하면 될 것이다. 단지 사고대책본부는 사고의 특성을 정확히 파악하여 대형사고로 선포하고, 수혜대상자의 범위를 결정하면 된다. 결정된 피해자는 보험회사를 통해 직접 특별위로금을 지급받으면 되는 것이다.

이렇게 사회안전보험으로 처리하면 분쟁도 줄어들고, 자치단체의 사회보장적 역할도 확대될 것이다. 전국적인 통일안은 추후 조율하면 될 것이다. 지방자치단체의 의회는 인천시와 외국의 사례연구를 통해 「대형사고 관련 보상금 지급조례안」을 마련할 필요가 있다고 생각한다.

2. 행정부를 통한 해결방안

(1) 건축물의 안전설계와 상시점검의 시스템 구축

공공시설물과 다중이용시설물에 대해서는 건축물의 안전설계와 상시점검 시스템이 구축되어야 한다. 관할 행정관청은 건물 및 영업인허가과정에서 법적 하자가 드러날 때에는 즉각 단호하고도 엄중한 조처를 취해야 한다. 담당공무원들은 수시로 현장을 방문하여 직접 시설물을 확인해야 한다. 무한책임행정이 대형사고를 줄일 수 있다.

(2) 지방자치단체의 개입의 최소화

대형사고 수습과정에서 지방자치단체의 개입은 최소화되어야 한다. 그렇게 하려면 평상시에 행정기관은 위험관리체계와 시설물관리체계를 재점검하고, 관리감독을 철저히 하면서, 책임소재를 분명히 해 두어야 할 것이다. 책임소재의 파악과 '건물 및 영업주의 책임보험'은 집단농성(비공식적 해결방안)을 줄일 수 있는 방안이 될 수 있을 것이다.

(3) 행정공무원의 무한책임과 공무원에 대한 구상권 행사

행정공무원의 무한책임에 따른 공무원에 대한 구상권 행사도 철저히 이루어져야 한다. 2002년 7월 23일 서울민사합의19부는 2001년 여름 집중호우 때 '가로등 감전사'로 희생당한 사람들의 유족들에 대해 지방자치단체가 7억 2천만원의 손해배상을 해야 한다고 판결하였다. 재판부는 "서초구청은 집중호우로 가로등이 침수돼 누전될 경우 감전사고의 가능성이 있음을 미리 알고 있었음에도 담당공무원이 사고 당일 안전조치를 취하지 않은 책임이 인정된다"고 밝혔다.[63] '가로등 감전사'판결은 사고의 가능성을 예견하고서도 예방하지 않은 행위에 대한 처벌로 매우 의미 있는 판결이라고 생각한다.

63) 중앙일보, '가로등 감전사' 7억 배상판결, 2002년 7월 23일자, 사회면; 이원조, [발언대] 안전사고 피해땐 즉각 법적 대응을, 중앙일보, 2002년 7월 31일자, 오피니언 7면.

3. 사법부를 통한 해결방안

(1) 결제한 공무원의 민·형사책임

책임원칙에 따라 민사·형사책임을 철저히 추궁해야 한다. 건물 및 영업 관련 인·허가과정에서 결제를 한 공무원과 시설물 관리감독자에 대해서는 책임소재를 명확히 하여 민사·형사책임을 철저히 물어야 한다. 해당공무원의 뇌물 및 행정부작위가 드러나면, 즉각 인사조치를 해야 하고, 주무부서의 결제라인에 따라 결제한 공무원은 모두가 형사책임을 져야 한다.[64] 행정행위에 대한 철저한 무한책임이 대형사고를 줄일 수 있다.

(2) 대형사고 책임자의 법정최고형 선고

책임문제가 엄정하게 다루어지지 않는다면, 법규범을 무효화하는 것이고, 이는 인명을 경시한다는 것이다. 대형사고 관련 책임자에게는 법정최고형을 선고해야 한다. 법규범이 살아있다는 것을 확인하는 것이 형벌의 목적(소위 '적극적 일반예방')이다. 만약 한국형 대형사고가 외국에서 발생했다면 한국 사법부의 양형과는 전혀 다른 판결이 나올 것이다. 대형사고 관련 선진국의 법해석과 양형을 검토하고, 국제수준에 순하는 엄격한 양형기준표를 시급히 마련해야 할 것이다.

4. 언론을 통한 해결방안

(1) 공동취재와 심층취재

대형사고의 경우 언론의 공동취재와 심층취재를 위해 합동취재반을 운영할 필요가 있다. 10인 이상의 사망자가 발생하거나 또는 10인 이상의 중경상자가 발생하거나, 시스템결함으로 인한 대형사고의 경우 각 언론사는 공동취재시스템을 가동하여 심층보도를 해야 할 것이다. 이것은 인명경시의 취재경쟁을 줄일 수 있

64) 조선일보, "둘째마저 잃을까 불안 … 이제 이 땅을 떠납니다," 1999년 8월 19일자 사회면: "유치원에 보내고 싶은 생각이 없어요. 하나 남은 아이마저 잃어버릴지도 모른다는 불안감도 있고…. 이민 수속이 되는대로 떠날 겁니다. 이 땅에서 더 이상 살고 싶진 않아요. "우리 애들이 아니면 다른 애들이 그렇게 됐을지 몰라요." "공무원들이 안일하게 서류를 작성하고 도장찍는 과정에서 아무 것도 모르는 애들이 죽어 간 거죠."

고, 취재정보를 체계적으로 축적할 수 있으며, 엉터리 오보와 비전문가의 무책임한 주장을 정화시킬 수 있기 때문이다. 방송의 경우 KBS가 주관방송사가 될 수 있을 것이고, 신문의 경우 올림픽 및 남북관계 취재의 예에 따라 인력풀을 구성하여 운영하면 될 것이다. 대형사고의 경쟁취재로 가판(街販)의 영업이익을 낸다는 발상은 사라져야 할 것이다.

(2) 성금모금과 분배

성금모금과 분배도 효율성의 관점에서 전면적으로 재검토되어야 한다. 성금이 구체적으로 어떻게 사용되었는지, 누구에게 전달되었는지, 모두가 언론에 공개되어야 한다. 이러한 보도는 성금기부자에 대한 최소한의 답례이고, 모금기관의 도덕적 의무라고 생각한다.

Ⅴ. 결 론

저자는 이 연구가 실무와 학계의 공동연구에 하나의 촉매제가 될 수 있고, 입법정책과 사법정책에서 기초자료 또는 참고자료로 활용될 수 있기를 기대한다. 나아가 이 문제에 대한 연구들이 보다 활성화되어서 법을 통한 분쟁해결이 우리 사회에 하루 빨리 정착되기를 바란다.

제7장 특가법상 도주차량운전죄에 있어서 상해의 인정범위*

[대상판례: 대법원 2000.2.25. 선고 99도3910 판결] 교통사고 뺑소니 사건

[공소사실의 요지]

피고인은 1997년 3월 18일 00:30경 그 소유의 인천 3가61××호 프라이드승용차를 운전하고 가다가 전방에서 신호대기 중이던 피해자 이○○ 운전의 인천31바24××호 영업용택시를 들이받아서, 피해자로 하여금 약 1주간의 치료를 요하는 요추부 통증상을 입게 하고, 피해차량의 수리비로 금 214,700원이 소요되도록 손괴하는 교통사고를 일으키고서도 아무런 구호조치를 취하지 않은 채 도주하였다. 이에 검사는 피고인을 특정범죄가중처벌등에관한법률 제5조의3 제1항 도주운전죄를 적용하여 공소를 제기하였다.

[판결요지]

특정범죄가중처벌등에관한법률 제5조의3 제1항이 정하는 '피해자를 구호하는 등 도로교통법 제50조 제1항에 의한 조치를 취하지 아니하고 도주한 때'라고 함은, 사고운전자가 사고로 인하여 피해자가 사상을 당한 사실을 인식하였음에도 불구하고, 피해자를 구호하는 등 도로교통법 제50조 제1항에 규정된 의무를 이행하기 이전에 사고현장을 이탈하여 사고를 낸 자가 누구인지 확정할 수 없는 상태를 초래하는 경우를 말하는 것이므로, 위 도주운전죄가 성립하려면 피해자에게 사상의 결과가 발생하여야 하고, 생명·신체에 대한 단순한 위험에 그치거나 형법 제257조 제1항에 규정된 '상해'로 평가될 수 없을 정도의 극히 하찮은 상처로서 굳이 치료할 필요가 없는 것이어서 그로 인하여 건강상태를 침해하였다고 보기 어려운 경우에는 위 죄가 성립하지 아니한다.[1)]

[소송의 경과]

1. 제1심 판결

---

* 비교형사법연구 제2권 제2호, 2000, 369-390면.

1) [참조조문] [1] 특정범죄가중처벌등에관한법률 제5조의 3 제1항, 형법 제268조 [2] 특정범죄가중처벌등에관한법률 제5조의3 제1항, 형법 제257조 제1항 [참조판례] [1] 대판 1997.12.12. 97도2396.

인천지방법원은 이 사건 공소사실에 대해 무죄를 선고하였다. 이에 대하여 검사는 항소하였다.

2. 제2심 판결

항소심인 인천지방법원[2)]은 무죄를 선고한 제1심 판결부분을 파기하면서 공소사실에 대해 유죄를 선고하였다. 인천지방법원은 "피해자는 이 사건 교통사고로 인하여 머리가 멍멍하고 허리가 약간 아프게 다쳤는데 사고 당일 병원에서 약 1주간의 치료를 요하는 요추부 통증상을 입은 것으로 진단 받고 주사 및 물리치료 등은 받지 않았으나 약을 처방 받아 2번을 복용한 사실을 인정한 다음, 피해자는 위 사고로 인하여 요추부 통증상을 입었다고 인정함으로써, 피해자가 위와 같은 상해를 입은 이상 특별한 사정이 없는 한 사고운전자인 피고인에게 피해자를 구호하는 등 필요한 조치를 취할 의무가 발생하였고, 피고인도 위 사고로 인하여 피해자가 상해를 입은 사실과 그에 따른 구호조치가 필요하다는 사실을 미필적으로라도 인식하였다고 할 것이므로, 피고인의 행위는 특정범죄가중처벌등에 관한 법률 제5조의3 제1항이 정하는 피해자를 구호하는 등 필요한 조치를 취하지 아니하고 도주한 때에 해당한다"고 판결하였다. 이에 대하여 피고인은 상고하였다. 상고논지는 「도주운전죄에 있어서 상해의 개념에 관한 법리를 오해한 나머지 채증법칙에 위반하여 판결에 영향을 미치는 사실을 잘못 인정한 위법이 있다」는 것이다.

3. 대법원 판결

대법원은 원심판결을 파기하고, 이 사건을 직접 재판하기에 충분하다고 인정하여 형사소송법 제396조에 의해 자판하였다. 피고인에 대한 이 사건 공소사실 중 특정범죄가중처벌등에관한법률 위반의 점은 범죄의 증명이 없는 경우에 해당한다고 할 것이므로, 같은 취지로 이 부분 공소사실에 대하여 무죄를 선고한 제1심 판결 부분은 정당하고, 그에 대한 검사의 항소는 이유 없으므로 이를 기각한다.

[**비교판결**] 대판 2005.4.15. 2005도1483 특정범죄가중처벌등에관한법률위반(도주차량)

[**재판요지**] 피고인으로서도 만 14세의 여중생인 피해자가 당시 절뚝거리면서 친구들에게 부축된 채로 걸어가는 것을 보았다면 피해자의 위와 같은 진술에도 불구하고 병원에 후송하거나 연락처를 남기는 등의 조치를 취하였어야 마땅하기는 하지만, 피해자에게 사고의 잘못이 일부 있는 것으로 보이는 이 사건 사고의 경위에 비추어 볼 때, 비록 피해자는 사고 당시 만 14세에 불과한 중학교 2학년생이기는 하지만 피해자가 괜찮다고 하면서 병원에 가는 것을 거부한 채 현장을 먼저 떠났고, 사고 직후 친구들

2) 인천지방법원 1999.8.18. 선고 99노40 판결.

과 함께 위와 같이 절뚝거리면서 걸어간 점 이외에는 별다른 외상을 발견할 수 없었던 점, 이 사건 사고는 피고인이 근무하는 회사의 주차타워 앞에서 주차관리인 이○○, 피해자의 일행 및 현장을 목격한 택시 운전기사 등이 있는 가운데 발생한 것으로서, 피고인이 교통사고를 야기한 후 도주할 상황이었다고 보기는 어려운 점 등을 감안하면, 설령 피고인이 피해자에게 아무런 연락처를 남기지 않았다고 하더라도 이 점을 들어 피고인에게 이 사건 교통사고를 야기한 후 도주한다는 범의가 있었다고 보기는 어렵다고 보아야 할 것이다. 그럼에도 불구하고 원심이 위와 같은 이유로 피고인에게 도주의 범의가 있었다고 판단하였는 바, 거기에는 채증법칙에 위배하여 사실을 오인하였거나 특정범죄가중처벌등에관한법률 제5조의 3 제1항에 관한 법리를 오해하는 등의 위법이 있다고 할 것이고, 이는 판결 결과에 영향을 미쳤음이 분명하므로, 이 점을 지적하는 취지의 상고이유의 주장은 이유 있다.

판례평석

Ⅰ. 서 론

대상판결은 특정범죄가중처벌등에관한법률[3](이하 특가법) 제5조의 3 제1항 소정의 도주차량운전죄의 성립을 부정한 판결이다. 대법원은 교통사고로 인하여 피해자가 입은 요추부 통증이 굳이 치료할 필요가 없이 자연적으로 치유될 수 있는

3) 일부개정 1973.2.24 (법률 제2550호) 법무부: 이 법률은 교통사고 후 도주한 사고차량운전자를 단순도주 또는 유기도주로 행위태양을 구별하고 치상과 치사의 결과의 차이에 따라 단계적으로 가중처벌하였다.

특가법 제5조의 3 (도주차량운전자의 가중처벌)

① 도로교통법 제2조에 규정된 자동차, 원동기장치자전차 또는 궤도차의 교통으로 인하여 형법 제268조의 죄를 범한 당해 차량의 운전자(이하 "사고운전자"라 한다)가 피해자를 구호하는 등 도로교통법 제50조 제1항의 규정에 의한 조치를 취하지 아니하고 도주한 때에는 다음의 구분에 따라 가중처벌한다. 〈개정 1984.8.4〉 1. 피해자를 치사하고 도주하거나, 도주 후에 피해자가 사망한 때에는 무기 또는 5년 이상의 징역에 처한다. 2. 피해자를 치상한 때에는 1년 이상의 유기징역에 처한다.

② 사고운전자가 피해자를 사고장소로부터 옮겨 유기하고 도주한 때에는 다음의 구분에 따라 가중처벌한다. 〈개정 1995.8.4〉

1. 피해자를 치사하고 도주하거나 도주 후에 피해자가 사망한 때에는 사형, 무기 또는 5년 이상의 징역에 처한다. 〈1992.5.30 헌법재판소위헌결정으로 본호 효력상실〉
2. 피해자를 치상한 때에는 3년 이상의 유기징역에 처한다.

정도이면 상해에 해당한다고 볼 수 없다고 판결하였다. 이 판결은 그동안 논란이 되어 왔던 구성요건해당의 범위를 제한한 판결로 평가되며, 특가법의 입법취지[4]와 조화를 이룬 것으로 보인다. 특히 종전의 판례들이 주로 주관적 구성요건인 도주의 범의(犯意)를 집중적으로 다루었다면, 이 판결은 객관적 구성요건요소인 상해의 인정범위에 초점을 두었다. 이 판결은 상해의 인정범위를 종래보다 좁게 해석한 판결로서 형법 제301조 강간치상죄의 상해인정 범위[5]와 그 맥(脈)을 같이 하고 있다. 때문에 이 판결은 이후 수사실무에도 파장될 것으로 보인다.

그러나 대상판결은 이러한 긍정적인 의미와 함께 다음의 형법적·형사정책적 문제점을 내포하고 있다. 첫째, 법적용 일관성 결여의 위험성이다. 대법원이 제시하는 상해의 판단기준은 매우 주관적이고, 추상적이며, 애매모호하다. 과연 이러한 기준들이 일반국민과 수사실무가들에게 구체적인 지침으로 자리 잡을 수 있을지 의문이다. 둘째, 교통정책 포기의 위험성이 있다. 대법원의 입장을 잘못 이해한다면, 경미한 사고에는 사고현장을 떠나더라도 특가법 적용과는 무관한 것으로 오해될 여지가 있다. 셋째, 특가법 제5조의3 제1항 제2호 도주차량운전죄는 '고무줄 조항'이 될 가능성이 많다. 장래에 통일적인 기준을 계속해서 판례가 제시하지 못할 경우 자의가 개입될 소지가 있다.

도로교통법 제50조(사고발생시의 조치)

① 차의 교통으로 인하여 사람을 사상하거나 물건을 손괴(이하 "교통사고"라 한다)한 때에는 그 차의 운전자 그 밖의 승무원(이하 "운전자등"이라 한다)은 곧 정차하여 사상자를 구호하는 등 필요한 조치를 하여야 한다.

② 제1항의 경우 그 차의 운전자 등은 경찰공무원이 현장에 있는 때에는 그 경찰공무원에게, 경찰공무원이 현장에 없는 때에는 가장 가까운 경찰관서(경찰지서·파출소·출장소를 포함한다. 이하 같다)에 지체 없이 사고가 일어난 곳, 사상자수 및 부상정도, 손괴한 물건 및 손괴정도 그 밖의 조치상황 등을 신속히 신고하여야 한다. 다만, 운행 중인 차만이 손괴된 것이 분명하고 도로에서의 위험방지와 원활한 소통을 위하여 필요한 조치를 한 때에는 그러하지 아니하다. 〈개정 1995.1.5〉

4) 특가법 제5조의3 제1항 제2호 도주차량운전죄는 법정형이 1년 이상의 유기징역으로 통상의 형사처벌과 비교하여 높은 가중주의를 취하고 있다.

5) 대판 1994.11.4. 94도1411: "피해자를 강간하려다가 미수에 그치고 그 과정에서 피해자에게 경부 및 전흉부 피하출혈, 통증으로 약 7일 간의 가료를 요하는 상처가 발생하였으나 그 상처가 굳이 치료를 받지 않더라도 일상생활을 하는 데 아무런 지장이 없고 시일이 경과함에 따라 자연적으로 치유될 수 있는 정도라면 그로 인하여 신체의 완전성이 손상되고 생활기능에 장애가 왔다거나 건강상태가 불량하게 변경되었다고 보기는 어려워 강간치상죄의 상해에 해당하지 않는다"고 판시하였다; 대판 1991.11.8. 91도2188; 대판 1989.1.31. 88도831; 대판 1987.10.26. 87도1880; 대판 1986.7.8. 85도2042; 대법원 판결의 설시 내용과 경향을 보면, 법원에서 강간치상죄의 성립 여부를 판단하는 기준은 피해자 스스로의 통증, 경찰관 권유의 진단서발부 목적 등이 더 중요한 판단기준이 되고 있다; 배종대, 형법각론, 홍문사, 1999, 236면; 이재상, 형법각론, 박영사, 2000, 167면; 이에 대해 비판으로 김상희, 강간치상죄에 있어서의 상해의 인정범위, 형사판례연구[4], 박영사, 1996, 213-224면(217면, 222면 이하); 임웅, 형법각론, 법문사, 2000, 167면.

따라서 이 논문에서는 대상판결의 분석과 의미(Ⅱ), 그 문제점과 발전방향(Ⅲ), 결론에서 특가법 제5조의 3 제1항 제2호 도주차량운전죄를 둘러싼 몇 가지 쟁점에 대해 사견을 밝히고자 한다(Ⅳ).

Ⅱ. 대법원 판결의 분석과 의미

대법원은 특가법 제5조의 3 제1항 제2호 도주차량운전죄에서 상해의 인정여부를 다양한 기준으로 판단하고 있다. 교통사고 당시의 상황, 충격과정, 상해의 부위와 정도, 사고 후의 처리과정 그리고 피해자 연령 등을 판단하여 종합적으로 판단하고 있다. 특가법상의 교통사고는 사고경위, 상해판단의 기준, 교통사고야기자의 상해에 대한 인식, 사고 후의 구호조치, 도주의 범의 등이 중요하다. 그래서 사실관계가 명확하게 규명되어야 할 것이다. 이 논문에서는 먼저 특가법상 상해를 인정한 판례와 부정한 판례를 연도순으로 나누어 살펴보고, 이어서 형법상의 상해개념과 특가법상의 상해개념의 차이점을 규명하고자 한다. 여기서는 1990년대에 선고된 판결들이 그 중심이 될 것이다. 마지막으로 대상판결[6]이 남긴 형법적 · 형사정책적 의미를 고찰하고자 한다.

1. 특가법상의 상해를 인정한 판례

(1) 외상 이외의 상해나 후유증

[사건개요] 피고인은 자기차량을 후진하다가 신호 대기 중이던 차량을 충격하였다. 사고에 대한 필요한 조치를 취하지 않은 채 위 차를 우회전하여 계속 진행하다가 도로변에 차량을 주차시킨 다음 차에서 내려 사고현장을 이탈하였다. 피해자는 위 사고로 약 2주간의 치료를 요하는 경추부 염좌상 등을 입었다.

[판결요지] 비록 당시 위 피해자에게 외상이 전혀 없었다고 하더라도 교통사고의 경우에는 외상 이외의 상해나 후유증이 있을 수 있는 사정을 고려하여 볼 때, 피고인으로서는 위 피해자가 상처를 입은 사실을 미필적으로나마 인식할 수 있었다고 보아야 할 것이다. 따라서 사고 후 즉시 피해자가 상처를 입었는지 여부를

6) 대판 2000.2.25. 99도3910.

확인한 다음 피해자의 상해 정도에 상응하는 적절한 구호조치 등을 취하여야 함에도 피해자의 상해 여부를 확인하지도 않은 채 임의로 사고현장을 이탈하였다면 피고인으로서는 도로교통법 제50조 제1항 소정의 의무를 다하였다고 할 수 없다.[7]

(2) 11세 초등학교 4학년의 예

[**사건개요**] 피고인은 자동차의 우측 앞부분으로 11세 남짓의 초등학교 4학년 어린이인 피해자의 왼쪽 손부분 등을 들이받아 땅바닥에 넘어뜨려 약 1주일간의 치료를 요하는 우(右) 제5수지 관절염좌상 등을 가하였다.

[**판결요지**] 아직 스스로 자기 몸의 상처가 어느 정도인지 충분히 파악하기에는 나이 어린 피해자가 피고인 운전의 승용차에 부딪쳐 땅에 넘어진 이상, 의학에 전문지식이 없는 피고인으로서는 의당 피해자를 병원으로 데려가서 있을지도 모르는 다른 상처 등에 대한 진단 및 치료를 받게 하여야 할 것이며, 또 어린 피해자에게 집으로 혼자 돌아갈 수 있느냐고 질문하여 '예'라고 대답하였다는 이유만으로 아무런 보호조치도 없는 상태에서 피해자를 그냥 돌아가게 하였다면 사고의 야기자가 누구인지를 쉽게 알 수 없도록 하였다 할 것이므로, 피고인의 이와 같은 소위는 특정범죄가중처벌등에관한법률 제5조의 3 제1항 제2호에 해당한다.[8]

(3) 경미하지만 신체의 생리적 기능에 손상

[**사건개요**] 피고인은 혈중알콜농도 0.15%의 주취상태에서 피해 택시를 스치면서 그 옆에 서 있던 피해자의 좌측 무릎 부분을 충격하였다. 그 충격으로 피해자가 정신을 잃고 쓰러졌다. 위 충격으로 인해 좌측주관절 및 좌슬관절 타박상을 입었으나 위 병원에서의 진찰 및 약 1일간의 치료 결과 큰 이상은 없는 것으로 판명되었고 바빴던 관계로 귀가하여 연고 등으로 치료하였다.

[**판결요지**] 피해자는 피고인이 운전한 차량에 부딪혀 도로에 나뒹그러진 사실을 엿볼 수 있고, 그 후 앞에서 인정한 바와 같이 피해자가 좌측주관절 및 좌슬관절 타박상을 입었음이 밝혀진 이 사건의 경우, 그 피해의 정도는 비록 경미하지만 신체의 생리적 기능에 손상을 가한 경우이므로 위 도주운전죄가 성립하기에 필

7) 대판 1996.8.20. 96도1415.
8) 대판 1996.8.20. 96도1461.

요한 상해(치상)에 해당한다고 할 것인 바, 특가법 제5조의3 제1항 소정의 '치상'에 관한 법리오인의 위법이 있다고 할 수 없다.[9]

2. 특가법상의 상해를 부정한 판례

(1) 외견상 쉽게 알 수 있는 상해를 입지 않은 사고

[**사건개요**] 피고인은 택시를 충격하는 교통사고를 야기하고, 충돌사고 직후 차에서 내려 피해자에게 "죄송합니다. 제가 모든 책임을 지고 다 물어주겠습니다"고 말하였고, 이에 피해자는 괜찮다고 하였다. 피해자가 외견상 상해를 입은 것으로는 보이지 아니하여 경찰관이 사고현장에 나온 것을 보고 동료교사에게 전화를 하고 오겠다고 말을 한 후 사고현장을 이탈하였다.

[**판결요지**] 피해자는 이 사고로 인하여 외견상 쉽게 알 수 있는 상해를 입지 아니하였다. 이 사건은 피고인이 교통사고로 인하여 상해를 입은 사실을 인식하면서도 구호조치를 취하지 아니한 채 그 사고 장소를 이탈하여 도주하였다고 인정할 수 없다. 원심판결은 도주에 관한 법리를 오해하였거나 채증법칙위배의 잘못이 있다.[10]

(2) 가볍게 스치면서 별다른 상처를 입지 아니한 사고

[**사건개요**] 경찰순찰차량이 피고인을 단속하기 위해 정거하자 단속을 피해 도주하다가 주위를 잘 살피지 아니하고 노폭이 좁은 도로에서 빠르게 달린 과실로 보행하던 피해자의 배를 충격하여 그에게 약 2주간의 치료를 요하는 복부좌상을 입히고도 곧 정거하여 그를 구호하는 등의 필요한 조치를 취하지 아니하고 도주하였다.

[**판결요지**] 이 사건의 경우 피해자는 병원에 가볼 필요조차 없을 정도로 극히 가벼운 상처를 입은 데 불과하였고, 사고를 당한 직후에도 넘어지는 등 하지 아니하고 그대로 서서 욕설을 한 정도이었으며, 피고인 역시 그전에 이미 떨어진 일이 있는 후사경이 피해자를 가볍게 스치면서 다시 떨어진 것이어서 별다른 상처를 입지 아니하였을 것으로 보고 그대로 간 것이니, 이와 같은 사실관계 하에서

---

9) 대판 1997.12.12. 97도2396.

10) 대판 1993.6.11. 92도3437.

는 피고인에게 도주의 범의, 즉 피해자가 부상을 당한 것이 명료하여 현장에서 응급조치를 할 필요가 있음이 분명한 경우임에도 불구하고 구호를 하지 아니하고 도주할 의사가 있었던 것이라고 보기 어렵다.[11]

(3) 객관적인 외상이나 관절부위에 이상이 없는 사고

[**사건개요**] 피고인은 백화점 앞에서 수신호를 마치고 돌아서려는 피해자의 다리 부분을 과실로 위 승용차 앞 범퍼 부분으로 들이받아 그 충격으로 동인으로 하여금 약 2주간의 치료를 요하는 우측하지부 좌상을 입게 하고서도 즉시 정차하여 필요한 조치를 취하지 아니하고 그대로 도주하였다.

[**판결요지**] ① 당시 상황을 종합해 볼 때 피해자의 경찰에서의 피해상황에 관한 진술은 과장이 되었음을 알 수 있고 피고인의 차량이 상해를 입힐 정도로 피해자를 충격하였다고 보기는 어렵다. ② 저녁 8:00경에서야 병원을 찾아와 당직의사에게 진료를 받으면서 특별히 치료를 받지 않고 소염진통제 1일분을 받아갔고, 그 다음날에도 특별한 치료를 받지 않고 소염진통제와 안정제 3일분을 받아갔을 뿐이며 동인에게 이틀 후 꼭 한 번 들르라고 했는데도, 그 후에 한 번도 오지 않은 사실, 우측하지부 좌상이란 어떤 물체에 강하게 부딪치면 나타나는 증상으로 이 같은 타박상은 그 다음날에는 통증부위가 더 심해지는데 동인이 그 후 병원에 오지 않은 것을 보니 걱정되거나 아프지는 않았던 것으로 생각하였다는 사실, 피해자의 진료차트를 보니 객관적인 외상이나 관절부위에 이상이 없었는데 환자가 아프다면서 주관적 증상을 호소하면 특별한 외상이 없어도 통상적으로 2주 진단서를 발부해 주는 관례에 의거해서 다른 정형외과 의사와 1주로 할 것인가 2주로 할 것인가를 논의한 끝에 2주로 하여 발부한 사실을 각 인정할 수 있는 바, 이 같은 사정을 고려해 볼 때 피해자의 이 위 진단서에 기재된 바와 같은 상해를 입었다고 인정하기에는 상당한 의심이 간다.[12]

(4) 외견상 쉽게 알 수 있는 상해를 입지 않은 사고

[**사건개요**] 피고인은 혈중알코올농도 0.10%의 주취 상태로 차를 운전하여 정지하고 있던 프린스 승용차의 뒷 범퍼 부분을 들이받아 피해자로 하여금 요치 3주간

11) 대판 1993.11.9. 93도2562.

12) 서울지방법원 1994.2.22. 선고 93고합2043 판결.

의 경추부 염좌상을 입게 함과 동시에 위 프린스 승용차의 뒷범퍼 부분 등을 수리비 금 240,000원 상당이 들도록 손괴하였다. 그 후 피고인은 피해자에게 "피해가 없는 것 같으니 양해하여 달라. 미안하다"고 사과한 후 뒷 차량이 밀리므로 먼저 가해 차량에 타서 차량을 도로변에 대려고 하였고, 고개 숙여 사과를 한 뒤 피해자가 피고인을 향하여 손짓을 하자 이를 가도 좋다는 표시로 알고 가해 차량을 운전하여 사고 현장을 떠났다.

한편 조수석에 동승하였던 배○○은 아무런 상해도 입은 바 없고, 피해자도 사고 당시에는 몸이 아픈 것을 전혀 느끼지 못하여 아프다는 말을 한 일이 없다가, 그 다음날 아침에 목이 뻐근한 증세를 느끼고 사고 2일 후에야 비로소 병원에 가게 되었는데, 피해자가 평소 강직성 척수염을 앓고 있는 2급 장애인이었던 관계로 담당의사는 이학적 및 신경학적 검사를 하고 피해자의 기왕증을 감안하여 전치 3주를 요하는 흉추부 염좌 진단을 하였다.

[**판결요지**] 이 사건 사고 당시 피해자는 이 사건 사고로 말미암아 외견상 쉽게 알 수 있는 상해를 입었다고 볼 수 없을 뿐만 아니라, 피해 차량의 손괴도 일견하여 알 수 있는 것이 아니었고 나아가 교통상의 위험과 장해를 방지·제거하여 안전하고 원활한 교통을 확보하기 위한 조치도 취하여졌다고 보여지므로, 피고인으로서는 이 사건 사고 당시 위와 같은 상해나 손괴 사실을 인식하면서도 피해자를 구호하는 등 도로교통법 제50조 제1항 소정의 필요한 조치를 취하지 아니한 채 도주한 것으로 보기는 어렵다고 할 것이다.[13]

3. 대상판결의 분석과 의미

이상에서 살펴본 바와 같이 대법원이 특가법상의 상해를 인정한 논거를 보면, 대판 1997.12.12. 97도2396은 신체의 생리적 기능에 손상을, 대판 1996.8.20. 96도1415는 외상 이외의 상해나 후유증을, 대판 1996.8.20. 96도1461은 피해자의 연령을 상해판단의 기준으로 삼고 있다.

이에 반하여 대법원이 특가법상의 상해를 부정한 논거를 보면, 대판 1993.6.11. 92도3437과 대판 1993.11.9. 93도2562는 객관적 구성요건요소인 상해에 대한 판단보다는 오히려 주관적인 구성요건요소인 운전자의 도주의 범의에 초점을

13) 대판 1999.11.12. 99도3140.

두고 있다.

그러나 서울지방법원 1994.2.2. 선고 93고합2043 판결과 대판 1999.11.12. 99도3140[14]은 비록 상해진단서가 제출되었지만, 상해를 입었다고 인정하기에는 의심이 간다는 이유로 객관적 구성요건요소인 상해를 부정하고 있다. 이 판결들은 상해인정 여부를 판단함에 있어 형식적 기준인 의사발급의 상해진단서가 결정적인 기준이 될 수 없다는 점을 강조하고 있다. 이러한 경향은 대판 2000.2.25. 99도3910에서도 나타나고 있다. 여기에서는 검토범위를 대폭 제한하여 상해판단의 조건과 기준을 중심으로 분석해 보고자 한다.

(1) 상해판단의 조건

대상판결은 특가법 제5조의 3 제1항 제2호 적용에서 객관적 구성요건, 특히 상해의 인정범위를 세부적으로 판단하여 대폭 제한하고 있다. 특가법상 도주차량 운전죄의 상해판단의 조건은 상해의 정도뿐만 아니고, 오히려 추돌의 경위와 경중, 사고 직후의 피해자의 상태, 상해진단서의 제출경위, 의사의 상해진단서 발급경위, 상해진단서를 발급 받을 당시 치료 상태 등이 중요한 판단조건이 되고 있다.[15] 대상판결이 제시한 상해판단의 조건은 다섯 가지이다.

① 추돌의 경위와 상태: 이 사건은 사고결과 피해차량인 택시의 뒷 범퍼가 미미하게 탈착된 데 그쳤다. 이 사건 교통사고는 매우 경미한 추돌이라고 보인다.

② 사고 직후의 피해자 상태: 이 사건에서 피해자는 사고 당시 신호대기를 위하여 택시를 정차하고 있다가 뒤에서 충격을 당하는 느낌을 받았다. 사고 후 어디를 다쳤는지는 모르고 정신만이 몽롱한 상태였다.

③ 상해진단서 제출경위: 이 사건에서 피해자는 파출소에서는 진단서를 제출하겠다고 하였다가 다시 경찰서에서는 아픈 데가 없어서 진단서를 제출하지 않겠다고 하였으나 담당경찰관이 그 제출을 종용하므로 병원에서 이를 발급 받아서 제출하였다.

④ 상해진단서 발급: 이 사건에서 진단서를 발급한 의사는 피해자가 허리의

14) 대판 1999.11.12. 99도3140: "신호대기를 위하여 정차하고 있다가 브레이크 페달에서 발이 떨어져 차가 서행하면서 앞차의 범퍼를 경미하게 충격하자 사고차량 운전자와 동승자가 피해자에게 사과를 한 후 피해자가 양해를 한 것으로 오인하고 현장을 떠났고, 피해자의 상해와 피해차량의 손괴가 외견상 쉽게 알 수 있는 것이 아닌 경우, 도로교통법 제50조 제1항 소정의 필요한 조치를 취하지 않고 도주한 것으로 볼 수 없다"고 판시하였다.

15) 대판 2000.2.25. 99도3910.

통증을 호소하여 다른 객관적인 자료 없이 진단서를 발급하였다.

⑤ 상해진단서를 발급 받을 당시 치료 상태: 통상적으로 통증을 이유로 진단서를 발급하는 경우 주사와 약물 및 물리치료를 하는데 이 사건에서 피해자는 위 진단서를 발급 받을 당시 주사 및 물리치료는 받지 않고 약만 받아 갔으며, 이후 병원에서 아무런 치료도 받지 않았다.

(2) 상해판단의 기준

특가법상 도주차량운전죄의 상해판단의 기준은 일상생활의 장애, 치료가능성, 형법상 상해 등이 중요한 판단기준이 되고 있다.[16] 대상판결이 제시한 상해판단의 기준은 세 가지이다.

① 일상생활(업무 포함)의 장애: 이 사건에서 피해자가 입었다는 요추부 통증은 굳이 치료를 받지 않더라도 일상생활을 하는데 아무런 지장이 없다.

② 치료가능성: 이 사건에서 피해자의 상처는 시일이 경과함에 따라 자연적으로 치료될 수 있는 정도이다. 실제로도 피해자는 아무런 치료를 받은 일이 없다.

③ 형법상 상해 정도: 이 사건에서 단순한 통증으로 인하여 신체의 완전성이 손상되고 생활기능에 장애가 왔다거나 건강상태가 불량하게 변경되었다고 보기 어렵다. 이를 형법상 '상해'에 해당한다고 할 수 없다. 그 밖의 기록을 살펴보아도 피해자가 위 사고로 인하여 어떠한 상해를 입었다는 사실을 인정할 수가 없다.

(3) 형법 및 형사정책적 의미

대상판결은 형법 및 형사정책적으로 의미가 있다. 형법적 측면에서는 형법상의 상해개념과 특가법상의 상해개념을 구분한 것이고, 형사정책적 측면에서는 단순한 차량접촉사고운전자를 특가법상의 중형벌에서 보호한 점이다.

형법상의 상해(형법 제257조 제1항)의 개념은 학설상 신체완전성설,[17] 생리적 기능훼손설,[18] 절충설[19]로 대립되어 있다. 판례는 종전 신체완전성설에서 최근 생

16) 대판 2000.2.25. 99도3910.

17) 유기천, 형법학[각론강의 上], 일조각, 1985, 47면.

18) 김성천 · 김형준, 형법각론, 동현출판사, 2000, 78면; 김일수, 한국형법 Ⅲ, 박영사, 1997, 145면, 김일수, 형법각론, 박영사, 1999, 59면; 김종원, 형법각론(상), 법문사, 1971, 56면; 박상기, 형법각론, 박영사, 46면이하; 백형구, 형법각론, 청림출판, 1999, 44면; 이재상, 형법각론, 박영사, 2000, 4면 이하; 이정원, 형법각론, 법지사, 2000, 70-71면; 이형국, 형법각론연구 I, 법문사, 1997, 71면; 정성근, 형법각론, 법지사, 1996, 83면.

리적 기능훼손설로 변화를 보이고 있다. 대판 1982.12.28. 82도2588과 대판 1993. 5.11. 93도711은 신체완전성설[20]의 입장이었다. "상해죄의 성립은 상해의 고의와 신체의 완전성을 해하는 행위 및 이로 인하여 발생하는 결과가 있어야 한다." 이에 반해 대판 1996.12.10. 96도2529은 생리적 기능훼손설[21]을 취하고 있다: "외부적으로 어떤 상처가 발생하지 않았다고 하더라도 생리적 기능에 훼손이 있었다면 신체에 대한 상해에 해당한다." 통설과 판례는 형법상의 상해개념을 오로지 신체의 기능에 대한 훼손, 정신적·육체적인 병적 상태의 야기와 증가로 이해하고 있다.[22]

그러나 특가법 제5조의3 제1항 제2호 도주차량운전죄(또한 형법 제301조 강간치상죄)의 상해개념은 반드시 형법(형법 제257조 제1항 상해죄)상의 상해개념과 일치하는 것은 아니다. 대법원은 도주차량운전죄에서의 상해개념을 오히려 구체적 사안에 따라 사회상규에 의거하여 판단하고 있다. 대법원은 상해의 정도만을 기준으로 삼는 것이 아니라, 그 상해를 발견하게 된 경위를 중요한 판단자료로 삼고 있다.[23] 이러한 경향은 강간치상죄의 성립을 부정한 여러 판결[24]에서도 나타나고 있다. 대상판결은 강간치상죄의 판단기준들이 특가법의 도주차량운전죄의

19) 유기천, 형법학[각론강의 上], 일조각, 1985, 61면; 배종대, 형법각론, 홍문사, 1999, 91면; 진계호, 형법각론, 대왕사, 1991, 83면.

20) 대판 1982.12.28. 82도2588; 대판 1993.5.11. 93도711: 상해죄의 성립에는 상해의 고의가 있는 행위와 이로 인하여 발생하는 인과관계 있는 상해의 결과가 있어야 하므로 이러한 행위와 그로 인한 상해의 부위와 정도가 증거에 의하여 명백하게 확정되어야 하고 상해부위의 판시 없는 상해죄의 인정은 위법하다.

21) 대판 1996.12.10. 96도2529: 대법원은 "오랜 시간 동안의 협박과 폭행을 이기지 못하고 실신하여 범인들이 불러온 구급차 안에서야 정신을 차리게 되었다면, 외부적으로 어떤 상처가 발생하지 않았다고 하더라도 생리적 기능에 훼손을 입어 신체에 대한 상해가 있었다고 봄이 상당하다"고 판시하여 생리적 기능훼손을 상해의 개념으로 파악하고 있다.

22) 상해의 개념에 대한 학설과 판례의 태도를 개관한 논문으로는 천진호, 상해의 개념에 대한 판례평석, 법학논고 제15집, 경북대 법학연구소, 1999, 73-93면 참조.

23) 대판 2000.2.25. 99도3910; 대판 1999.11.12. 99도3140.

24) 대판 1994.11.4. 94도1411: "피해자를 강간하려다가 미수에 그치고 그 과정에서 피해자에게 경부 및 전흉부 피하출혈, 통증으로 약 7일 간의 가료를 요하는 상처가 발생하였으나 그 상처가 굳이 치료를 받지 않더라도 일상생활을 하는 데 아무런 지장이 없고 시일이 경과함에 따라 자연적으로 치유될 수 있는 정도라면 그로 인하여 신체의 완전성이 손상되고 생활기능에 장애가 왔다거나 건강상태가 불량하게 변경되었다고 보기는 어려워 강간치상죄의 상해에 해당하지 않는다"고 판시하였다; 대판 1991.11.8. 91도2188; 대판 1989.1.31. 88도831; 대판 1987.10.26. 87도1880; 대판 1986.7.8. 85도2042; 대법원 판결의 내용과 경향을 보면, 법원에서 강간치상죄의 성립 여부를 판단하는 기준은 피해자 스스로의 통증, 경찰관 권유의 진단서발부 목적 등이 더 중요한 판단기준이 되고 있다; 배종대, 형법각론, 홍문사, 1999, 236면; 이재상, 형법각론, 박영사, 2000, 167면; 이에 대해 비판으로 김상희, 강간치상죄에 있어서의 상해의 인정범위, 형사판례연구[4], 박영사, 1996, 213-224면(217면, 222면 이하); 임웅, 형법각론, 법문사, 2000, 167면.

상해판단에 전이(轉移)되고 있음을 보여주고 있다. 결국 사안의 구체적 타당성을 중심으로 상해개념에 대한 엄격한 해석(상당한 정도의 상해)을 하고 있다. 왜냐하면 특가법 제5조 3의 제1항 제2호의 도주차량운전죄는 1년 이상의 징역이라는 무거운 처벌을 하고 있기 때문이다. 상해의 개념을 구분하는 것은 형법 및 형사정책적으로 아주 중요한 진전이라고 생각한다.[25)]

Ⅲ. 대법원 판결의 문제점과 발전방향

그러나 대상판결[26)]은 동시에 다음과 같은 형사정책적 문제점을 안고 있다. 여기서는 형법 제301조에서도 지적[27)]되고 있는 세 가지 문제점을 살펴보고, 이에 대한 발전방향을 모색해 보고자 한다.

1. 주관적 판단기준과 객관적 기준표

대법원이 제시하는 상해의 판단기준, ① 생명・신체에 대한 '단순한 위험', ② 형법 제257조 제1항에 규정된 '상해'로 평가될 수 없을 정도의 '극히 하찮은 상처', ③ 굳이 치료할 필요가 없는 상처, ④ 그로 인하여 건강상태를 침해하였다고 보기 어려운 경우 등을 살펴보면, 대법원의 이러한 태도는 매우 주관적이고, 추상적이며 애매모호하여 법적용에서 통일성과 일관성을 유지하기 어려운 위험성이 있다.[28)] 과연 이러한 기준들이 일반국민과 법실무가들에게 구체적인 규범, 즉 특가법상의 상해에 대한 개념으로 자리잡을 수 있을지 의문이다.

---

25) 상해의 정도에 관해서는 대립이 있다. 상해개념을 구분하여 입법으로 정비하자는 주장으로 오영근, 강간치상죄에서 상해의 개념, 형사판례연구[3], 박영사, 1995, 144-156면; 이재상, 형법각론, 박영사, 2000, 167면; 그러나 상해개념의 통일성을 주장하는 학자로는 김일수, 형법각론, 박영사, 1999, 152면; 이형국, 형법각론연구 I, 법문사, 1997, 280면; 임웅, 형법각론, 법문사, 2000, 167면; 정성근, 형법각론, 법지사, 1996, 235면; 진계호, 형법각론, 대왕사, 1996, 181면; 김상희, 강간치상죄에 있어서의 상해의 인정범위, 형사판례연구[4], 박영사, 1996, 213-224면(220).

26) 대판 2000.2.25. 99도3910.

27) 유사한 비판으로 김상희, 강간치상죄에 있어서의 상해의 인정범위, 형사판례연구[4], 박영사, 1996, 213-224면(223).

28) 유사한 비판으로 김일수, 형법각론, 박영사, 1999, 152면; 이형국, 형법각론연구 I, 법문사, 1997, 280면; 임웅, 형법각론, 법문사, 2000, 167면; 정성근, 형법각론, 법지사, 1996, 235면; 진계호, 형법각론, 대왕사, 1996, 181면.

따라서 법이론가와 실무가들은 대상판례를 좀 더 과학적으로 분석하여 객관적인 기준표를 마련해야 할 것이다. 이러한 기준표에 따라 일선 수사기관에서도 투명하게 법적용을 해야 할 것이다. 이렇게 함으로써 교통사고처리특례법으로 처리될 사안이 특가법으로 검토되는 과정에서 생길 수 있는 불법집행과 각종 부조리를 사전에 방지하고, 이와 함께 수사기관의 업무도 경감시키면서, 형사소송으로 가는 갈등도 줄일 수 있는 방안이라고 생각한다. 이를 통해 불순한 동기를 가진 사람에 의해서 선의의 운전자가 피해를 입는 사건[29] 등을 사전에 예방할 수 있을 것이다.

2. 교통정책의 혼선과 법적용의 통일

대법원의 입장을 잘못 이해한다면, 경미한 사고에는 필요한 조치없이 사고현장을 떠나더라도 특가법상의 도주차량운전죄의 적용과는 무관한 것으로 해석될 여지가 충분히 있다. 이렇게 생활세계에서 인식되어지면, 경미한 차량접촉사고가 발생할 경우 사고운전자는 도로교통법 제50조의 구호조치와 필요한 조치를 취하지 아니하고, 사고현장을 이탈하는 숫자가 대폭 증가될 가능성도 있다.

만약 진단서가 첨부된다면, 수사기관은(사안에 따라) 먼저 도주차량운전죄로 수사를 진행할 것이다. 교통사고 관여자의 주장이 첨예하게 대립되고, 사건처리에 대한 불만이 상호 증폭될 가능성이 충분히 존재한다. 이렇게 된다면 교통사고 야기자는 형법 제13조 구성요건의 착오[30] 혹은 제16조 위법성 착오의 문제를 제기하면서 형사소송을 제기할 가능성이 높다. 왜냐하면 교통사고 관여자에게 특가법 적용은 너무나도 가중하기 때문이다.

바로 여기에서 수사기관 혹은 사법부에 대한 불신이 일어나고, 결국 분쟁해결은 기형적으로 발전되어 사건이 실체적 진실과는 무관하게 변질될 가능성이 높아진다. 법을 통한 해결보다는 합의금이 쟁점이 되는 '법과 정의의 사각지대'로 남게 될 가능성이 높다. 이러한 현상은 실제 전국에서 수 없이 발생하고 있다.

따라서 대상판결이 더욱 발전하여 하나의 객관적 기준표를 마련하면, 피해자, 가해자, 수사기관, 법원 그리고 일반국민은 교통사고처리에 대해 예측가능성을

29) 이기헌, 특가법 제5조의3의 도주운전죄, 형사판례연구[5], 박영사, 1997, 414-431면(418면, 430면).
30) 손기식, 교통형법, 개정판, 고시계, 1992, 259면 참조.

높일 수 있을 것이다. 이렇게 된다면 사건처리과정에서 수사기관은 명백하고 일관성 있는 법집행을 할 수 있을 것이다.

3. '고무줄 해석'의 위험성과 판례의 통일

특가법 제5조의3 제1항 제2호 도주차량운전죄는 '고무줄 조항'이 될 가능성이 높다. 자칫 교통사고와 관련한 형사정책의 혼돈과 포기로 이어질 위험성이 있다. 이 경우 도주차량운전죄의 혐의를 받고 있는 자는 인권에 투철한 검사를 만나든지 혹은 과도한 합의금을 지불하든지, 능력 있는 변호사를 만나 해결점을 모색할 가능성이 있다. 이것은 '고무줄 해석'이 남기는 해악이 될 것이다.

따라서 법원은 실무에서 구체적으로 활용될 수 있는 통일적이고 객관적인 기준들을 판례를 통해 계속해서 제시할 필요가 있다고 생각한다.

Ⅳ. 결 론

특가법 제5조의3(도주차량운전자의 가중처벌)은 "중형주의(重刑主義), 보호법익(공공이익설, 민사법적인 이익설, 교통공동체 이익설: 통설), 적용범위, 구성요건, 공범, 공소장 변경 등의 문제점, 구체적으로 도주의 의미, 가중처벌의 근거 그리고 신원확정의무의 문제점" 등 많은 비판을 받으면서 27년째 존속되고 있다. 1973년 입법 이후 많은 대법원 판결들이 나와서 부분적으로 해결된 쟁점도 있으나, 아직도 상당 부분에 대해서 논의가 계속되고 있다.[31] 여기서는 특가법 제5조의3 제1

31) 이러한 논의에 대한 문헌을 정리해 보면(성명순): 구욱서, 특정범죄가중처벌등에 관한 법률 제5조의3 제1항 위반죄에 있어서의 "도주"의 의미, 사법행정 386호, 1993년 2월호, 76-80면; 구욱서, 특정범죄가중처벌등에 관한 법률 제5조의3 제1항 위반죄에 있어서의 "도주"의 의미, 대판 판례해설 통권 제17호, 법원행정처, 1992, 911-919면; 권범, 특정범죄가중처벌등에관한법률위반(도주차량)에 있어 도주의 의미, 판례연구, 제주판례연구회, 1997, 233-241면; 김동건, 뺑소니교통사고에 관한 소고, 김용철 선생 고희기념 법학논집, 박영사, 1993, 957-978면; 노만경, 특정범죄가중처벌등에관한법률위반(도주차량)죄에 관한 판례동향-'도주'의 개념을 중심으로-, 재판실무연구, 광주지방법원, 1996, 439-453면; 손기식, 교통형법, 개정판, 고시계, 1992, 224-279면; 손대식, 특정범죄가중처벌등에 관한 법률위반(도주차량)죄에 관한 고소, 재판과 판례, 대구판례연구회, 1995, 505-529면; 송진현, 특정범죄가중처벌등에관한법률 제5조의3 제2항 '피해자를 사고장소로부터 옮겨 유기하고 도주한 때'의 의미, 대법원 판례해설 통권 제16호, 법원행정처, 1992, 703-711면; 이기헌, 특가법 제5조의3의 도주운전죄, 형사판례연구[5], 박영사, 1997, 414-431면; 이동기, 특정범죄가중처벌등에관한법률위반(도주차량)죄-판례를 중심으로-, 법조 제493호, 1997년 10월호, 5-30면; 조상제, 도주차량운전자의 가중처벌(특가법 제5조의3)소정의 도주의

항 제2호 도주차량운전죄의 몇 가지 쟁점에 대해 사견을 표명하고자 한다. 저자는 여기에서 도로교통법 제50조 제1항의 개정의 필요성, 특가법 제5조의3 제1항 제2호의 상해인정범위의 구체적 기준표, 상해진단서의 공신력 확보방안 그리고 특가법 제5조의3 제1항 벌금형 개정반대를 집중적으로 다루고자 한다.

1. 도로교통법 제50조 제1항 개정의 필요성

현행 특가법 제5조의3 제1항의 구성요건을 이루는 도로교통법 제50조(사고발생시의 조치) 제1항 '사상 또는 구호하는 등 필요한 조치'라는 의미는 문언상으로 명확히 구체화되어야 한다. 왜냐하면 법률은 국가의사의 언어적 표현이고, 국민은 법률에 따라 자기의 의사와 행동방향을 정하며, 그 결과에 따라 책임을 져야 하기 때문이다. 따라서 그 내용은 국민들이 어떠한 행위가 금지되어 있는지를 분명히 알 수 있도록 명확하게 규정되어야 할 것이다.[32]

[현행안] 도로교통법 제50조(사고발생시의 조치)는 다음과 같이 규정되어 있다.
① 차의 교통으로 인하여 사람을 사상하거나 물건을 손괴(이하 "교통사고"라 한다)한 때에는 그 차의 운전자 그 밖의 승무원(이하 "운전자 등"이라 한다)은 곧 정차하여 사상자를 구호하는 등 필요한 조치를 하여야 한다.

[개정안] 도로교통법 제50조(사고발생시의 조치)는 다음과 같이 개정되어야 한다.
① 차의 교통으로 인하여 사람을 사상하거나 물건을 손괴(이하 "교통사고"라 한다)한 때에는 그 차의 운전자 그 밖의 승무원(이하 "운전자 등"이라 한다)은 곧 정차하여 사망 또는 상해의 위험에 직면한 피해자를 구호하고 신원확인조치를 하여야 한다.

여기서 저자가 제안하는 개정안은 세 가지 의무로 요약될 수 있을 것이다. 첫째 정차의무, 둘째 사망 또는 상해의 위험에 직면한 피해자 구호의무, 셋째 신원

의미해석과 그 한계, 형사판례연구[5], 박영사, 1997, 385-413면; 조준현, 특정범죄가중처벌등에관한법률 제5조의3 도주차량운전자의 가중처벌조항의 해석－도주의 의미를 중심으로－, 형사판례연구[7], 1998, 256-277면; 탁희성, 도주차량의 실태와 양형 및 대책, 연구보고서 98-03, 형사정책연구원, 1999; 하광호, 교통사고처리특례법상의 문제점, 사법논집 제19집, 법원행정처, 1998, 507-551면; 황상현, 특정범죄가중처벌등에관한법률 제5조의3 제1항 위반죄와 관련된 제문제, 형사판례연구[3], 박영사, 1995, 339-358면.

32) 같은 생각으로 권범, 특정범죄가중처벌등에관한법률위반(도주차량)에 있어 도주의 의미, 판례연구, 제주판례연구회, 1997, 233-241면(241면).

확정의무이다. 특히 세 번째의 필요한 조치는 신원확인조치의무로 명확하게 개정되어야 한다.[33] 이것은 도로교통에 관한 1968년 11월 8일의 빈(Wien) 협약 중 교통사고시의 조치에 관한 규정 제31조를 반영한 입법[34]으로 죄형법정주의에도 충실한 입법이다. 저자는 명확한 형사입법이 형사정책의 핵심이라고 생각한다.[35]

2. 특가법 제5조의3 제1항 제2호 상해인정을 제한하는 기준표

만약 어떤 교통사건이 특가법 제5조의 3 제1항 제2호의 적용을 받을 수밖에 없다면, 상해인정 여부는 엄격한 해석(실질적 제한해석)이 불가피하며,[36] 또한 명백하고 일관성 있게 판단해야 할 것이다. 여기에는 피해자가 사고로 인하여 부상을 당한 것이 일견 명료(가시적 상해)하고 현장에서 응급조치를 취할 필요가 있음이 분명해야 한다.[37] 그것은 주관적인 기준이 아니라, 객관적인 기준에 의하여 결정되어야 한다.[38] 여기서는 저자가 판례들을 분석하여 파악한 상해인정을 제한하

---

33) 한국 도로교통법 제50조 제1항과 독일 형법 제142조와의 구분에 관해서는 조상제, 도주차량운전자의 가중처벌(특가법 제5조의 3)소정의 도주의 의미해석과 그 한계, 형사판례연구[5], 박영사, 1997, 385-413면(405-406면). 그러나 조상제 교수와 이기헌 교수는 도로교통법 제50조 ①항을 구호조치만으로 제한적으로 해석해야 한다고 주장한다(388면, 399-402면, 412면); 이기헌, 특가법 제5조의 3의 도주운전죄, 형사판례연구[5], 박영사, 1997, 414-431면(421-424면). 그러나 저자는 오늘날의 교통사고, 한국사회의 현실 그리고 죄형법정주의의 원칙에 충실하여 입법으로 신원확정의무를 오히려 명시할 필요가 있다고 생각한다. 조선일보, [작년 70만] 교통사고 사상자 全州 인구에 육박, 조선일보, 2000년 5월 11일, 1면 참조.

34) 도로교통에 관한 1968.11.8의 빈 협약 제31조 제1항 b, c호; BGBl. II, 1977, S. 841ff.; 외국의 입법례에 관해서는 손기식, 교통형법, 개정판, 고시계, 1992, 263면.

35) 이에 대해서는 Franz v. Liszt, Strafrechtliche Aufsätze und Vorträge, 2. Aufl., 1905, S. 80: "Das Strafrecht ist die unübersteigbare Schranke der Kriminalpolitik"(형법은 형사정책이 넘을 수 없는 한계이다). 형사정책은 형법을 통해서 구현되어야 한다; Claus Roxin, Kriminalpolitik und Strafrechtssystem, 2. Aufl., Berlin, New York, 1973, S. 4: 김일수역, 형법학방법론, 제1판, 박영사, 1984, 20면; 이후 번역서의 제목을 변경하여 김일수역, 형사정책과 형법체계, 제2판, 박영사, 1996, 22면: "연구와 이론의 중점이 이제 범죄학적·형사정책적 문제설정으로 옮겨져야 한다. 형사정책적으로 실패한 법적 문제의 해결이 도대체 무엇에 도움이 되겠는가?"(Wenn die kriminalpolitischen Fragestellungen in sie nicht eindringen können und dürfen, kann die richtige Herleitung aus dem System zwar eindeutige und gleichmäßige, nicht aber sachgerechte Ergebnisse verbürgen. Was hilft aber die Lösung eines Rechtsproblems, die mit schöner Eindeutigkeit und Gleichmäßigkeit kriminalpolitisch verfehlt ist?)

36) 손기식, 교통형법, 개정판, 고시계, 1992, 258면 주 120 참조: 독일은 형법 제223조 이하 형법상의 상해죄(Körperverletzung)에 대해서는 신체상 부당침해와 건강침해를 모두 포함하는 광의의 개념을 사용하고 있지만(통설과 판례), 도주운전죄에 있어서 교통사고 중 상해의 개념에 대해서는 엄격하게 해석하고 있다.

37) 대판 1980.3.11. 79도2900; 김동건, 뺑소니교통사고에 관한 소고, 김용철 선생 고희기념 법학논집, 박영사, 1993, 957-978면(965면); 이동기, 특정범죄가중처벌등에관한법률위반(도주차량)죄-판례를 중심으로-, 법조 제493호, 1997년 10월호, 5-30면(11면).

38) 손기식, 교통형법, 개정판, 고시계, 1992, 258면 이하.

는 기준표를 제시하고자 한다.

[특가법 제5조의3 제1항의 상해인정을 제한하는 기준표]

(1) 생명·신체에 대한 '단순한 위험'

① 특별한 치료를 받은 사실이 없음[39]

② 피부를 약간 할퀸 것[40]

③ 몇 군데 푸른 멍이 든 것[41]

④ 강한 충돌이 아닐 것, 경미한 충돌일 것

⑤ 피해자가 사고현장에서 다치지 않았다는 설명

(2) 형법 제257조 제1항에 규정된 '상해'로 평가될 수 없을 정도의 '극히 하찮은 상처'

① 일시적인 침해일 것,[42] 일정한 시간동안 지속적인 침해가 아닐 것

② 전혀 아무런 후유증이 없을 것

③ 일상생활(업무 포함)을 하는데 중대한 장애가 없을 것

④ 자연적 치료가 될 수 있는 정도일 것

⑤ 차량에 부딪혀 도로에 넘어지지 않을 것

(3) 굳이 치료할 필요가 없는 상처

① 경미한 타박상

② 경미한 통증만 있을 것

③ 장기간 지속되는 쇼크가 아닐 것

④ 일시적 쇼크에 의한 단순 두통

⑤ 현장에서 응급조치를 취할 필요가 없는 부상[43]

(4) 건강상태를 침해하였다고 보기 어려운 경우

① 피해자 스스로의 힘으로 거동이 가능

② 피해자가 차에서 내려 욕설을 하면서 합의요구

③ 피해당시 외견상 특별한 상처 없음

교통사고 후 교통사고 야기자가 피해자에 대한 구호조치를 취하지 않고, 사고현장을 이탈하였다고 하더라도, 그리고 이후 상해진단서가 제출되었다 하더라도, 위에서 제시한 상해판단의 기준표에 따라 어느 항목 중 하나에 해당한다면, 특가

39) 서울지방법원 1994.2.22. 선고 93고합2043 판결.

40) OLG Hamm vom Urteil 1958.4.25. 3Ss 201/58; NJW 1958, S. 37.

41) Horst Janiszewski, Verkehrsstrafrecht, 2. Aufl., München 1984, S. 144.

42) 손기식, 교통형법, 개정판, 고시계, 1992, 258면 각주 123.

43) 대판 1987.8.25. 87도1118.

법 제5조의 3 제1항 제2호 도주차량운전죄를 적용해서는 안 될 것이다. 왜냐하면 도주운전죄의 구성요건요소인 상해에 해당하지 않기 때문이다. 결국 특가법상의 상해개념은 형법상(형법 제257조 제1항)의 상해개념과 구분되어야 한다.

또한 특가법 적용에 있어서 의사발급의 상해진단서는 상해인정 여부의 유일한 판단자료가 될 수 없다. 생각건대 경미한 교통사고와 경미한 상해정도는 도로교통법 제106조가 적용되어야 할 것이다. 이 규정의 경우 법정형이 5년 이하의 징역 또는 300만원 이하의 벌금형으로 규정되어 있어서 법적 효과가 충분하다고 생각한다.[44]

3. 상해진단서의 공신력 확보방안의 필요성

일반적으로 교통사고를 분석해 보면, 사건사고경위, 상해부위와 정도는 제각기 상이하다. 상해진단기간은 5일, 1주일, 10일, 2주, 3주 등 의사에 따라 다양하다. 의사들의 지적처럼, 환자의 주관적인 고통호소가 상해진단서에 폭넓게 반영되고 있다. 그러다 보니 상해진단서에 대한 신뢰성이 대폭 떨어져 있는 실정이다. 따라서 특가법 제5조의 3 제1항 도주운전죄의 구성요건요소인 '상해'의 인정범위를 일률적으로 한 사람의 의사에 의해 발급되어지는 상해진단서만으로 판단하는 것은 많은 문제가 있다.[45]

만약 실무에서 전치 1주에서 3주 이내의 타박상, 피하출혈, 염좌, 요추부 통증, 경추부 염좌상, 급성요추염좌상, 뇌진탕 등을 한 사람의 의사에 의한 상해진단서(형식적인 상해판단기준)에 근거하여 특가법 제5조의 3 제1항 도주운전죄의 구성요건요소인 '상해'에 일률적으로 적용한다면, 소추기관은 사건처리에 있어서 공정하게 처리할 수 있는지는 모르지만, 불신의 강도는 증폭될 것이다. 생각건대 신뢰도를 잃은 상해진단서만으로 판단을 하고, 특가법상 도주차량운전죄로 처벌하는 것은 다소 무리가 있다. 따라서 형사소추기관은 특가법 제5조의 3 제1항 제2호 도주차량운전죄를 적용할 때, 구성요건요소인 상해의 판단기준에서 의사가

---

44) 같은 취지 이기헌, 특가법 제5조의 3의 도주운전죄, 형사판례연구[5], 박영사, 1997, 414-431면(418면, 424면).

45) 이기헌, 특가법 제5조의 3의 도주운전죄, 형사판례연구[5], 박영사, 1997, 414-431면(424면); 상해개념을 입법적으로 정비하자는 주장으로 오영근, 강간치상죄에서 상해의 개념, 형사판례연구[3], 박영사, 1995, 144-156면(152-154면).

발급한 상해진단서에만 집착해서는 안 된다. 단순한 접촉사고를 낸 운전자를 특가법에서 보호해야 한다는 형사정책적인 관점에서 보면, 수사기관은 상해진단서를 아주 세심하게 검토하고 검증해야 한다. 특가법상의 중형벌, 직장에서의 면직, 생계고통, 과연 이것이 인도적인 형사정책이라 할 수 있겠는가? 이는 한 사람의 인생과 한 가족의 생계를 파탄으로 몰고 갈 수 있을 것이다. 때문에 경미한 교통사고와 경미한 상해를 입히고, 단지 현장에서 사고처리를 미숙하게 행하여, 특가법 혐의로 엄청난 고통에 시달리는 사람들을 보면, 제한적(엄격한) 해석은 불가피하다고 생각한다. 이들에게 도로교통법 제106조를 적용해도 충분하다고 본다.

그리고 나아가 법학계와 의학계는 빠른 시간내에 공동으로 학술세미나를 개최하여 21세기 자동차 문화에 부응하는 상해진단서의 기준표를 정비할 필요가 있다. 상해진단서는 반드시 의사 2인의 객관적 소견과 환자의 주관적 소견을 나누어 기술하되, 객관적 소견은 반드시 그 증빙자료를 첨부하도록 입법을 개정해야 할 것이다. 이것은 시급히 논의되어야 할 과제이며, 외국의 법제연구도 병행해야 할 것이다.

4. 특가법 제5조의3 제1항 벌금형 개정 반대

최근 일부 학자와 실무가는 특가법에 벌금형을 신설하자는 입법론을 주장하고 있다.[46] 그 논거를 보면 ① 특가법 제5조의3 제1항 위반에 대한 법정형이 외국의 입법례와 비교할 때 무겁고, 전형적인 도주운전이라고 할 수 없는 사례들이 현실적으로 발생하고 있다. ② 특가법의 내용을 제대로 이해하지 못하고, 경미한 교통사고 후 순간적인 처리미숙으로 구속되어 피해자로부터 과도한 합의금을 요구받고 있다. ③ 특히 공무원 또는 개인택시 신청예정자는 신분상의 불이익이 따르는 경우도 많아 공갈의 피해자가 되고 있다. 그래서 도주차량운전죄에 징역형만으로 처벌할 것이 아니라, 사안에 따라 벌금형도 부과될 수 있는 방향으로 개정되어야 한다고 주장한다.

그러나 저자는 특가법에 벌금형의 신설주장에 반대한다.[47] 특가법 제5조의3

46) 대표적으로 이기헌, 특가법 제5조의 3의 도주운전죄, 형사판례연구[5], 박영사, 1997, 414-431면(431면); 권범, 특정범죄가중처벌등에관한법률위반(도주차량)에 있어 도주의 의미, 판례연구, 제주판례연구회, 1997, 233-241면(241면); 손대식, 특정범죄가중처벌등에 관한 법률위반(도주차량)죄에 관한 고소, 재판과 판례, 대구판례연구회, 1995, 505-529면(528-529면).

제1항 제2호의 법정형은 도로교통법 제106조에 비하여 상당히 가중되어 있다. 특가법은 그야말로 교통사고 후 구호조치 불이행자 가운데 죄질이 나쁘거나 중한 경우에 한하여 가중하여 처벌하고자 하는 입법이다. 벌금형을 신설하여 경미사안을 특가법 제5조의3 제1항 제2호 벌금형으로 해결하는 기형적인 해결책보다는 오히려 상해의 인정범위에 대해 대폭 제한하는 해석으로 이러한 딜레마를 해소하는 방안이 타당하다고 생각한다. 이러한 의미에서 대판 2000.2.25. 99도3910은 연구자와 실무가에게 의미가 있는 판결이라고 보인다.

일부에서는 특가법에 벌금형을 신설하는 것이 오히려 피고인의 보호와 교통정책을 위해 필요불가결한 형사정책이라고 주장한다.[48] 물론 벌금형 신설은 최소비용에 대한 효과(Effektivität)와 현실성(Realität)에 있어서 일견 설득력이 있어 보인다. 그러나 이러한 입법정책은 인도적(Humanität)인 형사정책이 아니다. 벌금형 신설은 특가법 전과자를 양산할 뿐이다. 형사실무에서 특가법 제5조의3 제1항 제2호를 적용할 경우 피고인은 오히려 무죄를 주장하며, 형사소송이 급증할 가능성도 배제할 수 없다. 따라서 저자는 특가법에 벌금형을 신설하자는 입법론에 찬성을 할 수가 없다. 오히려 도로교통법 제106조를 더욱 확대 적용하는 방안이 필요하다고 본다. 교통범죄와 교통정책에 대한 지속적인 홍보 그리고 뺑소니 운전자에 대한 철저한 추적조사도 병행되어야 한다.

그러나 이 논문의 발표이후 입법부는 2002년 3월 25일 특가법 제5조의 3(도주차량운전자의 가중처벌) 제1항 제2호를 개정하고, 벌금형을 신설하였다.[49] 그 결과 생활현장에서는 교통사고(특가법 적용) 관련 형사소송이 급증하고 있고, 법원의 무죄 선고율은 점점 높아가고 있다. 이것이 우리 형사정책의 현주소이다.

---

47) 특정범죄가중처벌등에관한법률 제정 1966.2.23 (법률 제1744호) 법무부; 일부개정 2002.3.25 (법률 제6664호) 법무부: 제5조의3 (도주차량운전자의 가중처벌) ① 도로교통법 제2조에 규정된 자동차·원동기장치자전거 또는 궤도차의 교통으로 인하여 형법 제268조의 죄를 범한 당해 차량의 운전자(이하 "사고운전자"라 한다)가 피해자를 구호하는 등 도로교통법 제50조 제1항의 규정에 의한 조치를 취하지 아니하고 도주한 때에는 다음의 구분에 따라 가중처벌한다.〈개정 1984.8.4. 2002.3.25〉 1. 피해자를 치사하고 도주하거나, 도주 후에 피해자가 사망한 때에는 무기 또는 5년 이상의 징역에 처한다. 2. 피해자를 치상한 때에는 1년 이상의 유기징역 또는 500만원 이상 3천만원 이하의 벌금에 처한다. ② 사고운전자가 피해자를 사고장소로부터 옮겨 유기하고 도주한 때에는 다음의 구분에 따라 가중처벌한다. 〈개정 1995.8.4〉 1. 피해자를 치사하고 도주하거나 도주 후에 피해자가 사망한 때에는 사형 · 무기 또는 5년 이상의 징역에 처한다. 2. 피해자를 치상한 때에는 3년 이상의 유기징역에 처한다; 일부개정 2005.12.29 (법률 제7767호) 법무부

48) 이기헌, 특가법 제5조의 3의 도주운전죄, 형사판례연구[5], 박영사, 1997, 414-431면(418면, 431면).

49) 일부개정 2002.3.25.(법률 제6664호) 법무부.

특정범죄가중처벌등에관한법률 제5조의3 (도주차량운전자의 가중처벌)

① 도로교통법 제2조에 규정된 자동차·원동기장치자전거 또는 궤도차의 교통으로 인하여 형법 제268조의 죄를 범한 당해 차량의 운전자(이하 "사고운전자"라 한다)가 피해자를 구호하는 등 도로교통법 제54조 제1항의 규정에 의한 조치를 취하지 아니하고 도주한 때에는 다음의 구분에 따라 가중처벌한다. 〈개정 1984.8.4. 2002.3.25, 2005.5.31〉

1. 피해자를 치사하고 도주하거나, 도주 후에 피해자가 사망한 때에는 무기 또는 5년 이상의 징역에 처한다.
2. 피해자를 치상한 때에는 1년 이상의 유기징역 또는 500만원 이상 3천만원 이하의 벌금에 처한다.

② 사고운전자가 피해자를 사고장소로부터 옮겨 유기하고 도주한 때에는 다음의 구분에 따라 가중처벌한다. 〈개정 1995.8.4〉

1. 피해자를 치사하고 도주하거나 도주 후에 피해자가 사망한 때에는 사형 · 무기 또는 5년 이상의 징역에 처한다.
2. 피해자를 치상한 때에는 3년 이상의 유기징역에 처한다.

제8장 도로교통법상 혈액검사를 통한 음주측정권*

Ⅰ. 서 론

음주측정방법에는 두 가지가 있다. 하나는 호흡측정방법이고, 다른 하나는 혈액측정방법이다. 호흡측정방법은 호흡측정기로 호흡을 채취하여 주취의 정도를 객관적으로 환산하는 방법이다. 현재 실무에서 널리 행해지고 있다. 반면 혈액측정방법은 운전자가 1차적으로 호흡측정을 하고, 운전자가 그 결과에 불복하는 경우 그 운전자의 동의를 얻어 혈액채취를 통해 다시 측정하는 방법이다.

문제는 호흡음주측정[1] 결과에 불복하는 운전자가 혈액채취방법에 의한 재측정을 요구할 경우, 단속경찰관은 무조건 재측정요구를 허용해야 하는가? 단속경찰관이 재측정요구를 거부하려면 어떠한 전제조건에서 가능한가? 운전자가 호흡측정 후 혈액채취를 다시 요구할 수 있는 시간은 몇 시간인가? 여기서 '상당한 시간'이란 구체적으로 어떤 기준에 따른 것인가? 또한 수사기관이 재측정 요구를 거부하고 처음 실시한 호흡음주측정 결과를 증거로 제출하였다면, 법원은 이를 유죄의 증거로 사용할 수 있는가? 이러한 문제들은 음주단속과 관련하여 항상 논란이 될 수 있는 문제이며, 교통사고의 예방과 시민의 기본권 보장이라는 측면에서 볼 때 형사정책적으로 아주 중요한 문제라고 생각한다.

이 문제에 관해서는 우선 경찰청에서 발간한 『교통단속처리지침』[2]이 참고가 될 수 있다. 이 지침에 따르면 음주측정 요구에 불응하는 운전자에 대하여는 음주측정 불응에 따른 불이익을 10분 간격으로 3회 이상 명확히 고지하고 이러한 고지에도 불구하고 측정을 거부하는 때 즉, 최초 측정요구시로부터 30분이 경과한 때에 측정거부로 처리한다고 규정되어 있다. 그러나 음주측정거부와 관련된 지침을 혈액측정요구시점으로 해석하는 것은 유추해석이라고 생각한다.

---

* 도로교통법 제41조 제3항 개정 필요성, 형사정책 제17권 제1호, 2005, 229-251면. 이 논문의 작성 시 많은 도움을 준 경남지방경찰청 김대정 경감과 모현철 경사님께 깊이 감사드린다.

1) 대판 2000.4.21. 99도5210.

2) 경찰청, 교통단속처리지침(교안 63310-2165), 2001.

왜냐하면 단속경찰관이 측정결과의 확인을 구하는 때로부터 30분이 경과하기까지를 일응 '상당한 시간 내'의 기준으로 삼아, 운전자가 정당한 이유 없이 그 확인을 거부하면서 시간을 보내다가 이 시점으로부터 상당한 시간이 경과한 후 호흡측정 결과에 이의를 제기하면서 혈액채취의 방법에 의한 측정을 요구하는 경우 이를 운전자의 정당한 요구로 볼 수 없다고 판단하고, 호흡측정기에 의한 측정의 결과만으로 음주운전 사실을 증명한다면, 이것은 외국의 법제도에 비해 너무 가혹하고 죄형법정주의에 반한다는 생각이 들기 때문이다.

대법원[3]은 '호흡음주측정 결과에 불복하는 운전자가 혈액채취의 방법에 의한 측정을 요구할 수 없는 경우'를 처음으로 판시하였다. 이 판결은 도로교통법 제41조 제2항 · 제3항(도로교통법은 2005년 5월 31일 전면 개정되어 현재는 도로교통법 제44조 제2항 · 제3항을 말한다)의 취지에 따라 호흡측정기에 의한 측정과 혈액채취에 의한 측정의 순서 및 그 요건을 명확하게 밝혔다는 점에서 긍정적인 의미[4]가 있다. 하지만 왜 상당한 시간이 30분으로 제한되어 있는지, 과연 이 기준이 합리적인 시간적 제한인지에 관하여 여전히 의문이 남는다.

그래서 이 논문에서는 호흡음주측정 결과에 불복하는 운전자가 혈액채취를 요구할 수 있는 전제조건들을 분석하고(Ⅱ), 호흡음주측정 결과에 불복하는 운전자가 혈액검사를 요구할 수 있는 권리를 검토하고자 한다(Ⅲ). 결론에서 혈액채취 요구시한의 재조정 필요성과 시한을 넘어 채취한 혈액의 활용방안 그리고 도로교통법 제44조 제3항 개정이유를 논증하고자 한다(Ⅳ).

Ⅱ. 호흡음주측정의 결과불복과 운전자의 혈액채취 요구조건

음주측정시 문제가 되는 것은 운전자가 처음부터 경찰관의 호흡음주측정 요구에 불응하는 경우와 호흡음주측정을 하였으나 그 결과에 불복하는 경우로 나누어 생각해 볼 수 있다. 전자는 도로교통법 제107조의2 제2호[5](도로교통법은

3) 대판 2002.3.15. 2001도7121.

4) 신동열, 최근 판례 -운전자가 혈액채취의 방법에 의한 주취정도의 측정을 요구할 수 있는 시한 및 그 시한이 경과한 후의 음주운전사실의 증명방법(대법원 2002.3.15. 선고 2001다7121 판결)-, 경찰고시, 2002년 7월호, 30-35면(30-32면).

5) 제정 1961.12.31(법률 제941호) 교통부; 전문개정 2005.5.31(법률 제7545호) 행정자치부: 제150조(벌칙) 다음 각 호의 어느 하나에 해당하는 사람은 2년 이하의 징역이나 500만원 이하의 벌금에 처한다.

2005년 5월 31일 전면 개정되었다. 현재는 도로교통법 제150조 제2호에 규정되어 있다)에 의거 처벌하며, 이와 관련하여서는 많은 판례[6]가 축적되어 있다. 후자의 경우 구(舊)도로교통법(1995.1.5. 개정 전)에는 불복시 동의채혈에 관한 명문의 규정이 없었고, 채혈여부는 경찰의 재량이었다. 실무에서는 채혈을 위해서 병원까지 동행, 의사에 의한 채혈, 국립과학수사연구소에 감정요청 등 번거로운 절차로 인하여 단속경찰관들이 소극적으로 임하는 실정이었다. 그러나 1995년 1월 5일 도로교통법 제41조 제3항 개정으로 동의채혈을 명문화하였고,[7] 호흡에 의한 음주측정

---

1. 제44조 제1항의 규정을 위반하여 술에 취한 상태에서 자동차 등을 운전한 사람
2. 술에 취한 상태에 있다고 인정할 만한 상당한 이유가 있는 사람으로서 제44조 제2항의 규정에 의한 경찰공무원의 측정에 응하지 아니한 사람
3. 제45조의 규정을 위반하여 약물로 인하여 정상적으로 운전하지 못할 우려가 있는 상태에서 자동차 등을 운전한 사람
4. 제77조 제1항의 규정에 의한 수강내역을 허위로 보고한 교통안전교육강사
5. 제77조 제2항의 규정을 위반하여 교통안전교육을 받지 아니하거나 기준에 미달하는 사람에게 교육필증을 교부한 교통안전교육기관의 장
6. 허위나 그 밖의 부정한 방법으로 제99조의 규정에 의한 학원의 등록을 하거나 제104조제1항의 규정에 의한 전문학원의 지정을 받은 사람
7. 제104조 제1항의 규정에 의한 전문학원의 지정을 받지 아니하고 제108조제5항의 규정에 의한 수료증 또는 졸업증을 교부한 사람
8. 제116조의 규정을 위반하여 대가를 받고 자동차운전교육을 한 사람

6) 대판 2000.4.21. 99도5210: “운전자가 경찰공무원으로부터 음주측정을 요구받고 호흡측정기에 숨을 내쉬는 시늉만 하는 등 형식적으로 음주측정에 응하였을 뿐 경찰공무원의 거듭된 요구에도 불구하고 호흡측정기에 음주측정수치가 나타날 정도로 숨을 제대로 불어넣지 아니하였다면 이는 실질적으로 음주측정에 불응한 것과 다를 바 없다고 할 것이고, … 그로써 음주측정불응의 죄는 성립하는 것이며, 그 후 경찰공무원이 혈액채취 등의 방법으로 음주여부를 주사하지 아니하였다고 하여 달리 볼 것은 아니다”라고 판시하였다; 대판 2000.3.10. 99도5377; 대판 1997.6.13. 96도3069(음주측정불응죄의 성립요건): 1995.1.5. 도로교통법 개정으로 기존의 “교통안전과 위험방지를 위하여 필요한 경우” 뿐만 아니라, “객관적 사정을 종합하여 볼 때 운전자가 술에 취한 상태에서 자동차 등을 운전하였다고 인정할 만한 상당한 이유”가 있을 때 음주측정을 불응한 경우도 “음주측정불응죄가 성립한다”고 판시; 대판 2001.8.24. 2000도6026: 피고인의 음주와 음주운전을 목격한 참고인이 있는 상황에서 경찰관이 음주 및 음주운전 종료로부터 약 5시간 경과 후 집에서 자고 있는 피고인을 연행하여 음주측정을 요구한 데 대하여 피고인이 불응한 경우, 음주측정불응죄가 성립한다고 본 사례; 대판 2002.6.14. 2001도5987 도로교통법위반(음주측정거부); 대판 2003.1.24. 2002도6632 도로교통법위반(음주측정거부): [판결요지] [1] 도로교통법 제107조의2 제2호의 음주측정불응죄는 술에 취한 상태에 있다고 인정할 만한 상당한 이유가 있는 사람이 같은 법 제41조 제2항의 규정에 의한 경찰공무원의 측정에 응하지 아니한 경우에 성립하는 것인 바, 여기서 ‘술에 취한 상태’라 함은 음주운전죄로 처벌되는 음주수치인 혈중알코올농도 0.05% 이상의 음주상태를 말한다고 보아야 할 것이므로, 음주측정불응죄가 성립하기 위하여는 음주측정 요구 당시 운전자가 반드시 혈중알코올농도 0.05% 이상의 상태에 있어야 하는 것은 아니지만 적어도 혈중알코올농도 0.05% 이상의 상태에 있다고 인정할 만한 상당한 이유가 있어야 하는 것이고, 나아가 술에 취한 상태에 있다고 인정할 만한 상당한 이유가 있는지 여부는 음주측정 요구 당시 개별 운전자마다 그의 외관·태도·운전 행태 등 객관적 사정을 종합하여 판단하여야 한다. [2] 호흡측정기에 의한 음주측정을 요구하기 전에 사용되는 음주감지기 시험에서 음주반응이 나왔다고 할지라도 현재 사용되는 음주감지기가 혈중알코올농도 0.02%인 상태에서부터 반응하게 되어 있는 점을 감안하면 그것만으로 바로 운전자가 혈중알코올농도 0.05% 이상의 술에 취한 상태에 있다고 인정할 만한 상당한 이유가 있다고 볼 수는 없고, 거기에다가 운전자의 외관·태도·운전행태 등의 객관적 사정을 종합하여 술에 취한 상태에 있다고 인정할 만한 상당한 이유가 있는지 여부를 판단하여야 한다.

결과에 불복하는 운전자는 경찰공무원에게 법에 규정된 재측정 방법인 혈액채취에 의한 측정을 요구할 수 있게 된 것이다.

그러나 이러한 규정에도 불구하고 음주측정 결과에 불복하는 운전자의 채혈요구와 이를 거부하는 경찰관과의 충돌 사례가 종종 발생하고 있다. 도로교통법 제41조 제3항의 동의채혈이 임의규정이기 때문에 나타나는 현상이다. 대법원[8]은 30분 경과 후 측정요구에 대한 거부는 법적으로 정당하다는 판시하고 있다. 그러나 시간적 제한 문제는 그 정당성에 의문이 있다. 여기서는 현행 도로교통법에 '혈액채취' 조항을 신설하는 계기가 된 헌법재판소 결정과 관련 첫 사례인 대법원 판결을 분석해 보고자 한다.

1. 헌법재판소의 결정

이 헌법소원은 음주운전으로 적발된 청구인에 대하여 검사가 피의사실은 인정되나 음주량이 소량인 것으로 판단하여 기소유예처분을 하자, 청구인이 헌법 제10조에 규정된 인격권과 제11조 제1항에 규정된 평등권에 기하여 국가기관인 경찰과 검찰에 대하여 차별 없는 성실한 수사를 요구할 권리가 침해되었고, 그 결과 헌법 제27조 제1항이 규정한 법관에 의하여 정식재판을 받을 권리도 침해당하였다며 헌법소원을 제기한 것이다.[9] 여기서는 음주측정 당시의 사건개요와 이에 대한 헌법재판소의 판단을 간략히 살펴보고자 한다.

(1) 사건의 개요

피의자(청구인)는 1991.9.27. 22:10경 서울 종로구 와룡동 소재 비원 앞 삼거리

7) 도로교통법 일부개정 1995.1.5(법률 제4872호) 내무부: 제41조(주취 중 운전금지) ① 누구든지 술에 취한 상태에서 자동차 등(건설기계관리법 제26조 제1항 단서의 규정에 의한 건설기계 외의 건설기계를 포함한다. 이하 이 조 제42조 · 제43조 및 제107조의2에서 같다)을 운전하여서는 아니된다.〈개정 1997.8.30〉

② 경찰공무원은 교통안전과 위험방지를 위하여 필요하다고 인정하거나 제1항의 규정에 위반하여 술에 취한 상태에서 자동차 등을 운전하였다고 인정할 만한 상당한 이유가 있는 때에는 운전자가 술에 취하였는지의 여부를 측정할 수 있으며, 운전자는 이러한 경찰공무원의 측정에 응하여야 한다.〈개정 1995.1.5〉

③ 제2항의 규정에 의하여 술에 취하였는지의 여부를 측정한 결과에 불복(不服)하는 운전자에 대하여는 그 운전자의 동의를 얻어 혈액채취 등의 방법으로 다시 측정할 수 있다.〈신설 1995.1.5〉

④ 제1항의 규정에 의하여 운전이 금지되는 술에 취한 상태의 기준은 대통령령으로 정한다.

8) 대판 2002.3.15. 2001도7121.

9) 헌재 1992.6.26. 92헌마7.

노상에서 음주운전(음주측정기에 의한 측량결과 혈중알콜농도 0.05%)으로 적발되었으나, 자신은 그날 음주한 사실이 없으며 그런데도 음주측정기에 0.05%라는 수치가 나왔으므로 청구인으로서는 그 음주측정기가 고장이 난 상태였거나 아니면 경찰이 일부러 기기를 조작해 놓은 것으로 밖에 볼 수 없다고 주장하였다.

청구인은 자신의 무고를 증명하기 위하여 조사경찰관에게 청구인의 부담으로 인근 병원에 가서 혈액검사를 해 주든지 아니면 경찰서 내에서라도 청구인의 혈액을 채취해 두었다가 차후에 검사하여 줄 것을 요구하였으나 모두 묵살 당하였다.

청구인은 조사를 받고 나오면서 9.28. 00:43경(최초 측정시각으로부터 약 2시간 30분 경과 후) 인근 녹십자의원에 가서 청구인의 혈액을 채취하였고 이를 경찰에 제출하여 국립과학수사연구소에 감정의뢰 하였다. 감정결과 청구인의 혈액에서 알콜성분이 전혀 검출되지 않았다.

(2) 헌법재판소의 판단

헌법재판소는 "음주측정기의 성능에 아무런 이상이 없었다고 가정하더라도 그에 나타난 혈중알콜농도 0.05%는 조사를 더 해 보지 아니하고서는 … 범죄가 인정된다고 쉽사리 단정하기 어려울 것이다"고 하면서, "혈액채취에 의한 혈중알콜농도의 검사를 강력히 요구하였는데도 이 요구가 묵살된 사실, 그러자 위 음주측정시점으로부터 약 2시간 30분 후 청구인 스스로 병원에 가서 채혈을 하고 이것을 국립과학수사연구소에서 감정한 결과 그 혈액에서 알콜이 검출되지 아니한 사실 등은 … 청구인이 당시 자기가 처한 상황에서 자기의 무고함을 증명할 수 있는 과학적인 입증을 하였다"고 판단하였다.[10] 결국 '청구인에 대한 기소유예처분은 청구인의 평등권을 침해한 것이므로 이를 취소한다'는 결정을 하였다.

2. 대법원의 판결

(1) 공소사실의 요지

피고인은 2000.7.6. 00:44경 서울시 영등포구 당산동 번지 불상지 앞 노상에서

10) 도로교통법 일부개정 1995.1.5(법률 제4872호) 공표된 개정이유에 "⑦ 음주측정에 대한 시비를 방지하기 위하여 음주측정 결과에 불복하는 운전자에 대하여는 본인의 동의를 얻어 혈액채취 등의 방법으로 다시 측정할 수 있도록 함"으로 설명되어 있음(법제처 인터넷 홈페이지(http://www.moleg.go. kr) 참조).

부터 영등포 8가 88번지 앞 노상까지 운전 중 영등포경찰서 교통지도계 소속 옥○○경사로부터 음주운전 단속을 받았다. 피고인의 혈중알콜농도는 음주측정기를 통한 측정결과 0.175%로 나타났다. 검사는 피고인을 도로교통법위반(음주운전)으로 공소제기하였다.

(2) 법원의 판단

서울지방법원 남부지원은 이 사건 공소사실에 대하여 벌금 200만원을 선고하였다. 이에 대해 피고인은 항소하였다.

서울지방법원 항소심 재판부는 호흡측정기에 의한 측정결과 등을 근거로 피고인의 음주운전 사실을 유죄로 인정한 제1심을 그대로 유지하여 항소기각판결을 선고하였다. 이에 대해 피고인은 상고하였다.

항소심 판결요지는 다음과 같다: 단속경찰관 옥○○이 2000.7.6. 00:44경 도로상에서 피고인의 음주운전을 감지하고 현장에서 호흡측정기에 의한 음주측정을 한 결과 혈중알콜농도 0.175%의 측정수치가 나오자 이를 피고인에게 확인시킴과 동시에 운전면허가 취소된다는 사실을 고지한 후 피고인을 교통지도계 사무실로 임의동행하여 주취운전자 적발보고서를 작성하고 서명날인을 요구한 사실, 그 때까지 피고인은 단속경찰관에게 위 혈중알콜농도의 측정수치에 대하여 아무런 이의를 제기하지 아니한 채 운전면허 취소만은 면하게 하여 달라고 수차례 부탁하면서 위 적발보고서에의 서명날인을 거부한 사실, 그 후에도 피고인은 위 사무실 내에서 화장실 등을 다녀오는 등 자유로운 상태에서 위 단속경찰관에게 계속하여 운전면허 취소를 운전면허 정지로 바꾸어 달라고 부탁하였으나 이에 불응하자 같은 날 02:00경에 이르러 처음으로 단속경찰관에게 호흡측정기에 의한 측정수치에 이의를 제기하면서 혈액채취에 의한 혈중알콜농도 측정을 요구한 사실, 그러자 단속경찰관 옥○○은 피고인의 혈액채취 요구가 너무 많은 시간이 지난 상태에서 행하여졌고 더구나 피고인이 음료수 등을 자유롭게 섭취하였다는 등의 이유로 피고인의 위 혈액채취 요구를 거부한 사실을 인정하고, 피고인이 단속경찰관으로부터 주취운전자 적발보고서에 서명날인을 요구받을 때까지는 호흡측정기에 의한 음주측정 결과에 대하여 아무런 이의제기를 하지 않았다가 그로부터 약 1시간 상당이 지난 후에서야 비로소 단속경찰관에게 혈액채취에 의한 혈중알콜농도 측정을 요구하는 것은 정당한 요구 시기를 도과한 후에 이루어진 것이라 할 것이고, 따라서 단속경찰관이 위 혈액채취요구에 응하지 아니한 것은 정당하다고 한다.

대법원은 원심의 위와 같은 사실인정과 판단을 정당한 것으로 수긍하고, 거기에 채증법칙 위반으로 인한 사실오인이나 법리오해 등 위법이 없다고 하여 상고를 기각하였다.[11)]

대법원 판결요지는 다음과 같다. ① 도로교통법 제41조 제2항에 의하여 경찰공무원이 운전자가 술에 취하였는지의 여부를 알아보기 위하여 실시하는 측정은 호흡을 채취하여 그로부터 주취의 정도를 객관적으로 환산하는 측정방법 즉, 호흡측정기에 의한 측정으로 이해하여야 한다.[12)] ② 운전자가 경찰공무원에 대하여 호흡측정기에 의한 측정결과에 불복하고 혈액채취의 방법에 의한 측정을 요구할 수 있는 것은 경찰공무원이 운전자에게 호흡측정의 결과를 제시하여 확인을 구하는 때로부터 상당한 정도로 근접한 시점에 한정된다 할 것이고(경찰청의 교통단속처리지침에 의하면, 운전자가 호흡측정 결과에 불복하는 경우에 2차, 3차 호흡측정을 실시하고 그 재측정결과에도 불복하면 운전자의 동의를 얻어 혈액을 채취하고 감정을 의뢰하도록 되어 있고,[13)] 한편 음주측정 요구에 불응하는 운전자에 대하여는 음주측정 불응에 따른 불이익을 10분 간격으로 3회 이상 명확히 고지하고 이러한 고지에도 불구하고 측정을 거부하는 때 즉, 최초 측정요구시점으로부터 30분이 경과한 때에 측정거부로 처리하도록 되어 있는 바,[14)] 이와 같은 처리지침에 비추어 보면 위 측정결과의 확인을 구하는 때로부터 30분이 경과하기를 일응 상당한 시간 내의 기준으로 삼을 수 있을 것이다), 운전자가 정당한 이유 없이 그 확인을 거부하면서 시간을 보내다가 위 시점으로부터 상당한 시간이 경과한 후에도 호흡측정결과에 이의를 제기하면서 혈액채취의 방법에 의한 측정을 요구하는 경우에는 이를 정당한 요구라고 할 수 없으므로, 이와 같은 경우에는 경찰공무원이 혈액채취의 방법에 의한 측정을 실시하지 않았다고 하더라도 호흡측정기에 의한 측정의 결과만으로 음주운전 사실을 증명할 수 있다.[15)]

---

11) 대판 2002.3.15. 2001도7121.

12) 대판 2000.4.21. 99도5210: "도로교통법 제41조 제2항에서 말하는 '측정'이란, 측정결과에 불복하는 운전자에 대하여 그의 동의를 얻어 혈액채취 등의 방법으로 다시 측정할 수 있음을 규정하고 있는 같은 조 제3항과의 체계적 해석상, 호흡을 채취하여 그로부터 주취의 정도를 객관적으로 환산하는 측정방법 즉, 호흡측정기에 의한 측정이라고 이해하여야 할 것"이라고 한 판례.

13) 경찰청 「교통단속처리지침」 개정(2001.10)으로 2차, 3차 호흡측정은 삭제됨.

14) 경찰청 「교통단속처리지침」 제38조(측정요령) 제11항: 음주측정 요구에 불응하는 운전자에 대하여는 음주측정 불응에 따른 불이익을 10분 간격으로 3회 이상 명확히 고지하고, 이러한 고지에도 불구하고 측정을 거부하는 때(최초 측정요구시로부터 30분 경과)에는 측정결과란에 [측|정|거|부|×]로 기재하여 주취운전자 적발보고서를 작성한다.

15) [참조조문] [1] 도로교통법 제41조 제2항, [2]도로교통법 제41조 제2항, 제3항 도로교통법 [일부개

3. 혈액채취의 요구를 위한 전제조건

대판 2002.3.15. 2001도7121은 헌법재판소 결정이 반영된 개정안에 따른 첫 사례이다. 위 헌법소원의 사례처럼 음주측정기의 성능 및 기기조작에 대한 시비를 해결하기 위하여 혈액채취를 통한 혈중알콜농도 감정조항을 도로교통법에 신설함으로써 음주측정에 대한 신뢰성 확보 및 이를 둘러싼 시비해소에 기여한 측면이 크다. 반면 음주측정을 위한 혈액감정 의뢰건수 증가로 인한 수사부담 과중(현재 검찰 및 법원이 증거능력을 인정하는 감정기관은 국립과학수사연구소 뿐임) 및 이 판례처럼 음주수치 하락을 기대한 운전자의 고의적인 시간지연 후 채혈요구와 같은 문제점이 새로이 제기되고 있다. 그러므로 여기에서는 대법원 판결에서 운전자가 혈액채취 방법에 의한 측정을 요구하기 위하여 필요하다고 제시한 전제조건을 분석해 보고자 한다.

(1) '상당한 시간' 30분의 미경과

대판 2002.3.15. 2001도7121에서는 음주측정기에 의한 측정시간으로부터 30분이 경과하기까지를 운전자가 채혈측정을 요구할 수 있는 '상당한 시간'의 최종시

정 2004.2.9 법률 제7171호] 제41조 (주취 중 운전금지) ① 누구든지 술에 취한 상태에서 자동차 등(건설기계관리법 제26조 제1항 단서의 규정에 의한 건설기계외의 건설기계를 포함한다. 이하 이 조 제42조 제43조 및 제107조의2에서 같다)을 운전하여서는 아니된다.〈개정 1997.8.30〉 ② 경찰공무원은 교통안전과 위험방지를 위하여 필요하다고 인정하거나 제1항의 규정에 위반하여 술에 취한 상태에서 자동차 등을 운전하였다고 인정할 만한 상당한 이유가 있는 때에는 운전자가 술에 취하였는지의 여부를 측정할 수 있으며, 운전자는 이러한 경찰공무원의 측정에 응하여야 한다.〈개정 1995.1.5〉 ③ 제2항의 규정에 의하여 술에 취하였는지의 여부를 측정한 결과에 불복하는 운전자에 대하여는 그 운전자의 동의를 얻어 혈액채취 등의 방법으로 다시 측정할 수 있다.〈신설 1995.1.5〉 ④ 제1항의 규정에 의하여 운전이 금지되는 술에 취한 상태의 기준은 대통령령으로 정한다.

[참조판례] 대판 2000.4.21. 99도5210 도로교통법위반 [판결요지] 도로교통법 제41조 제2항에서 말하는 '측정'이란, 측정결과에 불복하는 운전자에 대하여 그의 동의를 얻어 혈액채취 등의 방법으로 다시 측정할 수 있음을 규정하고 있는 같은 조 제3항과의 체계적 해석상, 호흡을 채취하여 그로부터 주취의 정도를 객관적으로 환산하는 측정방법, 즉 호흡측정기에 의한 측정이라고 이해하여야 할 것이고, 한편 호흡측정기에 의한 음주측정은 운전자가 호흡측정기에 숨을 세게 불어넣는 방식으로 행하여지는 것으로서 여기에는 운전자의 자발적인 협조가 필수적이라 할 것이므로, 운전자가 경찰공무원으로부터 음주측정을 요구받고 호흡측정기에 숨을 내쉬는 시늉만 하는 등 형식적으로 음주측정에 응하였을 뿐 경찰공무원의 거듭된 요구에도 불구하고 호흡측정기에 음주측정수치가 나타날 정도로 숨을 제대로 불어넣지 아니하였다면 이는 실질적으로 음주측정에 불응한 것과 다를 바 없다 할 것이고, 운전자가 정당한 사유 없이 호흡측정기에 의한 음주측정에 불응한 이상 그로써 음주측정불응의 죄는 성립하는 것이며, 그 후 경찰공무원이 혈액채취 등의 방법으로 음주여부를 조사하지 아니하였다고 하여 달리 볼 것은 아니다; 대판 2004.2.13. 2003도6905 도로교통법위반(음주운전) [판시사항] 호흡측정기에 의한 음주측정치와 혈액검사에 의한 음주측정치가 불일치한 경우, 증거취사선택의 방법.

한으로 보고 있다.

(2) 호흡측정방법의 선행실시

종래의 판결[16]과 대판 2002.3.15. 2001도7121에서 공히 요구하는 조건은 운전자가 혈액채취에 의한 음주측정을 요구하기 위해서는 반드시 도로교통법 제41조 제2항에 규정된 측정방법인 호흡측정기에 의한 측정을 거친 경우에만 요구할 수 있다.

(3) 혈액채취요구의 정당성

대판 2002.3.15. 2001도7121은 운전자가 정당한 이유 없이 상당한 시간이 경과한 후에 혈액채취를 요구하는 경우에는 정당한 요구라고 할 수 없다고 판단하고 있다. 그러나 시간지연에 정당한 이유가 있다면, 설령 상당한 시간이 경과한 후라도 혈액채취 요구는 정당한 요구로 볼 수 있다고 해석할 수 있을 것이다.

(4) 대법원 판결의 형사정책적 의미

처음부터 음주측정을 불응하는 경우는 도로교통법 제107조의 2 제2호에 규정된 '음주측정불응죄'로 처벌할 수 있다. 반면 호흡측정 후 불순한 의도로 시간을 지연하다가 상당한 시산이 경과한 뒤 혈액채취를 요구하는 경우 이에 대한 허부를 두고 단속현장에서 각종 논란이 있어왔다.[17] (경찰청 「교통단속처리지침」(2001. 10월) 제38조 제10항은 '채혈하여 감정의뢰 한 경우 감정결과는 음주측정기 측정결과에 우선한다'고 규정되어 있다). 대판 2002.3.15. 2001도7121은 음주측정 수치의 정확성을 담보하기 위하여 신설된 혈액채취에 의한 음주측정요구를 일정한 전제조건 하에서 제한하였다. 음주운전자가 측정시간 지연을 통하여 음주측정 수치를 낮추기 위한 목적으로 악용될 소지를 차단하였다는 점에서 상당한 의미가 있다. 일단

---

16) 대판 2000.4.21. 99도5210.

17) 혈중알콜농도 역추산방법으로 소위 위드마크(Widmark)공식에 의한 역산법을 이용함: [예] 알콜(비중0.7894g/ml) 25도짜리 소주2병반(900ml)을 체중 54kg인 사람이 마시고 5시간 후에 운전하였다면 {900(음주량)×0.7894(알콜비중)×0.25(알콜도수)×0.7(체내흡수율의 최소치)} / {54kg×0.86(체중상수)×10} −{0.03%(시간당알콜 분해량 최대치)×5시간}=0.1177%가 나옴: 시간당 알콜 분해량은 개인에 따라 0.008%부터 0.03%까지 분포되어 있으며, 대법원은 피의자에게 가장 유리한 수치를 인정하므로 예)와 같이 감소치를 다투는 경우는 0.03%를, 반대로 음주측정 시점으로부터 가산치를 인정할 경우는 0.008%를 적용함; 대판 2000.11.10. 99도5541(시간당 알콜분해량 0.03% 적용); 대판 2001.8.21. 2001도2823(시간당 알콜분해량 0.008% 적용).

이 판례로 운전자의 시간끌기식 채혈요구에 따른 시비는 상당히 감소할 것으로 보인다.

Ⅲ. 호흡음주측정의 결과불복과 운전자의 혈액검사 요구권

그러나 대판 2002.3.15. 2001도7121은 몇 가지 문제점을 안고 있다. 여기서는 대법원 판례가 남긴 문제점을 분석하고, 그 발전방향에 대해 모색해 보고자 한다. 구체적으로 도로교통법 제41조 제3항[18]의 개정이 될 것이다. 2005년 5월 31일 도로교통법은 전면 개정되었다. 따라서 현행 도로교통법 제44조 제3항의 개정문제가 검토의 대상이 될 것이다.

1. 채혈시간의 제한과 미약한 법적 근거의 보완

대법원이 '상당한 시간' 경과의 근거로 들고 있는 경찰청의 『교통단속처리지침』은 호흡측정 불복시 채혈요구와 관련하여 동 지침 제38조 제13항에 "… 다만 측정 결과에 불복하면서 채혈을 요구할 경우 시간적 차이가 없거나 약물 기타 혈중알콜 농도에 영향을 주는 행위가 없는 경우 채혈하여 그 결과에 따라 처리하고, …"라고만 되어 있다. 대법원은 동 지침 중 음주측정 불응시의 조치를 채혈요구시 시간경과의 기준으로 준용(準用)하고 있다. 그러나 과연 이 기준이 합리적인 시간제한인가에 관하여 의문이 생긴다. 경찰청은 이를 참고하여 호흡측정 불복에 대한 적절한 시간제한 규정을 동 지침에 보완하든지, 도로교통법 제44조 제3항을 개정해야 할 것이다.

---

18) 도로교통법 전문개정 2005.5.31(법률 제7545호) 행정자치부; 일부개정 2006.7.19(법률 제7969호) 행정자치부: 도로교통법 제44조(술에 취한 상태에서의 운전금지) ① 누구든지 술에 취한 상태에서 자동차 등(「건설기계관리법」 제26조 제1항 단서의 규정에 의한 건설기계 외의 건설기계를 포함한다. 이하 이 조, 제45조, 제47조, 제93조 제1항 제1호 내지 제4호 및 제150조에서 같다)을 운전하여서는 아니된다. ② 경찰공무원(자치경찰공무원을 제외한다. 이하 이 항에서 같다)은 교통의 안전과 위험방지를 위하여 필요하다고 인정하거나 제1항의 규정을 위반하여 술에 취한 상태에서 자동차 등을 운전하였다고 인정할 만한 상당한 이유가 있는 때에는 운전자가 술에 취하였는지의 여부를 호흡조사에 의하여 측정할 수 있다. 이 경우 운전자는 경찰공무원의 측정에 응하여야 한다.〈개정 2006.7.19〉 ③ 제2항의 규정에 의하여 술에 취하였는지의 여부를 측정한 결과에 불복하는 운전자에 대하여는 그 운전자의 동의를 얻어 혈액채취 등의 방법으로 다시 측정할 수 있다. ④ 제1항의 규정에 따라 운전이 금지되는 술에 취한 상태의 기준은 혈중알콜농도가 0.05퍼센트 이상으로 한다.

2. 호흡측정의 오차문제와 대책방안

대법원의 입장을 잘못 이해한다면, 음주측정 후 30분이 경과한 후에는 일체의 혈액채취가 불요한 것으로 해석될 여지가 있다. 혈액감정에 의한 분석은 호흡측정보다 신뢰성이 높은 방법이지만 번거로움 때문에 단속 경찰관의 입장에서는 될 수 있는 한 간편한 호흡측정만으로 음주수치를 확정하는 경향이 있다. 그럴 경우 시간경과를 이유로 혈액채취 요구가 거부된다면 앞서의 헌법소원의 예와 같은 호흡측정기의 고장이나 또는 단속 경찰관의 기기조작[19] 등에 의한 오측정 결과가 시정되지 않고 간과될 가능성이 있다. 호흡측정의 오차문제는 세 가지 관점에서 검토할 수 있다.

(1) 호흡기 속에 있는 불순물과 알콜농도의 오차

혈액 속에 있는 알콜농도와 호흡기 속에 있는 알콜농도의 비례관계와 관련된 것으로 전자와 후자의 비율이 1:2000에서 1:2300까지 다양하게 적용될 수 있는데, 이것은 개인에 따라 그리고 음주시간의 경과에 따라 차이가 있다는 것이다. 또한 호흡기 속에 있는 불순물에 의해 알콜농도가 영향을 받을 수 있다. 특히 적외선 방식을 사용하는 호흡측정기의 경우 이러한 불순물을 쉽게 에틸알콜로 잘못 포착하는 경우가 많다.

(2) 라디오 주파수의 방해와 측정결과의 오차

호흡측정기 자체가 가지고 있는 취약점이 있을 수 있다. 특히 많은 호흡측정기들은 경찰통신장비에서 발생하는 라디오 주파수 방해에 의해 측정결과가 영향을 받을 수 있다.

(3) 호흡측정기의 조작실수와 측정결과의 오차

경찰관이 호흡측정기의 조작절차에서 생기는 오차이다. 이것은 사실상 호흡측정에서 생기는 오차의 가장 큰 부분을 차지한다. 호흡측정기는 매우 민감한 기

19) 대전지법 1990.12.10. 선고 90고단398 판결: 단속 경찰관이 음주측정기에 꽂힌 불대 끝을 손가락으로 단속적으로 막으면서 측정한 결과 혈중알콜농도 0.07%가 나온 사안에 대하여 음주측정 방법이 잘못되어 범죄의 증명이 없다고 하여 무죄를 선고한 판결.

계이기 때문에 사소한 조작실수나, 측정을 위해 필수적인 과정을 생략함으로써 큰 오차를 발생시킬 수 있다. 따라서 단속 경찰관은 30분이라는 시간제한에만 집착할 필요는 없으며 개별 사안에 따라 재측정 여부를 융통성 있게 판단하는 것이 법집행의 공정성 및 신뢰성을 확보하는 데 도움이 된다고 생각한다.

3. 음주측정기와 혈액채취에 의한 음주량 편차 비교

실제 단속된 사례들을 간략히 소개하고자 한다. 이를 통해 음주측정기와 혈액채취에 의한 음주량 편차를 비교할 수 있을 것이다. 채혈에 따른 음주량이 호흡 음주측정기에 의한 음주량보다 평균 0.0038%가 높게 나오는 것으로 분석되어 있다. 그 비교편차가 신뢰도수준으로 나타나 있어 도로교통법 제41조 제3항이 임의규정에서 강제규정으로 바뀌고, 전체 운전자에게 '혈액검사를 요구할 수 있는 권리'를 법률로 보장한다 하더라도, 경찰의 음주단속과 음주운전에 대한 처벌문제는 형사정책적으로 특별한 문제가 없을 것으로 본다.

(1) 사례 1: 편차 +0.008

2004.8.13. 23:31경 피의자 최○○씨는 맥주 7잔(본인 진술)을 마시고 남해고속도로를 운행 중 사천 톨게이트에서 음주운전 단속 중인 경찰관에 단속되어 혈중알콜농도 영점일영일(0.101%) 퍼센트가 나와 면허가 취소되자 혈액채취를 요구하여 본인 동의서를 받은 후 인근 병원에서 혈액 약 2그램을 채취 국립과학연구소에 분석의뢰한 바 영점일영구(0.109%)로 밝혀져 면허가 취소되었다.

(2) 사례 2: 편차 −0.009

2004.8.31. 01:23경 피의자 김○○씨는 소주 반병(본인 진술)을 마시고 남해고속도로를 운행 중 사천 톨게이트에서 음주운전 단속 중인 경찰관에 단속되어 혈중알콜농도 영점영칠일(0.071%) 퍼센트가 나와 면허가 정지되자 측정수치에 불응해 본인 동의서를 받은 후 인근 병원에서 혈액 약 2그램을 채취 국립과학연구소에 분석을 의뢰한 바 영점영육이(0.062%)로 밝혀져 면허가 정지되었다.

(3) 사례 3: 편차 +0.015

2004.10.2. 09:04경 피의자 최○○씨는 소주 반병(본인 진술)을 마시고 남해고속도로를 운행 중 남강 휴게소 앞에서 음주운전 단속 중인 경찰관에 단속되어 혈중알콜농도 영점일영사(0.104%) 퍼센트가 나와 면허증이 취소되자 측정수치에 불응해 본인 동의서를 받은 후 인근 병원에서 혈액 약 2그램을 채취 국립과학연구소에 분석의뢰한 바 영점일일구(0.119%)로 밝혀져 면허가 취소되었다.

(4) 사례 4: 편차 -0.007

2004.10.7. 00:46경 피의자 하○○씨는 맥주 1캔(본인 진술)을 마시고 남해고속도로를 운행 중 마산 톨게이트 앞에서 음주운전 단속 중인 경찰관에 단속되어 혈중알콜농도 영점일오칠(0.157%) 퍼센트가 나와 면허가 취소되자 측정수치에 불응해 본인 동의서를 받은 후 인근 병원에서 혈액 약 2그램을 채취 국립과학연구소에 분석의뢰한 바 영점일오영(0.150%)으로 밝혀져 면허가 취소되었다.

(5) 사례 5: 편차 +0.003

2004.11.8. 00:40경 피의자 홍○○씨는 소주 반병(본인 진술)을 마시고 남해고속도로를 운행 중 마산 톨게이트 앞에서 음주운전 단속 중인 경찰관에 단속되어 혈중알콜농도 영점일영칠(0.107%) 퍼센트가 나와 면허가 취소되자 측정수치에 불응해 본인 동의서를 받은 후 인근 병원에서 혈액 약 2그램을 채취 국립과학연구소에 분석의뢰한 바 영점일일영(0.110%)으로 밝혀져 면허가 취소되었다.

(6) 사례 6: 편차 +0.013

2004.11.10. 00:21경 피의자 노○○씨는 소주 2잔(본인 진술)을 마시고 남해고속도로를 운행 중 사천 톨게이트 앞에서 음주운전 단속 중인 경찰관에 단속되어 혈중알콜농도 영점일사일(0.141%) 퍼센트가 나와 면허가 취소되자 측정수치에 불응해 본인 동의서를 받은 후 인근 병원에서 혈액 약 2그램을 채취 국립과학연구소에 분석의뢰한 바 영점일오사(0.154%)로 밝혀져 면허가 취소되었다.

4. 도로교통법 제44조 제3항 개정의 필요성

경찰은 음주운전으로 인한 교통사고를 사전에 예방하고, 교통사고로 인한 사회적 비용을 경감하기 위해서 운전자들의 비난을 감수하면서 음주운전자를 지속적으로 단속해 오고 있다. 그러나 가끔씩 발생하는 과학적 장비(음주측정기)의 오작동과 편차 등이 언론에 보도되면서 음주측정기에 의한 단속수치를 불신하는 운전자들이 늘어나고 있어서 단속에 어려움이 많은 것이 현실이다.

그러나 위에서 살펴본 바와 같이 음주측정기를 이용한 음주량과 채혈감정을 통한 음주량과의 차이가 크게 나지 않고 있다. 오히려 위 사례를 비교해 보면 채혈에 따른 음주량이 평균 0.0038%(위 비교사례에 의한 편차)가 많이 나오는 것으로 분석되고 있다. 따라서 호흡기 측정은 음주운전자에게 유리함은 물론 사람 개개인의 체질 등을 감안한다고 하더라도 음주측정기를 이용한 단속은 어느 정도 신뢰를 할 수 있다고 보인다.[20]

역설적이지만, 그렇다면 도로교통법 제44조 제3항을 개정하여 전체 운전자들에게 '혈액검사를 요구할 수 있는 권리'를 제도적으로 보장하는 것이 현명한 형사정책이라고 생각한다.

Ⅳ. 결 론

여기서는 혈액채취 요구시한의 재조정의 필요성과 시한을 넘어 채취한 혈액의 활용방안 그리고 도로교통법 제44조 제3항 개정이유를 밝히고자 한다.

1. 혈액채취 요구시한과 호흡측정시점으로부터 1시간 이내

대판 2002.3.15. 2001도7121은 운전자가 도로교통법 제44조 제3항의 혈액채취를 요구할 경우 요구시한을 호흡측정시점으로부터 30분 이내로 명확히 판단하였다는 점에서 단속 경찰관과 운전자간에 이를 둘러싸고 발생해 왔던 많은 분쟁을

20) 남해고속도로순찰대 소속 모현철 경사 면담(2004년 12월 7일).

해소할 수 있는 해답을 제시하였다. 지금까지 경찰청에서는 채혈요구에 대하여 일선 교통경찰관들이 질의를 하면 '시간적 간격이 없는 때에는 재측정 가능, 상당한 시간 경과시 재측정 불가'라는 애매한 답변[21]만 하였으나 앞으로는 명확한 기준을 마련할 것으로 예상된다.

그러나 대법원이 제시한 것처럼, 음주측정 불응시한이 30분이므로 혈액채취 요구시한도 30분이라는 논리는 다소 문제가 있어 보인다. 음주측정 불응자는 경찰실무에서 현행범체포 후 구속영장을 신청하지만, 단순음주운전자는 혈중알콜농도 0.36% 이상 또는 소위 삼진아웃(0.05% 이상이고 5년 이내 3회 이상, 0.16% 이상으로 3년 이내 2회 이상이거나 무면허운전일 경우)에 해당하는 경우만 영장신청[22]을 하는 등 그 처리에 있어 달리 하고 있다.

이 점을 감안한다면, 혈액채취를 요구할 수 있는 시간은 음주측정시점으로부터 1시간 이내로 경찰청 「교통단속처리지침」에 명확히 규정하는 것이 바람직하다고 생각한다.

음주운전자에 대한 처벌 기준표

<table>
<tr><th>혈중알콜농도</th><th>행정처분</th><th>신병처리(음주 후 사고시)</th><th>형벌(단순음주위반시)</th></tr>
<tr><td>0.05~0.09%</td><td>100일 면허정지
사고시: 면허취소</td><td rowspan="2">형사입건</td><td>불구속입건
벌금: 50-100만원</td></tr>
<tr><td>0.10% 이상</td><td rowspan="4">면허취소</td><td>불구속입건
벌금: 100-200만원</td></tr>
<tr><td>0.16% 이상</td><td>경상사고: 불구속입건
중상사고: 영장청구
(구속수사)</td><td rowspan="2">불구속 입건
벌금: 200-500만원</td></tr>
<tr><td>0.26% 이상</td><td>경상사고: 영장청구
무 면 허: 영장청구
(구속수사)</td></tr>
<tr><td>0.36% 이상</td><td colspan="2">사고 유무 불문: 영장청구(구속수사)</td></tr>
</table>

21) 경찰청, 교통사고조사·단속 관련 질의회시집, 동남인쇄사, 2000, 587-592면 참조.
22) 경찰청, 경찰실무전서, 경희정보인쇄, 2000, 749면.

2. 시한을 넘어 채취한 혈액과 보강증거로의 활용방안

또한 1시간이 경과한 이후에도 혈액채취의 요구가 있으면 일단 채취하여 그 감정결과를 보강증거로 활용할 수 있도록 함으로써 음주단속의 공정성 및 신뢰성을 확보할 필요가 있다고 생각한다. 이 점은 일단 2003년 9월 30일 시행 경찰청 교통단속처리지침(교안 63310-2165) 제38조 제13항[23]에 반영된 것으로 보인다.

3. 도로교통법 제44조 제3항의 개정과 그 이유

외국의 시각에서 보면, 현행 도로교통법 제44조 제2항[24]은 문제가 많다. 경찰의 재량에 맡기는 임의규정을 그대로 둘 경우 단속경찰관의 주관적 판단이 개입될 가능성이 매우 높고, 허용여부도 단속경찰관에 따라 다를 수 있기 때문이다. 따라서 교통단속처리지침의 법적 근거가 되는 도로교통법 제44조 제3항을 개정하여 '호흡음주측정 결과에 불복하는 모든 운전자에게 혈액검사를 요구할 수 있는 권리'를 명문으로 보장함으로써 보완해야 한다. 이 경우 오히려 이러한 강제규정이 적극적 일반예방사상(국민의 법신뢰, 규범유지와 강화를 목적으로 하는 형벌이론)과 부합할 수 있을 것이다.

음주측정방법과 관련하여 생각할 수 있는 가장 기본적인 내용은 '호흡검사를 통한 음주측정'결과에 불복하는 경우 '혈액검사를 통한 음주측정'을 하겠다는 시비를 어떻게 차단할 것인가에 있다. 이를 위해서는 현행 도로교통법 제44조 제3항은 "결과에 불복하는 운전자에 대하여는 그 운전자의 동의를 얻어 혈액채취 등의 방법으로 다시 측정할 수 있다"고 되어 있는데, 이 규정을 약간 바꿔 "…혈액

23) 경찰청 교통단속처리지침(교안 63310-2165) 제38조 제13항 "⑬ 측정거부 또는 음주운전으로 주취운전자 적발보고서 작성이 완료된 이후에는 당해 운전자의 요구가 있더라도 호흡측정을 하여서는 아니된다. 다만 측정 결과에 불복하면서 채혈을 요구할 경우 시간적 차이가 없거나 약물 기타 혈중알콜 농도에 영향을 주는 행위가 없는 경우 채혈하여 그 결과에 따라 처리하고, 상당한 시간 경과 등으로 혈중알콜농도에 영향을 미칠 수 있는 행위가 있을 경우 채혈하되 그 내용을 상세히 기록하는 등 수사보고서를 작성 보강증거로 활용한다."

24) 도로교통법 일부개정 2006.7.19 (법률 제7969호) 행정자치부: 도로교통법 제44조 (술에 취한 상태에서의 운전금지) ② 경찰공무원(자치경찰공무원을 제외한다. 이하 이 항에서 같다)은 교통의 안전과 위험방지를 위하여 필요하다고 인정하거나 제1항의 규정을 위반하여 술에 취한 상태에서 자동차 등을 운전하였다고 인정할 만한 상당한 이유가 있는 때에는 운전자가 술에 취하였는지의 여부를 호흡조사에 의하여 측정할 수 있다. 이 경우 운전자는 경찰공무원의 측정에 응하여야 한다.〈개정 2006.7.19〉

채취의 방법으로 다시 측정한다"로 개정하면 될 것이다. 경찰은 1차적으로 호흡검사를 실시하고, 만약 운전자가 이 호흡검사를 통한 음주측정 결과에 불복하는 경우, 운전자에게 혈액검사를 요구할 수 있는 권리를 법적으로 완전히 보장하자는 것이다.[25]

물론 운전자가 호흡검사결과에 불복하지 않은 경우라면, 그 음주측정결과를 유죄의 증거로 상용할 수 있음은 당연하다(2003년 9월 30일 시행 경찰청 교통단속처리지침(교안 63310-2165) 제38조 제8항).[26] 그러나 피검사자가 호흡검사결과에 불복하고 혈액검사를 원하는 경우, 경찰에게 이유불문하고 혈액채취의 방법으로 음주측정을 다시 할 의무를 부여해야 한다고 본다. 운전자가 경찰의 호흡검사결과를 신뢰하지 못하는 경우 혈액검사를 다시 받아 정확한 혈중알콜농도를 측정할 수 있는 기회를 제공함으로써 경찰의 왜곡측정과 오차문제를 어느 정도 방지할 수 있을 것이다. 이것은 이미 미국, 독일[27]과 일본 등 선진국에서 실시하고 있는 제도이다. 미국의 어떤 연구보고서에 의하면 당뇨, 다이어트, 빵을 주식으로 하는 경우, 페인트 작업자, 담배연기, 휴대폰 등이 호흡측정에 영향을 준다고 한다.[28]

---

25) 대판 2002.10.11. 2002두6330 자동차운전면허취소처분취소: [판시사항] 운전자가 음주측정기에 의한 측정 결과에 불복하여 혈액을 채취하였으나 채취한 혈액이 분실, 오염 등의 사유로 감정이 불가능하게 된 경우, 음주측정기에 의한 측정 결과만으로 음주운전 사실 및 그 주취 정도를 증명할 수 있는지 여부(소극) [판결요지] 운전자가 음주측정기에 의한 측정 결과에 불복하면서 혈액채취 방법에 의한 측정을 요구한 때에는 경찰공무원은 반드시 가까운 병원 등에서 혈액을 채취하여 감정을 의뢰하여야 하고, 이를 위하여 채취한 혈액에 대한 보존 및 관리 등을 철저히 하여야 하는데, 만일 채취한 혈액이 분실되거나 오염되는 등의 사유로 감정이 불능으로 된 때에는 음주측정기에 의한 측정 결과가 특히 신빙할 수 있다고 볼 수 있는 때에 한하여 음주측정기에 의한 측정 결과만으로 음주운전 사실 및 그 주취 정도를 증명할 수 있다.

26) 대판 2004.2.13. 2003도6905 도로교통법위반(음주운전): [판결요지] 도로교통법 제41조 제2항에서 말하는 '측정'이란, 측정결과에 불복하는 운전자에 대하여 그의 동의를 얻어 혈액채취 등의 방법으로 다시 측정할 수 있음을 규정하고 있는 같은 조 제3항과의 체계적 해석상, 호흡을 채취하여 그로부터 주취의 정도를 객관적으로 환산하는 측정방법, 즉 호흡측정기에 의한 측정이라고 이해하여야 할 것이고, 호흡측정기에 의한 음주측정치와 혈액검사에 의한 음주측정치가 다른 경우에 어느 음주측정치를 신뢰할 것인지는 법관의 자유심증에 의한 증거취사선택의 문제라고 할 것이나, 호흡측정기에 의한 측정의 경우 그 측정기의 상태, 측정방법, 상대방의 협조정도 등에 의하여 그 측정결과의 정확성과 신뢰성에 문제가 있을 수 있다는 사정을 고려하면, 혈액의 채취 또는 검사과정에서 인위적인 조작이나 관계자의 잘못이 개입되는 등 혈액채취에 의한 검사결과를 믿지 못할 특별한 사정이 없는 한, 혈액검사에 의한 음주측정치가 호흡측정기에 의한 음주측정치보다 측정 당시의 혈중알콜농도에 더 근접한 음주측정치라고 보는 것이 경험칙에 부합한다.

27) 김남현, 현행 도로교통법의 문제점 및 개정방향에 관한 연구, 경찰학연구 제4호, 2003, 195-223면(211면): 독일의 경우 호흡측정은 노상감지용으로만 사용되고, 법정증거용으로는 사용되지 않는다.

28) http://www2.potsdam.edu/hansondj/DrivingIssues/1093825780.html; Breathalyzer Accuracy and DWI/DUI Conviction Rates by David J. Hanson, Ph.D. Research indicates that breath tests vary at least 15% from actual blood alcohol concentration. At least 23% (that's about one out of every four) of all individuals tested will have a BAC reading higher than their actual BAC.

4. 도로교통법과 적극적 일반예방

도로교통법 제44조 제3항에 '혈액검사를 요구할 수 있는 권리'를 명문화하고, 동시에 경찰청 교통단속처리지침(교안 63310-2165) 제38조 제13항을 근거로 호흡검사결과에 불복하는 운전자에게 혈액검사를 받을 수 있는 권리를 부여한다면, 음주단속경찰은 음주운전용의자를 병원에 데리고 가서 채혈을 하여야 하는 부담을 지게 되는 것은 사실이다. 그러나 경찰이 호흡주입식 음주측정의 사용상의 주의사항을 조금이라도 지키지 않을 때 왜곡된 결과가 나올 수 있다는 점을 고려한다면, 실체적 진실발견을 위해서라도 이 정도의 불편과 비용은 수사기관이 부담하는 것이 당연하다고 생각한다. 특히 도로교통법 경우 적극적 일반예방이 적극적으로 구현되어야 한다. 적극적 일반예방이란 법규범의 존립과 관철력에 대한 국민의 신뢰유지와 강화를 말한다.[29] 음주측정 결과에 대해 국민의 신뢰가 형성될 때, 형벌은 법규범의 불가침성을 사회에 실증하고, 국민의 법규범에 대한 존경을 강화시킬 수 있을 것이다. 음주단속과 음주측정 결과에 운전자가 신뢰하고 승인할 때 형벌목적은 구현될 수 있을 것이다.

생각건대 면허정지와 면허취소와 같은 행정처분은 형사사법체계의 약점을 보완해 줄 수 있는 수단이다. 이러한 행정처분은 단지 처벌의 신속성에만 관련된 문제는 아니고, 처벌의 엄격성 및 무력화와도 깊이 관련되어 있다. 따라서 음주단속과 음주측정에는 반드시 국민의 신뢰가 형성되어야 행정처분의 목적을 달성할 수 있다. 혈액검사를 요구할 수 있는 권리는 당연히 법률로 보장되어야 한다. 경찰의 행정편의(거리, 시간, 업무번잡 등)가 국민의 권리보다 우선이 될 수 없기 때문이다. 따라서 저자는 도로교통법 제44조 제3항의 개정안을 다음과 같이 제안한다.

[현 행] 도로교통법 제44조 (주취 중 운전금지)	[개정안] 도로교통법 제44조 (주취 중 운전금지)
③ 제2항의 규정에 의하여 술에 취하였는지의 여부를 측정한 결과에 불복하는 운전자에 대하여는 그 운전자의 동의를 얻어 혈액채취 등의 방법으로 다시 측정할 수 있다.〈신설 1995.1.5〉	③ 제2항의 규정에 의하여 술에 취하였는지의 여부를 측정한 후 그 결과에 불복하는 운전자에 대하여는 그 운전자의 동의를 얻어 혈액채취 등의 방법으로 다시 측정한다.

29) 이 책의 제1편 제2장 적극적 일반예방사상 참조.

제9장 불법자금세탁에 관한 법적 대응방안*

Ⅰ. 서 론

서울지검 서부지청 수사과는 2002년 11월 2일 뇌물로 받은 돈 중 일부를 아내 명의로 자신의 통장에 입금시킨 서울시 공무원 김○○씨(49. 6급 공무원)에 대해 범죄수익은닉의 규제 및 처벌 등에 관한 법률(일명 자금세탁방지법)[1] 위반 및 뇌물혐의를 적용하여 구속했다.[2]

검찰에 따르면 김○○씨는 2001년 7월부터 2002년 4월 사이 4차례에 걸쳐 방송장비납품업체 등으로부터 사례비조로 2천 400만원을 받고, 이중 700만원을 적법하게 취득한 것처럼 위장하기 위해 아내 명의로 자신의 은행계좌에 무통장 입금시킨 혐의를 받고 있다. 범죄수익은닉의 규제 및 처벌 등에 관한 법률(일명 자금세탁방지법)이 처음으로 한국에서 적용된 사례이다. 검찰은 향후 이 법을 적극 활용할 방침이라고 밝히고 있다.[3]

범죄수익은닉의 규제 및 처벌 등에 관한 법률(일명 자금세탁방지법)은 국회상정 1년 만에 2001년 9월 3일 본회의를 통과했다. 범죄수익을 은닉하는 행위를 규제하고, 뇌물수수 등 중요한 범죄를 근절하기 위해 제정되었다. 2001년 11월 27일부터 시행되고 있다.[4] 이 법이 시행되기 전까지 검찰은 대형 비리수사과정에서 불법자금세탁을 처벌할 법적 근거가 없어 조세포탈 등 다른 죄를 적용하는 등 처벌에 애로를 겪었다. 이 법 시행 이후에도 이 법을 적용하는 것이 '이중처벌'이라는 부정적인 여론때문에 유예하여 왔다.

여기서는 한국의 범죄수익은닉의 규제 및 처벌 등에 관한 법률(일명 자금세탁방지법)을 간략히 소개하고(Ⅱ), 공동의 관심사인 불법자금의 세탁과정(Ⅲ)과 법적 대응방안을 소개하고자 한다(Ⅳ).

---

* 이 논문은 2002년 12월 16일 중국 清華大學에서 개최된 국제학술행사에서 발표한 글이다.

1) 이에 관해서는 범죄수익은닉의규제및처벌등에관한법률 제정 2001.9.27 법률 제6517호 참조.

2) 한겨레신문, '자금세탁방지법' 첫 적용 공무원 구속, 2002년 11월 14일자, 사회면.

3) 조선일보, '자금세탁방지법' 첫 적용 공무원 구속, 2002년 11월 14일자, 사회면.

4) 자금세탁방지법의 국회통과과정에 관해서는 법률신문, FIU 계좌추적권, 해외불법수익만 허용 … 국내 불법 정치자금 등 수수·은닉 묵인해 비판 자초, 2001년 9월 10일자.

Ⅱ. 범죄수익은닉의 규제 및 처벌 등에 관한 법률

자금세탁방지법의 국회통과는 한국이 경제협력개발기구(OECD) 산하 국제자금세탁방지기구(FATF)에 의해 자금세탁방지 비협조국(NCCT)으로 지정될 가능성을 해소시켰다는 점에서 그 의미를 찾을 수 있다. 국제자금세탁방지기구에 의해 자금세탁방지 비협조국가로 평가되면, 막대한 경제적 불이익을 받는다. (1) 국가신인도 추락 및 국제사회에서의 경제 제재, (2) 국제금융거래 불편 및 수익률 저하, (3) 해외금융 차입이 어려워지고 이자율 상승, (4) 비협조국가 지정을 벗어나기 위해 각종 불이익 감수, (5) 자금세탁중개지 국가라는 오명 등이다.

1. 의 의

한국은 이 법에서 국제기준(FATF 40개 권고사항)에 따라 자금세탁행위로 처벌되는 전제범죄의 범위를 마약류불법거래에서 여타 중대범죄로 확대하고, 1997년 법안과 달리 금융기관을 이용하지 않는 자금세탁행위도 처벌하고 있다.[5] 현행 마약류불법거래방지법상 마약류 관련 범죄에 한정하였다. 예를 들면 마약류관리법상 향정신성의약품 등 3종의 마약류 범죄이다. 또 범죄수익규제법상 24개 법률을 36종 범죄로 확대하였다. 예를 들면 형법, 윤락행위방지법, 폭력행위처벌법, 특정범죄가중처벌법 등이다.

다음으로 불법외환거래 및 자금세탁 방지를 위한 금융기관의 역할을 강화하였다. 금융기관 혐의거래 보고제도(Suspicious Transaction Report)를 도입하였다. 금융정보분석원(Financial Intelligence Unit, FIU)은 보고된 특정범죄의 자금세탁 관련 혐의거래 정보를 법집행기관에 제공하고, 탈세 목적으로 외화를 도피할 수 없도록 외환거래를 이용한 탈세범죄 관련 혐의거래정보는 세무당국에 제공하도록 하였다.

또한 금융기관의 내부보고시스템의 구축을 통한 자금세탁 예방효과를 극대화하였다. 그리고 보고책임자의 임명 및 직원교육 등을 통하여 금융기관을 이

---

5) 재경경제부·법무부, 자금세탁방지제도 관련 2개 주요법률내용, 2001. 9, 2면.

용한 자금세탁행위를 예방하고 반사회적 중대범죄에 효율적으로 대처하도록 하였다.

마지막으로 금융정보분석원의 설치 및 정보제공을 의무화하였다. 금융거래정보의 공익적 이용에 대한 국민적 공감대가 부족한 현실여건상 여과기능을 강화하고 정보제공 대상기관을 최소화하였다. 금융비밀 누설 및 목적 외 이용에 대한 처벌을 외국보다 강화하고, 금융기관과의 협력체제 구축 및 국제적 자금세탁 방지노력에 동참하도록 하였다.

2. 입법과정

2001년 9월 3일 국회 본회의에 앞서 열린 법사위 심의과정에서 자금세탁방지법 관련 2개 법안 중 범죄수익규제법은 합의·처리했으나, 금융정보분석원의 계좌추적 전면허용 여부로 논란을 빚어온 '특정금융거래보고법'에 대해서는 의원들간에 의견이 대립했다.

결국 범죄수익의 해외은닉에 대해서만 계좌추적을 허용했다. 반면에 각종 불법수익의 국내거래에 대해서는 계좌추적을 불허하고 일체의 정치자금 조사는 선관위에 사전 통보한다는 내용의 수정안을 표결로 채택하는 진통을 겪었다.

3. 입법내용

2001년 9월 3일 통과된 범죄수익규제법은 조직폭력, 마약, 공무원 뇌물, 해외재산 도피, 불법정치자금 등과 관련된 불법수익을 은닉한 경우 5년 이하의 징역 또는 3천만원 이하의 벌금에 처하고(제4조), 불법수익 은닉 정보를 알게 된 경우 수사기관에 신고하되 이를 위반할 경우 2년 이하의 징역 또는 1천만원 이하의 벌금을 물리며(제5조), 불법수익은 전액 몰수토록 하고 있다(제8조~제10조).

특정금융거래보고법은 불법자금의 흐름을 감시하는 기구인 금융정보분석원을 설치하되 금융정보분석원은 채권·채무관계 등 각종 신용정보에 대해서는 영장 없이 자료열람이 가능토록 하고 불법수익의 해외거래(외환거래)에 대해서만 영장 없이 추적할 수 있도록 했다.

4. 문제점

각종 불법수익의 국내거래에 대해서는 법원의 영장을 통해서만 추적을 허용하고 또한 국내외 거래를 막론하고 정치자금과 관련한 조사를 실시할 경우에는 선관위에 사전통보를 하도록 제한하고 있다. 그러나 국내 불법정치자금 등의 수수 및 은닉을 묵인한 것은 문제가 있다고 생각한다.

Ⅲ. 불법자금의 세탁과정과 법적 대응

불법자금의 금융편입, 분산이체, 증거인멸, 운영업종 그리고 세탁조직을 정확히 분석하는 것은 불법자금세탁방지를 위해 중요하다. 따라서 여기서는 5단계 자금세탁과정을 설명하고자 한다.

1. 불법자금의 금융편입

불법자금세탁의 제1단계 방법이다. 일명 '금융출납직원의 감시와 불법자금세탁사의 속임수'와의 전쟁이라고 말한다.[6] 어떻게 불법자금을 세탁기, 합법적인 금융체제에 투입할 것인가?[7] 누가 누구를 어떻게 이용할 것인가? 불법자금세탁조직이 금융출납계를 장악하는 방법들이다. 다섯 가지로 요약된다.

(1) 차명과 도용

회사직원의 이름을 차명 혹은 도용하는 방법이다. 금융기관에 예금계좌를 개설하기 위하여 사용하는 방법이다. 서류, 직인, 영수증, 관세증 등을 위조하거나

6) 에밀 플리바체스키/하태영 역, 돈세탁의 방법과 유형, 범죄방지포럼 제5호, 1998, 158-162면(Emil W. Plywaczewski, Methode und Art der Geldwäsche, in: Korea Crime Prevention Foundation Vol. 5, 1998, SS. 158-162).

7) 이에 관한 국내문헌으로 박상기, 돈세탁의 유형과 금융기관 종사자의 책임, 형사법연구 제9호, 한국형사법학회, 1997, 283-300면; 형사정책연구보고서, 돈세탁행위의 범죄화에 관한 연구, 제22권, 1993, 33면: 마약자금, 뇌물과 빼돌리기 거액상담에 따른 커미션 등 부패성 검은돈이 '세탁기'(금융체제)로 투입되면, 자금세탁의 다음 단계는 거의 기계적이다. 그래서 불법자금을 '금융체제'에 투입하는 단계가 가장 중요하다.

변조한다.

(2) 금융출납직원의 매수와 서류조작

금융출납직원을 매수하고, 매수된 금융출납직원들을 통해 각종 서류를 조작한다.

(3) 불법세탁조직원의 명의로 금융기관에 예금계좌의 개설

국내 불법세탁조직원을 포섭한다. 협박도 사용한다. 결국 이들은 불법자금세탁사가 된다. 이들의 이름으로 금융기관에 예금계좌를 개설한다. 이러한 사례들은 수사기관에 의해 자주 포착된다.

(4) 유령회사의 설립과 금융기관에 예금계좌의 개설

유령회사의 이름으로 금융기관에 예금계좌를 개설한다. 이 예금계좌는 자금세탁조직원들이 송금하는 불법자금이 모이는 창구의 역할을 한다.

(5) 국외에서 불법자금의 합법적 세탁

불법자금세탁사들은 국외에서 금, 보석, 미술품, 소형선박, 비행기, 고급승용차 등 물품을 구입하는데 불법자금을 사용한다. 불법자금의 이동이 물품구입의 목적이다. 왜냐하면 이들 고가품목들은 불법자금세탁소식이 합법적 자금으로 쉽게 전환할 수 있기 때문이다.

2. 불법자금의 분산이체

불법자금세탁의 제2단계 방법이다. 불법자금을 합법적 사업 혹은 불법적 사업에 분산시키는 방법이다. 이 단계에서는 불법자금이 금융체계에서 방어벽을 쌓는 단계이다. 세 가지로 요약될 수 있다.

(1) 불법자금의 국내유입

불법자금은 불법자금취득국, 즉 외국에서 국내의 불법자금세탁사의 예금계좌로 입금된다. 이때 국내에서는 입금된 자금원의 파악이 현실적으로 어렵다. 최근 전자통신수단의 발전에도 불구하고, 외국으로 입금조회를 의뢰하고, 일정한 절차

를 거쳐 회신을 받는 과정은 아주 복잡하기 때문이다.

또한 회신기간은 상당한 시간이 소요된다. 예컨대 룩셈부르크(Luxemburg)에 조회하면 회신은 2년 정도 소요된다. 수사기관의 접수, 은행에 통보, 확인, 재통보 등의 절차가 매우 복잡하다.

(2) 불법자금의 유입통로

이러한 확인작업을 거치는 동안 불법자금세탁사들은 불법자금을 다시 카자흐스탄(Kazakhstan), 나이지리아(Nigeria), 카이만섬의 작은 은행으로 송금한다. 이들 지역은 자금세탁사에게 천국이다. 거액유치를 선호하는 이들 지역의 금융기관은 자금세탁사들에게 자금추적을 피하기 위한 최적의 장소가 된다. 입금된 불법자금은 현지 조직원을 통해 다시 유럽 중심부로 송금된다. 이때 불법자금세탁사들은 유럽 송금국가로 독일의 은행을 선호하고 있다. 따라서 위에서 언급한 일부 국가의 은행으로부터 자국은행으로 송금된 자금은 항상 주목해야 한다.

(3) 불법자금의 분산방법

불법자금세탁사가 자금을 송금하면, 다음으로 불법자금을 분산한다. 이때 불법자금세탁 조직원의 도움을 받는다. 다른 불법자금세탁 조직원이 소도시와 외국에 개설해 놓은 일반은행과 우체국은행에 소액을 다시 분산하여 송금한다. 일정기간 관망 이후 현지 조직원들은 다시 소액을 유럽 소재 제3의 불법자금세탁 조직원의 예금계좌로 송금한다. 이처럼 불법자금은 수시로 국외를 이동을 하면서 불법자금추적을 피한다. 철저하게 금융체계에서 방어벽을 쌓는다.

3. 불법자금의 증거인멸

불법자금세탁의 제3단계 방법이다. 불법자금의 증거를 인멸하는 방법이다. 불법자금을 세탁하기 위해 안전한 곳에 합법을 가장하여 투자하고, 실제보다 높은 영수증을 받는 방법이다. 이 과정을 통해 불법자금을 합법화한다. 또한 이면계약을 통해 차액을 합법자금으로 전환시킨다. 불법자금의 출처를 은폐하고, 정당한 세금을 낸 자금으로 위장한다. 불법자금의 증거인멸 방법은 아홉 가지가 있다.[8)]

8) 박장수, 돈세탁 방지 분야의 최근경향, 법률신문 제2899호, 2000년 7월 13일자, 3면.

(1) 당첨권의 구입

불법자금세탁 조직원들은 카지노당첨권, 경마당첨권, 당첨된 복권을 웃돈을 주고 구입한다. 약간의 금전적 손해는 있지만, 불법자금세탁 조직원들은 이러한 유가증권을 다시 팔아 자금세탁을 시도한다. 여기서 각종 영수증과 입금표는 자금출처의 합법성을 증명하는 중요한 자료가 된다.

(2) 부동산과 예술품의 구입

부동산과 예술품을 구입하는 과정에서 계약보다 낮은 가격을 지불한다. 그러나 영수증은 높은 가격을 기재한다. 그 차액은 자동으로 합법자금이 된다.

(3) 국채증권의 구입

국채증권은 소지자의 이름을 기입하지 않는 유일한 자금증식증권이다. 불법자금세탁조직원들을 통해 국채증권을 사 모은다. 물론 시세보다 높은 가격이다. 이 국채증권들은 불법자금을 은닉하는데 유용하게 활용된다. 국채증권을 현금으로 교환하는 과정에서 영수증을 받을 수 있다. 국채증권의 현금교환 영수증은 합법자금을 증명하는 자료로 이용된다.

(4) 연말정산과 세금환급

신축건물의 건축비를 불법자금으로 지급하고 정상적으로 세금을 낸다. 지불수단은 모두 현금이다. 이 점이 중요하다. 이후 연말세금 정산 후 환급금을 불법자금세탁 조직원의 예금계좌로 돌려 받는다. 이 방법은 보충적으로 활용되는 방법이다. 주로 유럽의 국가에서 시도되고 있다. 왜냐하면 이들 유럽 국가들은 조세부담률이 높기 때문이다. 이것도 모이면 상당한 자금이 된다.

(5) 상품권 및 항공권의 구입

쉽게 사용할 수 있는 상품권, 주로 항공권, 외국여행권을 구매한다. 이후 이것을 환불하여 불법자금세탁 조직원의 예금계좌로 다시 돌려 받는다. 이것도 모이면 상당한 비자금이 된다.

(6) 고가물품의 구입 및 고액의 생명보험의 가입

불법자금세탁 조직원들은 불법자금으로 고급승용차[9]들을 구입하기 위해 계약을 하고, 그 금액을 현금으로 지불한다. 그러나 얼마 후 이 계약을 해지하고 이미 지급한 자동차구입대금을 예금계좌로 환불받는다. 바로 이것이 불법자금을 합법화하는 방법이다. 또 조직원들이 고액의 생명보험에 가입한다. 이후 곧 해약하고 예금계좌로 환불받는다. 자금이 세탁되어 입금된다.

(7) 고액의 보험상품의 가입

주식투자 및 보험상품에 거액을 투자한다. 이후 만기가 되어 보험금액이 불법자금세탁 조직원의 예금계좌로 입금된다.

(8) 회사설립

불법자금세탁 조직원들이 두 개의 회사를 설립한다. 이후 합병을 통하여 불법자금을 양지로 끌어낸다.[10)]

(9) 거액의 위장대출과 불법자금으로 상환

불법자금조직이 설립한 회사명의로 거액의 현금대출을 받고, 불법자금으로 대출금을 조기 상환한다. 위장된 은행대출이다. 불법자금으로 대출금을 상환함으로써 불법자금을 세탁하는 것이다.

4. 불법자금의 운영업종

불법자금세탁은 불법자금을 합법자금으로 위장하는 것이다. 최고의 불법자금

9) 박장수, 돈세탁 방지 분야의 최근경향, 법률신문 제2899호, 2000년 7월 13일자, 3면: A국가에서 마약을 판매하여 그 대금을 마약을 공급한 B국가로 송금하기 위해서는 마약판매대금으로 A국가에서 고가의 자동차나 비행기, 요트 등을 구입하여 B국가로 수출하고 수출대금을 극히 저가로 받거나 받지 않고 자동차나 비행기를 B국내에서 판매하면 A국가에서 B국가로 송금이 된 것과 마찬가지이다. 이처럼 교묘하게 진행되기 때문에 비정상적 거래행위를 적발할 가장 근접한 위치에 있는 세관직원과 돈세탁 방지관련 요원이 긴밀히 협조하여 수사를 하는 것이 필요하다.

10) 박장수, 돈세탁 방지 분야의 최근경향, 법률신문 제2899호, 2000년 7월 13일자, 3면: 기업설립 에이전트이다. 주로 유령회사(shell company)를 설립하는 유형이나 여러 가지 상업목적을 위해 기업을 설립하는 경우도 많다. 기업설립의 절차는 나라마다 매우 다르고 복잡하여 가장 규제가 없는 곳을 찾아 목적에 맞는 기업을 설립하여 주는 에이전트가 활발히 활동하고 있다. 수출입 무역회사, 투자회사, 지주회사, 운송회사, 인터넷 거래회사 등이 세워지는데 이러한 회사는 자금세탁이 어느 정도 이루어진 후 자금을 합법적으로 활용하기 위한 단계에서(layering stage) 필요하게 된다. 여러 국가에 세워진 여러 유령회사의 계좌를 거친 자금에 대해서는 독립된 사법권으로 인해 그 출처를 추적하기는 매우 어렵다. 여러 개의 지주회사(holding company)가 등장하면 자금의 진정한 소유자가 누구인지 구분하기도 쉽지 않다.

세탁은 과세를 통해 정화된 자금이다. 그래서 불법자금을 세탁하는 방법을 교묘하게 시도한다. 회사설립 등 세금을 많이 부담하는 곳에 지능적으로 불법자금을 혼합한다. 왜냐하면 소액이지만 계속적으로 은닉할 수 있기 때문이다. 불법자금세탁 조직이 가장 선호하는 업종은 고객의 숫자, 판매금액, 수주금액에 대해 산정이 어려운 회사이다. 왜냐하면 가격은 항상 판매자와 구매자 또는 청약자와 승낙자 사이에 사전협의가 가능하기 때문이다. 또한 상품의 시장가격을 비교할 수 없는 품목을 생산하는 회사, 건축회사 그리고 수공업품 제조회사들이 주로 불법자금의 은닉처가 되고 있다. 통상 배후에는 범죄조직단체가 있다. 불법자금세탁 조직들이 체인으로 운영하는 업종은 다음과 같다.

(1) 서비스업종 및 특수시술업소

서비스업종와 특수시술업소을 직접 경영하거나, 경영자를 매수한다. 이들 업종의 경영상태는 경영자만 알고 있다. 판매숫자를 확대하고, 불법자금을 혼합한다. 불법자금세탁 조직원에게 일정액의 조세부담은 중요한 문제가 아니다. 더 중요한 문제는 지속적인 불법자금세탁을 할 수 있는 업종을 많이 확보하는 것이다. 이들에게 최고의 자금세탁방법은 과세를 통해서 합법자금을 지속적으로 만드는 일이다. 주요 업종은 세탁소,[11] 미장원, 택시사업, 물류서비스사업, 피부미용 및 성형시술소, 고가의 의류업체, 아이스크림가게, 의료업종(특수촬영, 특수치료), 세공업소 등이다.

(2) 대중음식점

특히 피자가게, 카페, 대중음식점, 고급음식점은 불법자금세탁 조직들이 선호하는 업종이다.

(3) 스포츠기업, 여행사, 디스코텍, 이벤트사업체, 매춘업

불법자금세탁 조직이 직접 축구구단을 운영한다. 거액을 투자하여 우수선수를 스카웃한다. 스카웃비용은 불법자금으로 조성된 현금을 지불한다. 축구선수를 이용한 불법자금세탁방법이다. 또 이면계약을 하고 거액의 차액을 남긴다. 이면

---

11) 불법자금의 세탁은 처음에 세탁소를 통해 이루어졌다. 마피아조직과 알카포네를 생각해 보면 쉽게 이해가 될 것이다.

계약을 감시하고 통제하는 것은 사실상 불가능하다.

(4) 자동차사업

자동차 정비업소, 랜트카, 중고자동차업소, 운송업체도 불법자금세탁 조직들이 선호하는 업종이다.

(5) 문화사업

또한 화랑, 경매, 골동품, 악기상, 영화제작사도 불법자금세탁 조직들이 선호하는 업종이다.

(6) 변호사사무실, 공증인, 건설회사, 개인외환교환소(암달러상), 투자상담소

불법자금세탁 조직은 이들 업종에서 각종 영수증을 조작하여 거액의 불법자금을 세탁한다.

5. 불법자금과 세탁조직

불법자금세탁사들의 최근 특징을 분석해 보면, 이들은 주변에서 열정적인 노력가로 인정을 받고 있다. 또 투자하는 금융기관에서 높은 신망을 얻고 있다. 이들은 대체로 장기투자가들이다. 불법자금을 운영하는 자본가의 특징은 네 가지로 요약된다.

(1) 유망 첨단산업에 집중적으로 투자하고, 정치권 로비를 통해 공기업 사유화에 적극적으로 개입한다.
(2) 외국투자를 이유로 회사자금을 반출하여 도피할 준비를 하고 있다. 이 경우 한 국가의 경제구조를 붕괴시킬 가능성이 있다.
(3) 거액의 불법자금을 금융기관에 장기투자하고, 채권들을 고가로 매입한다.
(4) 인터넷을 최대한 이용한다. 1998년 2월 12일에 발족한 경제협력개발기구 산하 '국제자금세탁방지기구'(FATF)에 의하면 "전자결제는 불법자금세탁사들에게 날개를 달아 주었다"고 한다.

Ⅳ. 결 론

1. 이상으로 범죄수익은닉의 규제 및 처벌 등에 관한 법률(일명 자금세탁방지법)과 불법자금세탁과정을 간략하게 소개하였다. 조세포탈이 국내문제라면, 불법자금세탁은 국내문제뿐만 아니라 국제사회의 공동문제이다.

2. 앞에서 언급한 예들은 한국과 유럽의 수사기관에 의해 포착된 전형적인 유형들이다. 불법자금세탁 조직들은 지금도 새로운 방법을 모색하고 있을 것이다. 아마 내일은 보다 세련된 방법을 시도할 것이다.

3. 일반적으로 불법자금은 세탁을 거쳐 합법적·비합법적 사업에 투입된다. 더 심각한 문제는 유동성이다. 불법자금이 오늘은 서울, 내일은 베이징, 그 다음 날은 도쿄로 이동할 가능성이 있다. 홍콩과 중국 사이 최근 자금이동을 보면, 쉽게 이해가 될 것이다.

4. 유동성 투기자금은 국가경제구조를 위협하는 중요한 요인이 될 수 있다. 왜냐하면 외국에서 수익된 불법자금(마약, 매춘 등)이 국내로 유입되어 자금세탁을 거치고, 이 자금이 외국으로 송금되는 자금세탁구조는 한 나라의 외환위기뿐만 아니라, 경제질서를 완전히 붕괴시킬 수 있기 때문이다. 따라서 저자는 불법자금세탁은 이제 국내문제가 아니라, 국제문제라고 생각한다. 금융의 국제화로 불법자금들이 국제적 날개를 달기 전에 불법자금세탁에 관한 공동대응이 필요하다고 본다.

5. 이 학술행사는 동아시아의 중심국가인 중국, 일본, 한국이 공동으로 불법자금세탁의 문제를 생각하는 귀중한 자리라고 생각한다. 이들 국가들은 불법자금세탁방법을 서로 공유하면서, 차단하는 방법들을 공동으로 모색해야 할 것이다.

6. 오늘날 불법자금의 이동은 너무 빠르다. 그 입증도 사실 어렵다. 확인하는데 많은 시간이 소요된다. 또한 확인이 된다고 하더라도, 불법자금의 환수는 거의 불가능하다. 그러므로 저자는 국제공조의 필요성을 다시 한번 강조한다.

제10장 독일의 경미범죄 처리제도와 구체적 운영실태*

Ⅰ. 서 론

경미범죄의 비범죄화 방안은 한국에서 1980년대 초부터 논의되어 왔다.[1] 법제처는 1983년에 '벌금의 과태료화 및 그 부과절차의 행정절차화'라는 개선안을 발표했다. 불의의 전과자 발생 방지, 과태료 부과업무의 능률화 그리고 국민의 불편 해소가 목적이었다. 이어서 1985년 법무부 산하 형사법개정특별심의위원회는 형법개정의 기본방향으로 사회의 가치관·윤리관의 변화에 따른 비범죄화를 제시한 바 있다.[2] 이후 정부는 500만원 이하의 벌금형이 부과된 행위종류에 대해서도 이를 과태료 부과대상행위로 바꾸는 단행조치를 취하였고, 그 밖에 형벌을 제재수단으로 규정하고 있는 법률들을 검토하여 벌칙 중에서 벌금, 단기자유형 등을 과태료로 전환하고 그 부과절차를 행정절차화하는 계획을 수립하면서 해당 법률을 개정할 때마다 이를 반영하려는 노력을 기울여 왔다.[3]

---

* 최영규·하태영, 경남법학 제20집, 2005, 73-108면.

1) 여기에 관해서는 김대휘, 경미범죄의 사물관할, 대한변호사협회지 제116호, 1986년 4월호, 50-54면; 김성돈, 도로교통법상의 "범칙금"과 명칭사기, 비교형사법연구 창간호, 세종출판사, 1999, 297-316면; 김성돈, 가칭 질서위반법의 체계와 이른바 질서위반행위의 구조, 법조 통권 제577호, 2004년 10월호, 2004, 5-45면; 김일수, 경미범죄처벌법의 제문제, 대한변호사협회지, 1987년 9월호, 26-29면; 김재광, 과태료제도의 문제점과 개선방안, 법조 통권 제577호, 2004년 10월호, 163-188면; 이승호, 질서위반행위에 대한 제재체계의 정비를 위한 일고찰, 법조 통권 제577호, 2004년 10월호, 46-79면; 임웅, 경미범죄의 비범죄화, 형사정책연구, 1990년 제2호, 187-215면; 임웅, 비범죄화의 이론, 법문사, 1999; 정준현, 행정상 금전제재와 그 실효성 확보방안, 법조 통권 제577호, 2004년 10월호, 122-162면; 조병선, 질서위반법－형법과 행정법 사이의 새로운 법영역에 관한 비교법적 연구－, 형사정책연구원(연구보고서 90-25), 1991; 조병선, 형법과 행정벌의 구별과 정비, 형사법연구 제22호(2004년 겨울) 특집호, 한국형사법학회, 법문사, 2004, 385-405면; 조태제, 행정집행제도의 문제점과 그 개선방안, 법조 통권 제577호, 2004년 10월호, 80-121면; 행정쇄신위원회(편), 행정벌의 합리화·현실화(안), 1993 참조.

2) 법무부, 형법개정의 기본방향과 문제점, 형사법개정자료(Ⅵ), 형사법개정특별심의위원회, 1985년 12월 30일, 13면; 김성돈, 가칭 질서위반법의 체계와 이른바 질서위반행위의 구조, 법조 통권 제577호, 2004년 10월호, 5-45면(12면); 이승호, 질서위반행위에 대한 제재체계의 정비를 위한 일고찰, 법조 통권 제577호, 2004년 10월호, 46-79면(50면).

3) 행정쇄신위원회(편), 행정벌의 합리화·현실화(안), 1993, 5-7면: 1993년 9월 행정쇄신위원회는 이러한 문제점과 그 개선방안에 대하여 다음의 네 가지 제안을 제시해 놓고 있는 실정이다: 첫째 벌금 등의 과태료 전환, 둘째 국민생활 침해행위 벌칙강화, 셋째 행정벌칙간의 균형유지, 넷째 불필요한 행정벌

그럼에도 불구하고 매년 행정법규 위반사범과 경미범죄는 급증해 왔고, 이것은 전체 형사사건(즉결심판사건 포함) 중 70% 정도를 차지하고 있다. 이러한 현상은 검찰과 법원의 사건처리에 많은 부담을 주고 있고, 형사절차의 신속성과 적정성을 크게 위협하고 있으며 전과자의 양산을 초래하고 있다.[4)]

경미범죄의 처리방안에 대해 학계와 정부는 서로 관점이 다르다. 학계는 경미범죄를 처리함에 있어서 엄격하게 형벌권을 행사하는 것은 사법경제의 관점에서 인력, 시간, 비용의 낭비를 초래하고 있으며, 형사정책적 관점에서 과도한 형벌권 행사라고 비판을 하고 있다.[5)] 반면 정부는 법령상의 의무위반행위인 질서위반행위와 그에 대한 과태료 처분을 규율하는 총칙적 법규범이 마련되지 못하여 운용상 많은 문제점이 많으며 과태료의 실효성이 저조하여 법령상 의무이행 확보수단으로서 제 기능을 하지 못하고 있다는 분석을 하고 있다. 이에 따라 정부는 2003년부터 행정질서벌 일반법을 제정하는 작업에 착수하였고, 2004년부터 질서위반행위규제법 제정을 추진하고 있다. 정부는 이 입법과정에서 ① 악성 과태료 미납자를 강제구금할 수 있도록 하는 방안, ② 효율적 과태료 징수를 위한 집행청의 신설, ③ 행정제재권이 있는 모든 기관에 대한 특별사법경찰권을 부여하는 방안 등 적극 검토하고 있다.[6)]

문제는 학계와 시민단체에서 주장하는 비범죄화의 요구를 어떻게 수용하면서, 정부가 고민하고 있는 과태료 부과대상행위에 대한 부과절차를 통일하고 이를 간소화하여 법집행의 효율성을 높일 수 있는가에 있다. 그래서 비범죄화와 법집행의 효율성의 문제가 입법의 쟁점이 되고 있다.

칙의 정비 등이다. 조병선, 형법과 행정벌의 구별과 정비, 형사법연구 제22호(2004년 겨울) 특집호, 한국형사법학회 법문사, 2004, 385-402면(387면): 조 교수에 따르면 "정부는 1980년대부터 불필요하다고 판단되는 벌금을 과태료로 전환하는 작업, 다시 말해 각종법규의 개정법률안을 정부안으로 국회에 제출하여 법개정을 시도하여 상당히 많은 수의 벌금형이 규정된 법규가 과태료로 전환되었다."

4) 임웅, 경미범죄의 비범죄화, 형사정책연구, 1990년 제2호, 187-215면(187면).

5) 임웅, 비범죄화의 이론, 법문사, 1999, 4면.

6) 법률신문, 법무부 질서위반법 제정위해 특위 발족, 2004년 7월 5일자; 법무부 실효성확보추진기획단(단장 安永昱 법무실장)은 2004년 7월 1일 행정법규의 실효성 제고 방안의 일환으로 질서위반법제정안을 마련키 위해 질서위반법제정특별분과위원회를 발족했다. 위원회는 앞으로 △악성 과태료 미납자를 강제구금할 수 있도록 하는 방안 △효율적 과태료 징수를 위한 집행청의 신설 △행정제재권이 있는 모든 기관에 대한 특별사법경찰권 부여 방안 등을 검토해 올해 안에 법제정안을 만들 예정이다. 위원회 위원은 조병선(위원장, 청주대 법대)·조태제(한양대 법대)·류지태(고려대 법대)·김성돈(성균관대 법대) 교수, 박영도(한국법제연구원)·이진국(한국형사정책연구원) 연구위원, 조영선 변호사, 최정진 검사(법무부법무심의관실) 등 8명이다. 이에 관한 문헌으로 법조(편), 한국에서의 질서위반법 도입, 2004년 10월호 통권 577호, 5-188면.

우선 비범죄화의 방안에는 두 가지를 생각할 수 있다. 첫 번째는 새로운 입법을 통하여 비범죄화의 목적을 달성하는 방안이다.[7] 즉 질서위반법을 제정하여 규제를 행정질서벌(질서위반금, 몰수, 추징)로 대체하고 법집행의 실효성을 강화하는 방안이다. 두 번째는 현행법하에서 경미범죄를 비범죄화하는 방안이다. 법령을 탄력적으로 운영하여 비범죄화의 실질적인 목적을 달성하는 방안과 기소편의주의를 적극 활용하는 방안이다. 객관적·주관적 구성요건 및 금지조항의 엄격한 해석을 통해 중요 위반사범에 대해서만 형벌을 부과하고, 행정법규위반사범에 대해서는 기소유예 억제관행에서 과감히 탈피하는 방안이다. 입법론은 다소 시간이 걸릴 것이고, 탄력적 운용방안은 바로 실행할 수 있을 것이다.

한국형 질서위반법과 질서위반행위규제법의 입법과정에서 비교법적 검토가 필요하다고 본다. 이 논문에서는 독일의 질서위반법을 중심으로 경미범죄의 처리제도와 그 구체적 운영실태를 분석하고자 한다. 먼저 독일 질서위반법의 기본구조를 살펴보고(Ⅱ), 이 법의 발전사를 검토하고자 한다(Ⅲ). 이어서 독일 질서위반법의 법규정을 분석하고(Ⅳ), 이 논문의 핵심인 독일 질서위반법의 규제(Ⅴ)와, 이 법의 운영실태에 관하여 살펴보고자 한다(Ⅵ). 결론에서는 우리나라 행정법, 형법, 형사소송법, 경범죄처벌법의 운영실태를 독일의 행정법규위반사범의 처리실태와 비교하여 행정질서위반행위와 경미범죄의 처리제도의 개선방안을 모색하고자 한다. 마지막으로 한국형 질서위반법의 도입과 그 운용에 있어서 몇 가지를 제안하고자 한다(Ⅶ).

Ⅱ. 독일 질서위반법의 기본구조
(Grundlagen des Ordnungswidrigkeitenrechts)

독일의 질서위반법은 독일의 법체계에서 어떠한 위치를 차지하고 있으며 또 어떠한 구조로 이루어져 있으며, 범죄행위와 질서위반행위를 어떤 기준에서 구분하는지 간략히 살펴보고자 한다.

7) 임웅, 경미범죄의 비범죄화, 형사정책연구, 1990년 제2호, 197면 이하 참조.

1. 법체계에서 질서위반법의 지위
(Die Stellung des Ordnungswidrigkeitenrechts in der Rechtsordnung)

독일의 질서위반법(Das Gesetz über Ordnungswidrigkeiten)은 행정형법(行政刑法, Verwaltungsstrafrecht)으로 알려져 왔다. 하지만 행정법과 형법 사이에서 다의적(多義的) 의미를 포함하고 있다.[8] 첫 번째 의미는 형벌부과의 권한이 당해 행정관청에 있다는 것이고, 두 번째 의미는 국가가 행정의 기능을 확보하기 위하여 행정기능 자체를 법익으로 하고, 형벌에 의해 담보된 법규정으로 파악하는 것이다. 이러한 두 가지 의미는 독일의 입법사에서 오랫동안 혼용되어 왔으나, 지금은 일반적으로 전자를 질서위반법이라고 부르고 있다.[9] 질서위반법은 형법과 비교해 보면 제재(制裁)면에서 다르다. 질서위반금(Geldbuße)[10]과 형벌(Strafe)[11]로 대비된다.

독일의 질시위반법은 네 가지의 특징을 가지고 있다. 첫째, 질서위반법은 헌법상으로 형법의 범주에 속한다. 입법권의 관점(Gesetzgebungskompetenz)에서 볼 때 질서위반법은 기본법 제47조 제1항의 형법(Strafrecht) 내지 법원의 절차(gerichtliches Verfahren)에 속한다.[12] 둘째, 몇 가지의 예외를 제외하고는 형법총론은

---

8) 조병선, 형법과 행정벌의 구별과 정비, 형사법연구 제22호(2004년 겨울) 특집호, 한국형사법학회, 법문사, 2004, 385-402면(387면 이하): "행정형벌은 행정법규에 존재하는 형벌을 말한다."

9) 이에 관해서는 조병선, 질서위반법－형법과 행정법사이의 새로운 법영역에 관한 비교법적 연구－, 형사정책연구원(연구보고서 90-25), 1991, 13면 이하 참조.

10) 법률신문, 법률용어사전: 과태료(過怠料)란 금전벌의 일종으로서, 과태료는 과료와 달리 형법상(형법 제41조) 형벌이 아니다. 따라서 과벌절차는 형사소송법에 의하지 않고 각 법률에 규정이 없으면 비송사건절차법 제276조 내지 제278조에 따른다. 과태료에는 ① 법률상 질서유지를 위해 법령위반자에 대한 제재(예컨대 민법 제97조, 상법 제28조, 제635조, 제636조, 민사소송법 제182조, 제289조, 제297조, 호적법 제130조, 제131조, 제132조, 제132의 2, 제133조 등)로서의 질서벌이 있는데, 이에는 지방자치법상 조례로 정하는 과태료(동법 제20조 · 제130조)도 포함된다. 또 ② 징계벌의 일종(예컨대 공증인법 제83조 · 제87조 등) 및 ③ 행정상 의무의 이행을 강제하기 위한 수단으로서의 집행벌이 있다.

11) 법률신문, 법률용어사전: 형벌(刑罰) (영) punishment (독) Strafe (프) peine 국가가 범죄에 대한 법률상의 효과로서 범죄자에 대하여 그의 책임을 전제로 하여 과하는 법익의 박탈을 말한다. 책임을 기초로 과하여지는 제재라는 점에서 보안처분과 구별된다. 형벌과 보안처분의 관계에 관하여, 구파는 양자의 질적 차이를 인정하며, 신파는 단순히 양적 차이에 불과하다고 한다. 형벌의 본질에 관하여 응보형론과 목적형론의 대립이 있다. 목적형론은 다시 일반예방이론과 특별예방이론으로 나누어진다. 형법이 규정하고 있는 형벌에는 사형 · 징역 · 금고 · 자격상실 · 자격정지 · 벌금 · 구류 · 과료 · 몰수의 9종이 있다(형법 제41조). 이를 형벌에 의하여 박탈되는 법익의 종류에 따라 분류하면 생명형 · 자유형 · 재산형 및 명예형의 4종이 된다. 구형법에서는 몰수 이외에 독립하여 선고할 수 있는 주형(Hauptstrafe)과 주형에 부가하여 선고할 수 있는 부가형(Nebenstrafe)을 구별하고 있었으나, 형법은 주형과 부가형의 구별을 폐지하였지만, 형법 제49조에서 몰수형의 부가성을 인정하고 있는 것은 그 잔재라 하겠다.

질서위반법에 그대로 적용된다. 질서위반법 제1조에서 제34조까지 규정되어 있다.[13] 셋째, 질서위반금은 진정한 의미에서의 형벌은 아니지만, 형벌과 같이 일반예방과 특별예방의 기능을 수행한다.[14] 넷째, 질서위반행위의 소추절차에 있어서는 질서위반법 제46조 제1항과 같이 특별한 규정이 없는 한 형사소송법, 법원조직법, 소년법의 일반원칙이 그대로 적용된다.[15]

독일의 법체계에서 질서위반법은 독자성을 확보하고 있다. 그러나 위에서 언급한 네 가지 특징을 보면, 설령 독자적인 실체법적·절차법적 체계를 갖추고 있고, 그 법적 제재수단이 형벌이 아닌 질서위반금이라 할지라도, 질서위반법은 광의의 형법에 해당한다고 할 것이다. 질서위반법의 독자적인 기본적 규정 이외에는 형법과 형사소송법이 원용되고 있고, 그 근저에는 항상 형사법적 원칙이 그대로 유효하기 때문이다.

실제 독일 법과대학에 개설된 질서위반법 강의는 행정법 교수가 아니라 형법교수가 담당하고 있다. 이 점은 현재 '질서위반법 특별분과위원회'에서 준비중인 소위 '질서위반법 시안'에도 시사하는 바가 있을 것이다.

2. 독일 질서위반법의 구조(Struktur des Ordnungswidrigkeitenrechts)

독일의 질서위반법은 실체법적 규정과 절차법적 규정을 모두 가지고 있다. 일반규정(allgemeine Vorschriften, §§ 1-34), 질서위반금절차(Bußgeldverfahren, §§ 35-110), 개별적 질서위반행위(einzelne Ordnungswidrigkeiten) 등 세 부분으로 이루어져 있다.[16] 일반규정에는 효력범위, 부과의 기초, 법적 효과에 대해 규정되어 있고, 이 부분은 형법전의 총칙에 해당하는 것으로 문구적(文句的)으로 상당 부분이 일치하고 있다.[17] 특히 중요한 규정은 법인(法人)에 대한 질서위반금 부가규정인

---

12) 이것은 헌법재판소의 판례 및 헌법, 형법, 질서위반법의 압도적 통설이다: 이에 관해서는 BVerfGE 23, 113, 123ff.=NJW 1968, 1083, 1084: BVerfGE 27, 18, 32f.=NJW 1969, 1619, 1622: Maurach/Zipf, Strafrecht AT, § 8 Rdnr. 13; Hans-Heinrich Jescheck/Thomas Weigend, Lehrbuch des Strafrechts, Allgemeiner Teil, 5. Aufl., Berlin 1996, §13 I 1.

13) KK-Bohnert, Einl. Rdnr. 161ff.

14) BVerfGE 27, 18, 33=NJW 1969, 1619, 1622.

15) KK-Bohnert, Einl. Rdnr. 167ff.

16) Wolfgang Mitsch, Recht der Ordnungswidrigkeiten, Lehrbuch, Berlin · Heidelberg · New York, Springer 2004, S. 9ff.(Rdnr. 6ff.)

17) KK-Rogall, (Karlsruher Kommentar zum Ordnungswidrigkeitengesetz, 2. Aufl., 2000) Vor §1 Rdnr. 5; 독일 질서위반법의 체계에 관해서는 Wolfgang Mitsch, Recht der Ordnungswidrigkeiten, S.

제30조와 단일정범개념의 제14조이다.

질서위반금절차는 형사소송법(StPO), 법원조직법(GVG), 청소년법원법(JGG)이 적용된다. 이러한 절차법은 제46조 제1항에 규정되어 있다(§46 Abs. 1). 이 조문의 특징은 규범적 구조와 그 필요에 따라 형사절차법의 원칙과는 전혀 다른 규정들이 적용되도록 규정되어 있는 점이다. 즉 법원의 절차에 선행하여 행정관청의 질서위반금절차를 선치하도록 되어 있고(§§35ff., 56ff., 59ff., 65f.), 행정관청, 검찰, 법원의 권능과 관할이 조화를 이루도록 되어 있으며, 질서위반금절차와 형사절차의 전환문제가 상세히 규정되어 있다.

그럼에도 독일의 질서위반법은 간략하고 신속한 절차종결이 특징이고, 그 때문에 일반 형사소송법과는 다른 규정들이 많다. 바로 이 점은 '질서위반법 특별분과위원회'에서 준비 중인 소위 '질서위반법 시안'에도 시사하는 바가 있다고 생각한다.

개별적 질서위반행위는 형법전의 각칙에 해당하는 부분으로 전체 5장으로 구성되어 있다. ① 국가명령에 대한 위반(Verstöße gegen staatliche Anordnung), ② 공공질서에 대한 위반(Verstöße gegen die offentliche Ordnung), ③ 국가표지나 국가가 보호하는 표지의 남용(Mißbrauch staatlicher oder staatlich geschützter Zeichen), ④ 영업체와 기업에 있어서의 감독의무위반(Verletzung der Aufsichtspflicht in Betrieben und Unternehmen), ⑤ 질사형대의 공통규정이다 이 중에서 형법전 각칙의 구성요건에 해당하는 순수한 의미의 각칙은 제1장에서 제3장까지 상세히 규정되어 있다.[18]

3. 질서위반과 범죄행위의 구분 (Abgrenzung von Ordnungswirdrigkeit und Straftat)

독일의 질서위반법에서 규정하는 질서위반행위란 범죄행위에 비하여 그 불법

9ff. (제2장); 조병선, 질서위반법－형법과 행정법사이의 새로운 법영역에 관한 비교법적 연구－, 형사정책연구원 (연구보고서 90-25), 1991, 67면 이하 참조. 독일 질서위반법의 법규정(Ordnungswidrigkeit)에 관해서는 1. 법의 토대(Rechtsgrundlage), 2. 질서위반의 구성(Aufbau der Ordnungswidrigkeit), 3. 객관적 구성요건(Objektiver Tatbestand), 4. 주관적 구성요건(Subjektiver Tatbestand), 5. 위법성(Rechtswidrigkeit), 6. 비난가능성 (Vorwerfbarkeit), 7. 부작위(Unterlassung), 8. 미수(Versuch), 9. 가담범(Beteiligung).

18) 조병선, 질서위반법－형법과 행정법사이의 새로운 법영역에 관한 비교법적 연구－, 형사정책연구원(연구보고서 90-25), 1991, 67면.

내용이나 비난의 정도가 경미하고, 사회윤리적 반가치판단의 측면에서도 범죄행위에 비해 정도가 낮은 경우를 가리킨다. 질서위반행위에 대한 제재수단인 질서위반금이란 형벌의 일종인 벌금과 구별되는 독자적인 성격의 금전적 제재수단을 말한다.[19] 독일의 질서위반법에서 질서위반과 범죄행위의 구분은 질서불법행위와 경미범죄불법행위의 관점에서 구체적으로 설명할 수 있다. 질서불법행위의 측면에서 본 비범죄화(Entkriminalisierung)란 형법의 구성요건을 질서위반법의 구성요건으로 전환한 것이다. 반면 경미범죄불법행위의 측면에서 본 비범죄화란 형식적인 가벌성의 전제조건은 완비되었음에도 불구하고, 형벌필요성(Strafwürdigkeit)이 단지 없다는 이유로 독립적으로 비범죄화한 것이다. 질서위반행위와 범죄행위의 본질적 차이(Wesensunterschied)는 행정청의 배타적 관할권에 있다.[20] 범죄불법행위와 행정불법행위와의 경계설정문제는 형법의 발전사에 중요한 의미를 갖고 있다.

Ⅲ. 독일 질서위반법의 발전사 (Geschichte des Ordnungswidrigkeitenrechts)

질서위반법이라는 개념은 독일에서 20세기 후반에 나온 신종 용어이다. 이 개념은 범죄불법행위(Kriminelles Unrecht)와 행정불법행위(Verwaltungsunrecht)의 구별에서 출발한다. 범죄불법행위와 행정불법행위의 구별에 관해 독일 학계에서는 세 가지 학설이 대립되고 있는데, ① 질적구별설, ② 양적구별설, ③ 질적·양적혼합구별설(절충설, 다수설)이다.[21] 질서위반법은 관습적인 행정형벌(die herkömmliche Verwaltungsstrafe)에 뿌리를 두고 있지만, 전통적으로 형법의 분가법(Rechtszweig)이다. 제2차 세계대전 후 독일은 형법과 질서위반법을 구분하여 입법을 했고, 제재수단인 형벌을 행정적 제재수단으로 전환하였다. 이는 국가공권력의 입법상 대전환을 의미한다.[22] 여기서는 독일 질서위반법의 발전사를 간략히

---

19) Schönke/Schröder/Stree, Strafgesetzbuch, vor § 38 Rdnr. 35, 26. Aufl., 2001.

20) Wolfgang Mitsch, Recht der Ordnungswidrigkeiten, Lehrbuch, Berlin · Heidelberg · New York, Springer 2004, S. 13ff.(Rdnr. 8ff.)

21) 독일의 학설논쟁에 관해서는 조병선, 질서위반법－형법과 행정법사이의 새로운 법영역에 관한 비교법적 연구－, 형사정책연구원(연구보고서 90-25), 1991, 51면 이하 참조; 김성돈, 도로교통법상의 "범칙금"과 명칭사기, 비교형사법연구 창간호, 세종출판사, 1999, 297-316면(309면 이하).

살펴보고자 한다.[23)]

1. 1871년의 제국형법전(Reichsstrafgesetz)

1871년 5월 15일의 제국형법전[24)]은 형법 제360조~제370조에 범죄유형(Deliktskategorie)을 중죄(Verbrechen), 경죄(Vergehen), 경범죄(Übertretung)로 구별하였다.[25)] 그러나 행정에게 부여된 형벌부과권을 형법전 이외의 모든 영역에서 완전히 차단하지는 못하였고, 여러 곳에 백지규정(Blankettvorschriften)을 두어 형벌을 행정관청이 구체화하도록 예외를 남겨 두었다.

2. 1949년의 경제형법(Wirtschaftsstrafgesetz)

1949년 7월 27일의 경제형법은 소위 혼합구성요건(Mischtatbestände)[26)]을 도입하였다. 1945년 이후 최초로 제6장(§ 6 WiStG 1949)에서 실체법적으로 질서위반행위를 구분하였다.[27)] 따라서 동법에 의한 구체적인 각각의 경제통제에 관한 위반행위에 대해서는 예외없이 어느 행위든지 간에 형사범에 해당하는 범죄행위인지 또는 행정범인 질서위반행위인지 검토하게 되었다.

이 법률에 따라 경제통제에 위반하는 행위는 범죄행위, 질서위반행위 그리고 범죄행위 또는 질서위반행위의 어느 곳에도 해당될 수 있는 3종의 행위 중 하나에 속하게 되었다. 이러한 혼합공식은 골드슈미트(Goldschmidt)와 볼프(Wolf) 이래로 주장되어 온 고전적 행정형벌이론을 최초로 입법화한 것이며, 범죄불법행위와 질서불법행위의 구별이 논의된 이래 최초의 구체적인 법규화였다.

그러나 이러한 입법작업을 주도한 에버하트 슈미트(Eberhard Schmidt)의 질적

---

22) 이에 관해서는 조병선, 질서위반법－형법과 행정법사이의 새로운 법영역에 관한 비교법적 연구－, 형사정책연구원(연구보고서 90-25), 1991, 13면 이하, 21면 참조.

23) Wolfgang Mitsch, Recht der Ordnungswidrigkeiten, S. 23ff.; 조병선, 질서위반법－형법과 행정법사이의 새로운 법영역에 관한 비교법적 연구－, 형사정책연구원(연구보고서 90-25), 1991, 27-50면 참조.

24) RGBl. S. 127; 여기에 관해서는 Eberhard Schmidt, Einführung in die Geschichte der deutschen Strafrechtspflege, 3. Aufl., Göttingen 1965, S. 344.

25) Wolfgang Mitsch, Recht der Ordnungswidrigkeiten, S. 9(Rdnr. 2).

26) Wolfgang Mitsch, Recht der Ordnungswidrigkeiten, S. 25(Rdnr. 4 mit FN 17); Klaus Tiedemann, Wirtschaftsstrafrecht, 2003, Rdnr. 72.

27) Wolfgang Mitsch, Recht der Ordnungswidrigkeiten, S. 24(Rdnr. 3 mit FN 13).

차이설이 의도한 바와는 달리 실무적으로 오히려 양적차이설에 가깝게 운영되었다. 법원은 중대한 위반을 범죄행위로, 가벼운 위반을 질서위반행위로 취급하였다. 1949년의 경제형법 제6조(§ 6 Abs. 2 WiStG 1949)에 규정되었던 최초의 진성 혼합구성요건(Mischtatbestände)은 1952년의 경제형법 제6조로 계승되었다.[28]

3. 1952년의 질서위반법(Ordnungswidrigkeitsgesetz)

1952년 3월 25일의 질서위반법(Gesetz über Ordnungswidrigkeiten, OWiG 1952)[29]은 모든 전문적인 영역에 있어서 질서위반행위에 대한 통칙적인 대강법률(Rahmengesetz)이며, 실체법과 절차법을 통합하여 최초로 질서위반행위를 편찬한 법전이라고 할 수 있다. 1952년의 질서위반법은 1949년의 경제형법을 답습하였지만, 그 영역은 경제 분야를 넘어 모든 행정법 분야로 그 적용범위를 넓힌 것으로 평가를 받고 있다.[30] 이러한 질서위반법전의 제정은 경찰의 형사처분과 행정의 형벌제재가 폐지되면서 나타난 경미범죄의 간략, 신속처리 부재로 생긴 실무적 필요성에 기인한 것이다. 당시 입법자는 질서위반금은 형벌과 질적으로 상이하다고 판단한 것이다.

구체적으로 입법자가 판단하기에 질서위반행위에 속하는 것은 법규에 규정된 명령이나 금지의 감독이 행정관청의 관할하에 있고, 이에 대한 상세한 근거법규가 존재하며, 그 위반행위에 대한 소추나 제재수단부과의 권한이 행정관청에 있을 경우이다. 행정관청은 질서위반금의 도움을 받아 법률의 집행이나 감독을 용이하게 할 수 있게 되고, 불이익을 받은 자도 형사소송을 면할 수 있게 되는 이점이 생기게 되었으며, 법원은 법령상 의무위반인이 행정관청의 재판을 양해하지 않을 경우에만 법적 통제를 할 수 있어서 업무량의 부담이 경감되는 효과가 나타나게 된 것이다.

1952년의 질서위반법이 입법된 이후, 독일은 질서위반법 통일화를 위한 입법노력을 계속하였다. 그리하여 연방의회는 더 이상 새로이 위경죄 구성요건(Übertretungstatbestand)을 제정하지 않았고, 또한 자유형이 아니라 벌금에 처해지는 경죄구성요건(Vergehenstatbestand)도 제정하지 않았다. 그러나 1952년의 질서위

28) Wolfgang Mitsch, Recht der Ordnungswidrigkeiten, S. 25(Rdnr. 4); Klaus Tiedemann, Wirtschaftsstrafrecht, 2003, Rdnr. 52, 71.

29) BGBl. I, S. 177.

30) Wolfgang Mitsch, Recht der Ordnungswidrigkeiten, S. 25(Rdnr. 5).

반법은 범죄행위와 질서위반행위의 절차법상의 엄격이원주의를 취했다.

4. 1968년의 질서위반법(Ordnungswidrigkeitsgesetz)

1968년 5월 28일의 질서위반법(Gesetz über Ordnungswidrigkeiten, OWiG 1968)은 범죄불법행위로부터 질서불법행위를 추출하는 작업을 진행하였다. 교통형법의 비범죄화의 작업과 함께 1952년의 질서위반법전의 근본적인 개혁을 단행하였다. 특히 절차법적 규정의 대대적인 개혁이 이루어졌고, 도로교통법(Umwandlung der bisherigen Verkehrsübertrennungen und einiger Verkehrsvergehen in Verkehrsordnungswidrigkeiten durch Art. 3 Nr. 6 EGOWiG)[31)]이 정비되었다. 왜냐하면 질서위반금절차와 형사소송이 너무 엄격히 분리되어 있었고, 한쪽에서 다른 한쪽으로의 절차간의 이송이나, 범죄행위와 질서위반행위가 결합된 경우, 통일적·단일적인 절차상의 취급이 결여되어 있었기 때문이다. 단순한 행정불복종 뿐만 아니고, 법익침해나 법익 위태화의 성격을 가지는 교통사건에 적용하기도 어려웠다. 당시 독일에서는 산업사회가 신행되고 있었고, 교통사건은 대량으로 발생하였기 때문에 법원의 업무부담을 경감시켜야 할 실무적인 필요성도 있었다. 따라서 교통범죄의 비범죄화[32)]는 당시까지 주장된 다른 어떠한 경미범죄 논의의 다른 대안들보다 필연적으로 질서위반법과 연계될 수밖에 없었다.

5. 1969년의 제2차 형법개정과 1974년의 형법시행법률
(Zweites Strafrechtsreformgesetz und Einführungsgesetz zum Strafgesetzbuch)

1974년 3월 2일의 형법시행법률(Einführungsgesetz zum Strafgesetzbuch, EGStGB 1974)[33)]에 이르러 질서불법행위의 범죄불법행위로부터의 색출·분리작업은 형법전 내의 모든 위경죄구성요건(Deliktsform der Übertretung)과 벌금이나 6개월

31) BGBl. I, S. 503.

32) [비교] 조선일보, [康법무] "교통 벌금 등 범칙금으로 전환," 2003년 3월 24일자, 사회면: "전과자 양산 막게" 법무부는 2003년 3월 24일 벌금형으로 인한 전과자 양산을 막기 위해 보건, 환경, 교통 분야 등의 경미한 행정법규 위반사범에게 부과되는 벌금을 과태료나 범칙금으로 전환하는 방안을 검토 중이라고 밝혔다. 강금실(康錦實) 법무부장관은 이와 관련, 이날 오전 KBS1 TV '아침마당'에 출연해 "민생 관련 법안을 개정하는 것을 연구 중"이라며 "예를 들면 도로교통법 위반시 벌금을 내도록 하면 전과가 생기므로 과태료나 범칙금으로 만드는 문제를 연구 중"이라고 말했다.

33) BGBl. I, S. 469.

미만의 자유형에 처해지는 경죄구성요건의 삭제로 발전하였고, 그 일부를 질서위반법전에 수용함으로써 구체적인 각론부분에서 질서위반행위로의 전환작업이 최종적으로 마무리되었다.[34)]

질서위반법은 1000여개의 법률에 도입되어 급속히 확산되었다. 연방헌법재판소도 입법자에게 행정재판의 적절한 귀속권(Zuweisungsbefugnis)을 인정하였다.[35)] 기존의 형법영역을 잠식한 질서위반법은 그 금액에 있어서도 벌금을 능가하는 데까지 이르러 최고액이 5만 마르크(한화 약 3천만원)나 10만 마르크(한화 약 6천만원)에 달했고,[36)] 200만 마르크(한화 12억)까지 규정된 법률도 있었다.[37)]

6. 그 외 중요 개정안

질서위반법은 1975년 이후 많은 개정이 있었다.[38)] 그 중에서도 중요한 법안들은 1997년 9월 13일의 부패방지법안,[39)] 1998년 1월 26일의 질서위반법 개정안,[40)] 2002년 7월 26일 질서위반법률 개정안[41)] 등이다.

Ⅳ. 독일 질서위반법의 법규정(Die Ordnungswidrigkeit)

여기서는 독일 질서위반법의 법적 토대와 질서위반행위 성립요건들을 살펴보고자 한다. 구체적으로 질서위반법의 법적 토대, 질서위반행위의 구조, 질서위반법의 객관적 구성요건, 주관적 구성요건, 위법성, 비난가능성, 부작위, 미수, 가담 등이 될 것이다.

---

34) Wolfgang Mitsch, Recht der Ordnungswidrigkeiten, S. 27(Rdnr. 7).
35) 이에 관해서는 BVerfGE 22, 49, 78=NJW 1967, 1219, 1220.
36) 예컨대 1957년의 카르텔법률 제38장(§38 KartellG v. 27.7.1957: BGBl. I, S. 1081).
37) 참고 1978년 3월 23일의 라인란트-팔츠주의 기념물보호 및 관리에 관한 법률 제33조 제2항 (§33 Abs. 2 Denkmalschutz- und -pflegeG v. Rheinland-Pfalz v. 23.3.1978 (GVBl. S. 159).
38) Wolfgang Mitsch, Recht der Ordnungswidrigkeiten, S. 27(Rdnr. 8).
39) BGBl. I, S. 2038.
40) BGBl. I, S. 156.
41) BGBl. I, S. 2864.

1. 법적 토대(Rechtsgrundlage)

질서위반법 제1조 제1항은 "질서위반행위란 질서위반금 처벌 구성요건에 해당하고, 위법하며 유책한 행위이다"라고 규정하고 있다. 질서위반행위가 성립하기 위해서는 형법상의 범죄성립에 필요한 세 가지 요건이 동일하게 충족되어야 한다. 질서위반법에 자주 등장하는 입법기술은 다른 법률에 위임하여 질서위반금을 규정한 백지규정이다.[42] 질서위반법 제3조는 네 가지 원칙(기본법 제103조 제2항 죄형법정주의)을 규정하고 있다. ① 관습법적인 제재의 금지(Verbot gewohnheitlicher Ahndung, lex scrita), ② 명확성의 원칙(Bestimmtheitsgebot), ③ 소급효금지의 원칙(Rückwirkungsverbot, lex praevia), ④ 유추금지의 원칙(Analogieverbot, lex stricta)이다. 이 원칙들은 관련자에게 유리하게 적용될 수 있으며, 유리한 적용은 질서위반법 제3조를 침해하는 것이 아니다. 질서위반법은 독일 형법 제3조와 마찬가지로 속지주의 원칙(Teritorialitätsprinzip)을 취하고 있다. 질서위반법 제5조는 상소적 적용범위를 독일 국내(Inland Deutschlands)로 한정하고 있다.[43]

2. 질서위반행위의 구조(Aufbau der Ordnungswidrigkeit)

질서위반법의 도그마틱은 형법의 도그마틱과 같다. 질서위반행위의 구조는 형법상의 범죄행위의 구조와 같다.[44] 구성요건, 위법성, 책임 그리고 그 밖의 가벌성의 전제조건 등이 충족되어야 한다. 비난가능성이란 질서위반금을 부과 받는 행위자의 개인적 책임을 말한다. 몇몇의 질서위반행위의 구성요건들은 제재의 객관적인 요건들을 갖추고 있다. 이것들은 형법의 객관적인 처벌조건에 상응하는 요건들이다.[45]

---

42) Wolfgang Mitsch, Recht der Ordnungswidrigkeiten, SS. 31-40(Rdnr. 2, 3); Klaus Tiedemann, Wirtschaftsstrafrecht, 2003, Rdnr. 2.

43) Wolfgang Mitsch, Recht der Ordnungswidrigkeiten, SS. 31-40(Rdnr. 7, 17).

44) Wolfgang Mitsch, Recht der Ordnungswidrigkeiten, SS. 41-45(Rdnr. 2); Hans-Heinrich Jescheck/Thomas Weigend, Lehrbuch des Strafrechts, Allgemeiner Teil, 5. Aufl., Berlin 1996, §7 V 5; Uwe Thieß, Ordnungswidrigkeitenrecht, Juristische Arbeitsblätter Lutherhand 2002, Rdnr. 122.

45) Wolfgang Mitsch, Recht der Ordnungswidrigkeiten, SS. 41-45(Rdnr. 8).

3. 객관적 구성요건(Objektiver Tatbestand)

질서위반법의 객관적 구성요건은 질서위반행위의 외관상 표지를 말한다. 행위자, 행위과정, 행위결과로 구성되어 있다. 객관적 구성요건을 작위와 부작위로 행하는 것이다. 질서위반금 구성요건은 혼합구성요건들이다. 자수범(Eigenhändiges Delikt)은 단지 구성요건적 행위를 직접 개인적으로 행하는 것이다. 질서위반행위는 일반적으로 거동범이고, 추상적 위험범이라는 것이 특징이다. 질서위반법에는 일반범도 있다. 질서위반법 제9조에 의해 결과범인 경우 인과관계와 객관적 귀속을 판단한다. 그러나 객관적 구성요건은 행정종속성(Verwaltungsakzessorität)이라는 한계를 가지고 있다.[46)]

4. 주관적 구성요건(Subjektiver Tatbestand)

질서위반법 제10조는 "법률이 과실임에도 처벌하겠다는 명문의 규정을 두지 않는 한, 고의의 행위만을 질서위반행위로 처벌할 수 있다"고 규정하고 있다. 주관적 구성요건은 고의와 과실로 이루어져 있다. 질서위반법에는 고의와 과실의 결합형 구성요건(Vorsatz-Fahrlässigkeits-Kombinationen)도 있다. 행위자가 객관적 구성요건적 사실에 대한 인식이 없을 경우 고의가 조각된다. 구성요건착오(Tatbestandsirrtum)는 질서위반법 제11조 제1항에 규정되어 있다. 과실행위의 경우 근거규정이 있어야 제재를 부과하는 주의규정이 있다. 과실의 종류는 인식 없는 과실(Unbewußte Fahrlässigkeit), 인식 있는 과실(Bewußte Fahrlässigkeit), 부주의(Leichtfertigkeit)가 있다. 과실은 주의의무위반(Sorgfaltspflichtverletzung)이 특징이다. 과실의 경우 경미한 질서위반금(geringere Geldbuße)이 법정형으로 규정되어 있다. 예를 들면 질서위반법 제127조 제1항은 고의범의 경우 상한선을 10,000 유로화로 규정하고 있고, 질서위반법 제127조 제2항은 과실의 경우 상한선을 5,000 유로화로 규정하고 있다. 고의를 초과하는 특별한 주관적 구성요건표지들은 구성요건에 기술되어 있다.[47)]

---

46) Wolfgang Mitsch, Recht der Ordnungswidrigkeiten, SS. 47-64(Rdnr. 2, 13, 15, 18, 21, 39).

47) Wolfgang Mitsch, Recht der Ordnungswidrigkeiten, SS. 65-77(Rdnr. 5, 8, 11, 14, 15, 18, 22).

5. 위법성(Rechtswidrigkeit)

구성요건에 해당하는 행위의 위법성은 질서위반행위의 중요한 표지이다(질서위반법 제1조). 위법성은 불법의 질량을 판단하는 전제이면서, 또한 질서위반금의 제재를 판단하는 전제가 된다. 정당화사유는 전체법질서에서 도출되는데, 그 사유는 법률 이외에 관습법적으로 널리 인정되고 있다. 정당화사유의 구조는 허용구성요건(Erlaubnistatbestand)으로 객관적 · 주관적 측면이 있다. 질서위반법에서는 위법성조각사유로 승낙, 추정적 승낙, 정당방위가 있다. 그러나 그 의미는 단지 축소되어 있다. 승낙과 추정적 승낙은 실무에서 아주 예외적으로 적용된다. 정당방위(Notwehr)는 질서위반법 제15조 제1항과 제2항에 규정되어 있다. 독일 형법 제32조와 같은데 다만, 범죄행위(Tat)가 행위(Handlung)로 규정되어 있다. 긴급피난(Notstand)은 질서위반법 제12조에 규정되어 있는데 독일 형법 제34조와 같다. 다만, 범죄행위가 행위로 규정되어 있다. 여기에는 이익형량의 원칙(Interessenabwägungsklausel)이 적용된다. 독일 형법과 질서위반법은 불문의 초과주관적 정당화사유(ungeschriebener übergesetzlicher Rechtsfertigungsgrund)를 인정하고 있다.[48] 의무의 충돌(Pflichtenkollision)은 법률로 규정되고 있지 않지만, 관습법적으로 인정되고 있으며 수도 부직위범에서 적용되고 있다. 행정관청의 허가(die behördliche Genehmigung)가 구성요건의 조각사유 혹은 위법성 조각사유(정당화 사유)인지 논란이 있다. 예를 들면 허가 없이 건축물을 신축하였다면 허가를 받지 아니한 행위가 질서위반행위에 해당한다. 만약 허가를 받았다면, 이러한 건축행위는 구성요건이 조각되는 것이다(tatbeständeausschließdende Wirkung). 구성요건에 규정된 허가를 받았기 때문에 행위의 불법성은 인정할 수가 없다. 그리고 직무행위와 질서위반행위가 상충하는 경우 직무행위가 정당화 사유가 될 수 있는가. 이것은 직무복종의무(dienstrechtliche Gehorsamspflicht)와 질서위반행위의 회피의무(Pflicht zur Vermeidung der Bußgeldbedrohten)가 충돌하는 경우이다. 이 경우에는 직무규정이 정당화적 효과(Rechtsfertigungswirkung)를 가지고 있다면, 정당화의 사유가 된다.[49]

48) OLG Düsseldorf, VRS 30, 444ff.

49) Wolfgang Mitsch, Recht der Ordnungswidrigkeiten, SS. 79-93(Rdnr. 11, 12, 14, 22, 30, 31).

6. 비난가능성(Vorwerfbarkeit)

비난가능성이란 책임이다. 질서위반법에서 비난가능성의 요소는 책임(Verantwortlichkeit, 질서위반법 제12조), 불법인식(Unrechtsbewußtsein, 질서위반법 제11조 제2항), 면책사유의 결여(Fehlen von Entschuldigungsgründen, 질서위반법 제15조 제3항)이다. 질서위반법 제12조는 "행위자가 만 14세 미만이거나 심신장애가 있는 경우에는 질서위반행위로 제재를 할 수 없다"고 규정하고 있다. 통찰능력(Einsichtsfähigkeit)과 조종능력(Steuerungsfähigkeit)의 장애가 있는 경우 비난가능성이 없다. 행위 시점의 나이가 만 14세 미만의 어린이(Kind)에게는 질서위반금을 부과할 수 없고, 단지 부모가 책임을 져야 한다.

청소년(Jugend)과 청년(Heranwachsende)의 경우 윤리적으로 정신적으로 성숙되어 있다면, 질서위반금을 부과할 수 있다. 그리고 질병에 의한 정신적 장애, 알콜, 마약 등으로 심신장애가 있는 경우 비난가능성이 없다. 질서위반법에도 원인에 있어서 자유로운 행위(actio libera in causa)가 적용된다. 금지착오(Verbotsirrtum, 질서위반법 제11조 제2항)는 행위의 위법성에 대한 착오(Irrtum über die Rechtswidrigkeit der Tat)이다. 금지착오의 경우 독일 학계의 다수설에 의하면 입법부는 책임설(Schuldtheorie)을 취하고 있다. 질서위반법에 규정된 유일한 책임조각사유는 면책적 긴급피난이다(질서위반법 제15조). 독일 형법 제35조의 적용과 일치한다.[50]

7. 부작위(Unterlassung)

부작위는 질서위반법의 체계에서 객관적 구성요건에 해당한다. 질서위반법 제121조 제1항 제2호에는 "요구되는 주의조치를 취하지 않는 경우"를 규정하고 있다. 이것은 진정부작위와 부진정부작위에 모두 해당된다. 진정부작위란 구성요건에 규정된 행위를 부작위에 의해 실현하는 경우를 말한다. 반면 부진정부작위는 작위로 예정되어 있는 질서위반구성요건의 행위를 부작위로 실현하는 행위이다(질서위반법 제8조). 부진정부작위의 경우 보증인의 지위가 있어야 한다. 여기서

---

50) Wolfgang Mitsch, Recht der Ordnungswidrigkeiten, SS. 95-105(Rdnr. 7f. 15f. 22).

보증인의 지위란 구성요건의 결과를 방지해야 할 법적 지위(Zuständigkeit für die Verhinderung tatbestandensmäßiger Erfolge)를 말한다. 예를 들면 미성년자(혹은 초등학교 학생)가 야기한 소음에 대해 보증인 지위가 있는 자가 개입(방지)하지 않으면, 보증인은 질서위반법 제117조 제1항 객관적 구성요건을 부작위를 통해 실현하는 자가 된다. 보증인 지위에 대한 법적 근거는 보호의무(Überwachungsgaranten, Sicherungsgaranten)와 감독의무(Beschützergaranten, Obhutsgaranten)가 된다.[51]

8. 미수(Versuch)

미수는 질서위반법에서 그다지 중요한 의미(geringe Bedeutung)를 가지고 있지 않다. 질서위반법 제13조 제2항은 미수의 제재에 관해 규정하고 있다. 법률에 미수범에 대한 제재규정이 있는 경우에 한해 질서위반금을 부과한다. 질서위반법의 미수이론은 일반적으로 형법 제22조의 미수이론과 동일하다.[52]

9. 가담(Beteiligung)

가담(加擔)이란 구성요건의 행위를 수인의 행위자가 협력하여 실현하는 것을 말한다. 이에 대해서는 독일 형법 제25조 제2항에서 제27조와 질서위반법 제14조에 규정되어 있다. 그러나 질서위반법 제14조는 단일정범이론(역할통일이론, einheitlicher Beteiligungbegriff, Rollenvereinheitlichung)을 채택하고 있다.[53] 수인이 하나의 질서위반행위에 가담하였다면, 수인은 각각 질서위반행위를 한 것이다(질서위반법 제14조 제1항). 정범과 공범의 가담형태의 구별 없이 질서위반행위 구성요건의 실현에 기여한 모든 가담자에게 그 기여정도에 따라 차별화하지 않고 모두 정범행위자로 취급하는 입법태도이다. 장점은 법적용의 단순성에 있다.[54] 질서위반법 제14조는 질서행위위반자와 가담자 모두 고의범인 경우에만 적용된다(Ausdehnungseffekt, 다수견해).[55] 이에 반해 제한적 정범이론(Restiktiver Täterbegriff,

51) Wolfgang Mitsch, Recht der Ordnungswidrigkeiten, SS. 107-113(Rdnr. 1, 6, 9, 10, 12); 김성돈, 가칭 질서위반법의 체계와 이른바 질서위반행위의 구조, 법조 통권 제577호, 2004년 10월호, 5-45면(31면).
52) Wolfgang Mitsch, Recht der Ordnungswidrigkeiten, SS. 115-119(Rdnr. 3, 6, 9, 11).
53) Wolfgang Mitsch, Recht der Ordnungswidrigkeiten, SS. 121-148(Rdnr. 14ff.).
54) Wolfgang Mitsch, Recht der Ordnungswidrigkeiten, SS. 121-148(Rdnr. 18).
55) Wolfgang Mitsch, Recht der Ordnungswidrigkeiten, SS. 121-148(Rdnr. 53).

Rollendifferenzierung, 역할차등이론)은 제재성을 제한하거나 축소하는 장점이 있다.

V. 독일 질서위반법의 제재규정 (Sanktion der Ordnungswidrigkeiten)

여기서는 독일 질서위반법의 제재벌칙규정을 살펴보고자 한다. 구체적으로 질서위반법의 개요와 원칙들, 질서위반금, 추징금, 몰수, 박탈, 그 밖의 규제들, 경합 등이 될 것이다.

1. 개요와 원칙들(Übersicht und Grundsätze)

독일 질서위반법의 주요제재(Hauptsanktion)는 제17조 질서위반금(Geldbuße), 제22조 몰수(Einziehung) 제29조a 추징(Verfall) 등이 있다. 그러나 질서위반법에는 자유형이 없다(Vor allem gibt es im Ordnungswidrigkeitenrecht keine freiheitsentziehende Sanktion). 질서위반법 외에도 도로교통법 제25조 운전금지(Fahrverbot)와 연방수렵법 제41조a 사냥연습금지(Jagdaussühnung) 등이 있다. 제재의 의미는 불법과 책임이 경미한 질서위반행위에 대해 경미한 비범죄효과(schwächerer Diskriminierungseffekt)를 주고 있다는 점이다. 질서행위 위반자의 잘못된 행위에 대해 의식을 바로 잡는 경고성 의미(경고장)를 부여하고, 그의 법적 의무와 규범신뢰를 강화하기 위해서 부여하는 제재수단이다. 여기서 중요한 것은 질서위반법의 제재로서 집행유예를 부과할 수 없다는 점이다(Die Sanktionen können nicht “zur Bewährung” ausgesetzt werden). 독일 질서위반법의 제재벌칙은 단순하고, 신속한 집행이 그 특징이다.

2. 질서위반금(Geldbuße)

독일 질서위반법 제17조에는 질서위반금범위(Bußgeldrahmen), 제56조에는 질서위반금부과(Bußgeldbemessung) 그리고 질서위반금목록(Bußgeldkataloge)이 규정되어 있다. 질서위반법과 형법과 다른 점은 경미하거나 무거운 사례에 따라 질서위반금을 차등하는 것을 허용하지 않는다. 예를 들면 책임감경, 미수, 부작위, 금지착오, 방조 등의 경우 형법에서는 차등하여 형벌을 부과할 수 있지만, 질서위반법의 경우 질서위반금을 차등화하여 부과할 수 없다. 다만, 이 경우 질서위반금 상한선과 하한선의 기준은 오직 고의와 과실에 따라 구분되어 있다. 여기서 질서위반금 부과기준(Bemessungskriterium)은 오직 비난(Vorwurf)의 정도인 것이다. 그리고 독일의 질서위반법은 아주 예외적인 경우를 제외하고는 질서위반금 부과시 위반자의 경제적 상황은 고려하지 않는다. 일반 형사사범의 경우에는 독일 형법 제40조 제2항이 고려될 수 있지만, 질서위반법의 경우는 같은 불법, 같은 책임에서는 동일한 질서위반금을 부과한다. 이것이 정의에 부합한다고 보고 있다.[56)]

3. 연대질서위반금(Verbandsgeldbuße)

독일법에 의하면 범죄행위와 질서위반행위는 단지 자연인(natürliche Personen, Menschen)만 범할 수 있다. 이것은 부작위범(형법 제13조, 질서위반법 제8조)과 가담범(형법 제25조 제2항 이하, 질서위반법 제9조)의 경우에도 마찬가지다. 독일 형법 제14조와 질서위반법 제9조도 예외가 아니다. 독일 형사범과 질서위반범에서 '집합범죄'(Delikt des Kollektiven)와 '연대범죄'(Verbandsdelikt)는 없다. 여러 사람이 공동으로 범죄를 하는 경우 독일 형법 제25조 제2항에 따라 공동정범이 되며, 모든 형사제재는 항상 개인적 자연인과 개인행위에 맞추어져 있다. 독일에서는 법인의 범죄능력을 인정하지 않기 때문에 법인의 위법행위를 범죄로 인식하지 않는다. 다만, 형법과 행정법의 중간영역이라고 할 수 있는 질서위반법에서 질서위반금(Bußgeld)을 부과하고 있다. 법인에 부과되는 질서위반금 액수는 자연인에게 부과하는 질서위반금보다 고액으로 규정되어 있다. 독일의 질서위반법상 법인에 대한 질서위반금은 고의행위의 경우 최고 액수는 형사범죄와 연결된 고의행위의 경우 1,000,000 유로화 이하까지, 과실행위인 경우에는 500,000 유로화 이하까지 부과할 수 있고(질서위반법 제30조 제2항 제1문), 질서위반법 이외의 질서위반행위인 경우 개별법률의 각각의 규정에 따라 최고 액수가 결정된다. 자연인에게 부과되는 질서위반금의 액수는 최저 5 유로화이다. 이는 질서위반법 제17조과 비교해 볼

56) Wolfgang Mitsch, Recht der Ordnungswidrigkeiten, S. 155ff.(Rdnr. 4, 5, 6, 11, 13, 20).

때 그 차이는 매우 크다. 참고로 유가증권법(Gesetz über den Wertpapierhandel, WpHG) 제39조 제4항 연대질서위반금의 상한은 1,5000,0000 유로화이다. 연대질서위반금 부과에 대한 특별기준은 질서위반법 제17조 제3항에 규정되어 있다. 연대질서위반금의 추징에 대해서는 질서위반법 제30조 제5항에 규정되어 있다. 연대질서위반금은 질서위반법 제30조 제4문 제1항에 따라 독자적인 절차에 따라 부과된다. 왜냐하면 연대질서위반금은 법인행위에 종속되어 있기 때문이다.[57]

4. 추징(Verfall)

독일 질서위반법 제29조a 이하에는 추징 규정이 있다. 하나의 부수적인 제재(Nebenfolge)이다. 추징의 주요 임무는 질서위반행위에 근간이 된 재산상의 이익을 박탈하는 데 있다(Aufgabe des Verfalls ist die Abschöpfung deliktisch begründeter Vermögensvorteile). 반면 추징의 목적은 이로 인해 취득한 재산상의 이익을 박탈하는 것이다(Gewinnungsabschöpfung ist ein Zweck der Geldbuße). 이에 대해서는 질서위반법 제17조 제4항과 제30조에 규정되어 있다. 추징은 원칙적으로 질서위반행위를 한 정범과 가담자에게 맞추어져 있으나, 제삼자(수익자, Dritten, Für einen anderen, Verfallsadressat)에게도 적용된다(질서위반법 제29조a 제2항). 법인(Juristische Person, Personenvereinigung)도 제삼자가 될 수 있다. 규범안정화와 예방적 측면을 고려한 것이다. 추징에 관한 규정의 법적 효력은 국가가 추징자에게 부가된 금액으로 한정되어 있다.[58]

5. 몰수(Einziehung)

독일 질서위반법 제22조에서 제29조에는 몰수에 관한 규정이 있다. 하나의 부수적인 제재(Nebenfolge)이다. 몰수의 목적은 1차적으로 위험스러운 물건을 가진 자의 위협에서 시민을 보호하고, 2차적으로 예방목적과 경고목적이 있다.[59] 몰수

---

57) Wolfgang Mitsch, Recht der Ordnungswidrigkeiten, SS. 165-174(Rdnr. 4, 10, 12, 14, 17).

58) Wolfgang Mitsch, Recht der Ordnungswidrigkeiten, SS. 175-180(Rdnr. 2, 6, 7, 8).

59) Wolfgang Mitsch, Recht der Ordnungswidrigkeiten, SS. 181-184(Rdnr. 1. 6. 9); 조병선, 질서위반법-형법과 행정법사이의 새로운 법영역에 관한 비교법적 연구-, 형사정책연구원(연구보고서 90-25), 1991, 158면.

는 독일 기본법 제14조에 근거를 두고 있고, 몰수절차는 기본적으로 형사절차와 같다. 행정관청이 몰수, 절차참가명령, 변호인 선정을 결정한다. 몰수결정에 대해서 불복할 수 있고, 항고에 대해서 법원이 결정한다. 몰수의 효력은 즉각적으로 발생한다. 질서위반법 제123조는 문자, 사진, 녹음, 복사나 묘사를 통해 외설스럽게 성적 부위가 다루어지거나 윤락행위를 위해 사용되는 물건에 대해서는 몰수와 폐기처분(Unbrauchbarmachung)을 한다고 규정하고 있다. 집행에 관해서는 질서위반법 제90조와 제91조에 규정되어 있다.

6. 그 밖의 규제들(Sonstige Sanktion)

또한 독일 질서위반법에는 강제처분에 엄격한 제한규정을 두고 있다. 질서위반법 제46조 제3항은 인신구속(Anstaltsunterbringung), 구류(Verhaftung),[60] 긴급체포(vorläufige Festnahme), 우편배달물, 전보의 압수, 우편 및 전신전화의 비밀에 저촉되는 상황의 정보탐지는 허용되지 않는다고 규정하고 있다. 질서위반자의 권리영역을 침해하는 강제처분은 무엇보다도 법치국가의 원리와 헌법상의 비례성의 원칙(Grundsatz der Verhältnismäßigkeit)에 제한을 받고 있다. 그외 규제로는 도로교통법 제25조 운전금지 규정이 있는데 이것은 독일 형법 제69조와 다르다. 형법 제69조 운전면허박탈(Fahrerlaubnisentzug)은 범죄행위로 인한 부가형이지만, 도로교통법 제25조 운전금지(Fahrverbot)는 질서위반행위로 부가된 규제이다. 운전자가 형법에 규정된 범죄행위(독일 형법 제323조a, 제316조)를 위반한 경우에는 운전면허박탈이 가능하지만, 운전자가 도로교통법의 구성요건을 비난을 받을 정도로 실현한 것이 아니라면, 운전금지라는 제재를 부과해서는 안 된다.[61]

7. 경합(Konkurrenzen)

독일 질서위반법은 독일 형법 제52조 이하와 같이 경합규정을 두고 있다. 질서위반법 제19조 제1항, 제20조(실체적 경합, Konkurrenz mehrerer Straftaten), 제21조(범죄행위와 질서위반행위와의 경합, Konkurrenz zwischen Straftat und Ordnungs-

60) KK-Lampe, Vor §35 Rdnr. 34; 조병선, 위의 책, 162면 이하 참조.
61) Wolfgang Mitsch, Recht der Ordnungswidrigkeiten, SS. 181-195(Rdnr. 5, 8).

widrigkeit), 제40조, 제45조, 제64조, 제83조, 제130조, 제131조에 경합규정이 자세하게 규정되어 있다. 수 개의 질서위반행위가 실체적 경합관계에 있는 경우는 가중주의(Gesamtgeldbuße) 등과 같은 형법상의 처단형(독일 형법 제53조~제55조)이 아니라, 각 위반행위별로 별도의 제재(Einzel-Geldbuße)를 부과하는 방식을 채택하고 있다(Kumulationsprinzip, 누적주의).[62] 수 개의 질서위반행위가 상상적 경합관계인가 실체적 경합관계인가의 구별은 형법의 기준에 따르고 있다.

Ⅵ. 독일 질서위반법의 소추 및 소송절차 (Verfahren der Ordnungswidrigkeiten)

독일 질서위반법의 소추절차는 확인절차(Erkenntnisverfahren, 질서위반법 제35조 이하)와 집행절차(Vollstreckungsverfahren, 질서위반법 제89조 이하)로 이원화되어 있다. 확인절차는 크게 세 부분이다. 행정관청의 절차, 검찰의 중간절차(질서위반법 제69조), 마지막으로 법원의 절차(질서위반법 제71조, 제72조)이다. 여기서는 독일 질서위반법의 소추 및 소송절차의 중요한 부분을 살펴보고자 한다. 구체적으로 질서위반금 소송과 형사소송, 소송의 구조, 기소편의주의, 소송조건과 소송장애, 경고와 경고금, 수사과정, 질서위반금결정과 이의와 중간재판, 공판, 상소, 재심, 강제집행과 비용 등이 될 것이다.

1. 질서위반금절차와 형사소송(Bußgeldverfahren und Strafverfahren)

독일 질서위반법 제35조는 질서위반행위의 소추와 제재에 관하여 규정하고 있다. 여기에는 행정관청의 우선관할권(Primärzuständigkeit)과 우선권(Vorrecht)이 있다. 이 규정에 따라 전문지식을 가진 행정기관이 신속하고, 간결한 절차를 통해서 소추하고 위반사실을 확정한다. 그 외에도 행정관청은 피해자를 대표하여 사건을 처리한다. 질서위반법 제35조 제1항은 아주 제한된 범위에서 검찰에게 2차 사건처리 권한(Sekundärzuständigkeit)을 부여하고 있다.[63]

62) Wolfgang Mitsch, Recht der Ordnungswidrigkeiten, SS. 196-206(Rdnr. 17); Kurt Rebmann/Werner Rothe/Siegfried Herrmann, Ordnungswidrigkeitengesetz, Kommentar, Stand 2003, § 20 Rndr. 1.

독일 형사소송법 제40조는 검사가 공소제기시에 질서위반행위에 대해서도 소추권한을 가질 수 있도록 규정하고 있다(형사소송법 제40조). 검찰은 질서위반금 결정이 있기 전까지 공소를 제기한 일반 형사범죄행위가 질서위반행위와 관계가 있을 경우 질서위반행위도 수인 받을 수 있다(형사소송법 제40조). 이 경우 형사관할권을 갖는 법원은 질서위반행위에 대해서도 재판관할권을 갖는다(형사소송법 제45조, 제82조). 관할권의 구별은 실체법적 규정을 고려한다. 즉 법원이 범죄행위에 대한 관할권이 있으면, 질서위반행위에 대한 관할권을 배제하고 판단할 수 있다(형사소송법 제21조 긴급한 경우의 권한, 긴급한 경우에는 관할권이 없는 법원도 관할구역 내에서 할 수 있는 심리 절차를 수행하여야 한다).[64] 수사의 단서가 범죄행위로 의심이 되면, 소추기관(행정관청)은 사건을 검찰로 송치해야 한다(질서위반법 제41조 제1항). 이 경우 형사절차는 질서위반금절차보다 선순위에 서게 된다.[65] 행정관청과 검찰의 관할권에 대한 갈등은 질서위반법 제44조에 의해 일률적으로 처리된다. 행정관청은 어떤 행위를 범죄행위로 소추할 것인지, 질서위반행위로 소추할 것인지 여부에 대해서 검찰의 결정에 영향을 받는다.

질서위반법 제46조 제1항은 질서위반금질차에 있어서 특별히 다른 규정이 없는 한, 원칙적으로 형사절차에 관한 일반 법률이 적용된다고 규정하고 있다. 이 규정으로 질서위반금절차와 형사절차 사이의 이원주의는 해소되었다.

2. 질서위반금절차의 구조(Struktur des Bußgeldverfahrens)

행정관청에서의 절차는 질서위반금 부과결정(Bußgeldbescheid)으로 종결된다. 해당 행정관청이 독자적으로 결정한다. 행정관청은 질서위반금의 결정권한을 가지고, 법규집행의 준수여부를 감시하며, 큰 비용 없이 법규위반행위를 통제할 수 있게 된다.[66]

질서위반금결정까지의 절차는 행정관청의 간소화된 절차에 따라 진행되고 있다(질서위반법 제53조~제64조). 결정절차에서 행정관청은 원칙적으로 검사의 역할

63) Wolfgang Mitsch, Recht der Ordnungswidrigkeiten, Berlin · Heidelberg · New York, Springer 2004, SS. 209-215(Rdnr. 10ff.).

64) Wolfgang Mitsch, Recht der Ordnungswidrigkeiten, S. 209ff.(Rdnr. 10ff.)

65) BGHSt 35, 290.

66) Wolfgang Mitsch, Recht der Ordnungswidrigkeiten, S. 218f.(Rdnr. 1ff.).

을 한다. 검찰이 소추권을 인수하면(질서위반법 제42조), 행정관청은 검찰의 보조기관으로서의 권한만을 가진다. 이 경우 행정관청은 수사기관으로서 마치 검찰과 똑같은 지위에 서서 질서위반금절차에 참여하게 된다(질서위반법 제63조).

행정관청의 질서위반금결정에 대해 이의(Einspruch)가 제기되면, 후속되는 법원절차는 형사소송법과는 상당부분에서 다른 특수성을 가지고 진행된다(질서위반법 제67조-제80조). 법원의 질서위반금절차는 원칙적으로 재판을 통해 진행된다. 증거조사는 형사소송에 비해 대폭 단순화되어 있고, 법원이 증거조사의 범위를 정한다(질서위반법 제77조).[67]

질서위반행위에 대한 제재는 행정관청의 질서위반금 부과결정(질서위반법 제65조)이나, 법원의 판결 또는 결정(질서위반법 제71조, 제72조, 제79조 제5항과 제6항)을 통해 이루어진다. 행정관청의 질서위반금 부과결정은 간소화된 절차에서 행하여진 하나의 일시적 선언일 뿐이고, 이는 위반자 스스로의 자발적인 승인(Selbstunterwerfung)을 통해서만 효력을 갖게 된다.

3. 기소편의주의(Opportunitätsprinzip)

독일 형사소송법은 기소법정주의(Legalitätsprinzip, 형사소송법 제153조 이하)를 취하고 있다. 그러나 질서위반행위는 소추과정에서 이 원칙이 적용되지 않고, 기소편의주의(Opportunitätsprinzip, 질서위반법 제47조)가 광범위하게 적용된다. 기소편의주의는 수사기관인 경찰, 기소 및 제재기관인 행정관청 그리고 검찰과 법원 모두에게 적용된다.[68] 기소편의주의가 적용되는 이유는 질서위반행위가 일상에서 자주 일어나고, 많이 발생하며, 모두를 다 기소할 수 없기 때문이다. 질서위반행위가 사소할 경우에는 질서위반금이 부과되지 않고 경고가 내려질 수 있다.

행정관청이 기소편의주의에 따라 질서위반금결정을 부과하지 않는 경우 이에 대한 법적구제 수단은 없다. 반면 부과된 질서위반금결정에 대한 이의신청(질서위반법 제67조)은 허용된다. 이의신청이 없거나, 이의신청이 법적으로 유효하게 제기된 경우가 아닌 경우 행정관청이 부과한 질서위반금결정은 확정력을 갖는다.[69]

---

67) Wolfgang Mitsch, Recht der Ordnungswidrigkeiten, S. 218(Rdnr. 4f.).
68) Wolfgang Mitsch, Recht der Ordnungswidrigkeiten, SS. 219-226(Rdnr. 5).
69) Wolfgang Mitsch, Recht der Ordnungswidrigkeiten, SS. 219-226(Rdnr. 5).

이후 질서위반법 제92조, 제90조에 따라 행정관청이 질서위반금을 집행하게 된다. 그러나 이의신청이 이유 있다고 판단될 경우 법원은 질서위반금부과의 실체적 전제조건들을 검토한 후 '면제 혹은 결정'을 판단한다. 질서위반금결정이 있은 후 집행절차에서는 기소편의주의가 적용되지 않는다.

4. 소송조건과 소송장애(Verfahrensvoraussetzung und Verfahrenshindernisse)

소추조건(Verfahrensvoraussetzung, Prozeßvoraussetzung)이란 사건의 실체에 대하여 심판을 할 수 있는 실체심판의 전제조건을 말한다. 소송장애(Verfahrens-hindernisse, Prozeßhindernisse)란 소송조건의 결여를 말한다. 이에 관해서는 질서위반법 제46조 제1항에 규정되어 있다. 독일 소재 외국대사관이 도로교통법을 위반한 경우 질서위반금을 부과할 수 없다. 독일 국적이 아닌 경우 소송장애사유에 해당하기 때문이다(질서위반법 제32조 제1항 제1문). 기본법 제103조 제3항에 규정된 일사부재리의 원칙(Grundsatz des 'ne bis in idem')은 형벌뿐만 아니라, 질서위반금에도 적용된다. 따라서 질서위반행위로 기소된 경우 다시 기소되지 않는다. 또한 질서위반행위의 공소시효(Verfolgungsverjährung der Ordnungswidrigkeit)는 소송장애사유가 된다. 공소시효가 완성된 경우 더 이상 질서위반금절차와 형사소송을 진행할 수 없다(질서위반법 제31조 제1문). 왜냐하면 공소시효가 완성된 행위는 더 이상 비난받을 만한 행위가 아니기 때문이다.[70]

5. 경고와 경고금(Verwarnung und Verwarungsgeld)

독일 질서위반법은 경미범죄에 대해 경고금의 제재형식을 도입하고 있다(질서위반법 제55조~제58조). 이를 통해 행정관청이나 위반자에게 모두 형식적인 질서위반금절차를 간소화할 수 있도록 하였다. 질서위반행위로서 기소가 필요하지만, 경미한 경우 가장 약한 조처로서 경고를 내릴 수 있도록 규정하고 있다. 경고는 행청관청, 경찰, 검찰이 할 수 있으며, 구술 혹은 서면으로 한다. 경고의 경우 경고금이 없이 발부되는 경우와 35 유로화가 넘지 않는 범위에서 경고금과 함께 발부하는 경우가 있다.[71] 예를 들면 주차위반의 경우인데, 독일 도로교통법 제24

70) Wolfgang Mitsch, Recht der Ordnungswidrigkeiten, SS. 227-239(Rdnr. 2, 10, 16, 28).

조의 도로교통에서 질서위반행위에 대한 경고금에 대해서는 경고금 목록(Verwarnungsgeldkatalog)이 있다. 그러나 대상자가 경고금처분을 받아들이지 않거나 처음부터 해당 질서위반행위가 경고로 끝날 수 있는 수준이 아니라면, 해당관청은 질서위반금 부과여부의 결정절차를 시작하고, 그 결과 질서위반금과 부대효과의 부과여부를 심사한다(질서위반법 제65조). 경고금과 함께 부과하는 경고는 상대방의 동의를 필요로 하는 행정행위(ein zustimmungsbedürftiger Verwaltungsakt)이다.[72] 그러나 경고와 경고금의 법적 성질은 질서위반금결정과 큰 차이가 있다.

6. 수사절차(Ermittlungsverfahren)

수사절차에서 초기혐의가 있을 때 행정관청은 기소편의주의(질서위반법 제47조 제1항)를 취한다. 경찰은 수사서류를 즉시 행정관청에 송부하여야 하고, 행정관청은 이 수사과정을 근거로 질서위반행위로 확정하든지 그 절차를 중단시키든지 한다. 범죄행위와 함께 수사할 경우에는 검찰이 행정관청으로부터 관계서류를 넘겨받는다(질서위반법 제41조). 수사절차는 질서위반금결정(Bußgeldbescheid)으로 종료된다. 이에 불복할 경우에는 소송을 할 수 있다(질서위반법 제46조 제1항, 형사소송법 제170조 제2항). 소송이 진행되면 행정관청은 모든 증거물을 법원에 제출해야 한다. 이때 관련자의 청문(Anhörung des Betroffen)으로 충분하다(질서위반법 제55조 제1항). 또한 행정관청을 통한 신문(Vernehmung des Betroffen)도 가능하지만, 관련자에게 묵비권(Recht auf Einlassungsverweigerung zur Sache)은 보장된다(질서위반법 제46조 제1항, 형사소송법 제163조). 증인신문(Vernehmung von Zeugen)도 가능하지만, 증인은 선서를 해야 한다(질서위반법 제46조 제1항, 형사소송법 제162조 a, 제48조 이하). 질서위반금소송에 있어서 중대한 범죄행위로 혐의가 있는 경우 통신수단의 감청이 허용되며(형사소송법 제163조 e), 압수와 수색 그리고 몰수도 허용된다(형사소송법 제94조 이하, 제102조 이하).[73]

---

71) Wolfgang Mitsch, Recht der Ordnungswidrigkeiten, SS. 240-246(Rdnr. 5).
72) BVerfGE 22, 125=NJW 1967, 1748.
73) Wolfgang Mitsch, Recht der Ordnungswidrigkeiten, SS. 257-263(Rdnr. 3, 4, 5, 7, 20, 13).

7. 질서위반금결정(Bußgeldbescheid)

질서위반금결정의 법적 성격(Rechtsnatur des Bußgeldbescheids)은 형사판결과 같은 법적 성격을 가지는 것이 아니라, 행정행위의 성격을 지니고 있다. 질서위반금결정은 반드시 서류형태를 취해야 하며, 서명날인은 필요 없고, 컴퓨터로 출력한 서류이면 충분하고, 관련자의 이의신청이 없거나 이의신청기간이 지나면 효력을 발생한다.[74)]

8. 이의신청과 중간재판(Einspruch und Zwischenverfahren)

독일의 질서위반법은 행정관청이 내린 질서위반금 부과결정에 정식으로 불복할 수 있는 제도적 장치를 마련하고 있다. 대상자가 불복하면 법원이 질서위반행위의 성립여부 및 제재부과의 적정성을 다시 판결한다(질서위반법 제68조 제1항).[75)] 질서위반금결정에 대해 이의신청을 할 수 있는 자는 위반자, 부대참가자, 변호인, 부대참가자의 변호인(질서위반법 제67조 제1항, 형사소송법 제297조) 그리고 법정대리인(질서위반법 제67조 제1항 2문, 형사소송법 제298조)이다. 청소년의 경우는 교육권자와 법정대리인이 이의신청을 할 수 있다(질서위반법 제46조 제1항, 청소년법 제67조 제3항). 이의신청은 서면 혹은 구술로 행정관청에 해야 하고(질서위반법 제67조 제1항 제1문), 2주일 내에 질서위반금 부과결정을 내린 해당 행정관청에 해야 한다(질서위반법 제67조 제1항 제1문).[76)] 위반자의 이의신청이 있으면, 질서위반금 결정내용은 법원에서 판단하며, 그 내용은 사실적·개인적 관점에서 책임판단의 대상으로 전환된다. 법원은 행정관청이 행한 이전의 판단으로부터 독립하여 아무런 제한도 받지 않고 질서위반금결정의 성립여부를 판단한다. 질서위반금결정은 행정행위가 아니고,[77)] 행정행위의 형태로 행해진 합행정적 재판(verwaltungsmäßige Entscheidung in Form eines Verwaltungsaktes)이라고 한다.[78)] 여기서의 재판

---

74) Wolfgang Mitsch, Recht der Ordnungswidrigkeiten, SS. 265-270(Rdnr. 4f.).

75) 이승호, 질서위반행위에 대한 제재체계의 정비를 위한 일고찰, 법조 통권 제577호, 2004년 10월호, 46-79(76면).

76) Wolfgang Mitsch, Recht der Ordnungswidrigkeiten, SS. 271-276(Rdnr. 5f.).

77) KK-Lampe, Vor § 35 Rdnr. 38.

78) Begründung des EOWiG.

은 질서위반금 부과여부를 판단하는 것이지 형벌의 부과로 넘어가는 형사절차가 아니다. 대상자는 심리적 압박 없이 행정관청의 질서위반금 부과결정에 대해 이의신청을 할 수 있다. 우리나라의 범칙금 통고처분제도와는 확연하게 다르다. 우리의 범칙금 통고처분제도[79]는 불이익변경금지의 원칙을 침해한 제도라고 생각한다.

9. 공판(Hauptverfahren)

형사제재는 법원이 항상 사실관계를 조사하고, 책임과 제재를 결정하는 것을 전제로 하고 있다. 이에 반해 질서위반행위는 법원(Amtsgericht)이 사안을 확정하기 전에 이미 행정관청이 제재를 부과하고, 질서위반금 부과결정에 대해 단지 이의신청(Einspruch gegen den Bußgeldbescheid)이 있는 경우에 재판이 진행된다. 이때 모든 사안은 법원으로 이송되고, 행정관청은 법원의 재판 없이는 질서위반금 부과결정을 집행할 수 없다. 원칙적으로는 지방법원 혹은 지원에서 재판하지만, 부정경쟁방지법 제81조의 질서위반행위의 경우(Ordnungswidrigkeiten nach §81 GWB) 고등법원의 카르텔부(Kartellsenat des Oberlandesgerichts)에서 재판한다. 법원의 질서위반금 선고는 형사사건처럼 공개주의 원칙(Grundsatz der Öffentlichkeit)이 적용되며(질서위반법 제46조 제1항, 법원조직법 제169조), 질서위반법 제73조에서 78조에 예외규정이 있다. 이 경우는 법원이 결정으로 무죄를 선고하는 경우에 적용된다. 질서위반법 제73조 제1항에 따라 관련자는 원칙적으로 법원에 출석해야 한다. 그러나 법원에서 더 이상의 수사상 신문은 허용되지 않는다(Eine kommissarische Vernehmung des Beroffenen ist nicht mehr zulässig).[80] 공판에서 검사의 출석의무는 형사소송에서는 명문으로 규정되어 있고(형사소송법 제226조), 이를 위반한 경우는 절대적 상고이유가 되지만(형사소송법 제338조 제5호), 질서위반금 부과결정 공판에서는 검사의 참여는 법적 의무가 아니다(질서위반법 제75조 제1항 제1

79) 통고처분에 의한 범칙금제도에 대한 비판에 관해서는 김성돈, 도로교통법상의 "범칙금"과 명칭사기, 비교형사법연구 창간호, 세종출판사, 1999, 297-316면; 김성돈, 가칭 질서위반법의 체계와 이른바 질서위반행위의 구조, 법조 통권 제577호, 2004년 10월호, 법조협회, 2004, 5-45면(12면); 김 교수는 "현행 범칙금제도는 통고처분에 불복하는 자에 대해서 다모클레스의 칼(the sword of Damocles)처럼 드리워 놓은 형벌을 다시 부과함으로써 당사자들의 불복 가능성을 봉쇄 내지 포기케 억압하고 있다. 범칙금집행의 실효성만을 제고하려는 기관이기주의 내지 행정편의주의의 발상에 불과하다"고 비판한다.

80) BGHSt 44, 345(346); Kurt Rebmann/Werner Rothe/Siegfried Herrmann, Ordnungswidrigkeitengesetz, Komentar, Stand 2003, § 73 Rndr. 13.

문). 공판에서 행정관청은 어떤 특정한 역할을 하는 것이 아니고, 다만 중간재판단계에서 관련 서류를 검찰에 송치할 수 있다(질서위반법 제69조 제4항 제1문). 재판은 판결(Urteil)이 아니고, 결정(Beschluß)이다. 하지만 내용상으로 이 결정은 판결에 상응한다. 공판결과에 따라 무죄 혹은 질서위반금이 선고되는데 결정에 대해서는 판결처럼 상소(Rechtsmittel)가 허용되며 결정의 효력은 판결처럼 강제력이 있다.[81)]

10. 항소와 항고(Rechtsbeschwerde)

판결과 결정에 대한 불복수단이 항소·항고이다(질서위반법 제72조). 항소·항고는 상소 중 하나이다. 질서위반법 제46조 제1항과 형사소송법 제260조에 따라 판결뿐만 아니라, 질서위반법 제72조와 제79조 제1항의 결정에 대해 불복할 경우 항소·항고를 할 수 있다. 법률위반의 경우에 가능하며, 절대적 상고이유가 된다. 항고심 관할 재판부는 고등법원의 질서위반금 재판부가 된다(질서위반법 제46조 제7항, 제79조 제3항, 제1문, 법원조직법 제121조 제1항, 제1문 제1호 a). 질서위반금 재판부(Senat für Bußgeldsachen)는 판사 3인의 합의부(질서위반법 제80조 제2항) 또는 판사 1인의 단독부(질서위반법 제83조)로 구성되어 있다. 항소심·항고심에는 불이익변경금지의 원칙이 적용된다(Verbot der reformatio in peius, Verschlechterungsverbot, 질서위반법 제79조 제3항 제1문, 형사소송법 제358조 제2문). 항소권·항고권은 질서위반법 제46조에 따라 형사소송규정이 적용되는 것으로 규정되어 있고, 항소·항고의 주체는 관련자, 검사, 변호인, 법적 조언자가 된다. 항소·항고는 1주일 이내에 해야 한다(질서위반법 제79조 제3문 제1항, 형사소송법 제341조 제1문). 항소·항고법원의 결정에 대해 다시 불복하는 경우에는 연방법원에 상고할 수 있다(질서위반법 제79조 제6항, 형사소송법 제354조).[82)]

11. 재심(Wiederaufnahme des Verfahrens)

재심은 상소가 아니다. 상소란 법적 효력이 발생하기 전의 구제절차라고 한다

81) Wolfgang Mitsch, Recht der Ordnungswidrigkeiten, SS. 277-285(Rdnr. 1, 4, 9, 23, 11, 12, 14, 15, 22, 25).

82) Wolfgang Mitsch, Recht der Ordnungswidrigkeiten, SS. 287-292(Rdnr. 3, 6, 7, 8, 14).

면, 재심은 확정 판결에 대한 구제절차이기 때문이다. 질서위반절차에서 재심은 위반자에게 유리한 경우만 허용된다. 질서위반금을 부과 받은 자를 범죄행위로 처벌하기 위하여 재심을 청구하는 것은 금지되어 있다. 형사소송법의 불이익변경금지의 원칙이 적용되기 때문이다.[83]

12. 강제집행과 비용(Vollstreckung und Kosten)

질서위반금의 강제징수는 독일 질서위반법 제90조 제1항 행정강제집행법(Verwaltungsvollstrekungsgesetz)과 질서위반법 제91조, 형사소송법 제459조 사법운영규정(Justizbetreibungsordnung)에 따라 집행한다. 질서위반금의 연체율은 질서위반금의 5%를 부과할 수 있고, 최소 20 유로화에서 최대 7500 유로화까지 부과할 수 있다(질서위반법 제107조 제3문). 질서위반금을 미납하는 경우 질서위반금징수집행관청(Vollstreckungsbehörde)은 질서위반법 제96조에 근거하여 강제구금(Erzwingungshaft)을 할 수 있는데, 납입의무를 강제하기 위한 수단이며 아주 보충적으로 이용되고 있다. 그러나 여기서의 강제구금은 독일 형법 제43조의 환형처분(Ersatzfreiheitsstrafe)과는 다르다.[84]

Ⅶ. 결 론

여기서는 독일 질서위반법의 시사점을 살펴보고, 현행 행정법규위반사범의 처리실태와 행정벌제도의 문제점을 검토하고자 한다. 이를 통해 한국형 질서위반법이 가야 할 방향을 모색해 보고자 한다. 결론에서 한국형 경미범죄의 비범죄화 방안과 경미범죄 처리방안을 검토하고, 한국형 질서위반법을 위한 몇 가지 제안을 하고자 한다.

1. 독일 질서위반법의 시사점

제2차 세계대전 후 독일은 형법과 질서위반법을 구분하여 입법을 했고, 제재

83) Wolfgang Mitsch, Recht der Ordnungswidrigkeiten, SS. 293-296(Rdnr. 2, 7).

84) Wolfgang Mitsch, Recht der Ordnungswidrigkeiten, SS. 297-302(Rdnr. 6, 11).

수단인 형벌(Strafe)을 행정적 제재수단인 질서위반금(Geldbuße)으로 전환하였다.

(1) 질서위반법을 통한 형사정책: 과감한 비범죄화

독일의 질서위반법은 입법을 통한 형사정책의 중요한 모델이 될 수 있다. '형사입법을 통한 형사정책'의 구현은 형사법의 오랜 전통중의 하나이다. 계몽시대 이후 근대 대륙법체계에서 확립된 것이다. 따라서 형법 및 부수형법은 사회통제의 최후수단(ultima ratio)이 되어야 할 것이다. 경미범죄에 형벌을 부과하는 것은 전과자의 양산을 초래하기 때문에 신중해야 한다. '경미범죄의 비범죄화와 과잉된 형벌법규의 차단'은 오늘날 자유민주국가에서 형사정책의 최우선 과제로 확립되어 가고 있다. 한국도 예외가 될 수 없다.

(2) 형벌 대신 질서위반금: 전과자 축소

독일의 질서위반법은 실체적·절차적 안전장치를 마련한 비범죄화의 모델이 될 수 있다. 경미범죄에 대해 형벌 대신 질서위반금을 부과하고, 범죄행위가 아니라 질서위반행위라고 명명하고 있으며, 질서위반행위의 구성요건, 질서위반금의 부과, 질서위반행위의 확인절차, 불복수단 등 법치국가의 이념을 구현하고 있다.

(3) 광의의 형법: 형법 대신 질서위반법

독일의 질서위반법은 네 가지 특징을 가지고 있다. 첫째, 질서위반법은 헌법상으로 형법의 범주에 속한다. 입법권의 관점에서 볼 때 질서위반법은 기본법 제47조 제1항의 형법 내지 법원의 절차(gerichtliches Verfahren)의 범주에 속한다. 둘째, 몇 가지의 예외를 제외하고는 형법총론은 질서위반법에 그대로 적용된다. 이에 대해서는 질서위반법 제1조에서 제34조까지 규정되어 있다. 셋째, 질서위반법의 질서위반금은 진정한 의미에서의 형벌은 아니지만, 형벌과 같이 일반예방과 특별예방의 기능을 수행한다.[85] 넷째, 질서위반행위의 소추절차에 있어서는 질서

85) BVerfGE 27, 18, 33=NJW 1969, 1619, 1622; 이승호, 질서위반행위에 대한 제재체계의 정비를 위한 일고찰, 법조 통권 제577호, 2004년 10월호, 46-79면(77): 이 교수의 제안이다. "질서위반행위의 처리절차는 최소한 준형사절차로 취급되어야 한다. 부과되는 제재가 형식적으로는 형벌이 아니더라도 실질에 있어서는 형벌과 유사한 강제적 이익박탈의 속성을 지니고 있기 때문이다. 따라서 형사법의 규제원리 중 기본적인 것들은 질서위반행위의 처리에도 적용되어야 한다. 성립요건이 엄격해야 하고, 소추와 재판의 절차도 나름의 시스템을 갖추고 있어야 한다. 이중처벌금지의 원칙과 일사부재리의 효과도 예외없이 인정되어야 하며, 제재의 부과여부 결정과 양정에 있어서는 비례의 원칙도 요구되는 것이 바람직하다."

위반법 제46조 제1항과 같이 특별한 규정이 없는 한 형사소송법, 법원조직법, 소년법의 일반원칙이 그대로 적용된다.

주목해야 하는 것은 독일의 질서위반법이 실체법적·절차법적 체계를 갖추고 있고, 그 법적 제재수단이 형벌이 아닌 질서위반금이라 할지라도, 질서위반법은 광의의 형법에 해당한다는 점이다. 질서위반법의 독자적인 기본적 규정 이외에는 형법과 형사소송법이 원용되고 있고, 그 근처에는 항상 형사법적 원칙이 그대로 유효하기 때문이다. 실제 독일 법과대학에서 개설된 질서위반법 강의는 행정법 교수가 아니라 형법 교수가 담당하고 있다. 시사점이 있다고 본다.

(4) 신속하고 간이한 결정과 집행: 불복시 재판으로 결정

독일의 질서위반행위는 일반 형사범죄와 달리 그 사안이 경미하고 형벌이 아닌 질서위반금으로 다스려지기 때문에 기소와 처벌의 권한을 일차적으로 행정관청이 갖는다. 그리고 독일의 질서위반법은 행정관청이 내린 질서위반금 부과결정에 정식으로 불복할 수 있는 제도적 장치를 마련하고 있다. 대상자가 불복하면 법원이 질서위반행위의 성립여부 및 제재부과의 적정성을 다시 재판한다(질서위반법 제68조 제1항). 이의신청은 서면 혹은 구술의 방식으로(질서위반법 제67조 제1항 제1문), 2주일 내에 질서위반금 부과결정을 내린 행정관청에 제출해야 한다(질서위반법 제67조 제1항 제1문).[86] 대상자의 이의신청이 있으면, 법원이 질서위반금 결정내용을 판단한다. 재판은 질서위반금 부과여부를 판단하는 것이지 형벌의 부과로 넘어가는 형사절차가 아니다. 이 점은 우리의 범칙금 관련 즉결심판과 다르다. 독일의 질서위반법은 질서위반행위에 대해서 법치국가의 안전장치(적법절차, 신속한 처리, 실체적 진실발견)를 마련해 두고 있다. 이 점도 시사하는 바가 있다.

(5) 행정관청의 조사와 소추: 기소편의주의

행정관청은 질서위반행위의 조사와 소추에 있어서 형사절차에서의 검사와 동일한 권한과 의무를 가지지만(질서위반법 제46조 제1항, 제2항), 강제처분에는 엄격한 제한이 따른다(질서위반법 제46조 제3항). 질서위반행위가 인정되더라도 정책적인 이유로 기소여부를 결정하는 기소편의주의가 적용된다.[87]

86) Wolfgang Mitsch, Recht der Ordnungswidrigkeiten, SS. 271-276(Rdnr. 5f.).

87) Werner Beulke, Strafprozessrecht, 9. neu bearbeitete Auflage, Heidelberg 2006, Rdnr. 17: 독일

(6) 질서위반금징수집행관청: 미납하는 경우 연체료 5%와 강제구금

질서위반금의 강제징수는 질서위반법 제90조 제1항 행정강제집행법과 질서위반법 제91조, 형사소송법 제459조 사법운영규정에 따라 집행한다. 질서위반금의 연체율은 질서위반금의 5%를 부과할 수 있고, 최소 20 유로화에서 최대 7500 유로화까지 부과할 수 있다(질서위반법 제107조 제3문). 질서위반금을 미납하는 경우 질서위반금징수집행관청은 질서위반법 제96조에 근거하여 강제구금을 할 수 있는데, 납입의무를 강제하기 위한 수단이며 아주 보충적으로 이용하고 있다. 그러나 여기서의 강제구금은 독일형법 제43조의 환형처분과는 다르다.[88] 이것은 한국에서도 검토해 볼 가치가 있다고 생각한다. 우리의 경우는 사회봉사명령을 부과하는 방안이 대안이 될 수 있을 것이다.

2. 한국 행정법규 위반사범의 처리실태와 행정벌제도의 문제점

한국의 현행 행정법규위반사범의 처리실태와 행정벌제도의 문제점을 살펴보고자 헌다. 여기서는 중요한 네 가지만 지적하고자 한다.[89] 이를 통해 개선방향을 명확하게 파악할 수 있을 것이다.

(1) 형벌법규의 과잉현상과 국민의 준법정신의 약화

대부분의 행정법규에서 행정상 의무이행 확보 수단으로 가장 강력한 행정형벌을 규정하고 있어 형벌법규의 과잉현상을 초래하고 있고, 결과적으로 형벌집행의 곤란과 국민의 준법정신을 약화시키고 있다. 예를 들면 경미한 위반행위 경우 행정청의 고발회피로 수사기관의 사건인지가 곤란하며, 인지하더라도 불기소처분 또는 무죄판결을 받고 있다.

(2) 전과자 양산과 국민의 사회생활의 제약

질서위반금 부과로 행정목적이 가능한 경미한 의무위반행위임에도 불구하고, 벌금이 부과되어 자칫 대부분의 국민이 전과자가 되어 취업·해외여행·입찰자

은 일반 형사절차에서 기소법정주의(Legalitätprinzip)를 채택하고 있다(독일 형사소송법 제152조 제1항).

88) Wolfgang Mitsch, Recht der Ordnungswidrigkeiten, SS. 297-302(Rdnr. 6, 11).

89) 행정쇄신위원회편, 행정벌의 합리화·현실화안, 1993, 5면.

격 제한 등 사회생활에 많은 제약을 받고 있는 실정이다. 예를 들면 행정서사업 휴·폐업 신고의무 위반시 3만원 이하의 벌금, 구류, 과료로 법정형이 규정되어 있고, 광업부 비치 및 보고의무 위반시에는 50만원 이하의 벌금형으로 법정형이 규정되어 있다.

(3) 국민생활 침해행위의 벌칙미약과 법령의 실요성 확보 곤란

국민생활침해 법규위반에 대한 벌칙 미약으로 법령의 실효성 확보가 곤란하고 불필요한 행정벌칙을 규정하여 국민의 권익보호에 역행하는 사례가 상존하고 있다. 예를 들면 윤락행위의 유인 및 권유시 3만원 이하의 벌금, 구류, 과료로 법정형이 규정되어 있고(1961년 윤락행위등방지법 제14조), 기생충 질환 검사·치료위반시에는 50만원 이하의 벌금, 과료로 법정형이 규정되어 있는 실정이다.

(4) 행정벌칙간의 형량의 불균형과 법적 형평성의 결여

유사한 위반행위에 대하여 서로 다른 행정형벌 또는 벌금을 부과하거나, 형량의 불균형으로 인하여 법적 형평성을 결여하고 있다. 예를 들면 조합임원의 사업목적 외 자금사용시 건설공제조합법에는 5년 이하의 징역, 300만원 이하의 벌금으로, 전문건설공제조합법에는 10년 이하의 징역, 500만원 이하의 벌금형으로 법정형이 상이하게 규정되어 있다.

3. 한국형 질서위반법 도입과 운영방안에 관한 제안

경미범죄 제도개선의 기본방향은 경미범죄의 비범죄화 방안이다. 여기에는 네 가지 방안이 있다. 첫째 경미한 행정법규 위반에 대한 벌금형 등을 질서위반금으로 전환하는 것이며(입법을 통한 경미범죄의 규제완화), 둘째 국민생활을 침해하는 법규위반 행위에 벌칙을 강화하는 것이며(입법을 통한 국민생활 침해범죄의 규제강화), 셋째 동일·유사한 의무위반행위에 대한 행정벌칙간의 불균형을 해소하는 것이며(입법을 통한 경미범죄의 행정벌칙 균형유지), 넷째 불필요한 행정벌칙의 정비(입법을 통한 경미범죄의 비범죄화) 등이다.[90] 입법부는 행정질서위반행위를 질서규범에 대한 경미한 위반으로 보고 질서위반법을 제정해야 한다. 질서위반자에

90) 이에 관한 문헌으로는 임웅, 경미범죄의 비범죄화, 형사정책연구, 1990년 제2호, 187-215면.

대해서는 형벌이 아닌 질서위반금을 부과해야 한다. 이러한 법정비를 통해 남아 있는 법규범에 대해 법집행의 기능효율성을 강화하는 방안을 같이 고려해야 할 것이다.

(1) 입법부의 과제: 질서규범체계와 질서규범 통제체계의 재정립

질서규범체계와 질서규범 통제체계의 새로운 정립이 선행되어야 한다. 현행 행정법규 위반사범의 처리실태를 개선하기 위해서 입법부를 통한 질서위반법 제정이 필요하다. 입법부는 범죄불법행위와 행정불법행위 사이의 경계구분을 재평가하고, 이러한 개념구분과 규범가치의 새로운 평가를 통하여 형법상의 제재와 행정상의 규제를 더욱 세분화해야 한다. 수많은 형법법규들을 분석하여 그 중에 비범죄화되어야 할 경미범죄의 목록을 만들어야 한다.[91] 어떤 행위유형을 질서위반법에서 비범죄화시켜야 할 것인지 연구하는 것은 한국형 질서위반법 제정에서 핵심과제가 될 것이다. 질서위반법은 질서의무위반을 규정한 법률이 되어야 한다.

특히 입법부는 형사범죄행위와 행정불법행위의 구분, 형법규제와 행정법상의 규제 구분을 통해서 과감한 비범죄를 시행하고, 질서위반행위에 대해서는 제재벌칙으로 질서위반금을 신설해야 할 것이다.[92] 그리고 질서위반금의 목록표도 정리해야 할 것이다.

생각건대 형법 제41조의 형의 종류 중 제8호 '과료' 항목 삭제와 '운전금지' 항목의 도입이 필요하다. 현행 형법상의 형벌체계와 형벌종류도 단순하게 체계화해야 한다. 형법 제41조(형벌의 종류)는 생명형(Todesstrafe), 자유형(Freiheitsstrafe) 그리고 벌금형(Geldstrafe)으로 개정하고, 그 외의 제재유형은 질서위반법에 넘겨주어야 한다. 형법상의 제재에는 자유형, 벌금형, 운전금지 등이 규정되어야 할 것이다.

한국형 질서위반법을 통한 질서규범체계와 규범통제체계의 새로운 정립은 검찰과 법원의 업무효율성과 업무경제성에도 영향을 줄 것이다. 검찰에서는 검찰업

---

91) 김성돈, 가칭 질서위반법의 체계와 이른바 질서위반행위의 구조, 법조 통권 제577호, 2004년 10월호, 5-45면.

92) 국가질서규범(Staatliche Anordnung)에 관한 도표로는 Hans Krause und Hans Thomas, Strafrecht, Allgemeiner Teil, 3. Aufl., Stuttgart · Berlin · Köln · Mainz, 1985, S. 15 참조; 이에 관해서는 신동운, 형법총론(사례입문), 법문사, 1991, 23면 참조.

무경감을 통한 범죄예방과 범죄수사의 효율화 그리고 부수적으로 국민권익 및 법익보에호를 강화할 수 있을 것이다. 그리고 법원에서는 중질서규범위반자 즉, 법정형이 생명형, 자유형 그리고 벌금형에 대하여 형사재판을 한다면, 신속한 재판(집중심리), 양형합리화 그리고 법규범의 실효성 확보를 더욱 강화할 수 있을 것이다. 항국형 질서위반법 제정으로 사법시스템은 획기적으로 개선될 수 있다고 생각한다.

(2) 사법부의 과제: 경미범죄처리실태의 재정립

질서위반법이 제정되면, 검찰업무의 재편성과 수사지휘 효율성도 정비되어야 한다. ① 경미범죄와 형사범죄는 구분되어야 하고, 형법규범 위반행위, 부수형법규범 위반행위, 교통범죄에 대한 수사는 검찰과 사법경찰관리가 담당한다. ② 경미범죄에 대한 수사권은 검찰에서 경찰로 이양되고, 경미사안의 경우 경찰에서 수사가 종결되어야 한다. 독일 경미범죄처리실태가 참고가 될 수 있을 것이다. 독일 형법 제46조a 피해자-가해자-조정, 독일 형사소송법 제153조, 제153a, 독일 질서위반법 제65조 교통범죄, 질서위반금결정 등이 참고가 될 수 있을 것이다. ③ 다만 이 경우 검찰은 행정관청과 경찰로부터 사건경과에 대한 경청권을 가짐으로서 유사시 검찰이 통제를 할 수 있도록 제도화해야 할 것이다. 만약 질서위반행위가 형법상의 범죄행위로 의심이 있을 경우 검찰은 수사중지를 요구할 수 있고, 수사지휘를 할 수 있도록 해야 할 것이다. ④ 검찰업무의 간소화는 전과자를 줄이는 방안이 될 것이다.

질서위반금은 행정관청이 결정하고 이에 대한 불복은 질서위반금 소송절차를 통해 처리해야 할 것이다. 또한 상고와 재심절차를 인정해야 할 것이다. 질서위반법에는 제재로서 질서위반금, 몰수, 추징을 규정해야 하고, 형법 제51조를 개정해야 할 것이다.

형법상의 제재에는 자유형(Freiheitsstrafe), 벌금형(Geldsfrafe), 운전면허박탈(Fahrerlaubnisentzug) 등으로 제한해야 할 것이다. 또한 자격정지와 자격상실은 단지 병과형에 불과하도록 해야 하며, 질서위반행위에는 전과를 기록해서는 안 된다고 생각한다. 전과기록은 반드시 범죄행위에 대해서 그리고 형사재판을 통해서 형벌을 확정 받은 자에게만 등재되어야 할 것이다.

4. 한국형 질서위반법을 위한 몇 가지 제안

(1) 질서위반법은 공법의 일부이고 광의의 형법이다.

질서위반법은 관습적인 행정형벌(die herkömmliche Verwaltungsstrafe)에 뿌리를 두고 있지만, 전통적으로 형법의 분가법(Rechtszweig)이다. 따라서 국가공권력의 행사는 법치국가적 정형성을 가지고 제한적으로 이루어져야 한다. 질서위반법은 사회구성원의 평화로운 공동생활을 확보하기 위해 국가가 개인에게 일정한 행위의무(行爲義務)를 부과하고 이를 위반하였을 경우에 그 의무이행의 확보수단으로서 일정한 제재(질서위반금, 몰수, 추징)를 부과할 때 그 정당성이 있다. 따라서 질서위반법 제정과정에서 개인의 자유보장과 개인의 권리보장을 깊이 고려해야 한다. 질서위반법은 법적 금지와 명령에 대한 위반행위가 있을 때만 개입해야 한다. 질서위반행위에 대한 기소와 제재부과는 행정관청이 담당해야 하며, 당사자의 불복이 있는 경우에는 법원이 재판을 해야 하며, 재심도 허용되어야 한다.

(2) 질서위반행위는 형벌이 아닌 질서위반금으로 정비되어야 한다.

과태료 규정을 두고 있는 수백개의 법률을 재정비하고, 제재는 통일적으로 질서위반금으로 규정하는 것이 타당하다. 질서위반금의 경우 전과기록부에 등재되어서는 안 된다. 그리고 납부하지 않았다고 해서 징역형으로 환형처분이 되어서도 안 된다. 다만, 이 경우에는 사회봉사명령이 부과되어야 한다.

또한 과태료라는 명칭은 질서위반금으로 통일하는 것이 타당하다고 생각한다. 왜냐하면 과태료제도는 일제시대 법체계의 유물이기 때문이다.[93] 일제시대 각 개별법에 규정되어 있던 과료제도가 해방 후에도 그대로 수용되었고, 이것이 1962년 비송사건절차법의 제정으로 용어만 과태료로 바뀌어 사용되어 왔다. 새로운 법률인 질서위반법은 새로운 제재용어로 과태료 대신 질서위반금으로 대체되어야 할 것이다.

과태료 부과대상행위와 경미범죄에 대한 범칙행위를 포함한 상위개념으로 '질서위반행위'라는 용어를 사용한다면, 제재수단도 명확하게 질서위반금이 되어

---

93) 이승호, 질서위반행위에 대한 제재체계의 정비를 위한 일고찰, 법조 통권 제577호, 2004년 10월호, 6-79면(50면).

야 한다. 새로운 입법으로 법집행에 대한 효율성을 높일 수 있는 정책은 법률용어의 정비로부터 시작해야 한다.

(3) 질서위반법으로 편입될 행위유형을 정비하고, 과감한 비범죄화의 입법을 추진해야 한다.

물론 질서위반법 영역을 무제한으로 확대하는 것은 새로운 부작용(규범약화, 국민의 자유권과 재산권 침해)을 낳을 수 있다. 때문에 비범죄화 입법추진에도 분명한 한계가 있어야 한다. 헌법적 가치질서와 불법내용을 기준으로 신중하게 판단해야 한다. 그리고 시대의 요청과 사회의 변화를 반영해야 하며, 경제개발협력기구(OECD) 국가의 질서위반법도 비교연구를 해야 한다. 또한 소위 '명칭기망'을 통한 명목상의 비범죄화와 형식상의 비범죄화도 입법과정에서 명확하게 정비해야 한다. 기존의 과태료부과 대상행위를 유형별로 분류하고, 과잉범죄화는 전면적으로 정비되어야 한다.

(4) 한국의 법전에서 범칙금이라는 용어는 완전히 삭제되어야 한다. 범칙금은 형벌도 아닌 것이 형벌의 역할을 하고 있다.

현행 범칙금제도는 벌금형을 범칙금(犯則金)이라는 제재수단으로 전환하고 있지만, 이것은 제재수단의 종국적인 전환이 아니다. 왜냐하면 범칙금의 실질은 형벌이고, 외관만 형벌이 아닌 것처럼 포장해 놓은 것에 불과하기 때문이다.[94] 범칙금을 납입하면 비범죄화이고, 이의를 제기하면 전과자가 될 수 있다는 입법논리는 실질적 비범죄화가 아니다. 범칙금이란 변형된 형사제재일 뿐이다. 포장술에 의한 비범죄화(범칙금)는 실질적 비범죄화로 전환되어야 한다. 경미범죄처벌법과 도로교통법에 규정되어 있는 우회적 비범죄화 혹은 임시조치성 비범죄화는 전면개편되어야 한다.

94) '통고처분과 그 명칭기망'에 관해서는 김성돈, 가칭 질서위반법의 체계와 이른바 질서위반행위의 구조, 법조 통권 제577호 2004년 10월호, 5-45면(10면 이하, 18면 이하): 김 교수의 주장에 의하면 "경미범죄처벌법이나 도로교통법의 범죄행위 가운데 상대적으로 경미한 위반행위를 선별하여 범칙행위라는 명칭을 붙인 후, 범칙행위에 대해서는 경찰서장의 통고처분을 통해 벌금 등 형벌을 부과하는 대신 소위 '범칙금'을 불과할 수 있다고 규정하고 있다(경범죄처벌법 제2장과 도로교통법 제12장). 그러나 이러한 특별규정은 범죄행위를 범칙행위로 전환하는 조치일 뿐 진정한 의미의 비범죄화가 아니다. 범칙행위에 대해서는 법률의 규정상 여전히 형벌이라는 법효과가 붙어 있다. 범칙금부과절차인 통고처분에 불응하거나 범칙금을 미납하는 경우에는 즉결심판에 회부되어 범칙금 대신 원래의 효과인 형벌(벌금형 및 그에 따른 환형처분)을 복원하는 절차를 두고 있기 때문이다"; 김성돈, 도로교통법상의 "범칙금"과 명칭사기, 비교형사법연구 창간호, 세종출판사, 1999, 297면 이하.

(5) 한국형 질서위반법의 제정이 필요하다. 단순행정의무위반과 경미범죄를 하나의 범주로 묶고, 동일한 절차에 따라 동일한 제재를 부과해야 한다.

과태료 부과처분과 범칙금 통고처분의 대상이 중복되고, 절차에 있어서도 비형사적인 요소와 형사적인 요소가 원칙 없이 혼재해 있다. 과태료 부과처분과 범칙금 통고처분을 하나로 묶고 독자적인 제재체계를 구축하는 것이 바람직하다. 왜냐하면 절차의 복잡성을 제거하고 효율적인 운영을 도모할 수 있기 때문이다. 그렇게 해야 공정성과 독자성을 확보할 수 있을 것이다.[95]

(6) 질서위반법에는 법치국가적 안전장치가 마련되어야 한다.

질서위반법은 광의의 형법이기 때문에 죄형법정주의가 명문화되어야 한다. 질서위반행위 및 제재수단의 명문화, 관습법에 의한 제재부과 금지, 명확성의 원칙, 소급효금지, 유추금지 그리고 과잉금지의 원칙이 적용되어야 한다. 또한 인적 적용범위와 시간적 적용범위도 규정되어야 한다.

(7) 질서위반법에는 통칙규정이 필요하다.

질서위반행위가 성립하기 위해서는 형법상 범죄행위와 마찬가지로 구성요건해당성, 위법성, 비난가능성(책임)이라는 세 가지 요소를 모두 갖추어야 한다. 부작위, 미수, 가담, 경합관계, 제재수단에 관한 규정도 두어야 한다. 질서위반행위에 공통으로 적용될 수 있는 기본규정이 체계적으로 정비되어야 한다고 생각한다.

(8) 질서위반법에는 질서위반행위의 유형화와 정형화가 필요하다.

질서위반금 부과기준을 일관성 있게 적용하고 신속하게 집행해야 한다. 그러기 위해서는 질서위반행위의 유형화와 정형화가 필요하다. 그 한계는 행정종속성(Verwaltungsakzessorität)이 될 것이다. 이때 독일의 질서위반금 목록표(Bußgeld-kataloge)는 아주 중요한 참고자료가 될 수 있다. 왜냐하면 독일의 질서위반법은 유럽 질서위반법(Europäisches Bußgeldrecht)의 제정에 있어서 중요한 기초자료의 역할을 하고 있기 때문이다.

95) 이승호, 질서위반행위에 대한 제재체계의 정비를 위한 일고찰, 법조 통권 제577호, 2004년 10월호, 46-79면(78면 이하).

(9) 질서위반법은 비송사건절차에 의해서 처리될 사건이 아니고, 독자적인 질서위반금 기소절차에 의해서 진행되어야 한다.

질서위반자에 대해서는 형벌이 아닌 질서위반금을 부과해야 한다. 그러나 비송사건처리절차에 의할 경우 단순 행정질서벌에 관해서만 관할권이 축소될 가능성이 있다. 질서위반법 정비를 통해 행정질서벌과 경미범죄를 통합한다면, 독자적인 질서위반금절차가 필요하며, 이러한 절차는 형사소송법 규정이 참고가 되어야 할 것이다. 이렇게 될 때 역설적이지만 법집행의 기능적 효율성을 높일 수 있을 것이다.

(10) 질서위반법 제정과 함께 전과말소 등 후속조치가 단행되어야 한다.

경미범죄에 대해서는 이번 기회에 정비가 필요하다. 더 이상 시간을 지체할 수 없다. 하루 빨리 이 법 시행과 함께 대규모 그리고 과감한 전과말소 작업도 병행해야 한다. 물론 이 경우 신중한 검토를 한 후 「경미범죄에 대한 전과기록말소조치」로 제한해야 할 것이다. 이것은 「국민을 위한 신형사정책」이 될 것이다.

전과말소를 통한 형사정책은 언젠가 다가 올 통일시대에도 한번 더 유용하게 활용될 수 있을 것이다. 따라서 경미범죄의 처리제도에 대한 대대적인 개혁작업에는 체계적인 준비 작업이 필요하며, 원칙과 기준을 세워 정리할 필요가 있을 것이다. 저자는 이것이 진정한 의미의 사법개혁이라고 생각한다.

제 4 편

독일 통일과 법치주의

-한국 통일에 대한 시사점-

제1장 독일 통일과 스파이소송
제2장 독일 통일과 공소시효
제3장 독일 통일과 사법통합 -남북한의 사법제도 통합방안
제4장 독일 통일과 경찰통합
제5장 독일 통일과 교정통합

제1장 독일 통일과 스파이 소송*

- 동독 국가공안부와 인민군 정보요원들의 처벌문제 -

Ⅰ. 서 론

동독 국가공안부(Ministerium für die Staatssicherheit, MfS: Staatssicherheitsdienst, 일명 슈타지 · Stasi)[1]는 첩보기관, 비밀정치경찰 그리고 범법행위의 조사기관으로서 독일 사회주의통일당(SED, 이하 사통당) 정치국의 독재를 선도한 핵심기관이었다. 형식상으로 내각 산하에 있었지만, 고유업무는 사통당의 독재권력의 보호에 집중되었다. 1989년 독일의 평화적인 혁명 후 이 기관의 자료가 공개되었고, 규모와 활동이 구체적으로 밝혀졌다. 이 자료에 의하면 동독 국가공안부가 자행한 대표적인 불법행위들은 살인, 살인교사, 불법감금, 고문, 협박, 공갈, 밀고, 도청 그리고 우편물 검열 등 반인륜적 · 반법치국가적 범법행위와 서독과 나토회원국(북대서양조약기구, NATO)의 안전을 위해(危害)하는 스파이행위로 구분된다. 이 논문은 슈타지 관련 불법유형 중에서 특히 「서독과 나토회원국에 적대적인 스파이행위를 한 동독 국가공안부와 동독 인민군 정보요원들의 처벌문제」(Zur Strafverfolgung gegen frühere Angehörige der DDR-Geheimdienste)[2]를 다루게 될 것이다.

---

* 하태영 · 윤대규, 서독과 나토(NATO) 회원국에 적대적인 스파이행위를 한 구동독 국가공안부와 동독 인민군 정보요원의 처벌문제, 경남법학 제15집, 경남대학교 법학연구소, 2000, 93-128면; 하태영, 독일 통일과 스파이 소송-동독 국가공안부와 동독 인민군 정보요원들의 처벌문제-, 수운 이한교교수 정년기념논문집, 2000, 279-312면.

1) 이 문제에 관해서는 Werner Weidenfeld/Karl-Rudolf Korte (Hrsg.), Handbuch zur deutschen Einheit, Aktualisierte Neuausgabe, Frankfurt/Main, New York, Campus Verlag 1996; 임종헌 · 신현기 · 백경학 · 배정한 · 최필준 역, 독일통일백서, 한겨레신문사, 1998, 525-534면: 1989년 말 이 기관의 해체 당시 9만 1천명의 주요 정식직원과 17만 3천명의 비공식적 협력자들이 국가공안부의 운명과 함께 하였다.

2) 독일 통일과정과 통일 이후 불법과거사청산과정에 관한 중요한 문헌으로 Klaus Marxen/Gerhard Werle, Die strafrechtliche Aufarbeitung von DDR-Unrecht. Eine Bilanz, Berlin-New York, 1999, SS. 120-140, 216-221. 특히 S. 231, 238, 242. 독일 베를린 훔볼트대학교 (Humboldt-Universität zu Berlin) 법과대학의 클라우스 마르크센(Klaus Marxen) 교수는 주정부(州政府)의 지원으로 '체제변동과 과거사청산'을 연구하고 있다. 연구보고서 제1집으로 『구동독-불법의 형사법적 청산』을 출판하였다. 이 책은 ① 국경수비대의 총기사건, ② 선거조작, ③ 법률왜곡, ④ 밀고자, ⑤ 국가공안부 범죄행위, ⑥ 구금기관의 가혹행위, ⑦ 도핑, ⑧ 공직남용과 부패, ⑨ 경제범죄, ⑩ 스파이범죄에 대한 각종 통계와 판결내용을 상

스파이(Spionage) 문제는 독일의 통일과정과 통일 이후 불법과거사의 청산과정에서 제기된 특수한 사례[3]이다. 그러나 우리의 통일과정에서도 충분히 예상할 수는 문제이기 때문에 독일의 사례들을 철저히 분석한 후, 다각적인 해결방안을 모색할 필요성이 있을 것이다. 이미 이 주제에 대해서는 국내에 몇 편의 논문들이 소개되어 있다.[4] 이 논문의 연구목적은 기존에 소개된 내용을 체계적으로 정리하고, 이어서 구체적 해결방안을 제시하는데 있다.

이 연구는 전체 8장으로 구성한다. 연구범위를 보다 분명히 하기 위하여 먼저 스파이행위와 관련하여 연방헌법재판소에 제소된 4개의 사건을 소개하고자 한다(Ⅱ). 이어서 서독과 나토회원국(NATO)에 적대적인 스파이행위를 한 동독 정보기관의 조직구조를 개관하기로 한다(Ⅲ). 다음으로 독일의 사법기관이 파악한 사실관계를 중심으로 스파이활동의 유형과 범위 그리고 동독 국가공안부의 조직해체과정에서 나타난 문제점들을 분석하고자 한다(Ⅳ). 그리고 스파이행위자에 대하여 서독 형법이 적용될 수밖에 없었던 이유와 처벌 관련 서독의 형법규정들을 검토하고(Ⅴ), 스파이소송에서 제기된 각급 법원의 상반된 판단과 독일 연방헌법재판소가 내린 결정을 고찰하고자 한다(Ⅵ). 끝으로 스파이소송과 관련한 통계자료를 분석하고(Ⅶ), 결론에서는 스파이소송이 남긴 장점과 단점 그리고 한국형 해결방안을 제시하고자 한다(Ⅷ).

Ⅱ. 스파이행위에 대한 사건 개관

동독의 서독에 대한 스파이행위는 크게 세 가지 유형으로 나누어지는데, 첫째 동독 내에서 서독을 대상으로 간첩행위를 한 사례, 둘째 동독인으로서 서독에 파

세하게 다루고 있다. 이 책은 통일 후 형사법의 특수문제에 대한 과거, 현재, 미래를 정리한 것으로 평가되며, 우리의 통일정책에도 귀중한 자료가 될 것으로 생각한다.

3) Helmut Kohl, Ich wollte Deutschlands Einheit, Ullstein 1996; 김주일 역, 나는 독일통일을 원했다, 해냄, 1998: "1990년 초 시작된 슈타지 관련 논쟁은 그후 끊이지 않고 계속되었다. 그러나 아주 예민하고도 중요한 의미를 지닌 이 테마를 위해 충분한 힘과 시간을 내고 있는 사람은 사실 한 명도 보이지 않았다"(238-239면).

4) 박수희, 제6장 국가공안부 관련 범죄, 법무부 편, 통일독일의 구동독체제불법청산 개관, 법무부, 1995, 659-703면(이 글은 법적 쟁점을 상세히 소개하고 있다); 이시우, 독일 통일과정에서 파생된 헌법적 문제에 관한 독일 연방헌법재판소의 판례분석, 헌법재판소 1996, 155-255면, 특히 제7장 슈타지판결과 호네커 판결 등 형사법 관련 판결, 227-246면(이 글은 연방헌법재판소의 결정문을 번역한 글이다).

견되어 간첩행위를 한 사례, 셋째 서독인으로서 동독 기관에 포섭되어 동독의 협조자나 공작원으로 활동한 사례 등이 있다. 여기서는 구체적 규범통제에 의한 1개의 사건과 헌법소원에 의한 3개의 사건을 개관하기로 한다.

1. 중앙정찰총국장 베르너 그로스만 사건: 구체적 규범통제

1991년 6월 10일 연방검찰(Generalbundesanwalt, GBA)은 베르너 그로스만(Werner Großmann, 통일 직전까지 국가공안부소속 중앙정찰총국의 국장으로 근무), 드보(Devaux), 쇼름(Schorm), 피셔(Fischer) 그리고 케른(Kern)에 대해 국가반역죄, 스파이활동죄 그리고 뇌물공여죄로 베를린의 캄머법원(Berliner Kammergerichts)에 기소하였다. 베를린 주(州)법원은 1991년 7월 22일 소송을 정지시킨 뒤, 연방헌법재판소(Bundesverfassungsgericht, BVerfG)에 기본법 제100조 제1항 1문(법률의 위헌여부에 관한 구체적 규범통제제도를 규정)과 기본법 제100조 제2항(국제법상의 일반규정이 연방법의 구성부분인지의 여부에 관한 심사를 규정)에 따라 위헌심판을 제청하였다.[5] ① "독일 통일 이후 서독의 간첩활동은 소추하지 않고 동독을 위한 첩보활동만을 계속 소추하는 것(EGStGB, 형법시행법률 제315조 제4항)이 기본법상의 평등원칙(기본법 제3조 제1항)에 반하는지의 여부에 관하여," ② "전시(戰時)에 간첩행위자가 자신의 부대로 귀환한 경우에는 이전에 행해진 간첩행위에 대해서는 책임을 물을 수 없다"고 규정한 헤이그 육전규정(Haager Landkriegsordnung, HLKO) 제31조는 전시에 유효한 일반적인 국제법규인데, 스파이행위로 공소가 제기된 자에게도 적용될 수 있는지의 여부" 등이 쟁점이 되었다.

2. 동독 인민군장교 L 사건: 헌법소원

L씨는 동독에서 출생하여 성장하였고, 1990년 9월 30까지 동독인민군(Nationale Volksarmee, NVA)의 장교로 활동하였다. L씨는 서독 국방부를 정탐하기 위해 1969년부터 본(Bonn)에 거주하는 서독인 2명을 포섭하여 '아스릴(Asriel)과 아우리켈(Aurikel)'이라는 활동명을 부여하고 첩보행위를 하였다. 그는 동베를린, 스웨덴, 오스트리아, 이탈리아, 헝가리, 스위스에서 정규적으로 이들 2명과 접선하였다. L

5) BVerfGE 92, 277(286ff.)=Das Vorlageverfahren 2 BvL 19/91.

씨는 통일 후 형법 제99조 제1항 1문 간첩죄로 기소되어 1991년 12월 23일 뒤셀도르프 주법원(OLG Düsseldorf)에서 2년의 자유형에 집행유예 2년 그리고 2년의 자격정지(공직취임권 및 공직선거권)를 선고받았다. L씨는 연방법원에 상고하였고 기각되었다. L씨는 연방헌법재판소에 헌법소원을 제기하였다.[6)]

3. 동독 공작원 K 사건: 헌법소원

K씨는 동독에서 출생하여 성장하였고, 경제학도로서 학업 중 동독 국가공안부소속 중앙정찰총국의 지원으로 서독에 파견하는 공작원 교육을 받았다. K씨는 1987년 초 오스트리아 국적의 이름과 위조된 신분증을 가지고 서독에 파견되었다. K씨는 본(Bonn)의 서독 외무부소속 직원으로 응모하여 활동하라는 지시를 받았다. K씨는 통일 후 형법 제99조 제1항 제1문 간첩죄로 기소되어 1991년 2월 28일 슈투트가르트(Stuttgart) 주법원에서 2년 4개월의 자유형을 선고받았다. K씨는 1991년 7월 3일 연방법원에 상고하였고 기각되었다. K씨 연방헌법재판소에 헌법소원을 제기하였다.[7)]

4. 서독 공작원 D 사건: 헌법소원

D씨는 서독에서 성장하였고 1973년 제1차 · 제2차 국가고시에 합격한 후 연방내무부소속 공무원으로 임용되었다. D씨는 코블렌츠(Koblenz)에 있는 국경수비대에 근무하였다. D씨는 통일 후 형법 제332조 제1항의 뇌물죄와 제353 b 제1항의 업무상비밀침해죄, 형법 제99조 제1항 제1문 간첩죄로 기소되어 1991년 2월 5일 코블렌츠 주법원에서 6년 6개월의 자유형을 선고받았다. D씨는 1991년 9월 18일 연방법원에 상고하였지만 기각되었다. D씨는 연방헌법재판소에 헌법소원을 제기하였다.[8)]

---

6) BVerfGE 92, 277(296ff.)=Die Verfassungsbeschwerde 2 BvR 2601=93.
7) BVerfGE 92, 277(301ff.)=Die Verfassungsbeschwerde 2 BvR 1206/91.
8) BVerfGE 92, 277(303ff.)=Die Verfassungsbeschwerde 2 BvR 1584/91.

5. 연방헌법재판소의 결정요지

1995년 5월 15일 연방헌법재판소는 5대 3으로 "동독 지역 내에서 활동한 동독 간첩은 더 이상 소추될 수 없다"고 결정하였다. 연방헌법재판소의 다수견해는 "간첩활동은 모든 국가의 기본적인 임무에 속하며, 동독 지역 내에서 동독을 위하여 활동을 하였던 동독 간첩들은 형사소추로부터 보호될 만한 이유가 있다"고 결정하였다.[9] 연방헌법재판소의 결정은 1991년 12월 23일의 뒤셀도르프 주법원의 판결과 1991년 2월 28일의 슈투트가르트 주법원의 판결에 영향을 주었고, 연방법원은 연방헌법재판소의 결정에 따라 두 판결에 대한 상고를 기각하였다.

Ⅲ. 동독 정보기관들의 조직구조

동독 정권(DDR)은 체제유지를 위해서 적국과 관련된 모든 정보에 관심을 쏟았고, 이러한 정보를 주로 서독을 통하여 입수하였다. 이를 위해 동독은 국가정보기관, 군정보기관 그리고 첩보임무만을 담당하는 부서를 집중적으로 양성하였다. 여기서는 먼저 서독과 나토회원국에 적대적인 스파이행위를 한 동독 정보기관들의 조직구조를 개관하고자 한다.

1. 국가공안부소속의 중앙정찰총국과 제15국

동독은 1951년 경제학연구소(Institut für Wirtschaftswissenschaftliche Forschung, IWF) 산하에 외국의 첩보를 수집하기 위한 정보부서를 신설하였다. 이 연구소는 신설시 외무부 소속이었지만, 1953년부터 내무부 소속 국가안전비서국(Staats-sekretäriat für Staatssicherheit, SfS)의 제15국으로 개편되었다. 국가공안부는 1955년 11월 재개편이 되었고, 제15국은 1965년 여름 동독 국가공안부소속 중앙정찰총

9) BVerfGE 92, 277(365)=NStZ 1995, S. 383ff.(388): 그러나 3인(Klein, Kirchhof, Winter)의 소수견해는 "동독의 독일인들을 위한 신뢰보호(信賴保護)가 생겨나 독일 통일 이후에는 그들의 행위를 더 이상 소추할 수 없다"라는 다수견해에 의문을 표시하였다. 소수견해에 따르면 "재판부 다수의 결정을 동독 범죄인을 위한－입법자에게 그 권리가 유보되어 있는－일부 사면으로 간주"하였다.

국에 흡수되어 지위가 격상되었다.[10] 이후 중앙정찰총국은 국가공안부의 스파이 활동에서 질적·양적으로 중요한 임무를 수행하였다.

동독 국가공안부소속의 중앙정찰총국,[11] 1990년 6월 30일의 해체직전까지 지휘부, 16개의 부서, 6개의 활동책, 지원부, K영역, 중앙정찰총국직속의 훈련원 등 조직체계를 갖추고 있었다.[12] 각 부서들은 영역별로 총괄 담당관들에 의해 조직화되어 있었다.[13] 중앙정찰총국은 1983년 기준으로 특별공작을 진행할 때 투입되는 공식요원 외에도 약 2,500명의 비공식요원이 활동하고 있었다.[14] 중앙정찰총국은 1989년 말 공식특별공작요원과 지구분실의 제15국 요원을 포함하여 약 4,100명의 정규요원을 확보하고 있었다.[15] 중앙정찰총국의 활동은 사실상 독립되어 있었다.[16] 특히 중앙정찰총국의 요원들은 개별적인 정보처리함, 독자적인 첩보파일함 그리고 정리된 사료를 보유하고 있었다.[17]

국가공안부의 본부는 베를린에 소재하였다. 동독을 지역별로 세분화하고, 지구분실을 조직하였다.[18] 지구분실에서 보고된 국외의 첩보는 제15국에서 다루었다. 제15국은 이미 1955년부터 특별임무를 기획하고 독자적인 첩보부대로 창설된 조직이고, 다수의 작전담당관, 평가 및 정보담당관, 공작담당관,[19] 정보 및 교육실,[20] 작전 외부세력[21]에 의해 운영되었다. 제15국의 인적 구성은 슈베린에 약

---

10) 여기에 관해서는 GBA, Anklage v. 28.7.1992 -Az. 3 StE 10/92, S. 26f.; Anklage v. 16.9.1992 -Az. 3. StE 14/92-3, S. 56f.

11) OLG Düsseldorf, Urteil v .6.1993-Az. IV-40/92, UA S. 16.

12) GBA, Anklage v. 31.1.1992-Az. 3 StE 13/92-4, S. 52; Anklage v. 28.7.1992-Az. 3. StE 10/92-1, S. 29; OLG Stuttgart, Urteil v. 10.12.1992-Az. 4-3 StE 3/92, UA S. 19f.; OLG Düsseldorf, a.a.O., UA S. 15.

13) GBA, Anklage v. 28.7.1992-Az. 3 StE 10/92-1, S. 28.; OLG Düsseldorf, a.a.O., UA S. 15f.

14) GBA, Anklage v. 16.91992-Az. 3 StE 14/92-3, S. 71; OLG Düsseldorf, a.a.O., -1983년 2월 28일 간부와 교육국 책임자의 부서보고서(unter Hinweis auf Ministervorlage des Leiters Hauptabteilung Kader und Schulung v. 28.2.1983).

15) GBA, Anklage v. 16.9. 1992-Az. 3 StE 14/92-3, S. 71; GStA OLG Rostock, Anklage v. 19.7. 1994-OJs 3/92, S. 32; OLG Düsseldorf, a.a.O., UA S. 14. -1990년 6월 25일 해체된 중앙정찰총국장의 최종보고서(unter Hinweis auf den Abschlußbericht des Leiters HVA -in Auflösung-v. 25.6.1990).

16) GBA, Anklage v. 31.1.1992-Az. 3 StE 4/91-3, S. 18; Anklage v. 16.9.1992-Az. 3. StE 14/92-3, S. 95.

17) GBA, Anklage v. 16.9.1992-Az. 3 StE 14/92-3, S. 96.

18) Berlin, Cottbus, Dresden, Erfurt, Frankfurt/Order, Gera, Halle, Karl-Marx-Stadt(Chemnitz), Leipzig, Madeburg, Neubrandenburg, Postsdam, Rostock, Schwerin, Suhl. 1982년 해체할 때까지 Wismut에 '사업관청'(Objektverwaltung)이 존립했다.

19) 여기서는 주로 공작사업을 담당하였다.

20) 여기서는 상시적으로 정당문서를 평가하고 공작정치를 수행하였다.

21) 그들은 제15국의 요원들을 발굴, 선발, 교육을 책임지고 있었다.

30명과 베를린에 약 60명의 요원으로 구성되어 있었고, 드레스덴 지구분실은 1989년 말 약 54명의 핵심요원이 활동하였다.[22)]

중앙정찰총국은 제15국에 일반적인 지시뿐만 아니라, 세부적인 공작과정 및 공작임무와 명령권을 행사하였다.[23)]

2. 국가공안부의 외각활동부대

국외의 스파이활동은 국가공안부, 중앙정찰총국 그리고 하부조직인 제15국으로 제한된 것은 아니었다. 특히 간첩대상지역인 서독에서의 스파이활동은 제1국, 제2국, 제3국, 제6국, 제8국, 제18국, 제19국, 제20국, 제22국, 중앙조정단(Zentrale Koordinierungsgruppe, ZKG)으로 확대되었다.[24)] 해당 부서들은 여기에서 제2, 제3의 첩보원(Agenten)[25)]을 투입하는 것 외에도 1985년부터 독일과 서베를린[26)] 지역에 최소한 477명의 비공식요원과 접선을 하였다. 제8국은 독자적으로 65명의 연락원을 확보하고 있었다.[27)]

3. 동독 인민군 정찰국

동독 인민군 정찰국(Bereich Aufklärung des Hauptstabes der Nationalen Volksarmee, Bereich A)은 국가공안부에 소속된 조직은 아니지만, 동독 인민군의 첩보담당기관이었다. 이 기관의 활동은 주로 서독에 대한 정보수집이었다.[28)]

---

22) OLG Stuttgart, Urteil v. 10.12.1992-Az. 4-3 StE 3/92, UA S. 25.

23) OLG Stuttgart, a.a.O., UA S. 45f.

24) GBA, Anklage v. 16.9.1992-Az. 3 StE 14/92-3, S. 69; Anklage v. 12.3.1993-Az. 3 StE 2/93-2, S. 59f.; GStV OLG Rostock, Anklage, v. 19.7.1994-Az. OJs 3/92, S. 34f. und OLG Stuttgart, Urteil v. 10.12.1992-Az. 4-3 StE 3/92, UA S. 13; OLG Düsseldorf, Urteil v. 6.12.1993-Az. IV-40/92, UA S. 13.

25) 예를 들면 GBA, Anklage v. 16.9.1992-Az. 3 StE 14/92-3, S. 69; GStV OLG Rostock, Anklage, v. 19.7.1994-Az. OJs 3/92, S. 34.

26) GBA, a.a.O., S. 70; OLG Düsseldorf, a.a.O., UA S. 13: 1985년 5월 24일 공작지역의 고정연락원에 대한 국가공안부 소속 제12국의 활동을 참조함(unter Hinweis auf die Aufstellung der Abteilung XII des MfS über festgestellte Verbindungen in das Operationsgebiet v. 24.5.1985).

27) OLG Düsseldorf, a.a.O., UA S. 13: 공작지역에서 공작에 가담한 연락원에 대한 제8국의 조사결과에서 확인되었다(unter Verweis auf Recherchergebnisse der Hauptabteilung VIII zu operativ interessanten Verbindungen in das Operationsgebiet).

28) GBA, Anklage v. 12.4.1994-Az. 3 StE 3/94-2.

동독 인민군 정찰국은 베를린의 군사시설 보호지역에서 1988년까지 「동독 인민군의 수학-물리연구소」로 위장하여 활동했다. 약 1200명의 소속요원과 민간인 정보요원이 활동하고 있었으며, 이 숫자에는 약 660명의 장교와 장성도 포함되어 있었다.29)

4. 동독 국가공안부 조직표

〈도표 1-1〉 국 가 공 안 부

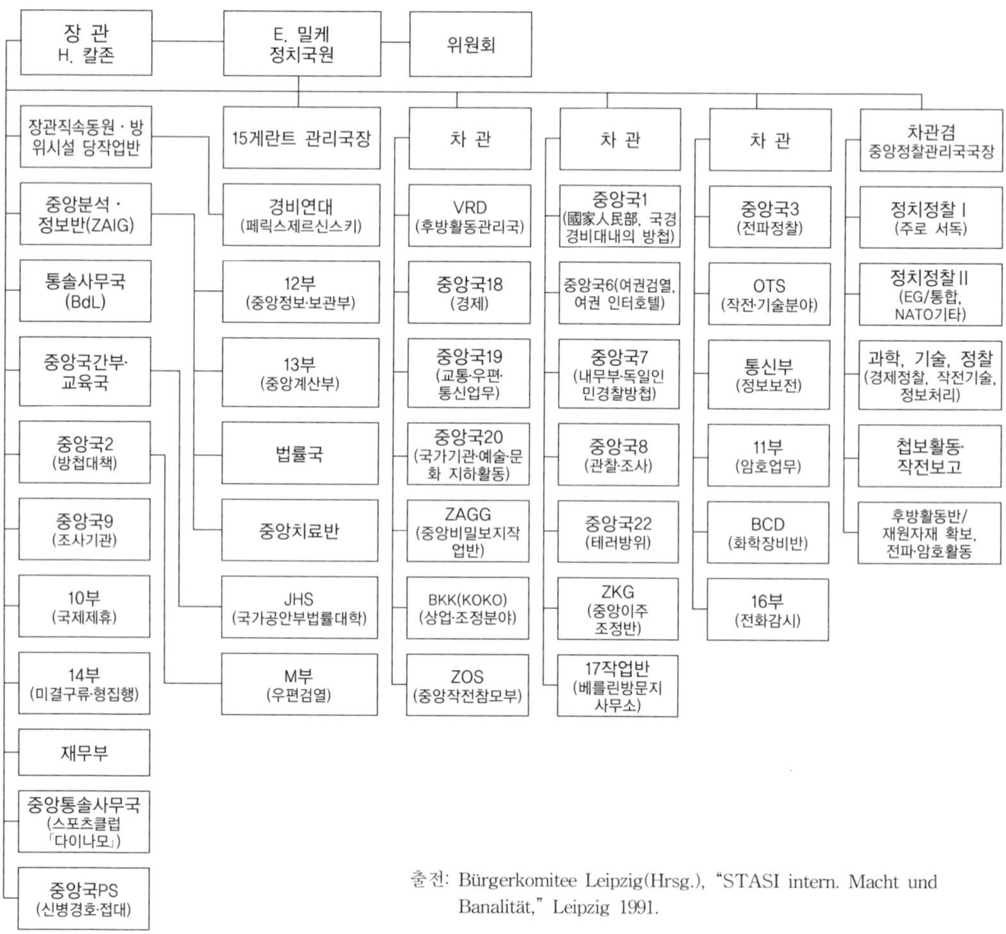

출전: Bürgerkomitee Leipzig(Hrsg.), "STASI intern. Macht und Banalität," Leipzig 1991.

---

29) GBA, a.a.O., S. 72.

Ⅳ. 스파이활동의 유형과 범위에 대한 분석

스파이행위에 가담한 자와 스파이행위에 대한 평가는 첩보활동과 동독의 지령에 의한 활동구조를 고려하여 분석되어야 할 것이다. 독일의 검찰과 법원이 규명한 사법자료들은 국가공안부, 국외첩보부서 그리고 동독 인민군 정찰국의 조직과 활동범위 그리고 구체적인 활동유형을 파악하는데 도움이 될 것이다. 여기서는 독일의 사법기관이 파악한 사실관계를 중심으로 스파이활동의 유형과 범위 그리고 동독 국가공안부의 조직해체과정에서 나타난 문제점들을 분석하고자 한다. 한국에도 분명 시사하는 바가 있을 것으로 생각한다.

1. 국가공안부소속 중앙정찰총국의 스파이활동

중앙정찰총국의 정찰의 목적은 무엇보다도 '독일의 그림자부대'[30], '나토회원국가의 첩보활동' 그리고 '군비와 적군의 경제에 대한 학문적 기술적 정보'의 수집이었다.[31] 중앙정찰총국은 여기에서 특히 하부조직과 제15국에 의해 지원을 받았으며, 제15국에게 독일과 서베를린의 특성지역과 기관을 우선적으로 정탐하도록 지령하였다.[32] 예를 들면 지구분실 드레스덴 소재 제15국의 간첩목표 대상지역은 바덴-뷔르템베르크와 뮌헨 지역이었다.[33]

(1) 동독 국가공안부소속의 다른 정보기관들간의 연대공작

중앙정찰총국은 그들의 임무를 수행하기 위하여 국가공안부의 다른 정보기관의 도움을 받았다. 제3국(전파정찰 담당부서)과 지구분실의 해당하는 부서들은 서베를린과 서독지역 대도시의 안테나, 유선망 그리고 동독과 서독 사이의 전파를 탐지했다. 전체적으로 서독지역에서 파송되는 약 30,000~40,000건의 전파를 지

30) OLG Düsseldorf, Urteil v. 6.12.1993-Az. IV-40/92, UA S. 36.

31) OLG Düsseldorf, Urteil v. 6.12.1993-Az. IV-40/92, UA S. 32.

32) OLG Düsseldorf, Urteil v. 6.12.1993-Az. IV-40/92, UA S. 22, 23, 25, 29, 36; OLG Stuttgart, Urteil v. 10.12.1992-Az. 4-3 StE 3/92, UA S. 22 und S. 29; 1987년 7월 3일 국가공안부 지침 Nr. 6/87.

33) OLG Stuttgart, Urteil v. 10.12. 1992-Az. 4-3 StE 3/92, UA S. 30.

속적으로 수신했고, 그 중에서 매년 100,000건 이상의 수신내용을 녹취했다.[34] 제3국은 소위 '목표관찰위임건수'의 과반수를 수행했다. M국(우편검열 담당부서)은 편지 및 소포를 통제하고 분석하였다. M국은 특정 직업군의 통제대상자 가족들을 선정하고, 이들의 우편물에 대한 검색권을 가지고 있었다.[35] 제26국(전화감시 담당부서)[36]은 동독 내의 전화내역을 도청하였고, 팩스통제, 음향과 광선으로 주요지역을 감시하였다. 중앙정찰총국은 제26국에게 정보권을 요구할 수 있었다.[37]

또한 중앙정찰총국은 제6국(동독 국경선지역의 안전, 관광교통의 통제, 국경선경계 검문소에서 비공식요원이 통과할 때 소속요원들을 지원, 국내 호텔의 감시를 전담하는 부서)이 취득한 정보를 취합할 수 있었다.[38]

제8국(관찰과 조사 담당부서)은 '다른 부서의 정치공작을 지원하기 위하여 동독 지역과 간첩대상지역에 미행과 수사'[39]를 전담하고, 동독 또는 서독에서 활동하는 조직책의 접선을 지원했다. 제8국은 중앙정찰총국에게 소위 '암호부호'와 제10국(국제제휴 담당부서)이 서독 지역에서 정탐한 정보들을 취합하였다.[40]

중앙정찰총국은 제22국(테러방지 담당부서)과 긴밀한 협력관계를 유지하였다. 예를 들면 "중요하고 전략적"인 초기 정보를 공유하였다.[41]

(2) 소련 정보국과 동독 국가공안부 소속 정보기관들의 연대공작

국가공안부와 바르샤바조약(WTO) 국가의 정보기관의 연대공작은 상호 협정과 합의서에 따른 것이다.[42] 국가공안부와 소련정보국(KGB)은 '신기술의 유형과 적국에 대한 정치, 군사, 경제, 학문, 기술에 대한 첩보정보를 상호교환'하였다.[43]

---

34) OLG Düsseldorf, Urteil v. 6.12.1993-Az. IV-40/92, UA S. 36; OLG Stuutgart, Urteil v. 10.12. 1992-Az. 4-3 StE 3/92, UA S. 22.

35) OLG Düsseldorf, Urteil v. 6.12.1993-Az. IV-40/92, UA S. 22.

36) 제26국에 관해서는 Klaus Marxen/Gerhard Werle, Die strafrechtliche Aufarbeitung von DDR-Unrecht. Eine Bilanz, Berlin-New York, 1999, S. 77.

37) OLG Düsseldorf, Urteil v. 6.12.1993-Az. IV-40/92, UA S. 22.

38) OLG Düsseldorf, Urteil v. 6.12.1993-Az. IV-40/92, UA S. 23.

39) OLG Düsseldorf, Urteil v. 6.12.1993-Az. IV-40/92, UA S. 23. 1987년 7월 3일 제8국과 공격부서 사이의 협력내용이 국가공안부문서 Nr .6/87에 입증됨.

40) OLG Düsseldorf, Urteil v. 6.12.1993-Az. IV-40/92, UA S. 23.

41) OLG Düsseldorf, Urteil v. 6.12.1993-Az. IV-40/92, UA S. 25.

42) GBA, Anklage v. 16.9.1992-Az. 3 StE 14/92-3, S. 136. 1973년 12월 6일의 구소련 국가정보국과 동독 국가공안국의 협력의정서; 1978년 3월 29일의 동독 국가공안부내 구소련 국가정보국의 파견관과 동독 국가공안국과의 협력규정에 관한 보고서; 1974년 11월 26일의 불가리아 내무국과 동독 국가공안국의 협력의정서; 1981년 11월 12일 일의 헝가리 내무국과 동독 국가공안국의 협력의정서; 1974년 5월 16일의 폴란드 내무국과 동독 국가공안국의 협력의정서.

바르샤바조약국가의 국가공안책임자들은 연대공작을 구체화하기 위하여 2~3년마다 공동회의를 개최하였다.[44]

구소련 정보국은 전체 30개의 연락담당관[45]을 두었고, 이들은 지구분실과 마찬가지로 국가공안부 부장과 중앙정찰총국 국장 직속으로 활동했다. 독자적인 평가전담 부서인 제7국 또는 제9국/C 그리고 구소련 정보국의 연락담당관은 동독 중앙정찰총국의 초기 첩보를 검토하였고, 제7국의 평가결과는 소련에서 파견된 연락담당관에게 통보되고, 첩보의 출처는 공개되지 않았다.[46] 구소련 정보국 연락담당관의 지원요청이 있을 때, 지원하는 것은 불문율이었다.[47]

구소련 정보국이 동독 주민을 비밀첩보공작에 이용하는 것도 허용되었고, 마찬가지로 국가공안부가 동독에 살고 있는 소련인을 이용하는 것도 허용되었다.[48] 국가공안부의 본부에 있는 인적 자료표는 이들 이용자를 소위 '안전망'이라고 명명하였고, 구소련 정보국의 허락 없이는 이들의 첩보활동을 공개할 수 없었다.[49] 이것은 한국에도 많은 참고가 될 것이다.

(3) 중앙정찰총국의 비공식협력요원들

국가공안부 소속 비공식협력요원들의 활동(Arbeit mit Inoffiziellen Mitarbeiten, IM)도 중요한 의미가 있다. 이들의 활동은 국가공안부의 활동노선 1/79에 상세하게 규정되어 있었다.[50] 중앙정찰총국은 비공식협력요원의 포섭과 선전 그리고 공작투입을 통해 첩보를 수집했다. 이에 관해서는 국가공안부의 활동노선 2/79[51]에 상세하게 규정되어 있었다. 이들 활동노선은 동독 주민 또는 다른 국적의 비공식협력자로 분류하여, 후자는 객관적 · 주관적 조건하에서 국가공안부가 위임한 공

---

43) OLG Düsseldorf, Urteil v. 6.12.1993-Az. IV-40/92, UA S. 26: 1973년 12월 6일의 구소련 국가정보국과 동독 국가공안국의 협력의정서.

44) GBA, Anklage, v. 16.9.1992-Az. 3. StE 14/92-3, S. 136.

45) OLG Stuttgart, Urteil v. 10.12.1992-Az. 4-3 StE 3/92, UA S. 72.

46) OLG Stuttgart, Urteil v. 10.12.1992-Az. 4-3 StE 3/92, UA S. 73.

47) OLG Düsseldorf, Urteil v. 6.12.1993-Az. IV-40/92, UA S. 209f.

48) OLG Stuttgart, Urteil v. 10.12.1992-Az. 4-3 StE 3/92, UA S. 72.

49) OLG Düsseldorf, Urteil v. 6.12.1993-Az. IV-40/92, UA S. 28.

50) 여기에 관해서는 예를 들면 GBA, Anklage v. 12.3.1993-Az. 3 StE 2/93-2, S. 73ff.: 국가공안부 활동논선 Nr. 1/79 관련하여 1980년 1월 1일의 비공식협력요원들의 활동(die Arbeit mit Inoffiziellen Mitarbeiten, IM)과 사회안전원(Gesellschaftlichen Mitarbeitern für Sicherheit, GMS)을 참조 바람.

51) OLG Düsseldorf, Urteil v. 6.12.1993-Az. IV-40/92, UA S. 41ff. 1980년 1월 1일의 공작지역에서 비공식협력요원들의 활동(Arbeit mit Inoffiziellen Mitarbeiten, IM)을 위한 국가공안부 활동노선 Nr. 2/79. 이 활동노선은 Nr. 2/68을 대체하였다.

작을 수행하였다. 이들은 개별지령을 받고, 특정영역 또는 특정인을 관찰하였고 지도부에 보고하였으며,[52] 이들에게 활동비가 지급되었다.[53] 비공식협력자들은 중앙정찰총국에 의해 다양한 형태로 임명되었다.[54] 국가공안부의 활동노선 2/79는 스파이활동을 위해서 정보원, 활동지역, 정보수집자, 지령, 정보수발자, 전략적 비공식요원 그리고 특별투입요원 등 그 범위를 세분화하였다.[55]

1980년대 서독 지역에서 활동한 중앙정찰총국의 비공식협력원들은 약 500~600명으로 추정되었다.[56] 중앙정찰총국이 작성한 조직해체에 관한 최종보고서에 따르면 1990년 3월 말까지 '540건의 활동들이 공작지역에서 진행 중'이었다고 한다.[57]

2. 동독 국가공안부의 조직해체과정에서 등장한 문제점들

동독 국가공안부는 1989년 가을 동독의 정치적 변화과정에서 조직을 해체하고, 1989년 11월 17일 국가안전청(Amt für Nationale Sicherheit, AfNS)으로 개명되었다. 동독 국무회의는 공식적으로 1989년 12월 14일 조직해체를 결정하였다. 이 과정을 전담하는 통제기구로서 1990년 1월 3일 중앙원탁회의의 공안소위원회(Arbeitsgruppe Sicherheit des damaligen Zentralen Runden Tisches)가 설치되었다. 제15국의 첩보활동은 1989년 말에서 1990년 4월까지 단계적으로 검토되었고, 이 과정에서 '정보의 출처원'이 밝혀졌다. 1990년 3월 말 정규직 정보요원들은 대다수가 해고되었다.[58] 중앙정찰총국은 1990년 2월 24일 첩보활동을 중단하였다. 그러나 개별적 활동은 1990년 6월 말까지 지속되었다.[59] 1990년 6월 30일 중앙정찰

52) 1980년 1월 1일의 공작지역에서 비공식협력요원들의 활동을 위한 국가공안부 활동노선 Nr. 2/79.

53) 그러나 일부 사례에서 보면 비공식협력요원들은 활동비가 없었다. 예를 들면 BayOLG, Urteil v. 19.12.1991-Az. 3 St 8/91 a-d, UA S. 15, 37, 49; Urteil v. 12.3.1992-Az. 3 St 9/91 a-d, UA S. 84(미공개 자료).

54) OLG Stuttgart, Urteil v. 10.12.1992-Az. 4-3 StE 3/92, UA S. 64f.

55) 광범위한 설명 OLG Stuttgart, Urteil v. 10.12.1992-Az. 4-3 StE 3/92, UA S. 65f.

56) GBA, Anklage v. 10.6.1991-Az. 3. StE 9/91-4, S. 105.

57) GBA, Anklage v. 16.9.1992-Az. 3. StE 14/92-3, S. 70f.; OLG Düsseldorf, Urteil v. 6.12.1993-Az. IV-40/92, UA S. 13. 1990년 6월 25일 중앙정찰총국의 조직해제에 관한 중앙정찰총국의 최종보고서 참조.

58) GBA, Anklage v. 16.9.1992-Az. 3. StE 14/92-3, S. 76f.: 1990년 6월 25일 중앙정찰총국의 조직해제에 관한 중앙정찰총국의 최종보고서. 1992년 1월 12일 기소-Az. 3 StE 3/92-4, S. 76; Anklage v. 3.11.1993-Az. 3. StE 12/93-4, S. 109f.

59) GBA, Anklage v. 28.7.1992-Az. 3 StE 10/92-1, S. 34f.

총국의 조직해체작업은 완료되었다. 이 과정에서 중앙정찰총국은 기밀문서처리 과정에서 특권을 행사하였다. 중앙원탁회의의 공안소위원회의 내부에서는 국외의 '동독 첩보요원들'의 보호를 주장하였다. 이유는 "국외의 동독 첩보요원들이 미국의 법정에서 사형을 당할 책임이 없다"는 것이었다. 1990년 2월 20일 중앙원탁회의의 공안소위원회는 1990년 6월 30일까지 모든 공식적인 서류를 폐기처분하기로 결의하고, 중앙정찰총국의 자발적 해체를 결의하였다.[60] 지구분실의 공작서류, 첩보서류, 각 부서와 담당관들의 연간 활동계획 그리고 중앙정찰국 책임자의 업무결제와 공작서류들은 1989년 10월과 11월 대폭 폐기되었고,[61] 활동서류들도 지구분실로부터 이첩되었다.[62] 국가공안부의 다른 조직부서는 활동서류에 대한 폐기처분에 있어서 컴퓨터 서류파일을 삭제하는 것으로 제한되어 있었지만, 제15국은 첩보활동과 서류함, 활동결정과 계획서류들을 모두 폐기처분하였고, 제5국은 1990년 3월 비인비문서들과 서류, 첩보활동에 사용된 중요한 서류를 완전히 폐기처분하였다.[63] 제2국도 유사한 상황이었다.[64]

동독 국가공안부소속 중앙정찰총국은 자발적 조직해체를 결정한 이후 해체되었으며, 1990년 6월 30일 중앙원탁회의의 공안소위원회의가 대체되었다.[65] 서류와 카드자료의 일부를 제외하고, 수사과정에서 스파이활동과 관련한 중요한 서류들은 더 이상 발견되지 않았다.[66] 한편 데포츠에 있는 국가시민통제위원회의는 남아 있는 국가공안부의 전체 서류들을 보존하면서, 폐기행위를 차단하였다.[67] 이러한 상황은 통일 후 한국에서도 나타날 가능성이 있다. 따라서 한국의 정보당국은 이 문제에 대해서도 많은 관심을 가져야 할 것으로 생각한다.

---

60) GBA, Anklage v. 3.11.1993-Az. 3. StE 12/93-4, S. 110.

61) GBA, Anklage v. 3.11.1993-Az. StE 12/92-4, S. 77; Anklage v. 22.6.1993-Az. 3 StE 6/31-1, S. 35; OLG Stuttgart, Urteil v. 10.12.1992-Az. 4-3 StE 3/92, UA S. 74f.: 국가안전을 이유로 기존문서를 상당부분 폐기한 것에 관해서는 1989년 11월 9일 국가공안부 문서, 1989년 11월 16일 간부와 교육국 문서(unter Hinweis auf Schreiben der Hauptabteilung Kader und Schulung v. 16.11.1989)를 참조.

62) 여기에 관해서는 상세하게 OLG Stuttgart, Urteil v. 10.12.1992-Az. 4-3 StE 3/92, UA S. 75.

63) GBA, Anklage v. 3.11.1993-Az. 3. StE 12/93-4, S. 110f.

64) GBA, Anklage v. 28.7.1992-Az. 3. StE 10/92-1, S. 35.

65) GBA, Anklage v. 3.11.1993-Az. 3. StE 12/93-4, S. 112.

66) GBA, Anklage v. 22.6.1993-Az. 3. StE 6/93-1, S. 35; Anklage v. 4.51994-Az. 3 StE 6/94-4, S. 34. 최근의 자료로 「슈타지의 피라미드」(Das Pharaonengrab der Stasi), in: Der Spiegel Nr. 3/99 S. 32ff. 독일 시사잡지 슈피겔지는 국가공안문서관리청(Beförde des BStU)은 문서함에서 180,564건의 문건이 열람되었다고 보도했다.

67) GBA, Anklage v. 3.11.1993-Az. 3. StE 12/93-4, S. 110.

Ⅴ. 스파이행위자에 대한 처벌 관련 형사법규정

여기서는 서독과 나토회원국에 적대적인 스파이행위를 한 행위자에 대하여 서독 형법이 적용될 수밖에 없었던 이유와 처벌 관련 서독 형법규정들, 소위 국가보호 형법규정들을 검토하고자 한다. 한국에도 많은 참고가 될 것이다.

1. 서독 형법

서독 형법은 각론 제2장에서 국가보호 구성요건을 규정하고 있다. 제2장의 보호법익은 국가의 외적 안전이 중심이 되어 있으며,[68] 독일 형법 제93조는 국가의 외적 안전에 대한 공표위험을 처벌하는 규정으로서 국가기밀의 보호가 핵심이다.[69] 모반죄, 국가기밀의 누설, 국가기밀의 방기의 규정들도 국가기밀의 보호를 위한 규정이다. 그 외에 모반적 첩보활동 그리고 제3국을 위한 국가기밀 입수와 전달행위도 가벌적 구성요건으로 형법 제98조에 규정되어 있다.

현대의 스파이활동은 '고전적 스파이활동'의 범위를 넘어서, 공격대상국가의 전세에 대한 체계적인 파악에 초점을 맞추었다. 가능한 한 모든 수단을 동원하고, 다수의 개별 첩보원을 활용하였다. 때문에 서독은 냉전중심의 스파이구성요건[70]의 도입이 필요하였고, 1968년 스파이활동의 양상에 따라 국가보호형법[71]을 개정하였다. 서독 형법 제99조는 "제삼국의 첩보기관을 위하여 사실, 물건 또는 지식의 통지나 제공을 목적으로 서독에 적대적인 스파이활동을 행한 경우를 처벌할 수 있다"고 규정하였다.

2. 법원조직법

서독의 법원조직법 제120조 제1문(형사사건에서 제1심 관할)에 의하면 스파이

68) LK-Träger, Vor § 93 Rn. 2; Sch-Sch, Vor §§ 93 Rn. 1.
69) LK-Träger, Vor § 93 Rn. 2.
70) LK-Träger, Vor § 93 Rn. 3; Sch-Sch, Vor §§ 93 Rn. 1.
71) 여기에 관해서는 1968년 6월 25일 형법 제8차 개정법률(BGBl. I, S. 741)을 보라.

범죄는 주법원에서 제1심 재판을 하도록 관할권이 명시되어 있다. 다른 주에서 발생한 범죄에 대해서도 해당 주법원의 협의를 통해 관할권을 이송받을 수 있도록 규정되어 있다. 따라서 새로 편입된 동독 5개 주의 스파이소송은 베를린 캄머법원(Berliner Kammergericht)에서 통합하여 재판하였다.

또한 법원조직법 제142조 a(연방검찰의 관할)는 스파이소송에 대해 연방검찰이 직접 주법원에서 독자적으로 검찰업무를 수행할 수 있도록 규정하고 있다. 서독 형법 제98조, 제99조의 범죄와 경미한 범죄는 기소 전에 연방검찰이 주검찰로 사건을 이송하도록 규정하고 있다.[72] 다만, 범죄행위가 독일의 국익에 중대하게 관련되어 있거나, 또는 법적 견해의 통일성이 필요한 경우에는 연방검찰이 직접 기소할 수 있도록 규정되어 있다.

3. 형사소송법에 의한 스파이형사소송의 종결

스파이범죄를 기소하는 것이 독일에 중대한 불이익의 위험을 초래할 수 있거나 또는 그 밖의 중대한 공공의 이익에 반할 경우, 서독 형사소송법 제153조 d에 근거하여 연방검찰은 스파이범죄에 대해서 불기소처분을 결정하고 형사소송을 종결할 수 있다.

또한 법원의 결정이 수사단계에서 종결되지 않고 기소가 된 경우, 연방검찰은 독자적으로 형사소송법에 근거하여 공소를 취소하고 소송을 종결할 수도 있다(제2문). 이런 면에서 연방검찰은 실제로 각 법원의 소송을 종결할 수 있는 권한을 가지고 있었다.

그리고 범죄행위 후 행위자가 그에게 협의된 범죄사실이 밝혀지기 이전에 스스로 서독과 헌법규정의 존립과 안전을 위하여 위험을 방지하거나 또는 스스로 스파이행위를 한 자라고 자수한다면, 추가적으로 서독 형사소송법 제153조 e에 근거하여 연방검찰과 관할 주법원은 협력하여 불기소처분을 하거나 혹은 공소기각을 할 수 있었다. 이 규정은 형사소추에 대한 순수한 형사소송법적 특전으로서 실체법규에 대한 자수의 사례에 적용될 수 있었다.[73]

---

72) 법원조직법 제142조 a 제2문 제1항과 제2항.

73) KK-Schoreit, §153 e Rn. 1.

Ⅵ. 스파이형사소송에서 제기된 법적 문제와 사법부의 판단

여기서는 '서독과 나토회원국에 적대적인 스파이행위를 한 동독 국가공안부와 동독 인민군 정보요원들의 처벌문제'에 대한 형사소송에서 독일의 법원들은 어떻게 판결하였는지를 살펴보고자 한다. 여기에서 우선 연방법원과 다수 주법원의 입장, 베를린 캄머법원의 입장, 1995년 5월 15일 연방헌법재판소의 결정[74] 그리고 그 파급효과와 판결의 계속된 발전과정을 중심으로 고찰하고자 한다. 이 문제는 통일 이후 우리나라에서도 논란이 될 수 있는 사안들이다.

1. 연방법원과 다수 주법원의 견해

스파이행위에 대한 형사소송은 각급 법원의 실무에서 일관성이 없었다. 연방법원과 다수의 주법원은 서독과 나토회원국에 적대적인 스파이행위를 한 동독 국가공안부와 동독 인민군 정보요원들의 형사처벌을 인정하는 입장이었다.

연방법원[75]과 주법원들[76]은 동독의 스파이행위자에 대한 형사소추과정에서 제기된 네가지의 쟁점을 판단하였다. 첫째 국제법상 또는 헌법상의 이의신청을 수용할 것인지, 둘째 형사소송을 중단할 사유가 있는지, 셋째 기본법 제100조 제1문에 대한 연방헌법재판소의 결정을 승인할 것인지, 넷째 이미 기소된 사안에 대해 법원의 결정이 있을 때까지 소송을 정지시킬 것인지 여부였다. 연방법원과 주법원들의 입장은 "독일 통일 후에도 마찬가지로 서독 형법 제93조 이하 법규정의 적용을 부정해야 할 근본적인 법적 변화는 없다[77]"고 판시하였다. 이러한 입장은 다수의 주법원에서 압도적으로 지지를 받았다.

---

74) BVerfGE 92, 277, 365=NStZ 1995, SS. 383-388.

75) BGH, Urteil v. 30.7.1993-3 StR 347/92, BGHSt 39, 260ff.

76) OLG Düsseldorf, Urteil v. 6.12.1993-Az. IV-40/92, UA S. 248f. 비교.

77) 연방법원의 기소판사(Ermittlungsrichter des BGH)는 이러한 상고를 이미 1991년에 기각하였다; vgl. Beschluß v.30.1.1991-Az. 2 BGs 38/91, BGHSt 37, 305ff.; 이후 BGH, Beschluß v.29.5.1991-Az. StB 11/91, NJW 1991, 2498ff.; Beschluß v.4.1991-Az. StB 22/91, DtZ 1992, 62ff.; Beschluß v. 31.3.1993-Az. AK 5/93, NStZ 1994, 542ff.

(1) 서독 형법의 적용과 관련하여

다수견해에 따르면 서독 형법의 적용가능성은 이미 형법 제9조의 속지주의원칙에서 찾았다. 따라서 서독에 거주하면서 활동하는 비밀첩보원들을 동독 지역에서 조종한 장교들에게 공동정범 또는 종범을 적용하여 처벌하였다.[78] 서독 형법 제5조 제4호[79]가 적용되었다.[80] 이 규정에 의하면 명백한 서독의 법익, 서독에 대한 반역행위 그리고 형법 제94조에서 형법 제100 a까지 규정된 외적 안전의 위험행위에도 행위지의 법률인 서독 형법이 적용된다고 해석하였다.

(2) 통일조약의 규정과 관련하여

통일 당시의 정치 상황에서 통일조약과 통일조약법[81]은 스파이문제를 구체적으로 다루지 못했다. 때문에 형법시행법률 제315조 제4문(동독에서 범해진 범죄의 형법적 효력)에 의거하여 형법 제93조 이하 규정들이 새로이 편입된 5개주에도 적용되었다. 그러나 제2문과 제3문은 예외규정을 가지고 있었다. 첫 번째로 뒤셀도르프 주법원에서 적용되었다. 통일조약시 의도적으로 만든 이 규정들은 실무에서 어떠한 변형적 시도도 불가능하게 만들었다.[82] 이후 입법부에서 논의된 사면법안도 결실이 없었다.[83] 법원은 국제법규와 헌법규범에 의해 스파이행위의 가벌성을 부정해야 한다는 주장을 인용하지 않았다. 법원은 "전쟁국제법의 특별규정인 헤이그육전규정 제31조로 형사소추금지를 도출할 수 없다"고 판시하였다.[84] 그 논거는 "동서독의 경우를 전시상황으로 유추적용을 할 수 없다"는 것이다.[85] 또한 법원은 "기본법 제3조(법률 앞의 평등)가 입법부에게 스파이행위자를 처벌하지 않

78) OLG Düsseldorf, Urteil v. 6.12.1993-Az. IV-40/92, UA S. 249.

79) 서독 형법 제5조 국내의 법익에 대한 국외의 범죄(Auslandstaten gegen inländische Rechtsgüter): 제4호 모반죄(Landesverrat) 및 대외적 안전에 대한 위해행위(Gefährdung der äußeren Sicherheit)(형법 제94조 내지 제100조 a).

80) OLG Düsseldorf, Urteil v. 6.12.1993-Az. IV-40/92, UA S. 249.

81) 통일조약법률(Einigungsvertragsgesetz) v. 23.1990, BGBl. II, S. 885ff.

82) OLG Düsseldorf, Urteil v. 6.12.1993-Az. IV-40/92, UA S. 249.

83) Günter Widmaier, Strafbarkeit der DDR-Spionage gegen die Bundesrepublik-auch noch nach der Widervereinigung?, in: NJW 1990, 3169ff.(3169); ders., Vom Grundsatz des rechtsstaatlichen Vertrauensschutzes, Zur Strafverfolgung von Bürgen der ehemaligen DDR wegen Spionage gegen die Bundesrepublik, in: KritV 1994, 377ff.(389f.).

84) 1910년 10월 18일 헤이그육전규정, 107면, 132면 이하. 헤이그육전규정 제31조: "간첩활동 후 자기 부대로 귀환하였으나 이후에 포로가 된 자는 종전의 간첩행위를 이유로 처벌될 수 없고 전쟁포로로서 취급되어야 한다."이것은 한국 통일에 시사하는 바가 있다.

85) OLG Düsseldorf, Urteil v. 6.12.1993-Az. IV-40/92, UA S. 249.

도록 입법할 의무를 부과한 것은 아니다"고 판단하였다.[86] 법원은 "입법자에게 서독을 위하여 활동하는 서독의 정보요원과 서독에 적대적인 공격행위를 하는 공격자간의 차별을 입법자에게 금지시킬 수도 없다"고 판단하였다.[87] 그 외 법원이 할 수 있는 일은 변화된 정치적 상황을 고려하여 공소기각판결을 하거나 양형에서 참작할 만한 동기들을 충분히 활용하는 것뿐이었다.[88] 마지막으로 법원은 "서독에 적대적인 스파이행위를 한 행위자에게 서독 형법 제93조를 소급적용하는 것은 기본법 제103조 제2문에 위배되지 않는다"고 판시하였다.[89]

(3) 형법 제94조의 정범과 관련된 문제

법원은 서독에 적대적인 스파이행위를 한 자에게 형법 제93조 이하의 규정들을 적용하였다. 그러나 각 법원들은 모반죄의 정범문제에 대해서는 입장이 대립되었다. 형법 제94조를 해석할 때, 동독 국가공안부의 협력자가 '대리인'인지 여부, 그가 국가기밀의 최종적인 수신자인지 여부 그리고 그가 제삼의 권력을 대표하는지 여부를 구별하여 판단하였다.

바이에른 주법원은 국가공안부 소속 정보요원들에 대해 모반죄의 (공동)정범성을 부정하였다. 피고인의 행위기여도에서 볼 때, 해당기밀의 '중개'가 아니며, 서독의 보안이 철저한 지역에서 독자적으로 활동한 것도 아니다라고 판단하였다. 따라서 바이에른 주법원은 이들을 단지 형법 제94조의 '대리인'으로 해석하고, 모반죄의 종범으로 판단하였다.[90]

그러나 연방법원은 바이에른 주법원과는 다른 입장이었다[91]: "바이에른 주법원은 '대리인'의 범위를 넓게 해석하고 있으며, 제삼의 권력에서 활동하는 정보요원의 협력자들은 대리인의 범위에 포함되지 않는다. 반역행위로 획득한 첩보로

---

86) 약간 다른 견해로서 Günter Widmaier, Strafbarkeit der DDR-Spionage gegen die Bundesrepublik-auch noch nach der Widervereinigung? in: NJW 1990, 3169ff.(3171); ders., Vom Grundsatz des rechtsstaatlichen Vertrauensschutzes, Zur Strafverfolgung von Bürgren der ehemaligen DDR wegen Spionage gegen die Bundesrepublik, in: KritV 1994, 377ff.(379f.).

87) OLG Düsseldorf, Urteil v. 6.12.1993-Az. IV-40/92, UA S. 250f.

88) OLG Düsseldorf, Urteil v. 6.12.1993-Az. IV-40/92, UA S. 251.

89) 다른 견해로서 Günter Widmaier, Verfassungswidrige Strafverfolgung der DDR-Spionage: Verstoß gegen das Rückwirkungsverbot des Art. 103 Abs. 2 GG, in: NJW 1991, 2460ff.; ders., Vom Grundsatz des rechtsstaatlichen Vertrauensschutzes, Zur Strafverfolgung von Bürgen der ehemaligen DDR wegen Spionage gegen die Bundesrepublik, in: KritV 1994, 377ff.(379f.).

90) BayObLG, Urteil v. 15.11.1991-Az. 3 St 1/91 a-d, NStZ 1992, 281.

91) BGH, Urteil v. 30.7.1993-Az. 3 StR 347/92, BGHSt 39, 260.

인하여 그들이 속한 제삼의 권력에 어떻게 관련을 맺고 있는지 여부는 그들의 임무를 평가함에 있어서 근본적으로 중요한 결정요인이 아니다."[92] 연방법원은 국가공안부소속 정보요원들에 대해 모반죄의 (공동)정범성을 인정하였다.

2. 베를린 캄머법원의 소수견해

베를린 캄머법원은 지금까지 언급된 형사법원과는 달리 형사소추를 부분적으로 위헌이라고 판단하였다. 그 논거는 동독 국적으로 동독에서 생활중심을 갖고 살아온 사람들에게 스파이문제로 유죄판결을 내리는 것은 헤이그육전법규 제31조[93]와 평등원칙[94]에 위배된다는 것이었다. 그러나 연방헌법재판소는 이러한 주장을 결정문 II에서 기각했다.[95]

3. 연방헌법재판소의 결정

연방헌법재판소[96]는 연방법원과 다수 주법원이 내린 판결과 같은 맥락에 서 있다. 그러나 연방헌법재판소는 결정문에서 "서독 사법의 사실상 확대의 효과는 법치국가원리[97]에서 재평가를 받아야 한다"는 점을 강조하였다.

독일 분단의 극복을 위한 특별한 사정을 고려하고, 동독 주민들에게 형법 제

---

92) BGH, Urteil v. 30.7.1993-Az. 3 StR 347/92, BGHSt 39, 275ff.

93) KG Berlin, Beschluß v. 22.7.1991-Az. (1) 3 StE 9/91-4-(13/91). NJW 1991, 2501, 2504; Beschuß v. 27.8.1993-Az. (1) 3 StE 2/93 (12/93). NJ 1994, 34, 36. 여기에 관해서는 Gerald Grünwald, Die strafrechtliche Bewertung in der DDR begangener Handlungen, in: StV 1991, S. 31ff.(S. 32); Erich Samson, Die strafrechtliche Behandlung von DDR-Alttaten nach der Einigung Deutschlands, in: NJW 1991, S. 335ff.(S. 339); Bruno Simma/Klaus Volk, Der Spion, der aus der Kälte kam. Zur BGH-Entscheidung über die Strafbarkeit der DDR-Spionage, in: NJW 1991, S. 871ff.(S. 874); Günter Widmaier, Strafbarkeit der DDR-Spionage—auch noch nach der Wiedervereinigung?, in: NJW 1990, S. 3169ff.(S. 3173). 다른 근거들도 있다.

94) KG Berlin, Beschulß v. 22.7.1991-Az. (1) 3 StE 9/91-4-(13/91). NJW 1991, 2501, 2503; Beschluß v. 27.8.1993-Az. (1) 3 StE 2/93 (12/93). NJ 1994, 34, 35.

95) 첫 번째 결정, Beschluß v. 22.7.1991-Az. (1) 3 StE 9/91-4-(13/91), NJW 1991, 2051. 이 결정에 따르면 동독지역에서 활동을 한 중앙정찰국 요원에 대한 형사소추는 위헌이라는 것이다. 두 번째 결정, Beschluß v. 27.8.1993-Az. (1) 3 StE 2/93 (12/93), NJ 1994, 34, 35. 이 결정에 따르면 동독지역에서 생활중심을 갖고 살아 온 모든 사람들의 행동은 그들이 어떠한 근무처에서 활동을 하였거나, 그들의 행위장소가 어디인지간에 독립되어 있다. 계속된 소송, Urteil v. 14.5.1993-Az. (2) 3 StE 16/92-4 (1) (12/92), NJ 1993, 471. 국가공안국소속 요원들은 형법 제99에 의해 비밀첩보활동으로 처벌되었다. 왜냐하면 이들의 활동은 '순수한 스파이'(reine Spionage)로 볼수 없다는 이유였다.

96) BVerfG, Beschluß v. 15.5.1995-Az. 2. BvL 19/91 u.a., BVerfGE 92, 277ff.

97) 기본법 제20조 제3항과 기본법 제28조 제1항 제1문.

94조와 제99조의 구성요건을 적용하여 형벌권을 관철하려고 한다면, 여기에는 법치국가원리, 즉 비례성의 원칙이 고려되어야 한다는 점을 지적하면서, "동독 주민들은 독일 통일의 효력이 발생할 시점까지 동독의 생활권에 있었고, 동독 정권에 의해 조종되고 있었다"는 점을 강조했다. 또한 "그들이 통일 전에 범한 스파이행위 때문에 서독 정부로부터 인도요청을 받았고, 형사소추가 될 상황에 처해졌는지도 함께 고려되어야 한다"고 지적했다. 연방헌법재판소는 이러한 논거로 "동독 주민들에게는 형사소추를 면제해야 한다"고 결정하였다.[98]

독일의 각급 법원은 연방헌법재판소의 1995년 5월 15일 결정에 따라 계류 중인 소송을 종결하였다.[99]

4. 파급효과와 판결의 계속된 발전

연방헌법재판소의 결정은 연방법원과 주법원에 파급효과가 있었다. 각급 주법원은 연방헌법재판소가 결정한 동독 주민에 대한 형사소추면제를 기본적으로 반대하지는 않았다. 동독 지역에서 독자적으로 서독에 적대적인 스파이행위를 한 행위자들에게 헌법에 근거하여 형사소추면제가 적용되었다. 그 논거는 통일 이전에 동독 지역에서 생활기반을 가졌던 동독 국적의 주민들이었다는 것이다.[100]

그러나 이것은 서독 지역에서 스파이행위를 한 동독 국적의 주민을 포함하는 것은 아니다. 사안에 따라 행위범위를 개별적으로 평가하였다. 이때 형사소추와 처벌문제는 두 가지 관점이 문제가 되었다. 하나는 동독 체제의 붕괴 이후 스파이사회를 종식한다는 측면, 다른 하나는 국가공권력의 행사와 과잉금지의 원칙이 조화를 이루고 있는지의 여부와 그 범위였다.[101] 이러한 두 가지를 이익형량의 관점에서 판단하였고, 형사소추면제로 나타나는 문제점도 진지하게 고려하였다.[102]

통일 후 독일 연방헌법재판소의 결정이 있기 전까지 검찰은 스파이행위에 대

98) BVerfG, Beschluß v. 15.5.1995-Az. 2. BvL 19/91 u.a., BVerfGE 92, 277ff.

99) BVerfG, Beschluß v. 26.5.1995-Az. 2 BvR 1724/93, Beschluß v. 16.6.1995-Az. 2 BvR 204/94; Beschluß v. 16.6.1995-Az. 2 BvR 1839/94, NJW 1995, 1953; Beschluß v. 25.6.1995-Az. 2 BvR 182/94; Besch;uß v.9.7.1995-Az. 2 BvR 1180/94, NJW 1995, 2706.

100) BayOLG, Beschluß v. 24.8.1995-Az. 3 St 11/94, JR 1996, 427; BVerfG, Beschluß v. 15.5.1995-Az. 2. BvL 19/91 u.a., BVerfGE 92, 277ff.

101) BayOLG, Beschluß v. 24.8.1995-Az. 3 St 11/94, JR 1996, 427; BVerfG, Beschluß v. 15.5.1995-Az. 2. BvL 19/91 u.a., BVerfGE 92, 277ff.

102) BayOLG, Beschluß v. 24.8.1995-Az. 3 St 11/94, JR 1996, 427.

해 기소를 하였고, 다수의 법원들은 이들을 형감경을 통해 부분적으로 해결하였다.[103] 그러나 동독지역에 거주하면서 서독에 적대적인 스파이행위를 한 정보요원들의 기소들은 1995년 5월 15일 연방헌법재판소의 결정[104]으로 형사소추면제의 결정에 근거하여 무죄가 선고되었다. 그러나 서독지역에서 활동하며 국가공안부 소속의 첩보원이 된 사람들은 연방헌법재판소의 결정으로 새로운 법적 평가가 내려지게 되었다.[105]

또한 "과잉금지사상에 대하여 어떠한 위상을 부여할 수 있는가"는 연방헌법재판소가 부분적으로 형사소송법 제153조 이하 규정에 근거하여 개별 사안을 다룰 때 유용하게 활용되었다. 이 사상은 형사소송법 제153조, 제153 a, 153 b의 규정상 반역범죄에는 적용이 될 가능성이 없다고 하더라도, 스파이요원들과 스파이행위에 책임을 지고 서독에 간첩을 투입한 동독 국가공안부의 고위책임자를 무죄선고하거나 혹은 중대한 감경 사유로 활용하였다.[106] 다수의 주법원들은 간첩과 반역적 스파이행위의 사례군에서 여러 차례 형사소송법 제153조 이하 규정에 따라 재판을 종결하였다. 이들 법원들은 연방헌법재판소의 결정에 따라 행위의 불법성이 경미하다고 판난하였다. 헤당 관련자들은 업무구조면에서 단지 하나의 하부조직으로 이용되었을 뿐이며, 편면적 책임만이 있다고 판단하였다.[107]

상고는 주법원의 제1심 판결에 불복하여 소송이 제기되는 것이기 때문에, 연방법원은 이미 동독 지역에서 스파이행위로 처벌된 제1심 판결에 대해 상고심에서 원심을 파기환송하였다.[108] 형사소추면제에 해당되지 않는 구체적인 사안에 대해서만 피고인을 처벌할 수 있었다.[109] 이는 연방헌법재판소의 결정에 따른 것이다.

5. 중간 결론

이상에서 살펴 본 바와 같이 약간의 예외는 있었지만,[110] 나토회원국과 서독

103) BayOLG, Urteil v. 22.8.1886-Az. 3 St 16/96, UA S. 7.

104) BVerfG, Beschluß v. 15.5.1995- Az. 2. BvL 19/91 u.a., BVerfGE 92, 277ff.

105) BayOLG, Urteil v. 22.8.1886-Az. 3 St 16/96, UA S. 7.

106) BayOLG, Urteil v. 22.8.1886-Az. 3 St 16/96, UA S. 7f.

107) 예를 들면 BayOLG, Beschluß v. 30.8.1995-Az. 3 St 12/95.

108) BGH, Urteil v. 18.10.1995-Az. 3 StR 324/94, BGHSt 41, 292, 293f. BVerfG, Beschluß v. 15.5.1995-Az. 2. BvL 19/91 u.a., BVerfGE 92, 277ff.

109) 제3부에서는 반대의 견해가 나타났다. BGH, Urteil v. 18.10.1995-Az. 3 StR 324/94, BGHSt 41, 292, 293f.; BGH, Urteil v. 30.7.1993-Az. 3 StR 347/92, BGHSt 39, 260ff.

에 대한 적대적인 스파이행위 때문에 동독 주민에게 제기된 모든 형사소송들은 재판을 통해 모두 종결되었다. 스파이행위, 상해, 강요, 권리행사방해에 대한 범죄혐의로 기소된 마르쿠스 볼프(Markus Wolf)의 형사소송도 종결되었다.[111]

스파이행위로 이미 유죄판결을 받은 사람들은 1995년 5월 15일 연방헌법재판소의 결정으로 재심(Wiederaufnahme)을 청구하였고,[112] 연방법원은 연방헌법재판소의 결정을 존중하여 이들의 재심청구를 받아들였다. 이러한 절차를 통해 동독 정보요원들에 대한 형사소송은 일단락되었다.

Ⅶ. 스파이형사소송의 통계

독일에서 스파이 문제는 동독 불법의 다른 유형[113]과 비교하여 아주 특이한 특징을 갖고 있다. 무엇보다도 모든 국가는 스파이행위를 하고 있다는 점이다. 이러한 사실은 동독 불법의 다른 유형과 스파이행위를 동일하게 취급할 수 없다는 것을 의미한다. 따라서 스파이형사소송에서 등장한 문제는 동독 정권이 자행한 불법의 다른 유형들과는 달리 독자적인 영역으로 다루어져야 한다는 점이다.[114]

스파이 관련 형사소추에 관한 통계는 독일 연방검찰청이 제시한 자료를 토대로 하였다. 전체적인 집계를 위해 수많은 사안들이 검토되었고, 매년 밝혀지는 소송과정도 정리하였다. 독일에서 체계적인 통계집계는 1991년부터 비로소 가능했기 때문에 1990년 12월에 진행되었던 형사소송에 관해서는 어떤 확실한 자료가 없다는 점을 미리 밝혀둔다.[115]

---

110) Hans K.에 대한 소송에 대해서는 (GBA, Anklage v.14.12.1992-Az. 2 StE 16/92-4; KG Berlin, Urteil v.7.1993-Az. unbekannt; BGH, Beschluß v.29.4.1994-Az. 3 StR 14/94 und BVerfG, Beschluß v.9.7.1995-Az. 2 BvR 1180/94, NJW 1995, 2706), 서독에 적대적인 스파이 행위이외에 살인행위에 가담한 자는 소추되었다.

111) OLG Düsseldorf, Urteil v. 27.5.1997-Az. VII-1/96: 뒤셀도르프 주법원은 마르쿠스 볼프의 인신납치사건에 대하여 자유형 2년, 집행유예 3년 그리고 5만 마르크의 벌금형을 선고하였다.

112) BGH, Beschluß v. 28.11.1996-Az. StB 13/96, BGHSt 42, 314.

113) ① 국경수비대의 총기사건, ② 선거조작, ③ 법률왜곡, ④ 밀고자, ⑤ 국가공안부 범죄행위, ⑥ 구금기관의 가혹행위, ⑦ 도핑, ⑧ 공직남용과 부패, ⑨ 경제범죄, ⑩ 스파이범죄.

114) Klaus Marxen/Gerhard Werle, Die strafrechtliche Aufarbeitung von DDR-Unrecht. Eine Bilanz, Berlin · New York, 1999, S. 146; Wolfgang Schäuble, Der Vertrag, München, 1993, S. 268ff.

115) Klaus Marxen/Gerhard Werle, a.a.O., S. 132.

1. 연방검찰청의 조직과 인적 구성

스파이형사소송을 다룰 소송지휘권은 연방검찰청에 있었다.[116] 연방검찰청의 담당부서는 각 사안에 대해 기소를 제기할 수 있을 만큼 충분한 범죄혐의가 있는지를 결정했다. 연방검찰청은 경미한 사안에 대해서는 기소 전에 주검찰청 검사에게 송치하였다. 연방검찰청 제3국이 스파이형사소송을 전담했다. 독일 통일 이전에 제3국에는 세 명의 담당관이 근무하였고, 그 인적 구성은 연방검찰, 주검찰, 연구관이었다. 독일 통일 이후 스파이형사소송의 사건 수는 급격히 증가하였다. 따라서 제3국은 1991년에 다섯 명의 담당자로 인원을 확대하였다. 스파이형사소송의 팽창은 형사소송의 조속한 종결을 요구하였다. 1995년 5월 15일 연방헌법재판소의 결정 이후 1996년 소송상황은 실제로 초기의 상태로 전환되었다. 때문에 담당자는 한 명이 줄었고, 스파이소송의 종결은 세 명의 담당관에 의해 진행되었다. 네 번째 담당관은 관할 부서의 업무확대로 한시적으로 임명되었다.

2. 수사통계와 기소통계

〈표 1-1〉은 동독 시절 스파이행위를 한 자의 수사상황을 나타내고 있다. 전체 기소자 중 동독 주민을 제외하고는 모두 서독인이다.

동독 불법의 다른 유형들에 대한 형사소추는 독일 통일 초기에 완만하게 시작되었다.[117] 이에 반해 스파이행위자에 대한 기소는 독일 통일의 초기에 주로 이루어졌고, 그 숫자도 급격히 증가하였다. 이처럼 스파이소송이 일사천리로 진행된 것은 이미 서독법에 이에 대한 처벌근거들을 가지고 있었기 때문이다. 각주들은 동독 불법의 다른 유형에서 법을 통한 과거청산을 위해 조직정비를 하는 동안, 스파이행위에 대한 형사소추는 이미 제도적인 기반이 되어 있었다. 또한 동독의 스파이활동은 통일 이전부터 형사소추가 가능했기 때문에 이것은 연방검찰청 담당부서에게 법적으로 전혀 새로운 임무도 아니었다. 단지 기본적으로 변화된 현실상황에 적절한 대응만이 필요하였다.

---

116) Klaus Marxen/Gerhard Werle, a.a.O., S. 132.
117) Klaus Marxen/Gerhard Werle, a.a.O., S. 142.

1997년 스파이형사소송은 종료되었다. 1993년부터 제기된 소송건수는 1995년부터 급격히 감소했다. 여기에는 동독 주민(동독 국적의 정보요원)들의 형사소추를 엄격히 제한한 1995년 5월 15일 연방헌법재판소의 결정이 영향을 주었다.[118] 그러나 〈표 1-1〉에서 보는 바와 같이 서독 주민에 대한 소송도 1994년 513명에서 1995년 32명으로 줄어든 것이 주목할 만하다. 이 소송의 건수는 동독 주민의 소송건수보다도 많이 감소한 것이다.

〈표 1-1〉 스파이소송 : 형사소송과 혐의자와 관련된 수사절차의 전개상황 (1991.1.1-1997.7.31)

	1991	1992	1993	1994	1995	1996	1997	전체
수사진행	1,200	1,576	1,515	1,197	139	9	0	5,636
혐의자 전체	1,631	2,098	1,825	1,388	148	9	0	7,099
그 중 동독 주민	1,143	1,147	883	875	116	7	0	4,171

범죄혐의자의 전체인원 중에서 동독 주민의 수는 58.8%에 달한다. 연방헌법재판소의 결정에 따라 연방검찰청은 동독 주민들에 대한 형사소송을 중요도에서 아주 낮게 평가(2,343, 56.2%)하였고, 사건을 주검찰청에 이송하였다.

동독 주민에게 행해진 스파이형사소송의 건수를 동독정권의 불법행위 때문에 수사가 개시된 다른 범죄유형과 사건 수를 비교하면, 스파이소송에 관련된 범죄혐의자는 4,171명이며, 다른 범죄유형에 관련된 범죄혐의자는 약 100,000명이다. 동독 주민의 스파이행위는 동독 체제범죄에 포함되기 때문에 스파이소송이 동독 체제범죄에서 차지하는 비율은 전체 약 4%에 해당한다.

〈표 1-2〉를 보면 범죄 혐의를 받은 동독 주민과 관련한 수사종결 상황을 분명하게 확인할 수 있다. 스파이행위에 대한 사실상의 수사종결 시점인 1997년 7월 31일까지 통계를 보면, 형사소송은 약 98.8%가 종결되었다. 따라서 이 시점을 사실상 종결된 시점이라고 말할 수 있다.

기소율은 약 2%로 아주 낮게 나타나고 있다. 그러나 다른 범죄 유형에서 기소율이 1.1%인 것에 비하면 다소 높다.[119] 그럼에도 불구하고 이러한 편차는 별로 중요하지 않은데, 그것은 기본적으로 기소단계에서 다른 범죄 유형과는 다른

118) Klaus Marxen/Gerhard Werle, Die strafrechtliche Aufarbeitung von DDR-Unrecht. Eine Bilanz, Berlin · New York, 1999, S. 138f., S. 217.

119) Klaus Marxen/Gerhard Werle, a.a.O., S. 194.

〈표 1-2〉 스파이소송 : 범죄 혐의를 받은 동독 주민과 관련한 수사종결상황 (1991.1.1-1997.7.31)

	인 원	비 율
수 사	4,171	
종 료	4,079	(100.0%)
수사종결(그 중에서)	3,812	(93.5%)
기 소	82	(2.0%)
그 외	185	(4.5%)
진 행	92	

내부방침이 있었기 때문이다. 13명이 연방검찰청에 의해 기소되었고, 69건은 주검찰청으로 이송된 후 기소되었다. 연방검찰청이 독자적으로 수사하여 종결한 사건 수(1,797)와 주검찰청이 수사하여 종결한 사건 수(2,282)는 기소율에서 차이가 있다. 전자는 0.7%로, 후자는 3.0%이다. 이것은 사안의 경중에 따른 것은 아니다. 계속해서 발전된 소송상황이 등장하면, 연방검찰청 특수부는 처리과정에 대해서 주검찰청과 상의를 하고,[120] 사건을 규정에 따라 송치하였다.

물론 연방검찰청이 처리한 형사사건에서 기소율이 낮은 것은 수사종결 때문이다. 연방검찰청은 주검찰청과는 달리 소송을 진행함으로써 서독의 국익에 위험을 초래하거나 또는 그 밖에 형사소추가 압도적인 공익에 배치되는 사례들은 기소유예(형소법 제153조 d, 정치적 범죄행위에 대한 기소유예)처분을 내릴 수 있기 때문이다. 또한 서독의 존립과 안전 그리고 헌법질서에 위험을 방지하는데 실제로 기여하면서 반성하고 있는 행위자의 경우에도 기소유예(형소법 제153조 e, 유효한 반성의 경우의 기소유예)처분을 내릴 수 있었기 때문이다.[121] 이러한 근거들은 연방검찰청의 활동영역을 대폭 확대시켰다. 특히 예방의 관점 그리고 다른 수사기관들의 협력들은 이러한 처분을 내릴 수 있는 동기가 될 수 있었다. 〈표 1-3〉을 보면, 연방검찰은 적어도 31건의 사례에서 이러한 가능성을 적용했다는 것으로 나타난다. 이 비율은 0.7%의 기소비율 중에서 정확히 1.7%에 해당한다.

특히 주목할 만한 것은 형소법 제153조, 제153 a(부과명령 및 지시의 이행을 이유로 한 절차의 중지)에 근거한 수사종결이다. 종결된 사건에서 전체 42.3%가 불기소처분이다. 이 비율은 일반적으로 형사실무에서 높은 편이다.[122] 검찰청은 스파

120) 여기에 관해서는 예를 들면 GBA, Niederschrift, S. 4f., 10ff., 16ff.

121) Klaus Marxen/Gerhard Werle, a.a.O., 1999, S. 135f.

122) Gerhard Schäfer, Die Praxis des Strafverfahren, 5. Aufl., Stuttgart, 1992, Rn. 311.

〈표 1-3〉 스파이소송: 범죄 혐의를 받은 동독 주민과 관련한 수사종결 근거 (1991.1.1-1997.7.31)

	인 원	비 율
수사종결(전체)	3,812	(100.0%)
수사종결의 근거		
형사소송법 제170조 2항(절차의 중지)	1,988	(52.2%)
형사소송법 제153조, 153 a(기소유예)	1,726	(45.3%)
형사소송법 제153 d, 153 e(기소유예)	31	(0.8%)
사망/지속적인 소송무능력	52	(1.4%)
그 외	15	(0.4%)

이소송에서 매우 융통성을 보였다는 인상을 준다. 형소법 제153조, 제153 a에 근거한 불기소처분이 많은 이유는 1995년 5월 15일 연방헌법재판소의 형사소추면제 결정 때문이다. 이러한 결정은 "피고인들의 충성은 당시의 그들의 조국이었다는 점,[123] 법을 거역하는 것이 어렵다는 점,[124] 동독의 몰락 그리고 재범위험이 없다는 점"이 반영되었다.[125] 정치적 변화들은 이러한 행위를 경미한 관점에서 보았고,[126] 결과는 피고인들에게 그대로 실현되었다.[127]

123) 형소법 제153조에 근거한 기소유예: GBA, Vfg. v. 11.9.1992-3 BJs 984/91-1, S. 7; Vfg. v. 9.11.1992-3 BJs 500/91-1, S. 5; Vfg. v. 23.4.1993-3 BJs 217/91-1, S. 2; Vfg. v. 16.7.1993-3 BJs 715/91-2, S. 1; Vfg. v. 9.8.1993-3 BJs 712/91-2, S. 2; Vfg. v. 27.4.1994-3 BJs 132/91-2, S. 4; Vfg. v. 10.3.1995-3 BJs 1015/91-2, S. 7; GStA OLG Celle, Vfg. v. 3.3.1993-OJs 16/91, S. 1; StA bei dem KG Berlin, Vfg. v. 26.7.1994-3 OJs 37/93, S. 7; Vfg. v. 20.4.1995-3 OJs 229/93, S. 3; StA OLG Schleswig, Vfg. v. 27.10.1992-OJs 11/91, S. 2.

형소법 제153조 a에 근거한 기소유예: GBA, Vfg. v. 5.2.1992-3 BJs 725/91-2, S. 3; Vfg. v. 29.6.1992-3 BJs 1001/91-2, S. 2; Vfg. v. 30.6.1992-3 BJs 530/91-2, S. 4; Vfg. v. 22.7.1992-3 BJs 1204/91-1, S. 2; Vfg. v.28.12.1992-3 BJs 1110/91, S. 6; StA BayObLG, Vfg. v. 7.9.1992-ObJs I 10/92, S.4; Vfg. v. 5.10.1992-ObJs I 47/91; GStA OLG Düsseldorf, Vfg. v. 2.11.1994-3 OJs 61/94, S. 2.

124) GStA OLG Düsseldorf, Vfg. v. 19.9.1994-3 OJs 80/94, S. 2.

125) 형소법 제153조에 근거한 기소유예: GBA, Vfg. v. 9.11.1992-3 BJs 500/91-1, S. 5; Vfg. v. 10.3.1995-3 BJs 1015/91-2, S. 7.

형소법 제153조 a에 근거한 기소유예: StA BayObLG, Vfg. v. 25.8.1992-ObJs I 45/91, S. 5: GStA OLG Düsseldorf, Vfg. v. 2.11.1994-3 OJs 61/94, S. 2; StA OLG Frankfurt, Vfg. v. 9.12.1992-OJs 7/92, S. 2; GStA OLG Koblenz, Vfg. v. 11.3.1993-OJs 4/93, S. 2: GStA OLG Stuttgart, Vfg. v. 8.9.1993- OJs(24) 3/93, S. 5.

126) 형소법 제153조에 근거한 기소유예: GBA, Vfg. v. 15.7.1992-3 BJs 1072/91-1, S. 1; Vfg. v. 9.8.1993-3 BJs 712/91-2, S. 2; Vfg. v. 16.7.1993-3 BJs 715/91-2, S. 1; GStA OLG Düsseldorf, Vfg. v. 7.12.1993-3 OJs 45/93, S. 4; GStA OLG Koblenz, Vfg. v. 24.4.1992-OJs 5/92, S. 5; GStA OLG Stuttgart, Vfg. v. 6.7.1992-OJs(24) 8/92, S. 4; Vfg. v. 25.1.1993-OJs(24) 1/92, S. 4; Vfg. v. 26.4.1993-OJs(23) 34/91, UA S. 3.

형소법 제153조 a에 근거한 기소유예: GStA OLG Stuttgart, Vfg. v. 28.7.1993-OJs(24) 28/92, S. 4; Vfg. v. 8.9.1993-OJs(24) 3/93, S. 93; Vfg. v. 23.9.1993-OJs(22) 38/91, S. 4.

127) GStA OLG Stuttgart, Vfg. v. 23.9.1993-OJs(22) 38/91, S. 4; Vfg. v. 23.9.1993-OJs(22) 38/91, S. 4.

3. 판결 통계

공소가 제기된 사건들은 종결되었다. 〈표 1-4〉에서 보는 바와 같이 1997년 7월 31일 기소된 사건 중에서 단지 아직도 7.3%가 최종 판결을 남겨두었다.

공소취소와 재판종결은 연방헌법재판소의 결정에 따른 것이다. 전체사건 중 3분의 2 이상이 연방헌법재판소의 결정으로 종결되었다. 피고인의 30.2% 만이 유죄를 선고받았다.

법원의 판결에 대해 불복하는 사례는 나타나지 않았다. 다른 범죄유형[128]의 대부분의 사건들은 전체 11.7%가 본공판(Hauptverfahren)에서 기각되었고, 판결 중 3분의 1이 무죄를 선고받은 반면, 동독 주민에 대한 스파이범죄는 예비공판(Zwischenverfahren)에서 별다른 이의제기 없이 넘어갔다. 단지 재판이 진행된 전체 23명의 피고인들 중 4.3%가 무죄를 선고받았다.

〈표 1-4〉 스파이소송: 범죄 혐의를 받은 동독 주민과 관련한 재판종결 (1991.1.1-1997.7.31)

	인 원	비 율
기소된 자	82	
종료(전체)	76	(100.0%)
공수취소(그 중에서)	18	(23.7%)
공소기각	0	(0.0%)
재판종결(결정 또는 재판을 통해)	33	(43.4%)
재판: 유죄	22	(28.9%)
무죄	1	(1.3%)
기타(예를 들면 다른 사건과 병합)	2	(2.6%)
진 행	6	

〈표 1-5〉를 보면 양형통계는 독자적인 의미를 가지고 있다. 스파이형사소송에는 벌금형이 없다. 이에 반해 다른 범죄유형에서는 3분의 1이 유죄를 선고받았다.[129] 동시에 스파이소송에서는 중형도 선고되지 않았다. 두 사건을 제외하고는 2년 이상의 자유형의 선고는 없다. 이 두 건도 모두 집행유예가 선고되었다. 평균

128) ① 국경수비대의 총기사건, ② 선거조작, ③ 법률왜곡, ④ 밀고자, ⑤ 국가공안부 범죄행위, ⑥ 구금기관의 가혹행위, ⑦ 도핑, ⑧ 공직남용과 부패, ⑨ 경제범죄, ⑩ 스파이범죄.

129) Klaus Marxen/Gerhard Werle, Die strafrechtliche Aufarbeitung von DDR-Unrecht. Eine Bilanz, Berlin · New York, 1999, S. 135f., 221.

〈표 1-5〉 스파이소송: 범죄 혐의를 받은 동독 주민과 관련한 양형 (1991.1.1-1997.7.31)

	인 원
유죄판결(전체)	22
선고유예(그 중)	1
벌금형	0
자유형	21
2년 이하(그 중)	19
2년 이상	2

적으로 높은 형벌을 받은 사건은 동독을 위하여 스파이행위를 한 서독 주민에 대한 판결이었다. 연방검찰청의 보고서에 의하면 서독 관련(스파이형사소송) 245건 중 51건이 2년 이상의 자유형을 선고받았다(20.8%)고 한다.

Ⅷ. 결 론

결론에서는 서독과 나토회원국에 적대적인 스파이행위를 한 동독 국가공안부와 동독 인민군 정보요원들의 처벌문제가 남긴 교훈과 한국 통일에 주는 시사점을 밝혀보고자 한다.

1. 독일 스파이형사소송에 대한 법적 평가

독일 스파이형사소송에 대한 법적 평가는 상반된다. 장점으로는 중대한 인권침해에 대한 경고-분명한 신호탄, 형사소추의 연속성 확보 그리고 불법과거사에 대한 해명과 승인이었다. 반면 단점은 불법과거사 청산의 전체과정에서의 결함, 공소시효입법의 흠결, 법원판결의 문제점, 일반인의 비판 그리고 형법을 통한 과거청산을 대체할 수 있었던 다른 선택 등을 들 수 있다.

(1) 장 점

(가) 중대한 인권침해에 대한 경고-분명한 신호탄

① '무죄문화에 철퇴'를 선언한 독일의 특수한 길(Sonderweg)이 반영되었다.

② '기본권과 인권의 존중'을 선언하고, 중대한 인권범죄에 대한 불승인을 확인하였다.

③ '책임상쇄'를 선언하고, 독일의 역사에서 반인륜적 · 반법치국가적 범죄행위의 반복을 막으려는 예방의 관점과 정의의 관점이 투영되었다.

④ '책임의 개별화'를 통해 '익명의 시스템범죄에서 명확한 개인범죄로 방향전환'을 하였다.

⑤ '소급효금지의 인권조화적인 한계'를 모색했다. 국가에 의한 중대한 인권침해에 대해서는 엄격한 신뢰의 원칙이 적용되었고, 소급효금지의 원칙은 배제되었다.

⑥ '중대한 인권침해에 대한 가벌성의 한계'를 모색했고, 법치국가의 원리와 '비례성의 원칙'을 도출했다.

⑦ '인권에 대한 형법적 보호'를 선언하고, '형법의 핵심은 인권'이라는 사상을 확인하였다. 이것은 '승리자의 사법'(Siegerjustiz)에 대한 반론이 되었다.

(나) 형사소추의 연속성 확보

① 혁명의 주체세력인 동독 주민들의 의지를 존중하여 불법 과거사에 대한 형사소추의 연속성을 확보되었다.

② 특히 공직남용, 선거조작, 슈타지 사건 등 동독인의 분노를 수용하였다는 점이 특징이다

(다) 불법과거사에 대한 해명과 승인

① 공론화기능이다. 재판을 통해서 동독체제하의 불법의 문제를 사회적으로 회상시키고, 환기시켰다는 점이다.

② 해명기능이다. 선거조작이 시민운동의 단초가 되었기 때문에 선거조작에 대한 규명이 필요하였고, 공직남용과 부패문제에 대한 규명도 필요했다. 이것은 혁명의 주체세력인 동독 주민들의 의지였다.

③ 승인기능이다. 동서독 국경지역의 총격사건(이것은 이미 국제적 사건)과 정치적 도구였던 사법부(인권침해의 도구)에 대한 불승인을 선언하고, 인권의 회복을 확인하였다.

④ 피해자를 위한 원상회복의 의미이다. 진실의 회복, 불법의 청산 그리고 피해자의 권리회복과 정의회복의 상징성이 있었으며, 이후 형법적 · 직업적 · 행정법적 복권을 위한 기초자료가 되었다.

⑤ 체제불법(시스템불법)을 입증하는 계기가 되었다.

(2) 단 점

(가) 전체과정에서의 결함

① 빠른 종결, 짧은 소송, 통일적인 법집행이 어려웠다. 일반인의 기대는 매우 높았지만, 너무나 많은 과제, 시간의 부족, 정치현실은 이에 부응하지 못했다.

② 현실과 이상의 괴리가 있었다. 입법과 정치의 부재(不在)는 "처벌이냐? 사면이냐?"의 논쟁을 가중시켰다.

③ 독일의 사법사(司法史)에서 전무후무한 '거대한 사법적 실험'이었다. 정치적·현실적 어려운 전제 조건으로 인하여 형사소송에서 많은 혼선을 일으켰다. 따라서 헌법소송이 빈번했다.

(나) 공소시효입법의 흠결

① 공소시효는 법치국가에서 중요한 제도임에도 청산과정에서 폐해가 많았다. 피상적이고 결점 투성이의 법률은 '졸속입법'의 결과였다.

② 공소시효기간의 불필요한 연장(세 차례 연장)으로 법적 안정성을 위협했다.

③ 정치투쟁과정에서의 갈등과 혼선이 나타났고, 사면법 제정의 논란을 불러왔다. 그러나 이러한 논쟁에서 유익한 결실이 없었다.

(다) 법원판결의 문제점

① 인권보호에 있어서 법원의 논리부재가 나타났다. 특히 국경수비대 총격사건에 있어서 소급효문제와 유럽인권협약 제7조 제2항에 대해서는 구체적인 언급이 없었다.

② 형사소추의 연속성은 있었지만 법원을 통한 결과의 비연속성이 나타났다.

③ 사법불법에 대한 법적 판단에 있어서 특히 '법률왜곡'의 판결에서 법적 논거가 불충분했다.

(라) 일반인의 비판

① "승리자를 위한 사법이다."

② "새우는 매달고, 고래는 도망갔다."

(마) 형법을 통한 과거청산을 대체할 수 있었던 선택들

① 일반사면을 선택할 수는 없었는가?

② 진실위원회는 구성될 수 없었는가? 남아프리카 모델은 불가능하였을까?

이러한 문제에 대한 충분한 논의가 없었다.

2. 한국 통일에 대한 시사점

남북한 주민이 간첩혐의를 받지 않고도 국경선을 자유롭게 왕래할 수 있다면, 저자는 이것이 바로 '통일'이라고 생각한다. 이러한 '통일대치품'(unification equivalent)은 향후 스파이문제를 다소 완화시킬 수는 있을 것이다. 그러나 이러한 완충기간이 없이 어느 특정 시점에서 남북통일이 갑자기 된다면, 스파이문제는 우리 민족과 사회에 난제(難題)를 안겨줄 것임에 틀림없다. 왜냐하면 한국 통일과정에서 정치적 변수에 따라 스파이문제가 정치적 이슈가 되어 심각한 사회문제가 될 수도 있기 때문이다. 이 문제의 처리과정에서 우리나라도 독일과 유사한 논쟁이 발생될 것으로 예상되는데, 이때 청산방법, 사면방법 그리고 망각방법(역사 속에 묻어 두는 방법)이 제시될 것으로 생각된다.

지금의 시점에서는 어떠한 방법이 타당한지 주장할 수도 없다. 남북문제는 예측이 불가능한 요소가 너무도 많기 때문이다. 다만 헬무트 콜의 지적처럼,[130] 통일이 되기 이전에 여러 측면에서 면밀한 대응책을 준비하는 것이 필요할 것이다. 이러한 준비만이 시행착오를 줄이고, 혼란을 방지할 수 있기 때문이다. 이런 측면에서 독일의 사례들은 통일을 준비하고 있는 우리나라에 귀중한 자료임에 틀림없다. 독일식 청산의 장점과 단점은 바로 한국에 남겨진 소중한 교훈이 될 수 있기 때문이다.

우리가 앞에서 살펴본 것처럼 독일의 모델은 한국 통일이 무르익을 때 한국의 지도자와 정책입안자들이 취할 통일정책의 모델을 자세하게 보여주고 있다. 그러나 우리는 독일식 해결방법과는 달리 다음의 네 가지 방법을 고려할 수 있을 것이다.

첫번째 방법은 「통일조약(統一條約, 立法)을 통해 해결하는 방법」이다. 스파이문제를 통일조약에서 처리하지 못한 독일의 경우를 반면교사로 참고하여, 우리

130) Helmut Kohl, Ich wollte Deutschlands Einheit, Ullstein 1996; 김주일 역, 나는 독일통일을 원했다, 해냄, 1998: 헬무트 콜 전(前) 독일 총리는 회고록에서 스파이 문제와 관련하여 다음과 같이 밝히고 있다: "붕괴 전 마지막 몇 년 동안 동독에서는 마음을 찍어 누르는 슬픈 사건들이 많이 있었다. 1990년 초 시작된 슈타지 관련 논쟁은 그 후 끊이지 않고 계속되었다. 그러나 아주 예민하고도 중요한 의미를 지닌 이 테마를 위해 충분한 힘과 시간을 내고 있는 사람은 사실 한 명도 보이지 않았다"(238-239면).

는 '통일조약'에 이 문제를 명확하게 명시해야 할 것이다. 우리의 통일과정이 협상이든, 타협이든, 혹은 흥정이든, 흡수이든 통일조약은 반드시 필요하다. '흡수통일'이라고 하는 독일도 통일조약에 의해 통일이 되었다는 점을 기억할 필요가 있다.

두번째 방법은 만약 이 문제를 명시할 수 없는 정치상황이라면, 통일 이후 빠른 시일 내에 사면법(赦免法, 立法)을 제정하고, 형사소송법 제326조 2(면소의 판결)를 통해 해결하는 방법이다. 여기에는 1990년 9월 독일 사면법 초안("국가반역 및 대외안전 위해행위에 대한 형벌면제에 관한 법률")이 참고가 될 수 있을 것이다.

세번째 방법은 「헤이그육전규정 제31조 전쟁국제법의 특별규정」에 의해 사법부를 통해 해결하는 방법이다. 독일의 경우와는 달리 남북한의 경우를 전시의 상황으로 규정하고, 헤이그육전규정 제31조를 유추적용(類推適用)하면 될 것이다. 왜냐하면 한국의 분단은 독일의 분단상황과는 다르기 때문에 이러한 해결방법은 충분히 검토대상이 될 수 있다고 생각한다.

네번째 방법으로 청산의 방법을 택할 수밖에 없다면, 각 스파이활동의 사안에 따라 검찰의 불기소처분 혹은 법원에서 재판을 통해 해결하는 방법이다. 그러나 이 방법은 7년에 걸친 독일의 청산과정에서 보듯이 많은 시간과 노력이 수반될 것이라는 점을 기억해야 할 것이다.

스파이문제는 특수한 사례이다. 독일식 청산이 남긴 교훈은 첫째 과거사의 해명(解明)과 미래의 통합(統合)은 반드시 같이 가야한다는 점, 둘째 법을 통한 통일이 바로 실질적 통일이라는 점, 셋째 결국 스파이문제는 법원을 통해 해결될 수밖에 없다는 점이다. 넷째 통일이 오기까지 남한의 법치와 인권이 향상되어야 하고, 북한의 체제변혁과정(체제범죄와 청산주체의 관점)도 중요한 변수[131]가 될 수 있다는 점이다. 이제 독일 통일이 남긴 시사점을 나침반으로 이러한 연구는 더욱 더 본격화되어야 할 것이다.

---

131) 기 소르망, 프랑스 대표적 지성(인터뷰), 신동아, 2000년 2월호, 84-93면(88-89면): "나는 몇 년전부터 북한이 급속한 붕괴보다는 일정한 안전을 말하던 이들의 편에 서 있습니다. 그런 예측에 힘입어, 내게는 또한 북한이 10년이나 지속되지는 않으리라는 것이 분명해 보입니다. 북한은 인접국들과 미국의 암묵적이고 약간은 수치스러운 동의에 의해서만 생존하고 있습니다. 연착륙이나 기대하면서 말입니다. 더 개연성이 있는 것은 북한 내부의 혁명이 지나치게 잘 계산된 그 시나리오를 중단시키리라는 것입니다. 북한 민중에게 정상적인 생활을 영위할 권리를 무한정 금지시킬 수는 없습니다. 내가 아는 북한 내부사정으로 보면, 북한은 정상적인 나라가 아니라 공포정치 국가입니다. 그것은 종말이 있을 것이며, 무한정 연장될 수는 없습니다."

제2장 독일 통일과 공소시효*

[대상판례: BGH, Urt. v.10. 3.1995-5. StR 434/94(LG Berlin)][1)]

동독 슈타지 책임자 에리히 밀케 재판과 공소시효 논쟁

Ⅰ. 서 론

에리히 밀케(Erich Mielke)[2)]는 1925년부터 공산당(KPD) 당원으로 활동하였으며, 1931년 초부터 베를린시 뷜로우광장(Bülow-Platz in Berlin)의 부근에 위치한 공산당 중앙당사의 경비대원으로 근무하였다. 1931년 베를린시에서는 경찰과 일부 시민의 충돌이 반복되었고, 이 과정에서 1931년 8월 8일 한 노동자가 경찰공무원에 의해 피살된 사건이 발생하였다.

---

* 비교형사법연구 제3권 제2호, 2001, 408-413면.

1) 이에 관하여 Günter Widmaier, Verhandlungs- und Verteidigungfähigkeit, NStZ 1995, S. 361ff. 특히 공소시효문제에 관해서는 S. 365ff.; 판결전문은 BGH, Urt. v. 10.3.1995-5. StR 434/94(LG Berlin) =NStZ 1995, S. 394ff. 참조.

2) 조선일보, [옛동독] 비밀경찰 슈타지 총수 에리히 밀케 사망, 2000년 5월 26일자, 국제면; 구 동독 비밀경찰 슈타지(국가안전부)의 총수였던 에리히 밀케(92)가 2000년 5월 21일 베를린의 한 요양원에서 사망했다고 독일 일간지 쿠리어가 2000년 5월 25일 보도했다. 베를린시 관리도 사망사실을 확인했다. 지난 1950년 설립 때부터 슈타지에 관여한 밀케는 1957년부터 1989년 베를린 장벽이 붕괴할 때까지 슈타지 최고책임자였다. 동독 주민에게 공포의 대상이었으며 한때 호네커 공산당 서기장에 이은 2인자로 군림한 밀케는 동독인들이 가장 증오하는 인물 중 한 명이었다. 동서독 통일 후 밀케는 각종 혐의로 체포돼 재판에 회부됐다.

1931년 나치 시절 청년공산주의자 시위에 가담, 경찰관 2명을 살해한 혐의로 1993년 6년형을 선고받았으나 건강 악화로 지난 1995년 석방됐다. 베를린 장벽 탈출자에 대한 총격, 살인 혐의 슈타지 총수 재직시 각종 범죄에 대한 처벌은 건강악화를 이유로 피할 수 있었다. 밀케는 그 후 동베를린에서 부인(게르트루더), 아들(프랭크・50)와 함께 매달 연금 456달러로 은둔생활을 해왔으나 2000년 4월 이후 부인이 더 이상 그를 돌볼 수 없게 되자 집을 떠나 요양원에 들어간 것으로 전해졌다. 쿠리어는 밀케가 6월 10일 동베를린 지역 사회주의자 공동묘지에 묻힐 것이라고 전했다.

1907년 12월 바퀴제조공의 아들로 베를린에서 태어난 밀케는 1921년 공산당 청년조직에 가입했고, 1925년 정식 당원이 됐다. 밀케는 배달원 생활을 하면서 당 기관지 '붉은 기'의 기자로도 활동했다. 1931년 8월 베를린 반(反) 히틀러 시위에서 경찰관을 살해한 후 수배를 받자 벨기에를 거쳐 소련으로 탈출, 모스크바에서 국제 레닌 학교를 다녔다. 1936년에는 스페인 내란에 참전, 파시스트 독재자 프랑코에 대항해 싸우기도 했다. 1940년 소련으로 다시 돌아온 밀케는 제2차 세계대전 종전과 함께 귀국, 1949년 동독경찰 책임자가 됐고, 1950년부터는 슈타지와 운명을 같이 했다. 슈타지는 전성기때 8만 5000여명의 정규요원과 10만여명의 정보원을 두고 국내 정치 사찰과 대외 간첩활동을 전담한 동독 공포정치의 핵심 도구였다.

1931년 8월 9일에 공산주의자(Kommunisten)와 나치스트(Nationalsozialisten)들은 사회민주주의의 이념으로 정권을 이룬 프로이센정부의 전복을 공동목적으로 결의하였으며, 이러한 정치상황에 따라 대규모 군중소요가 예상되었고, 정부는 경찰병력을 뷜로우광장에 집중적으로 배치하였다.

사건 당일인 1931년 8월 9일 20:00 이후 경찰공무원 3명이 하나의 조를 이루어 함께 광장주변을 순찰하고 있었고, 그 광장의 주위에는 800명에서 1000명 정도의 군중이 모여 있었다. 경찰공무원 3명이 바이딩거 거리(Weydinger Straße)를 통해 한케 거리(Hankestraße) 방향으로 돌아갈 때, 에리히 밀케 외 2명이 경찰공무원 3명의 등뒤로 4m~5m 재빨리 근접하여 최소한 6발의 총격을 가하고 도주하였다. 경찰 An과 Le는 그 자리에서 즉사하고, W는 심한 부상을 입었다.

1931년 8월 9일, 사건 당일은 밀케의 나이가 23세가 되는 해였다. 사건 이후 나치스정권이 붕괴하자 밀케는 동독 공산정권에 적극적으로 가담하였고, 1958년부터 동독 정권하에서 주요 요직을 거쳐 1990년에는 동독 정권의 2인자인 국가공안부(Stasi)의 부장으로 활동하였다.

사건 발생 62년이 지난 후, 그의 범죄행위는 20년 9개월이 경과된 1993년 10월, 독일 통일 후 3년이 지난 후에, 독일 베를린 검찰청에 의해 재수사가 진행되었고, 검찰은 에리히 밀케를 독일 형법 제211조 모살죄로 기소하였다.

이 논문은 재판의 경과(Ⅱ), 법적 쟁점(Ⅲ) 그리고 한국 통일에 남긴 시사점을 간략히 검토하고자 한다(Ⅳ).

Ⅱ. 재판의 경과

1. 제1심 법원의 판단

밀케와 변호인은 그의 살인행위는 모살이 아니라, 우발적으로 일어난 행위이고, 또한 살인죄의 공소시효는 이미 완성되었다고 주장하였다. 그러나 담당재판부는 이러한 피고인의 주장을 받아들이지 않았다. 독일 베를린 지방법원(LG Berlin: 형사합의부)은 범행 당시의 제국 형법, 동독 형법, 서독 형법 그리고 1993년 3월 26일의 공소시효정지법률에 근거하여 에리히 밀케에게 두 건의 모살행위(2

명의 경찰)와 한 건의 모살미수행위(1명의 경찰)에 대해 유죄를 인정하고, 자유형 6년을 선고했다. 제1심 선고 당시 밀케의 나이는 85세였다.

2. 피고인과 검찰의 상고

피고인과 검찰은 제1심 판결에 불복하고, 각각 연방법원에 상고했다. 변호인은 "85세인 밀케는 소송무능력과 방어무능력의 상태(Verhandlungs- und Verteidigungs-unfähigkeit)에 있다"고 상고하였고, 검찰은 "모살행위는 동독의 형법에서도 10년 이상의 자유형으로 처단되기 때문에 자유형 6년은 부당하다"고 상고하였다.

3. 독일 연방법원의 판결

독일 연방법원은 양측의 상고를 기각하고, 원심을 확정하였다. 밀케 나이는 87세였고, 자유형 6년이 확정되었다.

Ⅲ. 법적 쟁점

밀케 재판의 쟁점은 「공소시효문제(Verjährungsproblematik)와 소송행위능력」이었다. 여기서는 공소시효문제를 중심으로 개관하고자 한다.

밀케가 범죄행위를 할 당시(1931년 8월 9일)의 독일 제국 형법(Das Deutsche Reiches-Strafgesetzbuch)은 모살죄의 공소시효를 20년으로 규정하고 있었다. 따라서 검찰은 이 사건에 대하여 당시의 형법에 따라 1951년 8월 7일까지 형사소추가 가능하다고 판단하였다. 밀케의 1931년 8월 9일의 범행은 1945년 제2차 세계대전의 패전과 동독 지역에 주둔한 소련 점령군 통제위원회 법안(공소시효정지법안)이 통과될 때까지 공소시효가 진행되고 있었다.

그러나 소련 점령군 통제위원회는 1947년 2월 20일부터 1955년 9월 20일까지 7년 7개월 동안 공소시효를 정지시키는 법안을 통과시켰다. 이에 따라 밀케의 살인행위에 대한 공소시효는 1931년 8월 9일부터 1947년 2월 19일까지 15년 6개월이 진행되다가 정지되었다.

이런 가운데 1949년 동독 정권이 창건되었다. 밀케의 공소시효는 소련 점령군 통제위원회의의 공소시효정지법률 때문에 정지되어 있었다. 이 법안은 1955년 9월 20일자로 폐기되었고, 1955년 9월 21일부터 밀케의 공소시효는 다시 진행되었다. 그러나 밀케가 1958년 동독 정권에 참가함으로써 다시 정지되었다. 이때까지 밀케의 공소시효는 총 17년 9개월이 진행되었고, 2년 3개월이 남아 있었다.

이후 동독 형법은 1968년 형법개정을 통해 모살죄의 공소시효를 20년에서 25년으로 연장하였다. 밀케의 공소시효는 5년이 늘어나 7년 3개월로 연장되었다. 이미 17년 9개월의 공소시효가 진행되었지만, 밀케는 1958년에서 1990년초까지 동독 체제하의 중앙당간부로 활동하였고, 형사소추를 사실상 피할 수 있었다. 이 경우 동독 정권하의 정치활동기간은 '사실상 소추가 불가능한 기간'으로 판단되어 공소시효는 자동으로 정지가 된 상태였다.

독일은 1990년 10월 3일 통일되었다. 밀케의 범죄행위에 대한 공소시효는 1990년 10월 4일부터 다시 진행되었다. 그러나 독일 통일 후 독일 연방의회는 1993년 3월 26일에 "동독 공산당의 불법행위에 관한 공소시효 정지에 관한 법률"(Gesetz über das Ruhen der Verjährung bei SED Unrechtsstaaten vom 26.3.1993. BGBl. I, 392)[3]을 발효시킴으로써 공소시효를 연장하는 입법조치를 단행하였다. 동독 공산치하에서 저질러진 범죄행위에 대해 동독정권이 존재했던 41년 동안(1949년 10월 11일-1990년 10월 2일)은 "해당 범죄행위에 대한 형사소추의 공소시효의 진행을 일체 인정치 않는다"는 입법조치였다.

이 입법조치가 내려진 6개월 이후 1993년 9월 27일 독일 연방의회는 "형법상 공소시효연장에 관한 제2차 법률"(Gesetz zur Verlängerung strafrechtlicher Verjähr-

---

3) 1993년 3월 26일의 동독 공산당의 불법행위에 관한 공소시효 정지에 관한 법률(Gesetz über das Ruhen der Verjährung bei SED Unrechtsstaaten vom 26. 3. 1993. BGBl. I, 392) (1) 공소시효정지: 독일은 통일 후 3년 만에 동독 공산치하에서 자행된 범죄행위에 대해 "동독 정권이 존재했던 41년 동안(1949년 10월 11일~1990년 10월 2일)에 저질러진 해당 범죄행위에 대하여 공소시효의 진행을 일체 인정치 않는다"는 법률을 제정함으로써 공소시효를 연장하는 조치를 취했다. (2) 입법배경: 제1차 공소시효법 제1조에서 "과거 동독 정권하에서 행해진 불법행위들 중 국가 또는 당지도부의 의사에 따른 정치적인 이유 또는 자유법치국가의 근본원칙에 배치되는 이유들을 근거로 형사처벌을 받지 않았던 불법행위들에 대해서는 1949년 10월 11일부터 1990년 10월 2일까지 공소시효가 정지된다"고 규정하고 있다. 이같은 특단의 조치는 "동독의 정권범죄행위(Regierungskriminalität)를 총망라해서 동독 정권이 존재하였던 기간 동안은 일체의 공소시효의 진행을 인정치 않는다"는 의지를 담고 있다. 여기에는 통일협약, 동독 형법 제69조, 제83조 제2항 제2문(공소시효에 관한 조항) 그리고 형법시행법률 제315조 I-V가 고려되어 있다. (3) 법률제정의 근거: 제1차 공소시효법의 법률제정의 근거는 동독 권력층의 범죄행위가 그들의 집권기간 동안에는 현실적으로 처벌이 불가능했다는 점에 있다. 독일은 이 법률을 발효시킨 뒤 같은 해 9월 제2차 공소시효법을 만들어 법적 제재의 그물을 더욱 강화했다.

ungsfristen: Zweites Verjährungsgesetz BGBl. I, 1993, 1675)[4)]을 제정하였다. 이 법률은 1992년 12월 31일 이전에 동독 지역에서 발생한 범죄행위에 대하여 1993년 1월 1일을 공소시효 기산일로 정하였고, 제1차 공소시효 정지에 관한 법률의 효력이 미치지 못하는 독일 통일 이후의 공소시효의 문제를 집중적으로 다루었다. 이것은 독일 통일 이후 검찰과 법원의 실무적 복구를 고려한 것이다.

이 법률에 따르면 법정형이 중죄인 경우는 5년 그리고 경죄인 경우는 2년간 공소시효를 연장하였다. 1997년 12월 31일까지 공소시효기간을 연장한다는 내용을 담고 있다. 또한 살인범죄에 대해서는 공소시효를 적용하지 않는다는 내용도 추가하였다.

밀케의 범죄행위는 20년 9개월이 경과된 1993년 10월, 독일 통일 후 3년이 지난 후에, 독일 베를린 검찰청에 의해서 재수사가 진행되었고, 검찰은 에리히 밀케를 모살죄(독일 형법 제211조)로 기소하였다. 검찰과 제1심 그리고 독일 연방법원은 밀케의 공소시효는 아직 완성되지 않았다고 판단한 것이다.

Ⅳ. 결 론: 한국 통일에 대한 시사점

동독 슈타시 책임자 밀케의 사례에서 확인한 바와 같이 독일의 공소시효 논쟁은 남북통일과 형사법상 특수문제의 해결에 중요한 참고가 될 것이다.

예를 들면 한국 현대사에서 주목을 받고 있는 민간인 피해사건으로 ① 여수·순천반란사건, ② 6·25 전범처리, ③ 아웅산 폭파·테러사건, ④ KAL기 폭발사건－소위 김현희 사건－, ⑤ 1996년 강릉무장공비침투사건, ⑥ 인류에 반한 범죄행위－국가기관에 의한 살인 및 조작은폐, 고문, 민간인 납치 등이 대표적 사례가 될 것이다.

---

4) 1993년 9월 27일의 형법상 공소시효연장에 관한 법률(Gesetz zur Verlängerung strafrechtlicher Verjährungsfristen: Zweites Verjährungsgesetz BGBl. I, 1993, 1675) (1) 공소시효연장(제2차 공소시효법): 1992년 12월 31일 이전에 동독 지역에서 일어난 범죄행위에 대해서 1993년 1월 1일을 공소시효 개시일로 정해 제1차 공소시효법률의 효력이 미치지 못하는 통일 이후의 시기를 다루고 있다. 중죄에 관해서는 5년 그리고 경죄에 관해서는 2년 간 공소시효를 연장했다. 1997년 12월 31일까지 공소시효를 연장한다는 내용을 담고 있다. 또한 살인행위는 공소시효를 적용하지 않는다는 내용도 추가했다. (2) 입법배경: 제2차 공소시효법률의 입법배경은 수 많은 범죄행위를 시간적 여유를 두고 다루기 위함이다. 통일 독일은 이처럼 법률적인 준비를 마친 뒤 동독의 공산당 및 비밀경찰(슈타지) 관계자들을 하나하나 소추하기 시작했다.

남북통일 이후 피해당사자와 피해가족들이 생존해 있는 경우, 이들 범죄행위를 해결하기 위해서 첫 번째 쟁점이 되는 것이 바로 공소시효의 문제이기 때문이다. 따라서 향후 공소시효와 관련하여 「독일의 공소시효의 정지에 관한 법률」의 입법목적, 배경 그리고 구체적 내용들이 체계적으로 분석되어야 할 것이다. 이를 토대로 구형법, 한국 형법, 북한 형법 그리고 형사소송법이 구체적으로 검토되어야 할 것이다.

생각건대 독일이 통일 이후 세 차례(마지막 1997년 12월 22일)나 공소시효를 연장함으로써 법적 안정성을 해하고, 동독인들에 대한 표적수사라는 비판을 받아왔다는 점을 우리는 주목해야 한다. 이러한 독일 형법학계의 비판을 주의 깊게 관찰하면서, 공소시효와 관련하여 우리는 무엇을, 어떻게 그리고 어떠한 범위 내에서 준비해 두어야 할 것인지 철저하게 대비해야 할 것이다.

결국 공소시효를 연장하는 것은 입법정책상의 문제이다. 불법과거사청산과 사법정의를 위해서 아주 중요하고 민감한 주제이다. 이 문제는 언젠가 다가올 우리의 통일과정에서도 현실화될 수 있다.

여기에 관해서 저자는 두 가지 방안이 있을 수 있다고 생각한다. 하나는 통일조약을 통해 공소시효문제를 일괄적으로 타결하는 방안이고, 다른 하나는 남북통일 후 「공소시효에 관한 특별법」을 통해서 해결하는 방안이다.

이 문제에 관해서는 남북통일이 되기 이전에 면밀히 검토되어야 한다. 구체적으로 남북 형법에 규정된 불법의 비교연구, 법정형의 비교분석, 공소시효의 기간과 정지법률 비교 검토 그리고 법원과 검찰의 실무적 복구를 고려한 가칭 「북한지역 범죄에 대한 공소시효연장에 관한 법률안」이 마련되어야 할 것이다.

왜냐하면 격변기 혹은 남북통일 이후 이를 새로이 토론하고, 급하게 준비하는 것은 혼란만 가중시키기 때문이다. 우리는 독일의 공소시효논쟁을 타산지석으로 삼아야 할 것이다.

제3장 독일 통일과 사법통합*

– 남북한의 사법제도 통합방안 –

Ⅰ. 서 론

통일시대를 앞두고 북한에 대한 본격적인 연구가 시급히 요청되고 있다. 그러나 이제까지 북한에 대한 기존연구는 통일 이후 실질적인 통합과정을 도외시한 채 북한의 현 상태와 통일과정에만 초점을 맞추었다고 할 수 있다.[1] 물론 이러한 연구도 매우 중요하지만 통일을 눈앞에 둔 현 시점에서 통일 이후의 사회 전반적인 통합과정을 보다 구체적으로 살펴보아야 할 필요성이 있다. 즉 지금까지의 북한 연구의 시각과 방법에서 벗어나 통일 이후의 통합과정까지도 연구의 시각과 지평을 확대시켜야만 한다. 그렇지 않고서는 통일은 단순히 남과 북이 하나가 된다는 형식적인 통합으로만 그칠 뿐이고 사회 전반에 걸친 실질적인 분단은 모면하지 못할 것이다. 더욱이 반세기 동안의 분단으로 인해 실질적인 통합과정에 대한 연구는 더욱 시급하다고 할 수 있다.

이 연구는 이러한 문제의식에서 통일 이후 진정한 의미에서 '남과 북이 하나됨을 위한 기초작업 중의 하나인 법적 통합에 관한 것이다. 한 사회에서 법제도는 그 사회의 골간이 됨은 주지하는 바와 같으나 반세기 동안의 분단과정은 이질적인 법제도를 낳았고, 이것에 대한 사전 준비 없이는 실질적인 의미의 통일을 기대하기는 매우 힘들다. 더구나 통일된 그 때에 이를 준비한다는 것은 더욱 혼란만 가중시킬 것이다.

따라서 이 연구는 분단 50년간 고착화된 이질적인 남북한의 법체계를 통합하는 방안으로 우선 사법제도 분야에 대해 살펴보기로 한다. 남북통일을 대비하기

---

* 윤대규·김동한·하태영, 동서독 사법제도통합과 남북한 사법제도통합에 관한 연구, 동북아연구 제4권, 경남대학교 극동문제연구소, 1998, 113-169면.

1) 이에 관해서는 최대권, 통일의 법적 문제, 법문사, 1992; 장봉문, 통일법 연구의 동향과 과제, 제1회 한국법학자대회 발표논문 4분과 1주제, 1998, 1-26면: 여기에는 통일법 논의의 방대한 문헌과 광범위한 자료들이 소개되어 있다.

위한 법적 정비와 통일 이후 필요한 법적 통합방안을 제시하기 위해 통일의 경험을 우리보다 먼저 겪었던 독일의 통합사례[2]에서 우리는 많은 교훈을 얻을 수 있을 것이다.

이 연구는 독일의 사례에 대해서도 필요한 범위 내에서 상세히 살펴볼 것이다. 이 논문에서는 먼저 독일의 사법제도 통합 사례를 살펴보고(Ⅱ), 다음으로 남북한의 사법제도를 검토(Ⅲ)한 후에 통일 후의 사법제도의 통합방안을 모색하는 순서로 전개하고자 한다(Ⅳ).

Ⅱ. 독일의 사법통합의 사례[3]

1. 1989년 11월 9일 국경개방 이전까지의 동독의 상황

(1) 마르크스-레닌주의 국가이론과 법이론에 따른 사법기능

동독의 사법제도는 사회주의 국가에 있어서 재판의 체제내적 역할에 따라 형성되었다. 그 주요 특징은 마르크스-레닌주의 국가이론과 법이론에 준거하여 법

---

2) 이에 관한 최신 주요 문헌으로 Deutscher Bundestag Referat Öffentlichkeitsarbeit, Schlußbericht der Enquet-Kommission Überwindung der Folgen der SED-Diktatur im Prozeß der deutschen Einheit(독일 통합 최종보고서), Deutscher Bundestag, 1998년 6월 10일; Rainer Eppelmann/Horst Möller/Dorothee Wilma(Hrsg.), Lexikon des DDR-Sozialismus, Bd. 1. 2., aktualisierte und erweiterte Aufl., UTB 1983, 1997; Werner Weidenfeld/Karl-Rudolf Korte (Hrsg.), Handbuch zur deutschen Einheit, Aktualisierte Neuausgabe, Frankfurt/Main, New York, Campus Verlag 1996: 임종헌·신현기·백경학·배정한·최필준 역, 독일통일백서, 한겨레신문사, 1998; 독일 통일과 관련한 국내문헌집으로 법무부 편, 독일법률·사법통합 개관, 법무자료 제165집, 1992; 통일원 편, 독일통일백서, 통독과정연구 94-Ⅳ, 1994; 한국법제연구원 편, 독일통일에 따른 공법의 통합에 관한연구, 통일법제연구(I), 연구보고 94-9, 1994; 법원행정처 편, 독일통일과 사법통합, 통일사법정책자료 95-Ⅱ, 법원행정처, 1995; 헌법재판소 편, 독일통일관련 연방헌법재판소의 판례 및 기본법개정에 관한 연구, 1996.

3) Werner Weidenfeld/Karl-Rudolf Korte (Hrsg.), Handbuch zur deutschen Einheit, Aktualisierte Neuausgabe, Frankfurt/Main, New York, Campus Verlag 1996: 임종헌·신현기·백경학·배정한·최필준 역, 독일통일백서, 한겨레신문사, 1998, 537-627면(제5부 독일 통일의 법적 관점); 통일원 편, 독일통일 6년, 동독재건 6년-분야별 통합성과와 향후과제, 통일원, 1996; 이 보고서는 독일 연방내무성이 독일 통합 중간보고서로 1993년, 1995년, 1997년 세 차례에 걸쳐 보고한 자료이다. 통일원은 1995년 수정판 중간보고서를 간행하였다; 법원행정처 편, 독일통일과 사법통합, 통일사법정책자료 95-Ⅱ, 법원행정처, 1995, 41-62면; 법원행정처 편, 통일을 대비하는 법조-결과보고서, 사법정책자료 95-Ⅱ, 법원행정처, 1995; 법무부 편, 독일법률·사법통합 개관, 법무자료 제165집, 1992, 221-294면 참조. 또한 통일원 편, 「법률로 본 독일 통일」, 1995; 사법제도 통합과 관련된 법률들: 1. 연방변호사법에 따른 전문변호사의 명칭 및 연방변호사법 개정에 관한 법률(1992.3.7), 2. 사법보조관 조정법(1992.7.1), 3. 변호사 허가검토, 공증인 임명검토, 명예재판관 임명검토에 관한 법률(1992.7.31), 4. 사법보조관법 및 기타 법률개정에 관한 법률(1994.7.1), 5. 변호사와 변리사의 직업권 재정립에 관한 법률(1994.9.9) 참조.

과 재판의 독립성이 부정된다는 점이다.[4] 법과 재판은 사회주의 및 공산주의적 사회질서의 유지를 위하여 존재하는 단순한 도구에 불과했다. 그러므로 법과 재판은 모든 다른 국가행위와 더불어 사회주의통일당(SED)의 지배하에 있었다. 즉 사법부는 제3의 독립적 권력이 아니었다. 그러한 독립적 권력은 사회주의 체제 내에서 존립할 수 없었으며, 사법재판은 당의 지시에 전적으로 종속되어 있었을 뿐이다. 이에 따라 법관의 인적 독립성도 인정되지 않았다.

법관들은 인민대표회의에서 선출되었다. 그 임기는 차기 선거시까지이며, 법관들은 인민대표들에게 자신들의 활동상황을 보고할 의무가 있었다. 법관의 재판 독립성은 실무적으로 널리 뿌리박힌 국가의 통제와 감독에 의해 사실상 부인되었다. 그리고 법률이 정하는 법관에 의한 재판원칙도 관할권의 가변성으로 인해 부인되었다.

(2) 법원조직

법원은 3단계로 구성되었고, 지방행정구역과 일치되도록 조직되어 있었다.[5] 1개 군마다 하나의 군법원(Kreisgericht), 1개 지구마다 하나의 지구법원(Bezirksgericht)이 설치되어 있었다. 베를린에는 동독의 최종심급법원인 최고법원(das Oberste Gericht)이 있었다. 이러한 모든 법원들은 일종의 '통합법원'(Einheitsgericht)으로서 사법기관으로 이송된 모든 사안들을 관할하였으며 제1심에서는 보통 평민판사(배석판사)들이 민사, 가사, 형사, 노동사건 등에 함께 관여하였다.

최고법원은 사법재판의 통일성을 추구하는 외에 법무부와 공조하여 동독의 모든 하위법원들을 지도할 책임을 갖고 있었다. 이러한 최고법원의 지도권한은 때때로 구속력을 지닌 '지도노선'(Richtlinien)의 형태로 행사되었다.

---

4) 이에 관해서는 Eberhard Kuhrt, Geschichtsauffassung, in: Rainer Eppelmann/Horst Möller/Dorothee Wilma (Hrsg.), Lexikon des DDR-Sozialismus, Bd. 1. 2., aktulaisierte und erweiterte Aufl., UTB 1983, 1997, SS. 322-332; Alexander Fischer/Günter Heydemann, Geschichtswissenschaft in der DDR I/II, Bd. 25, I u. II, Berlin 1988; Walter Remmers, Vom Aufbau des Rechtsstaats-3 Jahre Justizentwicklung in Sachsen-Anhalt, Herausgegeben vom Ministerium der Justiz des Landes Sachsen-Anhalt -Referat Öffentlichkeitsarbeit, Oktober 1993, Magdeburg, S. 5.

5) 이에 관해서는 Wassermann Rudolf, Gerichtsverfassung, in: Rainer Eppelmann/Horst Möller/Dorothee Wilma (Hrsg.), Lexikon des DDR-Sozialismus, Bd. 1. 2., aktualisierte und erweiterte Aufl., UTB 1983, 1997, SS. 318-322; 페트 리쓰, 독일의 사법통합에 관하여, 통일을 대비하는 법조-결과보고서, 사법정책자료 95-II, 법원행정처, 1995, 57-73면; 법무부 편, 독일법률·사법통합 개관, 법무자료 제165집, 1992, 229-237면; 법원행정처 편, 독일통일과 사법통합, 통일사법정책자료 95-II, 법원행정처, 1995, 46-53면.

군법원(郡法院)의 하위법원으로 군법원의 지도를 받는 소위 사회적 법원들(die gesellschaftlichen Gerichte)이 회사나 주거지역에 분쟁위원회와 중재위원회의 형태로 설치되었다. 이러한 평민사법제도(Laienjustiz)는 실제적으로 매우 중요한 의미를 갖고 있었다. 형사사건이나 노동사건 중 수많은 작은 분쟁사안들이 동 법원의 관할에 속하였으며 단순한 민사분쟁이나 질서위반사건 또는 취학의무 위반사안들도 동 법원에 의해 취급되었다. 이러한 분쟁사안들은 사회적 법원의 결정에 대해 불복, 항소하는 경우에만 통상의 국가법원으로 이관되었다. 이 외에도 이른바 경제기관들간의 중요한 분쟁사안을 중재위원회의 재판절차와 유사한 방식에 의해 처리하는 소위 '국가계약법원'(Staatliches Vertragsgericht)들이 존재했다.

동독에서 검찰은 특수한 정치적 권한을 갖고 있었다. 검찰총장은 법무성의 휘하에 있는 것이 아니라, 인민의회(Volkskammer)와 국가평의회(Staatsrat)에 대해 직접 책임을 지며 인민의회와 국무회의에 참석할 권한이 있었다. 검사는 단순한 하나의 형사기관에 그치지 않고 민사사건이나 노동분쟁에도 관여할 수 있었다. 즉 그에게는 일반적인 '법률감독'의 책임이 부여되어 있었다.

(3) 법관과 검사의 수

동독에서 사법부가 차지하던 존재의 왜소성은 법관의 수에서도 확인할 수 있다.[6] 동독에서는 약 1,500명의 법관, 즉 1백만명당 약 90명의 법관이 있었을 따름이었다. 반면 통일 전 서독에서는 약 18,000명의 법관, 인구 1백만명당 280명의 법관이 사법업무에 종사하고 있었다. 한편 검사의 경우 동독에서는 인구 1백만명당 약 80명의 검사가 있었던 반면, 서독은 1백만명당 약 60명의 검사가 있었다.

(4) 법조인의 교육

동독의 법조인 교육은 서독의 법조인 교육과 큰 차이가 있었다.[7] 동독에서는 법학 전공 대학생의 수가 국가의 수요에 의해 좌우되었기 때문에 일반적으로 그

---

6) 법무부 편, 독일법률·사법통합 개관, 법무자료 제165집, 1992, 237-241면; 법원행정처 편, 독일통일과 사법통합, 통일사법정책자료 95-Ⅱ, 법원행정처, 1995, 53-58면; 페트 리쓰, 독일의 사법통합에 관하여, 통일을 대비하는 법조-결과보고서, 사법정책자료 95-Ⅱ, 법원행정처, 1995, 62면.

7) 이에 관해서는 Sabine Gries/Günter Förster, Juristische Hochschule Potzsdam(JHS), in: Rainer Eppelmann/Horst Möller/Dorothee Wilma (Hrsg.), Lexikon des DDR-Sozialismus, Bd. 1. 2., aktualisierte und erweiterte Aufl., UTB 1983, 1997, SS. 431-433; 법원행정처 편, 독일통일과 사법통합, 통일사법정책자료 95-Ⅱ, 법원행정처, 1995, 60-63면; 페트 리쓰, 독일의 사법통합에 관하여, 통일을 대비하는 법조-결과보고서, 사법정책자료 95-Ⅱ, 법원행정처, 1995, 66-67면.

수가 적었다. 처음부터 정치체제에 대한 충성도를 기준으로 매년 약 700명의 학생들(그 중에 일부는 방송통신대학생이었음)에게 법과대학 입학이 허가되었다.

서독에서의 법학교육[8]은 '전(全)법조인'(Einheitsjuristen)의 양성을 지향하고 있었으며 모든 법조분야에서 요구되는 광범위한 소질을 함양하는데 그 주안점이 있었던 반면, 동독에서의 법학교육은 대학교육과정에서부터 특정한 법조분리에 맞게 분화되어 이루어졌고 특정한 활동을 위해 제한된 능력을 키워주는데 목표를 갖고 있었다. 4년제로 되어 있는 대학교육과정에는 법률학 외에도 마르크스-레닌주의와 정치경제학, 또한 그 외의 이념관련 기초 학문 등 많은 비법률과목의 이수가 포함되어 있었다. 담당 국가기관으로부터 정통으로 간주되고 승인된 견해들, 즉 국정 단일교과서와 부합하는 학설들만을 가르쳤다. 학문연구의 특징으로 표시되는 이른바 독창적인 문제의 해결과 독자적인 논리의 전개 그리고 기존학설에의 비판과 논쟁 등은 거의 이루어지지 않았다. 그리고 성적에 대한 통제가 거의 없었다. 대학과정에 이어 1년간 판사나 검사 또는 변호사나 공증인으로서 실무교육을 더 받음으로써 특정 법조분야에 종사할 수 있는 제한된 능력이 전수되었다. 전문법조인으로서의 자질을 심사할 실질적인 시험은 결여되어 있었다.

(5) 사법보조관

동독에는 사법보조관(Rechtspfleger)이라는 직업이 없었다.[9] 사법보조관의 임무 중에 많은 부분이, 특히 비송사안의 경우 일부는 행정관청에 의해 또 다른 일부는 국가공증소에 의해 이루어졌다. 사법부내에는 판사와 검사 외에 법원 비서들이 활동하고 있었는데, 그들의 임무가 부분적으로 사법보조관, 수수료원, 문서담당관리 또는 집행관의 그것과 유사하였다.

(6) 변호사

변호사의 활동영역이 제한되었던 동독에는 당연히 그 수가 그리 많지 않았다.[10] 약 600여명의 변호사가 활동하고 있었고(서독에서는 약 55,000명), 모든 변호

8) 이 책의 제1편 제5장 독일의 법학전문교육과 법조인양성 참조.

9) 법원행정처 편, 독일통일과 사법통합, 통일사법정책자료 95-II, 법원행정처, 1995, 55면; 법원행정처 편, 통일을 대비하는 법조-결과보고서, 사법정책자료 95-II, 법원행정처, 1995, 69면.

10) 법무부 편, 독일법률·사법통합 개관, 법무자료 제165집, 1992, 242-245면; 법원행정처 편, 독일통일과 사법통합, 통일사법정책자료 95-II, 법원행정처, 1995, 58-59면; 법원행정처 편, 통일을 대비하는 법조-결과보고서, 사법정책자료 95-II, 법원행정처, 1995, 70면.

사가 각 변호사회에 소속되어 있었다. 각 지구 변호사회에는 그 지구내의 변호사들이 회원으로 가입되었으며, 변호사회는 소속회원들을 감독하고, 사무실과 인력을 제공하며, 변호사비를 수거하고, 소속회원들의 업무상의 과실에 대해 책임을 지며, 소속회원들의 의료보장과 노년대책을 담당하였다. 변호사회의 지출비용은 변호사비 중에서 갹출하였다. 몇몇 소수변호사들만이 법무부의 허가를 받아 자영업자로서 변호사 활동을 했다.

(7) 국가공증소

대부분의 법률사무들이 법원이 아닌 국가공증소에서 수행되었다.[11] 국가공증소에는 국가에 의해 임명된 약 500여명의 공증인들이 활동하고 있었고, 동독에서 자유직으로서 공증업무를 담당하던 공증인은 극소수에 불과하였다.

(8) 법원조직법과 소송법

동독에는 서독측과는 성질이 다른 법원조직법과 소송법, 특히 1권으로 된 민사 및 형사소송규칙이 있었다. 이 분야에 있어서 1877년의 제국사법법(Reichsjustizgesetz)의 영향은 극히 일부분에 국한되어 남아 있었고, 주요 부분에서는 소련법규의 영향을 받았다.

(9) 행 형

행형(行刑)은 내무성의 관할에 속했다. 동독 인민경찰의 사무국이 행형기관의 업무를 관장하고 있었다. 반면 법무성은 행형에 대해 아무런 영향력도 갖고 있지 않았다. 행형제도는 무엇보다도 안정과 질서유지의 우선 및 군대식 위계질서가 특징이었다.[12] 이는 예를 들면 건물밖에 맹견들을 풀어 놓아 죄수들의 탈출을 막는 식으로 형무소장벽의 안전을 유지한다거나 일반적으로 형무소를 연상하게 하는 색(황, 적색)의 줄무늬 옷을 죄수들에게 입히는 형태로 드러났다. 죄수들에게는 또한 억압적인 행형조치의 적법성에 대해 법원의 심사를 청구할 권리가 인정되지 않았다. 31개의 성인 형무소, 5개의 소년원, 37개의 구치소 그리고 8개의 국

---

11) 법무부 편, 독일법률·사법통합 개관, 법무자료 제165집, 1992, 246면; 법원행정처 편, 독일통일과 사법통합, 통일사법정책자료 95-II, 법원행정처, 1995, 58-59면; 법원행정처 편, 통일을 대비하는 법조-결과보고서, 사법정책자료 95-II, 법원행정처, 1995, 71면.

12) 법무부 편, 독일법률·사법통합 개관, 법무자료 제165집, 1992, 214면.

가공안부(MfS)소속 구치소가 설치되어 있었다. 모든 행형기관의 수용능력은 약 25,800명이었다. 그러나 실제적으로는 1989년 가을까지 평균 약 30,000명의 수형자들이 수용되어 있었다. 동독내 정치개혁과정에서 두 번의 사면조치가 있었고 그후 계속된 상황변화로 인해 1990년 가을에는 수형자의 수가 약 3,500명으로 감소하였다.

2. 독일 통일조약 및 사법통합과 관련한 법 상황의 발전

(1) 독일 통일 이전까지의 상황

양독지역의 공동발전을 위해서는 법률과 사법현실의 동화가 처음부터 중요한 의미를 지녔다. 독립적이면서도 제 기능을 발휘하고 나아가 국민에게 수용되는 판결을 내리는 것은 법치국가의 중요한 구성요소 중의 하나이다. 경제적인 측면에서도 동독에 투자하려는 투자가들이 필요한 경우 자신들의 권리를 주장하고 획득할 수 있는 법치주의 사법제도에 대한 신뢰가 구축되어야만 했다.

그러므로 화폐・경제・시회통합에 관한 제1차 국가조약[13]에서 이미 일반원칙에 대한 합의가 이루어졌다는 점이 중요하다. 그 당시에는 아직도 자주국가로서 동독이 장기간 존립할 것처럼 보였고 또 이로 인해 원칙적으로 동독의 자주적인 사법권을 배제할 수 없었기 때문에, 제1차 국가조약은 동 조약 제6조의 조약상의 기본언명과 지도원칙에 관한 공동의정서를 통해 자유경선된 동독 의회가 실현하기를 원하는 규정과 목표를 제시하는데 그쳤다. 여기서 중요한 것은 무엇

13) BGBl. II, 1990, S. 528; 1990년 5월 18일 체결・동년 7월 1일 발효「동・서독간 통화・경제 및 사회공동체의 창설에 관한 국가조약」(Staatsvertrag über die Schaffung einer Währungs-, Wirtschafts- und Sozialunion zwischen der Bundesrepublik Deutschland und der Deutschen Demokratischen Republik vom 18. 5. 1990), 동・서독의 통합과정에 있어서 중요한 분기점이 된 것은 흔히「국가조약」으로 약칭되는「동·서독간 통화·경제 및 사회공동체의 창설에 관한 국가조약(이하 '국가조약'이라 함)」이다. 동 조약은 1990년 5월 18일 체결되어, 동년 7월 1일 발효되었는데, 이 조약에는 동독 헌법의 개정 내지 동독주권의 일부 할양을 의미하는 헌법적 기본원칙이 천명되어 있다. 이에 따라 동독 인민의회는 1990년 6월 17일「동독 헌법의 개정과 보충에 관한 법률(헌법원칙법률)」(Gesetz zur Änderung und Ergänzung der Verfassung der DDR vom 17. 6. 1990: Verfassungsgrundsätzegesetz, GBl. I, S. 229)을 의결하였는데, 동 법률은 동독이「자유주의・민주주의・연방주의・사회주의・환경주의」를 지향하는 법치국가임을 선언하고 있다: 제1조에서 자유민주적 기본질서, 제2조에서 재산권의 보장, 제3조에서 경제적 활동의 자유, 제4조에서 결사의 자유, 제5조에서 사법권의 독립, 제6조에서 자연환경 보호의무의 확립, 제7조에서 노동보호의무를 규정하였다. 이러한 새로운 헌법적 기본원칙위에서 양독지역에서 서독의 도이치마르크화(DM)를 단일통화로 사용하는 통화동맹이 성립되었다. 이러한 통화동맹의 성립은 단순한 통화의 통일에 그치는 것이 아니라, 시장경제체제의 도입, 국가통제에 의한 국가의 대외경제독점의 폐지, 사적 소유권체계의 회복 등을 의미하는 것이었다.

보다도 사회주의적 중앙집권적 체제내에 있어서의 사법의 도구적 성격을 배제시키는 일이었다. 이를 위해 위의 성격을 띠고 있는 개념들(예를 들면 사회주의적 죄형법정주의)을 삭제하고 검사의 일반적인 법률감독, 주기적인 판사선거, 중앙에 의한 사법지배, 판사의 보고의무 그리고 검찰의 광범위한 관할권을 폐지하는 것이 그 안에 규정되었다. 또한 이외에도 공법상의 권리보호를 규정하고 직권소송요소들을 민사소송에서 분리시키며, 변호사업무의 요건과 전제조건을 자영업자의 그것에 맞게 변경시키는 것 등의 조치가 이루어졌다.

더 나아가 동독에 일종의 특수 노동재판권이 확립되어질 수 있도록 했다. 잠정적으로 노사간의 분쟁을 판단할 중립적인 노동분쟁중재소를 설치하게끔 하였다. 이 중재소에 대한 규정은 1990년 7월 1일 서독 노동법의 주요 내용들 (임금교섭법, 회사조직법, 공동결정법, 해고보호법)이 적용됨으로써 불가피하게 제정된 것이었다. 왜냐하면 이러한 실체법들은 재판권의 존립을 전제하고 있었기 때문이었다. 경제체제의 전환으로 인해 민간경제부문과 공공업무 부문에서 불가피하게 생기는 해고와 관련하여 많은 노동법적인 분쟁이 발생되고 또 이것은 바로 법원의 소송부담 가중으로 이어질 것이 예견되었다.

동독은 이상에 언급된 제1차 국가조약의 의무를 이행하였다. 즉 서독의 법무성 및 노동사회부 직원들과 긴밀히 협조하여 사법에 연관된 법규들을 개정했고 서독측의 법체계에 동화시켰다. 동독의 소송법과 법원조직법이 개정되었고, 공법상의 광범위한 권리보호가 이루어졌으며, 자영 변호사와 자영 공증인을 위한 첫 번째 근거규칙들이 공포되었다. 나아가 시장경제적 파산법의 원칙들이 국회에서 의결되었다.

판사들과 검사들의 재임용에 있어서는 그들의 과거체제에 대한 밀착정도에 따라 심사할 수 있도록 판사법과 그에 상응하는 검사규정, 특히 통일조약을 통해 관련조직을 구성했다. 이를 위해 민주적으로 합법화된, 독립적인 판사선출위원회와 검사선임위원회의 구성이 예정되었다. 이 위원회는 판사들과 검사들 중에 선출된 자들과 국회의원들로 구성된다. 이 위원회들은 동독의 연방가입 이후에 활동을 개시하였다. 동 위원회에 의한 판・검사 심사 결과 부정적인 판정이 나왔을 경우 재임용은 배제되었다.

(2) 독일 통일조약

통일조약의 체결과정 중 사법분야에서 근본적으로 문제가 되었던 점은 가능한 한 장애 없이 앞으로의 사법화를 이룩하기 위하여 합리적인 경제규정 및 감시규정을 만들어내는 것이었다. 그러나 동독 법체계의 개개 요소들을 신설 5개주를 위한 연방법의 일부분으로 유지하면서, 통일독일 전체에 적용될 법체계의 창설에 이를 이용하고자 했던 동독의 의도는 성공을 거두지 못했다.[14]

통일시 서독의 법률체계를 동독지역에 완전하고도 즉각적으로 확대 적용하는 것은 단기간내 변화가 불가능한 신연방주 지역의 사법현실상 불가능하였다. 그러나 질과 양에 있어서 불충분한 인적 상황에도 불구하고 과도기간 중에 사법이 제 기능을 다 하도록 해야만 했다. 체계적으로 계통화되고 분리된 서독측의 법원체계를 신연방주 지역에 즉각적으로 이전한다는 것은 특히 동독의 특수한 판사법적 상황을 고려할 때 불가능하였다. 거의 봉합의 자국이 없이 이루어진 전환은 오직 최종심급기관과 연관된 분야에서만 가능하였다. 즉 동독의 최고법원은 폐지되었다. 연방최고재판소는 동독의 연방가입과 동시에 독일 연방 전 지역, 전 분야에 걸쳐 소송법률에 의해 이송된 사안들을 접수하며, 특히 상고 관할권을 갖는다. 또한 동독의 대검찰청도 폐지되었다. 본래의 의미에서의 그의 관할권에 속하는 사항들은 각 지구법원의 검사들에게 양도되었다.

통일조약내 사법제도분야를 위해 제정된 경과규정은 다음과 같은 기본원칙에 그 근거를 두고 있다. 즉 헌법에 규정되어 있고 실체법과 밀접한 관련을 맺고 있는 절차법, 예를 들면 형사소송법은 몇몇 불가피한 규정들을 제외하고 가입 첫날부터 광범위하게 확장 적용되어야 하나 동독측의 법원구성(다만 최고법원은 제외)은 잠정적으로 유지되어야 했다. 민사재판과 가사재판에 있어서의 구법원(Amtsgericht)과 지방법원(Landgericht)의 제1심급 업무는 군법원(Kreisgericht)이 넘겨받았으며 형사재판에 있어서는 군법원이 주로 구법원의 역할을 담당했다.

지구법원(Bezirksgericht)은 민사재판과 가사재판에 있어서 항소심 및 항고심

14) 이에 관해서는 Wolfgang Schäuble, Der Einigungsvertrag. Vollendung der Einheit Deutschlands in Freiheit, in: Zeitschrift für Gesetzgebung 5(1990), SS. 289-1259; Klaus Stern, Der verfassungsänderende Charakter des Einigungsvertrages, in: Deutsch-Deutsche Rechts-Zeitschrift 1(1990), SS. 289-294; Hubert Weis, Verfassungsrechtliche Fragen im Zusammenhang mit der Herstellung der staatlichen Einheit Deutschlands, in: Archiv des Öffentlichen Rechts 116(1991), SS. 2-31; 법원행정처 편, 독일통일과 사법통합, 통일사법정책자료 95-Ⅱ, 법원행정처, 1995, 82-88면, 135-169면; 법원행정처 편, 통일을 대비하는 법조-결과보고서, 사법정책자료 95-Ⅱ, 법원행정처, 1995, 60-73면; 김효전, 독일통일과 기본법의 제정, 헌법학연구, 제4집 제2호, 한국헌법학회, 1998, 246-276면.

기관으로서의 지방법원(Landgericht)과 주고등법원(Oberlandesgericht)의 업무를 대신하게 되었으며, 형사재판에 있어서는 지방법원의 업무를 대신하게 되었다. 주(州)수도 소재 지구법원의 특수재판부는 고등법원의 필수업무를 맡았다. 재판부 구성은 인적자원을 절약하기 위해 부분적으로 축소하였으며 항소가능성을 제한하였다. 독립적인 전문법원의 재판권, 즉 행정법원, 재정법원, 노동법원과 사회법원에 의한 재판권은 당장 도입하지 않기로 합의를 보았다. 이러한 사법과제는 우선 군법원과 지구법원의 특수재판부에서 집중적으로 다루어졌는데 물론 그 재판절차는 그에 상응하는 재판절차규정에 준하였다. 통일조약은 신연방주에 대해서 주법률에 의하여 특수재판권을 분류하고 나아가 여건이 성숙하면 구법원, 지방법원, 고등법원을 설치할 의무를 부과하였다. 베를린에 대하여 통일조약은 사법권의 분리를 피하기 위해 현존하는 법원의 관할권을 시의 동부지역에 확장하도록 하는 특수규정을 두고 있다.

비송사건분야는 사법부로 되돌아갔다. 그러나 토지등기업무는 실무상 이유로 우선 국가부동산관리청에서 계속 처리하도록 하였다. 비송사건들은 대부분 소위 사법보조관들의 업무에 속하는데, 동독에는 이와 같은 사법보조관이 없었기 때문에 통일조약은 사법보조관의 업무를 그가 아닌 적합한 자에 의해 행해질 수 있도록 하였다.

판사와 검사에 대해서 통일조약은 동독에서 법적으로 확립된 개념을 그대로 수용하였다. 통일시 판사나 검사직에 있던 자는 통일조약에 따라 우선 판사나 검사로서 계속 활동을 할 수 있었다. 물론 그것은 그가 판사선출위원회(Richterwahlausschuß)나 검사선임위원회(Staatsanwaltsberufungsausschuß)의 소정의 심사를 받을 때까지 만을 의미한다. 위원회의 긍정적인 심사판정을 받으면 일단은 시보 또는 임시 판사나 검사로서 임명된다. 더 나아가 통일조약은 동독법에 따라 획득한 검사자격증 또는 판사자격증을 원칙적으로 인정하고 동독 이외의 지역에서도 활동할 수 있도록 하는 규정을 두었다. 또한 법학졸업증을 제1차 사법시험의 합격(das erste juristische Staatsexamen)에 준하는 자격으로 인정하고 있다.

명예판사와 재판소장 등의 선발과 임명에 대해서도 기본법의 신설규정 제143조 원칙하에 예외적인 편의규정을 두고 있다. 즉 기본법 제143조는 사법분야에 있어서도 1995년 말까지 헌법상의 요구조건들을 모두 충족시키지 못하는 규정들을 적용하거나 유지하는 것을 예외적으로 허용하고 있다.

이미 1990년 9월 동독의 인민의회에서 제정된 변호사법은 서독을 전형으로 삼고 있다. 동 법률과 동독에서 제정된 자영공증인의 활동에 대한 규칙의 계속적인 동화에 대해서는 통일조약이 규정하고 있다. 1994월 9월부터 연방변호사법이 신연방주에도 적용되고 있다. 공증인법의 단일화는 제13대 연방의회가 이미 착수한 현안이다. 공증인과 관련하여서는 단일 법안이 통과되기까지는 상이한 법률들이 각각 일정지역에서만 효력을 갖는 연방법으로서 존재할 수밖에 없다.

변호사비용을 포함하여 재판비용 및 수수료 관련 법규와 관련하여 통일조약은 신연방주에 대해 일반적으로 20%의 차액을 규정하고 있다.

파산법(Insolvenzrecht)과 관련하여서는 동독에서 1990년 6월 의결되고 다시 1990년 7월 개정된 통합강제집행규정(Gesamtvollstreckungsordnung)을 신연방 5개주에 계속 적용하기로 합의하였다. 서독의 파산법규정도 개정할 필요성이 매우 크기 때문에 이를 신연방주지역에 확장 적용하는 것을 배제하였다. 1999년 1월 1일부터 파산법규정이 발효되어 법률통합은 완료되었다.

(3) 독일 통일 이후의 상황

통일조약에 의거하여 신연방주에도 빠른 시일내에 서독지역과 같은 법원세계가 구축되었다. 그리고 많은 주가 구법원(Amtsgericht)과 지방법원(Landgericht)을 설치하는데 있어서 법원관할구역의 재분류를 시도하였다. 특히 지구법원(Bezirksgericht)에 비해 지방법원(Landgericht)의 수를 늘렸으며, 하위법원(Kreisgericht Amtsgericht)의 수는 많이 감소하였다.[15)]

독립적인 행정법원, 재정법원, 노동법원 그리고 사회법원의 설치를 통한 전문재판권(Fachgerichtsbarkeit)의 분리는 1992년 말까지 대부분 완료되었다. 브란덴부르크(Brandenburg)주의 경우 1993년 1월 1일 행정법원과 재정법원이 분리되었다. 또한 튀링겐(Thüringen)주에서는 1993년 1월 9일 노동법원, 1993년 6월 26일 재정법원, 1993년 8월 20일 사회법원이 각각 분리되었다.

법원조직법에 따라 법원조직체계(구법원, 지방법원, 고등법원)의 전환은 5대 신

---

15) 여기에 관해서는 Walter Remmers, Vom Aufbau des Rechtsstaats－3 Jahre Justizentwicklung in Sachsen-Anhalt, Herausgegeben vom Ministerium der Justiz des Landes Sachsen-Anhalt －Referat Öffentlichkeitsarbeit, Oktober 1993, Magdeburg, S. 5; 법원행정처 편, 독일통일과 사법통합, 통일사법정책자료 95-Ⅱ, 법원행정처, 1995, 82-88면, 135-169면; 법원행정처 편, 통일을 대비하는 법조－결과보고서, 사법정책자료 95-Ⅱ, 법원행정처, 1995, 60-73면.

연방주에서 모두 이루어졌다. 1992년 6월 26일자 사법동화법(BGBl. I, S. 1147)은 신연방주에서의 전문재판권의 분리와 특히 법원정상화가 큰 알력이나 문제없이 진행될 수 있도록 하는데 필요한 여건을 마련하였다. 현재 신연방주는 필요한 규정을 모두 보완하였다.

1992년 7월 24일자 변호사면허, 공증인임명, 명예판사의 선임에 대한 심사를 위한 법률(BGBl. I, S. 1418)은 정치적 책임이 있는 변호사, 공증인, 명예판사들을 면직시키거나 그들의 계속적인 직업활동을 막을 수 있는 법적근거를 마련하였다.

3. 1989년 가을부터 통일시까지 사법분야의 변화

(1) 사법제도의 변형

1989년 가을 정치적 변혁에 따라 1990년 1월 동독에서 일어난 변화의 특징은 다음과 같다.

- 국가공안부와 형사사법기관의 공조사실이 밝혀짐에 따라 법원에 대한 여론의 압력 가중(Dresden－지구법원내의 데모)
- 시민들의 신뢰상실과 사법관계의 직업적 장래에 대한 염려와 방향상실로 인해 몇몇 대도시 법원들(Dresden, Berlin, Rostock, Leipzig)에서 일어난 사법업무정지
- 법질서의 변경이 급속하게 진행됨에 따라 생겨난 법적용에 있어서의 불확실성으로 인해 지구법원의 '정치적' 특별형사재판부는 폐지되었다. 직업적 장래에 대한 불확실성은 판사, 검사 및 그 외의 사법관련 종사자들의 수를 감소시키는 결과를 초래했다.

(2) 변호사 국가공증인들의 증가

동독은 1990년 2월에 수요에 대한 고려도 없이 소정의 교육조건을 갖춘 모든 사람들에게 변호사가 될 수 있는 길을 열어 놓았다. 1991년 초까지 약 1,500명의 신청자가 이를 이용하여 변호사가 되었다. 그리고 1990년 6월에는 그 당시 약 500여명의 국가공증소 종사자들에게 자영업자로서 공증업을 할 수 있는 길을 보장하는 규정을 제정하였다. 약 350여명의 공증인이 이를 이용하였다.

(3) 형사판결심사위원회

1990년 가을 동독정부의 사면조치를 받지 못한 수형자들이 형면제 또는 형기 단축을 요구하고 나섰다. 이에 따라 동독 수상은 1990년 10월 2일 판결들을 재심하고 수형자들의 법률구제가능성에 대해 상담할 독립적인 위원회의 설치명령을 발하였다. 동 위원회는 1991년 중순까지 약 1,700건의 사안을 심사하였다.

(4) 인적 지원

동독은 제1차 국가조약에 의해 행정, 재정, 사회, 노동 재판권 분야의 법익을 보호해야 할 의무가 주어졌지만 애초부터 이에 상응한 교육을 받은 인적 자원의 결여로 인하여 서독지역에서 130명의 특수재판권 관련 판사들이 파견되었다. 그러나 공법적 재판권 분야에서는 법원에 의한 법익보호에 대한 수요가 당장은 그리 많지 않았다. 그래서 이러한 '파견판사들'은 자신들의 업무 이외의 분야에서 많은 조언을 함으로써 사법재건작업에 동참하였다.[16)]

통일조약 제15조에 따라 신연방주의 주정부 구성시까지 근무하던 주(州)대변인(Landessprecher)과 소속 직원들은 연방정부의 책임과 지시하에 지금까지의 업무를 수행해야 하였다. 연방법무부는 이에 따라 신연방주 복구지원단 및 해당 주들과 상세한 대담을 가졌다. 이러한 방식으로 신연방주에 대해 여러 가지 지원이 이루어졌는데 예를 들면 1990년 10월 3일까지 동독의 법원들이 최소한의 보조자료들(법전, 서식용지 등)을 구비할 수 있도록 지원한 것을 늘 수 있나.

(5) 보충교육

서독의 법률교육을 받지 않은 동독 출신 판사들과 검사들 (법학 디플롬을 받은 자)에 대해서는 우선 재판사무를 볼 수 있도록 하기 위해 필수적인 법률지식에 대한 집중교육이 이루어졌다. 그러나 이러한 보충교육은 그들 모두의 궁극적인 재임용을 목표로 할 수 없었다. 왜냐하면 판사선출위원회와 검사선임위원회의 심사작업이 계속 진행되고 있었기 때문이었다.[17)]

1990년 9월부터 연방정부와 각 주의 합의에 따라 주 사법행정기관은 동독 출신 판사들을 위해 총 1년 동안의 직무수행에 필요한 연수과정을 실시했다. 1991

---

16) Walter Remmers, a.a.O., S. 15.
17) 이에 관해서는 Walter Remmers, a.a.O., S. 44ff.

년 검사들을 위해서도 비슷한 연수과정이 7개월 동안 실시되었다. 판사와 검사를 위한 이와 같은 교육과정의 비용은 연방정부와 구 연방주가 체결한 행정합의에 따라 각각 절반씩 부담하였다. 이에 신연방주는 대부분 자매주의 지원을 받아 지역별 연수교육을 실시했다.

연방정부가 재원을 공동부담한 기초교육과정이 끝난 다음 1992년부터 신연방주와 베를린은 동독출신 판사와 검사를 위해 초지역적 연수교육과정을 개설하였다. 동독지역의 필요성에 맞추어 조직된 이와 같은 특수한 연수과정을 위해 독일판사아카데미는 부스트라우(Wustrau)연수원의 시설 일부를 사용하도록 했다. 나아가 모든 동독 출신 판사와 검사는 독일 판사아카데미가 트리에(Trier, 1993년 1월 1일부터)와 부스트라우연수원에서 실시하는 일반 연수과정 또는 각 주가 마련해 놓은 교육과정에 참여할 수 있다.

(6) 비송사안

어려운 문제는 비송사건분야, 특히 토지등기 및 강제집행사건에서 집중되었다. 왜냐하면 동독에는 없었던 사법보조관과 법원집행관(Gerichtsvollzieher, 집달관)의 부족을 짧은 시일내에 충원한다는 것은 매우 어려운 일이기 때문이다. 모든 노력에도 불구하고 이러한 상황은 지금까지 나아지지 않고 있다.

4. 독일 통일 이후의 동독지역(신연방주) 사법상황 －통합과정－

(1) 접수사건의 증가

통일 이후 신연방주의 사법제도는 본질적인 분야에 있어서 그 기능을 유지할 수 있었다. 그 이유는 원래 서독지역에 비해 경미했던 접수사건이 통일 직후에는 눈에 띄게 더 감소되었다가 점차적으로 서독지역의 수준에 이르렀기 때문이다. 더욱이 동독지역에는 재심청구가 낮았다.

한 가지 예외적인 현상은 노동소송사건이 크게 증가하여 서독지역의 수준을 훨씬 초과하였다는 점이다. 해고 때문에 일어난 수많은 분쟁으로 인하여 1990년 10월부터 1991년 말까지(상고심의 경우 1993년 말까지) 노동 관련 재판수가 급속히 증가하였다. 이러한 과중한 부담에도 불구하고 노동법원의 재판권이 유지될 수 있었던 것은 무엇보다도 연방정부와 서독주의 지원이 있었기 때문이었다. 한때 구연방주로부터 최고 78명의 노동법원 판사들(구연방주 노동관련 판사의 약 10%)이 노동법 관련 소송절차의 처리는 물론, 자립적인 노동법원 구축에 필요한 조직상의 지원 및 인수된 동독판사 약 70명에 대한 교육상의 지원을 하면서 많은 기여를 했다. 연방정부는 구연방주 출신 노동법원 판사의 파견과 신연방주 출신 판사와 공무원의 신규채용에 필요했던 재원의 절반을 부담하였다. 이를 위해 1990년부터 1993년까지 약 2,140만 마르크가 지출되었다. 현재 신연방주 업무처리상황은 대체로 구연방주 수준과 비슷하게 되었다. 구연방주와 연방정부의 강력한 지원을 통해 신연방주는 이미 1993년 초 자립적인 노동법원 구축을 완료하였다. 이와 관련하여 노동중재소에 관한 법률은 1992년 12월 31일부로 효력이 정지되었다. 노동중재소는 1990년 7월 1일 이후 기업체내에 설치되어 소송이전에 분쟁을 해결하여 노동법원의 부담을 줄이려고 했던 것이지만 사실상 그리 많이 설치되지는 않았었다.

그러나 통일로 인해 생성된 특수한 문제들, 즉 형사법상의 과거청산과 복권문제들로 인해 그렇지 않아도 업무의 한계선에 봉착한 신연방주지역의 사법업무에 추가적인 어려움이 가중되고 있다. 이러한 추가적인 부담에도 불구하고 이를 잘 풀어나갈지 여부에 따라 사법계에 대한 신뢰도가 좌우된다.

(2) 주(州) 사법행정의 재건과 자매결연

신연방주의 재건준비를 위해 창설된 복구지원단은 미래의 신연방주 법무부의 모태이기도 했다. 서독지역의 주들은 이미 그 당시부터 장래의 신연방주들을 위해 자문과 실제적인 지원을 해 주었다. 브란덴부르크(Brandenburg)주를 위해서는 노드라인-베스트팔렌(Nordrhein-Westfalen)주, 작센-안할트(Sachsen-Anhalt)주를 위해서는 니이더작센(Niedersachsen)주, 멕클렌부르크-포르포멘(Mecklenburg-Vorpommern)주를 위해서는 슐레스빅-홀스타인(Schleswig-Holstein)주와 브레멘(Bremen)주 그리고 함부르크(Hamburg)주, 튀링겐(Thüringen)주를 위해서는 헤센(Hessen)주와 라인란트-팔츠(Rheinland-Pfalz)주가, 또한 작센(Sachsen)주를 위해서는 바덴-부르템베르크(Baden-Württemburg)주와 바이에른(Bayern)주가 각각 자매결연을 맺었다.[18)]

---

18) 이에 대해서는 Walter Remmers, Vom Aufbau des Rechtsstaats－3 Jahre Justizentwicklung in Sachsen-Anhalt, Herausgegeben vom Ministerium der Justiz des Landes Sachsen-Anhalt －Referat

복구지원단은 자매주의 도움을 받아 점차적으로 제 기능을 갖춘 부서로 탈바꿈되었다. 재건단의 인력은 예를 들어 1993년 1월 1일 현재 작센-안할트(Sachsen-Anhalt)주의 123명에서 브란덴부르크(Brandenburg)주의 164명까지 증가하였다. 동독 사법계가 붕괴된 데 이어 새로운 임무가 산적함에 따라 막대한 인력증원은 물론 사무실 개선 역시 시급했다.

(3) 협력과 경험의 상호교환

동베를린지역 사법체계를 인수받은 베를린주와 신연방주의 실제적이고 법률적인 사법행정문제를 공동으로 해결할 수 있는 길을 마련하기 위해 연방법무부는 베를린 지청에 상설 상담소를 설치하였다. 이곳에서 연방법무부의 주재하에 부정기적으로 필요에 따라 사법분야에 대한 의견과 경험의 상호교환이 이루어졌다. 신연방주에만 전적으로 적용되거나 또는 그것과 주로 연관을 맺고 있는 법률규정들에 대한 작업도 여기서 이루어졌다.

(4) 판사와 검사

사법행정을 포함하여 완전한 기능을 갖춘 사법의 재건은 서독지역에서 파견된 법조인들의 협력이 없이는 실현될 수 없었다. 서독지역 출신 신임법조인의 기용 이외에도 관련된 업무를 추진할 수 있는 경험 많은 판사, 검사 그리고 행정공무원들이 많이 필요하였다. 그리고 이러한 전문인력들이 신연방주 내에서 일시적 또는 장기간 일을 할 수 있도록 유도하기 위해서 필요한 여러 가지 혜택들이 마련되었다.[19]

1995년 1월 1일 현재 신연방주에서 활동 중인 판사와 검사는 각각 3,314명과 1,094명이었다. 이 숫자에는 위원회의 심사결과 긍정적인 판정이 내려져 시보 또는 임시판사나 검사로 사법업무에 종사하고 있는 법조인들도 포함되어 있다. 동독출신 판사나 검사 중 단지 1,889명만이 동 위원회의 심사를 받았으며 심사결과 58%인 1,094명이 판사나 검사로 재임용되었다. 이러한 심사결과에 근거하여 재임용된 동독출신 판사와 검사는 현재 동독지역에서 활동 중인 판사의 약 18%,

---

Öffentlichkeitsarbeit, Oktober 1993, Magdeburg, S. 14ff.

19) 법원행정처 편, 독일통일과 사법통합, 통일사법정책자료 95-Ⅱ, 법원행정처, 1995, 185-202면; 위르겐 고이드케, 작센-안할트주에 있어서의 법치국가적 사법구축의 경과와 현황, 법원행정처 편, 통일을 대비하는 법조-결과보고서, 사법정책자료 95-Ⅱ, 법원행정처, 1995, 95-113면.

검사의 약 33%를 각각 차지하고 있다. 그 나머지 판사들은 서독지역에서 새로 임용된 판사들(약 51%)과 서독 각주에서 선발되어 파견된 판사들(약 24%)로 구성되어 있다. 검사의 경우는 서독지역에서 새로 임용된 수가 45%, 서독 각주에서 선임되어 파견된 수가 17%를 각각 차지하고 있다. 이미 퇴직한 판사, 검사 그리고 사법보조관의 임용을 가능하게 하기 위해서 필요한 법률적 근거를 마련하였다.

이러한 소위 '정년퇴임자, 명예모델'(Seniorenmodell)에 의해 임용되어 1995년 1월 1일 현재 신연방주에서 근무 중인 판사와 검사는 각각 47명과 5명이다.

(5) 사법보조관 기타 고급공무원

동독에는 애당초 사법보조관이 없었고 서독에서는－전무법조인들의 경우와는 달리－예상수요의 범위 내에서 사법보조관 직업교육을 실행했기 때문에 예비인력이 비축되지 않아 이 분야에서 특히 문제가 컸다. 경제재건을 위해서는 토지등기부 및 등기문제가 중요한 의미를 가지고 있었고 또 이 분야는 거의 모두 사법보조관의 업무에 속하였기 때문에 사법보조관의 부족은 더욱 큰 문제가 되었다. 이러한 문제를 해결하기 위하여 소위 유사사법보조관제도가 생겼는데, 이들은 사법보조관 관할업무의 일부를 처리할 수 있도록 특별교육을 받은 공무원들이다. 여기에는 동독 출신 법원서기들도 활용되었다. 그동안 신연방주의 법원과 검찰청에서 사법보조관의 업무를 담당하고 있는 공무원들과 직원들은 약 3,064명이다. 그중 약 400여명은 서독의 각 주에서 선발되어 파견된 사법보조관들이다. 신연방주는 그 사이에 자립적으로 사법보조관(사법보조관법 제2조)을 양성하기 시작하였다. 신연방주 내 사법보조관법 적용에 관한 통일조약의 관계규정이 1994년 6월 24일자 사법보조관 및 기타 법률개정법(BGBl. I, S. 1374)으로 대치되었다. 이 법률은 유사 사법보조관의 투입과 교육훈련 및 연수교육에 관한 규정을 비롯하여 이들로 하여금 정규 사법보조관이 될 수 있는 기회를 부여한다. 사법보조관 업무의 이양가능성은 1996년 12월 31일까지 한시적으로 적용된다.[20]

---

20) 이에 대해서는 Walter Remmers, Vom Aufbau des Rechtsstaats －3 Jahre Justizentwicklung in Sachsen-Anhalt, Herausgegeben vom Ministerium der Justiz des Landes Sachen-Anhalt－ Referat Öffentlichkeitsarbeit, Oktober 1993, Magdeburg, S. 41ff.; 페트 리쓰, 독일의 사법통합에 관하여, 법원행정처 편, 통일을 대비하는 법조－결과보고서, 사법정책자료 95-II, 법원행정처, 1995, 69면.

(6) 기타 사법종사원

접수창구의 문서담당관과 그 밖의 중위급 공무원들 중에 연방정부와 서독지역의 각 주에서 선발되어 신연방주로 파견된 공무원의 수는 약 200명이다.

(7) 동독 출신 사법종사원들의 보충교육

연방법률의 확대적용으로 인해 동독 출신 판사와 검사들을 위한 광범위한 보충교육이 필요하였다. 보충교육과정을 위한 비용의 일부는 연방정부가 부담하였다. 서독지역의 각 주는 재교육에 필요한 인력을 제공했으며, 보충교육과정을 위한 비용의 일부를 부담하였다. 사법보조관들과 법원집달관 그리고 법원 접수창구에서 근무하는 직원들을 위해서도 대부분 서독지역 주들의 지원하에 보충교육이 실행되었다.

(8) 변호사와 공증인

1995년 초 동독지역에서는 약 5,5000 여명의 변호사가 새로이 변호사·공증인자격증을 발급받았다. 이로 인해 변호사의 법률자문을 받을 수 있는 국민들의 권익보장이 신장되었다. 통일조약에 의해 일단 자영공증인의 계속적인 직업활동이 인정됨에 따라 신연방주에서는 공증사무를 주업무로 하는 공증인들이 생겨났다. 1995년 초 공증인의 총 수가 563명에 달함으로써 인구수에 대한 공증인의 수는 서독지역에 상응하는 정도에 이르렀다.

1992년 7월 24일자 변호사 허가와 공증인 초빙 및 명예판사 임용 검토에 관한 법률(BGBl. I, S. 1368)에 따라 1995년 초까지 신연방주 사법행정청은 약 40명의 변호사 허가와 공증인 초빙을 기각하였다. 이 결정의 대부분은 아직 법적으로 효력이 발생되지 않고 있다.[21]

(9) 비송사안

이 분야는 동독지역의 경제부흥을 위해 중요한 의미를 가지고 있다. 경제부흥에 특별한 의미가 있는 사업등기부와 조합등기부 분야에서는 갖은 노력을 기울

---

21) 페트 리쓰, 독일의 사법통합에 관하여, 법원행정처편, 통일을 대비하는 법조-결과보고서, 사법정책자료 95-II, 법원행정처, 1995, 71면; 법원행정처 편, 독일통일과 사법통합, 통일사법정책자료 95-II, 법원행정처, 1995, 162면.

인 결과 일시적으로 불안했던 상황이 상당히 개선되었다. 현재 이 분야는 정상적으로 되었다고 할 수 있다. 1993년 12월 20일자 등기관련 소송절차간소화법을 통해 토지등기부, 상업등기부 그리고 조합등기부의 전환과 전산관리체계를 위한 법적 근거가 마련되었다. 이와 같은 규정들은 법률시행령을 통해 더욱 상세하게 규정되어야 할 것이다. 이미 토지등기부 분야는 시행되었고 상업등기부와 조합등기부 분야는 시행준비가 거의 완료된 상태이다. 신연방주 중 작센주가 토지등기업무를 전산화하는 최초의 주가 될 것이다.

(10) 강제집행과 파산

강제집행을 하는 데도 큰 어려움이 뒤따랐다. 왜냐하면 해당교육을 받은 법원집행관이 없었기 때문이다. 신연방주들은 그럼에도 불구하고 구연방주의 지원을 받으면서 이러한 어려움을 가능한 한 빨리 극복하고자 노력하고 있다. 신연방주에서 일정지역에 적용되는 연방법률로서 계속 효력을 갖는 통합 강제집행규정은 과도기적 법률로서의 그 역할을 하고 있다.

(11) 사법통계

동독의 군법원(Kreisgericht)과 지구법원(Bezirksgericht)은 각각 접수, 기결, 미결된 민사, 가사, 노동, 형사사건에 대한 내부적 통계자료를 작성했으며, 여기에다 기결처리 된 소송사건에 대해서는 전산통계를 보충하였는데 이러한 전산식 통계는 서독 각 주의 통계와 비교할 만하다.

신연방주 법원행정청의 동의하에 우선 그곳의 단일한 통계가 작성되고 있다. 이 통계는 당장 시급한 자료처리를 위해 당분간 계속 작성될 예정이다. 또한 이 통계들은 구연방주에서 작성되는 통계에 점차적으로 편입될 예정이다.

(12) 행 형

통일 이후 행형은 다시 사법분야의 과제가 되어 각 신연방주는 연방의 책임하에 이를 관장하고 있다. 1994년 10월 31일까지 신연방주에는 47개의 교도소가 있었다. 그 수용능력은 10,225명인데, 그 당시에 단지 8,233명만이 수용되어 있었다. 교도소는 수형자로 하여금 장차 사회적 책임감을 갖고 범죄 없는 삶을 영위할 수 있도록 교화하는 행형법상의 재사회화 목표뿐만 아니라 또한 계속적인 범죄행위로부터 일반인이 보호되어야 한다는 목표도 수행하고 있었다. 통일 이후부터는 행형당국의 조치에 대해 법원의 심사를 요구할 수 있는 가능성이 법률적으로 보장되어 있다.

행형법의 기본원칙에 입각하여 행형체계를 구축한다는 것은 신연방주에게 아직도 커다란 문제점으로 대두되고 있다. 기존 교도소들은 인간다운 행형수행이라는 완전한 법적 요구수준을 아직 충족시키지 못하고 있다. 많은 교도소들이 기술적으로 안전조치가 없는 비인간적 안전예방수단으로 인해 폐쇄되었거나 철거대상이 되어 있다. 기존 교도소의 개축에 병행하여 새로운 시설이 계속 필요하여 세우고 있는 중이다. 인적분야 역시 근무자를 신중하게 선발하고 연수교육을 시키는 것이 매우 중요하다. 따라서 구연방주 출신 행형공무원을 전보하여 발령하는 것은 효율적인 행형체계의 구축을 지원하기 위해서도 계속 필요하다.

5. 기타 사항

(1) 연구프로그램

1988년부터 1994년까지 진행된 연구프로그램인 「사법제도에 대한 구조분석」은 통일 이후 동독지역에도 확대되어 진행되었다. 신연방주 사법에 관한 최종연구로서 1994년 "민법에 있어서 법원 외적 및 법원 내적 분쟁해결의 접속점 －구연방주의 경험과 비교한 신연방주의 현황 및 문제점"이 완성되었다. 1995년 연방관보출판사(Bundesanzeiger Verlag, Köln)가 동 보고서를 출간하였다.

(2) "인민의 이름으로? －동독의 사법제도" 전시회

연방법무부은 "인민의 이름으로? －동독의 사법제도"라는 제목하의 이동전시회를 실시하였다. 이 전시회는 1994년 6월 24일 베를린에서 개최되었으며 브라운슈바이크, 막데부르크, 칼스루헤에서도 전시되었다. 이 전시회는 신속한 과거청산과 동서독지역 독일인 상호간의 이해증진을 그 목적으로 하고 있다. 역사적으로 확실한 측면, 즉 동독 사회주의통일당(SED)에 의한 사법의 도구화를 비롯하여 동독의 법률제도가 일상생활의 분쟁에 대해 어떤 역할을 하였는가에 그 중점을 두었다.

(3) 주법으로서 계속 효력을 갖는 동독 법률의 문구확정과 문구교정

신연방주는 이러한 작업을 하는데 필요한 지원을 연방법무부로부터 받고 있다.

6. 정리와 전망

독일 연방공화국의 헌법규정에 따라 사법권은 원칙적으로 각 주(州)들이 갖고 있다. 그러므로 서독지역의 주(州)들이 그들이 할 수 있는 인적·물적·경험적 지원을 통해서 신연방주의 사법재건을 돕는 것은 논리에 맞는 일이다. 연방정부는 통일독일의 공동번영을 위하여 전체국가에 대한 자신의 책임 범위내에서 신연방주 및 구연방주들이 이러한 과제를 잘 해결하도록 지원하였다.

미해결된 과제와 어려움들이 아직도 남아 있기는 하지만 지금까지의 실현에 대한 중간평가는 긍정적이다. 법적 동화가 많이 진척되었다. 현재 이미 전 독일에 경미한 의미를 지닌 몇 가지 예외를 제외하면, 동일한 실체법과 절차법이 적용되고 있다. 1999년 1월 1일부터 파산법 시행령이 효력을 발하게 되면 파산법 분야 역시 법률통합이 달성될 것이다. 신연방주의 비용률과 보상률을 20% 감면하는 현행 변호사 비용규정이 비판의 대상이 되고 있음을 고려하여 각 주들은 조만간 요율의 현실화를 달성하기 위해 검토하고 있다.

1993년 12월 이후 신연방주의 법원구성은 구연방주의 법원구성과 완전히 일치하게 되었다. 직원들의 수는 지금까지 증가하는 재판업무량에 맞게 확대되어 왔다. 건물과 물질적 수요의 개선을 위해서도 많은 노력이 이루어졌다. 법률상담 분야에서 볼 때도 법에 의한 권익보장이 충분히 이루어졌다. 아직까지 문제되고 있는 분야에서도 조만간 그 상황이 호전되리라는 긍정적인 전망이 제시되고 있다. 그러나 동독 정권범죄행위와 같이 주로 신연방주와 베를린주의 사법기관이 안고 있는 통일관련 문제들을 해결하기 위해서는 아직도 각별한 노력이 요구되고 있다.

지금까지 전체적으로 양호한 발전을 이룩한 것은 무엇보다도 모든 당사자들의 적극적인 참여와 활동이 있었기 때문이다. 늘어나는 재판 업무량에도 불구하고 사법의 기능을 유지하기 위해서는 전과 마찬가지로 앞으로도 법치주의에 입각한 사법재건 임무를 수행하고 있는 신연방주들에게 계속적이고 전폭적인 지원이 따라야 할 것이다.

그런데 이러한 모든 노력과 성공이 사법에 대한 동독지역 주민들의 인식전환과 신뢰성 구축에 기여하지 못한다면 그 모든 노력은 의미를 상실할 것이다. 그러나 다행히 법치주의 사법에 대한 동독지역 주민들의 신뢰가 점점 높아진 사실이 목격되고 있다. 동독 출신 판사와 검사에 대한 심사를 통해 주민들의 불신이 제거되었다. 그리고 연방법률에 의해 정치적 책임과 잘못이 있는 법조인들－명예직 판사와 변호사 그리고 공증인들－의 향후 직업활동을 정지시킴으로써 법치주의 사법에 대한 주민들의 신뢰를 높였다.

가까운 장래에 사법분야에서 내적 통합이 완성되리라는 좋은 전망이 나오고 있다. 그렇지만 신연방주는 일련의 특수규정을 계속 필요로 할 것이다. 그 이유는 구연방주가 신연방주의 주어진 현실적 특수성에 대해 책임을 질 수 없기 때문이다.

Ⅲ. 북한의 사법제도 운용

1. 북한 사법제도의 특징

북한의 사법제도는 북한 사회주의체제의 기본원리인 인민주권의 원리, 노동당의 영도적 지위, 민주주의 중앙집권제 원칙, 공민의 기본권리(인권), 사회주의 준법성, 사회주의법무생활 등의 요소에서 그 특징을 찾아볼 수 있다.[22]

(1) 사법기관의 기계적 법적용

국민주권의 원리에 있어서 대의제는 권력분립원칙을 필수적인 전제로 하지만 인민주권의 원리에서는 직접민주제로 말미암아 권력분립원칙이 부인되고 권력통합의 원칙이 요구된다. 북한은 이러한 인민주권의 원리에 기초를 둔 민주주의 중앙집권제 원칙을 내세워 국가권력을 국가주석, 최고인민회의 등에 집중시키고 그러한 기관의 통일적 지도하에서 재판·검찰기관을 포함한 각 집행기관이 일정한

22) 김효전, 남북한체제의 비교연구－공법관계를 중심으로－, 김철수·최송화 공저, 국토통일원용역논문, 1972년 6월, 139면; 법원행정처 편, 북한의 새로운 변호사제도, 통일사법정책자료 95-Ⅲ, 법원행정처, 1995; 김상균, 남북통일과 통일사법제도, 남북통일에 대비한 법적 대응방안, 한국법제연구원, 1995, 76-79면 참조.

국가권력을 분업 행사하도록 하고 있다. 따라서 북한에서의 재판·검찰기관 등의 사법기관 내지 준사법기관의 역할은 기계적으로 법을 적용하고 집행하는 기능에 치중하고 있다.[23] 즉 어느 국가기관에 어떠한 임무를 부여할 것인가를 결정함에 있어서 국민의 권리 내지 인권보장이라는 측면보다 사회주의국가 건설, 국가권력 집행의 능률성 등을 중시하고 있는 것이다. 북한에 헌법재판제도나 행정재판제도가 없으며, 영장주의가 배제되고 있다든지, 재판원의 독립이 아닌 재판소의 독자성만 인정된다든지, 최고인민회의상설회의가 법령해석권에 기해 중앙재판소 판사회의의 결정을 취소할 수 있는 것 등도 이와 같은 관점에서 이해할 수 있다.

(2) 당우위의 체제와 사법제도

북한 헌법은 김일성·김정일의 주체사상, 혁명사상에 의해 지도되는 조선노동당에 헌법에도 얽매이지 않는 영도적 지위를 부여하고 있다(헌법 제11조). 노동당은 이러한 영도적 지위에 기초하여 재판소·검찰소 등 정규 사법·준사법 조직의 구성 및 운영에 직·간접적으로 관여하고 있을 뿐만 아니라 동지심판회, 사회주의법무생활지도위원회, 사법안전위원회 등 비정규적인 사법조직까지 구성·운영하고 있다. 노동당의 사법조직에 대한 지도는 정치적 지도의 성격을 띤다고는 하지만 노동당의 지도에 따라 재판소 내의 집단적 토의과정을 거쳐 판결이 선고될 수 있으므로 사실상 사법적 지도까지 수행하는 것이라고 할 수 있다.[24]

(3) 사회주의 법률제도 완비 강조

북한 헌법 제18조 제3항은 국가가 사회주의 법률제도를 완비해야 한다고 강조하고 있다. 1990년대 이후 대내외적으로 법률제도의 정비가 필요하다는 것을 절감하고 각종 법률정비(제정, 개정)에 착수했다. 변호사법의 제정은 그 대표적인 예이다.

(4) 사회주의준법성·사회주의법무생활의 강화

사회주의국가에 있어서의 '국가와 법의 이론'은 자유민주주의국가의 '법의 지배' 내지 '법치주의'의 개념에 대응하여 '사회주의적 적법성'의 개념을 창출해 내

23) 법원행정처 편, 북한의 새로운 변호사제도, 9-24면; 김상균, 남북통일과 통일사법제도, 76-79면.
24) 법원행정처 편, 위의 책, 9-24면; 김상균, 위의 책, 76-79면 참조.

었고, 혁명적 법의식·합목적성, 혁명적 적법성의 개념에서 발전된 사회주의적 적법성의 개념은 이제 중국 등에서는 '법치주의'의 표징인 권리의 사법적 보장을 상당부분 수용할 정도로 더욱 발전하고 있다.[25] 그러나 북한은 '사회주의적 적법성'의 그들식 표현인 '사회주의준법성'의 기치 하에서 아직 인민의 권리보호라는 측면보다는 인민의 철저한 법준수의무, 법위반현상에 대한 사상교양사업과 대중적 투쟁, 검사의 감시 등을 강조함으로써 사법 특히 재판소의 역할을 현저히 축소시키고 있다.

더욱이 관료주의와 법위반현상을 해결한다는 명목하에서 '사회주의준법성'과 중복된 개념인 '사회주의법무생활'의 개념을 개발하고 각 주권기관별로 '사회주의법무생활지도위원회'를 설치하여 북한 사회에서 일어나는 범죄의 처벌과 분쟁의 해결 방향을 결정한다. 북한에서는 범죄나 분쟁이 발생하더라도 사법조직·준사법조직이 법에 따라 자율적으로 처리하는 것이 아니라 노동당, 사회주의법무생활 지도위원회, 사법안전위원회 등의 비사법조직의 결정에 따라 이를 집행·처리하는 역할을 담당하고 있다고 볼 수 있다.

(5) 인권보장과 사법제도

다른 사회주의국가와 마찬가지로 북한은 보편성·천부성·항구성·불가침성을 가진 자유민주주의국가에서의 인권개념을 부르주아적 인권으로 파악하여 배척하고, 그에 대체하는 개념으로서 '공민의 기본권리'를 인정하고 있다.

북한이 최근 들어 형사소송법이나 변호사법에서 '인권'이나 '인권보장'이라는 용어를 사용하고 있기는 하나 인권의 보편성과 천부성 등을 인정하는 취지는 아니다. 북한은 최근 노동당 기관지인 「로동신문」을 통해 그들 식의 인권을 재삼 정의하고 있는바, "우리는 자기의 정당성을 숨기지 않는 것처럼 인권에 있어서도 계급성을 숨기지 않으며 사회주의 인권은 사회주의를 반대하는 적대분자들과 인민의 이익을 침해하는 불순분자들에게까지 자유와 권리를 주는 초계급적인 인권이 아니다"고 주장하여 그들 식의 인권 개념의 완고한 계급적 성격을 잘 나타내고 있다. 이와 같은 인권개념에 기초하여 북한은 형사재판에 있어서 '인민 내부의 모순'과 '적과 동지간의 모순'에 의한 범죄처리방법을 명백히 구분하고, 나아가 사회주의혁명에 장애가 되는 '적'에 대하여 적법한 사법절차에 의하지 않은

25) 법원행정처 편, 위의 책, 9-24면; 김상균, 위의 책, 76-79면 참조.

격리·강제노역처분을 자행함으로써 인권의 사각지대라는 비판을 면하지 못하고 있다. 그 만큼 법치주의, 법의 지배의 원리에 입각한 사법의 역할 내지 입지가 좁은 것이다.[26]

2. 북한의 재판제도

(1) 법 원

북한의 재판제도[27]에 대한 법적인 근거는 다양하다. '재판소조직에 관한 건'(1945.11.23 사법국 포고 제4호), '임시인민위원회사법국·재판소·검찰소의 구성과 직무에 관한 기본원칙'(1946.3.6 임시인민위원회 결정 제3호의2), '기본원칙증보'(1946.4.19), '북조선사법기관의 형사재판에 관한 규정'(1946.5.14), '기본원칙 중 개정의 건'(1946.7.9 임시인민위원회 결정 제31호), '〈기본원칙〉중 개정에 관한 결정서'(1947.8.27 인민위원회 결정 제64호), '재판소 및 검찰소에 관한 규정', '판사선거에 관한 결정서'(1947.1.14 감시인민위원회 결정 제157호), '재판소구성법'(1950.3.1), '개정재판소구성법'(1976.1.10 최고인민위원회의 상설회의 결정 제19호), '민사소송법'(1976.1.10 제 18호), '형사소송법'(1992.1.15 최고인민회의상설회의 결정 제12호) 등을 들 수 있다. 또한 '조선민주주의인민공화국헌법'(1948.9.8)과 '조선민주주의인민공화국사회주의헌법'(1972.12.27 개정. 1992.4.9)에 근거하고 있다. 이하에서는 현행법에 의거하여 살펴보기로 한다.

(2) 재판기관의 구성

(가) 재판기관의 종류는 중앙재판소, 도(직할시)재판소, 시(군)인민재판소 및 특별재판소로 구성되어 있다(헌법 제152조). 각 재판소에는 판사와 인민참심원이 재판에 관여하는 바 이들은 해당 인민회의에서 선거하고 임기는 해당 인민회의의 임기와 같다(헌법 제153조). 따라서 중앙재판소 판사와 인민참심원은 최고인민회의상설회의에서 선거 또는 소환하고(헌법 제101조), 중앙재판소 소장은 최고인민회의에서 선거 또는 소환한다(헌법 제91조). 그 밖의 지방재판소의 판사와 인민참

26) 법원행정처 편, 위의 책, 9-24면; 김상균, 위의 책, 76-79면 참조.

27) 김동한, 북한의 사법제도 및 운영실태－제도와 운영에 나타난 인권보장과 관련하여－, 92 북한·통일연구논문집(4) 북한의 경제·사회·사법제도분야, 통일원, 1992, 27-44면 참조.

심원은 지방인민회의가 선거 또는 소환한다(헌법 제136조). 특별재판소의 소장과 판사는 중앙재판소가 임명 또는 해임한다. 그리고 인민참심원은 해당 군무자회의 또는 종업원회의에서 선거한다(헌법 제154조). 이 특별재판소가 어느 분야를 의미하는가에 대해 헌법상에는 구체적으로 언급되어 있지 않으나 재판소구성법에 군사재판소와 철도재판소를 명시하고 있다(재판소구성법 제9조). 또한 위에서 보듯이 특별재판소 인민참심원 선거를 군무자회의 또는 종업원회에서 한다고 규정하고 있음에서도 군무자회의는 군사재판소와 종업원회의는 철도재판소와 관련이 있음을 추론할 수 있다. 그리고 형사소송법 규정에서도 구체적으로 군사재판소와 철도재판소가 언급되고 있다(형사소송법 제182조, 제183조).

군사재판소는 조선인민군대와 사회안전기관에 설치하고, 철도재판소는 철도운수부문에 설치한다(재판소구성법 제10조).

(나) 재판소의 수와 그 소재지는 중앙재판소의 제의에 의하여 조선민주주의인민공화국 중앙인민위원회가 정한다(구성법 제11조).

(다) 판사와 인민참심원

① 자격: "선거권을 가진 공화국 공민으로서 위대한 주체사상으로 튼튼히 무장하고 조선로동당의 정책을 관철하기 위하여 몸바쳐 투쟁하는 로동자·농민을 비롯한 근로자들만이 될 수 있다"(재판소구성법 제15조). "지난 날의 지주, 부농, 예속자본가, 반동관료배들과 제국주의 통치 밑에서 판사 또는 검사를 한 자는 될 수 없다"(구성법 제15조).

이른바 당성이 강한 노동자·농민을 비롯한 근로자만이 자격이 있다고 규정함으로써 구재판소구성법이 선거권을 가진 일체의 공민은 자격이 있다고(구성법 제14조)한 데 비하여 강화되었다. 자격 없는 자의 범위도 구법에 비해 확대되었다. 즉 구법은 일본 통치시대에 판사 또는 검사로 근무한 자로 한정하였으나 신법은 지주, 부농, 예속자본가, 반동관료배들이 추가되었다.

② 선거: 민주주의원칙에 의거하여 선거한다(구성법 제12조).

앞에서 언급했듯이 중앙재판소의 판사와 인민참심원은 최고인민회의 상설회의에서 선거하고, 도(직할시)재판소, 인민재판소의 판사와 인민참심원은 해당인민회의에서 선거한다. 그리고 도(직할시)재판소, 인민재판소의 판사와 인민참심원을 해당인민회의 휴회 중에 보선하려고 할 때는 해당 인민위원회에서 선거하고 다음번 인민회의의 승인을 받도록 하였다(구성법 제12조). 군사재판소와 철도재판소의 구성원에 대해서는 앞에서 설명한 바와 같다(구성법 제14조).

③ 임기: 판사, 인민참심원의 임기는 해당인민회의 임기와 같다(구성법 제13조). 따라서 중앙재판소와 도(직할시)재판소 구성원은 4년이고, 시(군)인민재판소의 구성원은 2년이다.

④ 해임: 판사와 인민참심원은 그를 선거 또는 임명한 기관의 소환에 의해서만 해임 될 수 있다. 판사에 대한 형사사건의 제기는 그를 선거한 기관의 승인을 얻어서만 할 수 있다(구성법 제19조).

⑤ 판사 직무대리 결정: 판사와 병 또는 그 밖의 불가피한 사정으로 인해 일시적으로 그 직무를 수행할 수 없는 경우 다른 재판소의 판사에게 직무대리를 위임하는 결정은 상급재판소의 제의에 의하여 해당 인민위원회가 한다(구성법 제16조).

⑥ 인민참심원의 재판참가기간과 보수: 인민참심원은 1년에 14일 동안 재판에 참가하도록 되어 있으며 특별히 사건의 계속 심리를 위하여 필요한 경우에는 그 기간을 연장할 수 있다(구성법 제17조). 또한 인민참심원은 자기가 속한 기관, 기업소, 단체에서 재판에 참가한 기간의 노동임금, 노력보수 및 여비를 받는다. 특별한 사정이 있을 때는 해당 재판소에서 노력보수와 여비를 줄 수 있도록 하였다(구성법 제18조).

(라) 집행원

인민재판소에는 재산에 대한 판결, 판정의 정확한 집행을 위하여 집행원을 둔다. 집행원은 중앙재판소에서 임명 및 해임한다(구성법 제20조).

(마) 각급재판소는 중앙인민위원회의 승인을 받아 필요한 기구·정원과 직제 및 부서를 두도록 하였다(구성법 제21조).

(3) 재판기관의 임무

북한의 재판소구성원법은 재판소의 임무를 각 부문에 걸쳐 엄격하게 규정하고 있다.

(가) 법조인의 주체형 공산주의혁명가화

재판소의 임무 중에 첫번째 임무는 "사법일군들 속에서 유일사상교양과 혁명교양 계급교양을 강화하여 모든 일군들을 당의 유일사상체계와 유일적 지도체제가 확고히 선 참다운 공산주의혁명가로 만들어야 한다"(구성법 제22조)는데 있다.

'유일사상', '혁명', '계급', '주체형의 공산주의혁명가'가 강조되는 북한식 사회주의 이데올로기의 체질화가 법조인들에게 가장 최우선적으로 요구되고 있음을 보여주고 있다.

(나) 형사재판시의 임무(혁명의 전취물 보호)

형사재판을 할 때에는 "반혁명분자들을 철저히 진압하고 일반범죄자들을 엄격히 징벌하여 혁명의 전취물을 온갖 범죄적 침해로부터 튼튼히 수호할 것"을 요구하고 있다(구성법 제23조). 또한 헌법에서도 "모든 기관, 기업소, 단체와 공민들이 국가의 법을 정확히 지키고 계급적 원쑤들과 온갖 법 위반자들을 반대하여 적극 투쟁하도록 하는 것"을 주요임무로 규정하고 있다(헌법 제155조).

(다) 민사재판시의 임무(공민의 권리보호, 법질서 강화)

민사재판활동을 통하여 국가기관, 단체 및 공민들의 권리를 법적으로 보장하고 사회의 법질서를 강화하는 것을 임무로 규정하고 있다(구성법 제24조). 한편 헌법도 "재판활동을 통하여 조선민주주의인민공화국의 주권과 사회주의제도, 국가와 사회협동단체재산, 인민의 헌법적 권리와 생명재산을 보호한다"고 규정하고 있다(헌법 제155조).

(라) 중재시 임무

재판소는 중재활동을 통하여 인민경제계획 및 계약규율 위반에 대한 법적통제를 강화하며 사회주의경제건설을 적극 추진하여야 한다(구성법 제25조).

(마) 범죄예방

"재판소는 재판활동과 법령해설사업, 자료폭로사업, 법률상담 등 군중 정치사업을 힘있게 벌여 범죄 및 위법현상을 미리 막으며 가정을 공고히 하도록 하여야 한다"(구성법 제26조). 우리나라에서는 검찰이나 경찰이 할 일을 북한에서는 재판소의 임무로 규정하고 있다.

(바) 신소청원의 처리

"기관, 기업소, 단체 및 공민들이 제기하는 신소청원을 신속 정확히 처리함으로써 인민대중을 당 주위에 튼튼히 묶어 세우도록 한다"(구성법 제27조)고 규정함으로써 대인민 선무작업을 재판소가 수행하고 나아가 이는 당에 대한 인민의 지지를 고수하기 위해 재판소도 활용하고 있음을 알 수 있다. 또한 당이 국가나 정부와 일체를 이루고 있으며 당중심의 사회체제임을 입증하고 있다.

(사) 집행활동시 임무

재산에 대한 판결, 판정을 정확히 집행함으로써 국가와 인민의 재산을 보호하며 국가의 법질서를 세우도록 하였다. 이에 따라 모든 국가기관, 기업소, 단체 및 공민들은 재판소 집행원이 자기 임무를 실행하기 위하여 제시하는 요구에 의무적으로 응하도록 하였다(구성법 제28조).

(아) 공증시의 임무

재판소는 공증활동을 통하여 국가기관, 기업소, 단체 및 공민들의 법적 권리와 이익을 보호하여야 한다(구성법 제29조). 북한에서 공증은 시·군 인민재판소와 리인민위원회에서 한다. 중요한 위임장에 나타난 법률행위, 집행문의 실효, 소재불명자의 인증, 문서의 등·초본과 서명의 진실성의 인증, 증거의 보전 등의 업무는 시·군 인민재판소에서 하고, 유언, 건물이나 선박과 관련된 계약의 인증, 문서상의 서명, 문서등본의 진실성에 관한 증명 등은 리인민위원회에서 하며, 전반적인 지도는 중앙재판소가 행한다.[28]

(4) 재판소의 활동원칙

(가) 재판정 구성

재판소는 기본적으로 자기관할에 속하는 사건을 재판한다(구성법 제30조). 그리고 원칙적으로 제1심 재판은 판사인 재판장 1명과 인민참심원 2명으로 구성원이 짜여지며 특별한 경우에는 판사를 3명으로 할 수 있다(구성법 제31조, 헌법 제156조).

(나) 재판의 공개원칙

재판은 공개재판을 원칙으로 한다. 그러나 예외적으로 국가 및 군사적 비밀을 보장할 필요가 있거나 그밖에 법에 정해진 경우에는 재판소의 판정으로 재판을 공개하지 않을 수 있도록 했다(구성법 제32조, 헌법 제157조). 형사소송법 제16조는 “국가 또는 개인의 비밀을 지켜야 할 필요가 있거나 사회적으로 나쁜 영향이 미칠 수 있을 때에는 재판의 전부 또는 일부를 공개하지 않을 수 있다”고 규정함으로써 구체적으로 비공개의 예외를 인정하고 있다.

그러나 아무리 비공개의 예외를 인정하더라도 이것은 재판심리의 비공개를 의미하는 것이고 판결의 선고는 공개하여야 한다(형사소송법 제16조).

---

28) 법학사전, 평양 사회과학출판사, 1971, 34-35면.

(다) 소송상 권리보장

재판에서는 사건의 정확한 해결을 위하여 변호권을 비롯한 소송상의 권리를 보장하도록 되어 있는바(구성법 제33조), 형사재판에서도 피심자, 피소자의 변호권을 보장하고 있다(형사소송법 제17조, 헌법 제157조).

(라) 재판 공용어

재판은 '조선말'로 하며, 조선말을 모르는 사람에게는 통역을 붙이고, 외국인은 재판에서 자기나라 말을 쓸 수 있도록 하였다(구성법 제34조, 헌법 제158조, 형사소송법 제14조). 또한 외국인은 사건과 관련한 문서를 자기 나라 글로 써낼 수 있게 하였다(형사소송법 제14조).

(마) 판결과 집행

판결은 '조선민주주의인민공화국의 이름'으로 선고하며 집행한다. 그리고 확정판결의 집행은 의무적이다(구성법 제35조, 형사소송법 제250조, 헌법 제152조).

(5) 형사재판의 사건관할

(가) 인민재판소의 사건관할

도(직할시)재판소와 특별재판소 및 중앙재판소의 관할에 속하지 않는 일반범죄사건(형사소송법 제180조)

(나) 도(직할시)재판소의 사건관할(형사소송법 제181조)

① 제1심 관할: ㉮ 반국가범죄, ㉯ 형법의 조항에 사형 또는 15년까지의 노동교화형이 규정된 일반범죄

② 제2심 관할: 도(직할시) 내의 인민재판소의 재판에 대한 상소, 항의사건

③ 예외: 필요에 따라 도(직할시) 내의 인민재판소의 관할에 속하는 사건을 직접 재판하거나 다른 인민재판소에 보낼 수 있다.

(다) 군사재판소의 사건관할(형사소송법 제182조)

① 조선인민군 및 조선인민경비대 군인, 사회안전원이 범한 죄

② 군사기관, 사회안전기관의 종업원이 범한 죄

③ 이 밖에 법에 따라 그 관할에 속하는 범죄

(라) 철도재판소의 사건관할(형사소송법 제183조)

① 철도운수부문의 종업원이 범한 죄

② 철도운수사업의 정상적 활동을 침해한 범죄

(마) 중앙재판소의 사건관할

도(직할시)재판소, 군사재판소, 철도재판소의 제1심 재판에 대한 상소, 항의사건을 제2심으로 재판한다. 또한 필요에 따라 어떤 재판소의 관할에 속하는 제1심 사건이든지 직접 재판하거나 동일 심급 또는 동종의 타재판소에 이송할 수 있다(형사소송법 제184조).

(6) 제2심 재판, 비상상고, 재심

원심 즉 제1심에 대한 불복의 형태로 북한형사소송법이나 재판소구성법이 인정하고 있는 제도는 제2심 재판과 비상상소 그리고 재심이다.

(가) 제2심 재판

제2심 재판은 판사 3명으로 구성된 상급재판소에서 한다(재판소구성법 제36조, 형사소송법 제261조). 인민참심원이 제외되고 순수한 법률전문가인 판사들로만 재판정을 구성하며 검사가 참가하는 것도 특징이다(형사소송법 제261조).

(나) 상소·항의의 제한

중앙재판소의 세1심 판결·판정이 법의 요구에 배치되었을 때 그것을 교정하기 위한 제도인 바 중앙재판소의 제1심 판결·판정에 대해서는 비상상소만 인정하고 있다(형사소송법 제275조, 제255조).

비상상소는 중앙재판소 이외의 모든 재판소의 확정된 판결·판정에 대한 비상상소사건은 중앙재판소의 판사 3명으로 구성된 재판소가 심리·해결하며(구성법 제37조, 형사소송법 제281조), 이들의 판정에 대해 중앙검찰소가 의견을 제기하였을 경우 중앙재판소 판사회의에서 다시 심리 해결한다(형사소송법 제281조). 또한 중앙재판소의 판결·판정에 대한 비상상소사건을 당연히 중앙재판소판사회의에서 심리 해결한다(구성법 제38조, 형사소송법 제282조).

중앙재판소판사회의는 중앙재판소 소장, 부소장, 판사들로 구성한다. 회의는 구성원의 3분의 2 이상이 참가하여야 하며, 판정은 참가구성원의 다수결로 채택한다(구성법 제38조, 형사소송법 제282조). 중앙재판소판사회의에는 중앙검찰소 소장이 참가하며(구성법 제38조, 형사소송법 제283조), 중앙재판소 판사 3명으로 구성된 재판소의 비상상소사건의 심리에는 중앙검찰소 검사가 참가한다(형사소송법 제283조).

(다) 재 심

① 재심의 사유: 첫째 판결・판정의 기초로 삼았던 증거가 거짓이었을 때, 둘째 판결・판정에 영향을 줄 수 있는 사실로서 재판 당시에는 밝혀지지 않았던 것이 밝혀졌을 때 제기할 수 있다(형사소송법 제286조).

② 재심의 신청: 개인, 기관, 기업소, 단체가 검사에게 한다(형사소송법 제288조), 신청을 받은 검사는 1개월 내로 필요한 조사를 하고 자기의 의견을 첨부하여 중앙검찰소에 이송한다(형사소송법 제288조). 이에 대해 중앙검찰소 소장은 재심제기신청이유가 정당할 때에는 중앙재판소에 재심을 제기하며 부당할 때에는 신청을 거부하는 결정을 한다(형사소송법 제289조).

③ 재심사건의 심리: 재심사건은 중앙재판소의 판사 3명으로 구성된 재판소가 심리 해결한다(구성법 제37조, 형사소송법 제290조).

중앙재판소는 재심제기는 이유가 정당한 경우에는 확정된 판결・판정을 취소하고, 사건을 예심 또는 제1심 재판소에 보내 다시 심리하게 하거나 직접 기각하며, 부당한 경우에는 재심을 거부하는 판정을 한다(형사소송법 제292조).

(7) 재판의 독립 문제

(가) 재판의 독자성 선언

북한 헌법 제159조는 “재판소는 재판에서 독자적이며 재판활동을 법에 의거하여 수행한다”고 규정하였으며, 재판구성법은 제5조에서 “재판소는 재판에서 독자적이다”라고 규정하였다. 이와 같이 대표적인 두 규정이 동일하게 재판의 독자성을 강조하고 있으나 재판소구성법 규정에서 보듯이 ‘조선노동당의 영도’밑에서만 가능하다는 것을 명시하고 있기 때문에 당중심의 북한체제에서 사법권의 독립이나 사법부의 독자성이 자유주의체제에서 요구되는 양식으로 구현될 수는 없다고 보겠다.

한편 구헌법 제88조와 구재판소구성법 제8조는 똑같이 “판사는 재판에 있어서 독립적이며 오직 법령에만 복종한다”고 규정하고 있어 법관의 독립을 강조하였다. 반면에 현행법에서는 법원(재판소)의 독립을 강조하였다.

이것은 법관 개개인의 독자성이나 독립이 중요한 것이 아니고 재판소라는 국가기관체제가 당정책과 노선에 의거하여 독자적으로 재판을 원활하게 수행할 것을 요구하는 것으로 해석할 수 있다.

(나) 재판독립의 한계

재판의 독자성을 북한의 재판소가 갖는다 하더라도 기본전제가 되고 있는 당의 사법정책에 어긋나서는 안 된다. 따라서 북한의 재판소가 갖는 재판의 독자성은 당의 정책과 노선에 합치되는 범위에서의 독자성이다.

재판소구성법 규정 앞부분에서 '재판소구성법의 기본'이라는 제하에 요구되는 재판소의 원칙을 보면 더 뚜렷하다.

첫째, 재판소구성법을 ① 조선노동당의 정치적 보위자로서 당의 사법정책을 집행하며, ② 노동자, 농민, 병사, 근로인텔리의 이익을 법적으로 옹호하는 '프롤레타리아독재의 무기'로 인식하고 있다(구성법 제1조).

둘째, 재판소구성법은 혁명전통을 계승하였다고 본다(구성법 제2조).

셋째, 재판소구성법은 마르크스-레닌주의를 북한 현실에 창조적으로 적용한 조선노동당의 주체사상을 유일한 지도적 지침으로 삼는다고 천명하였다(구성법 제3조). 이 조항은 구북한 헌법 제4조를 그대로 인용한 것이다.

넷째, 재판소 구성법의 과업은 ① 주석(김일성)과 당중앙(김정일)을 튼튼히 보위하며, ② 노동자, 농민의 주권과 사회주의제도, 국가, 사회협동단체 재산과 인민의 헌법적 권리 및 생명재산을 보호하며, ③ 모든 국가기관, 기업소, 사회협동단체 및 공민들이 국가의 법을 준수하고 법위반을 반대하고 적극 투쟁하도록 함으로써, ④ 궁극적으로는 전 사회를 주체사상으로 일색화하는데 기여하는 것이라고 강조하고 있다(구성법 제4조).

다섯째, 재판소는 조선노동당의 영도 밑에 사업해야 하고(구성법 제5조), 주체의 사상체계에 기초하여 법을 노동계급적 입장에서 해석・적용하여야 한다(구성법 제6조). 또한 재판사업에서 과학성과 신중성을 보장하며 혁명의 이익을 철저히 고수해야 한다(구성법 제7조).

여섯째, 재판소는 모든 사업에서 청산리정신과 청산리방법을 관철해야 한다(구성법 제8조).

이상에서 보듯이 재판소가 개개의 사건을 재판할 때 일일이 간섭을 받지 않는다는 의미에서 재판소의 독립을 말할 수는 있으나, 재판에 적용될 사상이나 이념 판단은 이미 '주체사상'으로 확정되어 있기 때문에 독립적일 수가 없다.

(다) 사법정책관과 재판의 독립

사회주의국가의 재판소의 구성에 관한 원칙은 권력분립의 원칙이 부정되므로 자본주의 사회에서 말하는 사법권의 독립이 이루어질 수 없음은 유추할 수 있다. 그러나 국가기능의 분업상 어느 정도 상대적인 독립성이 인정될 수 있음도 부인할 수 없다. 헌법 제140조와 재판소구성법 제5조도 "재판소는 재판에서 독자적이다"는 규정을 두고 있다. 그러면 북한에서의 재판의 독립에 해당하는 표현이라고 할 수 있는 재판소의 독자성은 무엇을 의미하는가? 국가기관이 조선노동당의 노선과 정책을 집행하는 도구인 것과 같이 사법기관도 조선노동당의 사법정책을 관철하는 것이 임무이며, 주로 법적통제와 교양사업을 통하여 실현한다. 특히 재판소는 "조선민주주의 인민공화국에 확립된 사회주의 국가 및 사회제도, 공민과 국가기관, 기업소, 단체 등의 법적권리와 이익을, 형사 및 민사재판의 방법으로, 모든 침해로부터 보호하는 것을 임무로 하는 국가기관이다." 재판소의 주된 업무가 재판임은 틀림없으나 법의 기능과 관련하여 볼 때 재판은 오히려 부수적·보충적인 것이다. 대부분의 사건은 교양의 차원에서, 즉 조직 내에서의 사상교육이나 자기비판 등을 통하여 행정상의 절차로 해결되고 있기 때문에 재판단계까지 가는 경우는 오히려 예외적이며, 재판이 진행되는 경우에도 재판이 사건을 해결하는 실질적인 과정이라기보다는 형식적인 절차에 불과한 경우가 대부분이다.

재판의 독립을 비롯한 사법정책에 대한 기본입장은 1958년 김일성이 「전국사법·검찰일군회의」에서 행한 연설에 잘 나타나 있으며, 이 입장은 그 뒤에 제정된 재판소구성법(1976)에도 잘 구현되어 있다.

"우리는 법에만 복종한다고 하면서 당도 소용없고 정권도 다 필요치 않다는 식으로 생각하는 사람들과 투쟁해야 합니다. … 그런데 법에 복종한다는 것이 결코 당의 령도를 거부한다는 것으로 될 수는 없습니다. 사실상 법에 복종하는 사람은 결국 당에 복종하는 사람입니다. 법에만 복종하고 당에는 복종하지 않는 자는 사실에 있어서는 법에도 복종하지 않는 자입니다. 위에서 내가 법을 정치의 한 개의 표현형식이라고 말했습니다. 정치를 떠나서는 법을 알 수도 없고 법을 집행할 수도 없습니다. 우리나라의 법은 우리 국가의 정책을 실현하기 위한 중요한 무기입니다. 우리 국가의 정책은 우리 당의 정책입니다. 우리 당의 정치로선과 정책을 모르고는 법을 집행할 수 없습니다. 법률을 집행하는 일군들은 우리 당의 정책과 국가의 모든 방침을 실행하는 하나의 정치일군이라는 것을 알아야 합니다. 법이 혼자 허공에 떠있는 것이 아닙니다. 법은 정치의 표현이기 때문에 정치에 복종되어야 하며 그것과 떨어질 수 없습니다. 그러면 오늘 누가 우리나라의 혁명과 건설에 대한 모든 정책을 내세웁니까? 그것은 두말할 것 없이 우리 당입니다. 우리 당이 우리 혁명을 령도하고 있으며 우리나라의 정치를 지도하고 있습니다. 그렇기 때문에 우리 당은 우리 인민의 정치적 수령입니다. 우리 당은 우리나라 로동계급의 모든 조직들 가운데서 최고형태의 조직입니다. 그렇기 때문에 모든 조직이 다 당의 령도를 받아야 한다는 것은 움직일 수 없는 원칙입니다. 당의 령도를 떠나서 법에만 복종하겠다고 하는 것은 사실상 법에 복종하려는 것이 아니라 법을 왜곡하자는 것입니다. 어떤 동무들은 「이제는 법조문만 따지지 말라고 하니 대관절 어떻게 사업을 하라는 말인가?」하고 의문을 표시하는 모양입니다. 이것은 우리의 의도를 잘못 이해한 것입니다. 우리는 법조문을 따지지 말라는 것이 아니라 정치와 떨어져서 법의 기본정신을 왜곡하지 말라는 것입니다. 우리는 오직 법을 우리 당이 요구하는 계급적립장에서, 다시 말하면 프롤레타리아독재의 입장에서 정확하게 해석하며 적용하리라는 것을 강조할 따름입니다. 우리의 법 자체가 당의 정책을 옹호하며 당의 정책을 실현하기 위한 것이기 때문에 법을 정확히 실현한다는 것은 당의 정책을 정확하게 집행한다는 것이며 따라서 당의 령도를 받는다는 것입니다. … 사법일군들에게는 법의 정신을 정확하게 실현하기 위한 사상성이 가장 절실히 필요합니다. 당적 사상의 단련은 오직 당조직을 통하여 당생활을 강화하는 데서만 가능합니다. 그리고 당의 령도를 늘 받는 과정에서 우리가 자기의 사상을 바로 잡아나갈 수 있습니다."[29]

이상에서 명백하듯이 당의 지도와 이에 대한 복종이 곧 법에 대한 복종이며 법이 취해야 할 입장인 것이다. 이것은 사회주의법 원리상 법의 자율성이 부정되는 당연한 귀결이다. 말하자면 법원의 독립도 인정될 수가 없는 것이다. 그렇다면 재판소의 독자성이라는 표현은 재판의 독립이라는 자본주의적 원칙을 준수한다는 것을 가장하기 위하여 사용된 용어가 아니라 오히려 사회주의입장에서는 그들 본래의 특수한 의미를 갖고 있다고 볼 수 있다. 북한에서 판사의 독립이 무엇을 의미하는가는 다음의 설명이 잘 보여주고 있다.

"공화국재판소는 조선노동당 정책의 충실한 집행자이고, 따라서 판사는 노동당의 정책을 근거로 해서 법령의 내용을 자주적으로 판단하여 사건을 해결할 의무가 있다. 노동당의 정책과 법령에 정확히 의거하여 활동하는 것이야말로 진정 판사의 독립성의 본질이다.

29) 김일성, 우리 당 사법정책을 관철하기 위하여(1958년 4월 29일 전국사법, 검찰일군회의에서 한 연설), 김일성저작집 제12권(1958.1-1958.12), 평양 조선로동당출판사, 1981, 220-230면.

지금까지 사법부문에 잠입하여 노동당의 사법정책을 왜곡하려고 한 반당분파 분자는 노동당의 정책을 정확하게 관철하는 것에 복종하는 판사독립의 원칙을, 다름 아닌 재판활동에 대한 노동당의 지도를 거부하기 위하여 악용하려고 한 것이다.

그들은 노동당의 지도와 상급사법행정기관의 지도뿐만 아니라 소속재판 지도부의 지도까지도 판사 「독립」과 모순되는 「간섭」이라고 주장하고, 이것을 거부하였다. 또 그들은 재판원이 대중의 의견을 듣고 이들의 소리에 귀를 기울이는 것까지도 판사의 독립에 대한 위반이라고 주장하였다."[30]

말하자면 당의 지시나 상급기관의 지도에 따르는 것이 판사의 독립과 전혀 모순되지 않는 것이며 오히려 판사독립의 본질적 내용이 된다. 후에 제정된 1972년의 헌법과 이를 바탕으로 하여 채택된 1976년의 재판소구성법은 주체사상이나 노동당의 지도를 강조하고 있는 조항이 대폭 첨가된 것을 보면 당의 영향력이 더욱 확대되어 온 것을 쉽게 알 수 있다. 재판소구성법은 기술적인 것으로 이념성에 관한 조항이 별로 많지 않을 것으로 추측되나 사실은 다른 법에 비하여 오히려 이념조항이 많다. 모두 4장 45개조로 구성된 재판소구성법 가운데 나타난 노동당의 지도나 주체사상의 구현에 대한 조항은 제1장(재판소구성법의 기본)의 8개 전조항뿐만 아니라 제3장(재판소의 임무)의 제22조, 제23조도 재판소의 임무가 당의 사상체계를 강화하고 혁명을 완수하는 것으로 정치성을 보여주고 있다.

판사의 독립에 관한 규정은 제5조로서, 여기서도 "재판소는 재판에서 독자적이다"라고 표현되어 있다. 그러나 이 규정은 동조항의 후반부로서, 전반부의 "재판소는 조선노동당의 령도 밑에 국가의 법령에 철저히 의거하여 사업한다"는 규정과 함께 하나의 조항을 이루고 있다. 이것은 위에서 본 바와 같이 재판소의 독자성이란 다름 아닌 노동당의 지도를 따르는 것이라 볼 수 있다. 뿐만 아니라 상급사법행정기관이나 소속재판소지도부의 지도를 받는 것도 그 내용에 포함된다.[31] 말하자면 재판소의 독자성은 판사 자신의 자의적인 판단을 의미하는 것이 아니라 당과 상급기관의 지도에 따르는 것이라고 볼 수 있다.

30) 조선민주주의인민공화국 과학원 경제법학연구소 편(재일본조선인과학자협회 사회과학부문 법정부회 역), 朝鮮民主主義人民共和國の國家・社會體制, 日本評論社, 1966, 161-162면.

31) 재판 전에 당위원회가 심의한다거나, 재판장이나 재판위원회 등에서 먼저 토의를 거침으로써 재판 자체는 형식적인 것이 되고 만다. 사회주의법무생활을 강화하기 위하여 설치된 사회주의법무생활지도위원회도 주요 지도기관이라 할 수 있다. 심형일, 주체의 법이론, 평양사회과학출판사, 1987, 420면 이하 참조.

3. 북한의 검찰제도

(1) 검찰소 위상의 변천

검찰소는 처음 「검찰소조직 급 조치에 관한 건」(1945.11.27 사법국포고 제5호)에 의거 북조선검찰소·도검찰소·인민검찰소가 설치되었고, 그 이후 「북조선감시인민위원회사법국·재판소·검찰소의 구성과 직무에 관한 기본원칙」(1946.3.6 임시인민위원회결정 제3호의2)에 의거하여 사법국 산하기관이 되었다. 그 이후 「검찰소를 임시인민위원회에 직속시킴에 관한 결정서」(1947.1.24 임시인민위원회결정 제160호)에 따라 '북조선에 수립된 인민주권을 강력히 보위하는 중책을 담당하는 검찰기관사업을 일층 강화하기 위하여' 사법국에 소속되었던 북조선검찰소를 북조선임시인민위원회에 직속시켰다.[32)]

인민위원회 시기에는 「재판소 및 검찰소에 관한 규정」에 의거하여 중앙집권제에 의하여 구성되었다.

그 이후 정권수립 이후에는 「조선민주주의인민공화국헌법」(1948.9.8)에 의거 최고검찰소를 중심으로 헌법기관이 되었다. 그리고 「조선민주주의인민공화국 사회주의헌법」(1972.12.28 최고인민회의결정)에서는 중앙검찰소를 중심으로 더 자세한 규정을 두어 강화하였다.

(2) 검찰소의 구성

북한의 검찰체계는 중앙검찰소, 도(직할시)검찰소, 시(구역)·군검찰소 및 특별검찰소로 구성되어 있다(헌법 제162조). 검찰소의 구성원인 검사는 판사와 달리 선거제가 아니고 임명제이다. 즉 중앙검창소장의 임명 또는 해임권은 최고인민회의가 갖고(헌법 제91조 제13호) 그밖의 검찰소의 검사는 중앙검찰소가 통일적으로 지도하는 바(헌법 제166조) 임명 또는 해임권도 중앙검찰소가 갖는다(헌법 제164조).

검사로서 적합한 자는 노동자계급에 속하며 사회의 선진분자의 중핵이 되는 자이어야 한다. 또한 일체의 착취적 요소를 반대하며 인민의 이익을 옹호하는 실천활동이 정치사상적으로 검증된 자를 임명한다. 특히 검찰기관의 요원으로 선발

32) 김동한, 북한의 사법제도 및 운영실태-제도와 운영에 나타난 인권보장과 관련하여-, 92북한·통일연구논문집(4) 북한의 경제·사회·사법제도분야, 통일원, 1992, 45-50면 참조.

되는 자는 당의 원칙을 철저히 고수하고 혁명활동으로 단련된 간부가 기본조건이다.[33]

(3) 검찰소의 임무

검찰소의 임무에 대해 현행 북한 헌법은 세 가지를 규정하고 있다(헌법 제165조).

(가) 법의 준수·집행에 대한 감시(일반감시)

검찰소는 기관, 기업소, 단체와 공민들이 국가의 법을 정확히 지키는가를 감시할 임무가 있다(제165조 제1호). 이것은 당의 노선과 정책을 전국 곳곳에 정확하게 관철되도록 하고 혁명과 건설의 성과를 법적으로 보장하기 위한 것이다.[34]

(나) 국가기관의 결정·지시에 대한 위반여부 감시

헌법 제165조 제2호에 국가기관의 결정·지시가 헌법, 최고인민회의법령·결정·주석명령, 국방위원회 결정·명령, 중앙인민위원회정령·결정·지시, 최고인민회의상설회의결정·지시, 정무원결정·지시에 반하는가를 감시한다고 규정하였다. 이것은 그들의 권위와 실천사항으로서 채택한 법규범이기 때문에 중요하다고 한다. 말하자면 지배계급의 독재실현에 봉사하는 권력기구라는 것이다. 사회주의 사회에서는 국가기관이 당의 정책을 집행하는 기구로서 정치적 권력을 행사하고 국가 사회생활을 통할한다고 한다.

그리고 당의 정책을 집행하기 위하여 과해진 권한 내에서 법규범을 제정한다고 한다. 국가기관, 행정기관, 지방기관 등이 채택하는 결정·지시는 공적이며, 권력성을 가지고 관할대상지역에서 의무적으로 집행한다고 한다.

검찰기관의 감시는 정무원의 각 부문의 집행기관을 비롯하여 모든 국가행정·경제기관, 사회안전기관과 재판, 예심기관 등에 이르기까지 적용된다고 하였다. 즉 모든 국정에 걸쳐 철저한 감시가 이루어지는 것이다. 그들이 말하는 국가기관의 법규범에 대한 감시내용에서 중요한 것은 그것이 당과 국가의 정책을 바르게 구현하고 있는가, 헌법·법령·주석명령을 비롯하여 절차와 형식·내용 등이 제대로 정리되었는가 등이다.[35] 그러나 실제에 있어서 검찰기관은 감시과정에

33) 金圭昇, 朝鮮民主主義人民共和國の法と司法制度, 日本評論社, 1985, 222面; 구병삭, 북한의 사법·판사제도; 최종고 외, 북한의 법과 법이론, 경남대학교 극동문제연구소, 1988, 196면.

34) 일반감시에 대한 상세한 설명은 강구진, 북한법의 연구, 박영사, 1975, 136-137면 참조.

35) 김규승, 위의 책, 224면; 구병삭, 위의 책, 197면.

서 위법현상을 이유로 강력한 제재조치를 취하고 필요에 따라서는 법적 책임을 물어 제거조치를 취한다고 한다.

(다) 법위반자 책임추궁

헌법 제165조 제3호에는 검찰의 임무로서 범죄자와 법령위반자를 적발하고 법적 책임을 추궁함으로써 노동자·농민의 주권과 사회주의제도의 모든 손해로부터 수호하고, 국가·사회협동 전체의 재산과 인민의 헌법적 권리 및 생명·재산을 보호한다고 규정하고 있다. 이 규정은 결국 사회주의위법성을 강화하고, 혁명을 계속해서 그들의 주의와 정권을 계속시키는 유일한 방법으로 하고 있다.

그러기 위해서는 우선 범법자와 그들에 반대하는 모든 행위와 사상을 가진 자를 철두철미하게 처벌·소탕하는데 두고 있다. 뿐만 아니라 그러한 사실을 대중에게 명백히 하여 책임을 추궁함으로써 예방의 효과도 노리고 있다.

특히 검찰기관이 범죄자에 대한 법적 책임의 추궁에서 중요시하는 것은 당의 계급노선을 관철하는데 있다고 한다. 즉, 소수의 반혁명분자에 대한 처벌을 엄중하게 하고 자본주의적 사상, 즉 낡은 사상을 가진 자에게는 교육과 개조를 위한 처벌이 기본으로 되어 있다고 한다. 이와 같이 제재를 가하여 엄벌하는 것은 사회주의 법질서를 강화하고 확립하기 위한 것이라고 한다.[36]

검사는 수사와 예심활동을 지도·감독하고 또한 필요에 따라 직접 담당·처리하기도 한다. 이와 같은 과정에서 검사는 범죄자의 재판심리에서 범죄행위를 논증하고, 법적 책임을 추궁하며 형벌의 적용을 제기한다. 또 검사는 필요한 경우 민사재판에도 참가하여 그 판결·판정에 대한 정확한 집행을 감시하는 기능도 수행 한다[37](민사소송법 제9조). 이와 같은 조직의 기능에서 볼 때 검사의 재판에의 관여와 또한 그 집행을 독촉·감시하는 역할은 대단히 크다고 하겠다.

(4) 검찰소의 활동원칙과 책임

헌법 제166조에서 규정하듯이 검찰사업은 중앙검찰소가 통일적으로 지도하고, 모든 검찰소는 상급검찰소와 중앙검찰소에 복종한다. 검사는 중앙검찰소가 임명하고 해임한다는 것을 알 수 있다. 모든 하급검찰소도 상급검찰소와 중앙검찰소에만 복종하고 지방주권기관에는 종속하는 것이 아니라고 하였다.

36) 구병삭, 위의 책, 198면.
37) 김규승, 위의 책, 225면.

또한 헌법 제167조에 중앙검찰소는 자기사업에 대하여 최고인민회의와 주석, 중앙인민위원회 앞에 책임을 진다고 규정하고 있다. 이런 점에서 모든 검찰활동은 그 주체가 국가주권의 최고지도기관이라고 하는 중앙인민위원회의 유일한 지도・감독하에 있다는 점을 지적할 수 있다.

구 헌법하에서는 각급 검사가 검찰총장에 의해서 임명되고 검찰총장의 지휘・감독하에 책임지고(구헌법 제92조~제93조) 있었으나 현행헌법에서는 앞에서 본 바와 같이 검사의 임명과 그 활동에 대한 지도가 중앙검찰소로 통일되어 중앙집권화하고 보다 감시・감독을 철저히 하고 있음을 알 수 있다. 이러한 조직과 지도체계의 개편은 검찰활동이 그들 사회주의 유지와 정권의 유지에 거의 생명선처럼 중요하게 되었기 때문이다. 즉 당의 정치적 보위자로서 그 역할이 크게 높아졌기 때문이다. 검찰활동의 중앙집권화원칙은 그 활동에 있어서 지방특수성에 구속되지 않고 오직 전국적으로 통일된 기동성과 당의 정책을 신속하고도 정확하게 전국에 걸쳐 관철되게 하기 위한 것이라 한다.[38]

(5) 검찰기관의 사명과 임무

검찰기관의 검사의 임명・해임 등이 중앙검찰소에 있고, 그 활동에 대한 책임을 최고인민회의, 주석, 중앙인민위원회에 진다고 헌법에 명시하고 있으나, 이것은 외관상의 문제이고 내용에 있어서는 모든 조직과 국가기관이 예외없이 당의 지시를 받지 아니하면 아니된다. 그것은 그들 집단에서 당이 최고형태의 조직체이기 때문이다. 특히 법령집행에 대한 검찰기관의 활동은 당의 정책을 옹호하고 관철하는데 있으므로 당의 명령 아래서만 그 사명과 임무를 수행하게 된다고 한다.[39]

결국 검찰의 임무와 활동의 기본원칙은 해당 주권기관과 긴밀한 연계하에 활동함으로써 비로소 모든 국가기관, 기업소, 사회협동단체와 공민 등의 법의 준수・집행에 대하여 감시를 원활히 수행하고, 당과 국가의 정책적 요구에 따라 활동하게 된다. 이것은 결국 그들에게 민주주의적 원칙이 있는 것이 아니라 외견상 민주주의적인 것과 결부시켜 호도하고 있는 것이다. 따라서 그 실제 내용은 위에서 본 바와 같이 그들 프롤레타리아독재를 위하고 유지하는데 절대 필요한 수단

38) 구병삭, 위의 책, 199면.
39) 김규승, 위의 책, 225-227면.

방법이라 할 것이다.[40)]

또한 좀 더 부연하면 북한의 검찰기관이 수행하는 임무에 대해 「북조선의 재판소 및 검찰소에 관한 규정」(1947.11.18. 북조선인민위원회사법국) 제14조에 목적이 분명하게 밝혀져 규정되어 있다.

“제14조 북조선의 검찰기관은 민주정체의 원수들과 무자비하게 투쟁하며, 민주정체의 경고를 위하여 투쟁하며, 국가와 사회의 공공재산을 취득하는 자들과 투쟁하며, 민주법령의 정확하고 성실한 실행과 국가규율강화를 위하여 또는 그들의 권리와 이해관계에 대하여 무관심한 경향과 투쟁할 의무를 가진다. 검찰기관은 각 기관, 단체 및 그 책임자들의 법령준수에 관하여 최고감시를 행한다.”

민주정체의 원수, 국가와 사회의 공공재산 착취자, 관료주의, 타인의 이해관계에 무관심한 경향 등 네 가지 요소를 투쟁하여 타도할 대상으로 설정하였고, 민주정체의 공고화와 민주법령의 정확 성실한 실행 및 국가규율강화를 위하여 투쟁하여야 한다는 투쟁 목표를 제시하고 있다. 따라서 검찰기관은 투쟁대상과 투쟁목표가 확실한 만큼 조금의 착오도 없이 혁명과업완수에 매진할 것을 요구하고 있다.

4. 북한의 변호사제도

(1) 변호사 관계규정 개요

북한에서 변호사관계규정으로서 최초의 것은 「변호사의 자격감독 급 등록에 관한 건」(1945.11.23. 사법국 포고 제6호)이다. 이것은 북한도 변호사제도를 북한정권창출 초기부터 당연한 것으로 인정하였다는 증거가 된다.[41)]

이 규정에 의하면 변호사의 자격을 해방 이전 이미 판사·검사·변호사 및 그 시보로 있던 자와 고등문관시험 사법과 또는 조선변호사시험 합격자 그리고 북조선사법국 판검사자격시험 합격자로 제한되고 있다.

다음으로 「공선변호인 보수에 관한 건」(1947.1.10. 사법국 포고 제20호)이다. 이 규정에서는 “공선변호인에 대한 보수액은 사선변호인 보수규정한도 내에서 시행

40) 구병삭, 위의 책, 200면.

41) 김동한, 북한의 사법제도 및 운영실태-제도와 운영에 나타난 인권보장과 관련하여-, 92 북한·통일연구논문집(4) 북한의 경제·사회·사법제도분야, 통일원, 1992, 51-55면 참조; 법원행정처 편, 북한의 새로운 변호사제도, 통일사법정책자료 95-Ⅲ, 법원행정처, 1995, 37-92면.

한다"(제3항)는 조항을 통하여 초기 변호사제도에 있어서 공선변호인과 사선변호인의 인정을 엿볼 수 있음이 특징적이다.

그 이후 위에서 본 단편규정들을 총정리하여 공포된 것이 「변호사에 관한 규정」(1947.2.7. 임시인민위원회 결정 제179호)이다. 이 규정에서는 제1장 변호사의 임무(1. 재판과정에서 정당한 변론으로 소송관계자 및 피소자의 이익 옹호, 2. 국가기관·기업소 등에 대한 법률적 조력과 그들 기관을 대리하는 일, 3. 인민의문의·요구에 법적 자문), 제2장 변호사의 자격(1. 북조선에서 1년 이상 판사, 검사, 예심원으로 있던 자, 2. 북조선임시위원회가 공인한 법률학교를 졸업하고 1년 이상 사법기관에서 복무한자, 3. 변호사회에 입회하여 변호사보로서 1년 동안 수습 후 소정의 고사에 합격한 자), 무자격(1. 친일분자, 민족반역자로 규정되어 선거권이 없는 자, 2. 북조선 각급 재판소에서 유죄판결을 받은 자), 제3장 변호사회, 제4장 상무위원회, 제5장 변호사회 기관의 결의 및 지도감독, 제6장 변호사의 보수, 부칙 등으로 구성되어 있다.

그러나 위의 규정도 북한정권수립 후 폐지되고 새로운 「변호사에 관한 규정」(1948.11.1. 내각결정 제59호)으로 대체되었다. 이 규정은 변호사에 대한 규정이라기보다 '변호사회'에 대한 규정이라고 보는 것이 더 타당하다고 하겠다. 그것은 제1장 변호사회의 조직 및 사업, 제2장 변호사회원 및 사업, 제2장 변호사회원 및 책벌, 제3장 총회 및 상무위원회 등으로 구성되어 있음에서도 알 수 있다. 그 이후에 최근 들어 변호사법이 1993년 12월 23일 최고인민회의 상설회의 결정으로 채택되어 변호사제도의 일단을 제시하고 있다.

(2) 권리와 의무

(가) 변호사의 개념

변호사란 '법에 의하여 규정된 자격을 가지고 있으면서 재판에서 소송관계자들에게 법률적 방조를 주는 것을 임무로 하는 사람'을 말한다.[42] 이것을 보면 개념정의에서 체제에 의한 차이를 찾아볼 수는 없다.

(나) 변호사의 기능

첫째, 변호사는 변호활동과 법률상 방조를 통하여 인권을 보장하고 국가의 법률제도를 옹호한다(법 제2조).

둘째, 변호사는 변호인, 소송대리인, 민사법률행위의 대리인, 기관, 기업소, 단

42) 정치용어사전, 평양 사회과학출판사, 1970, 280면.

체의 법률고문으로 활동하며 법률상담과 법률적 의의를 가지는 문서를 작성 · 심의한다(법 제3조).

셋째, 변호사는 법에 의거하고 사실에 기초하여 활동한다(법 제5조).

넷째, 변호사는 활동의 독자성에 대해 국가의 보장을 받는다(법 제6조).

다섯째, 변호사는 해당 변호사위원회의 지도 밑에 활동한다(법 제8조).

(다) 변호사의 권리와 의무

1) 변호사의 권리(법 제9조)

① 형사사건기록 열람의 권리

② 피심자, 피소자와 담화하거나 서신거래할 권리

③ 증인, 감정인과 담화할 권리

④ 증거수집확인, 증거심리신청권

⑤ 해당자들에게 변호에 필요한 증거문서, 증거물의 열람과 제출요구권

⑥ 검사, 재판소에 의견제기권

⑦ 상소권, 제2심 재판 참가권

2) 변호사의 의무(법 제10조~제15조)

① 법과 규정 숙지, 존중, 집행의 의무

② 인민들에게 법과 규정 해설, 준수협조 의무

③ 피심자, 피소자의 법적 권리와 이익보장 의무

④ 소송대리인, 법률고문의 임무 성실히 수행할 의무

⑤ 법률상담, 문서의 작성, 심의를 제때에 정확히 하여야 할 의무

⑥ 직무상 숙지한 비밀준수 의무

(3) 변호사 조직

① 변호사들의 조직으로 '조선변호사회'를 두고 있다(법 제28조).

② 조선변호사회는 상무기관으로서 중앙과 도(직할시), 해당 부문들에 위원회를 둔다(법 제29조).

③ 위원회는 위원장, 서기장, 위원들로 구성한다(법 제29조).

④ 도(직할시)와 해당부분들에 조직된 위원회 밑에 사무소 또는 법률상담소를 둘 수 있다(법 제29조).

(4) 변호사 자격

(가) 자격요건(법 제20조)

① 법률전문가의 자격을 가진 자

② 법무부문에서 5년 이상 일하던 자

③ 해당분야의 전문가 자격을 가진 자로서 단기 법률교육을 받고 변호사 시험에 합격한 자

(나) 겸직금지

보수를 받는 직무를 겸할 수 없다(법 제21조).

(다) 자격심사

자격심사 및 자격박탈심사는 조선변호사회 중앙위원회가 한다(법 제22조, 제24조).

(5) 변호사 보수

(가) 보수를 받는 경우(법 제25조)

① 형사사건의 변호인으로 활동하였을 경우

② 소송대리인, 민사법률행위의 대리인으로 활동하였을 경우

③ 법률상담을 하였거나 법률적 의의를 가지는 문건을 작성, 심의하였을 경우

(나) 수령자

변호사 보수는 변호사 개인이 수령하는 것이 아니고 각급 변호사 위원회가 받는다(법 제26조, 제30조 제5호).

5. 북한의 공증소제도

지금도 이 제도가 북한에서 시행되고 있는지는 정확히 알 수 없으나 재판소가 운영되고 있다면 시행되고 있다고 추론할 수 있기 때문에 북한정권 수립 후의 법령을 중심으로 살펴본다.[43]

43) 김동한, 북한의 사법제도 및 운영실태－제도와 운영에 나타난 인권보장과 관련하여－, 92 북한·통일연구논문집(4) 북한의 경제·사회·사법제도분야, 통일원, 1992, 56-58면 참조.

(1) 공증소의 조직

(가) 공증소의 개념

공증소는 법률적 신빙성을 주기 위하여 문서 및 법률행위를 인증하며 기타 법률적 의의있는 확실한 사실 및 행위를 인증하는 국가기관이다(공증소에 관한 규정 제1조).

(나) 공증소의 구성

공증소는 도시 및 농촌에 설치하며(제3조), 공증소에는 공증인인 소장을 둔다(제4조). 그리고 공증소의 조직 및 사업에 대한 지도는 사법성의 도사법부를 통하여 이를 임명한다고 되어 있다(제5조). 공증인보 서기는 공증소 소장의 추천에 의하여 도사법부장이 이를 임명하도록 하였다(제6조).

(2) 공증소의 사명과 임무

(가) 공증소의 사명

공증소는 민주법령을 실현하며 북한 공민 및 법인의 권리와 법적 이익을 보호함에 협력하는 것을 사명으로 한다(제2조).

(나) 공증소의 임무

'공증소에 관한 규정'에서는 공증소의 임무에 대해 18가지를 열거하고 있다. 즉 ① 법률행위 및 위임장 공증, ② 문서에 집행문 표기,[44] ③ 환표의 인수거절증서 작성, ④ 행표의 지불거절 공증, ⑤ 해난승명서 삭싱, ⑥ 문서의 등・초본이 진실성 증명, ⑦ 서명의 진실성 증명, ⑧ 개인간・기관간 통고에 관한 증명서 교부, ⑨ 문서의 제출 또는 발송날짜 증명, ⑩ 개인의 소재 증명, ⑪ 통신의 수신자 증명, ⑫ 부동산 및 지상권의 저당증서 교부, ⑬ 금전 기타 유가증권의 교탁 접수, ⑭ 사망자 재산 보호・상속권 증명서 교부, ⑮ 증거보전, ⑯ 소재불명자 증명서 및 소재불명자의 사망인정 증명서 발급, ⑰ 번역 및 문서의 보존, ⑱ 공증관련 대서 기타 사무상 노력 제공 등이다. 이 가운데 지금은 사회주의사회에서 용납될 수 없는 것들도 상당수 되어 많은 수정이 있을 것으로 보인다.

44) 이에 대해서는 「집행문을 표기할 수 있는 문서에 관한 규정」(1949.11.17. 내각결정 제160호)이 별도의 법령으로 공포되었다.

(3) 다른 사법기관과의 관계

공증소는 엄격한 의미에서는 사법보조기관이다. 따라서 재판이나 검찰수사상 중요한 보조역할을 하는 셈이다.

대표적인 예로 공증서는 법률행위의 당사자 또는 그 대리인에게만 내어준다. 그러나 법령이 규정한 경우에는 재판소, 검찰소, 예심기관의 요청에 의하여 교부할 수 있도록 규정하고 있다(제14조). 또한 공증소가 표기하는 집행문은 재판소의 집행문과 동일한 구속력을 가진다(제20조). 집행문의 표기에 대하여는 채무자들로부터 민사소송을 제기할 때 대항력이 있다(제23조).

6. 법학교육과 법조인력양성제도

북한에서는 사법의 역할이 제한되어 있으므로 법학교육의 내용 역시 질적·양적으로 그리 높지 않다. 북한에서 법학전문교육과 법조양성을 담당하는 정규교육기관으로는 김일성종합대학 법학부(박사원도 있음), 인민경제대학 산업법률학부와 각 도(직할시) 사범대학 법학부 등이 있고, 법학연구기관으로서는 사회과학원 법학연구소가 있으나 교수나 학생수가 우리와는 비교가 되지 않을 정도로 적으며 법학교육 내용도 법률전문교육보다는 정치·사상교육에 치중되어 있다.[45]

북한에서는 변호사가 되기 위한 하나의 방법으로서 실체가 분명하지 않은 변호사시험제도를 운영하고 있을 뿐, 판사·검사·변호사가 되기 위한 별도의 통일적인 자격시험제도나 법조인양성제도를 운영하고 있지는 않다. 북한에서 법조인이 되기 위하여 정규법학교육을 반드시 받을 필요가 없는 것은 법조인력 선발 및 양성제도가 높은 정치사상성을 갖춘 법조인을 배출하는 데 중점을 두고 있는 이상 당연한 것이긴 하지만, 한편으로는 점차 법학교육을 받은 사람들로 대부분의 사법조직이 충원되고 있다는 것은 사회주의 준법성의 기치 아래 법의 전문성을 무시할 수 없는 북한의 현실을 반영하고 있기도 하다.

45) 김상균, 남북통일과 통일사법제도, 한국법제연구원, 남북통일에 대비한 법적 대응방안, 1995, 82면 참조.

Ⅳ. 남한의 사법제도 운용

우리의 사법제도에 관해서는 개괄적으로 언급하고자 한다.[46)]

1. 사법기관의 구성

남한의 법원에는 최고법원인 대법원과 하급법원인 고등법원과 지방법원·가정법원이 있다(헌법 제101조 제2항, 법원조직법 제3조). 그리고 지방법원 및 가정법원의 사무의 일부를 처리하기 위하여 그 관할구역 안에 지원과 소년부지원, 순회심판소 및 등기소를 둘 수 있다. 보통법원 이외에 특별법원으로 군사법원이 있다. 군사법원은 군사재판을 위하여 헌법에 의하여 인정된 특별법원이다(헌법 제110조). 다만, 군사법원의 상고심도 대법원이라는 점에서 군사법원도 하급법원에 해당한다.

남한의 검찰청에는 대검찰청, 고등검찰청, 지방검찰청이 있다(검찰청법 제2조). 대검찰청은 대법원에, 고등검찰청은 고등법원에, 지방검찰청은 지방법원에 대응하여 각각 이를 설치한다. 그리고 지방법원지원의 관할지역에는 이에 대응하여 지방검찰청을 둘 수 있다(검찰청법 제3조).

남한에서 법관은 사법시험에 합격하여 사법연수원의 소정의 과정을 마친 자, 검사 또는 변호사의 자격이 있는 자 중에서 임용한다(법원조직법 제42조 제3항). 그리고 검사는 사법시험에 합격하여 사법연수원의 소정 과정을 마친 자, 판사 또는 변호사의 자격이 있는 자 중에서 임용한다(검찰청법 제29조).

2. 사법권 독립문제

근대의 시민적 법치국가에서 권력분립의 원칙이 궁극적으로 목표한 것은 개인의 자유를 보장하는 것이다. 개인의 자유를 보장하기 위하여는 국가권력, 특히

46) 한국형사정책연구원, 남북한 사법운용 및 범죄처리에 관한 비교연구, 1994, 200·204·207면 참조.

행정권의 자의적인 행사나 남용을 제한하는 것이 중요하였다. 따라서 국가권력을 기능적 · 조직적으로 입법권, 행정권, 사법권으로 분리하여 독립된 기관에 의하여 행사하게 하고, 서로 견제와 균형(checks and balances)을 이루게 하여 권력을 권력으로 억제하였다. 물론 권력분립이 민주주의의 조직원리로서 가장 바람직한 제도인가에 대하여 적극적으로 긍정적인 대답을 하기는 어려우나 지금까지 있어왔던 어떤 제도보다 나은 제도라는 점은 부인할 수 없다.

국민의 기본권 보장이라는 관점에서 볼 때 근대 시민적 법치국가에서는 주로 입법권에 의한 기본권의 보장이 강조되었다면, 현대의 사회적 법치국가에서는 사법권에 의한 기본권의 보장이 강조되고 있다. 이처럼 국민의 기본권보장에 사법권독립의 존재의의가 있으며 현대 사회적 법치국가에서는 사법권의 독립이 더욱 중요시되고 있다.

사법권의 독립을 위하여는 사법을 담당하는 기관인 법원의 조직상 독립과 재판을 담당하는 법관의 독립이 제도적으로 보장되지 않으면 안 된다. 남한의 경우 제헌헌법 이래 현행헌법에 이르기까지 사법기관인 법원을 입법부와 행정부에서 독립시키고, 법관의 직무상 독립(물적 독립)과 신분상의 독립(인적 독립)을 보장하고 있다. 즉 현행 헌법 제101조는 「사법권은 법관으로 구성된 법원에 속한다」고 하여 법원의 조직상 독립을 규정하고 있다. 그리고 법관의 독립에 관하여 동법 제103조는 「법관은 헌법과 법률에 의하여 그 양심에 따라 독립하여 심판한다」고 하여 직무상의 독립을 규정하고 있고, 동법 제106조는 「법관은 탄핵 또는 금고 이상의 형의 선고에 의하지 아니하고는 파면되지 아니하며, 징역처분에 의하지 아니하고는 정직 · 감봉 기타 불리한 처분을 받지 아니한다」고 하여 신분상의 독립을 규정하고 있다.

3. 변호사제도

남한에서의 변호사의 자격은 대한민국 국민으로서 사법시험에 합격하여 사법연수원에서 소정의 과정을 마친 자, 판사 또는 검사의 자격이 있는 자이어야 한다(변호사법 제4조). 그리고 변호사로서의 행위는 당사자 기타 관계인의 위임 또는 공무소의 위촉 등에 의하여 소송에 관한 행위 및 행정처분의 청구에 관한 대리행위와 일반 법률사무를 행하는 공공성을 지닌 법률전문직으로서 독립하여 자유롭게 그 직무를 행한다(동법 제2조 · 제3조).

변호인제도는 당사자주의에 의한 실체적 진실발견이나 공정한 재판의 이념을 실현하기 위한 불가결한 전제이며 문명국가의 형사절차를 위한 최소한의 요구이다. 즉 변호인제도가 존재하는 이유는 검사와 동일한 법률전문가로 하여금 피고인의 방어력을 보충하게 하여 무기평등의 원칙을 보장하고, 이를 통하여 당사자주의에 의한 실체적 진실의 발견이나 공정한 재판을 실현하는 데에 그 목적이 있다.

남한에서는 사선변호인제도뿐만 아니라 국선변호인제도도 인정하여 사선변호인제도를 보충하고 피고인의 변호권을 강화하여 당사자주의에 의한 실체적 진실 발견과 공정한 재판의 이념을 실현하고 있다. 변호권의 보장에 관하여는 국민의 기본권으로 변호인의 조력을 받을 권리를 인정(헌법 제12조 제4항, 제5항)한 외에도, 형사소송법 제30조에서는 피의자 · 피고인의 변호인선임권을 규정하고 있어 수사단계에서부터 변호인의 도움을 받을 수 있고, 변호인이 없는 경우에는 법원이 직권으로 변호인을 선정하는 국선변호인제도를 인정하고 있으며, 동법 제34조에서는 변호인의 접견 · 교통권을 규정하고 있다. 그러나 실제 재판에서는 변호인 없이 형사소송을 받는 피고인이 많고, 국선변호인과 사선변호인의 보수의 격차가 심하여 국선변호료의 실질적 인상이 없이는 피의자 · 피고인의 변호인조력을 받을 권리는 사실상 제한될 수도 있다.

V. 사법제도 통합방안

1. 모델의 구상

독일은 통일 이후 동독 지역에 어떤 유형의 사법제도를 이식할 것인가는 문제가 되지 않았다. 서독이 동독을 흡수하는 입장이었기 때문이다. 우리도 궁극적으로는 남한의 사법제도를 근간으로 하여 북한의 장점을 접맥하는 방안이 구상되어야 한다고 본다. 동독보다는 더 미흡한 제도와 운용의 경험을 갖고 있는 북한과 대등한 관계에서 통합작업을 수행하기란 거의 불가능하다고 할 것이다. 여기서는 독일의 사법제도 통합사례를 모델로 하여 우리 현실에 적합한 통합방안을 모색하고자 한다.

2. 재판제도

(1) 심급제도

남한은 3심제인데 북한은 2심제이다. 사법살인과 같은 오판의 염려를 없애기 위해서는 3심제나 4심제가 옳다고 본다. 인권보장차원에서 억울한 피해자가 없어야 하며, 반면 재판의 효율성 차원에서 신속한 완결이 필요하다. 이처럼 모순되는 듯한 양측면을 함께 충족시키기 위해서는 적절한 조화가 요구된다. 그러나 실체적 진실발견과 인권유린의 우려를 최소화하기 위해 다심제(3, 4심제)가 채택되어야 한다.

(2) 법관의 자격

자유주의 성향의 법제를 채택한다면 남한의 기존법관들은 크게 문제될 것이 없겠다. 그러나 북한의 법관들은 통합법제 교육을 특별히 받아야 임무를 수행할 수 있을 것이다. 북한에서 판사는 노동자, 농민을 비롯한 근로자들만이 될 수 있으며 이 경우 최고인민회의상설회의, 해당 인민회의에서 선거를 통하여 자격을 취득한다. 그러나 판사는 법률전문가 중에서 선거로서 임무를 부여하는 것이 합당하다. 사법부가 독립되어야 한다는 대명제하에서는 더욱 더 전문성이 요구된다. 물론 남한에서처럼 도식적인 시험을 통과하고 2년 연수만 받으면 그만인 법관자격부여 제도도 바람직하지 않다. 전문적인 지식을 갖추고 거기에 다양한 경륜이 부가되어야 한다. 따라서 4년의 법학교육과 일정한 자격시험 통과 그리고 변호사로서 5년 이상 근무한 자라는 최소한의 기준이 필요하다고 본다. 나아가 법학전문대학원의 도입도 적극적으로 검토할 필요가 있다고 생각한다.

(3) 배심원과 참심원제도

배심제는 재판기능 가운데 사실문제에 대한 판단은 시민 중에서 선출된 배심원들이 맡고 소송의 지휘, 증거의 취사선택, 법률의 해석 및 적용을 직업재판관이 맡는 제도이다. 이는 영국에서 비롯되어 영미법계에서 일반적으로 채택하고 있다.[47] 참심제는 원래 독일에서 발달된 제도로서 시민 중에서 선출된 참심원이 직업재판관과 함께 합의체를 구성하여 재판하는 제도이다. 독일에서 발달된 이 제도는 소련을 거쳐서 북한에 계수되었다고 한다.[48] 배심제와 참심제는 그 성격이 다르지만 두 제도가 모두 직업재판관 아닌 일반 시민을 재판에 참여시키는 제도라는 점에서 유사하다. 이러한 제도는 직업 재판관이 범할 수 있는 오류를 방지한다는 차원에서 도입할 만한 제도라고 본다. 대부분 제1심에만 관여한다는 점에서도 이러한 제도를 도입하고 있는 나라들이 법률전문가의 고유영역을 존중한다고 해석할 수 있다. 배심제이든 참심제이든 상관이 없으나 이미 북한지역에서 경험이 된 참심제가 통합과정에 긍정적으로 작용할 수 있다고 본다면 통합사법제도인 참심원제도를 채택하는 것이 바람직하다고 하겠다.

(4) 검 사

북한의 검사제도는 우리와는 다르다. 재판절차 전과정에 걸쳐 감시관 역할을 하는 것이 주요 임무이다. 민사소송에까지 관여하고 있다(북한 민사소송법 제9조). 따라서 통합사법제도 측면에서는 검사는 전문성을 갖춘 자 중에서 선거를 통해 선발하는 것이 바람직하다. 그리고 당사자소송인 민사소송에까지 관여할 필요는 없다고 본다.

(5) 변호사 · 법무사

북한은 변호사자격을 법률전문가로 한정하고 있다. 이러한 측면에서는 우리와 유사하나 우리의 법무사까지도 변호사로 인정하고 있는 점이 다르다. 그리고 변호사 개인이 보수를 직접 받는 것이 아니라 변호사위원회가 받는다는 것도 특색이다. 변호사 · 법무사 자격을 전문인으로 한정한 것은 남북의 현제도가 유사하기 때문에 채택하는데 큰 어려움은 없을 것 같다. 그러나 통일 후 법정비의 과정에서는 별도의 특별교육을 이수하도록 하여야 할 것이다. 생활과 직결된 일선의 법적 분쟁을 해결해야 하는데 최우선적 역할을 변호사, 법무사가 맡아야 하기 때문이다.

---

47) 박홍규, 통일국가의 사법제도, 한반도 통일국가의 체제구상－정치부문－, 해방 50주년기념학술대회, 1995, 56면.

48) 한국법제연구원, 북한법률용어의 분석(Ⅱ), 1996, 168면.

(6) 민사소송과 형사소송

남북의 법제가 형식상으로는 크게 차이가 없으나 민사소송에도 검사의 기능과 임무가 광범위하다든지 하는 이질성을 찾아볼 수 있다. 문제는 사상·이념적 요소를 배제하고 시민들의 법적 분쟁을 적절히 해결하고 인권을 철저히 보장할 수 있는 방안을 찾는 일이다.

소송절차에서 남북이 경험한 것을 긍정적으로 수용하고 이데올로기적인 요소를 제거하면 통합소송법 마련은 어려운 일이 아니다.

3. 사법권의 독립

남북의 사법제도를 살펴볼 때 부정적인 점에서 공통적인 것은 사법권의 독립이다. 통일 후에는 사법권의 독립이 확립되어야 한다. 헌법 등 각종 관계법제를 통하여 사법권의 독립을 강조하여야 하며 사법부 구성원들 자체가 어느 기관으로부터도 독립적이고 자유로와야 한다. 특히 인적·물적 그리고 정치·여론으로부터 독립되어야 한다. 물론 배심제나 참심제를 채택하고 사법부 구성원을 선거를 통해 결정한다면 그 자체가 여론의 노예일 우려가 있으나 이런 문제는 임기제를 통해 극복될 수 있다.

4. 행형제도

범죄자에 대한 인식은 동서고금을 통하여 부정적이다. 나아가 교도행정의 난맥상은 남북이 함께 고민할 문제이다. 격리수용이 영원한 과제라면 격리수용시설과 그곳에서의 수용범죄자들에 대한 인권침해요소 철폐가 관건이다. 행형의 주요 목적이 재범요인제거와 갱생유도라면 여기에 상응한 제도와 장치가 필요하다. 통합이 되려면 악법철폐와 함께 정치·사상범의 전면석방과 수용범죄자들을 범죄유형별로 선별하여 관리하여야 한다. 특히 통일 이전의 법률에 의해 범법자가 되었다면 통일 이후 법률의 개폐에 따른 범법자 선별이 선행되어야 한다. 물론 살인·강도 등 일반범죄자에 대한 일관된 처벌은 당연하다.[49]

---

49) 독일 통일에서 문제가 제기된 것은 동독 소멸 이전에 동독 지역에서 행해진 범죄의 처벌문제이다. 이러한 문제가 제기된 것은 동독 지역에서 행하여진 범죄에 대해 적용될 동독 형법이 현재 폐지되

5. 법조인력의 양성문제

남북의 법조인력 양성에는 많은 폐해가 지적되고 있다. 남쪽의 법과대학의 고시학원화와 북쪽의 지나친 이데올로기 편향화가 그것이다. 통일 후에는 법조인력 양성 전문기관이 필요하다. 교육제도도 바뀌어야겠지만 일단 현행 대학과정을 이수한 자들 중에서 일정수를 전문분야별로 선발하여 3년 동안 법률교육을 이수하도록 한다. 이수 후 일정수준 이상자에게 변호사·법무사자격을 부여하고 이들 중 5년을 경과한 자 중에서 판사와 검사를 선발하도록 한다. 판사는 종신제로 하고 검사는 임기제로 한다.

Ⅵ. 결 론

남북통일 후 각 분야의 통합작업 가운데 법제분야 그중에서도 사법제도의 통합문제를 살펴보았다. 사법제도의 통합은 각종 법제의 통합과 함께 통합국가의 기틀을 마련하는데 매우 중요하다. 서독이 동독지역에 대해 자본주의적 사법제도를 이식시키는데 있어서 10년이라는 기간을 필요로 했다. 우리는 더 걸릴 수도 있고 단축될 수도 있다. 법적 사고가 전혀 다르고 일반시민들의 법의식이 극단으로 양분되어 있는 상황에서 제도통합은 많은 저항에 부딪칠 수밖에 없다.

그러나 다른 한편으로 생각하면 의외로 단축될 수도 있다. 즉 남북통일은 가히 혁명적인 사건이고 이에 적응하려는 시민들의 의식개혁을 단기간 내에 완수하는 것이다. 내용은 다르지만 북한이 1945년에서 1948년까지 3년 동안 사회주의 혁명을 하는 과정에서 보여준 사례는 기간단축을 가능케 한다. 3년 동안 수백 건의 법률적 문건을 공포하면서 혁명작업을 수행한 것이 반드시 옳다고 볼 수는 없다. 그러나 인권침해를 최소화하는 차원에서 법제통합은 가능하다고 생각한다. 법조인력양성 기간 때문에 5년 이상의 과도기가 불가피하겠으나 사전의 사법제

어 존재하지 않기 때문이다. 이러한 논란에 관해서는 토마스 바이겐트(Thomas Weigend, Die Wiedervereinigung Deutschlands und die Strafrechtspflege, 日本 刑法學會 講演文, 日本 刑法雜誌 33卷 1号, 1993, 46面 以下); 박강우 역, 독일통일과 형사사법, 형사정책연구소식, 통권 제49호, 1998년 9·10월호, 한국형사정책연구원, 26-31면(28면) 참조.

도 통합구상은 주도면밀할수록 과도기는 단축시킬 수 있다.

독일처럼 동독 지역에 서독 출신 법조인을 파견하여 과도기에 통합작업에 활용하는 방안을 우리도 모색해야 한다.[50] 그렇다면 남한의 법조인력을 지금보다 대폭 늘릴 필요가 있다. 적어도 북한지역 전역에 파견할 수 있을 만큼의 법조인력 양성이 필요하다. 철저한 통제 하에 자유와 자율을 모르고 살아온 북한주민들에게 단기간 내의 혁명적 방법은 더 효과적일 수 있다. 문제는 월남자 가족들의 사고와 인식이다. 월남자 1세대가 거의 타계한 상황이긴 하나 그 후손들이 조상들 소유의 재산을 되찾겠다고 나설 때 그리고 월남 전후의 가족관계의 혼잡성 등에 대한 사전 조율이 필요하다. 이를 위해서는 1차적으로 통일되기 전에 이 부분의 법제정비가 요청된다.

50) 통일원, 독일 통일 6년, 동독재건 6년－분야별 통합성과와 향후 과제, 1996: 이 보고서는 독일연방내무성이 독일 통합의 중간보고서로 1993년, 1995년, 1997년 세 차례 발간한 자료집이다. 통일원은 그중에서 1995년 수정판 중간보고서를 국문으로 번역하여 출판하였다. 아주 중요한 자료집이라고 생각한다; Rainer Eppelmann/Horst Möller/Dorothee Wilma (Hrsg.), Lexikon des DDR-Sozialismus, Bd. 1. 2, 2. aktualisierte und erweiterte Aufl., UTB 1983, 1997: 이 사전은 1997년 독일에서 발간된「구동독 사회주의에 관한 사전」(Lexikon des DDR-Sozialismus)이다. 이 사전은 독일 통일과 통합을 연구하는데 있어서 매우 귀중한 참고문헌이라고 생각한다. 여기에는 동서독 관련 많은 연구문헌들이 자세하게 소개되어 있다; Werner Weidenfeld/Karl-Rudolf Korte (Hrsg.), Handbuch zur deutschen Einheit, Aktualisierte Neuausgabe, Frankfurt/Main, New York, Campus Verlag 1996: 임종헌 · 신현기 · 백경학 · 최필준 역, 독일통일백서, 한겨레신문사, 1998; Deutscher Bundestag Referat Öffentlichkeitsarbeit, Schlußbericht der Enquet-Kommission Überwindung der Flogen der SED-Diktatur im Prozeß der deutschen Einheit, Deutscher Bundestag, 1998: 이 책은 독일 통일 이후 동서독 통합문제를 총정리한 독일 연방의회의 최종보고서이다. 이 보고서는 1998년 6월 10일에 출판되었다. 주요 내용은 정치 · 경제 · 사회 · 문화 등 거의 전 분야를 종합적으로 체계화하였다. 저자는 남북통일과정에서 아주 소중한 문헌이라고 생각한다.

제4장 독일 통일과 경찰통합*

Ⅰ. 서 론

독일의 역사와 독일 사회 그리고 독일인의 관점에서 보면, 독일의 이미지는 일반적으로 어떻게 형성되어 있을까? 대체로 부정적인 측면과 긍정적인 측면으로 나누어 설명할 수 있을 것이다.[1)]

부정적인 측면은 ① 2차 세계대전을 일으킨 나라, ② 독일의 나치군대(게쉬타포), ③ 차가운 사람들, ④ 일밖에 모르는 사람들 등을 들수 있다.

그러나 긍정적인 측면은 여러 가지가 있다. ① 라인강의 기적을 이루고, 과거사를 깊이 반성하며, 21세기 유럽의 미래(유럽통합)를 선도하는 나라, ② 무혈혁명으로 재통합을 달성한 치밀한 나라, ③ 준법정신과 그 편리함을 향유하고 있는 나라, ④ 인권과 환경을 소중히게 생가하는 나라, ⑤ 음악과 철학의 나라, ⑥ 세계 최강의 자동차(메르체데스 벤츠, BMW, 폭스바겐, 아우디)를 만드는 나라, ⑦ 유럽을 연결하는 고속도로(아우토반)를 가진 나라, ⑧ 여행객에게 친절하고, 잘 정비된 국토를 가진 관광의 나라, ⑨ 소득재분배가 이루어지는 사회, ⑩ 조용한 정원과 목가적인 사회, ⑪ 부부끼리 조용히 산책할 수 있는 사회, ⑫ 근면하고 성실한 사람들, ⑬ 음식물을 남기지 않는 사람들, ⑭ 축제와 맥주를 즐기고 사랑하는 사람들, ⑮ 중후한 사회분위기, 철학자를 존중하는 사람들 등으로 요약할 수 있을 것이다.

그렇다면 독일 경찰은 독일 사회에서 독일인들에게 어떠한 이미지를 형성하고 있을까? 시민들은 경찰을 이렇게 묘사하고 있다. ① 원칙과 상식을 철저하게 고수하는 공정경찰, ② 시스템(법규범)에서 벗어나는 것을 막아 주는 규범경찰, ③

---

* 이 논문은 2006년 9월 12일 동아대학교 경찰법무대학원에서 「한국경찰, 통일시대를 대비하여 무엇을 준비해야 하나?」라는 제목의 특강을 정리한 것이다.

1) 이에 관해서는 전득주, 독일연방공화국-정치교육, 민주화 그리고 통일-, 대왕사, 1995; 조선일보사, 마이스터(明匠)의 나라 독일, World Villige 2004년 1호(Vol. 4), 2004, 24-27면(독일, 독일인의 이미지 지나칠 정도로 완벽주의와 질서추구); Dennis L. Bark/David R. Gress, A History of West Germany, Blackwell Publishing Ltd, Oxford 1993(서지원 옮김, 도이치 현대사(1. 새나라 세우기, 2. 변화의 모색, 3. 아, 동방정책, 4. 허상의 붕괴와 통일선택), 비봉출판사, 2004.

단속만 하는 경찰이 아니라 예방에 초점을 두는 예방경찰, ④ 어린이들의 교통안전교육을 하기 위해 초등학교를 순회하면서 인형극을 하는 홍보경찰, ⑤ 10년이 넘게 낙서범과 줄 당기기를 해오고 있는 질서경찰, ⑥ 문제학생들의 어머니 역할을 하는 상담경찰, ⑦ 국민의 80% 이상이 신뢰한다는 사랑받는 경찰 등이다.[2] 반면 독일 경찰에 대한 최근 비판도 있다. 외국인을 차별하는 경찰이다.[3]

여기서는 1990년의 독일 통일과 그 이후에 발생한 경찰통합의 문제를 개략적으로 살펴보고자 한다. 독일 통일의 의미는 무엇이고, 통일 이후 독일은 어떻게 경찰통합을 이루었는가? 그 과정에서 나타난 문제점은 무엇이었는가?(Ⅱ) 한국경찰은 통일시대를 대비하여 무엇을 어떻게 준비하고 있는가? 독일의 통일과정을 참고하고, 우리 헌법정신에 따른 통일방안을 상정하면서, 이러한 문제에 대한 구체적인 연구방안을 진단하고자 한다(Ⅲ). 여기서는 조직정비, 인적 정비, 물적 정비 그리고 법률정비 방안이 그 핵심이 될 것이다.

Ⅱ. 독일 통일의 의미와 경찰통합의 과정

독일은 1990년 10월 3일 모든 해결책 중에서 가장 불가능할 것 같은 방안을 성공리에 실현시켰다.[4] 완전한 통일을 이룬 것이다. 새로운 헌법을 통해서 통일

---

2) 박기륜, 통일한국경찰론, 육서당, 1998, 141면.

3) 조선일보, 독 경찰, 외국인 차별대우·앰네스티 폭행 등 70여건 접수, 2000년 5월 17일자: 국제앰네스티는 2000년 5월 16일 독일에서 외국인과 소수민족을 경찰이 부당하게 대우하고 있다는 명백하고도 우려할 만한 사례가 있다고 밝혔다. 인권단체인 앰네스티는 이날 보고서를 통해 "외국 국적을 가졌거나 소수민족은 경찰의 보호가 필요할 경우 오히려 경찰로부터 주먹과 발길질 및 경찰봉으로 먼저 폭행부터 당한다고 느끼는 경우가 많다"고 지적했다. 앰네스티는 1992년 1월 이래 독일 경찰이 인신구속이나 체포 때 불필요한 폭력을 행사하고 억류자에게 잔인하고 비인간적이며 비속한 취급을 행한 사례를 70건 이상 접수했다고 밝혔다.

4) 독일 통일과정을 간략히 살펴보면, ① 동독인들의 대규모 탈출, ②「유럽의 집」은 억압이 아니라 자유와 민권을 바탕으로 건설, ③ 헝가리 네메트 총리에 감사, ④ 탈출자에 대한 서독 언론들의 편견, ⑤ 고르바초프「너무 늦게 온 사람에게는 삶이 벌을 준다」, ⑥ 동독 전역으로 시위가 확산, 부시와의 통화, 독일 통일 그것은 역사의 도전, 부시의 언급에 대한 약속, ⑦ 동맹국들의 긴밀한 연대감과 미래 지향적인 정책, ⑧ 구체적인 지원 조치, 동서독 공동의 통치위원회, ⑨ 1989년 11월 10일 베를린 연설, 전세계를 향한 메시지, ⑩ 미테랑과의 만남, 동독의 현재 상황, 미테랑의 기자회견, ⑪ 폴란드 서부 국경문제와 독일 소수 민족의 권리, ⑫ 신판 슈타지, 동독의 국가적 권위 상실, 동독의 국가기능 마비, ⑬ 통일계획 수정, 동독 국민들의 분노, ⑭ 통일 독일의 나토가입 문제, ⑮ 파업과 시위의 동독 사태, 화폐통합 당시의 상황, 통화 및 경제 동맹 용의,「독일 통일」각료위원회, 환영금, 역사 앞에서 의무, 2+4자회담의 출발의미, 부시의 편지, 독일의 중립반대와 나토 잔류 약속, 고르바초프와의 면담, 체코슬로바키아와 루마니아의 변혁, 베이커의 편지, 소련의 안보와 독일의 주권, 이산가족들의 심정, 모스크바의 청신호.

된 것이 아니라, 법률과 모든 국가제도의 기본적 구조를 동독지역에 이전시킴으로써 이루어졌다. 붕괴된 사회주의 독재체제의 폐허 속에서 잘 기능하는 서독의 민주주의가 이식되었다. 최단기간 내에 민주적으로 선출된 의회를 구성하였고, 지방자치행정을 재건하였으며 주(州)정부를 수립하였고, 주법을 제정하고, 행정을 조직하며, 지속적으로 집행력을 갖도록 하였다. 계획경제는 시장경제로 전환되었고, 사회적 안전망 구축과 생활물자 공급체계는 완전히 재편되었다. 교육체계는 서구식 모델에 따라 조직되었고, 정치체계의 중추적인 기구들이 신설되었다.[5] 여기서는 독일 통일의 의미를 분석하고, 독일의 경찰통합과정을 자세히 살펴보고자 한다.

1. 독일 통일의 의미

독일 통일은 동서 진영 간의 갈등과 유럽의 전후 역사에 종지부를 찍으면서 20세기 국제 정치에 하나의 뚜렷한 획을 그은 역사적 사건이다. 통일의 대업을 완수한 헬무트 콜(Helmut Kohl) 전 총리의 회고록은 통일에 관한 모든 것을 밝히고 있다. 그의 체험담은 통일이 어떻게 이루어졌는가 하는 문제를 이해함에 있어서 분명 우리들에게도 소중한 자료임이 틀림없다. 그래서 저자는 콜의 회고록을 토대로 독일 통일의 의미를 간략하게 정리해 보고자 한다. 여기에는 서독 정부의 통일원칙(統一原則)과 정치가 콜의 통일철학(統一哲學), 조국통일과 나의 꿈, 통일된 하나의 유럽, 서독 정부의 의무, 인권과 평화적인 통일 그리고 긴 호흡, 통일 환경과 후회, 민족과 국가의 정체성 회복, 인권과 민주주의적 공통 가치, 인도적 지원은 그 앞의 정권들이 길을 터놓은 것, 정상회담과 생중계, 독일인의 단일 민족의식, 기본법 전문과 독일 통일, 홍수를 대비한 제방 등이 소개되어 있다.[6] 콜이 밝힌 기나긴 여정은 독일 통일의 의미를 이해하는데 도움이 될 것으로 보인다.

---

5) 게하르트 미켈스, 체제 이전 이상의 의미가 있다—정치·사회정책·법률분야에 대한 통합의 성과, 통일한국, 평화문제연구소, 1999년 7월호, 46-48면(46면).

6) Helmut Kohl, Ich wollte Deutschlands Einheit, Ullstein 1996; 김주일 역, 나는 독일통일을 원했다, 해냄, 1998, 11-33면.

(1) 독일 통일과 나의 꿈

"1990년 10월 2일 밤 독일 국가가 연주되고 있었다. 베를린의 제국의회 앞에서 흑·적·황 3색의 독일국기가 높이 게양된 그 순간 내 꿈은 완벽히 이루어졌다. 수십 년에 걸친 분단의 고통 끝에 우리 조국 독일은 피와 눈물을 흘리지 않고 자유 속에서 다시 통일을 이룩해냈다." 여기서 누가 감히 조지 부시나 미하일 고르바초프와 같은 인물들을 생각하지 않을 수 있을까?[7)]

(2) 통일된 하나의 유럽

"우리들은 프랑스와 화해하기 위해 노력했고, 모든 민족이 평화롭게 함께 살 수 있는 통일된 하나의 유럽을 꿈꾸었다. 또 우리들은 앞으로 19세기의 민족국가가 아니라 통일된 유럽을 향해 매진해야 한다고 확신했다."[8)]

(3) 서독 정부의 의무

"통일이 달성될 때까지는 서독 정부가 독일 국민을 대변하는 유일한 합법 정부이고, 따라서 서독 정부는 엘베강과 오데르강 사이에 거주하는 1천 8백만 동독 국민들까지 돌볼 의무가 있다."[9)]

(4) 인권과 평화적 통일 그리고 긴 호흡

아데나워(Konrad Adenauer, 1876-1967)[10)]는 1955년 5월 5일 서독의 주권을 선언하면서 동독 주민들에게 다음과 같이 외쳤다. "당신들은 우리들에게 속하고 우리는 당신들에게 속한다! 우리는 당신들이 인권을 얻고 평화적으로 통일을 이룩

7) H. Kohl/김주일 역, 나는 독일통일을 원했다, 해냄, 1998, 11-12면.

8) H. Kohl/김주일 역, 위의 역서, 15면.

9) H. Kohl/김주일 역, 위의 역서, 16면.

10) 아데나워는 독일 쾰른에서 출생했다. 변호사 생활을 거쳐, 1917~1933년 나치스 정권이 수립될 때까지 쾰른 시장을 역임하면서 대학설립 등 쾰른의 발전에 이바지하였다. 또 1917~1918년까지 프로이센 상원의원, 1920~1933년 프로이센 국무원(國務院) 의장을 지냈다. 1917~1923년 프로이센으로부터 라인지방 분리운동을 전개하였으며, 바이마르공화국 시대에는 국회의원에 당선되지는 못했으나 중앙당 지도자의 한 사람으로 영향력을 가지고 있었다. 1944년 히틀러암살사건에 연루, 게슈타포에게 체포되어 투옥되었다. 1945년 6월 미국에 의해서 쾰른 시장에 복직하였으나, 10월 영국 정부와 대립, 시장직을 사임하였다. 그 해 기독교민주당(CDU) 창당에 참가하여 당수가 되었고, 1949년 국회의원 당선에 이어 서독 정부의 초대 총리에 취임하였다. 1963년 10월 총리직에서 물러나기까지 경제정책의 성공으로 '라인강의 기적'으로 불리는 경제부흥을 이룩하였고, 북대서양조약기구(NATO) 가입, 독불우호, 서유럽 연합, 대미협력 등의 외교정책을 추진하는 한편, 소련을 혐오하여 공산당을 비합법화하였다. 1966년 CDU의 당수직도 사임하였다.

할 때까지 잠시도 쉬지 않고 자유세계와 함께 노력할 것이다. 그러나 아데나워는 그 같은 목표에 이르는 데는 긴 호흡이 필요하다는 것을 잘 알고 있었다."[11]

"당시 서독 내 야당 진영의 많은 사람들은 동독에 호의를 보이면 독일 통일이 빨리 이루어질 것이라는 환상을 갖고 있었다. 그러나 그런 기대는 당시의 국제정치적 질서와는 전혀 맞지 않는 것이었으며, 독일 분단이 냉전의 결과라는 사실을 전혀 고려하지 않은 데서 나온 것이었다. 독일 분단은 동서 진영의 갈등과 대립이 끝난 이후에야 비로소 극복될 수 있는 것이었다."[12]

"모스크바와 동베를린에서 들려오는 평화와 통일의 나팔 소리는 별로 믿을 만하지 않았다. 말과 행동이 너무도 달랐던 것이다."[13]

(5) 통일 환경과 후회

"우리들은 서방 세계의 정신적 · 도덕적 · 경제적 · 기술적 우월성과 자기방어 의지를 믿었으며, 특히 자유롭고 평화로운 유럽 속에서 국가통일을 이루려는 독일인들의 집요한 동경을 신뢰했다. 아데나워는 비관적인 전망에도 불구하고 소련이 언젠가는 독일과 유럽의 분단이 자기들에게도 유익하지 않다는 것을 깨닫게 될 것이라고 확신하고 있었다. 당시 아데나워는 이렇게 말했다. "우리들은 그 같은 순간이 언제 다가오는지 잘 지켜봐야 한다. 우리들에게 유리한 기회를 가져다 줄 그런 순간이 다가올 때 그것을 이용하지 않고 그냥 놓쳐서는 안 된다."[14]

(6) 정상회담과 생중계

"에리히 호네커(Erich Honecker, 1912-1994)[15]의 방문은 서독을 위해서도 좋은

11) H. Kohl/김주일 역, 위의 역서, 18면.
12) H. Kohl/김주일 역, 위의 역서, 18면.
13) H. Kohl/김주일 역, 위의 역서, 18면.
14) H. Kohl/김주일 역, 위의 역서, 19면.
15) 호네커는 자르지방의 노인키르헨 출생. 광부의 아들로 태어나 초등학교를 마친 후 기와장이의 견습공이 되었다. 1926년 공산청년동맹에 가입하여 1929년 공산당원이 되었다. 1931년 자르지구 공산청년동맹 서기를 지냈고, 1933년부터 나치스 지배하에서 지하활동을 하다가 1935년 체포, 징역 10년형을 받았다. 1946년 자유청년동맹(EDJ)의 건설을 위임받고 1955년까지 동맹의 의장을 맡았다. 1946년 사회주의통일당(SED) 간부 회원, 1950년~1958년 정치국위원후보, 1958년 이래 정치국원, 1955년~1957년 소련에서 훈련을 받고 SED의 군사·보안관계를 담당하였다. 1958년부터 당 중앙서기 및 교육장관, 1971년 W. 울브리히트 사임 후, 당 제1서기, 1977년 이래 국가평의회 의장(원수)도 겸임하였다. 1987년 9월 서독을 방문, 양독(兩獨)관계에 새로운 국면을 열었으나 1989년 동독 주민의 서독으로의 집단이주 사태 이후 민주화 시위가 격화되자 그해 10월, 당 서기장과 국가평의회 의장에서 해임되고 12월 당에서 제명되었다. 그후 독일 통일이 이루어져 1990년 12월 그에 대한 체포영장이 발부되자 러시아로 피신하였다

기회였기 때문에 나는 내키지는 않았지만 모든 것들을 다 받아들였다. 회담을 준비하는 과정에서 가장 중요한 쟁점의 하나로 제기된 것은 호네커와 동독 지도부가 회담 석상의 연설을 동서독 국민에게 다 같이 생중계하는 것을 받아들일 용의가 있는지 하는 문제였다. 양측은 강경한 입장으로 맞섰다. 왜냐하면 동독측 협상 대표들은 방문을 포기하면 했지 생중계는 무슨 일이 있어도 피하려 했기 때문이다. 그러나 서독측 대표들은 생중계를 하지 않을 경우 호네커의 방문은 아무런 의미가 없는 것이라고 그들에게 분명히 말해 주었다."[16]

(7) 독일인의 단일민족 의식

"결국 동독측은 태도를 바꿔 이를 수락했고, 그렇게 해서 나는 1987년 9월 동독의 1천 8백만 동포들을 상대로 직접 연설을 할 수 있는 기회를 얻게 되었다. 나는 호네커와의 회담석상 연설에서 독일인들의 단일민족 의식은 예나 지금이나 그대로 살아 있으며, 민족 단일성을 지키기 위한 의지도 꺾이지 않았다고 강조했다."[17]

(8) 서독 기본법 전문과 독일 통일

"서독 정부는 기본법 전문(前文)과 관련해 그 어떤 양보도 하지 않을 것이다. 우리는 유럽의 통일을 추구하고 동시에 전체 독일인들에게 자유로운 의사결정을 통해 독일 통일과 자유를 완성하도록 촉구하고자 한다. 우리는 기본법에 담긴 그 같은 과제에 의견을 같이 하는 입장이며, 그것이 독일인들의 소망과 의지, 나아가서는 동경을 나타내는 것이라는 사실을 추호도 의심하지 않는다."[18]

(9) 홍수를 대비한 제방

"나는 80년대 후반의 서독을 되돌아보면서 지난 세기에 건설한 내 고향 라인강의 제방을 머릿속에 떠올리지 않을 수 없다. 우리들은 다음에 올 홍수에 대비해 이들 제방들을 계속해서 개축하지 않으면 안 되었다. 그렇지 않았다면 우리들

가 1992년 7월 독일로 강제소환을 당하였다. 재판 도중 간암의 악화로 칠레의 산티아고로 망명하였으나 그곳에서 사망하였다.

16) H. Kohl/김주일 역, 위의 역서, 31면.

17) H. Kohl/김주일 역, 위의 역서, 31면.

18) H. Kohl/김주일 역, 위의 역서, 31면.

이 어떻게 1989년 후반과 1990년에 몰아닥친 그 도전들을 극복했을 것인가?"[19]

2. 경찰통합의 과정

1989년 11월 9일 베를린 장벽이 붕괴되고 4개월 후 1990년 3월 18일 동독에서 첫 자유총선거가 실시되었다. 1990년 10월말에 신(新)연방주들의 중요한 업무는 시작되었다. 그 중에서 가장 큰 문제는 법원과 검찰 그리고 경찰을 새로 조직하는 것이었다. 특히 문제는 경찰의 조직 정비, 인적 정비, 물적 정비를 어떻게 할 것인가에 있었다. 여기에는 청산과 통합이 핵심이었다.

(1) 조직 정비

독일 통일 후 민주적 행정통합으로의 조직재건은 통일과정 중에서 가장 시급하고 어려운 과제였다. 경찰조직의 재건도 그 중에 하나였다.

동독의 경찰기관은 마르크스-레닌주의 국가관에 따라 중앙집권화되어 있었고, 사회주의적 사회의 구축과 보호에 기여하였다. 경찰권 수행기관은 동독 인민경찰이었으며, 그 관할영역은 대단히 컸다. 인민경찰은 보안경찰, 교통경찰, 형사경찰, 여권 및 주민등록, 수송경찰, 형사소추, 소방대 그리고 기동대 등을 포함하고 있었으며 내무부의 지휘통제를 받았다.[20]

동독의 국경수비 임무는 군사적 편제로 운용된 국경수비대에 의해 수행되었는데, 이것은 동독 국방부 소속으로 되어 있었다.

동독의 주된 억압 장치로서 가장 두드러진 기관은 국가공안부였다. 동독의 국가공안부는 국내의 정보수집기관이었을 뿐만 아니라, 무장된 조직으로서 당의 방패이자 창검이었다. 국가공안부의 정규요원은 105,000명이었다. 소위 비공식요원(IM)의 숫자는 1990년 초 원탁회의에서 109,000명으로 보고된 바 있으나 실제로 175,000명이었을 것으로 추정되고 있다. 이같은 동독의 중앙집권적 치안조직은

19) H. Kohl/김주일 역, 위의 역서, 33면: "베를린 장벽이 무너진 뒤 하루 평균 2천여명이 서독으로 넘어왔다. 이들은 대부분 의사, 변호사, 간호사, 건축가, 엔지니어 등 동독의 자산이라고 할 전문인력이었다. 또 젊은 사람들이 대부분으로 이런 상황이 지속되면서 동독은 존폐기로에 놓여 있었다." 동독을 탈출한 숫자에 대한 통계에 대해서는 박동중, 독일통일의 교훈: 남북한 통일의 비(非)독일적 전망, 사회과학 제32권 제2호, 성균관대학교 사회과학연구소, 1993, 263-288면(274면) 참조.

20) 사법행정통합에 관해서는 김영탁, 독일통일과 동독재건과정, 한울아카데미, 1997, 200-228면(214-216면).

가능한 한 연방주의적·민주주의적 경찰조직으로 빨리 대체되어야 했으며, 소방대, 여권 및 주민등록 업무, 수송경찰 등 경찰과 무관한 분야는 경찰과 분리시켜야 했다.[21)]

신연방주의 경찰법이 발효되어 모든 신연방주에 경찰조직이 새로 구성되었다. 기본법 제30조에 따라 경찰조직과 경찰시설을 주(州)정부에서 관장하였다. 동독의 중앙경찰조직을 해체하고, 지방자치 경찰조직으로 개편을 단행하였다. 편입된 주들은 서독의 주들과 자매결연을 맺고 자문과 조언을 받았다. 예를 들면 작센-안할트주는 니더작센주의 지원을 받았다.

대부분의 주는 1개의 주 경찰청, 6개의 경찰국, 1개 수사경찰국, 1개 해상경찰국, 1개 예비경찰대, 1개 경찰전문학교 등으로 조직을 개편하였다(작센주의 경우).[22)]

1990년 10월 3일 동독 국경수비대는 통일조약에 따라 연방국경수비대 동부지구(BGS-Ost)에 편입되었다. 연방국경수비대 동부지대는 초기부터 국경수비임무외에 통일조약의 관련 규정에 따라 철도경찰 및 항공교통 안전업무를 수행하였다. 베를린에 대한 연합국의 유보권이 폐기됨과 동시에 연방국경수비대는 서베를린 공항의 국경통과 통제에 관한 업무를 관장하였다. 통일 당시 동독 국경수비대의 인력 7,000명은 통일조약에 따라 연방국경수비대에 편입되었다. 그 후 연방국경수비대 동부지구는 인수받은 인력의 재심사를 비롯하여 직원들의 교육과 훈련 그리고 재연수를 실시하였다. 인륜에 어긋나거나 법치국가의 기본원칙에 위배되는 행위를 저질렀거나 과거 국가보위부를 위해 활동한 사람은 재심사에서 탈락되었다.[23)]

(2) 인적 정비

신설된 조직에는 기존 인력이 배치되었으나 자리가 비어 있는 고위직은 경험있는 서독 출신 인력으로 채워졌다. 경찰고위직의 경우 기존의 간부는 모두 교체되었으며, 일부는 서독 출신 고위공직자로 충원되었다. 그러나 중·하위직의 경우 가능한 한 동독 출신의 기존 인력을 대폭 재임용하였다.

이에 대한 법적 근거는 통일조약(제13조 제4항과 제5항)과 통일조약 제1문서에

21) 김영탁, 독일통일과 동독재건과정, 한울아카데미, 1997, 215면.
22) 각주의 경찰입법과 경찰조직 개관에 관해서는 박기륜, 통일한국경찰론, 육서당, 1998, 127면.
23) 박기륜, 통일한국경찰론, 육서당, 1998, 127면.

명시되어 있다. 인수된 동독 인민경찰 인력의 재임용 여부는 적성, 능력, 전문성에 따라 결정되었다. 경찰에 남아 계속 근무하게 된 공직자는 모두 개별심사를 받았으며, 1991년 10월부터 단계적으로 공무원 신분이 부여되고 있다.

인적 재정비는 각 주별로 다음과 같이 진행되었다.

① 55세 이상 경찰관을 재임용에서 탈락시키고 연금생활자로 편입하였다.

② 동독 경찰관 약 80%를 재임용하였다. 그러나 부득이 해고를 할 수밖에 없는 경우가 있었다. 동독 경찰관에 대한 인적 재정비(인적 청산)[24]의 기준은 '과거의 근무부서가 아니라, 개별적 심사를 통하여 그 활동 정도'에 따라 확정하였다. 인적 재정비의 기본원칙은 ㉠ 반인륜적 · 반법치국가 침해 여부, ㉡ 세계인권선언에 규정된 인권침해 여부였다.[25]

③ 경찰관 양성기관(경찰전문학교)을 운영하였고, 기존 경찰관에 대해서는 단기 재교육을 실시하였다.

④ 신규 인원 채용

㉠ 매년 60명(20명씩 3반 운영)

㉡ 고교졸업지

㉢ 3년 과정

㉣ 주(州)정부에서 예산지원

㉤ 교육기간: 1400마르크(DM; 70만원) 지원

㉥ 교육 후 신규임용: 2800마르크(140만원), 가족수당 3400마르크(170만원)

㉦ 현재: 각 주별로 600명 이상이 충원되어 있다.

㉧ 주 정부는 젊은 경찰관이 향후 선진 경찰의 개혁을 주도할 것으로 기대하고 있다.

㉨ 동독 지역의 실업률이 정부 수치로 16%이고, 암수통계(暗數統計, 통계에 나타나지 않는 실업자의 수)가 30%로 추산되는데, 안정적 직업을 원하는 젊은 층에서 선호하고 있다.

⑤ 고위직 경찰공무원은 서독 출신 중에서 임용되었다.

24) 한국 통일과정에서는 가능한 자극적인 표현을 순화할 필요가 있다. 「인적 청산」이란 용어를 「인적 재정비 또는 재임용의 기준」으로 부정을 긍정으로 바꾸어 사용할 필요가 있다. 언어의 미학이라고 생각한다. 이를 통해 심리적 갈등을 최소화하고, 통합의 기초를 쌓아야 할 것이다.

25) 박기륜, 통일한국경찰론, 육서당, 1998, 141면.

인적 재정비과정에서 나타난 문제점[26]은 다음과 같다.

① 수사요원의 인권의식 부족: 법치주의의 원칙(기본권 보장) 모름. 시민들에게 강압적 권력남용의 사례가 자주 발생하였다.

② 초동수사의 미비: 강력사건에 있어서 미해결사건이 증가하였다.

③ 과학적 수사기법의 미비: 환경범죄, 신종범죄(경제범죄, 사이버범죄)에 대한 대처능력이 부족하였다.

④ 법률지식 미비: 법률지식이 부족한 경찰관이 대부분이었다.

⑤ 수구세력 간의 갈등: 서독 출신 고위직 간부와 동독 출신 하위직 간부의 심리적 갈등양상이 나타났다.

서독 출신 경찰간부들은 동독 출신 동료들을 보고 창의력·결단력·분쟁해결 능력은 없고 미리 정해진 기준에 따르기만 하거나 권위주의적이라고 비판한다. 이에 비해 동독 출신 공직자들은 서독 출신 동료를 보고 지나치게 거만하며 동료를 아끼고 사랑하는 마음도 없이 형식적인 업무관행에만 집착한다고 불평하고 있다. 이같은 동서독 경찰직원들의 내부갈등은 그동안 서로 다른 경찰행정문화 속에서 일해 왔기 때문에 피할 수가 없었다.

⑥ 신구세력 간의 갈등: 기존 경찰관과 신규 임용 경찰관의 직무수행과정에서 심각한 심리적 갈등양상이 표출되었다.

⑦ 복지부동: 무엇을 어떻게 문제를 해결해야 할지 모르거나 스스로 책임을 져야 하는 데에 두려움이 있었다.

(3) 물적 정비

먼저 동독지역에 연합으로 공동범죄청이 한시적으로 신설되었다. 공동범죄청은 동독지역 경찰조직이 보유한 모든 동산(動産)에 대한 물품조사(일명 재고조사)와 기술적 장비 분배방안을 준비하였다. 이 기구를 통해 무엇이 어떤 주에 어떻게 지원되어야 하는지에 대해 목록표를 만들어 정비하였다.

1991년 7월 26일, 8월 28일, 10월 29일 세 차례에 걸쳐 각 주에서 파견된 경찰대표자에게 교부되었다. 각 주가 필요한 물품에 대하여 통보를 한 후 지역 공동범죄청에서는 각 주별로 필요한 목록을 작성하였다. 하나의 물품에 대하여 여러

26) 이에 관해서는 게하르트 미켈스, 민주적 행정통합으로의 재건, 통일한국, 평화문제연구소, 1999년 5월호, 48-51면(49면) 참조.

[도표 4-1] 독일의 경찰조직도

▣ 연방(Bund)
- ○ 연방국경수비대(Bundesgrenzschutz): 출입국통제
- ○ 연방범죄수사국(Bundeskriminalamt)

▣ 주(Länder)
- ○ 방범경찰(Schutzpolizei)
- ○ 교통경찰(Verkehrspolizei)
- ○ 해양경찰(Wasserschutzpolizei)
- ○ 수사경찰(Kriminalpolizei Landeskriminalamt)
  연방범죄수사국(Bundeskriminalamt) 상호협력 관계 구축
- ○ 기동경찰
  연방(Bund)과 협력
- ○ 행정경찰(Verwaltungspolizei)
  - 영업감독(Gewerbaufsicht)
  - 여권과 신고과(Paß- und Meldewesen)
  - 교통과(Straßenverkehrswesen)
  - 자연보호(Naturschutz)
  - 수의과(Veternärwesen)
  - 건축감독(Bauaufsicht)
  - 교통안내(Wohlfahrtspflege)
  - 분묘 및 매장(Bestattungswesen)

[도표 4-2] 독일의 사회통제 피라미드

독일의 사회통제 피라미드
형법(Strafrecht)
행정법/질서위반법
민법/노동법/사회법
사회/문화
언론매체/TV
시(市)/군(郡)/지역경찰과 상호협력
자유시간/(축구)클럽
학교/직업훈련원/직장
친구/급우/이웃
엄마/아빠/가정/대리가정/친척/시설가정

주가 필요하다는 요청을 한 경우에는 기획팀이 조정을 하여 어떤 주에 그 물품을 이양할 것인가를 결정하였다. 부동산에 대해서는 5개 주 경찰대표자들이 협상을 갖고, 논의를 통해 처리하였다. 이 업무는 브란덴부르크 내무부가 담당하였다.[27]

Ⅲ. 한국 통일의 의미와 경찰통합의 과제

남북한의 경제적 격차가 너무 크고, 정치적 환경이 너무 복잡하여 통일은 요원하다고 볼 수도 있다. 그러나 유비무환(有備無患)의 자세가 필요하다고 본다. 통일시대를 앞두고 구체적 사례에 입각한 본격적인 연구가 진행되어야 할 것이다. 동서독의 상황이 현재의 남북한의 상황과 정치 · 경제 · 사회의 제반 측면에서 많은 유사성을 띄고 있다는 점을 고려할 때, 남북통일문제에 임하여 사전에 독일 통일 후 발생한 여러 가지 구체적 사례를 철저하게 검토하는 것도 의미가 있을 것이다. 이것은 남북통일이 되기 이전에, 보다 진지하게 그리고 다각도로 연구되어야 할 것으로 생각한다. 왜냐하면 남북통일 후 국내 치안의 엄청난 혼란을 막고, 남북통합과 남북민의 화합과 통합을 위해서도 절실히 필요하기 때문이다.

1. 한국 통일의 의미

한반도의 통일과 우리의 꿈은 한반도가 피와 눈물을 흘리지 않고 남북민의 자유의지에 의해서 통일을 이룩해야 한다는 것이다. 한반도의 통일은 인내와 이성의 기나긴 여정이 필요하다고 생각한다.

통일이 달성될 때까지 한국 정부는 한민족을 대변하는 유일한 합법 정부이고, 따라서 한국 정부는 한라에서 백두 사이에 거주하는 7천만 한국민들까지 돌볼 의무가 있다.

한반도 통일의 핵심은 평화와 인권 그리고 자유의 보장이다. 우리는 북한 주민들이 인권을 얻고 평화적으로 통일을 이룩할 때까지 잠시라도 쉬지 않고 자유세계와 함께 노력해야 한다.

---

27) 박기륜, 통일한국경찰론, 육서당, 1998, 131면; 임준태, 독일형사법론, 21세기사, 2004, 제12장 통일경찰론－구동독 경찰의 민주화과정 참조.

우리는 중국과 러시아가 언젠가는 남과 북의 분단이 자기들에게도 유익하지 않다는 것을 깨닫게 될 것이라고 확신한다. 우리들은 그 같은 순간이 언제 다가오는지 잘 지켜봐야 한다. 아데나워 수상의 말처럼 우리들에게 유리한 기회가 주어지는 그런 순간이 다가올 때 그것을 이용하지 않고 그냥 놓쳐서는 안 된다.

2000년 6월 13일 남북정상회담 이후 우리는 지금 혼동의 시대에 살고 있다. 한편으로 동시대에 살고 있는 사람들 가운데 점점 많은 사람들이 역사의 긴 안목을 잃어가고 있다(극단적 보수 혹은 통일 반대세력). 다른 한편으로 오직 분단 상황만을 알고 살아온 새로운 세대들이 자라나고 있는 점이다(극단적 방관 혹은 통일에의 무관심). 많은 사람들은 자유와 부자유, 민주와 독재와의 차이를 구별할 능력을 상실하고 있다. 냉정한 비판능력이 상실되어 가고 있는 것이다.

우리들은 다음에 닥쳐올 홍수를 대비하여 제방들을 계속해서 개축하지 않으면 안 된다. 그렇지 않으면 우리들에게 앞으로 몰아닥칠 남북통일의 도전들을 어떻게 극복할 수 있을 것인가? 저자는 남북통일의 의미를 「한반도에 법이 지배하는 국가, 법치국가를 구현하는 일」이라고 생각한다.

우리는 「통일의 원칙과 통합의 원칙」을 혼돈해서는 안 된다. 자유・인권・민주가 통일의 원칙이다. 이것이 흔들려서는 안 된다. 이 원칙하에서 통합방안이 나와야 한다고 믿는다.

2. 경찰통합의 과제

독일의 경찰통합과정과 그 문제점을 앞에서 간략하게 살펴보았다. 독일의 통일은 대응전략이 부족한 상태에서 이루어졌기 때문에 대부분 즉흥적이고 임시방편이었다. 경찰분야에서도 마찬가지였다. 경찰행정은 누가 책임자가 되느냐에 따라 그 우수성이 결정된다. 우리의 경우 간부급 공무원들 중 적임자를 잘 선택하여 경찰행정의 현실적응과정에서 원동력이 될 수 있도록 동기부여를 해 주는 것이 중요하다고 생각한다. 따라서 한국은 경찰엘리트들의 네트워크를 구축하면서 한국사에서 가장 중요한 순간에 통합을 위해 결정적인 기여를 할 수 있도록 구체적인 도상(사이버) 시나리오를 준비해야 할 것이다.[28] 그 핵심은 청산과 통합이

28) 이에 관해서는 게하르트 미켈스, 민주적 행정통합으로의 재건, 통일한국, 평화문제연구소, 1999년 5월호, 48-51면(51면) 참조.

되어야 할 것이다.

(1) 조직 정비

① 먼저 통일경찰청(북한지역 관장)을 신설하여 신속한 조직정비가 필요하다.[29]

② 남한과 북한의 시(市) · 도(道) 경찰청, 경찰서 별로 자매결연을 추진한다.

③ 북한 경찰조직 관련 서류 보존이 필요하다.

④ 비무장지대에 민정경찰을 통일경찰로 바꾸는 일도 필요하다. 완충지대는 경찰로 전환해야 할 것이다.

⑤ 재임용절차를 빨리 끝내고 추후 개별심사를 통해 행정소송을 제기한다.

⑥ 민간 치안조직의 지원시스템이 구축되어야 한다.

⑦ 군조직과 경찰조직을 명확히 구분하여야 할 것이다.

(2) 인적 정비

① 가능한 해당 지역내에서 경찰인력을 충원하여 재임용과 신규 임용이 이루어져야 한다.

② 경찰전문학교(2년제)을 설립하고 경찰전문직무교육이 집중적으로 실시되어야 한다. 경찰 관련 학부의 학생들을 한시적으로 특채하는 방안도 필요할 것으로 생각한다.

③ 재교육시 철저한 결과와 사고전환에 있어 개개인에 대한 엄격한 책임 부여가 필요하다.

④ 인적 지원도 이루어져야 한다. 30～40대 경찰관의 파견지원(2년)이라든가 승진기회 부여의 특전도 고려할 수 있다.

⑤ 간부급 공무원들 중 남한에서 북한지역 경찰조직을 잘 운영할 수 있는 적임자를 선정해야 한다. 독일의 교훈을 참고하면 될 것이다.

⑥ 북한사회, 북한인에 대한 연구 분석이 필요하다. 왜냐하면 생활밀착형 치안유지를 위해서는 상당한 지식과 이해가 요구되기 때문이다.

⑦ 구체제 경찰조직의 엘리트에 대한 무력화 작업이 필요하다.

⑧ 능력 위주의 승진이 필요하다. 전문성이 개인의 장래와 직결되어 있다는 것을 인식시키는 것도 중요하다. 이것이 법치국가와 독재국가의 차이점이 될 것

29) 이관희, 독일통일과 독일경찰조직의 정비, 치안연구소 연구보고서 96-14, 1996, 65면: 가칭 「북한경찰청」 신설을 주장하고 있다. 용어의 선택은 통합의 차원에서 「통일경찰청」으로 개칭하였으면 한다.

이다. 인사의 공정성이 체제와 조직의 안정을 위해서 필수적이라고 생각한다.

⑨ 파견된 경찰공무원들은 새로운 지배세력으로서의 인상을 주어서는 안 된다.

⑩ 경찰조직은 군과 마찬가지로 통일 후 바로 투입되어야 하기 때문에 치밀한 준비가 필요하며, 법치국가 확보를 위한 전령사의 역할을 한다는 투철한 사명감이 있어야 할 것이다.

(3) 물적 정비

우리의 경우도 동독 지역의 공동범죄청(가칭)처럼 통일경찰청을 운영할 필요가 있다. 통일경찰청은 북한지역 경찰조직이 보유했던 모든 동산(動産)에 대한 물품조사(일명 재고조사)와 기술적 장비 분배방안을 준비하고, 이 기구를 통해 어떤 시·도에 무엇을(was), 어떻게(wie) 지원할 것인지 아래와 같은 면에서 구체적으로 정비해야 할 것이다.

① 경찰장비의 현대화 작업: 컴퓨터와 통신장비

② 구식 사무기기 보관작업: 시간과 예산절약

③ 남한과 북한의 시(市)·도(道) 경찰청, 경찰서 별로 자매결연: 물적 지원

④ 경찰관 개인장비의 개선

⑤ 북한지역의 범죄관련 소장자료(경찰통계, 수사자료) 확보: 향후 치안정책을 펴는데 도움이 될 것이고, 북한 경찰사를 연구하는데 귀중한 자료가 될 것이다.

(4) 행정소송 대비

통일 후 인적 청산과 관련하여 발생할 행정소송도 예측해서 대비해야 할 것이다. 참고로 동독 경찰관이 제기한 해임에 대한 헌법소원(BVerfGE 92, 140) 사건을 하나 소개하고자 한다.[30]

사회주의통일당(SED) 열성당원의 전력을 지닌 동독 인민경찰(Volkspolizei)의 한 경사가 사회주의통일당과 슈타지(국가공안부, Stasi) 경력 때문에 정식 해임되었다. 통일조약의 규정에 비추어 볼 때, 법치국가의 기본원칙에 따라 활동하는 경찰직에 종사하기에는 적합하지 않다는 것이 해임의 이유였다. 이 경사는 베를린주 노동법원(Landesarbeitsgericht)에 노동소송을 제기하였지만, 주법원은 이 해

30) 자세한 문헌으로는 Werner Weidenfeld/Karl-Rudolf Korte (Hrsg.), Handbuch zur deutschen Einheit, Aktualisierte Neuausgabe, Frankfurt/Main, New York, Campus Verlag 1996: 임종헌·신현기·백경학·배정한·최필준 역, 독일통일백서, 한겨레신문사, 1998, 565면.

임을 확정하였다. 이에 불복하여 연방헌법재판소에 헌법소원을 제기하였다.

1995년 2월 21일 연방헌법재판소는 베를린 주 노동법원의 판결을 파기하고 사건을 환송하였다.[31] 연방헌법재판소의 결정에 따르면, "통일조약은 동독의 공무원들을 독일 연방공화국의 공직에 광범위하게 흡수하도록 되어 있다. 특별한 경우 즉시 해임할 수 있도록 특별규정을 두고 있는데, 특수한 해임 근거로는 동독시절 인간으로서의 기본가치와 법치국가의 원칙을 위반했을 때, 또는 과거에 국가공안부를 위해서 활동하였을 때이다. 고용관계를 계속 유지해야 할 것인지, 중지해야 할 것인지의 여부는 개별적으로 구체적인 정황을 근거로 결정되어야 한다. 동독시절 「사회주의통일당의 목표에 부합된 활동을 하여야 한다」는 동독 공직자들에게 요구된 원칙을 지킨 것, 다시 말하면 동독 공산정권과의 밀착정도로서만 해임할 수는 없고, 자격미달이나 업무태만 등 다른 요건이 있어야 해임할 수 있다"고 결정하였다.

이 결정은 과거에 저지른 직무상 과오(범죄행위)와 과거경력(활동부서)을 명확하게 구분한 것으로 동독출신 공무원의 해임요건을 보다 강화하고, 가능한 통합을 위해 함께 같이 가려는 정치적 결정으로 보인다. 이 점은 한국 통일에서도 분명 시사점이 있다고 생각한다.

V. 결 론

서독 정부는 동독의 혁명세력으로부터 과거문제를 이어받기는 했지만, 엄격히 말해서 혁명주체가 아니었다. 때문에 혁명재판을 할 위치에 있지 않았으며, 전쟁을 통해 동독을 흡수한 것도 아니어서 전범재판은 더더욱 할 수 없었다.

그렇다고 해서 동독 공산정권의 과거를 모두 잊어버리고 지나갈 수도 없었다. 이것은 우선 혁명을 일으킨 동독 주민들의 요구에도 어긋날 뿐만 아니라 내적 통합의 완성에도 전혀 도움이 되지 않았다. 또한 나치 히틀러 청산과정에서 보았듯이 과거를 제대로 청산하지 않으면 또 다시 극단주의자를 부추길 우려가 있다는 역사적 교훈도 있었다.

여기서 통일 독일이 선택한 방법은 법에 의한 청산이다. 이것은 자유・민주적

31) BVerfGE 92, 140.

법치국가의 기본원칙과 절차에 따라 청산하는 것이므로 감정과 보복이 앞서는 혁명재판이나 전범재판과는 달랐다. 독일식 청산의 성격은 나치의 전범재판과 남미의 혁명재판과는 달리 법치국가의 원칙(통일조약, 형법시행령, 형법)을 준수하며 진행된 청산이었다. 동독 불법의 형사법적 청산은 ① 국경수비대의 총살사건, ② 선거조작, ③ 법률왜곡, ④ 밀고자, ⑤ 슈타지 범죄행위, ⑥ 구금기관의 가혹행위, ⑦ 도핑, ⑧ 공직남용과 공직부패, ⑨ 경제범죄, ⑩ 스파이범죄에 집중되었다.[32]

독일식 청산의 특징과 의미는 네 가지로 요약될 수 있다. 첫째, 청산과정은 중대한 인권침해에 대한 독일의 특수한 길(Sonderweg)을 천명하는 계기가 되었고, 이것은 나치스 과거사(1933-1945)에 대한 교훈이 반영된 것이다. 둘째, 서독 검찰이 동독 주민이 처벌을 요구한 체제불법에 대해 형사소추의 연속성을 유지시켜 준 점이다. 셋째, 불법과거사에 대한 해명기능과 공론화 기능이 강화되었다. 마지막은 피해자 복권에 있어서 귀중한 기초자료를 제공했다는 점이다.

그러나 청산과정에서 문제점도 나타났다. 첫째 엄청난 사회적 혼란이다. 둘째, 공소시효연장입법에 있어서 법적 안정성의 침해이다. 셋째, 판결의 논리부재이다. 넷째, 일반인들의 냉소적 비판이 제기되었다. 다섯번째, 독일은 정치적으로 이 문제를 해결할 수 없었는가 하는 점이다.

독일식 청산과 통합이 남긴 교훈은 첫째 과거사의 해명과 미래의 통합은 반드시 같이 가야 한다는 점, 둘째 법을 통한 통일이 바로 실질적 통일이라는 점, 셋째 결국 파생된 문제는 법원을 통해 해결될 수밖에 없다는 점이다.

이러한 독일 통일과정에서 드러난 제반원칙과 문제점을 보면서, 남북통일이 오기까지 남한의 법치와 인권이 선진국 수준으로 향상되어야 하고, 북한의 체제변혁과정(체제범죄와 청산주체의 관점)도 중요한 변수가 될 수 있다. 독일 통일이 남긴 시사점을 나침반으로 이제는 경찰분야도 구체적인 연구가 본격화되어야 할 것이다.

예를 들면 ① 북한지역 경찰시설 활용방안, ② 경찰시설 복구비용, ③ 경찰공무원의 재임용기준, ④ 초기 치안확보를 위한 특별프로그램 개발, ⑤ 경찰서 및 지구대 신축시 대규모 보다는 소규모 형태로 전환하여 건축하는 방법, ⑥ 재임용

32) 독일 통일과정과 통일 이후 불법과거사청산과정에 관한 아주 중요한 문헌으로 Klaus Marxen/Gerhard Werle, Die strafrechtliche Aufarbeitung von DDR-Unrecht. Eine Bilanz, Berlin-New York 1999, SS. 120-140, 216-221. 특히 S. 231, 238, 242.

탈락자에 대한 행정소송 준비, ⑦ 민간경비업체 활용방안 등 수많은 문제들이 있다. 이러한 문제들은 모두가 독자적인 연구프로젝트들이다.

이러한 연구를 위해서는 북한 경찰조직에 대한 정확한 정보수집이 필요하며, 이에 근거한 세밀한 분석이 이루어지고, 추진 방향이 설정되면 모두 법률안으로 준비를 해 두어야 할 것이다. 가칭 「북한지역 경찰시설 개편 및 지원에 관한 특별법」이다.

지금 당장 할 수 있는 일은 단계적으로 전국 경찰서의 경찰엘리트 공무원들과 퇴직 경찰공무원들을 중심으로 「통일시대 대비 경찰인력 네트워크」를 구축하는 작업이 될 것이다. 나아가 단계적으로 한국사에서 가장 중요한 순간에 통합을 위해서 결정적인 기여를 할 수 있도록 구체적인 시나리오를 치밀하게 준비하는 작업이 될 것이다. 대한민국 경찰은 이제 이 문제에 대해서도 깊은 관심을 가져야 한다.[33]

33) 이에 대한 중료한 참고문헌으로(가나다 순) 김영탁, 독일통일과 동독재건과정, 한울아카데미, 1997; 게하르트 미켈스, 민주적 행정통합으로의 재건, 통일한국, 평화문제연구소, 1999년 5월호, 48-51면: 저자는 독일 한스자이델(독일 기독교사민당, CSU 바이에른주/CDU 자매정당) 한국대표부 소장이다; 게하르트 미켈스, 행정요원 선발은 전문성과 능력 중심, 통일한국, 평화문제연구소, 1999년 6월호, 44-47면; 게하르트 미켈스, 체제 이전 이상의 의미가 있다－정치·사회정책·법률분야에 대한 통합의 성과, 통일한국, 평화문제연구소, 1999년 7월호, 46-48면; 박기륜, 분단국 통일사례에서 나타난 치안문제와 돌발적인 한반도 통일환경조성에 따른 대비방안, 동국대대학원 논문집 제27집, 1997, 483-508면; 박기륜, 통일에 따른 한국경찰기구 통합모형에 관한 연구, 동국대학교 법학박사 학위논문, 1997; 박기륜, 한반도의 통일에 따른 예상치안문제와 대비방안, 한국경호경비학회, 창간호, 1997, 99-122면; 박기륜, 통일한국경찰론, 육서당, 1998: 저자는 남북통일에 대비하여 통일경찰문제를 집중적으로 연구하고 있다. 이 책에는 한반도 통합경찰 기구형태를 제시하고, 남북한 통일시 예상되는 치안문제와 대책을 피력하고, 통일경찰을 위한 제반여건으로 인력배치, 교육, 예산관련 문제와 조직과 기능의 재구성을 분석하고 있다. 귀중한 연구라고 생각한다; 박동중, 독일통일의 교훈: 남북한 통일의 비(非)독일적 전망, 사회과학 제32권 제2호, 성균관대학교 사회과학연구소, 1993, 263-288면은 독일 통일 과정을 분석하고, 독일에서 남북한 통일의 교훈을 찾는 한국 문헌들의 내용을 소개한 후 독일 통일과 남북한 통일에 대한 새로운 주장을 펼치고 있다; 이관희, 독일의 통일경찰법모범초안에 있어서 몇 가지 법적 문제, 경찰대학 논문집 제13집, 1993, 105-119면은 경찰권한의 확대 강화와 고전적 경찰법이론의 수정이라는 관점에서 1977년 통일경찰법 모범초안을 검토하고 있다; 이관희, 독일통일과 독일경찰조직의 정비, 치안연구소 연구보고서 96-14, 1996; 이헌환, 독일통일과 관련한 서독 연방헌법재판소 판결에 대한 연구, 사회과학연구 제6권, 서원대학교 사회과학연구소, 1993, 275-298면은 독일의 분단에서 현재에 이르기까지 통일정책과 관련된 정치적 사건들 중에 헌법적으로 문제되어 독일 연방헌법재판소에 제소된 사건들의 판결을 살펴보고, 그 판결들이 독일의 통일문제에 미친 영향을 단계별로 검토하고 있다; 임준태, 독일경찰제도와 수사구조에 관한 연구－일반예방경찰과 수사경찰을 중심으로－, 수사제도연구자료집 Ⅶ, 치안연구소, 1999; 임준태, 독일형사사법론, 21세기, 2004: 저자는 독일 경찰제도에 대해 집중적인 연구를 하고 있다; 한승주, 덮어씌우는 혁명 … 통일 후 동독의 변화, 통일한국, 평화문제연구소, 1992년 8월호, 78-83면; Helmut Kohl, Ich wollte Deutschlands Einheit, Ullstein 1996; 헬무트 콜/김주일 역, 나는 독일통일을 원했다, 해냄, 1998; Werner Weidenfeld/Karl-Rudolf Korte (Hrsg.), Handbuch zur deutschen Einheit, Aktualisierte Neuausgabe, Frankfurt/Main, New York, Campus Verlag 1996: 임종헌·신현기·백경학·배정한·최필준 역, 독일통일백서, 한겨레신문사, 1998.

제5장 독일 통일과 교정통합*

Ⅰ. 서 론

통일 후 북한지역 교정정책에 관한 연구는 지금 시점에서 하나의 학문적 공상이 될 수 있다. 그러나 정치적으로 많은 우여곡절(迂餘曲折) 속에 세월이 흘러 설령 10년 후 또는 20년 후에 남북통일이 다가 온다고 해도 우리의 준비 기간은 그렇게 충분하지 않다. 이것은 독일 통일 후 20년이 되어 오는 지금까지도 깊은 후유증을 겪고 있는 독일을 보면 쉽게 알 수 있을 것이다.[1)]

우리는 남북통일의 문제를 한반도의 미래에서 영원히 삭제할 수가 없다. 동서독과 남북한은 분명 여러 가지 면에서 다른 점이 많다. 그러나 남북통일 후 안게 될 부담과 문제점들은 독일의 경험이 타산지석(他山之石)이 될 수 있다고 본다. 그렇다면 통일 후 북한지역의 교정정책을 어떻게 수립하고 시행하여야 할 것인가? 더 구체적으로 북한지역 교정시설 복구비용, 교정시설 활용방안, 북한 교정공무원에 대한 재임용기준, 수용자 재분류, 개별처우를 위한 특별프로그램 개발, 교도소 신축시 건축형태, 재임용 탈락자에 대한 행정소송 준비, 교정시설의 의료지원방안, 군(軍)교도소와 민간(民間)교도소 분리 문제 등 수많은 문제들이 산적해 있다.

통일 후 북한지역의 교정정책의 문제는 그동안 한국교정학회에서 거의 다루지 않은 분야이다. 이 분야는 정치상황에 너무 유동적이고 민감한 특수한 영역이기 때문이다. 그러나 이제는 동서독 사례를 비교하여 진지하게 검토해 보는 것도 학술적으로 의미가 있다고 생각한다. 장기적으로 보면 결국 법무부에서 추진 중

---

* 통일 후 북한지역 교정정책－동서독 사례를 중심으로－, 교정연구 제30호, 2006, 7-33면.

1) 여기에 관해서는 Werner Weidenfeld/Karl-Rudolf Korte (Hrsg.), Handbuch zur deutschen Einheit, Aktualisierte Neuausgabe, Frankfurt/Main, New York, Campus Verlag 1996: 임종헌·신현기·백경학·배정한·최필준 역, 독일통일백서, 한겨레신문사, 1998; 연합통신, 현장 대르포 독일통일의 명암－통독 3년이 우리에게 주는 교훈, 연합통신, 1993; 양승현, 한반도 통일을 보는 독일인의 시각, 신문연구 제65호, 1997년 가을호, 관훈클럽, 1997, 270-280면; 하태영, 독일통일 현장 12년, 경남대학교 출판부, 2004.

인 행형법 개정작업도 통일시대를 대비하기 위한 행형시스템의 정비과정의 일환이라고 볼 수 있기 때문이다.

한국의 법학자와 법률실무가들에게 남북통일의 법적 의미를 묻는다면, 그것은 '한반도에 법치국가(Rechtsstaat)를 실현하는 것'이며 그 핵심은 교정정책이 될 것이다.

이 논문에서는 먼저 독일 통일 후 교정정책의 변화와 그 문제점을 분석하고(Ⅱ), 이어서 한국 통일 후 교정정책의 방향을 검토하고자 한다(Ⅲ). 이를 통해 한국 교정행정의 미래를 진단하고, 한국 교정정책이 가야 할 방향을 함께 공유하고자 한다. 결론에서는 2006년 현재의 시점에서 우리들에게 남겨진 몇 가지의 과제를 제안하고자 한다(Ⅳ).

Ⅱ. 독일 통일 후 교정정책의 변화와 그 문제점

1990년 10월 3일, 독일은 분단 45년(1945-1990)만에 통일되었다. 거의 불가능하게 보였던 독일 통일은 고르바초프의 등장으로 실현되었다. 독일 통일은 새로운 헌법으로 통일된 것이 아니라, 서독의 법률과 국가제도의 기본구조가 동독지역에 이전됨으로써 이루어졌다. 서독의 민주주의가 붕괴된 동독 사회주의에 이식되어진 통일이었다. 어쩔 수 없었던 '서독의 포용'이었다. 통일 후 동독의 5개주는 최단기간에 의회를 구성했고, 행정조직을 재건하기 시작했다. 나아가 계획경제는 시장경제로 전환되었고, 사회적 안전망 구축과 생활물자 공급체계도 재편되었다. 교육체계도 모두 서독식 모델로 개편되었다. 통일 후 가장 시급했고 어려웠던 과제는 행정통합이었다. 교정조직의 통합도 그 중에 하나였다.

1. 인적 통합

동독의 교정제도를 어떻게 서독의 민주적 교정제도로 변형할 것인가? 독일정부는 서독 기본법 제30조[2]에 따라 동독 교정조직과 교정시설을 주정부에 이관

2) 기본법 제30조 [주(州)의 기능] 국가적 권능의 행사와 국가적 과제의 수행은 이 기본법이 다른 규정을 두지 아니하거나 허용하지 않는 때에는 주의 소관이다.

했다.[3] 주정부의 교정법이 발효되면서 동독 교정조직의 해체와 개편작업이 착수되었다.[4] 주정부 교정청은 교정과 무관한 분야를 분리해 나갔다. 이후 재심사, 직원교육 및 훈련, 재연수가 실시되었다. 5개 주교정청은 서독의 주교정청과 각각 자매결연을 맺었고 인적 · 물적 지원을 받았다.

(1) 조직개편

대대적인 조직개편을 통해 교정고위직은 모두 서독 출신으로 교체되었다. 남은 하위직은 재임용 신청을 통해 개별심사를 받았다. 재임용은 적성, 능력, 전문성에 따라 결정되었다.[5] 통일조약 제13조 제1항,[6] 제20조,[7] 통일조약 제1문서가 그 법적 근거였다. 충격을 흡수하고, 민주주의 공동체에 같이 융화되어 간다는 법규정이었다.

(2) 인적 청산

인적 청산이 문제였다. 서독식 표현으로 인적 정비였다. 이것은 교정조직에 일대 '소용돌이'를 몰고 왔다.[8] 55세 이상 교정공무원은 재임용에서 탈락됐고, 연

---

3) Rolf-Peter Calliess/Heinz Müller-Dietz, Strafvollzugsgesetz, Kommentar, Einleitung Rndr. 44, 9. Aufl., München 2002; 이영근, 교정조직관리의 효과성에 관한 비교연구, 교정연구 제12호, 한국교정학회, 2004, 195-213면(195): 독일은 교정을 담당하는 중앙부서가 없다. 각 주의 법무부에서 교정에 관한 업무를 관장하고 있다. 주(州)의 법무부 장관은 산하에 교정국을 두어 그 권한을 위임하고 있다. 교정시설에는 행형법에 의하여 자문위원회를 설치하고 있다. 자문위원회는 교정시설의 장을 후원하며 교정운영에 관한 권고를 하고 수용자의 교화개선을 조직하는 기능을 가진다. 이 자문위원회 조직과 임무 등은 독일 행형법에 명확히 규정하고 있어, 교정기구 운영에 있어서 외부 인사의 교정참여 제도의 활성화라는 측면에서 특징있는 제도라 하겠다. 이 기구의 활성화는 폐쇄된 교정시설에 있어서 조직운영에 민주화를 효율적으로 촉진하는 방안이 되고 있다.

4) Zum Strafvollzugsvorschriften der DDR Klaus Laubenthal, Strafvollzug, Springer Verlag, Berlin · Heidelberg, 1995. S. 43f.

5) Werner Weidenfeld/Karl-Rudolf Korte (Hrsg.), Handbuch zur deutschen Einheit, Aktualisierte Neuausgabe, Frankfurt/Main, New York, Campus Verlag 1996: 임종헌 · 신현기 · 백경학 · 배정한 · 최필준 역, 독일통일백서, 한겨레신문사, 1998, 562면 이하.

6) 독일 통일을 위한 독일 연방공화국과 독일 민주공화국간의 조약-통일조약(Einigungsvertrag), 1990년 8월 31일 체결, 제13조 공공기관의 지위 (1) 동독지역의 행정기구와 그밖의 공공행정 및 사법행정을 담당하는 기관은 관련된 주(州) 공동의 책임에 귀속한다. 업무를 독립적으로 수행할 수 있는 기관은 부분기관들로 구성된 기관의 경우, 각 부분기관은 그 기관이 소재하는 주정부의 관할에 속한다. 주정부는 각 기관의 업무양도 또는 업무청산을 담당한다. 1990년 7월 22일에 제정된 주편성법 제22조의 효력에는 아무런 영향이 없다.

7) 독일 통일을 위한 독일 연방공화국과 독일 민주공화국간의 조약-통일조약(1990년 8월 31일 체결, 제20조 공무원의 법적 지위 (1) 통일과 함께 공무원의 법적 지위에 대해서는 부속서 I에 합의된 경과규정이 적용된다.

8) 허영, 독일 통일과 법질서통합과정, 허영 편, 독일 통일의 법적 조명, 박영사, 1994, 81-108면: 인사개혁에 관해서는 96-98면: 통일조약에는 인사개혁에 관해서도 원칙적인 규정을 두고 있었다. 행정의 계

금생활자로 편입되었다. 하위직 동독 교정공무원은 약 50%를 재임용 했다. 인적 정비기준은 '과거의 근무부서가 아니라, 활동 정도'에 따라 결정되었다. '반인륜적 범죄행위와 세계인권선언에 규정된 인권침해행위'는 재임용 탈락의 첫번째 기준이었다.

(3) 인적 충원

통일 후 5개주의 교정청은 각각 교정전문학교를 운영했다. 신규채용과 재교육이 실시되었다. 신규채용인원은 매년 60명, 3년 과정이었다. 대부분이 고등학교 졸업자였다. 예산은 주정부에서 지원했고, 교육생에게 월 1400마르크(84만원)가 지급되었다. 당시 동독지역 실업률이 공식통계로 16%, 암수통계(暗數統計)로 30%였다. 교정공무원은 동독 젊은이들에게 인기가 있었다. 주정부는 젊은 교정이 향후 교정개혁을 주도할 것으로 기대했다.

(4) 문제점

그러나 인적 재정비과정에서 많은 문제점들이 노출되었다. 수구세력 간의 내부갈등과 신·구세력 간의 심리적 갈등이었다. 서독 출신 고위직 간부와 동독 출신 교정공무원 그리고 동독 출신 교정공무원 내부의 세대간의 갈등은 심각했다. '새로운 장벽, 마음의 분단'이 여기에도 있었다.

경찰분야와 마찬가지로 서독 출신 교정간부들은 동독 출신 동료들에게 "창의력·결단력·분쟁해결 능력이 없고, 미리 정해진 기준에 따르기만 하고 권위적이다"고 비난했다. 반면 동독 출신 교정공무원들은 서독 출신 간부들을 향해 "지나치게 거만하며 동료애도 없고, 형식적인 업무관행에만 집착한다"고 비난했다. 40년 동안 이질화된 교정행정문화가 만들어 놓은 벽이었다.

신·구세력 간의 갈등도 점점 증폭되었다. 동독 출신 교정공무원과 신규임용 교정공무원은 직무수행과정에서 상호 불신이 대단했다. 서독식 직무교육을 받은

속성을 유지하기 위해서 동독의 모든 공직자는 공직자로서의 신분관계를 그대로 유지하는 것을 원칙으로 정했다. 그러나 예외규정도 함께 마련해서 동독의 공직자에 대해서는 통일 후 2년간의 과도기간 내에 행해지는 적격심사에서 부적격자로 판정된 경우에는 해임시킬 수 있도록 했다. 1990년 8월 31일 조약 당시 동독 공무원의 210만명으로 인구대비 12%가 공직자였고, 서독은 7%였다. 인적 정비 및 대폭적인 물갈이가 불가피했다. 통일 후 고위공직자 60-70%는 서독 출신 공직자로 충원되었다. 동독의 법관, 검찰, 경찰, 교정공무원에 대해서는 다른 공직자와는 다른 특별한 적격심사위원회를 구성하여 엄격한 자격심사를 했다. 자격심사에서는 과거의 행적조사만이 아니라, 자유민주주의와 법치주의에 대한 신념, 전문적인 능력, 재교육에 임하는 자세, 직업윤리, 적성 등이 폭넓게 검토되었다.

젊은 교정공무원들은 "그들은 아직도 동독의 관행에 젖어 있고, 복지부동이다. 무엇을 해야 하고, 어떻게 문제를 해결해야 하는지 모른다. 스스로 책임지는 것을 두려워한다"고 비판했다.[9)]

〈표 5-1〉 동서독 사람들의 행동양식 비교[10)]

	동독 사람들	서독 사람들
문화적 기틀	구소련의 독재하에서 시민사회의 민주적인 전통과 민주적인 구조와 단절, 권위적 국가로 전락.	2차 대전 이후 민주적인 전승국들에 의해 급진적 민주적 절차를 통해 자유체제를 공공히 함.
성 격	조용하다. 겸손하다. 소심하다. (안정에 대한 욕구) 불안하다. 말이 적다. 느리다. 촌스럽다	시끄럽다. 자유스럽다. 역동적이다. (모험적이다). 자신있다. 달변이다. 서두른다. 국제적 감각이 있다.
특 징	집단에 순응한다. 튀지 말아야 한다. 잘못하면 안 된다.	개인의 인격을 형성한다. 튀지 않으면 안 된다. 유연하다.
성 향	사회적 성향이 높다. 기존질서에 적응한다. 목적에 관심이 있다. 결핍과 타협하며 산다	경제적 성향이 높다. 타인을 밀치고 앞장선다. 경제와 금전에 관심이 있다. 과잉과 풍요속에 산다.
삶의 모습	따분하다. 형식적이다. 국가에서 조종한다.	유혹이 도처에 널려 있다. 개방적이다. 개개인이 만들어 간다.

2. 물적 통합과 문제점

먼저 동독 지역에 연합으로 교정청이 한시적으로 신설되었다. 교정은 동독 지역 교정조직이 보유한 모든 동산(動産)에 대한 물품조사(일명 재고조사)와 기술적 장비 분배방안을 준비하였다. 이 기구를 통해 무엇이 어떤 주에 어떻게 지원되어

9) 이에 관해서는 게하르트 미켈스, 민주적 행정통합으로의 재건, 통일한국, 평화문제연구소, 1999년 5월호, 48-51면(49면).

10) 게하르트 미켈스, 체제 이전 이상의 의미가 있다-정치·사회정책·법률분야에 대한 통합의 성과, 통일한국, 평화문제연구소, 1999년 7월호, 46-48면(47면).

야 하는지에 대해 목록표를 만들어 정비하였다.

1991년부터 수차례에 걸쳐 각 주에서 파견된 교정공무원에게 교부되었다. 각 주가 필요한 물품에 대하여 통보를 한 후 지역 교정청에서는 각 주별로 필요한 목록을 작성하였다. 하나의 물품에 대하여 여러 주(州)가 필요하다는 요청을 한 경우에는 기획팀이 조정을 하여 어떤 주에 그 물품을 이양할 것인가를 결정하였다. 부동산에 대해서는 5개 주 교정대표자들의 협상에 따라 브란덴부르크 교정국이 처리하였다.

3. 법적 분쟁 사례들

독일 통일 후 인적 청산과 관련하여 법적 분쟁이 줄을 이었다. 교정공무원과 직접 관련된 사례는 아니지만, 독일 통일 후 공무원 관련 분쟁이기 때문에 간략하게 세 가지만 소개하고자 한다.[11] 한국 통일에도 참고가 될 수 있을 것이다.

(1) 대기발령 판결

독일 통일 이후 현실로 나타난 문제가 대기발령이다. 1991년 4월 24일의 '대기발령 판결'(Warteschleifenurteil)을 살펴보고자 한다.

(가) 사실관계

동독의 국가공무원들은 통일조약에 따라 그 직무가 연방정부 혹은 주정부의 권한에 귀속되었고, 통일 후 각각 해당 주의 관할로 이동하게 되었다. 담당 업무가 소멸된 고용관계는 6개월의 기간 동안 기존의 평균봉급 70%가 지급되는 '휴직하는 형태'로 청산되었다. 이러한 '대기발령' 끝에 복직 혹은 해직 그리고 퇴직이 뒤따랐다. 이러한 조치에 반대하여 302건의 헌법소원이 제기되었다.

(나) 연방헌법재판소의 결정

연방헌법재판소는 헌법소원을 기각하였다. "직업선택의 자유에 대한 헌법상의 권리가 침해받은 것은 아니다"라고 결정하였다. 결정이유를 보면, "동독에서의 고용자 수는 노동력 실제 수요에 비해 지나치게 높다. 인원감축 없이는 연방

---

11) 여기에 관해서는 Werner Weidenfeld/Karl-Rudolf Korte (Hrsg.), Handbuch zur deutschen Einheit, Aktualisierte Neuausgabe, Frankfurt/Main, New York, Campus Verlag 1996: 임종헌 · 신현기 · 백경학 · 배정한 · 최필준 역, 독일통일백서, 한겨레신문사, 1998 560-565면에서 재인용.

과 연방 주들의 재정 능력에 아주 과도한 부담을 주게 된다. … 이를 회피하는 것은 극히 중요한 목표 중의 하나이다. … 국민경제와 납세자에 과도한 부담을 주지 않으면서 이 문제를 해결하기 위해서는 오직 공공자금을 절약하여 지출함으로써 달성될 수 있다. 따라서 이러한 사정으로 해직과 퇴직이 불가피한 경우에는 원칙적으로 직업선택의 자유를 침해하는 것으로 볼 수 없다. 다만 해직으로 인해 임산부 보호(Mutterschutz) 규정을 위반하게 될 때는 예외가 인정된다. 장애인과 나이 많은 고용인 그리고 배우자 없이 아이를 키우는 자에 대해서는 충분한 고려가 필요하다."[12)]

(2) 판·검사에 관한 두 건의 결정

(가) 사실관계

판사선출위원회(Richterwahlausschüsse)는 판사들 중에서 선출된 4명과 독일 통일 이후 처음으로 실시된 총선 이후 새로 구성된 각 주 의회에서 선출된 6명의 위원 등 10인으로 구성되었다. 통일 이후 새로운 상황하에서도 계속 근무하기를 원하는 판사와 검사는 ① 자유주의, 민주주의, 연방주의, 사회적 복지주의 그리고 환경보호를 지향하는 법치국가에 대한 신념, ② 도덕적·정치적인 청렴, ③ 전문적인 자격 및 재교육에 대한 준비, ④ 직업윤리를 기준으로 재심사를 받아야 했다. 그때 대부분의 동독 판사들이 보유하고 있던 사회주의통일당의 당적은 그 자체만으로는 큰 의미가 없었으나, 적극적으로 당활동을 한 경우는 그 사정이 달라졌다. 여기에는 당시 검사와 판사들이 관여하였던 판결문들이 심사대상이 되었다. 이 과정에서 젊은 판사들이 계속 근무할 수 있는 기회를 가지게 되었다. 그들은 정치적인 형사사건에 관여할 기회를 아직 많이 가지지 못했었기 때문에 독일 통일 후 새로운 상황에서 옛 사회주의통일당 판사들보다 재임용될 기회가 많았다. 판사선출위원회로부터 계속 근무할 수 있다고 추천된 자들은 주(州) 법무부장관에 의해 임명된 후 3년 간의 시보기간을 거쳐야 했다. 이 시보기간은 2년 간 더 연장될 수도 있었다. 그 후 평생 근무할 수 있는가, 혹은 해임되는가의 여부가 결정되었다. 동독 시절에 재직하였던 판사와 검사들의 60% 정도가 계속 근무할 수 있게 되었다.

---

12) BVerfGE 84, 133.

(나) 연방헌법재판소 결정

해임된 자들은 단지 예외적인 경우에만 법에 호소하였다. 연방헌법재판소에 직접 헌법소원을 제기한 경우는 한 건도 없었다. 그러나 작센 주에서는 재임명에서 탈락한 판사들에게 법관복무법원(Richterdienstgericht)에 제소할 수 있는 길을 열어줄 것인지에 대해서 논란이 많았다. 연방헌법재판소는 1992년 7월 8일 법관복무법원의 제청에 의한 판·검사에 관한 두 건에 대한 결정[13]에서, 연방행정법원(Verwaltungsgericht)이 해임에 관한 재심사의 관할권이 있다고 결정하였다. 결정요지에 의하면 이 경우는 판사직(혹은 검사직)에 임용할 것인가가 여부의 문제이지, 직무상의 과오로 인한 소송이 아니라는 것이다. 그 이후 작센주는 주법률을 연방헌법재판소의 결정취지에 따라 개정하였다. 단 한 명의 해임 판사가 연방행정법원에 소송을 제기하였으나, 연방행정법원은 1995년 11월 6일 이 소송을 기각하였다.

(3) 대기발령 판결의 한 변형

(가) 사실관계

1992년 3월 10일의 결정[14]은 대기발령 판결의 한 변형이다.[15] 동독은 그들이 물려받은 베를린의 독일학술원(Deutsche Akademie der Wissenschaften)을 상당수의 학자들(최종적으로 약 1만 5천 명)이 종사하는 연구소로 확대 개편하였다. 그 중에는 통일 독일에서 아무런 수요가 없는 연구대상을 다루는 곳도 있었다. 그래서 통일 이후 이 학술원의 구조조정이 불가피하였다. 통일조약은 기존 베를린 학술원의 연구자학회(Gelehrtensozietät)를 각 연구소별로 분리하였다. 통일 이후 무용한 해당 연구소들을 1991년 말까지 해산키로 결정하였다. 이러한 결정에 불복하여 해당 관련자 33명이 '학문과 연구의 자유에 대한 헌법상 보장된 기본권 침해'를 이유로 헌법소원을 제기하였다.

(나) 연방헌법재판소의 결정

연방헌법재판소는 대기발령 결정에서처럼 "학문과 연구의 자유에 대한 헌법상 보장된 기본권은 공공기관의 해산에 있어서 개별 연구자 전원을 보호하는 것

13) BVerfGE 87, 68, 95.
14) BVerfGE 85, 360.
15) 1992년 3월 10일의 결정(BVerfGE 85, 360); 1994년 11월 22일 결정(BVerfGE 91, 194).

은 아니다"라고 결정하고 헌법소원을 기각하였다. "다만 기존 연구원 중에서 특히 장애인, 나이 많은 고용인, 배우자 없이 아이를 키우는 자 그리고 기타 이와 유사한 어려움을 겪고 있는 자에 대해 사회보장의 차원에서 그 사정을 적절히 고려하여 판단해야 한다"고 결정하였다.

Ⅲ. 한국 통일 후 북한지역 교정정책의 방향

북한지역 교정시설은 한 마디로 '인권침해의 박물관'[16]이다. 따라서 통일 후 북한지역의 교정정책은 남한의 교정정책이 전면적으로 이식될 수밖에 없다. 이러한 정책방향은 독일[17]의 경우와 같다. 최근의 북한 관련 각종 정보와 보고서에 의하면 유사 이래 가장 잔혹한 인권침해가 지금 북한의 교정시설에서 자행되고 있다고 한다. 이러한 사실은 국제인권단체에서 제기하고 있는 문제이다. 동독 교정조직의 해체 및 개편 작업처럼 통일 후 북한지역 교정정책의 방향도 민주교정으로 전면적으로 바뀌어야 할 것이다. 우리는 얼마나 그리고 어떻게 준비해야 하는지 정책방향이 서야 한다.

1. 북한의 교정실태

먼저 북한 교화소(敎化所)의 수감 대상 및 현황, 북한 교화소의 운영실태, 구체적 사례를 간략히 살펴보고자 한다. 북한의 교정실태에 관해서는 발표된 국내 문헌[18]이 아주 빈약하고, 신빙성 있는 최근의 공식적인 문헌을 활용할 수 없기 때

16) 강철환, 북한 수용소 인민재판, 흰것도 검다(귀순자수기 모음집), 다나, 1996, 30-38면: "나는 수용소에서 10년 동안 살면서 교수형, 총살형 장면들을 매년마다 15~20여 차례씩 집행하는 것을 목격했다. 이 지구상에 북한과 같은 나라는 아마 없을 것이라고 생각했다. 나는 꼭 탈출해 인권학살의 실태를 세상에 폭로하리라고 결심했다."

17) Dieter Gräf, Die Mißachtung der Menschenrechte und der rechtsstaatlichen Grundsätze durch die Justiz, in: Recht Justiz Polizei IV, Enquete-Kommission, Aufarbeitung von Geschichte und folgen der SED-Diktatur in Deutschland, Nomos Verlag 1995, S. 450ff.(S. 474ff. Strafvollzug): 인권침해가 자행되었던 대표적인 동독의 교도소 소재지로는 Bautzen, Berlin(Rummelsburg), Brandenburg-Görden, Gottbus, Torgau, Waldheim, Bützow-Dreibergen, Karl-Marx-Stadt(Chemnitz), Halle, Hoheneck, Hohenleuben, Naumburg und Markkleeberg 등이 있다. 특히 Bautzen과 Chemnitz는 국가공안부(MfS)가 정치범을 수용했던 곳으로 유명하다.

18) 남북한 교정복지 실상비교에 관해서는 최옥채, 남북한 교정복지에 관한 비교연구-교정복지의 구성체계와 작동원리를 중심으로-, 교정연구 제12호, 한국교정학회, 2004, 311-344면; 최옥채, 북한의 교

문에 주로 잡지, 인터넷 그리고 일간신문의 기사를 참조할 수밖에 없다.[19]

(1) 북한 교화소의 수감 대상 및 현황

북한에서 교화소란 남한의 교도소를 말한다. 북한의 교화소는 인민보안성에서 관리하고 있다.[20] 인민보안성의 임무는 (1) 반국가 행위의 감시와 적발, 처벌, (2) 반혁명 행위의 감시와 적발, 처벌, (3) 회색분자, 불평분자, 종파분자, 지방주의자 등 일체의 불건전 요소 적발, 제거, (4) 출신성분 및 신원조회, (5) 출입국자 신원조사, (6) 외국방문객의 감시, (7) 지방치안유지, (8) 각종 범죄단속, (9) 국가기관 고위간부의 경비 및 지역경비 담당, (10) 교통질서 및 방화대책, (11) 인구조사(유동인구, 실종자 파악), (12) 감시인 사찰, (13) 신분등록사업(출생, 사망, 결혼신고, 거주이동업무), (14) 비밀문서 보관, 관리, (15) 교화소 및 노동교양소의 운영 관리, (16) 철도경비, (17) 국가 및 공동재산, 개인재산 보호, (18) 선박 출입관리, (19) 반항공조직 운영 등이다.

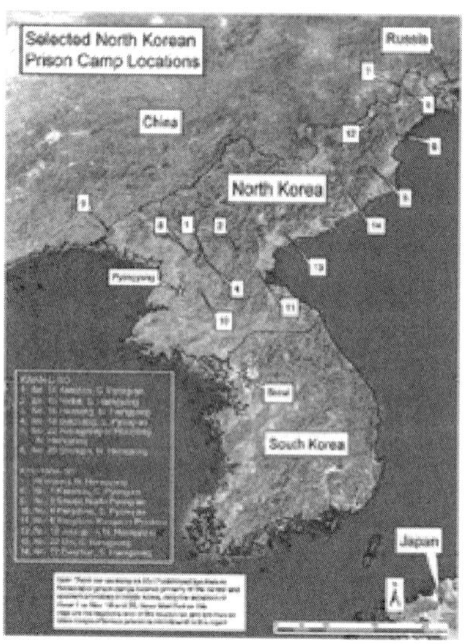

〔도표 5-1〕 북한 수용소 위치도

독일 인터넷사이트, 2003년 10월 22일자

북한에서 범죄자로 체포된 사람 가운데 체제비난을 비롯하여 정치적 범죄는 국가안전보위부(남한의 국정원과 기무사를 합쳐 놓은 조직)로 넘기고 기타 범죄는 인민보안성(남한의 경찰청)에서 담당한다. 그러나 때에 따라서는 보위부와 보안성이 공동수사를 하는 경우도 많다. 교화소에는 재판 후 형을 받은 경제범이나 강력범들, 단순 탈북자들이 대부분을 차지한다. 수감형은 1년 이상부터이다. 현재 북한에는 10~15만 명의 수용자들이 수감돼 있는 것으로 추정하고 있다. (1) 함경남도 단천시 (2) 평안남도 증산군, (3) 황해북도 사리원시, (4) 강원

정제도에 관한 연구, 교정 제290호, 법무부, 2000, 48-67면; 제성호, 북한 인권실태와 국제사회의 대응, 북한법 연구-강구진 교수 20주년 추모 논문집- 제7호, 북한법연구회, 2004, 265-295면(270면은 '정치범수용소는 반문명·비인간화의 극치'라고 말한다).

19) 최옥채, 남북한 교정복지에 관한 비교연구-교정복지의 구성체계와 작동원리를 중심으로-, 교정연구 제12호, 한국교정학회, 2004, 311-344면(324면).

20) http://kdaq.empas.com/qna/4090166.

도 천내군 등에 교화소를 두고 있다. 북한에서는 '○○호 교화소'라고 부른다. 이외 소년 범죄자들을 대상으로 하는 황해북도 사리원 '소년 교화소', 군인들을 대상으로 하는 '인민군 교화소'가 있다. 인민군이 관리 운영하는 인민군 교화소는 평안남도 신양군 지동리에 소재하고 있다.

(2) 북한 교화소의 운영실태

수용자들의 생활은 정치범 수용소의 운영실태[21]와 다를 바 없다. 그러나 보안성에서 관리한다는 것, 가족단위가 아니라 본인만 수용된다는 것이 다른 점이다. 또한 서신 거래와 면회는 어느 정도 가능하다.[22] 북한 교화소의 수용자들은 강제노동에 동원되어 물품 생산을 한다. 이들이 생산하는 농산물과 생필품은 보안성의 보안원들에게 지급된다. 예를 들면 평안남도 개천시 교화소(현재는 평안남도 증산군으로 이동)에서는 보안원들의 가죽신을 생산했다. 개천 교화소 실태에 대해서는 『꼬리 없는 짐승들』의 저자 이순옥씨가 증언했고, 최근에는 체코의 프라하에서 진행한 「북한 인권, 난민문제 국제회의」에서 지해남씨가 증언하여 그 실태는 널리 알려져 있다.

교화소 수용자들 역시 인간이기를 포기해야 한다. 생활조건은 너무도 열악하여 수용자들이 기아와 질병, 영양실조로 죽어 나가지만 보안원들은 그대로 방치한다. 북한 주민들의 이야기에 의하면 남한에서 36년간 옥살이를 해온 비전향 장기수 이인모씨가 함경남도 정평군 교화소를 방문하고 "내가 이런 열악한 조건에서 살았더라면 한 달도 넘기지 못하고 죽었을 것이다"라는 말에 11호 교화소를 해체시켰다고 한다. 그 소문이 진실인지는 모르지만, 남한의 교도소에 비할 바 없이 생활환경이 열악하다는 것을 알 수 있다.[23] 징역살이가 끝나면 자기가 원래 살던 거주지 행정위원회 노동과에서 새로운 직업을 배치 받는다. 대부분 어렵고 힘든 3D 업종, 즉 탄광, 광산들에 배치된다.

---

21) 강철환, 수용소의 노래(북한 정치범수용소 체험 수기), 시대정신, 2005; 데이빗 호크/이재광 옮김, 감춰진 수용소, 시대정신, 2003; 김용삼, 북한의 아우슈비츠 제14호 관리소의 내막－인간멸종의 현장 그 혈(血)의 기록(記錄), 월간조선 2000년 5월호, 309-320면: 북한 정치범 수용소는 완전통제구역과 혁명화구역으로 구분되어 있다. 전자의 경우 출소가 불가능하며, 후자의 경우 개인이 혁명화되었다는 판정을 받으면 출소가 가능하다.

22) http://kdaq.empas.com/qna/4090166.

23) http://kdaq.empas.com/qna/4090166.

(3) 탈북난민 사례

다음 사례는 북한 난민이 중국에서 체포되어 송환된 경우 당하게 되는 인권 침해의 유형이다.

> "중국에서 체포되어 강제 송환된 난민들은 북한에서 민족을 배신한 사람이라고 처벌을 받습니다. 취조과정에서는 왜 중국에 갔는지, 중국에 얼마동안 있었는지, 누구를 만났는지, 어디 어디를 갔었는지 등을 조사해서 그 결과 단순히 식량을 구하기 위하여 중국에 간 경우 그리고 체류기간이 짧은 경우는 가벼운 처벌을 받는데 3~6개월의 노동교화소에 보내지고 중국에 6개월 이상 장기 체류했거나, 한국 사람을 만난 경우는 정치범으로 취급해서 3년에서 15년 정도의 중형을 받거나 정치범수용소로 보내지고 있습니다. … 이렇게 북한에서 난민들이 받는 처벌에는 차이가 있는데 북한 사회에 식량이 절대적으로 부족하기 때문에 교화소나 정치범수용소 그리고 노동단련대 등에는 더더욱 식량이 공급되지 않아서 3개월 내지 6개월 동안 노동교화소에 있게 되면 이곳에서도 생명을 잃을 가능성이 매우 높다는 겁니다. 우선 제대로 먹지 못하기 때문에 몸이 허약해지고, 위생환경이 매우 열악하기 때문에 전염병에 걸릴 확률이 높아서 실제로 노동단련대 등의 수용소에서도 사망률이 매우 높게 나타나고 있습니다. 형벌의 경우 가벼운 처벌과 무거운 처벌에서 차이가 존재하지만 북한 현실에서는 별 의미가 없습니다."[24]

(4) 최근 북한 형법 동향

북한은 1950년 3월 형법을 제정한 이후 1999년 8월에 제4차 개정을 한 바 있다. 북한은 2004년 4월 제5차 형법 개정을 통해 개인소유권 침해에 대한 처벌을 대폭 강화하였다. 최근의 북한 형법 개정은 1999년 이후 5년 만에 행해진 것으로 기존 8장 161조에서 9장 303조로 조항을 두 배 가까이 늘리면서 경제와 사회에 관련된 규정을 대부분 손질했다.[25] 이번 개정 형법에서 눈에 띄는 특징은 사유재산권 보호를 위해 소유권 침해에 관한 처벌규정을 강화한 것이다. 예를 들면 '개인 재산을 강제로 빼앗을 경우' 10년 이하의 노동교화(징역)형에 처하던 것을 '정상이 무거운 경우'에는 10년 이상의 노동교화형에 처한다(제301조, 제302조)고 규정하여 처벌의 수위를 높였다. 이와 함께 절도, 공갈, 사기, 횡령, 파손 등 개인의 재산과 관련된 범죄에 대한 처벌이 대부분 강화됐다. 또 외국기업의 투자를 장려

24) http://kdaq.empas.com/qna/3619967

25) 장봉문 편, 최신 북한법령집, 북한법연구회, 2006, 156-181면(조선민주주의인민공화국 형법).

하기 위해 '탈세죄'(제108조)와 기업의 지적재산권보호를 위한 '상표권 침해죄'(제113조)를 신설했다. 이는 2002년 7.1 경제개선관리조치[26] 이후 사유재산권 보호규정에 대한 필요가 대두되면서 나온 조치로 풀이된다.[27]

개정 형법은 또 "범죄로 규정한 행위에 대해서만 형사책임을 지우도록 한다"(제7조)고 명시, 인권보호를 위한 죄형법정주의를 강화했다. 이전 형법에서는 관련 규정이 없을 경우 비슷한 조항으로 처벌하도록 했다. 국가권력이 부당한 공권력을 행사할 경우 이를 처벌하는 조항도 신설하여 사법기관이 고의로 부당한 판결을 한 경우 8년 이하의 노동교화형에 처하도록 규정했다(제255조). 외부와 접촉이 증가하고 자본주의적 요소가 들어오면서 음란문화 및 반체제 활동을 처벌하기 위한 규정도 한층 강화되었다. '매음죄'(제261조)와 '미신행위죄'(제267조)가 신설됐고 '퇴폐적이고 색정적이며 추잡한 내용을 반영한 음악이나 춤, 비디오, CD 등을 유포하거나 볼 경우 처벌' 받도록 했다(제193조, 제194조).

또한 반국가 방송을 듣거나 전단을 보관하면 5년 이하의 징역형을 받는다(제195조). 나아가 '반국가목적으로 정변, 폭동, 시위, 습격에 참가했거나 음모에 가담한 자'는 5년 이상의 노동교화형에 처한다고 명시했다(제59조). 이와 함께 사회 현실을 반영하여 단순 탈북자 처벌을 3년 이하의 노동교화형에서 2년 이하의 노동단련형(일정한 장소에 보내 노동을 시키는 형벌)으로 완화했다(제233조). 그러나 전략 예비물자를 조성하지 않거나 전시생산 준비를 하지 않을 경우 2년 이하의 노동단련형에 처한다는 조항을 신설했다(제74조). 이 밖에 불법적으로 설비와 물자를 외화로 매매한 죄(제107조), 개간죄(제114조, 환경범죄, 독단적인 산비탈개간죄), 밀주죄(제159조), 허위날조유포죄(제222조) 등을 신설했다.

특히 북한의 개정 형법에서 우리가 주목할 것은 형벌의 종류이다.[28] 남한의 자유형에 해당하는 것은 북한 형법에서는 노동교화형이다. 북한의 개정 형법 제

26) 재정경제부 경제홍보단, 7.1조치 2년 후의 북한경제의 동향, 2004, 보도자료: 1990년대 이후 극심한 경제난을 극복하며 경제 회복을 시도하고 있는 북한은 2002년 7월 1일 「사회주의 경제관리 개선조치」를 발표한다. 7.1조치는 북한 사회에 근본적인 변화를 가져오는 조치로서 북한 주민들의 생활에 직접적인 영향을 끼치고 있다. 2004년 7월 6일 개최된 제6회 경제부처 공무원 Brown Bag Meeting에서는 고일동 KDI 북한경제팀장이 「7.1조치 2년 후의 북한경제」라는 내용으로 주제발표를 했다. 이날 주제발표에서 그는 북한이 7.1조치를 도입한 이후 2년이 지났으나 아직 북한경제의 회생은 기대하기 힘든 상황이라고 평가하였다. 그 원인은 경제개혁정책으로서 7.1조치가 가지는 근본적인 한계, 북한 당국의 후속조치 미흡, 핵문제의 지속으로 인한 대외적 환경의 악화 등의 사항을 지적하였다.

27) 연합뉴스, 北, 사유재산권 강화 등 형법 개정 '7.1조치'이후 사회상 반영, 2004년 12월 8일자.

28) 윤대규, 2004년 북한 개정 형법의 내용과 의미에 관한 연구, 형사법연구 제24권(겨울호), 한국형사법학회, 2005, 365-383면(371면, 377면 이하).

27조는 기존의 단순교화형을 무기노동교화형, 유기노동교화형, 노동단련형으로 세분화하였다.[29] 조금 자세히 말하면 노동교화형은 범죄자를 교화소에 구금하여 노동을 시키는 형벌이고, 노동단련형은 범죄자를 '일정한 장소'에 보내 노동을 시키는 형벌이다.[30] 노동교화형은 1년부터 15년까지, 노동단련형은 6월부터 2년까지로 되어 있다. 노동교화형의 경우 공민권이 박탈되지만, 노동단련형은 공민권이 박탈되지 않는다. 노동단련형은 북한 형법 각론에 폭넓게 규정되어 있고, 향후 경미범죄에 대해서 적극 활용될 것으로 보인다(무보수 노동). 이것은 북한이 체제수호를 위해 국가형벌권을 강화하고 있고, 이를 통해 북한사회의 조직안정을 심각하게 우려하고 있다는 것을 의미한다. 그러나 탈북자들에 따르면 교화소에 구금되어 노동하는 것과 일정한 장소에 구금되어 노동하는 것과 사실상 구별의 의미는 없다고 한다. 식량문제와 위생문제 등이 너무나 심각하기 때문이다.

2. 통일 후 북한지역 교정정책의 기본방향

북한의 처벌주의와 억제주의 교정이념은 남한의 교육형주의와 재활주의 교정이념으로 전환되어야 한다. 통일 후 북한지역 교정정책의 기본방향은 남한의 헌법정신에 따를 수밖에 없다고 생각한다. 헌법 제10조는 "모든 국민은 인간으로서의 존엄과 가치를 가지며, 행복을 추구할 권리를 가진다. 국가는 개인이 가지는 불가침의 기본적 인권을 확인하고 이를 보장할 의무를 진다"고 선언하고 있다. 통일 후 북한지역 교정정책도 이러한 헌법이념에 따라 수정할 수 밖에 없다. 남한의 행형법 제1조(목적)는 다음과 같이 규정하고 있다. "이 법은 수형자를 격리하여 교정교화하며 건전한 국민사상과 근로정신을 함양하고 기술교육을 실시하

29) 북한 형법 제27조(형벌의 종류) 형벌의 종류는 다음과 같다. 1. 사형, 2. 무기로동교화형, 3. 유기로동교화형, 4. 로동단련형, 5. 선거권박탈형, 6. 재산몰수형, 7. 자격박탈형, 8. 자격정지형 북한 형법 제28조(기본형벌과 부가형벌) 사형, 무기로동교화형, 유기로동교화형, 로동단련형은 기본형벌이다. 선거권박탈형, 재산몰수형, 자격박탈형, 자격정지형은 부가형벌이다.

30) 북한 형법 제30조(무기로동교화형, 유기로동교화형) 무기로동교화형, 유기로동교화형은 범죄자를 교화소에 넣어 로동을 시키는 방법으로 진행한다. 무기로동교화형, 유기로동교화형 집행기간에는 공민의 기본권리가 정지된다. 유기로동교화형 기간은 1년부터 15년까지로 한다. 범죄를 병합하거나 합산할 경우에도 유기로동교화형 기간은 15년을 넘을 수 없다. 범죄자가 구속되어 있은 기간 1일을 유기로동교화형 기간 1일로 계산한다. 북한 형법 제31조(로동단련형) 로동단련형은 범죄자를 일정한 장소에 보내어 로동을 시키는 방법으로 집행한다. 로동단련형 집행기간에는 공민의 기본권리가 보장된다. 로동단련형 기간은 6개월부터 2년까지로 한다. 범죄를 병합하거나 합산할 경우에도 로동단련형 기간은 2년을 넘을 수 없다. 범죄자가 구속되어 있은 기간 1일을 로동단련형 기간 2일로 계산한다.

여 사회에 복귀하게 하며 아울러 미결수용자의 수용에 관한 사항을 규정함을 목적으로 한다." 저자는 이것이 통일 후 북한지역 교정정책의 기본방향이라고 생각한다.

(1) 북한지역 교정조직의 해체와 개편작업

한국 고문 피해자를 돕는 모임(KRCT, 대표 변주나 전북대 간호대 교수)은 최근 탈북자 10명을 대상으로 고문 및 고문후유장애 실태를 조사, 그 결과를 2005년에 공개했다.

조사결과에 따르면 10명 모두 두 번째 시도만에 탈북에 성공한 사람들로 '고문을 당한 경험이 있다'고 답했다. 1인당 평균 29.5건의 심리적 고문을, 4.5건의 신체적 고문을 당한 것으로 드러났다. 신체적 고문기법으로는 구타(63%)가 가장 많았고, 비생리적인 자세 강요(16%), 잠수 및 물고문(7%), 전기고문(4%), 화상고문(4%), 치아고문(2%) 등도 있었다.

심리적 고문으로는 영양, 위생, 의료서비스 등 박탈기법을 쓰는 경우가 가장 많았으며 성적 굴욕감 주기, 위협하기, 불가능한 선택이나 일관되지 않은 행동강요, 복종강요 등 강제기법, 말꼬투리 잡고 심문하는 반전효과법을 사용하는 등 의사소통 악용기법을 사용하는 경우도 많았다.

고문 가해자를 묻는 질문(복수응답)에 10명 모두 보위부 소속 직원들이 공통적으로 들어갔고, 이들 외에도 구류장 내 경비원, 안전부 구류자 지도원, 지결소 안전원, 여자교도관 그리고 노동단련대 계호원도 있었다.

조사대상 탈북자 가운데 8명은 함경북도 보위부에 구금된 경험이 있었으며 함북 농포 집결소, 평북 남신의주 집결소, 청진시 집결소, 김책시 내무소, 회령시 교화소, 무산 노동단련대에서 구금됐던 탈북자도 1명씩 있었다. 이들은 골절, 외상, 뇌진탕 등 급성고문 후유증 외에 소화기와 신경계 등에 이상을 호소하고 있다.[31)]

생각건대 통일 후 북한지역 교정시설은 남한 수준으로 개편되어야 한다. 이것은 민주교정행정으로의 전환을 의미한다. 북한 수용시설의 교정 관련 인력은 대체로 인민보안성의 인민보안원[32)]과 인민경비대원[33)] 그리고 국가안전보위부 직

31) 중앙일보, 탈북자 북 고문피해 조사 공개, 2005년 11월 1일자.

32) 최옥채, 남북한 교정복지에 관한 비교연구－교정복지의 구성체계와 작동원리를 중심으로－, 교정

원[34]을 들 수 있는데, 이러한 조직과 인력은 모두 개편되어야 한다. 이 경우 통일 이후 인적 자원과 물적 자원의 투입비용은 천문학적 액수가 될 것이다. 통일 이후 북한지역 교정공무원 90% 이상이 교체될 경우 합리적인 시나리오를 가지고 있어야 한다. 인적 정비방법은 반인륜적 범죄행위를 한 교정공무원들에 대해서 사실조사 후 행정소송을 통해 교정직에서 해임하는 순서가 될 수 있다. 이 경우 많은 반발과 시간이 소요된다. 통일 후 5년 동안이 법치국가를 확보하는 결정적인 시기이기 때문에 사전에 치밀하게 재임용 기준을 마련하고 대체인력을 강구해 두어야 할 것이다.

만약 독일처럼 해임된 관련 교정공무원들이 집단적으로 헌법소송을 제기할 수도 있을 것이다. 따라서 면밀한 법리가 검토되어야 할 것이다. 생각건대 이 경우 북한지역에서 단지 교정공무원(직업)이었다는 이유가 해임의 판단기준이 되어서는 안되며, 오히려 교정공무원이 직무상 행한 그들의 구체적인 활동이 해임의 판단기준이 되어야 할 것이다.

따라서 우리의 경우도 독일처럼 구체제 아래에서 행한 직무활동 중에서 반인륜적 범죄행위와 유엔 인권선언에 배치되는 행위를 한 자로 그 범위를 제한하고, 그 외는 재임용을 하되, 교정직무교육을 다시 받게 해야 할 것이다. 물론 북한지역 청소년들이 장기적으로 교정공무원이 될 수 있는 기회를 확대해야 할 것이고, 이것을 잘 계획하여 치밀하게 준비해야 할 것이다.

(2) 북한의 교정용어 전면 수정

남한은 교도소, 북한은 교화소라는 용어를 사용하고 있다. 북한의 조선말대사전은 교화소를 "국가와 인민 앞에 죄를 짓고 징역형을 받은 자들을 구금하고 교양하는 기관 또는 그 시설"이라고 설명한다.[35] 북한이 죄수 수용시설을 교화소라

연구 제12호, 한국교정학회, 2004, 311-344면: 인민보안원은 남한의 경찰관에 해당하며, 인민보안성 산하 교화소, 소년교양소, 집결소의 수용자를 관리한다. 이들의 주요 임무는 수용자의 구금확보와 감시 그리고 수용자들에 대한 물리적 통제라 할 수 있다.

33) 최옥채, 위의 논문, 324면: 인민경비대원은 인민보안성 소속이나 정치사상범의 이송과 정치범수용소의 경비업무를 맡고 있다.

34) 최옥채, 위의 논문, 324면: 국가안전보위부 직원은 정치범수용소의 모든 업무를 총괄하여 맡고 있다. 국가안전보위부는 국방위원회 산하 조직으로 반당·반혁명사건을 전담하고 있다. 특히 1인 지도체제를 위반하는 사건에 대해서는 독점적으로 수사권한을 가지고 있다. 국가안전보위부 직원은 수용소의 정치범을 엄중 구금하는데 중점을 두고 있다.

35) 조선말대사전, 사회과학언어학연구소, 1992.

고 명명한 것은 일반적으로 종교적인 측면에서 "교도하여 감화시킨다"는 '교화(敎化)'라는 말이 북한에서는 주로 정치, 사상적 측면에서 "범죄를 범한 자들을 육체노동과 사상투쟁 그리고 사상교양을 거쳐 참된 인간으로 개조하는 것"이라는 의미로 사용하고 있기 때문이다. 따라서 북한에서는 교화소에 수용된 죄인들을 '교화인'으로, 교화소에서 교화인의 생활을 '교화살이'로, 교화인이 형벌로서 행하는 노동을 '교화노동'으로 부르고 있다.

그러나 생각건대 통일 후 북한식 교정용어는 전면 폐기되어야 한다. 이것은 북한식 일상용어의 통합작업과 함께 진행되어야 할 것이다. 남북한 법률용어의 비교 분석, 남북한 교정용어의 비교 분석 그리고 남북한 일상언어의 비교분석을 통해서 북한주민을 대상으로 국어교육을 새롭게 실시해야 할 것이다. 이러한 모든 것들은 통일 이후 순식간에 진행되어야 하기 때문에 엄청난 혼란이 예상된다. 따라서 지금부터 차분한 준비가 필요하다고 생각한다.

독일의 경우 용어로 인한 혼란은 그다지 큰 문제가 아니었다. 그러나 우리나라의 경우 용어의 이질화가 너무도 심각하기 때문에 지금부터 차분하게 교정용어를 비교분석하여 어느 정도는 정비를 해 두어야 할 것으로 생각한다. 만약 북한의 교정용어가 더 순화되어 있다면, 단계적으로 남한의 교정용어도 이를 참고하여 사전에 정비할 필요가 있을 것이다.

(3) 정치범수용소와 노동교화소 개편

북한은 정치범수용소와 함께 형사범을 취급하는 노동교화소를 별도로 운영하고 있다. 두 기관에서는 주로 고강도의 강제 노동을 통한 교화정책을 펴고 있으며, 업무 등에서 잘못을 저지른 간부에 대해서도 강제노동을 통해 처벌하고 있는 것으로 알려지고 있다.[36]

북한에서는 구류장, 관리소, 교화소, 노동교양소, 강제노동집결소 등의 피의자 수용 시설을 운영하고 있으며, 정치범이나 사상범 등은 특별히 분류하여 탄광 일대의 관리소에서 가족단위로 구류하여 관리하고 있다.

생각건대 통일 후 남한의 교정당국이 실시해야 할 첫번째 사업은 정치범과 형사범을 구분하고, 이들에 대해 재심을 실시하여 살인사건과 반인륜적 범죄를 제외하고는 전면 석방조치를 시행해야 할 것이다. 문제는 관련 법안인데, 「(가칭)

36) 한국일보, 北, 노동교화소 왜 인정했나, 2004년 9월 17일자.

북한지역 수용자 및 전과자 구제를 위한 재심 및 복권에 관한 법률」을 제정해야 할 것이다. 왜냐하면 그렇게 해야 통일 후 신속하게 이 문제를 정비할 수 있기 때문이다.

(4) 교정시설의 현대화와 규모 확충

현재 북한에서는 평양, 해주(황남), 사리원(황북), 신의주, 함흥, 강계(자강) 등지에 교화소가 설치되어 있다. 이곳에서는 북한 사회의 특징상 주로 중형을 받은 범죄인이 수용되어 있다. 그리고 형이 가벼울 경우 교화노동형을 받아 교화소의 다른 형태인 '노동교양소'에 수용되어 노동형을 받고 있다.

생각건대 통일 후 북한지역 교도소는 북한지역 인구분포에 따라 교도소 시설이 재배치되어야 할 것이다. 여기에는 두 가지 방안이 제기될 수 있다. 하나는 기존시설을 활용하는 방안이고, 다른 하나는 교도소를 신축[37]하는 방안이 될 것이다. 전자는 경비 절감의 장점이 있고, 인권 침해의 이미지와 외곽지역이라는 단점이 있다. 후자는 경비가 많이 들지만, 선진 교정정책을 시행할 수 있다는 점이 있다. 장기적인 측면에서 후자를 깊이 고려를 해야 할 것이다.

독일은 기존시설 활용을 우선으로 하되, 불가피한 경우 신축한 것으로 보인다. 신축한다고 하더라도 대형 교도소보다는 적정규모 수용(유엔이 권고한 300~500명 이내) 방안이 검토되어야 할 것이다.

통일 후 북한지역 교정정책의 방향은 전체 통일비용의 인적, 물적 상황을 고려하고, 수요예측을 한 다음, 지역별 신축 및 시설 보완에 대한 우선 순위를 정할 필요가 있을 것이다. 정책수립부서에서는 총괄적으로 실사를 하고, 북한지역 교정자원을 평가해야 할 것이다. 이때 ① 교정시설의 현대화, ② 조속한 확충, ③ 적정규모 수용은 정책수립과정에서 핵심이 되어야 할 것이다.

(5) 교정공무원의 직무교육과 북한실정에 맞는 사회적응 교육프로그램

통일 후 북한지역 교정공무원에 대해서는 직무교육이 강화되어야 한다. ① 북한주민의 의식구조, ② 북한주민의 정신분석, ③ 북한주민의 생활분석 등을 면밀하게 검토하고, ④ 북한지역에 맞는 재활교육 프로그램을 개발하면서, ⑤ 수용자

37) 문영삼, 선진 교정시설의 건축계획 특성과 기준에 관한 연구-미국의 교도소 건축을 중심으로-, 대한건축학회 논문집 제22권 제9호, 대한건축학회, 2006, 49-57면.

분류, 교화, 직업훈련 등 북한지역 실정에 맞는 교정시스템을 구축해야 할 것이다.

생각건대 남한의 교정공무원이 단지 북한지역으로 몇 년간 지원하는 것으로 기획될 것이 아니라, 북한지역 교정시스템을 완전히 바꾸는 방향으로 정책을 수행해야 할 것이다. 특히 독일처럼 고위직 교정공무원의 경우 대부분 남한에서 파견되어, 일정기간 근무하는 형태가 될 수 있는데, 이 경우 인선(人選)을 아주 잘 해야 할 것이며, 중견직 파견 공무원의 경우도 신념이 있고, 높은 도덕성과 인품을 갖춘 교정엘리트 공무원들 중에서 선정해야 할 것이다. 왜냐하면 통합과정은 마음의 신뢰가 쌓이지 않을 때 불가능하기 때문이다. 그리고 향후 충원되는 북한 출신 교정공무원들과 인간관계도 깊이 고려해야 할 것이다. 이것이 통일 후 교정통합의 성패를 좌우하게 될 것이다.

Ⅳ. 결 론

1. 2005년은 '교정의 날 60주년'이 되는 해이나. 법무부 교정국은 향후 두 가지의 과제를 동시에 안고 있다. 하나는 민주 선진 교정행정으로의 변화, 다른 하나는 통일대비 북한지역 교정정책의 수립이다. 지난 60년 동안 추진해 온 수많은 교정정책의 결과물(① 수용자의 인권, ② 징벌, ③ 외부통권, ④ 가석방, ⑤ 갱생보호, ⑥ 교정시설의 민영화, ⑦ 외부사회인사 교정참여제도 활성화, ⑧ 교도작업, ⑨ 교정교육, ⑩ 건강, 의료와 위생, ⑪ 상벌제도, ⑫ 권리구제제도, ⑬ 사회내처우, ⑭ 지역사회자원 구축방안, ⑮ 교정조직의 효율화, 교정기구의 발전방안, 교정조직의 인사관리, 교정인력의 전문화, 행형 관련 국제조약 권고 수용)들은 통일 이후에도 유용하게 활용될 수 있을 것이다. 다만 이제는 모든 교정연구에서 반드시 북한지역 교정정책도 함께 검토하는 노력들이 있어야 한다. 조금 더 넓은 시각으로 보자는 의미이다.

2. 1989년 11월 9일의 베를린 장벽 붕괴 이후 1990년 10월 3일까지 독일 통일은 고작 329일 만에 급진적으로 이루어졌다. 그러다 보니 제대로 준비도 하지 못하고, 또한 대응전략도 부족한 상태에서 이루어졌다. 당시 독일 정부가 채택한 대응방안은 대부분 즉흥적이었고 임시방편이었다. 독일의 교정정책도 마찬가지였

다. 우리는 이점을 주목해야 한다. 통일 직후 독일 정부는 교정시설 복구를 위해 엄청난 돈을 쏟아 부었지만, 서독식 교정이념을 실현하기에는 상당한 시간이 필요했다. 동독체제하의 ① 범죄자들 처리문제, ② 통일 후 범죄의 증가, ③ 시설과 인적 자원이 따르지 않은 가운데 교정정책을 펴는 것이 얼마나 어려운 문제이었겠는가? 법무부 교정당국은 독일의 교훈을 타산지석으로 삼아야 한다. 치밀한 준비, 교정정책의 우선순위를 미리 정해 놓고 준비하고 있어야 할 것이다. 왜냐하면 교정은 형사사법정책의 완성이고, 법치국가를 실현하는 마지막 단계이기 때문이다. 이것이 바로 헌법 제10조와 행형법 제1조가 추구하는 이념이라고 생각한다.

3. 2004년 북한의 제5차 형법 개정[38]은 현재 북한 사회가 어떠한 상황에 처해 있는가를 상징적으로 보여주고 있다. 저자는 통일 후 북한지역 교정정책과 관련하여 네 가지를 제안하고자 한다. ① 가상 「통일대비 북한지역 교정국」을 운영할 필요가 있다. 사이버 가상공간에 교정시설을 신축해 놓고, 인적 통합을 어떻게 할 것이며, 물적 통합을 어떻게 할 것인지 이 공간에서 면밀히 분석하고 준비해야 한다. ② 통일 이후 예상되는 교정수요에 대한 사전 예측이 필요하다. 그래서 지역별 교도소, 소규모 교도소를 이상적으로 배분하고, 시설 확충에 대한 예산도 미리 산정할 필요가 있다. ③ 일반교도소, 여성교도소, 소년원 그리고 보호감호소 등 시설과 인적 분배를 예상하고, 초기 5년간 지원방안을 체계적으로 구상할 필요가 있다. 기존시설을 활용할 것인지, 신축할 것인지 등도 사전에 토론을 거쳐야 한다. ④ 참고로 독일의 경우 통일 이후 동독지역에서는 살인범죄, 강도범죄, 강간범죄, 폭력범죄, 차량절도범죄, 테러범죄, 매춘범죄 그리고 청소년 범죄가 대폭 증가한 것으로 통계에 나타나 있다. 우리의 경우도 충분히 예상할 수 있다. 이러한 구상들은 교정, 검찰, 법원의 복구준비와 함께 공동으로 추진되어야 할 것이다.

38) 북한 개정 형법의 변화내용에 관해 자세한 논문으로는 한인섭, 2004년 북한 형법 개정의 내용과 그 의미, 제93회 북한법연구회 월례발표회 발표논문, 2004. 12. 9. 참조; 윤대규, 2004년 북한 개정 형법의 내용과 의미에 관한 연구, 형사법연구 제24권(겨울호), 한국형사법학회, 2005, 365-383면. 생각건대 북한 형법은 제6조에서 죄형법정주의를 도입하고 있다. 그러나 형법 조문에는 불명확한 개념이 너무도 많고, 과실범에 처벌 규정도 과다하다. 또한 형법 각론에서 위험범 규정이 여전히 많이 남아 있어 근대적 의미의 형법이라고 보기도 어렵다. 따라서 통일 후 이 형법에 저촉되어 형벌을 선고받고 전과자가 되었거나, 통일 당시 구금시설에 수용중인 자는 대폭 사면 및 복권을 실시해야 할 것으로 보인다. 그리고 북한지역 교정정책도 매년 정확한 통계를 기반으로 수립되어야 할 것이다.

4. 그 외 ① 북한지역 교정시설 활용방안, ② 교정시설 복구비용, ③ 교정공무원의 재임용기준, ④ 수용자 재분류, ⑤ 개별처우를 위한 특별프로그램 개발, ⑥ 교도소 신축시 대규모보다는 소규모 형태로 전환하여 건축하는 방법, ⑦ 재임용탈락자에 대한 행정소송의 준비, ⑧ 교정시설의 의료지원방안, ⑨ 군(軍)교도소[39]와 민간교도소 분리 문제 등 수많은 문제들이 산적해 있다. 이러한 문제들은 모두가 독자적인 연구프로젝트들이다. 정확한 북한교정정보에 근거한 분석이 필요하며, 이에 대한 방향이 설정되면 모두 법률로 대비를 해 두어야 할 것이다. 가칭 「북한지역 교정시설 개편 및 지원에 관한 특별법」이라고 생각한다.

5. 지금 당장 할 수 있는 일은 2006년부터 단계적으로 전국 교도소의 교정엘리트 공무원들과 퇴직 공무원들을 중심으로 「통일대비 교정인력의 네트워크」를 구축하면서 한국사에서 가장 중요한 순간에 통합을 위해 결정적인 기여를 할 수 있도록 구체적인 시나리오를 준비하는 것이다. 여기에는 독일 통일 후 복구작업에 참여한 서독 공무원들의 희생정신과 통합정신이 참고가 될 것이다. "당시는 힘들었지만 무척 아름다운 기억들이 아직도 생생하다. 당시 우리에게 보내주었던 동독사람들의 신뢰는 일의 어려움을 극복하는데 충분한 동기부여가 되었다."[40] 이것은 한국의 교정당국과 교정분야 연구자들에게 남겨진 과제라고 본다.

6. 법무부 교정국은 남북통일이 되기 전에 독자적인 '교정청'으로 발전되어야 한다. 국가 형벌권의 3대축 중 유일하게 교정국만이 독립되지 않고 있다. 교정국이 교정청으로 독립, 신설되어 경찰청과 같이 국가기관으로서의 역할을 제고하는

39) http://myhome.hanafos.com/~hyungjoo/army-gyododae.htm [북한 군대: 교도대] 민간인을 대상으로 하는 군사조직 중 가장 핵심적인 조직이다. 만 17세부터 45세까지의 남자와 만 17세부터 30세까지의 미혼 여성을 대상으로 행정단위별 지역과 직장내에 설치되어 있다. 대학생은 정규군의 병종, 병과의 초급장교 임무를 수행할 수 있도록 전공별로 조직된다. 지역과 직장의 규모에 따라 사단과 여단으로 편성되며, 정규 보병사단과 여단에 준하는 편제와 무장을 하고 있다. 해당 지역 위수담당 정규군 군단장이 관할한다. 총병력은 174만명 정도로 알려져 있으며 지역교도대 92만명, 직장교도대 25만명, 대학생 교도대 48만명, 해상교도대 9만명 등으로 이루어져 있다. 이들은 개인 화기로 AK소총 1정씩을 보유하고 있으며 공용화기로는 정규군 보병사단 보유화기의 70~80% 수준으로 무장하고 있다. 훈련은 일반교도대의 경우 동원훈련 30일, 자위훈련 10일 등 연 320시간이며, 해상교도대의 경우는 연 120시간(15일)이다. 훈련은 야회전술 및 종합훈련, 병과별 훈련, 정규군과의 합동훈련 등을 받는다. 주요 임무는 유사시 정규사단 구성, 정규사단의 전시병력 충원, 전시 · 평시 후방방어 등이다. 교도대는 전쟁시 인민무력성의 직접 지휘를 받으며, 후방방어 및 예비대로 투입된다. 한편 '1998년 국방백서'에는 최근 교도대 붉은 청년 근위대 등 예비병력 90만명을 증강, 예비병력이 745만명에 달한다고 밝히고 있다.

40) 이에 관해서는 게하르트 미켈스, 민주적 행정통합으로의 재건, 통일한국, 평화문제연구소, 1999년 5월호, 48-51면(49면).

것이 시급하다고 생각한다. 한편 교정조직 및 교정기구의 개편과 관련[41]하여 6대 과제를 생각할 수 있다. ①'교정청'(가칭)의 독립신설, ②'교정연수원'(가칭)의 독립 신설, ③'교정공무원법'(가칭) 제정, ④'한국 교도작업공사'(가칭)의 독립 신설, 그리고 ⑤교정공무원의 사기진작책 조속 강구, ⑥교정시설의 현대화 및 조속한 확충과 적정규모 수용(유엔이 권고한 300~500명 이내) 등이다. 사실 사법정책에서 교정만큼 중요한 국가정책이 어디 있는가? 이 분야는 준비하는 만큼 통일비용을 줄일 수 있기 때문에 경찰청과 마찬가지로 이제는 교정청으로서의 책임과 의무를 다할 시점이 되었다고 생각한다. 교정은 동기부여와 희생이 동시에 요구되는 분야이기 때문이다. 교정법 개정안 논의는 한국의 행형법의 미래를 향한 출발점이 되어야 한다.

7. 남북통일이 오기까지 남한의 법치주의와 인권상황이 선진국 수준으로 향상되어야 하고, 북한의 체제변혁과정도 중요한 변수[42]가 될 수 있기 때문에 주목해야 한다. 독일 통일이 남긴 시사점을 나침반으로 이제는 차분히 그리고 구체적인 연구가 본격적으로 시작되어야 할 것이다.

> "나는 80년대 후반의 서독을 되돌아보면서 지난 세기에 건설한 내 고향 라인강의 제방을 머릿속에 떠올리지 않을 수 없다. 우리들은 다음에 올 홍수에 대비해 이들 제방들을 계속해서 개축하지 않으면 안 되었다. 그렇지 않았다면 우리들이 어떻게 1989년 후반과 1990년에 몰아닥친 그 도전들을 극복했을 것인가?"
> (Helmut Kohl, Ich wollte Deutschlands Einheit, Ullstein 1996; 김주일 역, 나는 독일통일을 원했다, 해냄, 1998, 33면). — 홍수를 대비한 제방 —

41) 허주욱 교수의 발표자료인 교정조직 · 기구의 발전적 개편방안과 국회에 상정되었던 가칭 '교정공무원법' 참조: 교정조직 및 교정기구의 개편과 관련하여 ① '교정청(가칭)"의 독립 신설, ② '교정연수원'(가칭)의 독립 신설, ③ '교정공무원법'(가칭)의 제정, ④ '한국 교도작업공사'(가칭)의 독립 신설, ⑤ 보호국 업무의 통합, ⑥ 법률 및 홍보 전담부서의 신설, ⑦ 정복직원과 사복직원간의 갈등 해소 등.

한편 교정공무원의 근무환경 개선을 위한 제도적 방안으로는 ① 교정공무원의 사기진작책 조속 강구, ② 업무 폭주에 따른 대폭적인 증원 필요, ③ 교정시설의 현대화 및 확충이 시급함, ④ 전문 교정시설의 신설, ⑤ 교정업무의 효율적 집행을 위한 인권법의 제정.

42) 기 소르망, 프랑스 대표적 지성(인터뷰), 신동아, 2000년 2월호, 84-93면(88-89면): "내가 아는 북한 내부사정으로 보면, 북한은 정상적인 나라가 아니라 공포정치 국가입니다. 그것은 종말이 있을 것이며, 무한정 연장될 수는 없습니다."

참고문헌

I. 국내 문헌

1. **단행본**(가나다 및 연도순)

강구진, 북한법의 연구, 박영사, 1975.
강철환, 북한 수용소 인민재판, 흰것도 검다(귀순자수기 모음집), 다나, 1996.
______, 수용소의 노래(북한 정치범수용소 체험 수기), 시대정신, 2005.
국제사면위원회 한국연락위원회편, 사형제도의 이론과 실제, 까치, 1989.
권영성, 헌법학원론, 2007년판, 법문사, 2007.
김기두, 형사소송법, 전정신판, 박영사, 1987.
김기춘, 형법개정시론, 삼영사, 1984.
김성돈, 형법총론, 현암사, 2006.
김성천 · 김형준, 형법총론, 동현출판사, 1998, 2005.
______, 형법각론, 동현출판사, 2000, 2006.
김영탁, 독일통일과 동독재건과정, 한울아카데미, 1997.
김일수, 사형은 폐지되어야 한다, 법 · 인간 · 인권(법의 인간화를 위한 변론), 박영사, 1992.
______, 형법학원론[총칙강의], 박영사, 1988.
______, 한국형법 I (총론 상), 박영사, 1996.
______, 한국형법 II(총론 하), 박영사, 1996.
______, 한국형법III, 박영사, 1997.
______, 형법각론, 박영사, 1999.
______, 새로 쓴 형법총론, 박영사, 1996, 2000.
김일수 · 배종대 편 법치국가와 형법 －심재우 선생의 형법사상에 대한 재조명－, 세창출판사, 1998.
김일수 · 서보학, 새로 쓴 형법총론, 박영사, 2002, 2006.
______, 새로 쓴 형법각론, 박영사, 2002, 2004.
김종원, 형법각론(상), 법문사, 1971.
김주덕, 국제형법, 육서당, 1997.
김형배, 민법학연구, 박영사, 1986.
나인균, 국제법, 법문사, 2004.
남흥우, 형법강의(총론), 박영사, 1969.
문인구, 한국법의 실상과 허상, 삼지원, 1984.
박기륜, 통일한국경찰론, 육서당, 1998.
박병호, 근세의 법과 법사상, 진원 1996.
박영규, 형법총론, 제3판, 유비티아, 2007.

박상기, 형법총론, 박영사, 1997, 1999, 2002, 2005.
______, 형법각론, 제4판, 박영사, 2002.
박우동, 판사실에서 법정까지, 한국사법행정학회, 1995.
박은정 · 한인섭 엮음, 5·18법적 책임과 역사적 책임, 이화여자대학교 출판부, 1995.
박종성, 한국의 매춘, 인간사랑, 1994.
박홍규, 사형폐지의 법학적 논리, 사형제도의 이론과 실제, 국제사면위원회 한국연락위원회 편, 까치, 1989.
______, 시민이 재판을! 사람생각, 2000.
배종대, 형법총론, 홍문사, 1996, 2001, 2004, 2006.
______, 형법각론, 홍문사, 1999, 2001, 2006.
______, 형사정책, 홍문사, 1998, 2001, 2006.
배종대 · 이상돈, 형사소송법, 홍문사, 1999, 2001, 2004, 2006.
백형구 · 차용석 · 허형구, 주석 형사소송법, 한국사법행정학회, 1992.
백형구, 알기쉬운 형사소송법, 제2판, 박영사, 2004.
______, 형법각론, 청림출판, 1999, 2002.
______, 형사소송강의, 박영사, 1997, 2000, 2001.
법학사전, 평양 사회과학출판사, 1971.
변영주, 아시아 여성으로 산다는 것, 화평사, 1995.
변종필, 1999년 최신판례, 고시계, 2000.
서일교, 형사소송법, 제8개정판, 박영사, 1979.
손기식, 교통형법, 개정판, 고시계, 1992.
손동권, 형법총론, 율곡출판사, 2001, 2004, 2005.
손해목, 형법총론, 법문사, 1996.
송광섭, 형사소송법, 대왕사, 1994.
______, 형사소송법, 신정판, 유스티니아누스, 2003.
신동운, 사례입문 형법총론, 법문사, 1991, 1992.
______, 판례백선 형법총론, 개정판, 경세원, 1998.
______, 형법총론, 제1판, 법문사, 2001, 2006.
______, 형사소송법 I, 제2판, 법문사, 1997.
______, 형사소송법, 제3판, 법문사, 2006.
신양균, 형사소송법, 대명출판사, 1998.
______, 형사소송법, 제1판, 법문사, 2000, 2004.
신진규, 사형, 형사법강좌 II, 박영사, 1984.
신치재, 책임형벌과 행형, 한남대학교 출판부, 1996.
신 평, 사법개혁을 향하여, 대구카톨릭대학교, 2002.
신현주, 형사소송법, 신정2판, 박영사, 2002.
심형일, 주체의 법이론, 평양 사회과학출판사, 1987.
심희기, 형사소송법의 쟁점, 삼영사, 2001.

안경환, 법과 문학사이, 까치, 1995.
안동준, 형법총론, 학현사, 1998.
엄상섭/허일태/신동운 편저, 권력과 자유, 동아대학교 출판부, 2007.
연합통신, 현장대르포 독일 통일의 명암-통독 3년이 우리에게 주는 교훈, 연합통신, 1993.
오영근, 형법총론, 대명출판사, 2002.
______, 형법각론, 대명출판사, 2002.
______, 형법총론, 박영사, 2005.
______, 형법각론, 박영사, 2005.
유기천, 형법학[총론강의], 일조각, 1972, 1980, 1983.
______, 형법학[각론강의 上], 일조각, 1985.
윤대규, 법사회학, 경남대학교 출판부, 1997.
윤일웅, 매춘: 전국 사창가와 창녀 실태, 동광출판사, 1987.
이건호, 형법학개론, 고대출판부, 1977.
이상돈, 형법학, 형법이론과 형법정책, 법문사, 1999.
______, 치료중단과 형사책임, 의료와 법의 합리적 소통과 책임 귀속, 법문사, 2004.
이성숙, 매매춘과 페미니즘, 새로운 담론을 위하여, 책세상, 2002.
이수성·한인섭 공역, 범죄와 형벌, 길안사, 1995.
이영란, 한국형법학-총론강의, 개정판, 숙명여자대학교 출판국, 2003.
이영준, 민법총칙[민법강의I], 박영사 1995.
이인규, 형법강의 -사례판례연구-, 도서출판 박월, 2004.
이재상, 형법총론, 박영사, 1996, 2003, 2006, 2007.
______, 형법각론, 박영사, 2000, 2004, 2006.
______, 형사소송법, 박영사, 1999, 2002, 2006, 2007.
이재상·김영환·장영민 편역, 인과관계와 객관적 귀속 [형법기본이론 I], 박영사, 1995.
이정원, 형법총론, 문영사, 1997.
______, 형법총론, 법지사, 2001, 2004.
______, 형법각론, 법지사, 1999, 2000, 2003.
이혁주·김창수, 법관과 재판, 고시계, 1986.
이형국, 형법총론연구 I, 법문사, 1989.
______, 형법총론연구 II, 법문사, 1989.
______, 형법총론, 법문사, 1996, 1997, 2003, 2007.
______, 형법각론연구 I, 법문사, 1997.
______, 형법각론연구 II, 법문사, 2005.
임동규, 형사소송법, 제2판, 법문사, 2000, 2004, 2006.
임 웅, 비범죄화의 이론, 법문사, 1999.
______, 형법총론, 법문사, 1999, 2002, 2004, 2006.
______, 형법각론, 법문사, 2005.
임종훈·박수철·임송학·박장호, 입법과정론, 박영사, 2000.

임준태, 독일형사사법론, 21세기사, 2004.
장봉문 편, 최신 북한법령집, 북한법연구회, 2006.
전득주, 독일연방공화국－정치교육, 민주화 그리고 통일－, 대왕사, 1995.
정민, 다산선생 지식경영법, 김영사, 2006.
정성근, 형법총론, 법지사, 1987, 1996.
______, 형법각론, 법지사, 1996.
정성근·박광민, 형법총론, 삼지원, 2001, 2005.
정약용, 흠흠신서 1, 법제처, 1985.
______, 흠흠신서 2, 법제처, 1986.
______, 흠흠신서 3, 법제처, 1987.
정약용/노태준 해석, 목민심서, 홍신문화사, 중판, 1993.
정약용/박무영 옮김, 뜬세상의 아름다움, 태학산문선 105, 태학사, 2001.
정약용/박석무 편역, 유배지에서 보낸 편지, 개정판 15쇄, 창작과비평사, 2006.
정약용/박석무/정해렴 역주, 역주 欽欽新書, 현대실학사, 1999.
정약용/이영례 옮김, 목민심서정설, 동양서적, 2006.
정약용/이을호 역, 목민심서, 현암사, 1984.
정약용/이익성 옮김, 경세유표 I, 한길사, 1997.
정약용/이인철 편역, 목민심서(리더십의 고전), 고려원북스, 2006.
정약용/이인철 편역, 이야기 목민심서, 고려원미디어, 1996.
정약용/정해겸 옮김, 목민심서정선(상)(하), 현실총서 32, 현대실학사, 2004.
정영석, 형법총론, 제5판, 법문사, 1983.
정영석·이형국, 형사소송법, 법문사, 1996.
정영일, 형법개론, 박영사, 2003.
______, 형법총론, 박영사, 2005, 2006.
정웅석, 형법강의, 대명출판사, 제6판, 2005.
______, 형사소송법, 제2판, 대명출판사, 2005.
정치용어사전, 평양 사회과학출판사, 1970.
조선민주주의인민공화국 과학원 경제법학연구소 편(재일본조선인과학자협회 사회과학부 문 법정부회 역), 朝鮮民主主義 人民共和國の國家·社會體制, 日本評論社, 1966.
조선일보사, 마이스터(明匠)의 나라 독일, World Village 2004년 제1호(VOL. 4), 2004.
조준현, 형법총론, 법원사, 2000, 2004.
______, 형법각론, 법원사, 2005.
진계호, 형법총론, 대왕사, 1986, 1996, 2000, 2003.
______, 형법각론, 대왕사, 1991, 1996, 2003.
______, 형사소송법, 형설출판사, 2000, 2004.
차용석, 형법총론강의, 제2판, 고시연구사, 1998.
______, 형사소송법, 세영사 1997.
차용석·최용성, 형사소송법, 제2판, 세영사, 2004.

최관식, 형법총론, 삼우사, 2007.
최대권, 통일의 법적문제, 법문사, 1992.
최종고, 위대한 법사상가들 (I)・(II)・(III), 학연사, 1982.
______ 편, 북한의 법과 법이론, 경남대학교 극동문제연구소, 1988.
______, 한국법과 세계법, 교육과학사, 1989.
______, 법사상사, 박영사, 1992.
______, 북한법, 박영사, 1994.
______, 한국법입문, 박영사, 1994.
______, 괴테와 다산 통하다, 추수밭, 2007.
하은경, 그러나 매춘은 없다, 새길, 1994.
하태영, 독일통일 현장 12년, 경남대학교 출판부, 2004.
하태훈, 사례중심 형법강의 총론, 법원사, 1998.
______, 판례중심 형법총・각론, 법원사, 2006.
한국법학교수회 편, 법학교육과 법조개혁-故 이윤영 교수 추모논문집-, 길안사, 1994.
______, 사법개혁 이렇게 해야 한다, 길안사, 1995.
한인섭, 권위주의 형사법을 넘어서, 동성사, 2000.
한형조, 주희에서 정약용으로: 조선유학의 철학적 패러다임 연구, 세계사, 1996.
허영 편, 독일통일의 법적 조명, 박영사, 1994.
______, 한국헌법론, 전정 3판 [2007년판], 박영사, 2007.
허일태, 형법연구 I, 세종출판사, 1997.
______, 한국에서의 사형제도의 존치에 대한 정당성의 문제, 법철학의 기본문제, 세종출판사, 1998.
______, 형법연구 II, 동아대학교 출판부, 2004.
허주욱, 행형학, 박영사, 1987.
______, 교정학, 신정판, 법문사, 2003.
허형구・차용석・백형구, 주석 형사소송법(상)(중)(하), 한국사법행정학회, 1992.
홍성태, 폭압적 근대화의 붕괴 -삼풍백화점 붕괴 사고를 중심으로, 위험사회를 넘어서-개발과 파괴의 사회학, 새길신서 59, 새길출판사, 2000.
홍천용, 소비자피해구제에 관한 연구, 경희대학교 대학원, 1980.
황산덕, 형법총론, 방문사, 1986.

2. **번역서**(알파벳순)

Bark, Dennis L./David R. Gress, A History of West Germany, Blackwell Publishing Ltd, Oxford 1993(데니스 바르크/데이비드 그레스/서지원 옮김, 도이치 현대사 1(새나라 세우기), 2(변화와 모색), 3(아, 동방정책), 4(허상의 붕괴와 통일선택), 비봉출판사, 2004).
Barry, Kathleen, Prostitution of Sexuality, 1996(캐슬린 배리/정금나/김은정 옮김, 섹슈얼리티의 매춘화, 삼인, 2002).

Beccaria, Cesare, Dei Delitti e delle Pene, 1764(체자르 베카리아/김봉도 역, 범죄와 형벌, 박문각, 1995; 이수성・한인섭 공역, 범죄와 형벌, 길안사, 1995; 한인섭 신역, 체자르 벡카리아의 범죄와 형벌, 박영사, 2005).

Beck, Ulrich, Risiokogesellschaft. Auf dem Weg in eine andere Moderne, Suhrkamp Verlag, Frankfurt am Main 1986(울리히 벡/홍성태 역, 위험사회－새로운 근대(성)을 위하여, 새물결, 1997).

Buergenthal, Thomas, International Human Rights in a Nutshell, West Publishing 1995(토머스 뷔겐탈/양건・김재원 역, 국제인권법, 증보판, 교육과학사, 2001).

Dallet, Charles, Histoire de l'Eglise de Corée, t. 1. Paris 1874(샤를르 달레/안응렬・최석우 역주, 한국천주교회사, 분도출판사, 1979 및 정기수 역, 조선교회사 서론, 탐구신서(101), 1966).

Hawk, David, The Hidden Gulag, 2003(데이비드 호크/이재광 옮김, 감춰진 수용소, 시대정신, 2003).

Franzen, August, Kleine Kirchengeschichte, Herausgegeben von Remigius Bäumer, Durchgesehen und erweitert bis in die Gegenwart von Roland Frölich, Verlag Herder, Freiburg im Breisgau 2000(아우구스트 프란츤・래미기우스 보이머/최석우 옮김, 세계 교회사, 개정증보판, 분도출판사, 2004).

Johnson, David(데이비드 존슨), 미국 형사사법제도의 허와 실, 대한변호사협회, 2005.

Katsh, M. Ethan, LAW IN A DIGITAL WORLD, Oxford University Press 1996(M. 이센 카트시/김유정 역, 디지털시대의 법제이론, 디지털사이언스 6, 나남출판사, 1997).

Kohl, Helmut, Ich wollte Deutschlands Einheit, Ullstein 1996(헬무트 콜/김주일 역, 나는 독일통일을 원했다, 해냄, 1998).

Kaufmann, Jean-Claude(장 클라우드 코프만/김정은 옮김, 여자의 육체 남자의 시선: 토플리스 사회학, 한국경제신문사, 1996).

Neumann, Ulfried/Ulrich Schroth, Neuere Theorien, von Kriminalität und Strafe, Darmstadt 1980(울프리트 노이만/울리히 슈로트/배종대 옮김, 형사정책의 새로운 이론, 홍문사, 1994).

Roxin, Claus, Kriminalpolitik und Strafrechtssystem, 2. Aufl., Berlin, New York 1973(클라우스 록신/김일수 역, 형법학방법론, 제1판, 박영사, 1984).

Weidenfeld, Werner/Karl-Rudolf Korte (Hrsg.), Handbuch zur deutschen Einheit, Aktualisierte Neuausgabe, Frankfurt/Main, New York, Campus Verlag 1996(베르너 바이덴펠트/칼-루돌프 코테/임종헌・신현기・백경학・배정한・최필준 역, 독일통일백서, 한겨레신문사, 1998).

Wessels, Johannes/Werner Beulke, Strafrecht Allgemeiner Teil. Die Straftat und ihr Aufbau. 36. neu bearbeitete Auflage, Heidelberg 2006(요하네스 베셀스/허일태 역, 독일형법총론, 제20판, 법문사, 1991: 제27판, 세종출판사, 1998).

Zipf, Heinz, Kriminalpolitik. Ein Lehrbuch, 2. Aufl., Heidelberg・Karlsruhe 1980(하인츠 찌프/김영환/허일태/박상기, 형사정책, 한국형사정책연구원, 1993).

團藤重光, 死刑廢止論, 第6版, 有斐閣, 2000(단도 시케미츠/김희진 역, 사형폐지론, [부록] 한국사형폐지운동협의회 관련자료, 한국사형폐지운동협의회, 2001).

三井 誠・酒卷 匡, 入門刑事手續法, 第3版, 有斐閣, 2001(미츠이 마코토/사카마키 타다시/신동운 역, 입문일본형사수속법, 법문사, 2003).

3. 논문(가나다 및 연도순)

강구진, 공소제기된 사실이 합동절도인 경우에 일반절도의 공동정범 또는 합동절도방조의 사실관계가 공소사실의 범위에 속하나 여부, 판례회고 제5호(1976), 서울대학교, 1978, 194-235면.

______, 사형폐지의 이론과 실제, 고시계, 1980년 3월호(상), 41-52면, 1980년 4월호(하), 87-94면.

강기정, 죄형법정주의, 동산손해목박사화갑논문: 형사법학의 현대적 과제, 법문사, 1993, 1-29면.

구모영, 판례변경과 소급효금지원칙－대법원 1999.7.15. 선고 95도2870 판결－, 비교형사법연구 제1권 제2호, 세종출판사, 2000, 171-190면.

구욱서, 특정범죄가중처벌등에 관한 법률 제5조의3 제1항 위반죄에 있어서의 '도주'의 의미, 대판 판례해설 통권 제17호, 법원행정처, 1992, 911-919면, 사법행정 제386호, 1993년 2월호, 76-80면.

구병삭, 북한의 사법・판사제도, 최종고 편, 북한의 법과 법이론, 경남대학교 극동문제연구소, 1988, 198면 이하.

권 범, 특정범죄가중처벌등에관한법률위반(도주차량)에 있어 도주의 의미, 판례연구, 제주판례연구회, 1997, 233-241면.

권 성, 사법개혁의 방향과 문제점, 서울대학교 법학, 제35권 제1호(통권 제94호), 1994, 1-11면.

김규장, 타인의 전화기의 무단사용과 절도죄의 성부 －유체성설과 관련하여－, 형사재판의 제문제 제2권, 형사실무연구회, 박영사, 1999, 99-112면.

김기두, 사형제도, 법정 1965년 10월호, 349면 이하.

김남현, 현행 도로교통법의 문제점 및 개정방향에 관한 연구, 경찰학연구 제4호, 2003, 195-223면.

김대환, 돌진적 성장이 낳은 이중 위험사회, 계간사상, 1998년 가을호, 사회과학원, 26-45면.

김대휘, 경미범죄의 사물관할, 대한변호사협회지 제116호, 1986년 4월호, 50-54면.

김동건, 뺑소니교통사고에 관한 소고, 김용철 선생 고희기념 법학논집, 박영사, 1993, 957-978면.

김상희, 강간치상죄에 있어서의 상해의 인정범위, 형사판례연구[4], 박영사, 1996, 213-224면.

김선복, 비친고죄의 공소사실에 대하여 친고죄를 인정하는 경우 공소장변경의 문제, 비교형사법연구 제3권 제1호, 한국비교형사법학회, 2001, 305-326면.

김성규, 형법의 장소적 적용범위에 관한 규정과 한계, 형사법연구 제18호, 2002년 겨울,

181-210면.

김성돈, 가칭 질서위반법의 체계와 이른바 질서위반행위의 구조, 법조 통권 제577호, 2004년 10월호, 5-45면.

______, 공소시효제도와 소급금지원칙, 법학논고 제11집, 西村韓宗烈敎授 停年退任, 仁山郭東憲敎授 華甲紀念特輯, 경북대학교 법학연구소, 1995, 175-208면.

______, 도로교통법상의 '범칙금'과 명칭사기, 비교형사법연구 창간호, 세종출판사, 1999, 297-316면.

김성룡, 치료행위중단에 있어서 작위와 부작위의 구별, 형사판례연구[13], 박영사, 2005, 138-168면.

김영섭, 건축문화와 도시환경의 위기, 계간사상, 1998년 가을호, 사회과학원, 84-114면.

김영환, 공소시효와 형벌불소급의 원칙, 형사판례연구[5], 박영사, 1998, 1면-27면.

김은경, 성매매 담론과 범죄학적 딜레마, 2002학년도 한국형사정책학회 추계학술대회 발표논문, 2002, 1-24면.

김일성, 우리 당 사법정책을 관철하기 위하여(1958년 4월 29일 전국사법, 검찰일군회의에서 한 연설), 김일성저작집 제12권(1958.1-1958.12), 평양 조선로동당출판사, 1981, 220-230면.

김일수, 교사의 학생체벌권과 정당화 사유, 판례연구 제3집, 고려대학교 법학연구소, 1986, 185-199면.

______, 경미범죄처벌법의 제문제, 대한변호사협회지, 1987년 9월호, 26-29면.

______, 일인회사의 주주겸 대표이사의 업무상 배임, 판례연구 제4집, 고려대학교 법학연구소, 1987, 41-81면.

______, 형법상 문서와 복사문서의 문서성, 고시연구, 1992년 2월호, 252면.

______, 국가형벌권의 정당화 문제, (김일수 · 배종대 편) 법치국가와 형법 -심재우 선생의 형법사상에 대한 재조명-, 세창출판사, 1998, 1-37면.

김재광, 과태료제도의 문제점과 개선방안, 법조 통권 제577호, 2004년 10월호, 2004, 163-188면.

김재원, 미국 로스쿨의 법학교육방법-Case Method에 관한 오해와 이해, 법철학연구 제9권 제2호, 세창출판사, 2006, 57-80면.

김종철, 참심 및 배심제도 도입논의에 대한 검토[토론], 법과 사회 제25호, 동성출판사, 2003, 103-107면.

김혜정, 독일에서 3심제도에 대한 논의 종결, 형사정책연구소식 통권 제63호(2000 · 1/2월호), 형사정책연구원, 2001, 37-40면.

김효전, 남북한법체제의 비교연구-공법관계를 중심으로-, 김철수 · 최송화 공저, 국토통일원용역논문, 1972년 6월, 139면 이하.

______, 독일 통일과 기본법의 제정, 헌법학연구, 제4집 제2호, 한국헌법학회, 1998, 246-276면.

김희옥, 재산죄에 있어서의 재물, 사법행정 제29권 제3호, 1988년 3월호, 한국사법행정학회, 45-52면.

노만경, 특정범죄가중처벌등에관한법률위반(도주차량)죄에 관한 판례동향 -'도주'의 개념을 중심으로-, 재판실무연구, 광주지방법원, 1996, 439-453면.

릴리에, 한스(Lilie, Hans, Verfolgungsverjährung bei Straftaten gegen die Menschylichkeit); 하태영 역, 반인륜적 범죄행위에 대한 공소시효, 동아법학 제21집, 1996, 282-311면.

______, (Lilie, Hans, Ist für die Strafjustiz ein dreigliedriger Justizaufbau, eine Reform des Rechtsmittelsystems und eine Aufgabenverlagerung auf außergerichtliche Verfahren zu empfehlen?); 하태영 역, 형사사법에서 삼심제 소송구조, 상소제도 개선, 비정규적인 소송절차로의 책임이전은 권장할 만한가? 한국비교형사법학회 초청강연(2000년 10월 6일), 비교형사법연구 제2권 제2호, 한국비교형사법학회, 2000, 447-454면.

______, (Lilie, Hans, Die Beteiligung der Leien im deutschen Strafverfahren); 하태영 역, 독일 형사사법에서 시민참여, 형사정책 제13권 제1호, 한국형사정책학회, 동성출판사, 2001, 329-351면.

문영삼, 선진 교정시설의 건축계획과 기준에 관한 연구-미국의 교도소 건축을 중심으로-, 대한건축학회 논문집 제22권 제9호, 대한건축학회, 2006, 49-57면.

문채규, 항소심에서의 공소장변경과 고소취소의 효력, 志松이재상교수화갑논문집 형사판례의 연구[II], 박영사, 2003, 237-254면.

미켈스, 게하르트, 민주적 행정통합으로의 재건, 통일한국, 평화문제연구소, 1999년 5월호, 48-51면.

______, 체제이전 이상의 의미가 있다-정치·사회정책·법률분야에 대한 통합의 성과, 통일한국, 평화문제연구소, 1999년 7월호, 46-48면.

바이겐트, 토마스(Weigend, Thomas, Die Wiedervereinigung Deutschlands und die Strafrechtspflege, 日本 刑法學會 講演文, 日本 刑法雜誌 33卷 1號, 1993, 46面 以下); 박강우 역, 독일통일과 형사사법, 형사정책연구소식, 통권 제49호, 1998년 9·10월호, 한국형사정책연구원, 26-31면(28면).

박기륜, 분단국 통일사례에서 나타난 치안문제와 돌발적인 한반도 통일환경조성에 따른 대비방안, 동국대대학원 논문집 제27집, 1997, 483-508면.

______, 통일에 따른 한국경찰기구 통합모형에 관한 연구, 동국대대학원 법학박사 학위논문, 1997.

______, 한반도의 통일에 따른 예상치안문제와 대비방안, 한국경호경비학회, 창간호, 1997, 99-122면.

박동중, 독일통일의 교훈: 남북한 통일의 비(非)독일적 전망, 사회과학 제32권 제2호, 성균관대학교 사회과학연구소, 1993, 263-288면.

박미숙, 부작위와 공범, 2003년도 한국비교형사법학회 춘계학술논문발표회, 2003년 4월 19일, 21-41면.

박상기, 돈세탁의 유형과 금융기관 종사자의 책임, 형사법연구 제9호, 한국형사법학회, 1997, 283-300면.

박상기, 한국에서의 사형제도, 이상과 현실, 형사법연구 제16호 특집호, 한국형사법학회, 2001, 69-76면.

______, 고의의 본질과 대법원 판례의 입장, 형사판례연구[10], 박영사, 2002, 42-61면.

박수희, 국가공안부 관련 범죄, 법무부편, 통일독일의 구동독체제불법청산 개관, 법무부, 1995, 659-703면.

박영관, 현행 인신구속제도에 대한 비판, 구속영장청구와 피의자심문-제21회 형사정책세미나 자료-, 형사정책연구원, 1997년 11월 14일, 59-80면.

박정근, 사형의 사적(史的) 경향과 그 장래, 법정논총 제8집, 중앙대학교, 1959년 6월호, 78면 이하.

______, 합동절도, 사법행정 제10권 제11호, 1969년 11월호, 55-59면.

박찬주, 형법 제331조 제2항 후단의 '2인 이상이 합동하여'의 의미 -대판 1988. 9.13. 88도 1197-, 대법원판례해설 제10호, 1989년 12월호, 489면 이하.

백형구, 죄형법정주의의 신체계, 고시계, 1989년 1월호, 115-129면.

______, 개정 형사소송법의 내용과 특색, 고시계, 1996년 2월호, 59-76면.

______, 1999년 형사소송법 판례동향, 고시계, 2000년 1월호, 81면 이하.

법과사회(편), [특집 1] 법학전문교육, 어떻게 할 것인가? 법과사회 2004년 상반기 제26호, 동성출판사, 2004, 9-94면.

법조(편), 한국에서의 질서위반법 도입, 통권 제577호, 2004년 10월호, 5-188면.

변종필, 최신기본판례해설, 고시계, 1999년 9월호, 104면 이하.

서보학, 형법상 소급효금지원칙의 기능과 한계, 대한변호사협회, 인권과 정의, 통권 제251호, 1997년 7월호, 77-96면.

______, 낙태죄와 입법자의 법적 가치판단, 법치국가와 형법-심재우 선생의 형법사상에 대한 재조명-, 세창출판사, 1998, 382-409면.

______, 형사판례변경과 신뢰보호, 경희법학 제34권 제1호, 1999, 337-351면.

손대식, 특정범죄가중처벌등에 관한 법률위반(도주차량)죄에 관한 고소, 재판과 판례, 대구판례연구회, 1995, 505-529면.

손동권, 항소심에서의 공소사실변경으로 인한 특수문제 -합의부 사물관할 및 친고죄 공소사실로의 변경, 형사판례연구[9], 박영사, 2001, 469-481면.

______, 독일 형법 제242조(절도죄)의 객관적 구성요건요소, 一鑑法學 제6권, 건국대학교 법학연구소, 2001, 31-56면.

송기춘, 헌법상 법원의 구성원리와 법원의 구성, 경남법학 제16집, 2000, 123-145면.

송두환, 구속영장실질심사의 올바른 정착을 위하여, 구속영장청구와 피의자심문-제21회 형사정책세미나 자료-, 형사정책연구원, 1997년 11월 14일, 91-124면.

송진현, 특정범죄가중처벌등에관한법률 제5조의3 제2항 '피해자를 사고장소로부터 옮겨 유기하고 도주한 때'의 의미, 대법원 판례해설 통권 제16호, 법원행정처, 1992, 703-711면.

신동열, 최근 판례 -운전자가 혈액채취의 방법에 의한 주취정도의 측정을 요구할 수 있는 시한 및 그 시한이 경과한 후의 음주운전사실의 증명방법(대법원 2002.3.15. 선고

2001다7121 판결)－, 경찰고시, 2002년 7월호, 30-35면.
신동운, 회사의 대표기관 등에 대한 형사책임과 배임죄, 상사판례연구[1], 如松 崔基元 教授 華甲・서울大學校在職 三十年紀念論文集 刊行委員會, 박영사, 1996, 520-540면.
______, 인신구속제도를 둘러싼 법적용의 왜곡과 그 해결방안, 서울대학교 법학 제39권 제1호, 서울대학교 법학연구소, 1999, 17-48면.
신양균, 임의동행과 긴급체포, 고시계 1996년 10월호, 170-180면.
______, 체포적부심사제도－대법원 1997. 8. 27 선고 97모21 결정을 중심으로－, 고시계, 1998년 4월호, 134-144면.
신 평, 열린 사법과 그들만의 사법－사법무결점주의를 비판하며, JURIST, 2002년 1월호, 18-22면.
______, 한국법관제도의 개선방안에 관한 소고, JURIST, 2002년 8월호, 23-28면.
심의기, 1990년대 한국의 형사사법 개혁운동의 성과와 전망, 형사정책 제13권 제1호, 2001, 한국형사정책학회, 353-371면.
심재우, 사형은 형사정책적으로 의미있는 형벌인가? 형사정책연구소식 통권 제29호, 한국형사정책연구원, 1995년 5・6월호, 3면 이하.
______, 인간의 존엄과 사형폐지론(고려대학교 법과대학 고별강연), 법학논집 제34집, 고려대학교 법과대학 법학연구소, 1998, 451-466면.
심희기, 흠흠신서의 법학사적 해부, 영남대학교 사회과학연구 제5편 제2권, 1985, 31-62면.
______, 공소사실의 축소인정과 현저한 정의와 형평기준, 형사판례연구[9], 박영사, 2001, 482-500면.
양승현, 한반도 통일을 보는 독일인의 시각, 신문연구 제65호, 1997년 가을호, 관훈클럽, 1997, 270-280면.
오영근, 항소심에서 반의사불벌죄로 공소장이 변경된 경우 처벌을 희망하지 않는다는 의사표시의 효력, 형법학의 현대적 과제, 손해목박사화갑기념논문집, 법문사, 1993, 305-326면.
______, 강간치상죄에서 상해의 개념, 형사판례연구[3], 박영사, 1995, 144-156면.
______, 친고죄로의 공소장변경과 항소심에서의 고소취소의 효력, 志松이재상교수화갑논문집 형사판례의 연구[II], 박영사, 2003, 196-217면.
오욱환, 한국의 사법개혁안에 대한 분석, 인권과 정의 통권 제290호, 2000년 10월호, 147-174면.
유병렬, 사형제도는 폐지되어야 한다, 법정논총 통권 제22호, 중앙대학교, 1983, 225-239면.
윤대규, 2004년 북한 개정형법의 내용과 의미에 관한 연구, 형사법연구 제24권(겨울호), 한국형사법학회, 2005, 365-383면.
윤대규・하태영, 서독과 나토(NATO)회원국에 적대적인 스파이행위를 한 구동독국가공안부와 동독인민군 정보요원의 처벌문제, 경남법학 제15집, 경남대학교 법학연구소, 2000, 93-312면.
윤영철, 형법이론으로서 적극적 일반예방이론에 관한 고찰, 비교형사법연구 제4권 제2호, 한국비교형사법학회, 2002, 71-106면.

윤재현, 다산의 유교적 자연법 －흠흠신서를 중심으로－, 성균관대학교 대학원, 석사학위논문, 2000.

이경재, 매춘에 대한 다양한 견해와 그에 대한 형사정책적 입장, 형사정책연구 제10권 제4호, 형사정책연구원, 1999년 겨울호, 165-180면.

이관희, 독일의 통일경찰법모범초안에 있어서 몇 가지 법적 문제, 경찰대학 논문집 제13집, 1993, 105-119면.

이기헌, 특가법 제5조의 3의 도주운전죄, 형사판례연구[5], 박영사, 1997, 413-431면.

이동기, 특정범죄가중처벌등에관한법률위반(도주차량)죄 －판례를 중심으로－, 법조 제493호, 1997년 10월호, 5-30면.

이수성, 사형폐지소고, 서울대학교 법학 제13권 제2호, 서울대학교 법학연구소, 1975, 52-80면.

이승호, 질서위반행위에 대한 제재체계의 정비를 위한 일고찰, 법조 통권 제577호, 2004년 10월호, 46-79면.

이시우, 독일 통일과정에서 파생된 헌법적 문제에 관한 독일 연방헌법재판소의 판례분석, 헌법재판소 1996, 155-255면.

이영근, 교정조직관리의 효율성에 관한 비교연구, 교정연구 제12호, 한국교정학회, 2004, 195-213면.

이영란, 성매매(윤락행위) 최소화를 위한 입법정책, 저스티스 통권 제65호, 2002년 2월호, 한국법학원, 185-204면.

이용식, 법인의 범죄능력과 형법에 있어서 제조물책임, 상사판례연구[1], 如松 崔基元 敎授 華甲・서울大學校在職 三十年紀念論文集 刊行委員會, 박영사, 1996, 331- 352면.

이윤근, 합동절취와 공동정범, 법조 제18권 제12호, 1969년 12월호, 80면 이하.

이재상, 복사문서의 문서성, 판례월보 제235호, 1990년 4월호, 24-28면.

______, 1997년 형사판례 회고, 형사판례연구[6], 박영사, 1998, 476-530면.

______, [특집] 1998년 형법 판례 회고, 고시계, 1999년 1월호, 13-22면.

______, 합동범의 공동정범, 법학논집 제3권 제1-2 합병호, 이화여자대학교 법학연구소, 1999, 209-227면.

______, 1999년의 형사판례 회고, 형사판례연구[8], 박영사, 2000, 568-622면.

이재석, 현행 인신구속제도의 문제점과 개선방안, 한국비교형사법학회 제1회 동계학술대회 발표논문, 1999, 27면 이하.

이재열, 대형사고와 위험: 일상화한 비정상성, 계간사상, 1998년 가을호, 사회과학원, 180-199면.

이정원, 부진정부작위범에서의 공범과 정범, 비교형사법연구 제2권 제2호, 한국비교형사법학회, 2000, 136-154면.

______, 부진정부작위범의 구조적 문제점, 형사법연구 제14호, 한국형사법학회, 2000, 233-254면.

______, 재산범죄에 있어서 재물간주규정에 대한 새로운 이해, 2003 한국비교형사법학회 국제학술대회 발표논문자료집, 2003, 341-364면; 비교형사법연구 제5권 제2호, 한국

비교형사법학회, 2003, 679-700면.

이종갑, 공소장변경과 방어권 보장, 志松이재상교수화갑논문집 형사판례의 연구[II], 박영사, 2003, 218-236면.

이종상, 살인죄에 있어서 미필적 고의－삼풍백화점 붕괴사건과 관련하여－, 형사판례연구[5], 박영사, 1999, 28-40면.

이종수, 시민의 사법참여에 관한 헌법적 검토, 법과 사회 제25호, 동성출판사, 2003, 9-29면.

이종찬, 전자복사기 등의 사용에 의한 복사문서의 문서성, 법조 제39권 제6호(제405호), 1990년 6월호, 128-138면.

이창호, 검찰개혁의 방향과 과제, 한국형사법학회 춘계학술대회 발표논문 제2주제, 2003, 1-15면.

이충상, 범행현장에 가지 아니한 자가 합동절도의 공동정범이 될 수 있는지: 합동범의 공동정범의 성립가능성, 법조 제47권 제10호(제505호), 1998년 10월호, 150-178면.

이헌환, 독일통일과 관련한 서독 연방헌법재판소 판결에 대한 연구, 사회과학연구, 서원대학교 사회과학연구소, 1993, 275-298면.

이호중, 축소사실에 대한 공소장변경 없는 유죄인정－비친고죄의 공소사실에 대하여 친고죄의 유죄를 인정하는 경우－, 형사판례연구[8], 박영사, 2000, 398-427면.

______, 성매매방지법안에 대한 비판적 고찰－성매매에 관한 여성학적 담론과 형사정책의 담론 사이에서－, 2002학년도 한국형사정책학회 추계학술대회 발표논문, 2002, 1-15면; 형사정책 제14권 제2호, 한국형사정책학회, 2002, 7-35면.

이희봉, 민본사상과 실학(다산), 근내법사상의 전개, 이당장경학박사화갑기념논문집, 1977, 321-348면.

______, 정다산 실학의 법률사상, 법사상과 민사법, 춘제현승종박사화갑기념논문집, 1979, 85-110면.

임 웅, 경미범죄의 비범죄화, 형사정책연구, 1990년 제2호, 187-215면.

______, 국가보안법과 죄형법정주의, 판례월보 제246호, 1991년 3월호, 8-13면.

______, 부작위범에 있어서 규범위반과 범죄성립의 문제점, 저스티스 제31권 제4호, 1998, 50-67면.

임 웅·소재용, 소급효금지원칙과 판례변경의 소급효－형법 제16조(위법성의 착오)와 관련하여－, 성균관법학 제16권 제1호, 성균관대학교 비교법연구소, 2004, 499-529면.

임준태, 독일경찰제도와 수사구조에 관한 연구－일반예방경찰과 수사경찰을 중심으로－, 수사제도연구자료집 VII, 치안연구소, 1999.

장봉문, 통일법 연구의 동향과 과제, 제1회 한국법학자대회 발표논문 4분과 1주제, 1998, 1-26면.

장영민, 부진정부작위범의 성립요건, 형사판례연구[2], 박영사, 1994, 37-45면.

______, 판례변경의 소급효(I), 법학논집 제4권 제4호, 이화여자대학교 법학연구소, 2000, 39-45면.

정동기, 형사소송법의 개정배경, 저스티스, 제29권 제2호, 1996년 9월호, 한국법학원, 47-63면.

정동욱, 소위 축소사실에 대한 유죄인정범위: 공소장의 변경이 없는 상태에서 법원이 의무적으로 유죄를 인정해야 하는 축소사실의 범위, 형사판례연구[3], 박영사, 1995, 391-403면.
______, 체포·구속적부심사제도, 고시계, 1996년 11월호, 81-96면.
정만희, 미국의 배심제도, 공법연구 제35권 제1호, 한국공법학회, 2006, 465-500면.
정봉휘, 사형존폐론의 이론사적 계보, 동산손해목박사화갑기념논문집, 형사법학의 현대적 과제, 동산손해목박사화갑기념논문집간행위원회, 1993, 495-508면.
정영일, 죄형법정주의의 현대적 전개, 고시계, 1989년 1월호, 113-123면.
______, 피고인에게 불리한 판례변경과 형법 제1조 제1항, 형사판례의 연구[I], 志松이재상교수화갑기념, 박영사, 2003, 1-10면.
정준현, 행정상 금전제재와 그 실효성 확보방안, 법조 통권 제577호, 2004년 10월호, 2004, 122-162면.
제성호, 북한 인권실태와 국제사회의 대응, 북한법 연구-강구진 교수 20주년 추모 논문집-제7호, 북한법연구회, 2004, 265-295면.
조 국, '반인권적 국가범죄'와 공소시효의 정지·배제, 공권력에 의한 반인도적 범죄의 처벌방안과 재발방지대책(참여연대 세미나), 2002년 2월 5일, 2-19면.
______, '반인권적 국가범죄'의 공소시효 정지·배제와 소급효금지의 원칙, 형사법연구 제17호, 2002, 1-18면.
조병선, 형법과 행정벌의 구별과 정비, 형사법연구 제22호(2004년 겨울) 특집호, 한국형사법학회 법문사, 2004, 385-405면.
조상제, 도주차량운전자의 가중처벌(특가법 제5조의 3)소정의 도주의 의미해석과 그 한계, 형사판례연구[5], 박영사, 1997, 385-413면.
조시현, 국제법으로 본 공소시효문제, 민주법학 21, 민주주의법학연구회, 관악사, 2002, 197-232면.
조준현, 특정범죄가중처벌등에관한법률 제5조의3 도주차량운전자의 가중처벌조항의 해석 -도주의 의미를 중심으로-, 형사판례연구[7], 1998, 256-277면.
______, 공소장변경과 친고죄의 고소, 고시연구, 2000년 2월호, 82-90면.
조태제, 행정집행제도의 문제점과 그 개선방안, 법조 통권 제577호, 2004년 10월호, 2004, 80-112면.
진용상, 합동절도소고, 검찰 제58호, 1975년 9월호, 35-39면.
차용석, 개정 형사소송법상의 체포와 구속, 고시계 1996년 2월호, 77-93면.
______, 공소장변경의 요부, 고시연구 1997년 3월호, 19면 이하.
천진호, 상해의 개념에 대한 판례평석, 법학논고 제15집, 경북대 법학연구소, 1999, 73-93면.
______, 항소심에서의 공소장변경과 고소취소의 효력, 형사판례연구[8], 박영사, 2000, 428-453면.
______, 피고인에게 불리한 판례변경과 소급효금지의 원칙, 형사판례의 연구[I], 志松이재상교수화갑기념, 박영사, 2003, 11-24면.
최병각, 매춘행위와 형벌권의 한계, 비교형사법연구, 제4권 제1호, 한국비교형사법학회,

2002, 301-324면.

최옥채, 북한의 교정제도에 관한 연구, 교정 제290호, 한국교정학회, 2000, 48-67면.

_____, 남북한 교정복지에 관한 비교연구-교정복지의 구성체계와 작동원리를 중심으로-, 교정연구 제12호, 한국교정학회, 2004, 311-344면.

카우프만, 아르투어(Kaufmann, Arthur, Gerechtigkeit-der vergessene Weg zum Frieden, Gedanken eines Rechtsphilosophen zu einem politischen Thema, Serie Piper, 1986, S. 25 ff.); 하태영 역, 정의와 평화, 경남법학 제15집, 경남대학교 법학연구소, 2000, 210-225면.

플리바체스키, 에밀(Plywaczewski, Emil W., Methode und Art der Geldwäsche); 하태영 역, 돈세탁의 방법과 유형, 범죄방지포럼 제5호, 1998, 158-162면.

하광호, 교통사고처리특례법상의 문제점, 사법논집 제19집, 법원행정처, 1998, 507-551면.

하태영, 다산 정약용의 형사철학과 형사정책-한국형 적극적 일반예방사상-, 심정 정성근 교수 화갑기념논문집 간행위원회, 공범론과 형사법의 제문제(하), 삼영사, 1997, 1051-1088면.

_____, 소극적 일반예방과 적극적 일반예방사상의 구분, 경암 홍천용 교수 화갑기념논문집, 21세기 국제정경연구원, 1997, 1061-1080면.

_____, 적극적 일반예방, 고시계, 1998년 9월호, 97-108면.

_____, 사형제도는 폐지되어야 한다, 경남법학 제13집, 1998, 121-172면.

_____, 인권과 사형, 세계인권선언 제53주년기념 인권세미나, 앰네스티 법률위원회, 2001, 83-126면.

_____, 피고인에게 불리한 판례변경의 문제점과 개선방안, 한국형사법학회 2001년도 동계학술회의자료(2001.12.15), 1-35면.

_____, 적극적 일반예방의 관점에서 본 피고인에게 불리한 판례변경, 오선주교수 정년기념논문집, 형설출판사, 2001, 107-118면.

_____, 법사회학적 관점에서 본 매춘에 관한 연구-매춘정책을 중심으로-, 비교형사법연구 제4권 제2호, 한국비교형사법학회, 2002, 453-485면.

_____, 공소시효제도의 문제점과 개정방향, 비교형사법연구 제4권 제1호, 한국비교형사법학회, 2002, 519-551면.

_____, 국민의 사법참여-참심제의 쟁점을 중심으로-, 참여연대 공익법센터-사법감시센터 정기포럼 「배심제·참심제의 한국적 현실」 발표논문, 2003년 12월 1일, 1-15면.

_____, 삼심제 소송구조의 문제점과 상소제도의 개혁방안, 비교형사법연구 제5권 제2호, 한국비교형사법학회, 2003, 175-209면.

_____, 한국 형법에 있어서 '재물개념'의 논쟁사-디지털시대의 새로운 법제이론, 비교형사법연구 제5권 제2호, 2003, 279-321면.

_____, 형법상 부작위범이 되기 위한 요건, 비교형사법연구 제5권 제1호, 한국비교형사법학회, 2003, 535-565면.

_____, 국제형법(세계주의의 도입여부), 형사법연구 제22호, 한국형사법학회, 2004, 24-52면.

하태영, 국민의 사법참여－참심제 쟁점을 중심으로－, 경남법학 제19집, 2004, 227-242면.
______, 도로교통법 제41조 제3항 개정 필요성, 형사정책 제17권 제1호, 한국형사정책학회, 2005, 229-251면.
______, 국민의 사법참여－국민사법참여에 관한 법률안을 중심으로, 형사법연구 제24호, 한국형사법학회, 2005, 305-336면.
______, 법원의 공소장 변경과 고소취소의 효력－대법원 1999. 4. 15. 선고 96도1922 전원합의체판결 강제추행치상, 형사법연구 제26호, 한국형사법학회, 2006, 367-408면.
______, 통일 후 북한지역 교정정책－동서독 사례를 중심으로－, 교정연구 제30호, 한국교정학회, 2006, 7-33면.
______, 피고인에게 불리한 판례변경과 소급효금지의 문제, 동아법학 제38호, 동아대학교 법학연구소, 2006, 39-98면.
______, 독일의 법학전문교육과 법조인양성, 동아법학 제39호, 동아대학교 법학연구소, 2007, 161-185면.
하태훈, 복사문서의 문서성, 형사판례연구[1], 박영사, 1993, 197-215면.
______, 기능적 행위지배와 합동범, 고시계, 1998년 9월호, 84-96면.
한상진, 왜 위험사회인가? 한국사회의 자기반성, 계간사상, 1998년 가을호, 사회과학원, 3-23면.
한승주, 덮어씌우는 혁명 … 통일 후 동독의 변화, 통일한국, 평화문제연구소, 1992년 8월호, 78-83면.
한인섭, 사형제도의 문제와 개선방안, 형사정책학회발표, 1991, 19면 이하.
______, 2004년 북한형법 개정의 내용과 그 의미, 제93회 북한법연구회 월례발표회 발표논문, 2004, 1-20면.
함승희, 공권력에 의한 반인도적 범죄의 처벌방안과 재발방지대책(참여연대 세미나), 2002년 2월 5일, 토론문.
허 영, 독일통일과 법질서통합과정, 허영 편, 독일통일의 법적 조명, 박영사, 1994, 81-108면.
허일태, 사형제도의 폐지를 위한 변론, 형사법연구 제16호 특집호, 2001, 77-89면.
______, 피고인에게 불리한 판례변경과 소급효금지원칙, 형사판례연구[9], 박영사, 2001, 125-142면.
홍천용, 판례민법의 법원성, 고시계, 1997년 10월호, 12면.
______, 소비자피해구제에 관한 연구, 경희대학교 대학원, 1980.
______, 소비자피해구제론: 제조물책임을 중심으로, 삼영사, 1980..
황상현, 특정범죄가중처벌등에관한법률 제5조의3 제1항 위반죄와 관련된 제문제, 형사판례연구[3], 박영사, 1995, 339-358면.
황승흠, 우리 사회의 분쟁해결에 있어 법의 기능: 의료분쟁을 중심으로, 법과 사회 제6호, 법과 사회이론연구회, 1992, 142-162면.
황운용, 다산 형정사상 연구(상), 아세아학보 8, 1970년 9월호, 아세아학술연구회, 1970.
황정근, 구속영장실질심사제도의 개선방안, 구속영장청구와 피의자심문－제21회 형사정책세미나 자료－, 형사정책연구원, 1997년 11월 14일, 5-58면.

3. 연구보고서 · 자료집 기타

김동한, 북한의 사법제도 및 운영실태－제도와 운영에 나타난 인권보장과 관련하여－, 92 북한 · 통일연구논문집(4) 북한의 경제 · 사회 · 사법제도분야, 통일원, 1992.
김상균, 남북통일과 통일사법제도, 남북통일에 대비한 법적대응방안, 한국법제연구원, 1995.
김상준, 국민의 사법참여－배심제의 쟁점을 중심으로, 참여연대 공익법센터－사법감시센터 정기포럼 「배심제 · 참심제의 한국적 현실」, 자료집, 2003.
검찰 21세기연구기획단, 구속제도정비방안연구, 대검찰청, 1995.
경찰청, 경찰실무전서, 경희정보인쇄, 2000.
______, 교통단속처리지침(교안 63310-2165), 2001.
______, 교통사고조사 · 단속 관련 질의회시집, 동남인쇄사, 2000.
권영자 · 임엘림, 윤락행위등방지법개정을 위한 연구, 연구보고서 200-2, 한국여성개발원, 1989.
대법원, 사법발전을 위한 향후 추진 과제[보도자료], 2003.
문홍수, 사법부 개혁의 방향, 참여정부의 출범과 사법개혁의 과제, 자료집, 사법개혁국민연대, 2003.
박홍규, 통일국가의 사법제도, 한반도 통일국가의 체제구상－정치부문－, 해방 50주년기념 학술대회 1995.
북한법률용어의 분석(II), 한국법제연구원, 1996.
범무부, 형법개정의 기본방향과 문제점, 형사법개정자료(VI), 형사법개정특별심의위원회, 1985.
______, 독일법률 · 사법통합 개관, 법무자료 제165집, 1992.
법원행정처, 독일통일과 사법통합, 통일사법정책자료 95-II, 1995.
______, 북한의 새로운 변호사제도, 통일사법정책자료 95-III, 1995.
______, 통일을 대비하는 법조－결과보고서, 사법정책자료 95-II, 1995.
______, 새로운 형사재판 운영방식, 2003.
변화순 · 황정임, 산업형 매매춘에 관한 연구, 연구보고서 240-17, 한국여성개발원, 1998.
사법개혁추진위원회, 사법개혁추진위원회 전문위원 보고서(상)(하), 사법개혁추진위원회, 2000.
______, 기획추진단 실무추진2팀, 국민의 형사재판참여에 관한 법률안, 설명자료, 2005.
서울특별시, 삼풍백화점 붕괴사고 백서, 1996.
손기식, 국민을 위한 사법, 국민과 사법, 대법원, 2000.
신 평, 국민참여와 사법개혁, 참여정부의 출범과 사법개혁의 과제, 사법개혁국민연대, 자료집, 2003.
오영근 · 박미숙, 윤락행위등방지법에 관한 연구, 형사정책연구원, 1996.
이관희, 독일통일과 독일경찰조직의 정비, 치안연구소 연구보고서 96-14, 1996.
장영민, 생명공학의 형법적 한계, 한국형사정책연구원, 1994.
재난유형별 사고사례집, 중앙 119 구조대, 소방본부, 1998.
재정경제부 경제홍보단, 7.1조치 2년 후의 북한경제의 동향, 보도자료, 2004.

정진수, 구속영장청구와 피의자심문, 형사정책연구원, 1998.
조병선, 질서위반법－형법과 행정법사이의 새로운 법영역에 관한 비교법적 연구－, 연구보고서 90-25, 형사정책연구원, 1991.
참여연대 사법감시센터, 국민을 위한 사법개혁, 박영률출판사, 1996.
탁희성, 도주차량의 실태와 양형 및 대책, 연구보고서 98-03, 형사정책연구원', 1999.
통일원, 독일통일백서, 통독과정연구 94-IV, 1994.
______, 법률로 본 독일 통일, 1995.
______, 독일 통일 6년, 동독 재건 6년－분야별 통합성과와 향후과제, 1996.
페트 리쓰, 독일의 사법통합에 관하여, 통일을 대비하는 법조－결과보고서, 사법정책자료 95-II, 법원행정처, 1995.
한국법제연구원, 독일통일에 따른 공법의 통합에 관한연구, 통일법제연구(I), 연구보고 94-9, 1994.
한국형사정책연구원, 남북한 사법운용 및 범죄처리에 관한 비교연구, 1994.
행정쇄신위원회(편), 행정벌의 합리화 · 현실화(안), 1993.
헌법재판소, 독일 통일 관련 연방헌법재판소의 판례 및 기본법 개정에 관한 연구, 1996.
형사정책연구보고서, 돈세탁행위의 범죄화에 관한 연구, 제22권, 1993.
홍천용, 공직사회 어떻게 달라져야 하는가(意識改革), 제2건국 공직자 특별교육, 특강자료집, 한국도로공사 경상지역 본부, 1998.
13개 시민사회단체의 입법청원 법안, 반인도범죄등의시효등에관한특별법(안), 사법감시 통권 제16호, 참여연대, 2002년 4월 13일, 45면.

4. 신문 · 잡지 기타

고승제, 다산을 찾아서, 중앙일보사, 1995년 3월 25일자.
김미령, 성매매 여성 인권 귀기울이자, 중앙일보사, 2002년 1월 23일자, 사회면.
경남도민일보, '강요된 윤락생활 1년 영혼마저 앗아 갔어요', 2000년 7월 24일자, 사회면.
______, 마산·창원 등 나이트클럽 외국인 무용수 생활은? 2002년 3월 28일자, 사회면.
______, 마도장 여관, 불난 3층 소방점검 못했다, 2002년 5월 2일자, 사회면.
______, 사람 잡는 통영감금 매매춘, 끔직한 윤락강요에 정신이상, 2002년 5월 9일자, 사회면.
기 소르망, 프랑스 대표적 지성(인터뷰), 신동아, 2000년 2월호, 84-93면.
김용삼, 북한의 아우슈비츠 제14호 관리소의 내막－인간멸종의 현장 그 혈(血)의 기록(記錄), 월간조선, 2000년 5월호, 309-320면.
김일수, [시론] '국가범죄' 공소시효 없애라, 동아일보, 2002년 1월 9일자.
김정호, 로스쿨 소비자 관점서 보자, 헤럴드경제, 2004년 8월 11일자.
노생만, 구속영장 실질심사제도 개관, 법률신문, 1997년 5월 29일자.
뉴스메이커, 신세대 '열린 성' 가두지 마라, 뉴스메이커 제225호, 경향신문사, 1997년 6월 5일자.
동아일보, 빗나간 허영심 돈의 노예 전락, 동아일보, 1997년 5월 30일자.
______, [사설] 여고생 접대부의 충격, 동아일보, 1997년 5월 30일자.

______, 의사 3 명 살인혐의 첫 기소 … 퇴원요구 허락 끝내 숨져, 1998년 1월 26일, 사회면.
______, [휴지통] 이기문 의원「매춘 합법화」촉구, 1999년 11월 10일자.
대한변협신문, '미국식 사법제도 맹종하지 말라', 2005년 6월 27일자.
박상기, 영장실질심사와 법원·검찰의 갈등, 법률신문, 1997년 4월 7일자.
______, 국가발전을 위한 사법개혁, 서울신문, 2004년 5월 6일자.
______, 사법개혁과 로스쿨 도입, 서울신문, 2004년 8월 17일자.
박은경, 16세 여고생 현지의 '윤락일기' —아무렇게나 막 살고 싶었어요—, 신동아, 1999년 1월, 420-431면.
박장수, 돈세탁 방지 분야의 최근경향, 법률신문, 2000년 7월 13일자.
백형구, 영장실질심사와 피의자 유치책임, 법률신문, 1997년 3월 24일자.
______, [공소시효배제 특별법제정] 예외규정 신설할 합리적 이유 없어, 변협신문, 2001년 1월 28일자.
법률신문, 형소법 개정 … 재정신청 확대·배심제 시행(종합), 2007년 5월 1일자.
______, [국민참여재판 운영 어떻게] 중범죄 사건 중 피고인이 원해야 실시, 2006년 5월 3일자.
______, 사개추위 실무위원회 형소법 개정안 7월로 연기, 로스쿨·시민참여재판·재정신청 확대 등 3개안 의결, 2005년 5월 10일자.
______, 법무부 질서위반법 제정위해 특위 발족, 2004년 7월 5일자.
______, 배심제·참심제 놓고 의견 팽팽, 일부 위헌 의견 불구—'국민의 사법참여는 시대적 흐름' 공감, 2004년 3월 23일자.
______, 인간의 존엄성 —김수환 추기경—, 서울법원아카데미(SCA) 제1회 교양강좌, 2003년 6월 9일자.
______, 컴퓨터 저장된 설계도 훔친 경우 절도죄 안 돼, 2002년 7월 16일자.
______, [법조포커스] 사형제도 존폐 논쟁 다시 가열, 2001년 11월 5일자.
______, FIU 계좌추적권, 해외불법수익만 허용 … 국내 불법 정치자금 등 수수·은닉 묵인해 비판 자초, 2001년 9월 10일자.
______, 서울지법, '소유권이나 점유의 침해가 있다고 못 봐', 2001년 7월 20일자.
______, 대법원전원합의체, 운전면허증도 신분증에 해당, '자격증명'과 '동일인증명' 기능 동시에 가져 … 종전판례 변경, 2001년 4월 23일자.
______, '전화선 몰래 연결해 전화 무단 사용했어도 형사처벌 못해', 2000년 10월 10일자.
______, [사설] 판례의 권위, 1999년 5월 27일자.
______, 12·12 군사반란과 5·18내란사건 판결, 1997년 4월 21일자.
법보신문, 문화재 절도 공소시효 폐지, 2001년 6월 6일자.
부산일보, [사설] 퇴폐영업 근절 의지 있나, 2002년 12월 17일자, 사회면.
______, 퇴폐업소, 단속 '콧방귀', 불·탈법 적발 노래연습장 등 봉인 뜯고 배짱 영업, 2002년 12월 17일자, 사회면.
______, '브레이크' 풀린 퇴폐영업, 2002년 12월 16일자, 사회면.
______, '카드빚' 20대 윤락가 넘겨, 2002년 11월 28일자, 사회면.

부산일보, 유흥가 '無法天地' 심야 윤락 주점들 호객행위 기승, 이권 노린 업소간 칼부림 사태도, 2002년 11월 8일자, 사회면.

______, '성매매 근절 국가프로그램 필요', '부산지역 성매매 실태 토론회', 2002년 11월 4일자, 사회면.

______, 청소년상대 성매수 여성 등 성범죄자 671명 24일 공개장, 2002년 9월 19일자, 사회면.

______, 양육·생활비 마련 20대 미혼모 인터넷 윤락, 2002년 8월 14일자, 사회면.

______, 노예매춘·인신매매 신고 보상 최고 500만원 … 부산 윤락가 2곳 '화재 경계지구'지정, 2002년 6월 27일자, 사회면.

서보학, 합동범의 공동정범 성립여부, 법률신문, 1999년 6월 14일자, 14-15면.

세계일보, '사형에 대한 한국인의 태도에 대한 여론조사', 1992년 5월 18일자, 사회면.

양 건, 국민이 참여하는 재판제도를, 21세기 한국 대개조론, 신동아 지령 제500호 기념 특별부록, 2001년 5월호, 247-250면.

양정자, [여론마당] 매춘 천국을 만들 작정입니까, 동아일보, 2001년 9월 20일자.

연합뉴스, '미국식 형사개혁 개정 바람직하지 않아', 2005년 6월 17일자.

______, 北, 사유재산권 강화 등 형법 개정 '7,1 조치' 이후 사회상 반영, 2004년 12월 8일자.

이국운, 수도권大 '로스쿨독점' 안 된다 －소문대로면 개혁 아닌 개악, 지방분권주의에도 역행, 경향신문, 2004년 8월 22일자.

이규태, 이규태 코너－구속 파괴－, 조선일보 1997년 1월 5일자.

이기문, 위험수위 이른 매매춘 公娼제도로 풀자, 월간중앙, 1999년 1월호, 163-200면.

이상혁, 사형폐지의 전략과 전망, 법정신문 1994년 10월 24일자.

이영준, [로스쿨 기고] 대법원이 모든 걸 틀어쥐면 안 돼, 서울신문, 2004년 9월 23일자.

이용중, 미국식 로스쿨 도입과 법학교육, 이슈투데이, 2001년 12월 7일자.

이원조, [발언대] 안전사고 피해 땐 즉각 법적 대응을, 중앙일보, 2002년 7월 31일자.

이진우, 김수환 추기경의 사형제도관에 대하여, 법률신문, 2001년 11월 15일자.

정종섭, 핵심 놓친 사법개혁 논의, 중앙일보, 2004년 5월 10일자.

조 국, 로스쿨 －'고시浪人' 줄이는 길, 중앙일보, 2003년 7월 17일

______, 인권하루소식, 2002년 2월 6일자.

조선일보, 중국민항기 배상 '자동차사고' 수준 2007년 2월 14일자, 사회면.

______, [康법무] '교통 벌금등 범칙금으로 전환', 2003년 3월 24일자, 사회면.

______, 김 추기경, '생명31' 홍보대사 활동, 2003년 3월 19일자, 사회면.

______, [일본] '市民裁判員制' 도입… 刑量까지 결정, 2003년 3월 12일자.

______, '자금세탁방지법' 첫 적용 공무원 구속, 2002년 11월 14일자, 사회면.

______, '性매매는 필요악' 영장기각, 2001년 8월 11일자, 사회면.

______, 중고생 10명 중 1명 '性매매 충동 경험', 2001년 6월 15일, 사회면.

______, 군산 윤락가 화재 포주 가족에 무더기 실형, 2001년 2월 7일자, 사회면.

______, [옛동독] 비밀경찰 슈타지 총수 에리히 밀케 사망, 2000년 5월 26일자, 국제면.

______, [작년 70만] 교통사고 사상자 全州인구에 육박, 2000년 5월 11일자, 사회면.

______, 인천화재 호프집주인 징역 6년 선고, 2000년 2월 12일자, 사회면.

______, [수원지법] 씨랜드수련원 대표 징역 7년6월 … 유치원장-교사 금고형, 1999년 11월 19일자, 사회면.
______, [영 BBC방송] '수련원 화재사건은 빨리빨리 한국병', 1999년 7월 1일자, 사회면.
______, [외국언론] '한국, 안전문화 소홀', 1999년 6월 30일자, 사회면.
______, [사설] '매춘 인구 1백만', 1998년 10월 28일자, 사회면.
______, [법원] 사망가능성 큰 환자 퇴원시킨 의사 살인죄 적용, 1998년 5월 15일자, 사회면
______, [유엔인권위] 사형 완전 폐지 결의안 채택, 1998년 4월 4일자, 국제면.
______, [항소심] 전씨 무기징역, 노씨 17년 선고, 1997년 12월 18일자, 정치면.
______, [국제사면위] 1996년 한해 4,000여명 사형당해, 1997년 4월 6일자, 국제면.
중앙일보, 탈북자 북 고문피해 조사 공개, 2005년 11월 1일자, 사회면.
______,'가로등 감전사' 7억 배상판결, 2002년 7월 23일자, 사회면.
______, 중국 민항기 추락 유가족 힘겨운 투쟁, 2002년 7월 23일자, 사회면.
______, [사형제도 폐지 찬반 논란] 여야 '폐지 특별법' 제출, 2001년 10월 30일자, 사회면.
______, 김수환 추기경 '사형제도 폐지해야', 2001년 10월 27일자, 사회면.
______, JP, 사형 폐지 반대 의사 밝혀, 2001년 10월 2일자, 사회면.
______, 최동해 형사과장 '공창제도 인정해야', 2001년 7월 5일자, 사회면.
______, [사설] 사형제 폐지 검토할 때 됐다, 2001년 6월 19일자.
______, [교계 소식] 사형제 폐지 촉구 성명 外, 2001년 6월 15일자, 종교면.
______, 심강자 총경 공창 검코 필요성 제기, 2001년 6월 12일자, 사회면.
하태영, 법원·검찰·집행기관 지자체 이관, 독일통일 12년, 현장보고[19], 경남도민일보, 2002년 11월 19일자, 20면.
하태훈, 합동범의 공동정범 성립여부, 법률신문, 1998년 7월 13일자, 14-15면.
______, [공소시효배제 특별법제정] 실질적 정의와 법적 안정성의 충돌 해결, 변협신문, 2001년 1월 28일자.
한상훈, '국민의 형사재판 참여에 관한 법률(안)'의 주요내용과 과제, 법률신문, 2005년 5월 26일자.
한인섭, [아침논단] 미리 본 대법원 출석 통지서, 조선일보사, 2007년 5월 8일자.
한겨레신문, 北, 노동교화소 왜 인정했나, 2004년 9월 17일자, 사회면.
______, '자금세탁방지법' 첫 적용 공무원 구속, 2002년 11월 14일자, 사회면.
______, 민노당, 민변등 5개단체 장세동씨 고발, 2002년 1월 30일자, 사회면.
______, [인간탐구] 의문사 1호 故 최종길 교수 부인 백경자, 2001년 12월 19일자, 사회면.
______, 윤락여성 5명 화재질식 숨져, 2000년 9월 19일자, 사회면.

5. 기 타

네이버 지식검색 http://www.naver.com
두산세계대백과 EnCyber http://www.encyber.com
마산의료원, 산부인과 전문의 면담결과, 2003년 1월 9일.

II. 외국문헌

1. 독 일

Alt, Franz, Liebe ist möglich. Die Bergpredigt im Atomzeitalter. München, Zürich 1985.

Arnold, Jörg/Helmut Kreicker, Die Verjährung von DDR-Systemunrecht, in: NJ 2000, S. 225ff.

Badura, Peter, Generalprävention und Würde des Menschen, in: JZ 1964, S. 337ff.

Baumann, Jürgen/Ulrich Weber/Wolfgang Mitsch, Strafrecht. Allgemeiner Teil. Ein Lehrbuch, veränderte Neuaufl., Bielefeld 2003.

Battis, Ulrich/Günther Jakobs/Eckard Jesse, Vergangenheitsbewältigung durch Recht. Drei Abhandlungen zu einem deutschen Problem, Berlin 1992.

Benz, Ulrike, Zur Rolle der Laienrichter im Strafprozess. Eine Untersuchung über das Schöffenamt auf verfahrenspsychologischer und gerichtsorganisatorischer Grundlage und rechtsvergleichenden Überblick, Schmidt-Römhild 1982.

Beullke, Werner, Strafprozessrecht, 9. neu bearbeitete Auflage, Heidelberg 2006.

Calliess, Rolf-Peter/Heinz Müller-Dietz, Strafvollzugsgesetz, Kommentar, 9. Aufl., München 2005.

Casper, Gerhard/Hans Zeisel, Der Laienrichter im Strafprozeß. Vier empirische Studien zur Rechtsvergleichung, Heidelberg 1982.

Cristoforo Rautenberg, Erardo, Prostitution: Das Ende der Heuchelei ist gekommen! in: NJW 2002, S. 650ff.

Deutscher Bundestag Referat Öffentlichkeitsarbeit, Schlußbericht der Enquet-Kommission Überwindung der Folgen der SED-Diktatur im Prozeß der deutschen Einheit, Deutscher Bundestag 1998.

Eckert, Albert: Rückwirkung der 1, 3-Grenze, in: NJW 1968, S. 1390ff.

Erwin, Joachim/Werner Leonhardt/Dieter Rössner/Britta Bannenberg/Marc Coester, Empirisch gesicherte Erkenntnisse über kriminalpräventive Wirkungen. Düsseldorfer Gutachten: Eine Sekundäranalyse der kriminalpräventiven Wirkungsforschung, Stadt Düsseldorf 2002.

Eppelmann, Rainer/Horst Möller/Günter Nooke/Dorothee Wilma (Hrsg.), Lexikon des DDR-Sozialismus, Bd. 1. 2, 2. aktualisierte und erweiterte Aufl., UTB 1983, Heidelberg 1997.

Fischer, Alexander/Günter Heydemann, Geschichtswissenschaft in der DDR I/II, Bd. 25, I u. II, Berlin 1988.

Frehsee, Detlev, Schadenswiedergutmachung als Instrument strafrechtlicher Sozialkontrolle, Berlin 1987.

Frommel, Monika, Praventionsmodelle in der deutschen Strafzweck-Diskussion. Beziehung zwischen Rechtsphilosophie, Dogmatik, Rechtspolitik und Erfahrungswissenschaften, Berlin 1987.

Funcke, Niklas, Symbolische Gesetzgebung im Lichte der positiven Generalprävention, Berlin 2007.

Gräf, Dieter, Die Mißachtung der Menschenrechte und der rechtsstaatlichen Grundsätze durch die Justiz, in: Recht Justiz Polizei IV, Enquete-Kommission Aufarbeitung von Geschichte und folgen der SED-Diktatur in Deutschland, Baden-Baden 1995, S. 450ff.

Gries, Sabine/Günter Förster, Juristische Hochschule Potzsdam(JHS), in: Rainer Eppelmann/Horst Möller/Dorothee Wilma (Hrsg.), Lexikon des DDR- Sozialismus, Bd. 1. 2. aktualisierte und erweiterte Aufl., UTB 1983, Heidelberg 1997, S. 431ff.

Gropp, Walter, Strafrecht Allgemeiner Teil, 3. Aufl., Berlin · Heidelberg 2005.

Grotius, Hugo, De jure belli ac pacis, 1625, lib. II, cap. 21, IV 1 und 3.

Grünwald, Gerald, Die strafrechtliche Bewertung in der DDR begangener Handlungen, in: StV 1991, S. 31ff.

Haffke, Bernhard, Tiefenpsychologie und Generalprävention. Eine strafrechtstheoretische Untersuchung, Frankfurt am Main 1976.

Henkel, Heinrich, Einführung in die Rechtsphilosophie, 2. Aufl., München 1977.

Hering, Rainer D./Dieter Rössner, Täter-Opfer-Ausgleich im allgemeinen Strafrecht. Theorie und Praxis konstruktiver Tatverarbeitung: Grundlagen, Modelle, Resultate und Perspektiven, Forum Verlag Godesberg 1993.

Jakobs, Günther, Schuld und Prävention, Tübingen 1976.

______, Das Schuldprinzip, Rheinische-Westfälische Akademie der Wissenschaften Vorträge G319, Verlag für Sozialwissenschaften 1993.

______, Strafrecht. Allgemeiner Teil. Die Grundlagen und die Zurechnungslehre, 2. Aufl., Berlin · New York 1998.

Janiszewski, Horst, Verkehrsstrafrecht, 5. Aufl., München 2004.

Jescheck, Hans-Heinrich/Weigend, Thomas, Lehrbuch des Strafrechts, 5. Aufl., Berlin 1996.

Joecks, Wolfgang, Studienkommentar Strafgesetzbuch(StGB), 7. Aufl., München 2007.

Joecks, Wolfgang/Klaus Miebach/Ralph Alt/Otto Lagodny, Münchener Kommentar zum Strafgesetzbuch 5. Nebenstrafrecht 1, Bd. 5. 1. Aufl., München 2007.

Kaufmann, Arthur, Das Schuldprinzip. Eine strafrechtlich-rechtsphilosophische Untersuchung, 2. Aulf., Heidelberg 1976.

Kindhäuser, Urs/Ulfried Neumann/Hans-Ullrich Paeffgen, Strafgesetzbuch: Bd. 2. 2. Aufl., Baden-Baden 2005.

Kisker, Güter, Die Rückwirkung von Gesetzen, Eine Untersuchung zum angloamerikanischen und deutschen Recht, Tübingen 1963.

Kohlmann, Günter, Der Begriff des Staatsgeheimnisses(§ 93 StGB und § 99 Abs. 1 StGB a.F.) und das verfassungsrechtliche Gebot der Bestimmung von Strafvorschriften(Art. 103 Abs. 2 GG), Köln 1969.

Krause, Hans/Hans Thomas, Strafrecht, Allgemeiner Teil, 3. Aufl., Stuttgart · Berlin · Köln · Mainz 1985.

Kuhrt, Eberhard, Geschichtsauffassung, in: Rainer Eppelmann/Horst Möller/Dorothee Wilma (Hrsg.), Lexikon des DDR-Sozialismus, Bd. 1. 2. aktualisierte und erweiterte Aufl., UTB 1983, Heidelberg 1997, S. 322ff.

Lackner, Karl/Kristian Kühl/Eduard Dreher/Hermann Maassen, Strafgesetzbuch (StGB). Kommentar mit Erläuterungen. 26. Aulf., München 2007.

Laubenthal, Klaus, Sexualstraftaten: die Delikte gegen die sexuelle Selbstbestimmung, Berlin · Heidelberg 2000.

Laubenthal, Klaus, Strafvollzug, 4. Aufl., Berlin · Heidelberg 2006.

Lemmel, Hans Peter, Unbestimmte Strafbarkeitsvoraussetzungen im Besonderen Teil des Strafrechts und der Grundsatz nullum crime sine lege, Berlin 1970.

Lilie, Hans, Obiter dictum und Divergenzausgleich im Strafrecht, Köln · Berlin · Bonn · München 1993.

______, Recht und Rechtsverwirklichung nach dem Umbruch, Köln · Berlin · Bonn · München 1999.

Martin-Luther-Universität Halle-Wittenberg, Juristische Fakultät, Studienführer für das Sommersemester 2006, Stuttgart · München · Hannover · Berlin · Weimar · Dresden 2006.

Marutschke, Hans-Peter, Laienrichter in Japan, Deutschland und Europa, Berliner Wissenschafts-Verlag 2006.

Marxen, Klaus, Der Kampf gegen das liberale Strafrecht, Berlin, 1975.

Marxen, Klaus/Gerhard Werle, Die strafrechtliche Aufarbeitung von DDR-Unrecht. Eine Bilanz, Berlin · New York 1999.

Marxen, Klaus/Annette Weinke, Inszenierungen des Rechts: Schauprozesse, Medienprozesse und Prozessfilme in der DDR, Berliner Wissenschafts-Verlag 2006.

Maunz, Theodor/Günter Dürig, Grundgesetz. 45. Ergänzungslieferung, 1. Aufl., München 2005.

Maurach, Reinhard/Heinz Zipf, Strafrecht, Allgemeiner Teil, Teilband 1, Grundlehren des Strafrechts und Aufbau der Straftat. Ein Lehrbuch, 8. Aufl., Heidelberg · Karlsruhe 1992.

Mitsch, Wolfgang, Recht der Ordnungswidrigkeiten. Abweichungen und Besonderheiten des Ordnungswidrigkeitenrechts, 2. Aufl., Berlin · Heidelberg · New York 2005.

______, Generalprävention und Grundrechte der Person, in: Winfried Hassemer/ Lüderssen, Klaus/Naucke, Wolfgang: Hauptproblem der Generalprävention, Frankfurt am Main 1979.

Oehler, Dietrich, Internationales Strafrecht. Geltungsbereich des Strafrechts. Internationales Rechtshilferecht. Recht der Gemeinschaften. Völkerstrafrecht, 2. Aufl., Köln · Berlin · Bonn · München 1983.

Otto, Harro, Grundkurs Strafrecht. Allgemeine Strafrechtslehre, 7. Aufl., Berlin · New York 2004.

Rebmann, Kurt/Werner Roth/Siegfried Herrmann/Hans J. Förster, Gesetz über Ordnungswidrigkeiten. Kommentar, 11. Aufl., Kohlhammer 2007.

Radbruch, Gustav, Der Geist des englischen Rechts, 5. Aufl., Göttingen 1958.

Remmers, Walter, Vom Aufbau des Rechtsstaats –3 Jahre Justizentwicklung in Sachsen-Anhalt, Herausgegeben vom Ministerium der Justiz des Landes Sachsen-Anhalt – Referat Öffentlichkeitsarbeit, Magdeburg, Oktober 1993.

Roxin, Claus, Sinn und Grenzen staatlicher Strafe, in: JuS 1966, S. 377ff.

______, Strafrecht. Allgemeiner Teil I. Grundlagen. Der Aufbau der Verbrechenslehre, 4. Aufl., München 2005.

______, Strafrecht, Allgemeiner Teil. Bd. 2: Besondere Erscheinungsformen der Straftat, 1. Aufl., München 2003.

Rössner Dieter, Angewandte Kriminologie und Prävention, in: Hans Göppinger (Hrsg.)

Angewandte Kriminologie International, 1988, S. 138ff.

Rudolf, Wassermann, Gerichtsverfassung, in: Rainer Eppelmann/Horst Möller/Dorothee Wilma (Hrsg.), Lexikon des DDR-Sozialismus, Bd. 1. 2. aktualisierte und erweiterte Aufl., UTB 1983, Heidelberg 1997, S. 318ff.

Rüping, Hinrich, Funktionen der Laienrichter im Strafverfahren, in: JR 1976, S. 269ff.

Rüping, Hinrich/Günter Jerouschek, Grundriß der Strafrechtsgeschichte, 7. Aufl., München 2007.

Rudolphi, Hans-Joachim, Unrechtsbewußtsein, Verbotsirrtum und Vermeidbarkeit des Verbotsirrtums, Göttingen 1969.

Samson, Erich, Die strafrechtliche Behandlung von DDR-Alttaten nach der Einigung Deutschlands, in: NJW 1991, S. 335ff.

Sarstedt, Werner, Beweisregeln im Strafprozeß, in: Berliner Festschrift für Ernst Eduard Hirsch, Berlin 1968, S. 171ff.

Schäuble, Wolfgang, Der Einigungsvertrag. Vollendung der Einheit Deutschlands in Freiheit, in: Zeitschrift für Gesetzgebung 5 (1990), S. 289ff.

Schmidhäuser, Eberhard, Vom Sinn der Strafe, 2. Aufl., Göttingen 1971.

Schneider, Hans Joachim, Kriminologie, Prostitution, Berlin · New York 1987.

Schönke, Adolf/Horst Schröder, Strafgesetzbuch, 27. Aufl., München 2006.

Schreiber, Hans-Ludwig, Rückwirkungsverbot bei einer Änderung der Rechtsprechung im Strafrecht?, JZ 1973, S. 713ff.

______, Gesetz und Richter, Luchterhand Verlag, 1995.

Schumann, Karl, Positive Generalprävention. Ergebnisse und Chancen der Forschung, Heidelberg 1989.

Schünemann, Bernd, Positive Generalprävention als letzte Auskunft oder letzte Verlegenheit der Straftheorie, Heidelberg 1998.

Sieverts, Rudolf/Hans Joachim Schneider (Hrsg.), Handwörterbuch der Kriminologie, 2. Aufl., Bd. 5. Berlin · New York 1983.

Simma, Bruno/Klaus Volk, Der Spion, der aus der Kälte kam. Zur BGH-Entscheidung über die Strafbarkeit der DDR-Spionage, in: NJW 1991, S. 871ff.

Stern, Klaus, Der verfassungsänderende Charakter des Einigungsvertrages, in: Deutsch-Deutsche Rechts-Zeitschrift 1(1990), S. 289ff.

Stratenwerth, Günter/Lothar Kuhlen, Strafrecht –Allgemeiner Teil 1. Die Straftat, 5. neu bearbeitete Auflage, Köln · Berlin · Bonn · München 2004.

Stratenwerth, Günter/Wolfgang Wohlers, Schweizerisches Strafgesetzbuch. Handkommentar (Schriftenreihe der Spinoza-Gesellschaft), 1. Aufl., Stämpfli Verlag 2007.

Stree, Walter, Deliktsfolgen und Grundgesetz. Zur Verfassungsmässigkeit der Strafen und sonstigen strafrechtlichen Massnahmen, Tübingen 1960.

Tae-Young, Ha, Belastende Rechtsprechungsänderungen und die positive Generalprävention, Hallesche Schriften zum Recht Bd. 12, Köln · Berlin · Bonn · München 2000.

Thieß, Uwe, Ordnungswidrigkeitenrecht, Juristische Arbeitsblätter Lutherhand 2002.

Tröndle, Herbert, Rückwirkungsverbot bei Rechtsprechungswandel? Eine Betrachtung zu einem Scheinproblem der Strafrechtswissenschaft, in: Festschrift für Eduard Dreher zum 70. Geburtstag, Berlin 1977, S. 117ff.

Tröndle, Herbert/Thomas Fischer/Otto Schwarz, Strafgesetzbuch und Nebengesetze, 54. Aufl., München 2006.

Weis, Hubert, Verfassungsrechtliche Fragen im Zusammenhang mit der Herstellung der staatlichen Einheit Deutschlands, in: Archiv des Öffentlichen Rechts 116 (1991), S. 2ff.

Welzel, Hans, Das deutsche Strafrecht, Eine systematische Darstellung, 11. Aufl., Berlin 1969.

Widmaier, Günter, Strafbarkeit der DDR-Spionage-auch noch nach der Wiedervereinigung? in: NJW 1990, S. 3169ff.

______, Vom Grundsatz des rechtsstaatlichen Vertrauensschutzes, Zur Strafverfolgung von Bürgern der ehemaligen DDR wegen Spionage gegen die Bundesrepublik, in: KritV 1994, S. 377ff.

______, Verhandlungs- und Verteidigungfähigheit, in: NStZ 1995, S. 361ff.

2. 일본문헌

金圭昇, 朝鮮民主主義人民共和國の法と司法制度, 日本評論社, 1985.

森下 忠, 文化財犯罪, 判例時報 1290号, 1988年 12月号.

______, 國際刑法の潮流, 成文堂, 1985.

______, 「マネー・ローンダリング條約」, 警察硏究 63卷 4号・5号・6号, 1992.

______, 國際刑法入門, 悠悠社, 1993.

______, 世界主義にもとづく裁判權の行使, 判例時報 1845号, 2004年 3月号.

______, 刑法適用法における世界主義, 判例時報 1842号, 2004年 2月号.

柳下み咲, 世界の死刑制度の現狀と潮流, 福音と世界, 新教出版社, 2007年 5月号.

坪井節子, 少年法嚴罰化は犯罪を豫防できるか, 福音と世界, 新教出版社, 2007年 5月号.

大河原礼三, 死刑廢止キリスト者連絡會の經驗, 福音と世界, 新教出版社, 2007年 5月号.

門間幸枝, やさしさに優る美しさはない, 福音と世界, 新教出版社, 2007年 5月号.

판례색인

1. 한 국

(1) 헌법재판소

헌재 1992.6.26. 92헌마7 ························ 514
헌재 1993.9.27. 92헌마284 ···················· 215
헌재 1993.11.25. 89헌마36 전원재판부 ····· ·· 167, 169
헌재 1994.12.19. 94초123 ······················ 169
헌재 1995.1.20. 90헌바1 전원재판부 ··· 419
헌재 1995.1.20. 94헌마246 ···················· 220
헌재 1995.7.21. 95헌마8, 95헌마16, 95헌마17(병합) ··· 224
헌재 1995.12.15. 95헌마221, 95헌마233, 95헌마297(병합) ··························· 219, 220
헌재 1996.1.20. 94헌마246 ···················· 213
헌재 1996.1.25. 91헌마178 ···················· 436
헌재 1996.2.16. 96헌가2, 96헌바7, 96헌바13(병합) ························ 216, 219, 220
헌재 1996.11.28. 95헌바1 전원재판부 ······· 134, 169, 170, 171, 172, 173, 174, 175, 177
헌재 1997.10.30. 97헌바37, 95헌바142, 95헌바215, 96헌마95(병합 ················ 419
헌재 2002.3.28. 2000헌바53 전원재판부 ··· 226

(2) 대법원

대판 1954.5.8. 4286형상112 ·················· 286
대판 1958.10.31. 4291형상361 ······ 345, 352
대판 1959.3.12. 4292형상7 ···················· 287
대판 1961.6.28. 61도179 ······················· 350
대판 1961.7.13. 4294형상194 ················ 286
대판 1964.6.23. 64도209 ······················· 346
대판 1964.11.20. 64도504 ····················· 289
대판 1965.10.16. 65도599 ···················· 371
대판 1965.12.21. 65도852 ····················· 372
대판 1966.6.21. 66도273 ······················· 284
대판 1966.11.29. 66도1277 ··················· 290
대판 1967.2.28. 67도41 ························· 385
대판 1967.10.31. 67도1151 ··················· 256
대판 1968.6.4. 68다163 ························· 346
대판 1968.6.4. 68다164 ························· 346
대판 1968.9.19. 68도995 전원합의체 ·· 365
대판 1969.2.8. 68도1601 ······················· 363
대판 1969.2.18. 68도106 ······················· 371
대판 1969.2.18. 68도1901 ············· 385, 390
대판 1969.2.18. 68도906 ······················· 346
대판 1969.7.22. 67도1117 ····················· 290
대판 1969.12.9. 69도1627 ····················· 346
대판 1970.3.10. 70도82 ························· 346
대판 1971.1.12. 70도2216 ············· 363, 381
대판 1971.3.9. 71도27 ··························· 287
대판 1971.10.19. 70도1399 ··················· 346
대판 1972.1.31. 71도2239 ····················· 346
대판 1973.7.24. 73도1256 ····················· 371
대판 1974.4.23. 73도2611 ····················· 285
대판 1974.9.4. 74도1695 ······················· 288
대판 1975.6.24. 75도1449 전원합의체 ··· 388, 395
대판 1976.1.27. 74도3442 ············· 346, 350
대판 1976.5.11. 75도823 ······················· 285
대판 1978.9.26. 78도1996 ····················· 255
대판 1979.2.27. 79도30 ························· 385
대판 1980.9.30. 80도1874 ····················· 353

대판 1980.10.27. 80도1225 ··· 363
대판 1980.10.27. 80도1448 ··· 385, 390
대판 1981.3.24. 80도2902 ··· 347
대판 1981.8.25. 80도509 ··· 347
대판 1982.10.12. 81도2621 ··· 247, 252
대판 1982.11.23. 82도2024 ··· 254, 255
대판 1982.12.28. 82도2588 ··· 500
대판 1983.2.8. 82도696 ··· 348
대판 1983.2.8. 82도2860 ··· 385
대판 1983.2.22. 82도1527 ··· 284
대판 1983.3.8. 82도3248 ··· 154
대판 1983.4.12. 82도2939 ··· 371
대판 1983.7.26. 83도1399 ··· 364
대판 1983.9.27. 83도516 ··· 385, 390
대판 1983.10.11. 83도2211 ··· 374
대판 1983.11.8. 82도2119 ··· 363, 382
대판 1983.12.13. 83도2330 전원합의체 ··· 285
대판 1984.5.22. 84도39 ··· 51
대판 1984.10.10. 82도2595 전원합의체 ··· 283, 284
대판 1984.11.27. 84도1906 ··· 256
대판 1984.11.27. 84도2089 ··· 363, 382
대판 1985.2.8. 84도2682 ··· 364, 385, 392
대판 1985.6.11. 85도926 ··· 155, 156, 159, 176
대판 1985.7.23. 85도1092 ··· 374
대판 1985.7.29. 85모16 ··· 193
대판 1985.8.20. 85도1171 ··· 363, 378
대판 1985.11.12. 85도 1940 ··· 388
대판 1986.7.8. 85도2042 ··· 491, 500
대판 1986.7.8. 86도620 ··· 348
대판 1986.7.8. 86도621 ··· 370
대판 1986.9.23. 86도1205 ··· 349, 351, 357
대판 1986.9.23. 85도1775 ··· 349
대판 1987.5.12. 87도792 ··· 371
대판 1987.7.7. 86도1724 전원합의체 ··· 286
대판 1987.7.21. 87도1101 ··· 370
대판 1987.8.25. 87도1118 ··· 506
대판 1987.9.8. 87도1458 ··· 157, 176
대판 1987.10.13. 87도1240 ··· 159
대판 1987.10.26. 87도1880 ··· 492, 500
대판 1987.12.22. 87도84 ··· 217
대판 1988.2.9. 87도2564 ··· 260
대판 1988.3.8. 85도2518 ··· 364, 386, 392
대판 1988.3.8. 87도2673 ··· 363, 371, 378
대판 1988.10.24. 88도1680 ··· 286
대판 1989.1.31. 88도831 ··· 492, 500
대판 1989.9.12. 87도506 전원합의체 ··· 286, 319
대판 1990.1.23. 89다카21095 ··· 353
대판 1990.4.24. 90도319 ··· 157
대판 1990.5.25. 89도1694 ··· 369
대판 1990.10.12. 90도1219 ··· 287
대판 1990.10.26. 90도1229 ··· 363, 374, 382
대판 1990.11.27. 90도1090 ··· 375
대판 1990.12.7. 90도1283 ··· 363, 382
대판 1991.2.26. 90도2906 ··· 158
대판 1991.5.28. 91도676 ··· 375
대판 1991.5.28. 91도711 ··· 375
대판 1991.11.8. 91도2188 ··· 492, 500
대판 1992.1.21. 91도1042 전원합의체 ··· 287
대판 1992.2.11. 91도2951 ··· 254, 255
대판 1992.8.14. 92도1086 ··· 159
대판 1992.9.8. 91도3149 ··· 350
대판 1993.5.11. 93도711 ··· 500
대판 1993.5.12. 93도1732 ··· 371
대판 1993.6.11. 92도3437 ··· 495
대판 1993.7.13. 93도113 ··· 374
대판 1993.11.9. 93도2562 ··· 496
대판 1993.11.23. 93다35155 ··· 193
대판 1994.3.8. 93도2272 ··· 349, 352
대판 1994.3.16. 94모2 ··· 193
대판 1994.3.22. 93도3612 ··· 260
대판 1994.4.26. 93도1731 ··· 245

대판 1994.11.4. 94도1411 ············· 492, 500
대판 1994.12.19. 94초123 ······················ 169
대판 1994.12.22. 94도2511 ··················· 260
대판 1995.1.13. 94도2662 ····················· 160
대판 1995.2.3. 94도3122 ························ 261
대판 1995.2.17. 94도3297 ····················· 370
대판 1995.5.26. 94다37226 ··················· 193
대판 1996.1.15. 94도1520 ····················· 370
대판 1996.1.26. 95도2420 ····················· 161
대판 1996.4.9. 96도173 ························· 393
대판 1996.5.10. 96도755 ······················· 371
대판 1996.5.10. 95도3057 ····················· 350
대판 1996.6.28. 96도1232 ····················· 371
대판 1996.8.20. 96도1415 ····················· 494
대판 1996.8.20. 96도1461 ····················· 494
대판 1996.8.23. 95도192 ··············· 351, 357
대판 1996.8.23. 96도1231 ····················· 475
대판 1996.9.6. 95도255 ················· 240, 254
대판 1996.9.10. 95도2747 ····················· 351
대판 1996.12.10. 96도2529 ··················· 500
대판 1996.12.23. 96도2588 ··················· 162
대판 1997.3.14. 96도1639 ····· 240, 254, 256
대판 1997.6.13. 96도3069 ····················· 513
대판 1997.7.25. 97도1142 ····················· 163
대판 1997.8.22. 97도1516 ····················· 374
대판 1997.8.27. 97모21 ········· 190, 200, 201
대판 1997.12.12. 97도2396 ··················· 495
대판 1998.4.24. 97도3425 ····················· 353
대판 1998.5.12. 98도321 전원합의체 ··· 290
대판 1998.6.9. 98도980 ························· 260
대판 1998.6.23. 98도700 ······················· 352
대판 1998.11.24. 98도2967 ··················· 353
대판 1999.4.15. 96도1922 전원합의체 ·· 362, 372
대판 1999.6.11. 99도763 ······················· 165
대판 1999.6.25. 98도3891 ····················· 352
대판 1999.7.15. 95도2870 전원합의체 ······································ 283, 284, 287, 292
대판 1999.9.17. 97도3349 전원합의체 ·· 288, 293
대판 1999.11.9. 99도2530 ····················· 371
대판 1999.11.12. 99도3140 ··········· 497, 498
대판 1999.11.26. 99도2461 ··················· 371
대판 1999.12.21. 98다29797 ················· 475
대판 1999.12.24. 99도3003 ··················· 374
대판 2000.2.11. 99도4459 ····················· 221
대판 2000.2.25. 99도3910 ············· 493, 498
대판 2000.2.25. 99도5775 ····················· 354
대판 2000.3.10. 99도5377 ····················· 513
대판 2000.4.21. 99도5210 ·· 513, 517, 518, 519
대판 2000.7.6. 2000도1507 ··················· 177
대판 2000.8.18. 2000도2231 ················· 260
대판 2000.9.29. 2000도2953 ················· 385
대판 2000.10.16. 2000도3290 ··············· 354
대판 2000.11.10. 99도5541 ··················· 519
대판 2001.4.19. 2000도1985 전원합의체 ·· 288, 320
대판 2001.8.21. 2001도2823 ················· 519
대판 2001.8.24. 2000도6026 ················· 513
대판 2002.1.22. 2001도2254 ·· 242, 254, 258, 262
대판 2002.2.8. 2001도6425 ··················· 165
대판 2002.3.15. 2001도7121 · 512, 517, 518
대판 2002.6.14. 2001도5987 ················· 513
대판 2002.7.12. 2002도745 ··········· 356, 359
대판 2003.1.24. 2002도6632 ················· 513
대판 2003.6.13. 2003도924 ··········· 164, 177
대판 2004.2.13. 2003도6905 ········· 518, 527
대판 2004.6.24. 2002도995 ··················· 271
대판 2004.9.3. 2004도3538 ··················· 165
대판 2004.11.18. 2004도5074 전원합의체 ··· 289
대판 2005.4.15. 2005도1483 ················· 490
대판 2005.4.15. 2003도2780 ········· 242, 248
대판 2005.4.29. 2003도6056 ················· 261

대판 2005.7.22. 2005도3034 ·················· 254
대판 2005.8.25. 2005도4178 ·················· 167
대판 2006.3.24. 2006도354 ············ 167, 176
대판 2006.4.28. 2003도412 ············ 246, 254

(3) 고등법원

대전고등법원 1994.9.16. 선고 94노333 판결 ·················· 160
부산고등법원 1996.9.18. 선고 96노452 판결 ·················· 162
부산고등법원 1997.4.18. 선고 97노36 판결 ·················· 163
부산고등법원 2003.1.29. 선고 2002노830 판결 ·················· 165
서울고등법원 1985.4.3. 선고 85노219 판결 ·················· 155, 156
서울고등법원 1987.6.12. 선고 87노871 판결 ·················· 157
서울고등법원 1990.11.22. 선고 90노2771 판결 ·················· 158
서울고등법원 1992.4.21. 선고 92노412, 92노1346 판결 ·················· 159
서울고등법원 1996.7.9. 선고 95노2847 판결 ·················· 362
서울고등법원 2001.4.13. 선고 99노3477 판결 ·················· 242, 250, 253, 260
서울고등법원 2002.2.7. 선고 98노1310 판결 ·················· 271

(4) 지방법원

광주지방법원 1974.10.17. 선고 73노1325 판결 ·················· 347
대구지방법원 1995.11.23. 선고 95노1690 판결 ·················· 350
대전지방법원 1990.12.10. 선고 90고단 398 판결 ·················· 521
서울지방법원 1980.11.1. 선고 80노2057 판결 ·················· 347
서울지방법원 1985.4.23. 선고 85노466 판결 ·················· 349
서울지방법원 1994.2.22. 선고 93고합 2043 판결 ·················· 495, 506
서울지방법원 1995.10.19. 선고 95고850 판결 ·················· 361
서울지방법원 1998.10.21. 선고 98노6661 판결 ·················· 353
서울지방법원 2001.7.18. 선고 2001노942 판결 ·················· 355
서울지방법원 남부지원 1998.5.15. 선고 98고합9 판결 살인 ·················· 270
서울지방법원 북부지원 1999.12.10. 선고 99고합234 판결 ·················· 240, 250, 260
수원지방법원 1986.02.06. 선고 85노1196 판결 ·················· 348
인천지방법원 1998.2.26. 선고 98노86 판결 ·················· 352
인천지방법원 1999.8.18. 선고 99노40 판결 ·················· 490
창원지방법원 1997.2.13. 97로1 결정 ·················· 192, 196, 197, 200

2. 독 일

(1) 연방헌법재판소 (Bundesverfassungsgericht)

BVerfGE 1, 418, 423 ······ 233
BVerfGE 22, 49, 78 ······ 550
BVerfGE 22, 125 ······ 564
BVerfGE 25, 269, 287 ······ 219, 232, 233
BVerfGE 84, 133 ······ 697
BVerfGE 85, 360 ······ 698
BVerfGE 87, 68, 95 ······ 698
BVerfGE 91, 194 ······ 698
BVerfGE 92, 140 ······ 687, 688
BVerfGE 92, 277 ······ 583, 584, 585, 596, 599

(2) 연방법원(Bundesgerichtshof)

BGHSt 3, 62 ······ 259, 263
BGHSt 5, 168 ······ 299
BGHSt 7, 287 ······ 255
BGHSt 21, 157 ······ 299, 322
BGHSt 27, 30 ······ 66
BGHSt 34, 334 ······ 67
BGHSt 35, 290 ······ 561
BGHSt 37, 89 ······ 299
BGHSt 37, 305 ······ 596
BGHSt 39, 260 ······ 596, 598, 599, 601
BGHSt 41, 292 ······ 601
BGHSt 42, 314 ······ 602
BGHSt 44, 345 ······ 566

인명색인

1. 한국인명

ㄱ

강구진 143, 656
강금실 549
강기정 295
강지원 444
강철환 699, 701
곽노현 235
구모영 296
구병삭 656
구욱서 503
권범 503, 508
권영성 419
권영자 436
김강자 442
김규승 656
김규장 341, 352
김기두 148
김기춘 143, 151
김남현 527
김대중 182
김대휘 540
김동건 503, 505
김동한 619, 643, 655
김미령 430, 444
김봉도 131
김상균 694
김상준 80
김상희 492, 500, 501
김선복 377, 386
김선욱 274
김성돈 141, 146, 217, 218, 309, 312, 316, 540, 564, 574
김성룡 277
김성천 149, 342, 499
김수환 180, 266
김영섭 472
김영세 395
김영탁 679, 680, 690
김용삼 701
김용준 154
김은경 440
김은정 437
김일성 641, 653
김일수 43, 139, 144, 180, 210, 294, 296, 341, 540
김재광 540
김재원 225
김정일 641
김종원 499
김종철 106
김종필 180
김주일 611
김현희 133
김형배 317
김형선 292, 293, 384, 394
김형준 149, 342, 499
김혜정 418
김효전 627, 640
김희옥 341

ㄴ

나인균 59
남홍우 149
노만경 503
노태우 132

ㅁ

문채규 379, 388
문홍수 407, 413
민문기 395
민복기 395

ㅂ

박광민 301, 342
박기륜 680, 681, 690
박동중 679, 690
박미숙 437
박상기 143, 151, 341, 342, 344, 532
박수희 582
박우동 413, 417
박은정 219
박장수 534, 536
박정근 148, 291
박종성 429
박준서 292, 384, 394
박찬주 290
박홍규 401
배종대 45, 46, 48, 50, 150, 151, 189, 191, 201, 206, 298, 299, 310, 319, 386
백형구 190, 210, 217, 223, 342, 376, 499
변재승 292
변종필 295
변주나 709

ㅅ

서보학 305, 318, 341
서성 292
서지원 673
손기식 80, 409, 502, 503, 505, 506
손대식 508
손동권 305, 341, 378, 389
손해목 148, 299
송기춘 107
송두환 187
송영길 483
송진훈 292
수지 김 208, 209
신동운 185, 204, 299, 377, 387, 406
신성택 292
신양균 187, 194, 377, 387, 422
신진규 142, 146
신창원 184
신평 107, 400, 407
신현주 218, 376
심의기 81, 410
심재우 139, 142, 144, 147
심희기 10, 366

ㅇ

안경환 131
안동준 149, 303
안영욱 541
안원하 235
양건 80, 409
양병호 395
양승현 691
양정자 444
오영근 145, 342, 380, 390, 436, 501, 507
오욱환 401
오현기 461
유기천 149, 499
유병렬 144
윤관 292
윤대규 458, 460, 481, 619, 703, 710
윤영철 316
윤재식 356
이건호 143
이경재 437, 445
이관희 686, 690
이기문 429, 442, 443, 448
이기헌 502

이돈희 292, 384, 394
이동기 503, 505
이동환 6
이병호 395
이부영 179
이상돈 277, 316, 386
이상혁 131
이성숙 441
이수성 150, 207
이순옥 701
이승호 236, 540, 565, 577
이시우 582
이영근 693
이영란 300, 435, 437, 449
이영섭 395
이영준 316
이용식 285
이용훈 292, 293
이원조 486
이윤근 291
이을호 11
이익 6
이익성 424
이인규 311
이인모 701
이임수 292
이재상 46, 139, 141, 143, 146, 218, 291, 304, 342, 343, 378, 386
이재열 459, 461, 470
이정원 141, 300, 329, 341, 342
이종갑 380, 388
이종상 475
이종수 107
이종찬 287
이주영 209
이창호 402
이충상 291
이한교 581
이헌환 693
이형국 150, 301, 342, 498
이호중 380, 388, 439, 449
이희봉 7
임동규 378, 387
임엘립 436
임웅 150, 281, 304, 316, 320, 329, 342, 431, 540
임준태 690
임항준 395

ㅈ

장봉문 619, 702
장세동 208
장영민 306, 341
전두환 132
전득주 673
정경수 235
정귀호 292, 293
정금나 437
정대철 179
정동기 187
정동욱 187, 371, 384
정만희 84, 107
정봉휘 142
정성근 149, 301, 342, 498
정약용 3, 4, 424
정약전 6
정약종 6
정영석 147
정영일 51, 305
정웅석 295, 376
정조 6
정준현 540
정해겸 11
조국 210, 236
조무제 292, 293, 354
조병선 540, 545

조준현 504
조태제 540
주재황 395
지해남 701
진계호 144, 301, 342

ㅊ

차용석 376, 378, 422
천진호 234, 306, 380, 390, 500
최대권 619
최병각 436
최옥채 699, 705
최용성 376
최종고, 6, 53
최종길 207, 209, 236

ㅎ

하광호 504
하은경 454
하태영 102, 105, 106, 182, 282, 288, 399, 458, 619, 691
하태훈 210, 287, 303
한상진 459
한상훈 79, 95, 99
한승주 690
한완상 207
한인섭 108, 182, 219, 400, 710
한환진 395
함승희 209
허대석 274
허영 693
허일태 140, 145, 307
허주욱 148, 711
허형구 376
홍성태 475
홍순엽 395
홍천용 317, 458, 472, 482
황산덕 139
황상현 504
황승흠 460
황정임 429

2. 기 타

공자(孔子) 25
단도 시케미츠(團藤重光) 131, 179
미츠이 마코토(三井 誠) 406
사카마키 타다시(酒卷 匡) 406
천쉬벤(陳水扁) 448
카나자와 후미오(金澤文雄) 299

3. 서양인명

Adenauer, Konrad 676
Alt, Franz 265
Arndt, Hans-Wolfgang 327

Bark, Dennis L. 673
Barry, Kathleen 440
Baumann, Jürgen 324
Beccaria, Cesare 40, 47, 131, 144, 182
Beck, Ulrich 458
Bell, Daniel 345
Benz, Ulrike 410
Berring, Robert 359
Beulke, Werner 327, 570
Bockelmann, Paul 327
Bush, George Herbert Walker 679

Calliess, Rolf-Peter 697
Campanella, Tommaso 131
Cassese 67, 76

Dallet, Claude Charles 6
d'Arc, Jeanne 131
Devaux 583
Dürig, Günter 324

Eppelmann, Rainer 620
Erasmus, Desiderius 126
Eser, Albin 325

Feuerbach, Paul Johann Anselm von 9, 39, 40, 312, 327
Fischer, Alexander 621
Fischer, Oskar 583
Fischer, Thomas 282
Frankfurter, Felix 358
Franzen, August 6
Frehsee, Detlev 42

Gates, Bill 358
Gorbachev, Mikhail Sergeevich 679, 696
Goydke, Jürgen 634
Gräf, Dieter 703
Gress, David R. 673
Großmann, Werner 583
Grotius, Hugo 53
Grünwald, Gerald 327, 599
Gutenberg, Johannes 357

Haffke, Bernhard 42, 327
Hassemer, Winfried 42, 324
Hawk, David 705
Händel, Konrad 326, 327
Hegel, Georg Wilhelm Friedrich 9, 40
Henkel, Heinrich 329
Henri IV 53
Herrmann, Siegfried 560, 566
Heydemann, Günter 621
Honecker, Erich 677
Hussein, Saddam 76

Jakobs, Günter 9, 42, 46, 47, 327
Janiszewiski, Horst 506
Jescheck, Hans-Heinrich 46, 327
Jhering, Rudolf von 65
Johnson, David 82

Katsh, M. Ethan 360
Kant, Immanuel 9, 40, 140, 142
Kaufmann, Arthur 42, 148, 264, 618
Kern 583
Klaus, Volk 599
Kohl, Helmut 582, 611, 675, 712
Kohlmann, Günter 318, 324
Korte, Karl-Rudolf 581, 620
Krahl, Matthias 324
Krause, Hans 573
Kuhrt, Eberhart 621

Laubenthal, Klaus 697
Lilie, Hans 81, 88, 89, 94, 234, 412
Liszt Franz v. 9, 40, 65

Marxen, Klaus 581, 602
Mayer, Hellmuth 42, 46
Michels, Gerhard 673, 695
Montesquieu, Baron de La Brède et de 40
More, Thomas 131
Möller, Horst 620
Müller-Dietz, Heinz 42, 46, 47, 325, 697

Naucke, Wolfgang 324

Oehler, Dietrich 53
Ossenbühl, Fritz 327
Otto, Harro 42, 327

Pinochet Ugarte, Augusto José Ramón 78
Plywaczewski, Emil W. 532

Radbruch, Gustav 29, 327
Ransiek, Andreas 324
Rautenberg, Erardo Cristoforo 440
Rebmann, Kurt 560, 566
Remmel, Hans Peter 327
Remmers, Walter 621, 629
Ricci, Matteo 6
Riß, Peter 621
Rothe, Werner 560, 566
Roxin, Claus 9, 42, 47, 327
Rössner, Dieter 42
Rudolf, Wassermann 621
Rudolphi, Hans-Joachim 327

Samson, Erich 599
Schäfer, Gerhard 605
Schäuble, Wolfgang 627
Schmidhäuser, Eberhard 327
Schmidt, Eberhart 547
Schneider, Hans Joachim 431, 440
Schorm 583
Schreiber, Hans Ludwig 318, 324
Schröder, Horst 324, 325
Schünemann, Bernd 327
Sieverts, Rudolf 431
Simma, Bruno 599
Socrates 131
Sorman, Guy 612, 712
Straßburg, Wolfgang 324
Stree, Walter 327
Streng, Franz 42
Stern, Klaus 627

Thomas, Hans 573
Tidemann, Klaus 324
Toffler, Alvin 345
Tolstoi, Lev Nikloaevich 149
Tröndle, Herbert 327

Weidenfeld, Werner 560, 620
Weigend, Thomas 551
Welzel, Hans 42, 46
Werle, Gerhard 581, 602
Wessels, Johannes 327
Wetter, Friedrich 265
Widmaier, Günter 597, 598, 613
Wilma, Dorothee 620
Wolf, Markus 602

Zipf, Heinz 42

사항색인

ㄱ

가담(加擔) 555
가상공간 358
가석방 16
가중적 공모공동정범설 291
가중주의 560
갈등분쟁위원회 276
감수설 261
강간 371
——미수 371
——죄 371
——치사 371
——치상 371
——치상죄 500
강도 330
——강간죄 371
——상해 371
강릉무장공비침투사건 27, 133, 617
강제구금 568, 571
강제노동집결소 707
강제수사 197
강제집행 14, 568, 637
강제추행죄 363
강제추행치상 361
개별처우 711
개인적 행위가능성 249
개혁 424
건축물 붕괴사고 466
건축법 126
검사선임위원회 626, 628, 631
검찰기관의 사명과 임무 658
검찰소의 활동원칙과 책임 657
검찰의 단속통계 434
게마인데(Gemeinde) 96
겸업매춘 429
경고 563
경고금 563, 564
———목록 564
경륜·경정법 332
경미범죄 87, 540
———처리실태 574
경세유표(經世遺表) 7, 424
경제학이론 431
경제협력개발기구 277, 530
경제형법 547
경찰국가 88
경찰수사력 49
경찰의 단속통계 434
경찰인력 네트워크 690
경찰전문학교 680
경찰통합의 과제 685
경합 559
고등법원의 역할 확대 417
고문금지 17
고문 및 잔인하고 비인간적인 또는 인격손상적 처우에 반대하는 협약 224
고문 피해자를 돕는 모임 705
고소취소 361, 364
———의 시한 385
———의 효력 365, 384, 386, 395
고의 259, 264
공갈 331
공개주의 566
공개처형 180
공동정범 272, 597
공동취재 487
공모공동정범설 290
공무원 120

공문서변조 288
공문서부정행사죄 288, 320
공범 16
공설변호인제도 103, 660
공소기각결정 372
공소기각판결 372, 382
공소사실의 축소인정 365, 367, 370, 373, 395
공소시효 563, 610
———기간의 개정 220
———기간의 연장 222
———배제조항의 신설 220, 223
———의 본질 214
———의 정지조항 228
———정지사유 230
———제도 207, 212
———제도의 법적 한계 213
———제도의 정당성 212
———제도의 존재근거 212
공소장변경 264, 367
———요구 없는 의무적 유죄판결설 365, 375, 377
———의 절차 369
———의 필요성 368
———의 형태 368
———절차 363, 365, 370, 373
———제도 367, 394
공안사범 136
공작물의 재물성 346
공증소의 사명과 임무 664
공증인 636
공증인법 629
공직자윤리법 333
공창제도 442
공판 566
과거사청산 220
과거청산 633
관리가능성설 342, 344
관리소 707
관리주의 442
괌(Guam)비행기추락사고 465
광업권 350
광업권의 재물성 349
교도대 711
교도소 22
교수방법 124
교수자격논문 121
교양법학 123
교정공무원 706
———법 712
———의 재임용기준 710
———의 직무교육 708
교정시설 710
———경비교도대설치법 339
———의 의료지원 711
교정연수원 712
교정용어 706
교정정책 699, 709
교정청 716
교정통합 695
교정형주의 144
교통단속처리지침 511, 517
교통법 126
교통사고 464
교통정책 502
교화 707
——노동 707
——노동형 708
——살이 707
——소 706, 707
——인 707
구류장 707
구법원 627
구상권 486
구성요건 552

구성요건의 착오 502
구속 195
——기간 206
——영장 197
——적부심사제도 187
구체적 방어설 372
구포열차전복사고 464
국가 42
——거래법 126
——계약법원 622
——공무원법 93
——공안문서관리청 593
——공안부 581, 679
——공증소 623, 624
——공증인 630
——권력기관의 구성원에 의한 고문·상해·상해치사·살인범죄 224
——권력기관의 구성원에 의한 증거조작 및 사실발견의 은폐행위 230
——법원 622
——부동산관리청 628
——사회주의 89
——시험 117
——안전청 592
——재난관리 458
——평의회 622
——형벌권 307
——형벌의 목적 42
——형벌의 정당성 42
국군포로대우등에관한법률 334
국민을 위한 사법의 시대 395
국민의 사법참여제도 106
국민의 신뢰보호 300
국민참여재판 83
국민체육진흥법 333
국방백서 711
국선변호인제도 667
국제법 126
국제법학회 54
국제사면위원회의 177
국제사법 126
국제인도법 69
국제인도법위반처벌법 69, 76
국제자금세탁방지기구 530
국제형법조약 55
국제형사법전 67
국제형사재판소(ICC) 77, 78
국채증권 535
군(軍)교도소 711
군법원 621, 627
군사범죄 137
군사재판소 644
군형법 334
권고적 효력설 376
권력분립 666
권력분립론 29
규문절차 88
규범강화 296
규범안정 41
규범안정화 43, 315
규범테러 45
규범통제 315
근로학생 121
금융기관 협의거래 보고제도 530
금융정보분석원 530
금지착오 297, 298, 306, 307, 310
금지착오원용설 319
기각결정 200
기능적 행위지배 272
기본법 678
기본적 사실동일설 369
기생관광 443
기소 전 보석제도 188
기소 전 보증금납입조건부석방제도 196
기소통계 603
기소편의주의 562, 570

기수 371
긴급상담전화 1588-9090 453, 456
긴급체포 185, 189

ㄴ

나치스 과거사 689
나치히틀러시대 152
나토회원국 581
낙태 239, 446
낙태율 266
남북정상회담 685
남북통일 28, 133, 688, 695
남아프리카공화국 177
노동교양소 707, 708
노동교화소 707
노동교화형 703
노동단련형 704
노동법 126
노동법원 633, 687
노동분쟁중재소 626
노동중제소 633
노예매매 57
노예행위 57
농경시대 345
농작물의 재물성 346
뇌물 472
뇌물수수죄 371
누적주의(累積主義) 560

ㄷ

단기유학 126
단체소송제도 484
단축된 심급제도 418
당사자주의 원칙 382
당첨권 535
대기발령 696
대륙법 301
대륙법체계 320
대법관 309
대법원 314, 403
대중음식점 537
대학교수 122
대한민국 128
대한변호사협회 82
대한의사협회 271, 273, 274, 275, 276
대한항공(KAL)기 폭발사건 27, 133, 618
대형사고의 발생원인 468
대형사고의 사례분석 460
도로교통법 334, 504, 526, 528
도박 330
도주차량운전자의 가중처벌 509
도주차량운전죄 488
도쿄조약 55
독일 33
——기본법 33
——법과대학 122, 127
——법과대학의 강의 · 시험 · 세미나 115
——법과대학의 교과과정 113
——법과대학의 빙학 116
——사민당 449
——연방법 118, 122
——의 경찰조직도 683
——의 국가시험 1차 시험 118
——의 국가시험 2차 시험 120
——의 법학전문교육과 법조인양성 111
——의 사회통제 683
——의 통합사례 620
——의 특수한 길 689
——제국 112
——지방법원지원 415
——질서위반법 542
——통일 581, 674
——통일과 공소시효 613
——판사아카데미 632
——학술원 698
——형법 64, 65, 447

동독 639
——인민군 정찰국 587
——의 사법제도 638
동독 헌법의 개정과 보충에 관한 법률 625
동력 331
동·서독간 통화·경제 및 사회공동체의 창설에 관한 국가조약 625
디스코텍 537
디지털 전자매체시대 360
디지털시대 328, 354, 357

ㄹ

로스쿨 109
리프트탑승권의 재물성 353

ㅁ

마도장여관 화재 463
마산교도소 403
마약신조약 56
막가파 184
말모 프로젝트 454
매춘 429
——과 사법통제 434
——과 입법정책 437
——법제의 변천사 436
——업 537
——여성의 사회복귀 453
——원인 431
——유입경로 453
——정책 429
——현장 429
면소판결 372
면허정지 528
면허취소 528
명예모델 635
명예법관 410
명확성의 원칙 551
모반죄 598
모자보건법 266
모체의 생명권 266
모해위증 286
목민심서(牧民心書) 10
몬테비데오(Montevideo) 55
몰수 558
무기노동교화형 704
무기평등의 원칙 382, 393
무죄 305, 318, 370
무죄추정의 원칙 192
무효설 386, 391
묵비권 564
문리해석 196
문서사본의 재물성 349, 351
문서위조죄 286
물고문 705
미국 문화원 방화사건 154
미국 형법 리스테이먼트(Restatement of Criminal Law) 70
미성년자 고용업소 451
미성년자에 대한 성범죄 230
미수 371, 555
미필적 고의 261, 272
민간교도소 711
민사법 126
민주노동당과 민주사회를 위한 변호사모임 208
민주주의 79

ㅂ

바르샤바(Warszawa) 54
바르샤바조약 590
바이마르공화국 112
박사과정 121
반의사불벌죄 372, 386
반인도적 범죄 57
반인륜적 범죄행위 706
방론제도 308

배심원 83, 97, 669
———의 선정절차 95
———의 수 89
———의 자격 91
배심제 80, 82, 98, 408
배임 331
배임수증죄 332
배임죄 284, 285
벌금형 508, 574
범죄 222
——분석 434
——수익규제법 531
——억지효과 184
——예방 222
——행위 545
법 309
법과대학의 교과과정 124
법관복무법원 698
법률명확성 309
법률보충기능 298
법률보충적 판례 298
법률시장 125
법률왜곡 11, 12, 27
법률의 명확성 294, 317
법률의 착오 310
법무부 710
법무사 669
법발견 309
법사회학 30, 312
법원(法源) 308, 327
법원의 심문기일소환장의 재물성 354
법원의 양형통계 435
법원조직 622
법원조직법 107, 306, 316, 594, 624, 629
법원집행관 632
법원행정처 401
법이론 302
법이론학 312
법적 안정성 232, 293, 294, 296, 300, 314, 324, 325, 420
법정규모 101
법제이론 358
법제환경 360
법조인력양성제도 109, 665, 672
법질서의 방위 34, 35, 46, 48, 222
법창조 활동 298
법철학 142
법치국가 79, 234, 317, 324, 600, 714
법치주의 296, 685, 716
법학교육 109, 123, 665
법해석 49, 294, 297, 302, 327
법해석 통일 297
법형성 308
베를린 캄머법원(Berliner Kammergericht) 595
벨기에 형법 69
변호권의 보장 421
변호사 623, 636, 660, 669
———비용 629
———제도 666
보강증거 526
보건복지부 276
보라매병원사건 270, 274, 277
보석허가 결정 200
보증금납입조건부 석방결정 204
보증인 254
———의 의무 255, 276
———의 지위 247, 254
보충교육 631
보충성의 원칙 342
보통항고 201
보호감호소 714
보호주의 59, 60
보호환자 278
복구비용 710
복구지원단 634

복권(復權) 633, 710
복사문서의 문서성 297, 319
복지행정 278
복합이론 432
부녀매매 57
부녀매매죄 287
부스타만테법전(Bustamante Code of Private International Law) 55
부작위 252, 554
———범 239, 240
———와 인과관계 263
———의 동가치성 253
부정부패 472
부진정부작위범 244, 245, 246, 259
부패방지 24
부패방지법 334
북대서양조약기구(North Atlantic Treaty Organization, NATO) 581
북조선검찰소 655
북조선의 재판소 및 검찰소에 관한 규정 660
북조선인민위원회사법국 660
북한 700
——경찰청 686
—— 교화소 700
—— 수용소 700
——의 공개처형 180
——의 공증소제도 662
——의 교정실태 699
——의 변호사제도 659
——의 재판제도 643
북한이탈주민의보호및정착지원에관한법률 335
북한지역 수용자 및 전과자 구제를 위한 재심 및 복권에 관한 법률 708
북한지역의 법조시장 128
불구속수사의 원칙 192
불법과거사청산 236
불법자금 50
———과 세탁조직 538
———세탁 50, 529
———의 금융편입 532
———의 분산이체 533
———의 세탁과정 532
———의 운영업종 536
———의 증거인멸 534
불법정치자금 532
불상의 재물성 346
브라질 형법 69
비공식협력요원 591
비난가능성 554
비례성의 원칙 170, 600
비범죄화 542, 569
비상상고 649
비송사건절차 578
비송사안 623, 632, 636

ㅅ

사건관할 648
사기죄 331, 352
사면 710
사면방법 611
사면법 612
사법개혁추진위원회 83
사법권 독립 665, 670
사법기관 665
사법동화법 630
사법모니터제 410
사법보조관 623, 632, 635
사법부 402, 452
사법시스템 309
사법시험 125
사법연감 405, 426, 435
사법연수생 120
사법정책 311, 716
사법정책관 651

사법제도 630
———개혁 126
———개혁추진위원회 79
———에 대한 구조분석 638
——— 통합방안 667
사법통계 637
사법통합 619
사선변호인제도 667
사실기재설 369
사실상 규범력 294
사이버 머니의 재물성 355
사체영득죄 341
사체유기 242
사형 132, 160, 165
—— 선택시 양형조건 163
——제도 133, 174, 184
——존치국 146
——존치론 138
——집행 184
——집행유예제도 150
——폐지국 146
——폐지론 138
——폐지운동협의회 179
사회과학언어학연구소 706
사회심리이론 433
사회주의 642
——— 법무생활 642
———적 적법성 641
———준법성 642
———통일당(Sozialistische Einheitspartei Deutschland, SED) 621, 688
산업형 매매춘 429
산업화 초기시대 346
산업화 후기시대 347
살인미수 371
살인죄등반인륜범죄의공소시효등에관한 특례법 209, 219, 233
삼권분립 294, 315
삼풍백화점 붕괴사건 116, 467
상고 310, 319, 321, 601
상고심 304, 310
상고심의 이원화 417
상사법 126
상소 649
——제도 102, 399, 413
——제도의 개혁방안 417
상속법 126
상습도박 330
상제 6
상해의 판단기준 501
상해진단서 506
상해진단서의 공신력 507
상해판단의 기준 499, 507
상해판단의 조건 498
상호승인사상 30
생리적 기능훼손설 499
생명 31 운동 266
——권 140, 168, 170, 174
——보험 535
——보호 264
——윤리위원회 275, 276
서구법 357
서비스업종 537
서울 천호동 448
서해교전사건 27
서해 페리호 침몰 461
석방결정 200
선거조작 609
선박사고 461
설득 40, 44
성금모금과 분배 488
성매매알선행위등방지에관한법률 441
성문법 301
———주의 316
성수대교 붕괴 467
세계법익 54

세계인권선언 181, 681
세계주의 50, 61, 70
세계화 123
세법 126
섹슈얼리티(sexuality) 432
소극적 안락사 274, 275, 276, 277
소극적 일반예방사상 31, 39, 315
소급효금지의 원칙 214, 281, 300, 301, 305, 306, 551, 609
소급효긍정설 302
소급효부정설 295
소년사건 87
소년원 710
소련 점령군 통제위원회 615
소련정보국 590
소송 11
——경제 383
——경제학 11
——구조 102, 399
——권 향유권리 418
——기간 415
——목적 11
——법 624
——비용절감 416
——심리학 11
——의 경제성 415, 421
——장애 563
——절차 12
——절차이분법 420
——조건 563
소크라테스—에라스무스 교류협회 126, 131
속인주의 60, 78
속지주의 59, 551, 597
수뢰후 부정처사죄 371
수지 김 208, 209
수사절차 564
수사통계 603
수학여행단 교통사고 464
슈타지(Stasi) 609, 613
슈피겔지(Der Spiegel) 593
스파이소송 581
스파이행위 582
스파이형사소송 595
스파이활동의 유형과 범위 589
스페인 형법 68
스포츠기업 537
스포츠법 126
시민법 85
시민법관 93, 410
시민사법모니터제도 80, 409
시민참여법관 84
시설관리체계 469
시의회 96
신고포상제 455
신독사상(愼獨思想) 11
신뢰보호의 원칙 296, 298, 300, 305, 314, 323, 324, 403
신소청원 646
신속성 403
신속한 재판 383
신연방주 복구지원단 631
신체완전성설 499
실무교육 623
실질적 불이익설 369
실체적 진실발견 12, 221, 382
심급이익 393
심급제도 316, 419, 668
심리분석이론 432
심사결과의 처리 333
심층취재 487

ㅇ

아웅산 폭파·테러사건 133, 617
아이템(item) 328
안전교육 471

안정규정 468
야간주거침입절도 330
약속어음의 재물성 346
약취·유인 및 감금에 의한 노예범죄 226
양벌규정 287
양형 21, 475
——기준표 99, 452
——의 합리화 415, 421
——통계 608
어린이매매 57
언론법 126
언론 캠페인 454
업무상 승낙낙태 242
엘베강(Elbe River) 676
여론조사 174
여성교도소 710
여수·순천반란사건 133, 618
여행사 537
역무 352, 354
연구조교 121
연구프로그램 638
연대질서위반금 557
연말정산 535
연방검찰청 603, 605
연방변호사법 629
연방헌법재판소 325, 600, 628, 687, 696, 697, 698
연수과정 631
연수교육 632
연체료 571
열거주의 입법방식 74
영국의 국영방송(British Broadcasting Corporation, BBC) 458, 467
영생교 살인사건 165
예견가능성 317
예명법실주의 8
예방사상 34
예법일치사상 8
예비 371
예외적 의무설 374, 376, 379
예측가능성 293, 296, 502
오데르강(Oder River) 676
5·18 민주화운동등에관한특별법 228
오판 17, 174
용인설 261
용주골 449
우암상가 붕괴 466
운전금지 559
운전면허박탈 559, 574
운전면허증 321
위법성 553
——— 착오 502
위하 40, 43, 44
——력 143
——사상 315
위헌법률심사권 190
위험사회 458
유기노동교화형 704
유럽연합(European Union) 111, 178
유럽인권협약 610
유럽통합 673
유령회사 536
유로화(EURO) 564, 571
유스티니아누스법전(로마법대전, Corpus Juris Civilis) 52
유스티니아누스 1세(Justinianus I) 52
유엔(UN) 708
유죄협상제도(플리바게닝, plea bargaining) 82
유체성설 341
유추금지의 원칙 551
유효설 386, 392
6·25 한국전쟁 27
6·25 전범처리 133, 617
윤락가 화재사고 463, 477
윤락행위 430

윤락행위등방지법 435, 441
음모(陰謀) 371
음주운전 524
음주운전자 525
음주측정권 511
음주측정기 515, 522
음주측정방법 511
음주측정불응죄 519
의료법 126
의무설 374
의문사진상규명위원회 207, 220, 234
의사의 치료중단 269
의심스러울 때는 피고인의 이익으로 15
의학적 충고에 반하는 퇴원(DAMA) 274
이벤트사업체 537
이분설 298, 304
이의신청 565
이탈리아 형법 67
인간의 존엄과 가치 21, 22, 33, 45, 152, 171, 232
인감증명서의 재물성 349
인격권 420
인공임신중절수술 243
인과관계와 객관적 귀속 256
인권 609
——보장 307
——의식 682
인륜에 반한 범죄행위 617
인민경비대원 705
인민보안성 705
인민보안원 705
인민의회 622
인민재판소 643
인민참심원 643, 644
인민회의 643
인쇄매체시대 357
인쇄술 357
인신매매 50
인종학살 50, 226
인질강도 331
일반교도소 710
일반사면 26
일반예방사상 145, 312
일반예방사상의 르네상스시대 36
일반예방사상의 변천과정 32
일반적 행위가능성 249
일본의 3자 1일 처리제도 402
일본 사법제도 408
일본 형법 58
일사부재리의 원칙 563
입법방식 63
입법자의 형성의 자유 419
입증책임 14
119 구조대 471
1법정 1사건주의 399
1사건 1법정주의 424

ㅈ

자금세탁 57
자금세탁방지법 529
자금세탁방지 비협조국 530
자동차관리법 335
자동차출고의뢰서 용지의 재물성 350
자매결연 633
자수범 552
자유로운 법발견 298
자유형 574
자의퇴원 276
장래효조항 313, 325
재량설 374
재물 328
재물손괴 332
재심 567, 602, 631, 649
재정경제부 703
재체포 197
재판 공용어 648

재판규범 317
재판소구성법 654
재판원제도 408
재판제도 668
재해구호기금 479
재해구호기금법 485
적극적 일반예방사상 12, 13, 15, 16, 17, 18, 19, 20, 21, 22, 23, 24, 26, 27, 31, 35, 39, 266, 296, 309, 315, 325, 528
적법절차의 원칙 192, 372, 382, 395
전과말소 578
전과자 569, 571
전기고문 705
전기의 재물성 345
전기통신사업자 352, 354
전담법원 275
전면적 금지주의 437
전문법과대학 122
전문법조인 623
전문법학 123
전문변호사제 125, 126
전원합의체 312, 324
전자상거래법 126
전자시대 328
전쟁범죄와 반인도적 범죄에 관한 공소시효적용배제조약 225
전통매춘 429
전통소싸움경기에관한법률 336
전투경찰대설치법 340
전화통화의 재물성 354
절대적 운전불능 303
절대주의 88
절도죄 330, 352
절차이분법 421
절충설 386
절취행위기준설 290
점유이탈물횡령 332
정권범죄행위 639
정당행위 275
정범 16, 598
정보 359
정보화시대 328, 349
정상회담 675
정신병리학이론 431
정의(正義) 232
정치범 136
———수용소 707
제15국 585
제15대 국회 179
제16대 국회 179
제17대 국회의원 179, 183
제1차 국가조약 625
제국형법전 547
제노사이드조약 68
제한적 비범죄화 442
제한적 합법화 442
제한적 허용주의(관리주의) 439
제헌헌법 153
조건부 가석방 23
조건부 사형폐지론 149
조선말대사전 706
조선민주주의인민공화국헌법 655
종범(從犯) 597, 598
죄형법정주의 13, 40, 295, 301, 305, 311, 317, 322, 551, 703
주권포기각서의 재물성 351
주민등록법 336
주민등록증의 재물성 346
주차위반 564
준강도 330
준법정신 571
중간예고제 297
중간재판 565
중국민항기 추락사고 51, 71, 466, 478
중앙검찰소 658, 659
중앙원탁회의의 공안소위원회 592

중앙재판소 643
중앙정찰총국 585, 592
중용(中庸) 9
증거주의 14
지구법원 621, 627
지방법원 628
지방자치단체 477
지적재산법 126
지존파 184
지주회사 536
지하철 가스 폭발 462
직계존속살해와 미성년자 유괴살인범죄 226
직업법관 99, 410
직장교도대 711
진정부작위 245
질서위반 545
질서위반금 556
———결정 565
———의 연체율 571
———절차 560, 561
———징수집행관청 568, 571
질서위반법 548, 549, 569
———의 구조 544
———의 발전사 546
———의 지위 543
집단살해범죄와 전쟁과 테러에 의한 민간인 학살범죄 225
집단살해죄의 방지와 처벌에 관한 협약 225
집단소송제도 481
집달관 632
집중심리제 102
집행원 645

ㅊ

참심법관 81, 410, 411
———의 선발과정 412
참심원제도 668
참심제 81, 98, 408, 410
참치잡이 원양어선사건 162
창기관리법 439
채증법칙 264
채혈시간 520
책임보험 481
책임주의 33, 34, 45, 152
처제 강간살해사건 160
천주교 정의구현사제단 207
철도재판소 644
청문(聽聞) 564
청산방법 611
청산주체 612
체벌 297
——권 297
——의 위법성 297
——의 정당성 297
체제범죄 612
체포 195
——·구속적부심사의 청구권자 203
——·구속적부심사제도 193
——기간 206
——영장 191
——와 구속의 적부심사 187
——적부심 185
——적부심사제도 188
——적부심사청구권 189, 191
——제도 187
최고인민회의상설회의 641
추상적 방어설 372
추징 558
축소사실 371, 395
출입국관리법 337
출판물등에의한명예훼손 371
충주호 유람선 화재 462
치료중단결정위원회 276
치아고문 705

치정관계로 인한 공모살인 161
칙법집(Codex) 52
친고죄 363, 365, 370
친밀성 402
7.1 경제개선관리조치 703

ㅋ

컴퓨터 네트워크 328
컴퓨터에 저장된 정보의 재물성 356
컴퓨터 파일의 재물성 355
코리아(KOREA) 2010 프로젝트 449, 454

ㅌ

타이페이(台北) 448
타인의 토지 위에 식재한 감의 재물성 353
탈북난민 702
태아의 생명권 266
테러행위방지에 관한 유럽조약 56
통고처분 566
통일 123, 578
——경찰청 686, 687
——대치품 611
——비용 712
——원칙 675
——조약 597, 611, 625, 627, 628, 693
——철학 675
통합강제집행규정 629
통합과정 632
통합법원 621
통합예방사상 35, 46
통합적 일반예방 46
통합적 특별예방 46
투명성 408
특별사면 26
특별예방사상 35, 145
특별위로금 485
특별재판소 644
특수강간 371
특수강도강간미수 371
특수강도미수죄 371
특수시술업소 537
특수절도 290, 330, 371
특정경제범죄가중처벌등에관한법률 85
특정금융거래보고법 531
특정범죄 135
———가중처벌등에관한법률 337, 338, 489, 491

ㅍ

파기자판 313, 317, 320
파기환송 318
파산 637
파산법 629, 639
판검사자격시험 659
판결주문 326
판결통계 607
판례법 294
판례변경 281
———예고제 297, 306
판사선출위원회 626, 628, 631, 697
팔레르모(Palermo) 54
페미니즘이론(feminism) 432
편의시설부정이용죄 329, 331
평등의 원리 293, 314
평민사법제도 622
폐지주의 440
포괄주의 입법방식 73
포스트모던형법 316
폭행·협박행위기준설 290
풍선효과 449
피고인 372
———의 방어권 보장 393
———의 방어권 행사 365, 370
———의 방어방법 372
———의 방어에 실질적인 불이익 273
———의 방어활동 372

피의자보석제도 187
피해자-가해자-원상회복 19

ㅎ

하급심 318
학과조교 121
학술원의 연구자학회 698
학습이론 433
한국 교도작업공사 712
한국교정학회 691
한국마사회법 338
한국 법학교육의 문제점 111
한국 법학교육의 방향 123
한국 법학교육의 역사와 현주소 109
한국의 매춘구조 433
한국의 법률문화 110
한국 통일의 의미 684
한국형 질서위반법 572, 575
한반도 인권선언 182
할레(Halle)대학교 81, 112
합의와 평결 97
항고 199, 205, 567
항공기 추락사고 465
항소 319, 321, 361, 567
항소심 365
———에서의 공소장 변경 370
———에서의 친고죄 판명 384
항소율 406, 416
항소이유 319
해상강도 331
해상교도대 711
해석방법 390
해석방법론 196
해석방법의 불일치 294
해양법 126
해적행위 56
행정법 126
행정소송 711
행정종속성 552
행정질서벌 541
행정통합 679
행정형벌 546
행형 637
——법 704
——법의 미래 712
——제도 670
헌법 100, 312, 708
——소원 169, 583, 584, 584
——재판소 167, 314
헌정질서파괴범죄 223
헌정질서파괴범죄의공소시효등에관한특례법 223
헤이그육전규정 583, 597, 612
헤이그조약(항공기불법탈취방지조약, 航空機不法奪取防止條約) 51, 55
현장설 290
혈액검사 511
혈액채취 요구시한 524
혈액채취 512, 517
혈액측정방법 511
혈중알콜농도 516
형벌목적 20, 143
형벌불소급의 원칙 292, 293
형벌이론 37, 41
형벌인도화 148
형법 312, 330
——시행법률 448, 549, 583
——이론 37, 41
——학 282
형사범 135
형사법 126
형사법개정특별심의위원회 540
형사사법정책 710
형사사후법 301
형사소송 305, 560
형사소송법 312

형사재판 399, 413
형사정책 30, 184, 312, 421
형사정책학회 88
형사철학 26, 30
형사판결심사위원회 631
형평성 572
호흡음주측정 512
호흡측정방법 511
호흡측정의 오차문제 521
호프집 화재 463
화상고문 705
화성 씨랜드 화재 462
화재보험 474
화재사고 462
확장해석 329
환경범죄 50
환경법 126
환자를 위한 인권운동 275
환자의 생존가능성 275
환자의 자의퇴원 276
환형처분 568
횡령 331
효율성 401
후견법원 276
후천성면역결핍증(acquired immune deficiency syndrome, AIDS) 446
흠휼사상(欽恤思想) 10
흠흠신서(欽欽新書) 10
히로뽕 투약 후 조폭살인사건 162

저자 약력

1962년 부산 출생
동아대학교 법과대학 법학과 졸업(법학사, 1985)
동아대학교 대학원 법학과 졸업(법학석사, 1989)
독일 뮌스터(Münster)대학교 법학석사(LLM., 1992)
독일 할레(Halle)대학교 법학박사(Dr. jur., 1996)
독일 아데나워재단 장학생
경남대학교 법정대학 법학부 전임강사 · 조교수 · 부교수 역임
국가인권위원회 순회 인권강사
창원지방검찰청 시민옴부즈만 역임(2005)
동아대학교 최우수강의상 수상(2006년 2학기)
현재 동아대학교 법과대학 부교수 · 경찰법무대학원 부원장

〔저 서〕

Belastende Rechtsprechungsänderungen und die positive Generalprävention, Hallesche Schriften zum Recht Bd. 12, Carl Heymanns Verlag 2000
직장인 음주대책 국제비교, 한울아카데미, 2003(공저)
시민생활과 법, 박영사, 2004(공저)
독일통일 현장 12년, 경남대학교 출판부, 2004

〔논 문〕

법사회학적 관점에서 본 매춘에 관한 연구－매춘정책을 중심으로－(비교형사법연구, 2002)
공소시효제도의 문제점과 개정방향(비교형사법연구, 2002)
삼심제 소송구조의 문제점과 상소제도의 개혁방안(비교형사법연구, 2003)
한국 형법에 있어서 '재물개념'의 논쟁사－디지털시대의 새로운 법제이론(비교형사법연구, 2003)
형법상 부작위범이 되기 위한 요건(비교형사법연구, 2003)
국제형법(세계주의의 도입여부)(형사법연구, 2004)
도로교통법 제41조 제3항 개정 필요성(형사정책연구, 2005)
국민의 사법참여－국민사법참여에 관한 법률안을 중심으로－(형사법연구, 2005)
법원의 공소장 변경과 고소취소의 효력(형사법연구, 2006)
통일 후 북한지역 교정정책－동서독 사례를 중심으로－(교정연구, 2006)
피고인에게 불리한 판례변경과 소급효금지의 문제(동아법학, 2006)
독일의 법학전문교육과 법조인양성(동아법학, 2007) 외 다수

형사철학과 형사정책

2007년 7월 10일 초판 인쇄
2007년 7월 15일 초판 1쇄발행

저 자 하 태 영
발행인 배 효 선
발행처 도서출판 法 文 社

413-756 경기도 파주시 교하읍 문발리 526-3
등 록 1957년 12월 12일 제 2-76호 (윤)
전화 031-955-6500~6, 팩스 031-955-6500
e-mail(영업) : bms @ bobmunsa. co. kr
(편집) : edit66 @ bobmunsa. co. kr
홈페이지 http : // www. bobmunsa. co. kr
조 판 대 경 문 화 사

정가 35,000 원 ISBN 978-89-18-01848-5